#빅분기30일합격 2025

빅데이터 분석기사 모든것

1과목
2과목
필기

최우슬, 최다정 지음

비전공자를 위한 빅데이터분석기사 바이블

- (이해 중심) 입문자, 비전공자도 쉽게 이해할 수 있는 친절한 설명
- (핵심 중심) 통계 개념 및 머신러닝 알고리즘 완벽 정리
- 1,267문제(출제예상문제 627 + 기출문제 640)
- QR코드로 바로 확인 가능한 핵심개념/통계/문제풀이 동영상 강의

무료 동영상강의

1267 문제

아이리포

#빅분기30일합격 2025

빅데이터
분석기사
모든것 필기

- 아이리포 카페 https://cafe.naver.com/ilifobooks
  본서의 전체 내용을 담은 무료 동영상 강의 13시간(카페 가입)
  Q&A 및 정오표
  빅분기 30일 스터디 운영
  기출문제복원/도서리뷰/합격후기 이벤트

- 기출문제 해설, 과목별 핵심사항, 학습방법 제공(유튜브) →

#빅분기30일합격
2025 빅데이터분석기사 모든 것

초판 1쇄 발행 · 2024년 7월 1일
초판 2쇄 발행 · 2025년 1월 2일
지은이 · 최우슬, 최다정
펴낸이 · 이동철
펴낸곳 · (주)아이리포
주소 · 서울시 마포구 월드컵북로 396 누리꿈스퀘어 비즈니스타워 8층
전화 · 02-6356-0182 / **팩스** · 070-4755-3619
등록 · 2020년 12월 23일 제 2020-000352호
ISBN · 979-11-93747-03-2 13000
기획 / 편집 · 송성근
표지 / 내지디자인 · nu:n / **조판** · 로아스

이 책에 대한 의견이나 오탈자 및 잘못된 내용에 대한 수정 정보는 (주)아이리포의 카페나 아래 이메일로
알려주십시오. 잘못된 책은 구입하신 서점에서 교환해 드립니다. 책값은 뒤표지에 표시되어 있습니다.
아이리포 카페 https://cafe.naver.com/ilifobooks / 이메일 books@ilifo.kr

Published by ILIFO, Inc. Printed in Korea

Copyright © 2024 최우슬, 최다정 & ILIFO, Inc.
이 책의 저작권은 최우슬, 최다정과 (주)아이리포에 있습니다.
저작권법에 의해 보호를 받는 저작물이므로 무단 복제 및 무단 전재를 금합니다.

지금 하지 않으면 할 수 없는 일이 있습니다.
책으로 펴내고 싶은 아이디어나 원고를 메일(books@ilifo.kr)로 보내주세요.
(주)아이리포는 여러분의 소중한 경험과 지식을 기다리고 있습니다.

#빅분기30일합격 2025

빅데이터 분석기사 모든것

1과목
2과목
필기

최우슬, 최다정 지음

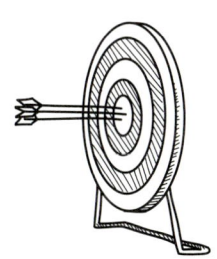

아이리포

빅데이터분석기사 필기

○ 직무내용
대용량의 데이터 집합으로부터 유용한 정보를 찾고 결과를 예측하기 위해 목적에 따라 분석 기술과 방법론을 기반으로 정형/비정형 대용량 데이터를 구축, 탐색, 분석하고 시각화를 수행하는 업무를 수행한다.

○ 검정방법

필기검정방법	객관식	문제수	80	시험시간	120분

○ 출제문항

필기과목	문제수	주요 항목
1과목. 빅데이터 분석 기획	20	Chapter 1. 빅데이터의 이해 Chapter 2. 데이터 분석 계획 Chapter 3. 데이터 수집 및 저장 계획
2과목. 빅데이터 탐색	20	Chapter 4. 데이터 전처리 Chapter 5. 데이터 탐색 Chapter 6. 통계 기법 이해
3과목. 빅데이터 모델링	20	Chapter 7. 분석 모델(모형) 설계 Chapter 8. 분석 기법 적용
4과목. 빅데이터 결과 해석	20	Chapter 9. 분석 모델(모형) 평가 및 개선 Chapter 10. 분석 결과 해석 및 활용

○ 합격기준
과목당 100점을 만점으로
1. 전 과목 40점 이상
2. 전 과목 평균 60점 이상

○ 시행처 및 접수
데이터 자격검정(www.dataq.or.kr) 사이트를 통한 인터넷 접수, 필기 응시료(17,800원), 응시자격 등 빅데이터 분석기사 자격검정에 대한 사항은 데이터 자격검정 사이트 참조

○ 자격취득 시 학점은행제 20학점 인정(국가평생교육원)

제2회~9회 빅데이터분석기사 필기시험 출제문항 수

필기과목	문제수	주요 항목	제2회	제3회	제4회	제5회	제6회	제7회	제8회	제9회
1과목. 빅데이터 분석 기획	20	Chapter 1. 빅데이터의 이해								
		ㄴ 1.1 빅데이터 개요 및 활용	2	3	3	2	7	6	1	3
		ㄴ 1.2 빅데이터 기술 및 제도	4	6	5	6	5	4	2	2
		Chapter 2. 데이터 분석 계획								
		ㄴ 2.1 분석 방안 수립	2	2	3	5	2	3	4	3
		ㄴ 2.2 분석 작업 계획	3	3	1	1	2	1	2	1
		Chapter 3. 데이터 수집 및 저장 계획								
		ㄴ 3.1 데이터 수집 및 전환	7	3	4	5	2	5	6	8
		ㄴ 3.2 데이터 적재 및 저장	2	3	4	1	2	1	4	3
2과목. 빅데이터 탐색	20	Chapter 4. 데이터 전처리								
		ㄴ 4.1 데이터 정제	1	1	2	2	7	6	2	4
		ㄴ 4.2 분석 변수 처리	5	5	1	6	5	4	5	4
		Chapter 5. 데이터 탐색								
		ㄴ 5.1 데이터 탐색 기초	3	5	6	4	3	5	7	5
		ㄴ 5.2 고급 데이터 탐색	1	1	4	1	0	0	1	1
		Chapter 6. 통계 기법 이해								
		ㄴ 6.1 기술 통계	5	6	6	5	5	4	5	4
		ㄴ 6.2 추론 통계	5	2	1	2	0	1	1	2
3과목. 빅데이터 모델링	20	Chapter 7. 분석 모델(모형) 설계								
		ㄴ 7.1 분석 절차 수립	5	2	3	3	1	2	2	1
		ㄴ 7.2 분석 환경 구축	2	0	0	0	0	0	0	0
		Chapter 8. 분석 기법 적용								
		ㄴ 8.1 분석 기법	7	9	12	10	14	9	8	16
		ㄴ 8.2 고급 분석 기법	6	9	6	8	5	9	11	9
4과목. 빅데이터 결과 해석	20	Chapter 9. 분석 모델(모형) 평가 및 개선								
		ㄴ 9.1 분석 모델 평가	10	11	11	8	7	10	9	7
		ㄴ 9.2 분석 모델 개선	4	3	1	5	6	5	4	4
		Chapter 10. 분석 결과 해석 및 활용								
		ㄴ 10.1 분석 결과 해석	1	2	2	1	1	0	1	0
		ㄴ 10.2 분석 결과 시각화	4	3	4	4	6	5	4	3
		ㄴ 10.3 분석 결과 활용	1	1	1	1	0	0	1	0
		총 문항수	80	80	80	80	80	80	80	80

30일 학습플랜

1과목

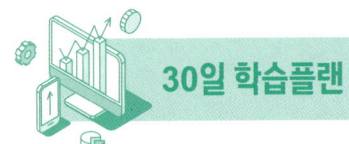

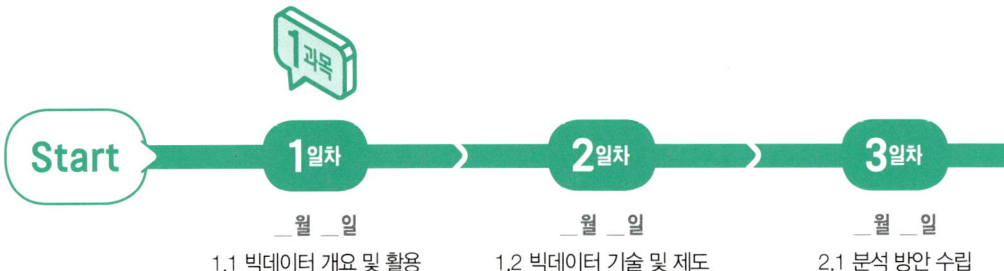

Start

1일차
_월 _일
1.1 빅데이터 개요 및 활용

2일차
_월 _일
1.2 빅데이터 기술 및 제도

3일차
_월 _일
2.1 분석 방안 수립

11일차
_월 _일
5.2 고급 데이터 탐색

12, 13일차
_월 _일
6.1 기술 통계

14일차
_월 _일
6.2 추론 통계

15일차 쉬어가기

3과목

16일차
_월 _일
7.1 분석 절차 수립
7.2 분석 환경 구축

17, 18일차
_월 _일
8.1 분석 기법

19, 20일차
_월 _일
8.2 고급 분석 기법

28일차
_월 _일
제6회 (복원)기출문제
제7회 (복원)기출문제

29일차
_월 _일
제8회 (복원)기출문제
제9회 (복원)기출문제

30일차
_월 _일
틀린문제 다시보기

Goal

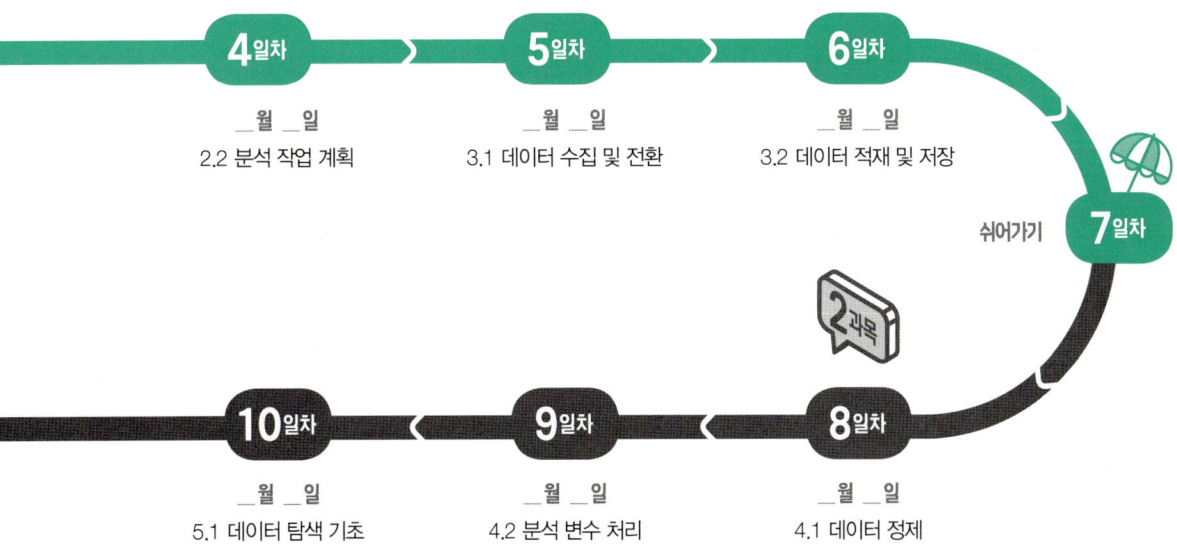

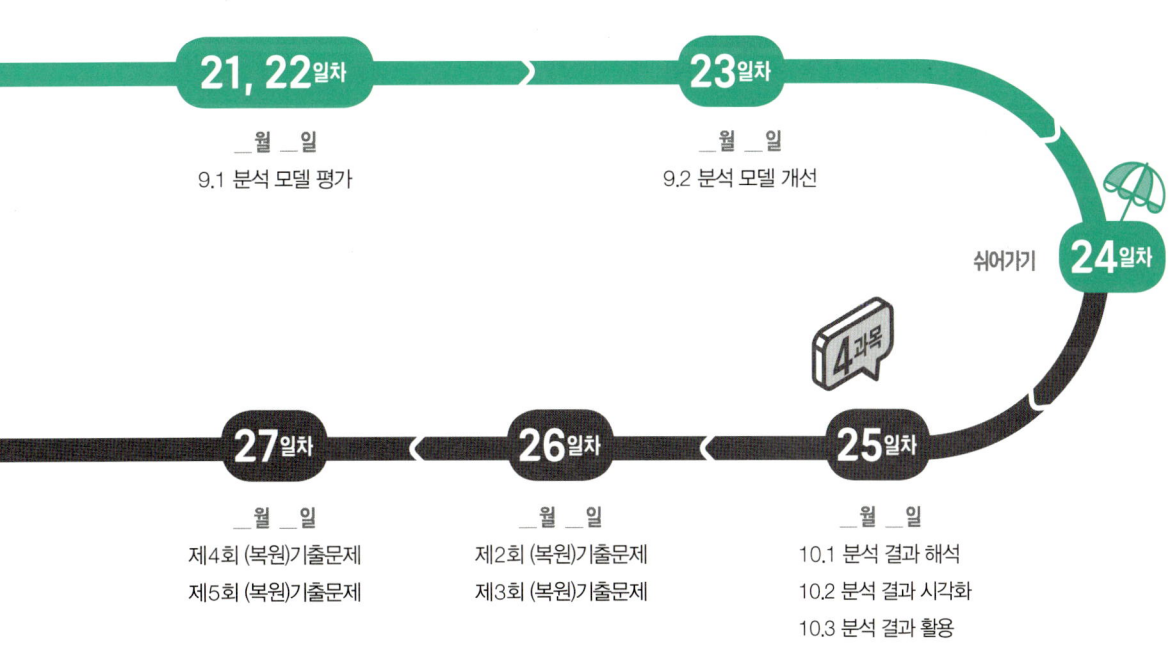

지은이의 글

누구에게나 데이터 분석의 지식이 필요하다

현재의 빅데이터는 '데이터 및 분석 전공자'만을 위한 영역이 아니라 다양한 업무 분야 혹은 다양한 실무자의 영역으로 자리잡았다. 즉, 데이터 분석은 전문가에 의해 만들어지는 창조물이 아닌 비즈니스를 이해하고 그 업무를 수행하고 있는 담당자의 활용 영역으로 재정의되었다.

이는 누구나가 데이터 분석의 지식을 가져야 한다는 것을 의미하고 이 역량은 빠르게 변하는 내/외부적인 경쟁 환경과 ICT 기술에 적응력과 탄력성을 가질 수 있는 중요한 무기가 될 것이라는 중요한 신호이다. 앞으로 더이상 다가오지 않을 산업혁명(변화의 속도가 빨라 더이상 산업혁명의 의미가 없어진다) 중심에는 데이터가 있을 것이고 데이터에서 빠르게 질 좋은 통찰력을 발견하는 자는 많은 가치를 얻게 될 것이다.

이 수험서는 시험문제를 풀기 위한 지식을 명확하게 학습해야 한다는 목표에 집중하고 있지만, 데이터 과학의 토대라고 할 수 있는 통계의 기본 개념들을 잘 정리하면서 동시에 사례와 추가적인 설명을 활용해 정리했다. 또한 빅데이터 분석에 중요한 도구가 되는 머신러닝 알고리즘 등에 대해서도 타 도서와는 달리 원리 기반의 친절한 그림과 설명을 담아 놓았다. 따라서 본 수험서를 이용해 개념을 정리하면서 문제를 풀어본다면 어느새 빅데이터분석기사 자격은 어렵지 않게 얻을 수 있는 수준에 올라있을 것이고, 데이터 분석가로서의 역량 또한 갖추게 될 것을 확신한다. 여기에 실무경험만 보완하게 된다면 훌륭한 데이터 사이언티스트로서 앞으로 나아가게 될 것이다.

지난 십 수년 간 프로젝트 현장에서 훌륭한 개발자, 엔지니어, 데이터 사이언티스트와 프로젝트 실패의 좌절감, 성공의 성취감을 느끼며 하루하루 정신없이 지내왔으나 늘 한편에는 아쉬움이 있었고 나에 대한 하나의 업적을 마련하고 싶었다. 이러한 고민에 데이터 분석이라는 주제에서 이들과 공유했던 지식 전달의 경험을 좀 더 쉽게 정리하고 싶은 생각을 하게 되었고, 이 수험서는 그러한 관점에서 비롯된 결과물이다. 그 과정에서 필자 역시도 출제기준과 학습범위, 2021~2024년 실시되었던 2~8회 기출문제를 분석하여 수험자 입장에서, 학습하는 태도로, '독자가 더 쉽게 이해할 수 있는 방법은 무엇일까'라는 질문을 던지며 한 줄, 한 줄 집필해왔고 결과적으로 데이터 분석을 경험하지 않은 초심자도 쉽게 이해할 수 있도록 작성하였다고 자부하니, 어려울 것이라는 편견을 접고 부담 없이 읽어 주길 바란다.

이 2025년 개정판을 위해 뼈를 갈아 넣는 열정을 보인 최다정 기술사, 업무적 통찰력과 경험을 공유해 준 유승연 기술사, 본서의 목표를 명확하게 잡아 주신 이춘식 대표님, 글자 한 자, 문장 한 줄까지 독자의 관점에서 신경써주신 아이리포 송성근 수석님, 마지막으로 이 책의 출간을 누구보다 기뻐해 줄 가족에게 머리 숙여 감사의 마음을 전합니다.

최우슬

이 책이 흔들리는 방향성의 첫 등대가 되었으면 한다

빅데이터 분석은 갑자기 등장한 부분이 아니다. 빅데이터가 중요한 시대가 도래했고, 그 분석을 통한 인사이트가 결국 기업의 비즈니스나 새로운 가치를 만들어 낸다는 것이 증명되는 시대가 되었다. 그리고 그에 발맞춰 분석기사 자격증이 생겼을 뿐이다.

이 빅데이터의 시대는 언제까지일까?

아마도 앞으로는 돌이키기 힘들 것이다. 빅데이터는 그 분석을 통해 AI와 결합한 시너지 효과를 내고 있다. 저자 또한 기존 솔루션에 빅데이터/AI 기술을 결합하여 업무효율화 및 신규 비즈니스를 할 수 있는 방안을 고민하고 있다.

데이터 분야의 인재가 부족하다고 한다. 하지만 막상 신입을 뽑아 가르치는 숫자가 다른 분야에 비해 많지 않다. 그것은 기업에서 필요로 하는 인재의 능력은 더욱 높아지고 빠르게 변하기에 발전 가능성이 있는 인재의 요구사항이 더욱 많기 때문은 아닐까?

그에 대비하기 위해 이 책이 흔들리는 방향성의 첫 등대가 되었으면 하는 바람이다. 어떤 이는 학습을 위해, 취업을 위해, 이직을 위해, 새로운 분야로의 인사이트를 갖추기 위해 다양한 이유로 이 책을 맞이하게 될 것이다.

이 책은 빅데이터에 처음 접근하는 비전공자를 비롯해 컴퓨터 전공자, 통계 전공자에 이르기까지 데이터 분야에 관심이 있는 모든 독자를 위해 준비했다. 이 책을 바탕으로 고도의 이론적 지식과 실무경험을 통해 각 도메인에서의 인사이트를 찾고 가치를 만들 수 있는 인재가 되길 바란다.

2022년 초판에서부터 2024년판에 이르기까지 어렵게 기술되어 있던 부분, 흐름이 끊어지는 부분을 전면 수정해 전체적인 완성도를 높였다. 이 과정에서 처음 계획했던 부분보다 많은 시간과 노력이 들어갔으며, 최우슬 기술사님의 역할이 매우 컸다.

이 시간을 빌어 저의 멘토이면서 더 발전할 수 있도록 채찍질해주신 최우슬 기술사님, 어려운 상황에서도 응원해준 사랑하는 나의 부인 김민영, 딸 은유와 은아에게 미안하면서도 고맙다는 말을 전하고 싶다. 또한 책이 재판될 수 있게 직간접적으로 도움을 주신 아이리포 이춘식 대표님과 송성근 수석님께도 감사드린다.

최다정

목차_1권

1과목 빅데이터 분석 기획

Chapter 1 빅데이터의 이해 — 019

- 1.1 빅데이터 개요 및 활용 — 021
  - 1.1.1 빅데이터의 특징 — 022
  - 1.1.2 빅데이터의 가치 — 030
  - 1.1.3 데이터 산업의 이해 — 033
  - 1.1.4 빅데이터 조직 및 인력 — 034
  - 출제예상문제 — 043
- 1.2 빅데이터 기술 및 제도 — 053
  - 1.2.1 빅데이터 플랫폼 — 054
  - 1.2.2 빅데이터와 인공지능 — 062
  - 1.2.3 개인정보 법/제도 — 068
  - 1.2.4 개인정보 활용 — 073
  - 출제예상문제 — 078

Chapter 2 데이터 분석 계획 — 089

- 2.1 분석 방안 수립 — 091
  - 2.1.1 분석 로드맵 설정 — 092
  - 2.1.2 분석 문제 정의 — 102
  - 2.1.3 데이터 분석 방안 — 108
  - 출제예상문제 — 118
- 2.2 분석 작업 계획 — 129
  - 2.2.1 데이터 확보 계획 — 130
  - 2.2.2 분석 절차 및 작업 계획 — 132
  - 출제예상문제 — 141

Chapter 3 데이터 수집 및 저장 계획 — 147

- 3.1 데이터 수집 및 전환 — 149
  - 3.1.1 데이터 수집 — 150
  - 3.1.2 데이터 유형 및 속성 파악 — 157
  - 3.1.3 데이터 변환 — 160
  - 3.1.4 데이터 비식별화 — 166
  - 3.1.5 데이터 품질 검증 — 175
  - 출제예상문제 — 179
- 3.2 데이터 적재 및 저장 — 191
  - 3.2.1 데이터 적재 — 192
  - 3.2.2 데이터 저장 — 196
  - 출제예상문제 — 204

2 과목 빅데이터 탐색

Chapter 4 데이터 전처리 213

4.1 데이터 정제 215
- 4.1.1 데이터 정제 216
- 4.1.2 데이터 결측값 처리 219
- 4.1.3 데이터 이상값 처리 225
- 출제예상문제 237

4.2 분석 변수 처리 245
- 4.2.1 변수 선택 246
- 4.2.2 차원축소 252
- 4.2.3 파생변수 생성 255
- 4.2.4 변수 변환 256
- 4.2.5 불균형 데이터 처리 262
- 출제예상문제 268

Chapter 5 데이터 탐색 279

5.1 데이터 탐색 기초 281
- 5.1.1 데이터 탐색 개요 282
- 5.1.2 상관관계 분석 284
- 5.1.3 기초 통계량 추출 및 이해 294
- 5.1.4 시각적 데이터 탐색 306
- 출제예상문제 316

5.2 고급 데이터 탐색 327
- 5.2.1 시공간 데이터 탐색 328
- 5.2.2 다변량 데이터 탐색 330
- 5.2.3 비정형 데이터 탐색 336
- 출제예상문제 340

Chapter 6 통계 기법 이해 347

6.1 기술 통계 349
- 6.1.1 데이터 요약 350
- 6.1.2 표본추출 356
- 6.1.3 확률분포 363
- 6.1.4 표본분포 400
- 출제예상문제 416

6.2 추론 통계 429
- 6.2.1 점추정 430
- 6.2.2 구간추정 436
- 6.2.3 가설 검정 444
- 출제예상문제 455

목차_2권

3 과목 빅데이터 모델링

Chapter 7 분석 모델(모형) 설계 — 019

- 7.1 분석 절차 수립 — 021
  - 7.1.1 분석 모델 선정 — 022
  - 7.1.2 분석 모델 정의 — 030
  - 7.1.3 분석 모델 구축 절차 — 033
  - 출제예상문제 — 037
- 7.2 분석 환경 구축 — 045
  - 7.2.1 분석 도구 선정 — 046
  - 7.2.2 데이터 분할 — 050
  - 출제예상문제 — 052

Chapter 8 분석 기법 적용 — 055

- 8.1 분석 기법 — 057
  - 8.1.1 회귀분석 — 059
  - 8.1.2 로지스틱회귀분석 — 085
  - 8.1.3 의사결정나무 — 093
  - 8.1.4 인공신경망 — 101
  - 8.1.5 서포트벡터머신 — 117
  - 8.1.6 연관분석 — 121
  - 8.1.7 군집분석 — 126
  - 출제예상문제 — 142
- 8.2 고급 분석 기법 — 153
  - 8.2.1 범주형 자료 분석 — 154
  - 8.2.2 다변량분석 — 166
  - 8.2.3 시계열분석 — 181
  - 8.2.4 베이지안분석 — 190
  - 8.2.5 딥러닝분석 — 200
  - 8.2.6 비정형 데이터 분석 — 212
  - 8.2.7 앙상블분석 — 225
  - 8.2.8 비모수 통계 — 232
  - 출제예상문제 — 241

4과목 빅데이터 결과 해석

Chapter 9 분석 모델(모형) 평가 및 개선 — 257

- 9.1 분석 모델 평가 — 259
  - 9.1.1 평가지표 — 260
  - 9.1.2 분석 모델 진단 — 272
  - 9.1.3 교차검증(교차타당성 검증) — 281
  - 9.1.4 모수 유의성 검정 — 287
  - 9.1.5 적합도 검정 — 316
  - 출제예상문제 — 323
- 9.2 분석 모델 개선 — 337
  - 9.2.1 과적합 방지 — 338
  - 9.2.2 매개변수(파라미터) 최적화 — 342
  - 9.2.3 분석 모델 융합 — 350
  - 9.2.4 최종 모델 선정 — 351
  - 출제예상문제 — 353

Chapter 10 분석 결과 해석 및 활용 — 359

- 10.1 분석 결과 해석 — 361
  - 10.1.1 분석 모델 해석 — 362
  - 10.1.2 비즈니스기여도 평가 — 366
  - 출제예상문제 — 371
- 10.2 분석 결과 시각화 — 375
  - 10.2.1 시공간시각화 — 376
  - 10.2.2 관계시각화 — 381
  - 10.2.3 비교시각화 — 382
  - 10.2.4 인포그래픽 — 384
  - 출제예상문제 — 386
- 10.3 분석 결과 활용 — 393
  - 10.3.1 분석 모델 전개 — 395
  - 10.3.2 분석 결과 활용 시나리오 개발 — 397
  - 10.3.3 분석 모델 모니터링 — 400
  - 10.3.4 분석 모델 리모델링 — 402
  - 출제예상문제 — 404

부록 표준정규분포표, t분포표, 카이제곱분포표, F분포표 — 407

부록 제2회~9회 (복원)기출문제 — 413

빅데이터 분석 기획

Chapter 1. 빅데이터의 이해

Chapter 2. 데이터 분석 계획

Chapter 3. 데이터 수집 및 저장 계획

빅데이터 분석 기획은 실제 분석을 수행하기에 앞서 분석을 수행할 과제를 정의하고, 데이터에서 비즈니스 인사이트 및 결과를 도출할 수 있도록 프로젝트를 관리하는 방안을 사전에 계획하는 일련의 과정이다. 관심 있는 주제와 해당 문제 영역에 대한 전문적 역량 및 수학/통계학적 지식을 활용한 분석 역량과 분석 도구인 데이터 및 프로그래밍 기술 역량에 대한 균형 잡힌 시각을 가지고 방향성 및 계획을 수립해야 한다. 이를 위해서 기업 및 조직은 데이터 거버넌스를 구축하여 어떤 목표(What)를 달성하기 위하여(Why) 어떠한 데이터를 가지고, 어떤 방식으로(How) 수행할 것인지, 이에 대한 계획을 수립하고 방향성을 명확히 해야만 목표했던 문제에 대한 해결 및 최적화, 그리고 비즈니스 가치를 극대화할 수 있다.

Chapter 1

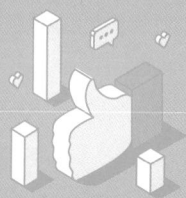

빅데이터의 이해

들어가기 전에

'Chapter 1. 빅데이터의 이해'에서는 빅데이터의 개념과 빅데이터 활용을 위해 이와 관련된 기초 내용을 다룬다. 처음 학습을 시작할 때 어려운 점은 용어가 낯설기 때문인데 '하나부터 열까지 모두 암기하고, 이해해서 100% 내 것으로 만들겠다'는 생각보다는 '용어에 익숙해진다'는 생각으로 접근하는 것이 낫다. 부담 없이 읽으면서 기초를 다지는 것에 초점을 맞추도록 하자.

챕터 구성

1.1 빅데이터 개요 및 활용
- 1.1.1 빅데이터의 특징
- 1.1.2 빅데이터의 가치
- 1.1.3 데이터 산업의 이해
- 1.1.4 빅데이터 조직 및 인력

출제예상문제

1.2 빅데이터 기술 및 제도
- 1.2.1 빅데이터 플랫폼
- 1.2.2 빅데이터와 인공지능
- 1.2.3 개인정보 법/제도
- 1.2.4 개인정보 활용

출제예상문제

1.1 빅데이터 개요 및 활용

1 Day

학습목표
빅데이터를 이해하기 위한 데이터의 개념과 빅데이터 활용에 대해 학습한다.

출제경향
빅데이터 개요 및 활용 세부 항목에서는 개념을 묻는 문제를 중심으로 출제되고 있다. 예를 들어 문제의 개념을 이해하고 선택하는 문제이거나, 지문에서 개념을 선택하는 문제를 말한다. 그렇기 때문에 문제의 출제빈도와 난이도는 높지 않으며 몇 번 읽으면서 개념을 이해하면 점수를 받을 수 있다.

출제빈도

제2회(2021.04.17) 2문항 출제	제3회(2021.10.02) 3문항 출제
제4회(2022.04.09) 3문항 출제	제5회(2022.10.01) 2문항 출제
제6회(2023.04.08) 7문항 출제	제7회(2023.09.23) 6문항 출제
제8회(2024.04.06) 1문항 출제	제9회(2024.09.07) 3문항 출제

출제세부항목	출제수	출제 내용(문항수)
1.1.1 빅데이터의 특징	8	빅데이터 3V(6), 제타바이트, 무결성
1.1.2 빅데이터의 가치	3	가치 설명(2), 빅데이터 위기
1.1.3 데이터 산업의 이해	1	반정형 데이터 유형
1.1.4 빅데이터 조직 및 인력	15	빅데이터 인력(7), 빅데이터 조직(2), 데이터 거버넌스(2), 분석준비도, 분석성숙도(2), 분석 수준 진단4분면

빅분기_01
1.1.1

1.1.1 빅데이터의 특징

1.1.1.1 데이터와 정보의 이해

❶ 데이터의 정의

데이터(Data)는 수, 영상, 단어 등의 형태로 된 의미 단위이며 신호, 기호, 숫자, 문자 등으로 기록되는 정보를 위한 기초적 자료를 말한다. 따라서 데이터는 가공을 거치지 않으면 정보(Information)라는 단위가 될 수 없다. 그러므로 데이터는 정보로서의 가치가 부족하며, 가공되지 않고, 의미를 갖지 않은 상태의 개체(Entity, 정보 단위)라 할 수 있다.

> **데이터의 다양한 정의**
> - 라틴어 단어 Datum의 복수형인 Data에서 유래
> - 이론을 세우는 데 기초가 되는 사실 또는 바탕이 되는 자료
> - 관찰이나 실험, 조사로 얻은 사실이나 자료
> - 프로그램을 운용할 수 있는 형태로 기호화, 숫자화한 자료
> - 추측이나 예측을 위한 기반으로 활용되는 알려진 사실 또는 알려진 것

❷ 데이터와 정보(DIKW 피라미드)

데이터와 정보는 '의미를 가지고 있느냐, 없느냐'의 차이로 구분할 수 있다. 정보는 데이터의 이해를 통해 의미를 부여한 것을 말하며, 그렇지 않다면 데이터로 남게 된다. 다시 말하면, 정보는 데이터를 처리하여 얻어진 결과이다.

예를 들어, 수학능력시험의 등수를 산정하는 소프트웨어 프로그램(Software Program)이 있다고 하자. 시험과목별(국어, 수학, 영어, 한국사 등) 점수를 합산해 등수를 산정할 때 각 시험과목별 점수는 데이터를 의미하며, 이 데이터를 이용해 구한 총점수와 평균은 정보(Information)가 된다.

DIKW(Data, Information, Knowledge, Wisdom) 피라미드 모형에서는 목적 달성과 가치 극대화를 위해 데이터의 활용 가치를 계층 구조로 설명한다.

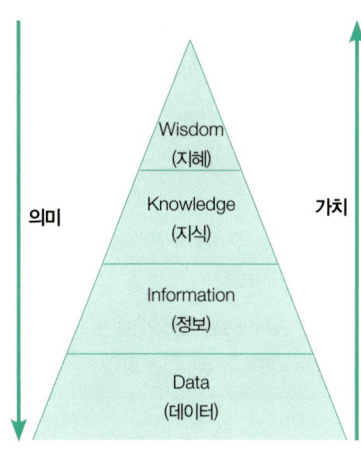

W(지혜)
근본 원리에 대한 깊은 이해를 바탕으로 도출되는 창의적 아이디어
예) 다른 커피도 A카페보다 B카페의 가격이 저렴할 것이라 판단

K(지식)
상호 연결된 정보 패턴을 이해하고 이를 토대로 예측한 결과물
예) B카페에서 라떼를 산다.

I(정보)
데이터의 가공 및 상관관계 간 이해를 통해 패턴을 인식하고 그 의미를 부여한 데이터 예) 오늘 기준 카페별 라떼 가격 : A카페 〉 B카페

D(데이터)
존재 형식을 불문하고 타 데이터와의 상관관계가 없는 가공하기 전의 순수한 수치나 기호 예) 라떼 가격 비교 : A카페 3,500원, B카페 2,500원

DIKW 피라미드 모형

DIKW 피라미드 모형에 따르면, 데이터(D)는 사물이나 사건에 대한 묘사(Description)이며, 가공되지 않은 상태의 사실(Facts)이다. 그리고 특정한 목적을 위해 데이터가 처리되면 그 목적에 유용한 정보(I)가 된다. 나아가 정보가 체계화되면 지식(K)이 되며, 지식이 고도로 추상화되면 지혜(W)가 된다.

❸ 데이터 지식 경영, 지식 창조 모델

구성원 개개인이 가진 지식의 공유를 통해 문제해결 능력을 향상시키려는 기업 경영방식을 지식경영이라 하며, 이는 기업의 생존이 인적자원의 지식에 달려있음을 의미한다.

이러한 지적 창조활동 과정에서 획득하는 지식을 암묵지(Tacit Knowledge)와 형식지(Explicit Knowledge)로 구분하고, 이 둘의 상호 작용을 통해 이뤄지는 지적 창조 활동을 지식창조 모델이라 한다(노나카 이쿠지로의 지식창조 모델 혹은 SECI 모델).

지식의 형태

지식의 형태	설명	부연 설명	예
암묵지	언어로는 설명할 수 없이 전적으로 개인의 경험이나 잠재적인 능력에서 비롯되는 지식	주관적 지식, 경험에 기반을 둔 지식, 정황에 따라 달라지는 지식	수영하기, 자전거타기
형식지	언어로 명료화되어 전달될 수 있는 지식	코드화된 지식, 체계화된 언어로 상호 전달 가능한 지식	매뉴얼, 표준, 데이터베이스

암묵지, 형식지의 상호 작용을 기반으로 다음 4가지 지식변환 과정을 거쳐 지식경영의 효율을 극대화할 수 있다.

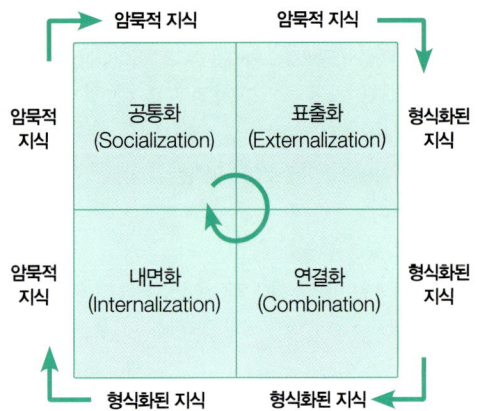

지식 변환 프로세스

이러한 과정이 순차적으로 한 번만 일어나지는 않는다. 개인의 지식 창조에서 시작해서 집단, 조직의 차원으로 나선형으로 회전하면서 공유되고 발전해가는 창조 프로세스로 파악할 수 있다. 이처럼 개인/집단/조직 전체의 각 자원을 통해서 기업은 외부 환경으로부터 배울 수 있는 것 이상의 지식을 새롭게 창조하는 것이다.

1.1.1.2 데이터베이스 시스템의 이해

❶ 데이터베이스 시스템의 정의

데이터베이스 시스템(DataBase System)은 데이터베이스에 데이터를 저장하고, 저장된 데이터를 관리하여 조직에 필요한 정보를 생성해주는 시스템이며 데이터베이스와 데이터베이스 관리시스템 외에도 사용자, 사용자가 데이터베이스에 접근하는데 사용하는 데이터 언어, 데이터베이스와 데이터베이스 관리시스템을 설치하고 데이터 처리 연산을 담당하는 하드웨어로 구성된다.

데이터베이스 시스템 구성요소

구성요소	설명	특징
데이터베이스	특정 조직의 여러 사용자가 공유해서 사용할 수 있도록 통합해서 저장한 운영데이터의 집합	통합, 저장, 운영, 공유
데이터베이스 관리시스템	응용 프로그램을 대신하여 데이터베이스에 존재하는 데이터의 검색/삽입/삭제/수정을 가능하게 하고, 모든 응용 프로그램이 데이터베이스를 공유할 수 있게 하는 시스템	정의, 조작, 제어
데이터베이스 언어	데이터베이스를 구축하고 활용 및 관리하는 언어	DDL, DML, DCL
사용자	데이터베이스를 이용하기 위해 접근하는 모든 사람	데이터베이스 관리자, 최종 사용자, 응용 프로그래머
하드웨어	데이터베이스 시스템의 성능과 직결되는 인프라 환경	CPU, 메인 메모리, 입/출력 연산, 대용량 저장장치

❷ 데이터베이스의 정의와 특징

데이터베이스는 생성된 데이터의 무결성(Integrity) 유지 및 최종 저장하는 역할을 하고 저장된 정보를 사용자에 의해 운영될 수 있게 한다. 데이터베이스는 다음과 같이 정의한다.

> **다양한 관점의 데이터베이스 정의**
> - 데이터베이스 특징 관점 정의 : 어느 한 조직의 여러 응용시스템들이 공용할 수 있도록 통합, 저장된 운영데이터의 집합
> - 데이터베이스 개론학 관점 정의 : 정보를 일원화(一元化)하여 처리를 효율적으로 수행하기 위해서 서로 관련성을 가지며 중복이 없는 데이터의 집합을 유지하는 것

데이터베이스의 4가지 특징은 다음과 같다.

데이터베이스 특징

특징	설명
통합데이터(Integrated Data)	똑같은 데이터가 원칙적으로 중복되어 있지 않음(최소의 중복, 통제된 중복)
저장데이터(Stored Data)	컴퓨터가 접근 가능한 저장매체에 저장(SSD, HDD, 디스크, 테이프 등)
운영데이터(Operational Data)	한 조직의 고유한 기능을 수행하기 위해 필요한 데이터
공용데이터(Shared Data)	한 조직의 여러 응용 프로그램이 공동으로 소유/유지/이용하는 데이터
변화하는 데이터(Changed Data)	새로운 데이터의 추가, 삭제, 갱신으로 항상 변화하면서도 정확한 데이터를 유지

※ (데이터베이스의 추가된 특징) 변화하는 데이터(Changed Data) : 새로운 데이터의 추가, 삭제, 갱신으로 항상 변화하면서도 정확한 데이터를 유지

또한 데이터베이스는 정보 이용 측면에서 사용자의 정보 요구에 대한 실시간 접근성, 일정한 질서와 구조에 따라 정리/저장/검색/관리할 수 있도록 지속적인 변화에 적응하고, 여러 사용자의 요청에 대해서 정보를 동시 공용하며, 내용에 대해 참조하는 특징을 가진다.

1980년대에 정보통신망 구축의 가속화로 기업 경영 전반의 모든 자료를 연계하여 단일화된 데이터베이스 구축 및 운영에 중점을 두었고, 1990년대에 호스트 컴퓨터와 온라인으로 접속된 여러 단말기 간의 처리 형태인 온라인 트랜잭션처리(OnLine Transaction Processing, OLTP) 환경에서 데이터베이스처리가 보편화되기 시작했다.

그 후 데이터 마이닝을 이용해 분석이 중심이 되는 온라인 분석처리(OnLine Analytical Processing, OLAP) 환경에서 데이터 웨어하우스(Data Warehouse, DW) 등을 이용한 데이터 활용성이 증대되어 왔으며, 1990년대 이후 인터넷이 전세계로 확장되면서 데이터의 양이 수십 테라바이트(TB)를 넘어 무한대로 발생하는 정보화 시대를 맞아 빅데이터의 활용성이 극대화되고 있다.

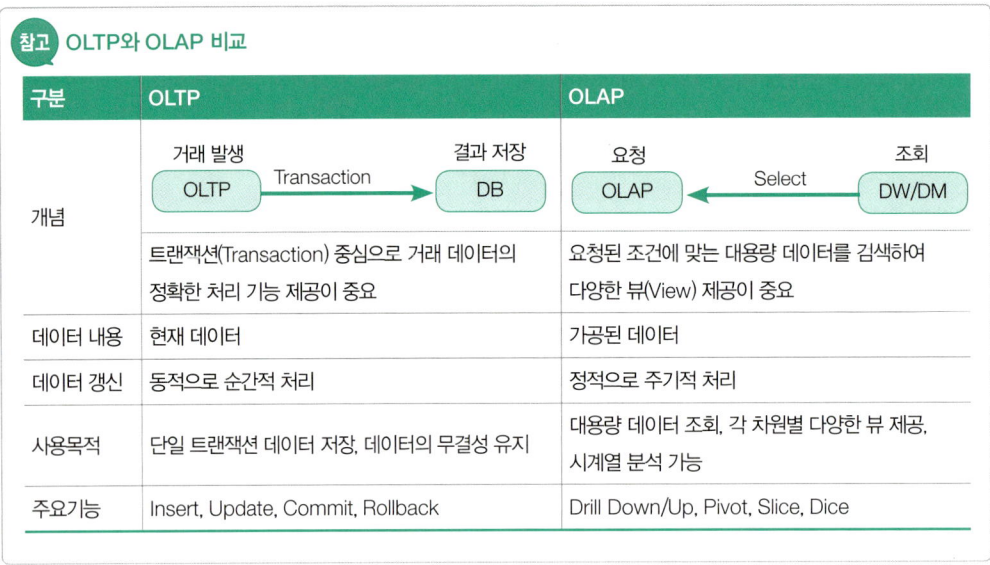

1.1.1.3 빅데이터의 정의 및 특징

❶ 빅데이터의 정의

빅데이터(Big Data)란 데이터의 양이 큰(Big) 데이터라는 초창기 개념에서, 데이터베이스 관리시스템의 능력을 넘어서는 대량의 정형 또는 데이터베이스 형태가 아닌 비정형의 데이터 집합까지 포함한 데이터로부터 가치를 추출하고 결과를 분석하는 개념으로 진화했다.

다양한 종류의 데이터에 대한 생성, 수집/저장, 분석, 가시화를 특징으로 하는 빅데이터 기술의 발전은 급속하게 변화하는 시대적 주요 요인을 더욱 정확하게 예측하여 효율/효과적으로 작동하게 하고, 개인화된 현대 사회의 각 구성원에게 맞춤형 정보를 제공 및 관리/분석을 가능케 하며, 과거에는 불가능했던 기술을 실현시키는 도구로 활용된다.

빅데이터의 다양한 정의

빅데이터(최초 정립)	데이터 양이 큰 데이터(수십 테라바이트(TB) 이상의 정형/반정형/비정형 데이터)
빅데이터(분석과 가치)	기존 데이터베이스 관리도구로 데이터를 수집, 저장, 관리, 분석할 수 있는 역량을 넘어서는 대량의 정형 또는 비정형 데이터 집합 및 이러한 데이터로부터 가치를 추출하고 결과를 분석하는 기술
빅데이터(한국데이터진흥원)	데이터에 대한 기존의 접근 방식으로는 얻을 수 없었던 통찰과 가치를 창출하는 모든 것

빅데이터는 모든 사회 전 영역에 걸쳐 사회와 인류에게 가치 있는 정보를 제공할 수 있는 가능성을 제시하며 그 중요성이 부각되고 있다.

> **참고** 컴퓨터에서 처리하는 데이터의 단위

단위	기호	10진수	2진수	같은 값
비트	bit	–	–	0 또는 1
바이트	Byte	–	–	8bit
킬로바이트	KB(Kilo Byte)	10^3	2^{10}	1,024Byte
메가바이트	MB(Mega Byte)	10^6	2^{20}	1,024KB
기가바이트	GB(Giga Byte)	10^9	2^{30}	1,024MB
테라바이트	TB(Tera Byte)	10^{12}	2^{40}	1,024GB
페타바이트	PB(Peta Byte)	10^{15}	2^{50}	1,024TB
엑사바이트	EB(Exa Byte)	10^{18}	2^{60}	1,024PB
제타바이트 `기출`	ZB(Zeta Byte)	10^{21}	2^{70}	1,024EB
요타바이트	YB(Yotta Byte)	10^{24}	2^{80}	1,024ZB

❷ 빅데이터의 부각 배경

빅데이터는 새로운 기술의 등장이 아니다. 스마트 시대로의 사회 패러다임 전환으로 모바일 온리(Mobile Only) 사회가 본격화되면서, 모바일 디바이스의 멀티미디어 콘텐츠 증가, IoT(Internet of Things) 등 스마트 디바이스의 확산이 맞물려 출현한 사회적 패러다임이다. 이로 인해 사회 전반에서 수많은 데이터가 생산되고 있으며, 기존 보유하고 있던 데이터와 비정형 데이터의 증가로 이를 이용하고자 하는 요구와 이를 수반할 수 있는 정부통신기술(Information and Communications Technology, ICT) 발전이 맞물려 새로운 비즈니스 창출과 비즈니스 최적화 등의 시너지 창출을 기대하고 있다.

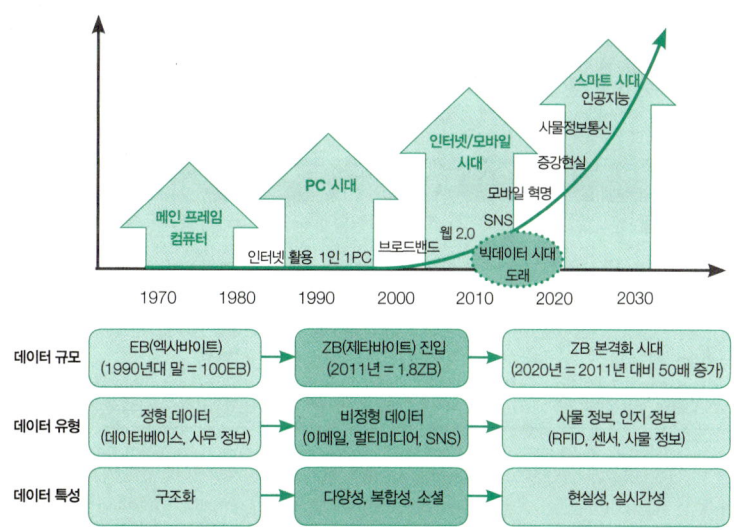

데이터의 변화 방향. "데이터분석 전문가 가이드". 한국데이터산업진흥원, 2018.

연도별 데이터 규모, 데이터 유형 및 데이터 특성에 따른 데이터 변화 방향은 앞 그림과 같다.

빅데이터 부각 배경 기출

구분	부각 배경	내용	부연 설명
사회적 변화	스마트 시대 부각 양적 데이터의 질적 활용	모바일 중심의 사회 패러다임 전환으로 활용 데이터 증가	산업 간 융합으로 ICT의 경계를 모호하게 하는 증상을 태동함
	개인화 분석 요구	통계학, 머신러닝 등 활용성 증가	딥러닝 알고리즘의 고도화
정보통신 기술의 발전	스마트 디바이스, IoT, 클라우드 등의 활용	정형/비정형 데이터의 저장 및 처리 환경 발전	스마트폰, 지능형 CCTV, 스마트팩토리 등
	분산처리 기술 고도화	대용량 분산병렬처리시스템의 보편화	Hadoop 등 빅데이터 아키텍처 활용
데이터의 폭발적 증가	SNS 급격 확산	콘텐츠 증가, 정형/비정형 데이터 증가	페이스북, 인스타그램 등 수평/수직 SNS의 확산

❸ 빅데이터의 특징

빅데이터의 일반적인 특징은 3V라 불리는, Volume(크기), Variety(다양성), Velocity(속도)로 정의한다.

빅데이터 특징 : 3V 기출

특징	세부 내용	부연 설명
Volume(크기)	물리적 데이터 양의 증가를 의미	수십 페타/엑사/제타바이트 수준의 대규모 데이터
Variety(다양성)	데이터의 다양성을 의미	정형/반정형/비정형 데이터
Velocity(속도)	실시간에 가까운 빠른 수집 및 처리속도를 의미	수집/분석/활용/가시화 과정의 비즈니스에 효율적 처리속도

빅데이터 특징인 3V는 분석과 가치 창출의 중요성이 강조되면서 Value(가치)를 추가한 4V로 정의되었고, 일부 학자 혹은 기업에서는 Veracity(진실성), Visualization(시각화), Validity(정확성), Volatility(휘발성) 등을 추가하여 5V 혹은 6V로 정의하기도 한다.

빅데이터 추가 가능한 특징

명칭 구분	추가 가능한 특징	세부 내용
4V	Value(가치)	비즈니스에 실현될 궁극적 가치에 중점을 둠(효과성)
5V	Veracity(진실성)	의사결정이나 활동의 배경을 고려하여 이용됨으로써 신뢰 제고
6V	Visualization(시각화)	사용자 친화적인 시각적 기능을 통해 빅데이터의 모든 잠재력 활용
	Validity(정확성)	데이터가 가지는 유효성과 정확성
	Volatility(휘발성)	데이터가 가지는 의미의 기간(의미가 유지되는 기간)

❹ 전통적 분석과 빅데이터 분석의 차이

빅데이터 이전에도 분석 환경은 존재했고 크게 데이터의 확장, 데이터의 다양화, 데이터의 대규모화로 차이를 설명할 수 있다.

전통적 데이터 분석과 빅데이터 분석 차이 비교

차이점	전통적 데이터 분석	빅데이터 데이터 분석
데이터의 확장	조직 내부 데이터 분석, 과거 현상 기반	내부와 외부 데이터를 활용한 분석, 현재 사실을 기반으로 미래 예측
데이터의 다양화	단순하고 소형화, 정형 데이터 분석 예) 판매 데이터	다양하고 대용량, 정형/비정형 데이터 분석 예) SNS 등 소셜 텍스트 데이터
데이터의 대규모화	특정 시스템 중심 분석	복합 시스템 중심 분석

❺ 빅데이터가 만들어내는 변화

빅데이터는 데이터 양의 증가, 처리 방식 및 분석 환경의 변화, 정보통신 기술의 발전 등과 맞물려 본질적인 변화를 만들어내고 있다.

빅데이터가 만들어내는 변화 기출

사전처리 → 사후처리	정해진 특정한 정보만 처리하는 것이 아닌, 가능한 많은 데이터를 모으고 그 데이터를 다양한 방식으로 조합해 숨은 정보를 찾아냄
표본조사 → 전수조사	일부 샘플을 이용한 표본조사로 유실할 수 있는 패턴이나 정보를 전체 데이터를 이용한 전수조사가 가능한 환경으로 변화됨. 활용의 융통성 유지 가능
질 → 양	대세에 영향을 주지 못하는 사례일지라도 다른 변수에 대해서는 풍부한 정보를 갖고 있기 때문에 모든 데이터를 활용할 때, 훨씬 더 많은 가치를 추출할 수 있다는 관점
인과관계 → 상관관계	데이터 기반의 상관관계 분석이 주는 인사이트가 인과관계에 의한 미래 예측을 점점 더 압도해가는 시대 도래

이러한 변화는 데이터의 실시간 분석/검색을 통한 외부 환경 변화에 실시간 대응을 가능하게 하고, 많은 정보를 이용한 예측을 통해 위험에 대응하고 리스크를 감소시킬 수 있게 해준다.

1.1.2 빅데이터의 가치

1.1.2.1 빅데이터의 가치 산정이 어려운 이유

빅데이터는 데이터의 활용 측면에서 비용절감, 의사결정 효율화, 미래예측 정확성 등에 따라 그 가치를 산정할 수 있다. 그러나 데이터의 활용 방식, 가치 창출 방식, 가치 경계 측정 방식의 여러 가지 변수로 인해 가치를 산정하는 것은 쉽지가 않다.

빅데이터의 가치 산정이 어려운 이유

데이터 활용 방식	재사용, 재조합이 많아서 어떤 데이터가 활용될지 예측이 어려워짐
가치 창출 방식	기존에 없던 새로운 가치를 창출함에 따라 가치 측정이 어려워짐
가치 경계 측정 방식	분석 기술의 발달로 이전에 발견하지 못한 새로운 데이터 발굴이 가능해졌으나 가치 있는 데이터와 없는 데이터 간의 경계를 식별하기 어려워짐

따라서 활용 기관 혹은 기업의 목표에 따라 데이터의 활용 목적성을 명확히 하고, 조직의 데이터 관리 성숙도의 수준을 지속적으로 높이는 노력이 수반되어야 한다.

1.1.2.2 빅데이터의 가치

데이터를 어떻게 수집, 분석, 활용하느냐에 따라, 그리고 분석 목표와 가치의 평가 기준을 어떻게 두느냐에 따라 그 가치와 의미는 달라질 수 있으며, 사회/기업/기관/연구 등 다양한 산업 분야를 포괄하여 활용성에 대한 증가와 가치 창출의 증거는 곳곳에서 나타나고 있다.

빅데이터의 가치 **기출**

구분	빅데이터의 가치	설명
혁신 추구	데이터 중심 혁신	모든 산업 분야의 생산성을 높여, 사회/경제/문화/생활 전반에 혁신을 이룸
	새로운 산업 창출	각종 비즈니스, 대국민 서비스 등 경제 성장에 필요한 정보를 제공하여 새로운 범주의 산업을 만듦
	플랫폼 매개체	플랫폼으로서 다양한 서비스/시스템과 사용자를 연결하여 비즈니스 가치를 극대화
생산성 향상	산업 생산성 향상	필요 분야에 데이터를 제공함으로써 생산성을 최대화하고 낭비를 최소화
경쟁력 확보	소비자 맞춤형 서비스	고객 세분화를 통한 맞춤형 서비스 제공
	의사결정 지원	데이터 기반의 명확한 근거 제공 및 숨겨진 가치와 패턴 도출
	비즈니스 모델의 혁신	새로운 비즈니스 모델 발굴 위한 인사이트 제공
미래 대응	상황 분석, 환경 탐색	기상, 인구 이동 등 각종 통계 정보를 수집하여 사회 변화를 추정하고 관련 정보 추출

결론적으로 빅데이터의 가치는 빠르게 변화하는 사회 환경과 팬데믹 등의 글로벌적 위기, 통제 불가능한 비즈니스의 외부 위협 등에 미래 예측적인 사고를 제시하여 새로운 기회를 창출하고, 위험을 감소시키며, 불확실한 미래에 대한 통찰력을 제공하는 것에 있다.

1.1.2.3 빅데이터의 활용

❶ 빅데이터 활용을 위한 3요소

4차 산업혁명 특징인 초연결, 초지능화, 산업간 융합으로 데이터 경제가 본격화되면서 다양하고 질 좋은 데이터 확보를 요구하고 있다. 이를 뒷받침하는 핵심 인프라는 데이터이며, 빅데이터의 활용을 위해서는 데이터의 확보(자원), 빅데이터를 다룰 수 있는 기술, 활용할 인력 3요소가 필수적이다.

미래 빅데이터 활용을 위한 3요소

기법	내용	상세 내용
자원 (데이터)	모든 것을 데이터화(Datafication)하고 축적된 데이터를 창의적으로 재활용하여 새로운 가치 창출	데이터 자원확보 데이터 품질관리
기술	알고리즘을 학습시킬 수 있는 데이터의 양이 증가하면서 빅데이터 분석 및 처리기술의 진화 가속화	데이터 저장, 관리 기술(NoSQL, ETL/ELT) 대용량 데이터 처리(Hadoop, Map Reduce) 빅데이터 분석 및 시각화, 인공지능(AI)
인력	빅데이터 분석 및 처리를 위한 데이터 사이언티스트와 알고리즈미스트의 역할이 더욱 중요해졌으며, 다각적 분석을 통한 인사이트 도출	수학, 공학, IT기술 등의 전문능력 경제학, 통계학 등 다문화적 이해 비판적 사고와 커뮤니케이션 능력

❷ 빅데이터 활용 사례

데이터의 중요성이 무엇보다 부각되고 있는 시대적 흐름에 맞춰 기업, 정부, 개인 등 빅데이터 분석을 활용해 소기의 성과를 달성하는 사례가 증가하고 있다.

빅데이터 활용 사례

구분	활용 사례	설명
기업 혁신 사례	구글 헬스의 의료 영상 질병 진단	당뇨병의 증상인 망막증과 황반부종의 영상 빅데이터를 인공지능 모델에 학습시켜 이를 토대로 당뇨성 망막 병증을 진단
	월 마트 고객 패턴 분석	고객의 구매 패턴을 분석하여 상품 진열에 활용
	넷플릭스 영화 추천	콘텐츠 시청 이력 정보를 활용한 콘텐츠 추천 알고리즘 적용
	아마존 예측 배송	고객이 구매할지 여부가 불확실한 상황에서 고객 주소지 근처의 물류창고로 배송을 시작하는 서비스

정부 활용 사례	치매 예측 시스템	전자의무기록, 전자건강기록, 처방정보, 의료영상기록, 시술기록 등 의약품·의료기기 임상시험 데이터를 포함한 연구 데이터 활용
	버스 노선 신설	통신사 고객의 위치정보 활용, 버스정류장 이용량 분석으로 노선을 만든 심야 올빼미버스
	부동산 시세 정보	공공 정보 데이터를 분석해 소형 부동산 시세 정보 제공
개인 활용 사례	정보주체 중심 활용	흩어진 내 자산을 한눈에 조회하고, 소비 패턴을 분석해 금융상품을 추천하는 서비스

❸ 빅데이터의 위기 요인과 통제 방안

빅데이터를 활용하는 것은 유용한 가치를 제공하는 긍정적인 요인을 가지게 되나 반대로 빅데이터 활용자가 데이터를 과신할 때 데이터의 오용이라는 문제를 발생시킬 수 있다. 이러한 부정적인 요인으로 개인사생활 침해, 악의적 활용 등이 발생할 수 있으므로 적극적인 통제 방안이 필요하다.

빅데이터 위기 요인과 통제 방안 기출

빅데이터 위기 요인 → 빅데이터 통제 방안			
	사생활 침해	책임 원칙 훼손	데이터 오용
빅데이터 위기 요인	개인정보가 포함된 데이터를 목적 외로 활용할 경우 사생활 침해를 넘어 사회, 경제적 위협으로 확대	빅데이터 분석이 발전하면서 정확성이 증가하여, 대상이 되는 사람들이 알고리즘에 의해 희생양이 될 가능성이 높아짐	데이터 활용자의 과신으로 잘못된 가치를 비즈니스에 적용하여 직접적인 손실 발생
	동의에서 책임으로	결과 기반 책임 원칙 고수	알고리즘 접근 허용
빅데이터 통제 방안	'개인정보 제공자의 동의'를 통해 해결하기보단 '개인정보 사용자의 책임'으로 해결	특정인의 '성향'에 따라 처벌하는 것이 아닌 '행동 결과'를 보고 처벌	알고리즘 접근권 보장, 알고리즘에 의한 불이익을 당한 사람들을 대변해 피해자를 구제할 수 있는 능력을 가진 전문가인 '알고리즈미스트' 대두

> **참고** 소비자 프라이버시 보호 3대 권고사항. "미국연방거래위원회(Federal Trade Commission, FTC)".
> - 기업은 상품 설계 단계에서부터 소비자 프라이버시 보호 방안을 적용(Private by Design)
> - 기업은 소비자에게 공유 정보 선택 옵션 제공(Simplified Choice for Business and Consumers)
> - 소비자에게 수집된 정보 내용 공개 및 접근권 부여(Greater Transparency)

1.1.3 데이터 산업의 이해

1.1.3.1 데이터 산업의 진화 과정

데이터가 가치 있는 자원으로 떠오르면서 데이터 산업이 더욱 빠르게 진화되고 있다. 데이터 산업은 데이터 처리, 데이터 통합, 데이터 분석, 데이터 연결, 데이터 권리의 시대로 변화해왔고, 현재 빠르게 발전하는 디지털 기술이 데이터 경제 활성화를 가속화하는 가운데 국내에서의 안정적인 정착을 위해 데이터 리터러시(Data Literacy) 확보, 스타트업 성장 환경 조성, 제도적 기반 마련 등의 선결 과제가 강조되고 있다.

> **참고** 데이터 리터러시. "네이버 지식백과".
> 데이터 리터러시는 데이터를 읽고 그 안에 숨겨진 의미를 파악하는 데이터 해독 능력을 의미하며, 매순간 수많은 데이터가 쏟아지고 있는 상황에서 데이터에 담겨있는 의미를 빠르게 파악하고 목적에 맞게 활용하는 능력은 빅데이터 시대의 필수 생존 요건으로 간주된다.

데이터 산업의 진화. "한국데이터산업진흥원 데이터산업백서". 2019

진화 과정	데이터 산업 설명
데이터 처리 시대	컴퓨터 프로그래밍 언어를 이용하여 대규모 데이터를 빠르고 정확하게 처리하는 시대. 프로그래머들의 주된 역할
데이터 통합 시대	데이터의 일관성을 확보하고 무결성을 유지하여 데이터를 저장, 공유, 통합하는 시대. 데이터 통합 성능 향상을 위해 DBMS 활용. 데이터 웨어하우스(Data Warehouse) 도입
데이터 분석 시대	데이터의 폭발적 증가로 대규모 데이터를 저장, 처리할 수 있는 분산시스템을 활용하는 시대 데이터 마켓플레이스(Data Marketplace)와 데이터 레이크(Data Lake) 활용
데이터 연결 시대	기업 또는 기관, 사람, 사물 등 모든것이 서로 연결되어 상호 작용하면서 데이터를 주고받는 시대 오픈 API(Open Application Programming Interface)로 서비스와 데이터를 개방
데이터 권리 시대	데이터의 원래 소유자인 개인이 자신의 데이터에 대한 권리를 보유하고 있으며 스스로 행사할 수 있어야 한다는 생각이 사회적으로 공감대가 부각되는 시대

세계는 데이터를 미래 경제로 견인할 핵심 동력으로 보고, 데이터 시장을 주도하기 위해 사활을 걸고 있다. 이에 따라 글로벌 ICT 기업의 부상이 더욱 뚜렷해졌다. 또한 데이터의 원래 소유자인 개인이 자신의 데이터에 대한 권리를 보유하고 있으며 스스로 행사할 수 있어야 한다는 생각이 사회적으로 공감대를 얻고 있다.

따라서 디지털 시대의 데이터 주체는 개인과 조직이다. 지금까지는 조직 내부의 데이터 공유가 주 관심이었다면, 앞으로는 조직과 조직의 데이터 공유, 조직과 개인의 데이터 공유, 개인과 개인의 데이터 공유 등이 확산될 것이다. 조직과 조직의 데이터 공유는 데이터 거래, 데이터 융합, 데이터 동맹, 공동 활용 데이터 등의 방법으로 진행될 것이다.

빅분기_03
1.1.4

1.1.4 빅데이터 조직 및 인력

1.1.4.1 빅데이터 조직의 필요성

빅데이터의 등장에 따라 기업의 비즈니스도 많은 변화를 겪고 있다. 이러한 비즈니스 변화를 인식하고 기업의 차별된 경쟁력을 확보하는 수단으로 데이터 과제 발굴, 기술 검토 및 전사 업무 적용 계획 수립 등 데이터를 효과적으로 분석/활용하기 위해 기획, 운영 및 관리를 전담할 수 있는 전문 분석 조직이 필요하다.

빅데이터 조직의 필요성

필요성	설명
데이터 과제 발굴	비즈니스 도메인의 문제 정의 및 개선 과제 발굴
기술 검토	데이터 및 기술적 타당성 검토
전사 업무 적용 계획	우선순위 기반의 전사 업무 적용 계획 수립 및 운영 계획 전파
데이터 분석	비즈니스 기반의 데이터 분석 및 데이터 분석가의 전문 역량 적용
데이터 활용	데이터 자산화와 데이터 활용 관리

또한 빅데이터 조직의 전문성을 극대화하기 위해서는 데이터 분석을 기업의 문화로 정착하고 데이터 분석 업무를 지속적으로 고도화하기 위해서 조직 내, 데이터 분석 거버넌스 체계가 필요하다.

1.1.4.2 데이터 분석 거버넌스 체계

❶ 데이터 분석 거버넌스 체계

데이터 분석은 비즈니스 변화에 따라 데이터의 수집 주기와 데이터의 의미 및 패턴도 함께 변화하기 때문에 데이터 통합 관제 체계가 필요하다.

이런 변화에 민첩하게 대응하기 위해서는 기업의 현재 분석 수준을 정확히 진단하고 분석 조직, 분석 전문인력 배치, 분석 관련 프로세스 성숙도 평가, 분석 교육 등의 관점에서 분석 환경을 지속적으로 개선하고 개발 및 확산하기 위한 거버넌스 체계 구성이 필수적이다. 데이터 분석 거버넌스 체계 수립을 위해 조직의 데이터 분석 역량과 분석 수준 파악이 선행되어야 한다.

- 데이터 분석 환경의 지속적 개선/개발, 확산 및 서비스 관리
- 데이터 분석의 기업 문화로 정착, 데이터 분석 업무의 지속적 고도화

데이터 분석 거버넌스 체계

❷ 데이터 분석 수준 진단

● 분석 수준 진단 프레임워크

데이터 분석 방향성을 수립하는 이유는 각 기업(조직)이 가진 현재의 데이터 분석 수준을 명확히 이해하고 그 결과를 토대로 미래의 목표 수준을 정의하기 위한 것이다.

이를 위해서 분석 수준 진단 프레임워크를 이용해 6개 영역에서 분석준비도(Readiness) 평가와 3개 영역에서 분석성숙도(Maturity) 평가를 수행한다.

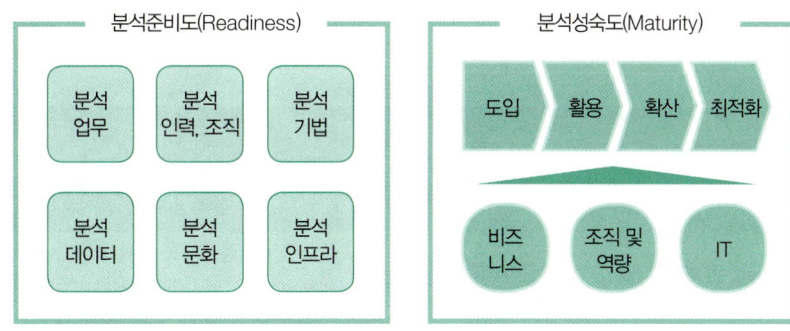

분석 수준 진단 프레임워크

● 분석준비도(Readiness)

분석준비도는 기업의 데이터 분석 도입 수준을 파악하기 위한 진단 방법으로서 6가지 영역을 대상으로 현 수준을 파악한다.

각 진단 영역별로 수준을 파악하고, 전체 요건 중 일정 수준 이상 충족하면 분석 업무를 도입하고, 충족하지 못하면 먼저 분석 환경을 조성해야 한다.

또한 기업마다 분석 수행을 위한 현 수준은 어떠한지, 보다 효율적인 분석 업무 수행을 위해 요구, 개선이 필요한 부분은 어디인지 명확한 방향을 수립할 필요가 있다.

분석준비도 진단 영역 기출

분석 업무 파악	인력 및 조직	분석 기법
발생한 사실 분석 업무 예측 분석 업무 시뮬레이션 분석 업무 최적화 분석 업무 분석 업무 정기적 개선	분석 전문가 직무 존재 전문가 교육훈련 프로그램 관리자 기본 분석 능력 전사 총괄 조직 경영진 분석 업무 이해	업무별 적합한 분석 기법 분석 업무 도입 방법론 분석 기법 라이브러리 분석 기법 효과성 평가 분석 기법 정기적 개선
분석 데이터	**분석 문화**	**IT 인프라**
분석 업무를 위한 데이터 (충분성/신뢰성/적시성) 비구조적 데이터 관리 외부 데이터 활용 체계 기준 데이터 관리(MDM)	사실에 근거한 의사결정 관리자의 데이터 중심 회의 등에서 데이터 활용 직관보다 데이터 활용 데이터 공유 및 협업 문화	운영시스템 데이터 통합 EAI, ETL 등 데이터 유통 체계 분석 전용 서버 및 스토리지 분석 환경(빅데이터/통계/비주얼)

- **분석성숙도(Maturity)**

기업에서 분석 수준은 성숙 단계에 따라 점차 진화하면서 산업 및 기업의 특성에 따라 각 성숙 단계의 내용은 다를 수 있다. 분석성숙도 진단은 조직이 보유한 현재의 데이터 분석 수준을 의미하며, 비즈니스 부문, 조직/역량 부문, IT 부문 등 3개 부문을 대상으로 도입, 활용, 확산, 최적화 단계로 현재 수준을 판단할 수 있다.

분석성숙도 평가 단계 기출

구분 설명	도입 단계 분석을 시작하여 환경과 시스템을 구축하는 단계	활용 단계 분석 결과를 실제 업무에 적용하는 단계	확산 단계 전사 차원에서 분석을 관리하고 공유하는 단계	최적화 단계 분석을 진화시켜서 혁신 및 성과 향상에 기여하는 단계
비즈니스	실적 분석 및 통계 정기 보고 수행 운영 데이터 기반	미래 결과 예측 시뮬레이션 운영데이터 기반	전사 성과 실시간 분석 프로세스 혁신 3.0 분석 규칙 관리 이벤트 관리	외부 환경 분석 활용 최적화 업무 적용 실시간 분석 비즈니스 모델 진화
조직, 역량	일부 부서에서 수행 담당자 역량에 의존	전문 담당 부서에서 수행 분석 기법 도입 관리자가 분석 수행	전사 모든 부서 수행 분석 COE(Center Of Excellence) 조직 운영 데이터 사이언티스트 확보	데이터 사이언스 그룹 경영진 분석 활용 전략 연계

IT	데이터 웨어하우스 데이터 마트 ETL/EAI OLAP	실시간 대시보드 통계 분석 환경	빅데이터 관리 환경 시뮬레이션, 최적화 비주얼 분석 전용 서버	분석 협업 환경 분석 샌드박스(Sandbox) 프로세스 내재화 빅데이터 분석

소프트웨어 공학(Software Engineering)에서는 시스템 개발 업무 능력과 조직의 성숙도를 파악하기 위해 CMMI(Capability Maturity Model Integration) 모델 등을 활용한다.

> **참고** 소프트웨어 개발 프로세스 표준
>
> 소프트웨어는 인력/기술/절차/도구가 어우러져 통합된 프로세스를 바탕으로 개발 경험이 반영되어야 고품질의 소프트웨어 개발이 가능하다.
>
> | 단계 | 국제 표준 | 설명 |
> |---|---|---|
> | 프로세스
품질 평가 | ISO/IEC 12207 | ISO에서 정한 표준 SDLC(Software Development Lifecycle)
기본 생명주기, 지원 생명주기, 조직 생명주기로 구분 |
> | | SPICE(Software Process Improvement and Capability dEtermination) | 여러 프로세스 개선 모형을 국제 표준으로 통합한 ISO의 소프트웨어 프로세스 모델
소프트웨어 프로세스에 대한 개선 및 능력 측정 기준
ISO/IEC 15504 |
> | | CMMI | 소프트웨어와 시스템 공학의 능력과 성숙도를 평가하는 모델 |

❸ 분석 수준 결과 진단

해당 기업의 분석준비도(Readiness)와 분석성숙도(Maturity) 진단 결과를 토대로 기업의 현재 분석 수준을 객관적으로 파악할 수 있다. 이를 토대로 유사 업종 또는 경쟁사의 분석 수준과 비교하여 분석 경쟁력 확보 및 강화를 위한 목표 수준을 설정할 수 있다.

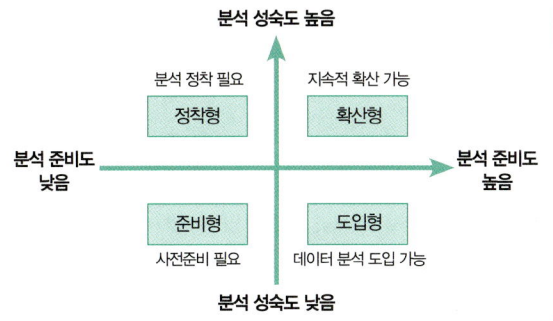

단계	설명
준비형	데이터, 조직 및 인력, 분석 업무, 분석 기법 적용 안 됨 사전준비 필요
정착형	조직 및 인력, 분석 업무, 분석 기법 제한적 사용 우선적으로 분석의 정착이 필요한 기업
도입형	조직 및 인력 등 준비도 높음, 분석 업무 및 기법 부족 데이터 분석을 바로 도입할 수 있는 기업
확산형	분석준비도의 6가지 분석 구성요소 모두 갖춤 지속적 확산이 가능한 기업

분석 수준 진단 4분면 **기출**

분석 관점에서 4가지 유형으로 분석 수준 진단 결과를 구분하여 향후 고려해야 하는 데이터 분석 수준에 대한 목표 방향을 정의하고, 유형별로 개선 방안을 수립한다.

1.1.4.3 데이터 거버넌스 `기출`

데이터 거버넌스(Data Governance)는 데이터 분석을 기업의 문화로 정착하고 데이터 분석 업무를 지속적으로 고도화하기 위한 조직 내 분석 관리 체계다.

전사 차원의 모든 데이터에 대하여 정책 및 지침, 표준화 운영 조직 및 책임 등의 표준화된 관리 체계를 수립하고 운영을 위한 프레임워크 및 저장소를 구축한다.

데이터 거버넌스 개요

구분	항목	설명
중요 관리 대상	마스터 데이터 (Master Data)	자주 변하지 않고 자료 처리 운용에 기본 자료로 제공되는 자료의 집합
	메타 데이터 (Meta Data)	데이터에 관해 구조화된 데이터로 다른 데이터를 설명해주는 데이터 컴퓨터에서는 보통 '데이터를 표현하기 위한 목적', '데이터를 빨리 찾기 위한 목적'으로 사용
	데이터 사전 (Data Dictionary)	자료에 관한 정보를 모아두는 저장소 자료의 이름, 표현 방식, 자료의 의미와 사용 방식, 그리고 다른 자료와의 관계를 저장
	빅브라더 (Big Brother)	개인 프라이버시에 대한 데이터가 잘못 활용될 경우 '빅브라더(정보의 독점으로 사회를 통제)'가 현실화되는 문제점 영국의 소설가 조지오웰(George Orwell)의 소설에서 비롯된 용어
구성요소	원칙 (Principle)	데이터를 유지/관리하기 위한 지침과 가이드 보안, 품질 기준, 변경 관리
	조직 (Organization)	데이터를 관리할 조직의 역할과 책임 데이터 관리자, 데이터베이스 관리자, 데이터 아키텍트
	프로세스 (Process)	데이터 관리를 위한 활동과 체계 작업 절차, 모니터링 활동, 측정 활동
데이터 거버넌스 체계	데이터 표준화	시스템별로 산재해 있는 데이터 정보 요소에 대한 명칭, 정의, 형식, 규칙에 대한 원칙을 수립하여 이를 전사적으로 적용하는 체계 데이터 표준 용어 설정, 명명규칙 수립, 메타 데이터 구축, 데이터 사전 구축, 데이터 생명주기 관리 등의 업무로 구성
	데이터 관리 체계	데이터 정합성 및 활용의 효율성을 위해 표준 데이터를 포함한 메타 데이터와 데이터 사전의 관리 원칙을 수립하는 과정 항목별 상세 프로세스 수립, 관리 및 운영을 위한 담당자 할당 및 조직별 역할과 책임 정의
	저장소 관리 (Repository)	메타 데이터 및 표준 데이터를 관리하기 위한 전사 차원의 저장소 저장소는 데이터 관리체계 지원을 위한 워크플로우(Work Flow) 및 관리용 응용 소프트웨어를 지원하고 관리 대상 시스템과의 인터페이스를 통한 통제 필요
	표준화 활동	데이터 거버넌스 체계를 구축한 후 표준 준수 여부를 주기적으로 점검하고 모니터링 실시

기업은 데이터 거버넌스 체계를 구축함으로써 표준화된 관리 체계를 기반으로 데이터 가용성, 유용성, 통합성, 보안성, 안정성을 확보할 수 있다.

또한 데이터 거버넌스 체계를 기반으로 빅데이터 거버넌스를 정의하며, 빅데이터의 효율적 관리, 다양한 데이터의 관리체계, 데이터 최적화, 정보보호, 데이터 카테고리별 관리책임자 지정 등을 포함하여 빅데이터 도입을 위한 통제 체계로 활용한다.

1.1.4.4 빅데이터 조직 및 인력

❶ 빅데이터 조직의 이해

빅데이터 분석 조직은 기업의 경쟁력 확보를 위해 데이터 분석의 가치를 발견하고, 이를 활용하여 비즈니스를 최적화하는 목표를 갖고 구성되어야 한다. 이를 위해 기업의 업무 전반에 걸쳐 다양한 분석 과제를 발굴해 정의하고, 데이터 분석을 통해 의미 있는 인사이트를 찾아 실행하는 역할을 수행할 수 있어야 한다.

분석 조직 목표, 역할, 구성

구분	설명
목표	기업의 경쟁력 확보를 위하여 비즈니스 질문(Question)과 이에 부합하는 가치(Value)를 갖고 비즈니스를 최적화(Optimization)하는 것
역할	전사 및 부서의 분석 업무를 발굴하고 전문적인 기법과 분석도구를 활용해 기업 내 존재하는 빅데이터 속에서 통찰(Insight)을 전파하고 이를 수행(Action)화하는 것
구성	기초 통계학 및 분석 방법에 대한 지식과 분석 경험을 가지고 있는 인력으로 전사 또는 부서 내 조직으로 구성하여 운영

❷ 빅데이터 조직 및 인력 구성

데이터 분석을 위한 조직 구조는 분석 업무 수행 주체에 따라 3가지 유형의 조직 구조로 구분할 수 있다.

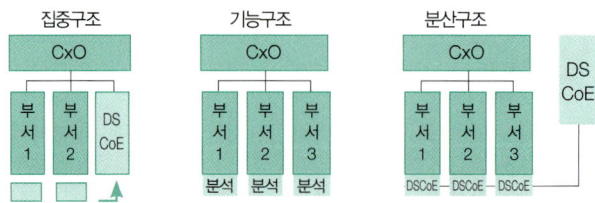

데이터 분석조직(Data Science Center of Excellence, DSCoE)

구분	집중구조	기능구조	분산구조
분석 주체	별도의 독립적 분석 전담조직에서 분석 업무 수행	일반적인 분석 수행 구조 별도 분석조직이 없으며 해당 부서에서 분석 업무 수행	분석 조직인력을 현업 부서로 직접 배치하여 분석 업무 수행
집중도	전략적 중요도에 따라 분석 조직이 우선순위 선정 업무집중도 높음	전사 관점의 핵심 분석의 어려움	전사 차원의 우선순위 수립 분석결과에 따른 신속한 업무 추진 가능
특징	현업 업무부서의 분석 업무와 이중화/이원화 가능성 높음	부서현황 및 실적통계 등 과거실적에 국한된 분석 수행가능성 높음	베스트 프랙티스 공유 가능 부서 분석 업무와 역할병핵(역할 분담 명확화) 업무과다 가능성 높음

데이터 분석조직의 유형

분석 효과를 극대화하기 위해서 비즈니스 이해를 위한 인력, 분석에 필요한 IT 기술을 이해하는 인력, 통계를 이용한 분석 기법을 활용할 수 있는 분석 전문인력 등을 다양하게 구성할 필요가 있다.

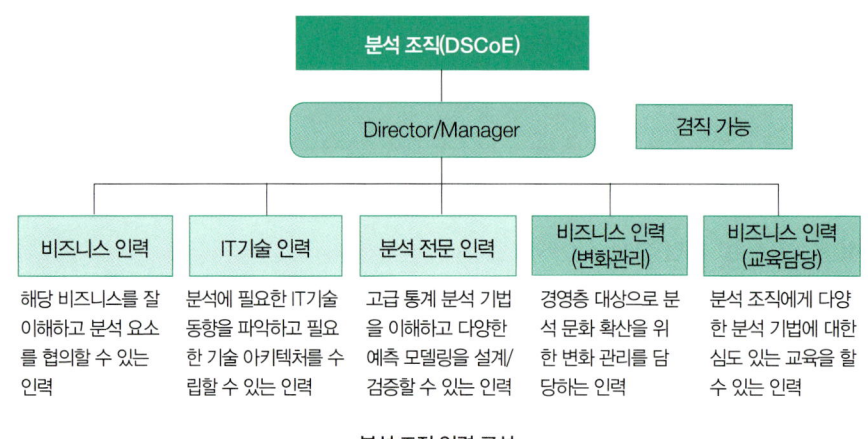

분석 조직 인력 구성

분석 조직 구성 후 수행 과제를 체계적으로 관리하기 위해 분석 과제 관리 프로세스를 수립해야 하며, 분석 과제 관리 프로세스는 과제 발굴과 과제 수행 및 모니터링으로 나누어진다.

과제 발굴 단계에서는 분석할 아이디어를 발굴하고 과제화하여 분석 프로젝트를 선정하는 작업을 수행하고, 과제 수행 및 모니터링 단계에서는 분석을 수행할 팀을 구성하고 지속적인 모니터링과 과제 결과를 공유, 개선하는 절차를 수행한다.

❸ 데이터 직무

데이터 직무는 데이터 개발자, 데이터 엔지니어, 데이터 분석가, 데이터베이스 관리자, 데이터 과학자, 데이터 컨설턴트, 데이터 기획자, 데이터 아키텍트 8개로 구분할 수 있다.

데이터 직무, "2018 데이터 산업 현황 조사", 과학기술정보통신부, 2019. 기출

직무명	설명
데이터 개발자(Developer)	조직 업무 기반 IT 시스템 구축에서 DB 및 데이터를 이용하여 데이터 프로그래밍을 하는 직무 Hadoop, NoSQL, MapReduce 등의 기술을 활용해 빅데이터 처리, LOD(Linked Open Data) 구축 등 데이터 관련 프로그램 개발 포함
데이터 엔지니어(Data Engineer)	DBMS, Hadoop, NoSQL 등 DB 및 (빅)데이터 관련 제품에 대한 기술 지원자, 제품 개발자, 유지보수 등의 직무
데이터 분석가(Data Analyst) 기출	정형, 비정형 데이터 등 다양한 데이터를 식별, 관리, 조작, 분석하여 기업 경영의 의사결정에 필요한 자료를 만들어내는 직무 통계, 머신러닝, 텍스트 마이닝 기반 데이터 분석, 분석 결과 시각화 등 포함
데이터베이스 관리자 (Database Administrator, DBA)	DB관리 체계와 자료를 검토, 개선하고 DB의 구성, 변경, 용량, 성능, 가용성, 보안, 장애, 문제 관리 등 운영시스템의 관리 직무
데이터 과학자(데이터 사이언티스트, Data Scientist)	조직 내/외부 데이터의 관리/활용/분석 체계를 만들고, 분석을 통해 프로세스 혁신 및 신제품 개발, 마케팅 전략 결정 등의 의사결정을 이끌어내는 직무
데이터 컨설턴트 (Data Consultant)	성능 튜닝, 데이터 아키텍처, 문제 해결 등을 총칭하는 DB 및 데이터 컨설팅 직무 빅데이터 분석을 토대로 기업이 앞으로 나아갈 방향, 해결책 등을 제시하는 업무 포함
데이터 기획자(Data Planner)	DB 및 (빅)데이터 관련 제품/서비스 기획 데이터 활용/분석 등을 위한 데이터 수집 관련 기획 등의 업무(데이터 큐레이팅/코디네이팅 등) 포함
데이터 아키텍트 (Data Architect, DA)	데이터를 기반으로 IT 정책, 표준화, 구조, 설계 및 이행을 하는 직무 개념적, 논리적, 물리적 데이터 설계 수행
데이터 라벨러 (Data Labeler)	데이터 구축을 기획하고 데이터의 획득/저장/라벨링/품질검증 등을 수행하는 직무 인공지능이 학습 데이터를 쉽게 인식할 수 있도록 전처리 작업, 즉 사진 이미지, 동영상, 사운드 등의 파일에 등장하는 사물, 동물, 특정 단어 등에 라벨(정보표시)을 다는 작업 수행

❹ 빅데이터 전문인력

- **데이터 과학자(데이터 사이언티스트, Data Scientist)** 기출

빅데이터 분석을 전문적으로 수행하기 위해서는 데이터 과학(데이터로부터 의미 있는 정보를 추출해내는 학문)의 전문성을 보유하고 비즈니스 분석 능력을 보유해야 한다. 이러한 능력을 보유한 전문인력을 데이터 과학자라 한다.

> **데이터 과학자 정의**
> - 데이터를 이해/처리하는 능력, 데이터에서 가치를 뽑아내는 능력, 데이터를 시각화하는 능력, 데이터를 잘 전달하는 역할을 하는 직무
> - 데이터의 다각적 분석을 통해 인사이트를 도출하고 이를 이용해 조직의 전략 방향을 제시하는 전략가

데이터 과학자의 업무를 수행하기 위해서 분석 능력(Analytics), IT전문성, 비즈니스 능력(컨설팅 능력)을 필요로 하며, 이를 중심으로 데이터 과학자의 두 가지 요구 역량인 하드 스킬(Hard Skill)과 소프트 스킬(Soft Skill)로 구분할 수 있다.

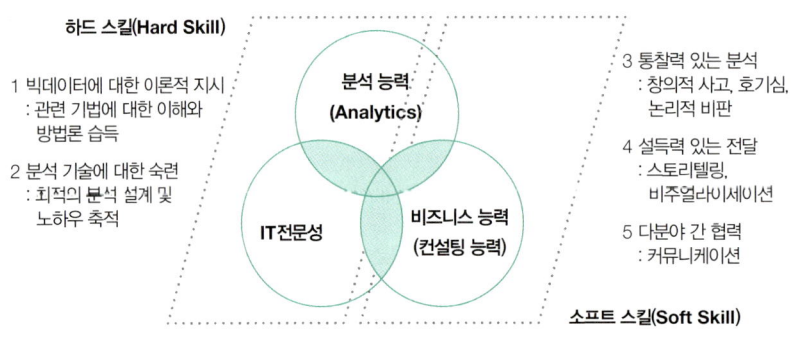

데이터 과학자 요구 역량

하드 스킬은 데이터 처리나 분석 기술을 통해 데이터를 분석하여 의미 있는 결과를 도출하고 이를 적용하기 위한 능력에 관련된 것이며, 소프트 스킬은 숨겨진 것을 찾고자 하는 욕구, 명확한 가설 집합을 만드는 능력, 통찰력 있는 분석, 설득력 있는 전달, 협력 등의 능력을 의미한다.

● 알고리즈미스트

알고리즈미스트(Algorithmist)는 데이터 과학자가 정의한 분석 및 인사이트로 인해 부당하게 피해가 발생하는 것을 예방하는 전문가이며, 데이터의 오용에 대응책으로 '알고리즘에 대한 접근권'을 제공하여 예측 알고리즘에 불이익을 당한 상황을 대변할 전문가이다.

● 인포그래픽스 아티스트

인포그래픽스 아티스트(Infographics Artist)는 데이터 분석 결과를 이해하기 쉽고 직관적으로 의미를 전달할 수 있도록 시각화하는 전문가이며, 데이터 분석 결과를 표, 차트, 그래프, 일러스트레이션 등을 이용해 이해하기 쉽게 시각화하는 전문가이다.

출제예상문제

01. 다음 중 데이터(Data)와 정보(Information)에 대한 설명으로 옳지 않은 것은?

① 데이터 : 수, 영상, 단어 등의 형태로 된 의미 단위
② 정보 : 데이터를 특정한 목적을 위해 처리한 단위
③ 정보 : 추측이나 예측을 위한 기반으로 활용되는 알려진 사실
④ 데이터 : 관찰이나 실험, 조사로 얻은 사실이나 자료

02. 지식 창조 모델에 대하여, 암묵지와 형식지의 상호 작용과 관련이 없는 것은?

① 공통화
② 내면화
③ 연결화
④ 추상화

03. DIKW에 대한 설명 중 그 자체로는 의미가 중요하지 않은 객관적인 사실인 데이터를 가공, 처리하여 얻을 수 없는 것은?

① 지혜
② 정보
③ 기호
④ 지식

04. 페타바이트(Peta Byte)에 1byte의 아스키 코드를 얼마 만큼 넣을 수 있는가?

① 2의 40승
② 2의 50승
③ 2의 60승
④ 2의 70승

05. 다음은 데이터베이스의 특성을 설명한 것이다. 각 설명에 해당하는 특성을 가장 적절하게 나열한 것은?

(A) 최소의 중복과 통제 가능한 중복만 허용하는 데이터
(B) 컴퓨터가 접근할 수 있는 매체에 저장된 데이터

① (A)- 통합데이터, (B)- 저장데이터
② (A)- 통합데이터, (B)- 운영데이터
③ (A)- 저장데이터, (B)- 운영데이터
④ (A)- 운영데이터, (B)- 공용데이터

06. 다음 중 데이터에 관한 구조화된 데이터로 데이터를 빨리 찾기 위한 목적으로 사용되는 데이터의 정의는?

① 마스터 데이터
② 메타 데이터
③ 데이터 사전
④ 데이터 마트

07. 다음 중 빅데이터의 부각 배경에 대한 설명으로 가장 부적절한 것은?

① 스마트 시대의 부각, 양적 데이터의 질적 활용 등으로 데이터 가치 상승
② 개인화 분석을 통해 소비자의 다양한 요구를 만족시키는 비즈니스 활동 증가
③ 스마트 디바이스, IoT, 클라우드의 정보통신 기술 발전으로 활용 방법 다양화
④ 데이터 소량화로 인한 급격한 확산 속도 둔화

01. ③   02. ④   03. ③   04. ②   05. ①   06. ②   07. ④

출제예상문제

08. 암묵지와 형식지에 관한 설명이다. 다음 중 틀린 설명을 고르시오.

① 암묵지는 언어로는 설명할 수 없는 전적으로 개인의 경험이나 잠재적인 지식이다.
② 형식지는 매뉴얼, 표준, 데이터베이스처럼 언어로 명료하게 표현 전달 가능한 지식이다.
③ 형식지를 보고 다른 직원들이 이를 내재화하여 습득하는 지식의 내면화가 가능하다.
④ 책이나 교본과 같이 자신이 알고 있는 지식에 새로운 지식을 추가하는 것은 공통화이다.

09. 데이터에 관한 설명 중 맞는 것을 고르시오.

① 정보는 의미를 가지고 있지 않은 순수한 수치나 기호에 해당한다.
② 지혜는 근본 원리를 이해하고 도출시키는 창의적인 아이디어를 말한다.
③ 지식은 데이터를 처리기를 통해 가공하고 의미를 부여하여 얻어진 결과이다.
④ 정보 패턴을 이해하여 상호 연결하고 결과를 예측한 것이 지혜이다.

10. 데이터베이스 시스템의 구성에 관한 설명이다. 다음 설명 중 틀린 것을 고르시오.

① 데이터베이스 : 특정 조직의 여러 사용자가 공유해서 사용할 수 있는 운영 데이터 집합
② 데이터베이스 관리시스템 : 응용 프로그램을 대신하여 데이터베이스에 존재하는 데이터 검색, 삽입, 삭제, 수정을 가능하게 하는 시스템
③ 데이터 언어 : 데이터베이스를 구축하고 활용 및 관리하는 언어
④ 사용자 : DBS의 성능과 직결되는 CPU, 메인 메모리, 입출력 연산, 대용량 저장장치

11. 다음 데이터 베이스 관련 용어 중 아래 설명이 뜻하는 용어는 무엇인지 고르시오.

1990년대 들어 호스트 컴퓨터와 온라인으로 접속된 여러 단말 간의 처리 형태로서 트랜잭션(Transaction)을 중심으로 거래 데이터의 정확한 처리 기능 제공이 중요한 환경

① OLTP ② OLAP
③ CRM   ④ EDW

12. 다음 중 빅데이터의 특징인 3V에 해당하지 않는 것을 고르시오.

① Volume(크기)   ② Variety(다양성)
③ Velocity(속도) ④ Validity(정확성)

---

044 출제예상문제   08.④   09.②   10.④   11.①   12.④

13. 빅데이터가 만들어낸 변화에 관한 설명 중 틀린 것을 고르시오.

① 정해진 특정한 정보만 처리하는 것이 아닌, 가능한 많은 데이터를 모으고 그 데이터를 다양한 방식으로 조합해 숨은 정보를 찾아낸다.
② IOT/클라우드 기술의 발전으로 데이터 처리 비용이 감소하게 되면서 데이터 활용 방법이 표본조사에서 전수조사로 변화됐다.
③ 수집 데이터의 양이 증가할수록 분석의 정확도가 높아져 양질의 분석 결과 산출에 긍정적인 영향을 주었다.
④ 특정한 상관관계가 중요시되던 과거와 달리, 인과관계를 통한 인사이트 도출이 점점 확산되고 있다.

14. 빅데이터가 갖는 가치 중 혁신 추구에 해당되는 것을 모두 고르시오.

가. 데이터 중심 혁명	나. 새로운 산업 창출
다. 플랫폼 매개체	라. 산업 생산성 향상
마. 소비자 맞춤형 서비스	바. 의사결정 지원

① 가, 나
② 나, 다, 라
③ 가, 나, 다
④ 가, 나, 라, 마, 바

15. 다음 중 빅데이터의 위기 요인과 통제 방안이 잘못 짝지어진 것은 무엇인지 고르시오.

① 사생활 침해 – 동의에서 책임으로 해결
② 책임 원칙 훼손 – 결과 기반의 책임 원칙을 고수
③ 데이터 오용 – 데이터 사이언티스트의 역량 강화
④ 데이터 오용 – 알고리즘 접근을 허용

16. 데이터 사이언티스트에게 요구되는 능력 중 성격이 다른 하나는 무엇인가?

① 데이터 처리 분석 기술
② 커뮤니케이션 능력
③ 스토리텔링
④ 글쓰기 능력

17. 분석준비도 및 성숙도를 진단 결과는 다음과 같이 4가지 유형으로 구분된다. 각 4분면에 해당하는 형태가 바르게 짝지어진 것을 고르시오.

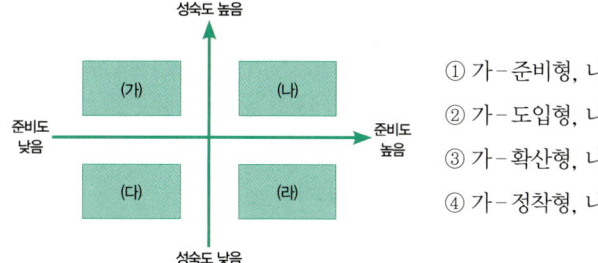

① 가 – 준비형, 나 – 정착형, 다 – 확산형, 라 – 도입형
② 가 – 도입형, 나 – 준비형, 다 – 정착형, 라 – 확산형
③ 가 – 확산형, 나 – 도입형, 다 – 준비형, 라 – 정착형
④ 가 – 정착형, 나 – 확산형, 다 – 준비형, 라 – 도입형

출제예상문제

18. 데이터 분석을 위한 조직 구조의 설명중 틀린 것을 고르시오.

① 빅데이터 분석 조직은 기업의 경쟁력 확보를 위해 데이터 분석의 가치 발견과 이를 활용한 비즈니스 최적화를 목표로 구성되어야 한다.
② 전사 분석 업무를 별도의 전담 조직이 담당하여 집중도가 매우 높은 분석 조직 유형은 분산구조 조직이다.
③ 집중구조 조직은 일부 현업 부서와 분석 업무가 중복 또는 이원화될 가능성이 있다.
④ 분산구조 조직은 분석 조직의 인력을 현업 부서에 배치해 분석 업무를 수행하는 형태다.

19. 분석 과제별 시스템 구축을 위해서는 관리의 복잡도와 비용의 증대를 감소시킬 구조 도입이 필요하다. 아래의 내용에서 설명하고 있는 용어로 적절한 것은 무엇인가?

> 단순한 분석 응용 프로그램뿐만 아니라 분석 서비스를 위한 프로그램이 실행될 수 있는 컴퓨터 시스템을 의미하며, 일반적으로 하드웨어에 탑재되어 데이터 분석에 필요한 프로그래밍 환경과 서비스 환경을 제공하는 역할을 수행한다.

① 패키지
② 데이터 웨어하우스
③ 아키텍처
④ 플랫폼

20. 데이터 분석성숙도 평가의 단계를 순서대로 알맞게 나열한 것은?

① 도입 단계 → 활용 단계 → 최적화 단계 → 확산 단계
② 도입 단계 → 활용 단계 → 확산 단계 → 최적화 단계
③ 확산 단계 → 도입 단계 → 활용 단계 → 최적화 단계
④ 최적화 단계 → 도입 단계 → 활용 단계 → 확산 단계

21. 다음 중 분석성숙도 평가 시 최적화 단계에 관한 설명이 아닌 것은?

① 분석을 진화시켜 혁신 및 성과 향상에 기여하는 단계를 의미한다.
② 외부 비즈니스 환경 분석을 활용하며, 최적화 업무를 적용한 모델로 진화했다.
③ 운영 데이터를 기반으로 미래 결과를 예측할 수 있다.
④ 데이터 사이언스 그룹, 경영진의 의사결정 분석, 활용 전략 등과 연계된다.

22. 다음에서 설명하는 내용으로 가장 적절한 것을 보기에서 고르시오.

> (   )는 데이터 분석을 기업의 문화로 정착하고 데이터 분석 업무를 지속적으로 고도화하기 위해서 조직 재분석 관리하는 체계를 의미한다. 전사 차원의 모든 데이터에 대해 정책 및 지침, 표준화 운영 조직 및 책임 등의 표준화된 관리 체계를 수립하고 운영을 위한 프레임워크의 구축을 수행한다.

① BCP
② ERP
③ KPI/MBO
④ 데이터 거버넌스

23. 기업은 데이터 거버넌스 구축으로 데이터의 가용성, 유용성, 통합성, 보안성 등의 확보가 가능하다. 다음에서 설명하는 데이터 거버넌스 체계로 알맞은 것은?

> 데이터 표준 용어 설정, 명명규칙 수립, 메타 데이터 구축, 데이터 사전 구축, 데이터 생명주기 관리 등의 업무로 구성되며, 데이터 표준 용어는 표준 단어 사전, 표준 도메인 사전, 표준 코드 등으로 구성되어 사전 간 상호 검증이 가능한 점검 프로세스를 포함한다.

① 데이터 표준화　　　　　　　② 데이터 관리 체계
③ 저장소 관리　　　　　　　　④ 표준화 활동

24. 데이터 거버넌스 체계 구성에 대한 설명으로 적절하지 않은 것은?

① 데이터 관리 체계 – 데이터 정합성, 활용의 효율성을 위해 표준 데이터를 포함한 메타 데이터와 데이터 사전 간의 관리 원칙을 수립한다.
② 저장소 관리 – 메타 데이터 및 표준 데이터 관리를 위한 전사 차원의 저장소를 구성한다.
③ 표준화 활동 – 데이터 거버넌스 체계 구축 후 표준 준수 여부를 주기적으로 점검하고 모니터링하는 활동이다.
④ 데이터 표준화 – 데이터 관리의 상세 프로세스를 구축한다.

25. 다음 중 데이터베이스의 특징으로 가장 부적절한 것은?

① 데이터베이스는 동일한 내용의 데이터가 중복되어 있지 않다.
② 데이터베이스는 여러 사용자가 서로 다른 목적으로 데이터를 공동으로 이용할 수 있도록 구성되어 있다.
③ 데이터베이스는 대용량이고 구조가 간단하여 사용하기 용이하다.
④ 데이터베이스는 변화하는 데이터로 데이터 삽입, 삭제, 갱신을 하여도 항상 현재의 정확한 데이터를 유지해야 한다.

26. 다음 중 빅데이터 가치 산정이 어려운 이유로 적절하지 않은 것은?

① 데이터 재사용의 일반화로 특정 데이터를 언제 누가 사용했는지 알기 힘들기 때문이다.
② 빅데이터는 기존에 없던 가치를 창출하기 때문이다.
③ 분석 기술의 발전으로 현재는 가치가 없는 데이터라도 추후 거대한 가치를 지닌 데이터가 될 수 있기 때문이다.
④ 빅데이터 전문인력의 증가로 다양한 분야에서 활용되기 때문이다.

27. 세계 산업 구조는 데이터를 핵심 동력으로 하여 진화하고 있다. 데이터 산업의 진화 순서로 옳은 것은?

① 데이터 처리 → 데이터 통합 → 데이터 연결 → 데이터 분석 → 데이터 권리
② 데이터 처리 → 데이터 통합 → 데이터 분석 → 데이터 연결 → 데이터 권리
③ 데이터 처리 → 데이터 연결 → 데이터 통합 → 데이터 분석 → 데이터 권리
④ 데이터 처리 → 데이터 연결 → 데이터 분석 → 데이터 통합 → 데이터 권리

23. ①　24. ④　25. ③　26. ④　27. ②

출제예상문제

28. 다음 중 분석 조직의 구조에 대한 설명이 올바르게 짝지어진 것은?

① 집중구조 – 별도 분석 조직이 없고 해당 업무에서 분석 수행
② 기능구조 – 분석 결과에 따른 신속한 액션 가능
③ 분산구조 – 전사적 핵심 분석이 어려우며, 과거 실적에 국한된 분석 수행 가능성이 높음
④ 분산구조 – 전사 차원의 우선순위에 따른 분석 업무 수행 가능

29. 빅데이터 전문인력에 대한 다음 설명으로 올바르지 않은 것은?

① 데이터 아키텍트 – 데이터를 기반으로 IT정책, 표준화, 구조, 설계 및 이행을 하는 직무이다.
② 데이터 개발자 – 조직 업무 기반 IT시스템 구축에서 DB 및 데이터를 이용하여 프로그래밍을 하는 직무이다.
③ 데이터 분석가 – 정형, 비정형 데이터 등 다양한 데이터를 식별, 관리, 조작, 분석하여 기업 경영의 의사결정에 필요한 자료를 만들어내는 직무이다.
④ 데이터베이스 관리자 – 성능 튜닝, 데이터 아키텍처, 문제 해결 등을 총칭하는 DB 및 데이터 컨설팅 직무이다.

30. 데이터를 분석하여 의미 있는 결과를 도출하지만 데이터의 잘못된 사용으로 피해를 발생시킨다는 우려도 제기되고 있다. 이를 방지하기 위한 용어로 다음이 설명하고 있는 것을 고르시오.

> 분석 및 인사이트로 인해 부당하게 피해가 발생되는 것을 예방하는 전문가이다. 데이터의 오용에 대응책으로 '알고리즘에 대한 접근권'을 제공하여 예측 알고리즘에 불이익을 당한 상황을 대변할 전문가를 일컫는다.

① 데이터 과학자　　　　　　　② 인포그래픽스 아티스트
③ 데이터 보안관　　　　　　　④ 알고리즈미스트

31. 데이터 분석준비도 평가 항목에 속하지 않는 것은?

① 분석 업무 파악　　　　　　② 데이터 분석 프로젝트 관리
③ 분석 데이터　　　　　　　　④ 인력 및 조직

32. 데이터 분석준비도 평가 항목 중 '분석 기법'에서 평가하는 항목은?

① 예측 분석 업무
② 데이터 활용
③ 분석 전문가 직무 존재 여부
④ 분석 업무 도입 방법론

33. 분석성숙도 평가에서 항목에 속하지 않는 것은?

① 비즈니스　　　　　　　　　② 조직, 역량
③ 법/제도　　　　　　　　　　④ IT 자원

28. ④　29. ④　30. ④　31. ②　32. ④　33. ③

34. 개인에게 내재된 경험을 객관적인 데이터로 문서나 매체에 저장, 가공, 분석하는 과정은?

① 표출화   ② 연결화
③ 내면화   ④ 공통화

35. 다음은 빅데이터의 특징 중 어떤 특성을 설명한 것인가?

실시간에 가까운 빠른 수집 및 처리속도를 의미

① Volume(크기)   ② Variety(다양성)
③ Velocity(속도)   ④ Veracity(진실성)

36. 빅데이터 분석을 효과적으로 수행하기 위한 빅데이터 조직의 필요성으로 거리가 먼 것은?

① 데이터 과제 발굴
② 데이터베이스 튜닝
③ 기술 검토 및 전사 업무 적용 계획 수립
④ 데이터 기획 및 운영, 관리

37. 데이터 분석 거버넌스 체계에 해당하지 않는 항목은?

① Data Cleansing
② Process
③ System
④ Organization & Human Resource

38. 분석 수준 진단 프레임워크에 대한 설명으로 옳지 않은 것을 고르시오.

① 분석 수준 진단 프레임워크를 이용해 분석준비도 평가와 분석성숙도 평가를 수행한다.
② 기업(조직)의 데이터 분석 수준을 파악하기 위해 데이터 분석 방향성 결정을 도울 수 있다.
③ 각 기업(조직)이 수행하는 현재의 데이터 분석 수준을 명확히 이해하여 결과를 토대로 미래의 목표 수준을 정의한다.
④ 평가 결과 성숙도가 높고, 준비도가 높으면 데이터 분석을 즉시 도입할 수 있는 수준에 있다.

39. 데이터 거버넌스 중요 관리 대상 중 '개인 프라이버시에 대한 데이터가 잘못 활용될 경우 정보의 독점으로 사회를 통제'에 대한 우려를 설명한 것은?

① 빅브라더
② 데이터 표준화
③ 정보 보안 취약점 발생
④ 데이터 변조 및 유실

출제예상문제

40. 데이터 과학자의 3가지 역량으로 틀린 것을 고르시오.

① IT전문성
② 프로젝트 관리
③ 분석 역량
④ 비즈니스 분석 역량(컨설팅 역량)

41. 데이터 과학자의 소양으로 옳지 않은 것은?

① 데이터 자동화 프로그램을 개발한다.
② 분석 대상이 되는 비즈니스 영역에 대해 설득력 있게 전달한다.
③ 분석 인사이트를 기반으로 최적 분석 설계 및 노하우를 제공한다.
④ 데이터에 대한 이해를 통해 적적한 방법론을 제시한다.

풀이

01. ③은 데이터에 관련한 설명이다. 정보는 데이터를 특정한 목적에 맞게 처리한 단위를 의미한다.

02. 암묵지와 상호 작용은 공통화, 내면화이고 형식지와 상호 작용은 표출화, 연결화이다. 추상화는 관련이 없는 내용이다.

03. 데이터를 가공, 처리하여 얻을 수 있는 것은 데이터, 정보, 지식, 지혜이다. 또한 이들은 계층적 구조로서 DIKW 피라미드를 형성한다.

04. 1페타바이트는 1,000,000,000,000,000바이트 혹은 1,024테라바이트를 의미하며, 2의 50승만큼의 바이트값을 가질 수 있다.

05. 데이터베이스의 특징 중 통합 데이터는 최소의 중복, 통제만을 허용하는 것을 의미하며 저장 데이터는 컴퓨터가 접근 가능한 매체에 저장된 데이터를 의미한다.

06. 메타 데이터는 데이터에 관한 데이터로 다른 데이터를 설명해주는 역할을 한다.

07. 데이터의 증가로 인한 소셜 네트워크 서비스(SNS)도 급격이 확산되어 다양한 채널로 데이터의 공유가 이루어지며 데이터 활용 방안이 모색된다.

08. 새로운 지식인 형식지에 새로운 형식지를 추가하는 것은 연결화에 대한 설명이다.

09. ① 데이터를, ③ 정보를, ④ 지식을 말한다.

10. CPU, 메인메모리, 입출력 연산의 주체는 하드웨어에서 동작한다.

11. 데이터 마이닝 등장 후 OLAP 환경이 되기 전까지 데이터베이스의 처리가 보편화되는 시기의 OLTP에 대한 설명이다.

12. Value(가치), Veracity(신실성), Visualization(시각화), Validity(정확성)은 빅데이터의 기본적인 특성인 3V에 속하지 않는다.

13. 과거에는 인과관계가 중요시되었다가, 데이터의 양이 늘어나면서부터 상관관계를 통한 인사이트 도출이 확산되고 있다.

14. 빅데이터는 데이터 중심 혁명, 새로운 산업 창출, 플랫폼 매개체로 혁신 추구의 가치를 지닌다.

15. 데이터 오용은 데이터 활용자의 과신으로 잘못된 가치를 비즈니스에 적용하여 직접적인 손실이 발생하는 것으로, 알고리즘 접근을 허용하여 알고리즘에 의한 불이익 해결함을 의미한다.

16. 하드 스킬은 데이터를 분석하여 의미있는 결과를 도출하는 것을 의미하며, 소프트 스킬은 숨겨진 것을 찾고자 하는 욕구, 명확한 가설 집합을 만드는 능력, 통찰력 있는 분석, 설득력 있는 전달, 협력 등의 능력을 의미한다.

17. 준비도와 성숙도에 따라 사분면은 '가'는 정착형, '나'는 확산형, '다'는 준비형, '라'는 '도입형'으로 구분된다.

18. 전사 분석 업무를 별도의 전담 조직이 담당하여 집중도가 매우 높은 분석 조직 유형은 집중구조 조직이다.

19. 플랫폼은 데이터 처리, 분석 엔진, 분석 라이브러리를 모두 포함하며 실행 환경 그 자체를 제공하는 시스템을 의미한다.

 풀이

20. 분석성숙도는 도입 단계 → 활용 단계 → 확산 단계 → 최적화 단계 순으로 평가한다.

21. 활용 단계에서는 운영 데이터를 기반으로 미래 결과를 예측한다.

22. 데이터 거버넌스를 통해 기업의 데이터를 총괄하고 데이터 운영에 대한 안정성을 확보할 수 있다.

23. 데이터 표준 용어의 설정과 메타 데이터를 구축하는 업무는 데이터 표준화이다.

24. 데이터 관리의 상세 프로세스를 구축하는 영역은 데이터 관리체계이다.

25. 데이터베이스의 특징 중 하나인 공용 데이터는 여러 사용자가 서로 다른 목적으로 데이터를 공동으로 이용한다는 것을 의미하여 대용량화되고 구조가 복잡한 것이 보통이다.

26. 빅데이터 전문인력의 증가와 가치 산정과는 관련이 없다.

27. 데이터 산업의 진화 순서는 데이터 처리 → 통합 → 분석 → 연결 → 권리 순이다.

28. ① 기능구조, ② 분산구조, ③ 기능구조에 대한 설명이다.

29. 데이터베이스 관리자는 DB관리 체계와 자료를 검토, 개선하고 DB의 구성, 변경, 용량 등 운영시스템을 관리하는 직무이며, 문제해결 등을 총칭하는 DB 및 데이터 컨설팅 직무는 데이터 컨설턴트의 역할이다.

30. 알고리즈미스트의 활동으로 데이터의 오용과 피해를 사전에 방지할 수 있다.

31. 데이터 분석준비도 평가 항목은 분석 업무 파악, 인력 및 조직, 분석 기법, 분석 데이터, 분석 문화, IT인프라 6가지이다.

32. 분석준비도 평가 항목 중 분석 기법에서 평가하는 항목은 분석 업무 도입 방법론 및 분석 기법에 해당되는 영역이다.

33. 분석성숙도 평가의 3가지 기준은 비즈니스, 조직/역량, IT 자원이다.

34. 표출화는 형식지 요소 중 하나로 개인에게 내재된 경험을 객관적인 데이터로 문서나 매체에 저장, 가공, 분석하는 과정이다.

35. 제시된 지문은 Velocity에 대한 설명이다.

36. 데이터베이스 튜닝은 DBA의 업무로, 넓은 의미로는 의미가 있지만, 시스템 관점의 성능 향상에 가까운 영역이다.

37. 데이터 분석 거버넌스 체계의 5가지 항목은 Process, System, Data, Organization, Human Resource이다.

38. 평가 결과 성숙도가 높고, 준비도가 높으면 확산형으로 지속적 확산이 가능한 기업이다.

39. 문제에 제시한 내용은 빅브라더에 대한 설명으로 영국의 소설가 조지오웰(George Orwell)의 소설에서 비롯된 용어이다.

40. 프로젝트 관리 역량은 프로젝트 관리자의 직무이다.

41. ①은 프로그래머의 전문 역량을 설명하고 있다.

1.2 빅데이터 기술 및 제도

2 Day

학습목표

빅데이터를 구성하기 위한 빅데이터 플랫폼의 개념과 기술 요소를 학습하고, 인공지능과 빅데이터의 상호 보완적 관계 및 빅데이터 활용을 위한 빅데이터 관련 법/제도를 학습한다.

출제경향

빅데이터 기술 및 제도 세부 항목에서는 '분석'이라는 키워드에 맞게 빅데이터와 인공지능의 연관성, 그리고 빅데이터 분석 활용에서의 개인정보보호에 대한 문제들이 높은 출제비중을 차지하고 있다. 따라서 각각의 개념과 주요 키워드를 중심으로 학습하여 의미적 차이를 구분할 수 있도록 준비하길 바란다.

출제빈도

제2회(2021.04.17) 4문항 출제	제3회(2021.10.02) 6문항 출제
제4회(2022.04.09) 5문항 출제	제5회(2022.10.01) 6문항 출제
제6회(2023.04.08) 5문항 출제	제7회(2023.09.23) 4문항 출제
제8회(2024.04.06) 2문항 출제	제9회(2024.09.07) 2문항 출제

출제세부항목	출제수	출제 내용(문항수)
1.2.1 빅데이터 플랫폼	11	플랫폼 계층(2), 하둡 피그, 하둡 스파크, API-GW, 병렬DBMS, DB to DB 전송, 분산파일시스템, 맵리듀스패턴, HDFS
1.2.2 빅데이터와 인공지능	8	범위(2), 인공지능 개념, 빅데이터와 관계, 지도학습, 딥러닝, 전이학습, 준지도학습
1.2.3 개인정보 법/제도	8	데이터3법(2), 민감정보, 가명처리, 개인정보보호법, EU-GDPR, 공공데이터, 개인정보개념
1.2.4 개인정보 활용	7	개인정보 활용(4), 비식별화(2), 마이데이터

빅분기_04
1.2.1

1.2.1 빅데이터 플랫폼

1.2.1.1 빅데이터 라이프 사이클

내/외부 시스템에 존재하는 정형/비정형 데이터의 수집, 저장, 처리/관리, 분석, 시각화까지의 각 처리 단계를 구분한 빅데이터 생명주기를 '빅데이터 라이프 사이클'이라 한다.

빅데이터 라이프 사이클

라이프 사이클	설명	주요 기술
원천 데이터 (데이터 소스)	수집 가능한 시스템을 식별하고 데이터를 정의하는 단계(정형, 반정형, 비정형 데이터)	내부 데이터(수집 용이한 정형 데이터), 외부 데이터(외부 조직, 데이터 구매)
데이터 수집	내/외부의 여러 환경으로부터 필요 데이터를 수집하는 단계	오픈 API, 크롤링(Crawling), ETL, DBtoDB, EAI 등
데이터 저장	수집된 데이터를 저장하고, 분석하기 위해 데이터를 조작, 관리하거나 분석 가능한 데이터로 변환하는 단계	RDBMS, NoSQL, 분산파일시스템, 클라우드 저장 환경
데이터 처리/관리	대용량 데이터의 저장, 수집, 관리, 유통, 분석을 처리하는 단계 빅데이터 처리와 모든 단계를 모니터링하고 스케줄링하는 과정을 포함	실시간 처리, 분산 병렬 처리, 인-메모리 처리, 인-데이터베이스 처리
데이터 분석	정의된 문제를 해결하기 위해 데이터를 전처리하고 데이터에서 인사이트를 도출하는 단계	통계 기법, 마이닝 기법, 알고리즘
데이터 시각화	분석 결과를 시각화하여 연계된 의미와 해석을 용이하게 하는 단계	Python, R, SAS, SPSS 등

빅데이터 라이프 사이클의 구분을 통해 각 단계별 수행 작업에 대한 체계적 관리를 수행할 수 있을 뿐 아니라 빅데이터 플랫폼의 구성요소 및 기술요소들을 구분하여 정의할 수 있다.

> **참고** 분석 가능한 데이터의 분류
>
> | | |
> | --- | --- |
> | Small Data | 빅데이터의 과장된 실체와 어긋난 거품 현상에 반대해 이야기되는 개념으로 빅데이터와 구분되는 이전의 데이터 또는 전통적인 데이터 |
> | Smart Data | 빅데이터에 비해 빠르고 실시간 분석 서비스가 가능한 데이터 품질요소를 갖는 정확성/행동성/민첩성의 특징을 가진 데이터 |
> | Fast Data | 쏟아지는 엄청난 양의 데이터를 실시간으로 처리해 분석에 중점을 둔 데이터 |
> | Dark Data | 빅데이터 분석을 통해 활용되기 전 데이터 또는 가치를 미처 발견하기 전의 숨겨진 데이터 |

1.2.1.2 빅데이터 플랫폼의 이해

❶ 빅데이터 플랫폼의 개요

플랫폼(Platform)이란 특정 장치나 시스템 등에서 이를 구성하는 기초가 되는 틀 또는 골격을 지칭하는 용어이며, 사용자와 서비스를 이어주는 매개체를 의미한다.

빅데이터 플랫폼(Bigdata Platform) 역시 이와 의미를 같이 하고 있으며, 빅데이터를 분석, 활용하기 위해 라이프사이클 과정을 규격화한 기술 및 IT환경, 즉 데이터의 수집, 저장, 처리/관리, 분석, 시각화 과정을 통합하여 사용할 수 있는 환경으로 정의할 수 있다.

빅데이터 플랫폼의 구축 범위와 주요 기능

구분	구분		설명
구축 범위	소프트웨어 인프라 구축		빅데이터 분석에 필요한 수집, 관리, 분석, 가시화 등 이용자 환경에 대한 소프트웨어 활용
	하드웨어 인프라 구축		빅데이터의 용량 및 처리, 분석 작업에 대한 부하(필요 동작 및 자원) 등을 감안
		컴퓨팅 부하	대용량 데이터를 처리하기 위한 컴퓨팅 자원(CPU, 메모리, 저장소 등)
		저장 부하	데이터 처리 과정의 입력/중간/출력 데이터에서 발생하는 자원
		네트워크 부하	분산 컴퓨터 노드 간의 통신에서 필요한 자원(대역폭, 트래픽 수용 등)
주요 기능	실시간 빅데이터 처리 가능		기존 일괄 처리 방식이 아닌, 온라인이 연결된 상태에서 빅데이터의 요청과 응답을 즉시 처리
	분산 병렬 처리 가능		분산되어 존재하는 컴퓨팅 환경을 동시에 활용하여 데이터 처리 및 분석 가능
	대규모 트랜잭션 지원		트랜잭션 처리가 가능한 관계형 데이터베이스(RDBMS) 및 확장성과 고성능 기능의 구현이 가능한 NoSQL(Not only SQL)로 대규모 트랜잭션 처리 가능
	파일 관리 효율화		파일 형태에 따라 블록/파일/오브젝트 스토리지의 활용으로 기존 대비 저장공간의 효율성 확보

빅데이터 플랫폼은 부하(컴퓨팅/저장/네트워크)처리를 효과적으로 수행하기 위해 고안되었으며, 데이터 소스 등의 적용 영역에 따라 구성은 달라질 수 있다.

❷ 빅데이터 플랫폼의 3계층 기출

빅데이터 플랫폼은 플랫폼의 구조에 따라 소프트웨어 계층(Software Layer), 플랫폼 계층(Platform Layer), 인프라스트럭처 계층(Infrastructure Layer)으로 구분할 수 있다.

빅데이터 플랫폼의 3계층 구조

소프트웨어 계층은 빅데이터 애플리케이션을 구성하여 빅데이터 처리 및 분석과 이를 위한 데이터 수집 및 정제 등을 담당하는 계층이며, 플랫폼 계층은 소프트웨어 계층을 동작할 수 있는 기반을 제공하여 작업 스케줄링, 자원 할당 및 관리, 서비스 관리 등을 담당한다. 그리고 인프라스트럭처 계층은 노드(가상 서버 등 컴퓨팅) 및 네트워크 관리, 자원 및 스토리지 관리 등을 통해 필요한 자원을 제공하는 역할을 담당하게 된다.

또한 빅데이터 플랫폼을 라이프사이클 기준으로 분리하면 빅데이터 관리 플랫폼과 빅데이터 분석 플랫폼으로 구분하여 정의하기도 하는데, 빅데이터 관리 플랫폼은 수집, 저장, 처리, 관리 단계로 구성하고, 빅데이터 분석 플랫폼은 분석, 시각화 단계로 구성할 수 있다.

빅데이터 플랫폼은 특정 기술이나 솔루션을 의미하지 않고 각 단계를 거치는 동안 여러 기술 및 프레임워크, 솔루션 등을 이용해 구성하며 이를 하나로 묶어 빅데이터 에코시스템(Bigdata Ecosystem)이라 정의한다.

❸ 하둡 에코시스템

빅데이터 에코시스템의 태동은 하둡 에코시스템으로 대표할 수 있다. 빅데이터 플랫폼의 실질적인 표준(De-Fecto)은 오픈소스 프로젝트 기반의 하둡(Hadoop)이며, 하둡의 등장으로 대용량 데이터 처리분석을 위한 대규모 분산 컴퓨팅 지원이 가능하게 되었고, 이는 여러 대의 컴퓨터로 데이터를 분석하고 저장하는 방식으로 분석에 필요했던 많은 비용과 시간을 단축할 수 있게 해주었다.

하둡은 여러 대의 컴퓨터를 하나로 묶어 대용량 데이터를 처리하는 기술로, 수천 대의 분산된 x86서버(범용 CPU를 사용하는 서버)에 대용량 파일을 저장할 수 있는 기능을 제공하는 하둡 분산파일시스템(Hadoop Distributed File System, HDFS)과 저장된 파일을 분산된 서버의 CPU와 메모리 자원을 이용하여 빠르게 분석 및 처리하는 맵리듀스(MapReduce) 프레임워크로 구성되어 있다.

하둡 에코시스템

하둡은 여러 데이터 저장, 실행 엔진, 프로그래밍 및 데이터 처리같은 하둡 생태계 전반을 포함하는 의미로 확장되어 하둡 에코시스템(생태계) 전반을 포함하는 의미로 발전되었다.

하둡 프로젝트

하둡 코어 프로젝트	HDFS(분산 데이터 저장), MapReduce(분산 병렬 처리)
하둡 서브 프로젝트	그 외 프로젝트(수집, 저장, 분석, 관리, 데이터 마이닝 등)

하둡 에코시스템은 수집, 저장, 처리 기술 등으로 구성되며 하둡 에코시스템을 구성하는 주요 프로젝트는 '1.2.1.3 빅데이터 플랫폼 주요 기술'에서 설명한다.

1.2.1.3 빅데이터 플랫폼 주요 기술(프로젝트, 소프트웨어)

빅데이터 플랫폼은 빅데이터 라이프 사이클 측면(수집, 저장, 처리/관리, 분석, 시각화)으로 기술 레이어를 구분할 수 있다. 각 카테고리별로 어떤 역할을 하는지 유심히 살펴보자.

❶ 수집 기술

내/외부의 여러 환경 및 시스템으로부터 필요 데이터를 수집하는 기술에는 데이터 확보뿐 아니라 검색, 수집, 변환을 통해 정제된 데이터를 확보하는 기술도 포함된다.

수집 기술 기출

수집 기술	기술 설명
DB to DB 기출	현재의 데이터베이스에서 다른 데이터베이스에 접근할 수 있도록 링크를 걸어 데이터를 연동하는 방식
EAI(Enterprise Application Integration)	기업 내/외부의 서로 다른 시스템을 통합하기 위해 사용하는 기법으로, 개별 애플리케이션을 에이전트를 이용해 중앙 허브와 연결하고 중앙 허브를 통해 상호 데이터를 수집하는 방식

용어	설명
FTP(File Transfer Protocol)	대용량 파일을 수집하기 위해 클라이언트와 서버를 TCP/IP 프로토콜로 연결하여 파일을 송수신하는 방식
ETL(Extract Transform Load)	추출(Extract), 전송(Transform), 적재(Load) 세 단어의 축약어로 데이터 소스시스템 및 환경으로부터 데이터를 추출하여 비즈니스 데이터로 변환하는 방법
HTTP 수집 기술	크롤링과 Open API 수집 기술로 분류
크롤링(Crawling)	웹 로봇을 이용하여 SNS, 뉴스, 웹 정보 등 인터넷에서 제공되는 웹 문서의 정보를 수집하는 기술
Open API(Application Programming Interface)	서비스, 정보, 데이터 등을 어디서나 쉽게 이용할 수 있도록 개방된 API로 데이터를 수집하는 방식 데이터 소유 주체가 웹 개발자나 사용자를 위해 정보/데이터를 정해진 방식으로 공개하는 기술
센싱(Sensing)	각종 센서를 이용하여 수집하는 기술
로그수집기 (Log Collector)	웹 서버 로그, 웹 로그, 트랜잭션 로그, 클릭 로그, DB의 로그 등 각종 로그 데이터를 수집하는 오픈소스 기술 종류 : 척와, 플럼, 스크라이브 등
척와(Chukwa)	분산 환경에서 생성되는 데이터를 수집하여 HDFS에 저장시키는 기술 분산된 각 서버에서 에이전트를 실행하고, Collector가 에이전트로부터 데이터를 받아 HDFS에 저장하며, 데이터 중복 제거작업은 맵리듀스로 처리
플럼(Flume)	수많은 서버에 분산되어 있는 많은 양의 로그 데이터를 한 곳(기본적으로는 HDFS)으로 모을 수 있도록 해주는 로그수집기 플럼 에이전트는 Source(데이터 변환), Channel(임시 보관/큐 역할), Sink(HDFS로 전달) 구조로 데이터의 흐름을 제어
스크라이브(Scribe)	페이스북에서 개발한 실시간으로 스트리밍되는 로그 데이터를 수집하여 분산시스템에 데이터를 저장하는 대용량 실시간 로그 수집 기술 HDFS에 저장하기 위해 JNI(Java Native Interface) 사용
RDB Aggregator	관계형 데이터베이스에서 정형 데이터를 수집하여 HDFS(하둡 분산파일시스템)이나 HBase와 같은 NoSQL에 저장하는 오픈소스 기술 종류 : 스쿱, Direct JDBC/ODBC 등
RSS Reader (Really Simple Syndication)	RSS(Really Simple Syndication) : Web 기반 최신 정보를 공유하기 위한 XML기반의 콘텐츠 배급 포맷 RSS 주소를 RSS Reader 프로그램에 등록하여, 업데이트된 정보를 찾기 위해 매번 로그인하거나 방문할 필요 없이 자동적으로 확인하고 데이터를 수집하는 방법
스트리밍(Streaming)	인터넷에서 음성, 오디오, 비디오 데이터를 실시간으로 수집할 수 있는 기술
스쿱(Sqoop)	구조화된 데이터 저장소(RDBMS)에서 데이터를 추출하여 하둡으로 보내 처리할 수 있도록 해주는 오픈소스 수집 도구(정형 데이터 수집) Oracle, MySQL 등의 RDBMS의 특정 테이블 또는 특정 조건에 맞는 데이터를 HDFS로 쉽게 옮길 수 있음
히호(Hiho)	스쿱과 유사하게 정형 데이터 수집 용도로 개발된 대용량 데이터 전송 솔루션 하둡과 연계하여 SQL로 데이터를 가져올 수 있으며, JDBC 인터페이스를 지원하여 Oracle, MySQL과 호환됨
카프카(Kafka)	취합한 데이터 스트림을 실시간으로 관리하기 위한 오픈소스 분산 발행/구독 메시징시스템 원천 시스템으로부터 대규모 트랜잭션 데이터가 발생했을 때 데이터를 버퍼링하면서 타켓 시스템에 안정적으로 전송해주는 시스템 특징 : 비휘발성 메시징, 높은 처리량, 분산 처리, 실시간 처리

❷ 저장 기술

저장 기술은 수집된 데이터를 보관하는 것뿐만 아니라 필요한 경우 데이터를 수정하거나 삭제하기도 하고, 원하는 데이터에 접근하여 그 내용을 읽어올 방법을 제공하는 것을 포함한다. 즉, 기존 데이터 저장 관리 기술에 빅데이터의 3V 특성을 고려하여 빅데이터에 최적화된 저장 관리 기술을 의미한다.

빅데이터 저장 기술 기출

구분	특징	종류
RDBMS	Relational DataBase Management System 정형 데이터 중심의 관계형 데이터를 저장하거나, 수정하고 관리할 수 있게 해주는 데이터베이스 SQL 문장을 통하여 데이터베이스의 생성, 수정 및 검색 등 서비스를 제공	Oracle, MS-SQL, MySQL, Sybase, MPP DB, Maria DB, PostgreSQL 등
NoSQL (Not-Only SQL)	비관계형 데이터 저장소로, 테이블 스키마(Table Schema)가 고정되지 않고, 테이블 간 조인(Join) 연산을 지원하지 않으며, 수평적 확장(Horizontal Scalability)이 용이	Document-Oriented : MongoDB, CouchDB 등 Key-Value : Redis, Voldemort 등 Column-Oriented : Cassandra, HBase 등 Graph : Neo4j 등
분산파일시스템 (Distributed File System) 기출	분산된 서버의 로컬 디스크에 파일을 저장하고 파일의 읽기, 쓰기 등과 같은 연산을 운영체제가 아닌 API 를 제공하여 처리하는 파일시스템 파일 읽기/쓰기 같은 단순 연산을 지원하는 대규모 데이터 저장소 x86 서버의 CPU, RAM 등을 사용하므로 장비 증가에 따른 성능 향상 용이 수TB~수백PB 이상의 데이터 저장 지원 용이	GFS(Google File System), HDFS(Hadoop File System), CephFS(Ceph File System)
클라우드 파일 저장시스템	클라우드 컴퓨팅 환경에서 메타 정보를 이용하여 콘텐츠(데이터)를 저장할 수 있는 오브젝트 스토리지	AWS S3, Google Cloud 객체 스토리지

❸ 처리/관리 기술

수집 및 저장된 데이터를 분석하기 위해 데이터를 조작, 관리하거나 분석 기법을 지원하기 위한 기술이다.

> **참고** 분산 컴퓨팅, 병렬 컴퓨팅, 클라우드 컴퓨팅
>
> | | |
> |---|---|
> | 분산 컴퓨팅 | 단일 시스템의 성능 한계를 극복하기 위해 네트워크로 연결된 시스템에 여러 장치를 분산하여 처리하는 컴퓨팅 환경 |
> | 병렬 컴퓨팅 | 여러 개의 복잡한 연산을 순차적이 아닌 병렬적으로 동시 처리하는 컴퓨팅 환경 |
> | 클라우드 컴퓨팅 | 서버, 소프트웨어, 스토리지 등의 IT 자원을 가상화 기술을 이용하여 필요한 만큼 대여하여 사용하게 해주는 컴퓨팅 환경 |

처리, 관리 기술

처리, 관리 기술	기술 설명	
하둡	대용량 데이터 처리 분석을 위한 대규모 분산 컴퓨팅 지원 프레임워크로 파일을 분산 저장하는 HDFS와 분산 처리를 수행하는 MapReduce로 구현한 프레임워크	
	하둡 1.0	(분산 저장 : HDFS, 병렬 처리 : Map Reduce)
	하둡 2.0	(YARN을 도입하여 병렬 처리 구조를 변경)
	하둡 3.0	(이레이져 코딩 도입 : 블록 복제 대체하는 방식)
HDFS 기출	아파치 하둡 프로젝트의 분산파일시스템으로 대용량 파일을 저장하고 처리하기 위해서 개발된 파일시스템 블록 구조의 파일시스템으로 특정 크기(하둡2.0: 128MB)로 나누어서 분산 서버 저장 하나의 네임노드, 하나 이상의 보조 네임노드, 다수의 데이터 노드로 구성	
맵리듀스 (Map Reduce) 기출	저장된 파일을 분산된 서버의 CPU와 메모리 자원을 이용하여 빠르게 분석 및 병렬 처리하는 프레임워크 흩어져 있는 데이터를 수집하여 각각 종류별로 모으고(Map함수), Filtering & Sorting하여 각각의 개수를 뽑아내는(Reduce함수) 분산 처리 기술 특징 : HDFS 연동, 스케줄러 제공, 잡 트래커(Job Tracker)와 태스크 트래커(Task Tracker)로 구성 구성 패턴 종류 : 요약 패턴(요약통계), 필터링 패턴(특정 조건에 맞는 데이터를 추출), 데이터 조직화 패턴(정렬/구조/그룹화), 조인 패턴(데이터 연결/결합) 등	
얀(YARN)	맵리듀스의 처리 부분을 개선하여 리소스 매니저(Resource Manager)와 노드 매니저(Node Manager)로 구성한 분산 병렬 처리 프레임워크 하둡 기반 Scheduling, 자원 관리, 다양한 종류의 분산 환경을 지원하는 하둡 플랫폼 기술	
스파크(Spark) 기출	하둡의 맵리듀스 작업에서 성능의 병목 현상으로 지목되던 디스크 I/O 비용을 효율화하고 데이터 분석 작업에 용이한 인메모리 컴퓨팅 기반의 데이터 분산 처리 시스템 구성요소 : Spark SQL(질의 언어), Spark Steam(실시간 데이터 처리), MLLib(머신러닝 라이브러리), GraphX(시각화)	
스톰(Strom)	데이터의 일괄 처리를 위해 개발된 하둡과 달리, 데이터의 실시간 처리를 위해 개발된 범용 분산 환경 기반 실시간 데이터 처리 시스템	
우지(Oozie)	하둡 작업 과정을 관리(워크플로우 관리)하는 코디네이터 시스템 HiveQL 사용 : 데이터 조회 질의, HBase와 연동	
주키퍼 (Zookeper)	분산 코디네이션 서비스를 제공하는 오픈소스 프로젝트 하나의 서버에만 서비스가 집중되지 않도록 서비스를 분산 처리	
암바리 (Ambari)	하둡에코에 포함되는 프로젝트들의 설치, 설정 및 배포, 모니터링, Alert 등의 운영 편의성을 제공하는 시스템 Hadoop 데이터 클러스터 프로비저닝 및 관리, RESTful API 기반의 설계	
피그(Pig) 기출	대용량 데이터 집합을 분석하기 위한 플랫폼(데이터 가공) Pig Latin 언어 사용(맵리듀스를 사용하기 위한 스크립트 언어)	
에어플로우 (Airflow)	에어비앤비에서 개발한 워크플로우 스케줄링, 모니터링 플랫폼 현재는 Apache의 탑 프로젝트임	

❹ 분석, 시각화 기술

분석 기술은 정의된 문제를 해결하기 위해 데이터를 전처리하고 통계 및 컴퓨터 공학 분야의 다양한 기법을 이용하여 데이터에서 인사이트를 도출하기 위해 필요한 기술이며, 시각화 기술은 분석 결과를 시각화하여 연계된 의미와 해석을 용이하게 하는 기술이다.

분석, 시각화 기술

분석, 시각화 기술	분류	기술 설명
텍스트 마이닝	분석 기술	대규모 텍스트로부터 의미 있는 정보를 추출, 분석하는 기술
시맨틱(Semantic)	분석 기술	시맨틱 메타 데이터 자동 추출, 시맨틱 네트워크 생성, 지식 베이스 구축, 온톨로지의 활용, 논리 및 통계적 추론 등을 포함하는 의미 기반 분석 기술
기계학습(Machine Learning)	분석 기술	기계학습은 충분한 학습 데이터로부터 모델을 생성하고, 해당 모델을 통해 대용량 데이터를 자동 분석, 귀납 추론하는 시스템
SPSS(Statistical Package for the Social Sciences)	분석 기술	IBM에서 상용화한 사회과학 자료분석을 위해 고안된 통계 분석 전용 프로그램으로 라이센스가 필요 사용법이 간편하여 데이터 획득에서부터 리포팅(Reporting)까지 전 과정을 메뉴와 대화상자를 통해 수행
R	분석/시각화 기술	데이터 분석을 위한 통계 분석 기법과 알고리즘, 데이터 시각화 기능을 지원하는 오픈소스 프로그램으로 빅데이터와 관련된 분석을 위한 툴(Tools)로 주목
SAS(Statistical Analysis System)	분석 기술	고가의 라이센스가 필요한 프로그램으로 공인되어 있는 대부분의 통계 분석을 포괄하여 수행 가능하며, 보고서 작성과 그래픽 작업도 가능 데이터 입력 및 편집을 위한 DATA STEP 단계와 본격적인 데이터 분석을 위한 PROC STEP 단계로 처리
Excel	분석 기술	마이크로소프트사에서 개발한 윈도우 환경의 스프레드시트 프로그램으로 다른 분석툴에 비해 사용이 용이
머하웃(Mahout)	분석 기술	아파치 소프트웨어 재단의 한 프로젝트로서 분산 처리가 가능하고 확장성을 가진 기계학습용 라이브러리
타조(Tajo) **기출**	분석 기술	하둡 기반의 대용량 데이터의 분산 분석을 지원하는 플랫폼 마스터-워커(Master-Worker) 클러스터 모델을 채용하고 있고, 질의별 쿼리 마스터가 존재 SQL on Hadoop : SQL 쿼리를 HDFS에 적용 데이터 웨어하우스 인프라 구조 : ETL과 Low-Latency 지원, Long Term Query/AD Hoc Query 지원
Python	분석/시각화 기술	동적 타이핑(Dynamic Typing) 범용 프로그래밍 언어로 다양한 플랫폼에서 사용 가능 풍부한 라이브러리(모듈)가 제공 순수한 프로그램 언어 기능 외의 다른 언어로 쓰여진 모듈들을 연결하는 풀언어(Glue language)로 자주 이용됨

Python 라이브러리	분석/시각화 기술	Numpy	행렬이나 일반적으로 대규모 다차원 배열을 쉽게 처리할 수 있도록 지원하는 파이썬의 라이브러리
		Scipy	Python을 기반으로 하여 과학, 분석, 그리고 엔지니어링을 위한 과학(계산)적 컴퓨팅 영역의 여러 기본적인 작업을 위한 라이브러리
		Sklearn	Python 머신러닝 라이브러리
		Pandas	"관계형" 또는 "레이블이 된" 데이터로 쉽고 직관적으로 작업할 수 있도록 설계되어 빠르고, 유연한 데이터 구조를 제공하는 Python 라이브러리
		Matplotlib	그림, 도형, 그래프를 제공하는 Python 라이브러리

빅분기_05
1.2.2

1.2.2 빅데이터와 인공지능

1.2.2.1 인공지능의 이해

❶ 인공지능의 정의

인공지능(Artificial Intelligence)이라는 용어는 1956년에 다트머스대학교의 수학자이자 컴퓨터 과학자인 존 매커시(John McCarthy)가 기획한 〈인공지능 하계 연구 프로젝트〉에서 처음 제기되었으며 튜링의 '생각하는 기계'를 구체화하고 논리와 형식을 갖춘 시스템으로 이행하는 방안이 논의되면서 인공지능을 '지능적 기계를 만드는 과학기술'로 정의하게 되었다.

인공지능의 다양한 정의

사전적 정의	전통적 정의	기술적 정의
철학적인 개념으로 인간이나 지성을 갖춘 존재 또는 시스템에 의해 만들어진 인공적인 지능	컴퓨터가 인간의 지능적인 행동을 모방할 수 있도록 하는 소프트웨어로 인간이 가진 지적 능력의 일부 또는 전체를 인공적으로 구현한 것	인간의 지능으로 할 수 있는 사고(Thinking), 학습(Learning), 자기계발 등을 컴퓨터가 할 수 있도록 연구하는 컴퓨터공학 및 정보기술의 한 분야

인공지능은 다양한 기준에 따라 분류가 가능한데 대표적으로 지적 수준(주어진 조건과, 인간과 같은 사고의 가능 여부 관점)에 따라 약/강/초인공지능으로 분류하며, 알고리즘의 구현 수준 관점에서 학습지능/단일지능/복합지능으로 분류 가능하다.

인공지능 분류

구분	분류	상세 설명
지적 수준 **기출**	약인공지능 (Weak AI / Artificial Narrow Intelligence : ANI)	특정 영역(기능적 성과)에 한정되어 활용 가능한 인공지능 알고리즘을 포함하여 기초 데이터 및 규칙을 입력하고 입력된 것을 기반으로 학습 가능
	강인공지능 (Strong AI / Artificial General Intelligence : AGI)	특정 영역에 한정되지 않고, 다수의 영역에서 활용 가능한 인공지능 알고리즘을 설계하면, 기초 데이터 및 규칙의 입력 행위가 없어도 인공지능 스스로 데이터를 찾아 학습 가능
	초인공지능(Artificial Super Intelligence : ASI)	인간의 지적능력 및 인식능력을 가지고 인간이 할 수 있는 일을 수행하며, 인간 이상의 능력을 보유한 인공지능
알고리즘의 구현 수준	학습지능	지식 확보를 위한 알고리즘 연구(머신러닝, 추론/지식 표현)
	단일지능	시각, 청각, 언어 등 한 종류 입력을 가지고 지식을 확보
	복합지능	시각, 청각, 언어 등 여러 형태의 입력을 통합하여 이해, 판단하는 기술을 포함 (행동/소셜지능, 상황/감정이해)

인공지능은 금융, 제조, 사회분야 등에서 쏟아지는 빅데이터를 지능적으로 처리하여 각 분야의 효율성과 편의성을 높이는 데 활용된다. 필요에 따라 상황을 해석하고 스스로 자동 갱신함으로써 새로운 차원의 산업혁명이 가능해지게 한다.

❷ 인공지능의 부각 이유

2016년 알파고라는 딥러닝(Deep Learning) 기반의 인공지능을 만나기 전까지 인공지능은 1차 암흑기(XOR 연산불가 문제)와 2차 암흑기(베니싱 그레디언트 문제)를 거쳐 한계성을 드러내고 있었다.

그렇지만 클라우드 컴퓨팅 환경과 GPU 등의 하드웨어의 발전, 기존 신경망의 정확도를 향상시킨 알고리즘의 개선과 인공지능 프레임워크의 등장, 그리고 정의한 모델을 학습시킬 수 있는 풍부한 빅데이터가 맞물려 현재의 인공지능 부흥기에 도달하게 되었고, 많은 산업 분야에서 이를 활용하기 위한 준비와 실행이 이뤄지고 있다.

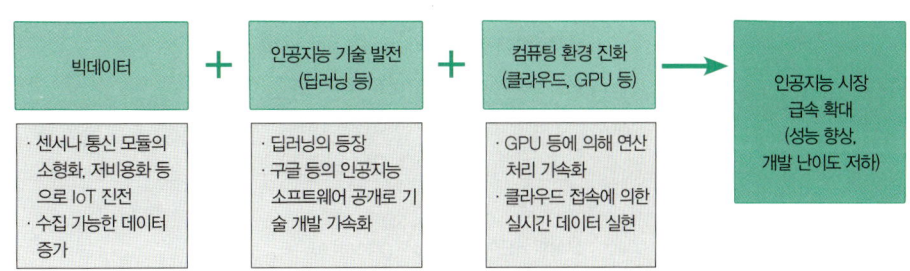

인공지능의 3가지 부각 이유

❸ 머신러닝과 딥러닝 기출

인공지능, 머신러닝과 딥러닝은 포함 관계를 가지고 있으며, 정확히는 머신러닝 알고리즘 중에 인공신경망(Artificial Neural Network)을 기반으로 한 방법들을 통칭하여 딥러닝(Deep Learning)이라고 명명한다(인공지능 ⊃ 머신러닝 ⊃ 인공신경망 ⊃ 딥러닝). 기출

따라서 딥러닝이 더 진보적인 개념을 가지고 있으며, 이는 사람이 개입되는 정도에 따라 차이가 존재한다.

머신러닝은 학습 데이터로 정확한 예측과 분류, 군집을 위해 특정 부분 사고의 개입이 필요한 반면, 딥러닝은 모델의 예측에 대한 결과를 스스로 판단하고 결정한다. 즉 인간의 사고방식과 더 유사한 기술은 딥러닝임을 알 수 있다(상세한 인공신경망의 진화 과정은 '8.1.4 인공신경망'에서 학습한다).

> **인공지능(Artificial Intelligence), 머신러닝(Machine Learning), 딥러닝(Deep Learning) 정의** 기출
> - 인공지능 : 컴퓨터가 인간의 지능적인 행동을 모방할 수 있도록 하는 소프트웨어
> - 머신러닝 : 명시적인 프로그래밍 없이 컴퓨터가 학습하는 능력을 갖추게 하는 연구 분야
> - 딥러닝 : 사람의 개입이 필요한 기존의 지도학습(Supervised Learning)에 보다 능동적인 비지도학습(Unsupervised Learning)이 결합되어 컴퓨터가 마치 사람처럼 스스로 학습할 수 있는 인공지능 기술

❹ 머신러닝의 유형

머신러닝의 유형은 학습하려는 문제의 유형에 따라 지도학습, 비지도학습, 강화학습(Reinforcement Learning), 준지도학습(Semi-Supervised Learning)으로 구분할 수 있다.

유형	분류기준	알고리즘
지도학습 기출	모든 입력 데이터에 대해 정확한 답(Lable)을 가지고 모델을 학습하는 방법 예) 스팸메일 필터링(분류), 내년 주택가격 예측(회귀) 등	
	분류(Classification)	학습 데이터의 레이블 중 하나로 분류
		K-최근접 이웃 알고리즘(K-Nearest Neighbors Classification, K-NN)
		의사결정나무(Decision tree)
		로지스틱회귀분석(Logistic Regression)
		랜덤포레스트(Random Forest)
		서포트벡터머신(Support Vector Machine, SVM)
		인공신경망(Artificial Neural Network)
	회귀(Regression)	연속된 다음 값을 예측
		선형회귀분석(Linear Regression)
		회귀나무(Regression Tree)
		회귀랜덤포레스트(Random Forest Regression)
		회귀서포트벡터머신(Support Vector Regression)

구분			설명
비지도학습			정확한 답(Label) 없이 학습 데이터만 입력하여 모델 스스로 주어진 입력 패턴 자체를 기억시키거나, 유사한 패턴을 군집화시키는 학습 방법
	군집화(Clustering)		유사한 특성이나 그룹으로 그룹핑
			계층군집화(Hierarchical Clustering)
			K-평균 군집(K-means Clustering)
			SOM(Self-Organizing Map) 등
	차원축소 (Dimension Reduction)		여러 특성을 대표하는 특성으로 축소
			주성분분석(Principal Component Analysis, PCA)
			요인분석(Factor Analysis)
			다차원척도법(Multi-Dimensional Scaling) 등
	연관규칙발견 (Association Rule)		특정 항목(원인) 발생시 다른 항목(결과)이 발생하는 규칙 발견
			연관규칙(Association Rule)
			협업필터링(Collaboration Filtering) 등
강화학습			행동 심리학에서 나온 이론으로 분류할 수 있는 데이터가 존재하는 것도 아니고 데이터가 있어도 정답이 따로 정해져 있지 않으며 자신이 한 행동에 대해 보상(reward)를 받으며 학습하는 방법
	알고리즘		딥 큐러닝(Deep Q Learning), 은닉 마르코프 모델(Hidden Markov Model, HMM), 몬테카를로 트리서치(Monte Carlo Tree Search, MCTS)
준지도학습			지도학습에 사용하는 정답이 있는 데이터와 비지도학습에서 사용하는 정답이 없는 데이터를 모두 훈련 데이터로 사용하여 학습하는 방법('어떻게 라벨링을 할 수 있을까'의 관점)
	알고리즘		생성적 적대신경망(Generative Adversarial Networks, GAN)

어노테이션(Annotation) : 주어진 데이터를 설명해주는 주석을 달아주는 작업(분석 대상 추출)
라벨링(Labeling) : 추출된 정보를 효율적으로 분류하기 위해 주석을 부여하는 작업(정답)

참고 머신러닝 학습의 진화

소규모의 학습 데이터로 모델 정확도 향상, 이미 학습된 모델의 재사용, 정답이 없는 데이터에 대한 레이블링 자동화 등으로 진화

구분	설명
액티브러닝 (Active Learning)	정답(라벨)이 주어지지 않은 데이터를 이용하여 어떤 데이터에 자동으로 정답을 붙일 수 있고, 어떤 데이터에 사람이 꼭 정답을 붙여줘야(중요한 데이터)하는지 필터를 해주는 방법
퓨샷러닝 (Few Shot Learning)	적은 데이터(Few Shot)를 효율적으로 학습하는 문제를 위해 메타러닝(Meta Learning) 등을 적용해서 성능을 높이는 인공지능 학습 알고리즘 전이학습과 메타러닝은 퓨샷러닝을 위해 고안됨
전이학습 기출 (Transfer Learning)	이미 학습된 모델(Pre Trained Model)의 가중치(파라미터)를 다른 문제 해결을 위한 모델에 재사용하는 방법
메타러닝 (Meta Learning)	서로 다른 타입의 모델들을 사용하여 예측값을 도출하고 이 예측값이 학습 데이터가 되어 '또 다른 모델'을 학습시켜 최종 결과를 도출하는 학습 방법

1.2.2.2 빅데이터와 인공지능의 관계

❶ 빅데이터와 인공지능의 관계

인공지능 부각 이유에서 언급한 것처럼 인공지능이 부흥기를 맞은 한 축에는 빅데이터가 있다. 좀 더 세분화해서 정리하면 인공지능과 빅데이터는 상호 보완적 관계로 시너지 효과를 창출한다.

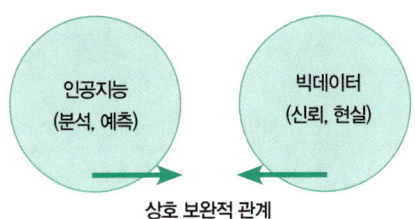

빅데이터와 인공지능의 상호 보완적 관계

빅데이터는 대용량 데이터를 고속으로 원하는 형태의 데이터로 저장, 처리, 분석, 시각화하고 인공지능은 이 데이터를 이용해 인간의 인지능력, 학습능력, 추론능력과 같은 고차원의 정보 처리 능력을 자동화된 파이프라인으로 구현하게 되는데 이는 빅데이터 플랫폼과 인공지능 플랫폼에 의해 자동화된 파이프라인으로 정의할 수 있다.

요약하면 빅데이터 플랫폼은 신뢰와 현실을 구현할 수 있는 정제된 데이터를 제공하며, 인공지능 플랫폼은 분석/예측 능력을 최적화하기 위해 인간의 사고를 알고리즘으로 구현한다.

❷ 인공지능의 최근 동향

빅데이터와 인공지능을 융합하여 산업 분야에 적용하기 위한 정부 주도의 정책(디지털 뉴딜, 디지털 플랫폼정부 등)을 필두로 글로벌 기업들 또한 적극적인 투자와 기술력 있는 기업과의 파트너십, M&A를 확대하고 있으며, 인공지능 기술 확보 경쟁력 확대와 적극적인 기술 적용을 위한 노력은 계속 될 것으로 전망된다.

인공지능의 최근 동향

구분	설명
인공지능 반도체 및 하드웨어의 진화	인공지능의 핵심인 딥러닝과 같은 알고리즘 연산에 최적화되어 학습 및 추론을 위한 데이터 연산처리 성능이 강화된 반도체 아키텍처 구조 및 활용 범위에 따라 크게 GPU(Graphical Processing Unit), FPGA(Field-Programmable Gate Arrays), ASIC(Application Specific Integrated Circuits)부터 뉴로모픽 반도체(Neuromorphic Chips)까지 포괄

생성적 적대신경망 (GAN)의 활용	이미지 생성과 복원, 그림을 그리는 인공지능, 동작을 흉내내는 인공지능, 신약 개발 등 활용 및 연구 증대
	딥페이크(Deep Fake) : 인공지능(AI)을 활용하여, 진짜 같은 가짜를 만드는 이미지 합성 기술 생성적 적대신경망(GAN)을 활용한 딥페이크 악용에 대한 소프트웨어 및 알고리즘 개발
초거대 인공지능(Super-Giant AI)의 진화	딥러닝 기법을 쓰는 인공신경망 가운데서도 파라미터(매개변수)가 무수히 많은 인공지능 (파라미터의 규모가 커질수록 인공지능이 데이터를 분석하는 지능도 비약적으로 확대)
파운데이션 모델 (Foundation Model) 활용	거대한 양의 폭넓은 데이터를 사용하여 자기 지도학습으로 거대한 내부 파라미터를 지닌 모델을 학습시킨 후 사용자가 원하는 목적에 맞게 미세조정(Fine Tuning)이나 문맥 내 학습(In-Context Learning) 등과 같은 과정을 거침으로써 완성되는 기초 모델
생성형 인공지능 (Generative AI)의 보편화	이미 학습된 파운데이션 모델을 기반으로 텍스트, 이미지, 오디오, 합성 데이터 등 다양한 유형의 콘텐츠를 생성할 수 있는 인공지능 기술 대규모 언어모델(Large Language Model, LLM) 또한 번역, 문장생성, 문양요약에 특화된 생성형 AI의 한 종류(인간의 뇌와 유사한 역할을 할 수 있기 때문에 미래 모든 산업분야에서 핵심 기술로 응용될 것으로 예상됨)
	〈서비스 예시〉 문서요약, 질의응답, 챗봇 : 챗-GPT(GPT-3.5), MS의 Copilot 등 이미지 생성 : DALL-E3 등
프롬프트 엔지니어링 (Prompt Engineering)의 요구	프롬프트 : 특정 작업을 수행하도록 생성형 AI에 요청하는 자연어 텍스트 프롬프트엔지니어링 : 생성형 인공지능(생성형 AI) 솔루션을 안내하여 원하는 결과를 생성하는 프로세스 프롬프트 엔지니어링을 사용하여 질의응답 및 산술추론과 같은 일반적인 작업부터 복잡한 작업까지 다양한 범위에서 생성형 인공지능의 역량을 향상
설명 가능한 인공지능 (eXplainable Artificial Intelligence, XAI)의 연구	머신러닝/딥러닝 모델의 결과값에 대한 이유를 인간이 이해할 수 있도록 블랙박스 성향을 분해/파악하여 설명 가능성을 제공하는 방식으로 이를 통해 기계와 인간의 상호작용에 합리성을 확보
오픈소스 딥러닝 프레임워크 확산	딥러닝 프레임워크(framework)는 이렇게 이미 검증된 수많은 라이브러리와 사전학습까지 완료된 다양한 딥러닝 알고리즘을 제공 종류 : 텐서플로우(TensorFlow), 케라스(Keras), 테아노(Theano), 파이토치(Pytorch) 등
기계학습의 자동화 AutoML(Automated Machine Learning)	데이터 수집, 전처리, 모델 학습 및 평가를 거쳐 서비스 적용에 이르는 과정을 자동화하기 위한 분야(데이터 분할, 정제, 변수 선택, 모델 선택, 하이퍼파라미터 튜닝의 자동화) 종류 : Microsoft Azure ML, Amazon의 SageMaker, Auto Sklearn 등

빅분기_06
1.2.3 ~ 1.2.4

1.2.3 개인정보 법/제도

1.2.3.1 빅데이터 관련 법/제도

빅데이터 활성화는 관련법 간의 규제로 진입장벽이 존재하고 있으며, 이를 해소하기 위해 국가적인 기본 체계 마련을 통한 데이터 전문인력 양성, 표준화 추진 등 빅데이터 고도화 시책을 비롯하여 데이터 유통 활성화, 전문기업 육성 등 데이터 시책이 필요하다.

또한 빅데이터 분석 기술이 데이터의 수집 과정과 활용 과정에서 개인정보의 침해 가능성이 존재하고 있어 이에 대한 근본적인 대응 방안 마련이 중요하다. 빅데이터와 관련된 법/제도는 다음과 같다.

빅데이터 관련 법 기출

법률명(약칭)	내용
개인정보보호법	개인정보의 처리/보호에 관한 사항을 정하여 개인의 자유와 권리를 보호하고, 나아가 개인의 존엄과 가치를 구현함을 목적으로 하는 법률
신용정보의 이용 및 보호에 관한 법률(신용정보법)	신용정보업을 건전하게 육성하고 신용정보의 효율적 이용과 체계적 관리를 도모하며 신용정보의 오용/남용으로부터 사생활의 비밀 등을 적절히 보호함으로써 건전한 신용질서의 확립에 이바지하는 목적의 법률
정보통신망 이용 촉진 및 정보보호 등에 관한 법률(정보통신망법)	정보통신망의 이용을 촉진하고 정보통신서비스를 이용하는 자의 개인정보를 보호함과 아울러 정보통신망을 건전하고 안전하게 이용할 수 있는 환경을 조성하여 국민생활의 향상과 공공복리의 증진에 이바지함을 목적으로 하는 법률
데이터 3법	개인정보보호법, 정보통신망법, 신용정보법 개정안을 일컫는 말로, 이 3법 개정안은 개인정보보호에 관한 법이 소관 부처별로 나뉘어 있어 발생하는 중복규제를 없애 개인과 기업이 정보를 활용할 수 있는 폭을 넓히기 위해 마련
공공데이터의 제공 및 이용 활성화에 관한 법률(공공데이터법) 기출	공공기관이 보유한 공공데이터를 개방(제공)하여 '국민의 편익 향상과 일자리 창출'을 위해 제정된 법률 기계 판독이 가능한 형태의 최소 요건을 충족하면 공공데이터의 개방(제공)이 가능하지만, 국가에서는 오픈포맷(Open Format) 형태로 공공데이터를 개방(제공)할 것을 권장(REST 기반 Open API 사용) 오픈포맷 : 모든 소프트웨어에서 자유롭게 활용(수집, 편집 등)할 수 있는 형태의 데이터 (CSV, JSON, XML 등의 형태) 기출
국가공간정보기본법	공간정보체계를 효율적으로 구축하고 활용·관리하여 국토 및 자원을 합리적으로 이용하기 위해 제정한 법률 공개가 제한되는 공간정보도 공간정보사업자나 위치정보사업자에게 제공할 수 있게 됨
산업디지털전환촉진법	산업 전반의 디지털 전환을 지원하고 산업 데이터의 활용을 확대하기 위해 산업 데이터 사용 수익권을 보장한 법
지능정보화기본법	정보화 혁명을 성공적으로 뒷받침한 「국가정보화 기본법」을 전면 개정하여 4차 산업혁명 지원을 위한 범국가적 추진체계를 마련함으로써 데이터/인공지능 등 핵심 기술 기반과 산업생태계를 강화하는 것을 목적으로 하는 법률(2020.12.10. 시행)

데이터산업진흥 및 이용촉진기본법 (데이터산업법)	데이터의 생산, 거래 및 활용 촉진에 관하여 필요한 사항을 정함으로써 데이터로부터 경제적 가치를 창출하고 데이터 산업 발전의 기반을 조성하여 국민생활의 향상과 국민경제의 발전에 이바지함을 목적으로 하는 법률
EU-GDPR(General Data Protection Regulation) 기출	유럽연합 회원국에 동일하게 적용되는 개인정보보호 일반법으로 개인정보의 암호화나 가명처리 등의 안전조치 마련, 독립적인 감독기구 운영 등을 요구

빅데이터 관련 제도/정책

제도·정책	내용
디지털 뉴딜(한국판 뉴딜)	데이터 수집, 가공, 거래, 활용 기반을 강화하여 데이터 경제를 가속화하고, 5G 전국망을 통한 전 산업 5G와 AI 융합을 확산시키는 것
디지털 플랫폼 정부	최신 디지털 기술을 활용하여 다양한 데이터를 통합하고 연계하고 분석하는 디지털 플랫폼을 기반으로 국민과 기업과 정부가 함께 사회 문제를 해결하고 새로운 가치를 창출하는 정부를 구현하고자 하는 정책
인공지능법, 제도, 규제 정비 로드맵	혁신과 포용이 조화로운 인공지능 법/제도 데이터 산업 진흥을 위한 기본법 제정 데이터관리업에 대한 법적 근거 마련 등
개인정보 비식별 조치 가이드라인, 가명정보처리 가이드라인	데이터 활용에 필요한 가명처리 기술, 절차, 관리 체계 등을 구체적으로 안내하여 개인정보 보호는 더욱더 강화하고 안전한 데이터 활용 기반을 마련
마이데이터	개인이 정보 관리의 주체가 되어 능동적으로 본인의 정보를 관리하고, 본인의 의지에 따라 신용 및 자산 관리 등에 정보를 활용하는 일련의 과정

2021년 6월 데이터 산업 고도화를 위해 유관 법 체계를 개인정보보호법으로 일원화하는 것이 결정되었다. 법 체계 일원화를 통해 금융, 유통, 통신 등 이종 사업권별 마이데이터 산업을 통합 거버넌스 체계로 단일화함을 의미한다.

1.2.3.2 개인정보 법/제도

❶ 개인정보보호법

• **개인정보보호법의 이해** 기출

개인정보보호법은 개인정보의 처리/보호에 관한 사항을 정하여 개인의 자유와 권리를 보호하고, 나아가 개인의 존엄과 가치를 구현함을 목적으로 하는 법률(2011.9.30. 최초 시행)이다. 개인정보보호법 제2조 제1호에 명시된 개인정보의 정의는 다음과 같다.

> **개인정보**
> - 살아 있는 개인에 관한 정보로 아래에 해당하는 정보
> - ① 성명, 주민등록번호 및 영상 등을 통하여 개인을 알아볼 수 있는 정보
> - ② 해당 정보만으로는 특정 개인을 알아볼 수 없더라도 다른 정보와 쉽게 결합하여 알아볼 수 있는 정보
> - ③ ① 또는 ②를 가명처리함으로써 원래의 상태로 복원하기 위한 추가 정보의 사용, 결합 없이는 특정 개인을 알아볼 수 없는 정보(가명정보)

● **개인정보보호 원칙**

경제협력개발기구(Organization for Economic Cooperation and Development, OECD) 프라이버시 8원칙에 의거하여, 개인정보보호법 제 3조에는 개인정보보호 원칙을 규정한다.

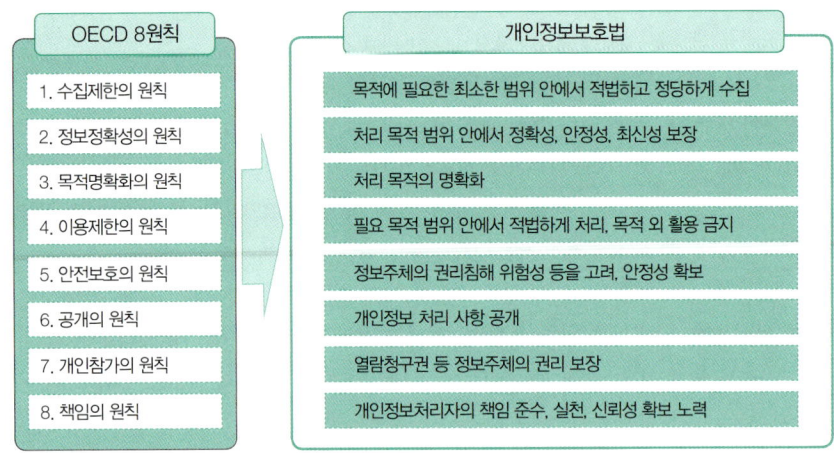

개인정보보호법 제 3조 개인정보보호 원칙 **기출**

빅데이터, 클라우드 컴퓨팅, 그리고 SNS의 이용이 크게 증가하고 있는 상황에서 개인정보보호 이슈는 새로운 ICT 서비스를 얼마나 효율적이고 안전하게 사용할 수 있도록 하는가의 문제로 귀결되며, 새로운 서비스와 기술 이용 확산을 위한 주요 고려대상이라고 할 수 있다.

> **참고** 데이터 관련 개인정보보호법 제3장 주요 내용

제3장 개인정보의 처리 제1절 개인정보의 수집, 이용, 제공 등	
제 15조 (개인정보의 수집, 이용) **기출**	① 개인정보처리자는 다음 각 호의 어느 하나에 해당하는 경우에는 개인정보를 수집할 수 있으며 그 수집 목적의 범위에서 이용할 수 있다. 　1. 정보주체의 동의를 받은 경우 　2. 법률에 특별한 규정이 있거나 법령상 의무를 준수하기 위하여 불가피한 경우 　3. 공공기관이 법령 등에서 정하는 소관 업무의 수행을 위하여 불가피한 경우 　4. 정보주체와의 계약의 체결 및 이행을 위하여 불가피하게 필요한 경우 　5. 정보주체 또는 그 법정대리인이 의사표시를 할 수 없는 상태에 있거나 주소불명 등으로 사전 동의를 받을 수 없는 경우로서 명백히 정보주체 또는 제3자의 급박한 생명, 신체, 재산의 이익을 위하여 필요하다고 인정되는 경우 　6. 개인정보처리자의 정당한 이익을 달성하기 위하여 필요한 경우로서 명백하게 정보주체의 권리보다 우선하는 경우. 이 경우 개인정보처리자의 정당한 이익과 상당한 관련이 있고 합리적인 범위를 초과하지 아니하는 경우에 한한다. ② 개인정보처리자는 제1항 제1호에 따른 동의를 받을 때에는 다음 각 호의 사항을 정보주체에게 알려야 한다. 다음 각 호의 어느 하나의 사항을 변경하는 경우에도 이를 알리고 동의를 받아야 한다. 　1. 개인정보의 수집, 이용 목적 　2. 수집하려는 개인정보의 항목 　3. 개인정보의 보유 및 이용기간 　4. 동의를 거부할 권리가 있다는 사실 및 동의 거부에 따른 불이익이 있는 경우에는 그 불이익의 내용 ③ 개인정보처리자는 당초 수집 목적과 합리적으로 관련된 범위에서 정보주체에게 불이익이 발생하는지 여부, 암호화 등 안전성 확보에 필요한 조치를 하였는지 여부 등을 고려하여 대통령령으로 정하는 바에 따라 정보주체의 동의 없이 개인정보를 이용할 수 있다.
제 21조 (개인정보의 파기)	① 개인정부처리자는 보유기간의 경과, 개인정보의 처리 목적 달성 등 그 개인정보가 불필요하게 되었을 때에는 지체 없이 그 개인정보를 파기하여야 한다. 다만, 다른 법령에 따라 보존하여야 하는 경우에는 그러하지 아니하다. ② 개인정보처리자가 제 1항에 따라 개인정보를 파기할 때에는 복구 또는 재생되지 아니하도록 조치하여야 한다. ③ 개인정보처리자가 제 1항 단서에 따라 개인정보를 파기하지 아니하고 보존하여야 하는 경우에는 해당 개인정보 또는 개인정보 파일을 다른 개인정보와 분리하여서 저장, 관리하여야 한다. ④ 개인정보의 파기 방법 및 절차 등에 필요한 사항은 대통령령으로 정한다.
제3장 개인정보의 처리 제3절 가명정보의 처리에 관한 특례	
제 28조의 2 (가명정보의 처리 등) **기출**	① 개인정보처리자는 통계 작성, 과학적 연구, 공익적 기록 보존 등을 위하여 정보주체의 동의 없이 가명정보를 처리할 수 있다. ② 개인정보처리자는 제1항에 따라 가명정보를 제3자에게 제공하는 경우에는 특정 개인을 알아보기 위하여 사용될 수 있는 정보를 포함해서는 아니 된다.

> **참고** 데이터 관련 개인정보보호법 제3장 주요 내용

제3장 개인정보의 처리 제3절 가명정보의 처리에 관한 특례

제 28조의 3 (가명정보의 결합 제한)	① 제28조의 2에도 불구하고 통계 작성, 과학적 연구, 공익적 기록 보존 등을 위한 서로 다른 개인정보 처리자 간의 가명정보의 결합은 보호위원회 또는 관계 중앙행정기관의 장이 지정하는 전문기관이 수행한다. ② 결합을 수행한 기관 외부로 결합된 정보를 반출하려는 개인정보처리자는 가명정보 또는 제 58조의 2에 해당하는 정보로 처리한 뒤 전문기관의 장의 승인을 받아야 한다.
제 28조의 4 (가명정보에 대한 안전조치 의무 등)	① 개인정보처리자는 가명정보를 처리하는 경우에는 원래의 상태로 복원하기 위한 추가 정보를 별도로 분리하여 보관/관리하는 등 해당 정보가 분실, 도난, 유출, 위조, 변조 또는 훼손되지 않도록 대통령령으로 정하는 바에 따라 안전성 확보에 필요한 기술적, 관리적 및 물리적 조치를 하여야 한다.
제 28조의 5 (가명정보처리 시 금지의무 등)	① 누구든지 특정 개인을 알아보기 위한 목적으로 가명정보를 처리해서는 아니 된다. ② 개인정보처리자는 가명정보를 처리하는 과정에서 특정 개인을 알아볼 수 있는 정보가 생성된 경우에는 즉시 해당 정보의 처리를 중지하고, 지체 없이 회수/파기하여야 한다. [본조신설 2020. 2. 4.]

❷ 데이터 3법의 이해

2020년 8월 5일, '데이터 3법'이라고 불리는 '개인정보보호법, 정보통신망법, 신용정보법'에 대한 개정을 기점으로 개인과 기업이 정보를 활용할 수 있는 폭을 넓히기 위한 법적 근거가 마련 되었으며, 개인정보의 개념 명확화, 빅데이터 활용 범위 명확화, 데이터 결합 지원, 안전장치 및 사후 통제 등의 내용을 담고 있다.

데이터 3법 기출

데이터 3법 구분	주요 내용	설명
개인정보보호법	가명정보 도입 및 활용	특정 개인을 식별할 수 없게 안전 조치를 한 개인정보 데이터를 제품, 서비스 개발에 활용 가능 개인정보, 가명정보, 가명정보처리, 익명정보 대한 구분
	개인정보보호위원회 컨트롤 타워 역할 강화	행정안전부, 방송통신위원회, 금융위원회 등에 분산된 관리, 감독 기능을 국무총리 소속 중앙행정기관인 개인정보위원회로 일원화
	개인정보 오남용 방지 위한 책임성 강화	데이터 활용시 지켜야 할 안전조치 규정을 어길 땐 전체 매출액의 3%에 해당하는 과징금 부과
정보통신망법	법체계 일원화	개인정보보호법과 정보통신망법에 산재된 법 체계를 개인정보보호법으로 이관
	온라인 개인정보 보호 주관 기관 변경	온라인상 개인정보보호 관련 규제와 감독 주체를 방송통신위원회에서 개인정보보호위원회로 변경

		통계 작성, 과학적 연구, 공익적 보존 등을 위해 가명 정보를 신용 정보주체의 동의 없이 이용하거나 제공할 수 있게 함
신용정보법	가명정보 신용정보주체 동의 없이 이용 및 제공 가능	가명정보의 금융분야 빅데이터 분석 및 이용을 위한 법적 근거 마련
		금융분야에서 빅데이터 분석 및 이용 활성화하도록 규정함

이를 계기로 자기정보주체권에 입각한 맞춤형 서비스를 제공할 수 있는 마이데이터 서비스의 기반이 되어, 데이터 경제 전환으로 가속화할 수 있는 준비를 마친 것을 의미한다.

1.2.4 개인정보 활용

1.2.4.1 개인정보 활용의 이해

빅데이터 분석기술이 정보의 최대한 수집과 활용인 점에서 개인정보보호의 기본 원칙인 개인정보 최소화(Data Minimization) 원칙을 위반할 가능성이 높기 때문에 개인의 프라이버시나 개인정보보호에 대한 침해 가능성도 커지게 되었다. 따라서 개인정보보호와 빅데이터 분석 기술의 활용 사이의 올바른 균형을 유지해야 한다.

2016년 제정된 개인정보 비식별 가이드라인에서는 개인정보의 일부 또는 전부를 삭제하거나 대체함으로써 다른 정보와 쉽게 결합하여도 특정 개인을 식별할 수 없도록 하는 조치인 개인정보 비식별화를 정의했다. 하지만 가명처리에 대한 의미가 불명확했고 법적 근거가 존재하지 않아 활용에 한계를 가지고 있었다.

이에 따라, 데이터3법에서 가명정보, 익명정보를 정의하면서 이를 활용할 수 있는 근거를 마련하였고, 가명정보처리 가이드라인을 제정하여 데이터 산업 활성화를 위한 안전한 가명정보 활용방안을 마련했다.

1.2.4.2 개인정보 활용

❶ 개인정보 비식별조치 가이드라인

개인정보 비식별조치 가이드라인은 개인정보를 비식별조치하여 이용 또는 제공하려는 사업자 등이 준수하여야 할 조치 기준을 제시하면서 빅데이터 활용 확산에 따른 데이터 활용 가치 증대, 개인정보보호 강화에 대한 사회적 요구 지속, '보호와 활용'을 동시에 모색하는 세계적 정책 변화에 적극 대응하기 위해 제정되었다.

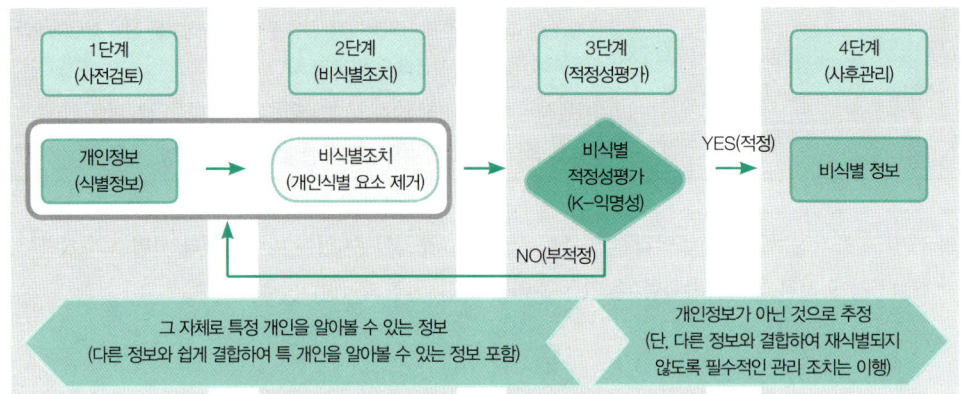

개인정보 비식별조치 가이드라인, 행정자치부 외 관계부처

개인정보 비식별조치 가이드라인은 사전검토, 비식별조치, 적정성평가, 사후관리 4단계로 구성된다.

❷ 가명정보처리 가이드라인

- **가명정보처리 가이드라인의 이해**

가명정보처리 가이드라인은 개인정보 비식별조치 가이드라인을 데이터 3법의 시행과 함께 구체적으로 정의한 가이드라인이며 법적 근거는 다음과 같다.

- 가명정보처리 가이드라인은 개인정보보호법 제 28조의 2에 따른 동의 없는 가명정보의 처리 과정에서의 개인정보 오용, 남용을 방지하고, 데이터 산업 활성화를 위한 안전한 가명정보 활용 방안을 설명한다.
- 개인정보보호법 제 28조의 3에 따라 서로 다른 개인정보처리자가 보유한 가명정보를 결합 및 반출하여 활용하고자 하는 경우 개인정보처리자가 참고할 수 있도록 결합, 반출에 대한 일반적인 절차와 방법을 설명한다.

> **참고** 개인정보, 가명정보, 익명정보 비교 **기출**

구분	설명	수행 내용
개인정보	특정 개인에 관한 정보 개인을 알아볼 수 있게 하는 정보 예) 홍길동/41살/남성/경상북도 구미/010-1234-5678	정보주체로부터 사전에 개인정보 활용에 대한 구체적인 동의를 받은 범위 내에서 활용 가능
가명정보	추가 정보의 사용 없이는 특정 개인을 알아볼 수 없게 조치한 정보 예) 홍 XX/40 대/남성/경상북도 구미/010-XXX-XXXX	다음 3가지 목적으로 동의없이 가명정보 활용 가능 1) 통계 작성(상업적 목적 포함) 2) 연구(산업적 연구 포함) 3) 공익적 기록 보존 목적 등
익명정보	더 이상 개인을 알아볼 수 없게 조치한 정보 예) -/40 대/남성/경상북도/-	개인정보가 아니기 때문에 제한 없이 활용 가능

가명처리 : 개인정보의 일부를 삭제하거나 일부 또는 전부를 대체하는 등의 방법으로 추가 정보가 없이는 특정 개인을 알아볼 수 없도록 처리하는 과정

● **가명정보처리 대상**

개인정보처리자는 가명정보에 대해 정당한 처리 범위 내에서 통계 작성, 과학적 연구, 공익적 기록 보존 등의 목적으로 정보주체의 동의 없이 처리할 수 있다.

정보주체의 동의 없이 개인정보처리가 가능한 경우

처리 대상	설명	추가 확인사항
통계 작성	통계란 특정 집단이나 대상 등에 관하여 작성한 수량적인 정보를 의미	시장조사와 같은 상업적 목적의 통계 처리도 포함 직접(1:1) 마케팅 등을 위해 특정 개인을 식별할 수 있는 형태의 통계는 해당하지 않음
과학적 연구	과학적 연구는 기술의 개발과 실증, 기초 연구, 응용 연구 및 민간투자 연구 등 과학적 방법을 적용하는 연구를 의미	과학적 연구는 기술의 개발과 실증, 기초 연구, 응용 연구뿐만 아니라 새로운 기술, 제품, 서비스 개발 등 산업적 목적을 위해서도 수행이 가능하며 민간투자 연구, 기업 등이 수행하는 연구도 가능
공익적 기록 보존	공공의 이익을 위하여 지속적으로 열람할 가치가 있는 정보를 기록하여 보존하는 것을 의미	공공기관이 처리하는 경우에만 공익적 목적이 인정되는 것은 아니며, 민간기업, 단체 등이 일반적인 공익을 위하여 기록을 보존하는 경우도 공익적 기록 보존 목적이 인정됨

● **가명처리 절차**

가명정보처리자가 개인정보를 가명처리할 때 사용할 수 있는 절차와 단계별 유의사항을 제시하였다.

가명처리 단계별 절차도

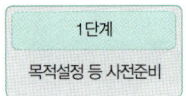 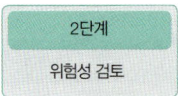  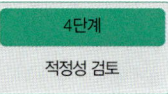 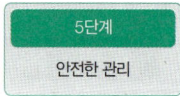

1단계	2단계	3단계	4단계	5단계
목적설정 등 사전준비	위험성 검토	가명처리	적정성 검토	안전한 관리

가명처리 단계별 절차도. "가명처리 가이드라인", 개인정보보호위원회, 2022.

가명처리한 결과, 목적을 달성하기 어렵거나 재식별 가능성이 있다고 판단한 경우 '3단계(가명처리)'를 반복하거나 부분적으로 추가적인 가명처리를 할 수 있다.

가명처리 단계별 설명

처리 단계	설명
1단계 사전준비	가명정보 처리목적을 명확히 설정하고 가명정보 처리 목적의 적합성 검토 및 계약서, 개인정보 처리방침, 내부 관리계획 등 필요한 서류 작성
2단계 위험성 검토	대상선정 : 1단계에서 설정한 목적을 달성하기 위해 필요한 항목을 개인정보파일에서 선정, 가명처리 대상 항목 선정 시 가명정보 처리 목적달성에 필요한 최소항목으로 해야 함 위험성 검토 : 가명처리 대상 데이터의 식별 위험성을 분석·평가하여 가명처리 방법 및 수준에 반영하기 위한 절차
3단계 가명처리	항목별 위험도 측정이 완료되면 이를 고려하여 항목별 가명처리 방법과 수준을 먼저 정의하고, 이에 따라 가명처리 수행 식별자와 준식별자에 대한 비식별화 수행, 가명처리/총계처리 등 비식별방법, 세부기술 사용('3.1.4.4 비식별화 조치 방법' 참조)
4단계 적정성 검토	1, 2, 3단계의 가명처리에 대해 결과 적정성을 최종 검토 가명처리가 적정하게 수행되었는지 확인하고, 가명처리한 결과가 가명정보의 처리목적을 달성하기 위해 적절한지 등 검토 적정성 검토는 ① 필요서류, ② 처리목적 적합성, ③ 식별 위험성, ④ 가명처리 방법 및 수준의 적정성, ⑤ 가명처리의 적정성, ⑥ 처리목적 달성 가능성 단계로 검토가 이루어짐 재식별 가능성 확인 : 프라이버시 기반 추론방지 모델(k – 익명성, l – 다양성, t – 근접성, '3.1.4.4 비식별화 조치 방법' 참조)
5단계 안전한 관리	적정성 검토 이후 생성된 가명정보는 법에 따라 기술적·관리적·물리적 안전조치 등 사후관리를 이행해야 함(보호법 제28조의 4) 적정성 검토 결과 가명처리가 적정하다고 판단되면 가명정보를 본래 활용목적을 위해서 처리할 수 있으며, 법령에 따라 기술적·관리적·물리적 안전조치를 이행(재식별 가능성 모니터링)

가명정보처리 가이드라인에 포함된 비식별화 조치 방법과 비식별화 조치 세부 기술 및 프라이버시 모델 기반 추론 방지 기법은 '3.1.4 데이터 비식별화'에서 상세히 다룬다.

❸ 마이데이터 기출

디지털 기술 혁신으로 촉발된 디지털 전환이 전 산업 부문으로 확산되면서 데이터를 활용한 비즈니스는 폭발적으로 증가하고 있으며, 개인 데이터의 경제적, 사회적 가치 또한 점점 더 중요해짐에 따라 '내'가 생성하는 '나의' 데이터에 대한 통제권과 개인정보보호가 중요한 문제로 부각되었다. 이에 따른 해결책으로 등장한 개념이 마이데이터(Mydata)이다.

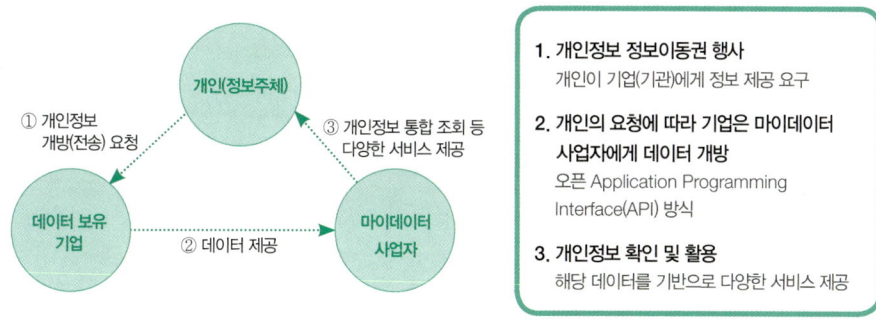

마이데이터 개념도. "금융분야 마이데이터 산업 도입 방안". 금융위원회, 2018.

마이데이터는 정보주체인 개인이 정보이동권(Right to Data Portability)에 근거하여 본인 데이터에 대한 개방을 요청하면, 기업이 보유한 데이터를 개인(요청자) 또는 개인이 지정한 제 3자에게 개방하도록 하는 것이다.

즉, 본인 데이터에 대한 개인의 통제력 및 권한을 강화함으로써 정보주체자의 의지에 따라 데이터에 대한 개방 및 활용을 용이하게 하는 것을 의미한다.

출제예상문제

01. 데이터는 수집부터 분석, 시각화 등을 거치는 라이프 사이클에 의해 처리된다. 다음 중 빅데이터 라이프 사이클을 순서대로 나열한 것은?

① 데이터 수집 → 데이터 저장 → 데이터 처리 → 데이터 분석 → 데이터 표현 → 데이터 소스
② 데이터 소스 → 데이터 수집 → 데이터 저장 → 데이터 처리 → 데이터 분석 → 데이터 표현
③ 데이터 저장 → 데이터 처리 → 데이터 표현 → 데이터 분석 → 데이터 소스 → 데이터 수집
④ 데이터 수집 → 데이터 분석 → 데이터 표현 → 데이터 저장 → 데이터 처리 → 데이터 소스

02. 빅데이터 라이프 사이클에 대한 설명으로 올바르지 않은 것은?

① 데이터 소스 : 수집 가능한 시스템을 식별하여 데이터를 정형, 반정형, 비정형으로 정의하는 단계이다.
② 데이터 수집 : 내/외부의 여러 환경으로부터 필요한 데이터를 수집하는 단계이다.
③ 데이터 저장 : 정의된 문제를 해결하기 위해 데이터를 전처리하고 인사이트를 도출하는 단계이다.
④ 데이터 시각화 : 분석 결과를 시각화함으로써 연계된 의미와 해석을 용이하게 하는 단계이다.

03. 분석 결과를 시각화함으로써 데이터의 연계된 의미와 해석이 용이하게 된다. 다음 중 데이터 시각화 기술로 올바르지 않은 것은?

① Python
② R
③ NoSQL
④ SPSS

04. 하둡 기반의 대용량 데이터의 분산 분석을 지원하는 플랫폼 ETL과 Low-Latency 지원, Long Term Query 및 AD Hoc Query 지원하는 프로젝트는?

① Tajo
② Pig
③ Oozie
④ Spark

05. 빅데이터의 플랫폼에 관한 다음의 설명 중 틀린 것을 고르시오.

① 빅데이터 플랫폼이란 특정 장치나 시스템 등에서 이를 구성하는 기초가 되는 틀 또는 골격을 지칭하는 용어이며, 사용자와 서비스를 이어주는 매개체이다.
② 방대하고 복잡한 빅데이터를 처리하는데 기존 ETL과 DW의 한계점을 극복하기 위해 다양한 플랫폼이 개발됐다.
③ 빅데이터 플랫폼으로 분석, 활용을 위한 빅데이터 처리 라이프 사이클 전체를 규격화할 수 있다.
④ 하둡 에코시스템은 다른 에코시스템과는 다르게 특정 기술에 종속적인 프레임워크를 지칭하는 용어이다.

06. 데이터 수집 단계에서는 내/외부의 여러 환경으로부터 필요 데이터를 적절히 수집해야 한다. 다음 중 수집 기술로 올바르지 않은 것은?

① 오픈 API
② Crawling
③ R
④ ETL

07. 다음에서 설명하는 수집 기술은 무엇인가?

> 대규모의 분산 시스템 모니터링을 위한 오픈소스 데이터 로그 수집 시스템으로 하둡에 의존적이며 실시간 분석이 특징이다.

① EAI

② ETL

③ Sqoop

④ Chukwa

08. 수집된 데이터는 데이터 유형을 고려하여 데이터 저장 방식을 선정한다. 다음에서 설명하는 빅데이터 저장 기술은 무엇인가?

> 비관계형 데이터 저장소로, 기존의 전통적인 방식의 관계형 데이터베이스와는 다르게 설계된 데이터베이스 테이블 스키마 (Table Schema)가 고정되지 않고, 테이블 간 조인(Join) 연산을 지원하지 않으며, 수평적 확장(Horizontal Scalability)이 용이하다.
> 종류 : Key-Value, Document Key-Value, Column 기반 등

① DBMS

② NoSQL

③ ODBMS

④ Hadoop

09. 수집 및 저장된 데이터를 분석하기 위해 처리 기술을 사용한다. 이러한 처리를 지원하는 컴퓨팅 기술에 대한 설명이 올바르지 않은 것은?

① 분산 컴퓨팅 - 단일 시스템의 성능 한계를 극복하기 위해 네트워크로 연결된 시스템에 여러 장치를 분산하여 처리하는 컴퓨팅 환경

② 병렬 컴퓨팅 - 여러 개의 복잡한 연산을 순차적이 아닌 병렬적으로 동시 처리하는 컴퓨팅 환경

③ 앰비언트 컴퓨팅 - 여러 병렬 컴퓨터의 처리 성능을 집중하여 매우 복잡한 문제 또는 데이터 집약적인 문제를 해결하는 컴퓨팅 환경

④ 클라우드 컴퓨팅 - 서버, 소프트웨어, 스토리지 등의 IT자원을 가상화 기술을 이용하여 필요한 만큼 대여하여 사용하게 해주는 컴퓨팅 환경

10. 하둡의 대표적인 데이터 처리 기술로 흩어져 있는 데이터를 수집하여 각각 종류별로 모아, 필터링(Filtering), 정렬(Sorting)하여 각각의 개수를 뽑아내는 분산 처리 기술 프레임워크는 무엇인가?

① 얀(Yarn)

② 맵리듀스(Map Reduce)

③ 스파크(Spark)

④ 우지(Oozie)

출제예상문제

11. 빅데이터 처리 기술에 대한 설명으로 올바르지 않은 것은?

① 스파크 – 하둡 기반 대규모 분산 처리 시스템으로 맵리듀스 작업에서 성능의 병목현상으로 지목되던 디스크 I/O 비용을 효율화하고 인메모리 컴퓨팅 기반으로 데이터를 분산 처리한다.

② 주키퍼 – 데이터의 일괄 처리를 위해 개발된 하둡과 달리, 데이터의 실시간 처리를 위해 개발된 범용 분산 환경 기반 실시간 시스템이다.

③ 우지 – 하둡 작업 과정을 관리(워크플로우)하는 코디네이터 시스템으로 HiveQ을 사용해 데이터 조회 질의를 수행한다.

④ 람다 아키텍처 – 대량의 데이터를 실시간으로 분석하기 위해, 배치(Batch)로 미리 만든 데이터와 실시간 데이터를 혼합해서 사용 가능한 실시간 분석을 지원하는 빅데이터 아키텍처이다.

12. 빅데이터 분석 기술은 정의된 문제 해결을 위해 데이터를 전처리하고 통계 및 컴퓨터공학 분야의 다양한 기법을 사용한다. 다음 중 분석, 시각화 기술에 해당하지 않는 것은?

① 텍스트 마이닝(Text Mining)
② 머신러닝(Machine Learning)
③ 크롤링(Crawling)
④ 머하웃(Mahout)

13. 다음에서 설명하고 있는 빅데이터 분석 기술은 다음 중 무엇인가?

> 동적 타이핑(Dynamic Typing) 범용 프로그래밍 언어로 다양한 플랫폼에서 사용 가능하다. 풍부한 라이브러리(모듈) 제공 순수한 프로그램 언어 기능 외의 다른 언어로 쓰여진 모듈들을 연결하는 풀언어(Glue Language)로 자주 이용된다. 대표적으로 numpy, scipy, sklearn, pandas, matplot 등 라이브러리를 호환한다.

① R
② Python
③ SAS
④ Semantic

14. 다음 중 인공지능에 대한 개념 설명 중 올바르지 않은 것은?

① 인공지능이라는 용어는 1956년 '다트머스 회의'로 알려져 있는 모임에서 처음으로 제기되었다.
② 인공지능은 기계가 지식을 가지고 스스로 학습하고 행동할 수 있어야 한다.
③ 인공지능의 개념을 정립한 것은 튜링이 '생각하는 기계'를 구체화하고 논리와 형식을 갖춘 시스템으로 이행하는 방안을 논의한 시점이다.
④ 인공지능은 단순히 인간의 지능적인 행동을 모방할 수 있도록 하는 소프트웨어의 개념만을 가진다.

15. 머신러닝의 유형과 알고리즘의 관계로 옳지 않은 것은?

① 지도학습 : 선형회귀분석, 랜덤포레스트
② 비지도학습 : K-Means, 로지스틱회귀
③ 지도학습 : 서포트벡터머신, 인공신경망
④ 비지도학습 : 다차원척도법, 주성분분석(PCA)

16. 다음 중 인공지능의 부각 이유로서 올바르지 않은 것은?

① 빅데이터
② 인공지능 기술의 발전(딥러닝 등)
③ 컴퓨팅 환경 진화(클라우드, GPU 등)
④ 개발 난이도 증가

17. 다음 중 인공지능, 머신러닝, 딥러닝에 대한 설명으로 올바르지 않은 것은?

① 인공지능 - 컴퓨터가 인간의 지능적인 행동을 모방할 수 있도록 하는 소프트웨어
② 머신러닝 - 명시적인 프로그래밍 없이 컴퓨터가 학습하는 능력을 갖추게 하는 연구 분야
③ 딥러닝 - 사람의 개입이 필요한 지도학습, 능동적인 비지도학습이 결합되어 컴퓨터가 마치 사람처럼 스스로 학습할 수 있는 인공지능 기술
④ 머신러닝 - 딥러닝보다 인간의 사고방식과 더 유사한 기술

18. 머신러닝의 지도, 비지도학습에 대한 설명으로 잘못된 것은?

① 지도학습은 모든 입력 데이터에 대해 정확한 답(Label)을 가지고 모델을 학습하는 방법이다.
② 비지도학습의 종류는 군집화와 예측으로 구분할 수 있다.
③ 지도학습으로 스팸필터링인지 아닌지를 구분하는 서비스를 구현할 수 있다.
④ 비지도학습은 정확한 답(Label)이 없으며 학습 데이터만 입력하여 모델 스스로 진입 패턴 자체를 기억하거나, 유사패턴을 군집화하는 학습방법이다.

19. 전통적 머신러닝과 비교해서 빅데이터를 활용한 머신러닝의 특징으로 옳지 않은 것은?

① 빅데이터 플랫폼 기반의 풍부한 데이터를 활용할 수 있다.
② 데이터 특성을 파악하여 모델에 최적화하는 단계가 정밀해졌다.
③ GPU 및 클라우드 환경이 적용되어 연산속도가 빨라졌다.
④ 사람의 개입이 더 늘어났다.

20. 심층신경망 분석 기법 중, 분류 모델과 회귀 모델은 어떤 분석 방법에 속하는가?

① 비지도학습　　　　　　　　② 지도학습
③ 강화학습　　　　　　　　　④ 준지도학습

15. ②　16. ④　17. ④　18. ②　19. ④　20. ②

출제예상문제

21. 빅데이터와 인공지능은 상호 보완적인 관계로 언급된다. 다음 중 빅데이터와 인공지능에 대한 설명중 부적절한 것은?
① 빅데이터는 대용량 데이터를 고속으로 원하는 형태로 처리하고, 인공지능은 이러한 데이터를 이용해 인간의 고차원적 정보 처리 능력을 구현한다.
② 빅데이터와 인공지능은 시너지 효과보다는 개별 플랫폼의 효과가 더 뛰어나다.
③ 빅데이터는 신뢰와 현실을 구현할 수 있는 정제된 데이터를 제공하고, 인공지능 플랫폼은 분석/예측 능력을 최적화하기 위해 인간 사고를 알고리즘으로 구현한다.
④ 빅데이터와 인공지능을 융합하여 산업 분야에 적용하기 위한 정부 정책이 확대되고 있다.

22. 빅데이터 활성화는 관련 법/제도에 의한 규제로 진입장벽이 존재하였으며 이를 극복하기 위해 법/제도 개정을 가속화하고 있다. 개정의 필요성에 대한 설명으로 올바르지 않은 것은?
① 빅데이터, 인공지능, 클라우드 등 신기술 활용의 서비스 육성과 활성화가 주목적이다.
② 데이터 기반의 신기술, 신서비스로 누구나 기회를 갖고 자유로이 경쟁할 공정한 시장경제 구축의 필요성이 대두되었다.
③ 시장과 산업의 다양한 정보 수요에 대응하고 양질의 일자리 창출에 기여하기 위해서이다.
④ 안전한 데이터 이용을 위해 폐쇄적인 규범 정립과 보호 중심의 데이터 관리가 필요했다.

23. 빅데이터의 데이터 활용과 관련된 법률에 대한 다음 설명 중 연결이 잘못된 것은?
① 신용정보법 – 신용정보업의 건전한 육성 및 신용질서 확립
② 전자서명법 – 전자서명 기본 사항 규정으로 전자문서 활성화
③ GDPR – 유럽연합 회원국별로 차등 적용되는 개인정보보호의 특별법
④ 지능정보화기본법 – 지능정보화 정책 수립 및 지능정보사회 구현

24. 개인정보보호법의 개인정보보호 원칙은 OECD의 프라이버시 8원칙을 참고하여 반영하고 있다. 다음 중 OECD 8원칙에 대한 설명이 잘못된 것은?
① 수집제한의 원칙 – 사생활 침해를 최소화하는 방법으로 처리하며 익명처리의 원칙에 해당한다.
② 목적명확화의 원칙 – 목적 범위 내에서 적법하게 처리, 목적 외 활용을 금지한다.
③ 처리방침 공개 원칙 – 개인정보처리방침 등을 공개한다.
④ 책임의 원칙 – 개인정보처리자의 책임 준수, 신뢰 확보를 위해 노력한다.

25. 어떤 사례에 대해 개인정보보호법, 정보통신망법, 신용정보법에 동시 적용될 경우, 어느 법이 우선 적용되는지 고르시오.
① 개인정보보호법 단독 적용
② 정보통신망법 혹은 신용정보법 중에서 해당하는 특별법 적용
③ 개인정보보호법과 신용정보법 동시 적용
④ 개인정보보호법과 정보통신망법 동시 적용

082 출제예상문제　21. ②　22. ④　23. ③　24. ②　25. ②

26. 다음에서 설명하고 있는 개인정보보호법의 정의는 다음 중 무엇인가?

추가 정보의 사용/결합 없이는 특정 개인을 알아볼 수 없는 정보이며, ( )의 처리를 위해 개인정보의 일부를 삭제하거나 일부 또는 전부를 대체하는 등의 방법으로 추가 정보가 없이는 특정 개인을 알아볼 수 없도록 처리한다.

① 고유식별정보
② 가명정보
③ 익명정보
④ 민감정보

27. 개인정보처리자는 정보주체의 동의를 받은 경우 개인정보의 수집, 이용이 가능하지만, 개인정보보호법에서는 수집 목적에 한하여 동의 없이 처리할 수 있는 경우를 정의하고 있다. 다음 중 동의 없이 처리 가능한 경우가 아닌 것은?

① 대학교에서 학교의 시설 유지 관리를 위해 차주의 휴대폰번호를 교내 재학 정보시스템에서 조회하여 주차 민원을 해결하는 경우
② 보험회사가 계약 체결을 위해 청약자의 자동차 사고 이력, 다른 유사 보험 가입 여부 등의 정보를 수집하는 경우
③ 회사가 업무 효율성을 높이기 위해 임직원의 업무 처리 내역과 인터넷 접속 기록을 모니터링하는 시스템을 설치하는 경우
④ 아파트에 화재가 발생하여 집안에 있는 자녀를 구조하기 위해 부모의 휴대폰번호를 수집하는 경우

28. 개인정보보호법 제 28조의 2항에는 가명정보의 처리에 대한 내용이 정의되어 있다. 가명정보의 처리 대상으로 적절하지 않은 것은?

① 상업적 목적의 통계 작성
② 특정 개인에 1대1 맞춤형 타겟 마케팅
③ 신사업 개발을 위한 민간 사업 연구
④ 민간 기업의 공익적 기록 보존

29. 개인정보보호법은 개인정보처리자가 당초 수집 목적과 합리적으로 관련된 범위 내에서 대통령령으로 정하는 바에 따라 정보주체의 동의 없이 개인정보를 이용할 수 있도록 하였다. 이러한 경우에 해당하지 않는 것은?

① LP 음반을 판매하는 회사가 고객 동의를 받아 정기적으로 카탈로그를 보내오다가 오디오테이프, CD, DVD 형태의 음악 카탈로그도 보내는 경우
② 약국에서 다른 고객의 의약품을 잘못 가져간 경우 약국이 위 사실을 알리기 위해 처방병원에 휴대폰번호를 제공받아 전화하는 경우
③ 병원 진료시 수집한 환자의 주민등록번호를 추가적인 질병 여부 파악을 위해 연계한 병원에 문의하여 병력 조회를 하는 경우
④ 홈쇼핑 고객에게 동의를 받아 매월 DM 발송을 통해 상품 안내를 진행하였으나 할인쿠폰이 추가 발급되어 DM과 함께 발송하는 경우

출제예상문제

30. 개인정보처리자는 가명정보를 처리하는 경우 원래 상태로 복원하기 위한 추가 정보를 안전하게 관리해야 할 의무가 있다. 다음 중 안전성 확보를 위한 필수적인 조치사항에 해당하는 것을 모두 고르시오.

> 가. 가명정보와 추가 정보의 분리 보관
> 나. 추가 정보가 불필요한 경우 즉시 파기
> 다. 가명정보와 추가 정보의 접근 권한의 분리
> 라. 소상공인은 접근 권한 분리가 어려운 경우 접근 권한의 통제 강화
> 마. 가명정보처리에 관한 기록을 작성하여 보관

① 가
② 가, 나
③ 다, 라, 마
④ 모두

31. 다음 용어의 설명으로 옳지 않은 것은?

① 개인정보 : 개인을 알아 볼 수 있게 하는 정보
② 가명정보 : 추가 정보의 사용 없이는 특정 개인을 알아 볼 수 없게 조치한 정보
③ 식별자정보 : 더 이상 개인을 식별할 수 없도록 처리된 정보
④ 익명정보 : 더 이상 개인을 알아 볼 수 없게 조치한 정보

32. 가명정보에 대해 동의 없이 활용 가능한 목적으로 옳지 않은 것은?

① 개인정보 파기
② 통계작성
③ 연구
④ 공익적 기록 보존

33. 다음중 가명처리 절차에 대한 설명중 가장 부적절한 것은?

① 가명처리 대상 정보의 항목별 위험도 측정은 내부 활용과 제3자 제공 시 고려사항이 달라질 수 있다.
② 가명처리는 사전준비, 가명처리, 적정성 검토 및 추가처리, 사후관리 순서로 이루어지며 적정성 검토 결과 부적합한 경우 사전준비부터 재처리한다.
③ 가명처리 시 필요한 최소한의 항목만을 가명처리 대상으로 선정하고 가명처리 대상 정보와 분리하여야 한다.
④ 적정성 검토 및 추가 처리 단계에서는 특이 정보가 있다고 판단한 경우 해당 데이터에 대한 적절한 조치를 취한다.

34. 가명처리 대상 정보에 대한 위험도 측정은 어느 단계에서 실시하는 것이 적합한가?

① 1단계 : 사전준비
② 2단계 : 가명처리
③ 3단계 : 적정성 검토 및 추가처리
④ 4단계 : 활용 및 사후관리

35. 다음 중 가명처리 각 단계에 대한 설명이 올바른 것은?

① 가명처리 대상 선정 시 목적 달성에 필요한 최대한 많은 정보를 처리한다.
② 가명정보 DB의 물리적 분리가 어려운 경우에는 논리적으로 분리한 별도의 DB에 보관이 가능하다.
③ 가명처리가 완료된 정보가 다른 정보와 결합되어 정보주체가 누구인지 파악할 수 있더라도 가명처리한 정보는 사용 가능하다.
④ 검토 및 추가처리 단계에서는 가명처리수준정의표를 작성한다.

36. 다음 중 가명처리 절차에서 단계간 반복이 가장 많이 발생할 수 있는 것을 고르시오.

① 가명처리 → 사후관리
② 사전준비 → 가명처리
③ 적정성 검토 및 추가처리 → 사후관리
④ 가명처리 → 적정성 검토 및 추가처리

37. 마이데이터에 관한 다음의 설명 중 틀린 것을 고르시오.

① 2020년 1월 이른바 '데이터 3법'이라는 개인정보보호법, 정보통신망법, 신용정보법이 국회에서 통과됐다.
② 개인의 동의 하에 타기업에 저장된 개인정보를 받아 활용할 수 있는 사업자를 선정하고, 그 사업자는 종전의 금융기관, 카드사 등이 독점하던 개인정보를 개인의 동의 하에 자신의 사업에 활용할 수 있게 되었다.
③ 개인정보보호법으로 체계를 일원화하여 금융, 유통, 통신 등 이종 산업권별 마이데이터 산업을 실핏줄로 연결하고 통합 거버넌스 확립이 가능해졌다.
④ 개인은 흩어져 있는 자신의 개인정보를 통합해 맞춤형 금융 서비스를 받을 수 있게 되었다.

38. 다음 설명으로 옳은 것을 고르시오.

> 정보주체인 개인이 '정보이동권(Right to Data Portability)'에 근거하여 본인 데이터에 대한 개방을 요청하면, 기업이 보유한 데이터를 개인(요청자) 또는 개인이 지정한 제3자에게 개방하도록 하는 것

① 마이데이터
② 개인정보보호법
③ 가명처리
④ 데이터 3법

풀이

01. 빅데이터 라이프 사이클은 데이터 소스 → 데이터 수집 → 데이터 저장/처리 → 데이터 분석 → 데이터 표현 순으로 관리한다.

02. 데이터 저장 단계에서는 수집된 데이터를 저장하고 분석하기 위한 데이터로 변환한다.

03. RDBMS, NoSQL, 분산파일시스템, 클라우드 등은 데이터 저장 시 사용되는 기술이다.

04. Tajo는 대용량 데이터 웨어하우스 시스템이며, 제시된 지문은 Tajo에 대한 설명이다.

05. 하둡 에코시스템은 빅데이터 에코시스템의 태동을 이끈 대표적인 에코시스템이다.

06. R, Python, SAS, SPSS 등의 기술은 데이터를 분석/시각화하여 표현하는데 사용된다.

07. 척와(Chukwa)는 하둡의 대표적 수집 시스템이며 분산 시스템 모니터링을 지원한다.

08. NoSQL은 비관계형 데이터베이스 저장소로 고정된 스키마가 없고, 조인을 지원하지 않는 대표적인 데이터 저장 방식이다.

09. 앰비언트 컴퓨팅은 사용자가 특별히 의식하거나 조작하지 않아도 주변 환경 속에 이미 자연스럽게 녹아든 컴퓨팅을 의미한다.

10. 맵리듀스는 하둡의 대표적 데이터 처리 기술로 Map, Filtering&Sorting, Reduce의 처리 단계를 수행한다.

11. 주키퍼는 분산 코디네이션 서비스를 제공하는 오픈소스 프로젝트 기술이다.

12. 빅데이터 분석, 시각화 기술로는 텍스트 마이닝, 머신러닝, 머하웃, 파이썬 등이 대표적이다. Crawling은 비정형 데이터 수집기술로 활용된다.

13. Python은 numpy, scipy, sklearn, pandas 등의 다양한 라이브러리를 통해 데이터를 분석한다.

14. 인공지능은 사전적 정의, 전통적 정의, 기술적 정의 등 다양한 정의를 가질수 있으며 인공적인 지능이나 인간의 지능적인 행동을 모방하는 소프트웨어 등의 정의를 갖는다.

15. 로지스틱회귀는 지도학습에 포함된다.

16. 개발 난이도 증가는 인공지능 부각 이유와는 무관하다.

17. 인간의 사고방식과 더 유사한 기술은 딥러닝이다.

18. 비지도학습은 군집화, 차원축소, 연관규칙발견 등 다양한 알고리즘 기법을 사용한다.

19. 빅데이터를 활용한 머신러닝 즉, 딥러닝은 사람의 개입이 최소화된다.

20. 분류와 회귀 모델은 지도학습의 2가지 종류다.

21. 인공지능이 부흥기를 맞은 것은 빅데이터가 상호 보완적인 관계로 작용했기 때문이며 개별 플랫폼보다 연계된 관점으로 보아야 한다.

22. 법/제도 개정은 안전한 데이터 이용을 위한 사회적 규범 정립을 병행하여 개인정보의 안전한 보호에 대한 신뢰성 확보와 데이터의 기밀성과 무결성을 확보할 수 있다.

23. GDPR은 유럽연합 회원국에 동일하게 적용되는 개인정보보호의 일반법으로 개인정보의 암호화나 가명처리 등의 안전조치 마련, 독립적인 감독기구 운영 등을 요구한다.

24. 목적 명확화의 원칙은 개인정보의 처리 목적을 명확화하게 하는 것이다.

25. 개인정보보호에 관해 다른 개별법이 있는 경우 개인정보보호법은 일반 법적 성격을 가지므로 다른 법률에 특별한 규정이 있으면, 그 법률의 규정을 우선하여 적용한다. 이는 해당 분야의 특수성을 고려한 것이다.

26. 데이터 3법 개정으로 개인정보보호법 제2조 1의 2에는 가명정보의 개념이 추가되었으며, 추가 정보의 사용/결합 없이는 특정 개인을 알아볼 수 없는 정보는 가명정보에 대한 설명이다.

27. 모니터링 시스템의 설치를 정보주체의 권리보다 명백히 우선한다고 보기 어려우므로 노사협의회 등을 통해 직원 동의 절차를 거치는 것이 바람직하다.

28. 가명정보는 특정 개인에 관한 정보를 포함하고 있지 않아 특정 개인에 대한 맞춤형 타겟 마케팅이 불가능하다.

29. 민감 정보 또는 고유식별 정보는 다른 개인정보와 달리 법 제23조, 24조에 따라 정보주체로부터 별도 동의를 받거나 법령에 근거가 있는 경우에 한하여 처리 가능하다.

30. 개인정보보호법 제28조의 4에 따라 가명정보와 추가정보에 대해 안전성 확보에 관한 조치를 수행해야 한다.

31. 식별자 정보는 개인을 식별할 수 있는 정보를 의미하며, 주민등록번호가 대표적인 식별자 정보이다.

32. 가명정보에 대해 동의 없이 사용할 수 있는 목적 3가지는 통계 작성, 연구, 공익적 기록 보존이다.

33. 적정성 검토 결과가 부적합한 경우 가명처리 단계를 반복하거나 부분적으로 추가적인 가명처리를 할 수 있다.

34. 2단계, 가명처리 단계에서 위험도 측정 및 추가적인 조치를 진행한다.

35. ① 가명처리 대상 선정 시 목적 달성에 필요한 최소 항목을 처리하는 것을 원칙으로 한다.
　　③ 가명처리 이후 다른 정보와 결합이 되어 정보주체 파악이 가능하다면 즉시 적절한 조치를 수행하여야 한다.
　　④ 가명처리수준정의표를 수립하는 것은 가명처리 단계에서 한다.

36. 적정성 검토 후 가명처리 수준이 부족하다고 판단한 경우 가명처리 단계를 반복하거나 부분적으로 추가적인 가명처리를 할 수 있다.

37. 국내 마이데이터 관련 법 체계는 개인정보보호위원회를 중심으로 각 부처가 협력하는 단일 마이데이터 거버넌스로 통합을 추진하고 있다.

38. 보유한 데이터를 개인(요청자) 또는 개인이 지정한 제3자에게 개방하도록 하는 서비스는 마이데이터에 대한 설명이다.

Chapter 2

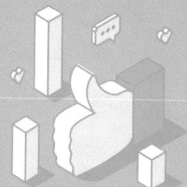

데이터 분석 계획

들어가기 전에

데이터를 분석하는 목적은 과거에 어떤 일이 일어났고, 그 원인이 무엇이며, 앞으로 어떤 일이 일어날 것인지를 예측하기 위함이다. 미래를 예측할 수 있다면 합리적인 의사결정을 통하여 기관 및 기업에게 엄청난 이득을 가져다 줄 수 있으며, 과학적으로 데이터에 근거해서 의사결정을 하게 되면 문제와 결론이 명확한 합리적 의사결정을 할 수 있게 된다.

'Chapter 2. 데이터 분석 계획'에서는 합리적 결정을 위한 분석 과제들을 발굴하는 방법과 과제 후보들을 평가하여 최종 추진 과제를 선발하는 절차를 이해하고, 데이터 분석을 통해 어떤 목적으로 활용할 수 있을지 정의하는 방법을 학습한다.

챕터 구성

2.1 분석 방안 수립
- 2.1.1 분석 로드맵 설정
- 2.1.2 분석 문제 정의
- 2.1.3 데이터 분석 방안

출제예상문제

2.2 분석 작업 계획
- 2.2.1 데이터 확보 계획
- 2.2.2 분석 절차 및 작업 계획

출제예상문제

2.1 분석 방안 수립

3 Day

학습목표

데이터 분석을 위한 큰 그림을 그리는 단계로 분석 과제의 도출과 목표를 설정하고 그 과정을 가시화하여 데이터 분석 방안을 도출하는 과정을 학습한다.

출제경향

'2.1 분석 방안 수립'에서는 빅데이터 분석의 전체 프로세스 관점에서 접근해야 한다. 암기해야 하는 부분이 많아 보이나 실제 내용을 살펴보면 두세 번 반복 학습을 통해 쉽게 접근 가능한 내용들이다. 데이터 분석의 이해를 바탕으로 분석 기획 유형, 분석 문제 접근 방식, 분석 모델 방법론을 묻는 문제가 출제되었고, 고정적으로 개념과 절차를 묻는 문제가 출제될 가능성이 높으니 각 기법들의 차이점을 기준으로 학습한다면 쉽게 점수를 받을 수 있을 것이다.

각 기법들의 특징과 절차 등에 대해 반드시 차이를 기준으로 학습하도록 하자.

출제빈도

제2회(2021. 04. 17) 2문항 출제	제3회(2021. 10. 02) 2문항 출제
제4회(2022. 04. 09) 3문항 출제	제5회(2022. 10. 01) 5문항 출제
제6회(2023. 04. 08) 2문항 출제	제7회(2023. 09. 23) 3문항 출제
제8회(2024. 04. 06) 4문항 출제	제9회(2024.09.07) 3문항 출제

출제세부항목	출제수	출제 내용(문항수)
2.1.1 분석 로드맵 설정	11	분석 마스터 플랜(4), 분석 로드맵(2), 분석 기획 유형(2), 분석 기획 단계 – WBS, 분석 기획 우선순위, 통찰
2.1.2 분석 문제 정의	4	상향식접근법, 하향식접근법, 분석 과제 정의 – 시나리오, 예측 분석
2.1.3 데이터 분석 방안	9	빅데이터 분석 방법론(4), CRISP – DM(2), 분석 기획, 분석 기획 절차, 요구사항 수집기법 – FGI

2.1.1 분석 로드맵 설정

2.1.1.1 데이터 분석 기획의 이해

데이터 분석 기획은 실제 분석을 수행하기에 앞서 분석을 수행할 과제를 정의하고, 결과를 도출할 수 있도록 프로젝트를 관리하는 방안을 사전에 계획하는 일련의 작업을 의미한다.

어떤 목표(What)를 달성하기 위하여(Why), 어떠한 데이터를 가지고, 어떠한 방식으로(How) 수행할지에 대한 일련의 계획을 수립하는 과정이기 때문에 방향성이 명확해야 한다.

❶ 데이터 분석의 3요소

데이터 분석 기획은 데이터 분석을 통해 성공적 분석 결과를 도출하기 위한 중요한 사전 작업이며, 데이터 과학자의 역량(분석 역량, IT전문성, 비즈니스 분석 역량)을 기반으로 다음과 같이 데이터 분석의 3요소가 고려되어야 한다.

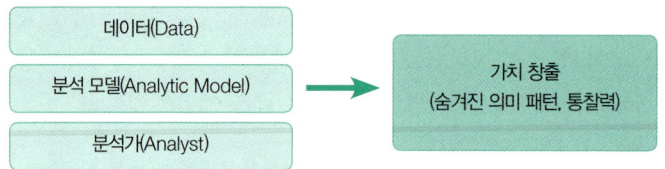

데이터 분석의 3요소

데이터 분석의 3요소는 데이터, 분석 모델, 분석가이며 데이터의 이해를 바탕으로 이를 분석할 수 있는 모델을 정의하고, 분석가는 이를 이용하여 숨겨진 의미와 패턴 및 통찰력(인사이트) 발견을 목표로 한다.

2.1.1.2 데이터 분석 기획 유형

❶ 분석의 대상 및 방식에 따른 4가지 분석 기획 유형 기출

데이터 분석에서 현재 알고 있는 분석 대상(What)이 무엇인지, 그리고 분석 방식(How)이 무엇인지는 분석 기획을 결정하는 중요한 요인이 된다. 분석 방식이 정해져야 분석 데이터를 수집할 수 있고, 분석 데이터를 통해서 찾고자 하는 의미가 무엇인지 결정할 수 있기 때문이다.

분석 대상과 분석 방식에 따른 4가지 데이터 분석 기획 유형은 다음과 같다.

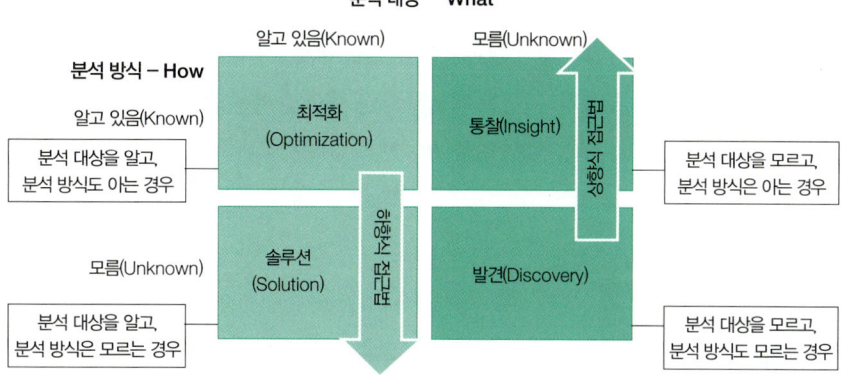

분석의 대상 및 분석 방식에 따른 4가지 분석 기획 유형

특정한 분석 주제를 대상으로 진행할 경우에도 분석 주제 및 기법의 특성상 4가지 유형을 넘나들면서 분석을 수행하고 결과를 도출하는 과정을 반복해야 한다.

❷ 목표 시점에 따른 데이터 분석 기획 유형

데이터 분석 기획을 수행하는 과정에서 목표 시점에 따라 과제 중심적인 접근 방식과 마스터 플랜 방식으로 분석 기획 유형을 구분할 수 있다.

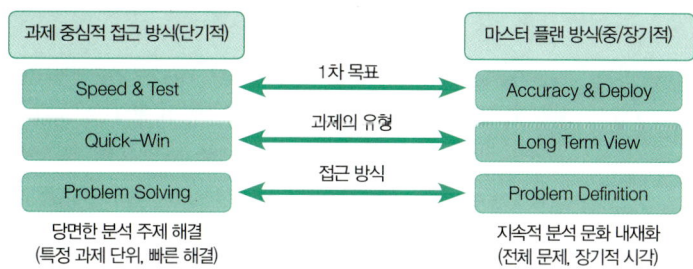

목표 시점에 따른 데이터 분석 기획 유형

과제 중심적 방식은 좁은 범위의 특정 주제에 대해 테스트를 실행함으로써 빠르게 문제를 해결해나가는 방법이며, 마스터 플랜 방식은 중/장기적 관점에서 전체 문제에 대한 정확한 정의를 내리고 지속적으로 데이터 분석 문화를 내재화하기 위해 효율적인 자원 배치 및 관리를 위한 방법이다.

결국 두 방식을 융합적으로 적용하는 것이 필요하다.

❸ 성공적인 분석 기획 수행을 위한 고려사항

데이터 유형에 따라 적용 가능한 분석 솔루션과 방법이 달라지기 때문에 데이터에 대한 선행 분석은 필수적이며, 분석을 통해 가치가 창출될 수 있는 적절한 활용 방안과 활용 가능한 유즈케이스가 필요하다 (기존 사례와 경험을 적극 활용). 또한, 향후 발생 가능한 잠재적 리스크를 식별하여 이에 대한 모니터링 체계와 대응방안도 고려되어야 한다.

성공적인 분석 기획 수행을 위한 고려사항 기출

가용 데이터 확인	수집 및 확보 가능 데이터에 대한 확인(정형/반정형/비정형 데이터)
적합한 활용 방안과 유즈케이스 (Use Case) 확보	기존 참조할 사례가 있는지 확인 후 활용 여부 판단
장애요소 식별	향후 발생할 수 있는 리스크 및 위협 요소를 식별 후 사전 관리 필요(분석 범위와 자원, 사용성, 오류 강건성, 지속적인 분석 환경의 변화 관리)

> **참고** 국가직무능력표준(National Competency Standards, NCS)의 빅데이터 분석 기획 절차 기출
>
> NCS의 빅데이터 분석 기획 : 도메인 이슈를 정의하고 그 결과를 도출할 수 있도록 분석 목표를 수립하고 그 방안을 계획하는 일련의 작업
>
> | 학습 | 학습 내용 | 설명 |
> |---|---|---|
> | 1. 도메인 이슈 도출하기 | 1-1. 분석과제 AS-IS 및 개선방향 작성 | 업무별 분석 요건에 대한 문제점을 정의하고 분석을 통해 개선사항을 도출
분석 요건별 문제점에 따른 이슈와 개선 목표 사이의 차이(Gap) 분석을 진행하여 차이점을 도출 |
> | 2. 분석 목표 수립하기 | 2-1. 분석목표 정의서 확정 | 분석을 통해 얻고자 하는 목표를 명확히 하기 위해 분석목표정의서를 수립
분석목표정의서에는 분석별로 필요한 소스 데이터, 분석 방법, 데이터 입수 난이도, 분석의 난이도, 분석수행주기, 분석 결과에 대한 검증이 가능한 성과평가 기준을 설계 |
> | 3. 프로젝트 계획하기 | 3-1. 프로젝트 계획 설계 | 분석 목표에 맞는 프로젝트 계획은 자원과 비용이 고려된 수행 방안 중심으로 수립
분석 기법, 분석 솔루션, 플랫폼, IT자원, 데이터 준비상황 등을 점검 후 전문지식을 보유한 분야별 전문가가 포함되어 전체 WBS(Work Breakdown Structure)를 설계 |
> | 4. 보유 데이터 자산 확인하기 | 4-1. 내·외부 데이터 활용 수준 분석 및 컴플라이언스 점검 | 빅데이터 분석을 위한 서비스 모델에 따라서 필요한 데이터를 정의
분석 목표 달성을 위하여 확보가 가능한 데이터 분량과 품질을 점검
정보 보안 및 개인정보보호에 문제가 없는지 확인 |

2.1.1.3 데이터 분석 마스터 플랜

데이터 분석 마스터 플랜은 분석이 주는 가치를 지속적이고 체계적으로 관리하고, 분석 역량을 내재화 하기 위하여 단기적인 과제 수행뿐 아니라 중/장기적 관점의 수행 계획을 수립하는 과정을 의미한다.

데이터 분석 마스터 플랜 수립 절차는 다음과 같으며, 단기 수행 과제에 대해서는 세부 이행 계획을 수립하고, 중/장기 과제에 대해서는 분석 로드맵을 수립한다.

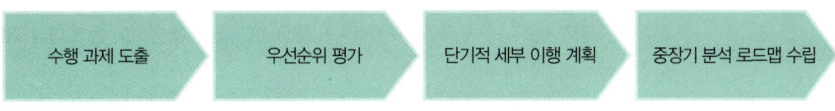

데이터 분석 마스터 플랜 수립 절차 기출

이러한 과정을 체계화하여 데이터 분석 마스터 플랜을 수립하기 위해 정보전략계획(Information Strategy Plan, ISP)을 활용하거나 데이터 분석 마스터 플랜 수립 프레임워크를 활용할 수 있다.

정보전략계획(ISP)과 데이터 분석 마스터 플랜 수립 프레임워크

구분	내용
정보전략계획(ISP)	정보기술 또는 정보시스템을 전략적으로 활용하기 위해 조직 내/외부 환경을 분석하여 기회나 문제점을 도출하고 사용자의 요구사항을 분석하여 시스템 구축 우선순위를 결정하는 등 중/장기 마스터 플랜 마련
	정보전략계획(ISP)를 기반으로 한 분석 마스터 플랜은 기업에서 필요한 데이터 분석 과제를 빠짐없이 도출한 후 과제의 우선순위를 결정하고 단기 및 중/장기로 나누어 계획을 수립
마스터 플랜 수립 프레임 워크	중요도, 비즈니스 성과 및 투자대비수익율(ROI), 분석 과제의 실행 용이성을 고려하여 적용 우선순위를 설정하고, 업무 내재화 적용 수준, 분석 데이터 적용 수준(내부/외부 데이터), 분석 기술의 적용 수준을 고려하여 단계적 분석 로드맵 및 세부 이행 계획을 수립

2.1.1.4 마스터 플랜 우선순위 선정 절차

❶ 우선순위 선정 절차

마스터 플랜에 도출된 과제에 대해 우선순위 평가 기준에 따라 평가한 후, 과제 수행의 선/후행 관계를 고려해 적용 순위를 최종 확정한다.

우선순위 선정 절차 상세 설명

절차	설명
분석 과제 도출	기업 및 조직에서 식별된 비즈니스 문제를 정리하여 리스트화시키는 단계
우선순위 평가 기출	전략적 중요도, 비즈니스 효과와 투자대비수익율(ROI), 시급성과 난이도 등에 따라 과제의 우선순위를 평가하는 단계
우선순위 정련	우선순위 조정 : 분석 과제 수행의 선후 관계를 파악하여 우선순위를 조정 우선순위 확정 : 최종 분석 과제 우선순위를 확정

❷ 우선순위 선정 고려요소 기출

- **전략적 중요도**

기업의 비즈니스 목표와 비전에 중점을 두기 위한 전략적 중요도의 평가 요인은 크게 전략적 필요성과 시급성으로 구분할 수 있다.

전략적 중요도

중요도	설명
전략적 필요성	전략적 목표 및 본원적 업무에 직접적인 연관관계가 밀접한 정도 이슈 미 해결 시 발생할 위험 및 손실에 대한 정도
시급성	사용자 요구사항, 업무 능률 향상을 위해 시급히 수행되어야 하는지에 대한 정도 향후 경쟁우위 확보를 위한 중요성 정도

- **실행 용이성**

투자 예산을 확보할 가능성이 높고 기술 확보가 용이하며, 기술의 안정성이 보장되는 분석 과제는 실행 용이성이 높은 것으로 평가되어 과제 수행 우선순위는 높게 위치하게 된다.

실행 용이성

용이성	설명
투자 용이성	기간 및 인력 투입 용이성 정도 비용 및 투자 예산 확보 가능성 정도
기술 용이성	적용 기술의 안정성 검증 정도 응용 시스템, H/W 유지보수 용이성 정도 개발 스킬 성숙도 및 신기술 적용성 정도

일반적으로 정보전략계획(ISP) 기반의 IT프로젝트는 전략적 중요도(전략적 필요성, 시급성), 실행 용이성(투자 용이성, 기술 용이성)을 기반으로 기업의 중요 가치 기준에 따라 수행 과제를 도출한다.

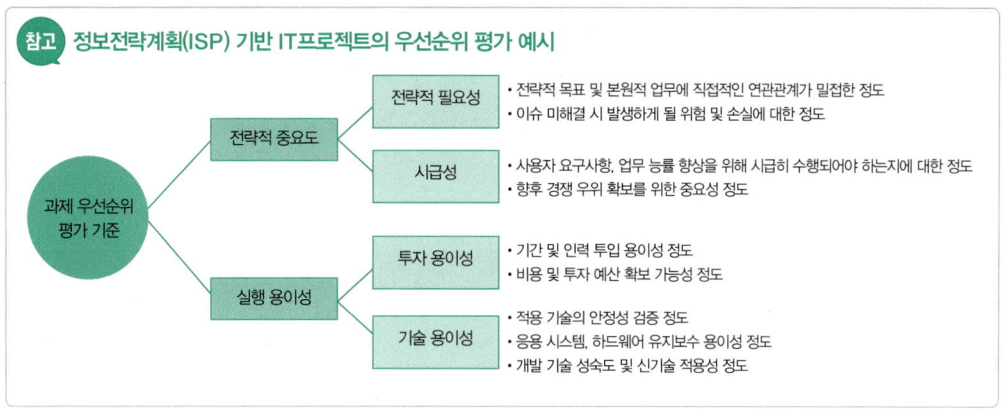

- **투자비용요소(Investment)와 비즈니스 효과(Return)**

빅데이터 특징을 고려한 분석요소는 투자비용요소와 비즈니스 효과가 있다.

빅데이터 특징을 고려한 투자비용요소와 비즈니스 효과

우선순위를 투자비용요소 관점에서 해석하면 3V(Volume, Variety, Velocity)로 구분하고 비즈니스 효과 관점에서 해석하면 분석 결과의 활용 및 비즈니스 가치를 도출하는 Value로 구분할 수 있다.

4V 관점의 투자비용요소와 비즈니스 효과

구분	4V	설명
투자비용요소	Volume(크기)	대용량 데이터를 저장/처리하고 관리하기 위해서는 새로운 투자가 필요
	Variety(다양성)	다양한 종류와 형태를 가진 데이터를 입수하는데 있어 투자가 필요
	Velocity(속도)	데이터 생성 속도 및 처리 속도를 빠르게 가공, 분석하는 기술이 요구됨
비즈니스 효과	Value(가치)	분석 결과를 활용하거나 실질적인 실행을 통해 얻게 되는 비즈니스 효과 측면의 요소 기업 데이터 분석을 통해 추구하거나 달성하고자 하는 목표 가치를 의미

우선순위 평가는 누적된 비즈니스 효과를 총 투자비용요소의 합으로 나눈 비율인 투자수익율(Return of Investment, ROI)로 선정한다.

- **시급성(Urgency)과 난이도(Level of Difficulty)**

시급성은 현재의 관점에서 전략적 가치를 둘 것인지, 미래의 중/장기적 관점에서 전략적인 가치를 둘 것인지 고려하며, 난이도는 데이터를 생성/저장/가공/분석하는 비용과 현재 기업의 분석 수준을 고려한 우선순위 판단 기준이 된다.

시급성과 난이도

구분	설명
시급성	전략적 중요도와 목표 가치(KPI)에 부합하는지에 따른 판단 기준 시급성 판단 기준은 전략적 중요도가 핵심 현재의 관점에서 전략적 가치를 둘 것인지, 미래의 중/장기적 관점에서 전략적인 가치를 둘 것인지 고려
난이도	현 시점에서 과제를 추진하는 것이 비용 측면과 범위 측면에서 바로 적용하기 쉬운 것인지 또는 어려운 것인지에 대한 판단 기준(데이터 분석 적합성 여부 판단) 분석 난이도는 분석 준비도와 성숙도 진단 결과에 따라 해당 기업의 분석 수준을 파악하고 이를 바탕으로 결정

❸ 마스터 플랜 우선순위 평가 기준

데이터 분석 프로젝트에서는 시급성과 난이도에 따라 투자대비수익율(ROI) 관점 혹은 수행 과제를 사분면으로 구분하여 우선순위를 설정하게 된다.

- **투자대비수익율(ROI)을 활용한 우선순위 평가 기준**

투자대비수익율(ROI)을 활용한 우선순위 평가 기준은 시급성과 난이도가 척도로 쓰인다.

시급성과 난이도

시급성은 전략적 중요도와 목표가치(KPI)에 따라 정해지며 기업이 데이터 분석을 통해 달성하고자 하는 목표라는 관점에서 비즈니스 효과와 연관된다. 또한 난이도는 데이터 생성/저장/가공/분석하는 비용이 투입되기 때문에 투자비용요소와 관련된다.

시급성 관련 항목은 비즈니스 효과로 산출하고, 난이도 관련 항목은 투자비용요소로 산출하여 총 비즈니스 효과에 총투자 비용을 나눈 비율인 투자대비수익율(ROI)을 계산한다. 투자대비수익율(ROI)이 높은 과제에 높은 우선순위를 선정하는 방식으로 과제들을 평가하게 된다.

● **포트폴리오 사분면을 이용한 수행 과제 우선순위 평가**

분석 과제를 난이도와 시급성에 따라 사분면(4가지 유형)으로 구분하고, 분석 과제 적용을 위한 우선순위를 결정한다.

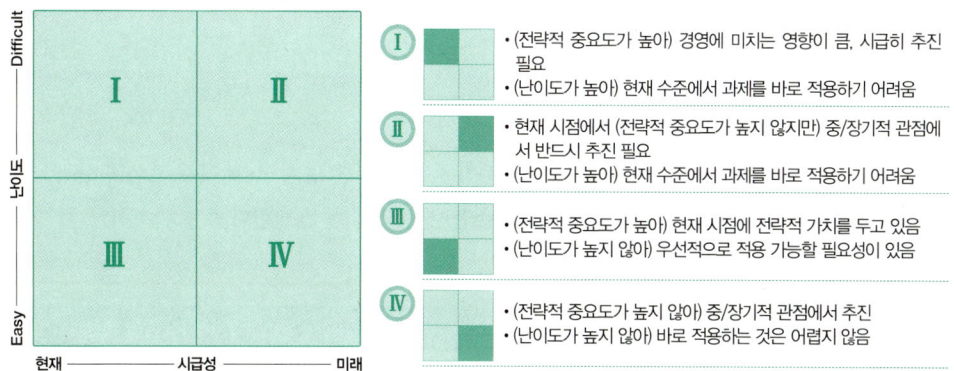

우선순위 평가 프레임워크

난이도 관점에서 Ⅰ은 난이도가 높아 현재에 바로 적용하기 어려운 과제를 지정하고, Ⅱ는 난이도가 높으나 중/장기 관점에서 적용이 필요하다. 또한 Ⅲ은 과제 추진의 난이도가 어렵지 않아 우선적으로 바로 적용 가능할 필요성이 있다는 의미이며, Ⅳ는 과제를 바로 적용하는 것은 어렵지 않음을 나타낸다.

전략적 중요도 관점에서 Ⅰ은 전략적으로 중요도가 높아 경영에 미치는 영향이 크므로 현재 시급하게 추진해야 할 필요가 있으며, Ⅱ는 현재 시점에서는 전략적 중요도가 높지 않지만 중/장기적 관점에서 반드시 추진되어야 한다. 또한 Ⅲ은 전략적 중요도가 높아 현재 시점에 전략적 가치를 두고 있다는 의미이며, Ⅳ는 현재 시점에서는 전략적 중요도가 높지 않아 중/장기적 관점에서 과제 추진이 필요함을 나타낸다. 난이도와 시급성에 따라 사분면에서의 우선순위 변화는 다음과 같다.

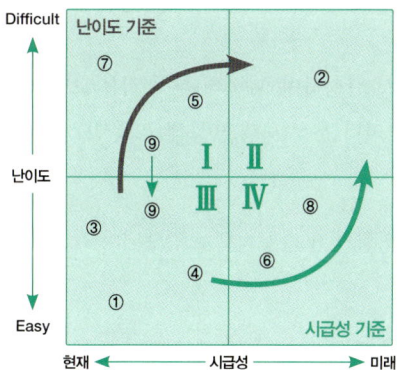

최우선 분석 대상 : Ⅲ사분면 영역
Ⅲ사분면 영역 시급성 우선순위 기준 : Ⅲ → Ⅳ → Ⅱ
Ⅲ사분면 영역 난이도 우선순위 기준 : Ⅲ → Ⅰ → Ⅱ
Ⅰ사분면 과제 Ⅲ사분면으로 조정
 – 데이터의 양, 특성, 범위에 따라 조율(예 : ⑨번 과제)

〈사분면에서의 시급성과 난이도 관점의 우선순위〉

시급성을 기준으로 분석과제를 수행한다는 것은 해당 기준을 조정함으로써 우선순위를 조정할 수 있다는 뜻으로 이해하면 된다. 따라서 시급성이 기준일 때, 먼저 Ⅲ영역을 실행하고 나서 Ⅰ영역보다 시급성은 미래에 해당하지만 조정을 통해 Ⅳ영역에 있는 과제를 Ⅲ영역으로 이동하여 먼저 실행할 수 있다. 이때 난이도는 조정 대상이 아니므로 Ⅰ영역보다는 현재 해결해야 할 Ⅲ, Ⅳ영역을 먼저 실행해야 한다. 반대로, 난이도를 기준으로 하면 Ⅰ영역 실행 후 ⑨번 같이 Ⅰ영역에서 난이도를 조정하여 Ⅲ영역으로 이동 후 실행할 수 있게 된다.

난이도 및 시급성에 따른 분석 영역의 우선순위 선정

2.1.1.5 분석 로드맵 설정

분석 로드맵은 우선순위 평가 프레임워크 사분면 분석을 통해 결정된 과제의 우선순위를 토대로 분석 과제별 적용 범위 및 방식(업무 내재화 적용 수준, 분석 데이터 적용 수준, 기술 적용 수준)을 고려하여 최종적인 실행 우선순위를 결정한 후 수립한다.

❶ 단계적 분석 로드맵 수립

분석 로드맵은 데이터 분석 체계 도입 → 데이터 분석 유효성 입증 단계 → 데이터 분석 확산과 고도화 단계로 구성되며 각 단계별 추진 목표를 정의하고 추진 내용(과제)을 정렬한다.

단계적 분석 로드맵 예시

추진 단계	Stage1. 데이터 분석 체계 도입	Stage2. 데이터 분석 유효성 입증	Stage3. 데이터 분석 확산과 고도화
추진 목표	빅데이터의 성공적인 도입을 위해 비즈니스 실패요인(Pain Point)이 무엇인지 식별하고 이를 해결해 나가는 관점에서 분석 기회를 발굴하여 분석 과제로 정의하고 마스터 플랜을 수립	분석 과제에 대한 파일럿을 수행하여 비즈니스적인 유효성과 타당성을 검증하고 기술적인 실현 가능성을 검증 파일럿 수행에 필요한 분석 알고리즘 및 아키텍처 설계	파일럿을 통해 검증된 분석 과제를 업무 프로세스에 내재화하기 위한 PI(프로세스 혁신)와 변화 관리 실시 파일럿 검증 결과를 전사에 확산하는 관점에서 빅데이터 분석 활용 시스템을 구축하고 유관 시스템 고도화 수행
추진 내용	〈추진과제 0〉 분석 기회 발굴 및 분석 과제 정의 마스터 플랜 수립	〈추진과제 1〉 분석 알고리즘 및 아키텍처 설계 분석 과제 파일럿 수행	〈추진과제 2〉 업무 프로세스 내재화를 위한 PI 수행 〈추진과제 3〉 빅데이터 분석 활용 시스템 구축, 유관 시스템 고도화

파일럿(Pilot) : 실제 상황에서 실현하기 전에 소규모로 시험 작동해보는 것

❷ 세부 이행 계획 수립

세부 이행 계획은 데이터 분석 적용 모델(분석 체계)을 고려해서 작성하며, 데이터 분석 적용 모델(분석 체계)은 순차적으로 구현하는 폭포수 모델도 있으나 반복적 데이터 분석 모델을 통해 프로젝트의 완성도를 높이는 방식을 주로 사용한다.

폭포수 모델은 '분석 모델 설계 → 분석 모델 적용 → 분석 모델 평가'가 순차적으로 진행되며 각 단계가 완료가 되어야 다음 단계로 넘어 갈 수 있다.

반복적 분석 모델은 '분석 모델 설계 → 분석 모델 적용 → 분석 모델 평가'가 한 번에 끝나지 않고 정해진 목표가 확인될 때까지 몇 회 반복하여 프로젝트를 완성하기 때문에 반복에 대한 일정이 반영된 일정 계획을 수립해야 한다.

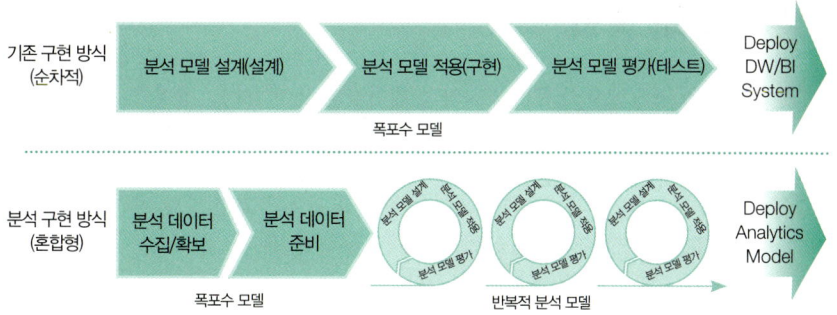

데이터 분석 개선 모델

데이터 분석 적용 모델은 모든 단계를 반복하기보다 '데이터 수집 및 확보'와 '분석 데이터 준비' 단계를 순차적으로 진행하고, 모델링 단계는(분석 모델 설계 → 분석 모델 적용 → 분석 모델 평가) 반복적으로 수행하는 혼합형을 많이 적용하며 이를 고려한 일정 계획을 수립해야 한다.

세부 이행 계획 예시

추진 과제 / 추진 기간	M1	M2	M3	M4	M5	M6	M7	M8	M9	M10	M11	M12
추진과제 1-1 분석 알고리즘 및 분석 아키텍처 설계	■	■	■									
추진과제 1-2 분석 과제 Pilot 수행	■	■										
추진과제 2-1 업무 프로세스 내재화를 위한 Process Innovation			■	■	■	■						
추진과제 2-2 변화 관리					■	■	■	■				
추진과제 3-1 빅데이터 분석/활용 시스템 구축			■	■	■	■	■	■				
추진과제 3-2 유관 시스템 고도화									■	■	■	■

2.1.2 분석 문제 정의

빠르게 변하는 비즈니스 환경에서 대규모의 다양한 데이터를 생성, 저장, 처리하여 정확하게 문제를 사전에 정의하는 것은 더욱 높은 분석 기술과 역량을 요구하고 있다.

이러한 환경에서 분석 문제를 정의하는 과정(데이터 분석 과제로 무엇이 가장 필요한지 찾아내는 작업)을 분석 과제 발굴이라 하며, 그 과정에 필요한 방법을 분석 과제 방법론이라 한다.

2.1.2.1 분석 과제의 이해

분석 과제 방법론에는 문제가 정의되어 있고, 문제를 탐색하는 과정에서 분석 과제를 도출 및 검증하는 '하향식 접근법(Top Down Approach)'과 문제가 정의되어 있지 않은 경우(분석 과제가 주어지지 않고) 업무 데이터를 분석하여 생각하지 못했던 의미와 패턴을 도출하고 시행착오를 통해 이를 개선해 나가는 '상향식 접근법(Bottom Up Approach)'이 있다.

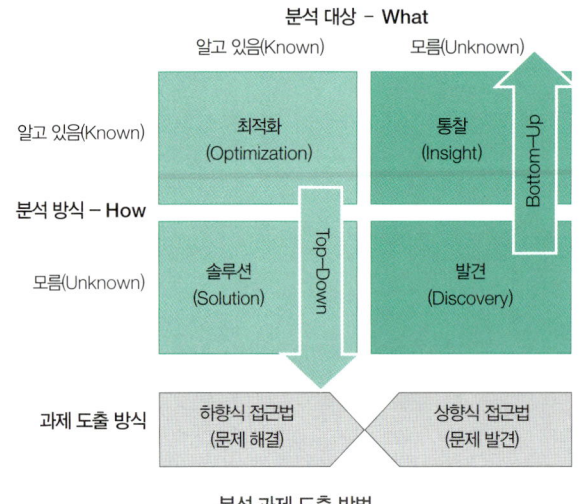

실제 동적인 환경에서는 하향식 접근법과 상향식 접근법을 상호 보완적으로(하이브리드) 적용하는 것이 분석 가치를 높일 수 있는 최적의 의사결정 방식이다.

해결해야 할 다양한 문제들을 데이터 분석 과제로 변환한 이후에는 데이터 분석 관계자들이 이해하여 프로젝트로 수행할 수 있는 형태의 과제정의서로 도출된다.

2.1.2.2 하향식 접근법

하향식 접근법은 문제가 주어지고, 이에 대한 해법을 찾기 위해 각 과정을 체계화하고 단계화하며 인식된 문제점 또는 전략으로부터 기회나 문제를 탐색하고, 해당 문제를 정의한 뒤 해결방안을 탐색한다. 그리고 데이터 분석의 타당성 평가를 거쳐 분석 과제를 도출한다.

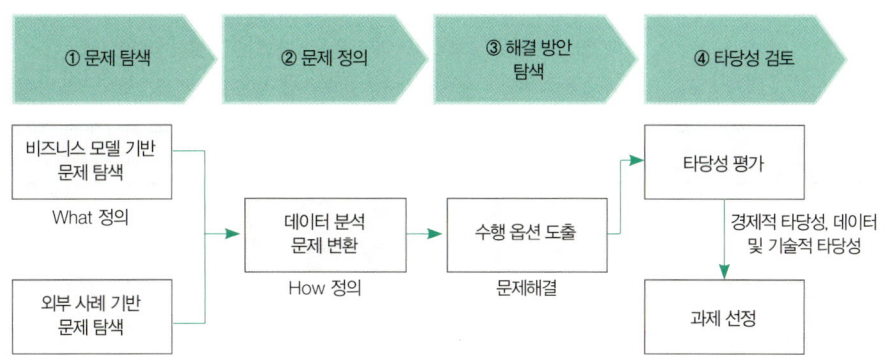

하향식 접근법 절차 기출

하향식 접근법 절차

수행 단계		설명
① 문제 탐색 단계 (Problem Discovery)		개별적으로 인지하고 있는 문제를 정리하는 것보다 전체적인 관점의 기준 모델을 활용하여, 빠짐없이 문제를 도출하는 것이 중요. 무엇(What)을 왜 수행해야 하는지에 대한 관점
	비즈니스 모델 기반 문제 탐색	기업 내/외부 환경을 포괄하고 있는 비즈니스 모델이라는 틀(Frame)을 활용해 비즈니스 모델 캔버스의 9가지 블록을 단순화하여 업무(Operation), 제품(Product), 고객(Cuctomor) 단위로 문제를 발굴하고 이를 관리하는 두 가지 영역인 규제와 감사 영역(Regulation&Audit)과 지원 인프라(IT&Human Resource) 영역에 대한 기회를 추가로 도출하는 작업을 수행
	외부 참조 모델 기반 문제 탐색	유사/동종 사례의 벤치마킹을 통해 제공되는 산업별, 업무 서비스별 분석 테마 후보 그룹(Pool)을 추출하고 'Quick&Easy' 방식으로 필요한 분석 기회가 무엇인지에 대한 아이디어를 얻어 기업에 적용할 분석 테마 후보 목록을 워크숍 형태의 브레인스토밍을 통해 빠르게 도출하는 방법
② 문제 정의 단계 (Problem Definition)		식별된 비즈니스 문제를 데이터의 문제로 변환하여 정의하는 단계 ① 문제 탐색 단계는 무엇(What)을 왜 수행해야 하는지에 대한 관점 ② 문제 정의 단계는 해결 방법(How)을 정의하기 위해 데이터의 문제로 변환하는 것이 목적 예) 비즈니스 문제와 분석 문제 사례 비즈니스 문제 : 고객 이탈 증대 분석 문제 : 고객 이탈에 영향을 미치는 요인을 식별하고 이탈 가능성 예측
③ 해결 방안 탐색 단계 (Solution Search)		정의된 문제를 해결하기 위해 다양한 방안을 모색하는 단계 동일한 데이터 분석 문제라 해도 어떤 데이터 또는 분석 시스템을 사용할 것인지에 따라 사용되는 예산 및 활용 가능한 도구가 다르기 때문에 다각도로 고려 분석 역량을 기존에 가지고 있는지의 여부를 파악하여 보유하고 있지 않은 경우에는 교육이나 전문인력 채용을 통한 역량을 확보하거나 분석 전문업체를 활용하여 과제를 해결하는 방안에 대해 사전 검토 수행

④ 타당성 검토 단계 (Feasibility Study)		도출된 분석 문제나 가설에 대한 대안을 과제화하기 위해서 경제적 타당성, 데이터 및 기술적 타당성 검토와 같이 다각도의 타당성 분석 수행
	경제적 타당성	비용 대비 편익 분석 관점의 접근 필요 비용 항목은 데이터, 시스템, 인력, 유지보수 등과 같은 분석 비용으로 구성되고 편익으로는 분석 결과를 적용함으로써 추정되는 실질적 비용 절감, 추가적 매출과 수익 등과 같은 경제적 가치로 산출
	데이터 및 기술적 타당성	데이터 분석에는 데이터 존재 여부, 분석 시스템 환경, 분석 역량이 필요 특히, 분석 역량의 경우, 실제 프로젝트 수행 시 걸림돌이 되는 경우가 많기 때문에 기술적 타당성 분석 시 역량 확보 방안을 사전에 수립하고 이를 효과적으로 평가하기 위해서는 비즈니스 지식과 기술적 지식이 요구

최종 단계인 타당성 검토를 위해 도출된 대안을 통해 평가 과정을 거쳐 가장 우월한 대안을 선택하며, 도출한 데이터 분석 문제 및 선정된 솔루션 방안을 포함한다. 또한 분석과제정의서의 형태를 명시하는 후속 작업을 시행하고, 프로젝트 계획 수립의 입력물로 활용할 수 있다.

2.1.2.3 상향식 접근법

기존 하향식 접근법은 문제의 구조가 정확하고 해결책을 도출하기 위한 데이터가 주어져 있음을 가정하기 때문에, 새로운 문제 탐색에는 한계가 있다. 이를 해결하기 위해서 상향식 접근법을 활용할 수 있다 (기존 하향식 접근법의 한계를 극복하기 위한 방법론).

상향식 접근법 절차 기출

수행 단계	설명
① 프로세스 분류	전사 업무 프로세스를 가치 사슬(Value Chain) → 메가 프로세스(Mega Process) → 메이저 프로세스(Major Process) → 단위 프로세스(Unit Process), 4단계로 구조화하여 업무 프로세스를 정의
② 프로세스 흐름 분석	프로세스별로 프로세스 맵(Process Map)을 구성하여 업무 흐름을 상세히 표현
③ 분석 요건 식별	각 프로세스 맵 상의 주요 의사결정 포인트 식별
④ 분석 요건 정의	각 의사결정 시점에 무엇을 알아야 의사결정을 할 수 있는지, 즉 분석의 요건을 정의하고 포착

새로운 상품 개발이나 전략 수립 등 중요한 의사결정을 할 때, 하향식 접근법과 상향식 접근법을 혼용해 사용하며 분석의 가치를 높일 수 있는 최적의 의사결정은 두 접근 방식이 상호보완 관계에 있을 때 가능하다.

이때 상향식 접근법과 하향식 접근법을 상호 보완적으로 수행하여 동적 환경에서 분석 가치를 높일 수 있는 의사결정 방법으로 디자인씽킹을 활용할 수 있다.

> **참고 디자인씽킹(Design Thinking)**
>
> 디자인씽킹 프로세스는 니즈를 이해하고 찾아낸 문제점에 대한 해결을 위해 상향식접근법의 확산적 사고(Divergent Thinking, 발산적 사고)와 하향식접근법의 수렴적 사고(Convergent Thinking)를 반복하면서 5단계 프로세스로 진행된다 (문제를 숙고하고, 문제를 더 폭넓게 해결할 수 있게 하기 위하여 이용할 수 있는 접근법).
>
>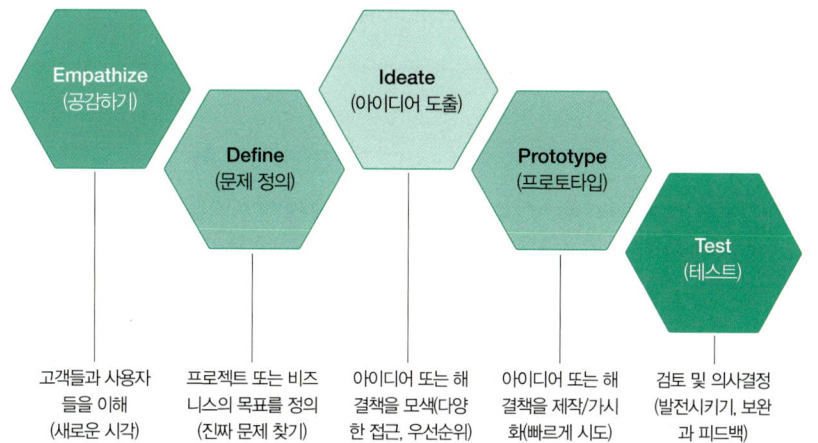
>
> - 옳은 문제 발굴 : 공감하기(확산), 문제 정의(수렴)
> - 옳은 해결책 발굴 : 아이디어 도출(확산), 프로토타입(확산), 테스트(수렴)
>
> 즉, 옳은 문제 발굴과 문제 파악을 위해 공감하면서(확산) 많은 문제 중 근원적 문제를 정의한다(수렴). 그후 옳은 해결책을 정의하기 위해 모든 가능성을 펼쳐 놓고 정의된 문제를 어떻게 해결할 것인지 아이디어를 논의하여(확산) 프로토타입을 통해 실현 가능하도록 구현하고(확산) 테스트를 통해 해결책을 찾아낸다(수렴).

또한 상향식 접근방식의 데이터 분석은 비지도학습 방법과 프로토타이핑 접근법에 의해 수행된다.

❶ 비지도학습

상향식 접근법은 분석 대상이 명확하지 않고, 목적 또한 명확하지 않기 때문에 데이터 자체의 결합, 연관성, 유사성 등을 중심으로 상태를 표현해야 한다.

비지도학습의 경우 목표값을 사전에 정의하지 않고, 데이터 자체가 가진 의미로만 그룹을 도출하기 때문에 해석이 용이하진 않지만, 새로운 유형의 인사이트를 도출하기에 유용한 방식이며 상향식 접근법에 활용 가능하다.

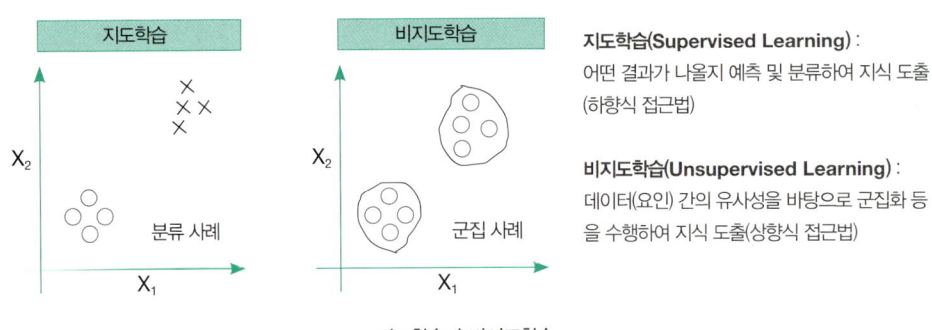

지도학습과 비지도학습

❷ 프로토타이핑 접근법

프로토타이핑(Prototyping) 접근법은 사용자가 요구사항이나 데이터를 정확히 규정하기 어렵고 데이터 소스도 파악하기 어려운 상황에서 분석을 시도해보고 반복적으로 개선해 나가는, 시행착오를 통한 문제해결법이다.

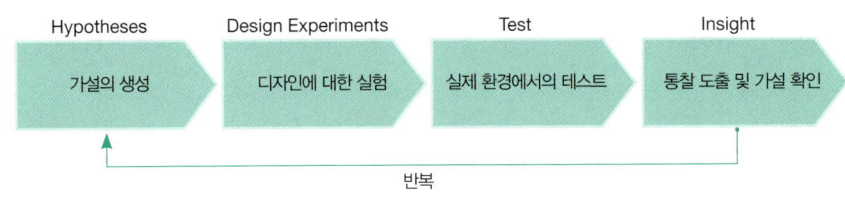

프로토타이핑 접근법 절차

한 번의 분석을 통해 의도한 결과가 나오기 쉽지 않은 빅데이터 분석 환경에서, 지속적인 반복을 수행하는 프로토타이핑 방식이 하향식 접근법보다 유용하다고 볼 수 있다.

프로토타이핑 필요성

프로토타이핑 필요성	설명
문제에 대한 인식 수준 구체화	문제가 명확하지 않거나 인식이 안 될 경우
필요 데이터 존재 여부의 불확실성 해소	반복적이고 순환적인 작업으로 리스크 방지
데이터 사용 목적의 가변성 확보	데이터의 사용 목적과 범위 확대

2.1.2.4 분석활용 시나리오 및 분석과제정의서 기출

도출된 과제를 기반으로 분석 체계를 종합적으로 고려하여 분석 과제를 정의하기 위해 분석활용 시나리오와 분석과제정의서를 작성한다.

❶ 분석활용 시나리오

분석 결과를 운영 프로세스에 반영할 때 기존 프로세스의 변경 및 신규 프로세스가 생성되는 등의 변화가 발생하기도 한다.

이런 변화에 안정적으로 결과를 적용하기 위해 분석활용 시나리오를 작성하여, 주요 업무 의사결정에 분석 결과가 어떻게 활용되어 업무가 효과적으로 수행할 수 있는지 명확히 이해할 수 있도록 한다.

또한 분석활용 시나리오를 개발할 때 분석으로 인한 업무 프로세스 변화를 명확히 식별하고 재설계 방안을 정의해야 하고, 분석 프로세스를 내재화하면 운영 업무의 후행 액션이 분석에 의해 자동으로 실행되는 형태로 지능화시킬 수도 있다.

❷ 분석과제정의서

분석과제정의서는 향후 분석 프로젝트 수행 계획 수립에 사용되는 중요 산출물로 프로젝트의 방향을 설정하고, 성공 여부를 판별할 수 있는 중요한 자료로서 명확하게 작성해야 한다.

분석과제정의서에는 각 분석 주제별로 필요한 소스 데이터, 분석 방법, 데이터 입수 난이도, 데이터 입수 사유, 분석 수행 주기, 분석 결과에 대한 검증 오너십, 상세 분석 과정, 분석 적용이 어려운 사유, 데이터 범위 확장, 분석 과정 상세 등의 항목을 포함할 수 있다.

다음 표는 분석과제정의서의 사례이며, 정해진 포맷은 없으니 비즈니스의 종류와 형태, 분석하고자 하는 특성에 맞춰 작성 내용을 추가/변경/삭제하여 관리하면 된다.

분석과제정의서 사례

분석명		분석 정의	
해지 상담 접촉 패턴 분석		기 해지 계약 건 발생. 고객의 해지 시점 상담 정보 분석을 통해 해지 고객의 상담 특성을 발굴하는 분석	
소스 데이터	데이터 입수 난이도	분석 방법	
접촉 채널, 검수, 접촉 평균 시간에서 최종 접촉 이후 해지까지 시간 상담 인력 업무 능숙도	서비스 수준 유지	해지로 이어지는 해지 상담의 유의미한 속성을 요인 분석을 통해 발굴하고, 클러스터링 분석을 통해 영향 요인을 그룹핑해서 그룹된 요인 그룹이 해지에 미치는 영향도를 회귀분석한다.	
	데이터 입수 사유		
	N/A		
분석 적용 난이도	분석 적용 난이 사유	분석 주기	분석 결과 검증 Owner
중	접촉 로그 등의 비구조적 데이터 분석 필요	월별	해지방어팀

분석과제정의서는 향후 프로젝트 수행 계획의 입력물로 사용되며 수행하는 이해 관계자가 프로젝트의 방향을 설정하고, 성공 여부를 판별할 수 있는 중요한 자료로서 명확하게 작성해야 한다.

2.1.3 데이터 분석 방안

2.1.3.1 데이터 분석 모델과 방법론의 이해

❶ 데이터 분석 모델과 방법론의 정의

기업에서 데이터 분석을 효과적으로 수행하기 위해서는 합리적인 의사결정을 가로막는 장애요소인 고정관념, 편향된 생각, 프레이밍 효과(문제의 표현 방식에 따라 동일한 사건이나 상황임에도 불구하고 개인의 판단이나 선택이 달라질 수도 있는 현상) 등을 제거해야 한다.

의사결정을 가로막는 장애요소

분석 과제의 특성과 요구사항의 달성 수준 그리고 조직의 역량에 적합한 분석 모델을 선정하고, 이를 적용하기 위한 상세한 절차, 방법, 도구와 기법, 템플릿과 산출물로 구성되어 있는 방법론을 적용함으로써 분석 과정의 효율성과 분석의 효과성을 극대화할 수 있다.

❷ 데이터 분석 모델의 종류

분석 모델은 주어진 상황과 환경에 따라 달라져야 한다. 기존 레퍼런스(경험 및 조직 내 자산 등)가 존재하고 경험이 있다면 폭포수 모델을 적용하고, 분석 단계의 핵심 영역을 고객과의 사전 공유를 통해 점진적으로 개선해 나가고자 할 때는 프로토타입 모델을 적용한다. 또한 경험하지 못해 리스크가 높은상황에서는 위험 분석을 추가하여 반복적으로 개발할 수 있는 나선형 모델을 적용할 수 있다.

데이터 분석 모델

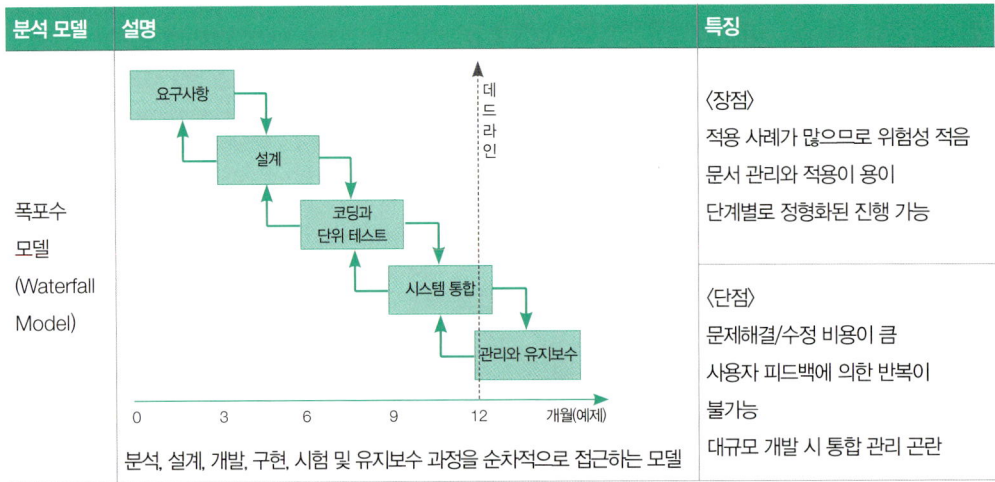

모델	설명	장단점
프로토타입 모델 (Prototype Model)	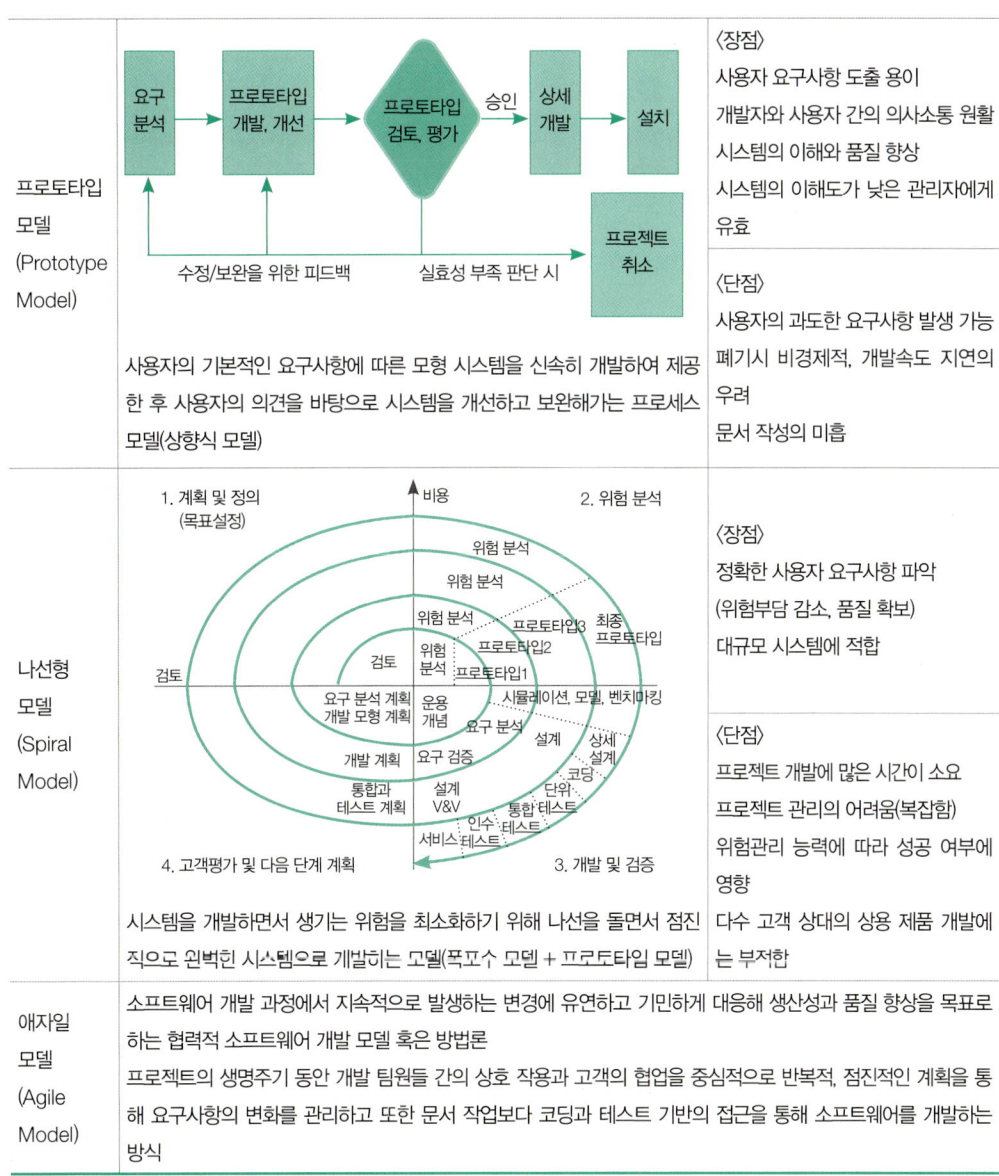 사용자의 기본적인 요구사항에 따른 모형 시스템을 신속히 개발하여 제공한 후 사용자의 의견을 바탕으로 시스템을 개선하고 보완해가는 프로세스 모델(상향식 모델)	〈장점〉 사용자 요구사항 도출 용이 개발자와 사용자 간의 의사소통 원활 시스템의 이해와 품질 향상 시스템의 이해도가 낮은 관리자에게 유효 〈단점〉 사용자의 과도한 요구사항 발생 가능 폐기시 비경제적, 개발속도 지연의 우려 문서 작성의 미흡
나선형 모델 (Spiral Model)	시스템을 개발하면서 생기는 위험을 최소화하기 위해 나선을 돌면서 점진적으로 완벽한 시스템으로 개발하는 모델(폭포수 모델 + 프로토타입 모델)	〈장점〉 정확한 사용자 요구사항 파악 (위험부담 감소, 품질 확보) 대규모 시스템에 적합 〈단점〉 프로젝트 개발에 많은 시간이 소요 프로젝트 관리의 어려움(복잡함) 위험관리 능력에 따라 성공 여부에 영향 다수 고객 상대의 상용 제품 개발에는 부적합
애자일 모델 (Agile Model)	소프트웨어 개발 과정에서 지속적으로 발생하는 변경에 유연하고 기민하게 대응해 생산성과 품질 향상을 목표로 하는 협력적 소프트웨어 개발 모델 혹은 방법론 프로젝트의 생명주기 동안 개발 팀원들 간의 상호 작용과 고객의 협업을 중심적으로 반복적, 점진적인 계획을 통해 요구사항의 변화를 관리하고 또한 문서 작업보다 코딩과 테스트 기반의 접근을 통해 소프트웨어를 개발하는 방식	

분석 프로젝트는 도출된 결과의 재해석을 통한 지속적인 반복 및 정교화가 수행되는 경우가 대부분이므로, 반복적 수행 모델인 애자일 프로젝트 관리 방식에 대한 고려도 필요하다. 또한 데이터 분석에서는 계층적 프로세스 모델을 일반적으로 사용하는데, 해당 내용은 '2.1.3.2 빅데이터 분석 방법론'에서 설명한다.

2.1.3.2 데이터 분석 방법론

분석 방법론은 생명주기에 따른 정형화된 절차 및 방법, 도구 등을 체계적으로 정리하여 표준화한 문서를 의미하며, 상세한 절차(Procedures), 방법(Methods), 도구와 기법(Tools & Techniques), 템플릿과 산출물(Templates & Outputs)로 구성되어 어느 정도의 지식만 있으면 활용이 가능해야 한다.

❶ 데이터 분석 방법론 종류

데이터 분석 방법론

방법론	설명	기법/유형
통계적 방법론	전통적인 통계 분석을 위한 방법론으로 주로 학술연구에 많이 이용되는 방법론 모집단을 대표할 수 있는 표본 집단에서 정보를 수집하고 가설 검정 등 추론 과정을 거쳐 분석하는 것이 통계 분석	기술통계, 추론통계, 빈도분석, 분산분석, 회귀분석 등
데이터 마이닝 방법론	비즈니스 활용 목적으로 만들어진 방법론으로 대용량의 자료로부터 패턴을 파악해 유의미한 데이터를 추출하는 방법론 데이터가 크고 다양할수록 보다 활용하기 유리한 분석	SEMMA, CRISP-DM, KDD방법론 등
빅데이터 분석 방법론	빅데이터 출현으로 인한 비정형 데이터 활용을 위한 새로운 분석 방법론	계층적 프로세스 모델 (3계층, 5단계 절차)

통계적 방법론은 통계적 이론을 발굴하는데 중점을 두기 때문에 비즈니스 목적으로는 적합하지 않을 수 있으나, 데이터 마이닝 방법론과 빅데이터 방법론의 기초가 된다. 단, 방법론 관점보다 분석 관점이 가깝기 때문에 '2.1.3.2 데이터 분석 방법론'에서는 데이터 마이닝 방법론과 빅데이터 분석 방법론 위주로 설명한다.

❷ 데이터 마이닝 방법론

데이터 마이닝이란 통계 및 수학적 기술 뿐만 아니라 패턴 인식 기술들을 이용해 데이터 장소에 저장된 대용량 데이터를 조사함으로써 의미 있는 새로운 상관관계, 패턴, 추세 등을 발견하는 과정이다.

데이터 마이닝 방법론은 데이터 마이닝 기법의 수학적 알고리즘을 체계화한 것으로 절차, 방법, 도구와 기법, 템플릿과 산출물로 구성되어 있는 접근방법이다.

- **KDD(Knowledge Discovery in DBS) 분석 방법론**

1996년 파이야드(Fayyard)가 정리한 데이터 마이닝 프로세스로 데이터베이스에서 의미 있는 지식을 탐색하는 데이터 마이닝부터, 머신러닝(기계학습), 인공지능, 패턴 인식, 데이터 시각화 등에서 응용될 수 있는 구조를 가진 방법론이다.

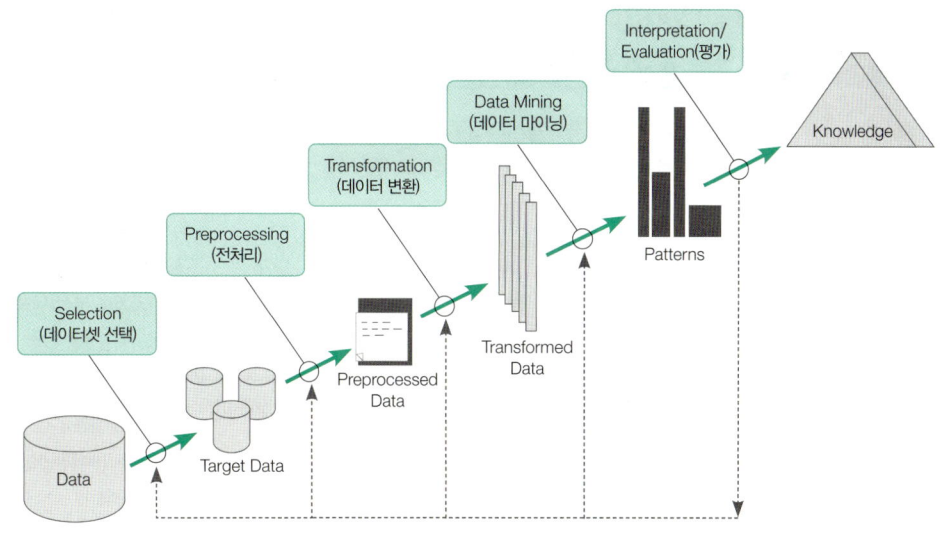

KDD 분석 절차

KDD 분석 방법론 분석 절차 설명

절차	설명
Selection (데이터셋 선택)	데이터베이스 또는 원시 데이터에서 분석에 필요한 데이터 선택 단계 목표 설정 및 목표 데이터 구성
Preprocessing (전처리)	추출된 분석 대상 데이터셋에 포함된 잡음(Noise), 이상값(Outlier), 결측값(Missing Value)을 식별하고 필요 시 제거하거나 의미 있는 데이터로 재처리하는 단계 데이터 전처리 단계에서 추가로 요구되는 데이터셋이 필요한 경우 Selection 과정에서 재실행
Transformation (데이터 변환)	효율적인 데이터 마이닝을 위한 데이터 변환 단계 변수 선정 및 차원축소(효율적인 데이터 마이닝 수행) 데이터 마이닝 프로세스 진행을 위해 학습용 데이터와 검증용 데이터로 데이터를 분리
Data Mining (데이터 마이닝)	분석 목적에 따라 데이터 마이닝 기법 및 알고리즘을 선택하고 패턴 찾기, 데이터 분류, 예측을 수행하는 단계 필요에 따라 Preprocessing과 Transformation 과정을 추가로 실행해 최적의 결과를 산출
Interpretation/ Evaluation(평가)	데이터 마이닝 결과에 대한 해석과 평가 분석 목적과의 일치성을 확인하는 단계(업무 활용방안 마련) 필요에 따라 Selection 단계에서 Data Mining 단계까지 반복 수행

- **CRISP-DM(Cross Industry Standard Process for Data Mining) 분석 방법론**

1996년 유럽연합의 ESPRIT에서 시작된 프로젝트로 4개 계층적 프로세스 모델을 적용한 6단계 데이터 마이닝 분석 방법론이다.

비즈니스의 이해를 바탕으로 데이터 분석 목적의 6단계 절차로 구성되어 있으며, 초보자나 전문가가 비즈니스 전문가와 함께 모형을 만들어내는 포괄적인 방법론이다.

CRSP-DM 분석 방법론 분석 절차 설명 [기출]

절차	설명	세부요소
Business Understanding (업무 이해)	비즈니스 관점에서 프로젝트 목적과 요구사항을 이해하기 위한 단계 도메인 지식을 데이터 분석을 위한 문제 정의로 변경하고 초기 프로젝트 계획을 수립	업무 목적 파악 데이터 마이닝 목표 설정 프로젝트 계획 수립 상황 파악
Data Understanding (데이터 이해)	분석을 위한 데이터를 수집하고 데이터 속성을 이해하기 위한 단계 데이터 품질에 대한 문제점을 식별하고 숨겨진 인사이트를 발견하는 단계	초기 데이터 수집 데이터 기술 분석/탐색 데이터 품질 확인
Data Preparation (데이터 준비)	분석을 위해 수집된 데이터에서 분석 기법에 적합한 데이터를 편성하는 단계 많은 시간이 소요될 수 있음	분석용 데이터셋 선택 데이터 정제/통합 분석용 데이터셋 편성 데이터 포맷팅
Modeling (모델링)	다양한 모델링 기법과 알고리즘을 선택하고 파라미터를 최적화하는 단계 데이터셋이 추가로 필요한 경우 데이터 준비 단계를 반복 수행 모델링 결과를 테스트용 데이터셋으로 평가해 모델의 과적합(Over Fitting) 문제를 확인	모델링 기법 선택 모델 테스트 계획 설계 모델 작성, 모델 평가
Evaluation (평가)	모델링 결과가 프로젝트 목적에 부합하는지 평가하는 단계 데이터 마이닝 결과를 최종적으로 수용할 것인지 판단	분석 결과 평가 모델링 과정 평가 모델 적용성 평가
Deployment (배포)	모델링과 평가 단계를 통해 완성된 모델을 실 업무에 적용하기 위한 계획 수립 모니터링과 모델의 유지보수 계획 마련	전개 계획 수립 모니터링과 유지보수 계획 수립 프로그램 종료보고서 작성 프로젝트 리뷰

참고 CRISP-DM의 4개의 계층적 프로세스

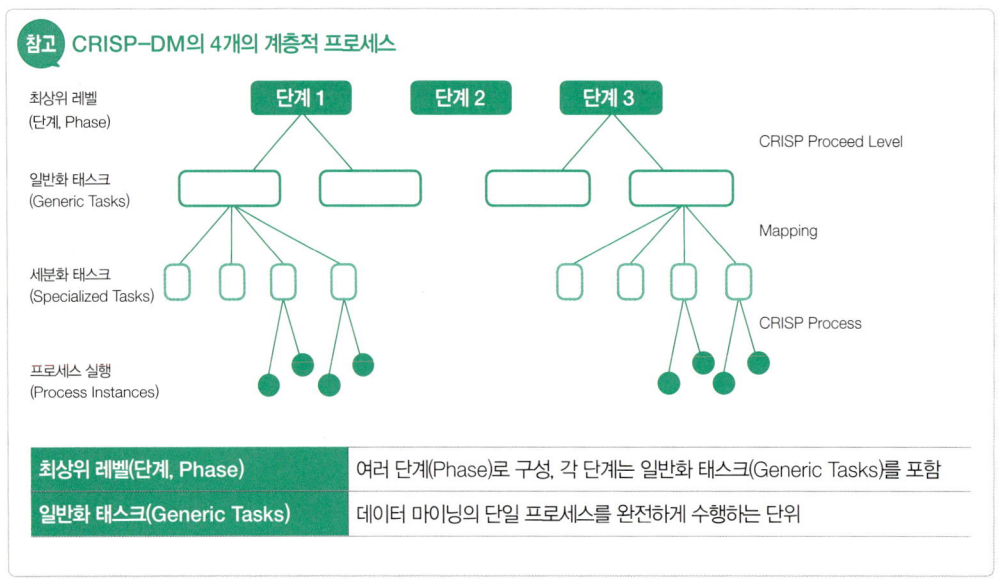

최상위 레벨(단계, Phase)	여러 단계(Phase)로 구성, 각 단계는 일반화 태스크(Generic Tasks)를 포함
일반화 태스크(Generic Tasks)	데이터 마이닝의 단일 프로세스를 완전하게 수행하는 단위

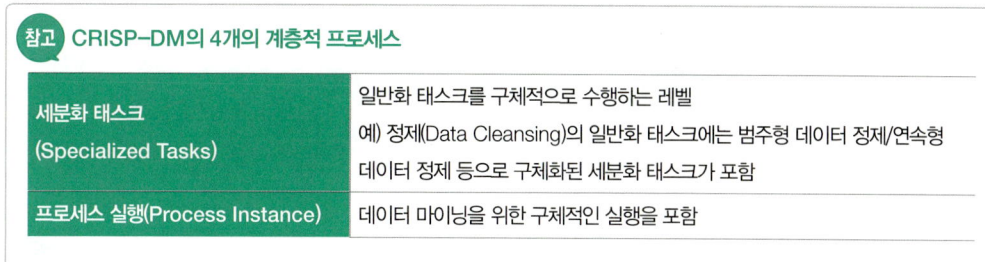

세분화 태스크 (Specialized Tasks)	일반화 태스크를 구체적으로 수행하는 레벨 예) 정제(Data Cleansing)의 일반화 태스크에는 범주형 데이터 정제/연속형 데이터 정제 등으로 구체화된 세분화 태스크가 포함
프로세스 실행(Process Instance)	데이터 마이닝을 위한 구체적인 실행을 포함

- **SEMMA(Sampling Exploration Modification Modeling Assessment) 분석 방법론**

SEMMA 분석 방법론은 SAS(Statistical Analysis System)사의 주도로 만들어진 기술/통계 중심의 데이터 마이닝 방법론이다.

SEMMA 분석 절차 설명

절차	설명	세부요소/산출물
Sampling (데이터 생성)	분석 데이터를 생성하는 단계 비용절감 및 모델 평가를 위한 데이터 준비	통계적 추출 조건 추출
Explore (데이터 탐색)	분석 데이터를 탐색하는 단계 데이터 조감을 통한 데이터 오류 검색 데이터 현황을 통한 비즈니스 이해, 아이디어를 위한 이상현상, 변화 등을 탐색	기초 통계, 그래픽적 탐색 요인별 분할표 Clustering 변수 유의성 및 상관분석
Modify (데이터 수정/ 변환)	분석 데이터를 수정/변환하는 단계 데이터가 지닌 정보의 표현 극대화 최적의 모델을 구축할 수 있도록 다양한 형태로 변수를 생성, 선택, 변형	수량화, 표준화, 각종 변환, 그룹화
Modeling (모델링)	모델을 구축하는 단계 데이터의 숨겨진 패턴 발견 하나의 비즈니스 문제 해결을 위해 특수 모델과 알고리즘 적용 가능	Neural Network Decision Tree Logistic Regression 전통적 통계
Assessment (모델 평가)	모델 평가 및 검증하는 단계 서로 다른 모델을 동시에 비교 추가 분석 수행 여부 결정	텍스트 교본 Feedback 모델의 검증

❸ 빅데이터 분석 방법론

일반적으로 빅데이터 분석 방법론은 계층적 프로세스 모델(Stepwised Process Model) 기반의 단계, 태스크, 스텝의 3계층으로 구성되고 5단계로 수행된다.

● 빅데이터 분석 방법론의 계층적 프로세스 모델

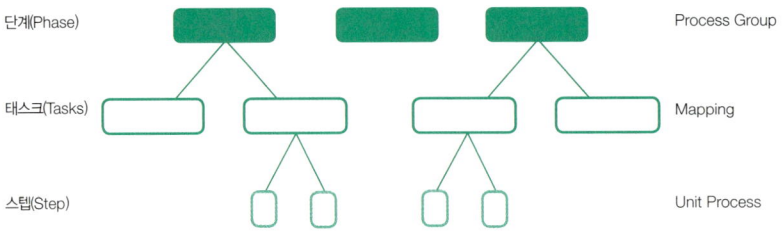

계층적 프로세스 모델

계층적 프로세스 모델 설명

항목	구성	특징
단계(Phase)	최상위 계층	프로세스 그룹(Process Group)을 통하여 완성된 단계별 산출물 생성 각 단계는 기준선(Baseline)으로 설정되어 관리 형상관리(Configuration Management) 등을 통하여 통제 수행
태스크(Task)	단계를 구성하는 단위 활동	각 단계는 여러 개의 태스크로 구성 물리적 또는 논리적 단위로 품질 검토의 항목이 될 수 있음
스텝(Step)	마지막 계층	작업분할구조(Work Breakdown Structure, WBS)의 워크패키지(Work Package)에 해당됨 입력자료(Input), 처리 및 도구(Process & Tool), 출력자료(Output)로 구성된 단위 프로세스(Unit Process, 최소의 업무단위)

● 빅데이터 분석 방법론 5단계 절차 기출

빅데이터 분석 방법론은 프로젝트 관점에서 5단계 절차로 구성되며, 각 단계별로 최소 업무 단위 프로세스가 존재한다. 각 프로세스는 입력자료, 처리 및 도구, 출력자료로 정리할 수 있다.

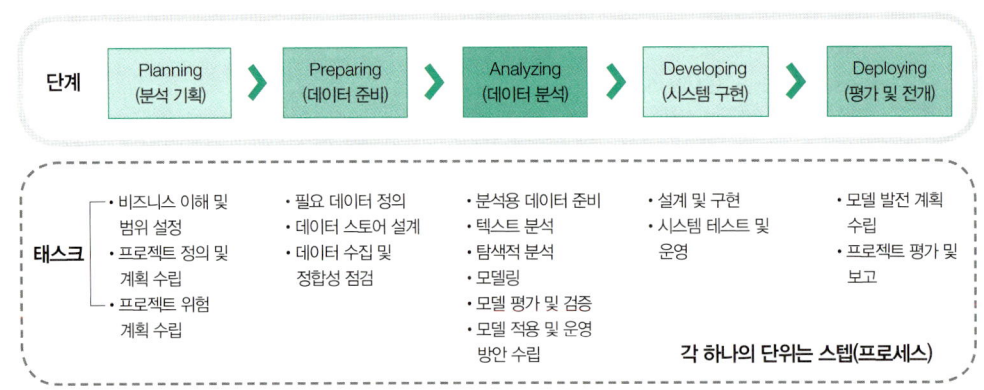

빅데이터 분석 방법론 5단계 절차

빅데이터 5단계 분석 방법론 설명

분석 절차	설명
분석 기획	비즈니스 도메인과 문제점을 인식하고 분석 계획 및 프로젝트 수행 계획을 수립하는 단계
데이터 준비	비즈니스 요구사항과 데이터 분석에 필요한 원천 데이터를 정의하고 준비하는 단계
데이터 분석	원천 데이터를 분석용 데이터셋으로 편성하고 다양한 분석 기법과 알고리즘을 이용해 데이터를 분석하는 단계 분석 단계를 수행하는 과정에서 추가적인 데이터 확보가 필요한 경우, 데이터 준비 단계로 피드백하여 두 단계를 반복 진행
시스템 구현	분석 기획에 맞는 모델을 도출하고 이를 운영 중인 가동 시스템에 적용하거나 시스템 개발을 위한 사전 검증으로 프로토타입 시스템을 구현하는 단계
평가 및 전개	데이터 분석 및 시스템 구현 단계 수행 후, 프로젝트 성과를 평가하고 정리하거나 모델의 발전 계획을 수립해 차기 분석 기획으로 전달하고 프로젝트를 종료하는 단계

'2.1.3 데이터 분석 방안'에서는 빅데이터 분석 방법론의 구성에 대해서만 학습하고, '2.2.2 분석 절차 및 작업 계획'에서 각 단계별 수행내용에 대해 상세히 학습하도록 한다.

2.1.3.3 데이터 분석 프로젝트 관리 방안

❶ 분석 프로젝트 관리를 위한 5가지 주요 속성

데이터 분석가는 데이터를 다루는 데이터 영역과 결과를 활용할 비즈니스 영역의 중간에서 조율을 수행하는 조정자(Coordinator)의 역할도 수행해야 한다.

조정자로서의 분석가는 대부분 관리자까지 겸임하기에 프로젝트 관리 방안 이해와 주요 관리 포인트를 사전에 숙지해야 하며, 데이터 분석 기법을 분석 과제와 분석 프로젝트에 적용하기 위해서는 5가지 주요 속성에 대한 추가적인 관리가 필요하다.

분석 프로젝트 5가지 주요 속성

주요 속성	속성 설명
데이터 양 (Data Size)	분석하고자 하는 데이터 양을 고려한 관리 방안 수립 필요 기존 RDBMS에서 관리하는 데이터 양과 하둡(Hadoop) 등에서 관리하는 엄청난 양의 빅데이터는 필연적으로 관리 방식에서 차이가 날 수밖에 없음
데이터 복잡성 (Data Complexity)	텍스트, 오디오, 비디오 등의 비정형 데이터 및 다양한 시스템에 산재되어 있는 데이터들을 통합해서 분석 다양한 데이터들이 잘 적용될 수 있는 분석 모델의 선정을 사전에 고려
속도(Speed)	분석결과가 도출되었을 때 시나리오 측면에서 속도를 고려 분석 모델의 성능 및 속도를 고려한 개발 및 테스트가 수행되어야 함

분석 복잡성 (Analytic Complexity)	분석 모델의 정확도와 복잡도는 트레이드 오프(Trade-Off) 관계가 존재 분석 모델이 복잡할수록 정확도가 향상되나 사용자에게 설명을 할 수 없는 문제 발생 해석이 가능하면서 정확도를 올릴 수 있는 최적 모델을 찾는 방안을 사전에 모색
정확도(Accuracy) & 정밀도(Precision)	정확도(Accuracy)는 모델과 실제값 사이의 차이가 적다는 것을 의미하고, 정밀도(Precision)는 모델을 지속적으로 반복했을 때 편차의 수준이 작은 것을 의미 안정성 측면에서는 정밀도가, 분석의 활용 측면에서는 정확도가 중요

❷ 분석 프로젝트 관리 방안

데이터 분석은 일회성 작업이 아닌 지속적인 반복 및 정교화가 수행되는 경우가 대부분이기 때문에 프로젝트 관점으로 접근해야 한다. 따라서 일반적인 프로젝트 관리의 10가지 영역을 기반으로 데이터 분석의 목표에 맞는 일정과 비용, 품질을 달성할 수 있도록 관리가 필요하다.

분석 프로젝트를 위한 관리 영역. "Project Management BOK 6th." PMI.

관리 영역	설명
통합 관리	통합적인 기준선을 관리하며 분석 업무에 대한 계획과 실적을 모니터링하여 변경 관리 수행(목표 달성을 위한 변경 조치)
범위 관리	해야 할 과제를 명확히 하여, 업무 범위가 벗어나지 않도록 관리하는 프로세스(작업분할구조도(WBS) 개발) 분석 기획 단계에서 프로젝트 범위가 분석을 진행하면서 데이터의 형태와 양 또는 적용되는 모델의 알고리즘에 따라 범위가 빈번하게 변경됨
시간 관리	분석 결과에 대한 품질이 보장된다는 전제로 타임박싱(Time Boxing) 기법으로 일정 관리 진행 필요(일정을 제한하는 일정 계획은 적절하지 못함)
원가 관리	외부 데이터를 활용한 데이터 분석인 경우, 고가의 비용이 소요될 수 있으므로 충분한 사전조사 필요 오픈소스 도구 외에 프로젝트 수행 시 의도한 결과 달성을 위해 상용 버전 도구가 필요할 수 있음
품질 관리	분석 프로젝트를 수행한 결과에 대한 품질 목표를 사전에 수립해 확정해야 함 프로젝트 품질을 품질 계획(Quality Plan, 품질 속성 및 체크리스트 도출), 품질 통제(Quality Control, 요건에 대한 품질 확인)와 품질 보증(Quality Assurance, 데이터 분석 프로세스 개선)으로 나눠서 수행함
자원 관리	고급 분석 및 빅데이터 아키텍처링을 수행할 전문인력인 인적자원을 제때에 확보 및 관리하며, 또한 물적자원(SW, HW, 상용 솔루션 등)에 대한 구매 및 라이선스 비용을 정해진 예산 범위 내에서 활용 관리하는 프로세스
의사소통 관리	전문성이 요구되는 데이터 분석 결과를 모든 프로젝트 이해관계자가 공유할 수 있도록 해야 함(의사소통 모델, 의사소통 방법 : 메일, 공유 도구 등) 프로젝트의 원활한 진행을 위해 다양한 의사소통 체계 마련이 필요
조달 관리	다양한 데이터 확보 및 기술적 성숙도를 반영하기 위해 조달 관리가 중요 프로젝트 목적성에 맞는 외부 소싱을 적절히 운영할 필요가 있음 예) 외부 데이터 수집, 서비스 개발 등
리스크 관리	분석에 필요한 데이터 미확보로 분석 프로젝트 진행이 어려울 수 있으므로 관련 위험 식별 및 대응방안 사전 수립에 필요 리스크는 없어지는 것이 아니라, 영향도와 발생확률이 낮아지는 것이기 때문에 시작부터 종료시까지 지속적으로 모니터링 필요

이해관계자 관리	데이터 분석 프로젝트는 다양한 전문가가 참여하므로 이해관계자의 식별과 각 이해관계자별 관심사항을 별도로 관리 필요

작업분할구조도(WBS)는 프로젝트 관리의 중심이 되며 사용자와 프로젝트 업무 내역을 가시화할 수 있어 관리가 용이하다. 따라서 범위, 일정, 원가관리의 기준선(베이스라인, Base Line)이 되니 반드시 작성하여 계획 대비 실적과 의사소통의 중심으로 활용해야 한다.

> **참고** 범위 관리의 요구사항 수집 기법

기법	설명
인터뷰 (Interview)	준비된 질문에 즉흥적인 질문을 하고 대답을 기록하는 방식
브레인스토밍 (Brainstorming)	대안을 만들어낼 때 3인 이상이 모여 자유롭게 아이디어를 내놓는 회의 방식
포커스그룹(핵심전문가) (Focus Group) 기출	미리 선별한(Prequalified) 이해관계자와 해당 분야 전문가들로부터 기대사항과 의견을 파악하는 방식 숙련된 사회자(Moderator)가 자연스러운 대화 분위기를 조성하도록 고안된 상호토론(Interactive Discussion)을 이끌어내며 진행
설문지 및 설문조사 (Questionnaires and Surveys)	수많은 응답자로부터 신속하게 정보를 수집하도록 고안된 문항들로 구성된 양식을 배포하여 요구사항을 수집하는 방식
벤치마킹 (Benchmarking)	실제 또는 예정된 실무사례를 유사한 조직의 실무사례와 비교함으로써 모범사례를 식별하고 개선책을 구상하여 요구사항을 식별하는 방식
문서분석 (Document Analysis)	기존 문서(비즈니스계획서, 제안요청서, 계약서 등)를 분석하고 요구사항 관련 정보를 파악함으로써, 요구사항을 추출하는 방식
투표	다양한 대안을 평가하는 프로세스로, 제품 요구사항을 도출/분류하고 우선순위를 결정하는데 활용하는 기법
다기준 의사결정 분석	수많은 아이디어를 평가하여 순위를 지정하기 위하여 리스크 수준, 불확실성, 가치 평가와 같은 기준을 세우는 데 필요한 체계적인 분석방식을 제공하는 기법
친화도 (Affinity Diagram)	검토 및 분석을 위해 수많은 아이디어를 그룹으로 분류하여 패턴이나 추세를 기반으로 요구사항을 도출하는 기법
아이디어/마인드 매핑 (Idea/Mind Mapping)	개별 브레인스토밍 세션을 통해 창출된 아이디어의 공통점/차이점을 반영하고, 신규 아이디어를 창출하기 위해 하나의 맵으로 통합하는 기법
명목 집단 기법 (Nominal Group Techniques)	가장 유용한 아이디어를 순위를 매기기 위해 투표방식을 적용하여 브레인스토밍을 강화하는 기법
관찰 (Observations)	개개인이 각자의 환경에서 업무/과업/프로세스를 수행하는 방법을 직접적으로 관찰하는 방식
심층워크샵 (Facilitated Workshop)	핵심 이해관계자들이 함께 모여서 제품 요구사항을 정의하는 집중 세션(이견 조정에 유용, 다기능 요구사항 도출 가능)

출제예상문제

01. 다음 중 데이터 분석 기획에 대한 설명 중 알맞지 않은 것은?

① 실제 분석을 수행하기에 앞서 분석을 수행할 과제를 정의하고, 사전에 계획하는 일련의 작업을 의미한다.
② 해당 문제 영역에 대한 전문성 역량 및 수학/통계학적 지식을 활용한 분석 역량과 분석의 도구인 데이터 및 프로그래밍 기술 역량에 대한 균형 잡힌 시각을 가지고 방향성 및 계획을 수립해야 한다.
③ 어떤 목표(What)를 달성하기 위하여(Why), 어떠한 데이터를 가지고, 어떠한 방식으로(How) 수행할지에 대한 일련의 계획 수립 과정이기 때문에 방향성이 명확해야 한다.
④ 빅데이터 분석의 일부 프로세스에 대한 관점에서 접근하여 로드맵을 설정한다.

02. 데이터 분석 마스터 플랜의 수행순서로 적합한 것은?

① 분석 과제 도출 → 우선순위 평가 → 우선순위 정렬 → 중/장기 분석 로드맵 수립
② 분석 과제 도출 → 우선순위 정렬 → 우선순위 평가 → 중/장기 분석 로드맵 수립
③ 분석 대상 수행 과제 도출 → 우선순위 평가 → 단기적 세부 이행 계획 → 중/장기 분석 로드맵 수립
④ 분석 대상 수행 과제 도출 → 단기적 세부 이행 계획 → 우선순위 평가 → 중/장기 분석 로드맵 수립

03. 다음 중 분석 유형을 구분할 때 데이터 분석 방법은 충분히 이해하고 있지만 조직 내 분석 대상을 인지하지 못하는 유형은?

① Optimization
② Discovery
③ Insight
④ Solution

04. 아래 (가)와 (나)에 순서대로 들어갈 분석의 유형으로 적절한 것은?

분석 기획 유형		How	
		Known	Un-Known
What	Known		(나)
	Un-known	(가)	

① 최적화 - 솔루션
② 통찰 - 솔루션
③ 솔루션 - 통찰
④ 발견 - 최적화

05. 성공적인 분석 기획 수행을 위한 고려사항으로 가장 적절하지 않은 것은?

① 수집 및 확보 가능한 데이터에 대해 가용 데이터를 사전 확인해야 한다.
② 기존 참조할 사례 유무를 확인 후 적합한 활용 방안과 유즈케이스를 확보한다.
③ 잠재적 리스크를 식별하기보다 모니터링 체계와 대응에 집중해야 한다.
④ 분석 범위와 자원, 사용성, 지속적 분석 환경의 변화를 관리해야 한다.

06. 마스터 플랜 우선순위 선정 절차로 가장 알맞은 것은?

① 분석 과제 도출 → 우선순위 조정 → 우선순위 평가 → 우선순위 최종 확정
② 우선순위 평가 → 우선순위 조정 → 분석 과제 도출 → 우선순위 최종 확정
③ 분석 과제 도출 → 우선순위 평가 → 우선순위 조정 → 우선순위 최종 확정
④ 우선순위 조정 → 우선순위 최종 확정 → 분석 과제 도출 → 우선순위 평가

07. 장기적인 관점에서 데이터를 바라보는 '마스터 플랜 방식'의 특징으로 가장 적절하지 않은 것은?

① Long Term View
② Speed & Test
③ Problem Definition
④ Accuracy & Deploy

08. 우선순위 평가에 대한 설명으로 가장 적절하지 않은 것은?

① 전략적 중요도가 낮더라도 실행 용이성을 고려하여 분석 과제의 우선순위를 평가한다.
② 투자예산을 확보할 가능성이 높고 기술 확보가 용이 하다면 우선순위는 높게 매겨질 수 있다.
③ 업무의 시급성과 전략적 필요성을 둘 중 하나만 고려하여 전략적으로 중요도를 선정한다.
④ 업무별 도출된 분석 과제를 우선순위 평가 기준에 따라 평가하고 과제 수행의 선/후행 관계를 고려하여 적용 순위를 조정하여 최종 확정한다.

09. 비즈니스의 효과성 분석에 가장 적합한 빅데이터 분석의 특징 요소는 무엇인가?

① Volume
② Variety
③ Value
④ Velocity

10. 분석 과제의 적용 우선순위를 설정할 때 각각의 빈칸에 해당하는 기준으로 적절한 것은?

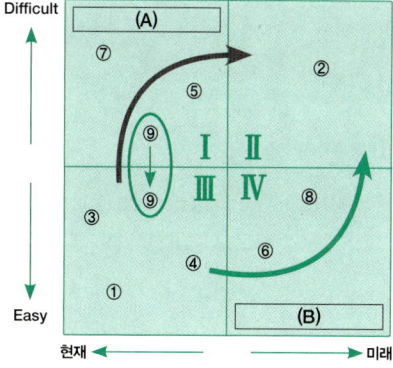

① (A)난이도, (B)난이도
② (A)시급성, (B)시급성
③ (A)난이도, (B)시급성
④ (A)시급성, (B)난이도

출제예상문제

11. 데이터 분석 구현을 위한 로드맵 수립에서 각 단계와 추진 목표에 대한 설명이 가장 적절하지 않은 것은?

① 데이터 분석 확산 및 고도화 단계에서는 분석 기회를 발굴하여 분석 과제로 정의하고 마스터 플랜을 수립하는 것을 목표로 한다.
② 데이터 분석 유효성 검증 단계에서는 pilot 수행에 필요한 분석 알고리즘 및 아키텍처를 설계하는 것을 목표로 한다.
③ 데이터 분석 유효성 검증 단계에서는 비즈니스적인 유효성과 타당성을 검증하고 기술적인 실현 가능성을 검증하는 것을 목표로 한다.
④ 빅데이터 분석 활용 시스템을 구축하고 유관 시스템을 고도화하는 것을 목표로 하는 것은 가장 마지막 단계에서 추진한다.

12. 데이터 분석을 위한 반복적인 분석 체계는 반복적인 정련 과정을 통하여 프로젝트 완성도를 높이는 방식을 주로 사용한다. 다음 중 어떤 단계를 반복적으로 수행하는가?

① 데이터 수집 및 확보 단계
② 모델링 단계
③ 분석 데이터 준비 단계
④ 시스템 구현 단계

13. 디자인 사고에 대한 설명에서 빈칸에 들어갈 말을 순서대로 올바르게 연결한 것은?

> ( )접근법의 ( )단계와 ( )접근법의 ( )단계를 반복적으로 수행하는 식의 상호 보완적인 동적 환경을 통해 분석의 가치를 높일 수 있는 최적의 의사결정 방식이다.

① 하향식 → 발산 → 상향식 → 발산
② 상향식 → 수렴 → 하향식 → 발산
③ 상향식 → 발산 → 하향식 → 수렴
④ 하향식 → 수렴 → 상향식 → 수렴

14. 다음 중 빈칸에 들어갈 말을 순서대로 올바르게 연결한 것은?

> 분석 과제를 도출하기 위한 방식으로는 크게 하향식 접근법과 상향식 접근법이 있다. 하향식 접근법의 분석 과제 도출 방법은 (가) → (나)으로 설명할 수 있으며, 상향식 접근법의 분석 과제 도출 방법은 (다) → (라)로 설명된다.

① (가) 최적화, (나) 발견, (다) 통찰, (라) 솔루션
② (가) 최적화, (나) 통찰, (다) 솔루션, (라) 발견
③ (가) 솔루션, (나) 최적화, (다) 통찰, (라) 발견
④ (가) 최적화, (나) 솔루션, (다) 발견, (라) 통찰

11. ① 12. ② 13. ③ 14. ④

15. 다음 중 분석 과제를 도출하는 하향식 접근법에 관련된 설명으로 적절한 것은?

> 가) 현황 분석을 통해 또는 인식된 문제점 혹은 전략으로부터 기회나 문제를 탐색하는 방법이다.
> 나) 기업에서 보유하고 있는 다양한 원천 데이터로부터 분석을 통하여 통찰력과 지식을 얻는 방법론이다.
> 다) 문제가 주어지고, 이에 대한 해결법을 찾기 위해 각 과정을 체계화하고 단계화한다.

① 가
② 나
③ 가, 다
④ 가, 나, 다

16. 분석 문제 정의의 상향식 접근법의 절차를 맞게 설명한 것은?

① 프로세스 분류 → 프로세스 흐름 분석 → 분석 요건 정의 → 분석 요건 식별
② 프로세스 흐름 분석 → 프로세스 분류 → 분석 요건 식별 → 분석 요건 정의
③ 프로세스 분류 → 프로세스 흐름 분석 → 분석 요건 식별 → 분석 요건 정의
④ 프로세스 흐름 분석 → 프로세스 분류 → 분석 요건 정의 → 분석 요건 식별

17. 분석 문제 정의의 하향식 접근법의 절차를 맞게 설명한 것은?

① 문제 탐색 → 문제 정의 → 해결방안 탐색 → 타당성 검토
② 타당성 검토 → 문제 탐색 → 문제 정의 → 해결방안 탐색
③ 타당성 검토 → 문제 탐색 → 해결방안 탐색 → 문제 정의
④ 문제 탐색 → 해결방안 탐색 → 문제 정의 → 타당성 검토

18. 다음은 하향식 접근법으로 분석 과제를 발굴하는 과정 중 문제 정의 단계에 대한 설명이다. 가장 부적절한 것은?

① 식별된 비즈니스 문제를 데이터의 문제로 변환하여 정의하는 단계이다.
② 개별적으로 인지하고 있는 문제를 정리하는 것보다 전체 관점의 기준 모델을 활용하여 빠짐없이 문제를 도출하는 것이 중요한 단계이다.
③ 분석 수행 당사자뿐만 아니라 최종 사용자 관점에서 이루어져야 한다.
④ '고객 이탈의 증가'라는 비즈니스 문제를 '고객 이탈에 영향을 미치는 요인을 식별하고 이탈 가능성을 예측'하는 데이터 분석 문제로 변환될 수 있다.

19. 다음은 상향식 접근법을 이용하여 분석 과제를 발굴하는 과정에 대한 설명이다. 적절한 것으로 묶인 것은?

> 가) 인과관계로부터 상관관계 분석으로의 이동이라는 변화를 만들었다.
> 나) 문제 탐색을 시작으로 분석 과제를 도출하는 방법이다.
> 다) 일반적으로 비지도학습 방법에 의해 수행된다.
> 라) 사물을 있는 그대로 인식하는 'What' 관점에서 수행된다.

① 가
② 나
③ 가, 다
④ 가, 나, 다

15. ③ 16. ③ 17. ① 18. ② 19. ③

출제예상문제

20. 다음 중 지도학습에 해당하지 않는 분석 방법은?

① 군집분석　　　　　　　　　② 분류분석
③ 회귀분석　　　　　　　　　④ 분류트리분석

21. 프로토타이핑 방법론에 대한 설명 중 가장 적절하지 않은 것은?

① 일단 분석을 시도해보고 그 결과를 확인해가면서 점진적으로 개선해가는 방법이다.
② 데이터 분석 환경이 완벽하게 갖추어진 이후에 활용 가능하다.
③ 완전하지는 못하더라도 신속하게 해결책이나 모형을 제시함으로써 이를 바탕으로 문제를 인식 및 식별하여 구체화하는데 유용한 상향식 접근법이다.
④ 기본 프로세스는 가설의 생성, 디자인에 대한 실험, 실제 환경에서 테스트, 테스트 결과에서의 인사이트 도출 및 가설 확인으로 구성된다.

22. 빅데이터 분석 환경에서 프로토타이핑 방법론이 필요한 이유로 가장 적절하지 않은 것은?

① 문제에 대한 낮은 인식 수준　　　② 필요 데이터 존재 여부의 불확실성
③ 데이터 사용 목적의 가변성　　　④ 전문 분석 인력의 부족

23. 다음 중 '분석과제정의서'에 대한 설명으로 가장 적절한 것은?

① 분석과제정의서에서 분석 데이터 소스를 기술할 때는 내부 데이터로 범위를 한정해야 한다.
② 다양한 데이터 원천의 조합으로 통합적 및 시각화 분석을 통해 의미 있는 패턴을 파악하고 이를 업무에 적용하는 새로운 관점의 접근 방법이다.
③ 데이터를 통해 숨어있는 패턴/정보/통찰을 추출해낼 수 있는 방법이다.
④ 기존 분석 기법에서는 고려조차 하지 않은 다양한 파생 정보를 파악할 수 있다.

24. 기업의 합리적 의사결정을 방해하는 장애요소들로 구성된 것은?

① 프레이밍 효과, 통찰력　　　　② 바이어스, 비판적 사고
③ 프레이밍 효과, 고정관념　　　④ 고정관념, 비판적 사고

25. 데이터 분석 모델에 대한 설명으로 가장 적절하지 않은 것은?

① 분석 모델은 기존의 효과성이 좋은 모델이 있을 경우 다른 케이스에서도 동일하게 적용하여 사용하는 것이 좋다.
② 경험해보지 못한 리스크 발생이 높다면 위험 분석을 추가한 나선형 모델이 적합한다.
③ 기존 레퍼런스가 존재하고 경험이 있다면 폭포수 모델의 적용이 적합하다.
④ 핵심 영역을 고객과의 사전 공유를 통해 점진적으로 개선해 나가고자 할 때에는 프로토 타입 모델을 적용한다.

20.① 21.② 22.④ 23.④ 24.③ 25.①

26. 분석 방법론의 적용 시 업무의 특성에 따른 모델에 대한 설명 중 적절한 것을 모두 고른 것은?

> 가) 프로토타입 모델은 폭포수 모델 단점을 보완하기 위한 접근 방식이다.
> 나) 나선형 모델은 폭포수 모델과 프로토타입 모델의 장점에 위험 분석 단계를 추가하여 위험에 대한 문제를 식별하고 그 해결방법을 강조한 반복적 개발 모델이다.
> 다) 폭포수 모델은 각 단계가 하향식으로 진행되지만 역순으로 진행될 수 있다.
> 라) 나선형 모델은 처음 시도하는 프로젝트에 적용이 용이하지만 관리 체계를 효과적으로 갖추지 못한 경우에는 복잡도가 상승하여 프로젝트 진행이 어려울 수 있다.

① 가, 나
② 가, 다, 라
③ 가, 나, 라
④ 가, 나, 다, 라

27. 다음은 빅데이터 분석 방법론의 계층적 프로세스에 대한 설명이다. 적절하지 않은 것은?

① 빅데이터 분석 방법론의 계층적 프로세스는 단계, 태스크, 시스템의 3계층으로 구성된다.
② 각 단계는 여러 개의 태스크로 구성된다.
③ 최하위 계층은 입력자료, 처리 및 도구, 출력자료로 구성된 단위 프로세스이다.
④ 각 단계는 기준선을 설정하고 버전 관리 등을 통한 통제로 이루어진다.

28. 다음에서 설명하고 있는 데이터 분석 방법론은 무엇인가?

> 비즈니스 활용 목적으로 만들어진 방법론으로 대용량의 자료로부터 패턴을 파악해 유의미한 데이터를 추출하는 방법론이다. 데이터가 크고 다양할수록 보다 활용하기 유리한 분석 성능에 집착하면 분석 모델링의 주목적인 실무 적용에 반하여 시간을 낭비할 수 있으므로 훈련 및 테스트 성능에 큰 편차가 없고 예상 성능을 만족하면 중단하는 것이 효과적이다.

① 절차적 방법론
② 통계적 방법론 데이터
③ 마이닝 방법론
④ 빅데이터 방법론

29. KDD 방법론을 적용한 분석 절차 중, 효율적인 데이터 마이닝을 위해 변수 선정과 차원을 축소하는 단계는?

① 데이터셋 선택
② 데이터 전처리
③ 데이터 변환
④ 데이터 마이닝

30. CRISP-DM 프로세스의 '데이터 준비 단계'와 상응하는 KDD 분석 절차는 무엇인가?

① 데이터셋 선택
② 데이터 변환
③ 데이터 전처리
④ 데이터 마이닝

26. ③ 27. ① 28. ③ 29. ③ 30. ②

31. 다음 중 CRISP-DM 분석 방법론 절차로 가장 적절한 것은?

① 업무 이해 → 데이터 이해 → 데이터 준비 → 데이터 변환 → 데이터 마이닝 → 평가
② 업무 이해 → 분석 기획 → 데이터 준비 → 모델링 → 시스템 구현 → 평가
③ 업무 이해 → 데이터 이해 → 데이터 준비 → 모델링 → 평가 → 배포
④ 업무 이해 → 분석 기획 → 데이터 준비 → 데이터 마이닝 → 시스템 구현 → 평가

32. 빅데이터 분석 절차에서 모델의 적용성을 검증하기 위해 검증용 데이터를 이용해 모델 검증 작업을 실시하는 단계는?

① 데이터 준비 단계
② 데이터 분석 단계
③ 시스템 구현 단계
④ 평가 및 전개 단계

33. 다음 중 빅데이터 분석 절차와 주요 업무를 올바르게 연결한 것은?

ⓐ 분석 기획 – 프로젝트 위험 계획 수립
ⓑ 데이터 준비 – 분석용 데이터 준비
ⓒ 데이터 분석 – 모델링
ⓓ 평가 및 전개 – 모델 평가 및 검증

① ⓐ, ⓒ
② ⓐ, ⓑ
③ ⓐ, ⓑ, ⓒ
④ ⓐ, ⓒ, ⓓ

34. 다음 중 데이터 분석 프로젝트를 관리하기 위한 5가지 주요 속성에 해당되는 것을 모두 고르시오.

가. 데이터 양
나. 데이터 복잡성
다. 속도
라. 분석 복잡성
마. 정확도, 정밀도

① 가
② 가, 나, 다
③ 가, 라, 마
④ 가, 나, 다, 라, 마

35. 널리 사용되는 분석 방법론 중 '5단계 빅데이터 분석 방법론'에 대한 설명으로 틀린 것을 고르시오.

① 1단계 분석 기획 단계에서 프로젝트 범위 설정을 위해 SOW(Statement of Work)를 작성한다.
② 2단계 데이터 준비 단계에서 프로젝트 수행계획서(WBS: Work Breakdown structure)를 작성한다.
③ 3단계 데이터 분석 단계에서 탐색적 데이터 분석을 수행한다.
④ 4단계 시스템 구현 단계에서 시스템 분석 및 설계서를 작성한다.

36. 분석 프로젝트 관리를 위해 PMBOK에서는 프로젝트 관리의 주요 속성과 활동을 정의하고 있다. 다음 중 연결이 잘못된 것은?

① 범위 관리 - 해야 할 과제를 명확히 하여, 업무 범위가 벗어나지 않도록 관리하는 프로세스이며 데이터의 형태와 양 또는 적용되는 모델의 알고리즘에 따라 빈번하게 변경된다.
② 시간 관리 - 데이터 분석 프로젝트는 초기 의도했던 결과가 쉽게 나오지 않고 분석 범위도 빈번히 변경되어 프로젝트 과정이 지속적으로 반복돼 많은 시간이 소요된다.
③ 자원 관리 - 다양한 데이터를 확보 및 기술적인 성숙도를 반영하기 위해 중요한 단계이다.
④ 리스크 관리 - 분석에 필요한 데이터 미확보로 분석 프로젝트 진행이 어려울 수 있으므로 관련 위험 식별 및 대응방안 사전 수립에 필요하다.

37. 빅데이터 분석 기획에서 다음이 설명하는 단계를 선택하시오.

업무별 분석 요건에 대한 문제점을 정의하고 분석을 통해 개선사항을 도출
분석 요건별 문제점에 따른 이슈와 개선 목표 사이의 gap 분석을 진행하여 차이점을 도출

① 도메인 이슈 도출
② 분석 목표 수립
③ 프로젝트 계획
④ 보유 데이터 자산 확인

풀이

01. 빅데이터 분석의 전체 프로세스를 설계하는 관점으로 접근해야 한다.

02. 분석 마스터 플랜은 분석 대상 수행과제 도출 → 우선순위 평가 → 단기적 세부 이행 계획 → 중/장기 분석 로드맵 수립 단계로 수행한다.

03. 분석 대상에 대해서는 명확히 알 수 없지만 분석 방법을 잘 알고 있다면 Insight(통찰력)를 도출할 수 있다.

04. (가) 분석 대상에 대해서 명확히 알 수 없지만 분석 방법을 아는 경우 Insight(통찰력)를 도출할 수 있다.
(나) 분석 대상은 알지만 분석 방법을 모르는 경우 솔루션(Solution)을 찾아서 분석을 수행한다.

05. 향후 발생 가능한 리스크는 사전에 도출하여 관리가 필요하다.

06. 분석 과제 도출 → 우선순위평가 → 우선순위 조정 → 우선순위 최종 확정 순으로 우선순위를 선정한다.

07. Speed & Test는 과제 중심적인 접근 방식의 1차 목표에 관한 설명이다.

08. 분석 과제의 우선순위 평가는 전략적 중요도와 실행 용이성 모두를 고려해 선정해야 한다.

09. 빅데이터 핵심 특징인 크기, 다양성, 속도, 가치 중에서 가치는 비즈니스 효과 요소에 해당한다.

10. 난이도 기준으로는 3사분면에서 1사분면으로, 시급성 기준으로는 4사분면에서 2사분면으로 우선순위를 설정한다.

11. 데이터 분석 도입 단계에서 분석 기회의 발굴과 분석 과제의 정의를 수행하고 마스터 플랜 수립의 목표를 설정한다.

12. 데이터의 반복적인 분석 체계는 모든 단계를 반복하기보다 데이터 수집 및 확보와 분석 데이터를 준비하는 단계를 순차적으로 진행하고, 모델링 단계는 반복적으로 수행하는 혼합형을 많이 적용한다.

13. 디자인 사고는 상향식 접근법의 발산 단계와 하향식 접근법의 수렴 단계를 반복적으로 수행하는 식의 상호 보완적인 동적 환경을 통해 분석 가치를 높일 수 있는 최적의 의사결정이다.

14. 하향식 접근법은 문제가 주어진 상태에서 답을 구하는 방식이며 최적화 유형에서 솔루션 유형으로 설명할 수 있다. 상향식 접근법은 발견에서 통찰로 설명된다.

15. '가', '다'는 하향식 접근법에 대한 설명이며, '나'는 상향식 접근법에 대한 설명이다.

16. 상향식 접근법의 절차는 프로세스 분류 → 프로세스 흐름 분석 → 분석 요건 식별 → 분석 요건 정의이다.

17. 하향식 접근법의 절차는 문제 탐색 → 문제 정의 → 해결방안 탐색 → 타당성 검토이다.

18. 문제 탐색의 단계가 문제를 도출하는 데 집중하며, 탐색 이후 해결방법을 정의하기 위해 데이터를 문제로 변환하는 것이 문제 정의 단계이다.

19. 가) 인과관계로부터 상관관계 분석으로의 이동이라는 변화를 만들었다(상향).
나) 문제 탐색을 시작으로 분석 과제를 도출하는 방법이다(하향).
다) 일반적으로 비지도학습 방법에 의해 수행된다(상향).
라) 사물을 있는 그대로 인식하는 'What' 관점에서 수행된다(하향).

풀이

20. 비지도학습은 군집분석, K-Means, 주성분분석 등을 예로 들 수 있으며, 분류분석에 대표적인 예는 로지스틱회귀분석, K-NN, SVM, 나이브 베이즈 분류분석 등이 있다.

21. 프로토타이핑 방법론은 데이터 소스도 파악이 어려운 상황에서 분석을 시도해보고 반복적으로 개선해 나가는 방법이다. 따라서 완벽하게 분석 환경이 준비되지 않아도 활용이 가능하다.

22. 프로토타이핑의 필요성은 전문 분석 인력 부족과는 상관이 없다. 전문 분석 인력이 부족하더라도 나머지 세 조건이 만족된다면 프로토타이핑 방법론이 활용될 수 있다.

23. 분석과제정의서는 정해진 포맷이 없이 비즈니스의 종류와 형태, 분석하고자 하는 특성에 맞춰 내용을 작성 및 관리하며 기존에 고려하지 못했던 다양한 정보를 파악할 수 있다.

24. 기업의 합리적 의사결정을 가로 막는 장애요소로 고정관념, 편향된 생각, 프레이밍 효과 등이 있다.

25. 주어진 환경과 상황에 따라 분석 모델의 유형은 모두 다르게 적용되어야 한다.

26. 폭포수 모델은 각 단계가 하향식으로 진행되며 병행되거나 거슬러 반복되지 않는 방법이다.

27. 빅데이터 분석 방법론은 단계, 태스크, 스텝 총 3단계의 계층적 프로세스로 구성된다. 각 단계는 기준선으로 설정되어 관리되어야 하고 버전 관리 등을 통하여 통제가 이루어져야 한다.

28. 데이터 마이닝 방법론으로 의미 있는 새로운 상관관계를 발견할 수 있다.

29. 데이터 변환 단계에서는 데이터 전처리 과정을 통해 정제된 데이터셋에서 분석 목적에 맞게 변수를 생성, 선택하고 데이터의 차원을 축소하여 효율적인 데이터 마이닝을 실행할 수 있도록 데이터를 변경하는 단계이다.

30. KDD익 데이터셋 선택과 데이터 전처리는 CRISP-DM의 데이터의 이해 단계와 유사하며, KDD의 데이터 마이닝은 CRISP-DM의 모델링 단계와 유사한 작업을 진행한다.

31. CRISP-DM은 업무 이해 → 데이터 이해 → 데이터 준비 → 모델링 → 평가 → 배포로 진행되며, 반면 KDD는 데이터셋 선택 → 전처리 → 데이터 변환 → 데이터 마이닝 → 데이터 마이닝 결과 평가 순으로 진행된다.

32. 검증용 데이터를 이용해 모델을 검증하는 단계는 데이터 분석 단계의 모델 평가 및 검증에서 수행된다.

33. 분석용 데이터 준비와 모델 평가 및 검증은 데이터 분석 단계의 수행 업무이다.

34. 분석 프로젝트를 관리하기 위한 5가지 속성은 데이터 양, 데이터 복잡성, 속도, 분석 복잡성, 정확도와 정밀도이다.

35. WBS는 1단계 분석 기획 단계에서 작성된다.

36. 자원 관리에는 인적자원인 고급 분석 및 빅데이터 아키텍처링을 수행할 전문 인력을 제때 확보하고 관리하는 프로세스를 진행한다.

37. 분석 요건의 문제점을 정의하고 개선사항을 도출하는 단계는 도메인 이슈 도출이다.

2.2 분석 작업 계획

4 Day

학습목표
분석 목표를 달성하기 위해 적합한 데이터 획득 방안과 분석 절차 및 분석 작업 계획 수립에 대한 내용을 학습한다.

출제경향
본 세부항목에서는 빅데이터 분석 5단계 중 '분석 단계'에서 출제비중이 가장 높았다. 빅데이터분석 5단계, 각 단계별 목적을 중심으로 각 '세부 단계'의 역할이 무엇인지 명확히 학습해야 한다.

예) '분석 단계'의 모델링 : 가설 설정을 통해 통계 모델을 만들거나 머신러닝을 이용하여 모델을 만드는 과정

출제빈도

제2회(2021. 04. 17) 3문항 출제	제3회(2021. 10. 02) 3문항 출제
제4회(2022. 04. 09) 1문항 출제	제5회(2022. 10. 01) 1문항 출제
제6회(2023. 04. 08) 2문항 출제	제7회(2023. 09. 23) 1문항 출제
제8회(2024. 04. 06) 2문항 출제	제9회(2024.09.07) 1문항 출제

출제세부항목	출제수	출제 내용(문항수)
2.2.1 데이터 확보 계획	1	내/외부 데이터
2.2.2 분석 절차 및 작업 계획	13	분석 절차(6), 데이터 분석 단계(2), 계획 수립 절차, 모델링(2), EDA, 분석작업계획

빅분기_09
2.2.1~2.2.2

2.2.1 데이터 확보 계획

빅데이터 분석 목표에 맞는 데이터 확보 계획을 수립하기 위하여 보유 혹은 수집 가능한 데이터 특성에 적합한 수집 방법과 체계적인 절차가 요구된다. 이를 위해서는 데이터 확보 고려사항, 분석 데이터 확보 계획, 분석 데이터 확보 방안을 명확히 정의한 후 진행해야 한다.

데이터 확보 고려사항 / 분석 데이터 확보 계획 / 분석 데이터 확보 방안

데이터 확보 주제 영역

2.2.1.1 데이터 확보 고려사항

분석에 유용한 데이터 획득을 위해서는 데이터 위치, 데이터 유형, 수집 기술, 분석 방법을 고려한 획득 계획을 수립해야 한다.

데이터 확보 시 고려사항

고려사항	속성 설명
데이터 위치	내부 데이터 : 부서 간 업무 협조와 개인정보보호 및 정보 보안과 관련된 문제점을 사전에 점검 외부 데이터 : 시스템 간 다양한 인터페이스 및 법적, 계약적인 문제점을 고려
데이터 유형	정형/반정형/비정형 데이터 분석에 활용하기 위해서 데이터 정제 절차와 변환 절차를 거쳐 분석 형태에 맞게 전처리
수집 기술	데이터 유형과 데이터 양을 고려한 수집 기술 검토 수집 기술 : EAI, 크롤링, FTP, Open API 등
분석 방법	데이터의 형태에 따른 분석 방법 선정 혹은 분석 방법에 따른 데이터 형태 변환 통계 기반, 데이터 마이닝 기반, 변수 기반 등
비식별화	수집되는 많은 데이터에는 산업 기밀, 개인정보 등 비밀이 보장되어야 하는 데이터가 다수 포함되어 있기 때문에 이러한 데이터를 사전에 비식별 조치하여 정보의 유출을 방지할 수 있도록 계획

2.2.1.2 분석 데이터 확보 계획 수립 절차

분석 목표에 맞는 데이터 확보는 빅데이터 분석의 시작이다. 이를 위해선 분석하고자 하는 목표에 맞는 체계적인 절차가 필요하다.

분석 목표를 중심으로 요구사항 도출, 예산안 수립, 구체적 계획 수립 절차로 진행한다.

목표 정의 → 요구사항 도출 → 예산안 수립 → 데이터 확보 계획 수립

데이터 확보 계획 수립 절차

단계	업무 내용	수행 Activity
목표 정의	구체적인 성과 목표 정의 성과 측정을 위한 성과지표 개발 및 설정	성과 목표 정의 성과 지표 설정
요구사항 도출	데이터 확보 및 관리 계획 데이터 정제 수준, 데이터 저장 형태 플랫폼 구축 여부 새로운 도구(장비) 구입 및 임차 여부 기타 기술적 인프라 요구사항 명시	데이터 및 기술 지원 등과 관련된 요구사항 도출
예산안 수립	데이터 확보, 구축, 정비, 관리 예산 HW, SW 예산 네트워크, 클라우드 서비스, 유지보수 비용 인력 및 관리 예산 외부(컨설팅 포함) 예산	과제 진행을 위한 지원 및 예산 수립
데이터 확보 계획 수립	일반적인 프로젝트 관리 방안 포함 인력 및 역할 정의, 추진 일정 관리 프로젝트 실행 관리, 커뮤니케이션 실행 방안 위험 상황 관리 방안	인력 투입 방안 일정 관리 위험 및 문제 관리

빅데이터 확보 계획 수립 시 추진 일정은 데이터 분석 전체 관점에서 수행할 작업을 정리하고, 각 단계별로 상세화하면서 수행한다.

2.2.1.3 분석 데이터 확보 방안 수립

데이터 확보 계획을 큰 방향성으로 분석 목적에 맞는 데이터, 내/외부 데이터 확보 시 조직 및 법률상 제약 여부, 확보한 데이터에 대한 품질 수준 등에 대해 구체적인 데이터 확보 방안을 수립한다.

분석 데이터 확보 방안 수립 절차

데이터 확보 방안 절차 상세 설명

데이터 확보 방안	속성 설명
데이터 확보 계획 점검	데이터 분석을 위한 필요 데이터에 대한 이해, 내/외부 데이터 확보를 위한 기관 등과의 협의 및 컴플라이언스(Compliance) 측면이 협의되었는지 확인
필요 데이터 정의	관련 기관, 지자체, 실무자 및 외부 전문가 등 이해관계자들과 업무 해결을 위한 인터뷰 등을 통하여 빅데이터 분석 목적에 적합한 데이터 목록을 작성하고 데이터별로 확보 가능 여부를 점검함
내부 데이터 확보 방안	필요 데이터에 대해 데이터명, 데이터 설명, 데이터 형태, 용량 등 기관 보유 데이터 현황 조사를 수행함 분석 대상 데이터의 관리 권한이 주관 부서 이외의 타 부서에 속하는 경우, 관련 부서 간 협의를 통하여 데이터의 공유가 가능한지 확인함. 관련 법, 보안, 개인정보보호 문제 등으로 사용이 어렵지는 않은지 확인이 필요하며, 개인정보의 경우 비식별화를 통해 사용하는 방안도 고려해야 함

외부 데이터 확보 방안	데이터 보유 기관, 데이터명, 데이터 설명, 데이터 형태, 용량 및 데이터 제공 형태 등 현황을 검토함
	법률상 제약이 없는 데이터의 경우 보유 기관과의 협의를 통하여 데이터의 공유가 가능한지 확인함
	외부 데이터 중, 민간 기업이 보유한 데이터의 경우 활용 대상 범위(종류, 기간 등)와 그에 따른 데이터 구매 비용을 고려해야 함
분석 데이터 확보 및 점검	데이터 확보 계획을 기준으로 필요 데이터가 확보되었는지 확인하는 과정

데이터 확보 방안 수립 과정에 관련된 이해관계자들(실무조직, 분석조직, 외부 전문가 등)의 다양한 의견을 수렴하여, 비즈니스 목표에 부합한지 주기적으로 검증해야 하며, 고품질의 분석 데이터를 유지하였을 때 데이터 분석 과정에서 분석 프로세스 간 연계성을 보장하고, 데이터 분석의 신뢰성을 높여 사실 기반 의사결정을 가능하게 하는 주요한 기반이 된다.

2.2.2 분석 절차 및 작업 계획

2.2.2.1 빅데이터 분석 절차

빅데이터 분석 절차는 빅데이터 분석 방법론을 토대로 '분석 기획, 데이터 준비, 데이터 분석, 시스템 구현, 평가 및 전개' 5 단계 절차로 수행된다('2.1.3.2 빅데이터 분석 5 단계 절차' 참조).

각 세부 단계(스텝, 프로세스)에서는 적절한 프로젝트 관리 도구 및 기법을 사용하여 한 가지 이상의 투입물로부터 한 가지 이상의 산출물을 생성한다(입력물, 도구 및 기법, 출력물). 본서에서는 이를 통합하여 주요 산출물로 정리했다.

❶ 분석 기획(Planning) 단계 상세 설명 기출

분석 기획은 비즈니스 도메인과 문제점을 인식하고 분석 계획 및 프로젝트 수행 계획을 수립하는 단계이며, 비즈니스 이해 및 프로젝트 범위 설정, 프로젝트 정의 및 계획 수립, 프로젝트 위험 계획 수립 프로세스로 구성된다.

분석 기획 기출

세부 단계	설명	
A. 비즈니스 이해	프로젝트 진행을 위해 비즈니스에 대한 충분한 이해와 도메인 문제점 파악	
	업무 매뉴얼 및 업무 전문가 도움 필요, 구조화된 명세서 작성	
	주요 산출물	전문가의 지식, 비즈니스 이해 및 도메인 관련 정보
A. 프로젝트 범위 설정	비즈니스에 대한 이해와 프로젝트 목적에 부합하는 범위(Scope)를 명확하게 설정, 이해관계자(Stakeholders)의 이해를 일치시키기 위해 구조화된 프로젝트범위정의서(Statement Of Work, SOW)를 작성	
	주요 산출물	요구사항 수집, 프로젝트범위정의서 (SOW)
B. 프로젝트 정의	모델의 운영 이미지를 설계하고 모델 평가 기준을 설정, 프로젝트의 정의를 명확하게 함	
	주요 산출물	프로젝트정의서, 모델운영설계서, 모델 평가 기준
B. 프로젝트 계획 수립 기출	WBS(Work Breakdown Structure)를 만들고 데이터 확보 계획, 빅데이터 분석 방법, 일정 계획, 예산 계획, 품질 계획, 인력구성 계획, 의사소통 계획 등을 포함하는 프로젝트 수행 계획을 작성	
	주요 산출물	프로젝트수행계획서, WBS
C. 프로젝트 위험 계획 수립		발생 가능한 모든 위험(Risk)을 발굴하여 사전에 대응방안을 수립함으로써 프로젝트 진행의 완전성을 높임
	① 데이터 분석 위험 식별	프로젝트 산출물과 정리자료(Lesson Learned)를 참조하고 전문가의 판단 활용
		식별된 위험은 위험의 영향도와 빈도, 발생가능성 등을 평가하여 위험의 우선순위 설정
		주요 산출물 : 위험영향도 및 발생가능성 분석, 식별된 위험 목록
	② 위험 대응 계획 수립	식별된 위험은 상세한 정량적/정성적 분석을 통하여 위험 대응방안 수립
		대응은 에스컬레이션(Escalation), 회피(Avoid), 전이(Transfer), 완화(Mitigate), 수용(Accept)으로 구분하여 작성
		주요 산출물 : 위험 정량적/정성적 분석, 위험관리계획서

❷ 데이터 준비(Preparing) 단계 상세 설명

데이터 준비는 비즈니스 요구사항과 데이터 분석에 필요한 원천 데이터를 정의하고 준비하는 단계이며, 필요 데이터 정의 및 데이터 스토어 설계, 데이터 수집 및 정합성 점검 프로세스로 구성된다.

세부 단계			설명
A. 필요 데이터 정의			정형/비정형/반정형 등의 모든 내/외부 데이터를 포함하고 데이터 속성, 오너, 담당자 등을 포함하는 데이터 정의서 작성 구체적인 데이터 획득 방안을 상세하게 수립하여 프로젝트 지연 방지
	① 데이터 정의		내/외부 원천 데이터 소스(Raw Data Source)로부터 분석에 필요한 데이터 정의
		주요 산출물	ERD(Entity Relationship Diagram), 메타데이터정의서, 데이터정의서 (정형/반정형 등)
	② 데이터 획득 방안 수립		부서 간 업무 협조와 개인정보보호 및 정보 보안과 관련한 문제점을 사전 점검, 외부 데이터 획득은 인터페이스 및 법적 문제점 고려
		주요 산출물	문서 자료, 데이터 구입, 데이터 획득 방안 및 데이터 획득계획서
B. 데이터 스토어 설계			획득 방안이 수립되면 전사 차원의 데이터 스토어(Data Store) 설계
	① 정형 데이터 스토어 설계		일반적으로 RDBMS(관계형 데이터베이스)를 사용하고, 데이터 스토어의 논리적, 물리적 설계를 구분하여 설계
		주요 산출물	정형 데이터베이스 논리/물리 설계, 정형 데이터 스토어설계서, 데이터 매핑정의서
	② 비정형 데이터 스토어 설계		하둡(Hadoop), NoSQL 등을 이용한 논리적, 물리적 데이터 스토어 설계
		주요 산출물	비정형/반정형 데이터 논리 및 물리 설계, 비정형 데이터 스토어설계서, 데이터 매핑정의서
C. 데이터 수집 및 정합성 점검			데이터 스토어에 크롤링(Crawling), 실시간 처리(Real Time), 배치 처리(Batch) 등으로 데이터 수집 데이터베이스 간 연동, API를 이용한 개발, ETL(Extract Transform Load) 도구의 활용 등 수집 프로세스 진행
	① 데이터 수집 및 저장		ETL, API, Script 프로그램 등을 이용하여 데이터 수집하고 데이터 스토어에 저장
		주요 산출물	수집 도구(크롤링 도구, ETL 도구, 데이터 수집 스크립트 등), 수집된 분석용 데이터
	② 데이터 정합성 검증		데이터 스토어에 데이터 정합성을 확보하고 품질 개선이 필요한 부분의 보완 작업 수행
		주요 산출물	데이터 정합성 점검 리스트 및 보고서

❸ 데이터 분석(Analyzing) 단계 상세 설명 기출

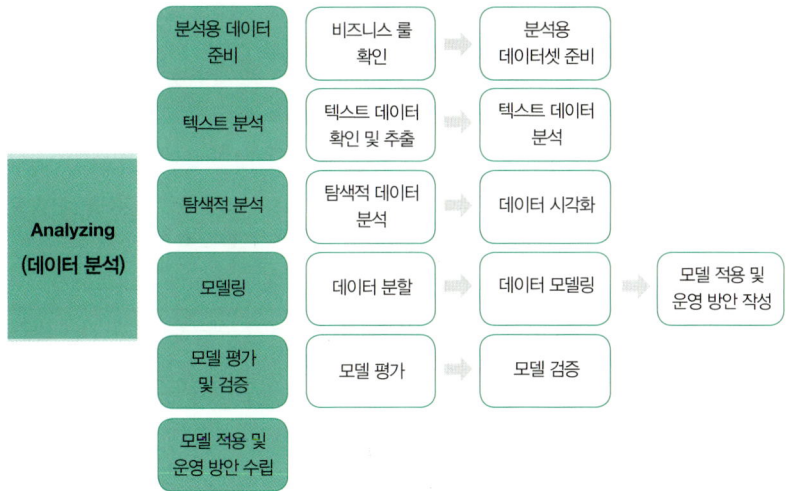

데이터 분석은 원천 데이터를 분석용 데이터셋으로 편성하고 다양한 분석 기법과 알고리즘을 이용해 데이터를 분석하는 단계이며, 분석용 데이터 준비, 텍스트 분석, 탐색적 분석(EDA, 기초 통계량 산출, 관계 파악, 시각화), 모델링(데이터 분할, 모델링, 알고리즘 작성), 모델 평가 및 검증, 모델 적용 및 운영 방안 프로세스로 구성된다.

세부 단계		설명
A. 분석용 데이터 준비		프로젝트 목표와 도메인을 이해하고 비즈니스 룰(Business Rule)을 확인 데이터 스토어에서 분석용 데이터셋을 ETL 도구 등을 이용하여 추출하고 구조화된 데이터 형태로 편성
	① 비즈니스 룰 확인	프로젝트의 목표를 정확하게 인식, 이해를 바탕으로 세부적인 비즈니스 룰 파악 및 데이터 범위 확인
		주요 산출물: 프로젝트 목표 확인, 비즈니스 룰 확인, 분석에 필요한 데이터
	② 분석용 데이터셋 준비	분석을 위해 추출된 데이터는 DB나 구조화된 형태로 구성하고 필요 시 분석을 위한 작업 공간과 전사 차원의 데이터 스토어로 분리할 수 있음
		주요 산출물: 데이터 선정, 데이터 변환, 분석용 데이터셋
B. 텍스트 분석		웹페이지/로그/텍스트 자료 등을 이용하여 어휘/구문 분석(Word Analysis), 감성 분석(Sentimental Analysis), 토픽 분석(Topic Analysis), 오피니언 분석(Opinion Analysis), 소셜 네트워크 분석(Social Network Analysis) 등을 실시하여 적절한 모델 구축
	① 텍스트 데이터 확인 및 추출	비정형 데이터를 데이터 스토어에서 확인하고 필요한 데이터 추출
		주요 산출물: 분석용 텍스트 데이터
	② 텍스트 데이터 분석	텍스트 데이터를 분석 도구로 적재하여 다양한 기법으로 분석하고 모델 구축, 용어사전(유의어, 불용어 등)을 확보하고 도메인에 맞도록 작성(텍스트 시각화 이용 → 의미전달)
		주요 산출물: 용어사전(유의어, 불용어 등), 텍스트분석보고서

C. 탐색적 분석 (EDA) 기출	분석용 데이터셋에 대한 정합성 검토, 데이터 요약, 데이터 특성 파악 및 모델링에 필요한 데이터 편성 EDA(Exploratory Data Analysis)는 다양한 데이터 시각화를 활용하여 가독성을 높이고 형상 및 분포 등 파악		
	① 탐색적 데이터 분석	기초 통계량(평균, 분산, 표준편차, 최대값, 최소값 등)을 산출하고 분포와 변수 간의 관계 등 데이터 자체의 특성 및 통계적 특성을 이해하고 모델링을 위한 기초 자료 활용	
		주요 산출물	분석용 데이터셋, 데이터 탐색보고서(통계 분석, 데이터 특성 파악 등)
	② 데이터 시각화	탐색적 분석을 위한 도구로 활용, 모델의 시스템화를 위한 시각화를 목적으로 할 경우 시각화 기획, 시각화 설계, 시각화 구현 등의 별도 프로세스를 따라 진행	
		주요 산출물	데이터 시각화 보고서(시각화 도구, 인포그래픽 등)
D. 모델링 기출	가설 설정을 통해 통계 모델을 만들거나 머신러닝(지도학습, 비지도학습 등)을 이용하여 모델을 만드는 과정 학습 데이터(Training Data Set)와 테스트 데이터(Testing Data Set)로 분할하여 과적합(Over-Fitting)을 방지하고 모델의 일반화에 이용		
	① 데이터 분할	학습 데이터와 테스트 데이터로 분할 교차검증(Cross Validation)을 수행하거나 앙상블(Ensemble) 기법을 적용할 경우 데이터 분할 또는 검증 횟수, 생성모델 개수 등을 설정하여 분할 기법 응용	
		주요 산출물	분할된 데이터, 학습 데이터, 테스트 데이터
	② 데이터 모델링	분류(Classification), 예측(Prediction), 군집(Clustering) 등의 모델을 만들어 가동중인 운영시스템에 적용	
		주요 산출물	통계/기계학습/데이터 마이닝 모델링 기법 등, 모델링 결과보고서
	③ 모델 적용 및 운영 방안 작성	운영에 적용하기 위해선 상세한 알고리즘설명서 작성 필요, 필요 시 의사코드(Pseudocode) 수준의 상세한 작성 필요	
		주요 산출물	모니터링 방안, 알고리즘설명서
E. 모델 평가 및 검증	프로젝트정의서의 평가 기준에 따라 모델의 완성도 평가 검증은 분석용 데이터셋이 아닌 별도의 데이터셋으로 검증 목표에 미달하는 경우 모델링 태스크를 반복하는 등 모델 튜닝 작업을 수행		
	① 모델 평가	모델 평가를 위해 모델 결과 보고서 내의 알고리즘을 파악하고 테스트용 데이터나 필요시 모델 검증을 위한 별도의 데이터를 활용	
		주요 산출물	평가용 데이터, 모델 평가보고서, 모델 개선 작업
	② 모델 검증	운영 데이터를 확보한 검증 데이터(Validation Data)를 이용해 모델 검증 작업을 실시하고 모델링 검증 보고서 작성	
		주요 산출물	검증 데이터, 모델 검증보고서
F. 모델 적용 및 운영 방안 수립	검증된 모델을 적용하고 최적화하여 운영 방안 수립 모델의 안정적 운영을 위한 모니터링 방안 수립		
		주요 산출물	모니터링 방안, 알고리즘설명서

④ 시스템 구현(Developing) 단계 상세 설명

시스템 구현은 분석 기획에 맞는 모델을 도출하고 이를 운영 중인 가동 시스템에 적용하거나 시스템 개발을 위한 사전 검증용으로 프로토타입 시스템을 구현하는 단계이며, 시스템 및 아키텍처 설계, 사용자 인터페이스 설계, 구축, 시스템 테스트 및 운영(유닛, 통합, 시스템 테스트) 프로세스로 구성된다.

세부 단계		설명	
A. 설계 및 구현		모델링 태스크에서 작성된 알고리즘설명서와 데이터 시각화 보고서를 이용하여 시스템 및 데이터 아키텍처 설계, 사용자 인터페이스 설계를 진행 설계서를 바탕으로 BI(Business Intelligence) 패키지를 활용하거나 새롭게 프로그램을 코딩하여 구축	
	① 시스템 분석 및 설계	가동중인 시스템을 분석하고 알고리즘설명서에 근거하여 응용 시스템 구축 설계 프로세스를 진행	
		주요 산출물	시스템 분석 및 설계서
	② 시스템 구현	시스템 분석 및 설계서를 따라 BI 패키지를 활용하거나 새롭게 시스템 구축	
		주요 산출물	시스템 통합개발도구(IDE), 구현 시스템
B. 시스템 테스트 및 운영		시스템에 구현된 모델은 테스트를 통해 가동 중인 시스템에 적용하고 효율적인 운영을 위한 프로세스 진행	
	① 시스템 테스트	구축된 시스템의 검증(Verification & Validation)을 위해 단위 테스트, 통합 테스트, 시스템 테스트, 보안 테스트 등 실시	
		주요 산출물	시스템 테스트계획서, 품질관리, 테스트 결과
	② 시스템 운영 계획	시스템 운영자, 사용자를 대상으로 필요한 교육을 실시하고 시스템 운영 계획 수립	
		주요 산출물	운영 계획 수립, 운영자/사용자 교육 및 매뉴얼

⑤ 평가 및 전개(Deploying) 단계 상세 설명

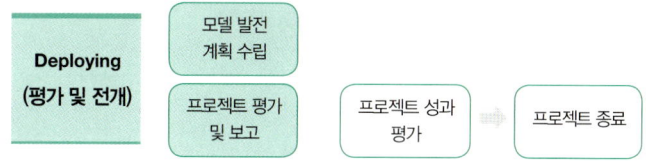

평가 및 전개는 데이터 분석 및 시스템 구현 단계 수행 후, 프로젝트 성과를 평가하고 정리하거나 모델의 발전 계획을 수립해, 차기 분석 기획으로 전달하고 프로젝트를 종료하는 단계이며, 모델 생명주기 설정, 주기적인 평가, 유지보수, 모델 발전계획 수립, 프로젝트 평가 보고 프로세스로 구성된다.

세부 단계		설명	
A. 모델 발전 계획 수립		모델의 생명주기(Life Cycle) 설정, 주기적인 평가를 실시하여 유지보수하거나 재구축 방안 마련 모델의 특성을 고려하여 모델 업데이트를 자동화하는 방안 수립을 적용할 수 있음	
		주요 산출물	모델 발전계획서
B. 프로젝트 평가 및 보고		기획 단계에서 설정된 기준에 따라 프로젝트의 성과를 정량적/정성적 평가하고 프로젝트 진행 과정에서 지식, 프로세스, 출력자료를 지식 자산화하고 프로젝트 최종 보고서를 작성한 후 의사소통 계획에 따라 프로젝트 종료	
	① 프로젝트 성과 평가	프로젝트의 정량적 성과와 정성적 성과로 나눠 성과평가서 작성	
		주요 산출물	프로젝트 평가 기준, 정성적/정량적 프로젝트 성과 평가서
	② 프로젝트 종료	진행 과정의 모든 산출물 및 프로세스를 지식 자산화하고 최종 보고서를 작성하여 의사소통 절차에 따라 보고하고 프로젝트 종료	
		주요 산출물	프로젝트 지식 자산화 작업, 프로젝트 종료 보고서

빅데이터 분석 각 세부 단계별로 수행해야 할 작업(Work)을 산출물(결과물) 혹은 수행 기간 단위로 세분화하여 작업 계획을 수립한다.

> **참고** 머신러닝을 이용한 데이터 분석의 산출물 예시 **기출**
>
> 데이터 분석에서 머신러닝, 회귀분석, 군집분석 등 다양한 분석 기법을 사용할 수 있으며, 어떤 목적으로 분석을 진행하였든지 간에 산출물의 체계적 관리가 중요함(목적 : 이해관계자 공유, 서비스/모델 유지보수 및 개선 참고 등)
>
> | 구분 | 설명 |
> |---|---|
> | 모델링 혹은 데이터 분석 결과 산출물 | 데이터분석계획서
주요 사용 데이터 및 확보 방안
데이터 전처리 및 데이터 변환 수행 절차
머신러닝 모델링 사용 기법별 훈련 및 예측 결과 비교 자료
비즈니스 성과 개선 및 기여 계량 자료
머신러닝에 사용된 분석 스크립트 코드 및 주석
머신러닝 모델 유지보수 및 교육을 위한 가이드/매뉴얼 등 |
> | 서비스 적용 구현 개발 시 산출물 | 머신러닝에 사용된 분석 스크립트 및 주석
효과 검증(Proof of Concept, PoC) 프로젝트 수행계획서 및 결과보고서
시스템 연동 개발 시 주요 개발요건정의서
별도 화면 개발 시 화면설계정의서
머신러닝 모델 유지보수 가이드 |

2.2.2.2 빅데이터 분석 작업 계획

빅데이터 분석 작업 계획은 분석 전 과정을 초기 상위 수준의 작업 단위로 분할하고, 각 단계별로 상세하게 구분하여 구체화하게 되며, 이때 작업분할구조도(WBS)를 사용하여 작업의 누락이 없는지, 일정대로 진행되고 있는지를 전체 관점에서 관리해야 한다.

❶ 작업분할구조도(WBS) 이해

작업분할구조도(WBS)는 프로젝트 팀에서 프로젝트 목표를 달성하고 필요한 산출물을 위해 실행할 작업을 산출물 중심의 계층구조로 세분해 놓은 계층도이다.

따라서 수행 업무 식별, 일정/원가/자원/의사소통 수단, 전체 진척율의 기준(계획 대비 수행 실적), 위험 관리 단위 등의 역할을 한다.

WBS 주요 특징

특징	설명
세분화	프로젝트 수행 인원이 보통 1~2주 안에 처리할 수 있는 단위로 업무 세분화, 2주의 원칙(80시간 규칙)
진척 관리	프로젝트 수행 인원에 대한 업무 진척 관리 도구로 활용 가능
가시성	프로젝트에 필요한 모든 작업에 대한 명세화를 통한 가시성 확보
선후 관계 정의	각 WBS별 선/후 및 의존성, 연관관계의 파악이 가능하며, 영역 정의 가능
산출물 중심	활동(Activity) 중심이 아닌 산출물을 생산하기 위한 작업(Work) 중심으로 작성

프로젝트 초기에는 불확실성 때문에 완벽하게 작업분할구조도(WBS) 생성이 어려울 경우가 있다. 이때는 점진적 상세화(Rolling Wave) 방식으로 일정이 가까운 작업은 더 작은 작업으로 세분화하여 일정을 수립하고, 일정이 먼 작업은 상위 수준의 작업만 일정을 수립할 수 있다. 필요에 의해 수정되거나 시간이 지날수록 보다 상세화될 수 있음을 의미한다.

❷ 빅데이터 분석 작업분할구조도(WBS) 작성 예시

빅데이터 분석 프로젝트 WBS

단계	액티비티		담당자	산출물	작업일정 시작일	작업일정 종료일
Planning (분석 기획)	프로젝트 팀 구성	프로젝트 TFT 구성	사업 총괄			
	A. 비즈니스 이해	내부 Kick-off	PM, 프로젝트 멤버	수행계획서	2023. 1. 7	2023. 1. 7
		PMS 오픈 (프로젝트 관리시스템)			2023. 1. 10	2023. 1. 11
		프로젝트 내/외부 분석		프로젝트 분석 결과	2023. 1. 12	2023. 1. 28
	A. 범위 설정	1차 요구사항 분석		요구사항정의서	2023. 1. 19	2023. 2. 4
		내부 PMO/SQA 검토		요구사항정의서 및 추적표	2023. 2. 4	2023. 2. 8
		고객 확인			2023. 2. 8	2023. 2. 11
		데이터 분석 수행 범위 정의		프로젝트범위정의서 (SOW)	2023. 2. 8	2023. 2. 15
	B. 프로젝트 정의 및 계획 수립	프로젝트정의서 개발		프로젝트정의서	2023. 2. 16	2023. 2. 22
		모델 평가 기준 마련		모델설계서, 모델 평가 기준	2023. 2. 16	2023. 2. 22
		WBS 개발		WBS	2023. 2. 23	2023. 3. 2
		WBS 고객 점수		WBS 검수확인서	2023. 3. 2	2023. 3. 2
		수행계획서 작성		프로젝트 수행계획서	2023. 3. 3	2023. 3. 4
Planning (분석 기획)	C. 프로젝트 위험 계획과 수립					
	프로젝트 런칭	수행 보고		수행보고서		
Preparing (데이터 준비)						
Analyzing (데이터 분석)						
Developing (시스템 구현)						
Deploying (평가 및 배포)						

프로젝트 정의 및 계획 수립에서 작성된 초기 작업분할구조도(WBS)는 데이터 분석 프로젝트 특성상 반복되는 과정에서 수행 작업, 일정 등 변경이 발생할 수 있다. 작업 현황을 지속적으로 모니터링하여 이러한 변경사항에 대응하고 리스크를 식별하는 과정을 거치면서 고품질의 데이터 분석 결과를 도출하게 된다.

출제예상문제

01. 빅데이터 분석 목표에 맞는 데이터 확보 계획을 수립하기 위한 사항에 해당하지 않는 것은?

① 데이터 확보 고려사항
② 분석 데이터 확보 계획
③ 분석 데이터 확보 방안
④ 데이터 분석 상세 일정 수립

02. 데이터 확보 시 고려할 사항에 대한 다음 설명 중 가장 알맞지 않은 것은?

① 데이터 위치 – 내부 데이터/외부 데이터에 따라 고려사항을 사전 점검한다
② 데이터 유형 – 정형 데이터를 중심으로 데이터 정제 절차와 반환 절차를 거쳐 분석한다.
③ 수집 기술 – 데이터 유형과 데이터 양을 고려한 수집 기술을 검토한다.
④ 분석 방법 – 데이터 형태에 따른 분석 방법 선정 혹은 분석 방법에 따른 데이터 형태를 변환한다.

03. 분석 목표에 맞는 데이터 확보는 빅데이터 분석의 시작이다. 분석 목표를 중심으로 데이터를 확보하기 위한 계획 수립 절차로 알맞은 것은?

① 목표 정의 → 요구사항 도출 → 계획 수립 → 예산안 수립
② 요구사항 도출 → 예산안 수립 → 목표 정의 → 계획 수립
③ 계획 수립 → 목표 정의 → 요구사항 도출 → 예산안 수립
④ 목표 정의 → 요구사항 도출 → 예산안 수립 → 계획 수립

04. 데이터 확보를 위한 단계별 수행 과제로 적절하지 않은 것은?

① 목표 정의 : 성과 목표 정의, 성과 지표 설정
② 예산안 수립 : 데이터 플랫폼 구축 여부 확인, 요구 명시
③ 요구사항 도출 : 데이터 및 기술 지원 요구사항 도출
④ 계획 수립 : 인력 투입 방안, 일정 관리

05. 다음에 설명하는 데이터 확보 계획의 수행 단계에 대한 설명으로 옳은 것은?

> 데이터 확보 및 관리계획, 데이터 정제 수준 및 저장형태 확인

① 목표 정의
② 요구사항 도출
③ 예산안 수립
④ 데이터 확보 계획 수립

06. 데이터 확보 계획을 큰 방향성으로 분석 목적에 맞는 구체적 데이터 확보 방안이 수립되어야 한다. 다음 중 분석 데이터 확보를 위한 방안 수립 절차로 가장 알맞은 것은?

① 데이터 확보 계획 점검 → 내/외부 데이터 확보 채널 검토 → 필요 데이터 정의 → 분석 데이터 확보
② 내/외부 데이터 확보 채널 검토 → 데이터 확보 계획 점검 → 필요 데이터 정의 → 분석 데이터 확보
③ 분석 데이터 확보 → 필요 데이터 정의 → 내/외부 데이터 확보 채널 검토 → 데이터 확보 계획 점검
④ 데이터 확보 계획 점검 → 필요 데이터 정의 → 내/외부 데이터 확보 채널 검토 → 분석 데이터 확보

01. ④ 02. ② 03. ④ 04. ② 05. ② 06. ④

출제예상문제

07. 분석 데이터 확보 절차별 수행 내용의 연결이 알맞지 않은 것은?

① 데이터 확보 계획 점검 : 데이터 분석을 위한 필요 데이터에 대한 이해, 내/외부 데이터 확보를 위한 기관 등과의 협의가 되었는지 확인한다.
② 필요 데이터 정의 : 필요 데이터의 명칭, 설명, 형태 등 현황을 조사한다.
③ 내부 데이터 확보 방안 : 분석 대상 데이터 관리 권한이 주관 부서 외에 타부서에 속하는지 사전 파악하고 비식별화 필요 여부도 고려한다.
④ 외부 데이터 확보 방안 : 민간기업이 보유한 데이터를 활용하는 경우 대상 범위와 구매 비용을 고려해야 한다.

08. 빅데이터 분석 단계 중 데이터 정의 및 데이터 수집을 수행하는 단계는?

① 분석 기획
② 데이터 준비
③ 데이터 분석
④ 시스템 구현

09. 다음 중 데이터 확보 방안에 대한 설명 중 가장 적절하지 않은 것은?

① 무료로 공개되는 데이터가 아닌 경우 데이터의 구매 비용을 고려해야 한다.
② 데이터의 관리 권한을 파악하여 타 부서에 데이터 관리 권한이 있는 경우 관련 부서 간 협의가 필요하다.
③ 데이터 확보 방안이 법에 저촉되는 사항이어도 내부적인 목적으로는 사용 가능하다.
④ 보유 중인 데이터에 대한 형태 및 용량, 품질, 과거 변경 이력에 대한 사항도 파악하여 확보해야 한다.

10. 빅데이터 분석 절차는 빅데이터 분석 방법론을 토대로 5단계 절차로 수행된다. 다음 중 빅데이터 분석 절차로 가장 알맞은 것은?

① 분석 기획 → 데이터 준비 → 시스템 구현 → 데이터 분석 → 평가 및 전개
② 분석 기획 → 데이터 분석 → 시스템 구현 → 데이터 준비 → 평가 및 전개
③ 데이터 준비 → 분석 기획 → 데이터 분석 → 시스템 구현 → 평가 및 전개
④ 분석 기획 → 데이터 준비 → 데이터 분석 → 시스템 구현 → 평가 및 전개

11. 분석을 기획하는 단계에서 고려해야 하는 사항으로 가장 적절하지 않은 것은?

① 적절한 활용 방안과 유즈케이스 탐색
② 프로젝트 이행 상세 일정 계획 수립
③ 장애요소들에 대한 사전 계획 수립
④ 분석 가용 데이터의 확보 계획 수립

12. 다음 중 빅데이터 분석 단계에서 수행하는 내용으로 적절한 것을 모두 고른 것은?

가) 필요 데이터의 정의	나) 분석용 데이터 준비
다) 텍스트 분석	라) 탐색적 분석
마) 모델링	

① 가, 나
② 가, 다
③ 나, 다, 라
④ 나, 다, 라, 마

13. 데이터 분석 과정 중 고려사항으로 옳지 않은 것은?

① 비즈니스 이해를 시작으로 도출하고자 하는 분석 목표를 정의한다.
② WBS를 기준으로 범위와 일정에 변경이 없는지 주기적으로 확인한다.
③ 수집 데이터 양과 분석 주기 파악은 불필요하다.
④ 초기 파악된 리스크는 수시로 재평가해야 한다.

14. 빅데이터 분석 절차의 분석 기획 단계에서 프로젝트 위험 대응 계획을 수립할 때 예상되는 위험에 대한 대응 방법의 구분으로 적절하지 않은 것은?

① 회피
② 제거
③ 완화
④ 수용

15. 빅데이터 분석 절차의 각 단계와 출력자료가 올바르게 연결되지 않은 것은?

① 분석 기획 단계 → 위험관리계획서
② 데이터 준비 단계 → 데이터 매핑정의서
③ 데이터 분석 단계 → 데이터 시각화 보고서
④ 평가 및 전개 단계 → 프로젝트범위정의서

16. 데이터 분석 단계에서는 분석용 데이터 준비, 분석, 모델링, 평가 및 검증을 수행한다. 다음에서 설명하는 데이터 분석 단계의 수행 내용에 알맞은 것은?

( )는 벨연구소의 수학자 '존 튜키'가 개발한 데이터 분석 과정에 대한 개념으로, 데이터를 분석하고 결과를 내는 과정에 있어서 지속적으로 해당 데이터에 대한 '탐색과 이해'를 기본으로 가져야 한다는 것을 의미한다.

① 모델링
② 정합성 검증
③ 시스템 테스트
④ 탐색적 분석(EDA)

12. ④ 13. ③ 14. ② 15. ④ 16. ④

출제예상문제

17. 빅데이터 분석 각 세부 단계별로 수행해야 할 작업을 세분화하여 작업 계획을 수행해야 한다. 다음 중 빅데이터 분석 작업 계획에 대한 설명으로 알맞지 않은 것은?

① 빅데이터 분석 작업 계획은 'Planning(분석 기획)' 단계에서 수행한다.
② 빅데이터 분석 작업 계획 시 분석 전 과정을 초기 상위 수준의 작업 단위로 분할하고, 각 단계별로 상세화시켜 구체화한다.
③ 작업 분할 시 약 1년 단위 처리 업무를 단위로 하여 작업분할구조도(WBS)를 작성한다.
④ 작업분할구조도(WBS)를 사용하여 작업의 누락이 없는지, 일정대로 진행되고 있는지를 전체 관점에서 관리해야 한다.

18. 빅데이터 분석 작업 계획 시 분석 전과정을 분할하고 구체화하기 위한 방법이 필요하다. 다음에서 설명하는 것은 무엇인가?

> 프로젝트 팀에서 프로젝트 목표를 달성하고 필요한 산출물을 위해 실행할 작업을 산출물 중심의 계층구조로 세분해 놓은 계층도다. 단계, 활동, 작업, 절차로 분해되며 최하위 계층을 작업 패키지라고 한다.

① 모델링　　　　　　　　　　② WBS
③ EDA　　　　　　　　　　　④ OLAP

19. 다음 중 WBS의 작성 주요 원칙에 대한 설명 중 옳은 항목을 모두 고르시오.

> 가) 자원/일정 산정 및 할당이 가능하고 내/외부 의사소통에 활용 가능한 단위로 작업을 분할하여 관리한다.
> 나) 통상적으로 분할의 적정수는 7단계이다.
> 다) 업무단위(Work Package)의 크기는 전체 작업의 1~10% 규모이다.
> 라) 80M/H 또는 10작업 이내, 2주 이내 기간으로 작업할 수 있는 WP크기로 관리한다.

① 가, 나　　　　　　　　　　② 가, 다
③ 나, 다, 라　　　　　　　　④ 가, 다, 라

20. 가설 설정을 통해 통계 모델을 만들거나 머신러닝(지도학습, 비지도학습 등)을 이용하여 모델을 만드는 과정은 무엇인가?

① 모델링　　　　　　　　　　② 텍스트 분석
③ 모델 평가　　　　　　　　　④ 탐색적 분석

풀이

01. 데이터 확보를 계획한 이후에 데이터 분석에 대한 상세 일정과 방법을 정의한다.

02. 데이터 유형은 정형/반정형/비정형 데이터를 모두 고려하여 분석 형태에 맞게 전처리를 수행한다.

03. 데이터 확보 위한 계획은 목표 정의 → 요구사항 도출 → 예산안 수립 → 계획 수립의 순서로 진행된다.

04. 예산안 수립 단계에서는 과제 진행을 위한 지원 및 예산 수립을 진행한다.

05. 데이터 확보 및 관리 계획, 데이터 정제 수준 및 저장 형태 확인은 요구사항 도출 단계에서 수행하는 작업이다.

06. 분석 데이터 확보 방안 수립은 데이터 확보 계획 점검 → 필요 데이터 정의 → 내/외부 데이터 확보 채널 검토 → 분석 데이터 확보 순으로 진행된다.

07. 필요 데이터 정의 시 관련 기관, 지자체, 실무자 등과 업무 해결에 대한 인터뷰를 진행하고 데이터 확보 가능 여부를 점검한다.

08. 데이터 준비 단계에서 데이터 정의 및 수집을 수행한다.

09. 법적으로 고려할 사항이 있는 데이터의 경우 사전에 필요한 사항을 조치하고, 데이터를 확보해야 한다.

10. 분석 절차는 분석 기획 → 데이터 준비 → 데이터 분석 → 시스템 구현 → 평가 및 전개 순으로 진행된다.

11. 분석 기획 시 고려사항으로는 가용 데이터 확보, 적절한 유즈케이스 탐색, 장애요소 식별 등이 있다. 세부 이행 계획을 수립하는 것은 분석 기획 이후에 이루어지는 과정이며, 고려사항으로 보기는 어렵다.

12. 가) 필요 데이터의 정의는 데이터 준비 단계에서 수행한다.

13. 수집 데이터 양과 분석주기 파악은 데이터 준비 단계에서 고려되어야 한다.

14. 예상되는 위험에 대해 회피, 전이, 완화, 수용으로 구분하여 위험 대응방안을 수립한다.

15. 프로젝트범위정의서(SOW)는 데이터 분석 기획 단계의 출력물이다.

16. 탐색적 분석은 분석용 데이터셋에 대해 정합성을 검토하고 데이터 시각화로 가독성을 높이는 데이터 분석 기법이다.

17. WBS는 수행 업무 식별, 일정/원가/자원/의사소통 수단, 전체 진척율(계획 대비 수행 실적) 기준, 위험 관리 단위 등의 역할을 하며 약 1주~2주 내에 처리할 수 있는 업무 단위로 세분화한다.

18. WBS를 통해 프로젝트 목표를 달성하고, 실행할 작업에 대해 세분화할 수 있다.

19. WBS 개발에 대한 기준으로 분할의 적정수는 3~5단계로 작성한다.

20. 모델링은 지도/비지도학습 등의 알고리즘을 이용해 해결하고자 하는 문제에 대한 모델을 정의하는 과정이다.

Chapter 3

데이터 수집 및 저장 계획

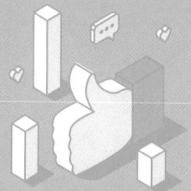

들어가기 전에

데이터 분석을 통해 정확도 높은 결과를 얻기 위해서는 데이터의 수집 및 저장 방법을 계획해야 한다. 분석 목적에 맞는 데이터에 대한 수집 가능 여부, 수집 주기, 개인정보보호, 데이터 품질, 비용 등 관련 사항들을 사전에 검토해야 하며 이는 작업의 효율성과 효과성을 최적화하기 위한 중요한 과정이 된다.

A대학교의 영어 성취도를 분석하기 위해 학생들의 사진, 주소, 출신 학교 등의 불필요한 정보를 모두 수집하는 것은 비효율적일 것이다. 이 때문에 분석 목적에 맞는 데이터를 파악해 수집하고 형태와 구조, 데이터 처리 기술 및 저장 방식을 선정하는 것은 중요한 작업이다.

챕터 구성

3.1 데이터 수집 및 전환
3.1.1 데이터 수집
3.1.2 데이터 유형 및 속성 파악
3.1.3 데이터 변환
3.1.4 데이터 비식별화
3.1.5 데이터 품질 검증
출제예상문제

3.2 데이터 적재 및 저장
3.2.1 데이터 적재
3.2.2 데이터 저장
출제예상문제

3.1 데이터 수집 및 전환

5 Day

학습목표
데이터를 수집해 데이터 형태에 따라 분석에 용이하게 하는 변환 과정과 데이터를 안전하고 일관성 있게 관리하기 위한 비식별화 및 데이터 품질 관리에 대해 학습한다.

출제경향
데이터 유형에 따른 수집 방법 선택부터 수집된 데이터에 대한 품질 관리는 분석 결과에 대한 신뢰성을 좌우하는 중요한 과정이다. 이 때문에 데이터 수집, 데이터 유형 및 속성 파악 등 본 장을 구성하는 모든 세부항목에서 균형 있게 문제가 출제되고 있으며 출제문항 수 또한 타 영역대비 높은 비율을 유지하고 있다.

문제 출제유형은 개념을 묻는 문제 위주로 출제되기 때문에 어렵지 않게 학습할 수 있으니 점수를 쌓는다는 긍정적인 마인드로 학습에 임하도록 하자.

출제빈도

제2회(2021. 04. 17) 7문항 출제	제3회(2021. 10. 02) 3문항 출제
제4회(2022. 04. 09) 4문항 출제	제5회(2022. 10. 01) 5문항 출제
제6회(2023. 04. 08) 2문항 출제	제7회(2023. 09. 23) 5문항 출제
제8회(2024. 04. 06) 6문항 출제	제9회(2024.09.07) 8문항 출제

출제세부항목	출제수	출제 내용(문항수)
3.1.1 데이터 수집	3	수집 기술, 정성/정량 데이터, 수집 고려사항
3.1.2 데이터 유형 및 속성 파악	9	데이터 유형(7), 유형별 수집 기술, 속성
3.1.3 데이터 변환	6	ETL(2), 데이터 변환(2), 평활화, 범주화
3.1.4 데이터 비식별화	12	비식별화 방법(8), 개인정보 차등보호(2), 대상, 프라이버시모델
3.1.5 데이터 품질 검증	10	품질 특성(6), 품질 진단(4)

빅분기_10
3.1.1

3.1.1 데이터 수집

일반적으로 말하는 데이터는 기업이나 조직 내부에 있는 정보시스템에 저장된 정형화된 데이터로서 데이터 수집이 용이하고, 수집하고자 하는 데이터의 형식도 개발 단계에서부터 향후에 분석하기에 적합한 형식의 로그로 구현하기 때문에 분석을 위한 데이터 가공에 큰 노력이 들어가지 않는다.

하지만 빅데이터는 내부 조직에 있는 정형화된 데이터뿐만 아니라, 조직 외부에 존재하는 무한한 데이터 중에서 조직이 필요로 하는 데이터를 발견하여, 이를 수집하고 분석을 위한 특정 데이터 형식으로 변환하는 과정을 거쳐야 한다.

따라서 빅데이터 수집이란 단순히 데이터를 확보하는 기술이 아니라 데이터를 검색/수집하여 변환을 통해 정제된 데이터를 확보하는 과정을 의미한다.

3.1.1.1 데이터의 특징

데이터가 가진 특징을 명확히 인지할 때, 데이터를 처리할 수 있는 기술적 사항을 고려한 설계가 가능하다. 데이터는 '일반적인 특징'과 '수집 단계에서의 특징'으로 구분할 수 있다.

❶ 일반적인 데이터 특징

일반적인 데이터 특징은 그 자체의 형식을 결정하는 존재론적 특징과 데이터의 활용 목적에 적합한 합목적성을 갖는 목적론적 특징으로 구분한다.

- **존재론적 특징**

데이터의 일반적인 특징 중 존재론적 특징으로 데이터를 구분하면 정성적 데이터(Qualitative Data)와 정량적 데이터(Quantitative Data)로 구분한다.

정성적 데이터는 정확하게 측정될 수도 없고, 수효를 헤아릴 수도 없는 숫자보다 단어로 표현되어지는 데이터를 의미하며, 데이터 하나 하나가 함축된 정보를 가진다.

반면 정량적 데이터는 다소 정확하게 크기를 보여주는 숫자로 표현되기 때문에 측정되어질 수 있는 데이터를 의미한다. 여러 속성(이름, 나이, 성별, 주소 등)이 모여 하나의 객체를 형성하고, 각 속성은 속성 하나 혹은 여러 개의 속성이 결합해 측정이나 설명이 가능하다.

존재론적 특징

구분	정성적 데이터	정량적 데이터
형태	비정형 데이터	정형/반정형 데이터
특징	객체 하나에 함의된 정보를 가짐	속성이 모여 객체를 이룸

구성	언어, 문자 등으로 이루어짐	수치, 도형, 기호 등으로 이루어짐
저장 형태	파일, 웹	데이터베이스, 스프레드시트
소스 위치	외부 시스템(주로 소셜 데이터)	내부 시스템(주로 RDBMS)

- **목적론적 특징**

데이터의 일반적인 특징 중 목적론적 특징은 어떤 사실에 대해 '데이터'라고 인식하게 되는 객체가 갖고 있는 필요한 존재 목적으로 정의한다.

데이터는 인식 주체의 관점에 따라 여러 종류의 데이터로 인식될 수 있으며 그 과정에서 원본 데이터의 속성 분리, 다른 데이터와의 병합이 발생해 하나의 새로운 데이터 객체가 생성된다.

❷ 수집 단계에서의 데이터 특징

수집 단계에서 일어나는 모든 과정은 데이터를 활용하기 위한 재생산 과정이다.

재생산은 원천 데이터를 탐색/수집/정제/저장하는 과정을 거쳐 새로운 데이터를 생산하는 것을 의미하기 때문에 원본 데이터와 재생산 데이터의 구분과 관계를 고려할 필요가 있다.

재생산된 데이터는 가역적 데이터와 불가역적 데이터로 구분된다.

가역적 데이터와 불가역적 데이터

구분	가역적 데이터	불가역적 데이터
환원 가능성	원본으로 일정 수준 복원 가능	원본으로 복원 불가능
의존성	원본 데이터에 의존	원본 데이터에 독립적
원본 데이터와의 관계	1 : N	1 : N 혹은 N : 1
처리 과정	탐색	병합
소스 위치	데이터 웨어하우스, 로그 수집	소셜 분석, 텍스트 마이닝 등

3.1.1.2 데이터 수집 및 수집 데이터 분류

❶ 데이터 수집 정의 및 수집 고려요소

데이터 수집이란 서비스 활용에 필요한 데이터를 시스템의 내부 혹은 외부에서 주기성을 갖고 필요한 형태로 수집하는 활동이다.

데이터 수집의 5 가지 고려요소는 서비스 활용, 데이터 위치, 주기성, 수집 데이터의 저장 형태, 개인정보보호로 정리할 수 있다.

데이터 수집 고려사항

수집 고려요소	설명	고려사항
서비스 활용	데이터 수집의 역할은 서비스의 품질을 결정할 뿐 아니라 서비스의 생명주기에도 영향을 미침 어떤 서비스를 할 것인지 결정했으면 먼저 수집할 원천 데이터 탐색 필요 수집의 난이도 측면, 수집 비용 측면, 서비스 안정성 측면 고려	비즈니스 연계성
데이터 위치	수집 데이터의 위치에 따라 구축하려는 시스템 내부 혹은 외부의 데이터로 구분	내부/외부 위치 확인
주기성	실시간 혹은 비실시간(배치)에 따라 주기를 결정(서비스의 활용적인 측면이지 원본 데이터의 생명주기에 관한 것이 아님)	실시간/비실시간
수집 데이터의 저장 형태	수집한 데이터를 어떠한 형태로 저장할 것인지를 고려해야 됨 빅데이터 처리에서 일반적으로 사용되는 저장소는 분산파일시스템이지만, 수집된 데이터를 가공/처리하기 위해서 DBMS가 사용될 수도 있고 서비스를 DBMS를 통해 제공할 수도 있으므로 서비스 환경에 맞는 아키텍처를 설계해야 함	파일시스템, RDBMS, NoSQL
개인정보보호	무분별한 수집으로 개인정보 자기결정권 침해 위험 내재 엄격한 개인정보보호 처리는 서비스 품질을 저하시킬 수 있음	수집 시 동의 여부 법률 위반 검토

❷ 수집 데이터 분류

수집 데이터는 저장/관리되는 형태(구조), 저장 위치, 생산 시점 및 존재 형태(저장 형태)에 따라 분류된다.

수집 데이터 분류

분류	설명	데이터 유형
저장/관리되는 형태 (구조)	소스 시스템에 존재하고 있는(저장되어 있는) 데이터 형태에 따른 분류 데이터 구조적 관점	정형 데이터 반정형 데이터 비정형 데이터
저장 위치	수집하려는 데이터가 저장된 위치(기업 내부/외부)에 따라 분류 원천 시스템과 연계를 위한 인터페이스의 기술적 방법 및 정책적 차이로 인해 내/외부로 구분	내부 데이터 외부 데이터
생성시점 (처리시간 관점)	생성된 데이터가 수초, 수분 이내 혹은 이후 처리(활용)되어야 의미가 있는 데이터	실시간(수초 ~ 수분 이내 처리) 비실시간(수분 ~ 수일 이후 처리)
존재 형태(저장 형태)	최종적으로 수집되어 존재(저장)하는 형태에 따른 데이터 분류	파일/데이터베이스/콘텐츠/스트림 데이터

3.1.1.3 데이터 수집 절차

데이터를 수집하는 절차가 포함된 프로젝트일 경우 데이터의 확보가 프로젝트의 품질과 성패를 결정하는 경우가 대부분이기 때문에 데이터 수집 절차를 설계하고, 충분한 테스트를 걸쳐 데이터 수집을 진행해야 한다.

데이터 수집 절차는 수집 대상 및 데이터 선정, 수집 세부 계획 수립, 테스트 수집 실행 3 단계로 수행된다.

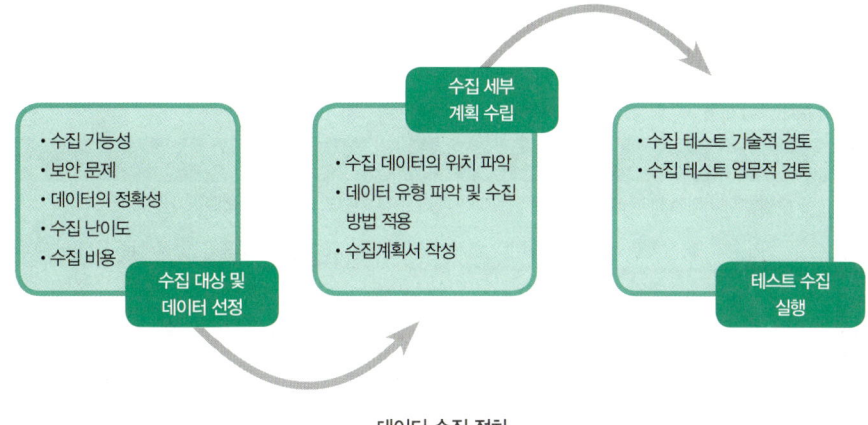

데이터 수집 절차

데이터 수집은 서비스의 품질을 좌우하기 때문에 데이터 수집 절차 중 심각한 문제가 발생한다면, 프로젝트 전체를 다시 설계해야 할 경우도 발생한다.

❶ 수집 대상 및 데이터 선정

수집 대상을 선정할 때는 대상 데이터가 수집이 가능하고 사용이 가능한지의 여부, 이용 목적에 맞는 세부 항목이 포함되어 있는지 여부 그리고 개인정보 침해의 여부나 수집 난이도 및 비용을 고려해야 한다.

데이터 선정 핵심 내용

핵심 Activity	상세 설명
수집 가능성	데이터 선정 시 가장 우선적으로 고려해야 할 사항 질 좋은 데이터가 있다고 가정하더라도 수집이 불가능하거나 통제 불가능한 주기를 가지고 있다면 서비스 활용을 원천 데이터의 정책에 의존하게 되므로 바람직하지 않음 수집이 아무리 용이하더라도 서비스 활용 측면에서 데이터를 활용하기 위한 전/후처리에 비용이 많이 들어가게 되면 좋은 데이터 선정이라 할 수 없음
데이터 보안	개인정보보호 및 저작권 문제 수집된 데이터에 대해 개인정보보호 문제나 저작권에 대한 문제 발생 시 서비스 활용에 대해 심각한 문제가 발생하므로 반드시 살펴보아야 함
데이터의 정확성	서비스의 활용 목적에 세부 항목이 정확히 존재하는가에 대해 검토
수집 난이도	데이터 수집 및 처리에 들어가는 구축 비용이 많이 들어갈 경우와 데이터 수집의 분석/설계와 필요한 데이터를 얻기 위해 많은 정제 과정이 필요할 경우로 구분해 대안을 고려
수집 비용	수집 비용은 데이터를 획득하기 위해 직접적으로 들어가는 획득 비용 정량적 기준으로 적용된 수집 기술에 들어가는 비용이 발생할 경우에는 수집 기술에 대한 검토가 필요

❷ 수집 세부 계획 수립

수집 세부 계획 수립 단계에서는 데이터 소유자를 확인하고 대상 데이터가 내부 데이터인지 외부 데이터인지 또는 수집 대상 데이터의 유형과 데이터 포맷을 확인해 적정한 수집 기술을 선정해야 한다. 이를 기반으로 수집계획서를 작성한다.

수집 세부 계획 절차 상세 설명

핵심 Activity		상세 설명
선정된 데이터의 위치 파악		수집할 데이터가 내부 혹은 외부에 있느냐에 따라 소유 기관과의 필요한 협의를 진행
	내부	내부 시스템과 데이터 연계 가능 여부를 파악, 데이터 종류 및 수집주기 인터페이스정의서 작성
	외부	Open API는 개방하는 데이터의 종류 및 형태를 파악해 데이터의 양과 트래픽의 정도 확인 연계 방식 및 절차 수집 기술 적용 방안 검토, 소스 데이터 시스템의 데이터 개방 정책 파악 크롤링을 통해 데이터를 가져올 경우 외부 시스템의 수명주기 및 저작권 문제 등 수집 가능 여부 체크, 수집 기술 적용 방안 검토, 서비스 종료 시 다른 소스에 대한 대안 검토
데이터의 유형 파악		수집 기술을 결정하는 중요 과정 저장/관리되는 형태에 따른 데이터 유형 파악 → 존재 형태에 따른 데이터 파악 → 수집 방법 결정 〈저장/관리되는 형태에 따른 데이터 유형〉

저장/관리되는 형태	특징	존재 형태
정형 데이터	데이터스키마 지원	데이터베이스(RDBMS), 파일
반정형 데이터	데이터 내에 메타 속성이 존재	파일
비정형 데이터	분석이 가능한 텍스트형 파일과 데이터 형태가 아닌 이미지나 동영상 파일로 존재	데이터베이스(NoSQL), 파일

〈존재 형태에 따른 데이터 유형 및 수집 방법〉

존재 형태	데이터 유형	수집 방법
데이터베이스 (RDBMS, NoSQL)	정형 데이터, 비정형 데이터	DBtoDB, ETL, RDB, 벤더 제공 드라이버
파일	정형 데이터, 반정형 데이터, 비정형 데이터	크롤링, Open API, FTP, HTTP

핵심 Activity	상세 설명
수집 시 적용할 기술 및 보안사항 등을 점검	데이터 유형에 따른 수집 방법 및 연동 기술 선정 데이터에 대해 개인정보보호 문제나 저작권에 위배되지 않는지 검토 〈빅데이터 수집 시스템의 요건〉

수집 요건	설명
확장성	데이터 수집의 대상이 되는 서버는 충분한 확장 가능
안정성	수집된 데이터는 유실, 변경, 삭제되지 않고 안정적으로 저장 가능해야 함
유연성	다양한 데이터 원천의 여러 포맷에 적용할 수 있도록 변경 용이
실시간성	수집된 데이터는 실시간 반영 필요

데이터 수집을 위한 설계를 위해서는 수집계획서를 작성하며, 수집계획서에는 데이터 소스, 수집 주기, 수집 방법 등이 구체화되어 작성

⟨데이터 소스 구성요소⟩

항목	작성 내용	고려사항
소스 위치	내부 시스템일 경우 특정 RDB의 IP, PORT 등이 포함될 수 있으며, 외부 시스템일 경우 URI 등이 기술	여러 소스가 있을 경우 중요한 소스 별로 모두 기술
데이터 유형	물리적으로 존재하는 데이터의 유형을 파일 종류, RDB일 경우 DBMS 종류 등을 기술	데이터 유형이 혼합된 경우 의존관계 기술 필요
인터페이스 방법	수집하는 항목의 세부 내용에 대해 인터페이스 요소에 대해 기술	예) 내부 : EAI 외부 : Open API
데이터 담당자	소스 데이터의 담당자와 연락처를 기술 담당자를 알지 못하는 경우 기관명 혹은 대표 URL만 기술할 수 있음	예) 홍길동(A회사) 054-123-4567
협약 내용	데이터 원천 담당자와 협약한 내용을 기록 협약사항은 별도의 첨부 문서로 관리될 수 있음	법적 검토 필요

⟨데이터 수집 주기의 구성요소⟩

수집계획서 작성

항목	작성 내용	고려사항
주기 설정	주기성을 갖지 않는 불규칙 수집일 경우와 일정 시간을 정해 수집하는 배치일 경우, 이벤트가 발생할 경우 등으로 배치 처리와 실시간 처리를 구분해 기술	수집 실패 시, 재수집 정책을 수립할 필요가 있음
데이터량	1회 수집 시 발생하는 데이터의 양을 기술하고, 여기에 수집 주기를 곱해 서비스 시작일과 서비스의 예상 종료일까지의 총 데이터량을 기술	수집 시스템의 저장소의 용량을 예측
트래픽량	수집 시 발생하는 네트워크 트래픽량을 계산해 작성	과도한 트래픽 발생 시 해결책이 필요

⟨데이터 수집 방법의 구성요소⟩

항목	작성 내용	고려사항
적용기술	수집에 필요한 적용 기술은 일반적으로 하나의 기술만 선택되는 것이 아니므로 수집 프로세스별로 나누어 사용되는 기술의 이름, 버전을 기술	처리 과정에 대해 과정별로 나누어 기술해야 함
데이터 사전 처리	사전 데이터 처리가 필요한 경우 사전 처리 작업에 대해 기술	사전 처리 규칙을 명시해야 함
데이터 사후 처리	데이터 수집 후 사후 처리가 필요한 경우 사후 처리 방법에 대해 명시해 기술	사후 처리 규칙을 명시해야 함

5 Day

> **참고** 수집계획서 예시

데이터 수집계획서

프로젝트명	O2O 회원 정보 통합(온/오프라인)				
				수집기간 : 2023/03/01 ~	
소스 위치	데이터 유형	인터페이스 방법	데이터 담당자	협약 내용	수집 주기
아이리포 e-Commerce 시스템 DB(MSA : 주문 / 201.123.123.20 : 8900)	정형 데이터 (RDBMS : MySQL)	DB 연동	홍길동	식별정보 : 암호화 개인정보 : 비식별화	매일 02:00

데이터 양	트래픽 양	적용기술	데이터 사전 처리	데이터 사후 처리	수집 담당자
30MB/1회	300초 / 1회	EAI(XXX_EAI IF)	암호화 체크 비식별화 체크	회원가입 정보 기 연동이력 존재 시 삭제 필요	성춘향

❸ 테스트 수집 실행

완성된 수집계획서를 기반으로 테스트 수집을 진행하며, 수집 관련 프로젝트에서는 단순히 수집 기능의 테스트만 진행하는 것이 아니라 데이터 선정 시 고려했던 수집 가능성, 보안 문제, 데이터의 정확성을 만족시키는지 검증한다. 또한 수집된 데이터의 서비스 활용 측면까지 검토해야 한다.

테스트 수집 실행

구분		상세 설명
기술적 검토		원하는 데이터가 제대로 수집됐는지, 기술적 방법의 적용은 최적의 방법으로 적용했는지 등에 대해 검토 기술적 검토사항 : 데이터셋 누락, 소스 데이터와 비교(파일 : 사이즈, 데이터 : 개수), 데이터의 정확성
	데이터셋 누락	원본 데이터 요청 후 확인, 재수집을 통해 누락 데이터셋 확인
기술적 검토	소스 데이터와 비교	파일일 경우 사이즈 비교 수집한 데이터와 개수 비교
	데이터의 정확성	서비스 활용에 수집한 데이터의 사후 처리가 필요한지 확인
업무적 검토		수집한 데이터에 대한 개인정보보안, 저작권 관련 사항 등 업무적 검토 협약 기관에 많은 트래픽을 발생시킬 경우, 제약사항들을 다시 한번 검토 업무적 검토사항 : 보안사항, 저작권, 대용량 트래픽
	보안사항	수집 데이터에 개인정보 수집 등 보안사항이 없는지 검토
	저작권	수집한 데이터가 저작권 등 법적 문제가 없는지 검토

3.1.2 데이터 유형 및 속성 파악

3.1.2.1 데이터 유형
데이터 선정 및 수집에 있어 데이터 유형에 따라 적합한 수집 기술을 적용해야 한다.

데이터 유형은 저장/관리되는 형태(구조), 저장 위치, 생성 시점(처리시간 관점) 및 존재 형태(저장 형태)에 따라 구분한다.

❶ 저장/관리되는 형태(구조)에 따른 데이터 유형
수집 데이터는 데이터 구조적 관점에서 정형/반정형/비정형 데이터로 구분된다.

데이터 유형에 따른 특성 기출

데이터 유형	설명	데이터 종류	수집 기술/기법
정형 데이터 (Structured Data)	RDBMS의 고정된 필드에 저장되는 데이터 지정된 행과 열에 의해 데이터의 속성이 구별되는 스프레드시트 형태의 데이터	RDBMS, 스프레드시트 (CSV/TSV)	DB to DB, Sqoop, EAI ETL, FTP, Open API
반정형 데이터 (Semi-Structured Data) 기출	데이터 속성인 메타 데이터를 가지며, 일반적으로 스토리지(저장소)에 저장되는 데이터 파일	HTML, XML, JSON, 웹문서, 웹로그, 센서 데이터	브라우저, HTTP, 응용 소프트웨어 Crawling/Scraping, RSS, Open API, FTP, 웹로봇, Scribe, Chuckwa, Flume
비정형 데이터 (Unstructured Data) 기출	형태와 구조가 존재하지 않거나 복잡한 이미지, 동영상 같은 멀티미디어 데이터 언어 분석이 가능한 텍스트 데이터	웹문서, 웹로그, 센서 데이터, SNS, 문서(워드, 한글), 이미지, 오디오, 비디오 등	HTTP, 응용 소프트웨어 Crawling, RSS, Open API, Streaming, CEP, FTP, 로그수집기, 스크래피(Scrapy), Apache Kafka

수집 기술에 대한 상세 내용은 '1.2.1.3 빅데이터 플랫폼 주요 기술'을 참조하길 바란다.

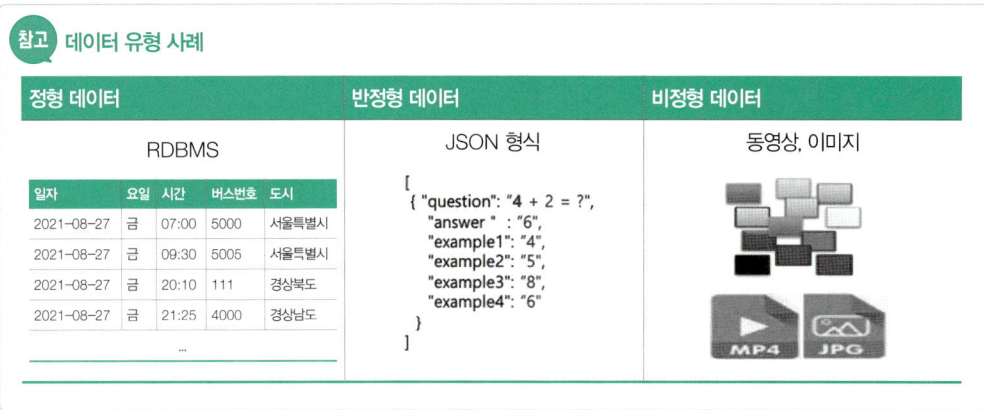

비정형 데이터에 대해 불규칙 정도에 따라 반정형 데이터로 구분하기도 한다.

데이터 형태별 아키텍처 구성 및 난이도와 잠재가치

형태	설명	난이도와 잠재 가치	
정형 데이터	내부 시스템인 경우가 대부분이라 수집이 쉬움(Create/Read/Update/Delete기반 아키텍처로 구성) 현실적 가치의 한계상 활용 측면에서 잠재적 가치는 상대적으로 낮음	난이도	하
		잠재가치	보통
반정형 데이터	데이터의 메타 구조로 해석해 정형 데이터 형태로 바꿀 수 있는 아키텍처 구조로 수정 필요(API 기반 처리 기술 요구) 데이터의 제공자가 선별해 제공하는 데이터로 잠재적 가치는 정형 데이터보다 높음	난이도	중
		잠재가치	높음
비정형 데이터	텍스트 마이닝 혹은 이미지 파일일 경우 파일을 데이터 형태로 파싱해야 하기 때문에 수집 데이터 처리가 어려움(정형 데이터 구조로 변환할 수 있는 아키텍처 구성) 목적론적 데이터 특징이 가장 잘 나타나는 데이터이기 때문에 가장 높은 잠재적 가치 제공	난이도	상
		잠재가치	매우 높음

❷ 저장 위치에 따른 데이터 유형

수집하려는 데이터를 저장된 위치에 따라 분류하면 동일한 시스템계에 저장되는 내부 데이터와 그렇지 않은 시스템에 저장된 외부 데이터로 나눌 수 있다.

수집 시 내부와 외부로 데이터를 분류하는 가장 큰 이유는 원천 시스템과 연계를 위한 인터페이스의 기술적 방법 및 정책적 차이 때문이다(실시간 처리에서는 발생 위치에 따라 내/외부로 구분).

내부/외부 데이터

구분	내부 데이터	외부 데이터
데이터 위치	데이터 소스가 내부 시스템에 존재하는 데이터	데이터 소스가 외부 시스템에 존재하는 데이터
데이터 형태	주로 정형 데이터	주로 비정형 데이터
협의 대상	내부 조직 간 협의로 수집 가능 제공자와 상호 협약에 의한 의사소통이 가능함	외부 조직과 협의하여 데이터 구매 및 웹 상의 데이터 수집 제공자와 협약된 관계가 아니면 상호 의사소통이 불가능함
수집 난이도	기술적 제약이 낮음(하) 재수집 가능하도록 구현 가능	기술적 제약이 많음(상) 수집 실패 시 대안 마련 필요
구성 난이도	하	상
잠재적 가치	보통	높음
수집 경로	인터페이스 생성	인터넷 연결
수집 대상	파일시스템, DBMS, 센서 등	협약에 의한 DBMS 웹페이지, 소셜 데이터, 문서 등
수집 사례	ERP, CRM, 지식 포털, 고객 포털 등	SNS 게시글, 상품 리뷰, IoT 센서 데이터, 장비 이력 로그, LOD(Linked Open Data)

❸ 생성 시점 및 존재 형태에 따른 데이터 유형

데이터 유형을 생성 시점에 따라 분류하면 실시간 데이터와 비실시간 데이터(또는 배치 데이터)로 구분할 수 있으며, 저장 형태에 따라 분류하면 파일 데이터, 데이터베이스 데이터, 콘텐츠 데이터, 스트림 데이터 등으로 구분할 수 있다.

저장 형태에 따른 데이터 유형 기출

데이터 유형	구분	설명
생성 시점 (처리시간)	실시간 데이터(Real Time Data)	센서 데이터, 시스템 및 장비에서 발생하는 로그 데이터 등 수초 ~ 수분 이내에 처리되어야 의미 있는 데이터
	비실시간 데이터 (NonReal Time Data, 배치 데이터)	통계 데이터, 이력 데이터 등 수시간 또는 수일, 수주 이후에 처리되어야 의미가 있는 데이터
존재 형태 (저장 형태) 기출	파일(File) 데이터	파일 형식의 데이터(단일 대용량, 다수 소용량 파일) 예) 시스템 로그, 서비스 로그, 텍스트, 스프레드시트
	데이터베이스(Database) 데이터	데이터 종류 및 성격에 따라 구성 예) 이차원 구조의 RDB 데이터
	콘텐츠(Contents) 데이터	개별 객체로 구분되는 데이터 예) 텍스트, 이미지, 오디오, 비디오 등
	스트림(Stream) 데이터	실시간으로 전송되는 데이터 예) 센서 데이터, HTTP 트랜잭션 등

3.1.2.2 데이터 속성 파악

데이터(자료)는 관심의 대상인 사물이나 속성을 측정, 관찰, 조사한 값들의 모임이며, 이러한 데이터의 속성(특성)을 구분 짓는 기준을 척도(Scale)라고 한다.

척도는 데이터에 일정한 규칙을 가지고 데이터를 기호 또는 숫자로 표현하며, 따라서 데이터 속성 파악은 데이터 분석에서 첫 시작이자 분석 방법을 선택하기 위한 기준이 된다.

척도는 데이터의 종류에 따라 구분할 수 있는데, 특정 범주를 구분해 나눌 수 있는 질적자료(Qualitative Data = 범주형)에는 명목척도(Nominal Scale)와 서열척도(Ordinal Scale)가 해당하고, 연속적인 숫자로 수량화할 수 있는 자료인 양적자료(Quantitative Data = 연속형)에는 등간척도(Interval Scale)와 비율척도(Ratio Scale)가 해당한다.

척도의 종류

구분	척도 구분	설명
질적자료 = 범주형 자료 (Categorical Data)	명목척도 (Nominal Scale)	측정 대상을 분류하기 위해 이름 대신 임의적으로 숫자를 부여한 척도 예) 남성 집단에는 '1'을, 여성 집단에는 '2'라는 수치를 부여(같다/다르다)
	순서(서열) 척도 (Ordinal Scale)	측정 대상들의 특성을 서열로 나타낸 척도, 측정 대상이나 분류에 관한 정보를 주는 명목척도의 특성을 가지면서 동시에 측정 대상의 상대적 서열을 표시 예) 아동들의 성적 등위, 키 순서, 인기 순서, 맛집 별점, 만족도(상/중/하 등 순서를 확인할 경우)(작다/크다)
양적자료 = 연속형 자료 (Continuous Data)	등간(간격) 척도 (Interval Scale)	측정 대상의 분류와 서열에 관한 정보를 주며 등간성(일정한 간격)을 갖는 척도, 숫자 자체로는 절대적 의미를 갖지 못하지만 숫자 간의 차이는 절대적 의미를 갖음 예) 온도와 연도(가감), 만족도(1~5, 평균을 낼 경우)
	비율척도 (Ratio Scale)	분류, 서열, 등간성의 속성을 지닌 등간척도의 특성을 지니면서 절대영점과 가상 단위를 갖는 척도 예) 무게와 길이, 나이, 키, 금액, 거리, 넓이 등(사칙연산)

3.1.3 데이터 변환

3.1.3.1 데이터 변환의 이해 기출

데이터 분석에서 데이터를 효율적이고 용이하게 사용 및 분석하기 위해 데이터 변환을 수행한다. 데이터 변환(Data Transformation)은 데이터를 한 형식이나 특정 구조에서 다른 형식이나 구조로 변환하는 과정으로 정의하며, 분석이 용이하도록 일관된 형식으로 변환하는 과정이기도 하다. 데이터 변환 과정에서 데이터 정제(Data Cleansing)를 수행할 수 있으며, 이는 비정형 데이터를 정제하거나 또는 정형적 데이터에서 측정값이 빠져 있거나, 형식이 다르거나, 내용 자체가 틀린 데이터를 고쳐주는 과정을 의미한다.

또한 데이터를 효과적으로 분석하기 위해 레거시 데이터(Legacy Data) 간 데이터 통합을 위한 변환이 필요할 수 있다.

> **참고** 빅데이터의 데이터 처리 과정
>
> | 구분 | 설명 |
> |---|---|
> | 데이터 변환 | 데이터 유형을 변환하거나 데이터 분석이 용이한 형태로 변환하는 과정
예) ETL(Extraction, Transform, Load) |
> | 데이터 정제(교정) | 결측값 변환, 이상값 제거, 노이즈 데이터 교정 비정형 데이터를 수집할 때 수행 |
> | 데이터 통합 | 데이터 분석이 용이하도록 기존 또는 유사 데이터를 연계, 통합 레거시 시스템(Legacy System)의 데이터와 함께 분석이 필요한 경우 수행 |

3.1.3.2 전통적 분석 시스템과 빅데이터 분석 시스템의 데이터 변환

전통적 분석 시스템은 데이터 웨어하우스 기반의 분석 환경이다. 데이터 웨어하우스(Data Warehouse, DW)는 데이터 소스 시스템 또는 환경에서 추출된 그대로의 로우 데이터(Row Data)를 처리할 수가 없어, ETL(Extract, Transform, Load) 프로세스를 통해 저장 환경 혹은 분석 시스템에 맞는 데이터 변환 단계가 필요하다.

빅데이터 분석 시스템에서는 저장 데이터 양의 증가, 하드웨어 환경과 소프트웨어 환경의 보급 및 확산을 기반으로 분석 목적에 빠르고 민첩하게 대응하기 위해 데이터를 적재(Load) 전에 변형하는 것이 아니라, 디겟 시스템 또는 분석 도구에서 직접 데이터를 변형해서 처리하는 ELT(Extract, Load, Transform) 프로세스가 적용되고 있다.

❶ ETL 프로세스(전통적 분석 환경) 기출

ETL은 추출(Extract), 변환(Transform), 적재(Load) 세 단어의 축약어로 데이터 소스 시스템 및 환경으로부터 데이터를 추출해 비즈니스 데이터로 변환한다.

다양한 데이터를 실시간 혹은 비실시간으로 수집해 저장하는 중간 매개체 역할을 수행하고 데이터 웨어하우스, 데이터 마트 등에 적재하는 작업을 수행한다.

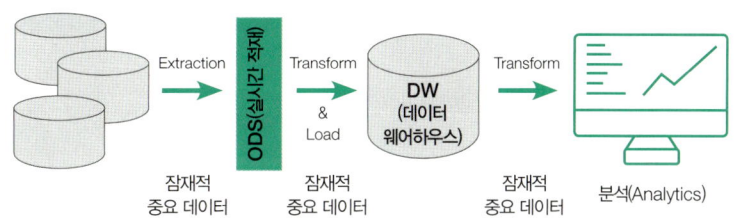

ETL 프로세스

ETL 프로세스의 개념과 주요 기능은 다음과 같다.

ETL의 개념과 주요 기능

ETL 프로세스	
추출(Extract)	다양한 소스 시스템으로부터 데이터로 추출
변환(Transform)	데이터 정제, 형식 변환, 메타 데이터 기반 변환 규칙 적용 등
적재(Load)	변환된 데이터를 데이터 웨어하우스, 데이터 마트 등으로 저장
ETL 프로세스의 기능	
구조적 변환	논리적 데이터 변환 및 DBMS 간 변환
검증	도메인 검증 및 데이터 요약
재구성	데이터 키 값으로 시간 값의 추가 및 데이터 키 값의 재구성
데이터 변환	로우 데이터 통합 및 중복, 불필요 데이터 삭제

❷ ELT 프로세스(빅데이터 분석 환경)

ELT는 ETL에서 L(Load)과 T(Transform)의 위치를 바꾼 것으로, 기존 ETL 프로세스처럼 데이터를 적재하기 전에 먼저 변형하지 않고, 타겟 시스템 또는 분석 도구에서 직접 데이터를 변형하게 하는 방식이다. 데이터를 추출한 후 즉시 적재(Load) 단계를 시작해, 모든 데이터 소스를 하나의 공간에 이동시켜 용도나 필요에 따라서 데이터를 변형해 사용한다.

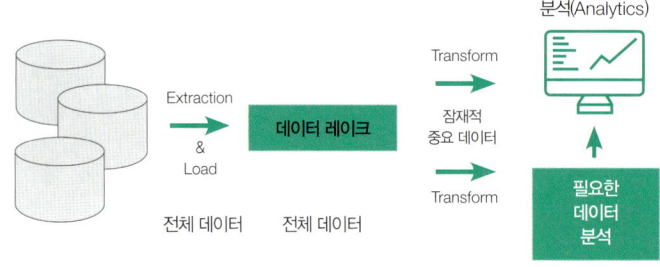

ELT 프로세스

ETL과 ELT의 차이는 다음과 같다.

ETL과 ELT의 비교 기출

구분	ETL	ELT
데이터 양	적은 양의 데이터	대용량 데이터
변형 주체	ETL 서버나 ODS(Operational Data Store) 영역에서 완료	타겟 시스템에서 실행
적재 시간	데이터가 ODS에 먼저 적재되고 나중에 타겟 시스템에 적재됨. 시간에 민감	타겟 시스템에 한 번만 로드 됨. 빠름

변형 시간	데이터 사이즈가 커질수록, 변형에 들어가는 시간이 증가함	데이터 사이즈와 시간은 관계가 없음
구현 복잡도	초기 영역에서는 구현이 쉬움(하)	숙련된 기술과 툴에 대한 깊은 이해가 요구됨(상)
데이터 웨어하우스를 위한 지원	온프라미스 환경에 관계형이고 정형 데이터에 사용됨	확장 가능한 클라우드 환경에서 사용되며 정형 데이터와 비정형 데이터를 지원
Data Lake 지원	지원하지 않음	데이터 레이크가 비정형 데이터를 사용하게 해줌

3.1.3.3 활용 목적 관점의 데이터 변환

데이터 수집 후 데이터 유형과 분석 목적 등을 고려하여 데이터 전/후처리 과정을 통해 활용 목적에 맞도록 데이터를 변환하여 저장한다. 이때 의미 있는 정보만을 추출하고, 데이터의 일관성을 확보하며, 반정형 데이터와 비정형 데이터는 분석 가능한 형태로 변환하는 등의 작업을 수행하게 된다.

❶ 데이터 전처리, 후처리 과정에서의 변환

데이터 전처리(Preprocessing)는 수집 데이터를 저장소에 적재하기 위해 데이터 필터링, 유형 변환, 정제 등의 기술을 사용해 데이터를 변환하는 과정이다.

전처리 과정

구분	설명
데이터 필터링(Filtering)	목적에 맞지 않은 데이터를 제거해 분석하는 과정
데이터 변환(Transform)	데이터 저장이 용이한 형태로 한 형식이나 구조에서 다른 형식이나 구조로 변환하는 과정 예) 비정형/반정형 데이터를 정형 데이터로 변환하는 과정
데이터 정제(Cleansing)	결측값 처리, 이상값 및 잡음을 제거하는 과정 일반적으로 데이터는 불완전하고, 잡음이 섞여있고, 일관성이 없기 때문에 데이터 정제가 필요. 데이터 정제는 후처리에서도 활용

> **전처리 시 고려사항**
> - 수집된 데이터의 유형 분류 시, 분류 기준을 적용할 수 있는 기능 제공 필요
> - 데이터 유형을 분류하고 변환에 필요한 알고리즘 함수 또는 변한 구조를 정의하는 기능 제공 필요
> - 데이터 변환 시 사용자가 지정한 변환 기준에 맞는지 확인 필요
> - 데이터 변환 실패 시, 재시도 기능 제공 또는 취소 기능 제공 확인 필요
> - 데이터 변환 실패 이력 저장 및 사용자에게 실패 이력을 전달하는 기능 확인 필요
> - 결과 데이터 저장 기능 제공

데이터 후처리(Postprocessing)는 저장 데이터를 분석에 용이하도록 변환, 통합, 축소 등의 기술을 사용해 가공하는 과정이다.

후처리 과정

구분	설명
데이터 변환 (Transform)	다양한 형식으로 수집된 데이터를 분석에 용이하도록 일관성 있는 형식으로 변환하는 과정 평활화(Smoothing), 집계(Aggregation), 일반화(Generalization), 정규화(Normalization), 집계, 속성 생성 등
데이터 통합 (Integration)	출처는 다르지만 상호 연관성이 있는 데이터를 하나로 결합하는 기술로 데이터 통합 시 동일한 데이터가 입력될 수 있으므로 연관관계 분석 등을 통해 중복 데이터를 검출하거나 표현 단위(파운드와 kg, inch와 cm, 시간 등)가 다른 것을 표현이 일치하도록 변환하는 과정
데이터 축소 (Reduction)	분석에 불필요한 데이터를 축소해 고유한 특성은 손상되지 않도록 하고 분석에 대한 효율성을 높이는 과정 속성의 특성을 유지하면서 축소

후처리 고려사항

- 수집된 데이터로부터 잡음(Noise)를 제거하기 위해 데이터 추세에 벗어나는 이상값(Outlier)을 변환하며 변한 가능한 추천 기능의 제공 필요
- 데이터 집계(Aggregation) 시 데이터 요약 기능 제공 필요
- 전체 혹은 특정 구간에 분포하는 값을 추출하거나 사용자가 직관적으로 확인할 수 있도록 패턴, 이벤트 등을 감시할 수 있는 기능 제공 필요
- 사전 저장된 원시 데이터와 변환 후 데이터 간의 변환 이력 로그 저장 기능 제공 필요

❷ 비정형 데이터의 정형 데이터 변환

텍스트 문서, 이미지, 영상 등 비정형 데이터의 내용 파악과 비정형 데이터 속 패턴(Pattern)을 발견하기 위해 비정형 데이터 마이닝 기법을 사용한다.

이때 비정형 데이터를 정련 과정을 통해 정형 데이터로 변환한 후 분류, 군집화, 회귀분석, 요약, 이상감지 분석 등의 데이터 마이닝을 통해 의미 있는 정보를 발굴하는 과정을 거친다.

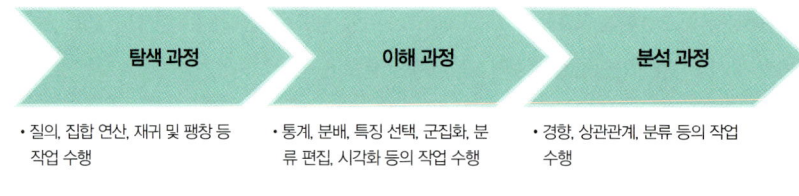

비정형 데이터 마이닝 과정

정제된 데이터베이스를 기반으로 일정한 기준이 적용된 부분적인 데이터를 다루는 정형 데이터 마이닝의 한계를 뛰어넘는 대표적인 비정형 데이터 마이닝 기법으로는 텍스트 마이닝, 웹 마이닝, 오피니언 마이닝, 소셜 네트워크 분석 등이 있다(비정형 데이터 마이닝 기법은 '8.2.6 비정형 데이터 분석'에서 학습하도록 하자).

❸ 레거시 데이터와 비정형 데이터의 통합

데이터를 효과적으로 분석하기 위하여 출처가 다른 데이터를 하나의 구조로 통일하고 데이터 중복, 기준, 단위 등을 확인하여 데이터를 변환하는 과정을 수행한다. 이때, 레거시 시스템(기 운영 중인 시스템들) 간 데이터를 통합하거나 데이터를 분석하기 위해 수집된 정형의 레거시 데이터와 비정형 데이터 간의 통합 등이 활용될 수 있다.

3.1.3.4 데이터 변환 기법

앞서 데이터 변환이 필요한 과정을 학습했다. 이 과정에서 아래 설명한 데이터 변환 기법 외에도 다양한 데이터 변환 기법을 사용하게 되며, 데이터의 유형 및 속성에 따라 적합한 변환 기법을 사용하면 된다.

데이터 변환 기법

변환 기법	설명
평활화(Smoothing) **기출**	노이즈(잡음) 제거를 위해 이상값들을 변환 → 데이터 분포를 매끄럽게 만듦 (구간화, 군집화 등 사용)
집계(Aggregation)	다양한 방식으로 데이터를 요약 → 여러 속성을 단일화, 유사 데이터를 줄이기, 스케일 변경
일반화(Generalization)	특정 구간에 분포하는 값으로 스케일을 변환, 범용 데이터에 적합한 모델을 만드는 기법, 이상값과 노이즈에 영향 적음
정규화(Normalization)	데이터를 정해진 구간으로 변환 (0~1 사이) Min-Max 정규화 : 모든 데이터에 대해 최소값 0, 최대값 1, 범위 내에서 0~1 사이의 값으로 변환 → 이상값이 많을수록 영향이 큼
표준화(Standardization)	데이터를 0 을 중심으로 양쪽으로 데이터를 분포시키는 방법(평균 0, 표준편차 1) Z-Score 표준화 : 이상값 문제를 최소화하고, 평균 대비 표준편차가 얼마나 떨어져 있는지를 점수화하는 방법
소수점 스케일링(Decimal Scaling)	특성값의 소수점을 이동해 데이터 크기를 조정하는 정규화 기법
속성 생성(Attribute/Feature Construction)	데이터 통합을 위해 속성 또는 특성을 생성하는 기법
범주화(Categorization)	이산형화 : 연속형 변수를 범주형 변수(다수 구간)로 변환하는 과정 이항변수화 : 1, 0 두 개의 범주로 가변환(Dummy Variable)을 만드는 과정
데이터 개수 축소	데이터의 특성을 유지하는 주요 로우(행) 데이터를 샘플링 기법 등을 이용해 줄이는 방법
차원축(Dimensionality Reduction)	데이터가 가지고 있는 특성의 개수를 줄여나가면서 모델의 성능을 유지하는 방법 피처 선택(Feature Selection), 피처 추출(Feature Extraction)

빅분기_12
3.1.4 ~ 3.1.5

3.1.4 데이터 비식별화

대용량 데이터 기술은 데이터 보존 정책을 유지함과 동시에 전체 데이터 처리 과정에서 개인 식별 정보 및 민감한 데이터의 보호를 요구하며, 결과적으로 기업들은 데이터 교환 과정에서 데이터에 대한 비식별 처리가 필요하게 된다.

3.1.4.1 데이터 보안 및 보안 기법

빅데이터 분석 과정에서 데이터를 수집/저장/처리/분석할 때, 개인정보 포함 여부, 데이터 연계 시 보안사항, 분석 진행 및 완료 후 보안사항을 고려해야 한다.

보안의 3요소인 기밀성(데이터를 인가된 사용자에게만 접근하는 것을 보장하는 특성), 무결성(자산이 인가된 사용자에 의해서 인가된 방법으로만 변경 가능한 특성), 가용성(자산이 적절한 시간에 당사자에게 접근 가능해야 하는 특성)을 보장함으로써 데이터의 유출을 방지하고 데이터의 안전한 활용을 위한 데이터 보안을 적용해야 한다. 데이터 보안을 위한 기법은 다음과 같다.

데이터 보안 기법

보안 기법	설명
사용자 인증	데이터에 대한 접근 자격을 확인하는 기법 지식정보(Password), 소유정보(OTP 등), 생체정보(홍채, 지문 등), 특징정보(서명방법, 걸음걸이 등)
접근 제어	인증된 사용자에게 허가된 범위 내에서 시스템 내부의 정보에 대한 접근을 허용하는 기술적 방법 접근 정책(역할 기반 제어, 임의 접근 제어, 강제 접근 제어)
허가 규칙	정당한 절차를 통한 사용자라 할지라도 허가 받지 않은 데이터 접근을 통제하기 위한 규칙
가상화 뷰	전체 데이터베이스 중에서 자신이 허가 받은 부분만 볼 수 있도록 한정하는 기법
암호화	불법적인 데이터 접근을 허용하더라도 내용을 알 수 없도록 평문을 해독 불가능한 형태(암호문)로 변형시키는 기법 예) 일방향 암호화 : SHA-2, 블록 암호화 : AES(Advanced Encryption Standard) 등
개인정보 비식별화	식별 가능한 데이터를 수정해 특정 개인을 식별할 수 없도록 처리하는 프로세스

3.1.4.2 데이터 비식별화의 이해

❶ 비식별화 관련 용어 정의

- 비식별화 : 식별 가능한 데이터를 수정하여 특정 개인을 식별할 수 없도록 처리하는 프로세스
- 개인정보 : 살아있는 개인에 관한 정보, 특정 개인을 알아볼 수 있게 하는 정보
  - 가명정보 : 개인정보를 가명처리함으로써 원래의 상태로 복원하기 위한 추가 정보의 사용/결합 없이는 특정 개인을 알아볼 수 없는 정보

- 익명정보 : 시간/비용/기술 등을 합리적으로 고려할 때 다른 정보를 사용하여도 더 이상 개인을 알아볼 수 없는 정보
- 식별자(Identifiers) : 개인을 식별할 수 있는 속성들(1 : 1 대응이 가능한 모든 정보)
- 준식별자(Quasi-Identifiers, QI) : 자체로는 식별자가 아니지만, 다른 데이터와 결합을 통해 특정 개인을 간접적으로 추론하는데 사용될 수 있는 속성들
- 민감정보(Sensitive Attributes, SA) : 개인의 사생활을 드러낼 수 있는 속성(비식별화 기법들에서 값을 보존하는 경우에 해당하는 데이터 분석 시 주로 측정되는 대상 속성)
- 재식별 : 추가 정보 또는 행위자가 달리 보유하고 있는 다른 정보나 공개된 정보와의 결합 또는 대조/비교 등을 통해 특정 개인을 알게 되거나, 알아보려 하는 상태 또는 행위

비식별화는 식별 가능한 데이터를 수정해 특정 개인을 식별할 수 없도록 처리하는 프로세스를 의미한다. 데이터의 유용성을 손상시키지 않으면서 높은 수준의 비식별 처리는 불가능하다. 일반적으로 단순히 식별 정보만 삭제하는 낮은 수준의 비식별 처리는 재식별 가능성을 차단하기에 충분하지 않다.

> **참고** 데이터 익명화(Data Anonymization) **기출**
> 데이터에 포함된 개인 식별 정보를 삭제하거나 알아볼 수 없는 형태로 변환하는 과정(비식별화와 유의어)
> 데이터 익명화 방법 : 가명화(Pseudonymization), 일반화(Generalization), 치환(Permutation), 대체(Substitution), 섭동/교란(Perturbation) 등을 포함한 다양한 방법으로 구현 가능

3.1.4.3 비식별화 기준 및 대상

❶ 비식별화 기준

비식별화는 데이터 수집 및 활용의 이전 단계에서 개인정보가 식별되는 경우 혹은 이후 정보의 추가 가공 등을 통해 개인이 식별되는 경우에 적용된다.

비식별화 기준은 1) 그 자체로 개인 식별이 가능한 정보, 2) 다른 정보와 결합에 따른 재식별 위험 최소화, 3) 정보가 식별될 수 있는 리스크를 고려하여 사후 관리 수행, 이 3가지다.

또한 비식별화는 개인을 식별할 수 있는 정보(식별자)와 다른 정보를 쉽게 결합하여 개인을 알아볼 수 있는 정보(준식별자)를 대상으로 하며, 개인의 사생활을 드러낼 수 있는 속성(민감정보)을 대상으로 한다.

비식별화 적용 대상

적용 대상	설명
그 자체로 개인을 식별할 수 있는 정보(식별자)	쉽게 개인을 식별할 수 있는 정보 : 이름, 전화번호, 주소, 생년월일, 사진 등 고유식별정보 : 주민등록번호, 운전면허번호, 외국인등록번호, 여권번호 등 생체정보 : 지문, 홍채, DNA 정보 등 계정 : 등록번호, 계좌번호, 이메일주소 등 기타 유일 식별번호 : 군번, 특성(별명), 식별코드(아이디, 아이핀 값(CN, DN)) 등
다른 정보와 쉽게 결합해 개인을 알아볼 수 있는 정보(준식별자)	개인특성 : 성별, 생년, 생일, 연령(나이), 국적, 고향, 거주지, 시군구명, 우편번호, 병역여부, 결혼여부, 종교, 취미, 동호회/클럽, 흡연여부, 음주여부, 채식여부, 관심사항 등 신체 특성 : 혈액형, 신장, 몸무게, 허리둘레, 혈압, 눈동자 색깔, 신체검사 결과, 장애유형, 장애등급, 병명, 상병코드, 투약코드, 진료내역 등 신용 특성 : 세금 납부액, 신용등급, 기부금, 건강보험료 납부액, 소득분위, 의료급여자 등 경력 특징 : 학교명, 학과명, 학년, 성적, 학력, 직업, 직종, (전/현)직장명, 부서명, 직급, 자격증명, 경력 등 전자적 특성 : PC 사양, 비밀번호, 비밀번호 질문/답변, 쿠키정보, 접속일시, 방문일시, 서비스 이용 기록, 위치정보, 접속로그, IP 주소, MAC 주소, HDD Serial 번호, CPU ID, 원격접속 여부, Proxy 설정여부, VPN 설정여부, USB Serial 번호, Mainboard Serial 번호, UUID, OS 버전, 기기 제조사, 모델명, 단말기 ID, 네트워크 국가 코드, SIM Card 정보 등 가족 특성 : 배우자, 자녀, 부모, 형제 여부, 가족정보, 법정대리인 정보 등 위치 특성 : GPS 데이터, RFID 리더 접속 기록, 특정 시점 센싱기록, 인터넷 접속, 핸드폰 사용기록 사진 등
민감정보 **기출**	사상/신념, 노동조합/정당의 가입/탈퇴, 정치적 견해, 건강, 성생활 등에 관한 정보, 병명, 예금잔고, 카드결제액, 주문금액 등

3.1.4.4 비식별화 조치 방법

비식별 처리를 위해 식별자 처리(일반적 기법)를 통한 식별 방지 방법과 프라이버시 노출에 대한 정량적인 위험성을 규정하는 프라이버시 모델 기반 추론 방지 기법을 사용한다.

비식별화 및 프라이버시 보호 모델 적용 예시

앞 그림에서 '1. 비식별화' 과정에서 주민등록번호는 삭제되었고, '2. 프라이버시 보호' 과정에서 입원날짜, 연령의 데이터가 특정인을 추론할 수 없도록 처리되었다.

❶ 비식별화 조치 방법

비식별화 처리 가이드라인에 의거, 5가지 비식별화 조치 방법(가명처리, 총계처리, 데이터 삭제, 데이터 범주화, 데이터 마스킹)을 단독 또는 복합적으로 활용할 수 있다.

비식별화 조치 방법 기출

처리 기법	설명	예시	세부기술
가명처리 (Pseudonymization)	개인 식별이 가능한 데이터에 대해 직접적으로 식별할 수 없는 다른 값을 대체 (장점) 데이터의 변형 또는 변질 수준이 적음 (단점) 대체 값 부여 시에도 식별 가능한 고유 속성이 계속 유지	홍길동, 35세, 서울 거주, 한국대 재학 → 임꺽정, 30대, 서울 거주, 국제대 재학	① 휴리스틱 가명화 ② 암호화 ③ 교환 방법
총계처리 (Aggregation) 기출	개인정보에 대해 통계값(전체 혹은 부분)을 적용해 특정 개인을 판단할 수 없도록 함 (장점) 민감한 수치 정보에 대해 비식별 조치가 가능하며, 통계 분석용 데이터셋 작성에 유리함 (단점) 정밀 분석이 어려우며, 집계 수량이 적을 경우 추론에 의한 식별 가능성 있음	임꺽정 180cm, 홍길동 170cm, 이콩쥐 160cm, 김팥쥐 150cm → 물리학과 학생 키 합 : 660cm, 평균키 165cm	④ 총계처리 ⑤ 부분 총계 ⑥ 라운딩 ⑦ 재배열
데이터 삭제 (Data Reduction)	개인정보 식별이 가능한 특정 데이터 값 삭제 (장점) 개인 식별 요소의 전부 및 일부 삭제 처리가 가능 (단점) 분석의 다양성과 분석 결과의 유효성/신뢰성 저하	주민등록번호 901206-1234567 → 90년대 생, 남자 개인과 관련된 날짜정보(합격일 등)는 연단위로 처리	⑧ 식별자 삭제 ⑨ 식별자 부분 삭제 ⑩ 레코드 삭제 ⑪ 식별 요소 전부 삭제
데이터 범주화 (Data Suppression)	단일 식별 정보를 해당 그룹의 대표값으로 변환(범주화)하거나 구간 값으로 변화(범위화)해 고유 정보 추적 및 식별 방지 (장점) 통계형 데이터 형식이므로 다양한 분석 및 가공 가능 (단점) 정확한 분석 결과 도출이 어려우며, 데이터 범위 구간이 좁혀질 경우 추론 가능성 있음	홍길동, 35세 → 홍씨, 30~40세	⑫ 감추기 ⑬ 랜덤 라운딩 ⑭ 범위 방법 ⑮ 제어 라운딩
데이터 마스킹 (Data Masking) 기출	개인 식별 정보에 대해 대체 또는 부분적으로 대체값(공백, '*', 노이즈 등)으로 변환 (장점) 개인 식별 요소를 제거하는 것이 가능하며, 원 데이터 구조에 대한 변형이 적음 (단점) 마스킹을 과도하게 적용할 경우 데이터 필요 목적에 활용하기 어려우며 마스킹 수준이 낮을 경우 특정한 값에 대한 추론 가능	홍길동, 35세, 서울 거주, 한국대 재학 → 홍○○, 35세, 서울 거주, ○○대학 재학	⑯ 임의 잡음 추가 ⑰ 공백과 대체

❷ 비식별화 조치 세부 기술

5가지 비식별화 조치 방법에는 이를 구현할 수 있는 다양한 세부 기술이 있으며, 데이터 이용 목적과 기법별 장/단점 등을 고려해 적절한 기법/세부 기술을 선택/활용한다.

비식별화 조치 세부 기술

세부 기술	설명
① 휴리스틱 가명화 (Heuristic Pseudonymization)	식별자에 해당하는 값들을 몇 가지 정해진 규칙으로 대체하거나 사람의 판단에 따라 가공해 자세한 개인정보를 숨기는 방법
② 암호화 (Encryption)	정보 가공 시 일정한 규칙의 알고리즘을 적용해 암호화함으로써 개인정보를 대체하는 방법. 통상적으로 다시 복호화가 가능하도록 복호화 키(Key)를 가지고 있어서 이에 대한 보안 방안도 필요. 일방향 암호화(One-way Encryption 또는 Hash)를 사용하는 경우는 이론상 복호화가 원천적으로 불가능(비식별 기술)
③ 교환(Swapping)	기존의 데이터베이스의 레코드를 사전에 정해진 외부의 변수(항목) 값과 연계해 교환
④ 총계처리(Aggregation)	데이터 전체 또는 부분을 집계(총합, 평균 등)
⑤ 부분 총계 (Micro Aggregation)	데이터셋 내 일정 부분 레코드만 총계처리함. 즉, 다른 데이터 값에 비해 오차 범위가 큰 항목을 통계값(평균 등)으로 변환
⑥ 라운딩 (Rounding)	집계 처리된 값에 대해 라운딩(올림, 내림, 사사오입) 기준을 적용해 최종 집계 처리하는 방법으로, 일반적으로 세세한 정보보다는 전체 통계 정보가 필요한 경우 많이 사용
⑦ 재배열 (Rearrangement)	기존 정보값은 유지하면서 개인이 식별되지 않도록 데이터를 재배열하는 방법으로, 개인의 정보를 타인의 정보와 뒤섞어서 전체 정보에 대한 손상 없이 특정 정보가 해당 개인과 연결되지 않도록 하는 방법
⑧ 식별자 삭제	원본 데이터에서 식별자를 단순 삭제하는 방법
⑨ 식별자 부분 삭제	식별자 전체를 삭제하는 방식이 아니라, 해당 식별자의 일부를 삭제하는 방법
⑩ 레코드 삭제 (Reducing Records)	다른 정보와 뚜렷하게 구별되는 레코드 전체를 삭제하는 방법(전체 범위의 오차를 벗어나는 자료를 제거할 때도 사용 가능)
⑪ 식별 요소 전부 삭제	식별자뿐만 아니라 잠재적으로 개인을 식별할 수 있는 속성(준식별자)까지 전부 삭제해 프라이버시 침해 위험을 줄이는 방법
⑫ 감추기	명확한 값을 숨기기 위해 데이터의 평균 또는 범주값으로 변환하는 방식
⑬ 랜덤 라운딩 (Random Rounding) **기출**	수치 데이터를 임의의 수 기준으로 올림(Round Up) 또는 내림(Round Down)하는 기법
⑭ 범위 방법 (Data Range)	수치 데이터를 임의의 수 기준의 범위(Range)로 설정하는 기법으로, 해당 값의 범위(Range) 또는 구간(Interval)으로 표현
⑮ 제어 라운딩 (Controlled Rounding)	'⑬ 랜덤 라운딩' 방법에서 어떠한 특정값을 변경할 경우 행과 열의 합이 일치하지 않는 단점 해결을 위해 행과 열이 맞지 않는 것을 제어해 일치시키는 기법
⑯ 임의 잡음 추가 (Adding Random Noise)	개인 식별이 가능한 정보에 임의의 숫자 등 잡음을 추가(더하기 또는 곱하기)하는 방법
⑰ 공백(Blank)과 대체(Impute)	특정 항목의 일부 또는 전부를 공백 또는 대체 문자(' * ', ' _ ' 등)이나 전각 기호)로 바꾸는 기법

❸ 프라이버시 모델 기반 추론 방지 기법 기출

비식별 조치가 충분하지 않은 경우 공개 정보 등 다른 정보와의 결합, 다양한 추론 기법 등을 통해 개인이 식별될 우려가 존재한다.

적정성 평가를 통해 개인 식별 가능성에 대한 엄격한 평가를 수행하며, 이때 추론 방지 기법 중 하나인 프라이버시 모델을 사용해 다양한 추론 공격에 대해 개인정보 추론 위험 정도를 확률적/정량적으로 제한하는 방법론을 적용한다.

k-익명성은 최소한의 평가 수단이며, 필요 시 추가적인 평가 모델(l-다양성, t-근접성)을 활용할 수 있다.

프라이버시 기반 추론 방지 기법 기출

기법	개념	매커니즘
k-익명성 (k-anonymity)	준식별자의 모든 가능한 조합에 해당하는 데이터의 개수가 최소한 k개 이상이 되어야 한다는 조건을 구현한 기법	동일한 값을 가진 준식별자의 레코드를 k개 이상으로 함 이 경우 특정 개인을 식별할 확률은 $1/k$임 연결 공격 방지
l-다양성 (l-diversity)	특정인 추론이 안된다고 해도 민감한 정보의 다양성을 높여 추론 가능성을 낮추는 기법	각 레코드는 최소 l개 이상의 다양성을 가지도록 해 동질성 또는 배경 지식 등에 의한 추론 방지
t-근접성 (t-closeness)	l-다양성 뿐만 아니라, 민감한 정보의 분포를 낮추어 추론 가능성을 더욱 낮추는 기법	전체 데이터 집합의 정보 분포와 특정 정보의 분포 차이를 t 이하로 해 추론 방지 유사성 공격/쏠림 공격 방지

5 Day

> **참고** 프라이버시 모호 모델 적용 예시

1) k-익명성 : 연결공격을 이용한 개인정보 재식별화를 방지

공격 기법	내용
연결 공격(Linkage attack)	활용 정보의 일부가 다른 공개되어 있는 정보 등과 결합하여 개인을 식별하는 공격

k-익명성 적용 예시

k-익명성 모델은 동질성 공격과 배경 지식에 의한 공격에 취약

k-익명성 모델의 취약점

기법	내용
동질성 공격 (Homogeneity Attack)	k-익명성에 의해 레코드가 범주화되었더라도 일부 정보들이 모두 같은 값을 가질 수 있기 때문에 데이터 집합에서 동일한 정보를 이용해 공격 대상의 정보를 알아내는 공격
배경 지식에 의한 공격 (Background knowledge Attack)	주어진 데이터 이외의 공격자의 배경 지식을 통해 공격 대상의 민감한 정보를 알아내는 공격

2) l-다양성 : 동질성 공격과 배경지식에 의한 공격을 이용한 개인정보 재식별화를 방지

> **참고** 프라이버시 모호 모델 적용 예시

[표 7] $k=4$가 적용된 의료 데이터

지역코드	연령	성별	질병
130**	<30	남	전립선염
130**	<30	남	전립선염
130**	<30	여	고혈압
130**	<30	남	고혈압
148**	>40	여	위암
148**	>40	남	전립선염
148**	>40	남	고혈압
148**	>40	남	고혈압
130**	3*	남	위암
130**	3*	여	위암
130**	3*	남	위암
130**	3*	여	위암

(1) 동질성 공격 : 130** 지역에 사는 30대의 질병이 위암임을 추론 가능
(2) 배경 지식에 의한 공격 : 지역코드가 '130'으로 시작하는 지역에 사는 29세 남성이 전립선염을 앓고 있다는 사실을 추론 가능
→ l – 다양성 적용 필요

k – 익명성 + l – 다양성 적용 →

(1) 동질성 공격 방어 : $l = 3$ 적용 후, 동일 질병으로만 구성된 동질 집합이 존재하지 않음
(2) 배경 지식에 의한 공격 방어 : l – 다양성을 적용하여 배경 지식에 의한 공격 방어
→ 성별이 마스킹 처리되어 29세 남성의 질병이 정확히 무엇인지 판단 불가능

[표 8] l – 다양성이 적용된 의료 데이터

	지역코드	연령	성별	질병	
동질 집합 ①	1305*	≤40	*	전립선염	서로 다른 민감 정보 ⇒ 3개
	1305*	≤40	*	고혈압	
	1305*	≤40	*	위암	
	1305*	≤40	*	위암	
동질 집합 ②	1485*	>40	*	위암	서로 다른 민감 정보 ⇒ 3개
	1485*	>40	*	전립선염	
	1485*	>40	*	고혈압	
	1485*	>40	*	고혈압	
동질 집합 ③	1306*	≤40	*	전립선염	서로 다른 민감 정보 ⇒ 3개
	1306*	≤40	*	고혈압	
	1306*	≤40	*	위암	
	1306*	≤40	*	위암	

l – 다양성 적용 예시

l – 다양성은 모델은 쏠림 공격과 유사성 공격에 취약

l – 다양성 모델의 취약점

기법	내용
쏠림 공격(Skewness Attack)	정보가 특정한 값에 쏠려 있을 경우 l – 다양성 모델이 프라이버시를 보호하지 못함
유사성 공격(Similarity Attack)	비식별 조치된 레코드의 정보가 서로 비슷하다면 l – 다양성 모델을 통해 비식별된다고 할지라도 프라이버시가 노출될 수 있음

3) t – 근접성 : 쏠림 공격과 유사성 공격을 이용한 개인정보 재식별화를 방지

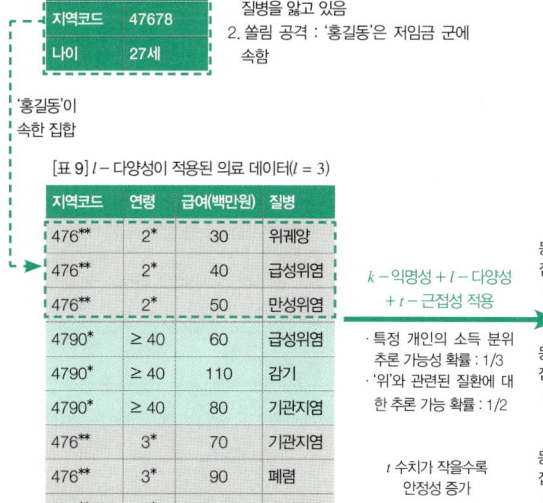

이름	홍길동
지역코드	47678
나이	27세

'홍길동'이 속한 집합

1. 유사성 공격 : '홍길동'이 위와 관련된 질병을 앓고 있음
2. 쏠림 공격 : '홍길동'은 저임금 군에 속함

1. 유사성 공격 방어 : Variational Distance 계산법을 활용하여 전체 레코드(Q) 및 동질집합(P) 내 속성값 간 거리차를 이용하는 방식으로 '홍길동'의 급여 추론 확률이 낮아짐
2. 쏠림 공격 방어 : 부모노드를 '소화기 질환'과 '호흡기 질환'으로 설정하여 질병 분포를 조정함으로써 '홍길동'의 질병 유추 확률을 감소시킴

[표 9] l – 다양성이 적용된 의료 데이터($l = 3$)

지역코드	연령	급여(백만원)	질병
476**	2*	30	위궤양
476**	2*	40	급성위염
476**	2*	50	만성위염
4790*	≥40	60	급성위염
4790*	≥40	110	감기
4790*	≥40	80	기관지염
476**	3*	70	기관지염
476**	3*	90	폐렴
476**	3*	100	만성위염

k – 익명성 + l – 다양성 + t – 근접성 적용 →

· 특정 개인의 소득 분위 추론 가능성 확률 : 1/3
· '위'와 관련된 질환에 대한 추론 가능 확률 : 1/2

t 수치가 작을수록 안정성 증가

[표 10] t – 근접성이 적용된 의료 데이터

	지역코드	연령	급여(백만원)	질병	
동질 집합 ①	4767*	≤40	30	위궤양	
	4767*	≤40	50	만성위염	
	4767*	≤40	90	폐렴	
동질 집합 ②	4790*	≥40	60	급성위염	
	4790*	≥40	110	감기	$t = 0.167$ 0.278
	4790*	≥40	80	기관지염	
동질 집합 ③	4760*	3*	40	급성위염	
	4760*	3*	70	기관지염	
	4760*	3*	100	만성위염	

t – 근접성 적용 예시

④ 재식별 가능성 모니터링

비식별 정보를 이용하거나 제 3자에게 제공하려는 사업자 등은 해당 정보의 재식별 가능성을 정기적으로 모니터링해야 한다. 모니터링 점검 항목은 내부/외부 요인의 변화에 따라 다음과 같이 구분할 수 있다.

내부/외부 요인의 변화

기법	내용
내부 요인의 변화	비식별 조치된 정보와 연계해 재식별 우려가 있는 추가적인 정보를 수집하였거나 제공 받은 경우 데이터 이용 과정에서 생성되는 정보가 비식별 정보와 결합해 새로운 정보가 생성되는 경우 이용 부서에서 비식별 정보에 대한 비식별 수준을 낮추어 달라고 요구하는 경우 신규 또는 추가로 구축되는 시스템이 비식별 정보에 대한 접근을 관리 통제하는 보안 체계에 중대한 변화를 초래하는 경우
외부 요인의 변화	이용 중인 데이터에 적용된 비식별 조치 방법과 유사한 방법으로 비식별 조치한 사례가 재식별되었다고 알려진 경우 이용 중인 데이터에 적용된 비식별 기법과 기술을 무력화하는 새로운 기술이 등장하거나 공개된 경우 이용 중인 데이터와 새롭게 연계 가능한 정보가 출연하거나 공개된 것으로 알려진 경우

⑤ 안전한 가명정보 활용을 위한 분석 방법

가명정보는 평문상태로 데이터 결합과 분석이 이루어지므로 분석 속도가 빠르며, 분석 편의성이 높으나 데이터 손실 및 분석 과정에서 재식별 가능성이 존재하기 때문에 지속적인 모니터링이 필요하다. 따라서 데이터를 안전하게 활용할 수 있는 분석 방법이 필요하다.

가명정보 활용을 위한 분석 방법 기출

방법		내용
동형 암호화 (Homomorphic Encryption) 기반 분석방법		기존 암호화 방법과 달리 암호화 상태에서 데이터를 결합하고 연산/분석 등이 가능한 4세대 암호화 기법
	장점	암호화 상태에서 모든 계산 가능(튜링완전성 만족), 안전성 증명 가능(양자내성암호)
	단점	암호화 후 데이터 크기 증가, 평문 대비 데이터 처리 속도 느림
재현 데이터 (Synthetic Data) 기반 분석방법 기출		원본과 통계적으로 유사하나 가상으로 다시 만들어진 합성 데이터(Synthetic Data) 컴퓨터 기계학습이 주목받으며 등장한 개념으로 국내에서는 통계개발원이 통계적 추론을 위한 재현 데이터 활용이라는 개념을 공식으로 소개하면서 '재현(再現)' 데이터 개념이 확산 〈재현 데이터 생성방식〉
	완전 재현 데이터	원본 자료의 속성(Label, Feature) 정보 모두를 재현 데이터로 생성하는 방식
	부분 재현 데이터	민감하지 않은 정보는 그대로 두고, 매우 민감한 정보에 대해서만 재현 데이터로 대체하는 방식

3.1.5 데이터 품질 검증

데이터 품질 검증은 해당 조직이 운영/관리하고 있는 정보시스템에 저장된 정형/비정형 데이터의 품질을 측정해 현재의 수준을 평가하고 품질 저하의 요인을 분석해 개선사항을 제안하는 절차이다.

3.1.5.1 데이터 품질 관리의 이해

❶ 데이터 품질과 데이터 품질 관리

데이터 품질(Data Quality)은 데이터를 활용하는 사용자의 다양한 활용 목적이나 만족도를 지속적으로 충족시킬 수 있는 수준(Larry P. English)이며, 데이터의 최신성, 정확성, 상호 연계성 등을 확보해 이를 사용자에게 유용한 가치를 줄 수 있는 수준으로 정의한다.

데이터 품질은 데이터 무결성(Data Integrity)과도 밀접한 관계를 가진다. 데이터 품질은 조직에서 데이터의 정확성, 완전성, 유효성, 일관성, 고유성, 적시성 및 목적에 대한 적합성을 평가하는 데 사용하는 광범위한 범주의 기준이 되며, 데이터 무결성은 이러한 속성 중 특히 정확성, 일관성 및 완전성에 중점을 둔다. 그리고 데이터 보안의 관점에서 이에 더 중점을 두고 악의적 행위자에 의한 데이터 손상을 방지하기 위한 보호장치를 구현한다. **기출**

데이터 품질 관리(Data Quality Management)란, 데이터의 품질을 지속적으로 유지하고, 개선함으로써 사용자의 만족도를 극대화하기 위해 수행하는 일련의 활동이며 기관이나 조직 내/외부의 정보시스템 및 데이터베이스 사용자의 기대를 만족시키기 위해 지속적으로 수행하는 데이터 관리 및 개선 활동을 의미한다(TTA Standard, 한국정보통신기술협회).

❷ 데이터 품질 진단(Diagnostic) 및 개선 **기출**

데이터 품질 진단(Diagnostic)은 해당 조직이 운영/관리하고 있는 정보시스템에 저장된 정형/비정형 데이터의 품질을 측정해 현재의 수준을 평가하고 품질 저하의 요인을 분석해 개선사항을 제안하는 절차이다.

데이터의 품질 수준을 향상하기 위해서는 운영 단계에서 해당 기관의 데이터에 대한 지속적이고 체계적인 품질 수준 측정 및 이를 통해 도출된 품질 문제를 해결하기 위한 품질 개선(Improvement) 활동이 필요하며 개선 활동을 통해 과거나 현재에 발생한 사건의 원인에 대해 분석해 데이터 간의 관계를 발견하고 왜 특정 결과가 발생했는지 설명할 수 있게 된다.

품질 진단 및 개선 절차 "공공 데이터 품질 관리 매뉴얼". 한국정보화진흥원, 2018.

단계		설명
품질 진단(3단계) 기출	진단 대상 정의 (Define)	품질 이슈에 대한 수요 및 현황을 조사해 품질 진단 대상 데이터베이스를 선정하고, 진단 방향성을 정의
	품질 진단 실시 (Measure)	품질 진단 대상에 대한 상세 수준의 품질 진단 계획 수립 후 품질 진단 영역별 진단을 실시
	진단 결과 분석 (Analyze)	오류 원인 분석, 업무 영향도 분석을 통해 개선 과제를 정의(단기 개선 과제, 중/장기 개선 과제 등)
품질 개선(3단계) 기출	개선 계획 수립 (Improvement Plan)	품질 개선 과제별 개선 방향 정의 및 개선 추진을 위한 추진 계획을 수립
	개선 수행(Implement)	상세 수준의 품질 개선 계획 수립 및 개선 영역별 품질 개선 실시
	품질 통제(Control)	목표 대비 결과 분석, 평가를 통한 품질 관리 목표 재설정 및 지속적 품질 통제 수행

3.1.5.2 데이터 품질 지표

❶ 일반적 품질 지표 기출

품질 지표는 데이터의 품질 수준을 측정하기 위한 관점을 정의한 것으로 무엇을 측정할 것인가에 대한 기준이 되는 품질 요소(특성)를 의미한다.

데이터 품질과 관련하여 해외의 대표적인 연구로는 TDQM(Total Data Quality Management) 프로그램을 들 수 있다. 여기에서는 데이터 품질을 4개 차원으로 구분하고 각 품질 요인별로 추가적인 요인들을 제시하고 있다.

데이터 품질 유형별 품질 요소

데이터 품질 차원	설명	데이터 품질 요소
내재적 데이터 품질 (Intrinsic Data Quality) 기출	데이터 자체의 우수성	정확성, 신뢰성, 객관성, 진실성 등
상황적 데이터 품질 (Contextual Data Quality)	사용자가 목적하는 상황의 적합성	연관성, 가치성, 관련성, 적시성, 완전성, 적절성 등
표현적 데이터 품질 (Representational Data Quality)	데이터 표현의 명확성	해석가능성, 이해가능성, 표현의 일관성, 간결성 등
접근적 데이터 품질 (Accessibility Data Quality)	데이터에 접근할 수 있는 환경적 우수성	접근성, 보안성, 활용가능성

또한 국내 한국정보화진흥원에서 발간한 공공 데이터 품질 관리 매뉴얼에서는 품질을 측정하는 기준으로 7대 지표와 지표별 세부 특성을 반영한 24개의 세부 지표를 제공하고 있다.

데이터 품질 지표. "공공 데이터 품질 관리 매뉴얼", 한국정보화진흥원, 2018. 기출

지표	설명	세부지표
준비성	정책, 규정, 조직, 절차 등을 마련하고, 최신의 내용으로 충실하게 관리되는지를 측정하는 지표	관리지표, 내용충실
완전성 기출	논리적인 설계와 물리적인 구조를 갖추고, 업무요건에 맞는 데이터가 저장되는지를 측정하는 지표	논리모델, 식별자, 물리구조, 속성의미
일관성	같은 의미를 갖는 데이터는 논리적 속성, 물리적 컬럼 단위에서 일관된 이름과 형식을 준수하고 있는지, 공동 활용을 위해 공유·연계하는 데이터는 누락 없이 상호 간의 일관성을 유지하는지를 측정하는 지표	속성, 표준, 중복값, 연계값
정확성	데이터의 오류가 입력되지 않도록 하고, 저장된 데이터가 정의된 기준에 맞게 유효한 값의 범위와 형식으로 되어 있는지, 최신 값을 반영하고 있는지를 측정하는 지표	입력값, 업무규칙, 범위/형식, 참조관계, 계산식
보안성	데이터의 관리 주체가 관리되고 있는지, 권한에 따른 데이터 접근이 적절히 통제되고 개인정보 등 중요 데이터에 대해서는 암호화 등 보안 조치가 이루어져 있는지를 측정하는 지표	오너쉽, 접근제한, DB보호
적시성	사용자가 만족하는 수준의 응답시간이 확보되고 있는지, 수집·처리·제공까지의 절차가 체계적으로 관리되고 있는지를 측정하는 지표	응답시간, 데이터 제공, 최신값
유용성	사용자가 만족하는 수준의 충분한 정보가 제공되고 있는지, 정보 접근 시 사용자의 편의성이 확보되고 있는지, 사용자의 만족 수준을 높이도록 노력하고 있는지를 측정하는 지표	충분, 접근, 활용

❷ 정형 데이터 품질 지표

정형 데이터 품질 기준은 다음과 같다.

정형 데이터 품질 기준. "데이터 품질 진단 절차 및 기법". 한국데이터베이스진흥원 기출

품질 기준	내용	예시
완전성(Completeness) 기출	필수 항목에 누락이 없어야 한다.	고객의 아이디는 NULL일 수 없다.
유일성(Uniqueness)	데이터 항목은 유일해야 하며 중복되어서는 안 된다.	고객의 이메일 주소는 유일해야 한다.
유효성(Validity)	데이터 항목은 정해진 데이터 유효 범위 및 도메인을 충족해야 한다.	기준점 좌표각은 -360 초과 360 미만까지의 값을 가진다.
일관성(Consistency)	데이터가 지켜야할 구조, 값, 표현되는 형태가 일관되게 정의되고, 서로 일치해야 한다.	고객의 직업코드는 통합 코드 테이블의 직업코드에 등록된 값이어야 한다.
정확성(Accuracy)	실세계에 존재하는 객체의 표현 값이 정확히 반영되어야 한다는 것을 의미한다.	시작일은 종료일 이전 시점이어야 한다.

❸ 비정형 데이터 품질 지표

비정형 데이터는 디지털화된 멀티미디어 콘텐츠를 지칭하는 것으로, 품질 기준은 정형 텍스트 데이터에 대한 품질 기준과 다르게 적용되어야 한다. 이를 좀 더 세분화하면 비정형 콘텐츠 자체와 메타 데이터로 나누어 볼 수 있다.

비정형 데이터 품질 기준. "데이터 품질 진단 절차 및 기법". 한국데이터베이스진흥원.

품질 기준	설명
기능성(Functionality)	해당 콘텐츠가 특정 조건에서 사용될 때, 명시된 요구와 내재된 요구를 만족하는 기능을 제공하는 정도
신뢰성(Reliability)	해당 콘텐츠가 규정된 조건에서 사용될 때 규정된 신뢰수준을 유지하거나 사용자로 하여금 오류를 방지할 수 있도록 하는 정도
사용성(Usability)	해당 콘텐츠가 규정된 조건에서 사용될 때, 사용자에 의해 이해되고, 선호될 수 있게 하는 정도
효율성(Efficiency)	해당 콘텐츠가 규정된 조건에서 사용되는 자원의 양에 따라 요구된 성능을 제공하는 정도
이식성(Portability)	해당 콘텐츠가 다양한 환경과 상황에서 실행될 수 있는 가능성의 정도

비정형 콘텐츠 자체에 대한 품질 기준은 메타 데이터, 텍스트, 이미지, 사운드 등의 콘텐츠 유형에 따라 다를 수 있다.

출제예상문제

01. 데이터가 가지는 일반적인 특성에 대한 설명으로 알맞지 않은 것은?

① 데이터의 일반적인 특징 중 존재론적 특징은 정성적 데이터와 정량적 데이터로 구분된다.
② 정량적 데이터는 이름, 나이, 성별, 주소 등이 모여 하나의 객체를 형성하고 각 속성을 결합해 측정이나 설명이 가능하다.
③ 정성적 데이터는 수치, 도형, 기호 등의 정형 데이터를 중심으로 속성이 모여 객체를 갖는 특징이 있다.
④ 정량적 데이터는 내부 시스템(주로 DBMS)에 소스가 위치하며 데이터베이스, 스프레드시트 등의 저장 형태를 갖는다.

02. 데이터 수집 단계에서 데이터의 특징은 재생산을 의미한다. 재생산 데이터의 구분으로 올바르지 않은 것은?

① 가역적 데이터는 생산된 데이터의 원본으로 일정 수준 환원이 가능한 데이터이다.
② 불가역적 데이터는 생산된 데이터의 원본 환원이 불가능하며 원본과 전혀 다른 형태로 재생산되어 원본의 추적이 불가능하다.
③ 불가역적 데이터는 데이터 웨어하우징, 로그 수집 등의 활용 분야가 대표적이다.
④ 가역적 데이터는 원본 데이터와 1:N 관계를 가지며 탐색적 처리 과정을 가진다.

03. 빅데이터 수집과 관련된 설명으로 가장 적절하지 않은 것은?

① 데이터 소스의 위치에 따라 내부 데이터와 외부 데이터로 구분되며 해당 구분에 따라 상이한 방법으로 데이터를 수집할 수 있다.
② 대표적으로 내부 데이터는 ETL 방식으로 데이터를 수집한다.
③ 데이터 수집의 주기성을 나눌 때 서비스의 활용적인 측면보다 원본 데이터의 생명수기에 맞춰 데이터를 수집한다.
④ 외부 데이터는 주로 크롤링 기법을 활용해 데이터를 수집한다.

04. 다음 데이터가 속하는 데이터의 유형으로 올바른 것은?

```
[
{"question": "3+1=?",
 "answer  " : "4",
 "example1": "8",
 "example2": "3",
 "example3": "4",
 "example4": "0",
},
{"question": "4+2=?",
 "answer  " : "6",
 "example1": "4",
 "example2": "5",
 "example3": "8",
 "example4": "0",
}
]
```

① 정형 데이터
② 비정형 데이터
③ 반정형 데이터
④ 정량적 데이터

01. ③   02. ③   03. ③   04. ③

출제예상문제

05. 반정형 데이터의 종류로 올바르지 않은 것은?

① JSON
② CSV
③ RSS
④ XML

06. 다음 중 구조 관점의 데이터 유형에 관한 설명으로 가장 적절하지 않은 것은?

① 정형 데이터는 미리 정해 놓은 형식과 구조에 따라 저장되도록 구성된 데이터이다.
② 정형 데이터는 스키마를 가지며 값과 형식에서 일관성이 없다는 특징이 있다.
③ 반정형 데이터는 파일에 포함된 메타 데이터를 바탕으로 테이블 형태의 데이터 스키마로 변환하고 데이터를 매핑해 정형 데이터로 변환할 수 있다.
④ 비정형 데이터는 언어 분석이 가능한 텍스트 데이터나 이미지, 동영상 같은 멀티미디어 데이터 등이 있다.

07. 비정형 데이터에 대한 설명으로 가장 적절하지 않은 것은?

① 비정형 데이터는 일반적으로 정의된 구조가 없이 정형화되지 않은 데이터이다.
② 웹에 존재하는 데이터는 모두 비정형 데이터로 HTML의 형태로 존재한다.
③ 텍스트 데이터는 대표적인 비정형 데이터 유형이다.
④ 비정형 데이터의 수집 기술은 데이터셋이 아니라 객체화되어 있는 하나의 데이터이다.

08. 정형 데이터의 수집 기술로 가장 적절하지 않은 것은?

① Open API
② FTP
③ ETL
④ Crawling

09. 데이터 수집 절차를 순서대로 나열한 것은?

① 수집 세부 계획 수립 → 데이터 선정 → 테스트 수집 실행
② 테스트 수집 실행 → 수집 세부 계획 수립 → 데이터 선정
③ 데이터 선정 → 테스트 수집 실행 → 수집 세부 계획 수립
④ 데이터 선정 → 수집 세부 계획 수립 → 테스트 수집 실행

10. 데이터 수집 세부 계획 수립 시 수행 내용으로 알맞지 않은 것은?

① 수집할 데이터가 내부 혹은 외부에 있느냐에 따라 소유기관과의 협의를 진행한다.
② 데이터 수집 및 처리에 들어가는 구축 비용이 많이 들어갈 경우를 식별하고 수집 난이도를 계산한다.
③ 구성 형태에 따른 데이터 유형을 파악하고 존재 형태를 고려해 수집 방법을 결정한다.
④ 수집 시 적용할 기술 및 보안사항 등을 점검해 저작권 등에 위반되지 않는지 사전 검토한다.

11. 다음 중 반정형 데이터의 수집 기술로 가장 적절하지 않은 것은?

① Open API　　　　　　　　② HTTP
③ ETL　　　　　　　　　　　④ Crawling

12. 빅데이터 수집 시스템의 요건에 해당하지 않는 것은?

① 확장성 : 데이터 수집의 대상이 되는 서버는 충분한 확장이 가능해야 한다.
② 유연성 : 다양한 데이터 원천의 여러 포맷에 적용할 수 있도록 변경이 용이해야 한다.
③ 실시간성 : 수집된 데이터는 실시간으로 반영되어야 한다.
④ 통합성 : 수집 데이터는 자동적으로 통합되어 저장되어야 한다.

13. 다음 중 데이터 수집 난이도를 어려운 순서로 나열한 것은?

① 정형 - 반정형 - 비정형　　　② 반정형 - 비정형 - 정형
③ 비정형 - 정형 - 반정형　　　④ 비정형 - 반정형 - 정형

14. 테스트 수집 시 고려할 사항으로 가장 부적절한 것은?

① 원하는 데이터가 제대로 수집됐는지 기술적 방법의 적용이 최적인지 검토한다.
② 데이터셋 누락, 소스 데이터와 비교를 통해 데이터 정확성을 판단한다.
③ 수집 대상 시스템에 트래픽 발생 문제는 테스트 단계 이후 운영 단계에서 파악한다.
④ 수집한 데이터의 개인정보 보안, 수집 데이터의 저작권 관련사항 등 업무적 검토를 수행한다.

15. 데이터 유형과 그 종류를 연결한 것 중 가장 적절하지 않은 것은?

① 정형 데이터 : RDBMS, 스프레드시트
② 반정형 데이터 : HTML, XML, 동영상
③ 비정형 데이터 : 센서 데이터, SNS 문서
④ 비정형 데이터 : 웹문서, 웹로그

16. 저장 형태 관점에서 데이터를 구분한 종류 중 가장 적절하지 않은 것은?

① 파일 데이터　　　　　　　② 데이터베이스 데이터
③ 배치 데이터　　　　　　　④ 스트림 데이터

17. 수집 위치에 따라 데이터를 분류하였을 때, 외부 데이터에 해당하지 않는 것은?

① ERP　　　　　　　　　　② SNS
③ IOT 센서　　　　　　　　④ LOD(링크 데이터)

출제예상문제

18. 데이터에 관한 다음 설명 중 잘못된 것을 고르시오?

① 고정된 구조로 정해진 필드에 저장된 데이터를 정형 데이터라고 한다.
② 고정된 필드에 저장되어 있지는 않지만 데이터와 메타 데이터, 스키마 등을 포함하는 데이터를 비정형 데이터라고 하며 XML, HTML, JSON 등이 대표적이다.
③ 자체적으로 시스템 내부에 보유하고 있는 데이터를 의미하며, 대부분 정형 데이터 형태인 것을 내부 데이터라 한다.
④ 대부분 비정형의 데이터 형태이며, 데이터를 외부 데이터라고 한다.

19. 여러 빅데이터 수집 기법 중 웹 문서를 수집하는 기법을 올바른 것은?

① Crawling ② Streaming
③ RDB Aggregator ④ Log Aggregator

20. 다음에서 설명하는 데이터 속성 파악의 기준으로 가장 적절한 것은?

> 데이터 속성 파악은 데이터 분석에서 첫 시작이자 분석 방법을 선택하기 위한 기준이 된다. 이러한 데이터에 일정한 규칙을 가지고 기호 또는 숫자로 표현하며, 특성(속성)을 구분 짓는 기준을 ( )라고 한다.

① 척도 ② 표준
③ 규칙 ④ 만족도

21. 척도에 관한 설명으로 옳지 않은 것은?

① 명목척도는 질적자료를 구분하기 위한 기준으로 측정 대상 분류를 위해 임의의 숫자를 부여한다.
② 서열척도는 측정 대상들을 서열화하며, 성적 등수, 키 순서, 인기도 등이 대표적인 예이다.
③ 등간척도는 서열에 관한 정보는 알 수 없지만 숫자 자체로 절대적 의미를 갖는다.
④ 비율척도는 분류, 서열, 등간성의 속성을 가지면서 절대영점과 가상 단위를 갖는다.

22. 다음 중 비율척도에 해당하는 것으로 알맞지 않은 것은?

① 거리 ② 무게
③ 연도 ④ 넓이

23. ETL을 표현하는 핵심 단어에 대한 설명 중 가장 적절한 것은?

① 추출 : 변환된 데이터를 특정 목표 시스템에 적재
② 변환 : 데이터 클렌징, 표준화, 형식 변환, 통합, 다수 애플리케이션에 내장된 비즈니스 룰 적용
③ 적재 : 하나 또는 그 이상의 데이터 원천으로부터 데이터 획득
④ 작업 단위 : 획득한 데이터를 목표 시스템에 적재하는 하나의 작업

출제예상문제 18. ② 19. ① 20. ① 21. ③ 22. ③ 23. ②

24. 다음 중 ETL에 대한 설명으로 가장 적절한 것은?

가) 전통적인 분석 환경 프로세스이다.
나) 다양한 데이터를 실시간 혹은 비실시간으로 수집해 저장한다.
다) 데이터 적재 목적은 이동 및 변환이며 추출, 변환, 적재 과정을 거친다.
라) 데이터 소스 시스템 및 환경으로부터 데이터를 추출해 비즈니스 데이터로 변환한다.

① 가, 나
② 가, 라
③ 가, 나, 다
④ 가, 나, 다, 라

25. 다음 중 ETL의 기능으로 가장 적절하지 않은 것은?

① 데이터의 크기 확대
② 도메인 검증
③ 데이터 키 값의 재구성
④ 불필요한 데이터 삭제 및 중복 데이터 삭제

26. 기존 ETL 프로세스처럼 데이터를 적재하기 전 먼저 변형하지 않고, 타겟 시스템 또는 분석 도구에서 직접 데이터를 변형하게 하는 작업을 고르시오.

① EAI
② CDC
③ ODS
④ ELT

27. 데이터 전처리 시 고려사항으로 적절하지 않은 것은?

① 수집된 데이터의 유형 분류 시 분류 기준을 적용할 수 있는 기능 제공이 필요하다.
② 이상값(범위를 벗어나는 값) 처리는 전처리에서만 고려한다.
③ 데이터 변환 실패 시 재시도 기능 제공 또는 취소 기능이 제공되는지 확인이 필요하다.
④ 데이터 변환 실패 이력을 저장하고 사용자에게 전달하는 기능 제공이 필요하다.

28. 다음에 설명하는 데이터 변환 과정은?

저장 데이터를 분석에 용이하도록 변환, 통합, 축소 등의 기술 사용하여 가공하는 과정

① 데이터 후처리
② 데이터 전처리
③ 비정형 데이터의 정형 데이터 변환
④ 데이터 통합

출제예상문제

29. 데이터 비식별화와 관련된 설명으로 가장 적절하지 않은 것은?

① 데이터 비식별화는 데이터 활용을 위한 비즈니스 환경의 요구와 데이터 3법의 시행으로 더욱 관심이 높아지고 있다.
② 비식별화는 데이터 그 자체로서 개인을 식별할 수 있는 정보만을 대상으로 한다.
③ 데이터 비식별화는 프라이버시 침해를 최소화하면서도 빅데이터 분석 기술의 효용을 극대화할 수 있는 개인정보 활용을 위해 고안되었다.
④ 이름, 휴대전화번호, 주소 등의 데이터는 데이터 비식별화가 필요한 대상이다.

30. 데이터는 개인정보 식별 측면에서 식별자와 준식별자로 구분된다. 다음 중 성격이 다른 것은?

① 지문
② 결혼 여부
③ 혈액형
④ 허리둘레

31. 다음 예시에 해당하는 데이터 비식별 처리 기법으로 올바른 것은?

> 홍길동, 25세, 부산 거주, 한국대 재학 → 홍○○, 25세, 부산 거주, ○○대학 재학

① 데이터 마스킹
② 가명처리
③ 데이터 범주화
④ 총계처리

32. 다음 중 데이터 비식별화 방법에 대한 설명으로 가장 적절하지 않은 것은?

① 데이터 마스킹 : 개인 식별이 가능한 데이터에 직접적으로 식별할 수 없는 다른 값으로 대체
② 데이터 삭제 : 개인정보 식별이 가능한 특정 데이터 값을 삭제
③ 데이터 범주화 : 단일 식별 정보를 해당 그룹의 대표값으로 변환하거나 구간값으로 변환
④ 총계처리 : 개인정보에 대해 통계값을 적용해 특정 개인을 판단할 수 없도록 함

33. 다음 중 데이터 비식별 처리 기법 중 하나인 총계처리 기법의 세부 기술로 가장 적절하지 않은 것은?

① 총계처리
② 부분 총계
③ 재배열
④ 교환 방법

184 출제예상문제   29. ②   30. ①   31. ①   32. ①   33. ④

34. 다음 중 식별자 처리의 세부 기술과 특징을 연결한 것으로 가장 적절한 것은?

> 가) 라운딩 : 집계 처리된 값에 대해 라운딩 기준을 적용해 최종 집계 처리하는 방법으로, 세세한 정보보다는 전체 통계 정보가 필요한 경우에 주로 사용함
> 나) 감추기 : 개인정보에 임의의 숫자 등 잡음을 추가하는 방법
> 다) 재배열 : 기존 정보값을 유지하면서 개인이 식별되지 않도록 데이터 재배열
> 라) 식별자 삭제 : 다른 정보와 뚜렷하게 구별되는 레코드 전체를 삭제하는 방법

① 가
② 다
③ 가, 다
④ 가, 다, 라

35. 비식별화 프라이버시 모델 중 특정인 추론이 안 된다고 해도 민감한 정보의 다양성을 높여 추론 가능성을 낮추는 기법은?

① K- 익명성
② L- 다양성
③ T- 근접성
④ S- 민감성

36. 다음 중 프라이버시 모델과 취약한 공격 유형으로 알맞은 것을 고르시오.

> 가) K - 익명성 : 연결 공격, 동질성 공격, 배경 지식에 의한 공격
> 나) L - 다양성 : 쏠림 공격, 유사성 공격
> 다) T - 근접성 : 해당 없음

① 가
② 다
③ 나, 다
④ 가, 다

37. 다음을 설명하는 품질 특성을 고르시오.

> 필수 항목에 누락이 없어야 한다. 예) 고객의 아이디는 NULL일 수 없다.

① 완전성
② 유일성
③ 일관성
④ 신뢰성

38. 데이터 품질 관리에 대한 설명으로 옳지 않은 것은?

① 데이터 품질 : 데이터를 활용하는 사용자의 다양한 활용 목적이나 만족도를 지속적으로 충족시킬 수 있는 수준
② 데이터 품질 지표 : 특정 비즈니스 목적에 특정 사실이 부합하는지 여부를 결정하기 위해 사용되는 주관적 기준
③ 데이터 품질 관리 : 데이터의 품질을 지속적으로 유지하고, 개선함으로써 사용자의 만족도를 극대화하기 위해 수행하는 일련의 활동
④ 데이터 진단 : 품질을 측정해 현재의 수준을 평가하고 품질 저하의 요인을 분석해 개선사항을 제안하는 절차

출제예상문제

39. 다음 중 데이터 품질 관리의 중요성으로 가장 적절하지 않은 것은?

① 데이터 분석 결과의 신뢰성 확보
② 데이터 활용도 향상
③ 일원화된 프로세스
④ 최신 데이터 확보

40. 데이터 품질 진단으로 도출할 수 있는 질문은 무엇인가?

① 왜 발생했는가?
② 언제 할 것인가?
③ 사건이 일어날 것인가?
④ 어떻게 대응할 것인가?

41. 다음 비정형 데이터의 품질 기준에 대한 설명으로 가장 적절하지 않은 것은?

① 특정 조건에서 사용될 때, 명시된 요구와 내재된 요구를 만족하는 기능을 제공
② 규정된 조건에서 사용될 때 규정된 신뢰수준을 유지하거나 사용자로 해금 오류를 방지
③ 규정된 조건에서 사용되는 자원의 양에 따라 요구된 성능을 제공하는 정도
④ 데이터 항목은 유일해야 하며 중복되어서는 안 된다.

42. 정형 데이터의 품질 기준에 대한 설명으로 가장 적절하지 않은 것은?

① 필수 항목에는 누락이 없어야 하는 특성
② 규정된 조건에서 사용될 때, 사용자에 의해 이해되고, 선호될 수 있게 하는 정도
③ 데이터 항목은 정해진 데이터 유효범위 및 도메인을 충족해야 하는 특성
④ 데이터가 지켜야 할 구조, 값 등이 일관되게 정의되야 하며 일치해야 하는 특성

43. 데이터 변환에 대한 설명으로 옳은 것은?

① 데이터 유형을 변환하거나 데이터 분석이 용이한 형태로 변환하는 과정
② 결측값 변환, 이상값 제거, 노이즈 데이터 교정하는 과정
③ 데이터 분석이 용이하도록 기존 또는 유사 데이터를 연계, 통합하는 과정
④ 레거시 시스템(Legacy system)의 데이터와 함께 분석이 필요한 경우 수행

44. 재현 자료(Synthetic Data)에 대한 설명으로 옳은 것은?

① 원본과 통계적으로 유사하나 가상으로 다시 만들어진 데이터이다.
② 완전 재현 데이터는 민감한 정보에 대해서만 재현 데이터로 대체하는 방식이다.
③ 부분 재현 데이터는 정보 모두를 재현 데이터로 생성하는 방식이다.
④ 암호화 상태에서 데이터를 결합하고 연산/분석 등이 가능하다.

39. ④ 40. ① 41. ④ 42. ② 43. ① 44. ①

45. 다음 중 민감정보가 아닌 것을 고르시오.

① 종교
② 신용등급
③ 정치성향
④ 인종정보

46. 내재적 데이터 품질에 대해 설명으로 옳은 것은?

① 품질 요소는 정확성, 신뢰성, 객관성, 진실성 등이 있다.
② 품질 요소는 접근성, 보안성, 활용가능성 등이 있다.
③ 품질 요소는 해석가능성, 이해가능성, 표현의 일관성, 간결성 등이 있다.
④ 품질 요소는 연관성, 가치성, 관련성, 적시성, 완전성, 적절성 등이 있다.

47. 다음에 설명하는 암호화 방식은?

> 기존 암호화 방법과 달리 암호화 상태에서 데이터를 결합하고 연산/분석 등이 가능한 4세대 암호화 기법

① 패스워드
② 대칭키 암호화
③ 공개키(비대칭키) 암호화
④ 동형 암호화

풀이

01. 정성적 데이터는 언어, 문자 등으로 이루어지며 객체마다 합의된 정보를 가진다.

02. 불가역적 데이터는 소셜 분석, 텍스트 마이닝이 대표적으로 활용된다.

03. 데이터 수집 주기성은 배치나 실시간으로 주기를 결정하며 서비스 활용 측면을 고려한다.

04. 반정형 데이터는 메타 데이터를 바탕으로 테이블 형태 데이터 스키마를 가진다.

05. CSV 파일은 구조화된 데이터 형태로 정형 데이터에 해당한다.

06. 정형 데이터가 정형화된 스키마를 가지며 값과 형식에 일관성이 있다는 특징이 있다.

07. 웹에 존재하는 데이터의 경우 html 형태로 존재하지만 텍스트 마이닝을 통해 데이터 수집도 가능하기 때문에 반정형 혹은 비정형 데이터로 명확하게 구분하기 어려울 수 있다.

08. Crawling은 반정형 혹은 비정형 데이터의 수집 기술이다.

09. 데이터 수집 절차는 데이터 선정 → 수집 세부 계획 수립 → 테스트 수집 실행 순으로 진행된다.

10. 구축 비용과 데이터 수집, 분석 시 필요한 데이터 획득 비용을 산정하는 단계는 데이터 선정 단계이다.

11. ETL은 정형 데이터의 수집 기술이다.

12. 빅데이터 수집 시스템의 요건은 확장성, 안정성, 유연성, 실시간성이다.

13. 비정형 데이터는 데이터 자체로 분석이 불가능해 난이도가 높으며, 반정형 데이터는 메타 정보를 해석해 정형으로 변환해 난이도가 중간이다. 정형 데이터는 데이터 수집 난이도가 낮고 형식도 정해져 있어 처리가 쉬운 편이다.

14. 테스트 수집 시에 업무적 검토를 통해 대용량 트래픽 부하를 사전 감지하고 조치한다.

15. 반정형 데이터는 데이터 속성으로 메타 데이터를 가지며 센서 데이터, HTML 등을 포함한다.

16. 배치 데이터는 시간 관점에서의 데이터 유형이다. 시간 관점에서 데이터 유형은 실시간 데이터와 비실시간 데이터(배치 데이터)로 나눌 수 있다.

17. ERP는 내부 수집 데이터에 해당한다.

18. ②는 반정형 데이터에 관한 설명이다.

19. Streaming은 실시간 데이터를 대상으로 수집하는 기법이며, RDB Aggregator는 RDB 기반 데이터를 대상으로 수집하는 기법이다. Log Aggregator는 로그 데이터를 대상으로 수집하는 기법이다.

20. 척도는 데이터에 속하는 사물, 속성 값들의 특성을 설명하는 기준이다.

21. 등간척도는 양적자료 분류 기준으로 측정 대상의 분류와 서열 정보를 주며 숫자 자체는 절대적 의미를 갖지 못하나 숫자 간 차이는 절대적 의미를 갖는다.

22. 연도는 등간척도에 해당되며 절대영점과 가상 단위를 갖지 못한다.

23. 추출은 하나 또는 그 이상의 데이터 원천으로부터 데이터 획득하는 것을 의미하며, 변환된 데이터를 특정 목표 시스템에 적재하는 것은 적재에 관한 설명이다.

풀이

24. ETL은 데이터의 이동 및 변환 절차와 관련된 업계 표준 용어이다. 데이터의 이동 및 변환이 주된 목적이며 데이터 통합, 이동, 마스터 데이터 관리 등의 작업을 위해서도 활용된다.

25. ETL의 기능은 논리적 데이터 변환, 도메인 검증, DBMS 간 변환, 데이터의 요약, 데이터 키 값으로 시간 값의 추가, 데이터 키 값의 재구성, 레코드 통합, 불필요한 데이터 삭제 및 중복 데이터 삭제가 있다.

26. ELT는 데이터를 추출한 후 즉시 로드(적재) 단계를 시작해, 모든 데이터 소스를 하나의 공간에 이동시켜 용도나 필요에 따라서 데이터를 변형해 사용한다.

27. 전/후처리에서 이상값에 대한 처리는 수행되며, 후처리에서는 이상값 처리뿐 아니라 변환 가능한 추천 기능 제공까지 고려되어야 한다.

28. 저장 데이터를 분석에 용이하도록 변환, 통합, 축소 등의 기술을 사용하여 가공하는 과정은 후처리 과정에 대한 설명이다.

29. 그 자체로 개인을 식별할 수 있는 정보뿐만 아니라 해당 정보만으로는 특정 개인을 알아볼 수 없더라도 다른 정보와 쉽게 결합해 개인을 알아볼 수 있는 정보 또한 비식별화 적용 대상이다.

30. 지문은 생체 정보로 그 자체로 개인을 식별할 수 있는 정보, 즉 식별자에 해당한다.

31. 데이터 마스킹은 개인 식별이 가능한 특정 데이터 값을 삭제하는 방법이다.

32. 개인 식별이 가능한 데이터에 대해 직접적으로 식별할 수 없는 다른 값으로 대체하는 것은 가명처리이다.

33. 총계처리의 세부 기술은 총계처리, 부분 총계, 라운딩, 배열이 있다.

34. 개인정보에 임의의 숫자 등 잡음을 추가하는 것은 임의 잡음 추가 세부 기술에 대한 설명이다.

35. 민감정보의 다양성을 높이는 프라이버시 모델은 L-다양성에 대한 설명이다.

36. 연결 공격은 K-익명성 프라이버시 모델로 극복 가능한 공격 유형이다.

37. 필수 항목에 누락이 없어야 하는 품질 특성은 완전성에 대한 설명이다.

38. 데이터 품질 지표는 데이터의 품질 수준을 측정하기 위한 관점을 정의한 것으로 무엇을 측정할 것인가에 대한 기준이 되는 지표

39. 양질의 데이터 확보가 중요성에 포함된다.

40. 진단을 통해 품질 저하의 요인을 분석해 개선사항을 제한하게 되며, 왜 특정 결과가 발생했는지 설명할 수 있다.

41. ④는 유일성에 대한 설명이며, 유일성은 정형 데이터의 품질 지표이다.

42. 규정된 조건에서 사용될 때, 사용자에 의해 이해되고, 선호될 수 있게 하는 정도는 비정형 데이터의 사용성을 의미한다.

43. 데이터 변환은 데이터 유형을 변환하거나 데이터 분석이 용이한 형태로 변환하는 과정이다.

44. 재현 자료는 통계적 원본을 보존하고 있는 가상의 합성 데이터이다.

45. 신용등급은 준식별자에 해당한다.

46. 내재적 데이터 품질은 데이터 자체의 우수성을 의미하며, 정확성, 신뢰성, 객관성, 진실성 등이 이에 해당한다.

47. 기존 암호화 방법과 달리 암호화 상태에서 데이터를 결합하고 연산/분석 등이 가능한 4세대 암호화 기법은 동형 암호화에 대한 설명이다.

3.2 데이터 적재 및 저장

b Day

학습목표
데이터를 비즈니스 목적에 유용한 상태로 변환하는 적재 과정과 이를 저장 및 처리하는 방법을 학습한다.

출제경향
데이터 적재 및 저장 영역은 ETL, RDBMS, NoSQL의 개념과 기술적인 내용이 출제되었다. 개념을 지문에 서술하고 해당 기법/기술을 선택하거나, 기법/기술을 분류별로 묶고 차이나는 기술을 선택하는 문제들이다. 그렇기 때문에 각 기술들의 분류를 잘 구분하고, 역할의 차이를 인지하면서 학습하도록 하자.

출제빈도

제2회(2021. 04. 17) 2문항 출제	제3회(2021. 10. 02) 3문항 출제
제4회(2022. 04. 09) 4문항 출제	제5회(2022. 10. 01) 1문항 출제
제6회(2023. 04. 08) 2문항 출제	제7회(2023. 09. 23) 1문항 출제
제8회(2024. 04. 06) 4문항 출제	제9회(2024.09.07) 3문항 출제

출제세부항목	출제수	출제 내용(문항수)
3.2.1 데이터 적재	6	추출/변환/로드ETL(2), 데이터 웨어하우스(2), 데이터 저장소, ODS
3.2.2 데이터 저장	14	NoSQL(4), 분산파일시스템DFS(3), 하둡파일시스템HDFS(2), 저장기술(2), 저장-비정형, Key-Value DB(2)

빅분기_13
3.2.1~3.2.2

3.2.1 데이터 적재

데이터 적재는 구조화된 데이터와 구조화되지 않은 데이터를 비롯한 전체 데이터를(수집 데이터) 가져와 비즈니스 목적에 맞게 실질적으로 유용한 상태로 변환하는 과정이다.

이 적재된 정보를 이용해 기업의 인사이트를 추출하게 되며, 수집한 데이터는 효과적이고 안전하게 저장, 관리해야 한다. 이때 사용하는 저장 방식으로는 RDBMS, NoSQL, 분산파일시스템 등을 사용한다.

3.2.1.1 데이터 웨어하우스(전통적 데이터) 중심 적재 환경

전통적 분석 환경에서는 사용자에게 분석할 수 있는 최소 범위를 제공하기 위해 여러 시스템 및 환경에서 ETL을 이용하여 정형 데이터를 처리해 왔다. 이 과정을 거쳐 ODS(Operational Data Store), 데이터 마트, 데이터 웨어하우스로 데이터를 적재하여 분석을 통해 인사이트를 도출하게 된다.

❶ ETL(Extract, Transform, Load)

ETL 프로세스를 통해 데이터 소스 시스템 및 환경으로부터 데이터를 추출해 비즈니스 데이터로 변환 후 데이터 마트, 데이터 웨어하우스, ODS로 적재한다(ETL의 정의는 '3.1.3.1 전통적 분석 시스템과 빅데이터 분석 시스템의 데이터 변환'을 참조한다).

ETL은 일괄 ETL(Batch ETL), 실시간 ETL(Real Time ETL)로 구분할 수 있으며, 대용량 데이터 처리를 위해 MPP(Massive Parallel Processing, 작업 단계에서 다수의 프로세서가 동시 처리할 수 있게 하는 병렬 처리 프로세스)를 지원한다.

ETL 처리 프로세스는 다음과 같다.

ETL 처리 프로세스

단계	설명
Interface ETL	데이터 소스로부터 데이터를 뽑아 내기 위해 인터페이스를 통일시킬 메커니즘 수립
Staging ETL	Interface 단계에 따라 변환된 데이터 획득 후 스테이징 테이블에 저장
Profiling ETL	스테이징 테이블에서 데이터 특성 식별, 품질 측정
Cleansing ETL	프로파일링된 데이터들을 보정함
Integration ETL	클렌징된 데이터를 통합해 ODS에 적재
Denormalizing ETL	운영보고서 생성/데이터 웨어하우스 등에 적재를 위해 반정규화 수행

ETL은 추출, 변환, 적재 외에도 논리적 데이터 변환, 도메인 검증, DBMS 간 변환, 데이터의 요약, 데이터 키 값으로 시간 값의 추가, 데이터 키 값의 재구성, 레코드 통합, 불필요한 데이터 삭제 및 중복 데이터 삭제 등의 기능을 수행한다.

❷ ODS(Operational Data Store)

ODS는 데이터에 추가 작업을 위해 다양한 데이터 원천(Source)으로부터 데이터를 추출 통합한 데이터베이스이다. ODS 내의 데이터는 향후 비지니스 지원을 위해 타 정보시스템으로 이관되거나, 다양한 보고서 생성을 위해 데이터 웨어하우스로 이관된다.

다양한 원천들로부터 데이터가 구성되기 때문에, ODS를 위한 데이터 통합은 일반적으로 데이터 클렌징, 중복 제거, 비지니스 룰 대비 데이터 무결성 점검 등의 작업들을 포함한다.

ODS는 일반적으로 실시간(Real Time) 또는 실시간 근접(Near Real Time) 트랜잭션 등 원자성(개별성)을 지닌 하위 수준 데이터들을 저장하기 위해 설계된다.

ODS Layered

단계	설명
Interface layer	다양한 데이터 소스(RDB, 스프레드시트, 웹문서 등)로부터 데이터를 획득하는 단계 OLEDB(Object Linking and Embedding DataBase), ODBC(Object DataBase Connectivity), FTP(File Transfer Protocol) 등의 프로토콜을 이용해 데이터를 획득함
Staging layer	인터페이스 단계를 거친 데이터에 적재 타임스탬프, 값에 대한 체크섬 등 통제 정보들이 추가되며 스테이징 테이블에 적재 체크섬(Check Sum) : 데이터를 수치화 후 다 더한 값, 데이터를 전송할 때 이 값까지 함께 보내서, 전송 중 데이터 손실이 없었는지 체크
Profiling layer	스테이징 테이블(테스트 테이블) 내 데이터에 대해 범위, 도메인, 유일성 확보 등의 규칙을 기준으로 품질을 점검해 오류 데이터를 식별
Cleansing layer	프로파일링 단계에서 식별된 오류 데이터를 수정
Integration layer	수정 완료된 데이터를 ODS 내 단일 통합 테이블에 적재
Export layer	ODS 내의 통합된 데이터에 내보내기 규칙, 보안규칙 등을 반영한 익스포트 ETL을 적용해 테이블을 생성하고 DMBS 등에 적재

❸ 데이터 웨어하우스(Data Warehouse, DW)

데이터 웨어하우스는 사용자의 의사결정에 도움을 주기 위해 기간 시스템의 데이터베이스에 축적된 데이터를 공통의 형식으로 변환해서 관리하는 데이터베이스이다.

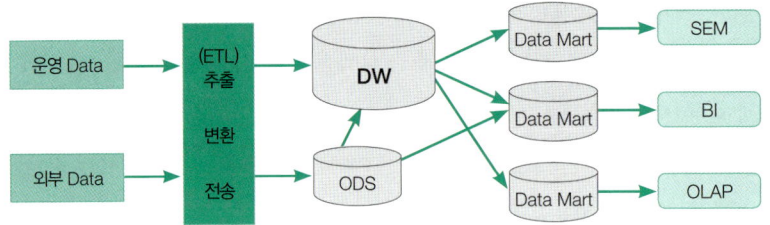

데이터 웨어하우스 개념도

ODS를 통해 정제 및 통합된 데이터는 데이터 분석과 보고서 생성을 위해 데이터 웨어하우스에 적재되며, 데이터 웨어하우스는 다음의 특징들을 가진다.

데이터 웨어하우스 특징 기출

특징	설명
주제 중심	분석하고자 하는 데이터를 일상적인 트랜잭션을 처리하는 주제 중심으로 시스템을 구조화
통합 구조	기존 운영시스템의 데이터를 추출하여 사용자의 요구에 맞게 표준화 및 통합화
시계열성	최신 데이터를 보유하고 있으며, 시간 순으로 데이터가 어떻게 변했는지 이력 데이터를 보유
비휘발성(영속성)	초기 데이터 적재 이후에는 데이터의 갱신/삭제 없이 검색/조회만 수행 DW에 올바르게 기록되면 변경되지 않으며 분석의 일관성을 유지

데이터 웨어하우스의 테이블들은 스타 스키마 또는 스노우 플레이크 스키마로 모델링된다.

데이터 웨어하우스 모델링 방법론

방법론	설명
스타 스키마 (Star Scheme)	조인 스키마라고도 하며, 데이터 웨어하우스 스키마 중 가장 단순 단일 사실 테이블을 중심으로 다수의 차원 테이블들로 구성 스타 스키마를 활용할 때는 전통적인 관계형 데이터베이스를 통해 다차원 데이터베이스 기능을 구현할 수 있음
스노우 플레이크 스키마(Snow Flake Scheme)	스타 스키마의 차원 테이블을 정규화(테이블별 중복 최소화)한 형태로, 데이터 중복이 제거돼 데이터 적재 시 시간이 단축되는 장점이 있음. 하지만 스키마 구조의 복잡성 증가에 따른 조인 테이블 개수 증가와 쿼리 작성 난이도 상승이라는 단점이 있음

3.2.1.2 데이터 레이크(빅데이터) 중심 적재 환경

데이터의 수집과 활용 범위가 점차 확대됨에 따라, 이전과는 다른 방식으로 데이터를 저장하고 처리할 필요가 높아졌다. 정형 데이터가 아닌 이미지, 동영상, 센서 데이터, 소셜 데이터 등의 비정형 데이터들을 수집하고 이를 통합/조직화하여 목적에 맞게 데이터를 활용하기 위해 다양한 구조의 원형 데이터들이 모여 있는 저장소인 데이터 레이크를 사용할 수 있다.

❶ 데이터 레이크(Data Lake)

데이터 레이크는 정형화나 정규화 등을 수행하여 데이터를 적재하는 데이터 웨어하우스와 달리, 조직에서 수집한 정형/반정형/비정형 데이터를 변형없이 원형 데이터(Raw Data)로 저장하는 단일 데이터 저장소이다.

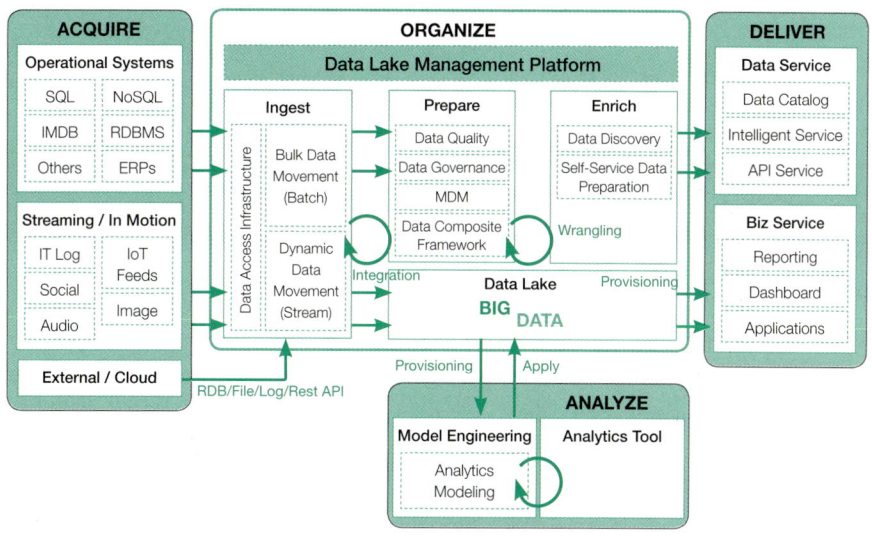

데이터 레이크 플랫폼 아키텍처

데이터 레이크의 구조화된 데이터에는 RDBMS의 테이블, 반 구조화된 CSV 파일, XML 파일, 로그, JSON 파일을 저장할 수 있으며 구조화되지 않은 데이터인 PDF, 워드 문서, 텍스트 파일, 이메일 등 바이너리 데이터에는 오디오, 비디오, 이미지 파일을 저장할 수 있다.

데이터 레이크 특징

특징	설명
ETL, ELT 환경 적용	선택적으로 ETL 환경을 구성할 수도 있으며, ELT 환경 기반에서 데이터 적재와 동시에 Raw 데이터를 분석할 수 있다.
스키마 구성	데이터 웨어하우스는 구현 전 설계가 필요한 반면, 데이터 레이크는 분석 시에 구성할 수 있다.
유연성	하나의 모델에 국한되지 않고 다양한 모델링을 적용할 수 있다.
확장성	다양한 형태의 데이터를 원 데이터 그대로 분석할 수 있다.

❷ 데이터 웨어하우스와 데이터 레이크의 비교

데이터 웨어하우스와 데이터 레이크 비교

구분	데이터 웨어하우스	데이터 레이크
데이터	트랜잭션 시스템, 운영 데이터베이스 및 사업부서 애플리케이션의 관계형 데이터. 정형 데이터	IoT 디바이스, 웹사이트, 모바일 앱, 소셜 미디어 및 기업 애플리케이션의 비관계형 및 관계형 데이터 정형/반정형/비정형 데이터
스키마	데이터 웨어하우스 구현 전에 설계됨 (Schema on write)	분석 시에 쓰임(Schema on read)
가격/성능	고비용의 스토리지를 사용해 가장 빠른 결과를 얻음	저비용의 스토리지를 사용해 쿼리 결과의 속도가 빨라짐
데이터 품질	신뢰할 수 있는 중앙 버전 역할을 하는 고도의 큐레이트된 데이터	큐레이트될 수 있거나 될 수 없는 모든 데이터(즉, 원시 데이터)
분석	배치 보고, BI 및 시각화	기계학습, 예측 분석, 데이터 디스커버리 및 프로파일링

데이터 웨어하우스와 데이터 레이크는 일종의 스토리지 저장소 역할을 하지만 데이터 웨어하우스는 기본적으로 정제된 데이터가 적재되고, 데이터 레이크는 정제된 데이터를 포함한 그렇지 않은 데이터까지 포괄한다.

3.2.2 데이터 저장

데이터 저장은 데이터를 분석에 사용하기에 적합한 방식으로 안전하게 영구적인 방법으로 보관하는 것으로서 대용량의 다양한 형식의 데이터를 고성능으로 저장하고 필요한 경우 데이터를 검색해 수정, 삭제 또는 원하는 내용을 읽어오는 방법을 제공하는 것을 포함한다.

데이터 저장 방식은 크게 파일시스템 방식과 RDBMS(관계형 데이터베이스 시스템)이나 NoSQL 시스템을 이용하는 데이터베이스 방식으로 구분할 수 있다.

3.2.2.1 데이터베이스 저장 방식

❶ RDBMS 방식

데이터베이스 방식 중에 RDBMS 방식은 기존에 많이 사용하던 관계형 데이터베이스 시스템을 이용하는 방식으로 기존에 운영 중이던 레거시 시스템으로부터 수집·추출한 정형 데이터를 대량으로 저장할 때 사용할 수 있는 방식이다.

RDBMS는 속성을 구분하는 Column(열)과 저장되는 값인 Row(행)로 정의된 테이블로 구성되며, 테이블과 테이블의 관계로 데이터의 무결성 및 중복 최소화를 구현한다.

또한 SQL(Structured Query Language)을 사용해 CRUD(Create, Read, Update, Delete)를 수행하고, 데이터를 관리할 수 있는 데이터베이스 엔진이며, RDBMS 종류에는 Oracle, MS-SQL, MySQL, Sybase, MPP DB 등이 있다.

RDBMS 트랜잭션의 특성

특성	설명
원자성 (Atomicity)	관련된 작업들은 전부 반영되거나 아니면 하나도 반영이 안 되거나 해야 된다는 것을 의미 (All or Nothing)
일관성 (Consistency)	트랜잭션이 성공한 후에는 데이터베이스 데이터의 전, 후가 동일한 상태를 유지해야 됨을 의미 (예 : 10,000원 → 5,000원, 5,000원)
독립성 (Isolation)	여러 작업이 실행되더라도 그것이 순차적으로 실행된 것과 같은 결과를 내야 됨을 의미 (수행 중 트랜잭션에 타 트랜잭션이 접근할 수 없음)
영속성(Durability)	일단 작업이 완료되었다고 리포팅이 되었다면 DB에 영구적으로 반영되어야 함을 의미

RDBMS 테이블 데이터는 컬럼과 값을 코드 매핑하거나 데이터형을 변환 처리해 테이블 형태로 저장되며, XML, JSON, HTML 등 형식의 파일은 파싱 처리해 테이블에 저장한다. 또한 문서, 이미지, 비디오, 오디오 등 이진 파일은 key 값을 추출한 후 테이블에 저장한다.

❷ NoSQL 방식

● **NoSQL의 이해**

데이터베이스 방식 중에 NoSQL(Not only SQL) 방식은 대용량 데이터베이스를 저장하기 위해 전통적인 관계형 데이터베이스 시스템보다 상대적으로 제한이 덜한 데이터 모델을 기반으로 하며, 수평적 확장성(또는 Scale-Out), 데이터 복제, 간편한 API 제공, 일관성 보장 등의 장점이 있다.

NoSQL의 DBMS 관점 특성

특성	설명
Basically Available	언제든지 데이터는 접근할 수 있어야 하는 속성 분산 시스템이기 때문에 항상 가용성을 중시함
Soft-State	노드의 상태는 내부에 포함된 정보에 의해 결정되는 것이 아니라 외부에서 전송된 정보를 통해 결정되는 속성 특정 시점에서는 데이터의 일관성이 보장되지 않음
Eventually Consistency	일정 시간이 지나면 데이터의 일관성이 유지되는 속성 일관성을 중시하고 지향

대부분 클러스터에서 실행할 목적으로 만들어졌기 때문에 관계형 모델을 사용하지 않는다. 그러나 모든 NoSQL 데이터베이스가 클러스터에서 실행되도록 맞춰진 것은 아니다.

예를 들어, NoSQL 데이터 모델 중 하나인 그래프 데이터베이스는 관계형 데이터베이스와 비슷한 분산 모델을 사용한다.

NoSQL 특징

비용	대부분 오픈소스 기반이며 대용량 데이터 처리를 지원한다.
확장성	NoSQL은 애초에 클러스터 하나에서 서버 여러 개를 이용하도록 설계되었다.
유연성	스키마 없이 동작(Scheme Less)하며 구조에 대한 정의를 변경할 필요 없이 데이터베이스 레코드에 자유롭게 필드를 추가할 수 있다.
성능	RDBMS 대비 대용량 읽기/쓰기 성능이 우수하다.

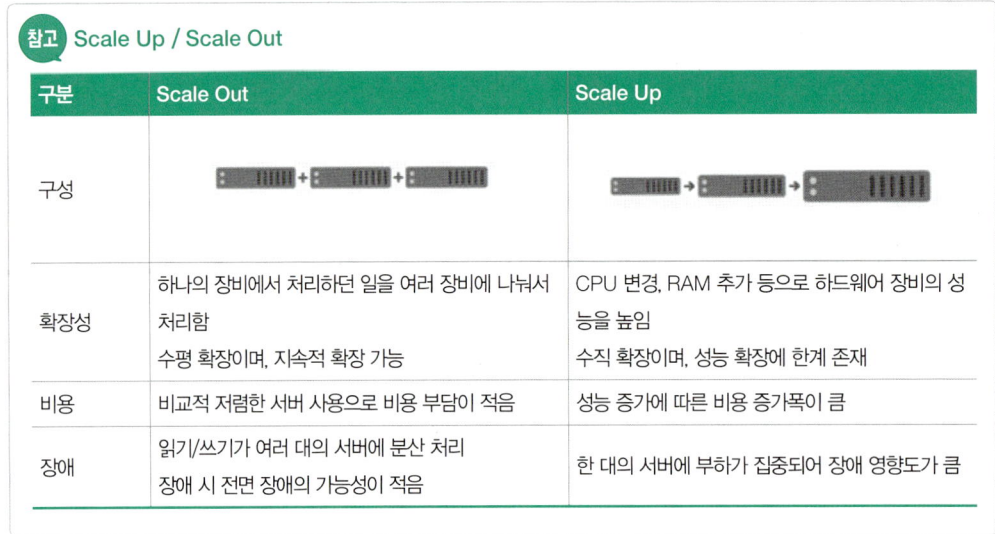

참고 Scale Up / Scale Out

구분	Scale Out	Scale Up
구성		
확장성	하나의 장비에서 처리하던 일을 여러 장비에 나눠서 처리함 수평 확장이며, 지속적 확장 가능	CPU 변경, RAM 추가 등으로 하드웨어 장비의 성능을 높임 수직 확장이며, 성능 확장에 한계 존재
비용	비교적 저렴한 서버 사용으로 비용 부담이 적음	성능 증가에 따른 비용 증가폭이 큼
장애	읽기/쓰기가 여러 대의 서버에 분산 처리 장애 시 전면 장애의 가능성이 적음	한 대의 서버에 부하가 집중되어 장애 영향도가 큼

● **NoSQL의 종류**

NoSQL 데이터베이스 시스템에는 여러 가지 저장 시스템이 사용되고 있는데, 데이터 모델에 따라 Document-Oriented 데이터베이스, Key-Value 데이터베이스, Column-Oriented 데이터베이스, Graph 데이터베이스로 분류할 수 있다.

NoSQL의 종류 기출

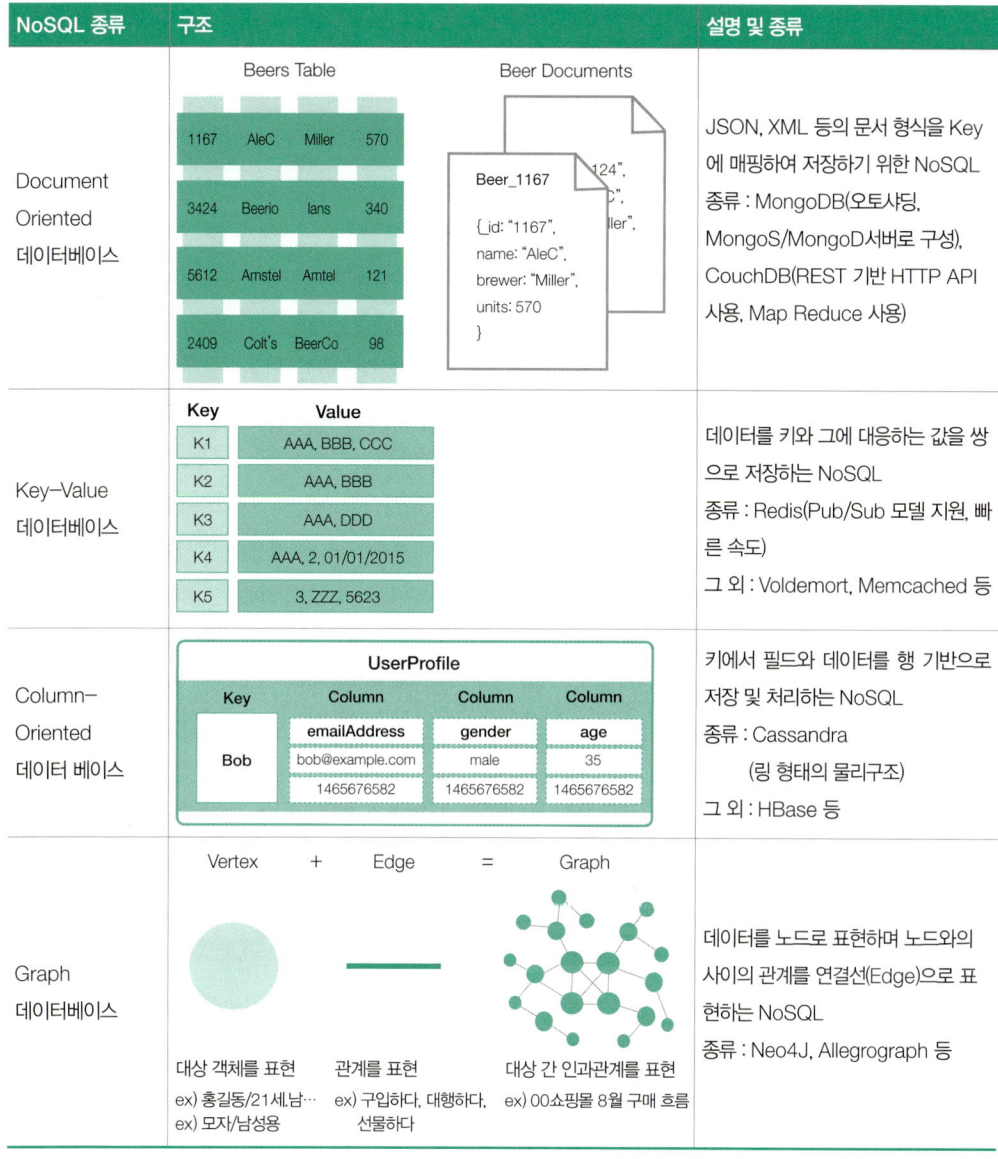

NoSQL 종류	구조	설명 및 종류
Document Oriented 데이터베이스	Beers Table / Beer Documents	JSON, XML 등의 문서 형식을 Key에 매핑하여 저장하기 위한 NoSQL 종류 : MongoDB(오토샤딩, MongoS/MongoD서버로 구성), CouchDB(REST 기반 HTTP API 사용, Map Reduce 사용)
Key-Value 데이터베이스	Key / Value	데이터를 키와 그에 대응하는 값을 쌍으로 저장하는 NoSQL 종류 : Redis(Pub/Sub 모델 지원, 빠른 속도) 그 외 : Voldemort, Memcached 등
Column-Oriented 데이터 베이스	UserProfile	키에서 필드와 데이터를 행 기반으로 저장 및 처리하는 NoSQL 종류 : Cassandra (링 형태의 물리구조) 그 외 : HBase 등
Graph 데이터베이스	Vertex + Edge = Graph	데이터를 노드로 표현하며 노드와의 사이의 관계를 연결선(Edge)으로 표현하는 NoSQL 종류 : Neo4J, Allegrograph 등

NoSQL에 저장할 때 정형 데이터(RDBMS 저장 데이터)는 컬럼과 값을 Key와 Value로 구분해 저장하며 XML, JSON, HTML 등 형식의 파일은 파싱해 Key-Value로 저장한다(NoSQL에서 지원하는 데이터 타입으로 변환 저장).

❸ RDBMS와 NoSQL의 비교

RDBMS와 NoSQL의 차이는 다음과 같다.

RDBMS와 NoSQL 비교

구분	RDBMS	NoSQL
저장 데이터	기업의 제품 판매정보, 고객정보 등의 핵심 정보의 저장	중요하지 않으나 데이터 양이 많고 급격히 늘어나는 정보 저장
환경 측면	일반적인 환경이나 분산 환경 등에 사용	클라우드 컴퓨팅처럼 수천, 수만 대 서버의 분산 환경
CAP 유형	CA	CP, AP
인덱스	복잡(관계형 모델 기반)	단순(Key-Value)기반
데이터 접근	SQL - Scale Up	NoSQL (API 이용), Scale Out
특성	ACID	BASE
경합 해소	MVCC(Multi Version Concurrency Control)	경합 데이터 분산화 유도(샤딩 및 파티셔닝)
분산 처리 방법	오라클 RAC 등으로 분산 처리 방법	페타 바이트 수준의 대량의 데이터 처리
특징	고정된 스키마를 가지며 조인 등을 통해 데이터를 검색함	단순한 키와 값의 쌍으로만 이루어져 인덱스와 데이터가 분리되어 별도로 운영됨
사용 예	오라클, 인포믹스, DB2, MySQL	구글의 Bigtable, 아마존의 Dynamo, 트위터의 Cassandra 등

DBMS를 선택할 때는 Consistency(일관성), Availability(유효성), Partition Tolerance(분산 가능)을 고려하게 되는데 이를 CAP 이론이라고 하며, UC Berkeley의 Eric Brewer에 의해 분산 시스템 설계에 대한 3가지 관점으로 제안되었다.

또한 PACELC 이론은 CAP 이론을 보완해 네트워크 장애상황과 정상상황으로 나누어 설명한다. 상세한 내용은 '참고 : CAP 이론 & PACELC 이론'을 학습하자.

> **CAP 이론 & PACELC 이론**
>
> - **CAP 이론**
>
>   분산 시스템 설계에 많이 인용되는 CAP 이론은 UC Berkeley의 Eric Brewer가 제안한 개념이며, 분산 시스템 설계에서 한 대의 서버로 이루어진 시스템이 아니라 여러 서버로 이루어진 시스템을 가정하는데 Consistency(일관성), Availability(가용성), Partition Tolerance(분산 가능) 세 가지 속성 모두 만족하는 것은 불가능하며, 오직 두 가지만을 만족할 수 있다는 이론이다. 세 가지 속성의 약자를 따서 CAP라고 이름 지어졌다.

> **참고** CAP 이론 & PACELC 이론

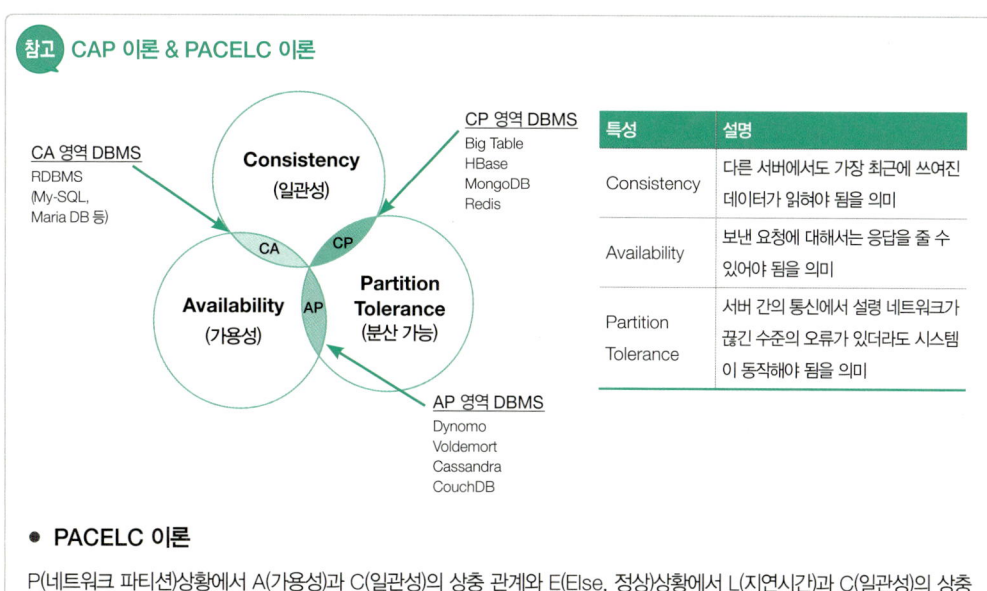

- **PACELC 이론**

P(네트워크 파티션)상황에서 A(가용성)과 C(일관성)의 상충 관계와 E(Else, 정상)상황에서 L(지연시간)과 C(일관성)의 상충 관계를 설명하며 장애상황, 정상상황에서 어떻게 동작하는지에 따라 시스템을 PC/EC, PC/EL, PA/EC, PA/EL로 나누고 적합한 NoSQL DBMS를 제시한다.

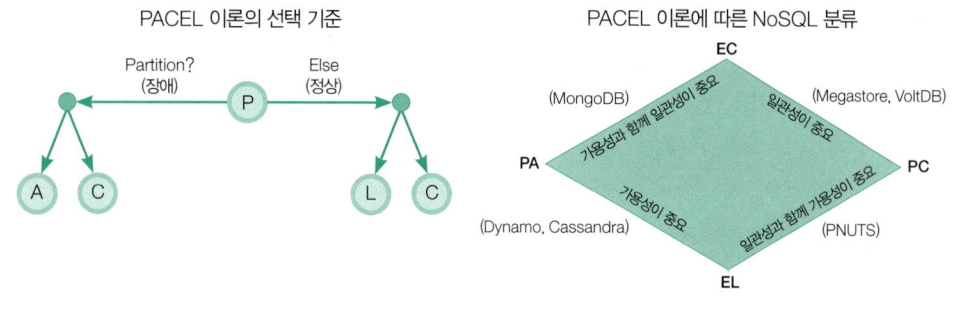

3.2.2.2 분산파일시스템 저장 방식 기출

분산파일시스템(Distributed File System) 저장 방식은 빅데이터를 확장 가능한 분산 파일 형태로 저장하는 방식으로 대표적인 예는 구글의 GFS, HDFS 등이 있다. x86서버급의 저사양 서버들을 활용하여 대용량, 분산 데이터 집중형 애플리케이션을 지원하며 사용자들에게 고성능 고장허용한계(Fault-Tolerance) 환경을 제공한다.

빅데이터는 대량의 데이터를 저장하기 때문에 단일 컴퓨팅 환경에서 성능과 처리 효율성에서 한계를 가질 수 있다. 이러한 단점을 해결하기 위해 두 대 이상의 컴퓨터를 이용해 작업에 대한 처리를 수행할 필요가 있으며, 그 과정에서 수행할 작업을 분배하고 다시 조합하는 과정이 필요하게 되고 이러한 역할은 분산 컴퓨팅 시스템이 하게 된다.

❶ 구글파일시스템(Google File System, GFS)

Google에서 개발한 구글파일시스템은 일반 상용 서버를 대량으로 연결하여 데이터에 대한 접근이 효율적이고 안정적인 대규모 클러스터 서비스 구성이 가능한 파일시스템이다.

청크(Chunk : GFS 1.0 : 64MB 고정크기, GFS 2.0 : 128MB 고정크기) 단위로 파일을 나누어서 청크 서버에 각 청크와 복제본을 분산 저장하며, 파일을 얻기 위해 마스터로부터 해당 파일의 청크가 저장된 청크 서버들의 위치 정보 등의 메타데이터를 획득한 뒤, 청크 서버에 파일 데이터를 요청하는 구조이다.

GFS는 클라이언트(Client), 마스터(Master), 청크 서버(Chunk Server)로 구성되어 있다.

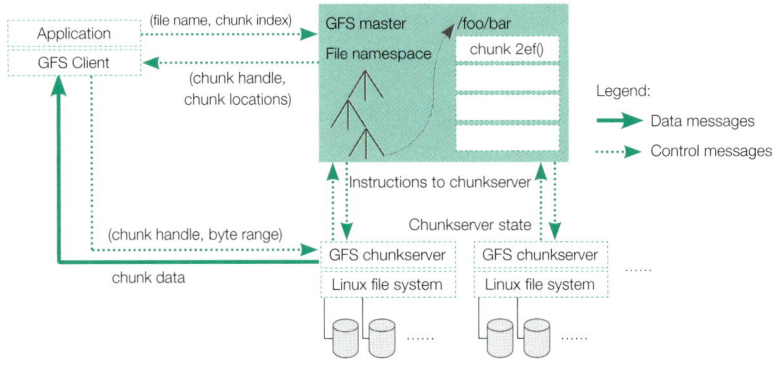

GFS(Google File System) 아키텍처

GFS 아키텍처 구성요소

구분	수행 역할
클라이언트(Client)	파일을 읽고 쓰는 동작을 요청하는 애플리케이션
마스터(Master)	GFS 전체의 상태를 관리하고 통제하는 중앙 서버 역할을 수행
청크 서버(Chunk Server)	물리적인 하드디스크에 실제 입출력 처리

청크 서버가 고장날 경우, 마스터는 고장나지 않은 청크 서버를 이용하여 파일의 읽기/쓰기를 실행할 수 있으며, 마스터 서버가 고장나는 경우, 별도의 외부 장비가 마스터 서버의 고장 유무를 체크하여, 다른 서버가 마스터 서버의 기능을 대체하게 된다. 이러한 방식으로 무정지 기능을 구현하게 된다.

❷ 하둡분산파일시스템(Hadoop Distributed File System, HDFS) 기출

하둡분산파일시스템은 아파치 하둡 프로젝트의 분산파일시스템으로 처음에는 아파치 너치(Apache Nutch, 확장 가능한 오픈소스 웹 크롤러 소프트웨어 프로젝트)라는 웹 검색엔진 프로젝트를 위한 하부 구조를 위해서 만들어졌다. 너치에서 수집하는 웹사이트에 대한 방대한 데이터를 처리할 길이 없어 난감하던 차에 2004년 Google이 발간한 구글파일시스템(Google File System, GFS) 논문과 맵리듀스(Map-Reduce) 논문을 기초로 해 약 3~4개월 간의 프로그래밍을 통해 하둡분산파일시스템을 너치에 이식하면서 대용량 파일을 저장하고 처리할 수 있게 되었다(HDFS는 GFS를 참고하여 만들어졌다).

하둡분산파일시스템은 대용량 파일을 저장하고 처리하기 위해서 개발된 파일시스템이며 하나의 서버에서 동작하는 것이 아니라, 여러 개의 서버에 설치되어서 하둡분산파일시스템만을 위한 별도의 스토리지가 필요 없다. 따라서 일반 리눅스 장비에 탑재되어 있는 로컬디스크를 이용해서 확장 가능한 유연성 있는 구조를 가지고 있다.

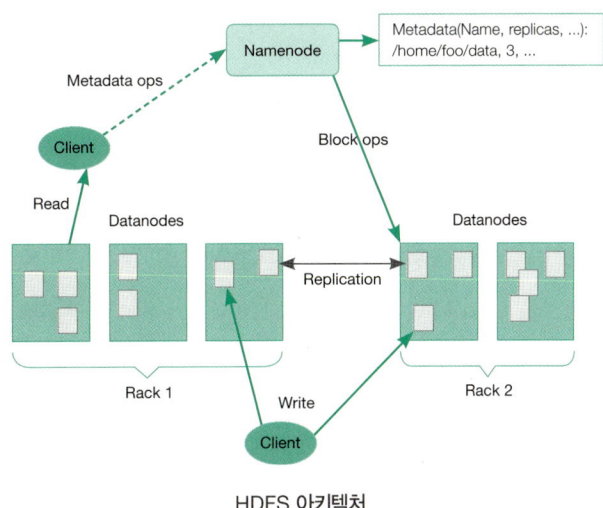

HDFS 아키텍처

HDFS는 블록 구조의 파일시스템으로 특정 크기(하둡 2.0 : 128MB)로 나누어서 분산 서버에 저장하며 하나의 네임 노드, 하나 이상의 보조 네임 노드, 다수의 데이터 노드로 구성된다.

HDFS 아키텍처 구성요소

구분	수행 역할
네임 노드 (Name Node)	모든 메타 데이터 관리, Master-Slave 구조의 Master 역할, 데이터 노드 상태 체크(하트비트), 블록 상태 체크
보조 네임 노드 (Secondary Name Node)	상태 모니터링 보조, 주기적으로 Name Node의 파일시스템 이미지 스냅샷 생성
데이터 노드 (Data Node)	Master-Slave 구조의 Slave 역할 수행, 데이터 입출력 요청 처리, 블록 3 중 복제 저장 (데이터 유실 방지)
복제 (Replication)	HDFS의 무정지 기능(Fault Tolerance)을 위해 해당 파일을 블록 단위로 복제하여 저장하는 기능(기본 설정 3개 Block복제)

문서(XML/JSON/HTML, 텍스트 등), 이미지, 비디오, 오디오 등 텍스트 및 이진 파일을 분산파일시스템에서 지원하는 파일 형식으로 저장한다.

출제예상문제

01. 다음 중 데이터 적재에 대한 설명으로 알맞지 않은 것은?

① 데이터 적재는 구조화된 데이터와 구조화되지 않은 데이터를 비롯한 전체 데이터를 가져와 비즈니스 목적에 실질적으로 유용하게 변환하는 과정이다.
② 조직 혹은 기업에서 여러 시스템의 데이터를 단일 데이터베이스, 데이터 저장, 데이터 웨어하우스 또는 데이터 레이크에 결합하기 위해 일반적으로 허용된다.
③ 데이터를 적재하여 저장하는 방식에는 대표적인 RDBMS를 사용하는 것이 일반적이다.
④ 전통적 분석 환경에서는 사용자에 분석할 수 있는 최소 범위를 제공하기 위해 ETL을 이용해 여러 시스템 및 환경에서 추출, 변환, 적재해 정형 데이터를 처리해왔다.

02. 전통적 분석 환경에서의 ETL에 대한 설명으로 알맞지 않은 것은?

① ETL은 Extract, Transform, Load 세 단어의 축약어로 데이터 소스 시스템 및 환경으로부터 데이터를 추출하여 비즈니스 데이터로 변환 후 데이터 마트, 데이터 웨어하우스, ODS로 적재한다.
② ETL 구현을 위해 일괄 ETL(Batch ETL) 실시간 ETL(Real Time ETL)로 구분할 수 있다.
③ 대용량 데이터 처리를 위해 MPP(작업 단계에서 다수의 프로세서가 동시 처리할 수 있게 하는 병렬 처리 프로세스)를 지원한다.
④ ETL은 중간 단계에 저장하는 역할을 한다.

03. 다음 중 데이터에 추가 작업을 위해 사용되는 데이터 저장 기술인 ODS에 대한 설명으로 가장 부적절한 것은?

① ODS는 데이터에 추가 작업을 위해 다양한 데이터 원천(Source)으로부터 데이터를 추출 통합한 데이터베이스이다.
② ODS 내의 데이터는 향후 비지니스 지원을 위해 타 정보시스템으로 이관되거나, 다양한 보고서 생성을 위해 데이터 웨어하우스로 이관된다.
③ ODS는 일반적으로 사후 처리(Post Transaction) 또는 가격 등 원자성(개별성)을 지닌 하위 수준 데이터들을 저장하기 위해 설계된다.
④ 다양한 원천으로부터 데이터가 구성되기 때문에, ODS를 위한 데이터 통합은 일반적으로 데이터 클렌징, 중복 제거, 비지니스 룰 대비 데이터 무결성 점검 등의 작업들을 포함한다.

04. 데이터를 통합 적재하는 ODS의 레이어에 구성으로 옳지 않은 것은?

① Interface layer
② Staging layer
③ Profiling layer
④ Extract layer

204 출제예상문제　01. ③　02. ④　03. ③　04. ④

05. 데이터 웨어하우스에 대한 설명으로 가장 알맞지 않은 것은?

① 사용자의 의사결정에 도움을 주기 위해 기간 시스템의 데이터베이스에 축적된 데이터를 공통 형식으로 변환하고 관리해주는 데이터베이스이다.
② 기관이나 조직이 보유한 대부분의 운영시스템이 보유한 데이터를 개별적으로 분할해 관리하는 데이터베이스이다.
③ ODS를 통해 정제 및 통합된 데이터는 데이터 분석과 보고서 생성을 위해 데이터 웨어하우스에 적재된다.
④ 데이터 웨어하우스는 실 업무 상황의 특정 이벤트나 항목을 기준으로 구조화되고, 최초 저장 후 읽기전용 속성을 갖게 되며 삭제가 되지 않는다.

06. 다음에서 설명하는 데이터 웨어하우스의 모델링 방법론은 무엇인가?

> 차원 테이블을 제 3정규형으로 정규화한 형태로, 데이터 중복이 제거돼 데이터 적재 시 시간이 단축되는 장점이 있다. 하지만 스키마 구조의 복잡성 증가에 따른 조인 테이블 개수 증가와 쿼리 작성 난이도 상승이라는 단점이 있다.

① Snowflake schema
② Star schema
③ Dimension
④ Internal schema

07. 데이터 레이크에 관한 설명 중 옳지 않은 것을 고르시오.

① 데이터 레이크는 정형, 비정형을 막론한 다양한 형태의 로우 데이터를 모은 집합소 개념으로, 데이터 분석가, 데이터 사이언티스트, 개발자 등의 사용자들이 로우 데이터를 다양한 툴을 이용해 가공 및 분석해 인사이트를 얻기에 매우 유용하다.
② 사전에 정의된 스키마가 없으므로 종전의 ETL 과정에서처럼 데이터의 스키마를 맞추는 작업은 필요하지 않다.
③ 데이터 웨어하우스에 비해 고비용의 스토리지를 사용해 결과는 빠르지만 저장 및 처리에 높은 비용이 든다.
④ 데이터 레이크에는 구조화된 데이터로 RDBMS, 반 구조화된 CSV, XML, 로그 등을 저장할 수 있다.

08. 다음 중 데이터 레이크에 대한 특징으로 알맞지 않은 것은?

① ETL과 ELT 환경 적용 : 선택적으로 ETL 환경을 구성할 수도 있으며, ELT 환경 기반에서 데이터 적재와 동시에 Raw 데이터를 분석할 수 있다.
② 스키마 구성 : 데이터웨어 하우스는 구현 전 설계가 필요한 반면, 데이터 레이크는 분석 시에 구성할 수 있다.
③ 경직성 : 하나의 모델을 중심으로 모델링 적용 시에 통일된 저장소를 구성한다.
④ 확장성 : 다양한 형태의 데이터를 원 데이터 그대로 분석할 수 있다.

출제예상문제

09. 기존에 많이 사용하던 데이터 저장 방식은 RDBMS이다. RDBMS의 특징에 관한 설명으로 알맞지 않은 것은?

① Atomicity : 관련된 작업들은 전부 반영되거나 아니면 하나도 반영이 안 되거나 해야 된다는 것을 의미한다 (All or nothing).
② Consistency : DB의 상태가 늘 일관된 상태를 유지해야 됨을 의미한다.
③ Isolation : 여러 작업이 실행될 경우 동시에 수행된 것과 같은 결과를 내야함을 의미한다.
④ Durability : 일단 작업이 완료되었다고 리포팅이 되었다면 그게 DB에 영구적으로 반영이 되어야 함을 의미한다.

10. 다음 중 NoSQL에 대한 설명으로 가장 적절하지 않은 것은?

① RDBMS 중심의 데이터 저장 기술이 가진 비정형 데이터의 저장과 관리의 한계를 극복하기 위해 등장한 새로운 데이터 저장 기술이다.
② 키 값을 이용해 데이터를 산단하게 저장하고 데이터 저장 및 관리 시 SQL을 사용하지 않는다는 특징이 있다.
③ 스키마 없이 동작하며 구조에 대한 정의 변경 없이 자유롭게 데이터베이스의 레코드에 필드를 추가할 수 있다.
④ DB의 상태가 항시 일관된 상태를 유지할 수 있다.

11. NoSQL 데이터베이스 시스템에는 여러 가지 저장 시스템이 사용된다. 데이터 모델에 따른 분류로 가장 부적절한 것은?

① Document-Oriented : 정형 데이터 형식의 정보를 저장 관리하기 위한 NoSQL
② Key-Value : 데이터를 키와 그에 대응하는 값을 쌍으로 저장하는 NoSQL
③ Column-Oriented : 데이터를 행 기반으로 저장 및 처리하는 NoSQL
④ Graph : 데이터를 노드로 표현하며 노드와의 사이의 관계를 연결선(edge)으로 표현하는 NoSQL

12. NoSQL의 유형별 종류로 옳게 짝지어진 것을 고르시오.

① Document-oriented: Oracle Berkeley DB, Voldemort
② Key-Value : Redis, HyperTable
③ Column-Oriented : Cassandra, Google BigTable
④ Graph : Neo4j, HBase

13. 다음에서 설명하는 이론으로 가장 적합한 것은?

> UC Berkeley의 Eric Brewer 교수가 제안한 개념이며, 분산 시스템 설계에서 한 대의 서버로 이루어진 시스템이 아니라 여러 서버로 이루어진 시스템을 가정한다. Consistency(일관성), Availability(가용성), Partition Tolerance(분산 가능) 세 가지 속성 모두 만족하는 것은 불가능하며, 오직 두 가지만을 만족할 수 있다는 이론이다. 세 가지 속성의 약자를 따서 이름이 지어진 NoSQL의 이론이다.

① Isolation
② PACELC
③ CAP
④ BASE

14. 다음 중 분산파일시스템에 대한 설명 중 가장 적절하지 않은 것은?

① 빅데이터의 규모 및 크기로 인해 확장 가능한 분산 파일 형태로 저장 관리는 분산파일시스템이 필요하다.
② 하둡은 분산 컴퓨팅 환경을 지원하는 가장 대표적인 도구이다.
③ 하둡은 간단한 프로그래밍 모델을 이용해서 분산된 다수의 컴퓨터 클러스터에서 대규모의 데이터셋을 처리할 수 있게 한다.
④ 두 대 이상의 컴퓨터를 이용해 작업에 대한 처리를 수행하며, 분배 후에는 재조합 없이 결과를 출력한다.

15. 다음 중 구글파일시스템(GFS)에 대한 설명으로 적절한 것은?

> 가) 대량의 서버를 연결해 데이터에 대한 접근이 효율적이고 안정적인 대규모 클러스터 서비스 플랫폼의 기반 파일시스템이다.
> 나) 클라이언트에서 파일 읽기/쓰기 동작을 요청하는 Application, 자체 인터페이스 지원한다.
> 다) 로컬에 청크 저장, 클라이언트에서 입출력 요청 시 처리, 주기적으로 청크 서버의 상태를 하트비트 메시지로 마스터에 전달한다.
> 라) GFS는 Client, Master, Slave, Chunk Server로 구성되어 있다.

① 가, 나
② 가, 다, 라
③ 가, 나, 다
④ 나, 라

16. 다음 데이터 저장 기술에 관한 설명에 해당하는 것으로 올바른 것은?

> 아파치 하둡 프로젝트의 분산파일시스템으로 아파치 너치 Apache Nutch(확장 가능한 오픈소스 웹 크롤러 소프트웨어 프로젝트)라는 웹 검색엔진 프로젝트를 위한 하부 구조를 위해서 만들어진 저장 기술이다.

① HBase
② HDFS
③ Cassandra
④ GFS

출제예상문제

17. 다음 빅데이터 저장 기술 제품 중 특징이 다른 것은?

① VoltDB
② MS-SQL
③ MySQL
④ NAS

18. 데이터 웨어하우스(DW)의 특징으로 옳지 않은 것은?

① 주제 중심
② 통합 구조
③ 시계열성
④ 휘발성

풀이

01. 기업의 인사이트를 추출해 저장하는 방식으로는 RDBMS, NoSQL, 분산파일시스템 등을 사용한다.

02. 데이터 분석을 위해 실시간 데이터를 저장하는 것은 ODS의 역할이며 목적이다.

03. ODS는 일반적으로 실시간(Real Time) 또는 실시간 근접(Near Real Time) 트랜잭션 등 원자성(개별성)을 지닌 하위 수준 데이터들을 저장하기 위해 설계된다.

04. ODS는 Interface layer, Staging layer, Profiling layer, Cleansing layer, Integration layer, Export layer로 구성된다.

05. 데이터 웨어하우스는 기관이나 조직이 보유한 대부분의 운영시스템들에 의해 생성된 데이터들을 통합해 관리한다.

06. 데이터 웨어하우스 모델링 시에 스타 스키마의 데이터 중복 문제를 해결하기 위해 사용하는 모델링은 스노우플레이크 스키마이다.

07. 데이터 레이크는 저비용 스토리지의 사용으로 쿼리 결과의 속도가 빠르고 데이터 웨어하우스에 비해 비용 투자가 적다.

08. 데이터 레이크는 유연성을 갖고 하나의 모델에 국한되는 것이 아닌 다양한 모델링 적용이 가능하다.

09. Isolation은 여러 작업이 동시에 실행될 경우 그것이 순차적으로 실행된 것과 같은 결과를 내는 것을 의미한다.

10. NoSQL을 일시적으로 일관성이 틀어질 수 있으나, 궁극적으로 일관성을 맞추게 된다.

11. Document-Oriented 데이터베이스는 문서 형식의 정보를 저장 관리하기 위한 데이터 베이스이다.

12. Column-Oriented 기반 NoSQL은 Cassandra, HBase, Google BigTable, Vertica, Druid, Accumulo, HyperTable 등이 있다.

13. 분산 시스템 설계에 많이 인용되는 CAP 이론은 Consistency(일관성), Availability(가용성), Partition Tolerance(분산 가능) 속성 중 오직 두 가지만을 만족할 수 있다는 이론이다.

14. 빅데이터의 대량 처리에 따른 성능과 효율성 문제 해결을 위해 분산파일시스템을 사용하며 여러 대의 컴퓨터를 사용해 작업을 분배하고 재조합하는 과정을 반복 수행한다.

15. GFS는 Client, Master, Chunk Server로 구성되어 있다.

16. HDFS에 대한 설명이다.

17. NAS는 네트워크 구성 저장 시스템 기술에 해당한다.

18. DW의 특징은 주제 지향적, 통합 구조, 시계열성, 비휘발성이다.

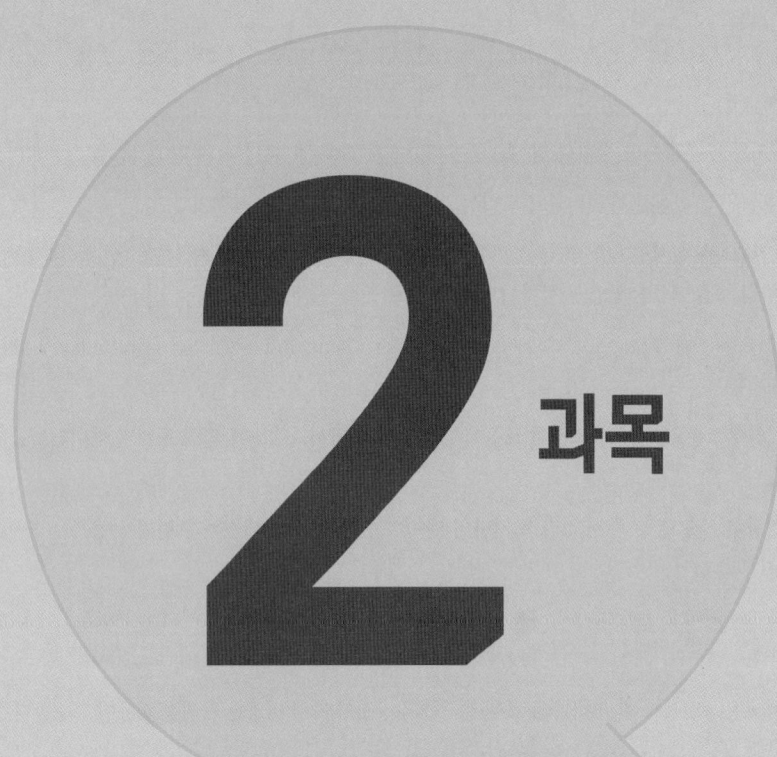

빅데이터 탐색

Chapter 4. 데이터 전처리

Chapter 5. 데이터 탐색

Chapter 6. 통계 기법 이해

데이터에 대한 이해를 높이는 과정은 필요한 데이터와 불필요한 데이터를 구분하여, 중복 데이터 혹은 중복 속성을 제거하고 추가적인 데이터가 필요한지 알 수 있게 한다.

분석에 적합한 데이터를 확보하여 데이터의 다양성과 데이터 품질을 확보하는 것이 분석 모델의 완성도를 높이고 결과의 신뢰성을 높일 수 있는 중요한 방법이 되며, 아무리 좋은 분석 도구나 분석 기법도 데이터 값이 비어 있거나 정합성이 맞지 않은 저품질 데이터로는 좋은 결과를 얻을 수 없기 때문에 분석에 최적화된 형태로 데이터를 변형하여 데이터 간의 유의미한 관계를 이해하는 과정이 필수라고 할 수 있다.

또한 데이터의 의미와 수치적 특성을 고려하지 않고 문제를 해결하기 위한 데이터 분석은 잘못된 결과를 도출하는 오류를 범할 수 있다. 이 때문에 이러한 오류를 최소화할 수 있는 통계 지식이 필요하다. 통계 지식을 갖추면 데이터 분석을 통하여 문제점을 알아내고, 해결책을 찾는데 필요한 수치들을 효율적으로 다루어서 수학적 사실에 입각한 근거를 제시할 수 있다.

'2과목 빅데이터 탐색'에서는 분석에 앞서 데이터의 이해도를 높이기 위해 데이터의 누락 및 비 이상적인 데이터를 제거하는 데이터 전처리 방법과 데이터 간의 유의미한 관계에 대해 이해하는 방법 및 이를 위한 통계 기법들을 학습한다.

Chapter 4

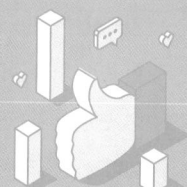

데이터 전처리

들어가기 전에

실무에서 활용하는 데이터는 데이터 분석이나 머신러닝을 수행하는데 있어 적합하지 않은 경우가 많다. 의미 없는 값이 포함되어 있거나 실수로 오타가 발생하는 등 수많은 원인으로 인해 데이터의 품질이 떨어질 수 있기 때문이다. 준비된 데이터가 왜곡되어 있다면 분석 결과 또한 원하는 결과를 얻을 수 없으며 이를 방지하기 위해 데이터 정제와 통합, 축소, 변환을 통해 데이터 품질을 높이는 데이터 전처리(Data Preprocessing) 과정이 필요하다.

간혹 일부 문서에서 데이터 전처리와 데이터 정제(Data Cleansing)를 혼용하는 경우가 있는데 이는 잘못된 해석이다. 데이터 정제는 데이터 전처리의 한 과정으로 데이터 변형 관점에서 데이터의 실수화, 데이터 정제(결측값 및 이상값 처리)를 포괄하는 개념이며, 분석 전에 오류를 일으킬 수 있는 요인을 파악해서 데이터에 대한 신뢰도를 높이는 과정이라 정의할 수 있다. 또한 변수 처리 관점에서 데이터 전처리의 한 과정으로 데이터 변수 선택, 차원축소, 파생변수 생성, 변수 변환, 불균형 데이터 처리로 구분한다.

데이터 전처리는 분석 결과에 직접적인 영향을 주고 데이터는 지속적으로 생산되기 때문에 데이터 수집 과정과 연계하여 반복적으로 수행해야 하며 이를 통해서 고도의 분석 기술을 적용하여 왜곡되지 않은 분석 결과가 나올 수 있도록 해야 한다.

챕터 구성

4.1 데이터 정제
- 4.1.1 데이터 정제
- 4.1.2 데이터 결측값 처리
- 4.1.3 데이터 이상값 처리

출제예상문제

4.2 분석 변수 처리
- 4.2.1 변수 선택
- 4.2.2 차원축소
- 4.2.3 파생변수 생성
- 4.2.4 변수 변환
- 4.2.5 불균형 데이터 처리

출제예상문제

4.1 데이터 정제

학습목표
데이터 전처리의 개념과 절차 및 데이터 정제를 통해 결측값, 잡음, 이상값 등 데이터 오류를 일으킬 수 있는 요인을 제거하여 데이터의 신뢰도를 높이는 과정을 학습한다.

출제경향
데이터 정제의 주요 출제 영역은 결측값의 유형과 처리 기법, 이상값의 탐색 기법이다. 예를 들어 시각화 기반 이상값 탐색에 대한 상자그림(Box Plot)이 주어지고 어디에 위치한 데이터가 이상값인지 그래프를 보고 해석할 수 있어야 한다. 즉, 각 개념과 원리를 이해하고 해석할 수 있도록 학습하자.

출제빈도

제2회(2021. 04. 17) 1문항 출제	제3회(2021. 10. 02) 1문항 출제
제4회(2022. 04. 09) 2문항 출제	제5회(2022. 10. 01) 2문항 출제
제6회(2023. 04. 08) 7문항 출제	제7회(2023. 09. 23) 6문항 출제
제8회(2024. 04. 06) 2문항 출제	제9회(2024.09.07) 4문항 출제

출제세부항목	출제수	출제 내용(문항수)
4.1.1 데이터 정제	6	전처리(2), 정제 기법(2), 정제단계, 이상값
4.1.2 데이터 결측값 처리	4	결측값 처리 기법(4)
4.1.3 데이터 이상값 처리	15	박스플롯(7), 개념(3), 검출(2), 이상값(2), 원인

4.1.1 데이터 정제

4.1.1.1 데이터 전처리의 이해

❶ 데이터 전처리

데이터 전처리(Data Preprocessing)는 데이터 정제와 통합, 축소, 변환을 포함하는 광의적 개념이며 데이터를 분석 및 처리에 적합한 형태로 만드는 과정을 총칭한다.

실무에서는 데이터 분석가, 데이터 과학자들이 데이터 전처리 작업에 70~80%의 시간을 할애하는데 이는 적합한 데이터를 확보하여 데이터의 다양성과 데이터 형태의 품질을 확보하는 것이 분석 모델의 완성도를 높이고 결과의 신뢰성을 높일 수 있는 중요한 방법이기 때문이다.

> **데이터 과학자가 가장 많은 시간을 보내는 작업**
> - 데이터 정제 및 조직/통합 : 60%
> - 데이터 수집 : 19%
> - 데이터 분석 및 의미/패턴 분석(Data Mining) : 9%
> - 기타 : 5%
> - 알고리즘의 선택과 변경 : 4%
> - 모델의 학습 데이터 준비 : 3%

데이터 전처리가 잘 안 된 데이터를 사용하여 분석을 시행하거나 모델을 만들었을 경우 예상과는 방향이 다른 결과가 도출되기도 한다.

❷ 데이터 전처리 유형

데이터 전처리의 처리 유형은 다음과 같다.

데이터 전처리
데이터 정제 : 데이터 실수화, 데이터 정제, 데이터 통합
분석 변수 처리 : 데이터 축소, 파생변수 생성, 데이터 변환, 불균형 데이터 처리

데이터 전처리 유형

데이터 정제는 분석 가능 여부 관점에서 데이터 정합성을 확보하기 위한 과정이며, 분석 변수 처리는 분석 수행 관점에서 효율성을 높이기 위한 과정으로 정리할 수 있다.

데이터 전처리 유형 기출

구분	유형		설명
데이터 정제	데이터 실수화 (Data Vectorization)		문자열, 범주형 데이터 등의 데이터를 컴퓨터가 이해할 수 있는 실수형으로 변환하는 과정
	데이터 정제 (Data Cleansing)		속성에 비어 있는 데이터나 잡음, 결측값, 이상값, 모순된 데이터 등을 정합성이 맞도록 교정하는 작업 문제를 식별하고 탐색함으로써 정보 수집 시기 및 방법을 결정 숫자나 날짜 등의 형식에 대해 일관성 유지
	데이터 통합 (Data Integration)		여러 개의 데이터베이스, 데이터 집합 또는 파일을 통합하는 작업 서로 다른 데이터 세트가 호환이 가능하도록 통합 같은 객체, 같은 단위나 좌표로 데이터를 통합
분석 변수 처리	데이터 축소 (Data Reduction)	변수 선택 (Variable Selection)	해결하고자 하는 문제에 대해 유의미한 변수를 선택하는 과정 통계학적으로 종속변수에 유의미한 독립변수를 선택하는 과정
		차원축소 (Dimensionality Reduction)	샘플링, 차원축소, 특징(Feature) 선택 및 추출을 통해 데이터 크기를 줄이는 작업
	파생변수 (Derived Variable) 생성		기존 변수에 특정 조건 혹은 함수 등을 활용하여 새로운 변수를 만들거나 기존 변수들을 조합하여 새롭게 변수를 만드는 과정
	데이터 변환 (Data Transformation) / 변수 변환		데이터를 한 형식이나 구조에서 다른 형식이나 구조로 변환하는 과정 데이터 스케일링 : 데이터를 표준화, 정규화, 이산화 또는 집계 등의 기법을 이용해 데이터(변수)를 변환하는 작업 비정형 데이터를 정형 데이터로 변환 등 '3.1.3.4 데이터 변환 기법' 참조
	불균형 데이터 처리 (Data Balancing)		특정 클래스(유사하거나 동일한 집단)의 데이터가 타 클래스의 데이터 수와 너무 차이가 날 때, 샘플링을 통해 이 비율을 맞추는 작업

전처리 과정을 거치지 않거나 반복적으로 전처리를 수행하지 않았을 때 예상되는 수치를 벗어난 결과를 얻게 되며 분석 결과를 신뢰할 수 없게 된다.

따라서 전처리 과정은 1회성으로 끝나는 것이 아니라 데이터의 변화를 일으키는 요인이 발생할 때마다 반복적으로 수행해야 한다.

참고

빅데이터 분석기사 목차에서는 데이터 실수화를 별도로 분리하지 않았기 때문에 본서에서는 '4.2.4 변수 변환'의 '범주형 데이터의 변환'과 '범주형 변수의 연속형 변수 변환'에서 데이터 실수화에 대한 내용을 다룬다.

4.1.1.2 데이터 정제의 이해

데이터 정제는 데이터 전처리의 한 과정으로 결측값, 잡음, 이상값 등 데이터 오류를 일으킬 수 있는 요인을 제거하고, 불일치를 해결하여 데이터의 신뢰도를 높이는 과정이다.

또한 비어 있는 데이터나 모순된 데이터 등을 정합성이 맞도록 교정하여 문제를 식별하고 탐색함으로써 정보 수집 시기 및 방법을 결정할 수 있게 한다. 이러한 과정을 거쳐 숫자나 날짜 등의 데이터 형식에 대한 일관성을 유지할 수 있다.

❶ 데이터 오류의 원인 기출

데이터 오류는 원시 데이터 측정 시 잘못된 분석 결과를 나타낼 수 있으므로 수집된 데이터를 정제하는 과정이 필수적으로 요구된다. 오류는 다음과 같은 원인으로 발생된다.

데이터 오류의 원인

오류의 원인	설명	사례
결측값 (Missing Value)	값이 존재하지 않고 비어 있는 상태	예) 설문조사의 경우 몇몇 사람들이 자신의 나이나 몸무게와 같은 사적인 정보를 공개하는 것을 꺼리는 경우
노이즈 (Noise, 잡음)	데이터를 측정하는 데 있어서 여러 가지 이유로 개입되는 임의적인 요소로써 변수값을 본래의 참값에서 벗어나게 하는 오류 측정된 변수(속성)에서의 오류나 오차값 실제 입력되지 않았지만 입력되었다고 잘못 판단되는 값 잡음 제거 기법 : 평활화(구간화, 군집화 등), 회귀 모델 변환, 차원축소	예) 몸무게를 잘못 기록함
이상값 (Outlier) 기출	데이터의 나머지 부분과 상당히 다른 데이터 요소 집합 데이터의 범위에서 많이 벗어난 작은 값이나 큰 값	예) 40대의 평균 연봉이 7,000만 원인데 그 중 1,000만 원인 사람과 3억 원인 연봉자로 인해 평균에 영향을 주는 상황
아티팩트 (Artifact)	어떠한 요인으로 인해 반복적으로 발생하는 왜곡이나 에러를 의미	예) 영상 데이터 획득에 있어 카메라 렌즈에 얼룩이 묻어 있다면 이에 해당하는 부분에서는 이 얼룩으로 인한 왜곡이 지속적으로 발생
모순, 불일치 (Inconsistent Values)	때에 따라서는 동일한 개체에 대한 측정 데이터가 다르게 나타나는 경우	예) 주소가 동일한 지역임에도 불구하고 어떠한 이유로 우편번호가 상이한 경우
중복 (Duplicate Data)	동일한 데이터 여러 번 저장된 경우	예) 동일한 주문 데이터가 여러 건 존재

데이터 정제는 데이터 특성 파악(데이터의 타입, 도메인 확인, 속성 간의 의존성을 확인 등), 데이터 모순점 발견(오류 원인 확인 등), 데이터 수정 및 변환(결측값 처리, 이상값 처리 등)의 절차로 수행된다.

4.1.2 데이터 결측값 처리

4.1.2.1 결측값의 정의

결측값(Missing Value)이란 값이 존재하지 않고 비어 있는 상태를 의미하며 해당 속성값이 Na, NaN, Inf, Null 등으로 표현된다.

〈좌측 표(결측값 존재)〉

사용자	디바이스	OS	트랜잭션
A	핸드폰	안드로이드	5
B	핸드폰	안드로이드	3
C	NA	iOS	2
D	테블렛	안드로이드	1
E	핸드폰	iOS	4
F	NA	안드로이드	2
G	테블렛	안드로이드	4

디바이스	트랜잭션 평균
핸드폰	4
테블렛	2.5

〈우측 표(결측값 미 존재)〉

사용자	디바이스	OS	트랜잭션
A	핸드폰	안드로이드	5
B	핸드폰	안드로이드	3
C	테블렛	iOS	1
D	테블렛	안드로이드	1
E	핸드폰	iOS	4
F	핸드폰	안드로이드	2
G	테블렛	안드로이드	4

디바이스	트랜잭션 평균
핸드폰	3.5
테블렛	2

결측값 존재와 그렇지 않은 경우의 비교. datasciencecentral.com

위 그림에서 좌측표는 결측값이 존재하는 데이터를 나타내고 우측표는 결측값이 존재하지 않은 데이터를 나타낸다.

동일한 데이터에서 결측값이 존재하는 좌측표의 핸드폰 사용자의 트랜잭션 평균은 4가 나왔고, 우측표의 핸드폰 사용자의 트랜잭션 평균은 3.5가 나왔다. 이렇듯 결측값에 따라 분석 결과는 달라질 수 있으며, 의사결정 방향도 달라지는 오류를 범할 수 있게 된다.

4.1.2.2 결측값의 유형

결측값을 가진 변수(속성)들 간 영향 유무에 따라 완전 무작위 결측, 무작위 결측, 비무작위 결측으로 구분한다.

결측값의 유형

유형	설명
완전 무작위 결측 (Missing Completely At Random, MCAR)	결측값이 다른 변수들과 아무런 상관이 없는 경우 결측값이 관측된 데이터와 관측되지 않은 데이터와 독립적이며 완전 무작위로 발생한 데이터 분석 시 편향되지 않아서 결측값이 문제가 되지 않는 경우 데이터가 완전 무작위 결측(MCAR)인 경우는 거의 없음 예) 전체의 나이가 필수값인 시스템이 있다. 값이 누락되었다.
무작위 결측 (Missing At Random, MAR)	결측값이 다른 변수와 연관이 있어 발생되었지만 그 변수 자체가 결과에 영향을 미치지 않는 경우 결측값의 발생이 다른 변수에 따라 조건부로 발생하는 경우 결측값이 조건이 다른 변수에 따라 조건부로 무작위 발생되는 경우 예) 여성은 나이를 공개할 가능성이 적다. 여성과 나이는 연관이 없음.
비 무작위 결측 (Not Missing At Random, NMAR)	결과에 영향이 있는 변수 때문에 결측값이 발생되는 경우 결측값이 결과에 영향을 미치는 경우 완전 무작위 결측(MCAR) 또는 무작위 결측(MAR)이 아닌 데이터 무시할 수 없는 무응답 데이터(누락된 이유기 존재) 결측값이 무작위가 아니라서 주도 면밀한 추가 조사가 필요한 경우 예) 키가 작은 사람은 몸무게를 공개할 가능성 적다. 결측값이 있는 경우 키가 평균보다 작을 확률이 높다.

대부분의 결측값은 '완전 무작위 결측'이나 '무작위 결측'일 것이라 가정한다.

4.1.2.3 결측값의 처리 절차

데이터 결측값 처리는 결측값 식별, 결측값 부호화, 결측값 처리(삭제, 대치) 순으로 수행한다.

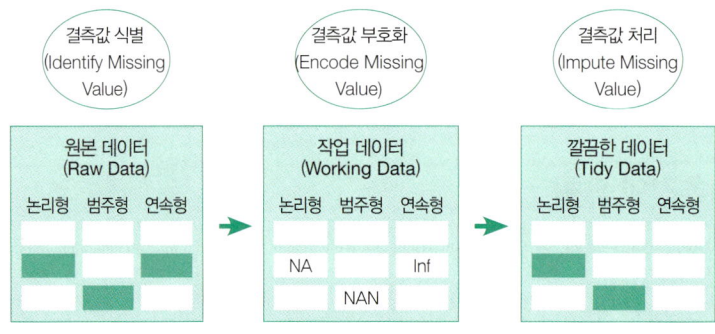

결측값 처리절차

결측값 처리 절차

절차	설명
결측값 식별	원본 데이터의 결측값 형태를 파악(빈 값, Null 등)
결측값 부호화	파악된 결측값을 컴퓨터가 처리 가능한 형태로 부호화 - NA(Not Available) : 기록 안 됨 - NaN(Not a Number) : 수학적으로 정의되지 않은 값 - Inf(Infinite) : 무한대 - NULL : 값이 비었음
결측값 처리	결측값이 존재하는 자료 형태나 속성에 맞춰 값을 대치하거나 삭제

결측값을 처리하기 위해서는 결측값을 가진 데이터를 분석 대상에서 제외하는 삭제(Deletion) 방법과 혹은 특정 값으로 대치(Imputation)하는 방법이 있다.

4.1.2.4 결측값 처리 기법

결측값으로 인해 분석 정보 왜곡의 원인이 되며 데이터를 삭제할 경우 정보 손실로 인해 데이터 편향이 발생할 수 있다. 데이터의 분포와 데이터의 빈도 수 등을 확인하여 삭제 혹은 평균치, 중앙값, 최빈값 등으로 대치해야 한다.

❶ 삭제(Deletion)

데이터의 수가 많고 데이터의 특성이 '무작위로(랜덤하게) 손실'되지 않았다면 결측값을 삭제하는 방법을 검토할 수 있다. 다른 변수와 무관하게 결측값이 발생한 경우(완전 무작위 결측) 삭제하기가 가장 효율적인 방법이 될 수 있다.

결측값 삭제 기법

기법	예시				설명
단일값 삭제 (Pairwise Deletion)	〈단일값 삭제 예시〉				결측값 자체 값만 삭제하고 다른 변수(속성)은 그대로 유지하는 방법 결측값 데이터가 다른 특성을 가지고 있어 일관성 없음
	사용자	디바이스	OS	트랜잭션	
	A	핸드폰	~~N/A~~	5	
	B	핸드폰	안드로이드	3	
	C	~~N/A~~	ios	1	
	D	태블릿	안드로이드	1	
목록 삭제 (Listwise Deletion)	〈행 삭제 예시〉				결측이 발생한 데이터가 포함된 행 혹은 열을 삭제하는 방법 다른 변수가 가지고 있는 정보 손실 발생(편향 발생 가능) 무작위 결측이면서 데이터가 충분할 경우 적합
	사용자	디바이스	OS	트랜잭션	
	~~A~~	~~핸드폰~~	~~N/A~~	~~5~~	
	B	핸드폰	안드로이드	3	
	~~C~~	~~N/A~~	~~ios~~	~~1~~	
	D	태블릿	안드로이드	1	

❷ 대치(Imputation)

대치는 특정 대표값으로 회귀분석, 분류 등 여러 방법을 통해 추정된 값으로 대체하는 방법이다. 결측값이 존재하는 변수(속성)의 평균, 최빈값 등으로 대치하는 단순대치와 여러 번 결측값을 추정해서 대치하는 다중대치법을 활용한다.

결측값 대치 기법

기법	설명
단순대치법 (Simple Imputation)	결측값을 특정값(평균값 등)으로 대치하는 방법 결측값을 가진 자료분석에 사용하기 용이하고 통계적 추론에 사용된 통계량의 효율성 및 일치성 등의 문제를 부분적으로 보완 예) 평균값, 최빈값, 중앙값, 회귀식 등으로 추정값을 도출 후 대치
다중대치법 (Multiple Imputation)	결측값 추정을 여러 번 반복하여 대치된 데이터셋을 생성 후 결측값을 대치하는 방법 m번의 대치를 통해 m개의 가상적 완전자료를 만드는 방법 다중대치법 절차 : 대치(Imputation Step) → 분석(Analysis Step) → 결합(Combination Step)

> **참고** 결측값에 따른 대치 방법 선택 기준

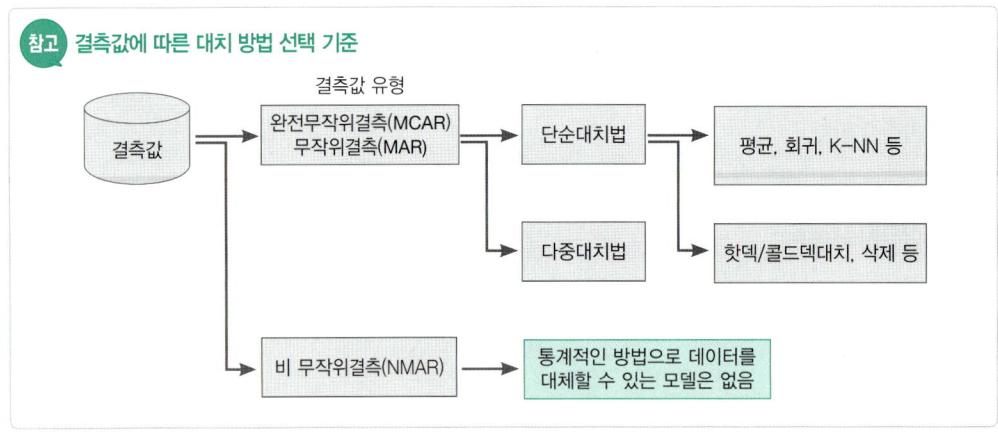

● **단순대치법** 기출

단순대치법 종류

기법	설명
완전 분석법 (Completes Analysis)	결측값이 존재하는 레코드를 삭제하여 불완전한 자료는 무시하고 완전한 자료만 사용하여 분석하는 방법 삭제법 중 목록 삭제법과 동일한 방법 다른 변수가 가지고 있는 정보 손실 발생(편향 발생 가능)

평균대치법 (Mean Imputation)	비조건부 평균대치법	관측 또는 실험을 통해 얻어진 데이터의 평균으로 대치
		관측 데이터의 평균으로 대치

		관측값	15	?	20	30	?	35
		대치값	15	25	20	30	25	35

평균값 : (15 + 20 + 30 + 35) / 4 = 25
평균값으로 대치

조건부 평균대치법

회귀분석을 활용한 대치법

예) 공부시간에 따른 시험점수를 분석하는 선형회귀 모델이 있다고 가정했을 때 아래 표와 같은 데이터를 얻었다.

공부시간 X	시험점수 Y	시험점수 Y
1	76	76
2	78	78
2	80	80
4	88	88
2	60	60
1	57	57
5	94	94
4	90	90
2	88	88
4	92	92
4	90	90
6	96	96
5	90	90
3	?	81.6

3시간 (X) 학습한 점수가 누락이 되어 해당 점수(Y)를 찾고자 하는 경우 회귀 모델을 이용해 값을 예측할 수 있다.

선형회귀 모델 $Y = X \cdot \beta_1 + \beta_0$

선형회귀 모델을 이용해 β_1 : X의 기울기, β_0 : Y의 절편을 구하면 $\beta_1 = 6.035$, $\beta_0 = 63.5$이며, 3시간 학습할 경우 예상 시험점수는 $Y = 3 \times 6.035 + 63.5 = 81.6$이 된다.

단순 확률대치법 (Single Stochastic Imputation)		평균대치법에서 추정량 표준오차의 과소추정 문제를 보완하고자 고안된 방법
		평균대치법의 추정된 통계량으로 대치할 때 어떤 적절한 확률값을 부여한 후 대치하는 방법
	핫덱대치 (Hot-Deck)	변수들이 비슷한 값을 갖는 유사한 집단에서 임의의 한 개체를 선택해서 결측값을 대체하는 방법
	콜드덱대치 (Cold-Deck)	핫덱대치와 유사하나 현재 진행 중인 연구가 아닌 외부에서 개체를 선택하여 결측값을 대체하는 방법
	근접이웃대치 (Nearest Neighbor)	결측값이 범주형인 경우 이웃 데이터 중 최빈값으로 대체, 결측값이 연속형인 경우 중앙값으로 대체하는 방법

- **다중대치법** 기출

단순대치법은 결측값을 가진 자료분석에 사용하기가 용이하고, 통계적 추론에 사용된 통계량의 효율성 및 일치성 등의 문제를 부분적 보완해준다. 그러나 추정량 표준오차의 과소추정 또는 계산의 난해성의 문제를 여전히 가지고 있다.

다중대치법은 단순대치법을 m번 수행하여 m개의 가상적 완전자료를 만들어 분석하는 방법으로 결측값 추정을 여러 번 반복하여 데이터셋을 생성 후 결측값을 대치한다. 따라서 단순대치법의 과소추정 문제를 낮출 수 있다.

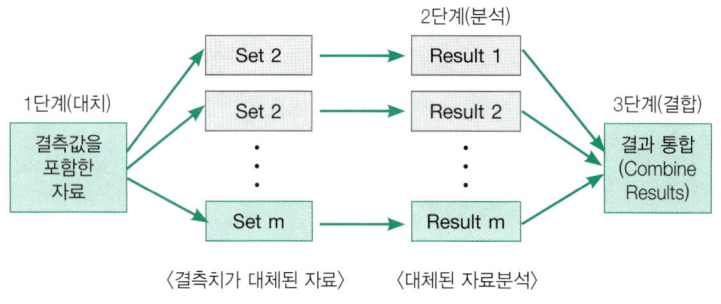

다중대치법 수행 과정

대체한 완전한 데이터셋(Data Set)을 $m(m > 1)$개 만들어 모수를 측정한 후 모수 추정치와 표준오차를 결합하여 모형을 개발한다. 그리고 모수를 구한 후 자료분석 계수를 통합하게 하며 다음과 같이 3단계로 구성되어 있다.

다중대치법 적용 절차

단계	기법	설명
1단계	대치(Imputation Step)	각 대치 표본은 결측자료의 예측 분포 또는 사후 분포에서 추출된 값으로 결측값을 대치하는 방법 활용
2단계	분석(Analysis Step)	같은 예측 분포로부터 대치값을 구하여 D개의 대치 표본을 구하게 되면 D개의 대치 표본으로부터 분석 수행
3단계	결합(Combination Step)	모수 θ(세타)의 점 추정과 표준오차의 추정치를 D개 구한 후 이들을 결합하여 하나의 결과를 제시

❸ 기타 결측값 처리 기법

기타 결측값 처리 방법은 다음과 같은 것이 있으며, 하나의 방법을 활용할 수도 있고, 여러 방법을 혼합해 사용할 수도 있다.

기타 결측값 처리 방법

기법	설명
수동으로 결측값 입력	결측값이 발생한 데이터를 다시 조사 및 수집하여 입력하는 방법 매우 고비용의 소모적인 방법(결측값이 많은 경우 비현실적임)
전역상수(Global Constant)를 사용한 결측값 입력	특정 값으로 결측값을 대체하는 방법(단순하고 명확한 방법) 예) 결측값을 0으로 입력(단, 전역상수값이 분석 결과를 왜곡할 수 있음)
결측값의 무시	알고리즘이나 응용에 따라서 결측값이 발생한 속성을 무시하는 방법 예를 들어, 개체들 사이의 유사성 계산에 있어 많은 수의 속성이 있는 경우 이 중 하나의 속성이 없다면 이를 제외하고 유사성을 계산할 수 있도록 알고리즘을 조정하는 것
결측값의 추정	결측값이 발생한 데이터와 유사한 데이터를 사용하여 결측값을 추정하는 방법
보간법(Interploation)	시계열 자료의 누락된 데이터를 보완하기 위해 사용하는 방법 결측값 대치는 '특정의 동일값'으로 채우는 방식(Filling, Imputation)이었던 반면에, 결측값 보간은 실측값과 실측값 사이의 결측값을 마치 '그라데이션(Gradation)' 기법으로 색깔을 조금씩 변화시켜가면서 부드럽게 채워 나가는 방법

4.1.3 데이터 이상값 처리

4.1.3.1 데이터 이상값의 정의 기출

이상값(Outlier)은 데이터의 나머지 부분과 상당히 다른 데이터 요소 집합이다. 관측된 데이터의 범위에서 많이 벗어난 아주 작은 값이나 아주 큰 값을 의미한다.

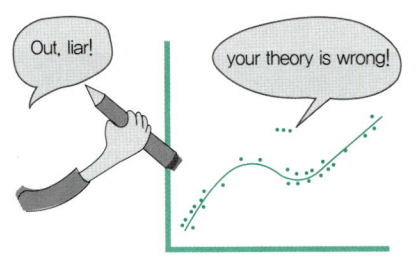

이상값(이상치) : 다른 데이터와 크게 달라서 다른 메커니즘에 의해 생성된 것이 아닌지 의심스러운 데이터

이상값 개념

이상값이 존재하면 전체 데이터 분포에 영향을 준다. 분석 결과가 예상한 값이 아닌 특정한 쪽으로 치우치거나 왜곡될 수 있다. 따라서 데이터에서 이상값을 인지하면 이를 제외하고 분석할지, 포함할지를 판단하고 분석을 수행해야 한다.

노이즈(Noise)와 이상값을 혼동하는 경우가 있는데 노이즈는 관측을 잘못하거나 시스템에서 발생하는 무작위적 오류(Random Error) 등에 의해 발생하는 관심이 없는 제거할 대상이며, 이상값은 다른 데이터와 크게 달라서 다른 메커니즘에 의해 생성된 것이 아닌지 의심스러운 데이터로 관심의 대상으로 분석이 필요하다.

참고 이상값과 노이즈의 차이

구분	이상값	노이즈
의미	다른 데이터와 크게 달라서 다른 메커니즘에 의해 생성된 것이 아닌지 의심스러운 데이터	관측 오류, 시스템에서 발생하는 무작위적인 오차 본래의 참값을 벗어나게 하는 오류
차이	관심 대상	관심이 없는 제거할 대상
사례	40대의 평균 연봉이 7,000만 원인데 그 중 연봉이 1,000만 원인 사람, 3억 원인 사람으로 인해 평균에 영향을 주는 상황	키를 몸무게로 잘못 기록함

4.1.3.2 데이터 이상값의 유형 및 발생 원인

❶ 데이터 이상값의 유형

이상값은 점 이상값(Point Outlier), 상황적 이상값(Contextual Outlier), 집단적 이상값(Collective Outlier)으로 구분할 수 있다.

이상값의 유형

구분	설명	사례
점 이상값	다른 데이터와 비교하여 차이가 큰 데이터가 발생하는 이상	예) 이상 기후로 인해 7월 11일 온도가 영상 5도로 측정
상황적 이상값	상황에 따라 정상일 수도 있고 비정상일 수도 있는 데이터에 대해서 상황에 맞지 않는 데이터가 발생하는 이상	예) 현재 성인의 키가 175cm인 데이터는 현재는 정상이지만 300년전 175cm는 이상값임
집단적 이상값	개별 데이터는 정상처럼 보이지만 여러 데이터를 모아서 보면 비정상적으로 보이는 데이터 집단이 발생하는 이상	예) 네트웍 트래픽 데이터가 특정 시점, 짧은 시간에 갑작스럽게 급증할 경우 공격 패턴일 수 있음

이상값은 데이터의 오류와 자연 발생 관점에서 비합리적 이상값과 합리적 이상값으로 구분할 수도 있다. 비합리적 이상값은 입력 오류 등 자료의 오염으로 인해 발생한 이상값을 의미하며, 합리적 이상값은 정확하게 측정되었으나 다른 자료들과 전혀 다른 경향이나 특성을 보이는 이상값을 의미한다.

❷ 데이터 이상값의 발생 원인 기출

데이터 이상값은 데이터의 수집, 처리 과정에서의 이상값 입력 및 고의적인 이유 등으로 발생할 수 있다.

이상값의 발생 원인

구분	설명	사례
다른 클래스의 데이터 (표본 오류)	다른 클래스의 데이터가 섞여 있는 경우	사람을 구분하는 데이터에 원숭이의 답이 포함됨
자연 변형 (Natural Variation)	실제 발생한 데이터이나 평균보다 크게 차이가 나는 데이터	평균 연봉 대비 비정상적으로 높은 연봉자
데이터 오류 (Data Errors)	실험오류 : 실험조건 상이 측정오류 : 데이터 측정 시 발생	나이가 10살인데 몸무게를 2kg로 입력
고의적인 이상값(처리 오류)	고의로 인한 데이터 오 입력	실제보다 낮은 몸무게를 기입

4.1.3.3 데이터 이상값 탐색 기법 기출

❶ 통계적 이상값 탐색 기법

통계학 측면에서 이상값은 관측치(관측값)들이 주로 모여 있는 곳에서 멀리 떨어져 있는 관측치로 정의되며 이상값 탐색은 분석 결과의 안정성을 위한 이상값 제거와 자료 대체, 중요한 정보 탐색을 위한 목적으로 활용된다.

- **통계적 가설 검정**

통계적 가설 검정 기법의 유의수준(통계적 신뢰오차에 대한 허용 가능한 범위)에 따른 임계값을 최소값 혹은 최대값으로 보고 이상값 여부를 판단할 수 있다. 이상값으로 판단된 관측치를 제외해 나가면서 이상값이 존재하지 않을 때까지 반복적으로 검정을 수행하여 이상값을 정의한다(신뢰구간에 대한 상세한 내용은 '6.2.3 가설 검정' 참조).

통계적 가설 검정

구분	설명
Z검정(Z-Test)	표준화 점수(Z-Score)를 이용하여 통계량의 분포를 표준정규분포로 근사할 수 있는 유의수준을 정하고, 유의수준을 벗어나는 값을 이상값으로 검출하는 방법(데이터가 많을 경우 ±3 표준편차 밖의 값들을 이상값으로 판단)
딕슨의 Q검정 (Dixon Q-Test)	오름차순으로 정렬된 데이터에서 범위에 대한 관측치 간의 차이에 대한 비율을 활용하여 이상값 여부를 검정하는 방법 데이터 수가 30개 미만인 경우에 적절한 방법이며 Robert Dean, Wilfrid Dixon 등은 딕슨의 Q검정을 하나의 자료에 대해 한 번만 수행하는 것을 제안함 데이터 수와 검정값(최소값 혹은 최대값)에 따라 검정통계량이 산출되며, 검정통계량이 임계값보다 큰 경우 이상값으로 결정함
그럽스 t검정 (Grubbs t-Test)	정규분포를 만족하는 단변량 자료에서 이상값을 검정하는 방법이며, t분포에 근거한 임계치를 산출하여 검정통계량이 임계치보다 큰 경우 이상값으로 결정함
Generalized ESD (Extreme Studentized Deviate) Test	그럽스 t검정을 일반화한 방법으로 여러 개의 이상값에 대한 검정이 가능한 방법 검정통계량은 내림차순으로 정렬하여 각 관측치별로 산출되며, 검정통계량이 t분포에 근거한 임계치보다 크면 해당 관측치를 이상값으로 결정함(일반적으로 임계치는 3 혹은 4로 선정)
카이제곱검정 (Chi-Square Test)	카이제곱검정은 데이터가 정규분포를 만족하나, 자료의 수가 적은 경우에 이상값을 검정하는 방법 검정통계량은 자유도가 1인 카이제곱분포를 따르는 통계량이며, 통계량이 임계치보다 클 경우 한 개 이상의 이상값이 있다고 판단

- **사분위수 범위**

사분위수(Quartile)는 가장 작은 값부터 가장 큰 값으로 순서에 따라 나열한 후, 4등분되는 위치의 관측값이며, 합계 100%를 4개의 균등한 부분(25%, 50%, 75% 100%)으로 분할한 각 등위에 해당하는 값을 의미한다.

사분위수 범위(Interquartile Range, IQR)는 사분위수 중, 제3사분위수에서 제1사분위수를 뺀 값으로 전체 자료의 중간에 있는 절반의 자료들이 지니는 값의 범위를 말한다.

상자그림(Box Plot)을 이용해 데이터 분포와 사분위수 및 사분위수 범위를 시각화할 수 있다.

>
> 백분위수(Percentile)는 크기가 있는 값들로 이뤄진 자료를 순서대로 나열했을 때 백분율로 나타낸 특정 위치의 값을 이르는 척도이다. 백분위가 0에서 100사이의 값만 취하는 백분율인 반면, 백분위수는 0에서 100사이의 값만 가질 수 있는 점수는 아니다.
> 예를 들어 성적이 85퍼센타일(85%tile)이라 하면, 이 성적보다 낮은 사람이 85% 있으며, 높은 사람이 15% 있다는 것을 의미한다.

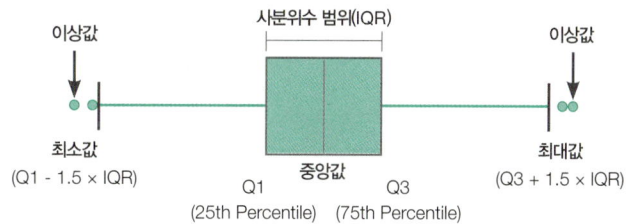

상자그림의 사분위수 범위 표현 **기출**

위 상자그림의 중앙값(Median)으로부터 사분위수 범위(IQR) 안에 있는 값들은 정상 범위로 보며, 범위 밖에 있는 최대값(Maximum)과 최소값(Minimum)을 이상값(극대치)의 경계라고 한다. 이 범위를 벗어나는 값들이 이상값(극단치)이다.

상자 밖으로 이어진 선은 수염(Whisker)이라고 하며, 수염은 제1사분위수보다 작고 제3사분위수보다 큰 데이터 범위이다.

사분위수 범위 주요 수치

구분	설명
제1사분위수(1Quartile, Q1)	전체 데이터의 25% 지점에 해당하는 수
제2사분위수(2Quartile, Q2)	전체 데이터의 50% 지점에 해당하는 수 중앙값(Median)을 의미
제3사분위수(3Quartile, Q3)	전체 데이터의 75% 지점에 해당하는 수
제4사분위수(4Quartile, Q4)	전체 데이터의 100% 지점에 해당하는 수

사분위수 범위 (Inter Quartile Range, IQR)	제3사분위수와 제1사분위수 사이의 거리(Q3 − Q1) 상자로 표현
최소값	제1사분위수에서 사분위수 범위에 1.5를 곱한 값을 뺀 위치(Q1 − 1.5 X IQR)
최대값	제3사분위수에서 사분위수 범위에 1.5를 곱한 값을 더한 위치(Q3 + 1.5 X IQR)
이상값(Outlier, 극단치)	최소값과 최대값을 벗어난 위치에 있는 값

● **회귀진단에서의 이상값 탐색**

회귀진단(Regression Diagnostics)은 추정된 회귀 모델에 대한 전반적인 검토를 의미하며, 회귀 모델 추정에 영향을 미치는 극단치를 탐색하는 것을 포함한다. 즉, 주어진 데이터셋과 이 데이터셋을 이용하여 추정한 회귀 모델 사이에 서로 일치되지 않는 점들을 찾아내는 과정이다.

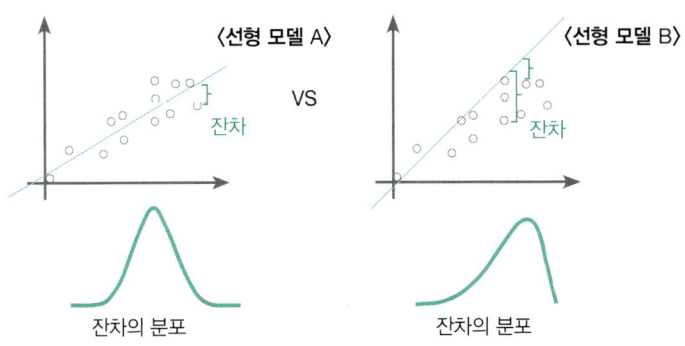

선형 회귀 모델의 잔차분포 비교

회귀 모델이 잘 만들어졌을 때, 좌측 그림 '선형 모델 A'와 같이 잔차의 분포는 정규분포를 따르며(정규성), 회귀진단을 통한 이상값 탐색 방법에는 레버리지, 표준화 잔차, 스튜던트 잔차, 쿡의 거리, DFFITS, DFBETAS 등이 있다.

회귀진단 이상값 탐색

구분	설명
레버리지 (Leverage) 기출	레버리지는 독립변수의 각 관측치가 독립변수들의 평균에서 떨어진 정도를 나타내는 통계량 레버리지는 0과 1사이의 값을 가지며, 일반적으로 레버리지 평균의 2~4배를 초과하는 관측치를 이상값으로 정의함
표준화 잔차 (Standardized Residual)	표준화 잔차는 잔차를 표준화한 통계량임. 잔차는 추정된 회귀 모델에 의해 산출된 예측치와 실제로 측정된 관측치의 차이를 의미하며, 일반적으로 표준화 잔차의 절대값이 2나 3을 초과하는 관측치를 이상값으로 정의함
스튜던트 잔차 (Studentized Residual)	스튜던트 잔차는 잔차를 잔차의 표준오차로 나눈 통계량으로, t분포를 기반으로 이상값을 탐색함 절대적인 수치로는 스튜던트 잔차의 절대값이 3 또는 4를 초과하면 이상값으로 의심함

쿡의 거리 (Cook's Distance)	레버리지 통계량은 독립변수들 사이의 관계를 통해 이상값을 판단하는 반면에 쿡의 거리는 추정된 회귀 모델을 기반으로 이상값을 탐지함 쿡의 거리는 추정된 회귀 모델에 대한 각 관측치들의 전반적인 영향력 정도를 측정하기 위해 잔차와 레버리지를 동시에 고려한 척도임 쿡의 거리가 1보다 큰 경우, 강한 이상값으로 판단함
DFFITS (Difference of Fits)	모든 관측치를 활용하여 추정된 회귀 모델의 예측치와 i번째 관측치를 제외한 후 추정된 회귀 모델의 예측치 변화 정도를 측정하는 방법으로, DFFITS 값이 클수록 이상값일 가능성이 높음
DFBETAS (Difference of Betas)	모든 관측치를 활용하여 추정된 회귀 모델의 회귀계수와 i번째 관측치를 제외한 후 추정된 회귀 모델의 회귀계수 변화 정도를 측정하는 방법임 데이터의 수가 적은 경우($n \leq 30$), DFBETAS의 절대값이 1보다 크면 이상값으로 판단하며, 데이터의 수가 큰 경우($n > 30$), DFBETAS의 절대값이 $\frac{2}{\sqrt{n}}$보다 클 경우 이상값으로 판단함

❷ 거리 기반 이상값 탐색 기법

거리 기반 이상값 탐색은 두 관측치 사이의 거리를 측정하여 다른 데이터들에 비해 값이 크다면 이를 이상값으로 탐지해내는 방법이다.

대표적으로 분류나 회귀에 사용되는 비모수 방식 알고리즘인 K-최근접이웃 알고리즘(K-Nearest Neighbor Algorithm, K-NN)이나 마할라노비스거리 알고리즘(Mahalanobis Distance)을 사용할 수 있다.

● K-최근접이웃 알고리즘 기반 이상값 탐색

각 데이터에 대한 근접한 k개의 가장 가까운 이웃 데이터 까지의 거리를 계산하여 산출된 점수(Novelty Score/Outlier Score)가 다른 데이터들에 비해 크다면 이상값으로 판단하는 방법이다. 이때 유사성을 측정하기 위한 거리 측정(비유사도, Dissimilarity) 알고리즘은 유클리드거리 등을 사용하여 측정한다.

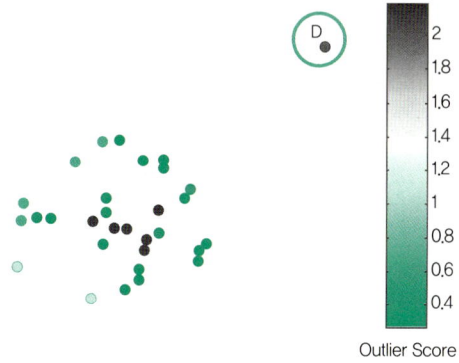

거리 기반 이상값 탐색

앞의 그림에서 D 데이터는 일반 데이터들에 비해 k개의 이웃까지의 거리가 매우 멀기 때문에 이상값으로 판단할 수 있다.

- **마할라노비스거리(Mahalanobis Distance)를 활용한 이상값 탐색**

마할라노비스거리는 데이터의 분포를 고려한 거리 측도로, 관측치가 평균으로부터 벗어난 정도를 측정하는 통계량이며, 이상값 탐색을 위해 고려되는 모든 변수 간에 선형 관계가 만족하고, 각 변수들이 정규분포를 따르는 경우에 적용할 수 있는 전통적인 접근법이다.

마할라노비스거리의 이상값 정의 기준은 k개의 변수에 대해, 자유도가 $n-1$인 카이제곱분포의 임계값을 초과하는 경우에 이상값으로 정의한다.

❸ 밀도 기반 탐색 기법

밀도기반 탐색 기법은 K-최근접이웃 알고리즘 기반 이상값 탐색과 유사한 개념으로 상대적 밀도를 고려해 이상값을 탐지하는 방법이다.

- **LOF(Local Outlier Factor)**

대부분의 이상값 탐지 알고리즘은 전체 데이터와 비교하여 각각의 관측값(데이터)이 이상값인지 아닌지를 판단한다. 따라서 아래 그림에서처럼 C_2 그룹과 데이터 O_2 사이의 거리는 C_1 그룹 내 관측값 간의 거리와 유사하기 때문에 전체적인 데이터 관점에서 O_2는 이상값으로 보기 어렵다.

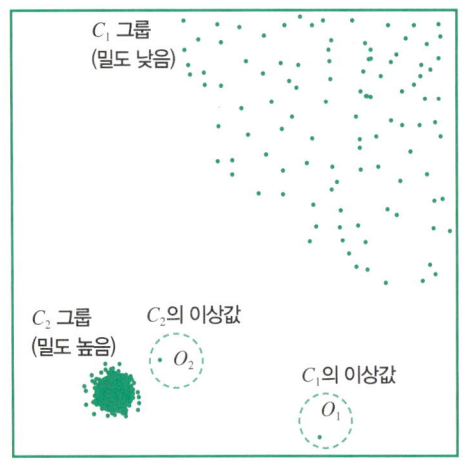

밀도 기반 이상값 탐색, LOF 사례

LOF는 이러한 단점을 해소하기 위해 국소적인(Local) 정보를 이용하여 이상값 정도를 나타내는 것을 목적으로 관측값 주변의 밀도를 상대적으로 비교하여 이상값으로 탐지한다.

이상값을 판단하는 과정을 살펴보면, 각 관측값에서 k번째 가까운 데이터까지의 거리를 산출한 후 해당 거리 안에 포함되는 관측값들의 거리에 대한 평균의 역수값으로 LOF값을 구하게 된다. 이 LOF값이 1에 가까울수록 주변 관측값과 유사한 밀도임을 나타내고 1보다 커질수록 밀도가 낮음을 의미하므로 이상값으로 의심할 수 있다.

- **DBSCAN(Density-Based Spatial Clustering of Applications with Noise)**

DBSCAN은 노이즈가 있는 밀도 기반 공간 클러스터링을 대표하는 알고리즘이며 임의의 클러스터나 이상값이 있는 클러스터를 찾을 수 있다.

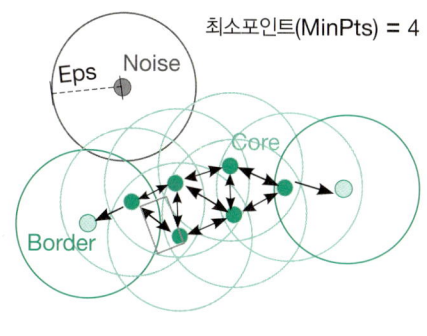

DBSCAN 알고리즘

밀도(Eps-Neighbors)와 최소 포인트(MinPts) 2가지 파라미터를 기반으로 코어(Core)와 노이즈(Noise)로 분류하여 이상값을 도출한다.

밀도는 한 데이터를 중심으로 군집을 구성하는 거리를 나타내고 최소 포인트는 그 거리 안에 포함되는 데이터의 수를 의미한다. 이를 기준으로 일정 기준 이상의 밀도를 갖는 데이터를 코어라고 표현하며, 일정 기준 미만의 밀도를 가지는 데이터를 노이즈라고 표현하는데, 이 노이즈에 포함된 데이터를 이상값으로 판단하게 된다.

DBSCAN은 클러스터에 속하지 않는 점을 이상값으로 식별하는 군집(Clustering) 알고리즘인 K-평균군집(K-Means)의 대안으로 사용하기도 하며 군집 수를 미리 지정할 필요가 없다는 점을 제외하면 K-평균군집(K-Means)과 같다.

- **iForest(isolation Forest)**

앞서 학습한 이상값 탐지 모델(기법)들은 데이터의 정상 영역을 찾는 것을 시도한 다음 정상 영역이라고 정의한 영역 외부의 모든 항목이 이상값 또는 비정상인지를 식별한다.

반면에 iForest는 이상값은 소수이고, 일반적인 관측값과 매우 다른 속성값을 가지고 있다는 사실을 활용하여, 속성을 무작위로 선택한 다음 해당 속성에 허용되는 최소값과 최대값 사이에서 속성에 대한 분할 값을 무작위로 선택한 후 샘플에 대한 파티션을 반복적으로 생성한다.

분리하는 지점을 격리하는 데 필요한 파티션의 수는 트리 내에서 시작노드에 도달하기 위한 경로의 길이로 해석한다.

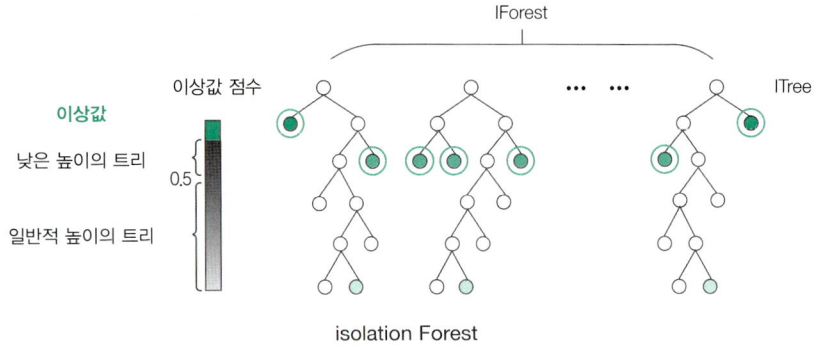

isolation Forest

iForest는 의사결정트리를 이용하여 다차원 데이터셋에서 효율적으로 작동하는 이상값 제거 방법이다.

❹ 군집 기반 이상값 탐색 기법

군집(Cluster, 클러스터링)은 유사한 개체(데이터)들이 그룹화되는 방식으로 개체들 간의 유사성 또는 비 유사성을 군집의 중심위치나 개체의 위치로부터 다른 개체들 간에 거리를 기준으로 거리가 멀면 이상값이라고 판단하거나 군집이 다르면 이상값이라고 판단하는 방법이다.

군집은 비지도학습에 속하는 방법이며 알고리즘 스스로 유사성을 판단하게 된다.

군집에 속하지 않는 개체를 이상값으로 식별하는 알고리즘인 K-평균군집(K-Means)은 앞에서 설명한 DBSCAN과 달리 군집 수를 미리 지정하는 방법이다(DBSCAN역시 군집 기법에 포함할 수 있다).

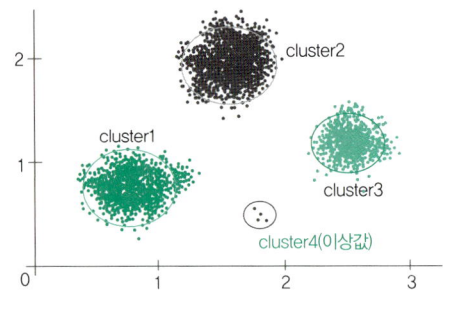

K-평균군집(K-Means) 이상값 예시

비슷한 개체를 군집으로 형성하여 정상값이 포함된 특정 군집에 속하지 않는 경우 이상값으로 판별할 수 있으며, 혹은 군집에 속하나 속한 군집의 중심으로부터 거리가 먼 경우 이상값으로 판단할 수 있다. 위 그림은 $k = 4$인 군집이며, 소수의 특정 군집 4에 대해 이상값으로 판단하는 사례이다.

4.1.3.4 데이터 이상값 처리 기법

분석 모델 구축에 있어 이상값(Outlier)은 그 빈도에 비해 아주 큰 영향력을 가지므로 정확한 데이터 분석에 어려움을 준다. 그러나 이상값이 항상 의미없는 값이라고는 할 수 없으므로, 그 데이터에 대한 지식을 가지고 있는 전문가가 이상값에 대해 검토하는 것이 바람직하다.

이상값을 제거해야 할 경우 삭제, 대치, 스케일링, 정규화 등의 방법을 이용하여 처리한다.

❶ 삭제(Deletion)와 극단치 기준 적용 기출

삭제는 이상값으로 판단되는 관측값을 제거하는 방법으로 입력 시 휴먼 에러로 판단되거나 이상값 수가 적을 경우 적용할 수 있으며 전체 데이터 수가 작아지기 때문에 분산은 작아지지만 편향이 발생할 수 있다.

결측값 처리의 단일값 삭제 혹은 목록 삭제 기법을 사용하게 되며 또한 극단치 기준을 적용한 삭제 및 조정 기법을 적용할 수도 있다('4.1.2.4 결측값의 처리 기법 – 삭제'를 참조).

극단치는 논리적으로 존재할 수 있지만 극단적으로 크거나 작은 값을 의미한다. 극단치를 산출하기 위해 극단치 경계를 정하여 이 범위를 벗어나는 값을 제거하거나 조정한다.

극단치 제거 기법

기법	설명
극단치 기준(Criteria) 제거	극단치 경계(최대값, 최소값)를 벗어나는 이상값을 제거
극단치 절단(Trimming)	극단치 경계를 기준으로 특정 비율만큼 제거하는 방법 예) 10% 절단 : 상, 하단 5%에 해당하는 데이터 제거
극단치 조정(Winsorizing)	상단과 하단의 극단치를 극단치 경계값으로 조정 삭제 및 극단치 절단(제거) 방법보다 극단치 조정 방법을 이용하는 것이 데이터 손실율이 적어져 설명력도 높아짐

극단치 기준을 적용하여 이상값을 제거하는 사례는 다음과 같다.

극단치 기준 적용 사례

극단치 경계 적용 예시	설명
평균과 표준편차	1) 평균에서 표준편차를 더하고 뺀 기준치 설정 예) A중학교 1학년 평균 키가 170cm이며, 표준편차가 10인 경우, 하단 기준 160cm, 상단 기준 180cm로 설정 2) 극단치로 구분하여 삭제 예) 160cm보다 작은 값 혹은 180cm보다 큰 값은 극단치로 구분하여 삭제함

사분위수를 이용한 상자그림 (Box Plot)	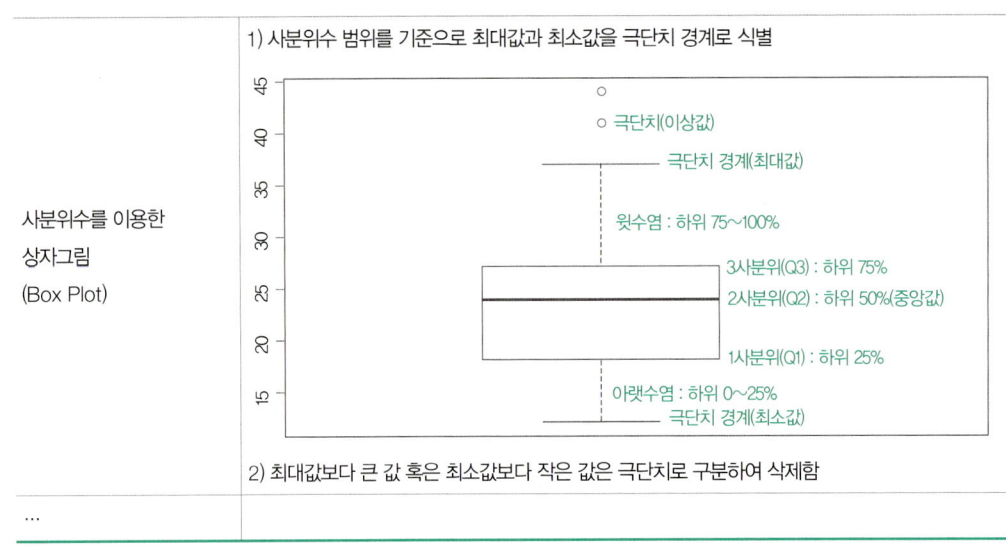
...	

❷ 대치(Imputation)

결측값 처리의 대치 기법과 동일하며 단순대치법, 다중대치법을 사용할 수 있다('4.1.2.4 결측값의 처리 기법 – 대치' 내용을 참조).

대치는 특정 대표값으로 대체하거나 회귀분석, 분류 등 여러 방법을 통해 추정된 값으로 대체하는 방법이다. 이상값이 존재하는 변수(속성)의 평균, 최빈값 등으로 대치하는 단순대치와 여러 번 이상값을 추정해서 대치하는 다중대치법을 활용한다.

출제예상문제

01. 다음 중 데이터 전처리에 대한 설명으로 알맞지 않은 것은?

① 데이터 전처리는 데이터 정제와 통합, 축소, 변환을 수행하며, 데이터 저장을 위해 1회성으로 진행한다.
② 데이터 분석 및 처리 과정에서 필수 단계이고, 데이터 마이닝, 머신러닝 프로젝트 등에 적용할 수 있다.
③ 실무에서는 데이터 분석가, 데이터 과학자들이 데이터 전처리 작업에 70~80%의 시간을 할애한다.
④ 데이터 전처리가 잘 안 된 데이터를 사용하여 분석을 시행하거나 모델을 만들었을 경우 예상과는 방향이 다른 결과가 도출되기도 한다.

02. 데이터 전처리에 관한 설명 중 틀린 것을 고르시오.

① 데이터를 분석하기 전 데이터를 정제하고 변수 처리하는 과정을 의미한다.
② 데이터 전처리는 데이터 분석 결과에 직접 영향을 미치지는 않지만 중요한 과정이다.
③ 데이터 전처리 과정을 거치는 경우 데이터의 신뢰도가 높아진다.
④ 전문가의 대부분이 가장 시간을 많이 소모하는 과정이 데이터 전처리 과정이다.

03. 데이터 오류는 잘못된 분석 결과를 나타낼 수 있으므로 수집된 데이터의 정제가 반드시 필요하다. 데이터 오류 원인으로 부적절한 것은?

① 결측값 : 값이 존재하지 않고 비어 있는 상태를 의미한다.
② 노이즈 : 데이터를 측정하는 데 있어서 여러 가지 이유로 개입되는 임의적인 요소로써 변수값을 본래의 참값에서 벗어나게 하는 오류이다.
③ 이상값 : 데이터의 나머지 부분과 상당히 다른 데이터 요소의 집합이며 데이터의 범위에서 많이 벗어난 작은 값이나 큰 값을 의미한다.
④ 아티펙트 : 동일한 데이터를 여러 번 저장해 중복이 발생되는 경우를 의미한다.

04. 다음에서 설명하는 데이터 오류 원인으로 적절한 것을 고르시오.

> 40대의 평균 연봉이 7,000만 원인데 그 중 1,000만 원인 사람과 3억 원인 연봉자로 인해 평균에 영향을 주는 상황이다.

① 노이즈
② 아티펙트
③ 모순
④ 이상값

05. 데이터 정제 절차를 순서대로 나열한 것은?

① 데이터 수정 변환 → 데이터 특성 파악 → 데이터 모순점 발견
② 데이터 특성 파악 → 데이터 모순점 발견 → 데이터 수정 변환
③ 데이터 특성 파악 → 데이터 수정 변환 → 데이터 모순점 발견
④ 데이터 모순점 발견 → 데이터 특성 파악 → 데이터 수정 변환

01. ① 02. ② 03. ④ 04. ④ 05. ②

출제예상문제

06. 데이터 전처리 단계에서 데이터의 이상값(Outlier)에 대한 설명으로 옳지 않은 것은?

① 최대값과 최소값
② 데이터 입력 시 오타로 인해 잘못 입력된 경우
③ 분석 목적에 부합되지 않아 처리해야 하는 경우
④ 부정사용방지 시스템에서 의도된 이상값

07. 값이 존재하지 않고 비어 있으면 분석 대상 데이터가 충분하지 않은 상태가 되므로 제대로 된 분석을 수행하기 어렵다. 이와 같은 데이터 오류는 무엇인가?

① 노이즈
② 중복
③ 이상값
④ 결측값

08. 결측값의 유형 중 데이터 결과에 영향을 미치지는 않지만, 다른 변수와 연관이 있는 경우를 의미한다. 해당 변수의 데이터 결측이 결과의 분포 편향을 발생시키지 않는다. 이 결측값의 유형은 무엇인지 고르시오.

① 비무작위 결측(NMAR)
② 무작위 결측(MAR)
③ 완전 비무작위 결측(NCAR)
④ 완전 무작위 결측(MCAR)

09. 결측값에 대한 설명으로 가장 부적절한 것은?

① 해당 칸이 비어 있는 경우 결측값 여부는 알기 쉽다.
② 데이터 결측값 처리는 결측값 식별 → 결측값 대체 → 결측값 부호화 순으로 수행한다
③ 결측값은 완전 무작위 결측 또는 무작위 결측으로 가정하고 삭제 또는 대체한다.
④ 파악된 결측값을 컴퓨터가 처리 가능한 형태로 부호화하여 처리할 수 있다.

10. 결측값의 유형에 대한 설명으로 부적절한 것은?

① 완전 무작위 결측(MCAR) : 결측치가 관측된 다른 변수들과 아무런 연관이 없어 완전히 랜덤하게 발생한 경우를 말한다.
② 무작위 결측(MAR) : 실제 데이터에서 가장 빈번한 형태로, 어떤 변수의 결측치가 관측된 다른 변수에 영향을 받지만 해당 변수의 비관측값들과는 연관되어 있지 않은 경우를 말한다.
③ 무작위 결측(MAR) : 키가 작은 사람이 몸무게를 공개할 가능성이 적은 사례가 해당된다.
④ 비무작위 결측(NMAR) : 어떤 변수의 결측치가 완전 무작위 또는 무작위 결측이 아닌 경우이다.

06. ①　07. ④　08. ②　09. ②　10. ③

11. 데이터의 결측값은 삭제 또는 대치의 방법으로 처리 가능하다. 다음 중 결측값을 처리하는 방법에 대해 부적절한 것은?

① 단일값 삭제는 결측치 자체 값만 삭제하고 다른 변수의 속성을 그대로 유지하는 방법으로 결측치 데이터가 다른 특성을 가져 일관성이 없다.
② 평균대치법은 관측 또는 실험을 통해 얻어진 데이터의 평균값으로 대치한다.
③ 완전분석법은 결측값이 존재하는 레코드를 삭제하여 불완전한 자료는 무시하고 완전한 자료만 사용하여 분석하는 방법이다.
④ 다중대치법은 여러 횟수에 걸쳐 단순 대치를 반복하여 결합 → 분석 → 대치 순으로 수행한다.

12. 다음 중 단순확률대치법에 해당하는 기법을 모두 고르시오.

> 가. 핫덱대치 : 변수들이 비슷한 값을 갖는 유사한 집단에서 임의의 한 개체를 선택해서 결측값을 대체하는 방법
> 나. 콜드덱대치 : 핫덱과 유사하나 현재 진행 중인 연구가 아닌 외부에서 개체를 선택하여 결측값을 대체하는 방법
> 다. Nearest Neighbor : 결측값이 범주형인 경우 이웃 데이터 중 최빈값으로 대체, 결측값이 연속형인 경우 중앙값으로 대체하는 방법

① 가, 나
② 가, 다
③ 나, 다
④ 모두

13. 다음 설명의 괄호 안에 들어갈 결측값 처리 방법으로 옳은 것은?

> (　　)은 대치 → 분석 → 결합의 과정으로 이루어지며, 단순대치법을 m번 수행하여 m개의 가상적 완전 데이터를 만드는 방법이다.

① Nearest Neighbour 방법
② 비조건부 평균대치법
③ Hot-deck방법
④ 다중대치법

14. 이상값에 대한 설명으로 가장 부적절한 것은?

① 이상값의 처리에 있어 조정 방법은 제거 방법에 비해 데이터 손실율이 높다.
② 분석 결과가 예상한 값이 아닌 특정한 쪽으로 치우치거나 왜곡된 데이터를 의미한다.
③ 노이즈가 관측을 잘못하거나 무작위적 오류에 의해 발생되는 대상이면, 이상값은 다른 데이터와 크게 달라 분석이 필요한 대상이다.
④ 데이터 이상값에는 점 이상값, 상황적 이상값, 집단적 이상값이 있다.

출제예상문제

15. 다음은 데이터 이상값의 사례이다. 이상값의 종류로 적절한 것은?

> 성인의 키가 175cm인 데이터는 현재는 정상이지만 300년 전 175cm는 이상값이다.

① 점 이상값 ② 선 이상값
③ 집단적 이상값 ④ 상황적 이상값

16. 이상값의 발생 원인으로 적절하지 않은 것을 고르시오.

① 실험이나 측정의 오류와는 상관없이 이상값은 발생 가능하다.
② 다른 클래스의 데이터가 섞여 있는 경우 이상값이 발생 가능하다.
③ 실제 발생한 데이터이나 평균보다 크게 차이가 나는 데이터일 경우 발생 가능하다.
④ 고의로 인해 데이터를 오입력하는 경우 이상값이 발생할 수 있다.

17. 통계적 이상값 탐색 기법에 대한 설명으로 올바르지 않은 것은?

① 통계학 측면에서 이상값은 관측치들이 주로 모여 있는 곳에서 멀리 떨어져 있는 관측치로 정의된다.
② 딕슨의 Q검정은 정규분포를 만족하는 단변량 자료에서 이상값을 검정하는 방법이며 t분포에 근거한 임계치를 산출하여 임계치보다 큰 경우를 이상값을 결정한다.
③ 표준화 점수는 평균이 μ이고 표준편차가 σ인 정규분포를 따르는 관측치들이 자료의 중심에서 얼마나 떨어져 있는지를 나타낸다.
④ Z검정은 표준화 점수를 이용하여 통계량의 분포를 표준정규분포로 근사할 수 있는 유의수준을 정하고 벗어나면 이상값으로 검출하는 방법이다.

18. 가장 작은 값부터 가장 큰 값으로 순서에 따라 나열한 수 4등분되는 위치의 관측값을 의미하는 것으로, 상자그림(box plot)을 이용해 시각화하는 이상치 탐지 방법은?

① 딕슨의 Q검정 ② 그럽스 T검정
③ 사분위수 범위 ④ 회귀진단

19. 이상값 탐지를 위한 상자그림(boxplot)에서 측정 불가능한 항목은 무엇인가?

① 제1사분위수 ② 사분위수 범위(IQR)
③ 평균값 ④ 중앙값(median)

20. 상자그림(boxplot) 이상값 탐지에 대한 설명으로 알맞지 않은 것은?

① 최소값은 제1사분위수에서 사분위수 범위의 1.5배를 뺀 위치이다
② 최대값은 제3사분위수에서 사분위수 범위의 1.5배를 더한 위치이다
③ 이상값은 최소값과 최대값을 벗어난 위치에 있는 값을 의미한다.
④ 상자 밖으로 이어진 선은 수염이라고 하며 제1사분위수보다 크고 제3사분위수보다 작은 데이터 범위이다.

21. 독립변수의 각 관측치가 독립변수들의 평균에서 떨어진 정도를 나타내는 통계량으로 회귀식에 대한 검토를 통해 이상값을 탐색하는 방법은 무엇인가?

① 레버리지(Leverage)
② 표준화 잔차(Standardized residual)
③ 쿡의 거리(Cook's distance)
④ DFBETAS(Difference of betas)

22. 데이터의 분포를 고려한 거리 측도로, 관측치가 평균으로부터 벗어난 정도를 측정하는 통계량이며, 이상값 탐색을 위해 고려되는 모든 변수 간에 선형관계가 만족하고, 각 변수들이 정규분포를 따르는 경우에 적용할 수 있는 전통적인 접근법은 무엇인가?

① 레버리지(Leverage)
② 마할라노비스거리
③ 쿡의 거리(Cook's distance)
④ DFBETAS(Difference of betas)

23. 데이터 정제에 대한 설명으로 옳지 않은 것을 고르시오.

① 데이터 정제는 데이터 전처리의 한 과정이다.
② 결측값을 채우고 이상값을 삭제하거나 대체한다.
③ 데이터의 누락값, 불일치, 오류의 수정 및 숫자나 날짜 등의 형식에 대해 일관성 유지를 수행하게 된다.
④ 데이터 정제는 1회성으로 완료된다.

24. 이상값 탐지 모델과 달리 이상값은 소수이고, 일반적인 관측값과 매우 다른 속성값을 가지고 있다는 사실을 활용하여 샘플에 대한 파티션을 반복적으로 생성하는 데이터 이상값 탐지 방법은?

① DBSCAN
② 군집 기반 이상값 탐색 기법
③ iForest
④ 마할라노비스거리

25. 데이터 이상값에 대해 처리하는 방법으로 알맞지 않은 것은?

① 결측치 자체 값만 삭제하고 다른 변수 속성은 그대로 유지한다.
② 평균에서 표준편차를 더하고 뺀 기준치를 설정한다.
③ 상자그림에서 극단 기준인 경계를 벗어나는 이상값을 제거한다.
④ 결측치를 여러 번 결측치를 추정해서 대치하는 단일대치법을 활용한다.

21. ① 22. ② 23. ④ 24. ③ 25. ④

풀이

01. 데이터 전처리는 데이터 정제와 통합, 축소, 변환을 포함하는 광의적 개념이며 분석 과정에 지속/반복적으로 수행한다.

02. 데이터 전처리 과정은 모든 데이터 분석 과정에서 반드시 거치는 과정이다.

03. 아티팩트는 어떠한 요인에 의해 반복적으로 발생되는 왜곡이나 에러를 의미한다.

04. 이상값은 데이터의 나머지 부분과 상당히 다른 데이터 요소 집합을 의미한다.

05. 데이터 특성 파악 → 데이터 모순점 발견 → 데이터 수정 변환 순으로 진행된다.

06. 최대값과 최소값을 무조건 이상값으로 볼 수 없다.

07. 결측값은 입력되지 않거나, 고의적인 누락으로 인해 발생된 데이터 오류로 제대로 된 분석을 위해 정제가 필요한 데이터이다.

08. 무작위 결측(MAR)은 결측값이 다른 변수와 연관이 있지만 그 자체로 결과에 영향을 주지 않는다.

09. 결측값 처리는 초기에 결측값 식별 후 부호화하여 대체하는 순으로 진행한다.

10. 보기는 비무작위 결측시 결측값이 결과에 영향을 미치는 경우에 해당한다(변경).

11. 다중대치법의 순서는 1단계인 대치, 2단계인 분석, 결합이다.

12. 단순확률대치법은 핫덱대치, 콜드덱대치, Nearest Neighbor을 사용해 결측값을 대치한다.

13. 결측값 처리 방법 중 다중대치법에 대한 설명이다.

14. 이상값을 처리할 때 조정 방법을 이용하는 경우, 제거 방법에 비해 데이터의 손실율이 낮아지기 때문에 설명력이 높아지는 장점이 있다.

15. 상황에 따라 정상 또는 비정상일 수 있는 데이터는 상황적 이상값에 해당된다.

16. 이상값의 발생 원인에는 실험조건이 상이하거나 데이터 측정 시 오류가 발생할 경우도 해당된다.

17. 딕슨의 Q검정은 오름차순으로 정렬된 데이터에서 범위에 대한 관측치 간의 차이에 대한 비율을 활용하여 이상값 여부를 검정하는 방법이다.

18. 사분위수(Quartile)는 가장 합계 100%를 4개로 균등한 부분으로 분할한 각 등위에 해당하는 값으로 이상값을 시각화하는 방법이다.

19. 사분위수(Quartile)에서는 1~4사분위수, 범위, 최소, 최대값, 이상치, 중앙값을 확인 가능하며 평균값은 측정할 수 없다.

20. 상자 밖으로 이어진 선은 수염(Whisker)이라고 하며, 수염은 제1사분위수보다 작고 제3사분위수보다 큰 데이터 범위이다.

21. 레버리지는 독립변수의 각 관측치가 독립변수들의 평균에서 떨어진 정도를 나타내는 통계량이다.

22. 마할라노비스거리의 이상값 정의 기준은 k개의 변수에 대해, 자유도가 $n-1$인 카이제곱분포의 임계값을 초과하는 경우에 이상값으로 정의한다.

풀이

23. 데이터 정제는 1회성으로 끝나는 것이 아닌, 데이터의 변화가 있을 때 수시 및 주기로 수행한다.

24. iForest는 의사결정트리를 이용하여 다차원 데이터셋에서 효율적으로 작동하는 이상값 제거 방법이다.

25. 결측값을 존재하는 변수의 평균, 최빈값 등으로 여러 번 추정해서 대치하는 것은 다중대치법이다.

4.2 분석 변수 처리

학습목표

변수가 무엇인지 정의하고 데이터 분석 결과의 영향을 주는 변수의 선택과 불필요한 변수의 처리, 분석 목적에 맞는 변수 생성 및 변환 방법에 대해 학습한다.

출제경향

분석 변수 처리는 데이터 전처리 관점에서 학습해야 하고, 변수 선택 기법, 차원축소 기법, 파생변수 생성 예시 등 상세한 문제까지 출제되고 있다. 각 기법의 장단점을 중심으로 어떤 상황에서 어떻게 적용할 수 있는지 이해하면서 학습하고, 여러 유형과 방법이 존재하는 주제에 대해서는 차이점을 중심으로 학습하면 더 쉽게 접근할 수 있음을 인지하자.

9 Day

출제빈도

제2회(2021. 04. 17) 5문항 출제	제3회(2021. 10. 02) 5문항 출제
제4회(2022. 04. 09) 1문항 출제	제5회(2022. 10. 01) 6문항 출제
제6회(2023. 04. 08) 5문항 출제	제7회(2023. 09. 23) 4문항 출제
제8회(2024. 04. 06) 5문항 출제	제9회(2024.09.07) 4문항 출제

출제세부항목	출제수	출제 내용(문항수)
4.2.1 변수 선택	6	변수 선택 기법(3), 변수 척도(2), 개량적 수치
4.2.2 차원축소	5	요인분석(2), 차원축소, 주성분분석, SVD
4.2.3 파생변수 생성	5	파생변수 생성(3), 판단, 개념
4.2.4 변수 변환	12	스케일링(2), 박스콕스(2), 변환기법(2), 변수 변환, 자연로그 변환, 인코딩 기법, Min-Max 정규화, 회귀모수, 표준화
4.2.5 불균형 데이터 처리	7	불균형 데이터(6), 언더샘플링

빅분기_15
4.2.1 ~ 4.2.3

4.2.1 변수 선택

4.2.1.1 분석 변수 처리의 이해

분석 변수 처리란 확보한 데이터를 사용하여 정보를 추가하는 일련의 과정이며 새로운 데이터(관측치나 변수)를 추가하지 않고도 기존의 데이터를 보다 유용하게 만드는 방법론이다. 머신러닝 분야에서는 피쳐 엔지니어링(Feature Engineering)이라고 정의한다.

예를 들어, 키와 몸무게 데이터(변수)를 사용하여 남성과 여성 두 성별을 예측하는 문제에서, 취미라는 데이터를 추가하면 남성과 여성의 취미가 다른 경우가 많기 때문에 정답의 정확도를 높일 수 있다(키, 몸무게, 취미 데이터처럼 힌트가 많아지면 성별에 대한 예측 정확도를 높일 수 있고 여기서 힌트들을 독립변수라 정의하고 성별을 종속변수라고 정의한다).

4.2.1.2 변수의 이해

변수(Variable)는 관찰된 항목이나 대상(관측치)의 특성을 수치화하기 위해 쓰이는 속성이며 변하는 수 또는 변하는 값을 저장할 수 있는 공간이다. 데이터베이스 관점에서 변수는 속성(Attribute), 열(Column)이라고 하고 저장된 값을 행(Row)이라고 한다. 변수와 상반되는 개념으로 상수(Constant)가 있는데, 이는 변하지 않는 고정된 수를 의미한다.

> **다양한 관점의 변수 정의**
> - 통계학 관점의 변수 : 각 측정 단위에 대해서 측정하려고 하는 특성, 관찰된 항목이나 대상(관측치)의 특성을 수치화하기 위해 쓰이는 속성
> - 수학 관점의 변수 : 계속 변하는 값이면서, 어떤 정해지지 않은 임의의 값을 표현하기 위해 사용된 '기호'
> - 데이터베이스 관점의 변수 : 저장된 값의 특성을 대표하며, 그 값을 저장하는 공간(정수, 실수, 문자열 등)

4.2.1.3 변수의 유형 기출

변수는 변수 간의 인과관계, 셀 수 있는 수량적 특성, 변수가 저장하는 데이터의 형태, 척도 및 분석 관점에 따라 구분할 수 있다.

❶ 인과관계 관점의 변수의 유형(사용 용도)

인과관계는 영향을 주고 받는 관계를 의미하며 종속성 관계로 표현할 수 있는데, 영향(원인 변수)을 주는 변수를 독립변수라 하고, 영향을 받는 변수(결과 변수)를 종속변수라고 정의한다.

인과관계 관점의 변수

구분	설명
독립변수(Independent Variable)	다른 변수에 영향받지 않고 종속변수에 영향을 주는 변수 원인변수, 설명변수, 예측변수, 입력변수, 조작변수라고도 함 예) 원인 : 키, 몸무게, 취미
종속변수(Dependent Variable)	독립변수로부터 영향을 받는 변수 반응변수, 결과변수, 출력변수, 목적변수라고도 함 예) 결과 : 성별(남, 여)

❷ 데이터 특성에 따른 변수의 유형

데이터 특성에 따라(수치화 여부) 변수의 값이 비수치적으로 특정 범주에 포함시키도록 하는 질적변수와 변수의 값을 수치적으로 나타낼 수 있는 양적변수로 나눌 수 있다.

질적변수와 양적변수

구분	설명	예시
질적변수 (Qualitative Variable)	수치화되지 않은 자료의 상태 몇 개의 특성에 의한 범주를 나누어 코드 숫자로 나타낸 자료	성별 : 남성 = 1, 여성 = 2
양적변수 (Quantitative Variable)	질적자료를 객관적인 도구를 이용하여 측정하거나 평가하여 수치화한 자료	철수 몸무게 : 55.5kg 민수 몸무게 : 56.4kg

❸ 데이터 형태 관점의 변수의 유형

분석의 대상이 되는 데이터 형태에 따라 범주형 변수(Categorical Variable)와 수치형 변수(Numerical Variable)로 구분한다.

범주형 변수는 가능한 범주 안의 값만(계수, Count)을 취할 수 있는 데이터 변수이며 수치형 변수는 각 단위가 갖는 특정한 양적 성질을 측정하여 계량(Measuring)에 의해 관찰할 수 있는 변수이다.

일반적으로 범주형 변수를 질적변수, 수치형 변수는 양적변수라고도 하며, 범주형 변수는 명목변수(Nominal Variable)와 서열변수(Ordinal Variable)로 나눠지고, 수치형 변수는 이산형 변수(Discrete Variable)와 연속형 변수(Continuous Variable)로 나누어진다.

데이터 형태 관점 변수 유형

구분	변수	설명
범주형 변수 = 질적변수	명목변수	측정 대상을 분류하기 위해 이름 대신 임의적으로 숫자를 부여한 변수 예) 남성집단에는 '1'을, 여성집단에는 '2'라는 수치를 부여(같다 / 다르다)
	서열변수	측정 대상들의 특성을 서열로 나타낸 변수 측정 대상이나 분류에 관한 정보를 주는 명목척도의 특성을 가지면서 동시에 측정 대상의 상대적 서열을 표시 예) 아동들의 성적 등위, 키 순서, 인기 순서, 맛집 별점 등(작다/크다)
수치형 변수 = 양적변수 **기출**	이산형 변수	횟수와 같은 정수값만 취할 수 있는 변수(정수) 예) 불량품 개수(10개), 사고 건수(100건)
	연속형 변수	일정 범위 안에서 무수히 많은 혹은 또 다른 값들이 존재하여 어떤 값이든 취할 수 있는 변수(실수) 예) 시간(1시 31분 51초), 몸무게(36.145kg)

연속형 변수는 척도 및 분석 관점에 따라 등간변수(Interval Variable)와 비율변수(Ratio Variable)로 구분할 수 있다.

④ 척도 및 분석 관점 변수의 유형

척도는 일정한 규칙을 가지고 기호 또는 숫자로 나타낸 값으로 정의한다. 척도 및 분석의 대상이 되는 변수의 형태에 따라 범주형 변수와 연속형 변수로 구분된다.

범주형 변수는 명목변수와 서열변수로 나눠지고, 연속형 변수는 등간변수와 비율변수로 나눠진다.

척도 및 분석 관점 변수의 유형

구분	변수	설명
범주형 변수 (Categorical Variable)	명목변수	측정 대상을 분류하기 위해 이름 대신 임의적으로 숫자를 부여한 변수 예) 남성집단에는 '1'을, 여성집단에는 '2'라는 수치를 부여(같다 /다르다)
	서열변수	측정 대상들의 특성을 서열로 나타낸 변수 측정 대상이나 분류에 관한 정보를 주는 명목척도의 특성을 가지면서 동시에 측정 대상의 상대적 서열을 표시 예) 아동들의 성적 등위, 키 순서, 인기 순서, 맛집 별점, 만족도(상/중/하 등 순서를 확인할 경우) 등(작다/크다)
연속형 변수 (Continuous Variable) **기출**	등간변수 (간격변수)	측정 대상의 분류와 서열에 관한 정보를 주며 등간성(일정한 간격)을 갖는 변수 숫자 자체로는 절대적 의미를 갖지 못하지만 숫자 간의 차이는 절대적 의미를 갖음 예) 온도와 연도(가감), 만족도(1~5, 평균을 낼 경우)
	비율변수	분류, 서열, 등간성의 속성을 지닌 등간척도의 특성을 지니면서 절대영점과 가상 단위를 갖는 변수 예) 무게와 길이, 나이, 키, 금액, 거리, 넓이(사칙연산)

'3.1.2.2 데이터 속성 파악'에서 척도를 명목척도, 서열척도, 등간척도, 비율척도로 구분했었다. 변수는 데이터를 담는 그릇이고 변수의 특성은 척도에 의해 결정되기 때문에 변수의 의미 또한 척도에 의해 결정된다. 데이터 분석은 이 특성에 따라 회귀분석, 카이제곱검정 등 분석 방법이 달라지게 된다.

> **참고 척도의 활용**
> 척도의 종류에 따라 자료(데이터)의 처리 방식이 달라진다. 명목, 서열척도를 가지는 범주형 자료의 평균은 의미가 없으며, 빈도수(Frequency)를 정량화해서 분석이 필요하다.
> 반면에 등간, 비율척도를 가지는 연속형 자료는 가감과 사칙연산이 가능하기 때문에 평균과 편차 등을 산출할 수 있다. 예를 들어 만족도 1~5에 대해 1의 빈도수, 5의 빈도수 등 순서에 의미를 부여하면 서열척도로 볼 수 있고, 1~5점까지 점수를 합산하여 평균을 구하면 일정한 간격을 가진 등간척도로 볼 수 있다.

> **참고 절대영점과 등간/비율척도**
> - 절대영점(Absolute Zero Point) : 값이 존재하지 않는 것을 의미
> - 등간척도(절대영점이 없음, 0의 값이 가지는 상대적 의미가 존재)
> - 비율척도(절대영점 존재, '없다'와 '값이 존재하지 않는다' 로 해석 가능)
> 즉, 등간척도가 가지는 0의 의미는 '~이 없다'로 해석되는 것이 아닌, 값 자체가 가지는 상대적 의미로 해석

4.2.1.4 변수 선택 기법 기출

변수 선택(Variable Selection)은 해결하고자 하는 문제에 대해 유의미한 변수를 선택하는 과정이다. 통계학적으로 설명하면 종속변수에 유의미한 독립변수를 선택하는 과정이다.

변수가 많을수록 문제를 해결하기 위해 사용할 수 있는 정보가 많아진다. 그렇지만 모든 변수를 사용해서 문제를 분석하는 것은 반드시 좋은 결과를 보장하는 것은 아니다. 일부 변수는 중복되는 정보를 가지고 있을 수도 있고, 해당 문제와 관련이 없을 수도 있기 때문에 분석 모델에 적합한 변수를 선택하는 과정이 필요하다.

변수 선택 기법은 필터기법(Filter Method), 래퍼기법(Wrapper Method), 임베디드기법(Embedded Method)이 있다.

❶ 필터기법

필터기법은 특정 모델링 기법에 의존하지 않고 데이터의 통계적 특성을 이용해 변수를 선택하는 방법이다. 래퍼기법 사용 전 전처리에 사용 가능하며 종속변수와의 상관관계로 관련성을 측정하게 된다. 따라서 래퍼기법, 임베디드기법 대비 계산 속도가 빠르다.

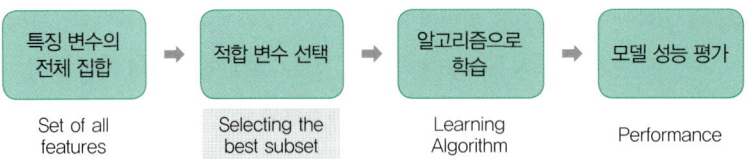

필터기법 수행 절차

특징 변수의 데이터 집합에 대해 통계적인 점수를 부여하고 이 점수를 바탕으로 변수의 순위를 정한 뒤 가장 높은 순위의 변수들을 선택한다. 사용 가능한 알고리즘은 다음과 같다.

필터기법 알고리즘

구분	설명	특징
카이제곱검정	카이제곱분포에 기초한 통계적 방법으로, 관찰된 빈도가 기대 빈도와 통계적으로 다른지를 판단하는 검증 방법 범주형 변수 간의 검증 방법	범주형 변수 사용 예) 남성과 여성의 남성/여성, 찬성/반대
정보 이득 (Information Gain)	정보 이득이 가장 높은 속성을 선택하여 데이터를 더 잘 구분하게 하는 기법 크로스엔트로피 이용	수학점수가 체육점수보다 변별력이 더 높음 수학점수 속성이 체육점수 속성보다 정보 이득이 높음
피셔 스코어 (Fisher Score)	어떤 확률변수의 관측값으로부터, 확률변수의 분포의 매개변수에 대해 유추할 수 있는 정보의 양을 이용하는 방법	
상관계수 (Correlation Coefficient)	두 변수 간의 선형관계가 존재하는지 또는 존재하지 않는지를 분석하기 위해 수치화한 값 상관계수가 높은 변수가 반드시 모델에 적합한 변수라고 할 수는 없음	상관계수 1, -1 : 높은 상관관계 0 : 관계 없음 -1 : 음의 관계
0에 가까운 분산	0에 가까운 분산을 갖는 변수를 제거하여 변수를 선택하는 가장 단순한 방법	1,000개의 값이 있는 A변수에 990개가 값이 0인 경우이고 10개 값이 1인 경우, 큰 의미가 없음

❷ 래퍼기법 기출

래퍼기법은 변수의 일부만을 사용해 모델링을 수행하고 그 결과를 확인하는 작업을 반복하여 변수 집합을 선택하는 방법으로 여러 번 모델링을 수행하기 때문에 시간과 비용이 높게 발생하지만(계산 속도 느림), 분석 모델이 정확도 측면에서 최적 성능을 보이는 변수 집합을 선택한다.

반복해서 선택하는 과정에서 부분 집합의 수가 기하급수적으로 늘어, 과적합(Overfitting, 학습을 과하게 시켜 학습 데이터에선 최적의 결과를 내지만 새로운 데이터에 대해선 판단력이 부정확해지는 문제)의 위험이 발생할 수 있다.

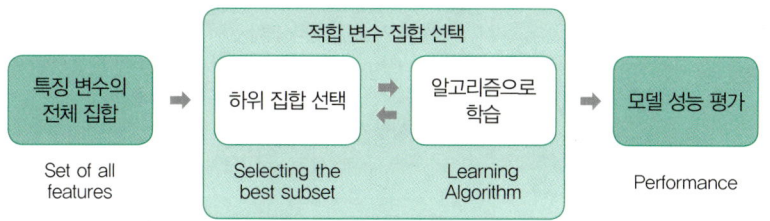

래퍼기법 절차

최적의 집합을 선택하는 과정에서 정확도 검증을 반복해서 수행하기 때문에 그리디 알고리즘에 속하며 래퍼기법의 변수 선택을 위한 알고리즘은 Recursive Feature Elimination Algorithm, Stepwise Regression, Best Subset Regression 등이 있으며, 변수 선택 방법은 다음과 같다.

래퍼기법의 변수 선택을 위한 방법

구분	설명	특징
전진선택법 (Forward Selection)	변수가 없는 상태로 시작하며, 반복할 때마다 가장 중요한 변수를 추가하여 더 이상 성능의 향상이 없을 때까지 변수를 추가하는 기법	장점 : 이해하기 쉽고 변수의 개수가 많은 경우에도 사용 가능 단점 : 변수값의 작은 변동에도 그 결과가 크게 달라져 안정성이 부족
후진제거법 (Backward Elimination)	모든 변수를 가지고 시작하며, 가장 덜 중요한 변수를 하나씩 제거하면서 모델의 성능을 향상시키는 기법 더 이상 성능의 향상이 없을 때까지 반복	장점 : 전체 변수들의 정보 이용 단점 : 변수의 개수가 많은 경우 사용하기 어려움
단계별선택법 (Stepwise Selection)	전진선택법과 후진제거법을 결합하여 사용하는 기법 모든 변수를 가지고 시작하여 가장 도움이 되지 않는 변수를 삭제하거나, 모델에서 빠져 있는 변수 중에서 가장 중요한 변수를 추가하는 방법 반대로 아무것도 없는 모델에서 출발해 변수를 추가, 삭제를 반복할 수 있음	

❸ 임베디드기법

필터기법과 래퍼기법을 결합하여 어떤 변수가 가장 크게 기여하는 지를 찾아내는 방법으로 과적합을 줄이기 위해 내부적으로 규제(Regularization)를 가하는 방법이다.

모델 자체의 파라미터값에 따라 변수 선택이 가능한 기법이며, 각 변수를 직접 학습하여 모델의 정확도에 기여하는 변수를 선택한다.

각 변수가 가지는 파라미터를 규제하여(제약) 파라미터가 0이 아닌 변수가 선택되어, 더 낮은 복잡성으로 모델을 훈련하며, 학습 절차를 최적화한다.

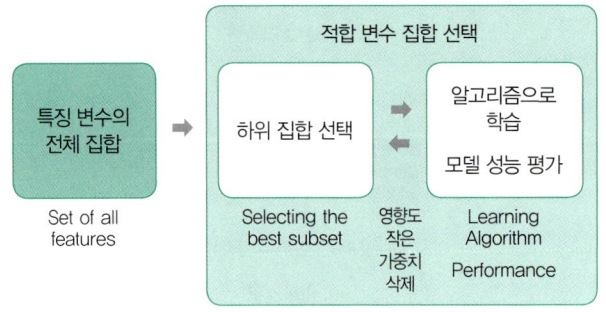

임베디드기법 절차

임베디드기법은 래퍼기법에서 발생할 수 있는 과적합 문제를 줄일 수 있으며, 활용되는 알고리즘은 다음과 같다.

임베디드기법의 변수 선택을 위한 알고리즘

구분	설명
라쏘회귀 (LASSO Regression)	라쏘(Least Absolute Shrinkage and Selection Method) 회귀는 가중치의 절대값 합을 최소화하는 제약사항을 추가하는 방법 L1규제(L1-norm Regularization)를 이용해 파라미터값(w)을 0으로 만들게 제약을 주는 방법(파라미터값들의 절대값을 규제항으로 적용)
릿지회귀 (Ridge Regression) ＝능형회귀＝티호노프규제	릿지회귀는 가중치의 제곱합을 최소화하는 제약사항을 추가하는 방법 L2규제(L1-norm Regularization)를 이용해 파라미터값(w)을 0에 가까워지게 제약을 주는 방법(파라미터값들의 제곱합을 규제항으로 적용)
엘라스틱넷 (Elastic Net)	라쏘회귀와 릿지회귀를 선형 결합한 방법 상관관계가 큰 변수를 동시에 선택하거나 배제함
SelectFromModel	의사결정나무트리를 이용하여 알고리즘에서 변수를 선택하는 방법 랜덤포레스트나 Light GBM 알고리즘 사용

4.2.2 차원축소

4.2.2.1 차원축소의 이해

분석 모델의 변수의 개수가 많아질수록 분석의 비용과 시간은 증가할 수 있다. 수많은 변수 중에는 분석결과에 중요한 영향을 주는 변수가 있고, 그렇지 않은 변수가 있으며 또한 변수들 사이에 의미가 매우 비슷한 것들도 있을 수 있어, 분석 효율성(분석 과정의 비용최적화)과 효과성(결과의 정확성)을 위해서는 비즈니스의 의미와 특성을 보존하면서 변수를 줄이는 과정이 필요하다.

또한 수십, 수백 개의 변수들로 구성된 데이터로 학습한 모델은 상대적으로 작은 수의 변수로 학습된 모델보다 성능이 떨어질 수 있다. 이는 수십, 수백 개의 변수가 상관성을 가지고 있을 가능성이 높기 때문이다. 이를 다중회귀분석에서는 다중공선성이라 한다.

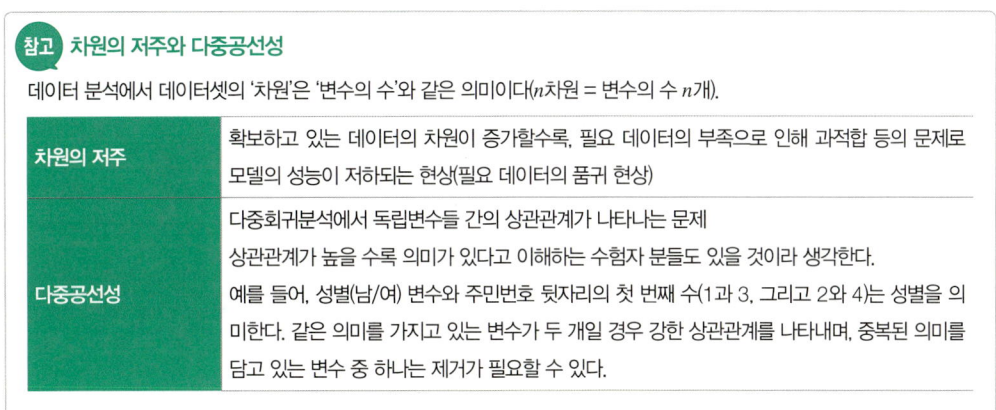

차원축소(Dimensionality Reduction)는 분석 대상이 되는 여러 변수의 정보와 특성을 유지하면서 데이트셋의 변수 개수를 줄이는 과정이다.

차원축소를 수행하면 변수의 수가 줄어 들기 때문에(데이터의 양이 줄어) 학습 시간이 줄어 들고 컴퓨팅 자원(CPU/GPU/메모리)의 소모 또한 최소화할 수 있다. 그리고 학습 모델을 구현하는 과정과 관심을 가져야 할 변수 또한 최소화할 수 있게 된다.

머신러닝 분야에서는 차원축소 유형을 크게 특성 추출(Feature Extraction)과 특성 선택(Feature Selection)으로 구분하는데, 특성 선택은 앞서 학습한 변수 선택과 같은 의미이다. 본서에서는 변수 선택을 별도의 분석변수처리 기법으로 다루기 때문에 특성 추출(여러 변수의 의미를 포함하는 새로운 변수를 생성) 관점으로 차원축소를 이해하도록 하자.

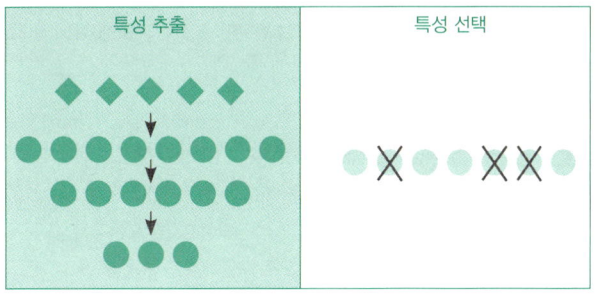

머신러닝에서의 **차원축소의 의미**

머신러닝에서의 차원축소 유형

구분	설명
특성 선택 = 변수 선택	여러 변수들 중 주요 특성을 가지는 변수만 선택하는 기법 변수 선택의 필터기법, 래퍼기법, 임베디드기법 등 활용
특성 추출	여러 변수들 간의 관계를 파악하여 이를 대표하는 선형 혹은 비선형 결합을 활용해 새로운 특성(새로운 변수)을 추출하는 기법 여러 변수들의 의미를 포함하는 특성을 추출하여 줄이는 기법

4.2.2.2 차원축소 기법

차원축소 알고리즘을 사용하기 위해서는 각 분석 변수들 간의 독립성이 확인되어야 하며, 차원축소 기법에는 주성분분석, 요인분석, 다차원분석 등이 있다.

해당 기법들에 대한 상세 설명은 'Chapter 8 분석 기법 적용'에서 살펴보자.

머신러닝의 차원축소 기법 **기출**

차원축소 기법	설명
주성분분석 (Principal Component Analysis, PCA) **기출**	고차원 공간의 표본들을 선형 연관성이 없는 저차원 공간으로 변환하는 기법 여러 변수들의 선형 결합으로 이루어진 새로운 변수인 주성분을 만들어 기존 변수들이 가지고 있는 의미를 포함하여 차원을 축소 계산 복잡성이 낮고 데이터가 부족하거나 비대칭 형태를 가진 데이터셋에도 적용 가능 변수들의 공분산행렬이나 상관행렬 이용 정방행렬(행의 수 = 열의 수)에서만 사용
요인분석 (Factor Analysis, FA) **기출**	데이터에 관찰할 수 있는 잠재적 변수가 존재한다고 가정하고, 모형을 세운 뒤 관찰 가능한 데이터를 이용하여 해당 잠재 요인을 도출하고 데이터 구조를 해석하는 기법(주성분분석 포함) 다수 변수들 간의 상관관계를 분석하여 공통 차원들을 통해 축약하는 통계 기법 (상관 계수 ±3을 벗어나는 자료는 부적합) 다수의 변수들의 정보 손실을 최소화하면서, 소수의 요인(Factor)으로 축약하기 위한 기법 (독립/종속변수의 개념 없음) 사회과학, 설문조사 등에 활용
특이값 분해(Singular Value Decomposition, SVD) **기출**	선형대수의 일반적 기법이며, 실수 공간에 정의된 M x N 차원의 행렬 데이터에서 특이값을 추출하고 이를 통해 주어진 데이터셋을 효과적으로 축약할 수 있는 기법
다차원척도법 (Multi Dimensional Scaling, MDS)	개체들 사이의 유사성, 비유사성을 측정하여 2차원 또는 3차원 공간상에 점으로 표현하여 개체들 사이의 집단화를 시각적으로 표현하는 분석 방법 데이터 속에 잠재해 있는 패턴, 구조를 발견하고 소수 차원의 공간에 객체간 근접성을 시각화하는 기법
정준 상관분석(Canonical Correlation Analysis, CCA) **기출**	다변량 독립변수와 다변량 종속변수 간의 상관관계를 분석하는 통계기법으로 두 개 이상의 다변량 변수 집합 간의 상호 관련성을 파악하고, 이러한 관련성을 최대화하는 선형 조합을 찾는 데 사용하는 기법

판별분석 (Discriminant Analysis)	판별분석 : 집단을 구분할 수 있는 설명변수를 통하여 집단 구분하는 기법, 함수식(판별식)을 도출하고, 소속된 집단을 예측하는 목적으로 사용하는 통계 기법 선형판별분석(Linear Discriminant Analysis) : 데이터 분포를 학습해 결정경계(Decision Boundary)를 만들어 데이터를 분류(Classification)하는 모델 주성분분석(PCA)은 데이터의 최적 표현의 견지에서 데이터를 축소하는 방법인데 반하여 선형판별분석(LDA)은 데이터의 최적 분류의 견지에서 데이터를 축소하는 방법
t-SNE (t-distributed Stochastic Neighbor Embedding)	주성분분석(PCA)은 선형 변환을 이용하기 때문에 비선형 특성을 가진 데이터에 대해서는 데이터의 특성을 잘 추출하지 못하는 한계가 있음 고차원 데이터를 2차원 또는 3차원의 저차원 데이터로 시각화하여 데이터 분석 과정에서 활용하기 위한 방법 데이터 간 거리를 통계적 확률(Stochastic Probability)로 변환하여 임베딩(문자를 수치화한 값)에 이용하기 때문에 안정적인 임베딩 학습 결과를 나타냄 데이터의 지역 인접성을 보존하려고 시도하는 차원축소 알고리즘

차원축소 기법을 이용하여, 다차원 공간의 정보를 저차원 공간으로 시각화할 수 있으며, 노이즈를 감소시키고, 신뢰 가능한 데이터셋 생성 등의 효과를 얻을 수 있다.

4.2.3 파생변수 생성

4.2.3.1 파생변수의 이해

파생변수(Derived Variable)는 기존 변수에 특정 조건 혹은 함수 등을 활용하여 새로운 변수를 만들거나 기존 변수들을 조합하여 새롭게 만들어진 변수이다. 비즈니스 도메인을 이해하고 있는 데이터 분석가에 의해 만들어지는 경우가 많기 때문에 주관적일 수 있으나 유의미한 특성이 객관적으로 반영되어야 한다.

예를 들어, A 고등학교 3학년 1반 학생들의 영어점수와 수학점수가 있을 때, 두 점수를 사용하여 평균점수라는 새로운 변수를 만들 수 있는데, 이 변수를 파생변수라고 한다.

학생 번호	영어점수	수학점수
1	68	75
2	69	77
3	70	80
4	71	83
5	72	86
6	73	89
7	74	92
8	75	95

'평균' 파생변수 추가

학생 번호	영어점수	수학점수	평균점수
1	68	75	71.5
2	69	77	73
3	70	80	75
4	71	83	77
5	72	86	79
6	73	89	81
7	74	92	83
8	75	95	85

파생변수 추가 예시

> **참고 요약변수(Summary Variable)**
> 요약변수 : 수집된 정보를 분석에 맞게 종합(aggregate)한 변수, 많은 모델을 공통으로 사용될 수 있어 재활용성이 높음 (예
> : 상품별 구매금액, 월별 방문횟수 등)

4.2.3.2 파생변수 생성 예시

기존 변수의 연산, 조합, 분해, 함수, 조건문 등을 이용하여 새로운 변수를 생성할 때는 논리적 타당성을 확인해야 하며, 이렇게 생성한 파생변수는 데이터 분석 모델에서 유의미한 특성으로 활용 가능하다. 파생변수 생성 사례는 다음과 같이 정리할 수 있으며, 이 외에도 분석하는 대상과 데이터의 형태에 따라 다양한 방법을 선택할 수 있다.

일반적인 파생변수 추가 방법 기출

파생변수 추가 방법	예시
한 값으로부터 특징들을 추출	날짜로부터 요일을 계산 신용카드번호로부터 신용카드 발급자를 추출 주민번호에서 성별을 추출
한 레코드(행) 내의 값들을 결합	회원 가입일과 첫 구매일로부터 경과를 계산
다른 테이블의 부가적인 정보를 참조	우편번호에 따른 인구와 평균 가계수입 상품코드에 대한 계층 구조
다수 필드 내에 시간 종속적인 데이터를 피봇(Pivoting)	월마다 한 행씩 저장되는 과금 데이터를 각각의 월에 대응하는 필드로 변환
거래 레코드들을 요약	월간/년간 총 구매액
Customer Signature 필드들을 요약	값의 표준화 및 서열화
단순한 표현 방식으로 변환	남성, 여성 성별의 수치화 (남1, 여0)
단위 변환	년간 구매금액 단위의 변환

빅분기_16
4.2.4 ~ 4.2.5

4.2.4 변수 변환

4.2.4.1 변수 변환의 이해

'4.2.1 변수 선택'에서 변수의 유형을 다양하게 정의했다. 인과관계에 따라 독립변수와 종속변수 등으로 분류했고, 척도 및 분석 관점의 변수 유형에 따라 범주형 변수와 연속형 변수로 분류할 수 있었다. 이는 분석하고자 하는 목적과 확보한 데이터가 가진 변수의 유형에 따라 분석 방법이 달라지기 때문이다.

예를 들어, 우리는 10대가 선호하는 제품이 무엇인지 분석하고 싶은데, 확보하고 있는 변수는 회원의 '나이' 데이터이다. 이러한 경우 나이 변수는 10대, 20대, 30대 등 연령대 변수로 변환할 필요가 있다. 나이 변수는 수치형 데이터이고 연령대 변수는 범주형 데이터인데, 만약 나이 변수를 분석 데이터로 활용했다면 10세에서 19세까지 다양한 선호 제품을 구매한 내용을 파악할 수 있을 것이고, 연령대로 분석하게 된다면 목적에 맞는 10대가 선호한 제품이 무엇인지 수치화되어 분석할 수 있게 될 것이다.

이렇듯 변수의 유형에 따라 분석 방법이 달라지기 때문에 분석을 위해 불필요한 변수를 제거하고, 변환하며, 분석에 용이하게 변수를 가공하는 작업을 변수 변환(Variable Transformation)이라 한다.

4.2.4.2 변수 변환 기법 기출

❶ 정규 변환

변수의 분포 형태를 확인하여 확보한 데이터가 정규분포를 따르지 않을 경우 변수 변환을 고려할 수 있다. 이를 정규 변환(Normal Transfomation)이라고 한다.

통계학적으로 평균은 데이터 이상값에 민감하게 반응한다. 여기서 이해해야 할 것은 데이터 분포에서 좌우 치우침이 있거나 비선형성이 있는 데이터는 평균을 중심으로 균형을 맞춰야만 이상값에 영향을 받지 않는다는 것이다. 이를 위해 변수 변환을 수행한다.

예를 들어, '나이' 변수에는 숫자의 범위가 0세~약 120세 이하의 데이터가 존재하고, '재산보유액' 변수에는 경우에 따라 다르겠지만 0원에서~몇 조 단위까지 데이터가 존재할 수 있다. 이때 '나이'와 '재산보유액'의 값은 데이터의 흩어진 정도가 크게 차이가 나게 되어, 변수 간의 관계에서 유사한 의미를 찾을 수 없게 된다. 이렇듯 변수 간 데이터의 단위가 달라지면 예상치 못한 결과로 잘못된 판단을 하게 된다.

정규 변환 방법은 다음과 같다.

> **참고** 정규분포와 정규성 검정
>
> 정규분포(Normal Distribution) : 평균을 중심으로 좌우대칭이고 종모양을 갖는 확률분포
> 통계학에서는 모집단의 분포를 정규분포라 대부분 가정하고 통계 분석을 시행
>
> 〈정규 분포〉　　〈나이 변수 분포〉　　〈재산 보유액 분포〉
> 평균 = 중앙값 = 최빈값
> 좌/우 대칭 영역
> 비대칭 꼬리
> 34.13%　≠　34.13%
>
> 좌우대칭일 때, 평균/중앙값/최빈값은 동일한 값을 가지며 평균과 분산이라는 두 개의 매개변수로 정의할 수 있음
> 정규성 검정(Normality Test) : 데이터의 분포가 이론적 정규분포를 따르는지 검정하는 적합성 검정 방법

정규 변환

정규 변환 방법	설명
로그변환 (Logarithm) 기출	각 변수 x를 $Log(x)$로 바꾸는 데이터 방법으로, 분포의 대칭화를 목적으로 평균과 중위수를 거의 같게 하여 산포의 균일화를 수행하는 방법 큰 수를 작게 만들고, 복잡한 계산을 쉽게 만들고, 왜도와 첨도를 줄여서 데이터 분석 시 의미있는 결과를 도출
제곱근 (Square Root) 변환 / 세제곱근 (Cube Root) 변환	로그에 비해 많이 사용되진 않으나 오른쪽으로 긴 꼬리를 갖는(Right Skewed) 좌로 치우친 분포에 대해 정규분포를 만들기 위해 사용하는 방법
제곱(Square) 변환 / 세제곱 (Cube) 변환	왼쪽으로 긴 꼬리(left skewed)를 갖는 우로 치우친 분포에 대해 정규분포를 만들기 위해 사용하는 방법
박스-콕스 (Box-Cox) 변환 기출	데이터를 정규분포에 가깝게 만들거나 데이터의 분산을 안정화시키기 위해, 정규성을 가정하는 분석법이나 정상성을 요구하는 분석법을 사용하기에 앞서 데이터의 전처리에 활용하는 변환 방법 로그변환과 거듭곱변환(Power Transformation)을 포함

> **참고** 박스-콕스 변환
> 박스-콕스 변환은 양수 데이터에 대해 사용되는 데이터 변환 방법 중 하나이며, 음수 값을 변환하기 위해서는 먼저 상수를 더해서 모든 값이 양수가 되도록 만들어준다. 그 후에 박스-콕스 변환을 적용하고, 변환된 값에 상수를 빼서 음수 값을 얻어내게 된다.

❷ 범주형 데이터의 변환 기출

'범주형 데이터의 변환'과 아래에 있는 '범주형 변수의 연속형 변수 변환'은 데이터 실수화(문자 → 실수)를 의미하면서 변수 변환을 의미한다.

대부분의 데이터 분석 모형(모델)은 숫자만 입력으로 받을 수 있기 때문에 범주형 데이터는 숫자로 변환해야 한다. 예를 들어, 계절 변수에 데이터가 '봄', '여름', '가을', '겨울'로 범주화되어 있다고 했을 때 봄=1, 여름=2, 가을=3, 겨울=4로 변환하게 된다.

범주형 데이터 변환 사례

계절 변수	계절 변수 범주화
봄	1
여름	2
가을	3
겨울	4

데이터의 범주가 많았을 때 순서가 생길 수 있고, 연속형 데이터로 취급되어 잘못된 결과를 분석할 수 있기 때문에 이런 경우 더미변수를 사용하여 이를 해결할 수 있다.

❸ 범주형 변수의 연속형 변수변환

● **더미변수**

선형회귀, 로지스틱회귀분석 등 회귀분석 기법들은 연속형 변수를 이용해서 분류 혹은 예측을 수행한다. 이와 같은 기법들을 활용하기 위해서는 범주형 변수를 연속형 변수로 변환하는 과정이 필요하다.

각 고유의 값을 하나의 열(변수)로 바꾸어 값이 있으면 1, 없으면 0을 가지는 값으로 존재 여부를 표시하는 방법을 사용하는데, 이때 더미변수(Dummy Variable, 가변환)를 이용하여 변환하게 된다. 이를 가변환이라 한다.

범주형 변수의 데이터 값의 범주가 n개를 가지고 있으면 기준이 되는 범주를 제외한 $n-1$개의 변수가 만들어지며(범주 수가 2개이면 더미변수는 1개를 만든다) 기준이 되는 범주값은 일반적이거나 빈도수가 많은 범주값을 선택한다.

더미변수 예시

계절 변수	계절 변수 범주화	더미변수		
		계절변수_여름	계절변수_가을	계절변수_겨울
봄	1	0	0	0
여름	2	1	0	0
가을	3	0	1	0
겨울	4	0	0	1

이항변수화(Binarization)는 '1'과 '0'의 2개의 값으로 가변환을 만드는 것을 말한다.

❹ 연속형 변수의 범주형 변수 변환

● 변수구간화

변수구간화(Binning)는 연속형 변수를 다수의 구간으로 나누고 동일한 구간에 속하는 변수값들을 하나의 변수값으로 변환하는 기법이다. 데이터값을 몇 개의 Bin(혹은 Bucket)으로 나누어 데이터가 속할 구간을 계산하다.

예를 들어, 나이 변수를 10대, 20대, 30대로 나누거나 청소년(19세 이하), 청년(20세~34세), 중장년(35세~54세) 등으로 분석하고자 할 때, 의미를 가진 구간으로 나누는 방법이 있다.

구간화는 데이터 평활화에서도 사용되는 기법이며, 변수값을 일정한 폭이나 빈도로 구간을 나눈 후 각 구간 안에 데이터 값을 평균/중앙값/경계값 등으로 변환해준다.

변수 구간화 예시

변수	변수값
나이 변수	2, 3, 7, 14, 16, 16, 17, 23, 26, 27, 31, 36

구간	나이
1	10대
2	20대
3	30대

변수구간화를 이산형화(Discretization)라고 표현하기도 한다.

❺ 스케일링을 이용한 변환

서로 다른 변수의 값의 범위를 일정한 수준으로 맞추는 작업을 데이터 스케일링(Scaling)이라 하며 이를 통해 각 변수들이 동일한 조건(혹은 범위)을 가지게 되어, 이 변수들에 대한 상대 비교가 가능하게 된다.

예를 들어, 변수 X_1은 0부터 1 사이의 값을 가지고 있으며, X_2는 1,000부터 1,000,000 사이의 값을 가지고 있고 또한 Y는 1,000,000부터 100,000,000 사이의 값을 갖는다고 하자. 사실, X_1변수는 Y를 예측하는데 큰 영향을 주지 않는 것으로 생각할 수 있으나 변수별로 데이터의 스케일이 다르다면 모델의 성능이 떨어지고 과적합, 과소적합, 0으로 수렴, 무한으로 발산 등의 문제가 생길 수 있다.

때문에 데이터 스케일링 작업을 통해, 모든 특성의 범위(또는 분포)를 같게 만들어 줘야만 이러한 문제를 사전에 최소화할 수 있다.

대표적인 스케일 방법으로 표준화(Standardization)와 정규화(Normalization)가 있다.

스케일링 변환 기법 `기출`

변환 기법	설명
표준화	변수 각각의 데이터를 평균이 0이고, 분산이 1인 가우시안 정규분포를 가진 값으로 변환해주는 스케일링 기법 데이터를 정규분포로 만듦 데이터가 평균으로 얼마나 떨어져 있는가를 나타내는 값 $Z(\text{표준화 변수}) = \dfrac{X - \mu}{\sigma}$ μ(뮤) : 한 변수의 평균값, σ(시그마) : 표준편차
정규화 `기출`	서로 다른 변수의 크기를 통일하기 위해 특정 값 범위 사이로 변환해주는 스케일링 기법 상대적 크기에 대한 영향을 줄이기 위한 방법 데이터 분포를 조정하는 방법
	Min-Max Normalization (최소-최대 정규화) 최솟값은 0 최댓값은 1로, 모든 데이터가 [0, 1] 범위 안에 들어가도록 조절하는 방법 $X' = \dfrac{X - X_{min}}{X_{max} - X_{min}}$, ($X_{max}$: 최댓값, X_{min} : 최솟값)
	Max-Abs Normalization (최대 절댓값 정규화) 절댓값이 가장 큰 수의 절댓값으로 전체를 나누어 모든 데이터의 범위를 [-1, 1]으로 조절하는 방법 $X' = \dfrac{X}{|X|_{max}}$

일부 수험서에서는 Robust(중앙값과 IQR을 활용하여 값을 조정, $X' = \dfrac{X - X_{median}}{IQR}$)와 Standard ($X' = \dfrac{X - \mu}{\sigma}$을 활용)를 정규화 방법으로 포함시키기도 하나, 이 두 가지 방법은 미리 결정된 범위로 조정하는 것이 아니기 때문에 앞에서 정의한 조건을 온전히 만족하지 못한다.

> **참고** 정규화의 다른 의미
>
> Normalization, Standardization, Regularization의 용어는 모두 한국어로 정규화라고 번역된다. 따라서 용어들을 가능한 한글이 아닌 영어로 작성해야 뜻을 명확하게 구분할 수 있다.

4.2.5 불균형 데이터 처리

4.2.5.1 불균형 데이터의 이해 기출

불균형 데이터(Imbalanced Data)는 각 변수가 가진 데이터에서 각 집단(클래스)에 속하는 데이터의 수가 동일하지 않은 상태를 의미한다.

각 변수가 가지는 데이터에서 각 집단의 개수가 현저하게 차이가 난 상태로 모델을 학습하면 다수의 집단으로 패턴 분류를 많이 하게 되는 문제가 생기고 이는 곧 모델의 성능에 영향을 끼치게 된다.

또한 데이터 각 집단의 비율 차이(클래스 비율의 차이)가 크게 되면 많은 비율을 가진 집단의 정확도(Accuracy)가 높아지므로 모형의 성능 판별이 어려워지게 된다. 그리고 적은 비율을 가진 집단의 재현율(Recall)은 작아지는 현상이 발생할 수 있다.

예를 들어, A변수의 100개의 데이터에서 참(1)과 거짓(0)값이 각각 95:5 비율을 가지고 있을 때 모든 값을 1로 예측한다 하더라도 정확도가 95% 나오게 되어, 모델의 성능을 평가했을 때 정확도는 높지만 데이터의 불균형으로 모델의 신뢰도는 보장할 수 없게 된다.

> **참고** 정확도, 재현율, 정밀도
>
> 정확도(Accuracy) : 전체 데이터 수 중 예측 결과와 실제값이 동일한 건수가 차지하는 비율
> 재현율(Recall) : 실제 정답이 참인 것 중에서 모델이 참이라고 예측한 것의 비율
> 정밀도(Precision) : 모델이 참이라고 분류한 것 중에서 실제 참인 것의 비율

4.2.5.2 오버샘플링 기법

오버샘플링(Over Sampling)은 낮은 비율 클래스의 데이터 수를 늘림으로써 데이터 불균형을 해소하는 기법이다. 더 작은 수를 가진 집단의 데이터 수를 더 많이 추출하여 높은 집단으로 맞추는 과정을 거치며 업샘플링(Up Sampling)이라고도 한다.

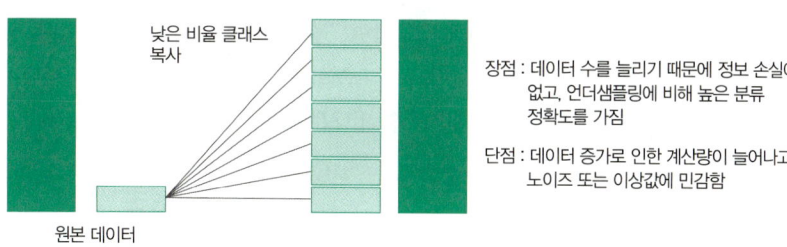

오버샘플링 개념 및 장/단점 **기출**

오버샘플링 기법은 랜덤 오버샘플링(리 샘플링), 스모트, 보더라인 스모트, 아다신 등이 있다.

❶ 랜덤 오버샘플링 = 리 샘플링(Re-sampling)

랜덤 오버샘플링(Random Over Sampling)은 소수 클래스에 속하는 데이터의 관측치를 복사(Copy)하여 데이터를 증식시키는 방법이다. 기존의 데이터와 동일한 복제 데이터를 생산하는 것이다. 동일한 값이 증식되어 소수 클래스에 과적합 발생가능성이 다른 방법보다 상대적으로 높다는 문제가 있다.

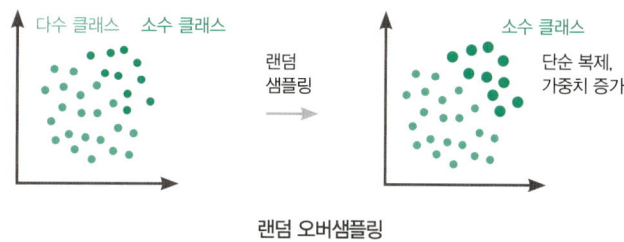

랜덤 오버샘플링

❷ 스모트(Synthetic Minority Oversampling Technique, SMOTE)

스모트는 소수 클래스에 속하는 데이터 주변에 원본 데이터와 동일하지 않으면서 소수 클래스에 해당하는 가상의 데이터를 생성하여 데이터를 증식시키는 방법이다.

K-최근접이웃 알고리즘(K-Nearest Neighbor Algorithm, K-NN)을 사용하여 원본 데이터에서 k값을 사전에 정한 후, 임의의 데이터 하나를 선정하고 이 데이터와 가장 가까운 k개의 데이터 중 하나를 랜덤으로 선정해 차이를 계산하고 0과 1 사이의 난수를 곱하여 가상의 데이터를 합성한다.

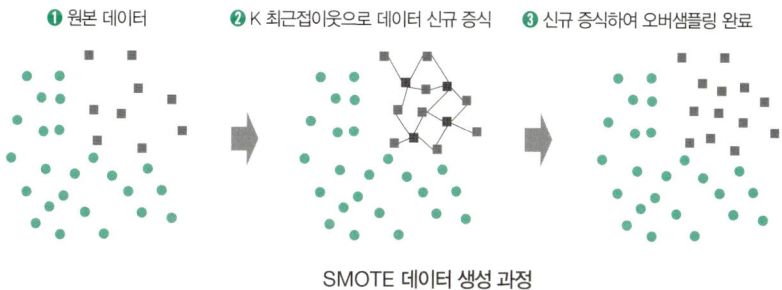

SMOTE 데이터 생성 과정

소수 클래스에 속하는 모든 데이터에 대해 반복 수행하여 가상의 데이터를 생성하며 이때, 사전에 정의하는 k값은 1이 아닌 2 이상의 정수값이어야 한다. k가 1로 설정하게 되면 선정한 임의의 데이터 하나를 선정한 뒤 다른 데이터를 고를 때 선택지가 1개밖에 없기 때문이다.

❸ 보더라인 스모트(Borderline-SMOTE)

보더라인 스모트는 이름에서 알 수 있듯이 경계선(Borderline)과 관련이 있다. 합성 데이터가 두 데이터 사이에 랜덤으로(무작위로) 생성되는 스모트(SMOTE)와 달리 보더라인 스모트는 두 클래스 간의 결정경계를 따라 합성 데이터를 만든다.

경계선을 찾기 위해 소수 클래스에 속하는 데이터 하나를 선정해 N개 주변을 탐색한 후 이 N개 데이터 중 다수 클래스에 속하는 데이터가 몇 개인지 확인한다. 이때 다수 클래스에 속하는 개수 K에 따라 보더라인인지 여부를 결정하며 그 데이터가 Safe(50% 이상이 작은 클래스) 관측치인지, Danger(50% 이상이 큰 클래스) 관측치인지, Noise(전부 큰 클래스) 관측치인지 결정한다.

어떤 관측치인지 결정한 후 일반적으로 Danger 관측치에 대해서만 스모트(SMOTE)를 적용하여 오버샘플링을 수행한다.

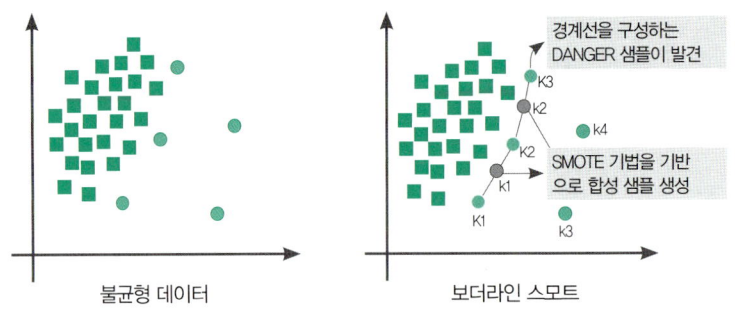

보더라인 스모트

보더라인 스모트에는 Borderline-SMOTE1과 Borderline-SMOTE2 두 종류가 있다. 차이점은 Borderline-SMOTE1은 다수의 데이터가 결정경계에서 오분류를 일으키는 다수의 클래스를 오버샘플링한 반면 Borderline-SMOTE2는 소수 클래스만 오버샘플링한다.

❹ 아다신(Adaptive Synthetic Sampling Approach for Imbalanced Learning, ADASYN)

아다신은 보더라인 스모트와 비슷한 방식이지만 샘플링 개수를 데이터 위치에 따라 다르게 설정한다는 것이 차이점이다.

모든 소수 클래스에 속한 각각의 데이터에 대해 주변 데이터 K개수만큼 탐색하고 그중 다수 클래스 관측치의 비율을 계산한다. 이 값을 스케일한 후 다수의 클래수 개수에서 소수 클래수 개수를 뺀 값을 곱해주고 반올림한다. 다시 이 값을 각 데이터에서 스모트(SMOTE) 방식을 이용해 데이터를 증식하게 된다.

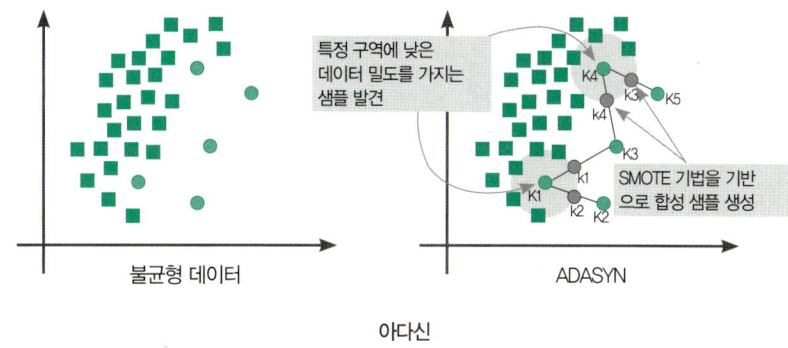

아다신

소수 클래스 주변의 다수 클래스 수에 따라 유동적으로 오버샘플링할 데이터 개수를 생성함에 따라 보더라인 스모트의 보더라인에 집중한다는 점과 동시에 다수 클래스 데이터 주변에 존재하는 소수 클래스에 집중한다는 장점이 있다.

4.2.5.3 언더샘플링 기출

언더샘플링(Under Sampling)은 불균형한 데이터셋에서 높은 비율을 차지하던 클래스의 데이터 수를 줄임으로써 데이터 불균형을 해소하는 기법이다.

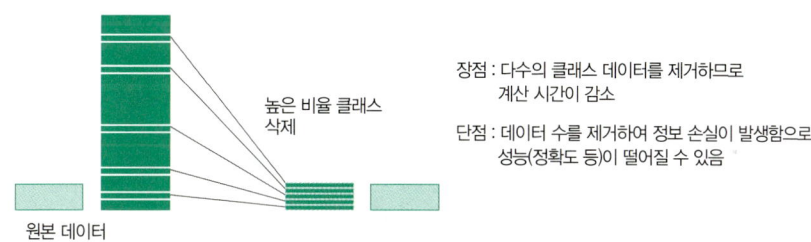

언더샘플링의 개념 및 장/단점

❶ 랜덤 언더샘플링(Random Under sampling)

랜덤 언더샘플링은 다수의 클래스에 속해있는 관측치들 중 랜덤하게(무작위로) 샘플링하는 방법이다. 따라서 수행할 때마다 다른 결과가 도출되기 때문에 샘플링마다 모델의 성능이 달라질 수 있다.

❷ 토멕링크(Tomek Links)

토멕링크는 서로 다른 클래스에 속해 있지만 가장 가까이 붙어 있는 한 쌍의 데이터($x+$, $x-$)를 의미하며, 토멕링크를 찾은 다음 그 중에서 다수 클래스에 속하는 데이터를 제거하여 클래스 간의 경계선을 다수 클래스쪽으로 밀어붙이는 효과가 있다.

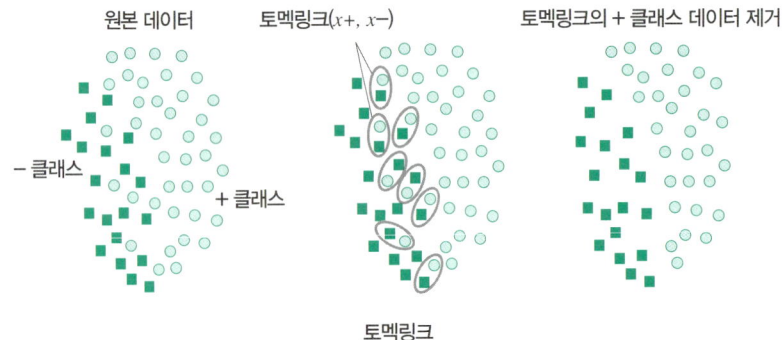

즉 서로에게 더 가까운 다른 클래스의 데이터가 존재하지 않게 하여, 서로 다른 클래스에 속한 두 데이터(토멕링크)의 거리가 주변에 인접한 다른 클래스의 데이터들과의 거리보다 멀게 만든다.

❸ CNN(Condensed Nearest Neighbor)

CNN 방법은 다수 클래스에 밀집한 데이터가 없을 때까지 데이터를 제거하여 데이터 분포에서 대표적인 데이터만 남도록 하며, 다수 클래스 데이터 포인트와 가장 가까운 데이터가 소수 클래스인 다수 클래스 데이터 외에는 모두 삭제하는 방법이다.

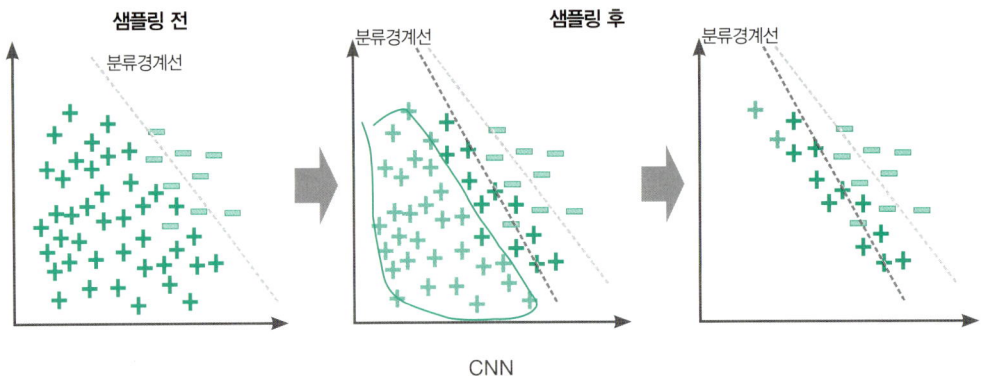

소수 클래스에 속하는 데이터 전체와 다수 클래스에 속하는 데이터들 중 무작위로 하나 선택하여 서브 데이터셋을 구성한다.

다수 클래스에 속하는 나머지 데이터들(무작위로 선택한 데이터 1개 제외) 중 하나씩 K-근접이웃 알고리즘(K-NN)을 이용해 그 데이터가 무작위로 선택한 다수 클래스 데이터 한 개($K = 1$)와 가까운지, 아니면 소수 클래스 데이터 중 어떤 것이라도 그것과 가까운지 확인한다.

그리고 다수 클래스에 속하는 나머지 데이터들 중 소수 클래스 데이터와 더 가까운 데이터들은 소수 클래스로 우선 분류시킨 후 다수 클래스 데이터들을 언더샘플링한다.

❹ OSS(One-side Selection)

OSS 방법은 토멕링크와 CNN을 같이 수행하는 방식이라고 보면 된다. 즉, 토멕링크로 분류 경계에 존재하는 데이터들을 언더샘플링하는 동시에 CNN으로 다수 클래스가 밀집한 데이터가 없을 때까지 제거하여 분포에서 대표적인 데이터만 남게 한다.

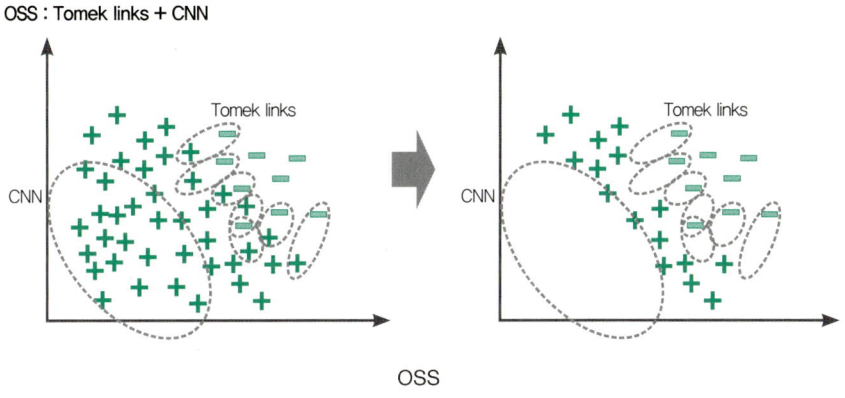

위 그림에서는 원 안에 (+)데이터들이 삭제된다.

> **참고 기출**
>
> 오버/언더샘플링 외에도 무게균형(Weighted Balance) 방법은 다수 클래스(범주)와 소수 클래스(범주)의 데이터 비율이 불균형할 때, 각 클래스별로 가중치를 다르게 주어 소수 클래스의 데이터를 더욱 잘 분류하도록 하는 방법을 사용할 수도 있다. 예를 들어, 이진분류 문제에서 한 클래스가 다른 클래스보다 월등히 많은 경우, 모델이 다수 클래스에 대해서는 높은 정확도를 보일 수 있지만, 소수 클래스에 대해서는 낮은 정확도를 보일 가능성이 크다. 이 경우, 소수 클래스의 데이터에 높은 가중치를 부여하여 모델이 소수 클래스를 더욱 높은 분류 성능으로 예측하도록 할 수 있다.

출제예상문제

01. 분석 변수 처리에 관한 설명으로 알맞지 않은 것은?

① 확보한 데이터를 사용하여 정보를 추가하는 일련의 과정이다.
② 새로운 데이터(관측치나 변수)를 추가하지 않고도 기존 데이터를 유용하게 만드는 방법론으로 볼 수 있다.
③ 변수의 개수에 대해 비즈니스의 의미와 특성을 보존하면서 변수를 축소시키는 과정이 중요하다.
④ 분석 변수 처리는 결과에 중요한 영향을 주지 않는 변수일 경우는 생략 가능하다.

02. 변수에 관한 설명으로 알맞지 않은 것은?

① 관찰된 항목이나 관측치의 특성을 수치화하기 위해 쓰이는 속성이다.
② 데이터베이스 관점에서는 변수를 속성, 열이라고 하고 저장된 값은 행이라고 한다.
③ 수학적 관점에서 고정된 값이면서, 어떤 정해진 값을 표현하기 위해 사용된 기호이다.
④ 통계학에서는 각 측정 단위에 대해 측정하려고 하는 특성, 관찰된 항목이나 대상의 특성을 수치화하기 위해 쓰이는 속성이다.

03. 데이터 베이스 관점에서의 변수에 해당하지 않는 것은?

① 날짜
② 온도
③ 2021-08-15
④ 판매량

04. 다른 변수에 영향을 받지 않고 종속변수에 영향을 주는 변수로 원인변수, 설명변수, 예측변수, 입력변수라고 불리는 변수의 유형은 무엇인가?

① 반응변수
② 결과변수
③ 독립변수
④ 명목변수

05. 범주형 변수에 관한 설명으로 알맞지 않은 것은?

① 관측 결과가 몇 개의 범주 또는 항목의 형태로 나타내는 변수이다.
② 가능한 범주 안의 값만 취할 수 있는 데이터 변수이다.
③ 관측 결과는 숫자 형태로 측정 가능하며 이산형과 연속형으로 나뉘어진다.
④ 측정 대상을 분류하기 위해 이름 대신 숫자를 부여한 명목변수와 서열로 나타낸 서열변수로 나눌 수 있다.

06. 연속형 변수에 해당하지 않는 것을 고르시오.

① 키 170cm
② 몸무게 55.8kg
③ 빨간공 10개
④ 남성 : 여성 = 1 : 2

07. 변수란 데이터를 담는 저장소이다. 변수가 담고 있는 데이터의 형태와 속성에 따른 변수 유형과 그에 대한 설명으로 바르게 짝지어진 것은?

① 명목변수 : 성적(1등급/2등급/3등급), 경제수준(상/중/하) 등이 명목형 변수의 예에 해당한다.
② 이산변수 : 사람의 키, 몸무게, 한 가구의 소득 등이 이산형 변수의 예에 해당한다.
③ 서열변수 : 측정값이 일정한 범주에 속하도록 이름을 붙이지만, 각 범주 간에 순위가 있는 변수를 의미한다.
④ 연속변수 : 변수가 취할 수 있는 값들을 셀 수 있는 경우를 뜻한다.

08. 변수의 형태에 따른 연산이 알맞게 짝지어진 것은?

① 명목변수 : 작다/크다
② 서열변수 : 같다/다르다
③ 등간변수 : 가/감
④ 비율변수 : 가/감

09. 다음 변수 처리 방법에 대한 설명 중 옳은 것을 고르시오.

① 변수 선택이란 독립변수에 유의미한 영향을 미칠 것으로 생각되는 종속변수를 선택하는 과정이다.
② 정보가 많을수록 좋으며 모든 변수를 포함하여 분석하는 것이 좋은 결과를 보장한다.
③ 중복되거나 불필요한 변수 요인은 데이터를 복잡하게 하므로 제거하는 것이 효율적이다.
④ 변수의 수가 많은 경우 모든 변수는 종속변수와 관련이 있다.

10. 특정 모델링 기법에 의존하지 않고 데이터의 통계적 특성을 이용해 관련성이 높은 변수를 선택하는 변수 선택 기법은 무엇인가?

① 필터기법
② 래퍼기법
③ 임베디드기법
④ 조인기법

11. 다음 중 래퍼기법에 해당하는 설명으로 가장 부적절한 것은?

① 변수의 일부만 사용하며 모델링을 수행하고, 그 결과를 확인하는 작업을 반복해 변수 집합을 선택한다.
② 모델링 과정을 통해 계산 속도가 느린 관련성을 측정하게 된다.
③ 성능이 가장 좋은 변수의 집합을 선택하고 과적합을 최소화할 수 있다.
④ 결과 확인을 반복하여 모델링을 수행하며, 모델의 과적합에 유의해야 한다.

12. 어떤 확률변수의 관측값으로부터 확률변수의 분포의 매개변수에 대해 유추할 수 있는 정보의 양을 이용한다면 어떠한 통계 기법에 해당하는가?

① 카이제곱검정
② 정보 이득(Information Gain)
③ 피셔 스코어(Fisher Score)
④ 큰 상관계수(Correlation Coefficient)

07. ③ 08. ③ 09. ③ 10. ① 11. ③ 12. ③

출제예상문제

13. 통계량을 이용한 필터링 기법에 사용되는 측정 기법으로 부적절한 것은?

① 카이제곱검정
② 정보 이득
③ 피셔 스코어
④ 0에 가까운 평균

14. 다음과 같은 절차를 수행하는 변수 선택 기법은 무엇인가?

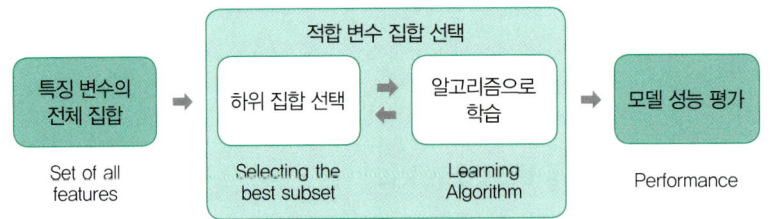

① 필터기법
② 래퍼기법
③ 임베디드기법
④ 선택기법

15. 래퍼기법에 대한 설명으로 가장 부적절한 것은?

① 전진선택법은 변수를 알 수 없는 상태로 시작하여 반복할 때마다 가장 중요한 변수를 추가함으로써 더 이상 성능 향상이 없을 때까지 변수를 추가하는 방법이다.
② 전진선택법은 변수의 작은 변동에도 그 결과가 유지되어 안전성이 높다.
③ 후진제거법은 모든 변수를 가지고 시작하고 가장 덜 중요한 변수를 하나씩 제거하면서 모델의 성능을 향상시키는 기법이다.
④ 단계별선택법은 전진과 후진제거법을 결합하여 사용하는 기법이다.

16. 필터기법과 래퍼기법의 장점을 결합하여 모델 자체의 파라미터값에 따라 변수선택이 가능하고 각 변수를 직접 학습하며 모델의 정확도에 기여하는 변수를 선택하는 기법은 무엇인가?

① 필터기법
② 래퍼기법
③ 임베디드기법
④ 분산기법

17. 다음은 변수 선택 방법에 대한 설명이다. 다음 중 옳은 것을 고르시오.

① 모든 가능한 모델을 고려하여 가장 좋은 모델을 선정하는 방법으로, 변수의 개수가 적은 경우 높은 설명력을 가진 결과를 도출해 낼 수 있는 방법을 전체집합법이라고 한다.
② 모든 독립변수 가운데 기준 통계치에 가장 많은 영향을 줄 것으로 판단되는 변수부터 하나씩 제거하면서 모형을 선택하는 방법을 전진선택법이라고 한다.
③ 변수를 하나씩 제거하며 모델의 성능을 향상시키는 기법으로, 변수의 개수가 너무 많은 경우 적용에 어려움이 있는 방법을 후진제거법이라고 한다.
④ 최적의 모델을 찾으며 연속적으로 변수를 추가 혹은 제거하는 방법을 단계별선택법이라고 한다.

18. 변수를 선택적으로 모델에 적용할 때의 이점에 대한 설명이다. 틀린 것을 고르시오.

① 복잡하거나 중복된 데이터가 사전에 제거되므로 머신러닝 알고리즘의 학습 속도가 더 빨라진다.
② 모델의 복잡성이 높아지고 데이터가 다양해짐으로 인해 더 오픈된 결과를 얻을 수 있으므로 인사이트를 얻는 데 더 큰 도움이 된다.
③ 올바른 하위 집합을 선택할 수 있게 되어 모델의 정확도가 향상된다.
④ 데이터 과적합을 방지하여 일반화 성능을 향상할 수 있다.

19. 분석 효율성을 위해서는 비즈니스 의미와 특성을 보존하면서 변수를 줄이는 과정이 필요하다. 다음의 빈칸에 알맞은 말을 고르시오.

> (A)는 확보하고 있는 데이터의 양을 포함하는 차원이 증가할수록, 데이터의 부족으로 인해 과적합 등의 문제로 모델의 성능이 저하되는 현상(필요 데이터의 품귀 현상)이다.
> (B)는 다중회귀분석에서 독립변수들 간의 상관관계가 나타나는 문제로 같은 의미를 가진 변수가 두 개일 경우 중복된 변수는 제거가 필요하다.

① (A) 다중공선성, (B) 차원의 왜곡　　② (A) 차원의 저주, (B) 다중완성성
③ (A) 차원의 왜곡, (B) 다중공선성　　④ (A) 차원의 저주, (B) 다중공선성

20. 차원의 축소에 대한 설명으로 알맞지 않은 것은?

① 차원축소는 분석 대상이 되는 여러 변수의 정보와 특성을 유지하면서 데이트셋의 변수 개수를 줄이는 과정이다.
② 차원축소를 수행하면 변수의 수가 줄어 들기 때문에(데이터의 양이 줄어) 학습 시간이 줄어 들고 컴퓨팅 자원(CPU/GPU/메모리)의 소모 또한 최소화할 수 있다.
③ 머신러닝 분야에서는 차원축소의 유형을 특성 선택(Feature Selection)과 특성 추출(Feature Extraction)로 구분한다.
④ 특성을 추출하는 차원축소는 여러 변수 중 주요 특성을 가지는 변수만 선택하는 기법을 의미한다.

17. ③　18. ②　19. ④　20. ④

출제예상문제

21. 대표적인 차원축소 기법에 대한 다음의 설명 중 옳지 않은 것은?

① 주성분분석은 여러 변수들의 선형 결합으로 이루어진 주성분이라는 새로운 변수를 만들어 기존의 변수들을 요약하여 축소하며, 각 주성분 간에 우선순위가 없이 대등하다.
② 다차원척도법은 데이터 속에 잠재해 있는 패턴, 구조를 찾아내어 소수 차원의 공간에 객체 간 근접성을 시각화하는 통계 기법으로 차원축소에 사용될 수 있다.
③ 차원축소 기법 중 하나인 요인분석은 여러 개의 변수들로 이루어진 데이터에서 변수들 간의 상관관계를 고려하여 서로 유사한 변수들을 묶어 새로운 잠재 요인을 추출해내는 분석 방법이다.
④ t-SNE는 데이터에서 지역 인접성을 보존하려고 시도하는 차원축소 알고리즘으로, 비선형적이며 비결정적이다.

22. 다음 중 요인분석(Factor Analysis)에 해당되는 것을 모두 고르시오.

> 가. 데이터에 관찰할 수 있는 잠재적 변수가 존재한다고 가정한다.
> 나. 다수 변수들을 변수 간의 상관관계를 분석하고 공통 차원으로 축약하는 통계 기법이다.
> 다. 상관계수 ±3을 벗어나는 자료는 부적합하다.
> 라. 사회과학, 설문조사 등에 많이 활용되는 기법이다.

① 가　　　　　　　　　　　　② 가, 나
③ 가, 다, 라　　　　　　　　　④ 가, 나, 다, 라

23. 주성분분석(PCA) 기법에 대한 설명으로 옳은 것은?

① 불균형 데이터 처리 기법이다.
② 다수 변수들을 변수들 간의 상관관계를 분석하여 공통 차원들을 통해 축약한다.
③ 비유사성을 측정하여 2차원 또는 3차원 공간상에 점으로 표현한다.
④ 상관행렬과 공분산행렬을 이용한다.

24. 다음 차원축소 방법 중 판별분석과 관련된 설명이다. 옳은 것을 고르시오.

① 집단을 구분하는 설명변수를 통해 소속 집단을 예측하는 통계 기법이다.
② 데이터의 최적 표현의 견지에서 데이터를 최상으로 축소시키는 방법이다.
③ 선형판별분석은 데이터 평균을 학습해 분류하는 모델이다.
④ 가로축의 분석 차원을 경계인 서포트벡터를 선정하여 판별한다.

25. 다음 중 데이터 전처리 시 변수의 개수를 줄이는 차원축소를 위해 사용될 수 있는 방법으로 적절하지 않은 것은?

① 선형판별분석　　　　　　　② 회귀분석
③ 특이값 분해　　　　　　　　④ 서포트벡터머신

26. 아래의 설명에 해당하는 변수로 가장 적절한 것은?

특정한 의미를 갖는 작위적 정의에 의한 변수로 특정 조건을 만족하는 지의 여부 혹은 특정 함수를 활용해 사용자가 값을 만들어 의미를 부여한 변수

① 반응변수
② 파생변수
③ 설명변수
④ 요약변수

27. 아래의 설명 ㄱ~ㄹ 중 '파생변수'에 대한 설명만을 바르게 짝 지은 것은?

ㄱ. 사용자(분석자)가 특정 조건 혹은 특정 함수에 의해 값을 만들어 의미를 부여한 변수이다.
ㄴ. 수집된 정보를 분석에 맞게 종합한 변수이다.
ㄷ. 특정 상황에만 유의미하지 않게 대표성을 나타나게 할 필요가 있다.
ㄹ. 합계, 횟수와 같이 간단한 구조이므로 자동화하여 상황에 맞게 또는 일반적인 자동화 프로그램으로 구축 가능하다.

① ㄱ, ㄷ
② ㄴ, ㄹ
③ ㄱ, ㄴ, ㄹ
④ ㄱ, ㄷ, ㄹ

28. 아래의 설명 중 파생변수의 추가 방법에 해당되는 것을 모두 고르시오.

ㄱ. 한 값으로부터 특징들을 추출한다.
ㄴ. 한 레코드 내의 값들을 결합한다.
ㄷ. 다른 테이블의 부가적인 정보를 참조한다.
ㄹ. 거래 레코드를 분리한다.
ㅁ. 복잡한 표현 방식으로 변환한다.

① ㄱ, ㄷ
② ㄴ, ㄹ
③ ㄱ, ㄴ, ㄷ
④ ㄱ, ㄴ, ㅁ

29. 다음 설명에 해당하는 데이터 정규 변환 방법으로 옳은 것은?

각 변수 x를 log(x)로 바꾸는 데이터 변환로 변환하여 분포의 대칭화를 목적으로, 중위수를 거의 같게 하여 산포의 균일화를 수행하는 방법이다. 큰 수를 작게 만들고, 복잡한 계산을 쉽게 만들고, 왜도와 첨도를 줄여서 데이터 분석 시 의미 있는 결과를 도출한다.

① 제곱근변환
② 세제곱변환
③ 세제곱근변환
④ 로그변환

30. 불균형 데이터 처리 방법으로 적합하지 않은 것은? 기출

① 언더샘플링
② 오버샘플링
③ SMOTE
④ 임베디드기법

26. ② 27. ① 28. ③ 29. ④ 30. ④

출제예상문제

31. 다음 중 오버샘플링(Over Sampling)에 대한 설명으로 옳지 않은 것은?

① 정보가 손실되지 않는다는 장점이 있다.
② 데이터의 수를 증가시키므로 복제되는 데이터에 분류기가 과적응할 수 있다는 단점이 있다.
③ 오버샘플링 기법에는 Resampling, SMOTE, Borderline SMOTE가 있다.
④ 데이터의 크기가 클 때 효과적이며 계산 시간이 감소한다.

32. SMOTE에 관한 설명 중 옳은 것을 고르시오.

① SMOTE는 소수 인스턴스를 만들어 내어 중복된 값이 생성될 수 있다.
② SMOTE는 과대표집 방법이지만 데이터 손실의 우려가 있다.
③ 다수 클래스의 수가 소수 클래스의 수와 동일해진다.
④ 소수 클래스의 데이터 하나를 찾아 주변값을 기준으로 새로운 데이터를 생성한다.

33. 다음은 아다신에 관한 설명 중 옳은 것을 고르시오.

① Borderline SMOTE와 동일하게 샘플링 개수와 데이터 위치에 따라 동일하게 설정한다.
② 소수 클래스 주변의 다수 클래수 수에 따라 고정적인 데이터 개수를 오버샘플링한다.
③ 스모트의 보더라인에 집중하면서 동시에 다수 클래스 데이터 주변에 존재하는 소수 클래스에 집중할 수 있다
④ 소수 클래스 개수에서 다수 클래스 개수를 뺀 값을 곱한 뒤 SMOTE로 데이터를 증식한다.

34. 다음 중 언더샘플링(Under Sampling)에 대한 설명으로 옳지 않은 것은?

① 다수의 클래스 데이터를 제거하여 계산시간이 감소된다.
② 데이터 수를 제거하여 정보 손실이 발생한다는 것이 단점이다.
③ 랜덤, 토멕링크, CNN, OSS 등이 대표적인 언더샘플링 방식이다.
④ 오버샘플링 방식에 비해 데이터 손실이 적어 성능이 효과적으로 높아진다.

35 Box-Cox 변환에 대한 설명으로 옳지 않은 것을 고르시오.

① 변수 변환 기법이다.
② 로그변환을 이용한다.
③ 차원축소 기법이다.
④ 거듭곱변환을 이용한다.

36 불균형 데이터에 대한 설명으로 옳지 않은 것은?

① 불균형 데이터가 존재할 경우 많은 비율을 가진 집단의 정확도(Accuracy)가 높아지므로 모형의 성능 판별이 어려워지게 된다
② 적은 비율을 가진 집단의 재현율(Recall)이 작아지는 현상이 발생할 수 있다
③ 변수가 가진 데이터에서 각 집단에 속하는 데이터의 수가 동일하지 않은 상태이다.
④ 기존 변수에 특정 조건 혹은 함수 등을 활용하여 만들거나 기존 변수들을 조합하여 새롭게 만들어진 과정이다.

37 변수 변환 기법 중 스케일링 기법이 아닌 것은?

① 범주화
② 최소-최대 정규화
③ 표준화
④ 최대-절대값 정규화

 풀이

01. 분석 변수 처리는 데이터의 축소, 생성, 처리 과정을 거쳐 원하는 결과를 도출하는 기반이 되는 작업으로 반드시 필요하다.

02. 수학적 관점의 변수는 계속 변화하는 값으로 어떤 정해지지 않은 임의의 값을 표현하기 위한 기호이다. 수학적 관점의 고정된 값은 상수에 대한 설명이다.

03. 저장된 값은 변수가 아닌 관측값, 기록, 사례로 정의한다. 따라서 날짜를 변수라 할 수 있고 제시한 보기의 '2022-08-15'는 변수가 아니다.

04. 독립변수는 다른 변수의 영향을 받지 않고 영향을 주는 변수이다.

05. 숫자 형태로 측정 가능하고 이산형, 연속형을 가지는 것은 수치형 변수이다.

06. 남성:여성 = 1:2은 범주형 변수에 해당한다.

07. ①번은 서열 변수, ②번은 연속형 변수, ④번은 이산형 변수에 해당하는 설명이다.

08. 명목변수는 같다/다르다, 서열변수는 작다/크다, 비율변수는 사칙연산이 가능하다.

09. 중복되거나 불필요한 변수 중 유용한 변수만을 선택하여 처리하는 것은 반드시 필요하다.

10. 특정 모델링 기법에 의존하지 않고 데이터의 통계적 특성을 이용해 변수를 선택하는 방법은 필터기법이다.

11. 성능이 가장 좋은 변수의 집합을 선택, 과적합을 최소화하는 기법은 임베디드기법에 대한 설명이다.

12. 피셔 스코어는 확률변수의 관측값으로 유추 가능한 정보의 양을 이용한다.

13. 통계량 측정은 카이제곱검정, 정보 이득, 피셔 스코어, 큰 상관계수, 0에 가까운 분산으로 구분된다.

14. 래퍼기법은 특정 변수의 집합에서 반복적으로 최적의 성능 변수 집합을 선택한다.

15. 전진선택법은 변수값은 작은 변동에도 그 결과가 크게 달라져 견고성이 부족한 단점이 있다.

16. 임베디드기법은 래퍼의 과적합 문제를 해결할 수 있다.

17. 모든 변수를 갖고 시작해 불필요한 변수를 제거해 나가는 기법은 후진제거법이다.

18. 모델 사용의 복잡도가 낮아지고 중요 데이터를 활용하여 정확도가 높아진다.

19. 차원의 저주는 데이터 부족으로 인해 모델의 성능이 떨어지는 현상이며, 다중공선성을 다중 회귀분석 시에 변수들 간의 높은 선형관계를 보일 경우를 의미한다.

20. 특성 선택이 여러 변수들 중 주요 특성을 가지는 변수만 선택하는 기법으로 변수 선택의 필터기법, 래퍼기법, 임베디드기법 등이 해당된다.

21. 주성분분석(PCA)은 고차원의 표본들을 선형 연관성이 없는 저차원의 공간으로 변환하는 기법이며, 가장 우선순위가 높은 주성분을 축으로 재조정한다.

22. 요인분석은 데이터를 이용해 잠재 요인을 도출하고 데이터 구조를 해석하는 기법이다.

풀이

23. 주성분분석(PCA)은 선형 연관성이 없는 저차원 공간으로 변환하는 기법이며, 공분산행렬이나 상관행렬을 이용한다.

24. 판별분석은 집단을 구분할 수 있는 설명변수를 통하여 집단을 구분하는 기법이다.

25. 회귀분석은 변수의 개수를 줄이는 차원축소에 해당되지 않는다.

26. 특정한 의미를 갖는 작위적 정의에 의한 변수로 사용자가 특정 조건을 만족하는지의 여부 혹은 특정 함수를 활용해 값을 만들어 의미를 부여한 변수는 파생변수이다.

27. ㄴ, ㄹ은 파생변수가 아닌 요약변수에 대한 설명이다.

28. 거래 레코드는 요약해서 사용하고, 단순한 표현으로 변환해야 한다.

29. 주어진 설명은 로그변환에 대한 것이다.

30. 임베디드기법은 변수 선택 기법 중의 하나이다.

31. 다수의 샘플이 존재할 때 언더샘플링이 효과적이며, 데이터의 제거로 계산속도 향상효과를 얻을 수 있다.

32. 소수 클래스 속에 속하는 데이터 주변에 가상의 데이터를 증식시키는 방법이다.

33. SMOTE와 유사하지만 샘플링을 데이터 위치에 따라 다르게 설정하는 방식이다.

34. 언더샘플링은 데이터를 제거하여 성능이 떨어질 수 있는 단점이 있다.

35. Box-Cox는 변수 변환 기법이며, 로그변환과 거듭곱변환을 이용하여 정규성을 확보한다.

36. ④는 파생변수 생성에 대한 설명이다.

37. 범주하는 스케일링기법이 아니며, 특정 집단의 의미를 부여한 값을 말한다.

Chapter 5

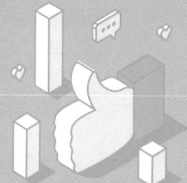

데이터 탐색

들어가기 전에

데이터 탐색은 수집한 데이터를 확보하여, 이를 다양한 각도에서 관찰하고 이해하는 과정이다. 빅데이터를 이용하여 크고 복잡한 현상에서 의미 있는 패턴을 찾고, 의사결정에 필요한 통찰을 얻기 위해서는 데이터의 이해와 분석을 통해 가장 쉬운 방법을 찾아야 한다.

데이터 분석가가 데이터를 분석하기 위해 "데이터를 준비하는 데 80%의 시간을 보내며, 이후의 20%는 분석 데이터에 대한 불평을 하는데 사용한다."는 말이 있다.

데이터 탐색을 통해 관측된 현상의 원인에 대한 가설을 제시하고 적절한 통계 도구 및 기법의 선택을 위한 가이드를 마련하며 통계 분석의 기초가 될 가정을 평가할 수 있다. 또한 추가 데이터 수집을 위한 기반을 제공할 수도 있다. 결국 데이터 탐색 과정을 거쳐 데이터를 표현하는 적절한 모델, 시각화 산출물, 다음 과정을 위한 데이터를 생성해내는 것이다.

또한 인터넷과 모바일 사용의 증가는 SNS상의 각종 위치 정보나 텍스트 정보 등을 만들어내고 있다. 이처럼 컴퓨터의 성능 및 관련 기술의 향상에 따라 축적되는 데이터의 양도 방대해지고, 그 구조도 복잡해지는 양상을 띠고 있어 이러한 특성에 적합한 데이터 탐색이 필요하다.

챕터 구성

5.1 데이터 탐색 기초
5.1.1 데이터 탐색 개요
5.1.2 상관관계 분석
5.1.3 기초 통계량 추출 및 이해
5.1.4 시각적 데이터 탐색

출제예상문제

5.2 고급 데이터 탐색
5.2.1 시공간 데이터 탐색
5.2.2 다변량 데이터 탐색
5.2.3 비정형 데이터 탐색

출제예상문제

5.1 데이터 탐색 기초

학습목표
데이터 탐색의 개념과 탐색적 데이터 분석을 위한 기초 통계 기법 및 시각적 탐색 방법에 대해 학습한다.

출제경향
데이터 분석 주제에 맞게 탐색적 데이터 분석의 개념을 묻는 문제와 상관관계 분석 및 기초 통계량 문제들이 출제되었다.

Chapter 5 영역부터는 기초 통계의 기반이 되는 내용이 구성되어 있어 학습이 쉽지 않을 수 있다. 그러나, 어렵다는 생각보다는 일단 본 수험서를 끝까지 빠르게 한 번 읽고, 다시 학습한다는 생각으로 차근차근 세부항목을 하나씩 학습하도록 하자. 다시 수험서를 학습했을 때 Chapter 6의 학습 내용이 더해져 상관계수, 기초 통계량 등 쉽지 않은 학습 내용이 쉽게 다가올 것이다.

출제빈도

제2회(2021. 04. 17) 3문항 출제	제3회(2021. 10. 02) 5문항 출제
제4회(2022. 04. 09) 6문항 출제	제5회(2022. 10. 01) 4문항 출제
제6회(2023. 04. 08) 3문항 출제	제7회(2023. 09. 23) 5문항 출제
제8회(2024. 04. 06) 7문항 출제	제9회(2024. 09. 07) 5문항 출제

출제세부항목	출제수	출제 내용(문항수)
5.1.1 데이터 탐색 개요	1	빅데이터 탐색
5.1.2 상관관계 분석	13	상관관계(3), 공분산(2), 피어슨 상관계수(2), 상관계수(2), 인과분석, 그래프해석, 스피어만, 편상관분석
5.1.3 기초 통계량 추출 및 이해	23	중심경향값(6), 왜도(6), 산포도(3), 표본분산(2), 중위값, 사분위수 범위, 최빈값, 모평균추정값, 기초통계량, 첨도
5.1.4 시각적 데이터 탐색	1	평형좌표그래프

5.1.1 데이터 탐색 개요

5.1.1.1 데이터 탐색의 이해

데이터 탐색은 데이터를 이용하여 크고 복잡한 현상에서 유의미한 패턴을 찾고 그로부터 의사결정에 필요한 통찰(Insight)을 얻는 행위이다. 데이터 분석만으로는 문제를 해결할 수 없지만 분석 결과로 밝혀진 패턴과 그로 인한 통찰을 이용하면 합리적 의사결정이 가능해진다.

데이터 분석을 위해 데이터 분석가는 아래 4가지 데이터 탐색 과정을 거치게 된다.

데이터 탐색 과정 기출

구분	묘사적 데이터 분석 (Descriptive Data Analysis, DDA)	탐색적 데이터 분석 (Exploratory Data Analysis, EDA)	확증적 데이터 분석 (Confirmatory Data Analysis, CDA)	예측적 데이터 분석 (Predictive Data Analysis, PDA)
목적	현재의 모습을 요약하여 기술 수집된 데이터의 표현	수집된 데이터를 탐색하여 이해하고, 가설 도출	도출된 가설 검정	관계식을 만들고 최적의 조건을 예측
분석 도구	평균, 표준편차, 빈도수, 백분위수, 첨도, 왜도 등	그래프 분석(히스토그램, 파레토 차트, Box Plot 등) 정규성 확인, 트렌드 분석	추정(점추정, 구간추정) 가설검정(Z검정, t검정, 분산분석, 회귀분석 등)	모델링 기법(K-NN, Neural Network, 선형회귀 등), 시뮬레이션 기법 등

5.1.1.2 탐색적 데이터 분석의 이해

❶ 탐색적 데이터 분석과 확증적 데이터 분석

탐색적 데이터 분석(EDA)은 미국 벨 연구소의 수학자 존 튜키가 제안한 데이터 분석 방법론이다. 존 튜키는 전통적 통계학은 데이터에서 가설을 세우고 가설을 검정하는 방법론에 치우쳐 데이터 본연의 정보와 의미를 파악하기 어려움이 있기 때문에, 데이터 탐색에 집중하여 주어진 자료만으로 충분한 정보를 찾을 수 있도록 보완해야 한다고 설명했다.

탐색적 데이터 분석은 데이터 분석에 앞서 통계적 기법을 활용하여 데이터 수치적 정보를 요약하고 그래프 등으로 데이터를 시각화해서 다양한 각도로 이해하는 과정이며, 원 데이터를 가지고 유연하게 데이터를 탐색하고, 데이터의 특징과 구조로부터 얻은 정보를 바탕으로 통계 모델을 만들기 위한 분석 방법이다.

또한 확증적 데이터 분석(CDA)은 수집된 정보와 증거에 대한 실증적 평가에 중점을 두는 전통적 데이터 분석 방법이며, 관측된 형태나 효과의 재현성 평가, 유의성 검정, 신뢰구간 추정 등의 통계적 추론(추론 통계)을 하는 분석 방법으로 설문조사나 논문에 관한 내용을 입증하는 데 사용한다.

탐색적 데이터 분석과 확증적 데이터 분석의 비교

구분	탐색적 데이터 분석(EDA)	확증적 데이터 분석(CDA)
목적	새로운 가설 생성 및 통찰을 얻어 방향성 설정	가설 검정의 유효성 검정 행동에 대한 평가로 채택 여부 결정
절차	유연한 절차 데이터 수집 → 시각화 탐색 → 패턴 도출 → 인사이트 발견	엄격한 절차 가설설정 → 데이터 수집 → 통계분석 → 가설검정
장점	분석 과정에서 유연하게 가설을 설정 가능	검증된 이론과 모형이 존재
단점	명확한 분석 목표가 없으면 분석의 오류를 범할 수 있음	선입견이 개입되어 예상치 못한 결과의 사전 탐지가 어려울 수 있음
사용 통계	기술통계 : 평균, 퍼센트, 분포 등 요약 정보, 그래프에 의한 시각화 자료	추론 통계 : 검정통계량 및 모수 기준치와의 차이(추정, 가설검정)
사례	지역별/시기별 배달음식 주문 데이터를 탐색하고 시각화하면 매출이 높을 것으로 예측되는 장소와 주문이 많은 시간에 대한 정보를 얻을 수 있음 이를 이용해서 매장의 위치와 영업시간에 대한 인사이트를 얻어 매장 운영방침을 적용하면 매장 운영 리스크를 감소시키고 매출을 높일 수 있게 됨	CCTV의 범죄 예방 효과를 검증하기위해 CCTV설치 수와 범죄 발생빈도의 통계적 상관관계를 파악하여 CCTV가 설치된 곳은 범죄 발생빈도수가 높다 혹은 낮다 등의 가설을 검증하는 방법으로 확증적 데이터 분석을 설명할 수 있음

❷ 탐색적 데이터 분석의 4가지 주제

탐색적 데이터 분석의 4가지 주제는 저항성(Resistance)의 강조, 잔차(Residual)의 해석, 데이터의 재표현(Re-expression), 데이터의 현시성(Revelation = Graphic Representation)이다.

탐색적 데이터 분석의 4가지 주제

구분	설명	예시
저항성	데이터의 일부가 파손되었을 때, 영향을 적게 받는 성질 자료가 파손된다는 것은 일부가 예상치 못한 값으로 대체되는 경우를 의미하며, 저항성이 존재하면 예상치 못한 값에 의한 변화에 민감하지 않게 됨	표본 데이터 : 평균 : 20.2, 중앙값 : 21 | 13 | 15 | 21 | 25 | 27 | 이상값이 포함 된 데이터 : 평균 : 65.2, 중앙값 : 21 | 13 | 15 | 21 | **250** | 27 | 평균보다 중앙값이 이상값에 덜 민감함
잔차의 해석	예측값의 잔차를 계산하여 특정 데이터가 보통 데이터와 다른 경향을 가지고 있는지 확인 잔차(Residual) : 관측값들이 주경향으로부터 얼마나 벗어나는지를 알 수 있는 척도	표본 데이터 : 평균 : 20.2, 중앙값 : 21 | 13 | 15 | 21 | 25 | 27 | 이상값이 포함된 표본 데이터 : 평균 : 65.2, 중앙값 : 21 | 13 | 15 | 21 | **250** | 27 | 중앙값 21을 기준으로 잔차(각 데이터 - 중앙값) 산출 | -8 | -6 | 0 | **-229** | 6 | 잔차를 산출하여 -229값을 확인했을 때, 다른 데이터(관측값)와는 달리 왜 큰 잔차가 발생했는지 확인이 필요함

데이터의 재표현	재표현 : 데이터의 해석과 분석을 단순화하기 위해 원 변수를 재표현하는 방법 일반적으로 로그변환이나 제곱근변환 등을 통해 데이터를 재표현하여, 분포의 대칭성, 선형성, 분산 안정성 등 데이터 구조 파악	좌측 그림 : 우측으로 꼬리가 긴(Skewed Right) 데이터의 분포, 평균과 중앙값이 달라져 어떤 값을 대표값으로 사용해야 하는지 혼란 야기 우측 그림 : 로그변환을 이용하여 데이터를 대칭형으로 변환
데이터의 현시성	현시성 : 데이터를 그래프로 시각화함으로써 데이터 안에 숨겨진 정보를 효율적으로 파악하는 과정 시각화는 낮은 수준의 분석이지만 EDA에서 필수이며, 수치 기반의 복잡한 분석보다 직관적으로 통찰력을 얻을 수 있음	위 히스토그램에서 남성과 여성의 키의 분포로 남성은 평균키는 173~177cm 구간의 빈도수가 가장 많고, 여성은160~162cm 구간의 빈도수가 가장 많음을 시각적으로 알 수 있음

5.1.2 상관관계 분석

5.1.2.1 상관관계 분석의 이해 기출

데이터 탐색은 데이터 분석에 앞서 변수들의 관계를 파악하는 목적을 가지고 있다. 수집된 변수의 상관관계를 파악하여 분석을 위한 독립변수와 설명변수 등을 파악할 수 있고, 이상값을 제거할 수 있으며, 개별 변수들 간의 관계를 관찰하여 발견하지 못한 패턴을 발견할 수 있다.

❶ 상관관계 분석의 정의

상관관계 분석(Correlation Analysis)은 두 개의 연속형 변수 간의 선형적 관계를 분석하는 기법이다. 선형적 관계라 함은 흔히 비례식이 성립되는 관계를 말한다. 즉, 상관관계 분석은 변수들 간의 선형성 강도에 대한 통계적 분석이라 할 수 있다.

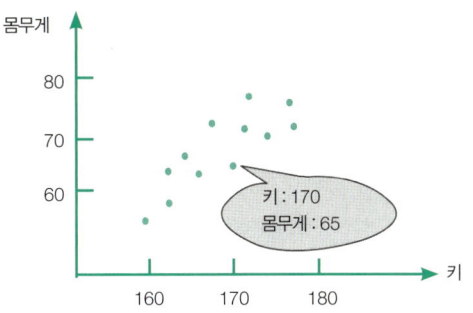

산점도, 키와 몸무게의 상관관계 분석 예시

예를 들어, 키와 몸무게의 상관관계를 분석하고자 할 때, 주어진 데이터 집합을 산점도로 도식화하면 위의 그림과 같다. 위 산점도를 통해 키가 증가할수록 몸무게 또한 증가하는 패턴을 확인할 수 있는데, 이는 키와 몸무게 두 변수는 양(+)의 상관관계를 가지고 있다는 의미로 해석할 수 있다.

❷ 상관관계 분석의 가정사항

상관관계 분석의 가정사항(가능조건)은 아래와 같다.

상관관계 분석의 가정사항

가정사항	설명
이변량	비교 가능한 두 개의 연속형 변수 존재
정규분포	변수 중 적어도 하나의 변수가 정규분포를 만족하는지 여부(정규성을 만족)
선형성 검증	연속형 두 변수 간에는 선형적인 관계 존재 상관관계 분석 전에 두 변수 간의 산점도를 그려 선형성이 있는지 확인해야 함

❸ 상관관계 해석

상관관계 분석으로 두 변수 간의 선형관계를 가지고 있는지, 양(+)과 음(-)의 관계인지, 선형성의 크기(강도)는 얼마인지를 분석할 수 있다.

따라서 변수들 간의 구체적인 인과관계(함수관계)를 파악하는 것이 아니며, 한 변수의 값으로부터 다른 변수의 값을 예측하고자 하는 인과관계는 회귀분석이 사용된다('가계소득이 높으면 저축금액은 얼마나 될까'를 예측하는 사례).

두 변수의 선형성은 산점도를 이용해 가시적으로 확인할 수 있으며, 양과 음의 방향과 크기는 상관계수로 측정한다.

예를 들어, 변수 A, B, C가 있다고 가정했을 때 A와 B의 상관계수는 0.3, A와 C의 상관계수는 0.7이면, A와 C의 상관관계가 더 강한 상관관계를 가진다고 해석할 수 있다.

상관관계계수 해석 기출

구분	설명
선형성	두 개의 변수 간의 직선관계(비례식) 산점도로 확인
선형관계의 방향 (단조성)	양(+)의 상관관계 : 한 변수의 값이 증가함에 따라 다른 변수값도 증가 음(−)의 상관관계 : 한 변수의 값이 증가함에 따라 다른 변수값은 감소 0 : 선형 상관관계 없음
관계의 크기(강도) 기출	−1 ~ +1 사이의 값 −1, +1 : 완전한 선형관계 γ=1　γ=0.7　γ=0.3　γ=0　γ=−0.3　γ=−0.7　γ=−1 피어슨 상관계수의 크기

두 변수의 선형관계를 측정하는 통계량으로는 공분산과 상관계수가 있다.

5.1.2.2 공분산

❶ 공분산의 정의 기출

공분산(Covariance)은 두 변수 X,Y가 서로 어떤 패턴(Pattern)을 보여주는가를 나타내는 지표이며, 서로 다른 변수들 사이에 얼마나 의존하는지를 수치적으로 표현한다.

분산을 공유한다는 의미의 공분산은 동시에 두 개의 변수값을 갖는 개별 관측치들이 각 변수의 평균으로부터 어느 정도 떨어져 있는가를 나타내는 지표로 사용되며, 두 변수는 질적변수가 아닌, 크기가 측정되는 양적변수이다.

따라서 수학적으로 공분산을 정의하면 변수 X와 변수 Y가 동시에 변하는 정도를 양으로 표현한 것으로, X의 편차와 Y의 편차의 곱을 평균한 값을 의미하며, 아래와 같이 정의한다.

$$cov(X,Y) = \frac{\sum(각 X의 편차)(각 Y의 편차)}{전체갯수}, \quad cov(X,Y) = \sigma_{XY} = \frac{1}{N}\sum_{i=1}^{n}(x_i - \mu_X)(y_i - \mu_Y)$$

σ_{XY}는 모집단의 공분산인 모공분산을 의미하며, 표본집단의 공분산은 S_{XY}로 표현하고 오차를 줄이기 위해 N이 아닌 n(표본의 갯수) − 1로 나눠준다.

❷ 공분산의 해석

두 변수의 공분산 값이 0보다 크면 양(+)의 상관관계, 0보다 작으면 음(-)의 상관관계로 해석하고, 0인 경우는 서로 상관이 없음을 의미한다(독립의 의미는 아님).

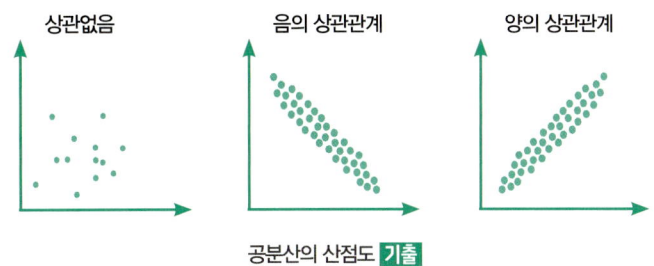

공분산의 산점도 기출

공분산 분석 사례

구분	설명
사례	A중학교에 다니는 학생 5명의 영어, 국어점수의 연관성 확인 사례 〈영어점수, 국어점수〉 | 과목	학생1	학생2	학생3	학생4	학생5	평균 | |---|---|---|---|---|---|---| | 영어점수 | 1 | 4 | 2 | 9 | 9 | 5 | | 국어점수 | 3 | 2 | 7 | 3 | 10 | 5 |
설명	$cov(X,Y) = cov(영어, 국어) = \dfrac{\sum(영어의편차)(국어의편차)}{전체갯수}$ $= S_{XY} = \dfrac{1}{n-1}\sum_{i=1}^{n}(x_i - \mu_X)(y_i - \mu_Y)$ $= \dfrac{(1-5)(3-5) + (4-5)(2-5) + (2-5)(7-5) + (9-5)(3-5) + (9-5)(10-5)}{5-1} = \dfrac{17}{4} = 4.25$
설명	주어진 표본의 영어점수, 국어점수의 평균은 5이다. 각 학생의 점수에서 평균을 뺀 편차를 구한다. 영어와 국어 편차의 곱의 합은 17. 여기에 5명의 표본으로 연관성을 분석하고 있기 때문에 표본공분산을 적용하여 4($n-1$, 자유도)로 나누어 주었다. 공분산은 4.25가 도출된다.
분석	국어평균과 영어평균의 산점도를 확인하면 각 평균 5로부터 5명의 학생의 점수 분포를 확인할 수 있고 공분산은 0보다 큰 4.25가 산출되었기 때문에 영어점수가 증가할 때 국어점수도 증가하는 것으로 확인된다.

그런데 공분산에는 문제점이 하나 있다. X와 Y의 단위의 크기(cm, kg등)에 영향을 받는다는 것이다. 즉, 위 사례에서 국어점수와 영어점수의 방향성은 알 수 있으나 그 강도는 나타내지 못한다(측정 단위에 따라 크기가 달라진다).

이것을 보완한 개념이 상관계수이며, 상관계수(Correlation Coefficient)는 측정 단위에 따라 크기가 바뀌지 않는 표준화된 공분산을 이용한다.

5.1.2.3 상관계수 종류

상관계수는 공분산을 각 변수의 표준편차로 나누어(표준화하여) 두 변수 사이의 관계 정도나 방향을 하나의 수치로 나타내는 지표이며, 통계학에서의 상관계수는 일반적으로 피어슨 상관계수를 지칭한다. 그러나 상관계수를 선택하는 기준은 특정 분포를 가정하느냐와 측정하고자 하는 데이터의 형태에 따라 달라진다.

피어슨 상관계수는 특정 분포를 따르면서(모수적) 등간척도 및 비율척도와 같은 연속형의 데이터에 적용되며, 스피어만 상관계수나 켄달 상관계수는 특정 분포를 가정하지 않으면서(비모수적) 서열척도 변수인 경우 주로 이용된다.

> **참고**
> 모수적 방법(Parametric method) : 모수를 특정 분포로 가정하여 접근하는 방법
> 비모수적 방법(Non-parametric method) : 모집단의 특정 분포를 가정하지 않고 접근하는 방법

상관계수의 선택 기준 비교

구분	피어슨	스피어만	켄달
변수 유형	등간/비율변수 – 등간/비율변수	서열변수 – 서열변수	서열변수 – 서열변수
목적	등간변수, 비율변수들의 상관관계 측정	서열변수들의 상관관계 측정	서열변수들의 상관관계 측정
정규성	정규성 가정(모수적 방법)	정규성 가정 안함(비모수적 방법)	정규성 가정 안함(비모수적 방법)
관계	선형관계	비선형관계, 단조성(X증가 → Y증가)	비선형관계, 단조성(X증가 → Y증가)
상관계수	γ, 감마(적률 상관계수)	ρ, 로우(순위 상관계수)	τ, 타우(켄달)
범위	$-1 \leq \gamma \leq 1$	$-1 \leq \rho \leq 1$	$-1 \leq \tau \leq 1$

> **참고** 편상관계수(Partial Correlation Coefficient)
> 부분상관계수로도 부르며, 제3변수의 영향을 고려하지 않고 두개의 변수에 대한 상관관계를 분석하는 상관계수와 달리, 제3변수가 주는 요인 $p - 1$개를 제어하고 두 변수의 순수한 상관관계를 나타낸다. 즉, 종속변수 Y와 독립변수 $x_1, x_2, \cdots, x_p$가 존재할 경우, 변수 Y와 x_1의 편상관계수는 설명변수 $x_2, \cdots, x_p$를 제어변수로 하고 나머지 두 변수의 순수한 상관관계를 분석할 수 있다. (예: 학습시간과 시험점수 간의 상관관계에서 나이의 영향 제외)

❶ 피어슨 상관계수(Pearson Correlation Coefficient, PCC)

- **피어슨 상관계수의 정의**

피어슨 상관계수는 두 변수가 각각 등간변수 혹은 비율변수로 측정된 경우 상관관계의 크기를 측정하는 상관계수이다.

피어슨 상관계수는 변수 X와 변수 Y가 함께 변하는 정도(공분산)에 X와 Y 각각 변하는 정도(표준편차)를 나눈 값으로 정의되며, 수식은 다음과 같다.

$$\text{피어슨상관계수} = \frac{\text{공분산(함께 변하는 정도)}}{X\text{표준편차} \cdot Y\text{표준편차(각각 변하는 정도)}}$$

$$\begin{aligned}
\gamma_{xy} &= \frac{cov(X,Y)}{\sigma_X \sigma_Y} \\
&= \frac{\frac{1}{N}\sum_{i=1}^{n}(x_i - \mu_X)(y_i - \mu_Y)}{\sqrt{\frac{1}{N}\sum_{i=1}^{n}(x_i - \mu_X)^2 \times \frac{1}{N}\sum_{i=1}^{n}(y_i - \mu_Y)^2}} \\
&= \frac{\sum_{i=1}^{n}(x_i - \mu_X)(y_i - \mu_Y)}{\sqrt{\sum_{i=1}^{n}(x_i - \mu_X)^2 \times \sum_{i=1}^{n}(y_i - \mu_Y)^2}}
\end{aligned}$$

μ_X : 모집단 X의 평균
μ_Y : 모집단 Y의 평균
σ_X : 모집단 X의 표준편차
σ_Y : 모집단 Y의 표준편차
N : 모집단의 수

● 피어슨 상관계수의 범위

피어슨 상관계수는 +1과 -1 사이의 값을 가진다.

상관계수의 범위 $-1 \leq \gamma \leq 1$

피어슨 상관계수 방향성 및 크기(강도)

범위	설명
선형관계의 방향	양(+)의 상관관계 : 한 변수의 값이 증가함에 따라 다른 변수값도 증가 음(−)의 상관관계 : 한 변수의 값이 증가함에 따라 다른 변수값은 감소 0 : 선형 상관관계 없음
관계의 크기(강도)	−1, +1 : 완전한 선형관계(강한 상관관계) | 상관계수 범위 | 상관계수 해석 | |---|---| | $-1 \leq \gamma < -0.7$ | 강한 음의 선형관계 | | $-0.7 \leq \gamma < -0.3$ | 뚜렷한 음의 선형관계 | | $-0.3 \leq \gamma < -0.1$ | 약한 음의 선형관계 | | $-0.1 \leq \gamma < 0.1$ | 거의 무시될 수 있는 선형관계 | | $0.1 \leq \gamma < 0.3$ | 약한 양의 선형관계 | | $0.3 \leq \gamma < 0.7$ | 뚜렷한 양의 선형관계 | | $0.7 \leq \gamma \leq 1$ | 강한 양의 선형관계 |

피어슨 상관계수(감마)는 ±0.3 미만이면 약한 선형 상관관계, ±0.7 이상이면 강한 선형 상관관계를 의미한다.

❷ 스피어만 상관계수(Spearman rank-order correlation coefficient, SROCC)

- **스피어만 상관계수의 정의**

피어슨 상관계수는 두 변수가 각각 등간변수 혹은 비율변수로 측정된 경우 상관관계를 확인하였지만, 스피어만 상관계수는 두 데이터의 실제 값 대신, 두 값의 순위를 사용해 상관계수를 계산하는 방식이며, 두 변수(서열변수와 서열변수)가 정규성을 따르지 않는 비모수직 관계에서 단조성을 파악하기 위해 사용한다.

예를 들어, 수학점수와 영어점수와의 상관계수는 피어슨 상관계수로 계산할 수 있고, 수학과목의 석차와 영어과목의 석차는 스피어만 상관계수로 계산할 수 있다.

$$\rho = \frac{\sum_{i=1}^{n}(x_i - \mu_X)(y_i - \mu_Y)}{\sqrt{\sum_{i=1}^{n}(x_i - \mu_X)^2 \times \sum_{i=1}^{n}(y_i - \mu_Y)^2}}$$

위 식에서 x_i는 변수 X에서 i번째 데이터의 순위, y_i는 변수 Y에서 i번째 데이터의 순위이며, μ_X와 μ_Y는 각각 x_i, y_i 평균을 뜻한다.

위 식에서 $d_i = x_i$의 순위 $-y_i$의 순위로 정의하면 다음과 같이 정의할 수 있다.

$$\rho = 1 - \frac{6\sum d_i^2}{n(n^2-1)} \qquad d_i = x_i\text{의 순위} - y_i\text{의 순위, } n : \text{상수}$$

> **참고** 선형관계와 단조관계
>
> 단조성이 좋다는 것은 한 변수의 값의 크기가 커지면(또는 작아지면) 다른 변수의 크기도 커진다(또는 작아진다)는 의미이다.
>
>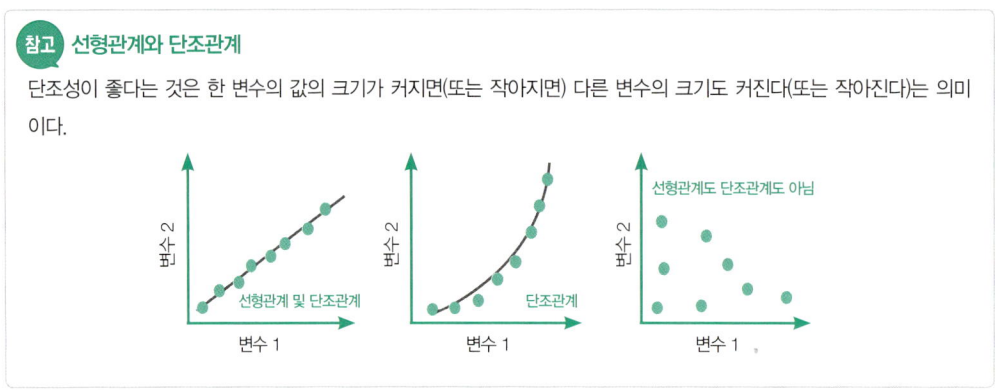

- **스피어만 상관계수의 범위**

피어슨 상관계수와 마찬가지로 스피어만 상관계수는 +1과 −1 사이의 값을 가진다. 1은 한 쪽의 순위가 증가함에 따라 다른 쪽의 순위도 증가함을 뜻하고, −1은 한 쪽의 순위가 증가할 때 다른 쪽의 순위는 감소함을 뜻한다. 0은 한 쪽의 순위 증가가 다른 쪽의 순위와 연관이 없음을 뜻한다.

$$\text{상관계수의 범위 } -1 \leq \rho \leq 1$$

스피어만 상관계수(로우)는 데이터 내 편차와 에러에 민감하며, 일반적으로 켄달 상관계수보다 높은 값을 가진다.

❸ 켄달 상관계수

● 켄달 상관계수의 정의

피어슨 상관계수는 두 변수가 각각 등간변수 혹은 비율변수로 측정된 경우 상관관계를 확인하였지만, 스피어만 상관계수는 두 데이터의 실제 값 대신, 두 값의 순위를 사용해 상관계수를 계산하는 방식이며, 두 변수가 정규성을 따르지 않는 비모수적 관계에서 단조성을 파악하기 위해 사용한다.

켄달 상관계수는 스피어만 상관계수처럼 서열변수와 서열변수를 이용하는 순위 상관계수의 한 종류이며, 두 변수들 간의 순위를 비교하여 연관성을 계산한다.

두 변수 X, Y에 대한 관측값이 $(x_1, y_1), ... , (x_n, y_n)$으로 주어졌을 때 X를 크기 순으로 정렬하여 대응되는 Y가 어느 정도로 X의 순위와 일치하는지 관점에서 상관계수를 정의한다. 즉, X의 순위와 일치시키기 위해 Y를 얼마나 바꾸어야 하는 정도로 상관관계를 평가한다는 의미이다.

$$\tau = \frac{C - D}{C + D}$$

C (Concordant pair) : 부합하는 쌍의 수
D (Disconcordant pair) : 부합하지 않는 쌍의 수

(X, Y) 형태의 순서쌍으로 데이터가 있을 때, $x_i < x_j, y_i < y_j$ 또는 $x_i > x_j, y_i > y_j$가 성립하면 부합이며, $x_i < x_j, y_i > y_j$ 또는 $x_i > x_j, y_i < y_j$이면 비부합으로 정의한다.

즉, x_i가 커질 때 y_i도 커지면 부합, x_i가 커질 때 y_i가 작아지면 비부합이라고 본다.

● 켄달 상관계수의 범위

1은 부합 데이터쌍의 비율이 100%임을, -1은 비부합 데이터쌍의 비율이 100%임을 뜻하며, 0은 x와 y 간에 값의 연관성이 없음을 뜻한다.

$$상관계수의 범위 -1 \leq \tau \leq 1$$

켄달 상관계수(타우)는 샘플 사이즈가 작거나 데이터의 동률이 많을 때 유용하다.

5.1.2.4 상관계수의 유의성 검정

상관계수의 유의성 검정은 'Chapter. 6 통계 기법 이해'를 학습한 뒤 다시 학습하는 것을 추천한다.

상관관계 분석은 변수에 따라 치우침이 다른 경우가 많아, 변수의 치우침이 상대적으로 작아서 상관계수가 크게 나오는 경우가 있는 반면, 치우침이 상대적으로 커서 상관계수가 작게 나오는 경우가 있다. 따라서 상관관계 분석을 통해 얻은 상관계수를 일반화하여 사용하기 위해서는 상관계수의 유의성을 확인해야 한다.

통계적으로 유의하다는 말은 관찰된 현상이 전적으로 우연에 의해 벌어졌을 가능성이 낮다는 의미이며, 상관계수의 유의성을 판단하기 위해서는 모상관계수인 ρ를 사용하여 가설을 설정하고 이를 검정하게 된다.

상관계수의 통계적 유의성을 검정하려면 귀무가설을 '상관계수가 0이다'로, 대립가설을 '상관계수가 0이 아니다'로 설정하며, 대립가설을 '아니다($\rho \neq 0$)만' 사용하기 때문에 양측검정을 수행하게 된다.

양측검정 결과 검정통계량값이 기각역에 속해 있으면 귀무가설을 기각하고, 그렇지 않으면 귀무가설을 채택한다.

만약 P값(P-$Value$)이 0.05보다 작다면 귀무가설이 참이라고 가정했을 때 데이터로부터 구한 상관계수를 볼 확률이 낮다는 의미이며, 그런 상관계수는 귀무가설 하에서는 우연히 발생하기 어렵다. 따라서 통계적으로 유의미한 상관계수를 의미한다.

피어슨 상관관계 분석 사례

구분	설명
사례	A중학교에서 학생들의 지각횟수와 국어성적의 상관관계를 확인하기 위해 5명의 학생을 무작위로 표본으로 선정하여 분석하였다. | 지각 횟수	국어 성적
1	8
2	7
3	6
4	4
5	5	
피어슨 상관계수 정의	$$\frac{\sum_{i=1}^{n}(x_i - \mu_X)(y_i - \mu_Y)}{\sqrt{\sum_{i=1}^{n}(x_i - \mu_X)^2 \times \sum_{i=1}^{n}(y_i - \mu_Y)^2}}$$
풀이	지각횟수 평균 : 3 국어성적 평균 : 6 $$\frac{(1-3)(8-6)+(2-3)(7-6)+(3-3)(6-6)+(4-3)(4-6)+(5-3)(5-6)}{\sqrt{\{(1-3)^2+(2-3)^2+(3-3)^2+(4-3)^2+(5-3)^2\} \times \{(8-6)^2+(7-6)^2+(6-6)^2+(4-6)^2+(5-6)^2\}}}$$ $= -0.9$
분석	피어슨 상관계수는 −1에 가까우므로 지각횟수와 국어성적은 음의 상관관계가 높음

위 사례에 대한 상관계수의 유의성을 판단하기 위한 예시는 아래와 같다.

상관계수 유의성 검정 절차

절차	설명
귀무가설 및 대립가설 설정	귀무가설(H_0) : $\rho = 0$(상관관계가 0이다, 상관관계가 없다) 대립가설(H_1) : $\rho \neq 0$(상관관계가 0이 아니다, 상관관계가 있다)
유의수준(α) 결정	0.05, 0.1 등을 사용
기각역 설정	양측검정 : 대립가설 $H_1 : \rho \neq 0$일 때, $\|T\| \geq t_{\frac{\alpha}{2}}(n-2)$
검정통계량 계산	$T(t분포) = \dfrac{r - \rho_0}{\sqrt{\dfrac{1-r^2}{n-2}}}$ ρ_0 : 가설의 모상관계수, 일반적으로 0을 사용 자유도 : $n-2$ (변수 두개 각 −1적용) r : 표본의 상관계수 n(표본 수) $\geq$ 30이면 Z분포 사용
통계적 결론	검정통계량이 기각역에 속하면 귀무가설 기각, 아닌 경우 귀무가설을 기각하지 않음

10 Day

상관계수의 유의성 검정 사례

구분	설명
사례	A중학교에서 학생들의 지각횟수와 국어성적의 상관관계를 확인하기 위해 5명의 학생을 무작위로 표본으로 선정하여 분석하였다. 상관계수는 −0.9일 때 유의수준 10%에서 상관관계가 있다고 할 수 있는지 검정해보자.
귀무가설 및 대립가설 설정	귀무가설(H_0) : $\rho = 0$ 지각횟수와 국어성적은 상관관계가 없다. 대립가설(H_1) : $\rho \neq 0$ 지각횟수와 국어성적은 상관관계가 있다.
유의수준	$\alpha = 0.1$
기각역 및 기각값	유의수준 0.1에 대하여, 양측검정이므로 $\dfrac{\alpha}{2} = 0.05$이고 자유도는 3(5−2)인 값을 T분포표에서 확인하면, ±2.354이다.
검정통계량 및 P값	$T(t분포) = \dfrac{r-\rho_0}{\sqrt{\dfrac{1-r^2}{n-2}}}$, $r = -0.9$, $\rho_0 = 0$, $n = 5$ $t = \dfrac{-0.9 - 0}{\sqrt{\dfrac{1-(-0.9)^2}{5-2}}} = -3.58$ $t = -3.58$일 때, P값은 0.037이 된다.
분포도	$P = 0.037$, $t = -3.58$, $\alpha/2 = 0.05$, $t = -2.354$, $\alpha/2 = 0.05$, $t = 2.354$

통계적 결론 - 기각역	검정통계량 $t = -3.58$은 기각역에 속하여 귀무가설은 기각된다. 따라서 지각횟수와 국어성적은 상관관계가 있다.
통계적 결론 - p값 사용	p값(0.037) < 유의수준($\alpha = 0.1$), P값이 유의수준보다 작으므로 귀무가설은 기각된다. 따라서 지각횟수와 국어성적은 상관관계가 있다.

빅분기_18
5.1.3

5.1.3 기초 통계량 추출 및 이해

5.1.3.1 기초 통계량의 이해

데이터 탐색에서 데이터에 대한 충분한 이해를 얻기 위해 데이터의 요약 정보를 활용한다. 요약 정보를 만드는 과정에서 평균이나 산포도 및 분포도로 수치적 정보를 얻게 되고 이를 그래프나 도표 등을 활용해 전체적인 추세와 특이사항이 있는지 관찰하게 된다(기초 통계량은 '6.1 기술 통계' 참조).

정리되지 않은 자료는 데이터로써 가치가 없을 뿐 아니라 내용 파악이 어렵기 때문에 자료의 특성을 대표하는 수치인 기초 통계량으로 변환하게 된다.

데이터의 분포를 이해하기 위한 기초 통계량의 단위는 중심경향치, 산포도, 비대칭도 3가지로 구분한다.

기초 통계량 단위 기출

5.1.3.2 중심경향치(Central Tendency)

중심경향치는 통계학 및 수학에서 자료 데이터 분포의 중심을 보여주는 값으로서 자료 전체를 대표할 수 있는 값을 의미한다. 대표값이라도 하며 중앙값으로는 중심경향치를 온전히 다룰 수 없기 때문에 평균, 최빈값, 중앙값 등을 주요하게 함께 다룸으로써 자료의 중심경향성을 살펴보게 된다.

❶ 평균(Mean) 기출

평균은 관측값의 절대 크기의 중앙이므로 모든 관측값을 더한 값을 관측값의 갯수(n)로 나눈 값이며 산술평균과 동일한 개념이다.

- **산술평균(Arithmetic Average)**

$$산술평균 = \frac{관측된 숫자들의 총합}{관측된 숫자들의 총 개수}$$

n개의 관측치 $x_1 + x_2 + \ldots + x_n$의 산술평균은 아래 식으로 정의한다.

모평균과 표본평균

모집단의 평균(모평균)	표본집단의 평균(표본평균)
$\mu = \dfrac{x_1 + x_2 + \ldots + x_N}{n} = \dfrac{1}{n}\sum_{i=1}^{n} x_i$	$\bar{X} = \dfrac{x_1 + x_2 + \ldots + x_n}{n} = \dfrac{1}{n}\sum_{i=1}^{n} x_i$
N : 모집단의 자료에서 관측값의 총 개수 n : 표본집단의 자료에서 관측값의 총 개수 μ : 모집단평균 $\bar{X}$: 표본평균 x_i : 자료의 i번째 관측값	자료 1, 4, 6, 5, 6, 2의 평균은 (1 + 4 + 6 + 5 + 6 + 2) / 6 = 4 인데, 극단치 100이 존재한다고 가정했을 때 평균은 (1 + 4 + 6 + 5 + 6 + 2 + 100) / 7 = 19.60이 된다. 일반적인 값을 넘어서는 극단치가 데이터의 일반화를 훼손시킬 수 있다.

평균은 소수의 극단치(매우 작거나 큰 값)에 민감한 특성이 있다.

- **절사평균(Trimmed Mean)**

편차가 큰(극단치가 존재) 자료의 경우, 산술평균이 적합하지 않으므로, 자료의 총 개수에서 일정 비율만큼 가장 큰 부분과 작은 부분을 제거 후 산술평균을 구할 수 있는데 이를 절사평균이라고 한다.

$$\bar{X} = \frac{\sum_{i=p+1}^{n-p} x_{(i)}}{n - 2p}, p = 절사비율$$

절사평균은 극단값의 영향을 제거하는 효과가 있다.

> **참고** 절사평균 예시
>
> 자료 1, 2, 4, 5, 5, 6, 6, 10, 12, 60의 평균은 11인데 절사비율을 20%로 절사평균을 구하면 10개 × 0.2 = 2개의 값을 절사하게 된다.
> 가장 작은 값 1개인 1과 큰 값 1개인 60을 절사하고 평균을 구하면, (2 + 4 + 5 + 5 + 6 + 6 + 10 + 12) / 8 = 6.25가 된다.

● **가중평균(Weighted Mean)**

가중평균은 각 데이터 값에 가중치를 곱한 값들의 총합을 다시 가중치의 총합으로 나눈 값이다.

$$\bar{X}_w = \frac{\sum_{i=1}^{n} w_i x_i}{\sum_{i}^{n} w_i}, w_i = i\text{번째 관찰치의 가중치}$$

> **참고** 가중평균 예시
>
> A학생과 B학생의 영어점수와 수학점수는 각각 다음과 같다.
>
> | 이름 | 영어점수 | 수학점수 | 산술평균 |
> |---|---|---|---|
> | A학생 | 50 | 70 | 120 / 2 = 60 |
> | B학생 | 60 | 60 | 120 / 2 = 60 |
>
> 산술평균은 A학생과 B학생이 같음을 알 수 있다.
> 영어의 가중치를 50%, 수학의 가중치를 70%라 했을 때 가중평균은 다음과 같다.
>
> | 이름 | 영어점수 | 영어 가중치 | 수학점수 | 수학 가중치 | 가중평균 |
> |---|---|---|---|---|---|
> | A학생 | 50 | 50% | 70 | 70% | $\frac{(50 \times 0.5) + (70 \times 0.7)}{0.5 + 0.7} = 61.67$ |
> | B학생 | 60 | 50% | 60 | 70% | $\frac{(60 \times 0.5) + (60 \times 0.7)}{0.5 + 0.7} = 60$ |

● **기하평균(Geometric Mean)**

기하평균은 n개의 양수 값을 모두 곱한 값에 n제곱근을 적용한 값이다. 일반적으로 변수가 성장률(물가상승률, 연평균성장률 등) 또는 변화율(인구변동률 등)일 때, 유용한 중심위치 척도가 될 수 있다.

$$C = \left(\prod_{i=1}^{n} x_i\right)^{1/n} = (x_1 \cdot x_2 \cdot \ldots \cdot x_n)^{1/n} = \sqrt[n]{x_1 \cdot x_2 \cdot \ldots \cdot x_n}, x_i = \text{비율}$$

어떤 숫자들의 기하평균은 그 숫자들의 산술평균보다 언제나 작거나 같으며, 특히 모든 숫자가 같을 경우에 두 평균이 같아진다.

> **참고** 기하평균 예시
>
> A마우스의 출시 가격이 10,000원이었는데, 2월에 20% 가격이 증가하고, 3월에 30%의 가격이 증가하였으며, 4월에는 10% 감소하였다. 3개월 평균 증가율은 다음과 같다.
>
> | 출시 가격 | 2월 가격 | 3월 가격 | 4월 가격 |
> |---|---|---|---|
> | 10,000 | 12,000 | 15,600 | 14,040 |
>
> | 출시 가격 | 2월 변화율 | 3월 변화율 | 4월 변화율 |
> |---|---|---|---|
> | 1 | 1.2 | 1.3 | 0.9 |
>
> $(1.2 \times 1.3 \times 0.9)^{1/3} = \sqrt[3]{1.2 \times 1.3 \times 0.9} = 1.12$
>
> 기하평균 약 1.12로 3개월동안 평균 약 12% 가격이 증가했다.
>
> 산술평균은 증가율이 0.2(20% 증가), 0.3(30% 증가), −0.1(10% 감소)이므로 $(0.2 + 0.3 + −0.1)/3 = 0.133$이 되어, 13% 증가한 것으로 산출

● **조화평균(Harmonic mean)**

조화평균은 주어진 수에 대해, 역수의 산술평균의 역수를 구한 값이다. 역수의 차원에서 평균을 구하고, 다시 역수를 취해 원래 차원의 값으로 돌아오는 것이다.

평균적인 변화율을 구할 때에 주로 사용하며, 속도 등과 같이 여러 단위가 결합되어 있을 때 활용할 수 있다.

$$H = \frac{n}{\frac{1}{x_1} + \frac{1}{x_2} + \ldots + \frac{1}{x_n}}$$

> **참고** 조화평균 예시
>
> 서울과 부산 (400km)을 왕복하는데, 가는데 시속 400km/h로 가고, 오는데 시속 100km/h로 왔다면 왕복하는데 걸린 평균시속은 다음과 같다.
>
> $$H = \frac{2}{\frac{1}{400} + \frac{1}{100}} = \frac{800}{5} = 160$$
>
> 왕복에 소요된 평균시속은 $160 km/h$이다.

❷ **중앙값(Median = 중위수 = 중앙치)**

데이터(자료)의 크기 중심인 평균과는 달리 중앙값은 데이터를 제일 작은 값부터 큰 값으로 정렬($x_{(1)} + x_{(2)} + \ldots + x_{(n)}$)한 후 중심에 있는 값을 의미한다.

정렬 후 표본의 크기에 대해 홀수 개와 짝수 개인 경우로 나눠서 중앙값을 산출한다.

중앙값 산출식 정의

전체 자료의 개수(n)가 홀수인 경우	전체 자료의 개수(n)가 짝수인 경우
$M_e = \frac{n+1}{2}$의 값	$M_e = \frac{\frac{n}{2}의 값 + (\frac{n}{2}+1)의 값}{2}$

참고 중앙값 예시 기출

구분	전체 자료의 개수(n)가 홀수인 경우	전체 자료의 개수(n)가 짝수인 경우
사례	자료 4, 2, 8, 1, 15	자료 1, 2, 5, 4, 7, 10
정렬값	1, 2, 4, 8, 15	1, 2, 4, 5, 7, 10
중앙값 위치	$\frac{n+1}{2} = \frac{5+1}{2} = 3$	$\frac{n}{2} = \frac{6}{2} = 3$ $(\frac{n}{2}+1) = (\frac{6}{2}+1) = 4$
중앙값	3번째 값 = 4 중앙값 = 4	3번째 값 = 4 4번째 값 = 5 중앙값 = $\frac{4+5}{2} = 4.5$

중앙값은 소수의 극단치에 영향을 덜 받기 때문에 극단치가 있는 경우에 유용하게 사용할 수 있다. 기출

❸ 최빈값(Mode) 기출

최빈값은 자료에서 빈도수가 가장 많은 값이며, 각 자료에는 하나 이상의 최빈값이 있을 수 있다. 평균과 달리 소수의 극단치에 영향을 받지 않으며 자료에서 같은 값이 많이 반복될 때 유용하다.

$$최빈값 = m_0$$

자료의 수가 1번씩 나올 경우 최빈값은 존재하지 않고, 여러 개의 최빈값이 있을 수 있기 때문에 자료의 수가 많아지면 부적절할 수 있다.

예를 들어 자료 1, 5, 4, 50, 6, 4, 5, 8, 6, 6, 100, 5의 최빈값은 각각 3번씩 존재하는 5, 6이 된다.

최빈값은 대표값을 빠르게 추정하고, 가장 흔하게 일어나는 경우를 알고 싶을 때 사용할 수 있다.

❹ 평균, 중앙값, 최빈값의 비교 기출

자료의 측정치 중 다른 측정치에 비해 아주 크거나 아주 작은 측정치(극단치)가 존재하는 경우 순서의 중심인 중앙값과는 달리, 크기의 중심인 평균은 극단치가 존재하는 쪽으로 치우치게 된다. 극단치 중 자료에 포함하여 분석하기에는 부적절하게 크거나 작은 측정치를 이상값(Outlier)이라 한다.

다음 그림은 히스토그램으로 표현한 평균, 중앙값, 최빈값의 관계이다.

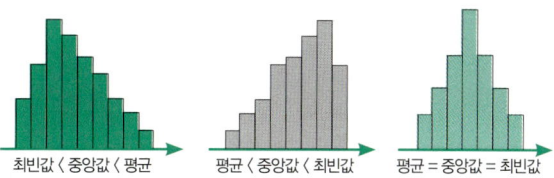

평균, 중앙값, 최빈값의 상대적 위치

위의 그림과 같이 극단치가 존재하는 경우 자료의 중앙위치를 나타내는 통계량으로 중앙값이 평균보다 더 합리적인 값이며, 극단치가 존재하지 않으면 중앙값과 평균이 거의 일치하므로 자료의 중앙위치에 대한 요약값이라는 측면에서는 평균이 중앙값보다 더 합리적인 값이 된다.

정리하면, 데이터의 분포가 좌우대칭이 아닌 경우 중앙값이 평균에 비해 더 합리적인 중앙위치 값임에도 불구하고 평균을 사용하는 이유는 평균에 대한 수학적 전개가 용이하고 중앙값과는 달리 평균의 분포 함수를 쉽게 구할 수 있기 때문이다.

5.1.3.3 산포도 기출

자료의 측정치들의 흩어진 정도나 측정치들이 가질 수 있는 값의 범위가 얼마인지는 자료의 중앙위치만으로 알 수 없으며 자료 전체에 대한 정보를 얻는데 제한적일 수 있다. 같은 평균을 갖더라도 흩어진 정도에 차이가 있으면 자료의 특성은 다르기 때문이다.

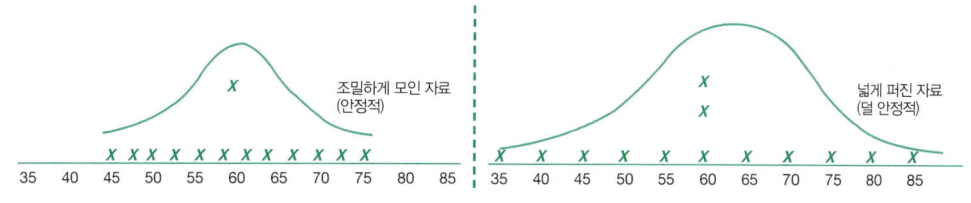

자료의 흩어짐에 따른 산포도

평균을 예로 들어, A중학교 3학년과 B중학교의 3학년 학생 5명을 대상으로 몸무게를 조사했다.

A중학교의 몸무게 자료는 {75, 65, 78, 62, 70}이고, B중학교의 몸무게 자료는 {100, 40, 90, 50, 70}이라고 했을 때, 몸무게 평균은 두 중학교 모두 70kg으로 같다고 볼 수 있으나, 평균을 중심으로 개인적인 몸무게 차이는 B중학교가 더 크다고 할 수 있다.

산포도는 이러한 데이터의 흩어져 있는 정도를 설명하는 통계치이며, 중심위치가 얼마나 안정적인지에 대한 정보를 알게 해준다.

범위, 사분위수 범위, 분산, 표준편차, 변동계수 등이 이에 해당한다.

❶ 범위(Range)

범위는 관측된 자료에서 가장 큰 값과 가장 작은 값의 차이이다.

$$Range = Max - Min$$

범위는 계산이 편리하다는 장점이 있으나 범위를 계산할 때는 두 측정치(최대값, 최소값)만 사용되므로 다른 측정치들의 정보가 전혀 고려되지 않아 이상치나 극단치가 존재하는 경우 범위가 커지는 단점이 있다.

예를 들어, 크기가 10인 자료 {1, 2, 3, 4, 5, 6, 7, 8, 9, 55}와 같이 55라는 극단치가 존재하면 자료의 범위는 54로 커지게 된다.

❷ 사분위수 범위(Interquartile Range, IQR) 기출

사분위수 범위는 데이터 값들의 중간 50%에 포함되는 산포도를 의미한다(중앙값 이용, 이상값에 둔감).

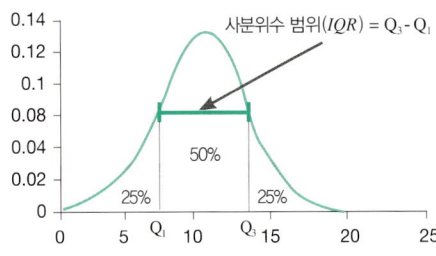

구분	설명
제1사분위수(1Quartile, Q_1)	전체 데이터의 25% 지점에 해당하는 수
제2사분위수(2Quartile, Q_2)	전체 데이터의 50% 지점에 해당하는 수 중앙값(median)을 의미
제3사분위수(3Quartile, Q_3)	전체 데이터의 75% 지점에 해당하는 수
제4사분위수(4Quartile, Q_4)	전체 데이터의 100% 지점에 해당하는 수
사분위수 범위(IQR)	제3사분위수와 제1사분위수 사이의 거리($Q_3 - Q_1$)

사분위수 범위(IQR)

자료의 분포가 한쪽으로 치우쳐 있지 않은 종 모양(Bell Shaped)인 경우 자료의 대략적인 산포도를 측정치로 범위나 사분위수 범위(IQR)가 계산되기도 하지만 사분위수 범위(IQR)는 상자그림(Box Plot)에 주로 사용되고 자료의 범위보다는 최대값과 최소값을 주로 사용하므로 그 값 자체만으로는 자료 정리에 거의 이용되지 않는다('4.1.3.3 데이터 이상값 탐색기법' 참조).

IQR 산출 예시

구분	자료의 개수(n)가 홀수인 경우	자료의 개수(n)가 짝수인 경우
사례	자료 4, 2, 8, 1, 15	자료 1, 2, 5, 4, 7, 10
순서 통계량(정렬 값)	1, 2, 4, 8, 15	1, 2, 4, 5, 7, 10
중앙값 위치	$\frac{n+1}{2} = \frac{5+1}{2} = 3$	$\frac{n}{2} = \frac{6}{2} = 3$ $(\frac{n}{2}+1) = (\frac{6}{2}+1) = 4$
중앙값(제2사분위수)	3번째 값 = 4 중앙값 = 4 중앙값 위치 : 1, 2, 4(50%), 8, 15	3번째 값 = 4 4번째 값 = 5 중앙값 = $\frac{4+5}{2} = 4.5$ 중앙값 위치 : 1, 2, 4, 4.5(50%), 5, 7, 10

제1사분위수	중앙값 4를 기준으로 왼쪽 자료는 2개(1, 2) $\frac{n}{2} = \frac{2}{2} = 1$ $\left(\frac{n}{2}+1\right) = \left(\frac{2}{2}+1\right) = 2$ 1번째 값과, 2번째 값의 평균 제 1사분위수 $= \frac{1+2}{2} = 1.5$	중앙값 4.5를 기준으로 왼쪽 자료는 3개(1, 2, 4) $\frac{n+1}{2} = \frac{3+1}{2} = 2$ 2번째 값 = 2 제 1사분위수 : 2
제3사분위수	중앙값 4를 기준으로 오른쪽 자료는 2개 (8, 15) $\frac{n}{2} = \frac{2}{2} = 1$ $\left(\frac{n}{2}+1\right) = \left(\frac{2}{2}+1\right) = 2$ 1번째 값과, 2번째 값의 평균 제 3사분위수 $= \frac{8+15}{2} = 11.5$ 제 3사분위수 : 11.5	중앙값 4.5를 기준으로 오른쪽 자료는 3개 (5, 7, 10) $\frac{n+1}{2} = \frac{3+1}{2} = 2$ 2번째 값 = 7 제 3사분위수 : 7
사분위수 범위(IQR)	$Q_3 - Q_1 = 11.5 - 1.5 = 10$	$Q_3 - Q_1 = 7 - 2 = 5$

❸ 편차(Deviation)

편차는 각각의 관측치가 평균에서 얼마나 떨어져 있는지를 나타낸 값이다. 하나의 관측치에서 평균을 뺀 값이며, 편차의 절대값이 크면 평균에서 멀리 떨어져 있는 값이고, 작으면 평균에서 가까운 값이다.

전체 관측치의 편차 합은 0이며, 아래 식으로 편차를 정의한다.

$$\text{관측치 } x_1 \text{의 편차} = (x_1 - \bar{X}), \bar{X}: \text{평균}, x_i: \text{관측치}$$

$$\text{편차의합} = \sum_{i=1}^{n}(x_i - \bar{X}) = (x_1 - \bar{X}) + (x_2 - \bar{X}) + \ldots + (x_n - \bar{X}) = 0$$

예를 들어, $\{90, 85, 95, 100, 80\}$의 자료에서 평균은 90이며, 각 편차는 0, −5, 5, 10, −10이 된다.

※ 《평균절대편차(Mean Absolute Deviation, MAD)》 : 데이터의 퍼짐 정도를 나타내는 지표로, 각 데이터 값과 평균값 사이의 거리의 평균을 의미한다. 쉽게 말해 데이터 각 값이 평균으로부터 얼마나 떨어져 있는지를 보여주는 통계량이다. $MAD = \frac{1}{n}\sum_{i=1}^{n}|x_i - \bar{x}|$

❹ 분산(Variance)과 표준편차(Standard deviation)

분산과 표준편차는 편차와 같이 측정치들이 평균으로부터 떨어진 정도를 숫자로 나타낸다. 관측치의 편차 합이 0이 되기 때문에 분산은 이를 보완하기 위해 각 편차에 제곱을 하게 한다. 원 값에 제곱을 한 값은 값의 단위가 커지고 편차의 단위와는 차이가 나게 된다(실질적인 치우침에 비해 값이 크다).

따라서, 이 분산의 값에 제곱근(루트√)을 하여 단위를 통일시킨 값이 표준편차이다.

산포도의 통계량으로 가장 많이 사용되는 분산은 측정치들이 평균으로부터 떨어진 정도(차이)를 제곱한 값들을 합한 후 자료의 수로 나눈 값이고, 표준편차는 분산을 제곱근한 값으로 정의한다.

즉, 표준편차나 분산은 자료들이 평균으로부터 평균적으로 얼마나 떨어져 있는지를 나타내는 수치이다.

아래 표에서 편차, 분산, 표준편차의 차이를 확인해보자.

편차, 분산, 표준편차 차이

편차	분산	표준편차
(그림: 67, 68, 71, 74와 평균 70의 편차 −3, −2, 1, 4)	$\dfrac{1^2 + 2^2 + 3^2 + 4^2}{4} = 7.5$	$\sqrt{7.5}$
각 관측치와 평균의 차이	편차의 제곱합의 평균	분산의 제곱근
모집단편차 $(x_i - \mu)$ 표본 편차 $(x_i - \bar{X})$	모집단분산 $\sigma^2 = \dfrac{\sum_{i=1}^{n}(x_i - \mu)^2}{n}$ 표본 분산 $S^2 = \dfrac{\sum_{i=1}^{n}(x_i - \bar{X})^2}{n-1}$	모집단표준편차 $\sigma = \sqrt{\sigma^2}$ 표본표준편차 $S = \sqrt{S^2}$

모집단 전체 자료의 분산을 모집단 분산(σ^2), 표준편차를 모집단 표준편차(σ : 시그마)라 하고 표본 자료의 경우는 표본 분산(S^2), 표본 표준편차(s : 에스)라 한다.

> **참고   표본을 $n-1$로 나누는 이유**
>
> 통계학에서는 모집단 분산의 추정치로 표본 분산을 사용하는데 $n-1$로 나누어 계산한 표본 분산을 자유도(Degree of Freedom)에 관한 문제라 한다.
> 자유도는 자료로부터 통계량을 계산하는 경우 이 통계량에 대해 독립적인 정보를 갖는 자료 측정치의 개수이다.
> 독립적인 정보란 자료의 측정치 중 그 통계량을 계산하는데 필요한 측정치가 몇 개인가 하는 것이다. 그러므로 자료의 수와 자유도는 다를 수 있다.
> 예를 들어, 표본 자료 {7, 8, 9, 10, 11}에서 통계량 평균을 구하는 경우 5개 측정치가 모두 필요하나 표준편차를 구하는 경우는 5개 측정치 값이 모두 필요하지는 않다.
> 표준편차를 구하기 위해서는 우선 평균을 먼저 구하므로 5개 측정치 중 하나가 없어도 그 값을 알 수 있다. 위 표본 자료의 평균은 9이므로 5개의 측정치 중 10이 없어져도 {7, 8, 9, 11}, 4개의 측정치와 평균 9만 있으면 없어진 측정치가 10인지 알 수 있다.
> 그러므로 크기가 n인 표본 자료의 분산의 자유도는 $n-1$이 된다.

표준편차는 자료의 흩어진 정도를 나타내는 수치이므로 이를 이용하여, 서로 다른 분포 형태를 가진 자료들의 변동성을 비교하며, 분포 특성을 해석하는데 이용할 수 있다.

표준편차 분석 예시

구분	설명
사례	A학교의 3학년 1반의 수학점수{20, 30, 40, 60, 100}와 3학년 2반의 수학점수{40, 45, 50, 55, 160}는 동일하게 평균이 50점 인데, 어느 반의 학습성과가 높다고 할 수 있을까?
표준편차	3학년 1반 표준편차 : 31.9 3학년 2반 표준편차 : 7.9
산포도	3학년 2반이 평균을 중심으로 성적이 가깝게 형성되어 산포도가 낮음을 의미한다. 따라서 3학년 2반이 수학성적이 골고루 분산되어 있어, 학업성취도가 높다고 분석할 수 있다.

분산과 표준편차가 크면 데이터의 산포도가 높음을 의미하고, 분산과 표준편차가 작으면 데이터의 산포도가 낮음을 의미한다.

❺ 표준편차(Standard Deviation)와 표준오차(Standard Error)

표본을 이용해서 모집단을 추론할 때, 표본을 한 번만 추출해서 통계량을 요약할 수도 있지만, 표본을 여러 번 추출해서 통계량을 요약했을 때 우리가 알고자 하는 모집단의 정보 정확도는 높아질 것이다.

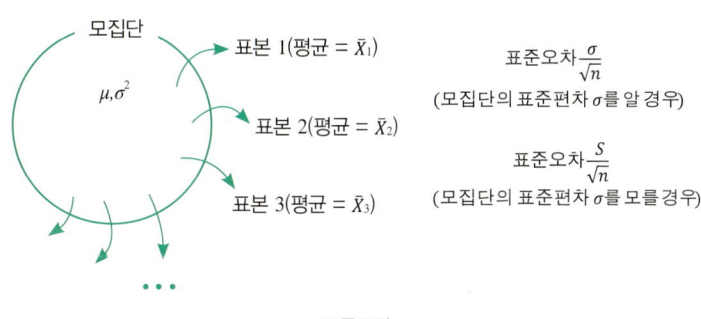

표준오차

표준오차는 표본을 여러 번 추출했을 때, 여러 번 추출한 표본들의 평균의 표준편차다.

표준편차는 자료의 표준편차이고, 표준오차는 표본 평균의 표준편차이며 표본 평균들의 산포도이다. 따라서 표본이 많을수록 모집단 평균과 가깝게 추정되기 때문에 모집단 평균과 얼마나 차이가 나는지 나타내는 통계량으로 사용한다.

$$Standard\ Error(SE) = \frac{\sigma}{\sqrt{n}}\ (모집단의\ 표준편차\ \sigma를\ 알\ 경우)$$

$$Standard\ Error(SE) = \frac{S}{\sqrt{n}}\ (모집단의\ 표준편차\ \sigma를\ 모를\ 경우),\ S = \sqrt{\frac{\sum_{i=1}^{n}(x_i - \bar{X})^2}{n-1}}$$

모집단의 특성을 추정할 때, 표본 평균의 표준오차가 작을수록 표본의 대표성은 높아진다. 즉, 표준오차가 작을수록 좋음을 의미한다. 일반적으로 표본의 수 n이 많을수록 표준오차는 작아진다.

❻ 변동계수(Coefficient of Variation)

측정 단위에 따라 표준편차의 값의 크기가 달라지므로 단위가 다른 두 집단을 비교하는 경우 두 표준편차의 단위를 같게 할 필요가 있다. 이를 위하여 표준편차를 평균으로 나눈 값에 100을 곱한 값을 변동계수라 하고 상대 변동(분산) 개념으로 정의하고 있다.

추정 통계학에서 표본의 크기 결정시 활용하며, 평균의 차이가 큰 두 집단의 산포를 비교할 때도 용이하다.

$$모\ 변동계수\ CV = \frac{\sigma}{\mu} \times 100\ (모집단자료 평균: \mu, 표준편차\ \sigma)$$

$$표본\ 변동계수\ CV = \frac{S}{\bar{X}} \times 100\ (표본자료 평균: \bar{X}, 표준편차\ S)$$

변동계수의 값이 작으면 상대적인 차이가 작고, 클수록 상대적인 차이가 크다는 것을 의미한다.

변동계수 분석 예시

구분	설명	
사례	A고등학교 1학년인 홍길동, 성춘향 학생의 공부습관을 한 달간 조사하여 홍길동 학생은 평균 8시간, 표준편차는 0.5의 학습성향을 파악했고, 성춘향 학생은 평균 6시간, 표준편차 0.8인 학습결과를 얻었다. 어느 학생이 더 꾸준히 공부하는 습관을 가지고 있을까?	
변동계수	변동계수 $CV = \frac{S}{\bar{X}} \times 100$	
	홍길동의 학습 변동계수	**성춘향의 학습 변동계수**
	$\frac{0.5}{8} \times 100 = 6.3$	$\frac{0.8}{6} \times 100 = 13.3$
분석 결과	변동계수 계산 결과, 홍길동(6.3)이 성춘향(13.3)보다 차이가 작다는 걸 알 수 있다. 따라서 홍길동 학생이 더 꾸준히 공부하는 습관을 가지고 있다고 결론을 얻을 수 있다.	

※ 평균이 0이 되면 변동계수를 계산할 수 없다. 평균이 음수라면 계산 자체는 가능하나 해석이 어려워질 수 있다. 따라서 변동계수는 일반적으로 양수의 비율을 계산할 때 유용하다.

5.1.3.4 비대칭도

자료의 중심경향치를 파악하여 대표성을 확인하고, 산포도를 통해 자료의 퍼짐 정도를 알 수 있으며, 또한 자료의 관측치들의 흩어진 정도나 관측치들이 가질 수 있는 값의 범위를 확인했다.

다만 중심경향치와 산포도로 측정된 통계량으로는 관측치가 집중되어 있는 정보는 알 수 없다. 우리가 다루는 대부분의 통계적 분석법은 자료가 정규분포를 만족한다고 가정하고 진행하는 것이기 때문에 이를 확인하여 관측치 값이 좌, 우로 몰려 있는 정도에 따라 데이터 변환 등을 통해 정규분포를 따르는 정규성(데이터 분포가 정규분포를 따르는지 검정하는 방법)을 만족시켜야 한다.

이러한 자료 분포의 형태를 설명해 주는 통계량을 왜도와 첨도라고 하며, 두 통계량은 정규분포와 비교해서 설명 가능하다.

❶ 왜도(Skewness)

왜도는 자료 분포의 모양이 좌, 우 어느 쪽으로 얼마만큼 기울어져 있는가의 비대칭성(Asymmetry) 정도를 나타내는 통계량이다. 대칭을 이루는 정규분포는 최빈값과 함께 평균과 중앙값이 중앙의 한 곳에 위치하는데 반해, 최빈값이 도수곡선의 위쪽이나 오른쪽에 위치할 경우 평균과 중앙값은 최빈값 위치와는 다른 곳에 위치하게 된다.

왜도의 정의는 다음과 같다(표본의 왜도).

$$왜도(Skewness) = \frac{1}{n-1}\sum_{i=1}^{n}\left(\frac{x_i - \bar{X}}{S}\right)^3, (n : 표본수, S : 표준편차)$$

왜도는 평균에서의 거리와 좌우 방향을 모두 고려하며, 비대칭도가 커질수록 절댓값은 증가한다.

왜도의 분포도 `기출`

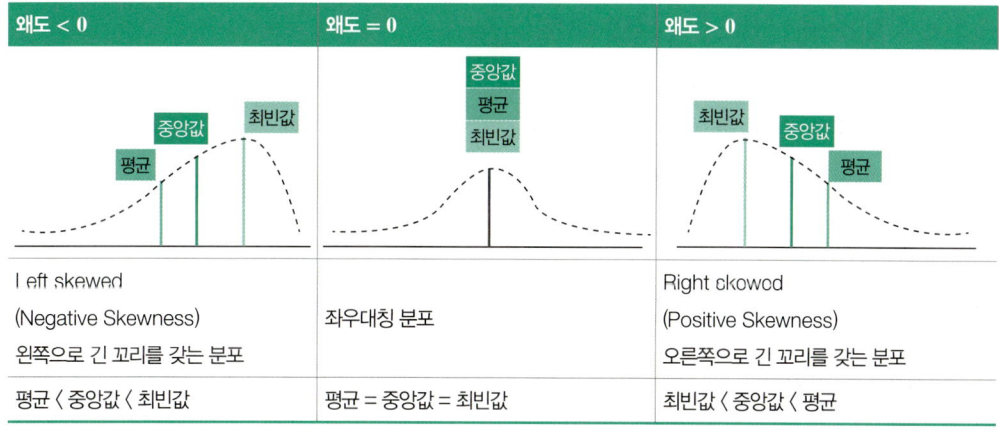

❷ 첨도(Kurtosis)

첨도는 자료의 분포가 중심에서 어느 정도 몰려 있는가를 측정할 때 사용하는 통계량이다. 분포의 중심에서 위, 아래 뾰족한 정도와 꼬리 부분의 길이 정보를 보여준다.

정규분포는 첨도가 3인 분포이며, 첨도를 정의할 때 일반적으로 정규분포의 첨도를 0으로 만들기 위해 3을 빼고 정의하는 경우가 많은데, 이를 Excess Kurtosis라 한다.

$$첨도(Kurtosis) = \frac{1}{n-1}\sum_{i=1}^{n}\left(\frac{x_i - \bar{X}}{S}\right)^4 - 3$$

첨도의 분포도

첨도 < 0	첨도 = 0	첨도 > 0
퍼짐분포(Platykurtic)	정규분포(Mesokurtic)	폭이 좁은 분포(Leptokurtic)
정규분포보다 짧은 꼬리를 갖음	좌우대칭 분포	정규분포보다 긴 꼬리를 갖음
분포가 중앙부분에 덜 집중되어 중앙부분이 보다 완만한 모양을 가짐	표준정규분포와 뾰족한 정도가 유사	분포가 중앙부분에 더 집중되어 뾰족한 모양을 가짐

5.1.4 시각적 데이터 탐색

5.1.4.1 시각적 데이터 탐색의 이해

데이터 시각화(Data Visualization)는 데이터로부터 정보를 명확하고 효과적으로 전달하기 위해 그래프, 차트, 지도 등을 이용하여 시각적으로 표현하는 것을 의미하고, 시각적 데이터 탐색은 데이터 시각화 기법을 이용해서 데이터를 그래프나 차트로 시각화함으로써 데이터 안에 숨겨진 정보를 효율적으로 파악하며, 데이터에 내재된 트렌드, 이상치, 패턴 등을 파악하는 과정으로 정의한다.

분석 목적과 변수의 형태에 따라 그래프의 종류가 달라지기 때문에 적합한 그래프 선택이 필요한데 시각화 방법에는 시간, 분포, 관계, 비교, 공간시각화로 구분할 수 있으며, 각 시각화 방법별 그래프에 대한 특성과 내용은 'Chapter 10. 분석 결과 해석 및 활용'에서 상세하게 다룬다. 본 절에서는 시각적 탐색에 자주 활용되는 주요 그래프를 위주로 학습한다.

정보 시각화 방법

시간시각화	분포시각화	관계시각화	비교시각화	공간시각화
막대그래프 누적 막대그래프 점그래프 선그래프 영역차트 계단식그래프	파이차트 도넛형차트 트리맵 누적연속그래프 줄기잎그림 상자그림 히스토그램	산점도 산점도행렬 버블차트 히스토그램	플로팅바차트 히트맵, 모자이크 그림 체르노프페이스 스타차트 평행좌표그래프 다차원척도법	등치지역도 등치선도 도트맵 버블플로트맵 카토그램

5.1.4.2 시간시각화 탐색

시간시각화는 시간에 따른 데이터의 변화를 표현한 시각화 방법이다. 시간에 따른 변화를 포함하는 데이터를 시계열 데이터라 하며, 시간에 관련된 데이터의 가장 큰 관심요소는 경향성/추세(Trend)를 파악하는 것이다.

대표적인 분석 도구는 막대그래프, 누적막대그래프, 점그래프(꺾은선그래프) 등이 있다. 다만 시간의 흐름에 따라 변하는 내용을 표현하는 것은 주로 점그래프가 이용된다.

❶ 막대그래프

막대그래프(Bar Charts)는 사물의 양을 막대 모양의 길이로 나타낸 그래프를 말한다. 크고 작음을 한 눈에 이해할 수 있기 때문에 시간에 따른 양의 차이나 변화를 분석할 때 용이하게 사용할 수 있다.

변수의 형태에 따라 연속적 자료의 경우 히스토그램이라고 부르고, 불연속적(=이산적) 자료의 경우 막대그래프라고 부른다. 막대가 서로 붙어 있으면 히스토그램이고 서로 떨어져 있으면 막대그래프라고 보면 된다.

막대가 가로로 놓여 있을 경우에는 바차트(Bar Chart), 세로로 놓여 있을 경우에는 컬럼차트(Column Chart)로 구분하기도 한다.

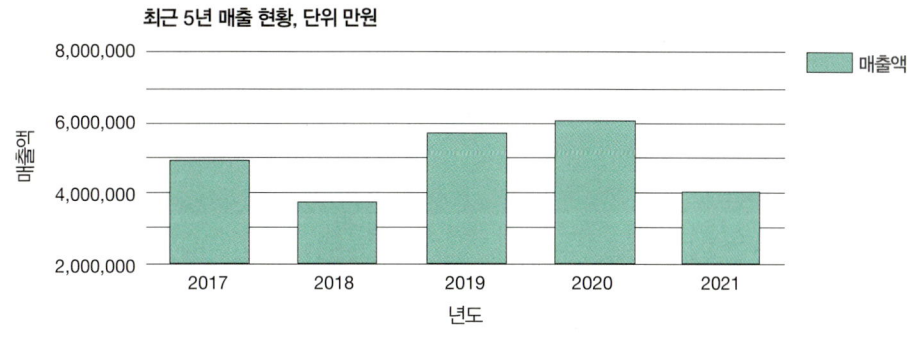

막대그래프, 최근 5년 매출현황

위 그래프에서 5년내 각 연도별 매출현황과 시간의 흐름에 따른 매출 변화 추세를 확인할 수 있다.

❷ 점그래프

점그래프(Point Chart)는 수량을 점으로 표시하고 그 점들을 선분으로 이어 그린 그래프를 말한다. 선그래프 또는 꺾은선그래프라고도 한다.

시간에 따라 지속적으로 변화하는 것을 기록할 때 유용하며, 조사하지 않은 중간의 값도 예측할 수 있다는 장점이 있다.

점그래프는 연속적 자료에서, 동일하거나 일련의 관찰 대상의 추이를 비교하거나 경향성/추세(Trend)를 관찰할 경우에 사용하는 그래프이다.

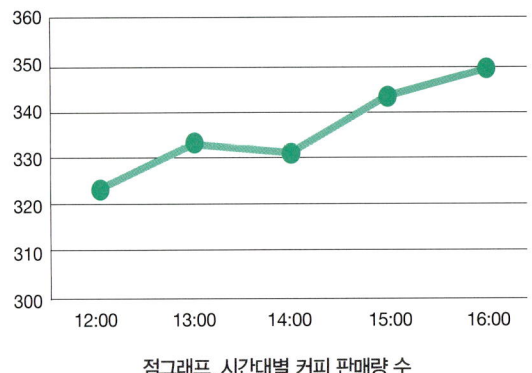

점그래프, 시간대별 커피 판매량 수

위 그래프에서 시간대별 커피 판매량을 확인할 수 있으며, 14:00에 커피 판매수가 잠시 떨어졌다가 다시 증가하는 추세를 확인할 수 있다. 또한 17:00에 350잔보다 판매량이 높아질 것이라 예상할 수 있다.

5.1.4.3 분포시각화 탐색

분포시각화는 데이터의 최대, 최소, 전체 분포 등으로 구분하여, 전체와 부분 관계를 확인할 수 있다. 시간 기준이 아니며 데이터가 차지하는 영역을 기준으로, 범주형 데이터나 연속형 데이터를 구간화하여 데이터의 분포 등을 이해하는데 효과적이다. 파이차트, 줄기잎그림 등을 사용할 수 있다.

❶ 파이차트(Pie Chart)

파이차트 전체에 대한 각 부분 비율을 부채꼴 모양의 백분율로 나타낸 그래프이다. 각 부채꼴의 중심각이 전체에서 차지하는 비율을 나타내며, 비율을 한눈에 볼 수 있다는 장점이 있다.

범주형 변수의 각 등급 또는 값들에 대한 관측치의 백분율에 대한 상대적 차이를 비교할 수 있다.

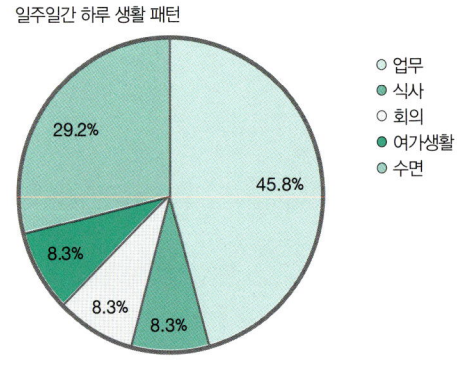

파이차트, 일주일간 하루 생활 패턴

위 일주일간 생활 패턴 중 비중이 가장 큰 영역은 '업무' 영역이며, 그 다음은 '수면' 영역임을 알 수 있다. 또한 '식사', '회의', '여가생활'은 8.3%로 비슷한 시간을 활용함을 알 수 있다.

도넛차트(Donut Chart)는 파이차트에서 중심을 비워낸 형태로 표현되어진다.

❷ 줄기잎그림(Stem & Leaf Plot)

줄기잎그림이란, 그래프의 일종으로 자료의 값을 큰 자리의 수와 작은 자리의 수로 분할한 뒤 큰 자리 수를 '줄기', 작은 자리 수를 '잎'으로 정하고, 각 값을 표로 나타내어 데이터의 분포를 확인할 수 있는 방법이다.

관측값의 정보를 손실 및 변환 없이 그대로 보유하면서 자료의 분포를 파악할 수 있는 장점이 있다.

줄기-잎 그림 : 베이브 루드의 연간 홈런수(1925년 제외)

줄기	잎
2	2
3	4 5
4	1 1 6 6 6 7 9
5	4 4 9
6	0

겹-줄기-잎 그림 : 마크 맥과이어와 베이브 루드의 연간 홈런수 비교

잎	줄기	잎
	2	2
9 9 3 2	3	4 5
9 2	4	1 1 6 6 6 7 9
8 2	5	4 4 6
5 0	6	0
0 7	7	

줄기잎그림과 겹 줄기잎그림

좌측의 줄기잎그림은 베이브 루드의 연간 홈런수를 도식화한 사례이며, 줄기는 10단위 숫자, 잎은 1단위의 숫자를 나타낸다. 줄기 2에서 홈런을 22개 친 시즌이 1회 있는 것을 알 수 있으며, 줄기 4에서 41개 친 시즌이 2회 있음을 알 수 있다.

우측의 '겹 줄기잎그림'은 마크 맥과이어와 베이브 루드의 연간 홈런수를 도식화하여 두 명의 홈런수 분포를 한눈에 비교한 그림이다.

줄기잎그림은 모든 자료를 표현하고 있기 때문에 자료가 많아지면 파악하기 어려울 수 있다.

❸ 히스토그램(Histogram)

최초 수집 및 조사된 원 자료는 그 자료의 특징 및 분포를 파악하기 어렵다. 따라서 도수분포표(Frequency Table) 등을 활용하여 요약정보로 표현하게 된다.

도수분포표는 데이터 각 값의 출현 도수를 세거나 몇 개의 구간으로 나누어 각 구간에 속하는 데이터의 개수를 세서 정리한 표이며, 도수분포표를 활용하여 데이터의 특성이나 분포를 파악하게 된다.

도수분포표를 히스토그램을 이용하여 시각화할 수 있으며, 히스토그램은 도수분포표의 각 계급의 양 끝 값을 가로축에 표시하고 그 계급의 도수를 세로축에 표시하여 직사각형 모양으로 나타낸 그래프이다.

보통 히스토그램에서는 가로축이 계급(구간), 세로축이 도수(빈도 수)를 뜻하는데, 때때로 반대로 그리기도 한다.

계급은 보통 변수의 구간이고, 서로 겹치지 않으며 그림에서 계급(막대기)끼리는 서로 붙어 있어야 한다. 막대그래프는 계급 즉, 가로를 생각하지 않고 세로의 높이로만 나타내지만 히스토그램은 가로와 세로를 함께 고려하여 작성해야 한다.

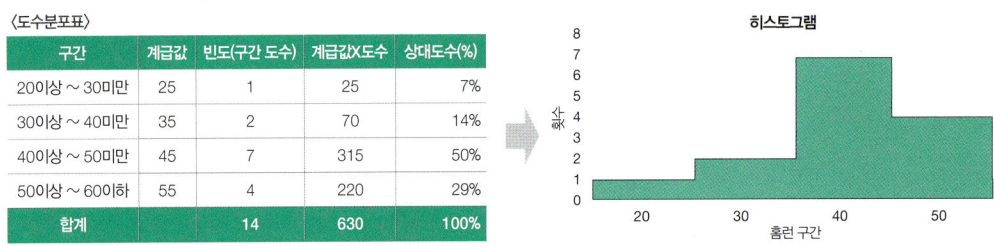

홈런 수에 대한 도수분포표와 히스토그램

위 히스토그램으로 40개의 홈런 구간 횟수가 가장 많았음을 알 수 있으며, 분포도는 좌측 긴 꼬리형태를 구성하고 있음을 알 수 있다.

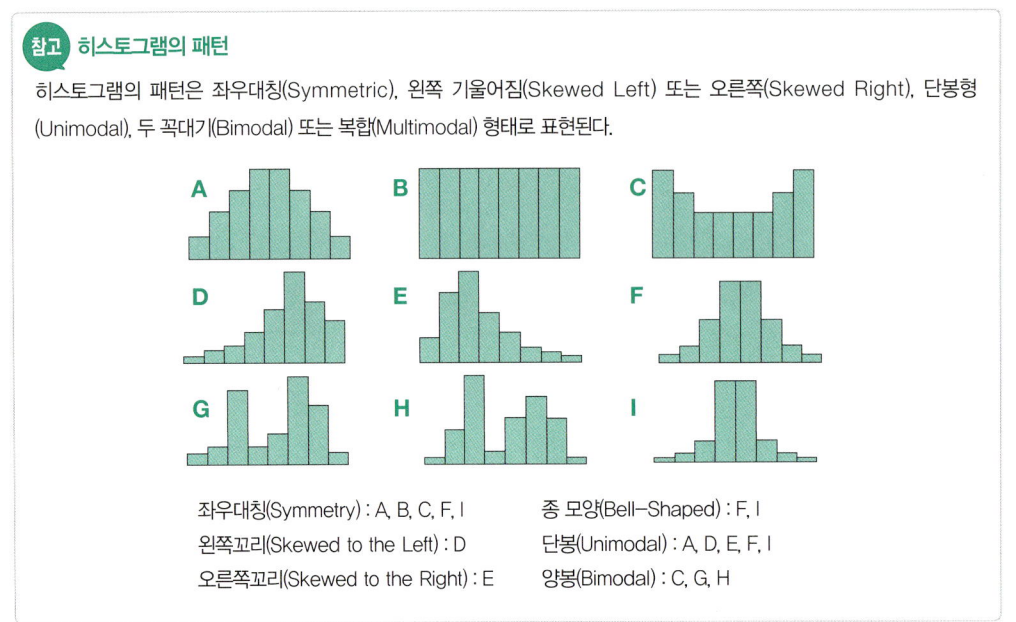

❹ 상자그림(Box Plot)

사분위수는 상자그림을 이용해 시각화된다. 상자그림은 데이터의 분포를 보여주며 사분위수와 사분위수 범위, 이상치를 시각화할 수 있다(사분위수 범위를 이용한 상자그림 작성방법은 '4.1.1.3 데이터 이상값 탐색 기법' 참조).

사분위수(Quartile)는 가장 작은 값부터 가장 큰 값으로 순서에 따라 나열한 후 4등분되는 위치의 관측 값이다. 합계 100%를 4개의 균등한 부분(25%, 50%, 75% 100%)으로 분할한 각 등위에 해당하는 값을 의미한다.

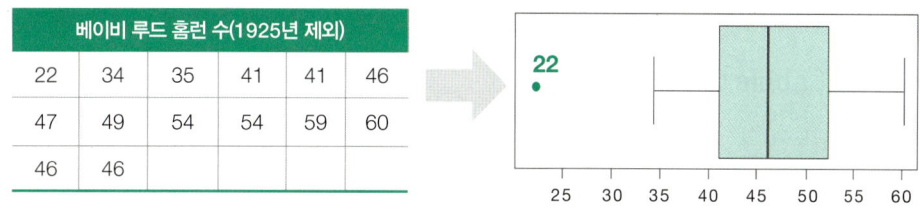

상자그림 사례

위 상자그림을 이용해서 데이터의 중앙값은 46이고 이상값은 22인 것을 알 수 있으며, 왼쪽으로 긴 꼬리를 갖는 분포임을 알 수 있다(평균 〈 중앙값 : Left Skewed).

5.1.4.4 관계시각화 탐색

관계시각화는 변수 사이의 연관성이나 패턴을 찾는 시각화 방법이며 산점도, 산점도행렬, 버블차트, 히스토그램 등을 활용하여 변수 간의 선형이 있는 지의 상관관계를 확인할 수 있다.

❶ 산점도(Scatter Plot)

산점도는 두 변수의 함수관계를 표현한 2차원 그래프이며, 상관관계 분석에서 두 변수 간의 선형이나 비선형 형태와 같은 수학적 모델을 확인해봄으로써 그 방향성과 강도를 조사할 수 있다(산점도는 수치적 상관성을 표현하는 것은 아니다. 수치적인 상관성은 상관관계 분석을 통해 확인한다).

또한 산점도를 이용해 시간적인 변화를 확인할 수 있으며, 군집화와 이상치 패턴을 파악하는데 유용하게 사용할 수 있다.

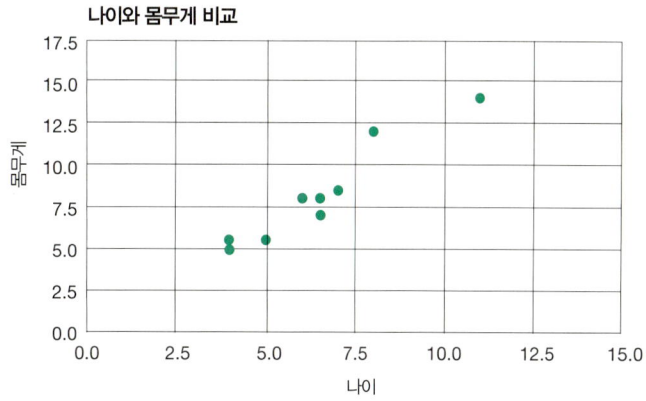

산점도, 나이와 몸무게의 상관관계 비교

위 산점도에서는 나이와 몸무게 변수 간의 선형성을 확인할 수 있다.

산점도는 한 쌍의 변수상의 관계를 정의하지만 산점도행렬은 여러 개의 연속형 변수에 대해서 각각 쌍을 이루어서 산점도를 그려서 한꺼번에 변수 간 관계를 일목요연하게 볼 수 있다.

❷ 버블차트(Bubble Chart)

버블차트는 산점도를 확장하여 세 가지 요소에 대해 상관관계를 표현할 수 있는 시각화 방법이다. 값의 비율에 따라 원형 버블의 크기를 다르게 하거나 버블의 모양을 데이터의 패턴에 따라 시각화할 수 있다.

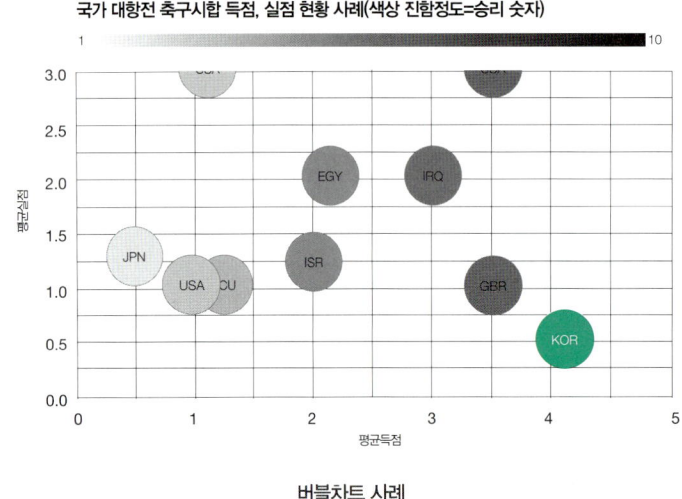

버블차트 사례

위 버블차트 사례는 각 국가별로 축구시합을 10경기했다고 가정하고, 평균득점과 평균실점에 따른 승리 경기 수를 표현한 결과이다.

버블차트를 해석해보면 KOR은 평균득점이 약 4골, 평균실점이 약 0.5점이며, 색상이 진한 녹색을 띠는 것으로 보아 10경기 가까이 승리한 것을 알 수 있다. 반대로 JPN은 평균득점이 약 0.5골, 평균실점이 약 1.3골이며 승기 경기는 1경기로 확인할 수 있다.

5.1.4.5 비교시각화 탐색

비교시각화는 다변량 변수(변수의 개수가 2개 이상)를 포함하는 자료를 2차원의 공간에 효과적으로 표현하는 시각화 방법이다. 막대그래프, 플로팅바차트, 히트맵, 체르노프페이스, 스타차트, 평행좌표그래프 등이 있다.

❶ 플로팅바차트(Floating Bar Chart)

플로팅바차트는 간트차트(Gantt Chart)라 불리기도 하며, 가장 낮은 수치부터 가장 높은 수치까지 걸쳐 있는 막대로 표현하며 범주 내의 다양성과 범주 간 중복, 이상치 파악이 가능한 그래프이다.

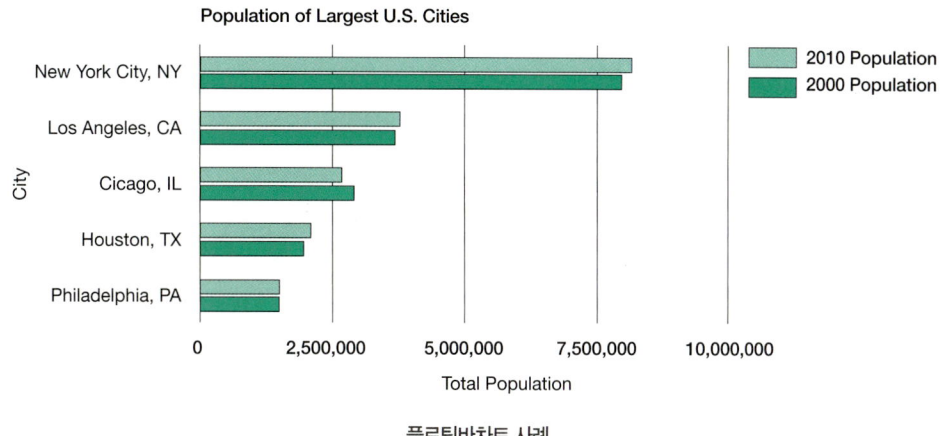

플로팅바차트 사례

위 사례는 2000년과 2010년의 미국의 총인구수 결과를 보여주고 있다. 연도 기준으로 인구수를 바(Bar)를 이용하여 표현했고, 인구수가 가장 많은 도시별로 내림차순으로 각 연도별로 비교하였다.

분석 결과 뉴욕(New York City)이 가장 많은 인구수를 나타내고 있으며, 2000년 대비 2010년에 인구가 증가한 것을 알 수 있다. 반면에 필라델피아(Philadelphia)는 5개의 대도시 중 인구수가 가장 낮게 나타났으며, 2000년 대비 2010년 인구 증가수는 거의 없음을 알 수 있다.

❷ 평행좌표그래프(Parallel Coordinates Plot) = 병렬차트 기출

평행좌표그래프는 하나의 변수를 하나의 세로축으로 평행하게 배치하며, 한 축의 윗 부분은 각 변수의 (매핑되는 하나의 축) 최대값, 아래 부분은 각 변수의 최소값을 나타낸다.

변수를 표시한 세로축 여러 개를 나란히 늘어놓음으로써 한 번에 많은 데이터를 비교하기에 유용한 그래프이다.

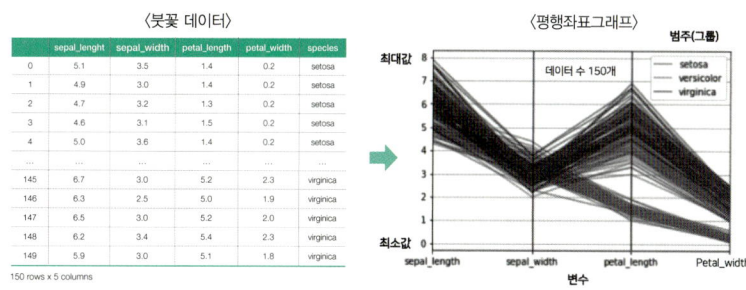

평행좌표그래프

한 레코드(Raw Data)별로 주어진 값을 해당 변수 축에 대응시켜 선으로 연결하기 때문에 레코드 수만큼 라인이 생긴다.

각 선(데이터 포인트)을 확인하여 특징적인 패턴이 나타나는지 살펴봄으로써 탐색적 데이터 분석이 가능하나 주의할 점은 축을 어떤 순서로 배열 하느냐에 따라 유의미한 패턴이 나타나거나 나타나지 않을 수 있으므로 배열 순서가 중요하다.

위 사례는 붓꽃 데이터셋(Iris Data)을 평행좌표그래프로 도식화하였으며, 각 꽃의 종별로 꽃잎 폭, 꽃잎 길이에서 차이가 나타남을 알 수 있다.

> **참고** **붓꽃(Iris) 데이터셋**
>
> 붓꽃 데이터는 통계학자 피셔(R.A Fisher)의 붓꽃의 분류 연구에 기반한 데이터이다. 꽃받침 길이(Sepal Length), 꽃받침 폭(Sepal Width), 꽃잎 길이(Petal Length), 꽃잎 폭(Petal Width), 붓꽃 종(species)의 5가지 변수로 구성되어 있으며, 꽃받침 길이부터 꽃잎 폭의 값으로 붓꽃 종을 구분할 수 있는 데이터로 구성되어 있다(총 150라인으로 구성).

5.1.4.6 공간시각화 탐색

공간시각화는 지도의 위치를 다른 위치와 비교해 보는 관점에서는 관계시각화와 유사하지만 x, y 좌표 대신 위도와 경도 등 실제 위치정보를 표현한 시각화 방법이다.

일반적으로 하나의 지도에는 한 시점의 데이터값을 나타내며 여러 시점의 데이터는 여러 장의 지도로 비교하여 나타낼 수 있다.

등치지역도, 도트플롯맵, 버블플롯맵, 등치선도, 카토그램 등이 있으며, '5.1.4 시각적 탐색'에서는 등치지역도의 탐색 사례를 확인해 본다.

등치지역도(Choropleth Map)는 지도 위의 지리적 단위(도/시/군/구)를 기준으로 데이터의 의미를 색상으로 구분해 시각화하는 방법이다.

색상의 채도나 밝기를 변화시켜 정량적인 값을 표현한다.

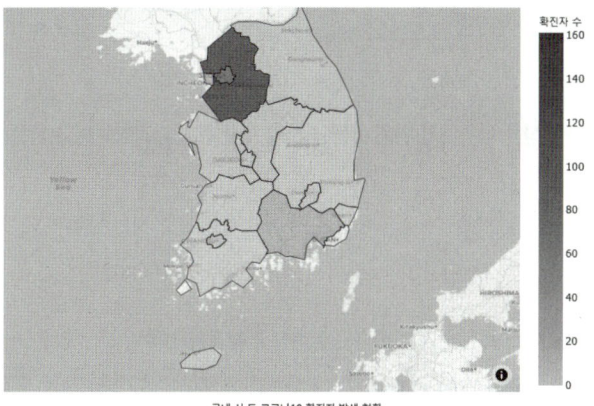

등치지역도, 코로나 확진자 발생 현황

위 사례에서는 각 도시별로 경계선으로 구분하고, 코로나 확진자 수를 색상으로 표현했다. 서울, 경기 지역이 코로나 확진자 수가 많고, 부산지역이 코로나 확진자 수가 그 다음으로 많은 것을 직관적으로 확인할 수 있다.

출제예상문제

01. 데이터가 가지고 있는 특성을 파악하기 위해 해당 변수의 분포 등을 시각화하여 분석하는 것은 어떠한 분석 방식에 포함되는가?

① 전처리 분석
② 탐색적 자료 분석(EDA)
③ 공간 분석
④ 확증적 자료 분석(CDA)

02. 탐색적 데이터 분석(EDA)의 목적에 대한 설명으로 가장 부적절한 것은?

① 데이터에 대한 전반적인 이해를 통해 분석 가능한 데이터인지 확인하는 단계이다.
② 탐색적 데이터 분석 과정은 데이터에 포함된 변수의 유형이 어떻게 되는지를 찾아가는 과정이다.
③ 데이터를 시각화하는 것만으로는 이상점(Outlier) 식별이 잘 되지 않는다.
④ 알고리즘이 학습을 얼마나 잘 하느냐 하는 것은 전적으로 데이터의 품질과 데이터에 담긴 정보량에 달려 있다.

03. 탐색적 데이터 분석(EDA)의 절차에 대한 설명으로 가장 알맞은 것은?

① 데이터 수집 → 시각화 탐색 → 패턴 도출 → 인사이트 발견
② 데이터 수집 → 인사이트 발견 → 시각화 탐색 → 패턴 도출
③ 데이터 수집 → 패턴 도출 → 인사이트 발견 → 시각화 탐색
④ 패턴 도출 → 인사이트 발견 → 데이터 수집 → 시각화 탐색

04. 탐색적 데이터 분석(EDA)의 4가지 주제가 아닌 것은?

① 저항성의 강조
② 잔차의 해석
③ 데이터의 재표현
④ 분석 가치의 재조명

05. 다음에서 보여주는 특성은 탐색적 데이터 분석(EDA)의 4가지 주제 중 무엇인가?

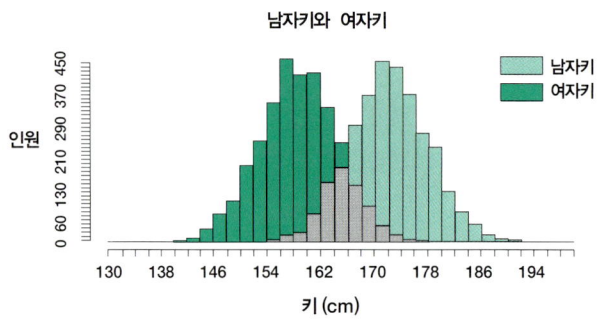

히스토그램에서 남성과 여성의 키의 분포를 알 수 있다. 남성은 평균키는173~177cm 구간의 빈도수가 가장 많고, 여성은 160~162cm 구간의 빈도수가 가장 많음을 시각적으로 알 수 있다.

① 저항성 강조
② 잔차의 해석
③ 데이터의 재표현
④ 데이터의 현시성

01. ② 02. ③ 03. ① 04. ④ 05. ④

06. 두 변수 간의 선형적 관계를 분석하는 방법으로 변수들 간의 선형성 강도에 대한 통계적 분석에 해당하는 것은?

① 탐색적 데이터 분석
② 상관관계 분석
③ 확증적 데이터 분석
④ 공분산

07. 상관관계 분석에 대한 설명으로 가장 부적절한 것은?

① 두 개의 변수 간의 직선관계의 선형성과 산점도로 확인할 수 있다.
② 양(+)의 상관관계는 두 변수가 동반 증가되는 것이며, 음(-)의 상관관계는 두 변수의 값이 반대로 증감하는 것이다.
③ $-1 \sim +1$ 사이의 값으로 -1과 $+1$은 완전한 비선형관계를 의미한다.
④ 두 변수의 선형관계 측정을 위한 수치로 공분산과 상관계수를 사용한다.

08. 공분산의 수식으로 가장 알맞은 것은?

① $cov(X, Y) = \frac{1}{N}\sum_{i=1}^{n}(x_i - \mu_X)(y_i - \mu_Y)$

② $cov(X, Y) = \frac{\frac{1}{N}\sum_{i=1}^{n}(x_i-\mu_X)(y_i-\mu_Y)}{\sqrt{\frac{1}{N}\sum_{i=1}^{n}(x_i-\mu_X)^2 \times \frac{1}{N}\sum_{i=1}^{n}(y_i-\mu_Y)^2}}$

③ $cov(X, Y) = 1 - \frac{6\sum d_i^2}{n(n^2-1)}$

④ $cov(X, Y) = \frac{C-D}{C+D}$

09. 공분산에 대한 해석으로 알맞은 것은?

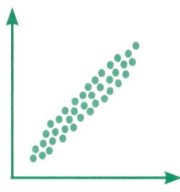

① $cov(X, Y) < 0$ ② $cov(X, Y) = 0$
③ $cov(X, Y) > 0$ ④ $cov(X, Y) = 1$

10. 상관 분석에 대한 설명으로 가장 부적절한 것은?

① 상관계수를 통해 두 변수의 상관관계를 알 수 있다.
② 상관계수는 두 변수 간의 상관 정도를 나타내는 것이지 인과관계를 설명해주는 것은 아니다.
③ 상관계수의 값이 0에 가까운 것은 두 변수 사이에 아무 관계가 없음을 의미한다.
④ 상관계수의 값은 항상 -1과 $+1$ 사이에 $+1$에 가까울수록 음의 상관관계가 뚜렷한 것이다.

출제예상문제

11. 상관계수에 대한 설명으로 알맞지 않은 것은?

① 변수 A, B, C가 있다고 가정했을 때 A와 B의 상관계수는 0.3, A와 C의 상관계수는 0.7이면 A와 C의 상관관계가 더 강한 상관관계를 가진다고 해석할 수 있다
② 상관관계 크기(정도)는 0에서 ±1사이의 절대값으로 나타내며, 상관계수는 −1에서 0, 0에서 1사이의 값을 취한다
③ 상관계수는 공분산을 표준화해 두 변수 사이의 관계 정도나 방향을 하나의 수치를 나타내는 지표이다.
④ 두 변수 간의 인과관계를 파악해서 한 변수가 다른 변수에 영향을 미치는지 확인한다.

12. 다음 중 상관계수를 선택하는 기준에 대해 잘못 설명한 것은?

① 피어슨 상관계수 : 등간, 비율변수에 대해 상관관계를 측정할 때 사용한다.
② 스피어만 상관계수 : 서열변수에 대해 상관관계를 측정할 때 사용한다.
③ 켄달 상관계수 : 서열변수에 대해 상관관계를 측정하며 범위는 $-1 \leq \tau \leq 1$이다.
④ 피어슨 상관계수 : 특정 분포를 가정하지 않는 비모수적인 서열척도 변수에 주로 이용된다.

13. 피어슨 상관계수에 대한 설명으로 알맞지 않은 것은?

① $-1 \leq \gamma < -0.7$은 강한 음의 상관관계를 의미하며, 한 변수의 값이 증가함에 따라 다른 변수값은 감소한다.
② $0.7 \leq \gamma \leq 1$은 강한 양의 상관관계를 의미하며, 한 변수의 값이 증가하면 다른 변수의 값도 증가한다.
③ 피어슨 상관계수는 ±0.3 미만이면 강한 선형 상관관계, ±0.7 이상이면 약한 선형상관관계를 의미한다.
④ 피어슨 상관계수는 변수 X와 변수 Y가 함께 변하는 정도(공분산)에 X와 Y 각각 변하는 정도(표준편차)를 나눈 값이다.

14. 변수 X와 Y의 피어슨 상관계수는 0.27이고 변수 X와 Z의 피어슨 상관계수는 −0.78이다. 다음 중 X, Y, Z 간 피어슨 상관계수에 대한 설명으로 가장 부적절한 것은?

① 두 상관계수의 유의성은 판단할 수 없다.
② X와 Y는 선형관계를 가진다.
③ X와 Y는 거의 상관관계가 없다.
④ X와 Y의 선형관계보다 X와 Z의 선형관계가 강하다.

15. 두 변수의 상관관계가 존재하지 않을 경우 도출되는 피어슨 상관계수의 값은?

① −1
② NA
③ 0
④ 1

16. 다음 중 스피어만 상관계수에 대한 설명으로 부적절한 것은?

① 비선형적인 상관관계는 나타내지 못한다.
② 서열척도로 측정된 변수 간 관계를 측정한다.
③ −1와 1사이의 값을 가진다.
④ 0은 상관관계가 없음을 의미한다.

11. ④   12. ④   13. ③   14. ②   15. ③   16. ①

17. 상관계수의 유의성 검정에 대한 설명으로 알맞지 않은 것은?

① 상관관계 분석은 변수에 따라 상관계수의 값의 변화가 많으므로 상관계수의 일반화를 위해서는 유의성 확인이 반드시 필요하다.
② 만약 P값(P-$Value$)이 0.05보다 작다면 귀무가설이 참이라고 가정했을 때 데이터로부터 구한 상관계수를 볼 확률이 높다는 의미로 통계적으로 무의미한 상관계수를 의미한다.
③ 통계적으로 유의하다는 말은 관찰된 현상이 전적으로 우연에 의해 벌어졌을 가능성이 낮다는 의미이다.
④ 상관계수의 통계적 유의성을 보려면 검정통계량값이 기각역에 속해 있으면 귀무가설을 기각하고, 그렇지 않으면 귀무가설을 채택한다.

18. 중심경향치(대표값)에 대한 설명으로 옳은 것은?

① 대표값은 평균, 표준편차, 분산으로 구분할 수 있다.
② 평균은 중앙값보다 분포함수를 쉽게 구할 수 있다.
③ 중앙값보다 평균이 이상값에 덜 민감하다.
④ 극단치가 존재하는 경우 평균이 대표값으로 합리적이다.

19. 데이터 분포의 중심을 보여주는 값이 평균에 대한 설명으로 가장 부적절한 것은?

① 산술평균 : 모든 관측치를 더한 값을 관측값의 갯수(n)로 나눈 값을 의미한다.
② 절사평균 : 자료의 총 개수에서 일정 비율만큼 가장 큰 부분과 작은 부분을 제거 후 산술평균을 구한 값이다.
③ 가중평균 : 각 데이터 값에 가중치를 곱한 값들의 총합을 다시 가중치의 총합으로 나눈 값이다.
④ 기하평균 : 주어진 수들의 역수의 산술평균의 역수로 역수의 차원에서 평균을 구한 뒤 다시 역수를 취해 원래 차원으로 돌아오는 값이다.

20. A학생과 B학생의 영어점수와 수학점수는 각각 다음과 같다. 영어의 가중치를 50%, 수학의 가중치를 70%라 했을 때 두 학생의 가중평균을 구하시오.

이름	영어점수	수학점수	산술평균
A학생	50	70	120/2 = 60
B학생	60	60	120/2 = 60

① A학생 : 61.64, B학생 : 57
② A학생 : 61.65, B학생 : 58
③ A학생 : 61.66, B학생 : 59
④ A학생 : 61.67, B학생 : 60

21. 주어진 자료가 {4, 2, 8, 1, 15}일 때, 자료의 중앙값을 계산하시오.

① 중앙값 = 3
② 중앙값 = 4
③ 중앙값 = 5
④ 중앙값 = 6

17. ② 18. ② 19. ④ 20. ④ 21. ②

출제예상문제

22. 프로야구 선수 A의 연도별 홈런 개수를 조사하였다. 주어진 자료가 {1, 2, 5, 4, 7, 10}일 때, 자료의 중앙값을 계산하시오.

① 중앙값 = 4.2
② 중앙값 = 4.3
③ 중앙값 = 4.4
④ 중앙값 = 4.5

23. 주어진 자료가 {1, 5, 4, 50, 6, 4, 5, 8, 6, 6, 100, 5}일 때, 자료의 최빈값을 계산하시오.

① 1, 5
② 5, 6
③ 4, 5
④ 50, 100

24. 그래프가 오른쪽으로 치우친 아래와 같은 형태의 경우 평균, 중앙값, 최빈값의 관계로 알맞은 것은?

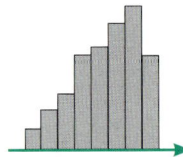

① 최빈값 < 중앙값 < 평균
② 평균 = 중앙값 = 최빈값
③ 평균 < 중앙값 < 최빈값
④ 중앙값 < 평균 < 최빈값

25. 다음 중 평균에 대한 설명으로 가장 옳지 않은 것은?

① 평균은 관측치의 절대 크기의 중앙이므로 모든 관측치를 더한 값을 관측값의 갯수(n)로 나눈 값을 의미한다.
② 평균값과 관측치 값이 같을 수 있다.
③ 소수의 극단치에 영향을 받지 않는다.
④ 극단치가 존재하지 않으면 평균과 중앙값은 거의 일치한다.

26. 자료의 흩어짐 정도인 산포도에 대한 설명으로 알맞지 않은 것은?

① 데이터의 중심위치가 얼마나 안정적인 지에 대한 정보를 제공한다.
② 범위, 사분위수 범위, 분산, 표준편차, 변동계수 등이 해당된다.
③ 자료가 조밀하게 퍼져 있는 형태는 넓게 퍼진 경우보다 덜 안정적이다.
④ 일반적으로 중앙위치만으로 자료 전체에 정보를 얻는 한계를 극복하기 위해 사용한다.

27. 다음 중 특성이 다른 하나를 고르시오.

① 평균
② 사분위수
③ 중앙값
④ 최빈값

22. ④ 23. ② 24. ③ 25. ③ 26. ③ 27. ②

28. 주어진 자료가 1, 2, 5, 4, 7, 10일 때 아래의 빈칸에 들어갈 값으로 가장 적절한 것은?

중앙값	제1사분위수	제3사분위수	IQR
(가)	(나)	(다)	(라)

① (가) 4.2 (나) 1 (다) 5 (라) 3
② (가) 4.3 (나) 2 (다) 6 (라) 4
③ (가) 4.5 (나) 2 (다) 7 (라) 5
④ (가) 4.6 (나) 3 (다) 8 (라) 6

29. A고등학교 1학년인 홍길동, 성춘향 학생의 공부습관을 한 달간 조사하여 홍길동 학생은 평균 8시간, 표준편차는 0.5, 성춘향 학생은 평균 6시간 표준편차 0.8인 결과를 얻었다. 다음 중 변동계수 계산 결과로 가장 알맞은 것은?

① 변동계수 계산 결과, 홍길동이 성춘향보다 차이가 크다는 걸 알 수 있었다.
② 홍길동의 학습 변동계수는 6.1로 계산된다.
③ 성춘향은 홍길동보다 2배의 변동계수 값을 가진다.
④ 홍길동 학생이 더 꾸준히 공부하는 습관을 가지고 있다고 결론을 얻을 수 있다.

30. A학급의 학생들의 키에 대한 기초 통계량을 구하기 위해 1~5번까지 무작위로 학생들의 키를 조사하였다. 아래의 조사 결과를 참고하였을 때 평균, 분산, 표준편차의 값으로 가장 적절한 것은?

1번	2번	3번	4번	5번
175	177	179	181	183

① 평균 : 176, 분산 : 5, 표준편차 : 2.825
② 평균 : 177, 분산 : 6, 표준편차 : 2.826
③ 평균 : 178, 분산 : 7, 표준편차 : 2.827
④ 평균 : 179, 분산 : 8, 표준편차 : 2.828

31. 다음 중 오른쪽으로 긴 꼬리를 갖는 분포의 왜도로 가장 적합한 것은?

① 왜도 < 0
② 왜도 = 0
③ 왜도 > 0
④ 왜도 < 1

32. 정규분포보다 짧은 꼬리를 갖으며 분포가 중앙부분에 덜 집중되어 완만한 모양새를 갖는 분포표의 첨도로 가장 적합한 것은?

① 첨도 < 0
② 첨도 = 0
③ 첨도 > 0
④ 첨도 < 1

출제예상문제

33. 다음 중 데이터시각화 방법에 대한 설명으로 가장 적절한 것은?

① 데이터시각화는 탐색적 데이터 분석에서 선택 과정으로 수치 기반의 복잡한 분석보다 직관적으로 통찰력을 얻을 수 있는 장점이 있다.
② 관계시각화의 방법은 스케터플롯, 버블차트, 히스토그램이 대표적이다.
③ 시각화 방법에는 시간, 분산, 관계, 비교, 공간시각화로 구분할 수 있다.
④ 인간의 정보 처리 능력을 단편화하여 정보를 직관적으로 이해할 수 있다.

34. 다음 중 정보시각화 방법과 유형의 연결이 올바르지 않은 것은?

① 시간시각화 : 막대그래프, 누적막대그래프, 점그래프
② 분포시각화 : 파이차트, 도우넛차트, 트리맵, 누적연속그래프
③ 공간시각화 : 스케터플롯, 버블차트
④ 비교시각화 : 히트맵, 체르노프페이스, 스타차트, 평행좌표계

35. 전체에 대한 각 부분의 비율을 부채꼴 모양으로 백분율로 나타낸 그래프로 비율을 한눈에 볼 수 있는 장점이 있는 시각화 기법은 무엇인가?

① 트리맵　　　　　　　　　② 파이차트
③ 버블차트　　　　　　　　④ 체르노프페이스

36. 다음은 어느 사무실에 근무하는 직원 20명의 8월 한 달 동안의 문자 메시지 송신횟수에 대한 줄기잎그림이다. 이에 대한 다음 <보기>의 설명 중 옳은 것 만을 있는 대로 고른 것은?

줄기	잎
3	0
4	3 5 9
5	2 7
6	0 1 3 3 4 5 7 7 9
7	1 5
8	5 8 9

ㄱ. 중앙값은 63회이다.
ㄴ. 송신횟수가 50회 이하인 사람은 6명이다.
ㄷ. 송신횟수의 범위는 59이다.

① ㄴ　　　　　　　　　　　② ㄷ
③ ㄱ, ㄴ　　　　　　　　　④ ㄱ, ㄷ

37. 다음 중 상자그림에 대한 설명으로 부적절한 것은?

① 최대값, 최소값, 사분위수(제1사분위수, 중앙값, 제3사분위수)의 다섯 가지 순서 통계량을 이용하여 시각화하는 방법이다.
② 줄기잎그림과 함께 표현되는 경우가 많다.
③ 그래프는 순서대로 최소값, Q1, Q2, Q3, 최대값이 위치하며, 정확한 평균값도 확인할 수 있다.
④ 자료의 범위에 대한 분포 정도를 한눈에 볼 수 있다.

38. 다음 중 산점도에 대한 설명으로 틀린 것은?

① 산점도는 두 변수의 관계를 보여주는 2차원 도표이다.
② 상관관계를 시각적으로 판단할 수 있다.
③ 자료가 얼마나 분포됐는지 변수들이 얼마나 밀접한 관련이 있는지 식별할 수 있다.
④ 데이터가 적을 때 주로 많이 사용한다.

39. 시각적 데이터 탐색의 그래프에 대한 설명 중 틀린 것은?

① 막대그래프는 막대의 높이가 특정 집계에 비례하여 계급을 비교하기 위해 주로 사용되는 그래프이다.
② 선그래프는 선의 기울기가 완만할수록 변화가 크다는 것을 의미한다.
③ 도수다각형은 연결된 직선의 모양 때문에 꺾은선그래프라고 한다.
④ 도수분포표의 계급의 수와 간격이 변하면 히스토그램의 모양도 변한다.

40. 상자그림에 대한 설명으로 부적절한 것은?

① 중위수는 상자 안에 선으로 표시되며, 관측치의 절반은 이 값보다 크거나 같고 절반은 작거나 같다.
② 사분위간 범위 상자는 데이터의 중간 50%를 보여주며, 1사분위수와 3사분위수 간의 거리를 보여준다.
③ 수염은 이상치를 제외하고 데이터 값의 하위 25%, 상위 25%의 범위를 나타낸다.
④ 상자그림에서는 그룹의 산포를 알 수 있으며, 그룹 간의 차이가 통계적으로 유의한지 여부도 확인할 수 있다.

41. 다음 중 자료의 도표화에 대한 설명 중 부적절한 것은?

① 도수분포표를 통해 원인과 결과의 시간적 선후 관계 여부를 알 수 있다.
② 도수분포표를 이용하여 표본 자료의 분포를 나타낸 그래프를 히스토그램이라고 한다.
③ 산점도를 통해 자료의 선형 또는 비선형관계의 여부를 파악할 수 있다.
④ 도수분포표는 특정 값에 대한 자료의 개수를 하나의 표로 나타낸 것이다.

출제예상문제

42. 히스토그램은 표로 되어 있는 도수분포표를 그래프로 나타낸 것이다. 다음 중 히스토그램에 대한 설명으로 부적절한 것은?

① 히스토그램에서는 가로축이 계급, 세로축이 도수를 나타낸다. 계급은 보통 변수의 구간이며, 서로 겹치지 않는다.
② 히스토그램은 표본의 크기가 작아도 각 막대의 높이가 데이터 분포의 형상을 잘 표현해낸다.
③ 히스토그램의 분포로 어떤 구간의 데이터가 가장 많은지를 예측할 수 있다.
④ 막대그래프는 가로를 생각하지 않지만 히스토그램은 가로와 세로를 모두 생각해야 한다.

43. 그림은 어느 회사 직원 40명의 인터넷 사용시간을 조사하여 나타낸 도수분포다각형과 히스토그램이다. 이것에 대한 설명으로 옳은 것을 <보기>에서 모두 고르면?

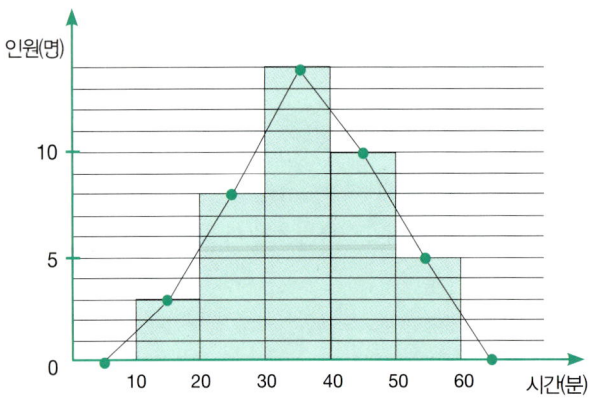

ㄱ. 중앙값은 계급 30이상 40미만 사이에 존재한다.
ㄴ. 최빈값은 계급 30이상 40미만 사이에 존재한다.
ㄷ. 상대도수가 가장 높은 계급의 계급값은 35(분)이다.
ㄹ. 도수분포다각형과 가로축으로 둘러싸인 부분의 넓이와 히스토그램의 직사각형 넓이의 합은 같다.

① ㄱ, ㄴ
② ㄱ, ㄷ
③ ㄴ, ㄹ
④ ㄱ, ㄷ, ㄹ

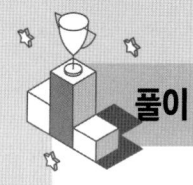# 풀이

01. 탐색적 자료 분석은 다양한 차원과 값을 조합해가며 특이한 점이나 의미 있는 사실을 도출하고 분석의 최종 목적을 달성해가는 과정이다.

02. 상자그림 등의 그래프로 시각화를 한다면 이상값을 식별하기 용이하다.

03. 탐색적 데이터 분석은 데이터 수집 → 시각화 탐색 → 패턴 도출 → 인사이트 발견의 절차로 진행된다.

04. 4가지 주제는 저항성의 강조, 잔차의 해석, 데이터의 재표현, 데이터의 현시성이다.

05. 데이터를 그래프로 시각화함으로써 정보를 효율적으로 파악하는 방법인 데이터의 현시성에 대한 설명이다.

06. 상관관계 분석은 두 변수 간의 선형관계를 가지고 있는지, 양(+)과 음(−)의 관계인지 선형성의 크기(강도)는 얼마인지를 분석할 수 있다.

07. −1과 +1은 완전한 선형관계를 의미한다.

08. 공분산의 수식은 $cov(X, Y) = \frac{\Sigma(각 X의 편차)(각 Y의 편차)}{전체갯수} = \frac{1}{N}\sum_{i=1}^{n}(x_i - \mu_X)(y_i - \mu_Y)$이다.

09. 공분산의 양의 상관관계로 0보다 큰 값을 갖는다.

10. 상관계수 값이 +1에 가까울수록 양의 상관관계를 가지며, −1에 가까울수록 음의 상관관계를 가진다.

11. 두 변수 간의 인과관계를 파악하는 것은 결정계수이다.

12. 비모수적 방법에 사용되는 것은 스피어만 상관계수, 켄달 상관계수이다.

13. 피어슨 상관계수는 ±0.3미만이면 약한 선형 상관관계, ±0.7이상이면 강한 선형 상관관계를 의미한다

14. X와 Y는 상관계수가 0.27로 거의 상관관계가 없다고 할 수 있다. 상관계수가 0에 가까울 때 두 변수는 선형이 아닌 다른 관계이거나 서로 독립적이어서 아무런 관계가 없다고 할 수 있다.

15. 두 변수가 상관관계가 존재하지 않을 경우에는 0에 도출된다. 상관계수가 1이면 매우 강한 양의 상관관계를 가지고, −1이면 매우 강한 음의 상관관계를 가진다.

16. 스피어만 상관계수는 서열척도인 두 변수들의 상관관계를 측정할 수 있으며 순위를 기준으로 상관관계를 측정한다.

17. 만약 P값(P-$Value$)이 0.05보다 작다면 귀무가설이 참이라고 가정했을 때 데이터로부터 구한 상관계수를 볼 확률이 낮다는 의미이며 통계적으로 유의미한 상관계수를 의미한다.

18. 평균은 관측값(데이터) 전체를 대표하는 특성을 가진다. 따라서 평균은 이상값에 민감한 특성이 있으며, 이는 중앙값보다 더 이상값에 민감함을 의미한다. 또한 평균은 중앙값에 비해 전체 데이터의 분포 쉽게 표현할 수 있다.

19. ④번은 조화평균에 대한 설명으로, 기하평균은 n개의 양수 값을 모두 곱한 것의 n제곱근 값, 곱의 형태로 변화하는 자료이다.

20. A학생은 $= \frac{25+49}{0.5+0.7} = 61.67$, B학생은 $\frac{30+42}{0.5+0.7} = 60$이다.

21. 전체 자료의 수가 홀수인 경우 $\frac{n+1}{2} = \frac{5+1}{2} = 3$, 3번째 값 = 4, 중앙값 = 4

22. 전체 자료가 짝수인 경우로 $\frac{n}{2} = \frac{6}{2} = 3$, $(\frac{n}{2}+1) = (\frac{6}{2}+1) = 4$, 3번째 값이 4, 4번째 값이 5이므로 중앙값 $= \frac{4+5}{2} = 4.5$

23. 최빈값은 각 각 3번씩 존재하는 5, 6이 된다.

24. 극단치가 있는 그래프로 최빈값이 가장 우측에 존재하며, 평균 〈 중앙값 〈 최빈값 순으로 위치한다.

25. 평균은 소수의 극단치에 민감하게 영향을 받으며, 극단치가 존재할 때 대표값은 중앙값을 사용하게 된다.

26. 자료가 조밀하게 퍼져 있는 형태는 넓게 퍼진 경우보다 안정적이다.

27. 사분위수는 산포도를 나타내는 통계량이며, 그 외는 중심경향치를 나타내는 통계량이다.

28. 중앙값 : $\frac{4+5}{2} = 4.5$, 1사분위 : 2, 제3사분위 : 7, 사분위수 범위(IQR) = 5

29. 홍길동 변동계수 $\frac{0.5}{8} \times 100 = 6.3$ 싱춘향 변동계수 $\frac{0.8}{6} \times 100 = 13.3$로 홍길동 학생이 더 꾸준히 공부하는 습관을 가지고 있다.

30. 인원수 5명의 키에 대한 평균 179를 기준으로 편차제곱의 평균, 분산의 절대값을 구한다.

31. 왜도가 〉 0이며, 최빈값 〈 중앙값 〈 평균으로 정렬되며, 오른쪽으로 긴 꼬리를 띠는 분포도를 갖는다.

32. 첨도가 0보다 작으면 완만한 형태의 분포도를 갖는다.

33. 데이터 시각화는 탐색적 데이터 분석의 필수 과정으로 정보 처리 능력의 확장으로 직관적인 이해를 돕는다.

34. 공간시각화는 지도 매핑이 대표적인 유형이다.

35. 파이차트는 범주형 변수의 각 등급 또는 값들에 대한 관측치의 백분율의 상대적 차이를 비교할 수 있다.

36. ㄱ. 중앙값 $\frac{63+64}{2} = 63.5$ ㄴ. 50회 이하인 사람은 4명이다. ㄷ. 송신회수의 범위 89 − 30 = 59이다.

37. 상자그림을 통해서 5가지 통계량에 대한 정보 확인은 가능하나 정확한 평균값을 확인할 수 없다.

38. 산점도는 데이터가 많을 때 유용하며, 적을 때는 막대그래프나 일반 표가 더 효과적일 수 있다.

39. 선그래프는 x축의 연속형 변수의 변화에 따른 y축의 변화를 선으로 나타내는 그래프로 선의 기울기가 급할수록 변화가 크다는 것을 의미한다.

40. 상자그림을 통해서 그룹 간 차이가 통계적으로 유의한지 여부를 파악할 수 없다. 그룹 간 평균 및 분산 차이에 대해서는 통계적 검정을 통해서 여부를 파악할 수 있다.

41. 도수분포표의 정보만으로 원인과 결과의 시간적 선후 관계 여부를 알기 어렵다.

42. 히스토그램은 표본의 크기가 작으면 각 계급에 해당하는 빈도가 동일해져 각 막대의 높이가 데이터 분포의 형상을 잘 표현해내지 못한다

43. 히스토그램으로 계급에 대한 도수를 확인 가능하나, 최빈값은 알 수 없다.

5.2 고급 데이터 탐색

학습목표
빅데이터를 활용할 수 있는 다양한 형태의 데이터 탐색에 대해 학습한다.

출제경향
고급 데이터 탐색 영역에서는 데이터 혹은 그래프를 제시하고 상황을 설명하거나 예측되는 상황을 분석할 수 있는지에 대한 문제를 중심으로 출제되고 있다. 즉, 데이터를 적합한 그래프로 표현하고 그 상황이 무엇을 설명하는지 분석할 수 있어야 한다. 각 탐색 방법에 대해 암기보다는 각 탐색 방법들이 표현할 수 있는 정보와 목적을 명확히 하는 학습 방법을 적용해보자.

출제빈도

제2회(2021. 04. 17) 1문항 출제	제3회(2021. 10. 02) 1문항 출제
제4회(2022. 04. 09) 4문항 출제	제5회(2022. 10. 01) 1문항 출제
제6회(2023. 04. 08) 미출제	제7회(2023. 09. 23) 미출제
제8회(2024. 04. 06) 1문항 출제	제9회(2024. 09. 07) 1문항 출제

출제세부항목	출제수	출제 내용(문항수)
5.2.1 시공간 데이터 탐색	3	그래프 분석, 시공간 데이터, 횡단면적 데이터
5.2.2 다변량 데이터 탐색	5	분산분석, 주성분분석, 다변량 데이터 탐색, 산점도, 모자이크 그림
5.2.3 비정형 데이터 탐색	1	비정형 데이터

빅분기_20
5.2.1 ~ 5.2.2

5.2.1 시공간 데이터 탐색

위치 기반의 공간 속성과 시간 속성을 갖는 시공간 데이터(Spatio-Temporal Data)의 경우, 시공간 객체의 공간적 속성과 비공간적 속성의 연속적 또는 이산적인 변화, 서로 인접해 있는 시공간 객체의 복합적 측면을 고려해야 하기 때문에 데이터의 특성을 파악하고, 표현하는데 어려움이 따른다.

이러한 이슈를 해결하기 위한 방법으로 데이터 마이닝 등을 이용하여 시공간 자료를 포함한 대용량 데이터에 존재하는 유용한 정보를 탐색하고, 시각화하는 과정이 필요하다.

예를 들어, 지역별 초미세먼지의 계절에 따른 변화량 분석, 시간대별 대중교통 배치계획, 1년동안 발생한 강력 범죄의 발생시간과 발생지역을 분석하는 사례 등을 들 수 있다.

5.2.1.1 시간 데이터 탐색 기출

시간 데이터(Temporal Data)는 연도별(Annual), 분기별(Quarterly), 월별(Monthly), 일별(Daily) 또는 시간별(Hourly) 등 시간의 경과(흐름)에 따라 순서대로 관측되는 자료를 의미한다.

과거 시계열 자료의 패턴이 미래에도 지속적으로 유지된다는 가정하에서 현재까지 수집된 자료들을 분석하여 미래에 대한 예측(Forecast)을 할 수 있고, 추세(Trend), 계절성(Seasonality), 주기(Cycle) 등을 확인할 수 있다.

시간 데이터 탐색은 시간 데이터의 각 단위별 변화를 분석하는 것을 의미하며, 주기에 따라 반복되는 규칙적 패턴과 반복되지 않는 불규칙적 패턴을 구분하여 규칙적 패턴을 적용하거나, 예측할 수 있도록 패턴을 변화시키는 것을 의미한다.

시계열 데이터 예시

왼쪽 시계열 데이터는 월별 주택 매매 그래프이며, 매년 강한 계절성과 약 6~10년의 몇몇 강한 주기적인 패턴이 보이나, 전체 기간에 걸쳐 데이터에 분명한 추세가 있지는 않다.

오른쪽 시계열 데이터는 미국 재무부 단기 증권 그래프이며, 1981년 시카고 시장의 100일 연속 거래일 데이터를 나타낸다. 여기에는 계절성은 없지만, 아래로 내려가는 추세가 분명하게 식별된다.

5.2.1.2 공간 데이터 탐색 및 시공간 데이터 탐색

공간 데이터(Spatial Data)는 지도 및 지도 위에 표현이 가능하도록 위치, 분포 등을 알 수 있는 모든 정보로 일상생활이나 특정한 상황에서 행동이나 태도를 결정하는 중요한 기초 정보와 기준을 제시한다.

이와 같이 '공간'에 대한 정보는 '시간'과 함께 인간이 생활을 하는데 있어 반드시 알아야 하는 가장 근본적인 정보이다.

공간적 데이터 탐색은 지하, 지상 등 객체의 위치 및 공간 관계 정보와 관련한 공간 데이터를 지도 위에 크기, 모양, 선의 굵기, 색상 등으로 구분해 시각화하여 정보를 직관적으로 획득 혹은 인사이트를 찾아내는 분석 방법이다.

시공간 데이터 탐색은 공간적 객체에 시간의 개념이 추가되어 시간에 따라 위치나 형상이 변하는 데이터를 분석하는 방법이다.

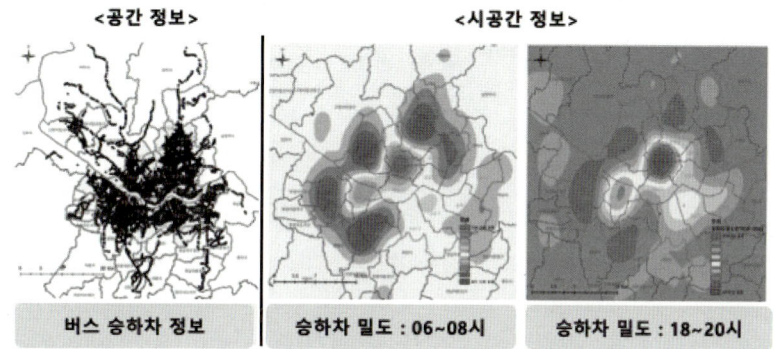

GIS를 이용한 버스 승하차 공간 정보 분석 예시

위 그림은 매 시간대별, 각 정류장별, 각 노선별 승하차 인원을 분석하여 대중교통 배치계획 등에 활용한 사례이다.

공간 기반의 시계열 자료는 과거에는 주로 차트 위주의 단순 도표 형태로 시각화되어 왔지만, GIS의 발달과 함께 지도상에 시공간 자료를 결합하여 다양한 형태의 시각화가 가능하게 되었다.

> **참고** 시공간 데이터 예시와 GIS 설명 **기출**
>
> 지도 데이터(지도에 빈도, 비율, 분포를 표기한 데이터), 패널 데이터(특성 개체를 추적하여 얻은 데이터), 격자 데이터(반복되는 점들의 규칙적 구조를 표기한 데이터)
> GIS(Geographic Information System)는 넓은 의미에서 인간의 의사결정능력 지원에 필요한 지리정보의 관측과 수집에서부터 보존과 분석, 출력에 이르기까지의 일련의 조작을 위한 정보시스템을 의미한다.
> GIS는 지리적 위치를 갖고 있는 대상에 대한 위치자료(Spatial Data)와 속성자료(Attribute Data)를 통합/관리하여 지도, 도표 및 그림들과 같은 여러 형태의 정보를 제공한다.

5.2.2 다변량 데이터 탐색

5.2.2.1 다변량 데이터의 이해

변량(Variate)이란 변수가 가지는 특징, 성질을 숫자 또는 문자로 나타낸 값을 의미한다.

통계학에서 다중(Multiple)은 독립변수가 여러 개라는 뜻이고, 단변량(일변량)은 종속변수가 한 개이며, 다변량은 단변량(일변량)에 반대되는 것으로 종속변수가 여러 개(두 개 이상)라는 뜻으로 정의한다.

통계학 영역을 제외한 데이터 분석에서는 변수의 개수에 따라, 변수가 한 개면 단변량, 두 개면 이변량(Bivariate), 세 개 이상이면 다변량(Multivariate) 데이터로 주로 표현한다.

다변량 변수의 구분

구분	단변량	이변량	다변량
개념	하나의 변수만을 측정하여 얻게 되는 변수의 값 일변량이라고도 함	두 개의 변수를 측정하여 얻어지는 변수의 값	두 개 이상의 변수를 측정하여 얻어지는 변수의 값
변수	1개의 변수	2개의 다른 변수	2개 이상의 변수
목적	데이터 요약 및 패턴 확인	두 변수 간의 관계를 분석	유사성과 근접성을 확인
분석 기법	평균, 분산, 막대그래프, 선그래프 등	상관관계 분석, 산점도, 회귀분석 등	판별분석, 주성분분석 등
사례	키, 몸무게, 나이 등	키와 몸무게 관계 등	감기가 걸린 원인은 나이, 성별, 몸무게와 관련이 있을까?

5.2.2.2 통계 기반 다변량 데이터 탐색 기법 기출

통계 기반 다변량 탐색 기법에는 변수들 간의 관계 규명(인과관계, 상관관계 등)하거나 변수들 간의 상관관계를 이용하여 변수를 축소, 또는 개체들을 분류하는데 관련된 분석 기법 등이 있다.

다변량 데이터 분석 기법

구분	설명	분석 기법
변수들 간의 관계	변수들 간의 인과관계, 상관관계 및 평균과 분산 등의 차이를 탐색하는 방법	다중회귀분석(Multiple Regression), 로지스틱회귀분석(Logistic Regression), 다변량분산분석(Multivariate ANOVA), 상관관계 분석, 교차분석 등
데이터의 차원 축소	변수들 간의 상관관계를 분석하여 가지고 있는 의미를 유지하면서(정보 손실 최소화) 변수를 요약하고자 할 때 사용하는 방법	주성분분석(PCA), 요인분석(FA), 정준상관분석(Canonical Analysis, CA) 등
케이스 차원 축소 (개체 분류)	변수들이 가지는 값들의(개체들의) 유사성을 이용하여 분류하고자 할 때 사용하는 방법	군집분석, 판별분석, 다차원척도법(Multi-Dimensional Scaling, MDS) 등

각 기법에 대한 상세 내용은 '8.2 고급 분석 기법'에서 다시 살펴보자. 본 절에서는 각 기법의 개념과 사례를 학습한다.

❶ 변수들 간의 관계 분석 기법

변수들 간의 인과관계, 상관관계 및 평균과 분산 등의 차이를 탐색하는 방법은 다음과 같다.

변수들 간의 관계 분석 기법

다변량 변수 분석 기법	설명	사례
다중회귀분석	연속형 종속변수와 두 개 이상의 연속형 독립변수 간에 관련성이 있다고 가정되는 연구 문제에 적합한 분석 방법 다수의 독립변수의 변화에 따른 종속변수의 변화를 예측	범죄율, 방의 수, 재산, 교육수준 등을 요인으로 한 소유 주택가격 예측
로지스틱회귀	종속변수가 이진(Binary, Dichotomous) 변수이거나 순서형 변수(범주)인 경우 사용되는 회귀분석 방법	통신사의 약정 잔여기간, 사용요금, 서비스 유지기간 등을 요인으로 타 통신사로 번호이동할 것인지(1), 기기변경(0)으로 남을 것인지 판단
다변량분산분석 기출	두 개 이상의 연속형 종속변수와 다수의 범주형 독립변수 간의 관련성을 동시에 알아볼 때 이용되는 통계적 방법	학급(1/2/3/4/5반) 요인과 성별(남,여) 요인에 따른 키(독립변수)에 차이 분석
상관관계분석	두 연속형 변수 간의 선형적 관계(비례식이 성립되는 관계)를 분석하는 방법 변수들 간의 선형성 강도에 대한 통계분석	몸무게 변수와 키 변수의 비례적 관계 확인
교차분석	2개 또는 그 이상의 범주 변수들에 대해 한 변수의 범주와 다른 변수의 범주를 교차시켜 각 빈도를 분석하는 방법	영양제 복용/미복용 그룹에 대한 감기 발생/미발생 여부의 동질성과 독립성 확인

❷ 데이터의 차원축소 기법

변수들 간의 상관관계를 분석하여 가지고 있는 의미를 유지하면서(정보 손실 최소화) 변수를 요약하고자 할 때 사용하는 분석 방법은 다음과 같다.

데이터의 차원축소 기법

차원축소 기법	설명	사례
주성분분석(PCA) 기출	고차원 공간(다변량 변수)의 표본들을 선형 연관성이 없는 저차원(새로운 변수) 공간으로 변환하는 기법 여러 변수들의 선형결합으로 이루어진 새로운 변수인 주성분을 만들어 기존 변수들이 가지고 있는 의미를 포함하여 차원을 축소	습도, 강수량 혹은 풍속, 태풍 각각의 요인들 중 관련성 있는 요인인 습도와 강수량, 풍속과 태풍(풍속이 빠르면 태풍)을 2개의 변수로 축소
요인분석(FA)	데이터에 관찰할 수 있는 잠재적 변수가 존재한다고 가정하고, 모형을 세운 뒤 관찰 가능한 데이터를 이용하여 해당 잠재요인을 도출하고 데이터 구조를 해석하는 기법(PCA를 포함)	서로 관련된 변수를 합치거나 중복된 변수를 제거하여 차원축소

정준상관분석 (CCA)	두 개의 변수 집단 간의 선형성 상관관계를 파악하고 양으로 표현하고자 할 때 사용하는 분석 기법 다차원에 놓인 두 변수 집단 간의 관계를 저차원의 정준변수 쌍으로 전환하여 관계를 설명 (여러 개 변수와 여러 개 변수에 대한 상관관계 확인)	온도, 농도, 시간 변수를 요인으로 화학반응을 관찰하여 변하지 않고 남은 양과 반응 후 생성된 양을 분석

❸ 케이스 차원축소 기법(개체 분류)

변수들이 가지는 값들의(개체들의) 유사성을 이용하여 분류하고자 할 때 사용하는 분석 방법은 다음과 같다.

케이스 차원축소 기법(개체 분류)

차원축소 기법	설명	사례
다차원척도법 (MDS)	개체들 사이의 유사성, 비유사성을 측정하여 2차원 또는 3차원 공간상에 점으로 표현하여 개체들 사이의 집단화를 시각적으로 표현하는 분석 방법	각 도시별 위치에 따른 유사성 분석
판별분석	선형판별분석(Linear Discriminant Analysis) : 데이터 분포를 학습해 결정경계(Decision Boundary)를 만들어 데이터를 분류(Classification)하는 모델 주성분분석법(PCA)은 데이터의 최적 표현의 견지에서 데이터를 축소하는 방법인데 반하여, 선형판별분석법(LDA)은 데이터의 최적 분류의 견지에서 데이터를 축소하는 방법	고객의 카드 사용금액, 사용 업종, 사용 장소 등을 특성 변수로 하고, 카드 부정 사용을 예측

5.2.2.3 시각화 기반 다변량 데이터 탐색 방법

❶ 산점도행렬(Scatter Matrix)

산점도행렬은 여러 개의 연속형 변수에 대해서 각각 쌍을 이루어 산점도를 그려서 한꺼번에 변수 간의 상관관계(상관계수 이용)를 일목요연하게 볼 수 있다. 행렬을 이용해 데이터 분포와 변수들의 밀접도, 그리고 자료 분포에 존재하는 패턴을 식별할 수 있고, 대각선 위치는 동일한 변수에 대한 산점도의 위치이므로 비워두거나 각 변수의 히스토그램 등으로 표기할 수 있다.

〈산점도행렬〉

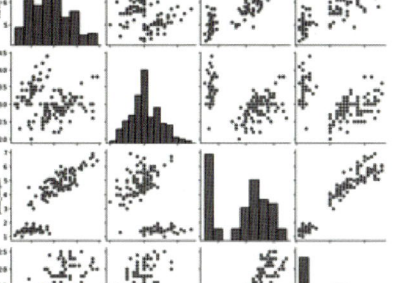

〈상관계수 매트릭스〉

	sepal_lenght	sepal_width	petal_length	species
sepal_lenght	1.000000	-0.117570	0.871754	0.817941
sepal_width	-0.117570	1.000000	-0.428440	-0.366126
petal_length	0.871754	-0.428440	1.000000	0.962865
petal_width	0.817941	-0.366126	0.962865	1.000000

산점도행렬 및 상관계수 매트릭스 예시

위 사례에서 분석한 상관계수 매트릭스로 sepal length와 petal length는 상관관계가 양의 방향으로 강도가 높음을 알 수 있고, sepal width와 sepal length는 음의 방향으로 강도가 낮음을 알 수 있다.

❷ 체르노프페이스(Chernoff Face)

체르노프페이스는 다차원 통계 데이터를 사람의 얼굴 이미지를 이용하여 시각적으로 표현하는 방법이다. 얼굴의 가로 너비, 세로 높이, 눈, 코, 입, 귀 등 각 부위를 변수로 대체하여 데이터의 속성을 쉽게 파악할 수 있다.

〈표현 항목〉

체르노프페이스 부위		표현 항목
머리	머리 높이	골 수
	머리 너비	도움 수
눈	눈 높이	킬 패스
	눈 너비	돌파 수
얼굴	얼굴 길이	뛴 거리
	얼굴 너비	수비 가담
...		

〈체르노프페이스〉

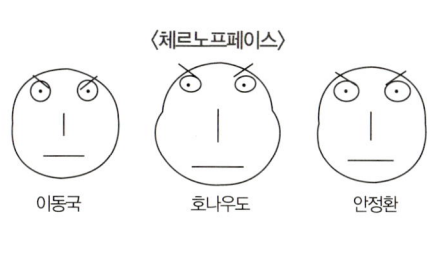

이동국   호나우도   안정환

...

체르노프페이스 예시

축구선수의 능력치를 체르노프페이스로 표현한다고 했을 때, 위 그림에서 축구선수 '호나우도'는 세 명의 선수 중 머리 높이가 가장 높고, 머리 너비가 가장 넓은 것으로 보아 골과 도움이 많음을 알 수가 있다.

❸ 스몰멀티플즈(Small Multiples)

스몰멀티플즈는 다수의 데이터로 구성된 복잡한 차트를 정보별로 분리한 뒤 동일한 시각화 차트로 나열하여 매트릭스 형태로 배치함으로써 전체적인 패턴을 파악하거나 시간적인 변화의 추세를 알아보는 데 적합한 차트이다.

차트의 종류는 거의 모든 차트를 적용할 수 있어서 바차트나 라인차트와 같은 기본 차트에서 상세한 정보의 표시를 생략한 채 막대나 선의 패턴만을 여러 개 배치하기도 하고, 또는 지도와 같이 2차원 이상의 데이터를 포함한 시각화를 여러 개 배치하는 등 다양한 방법으로 활용된다.

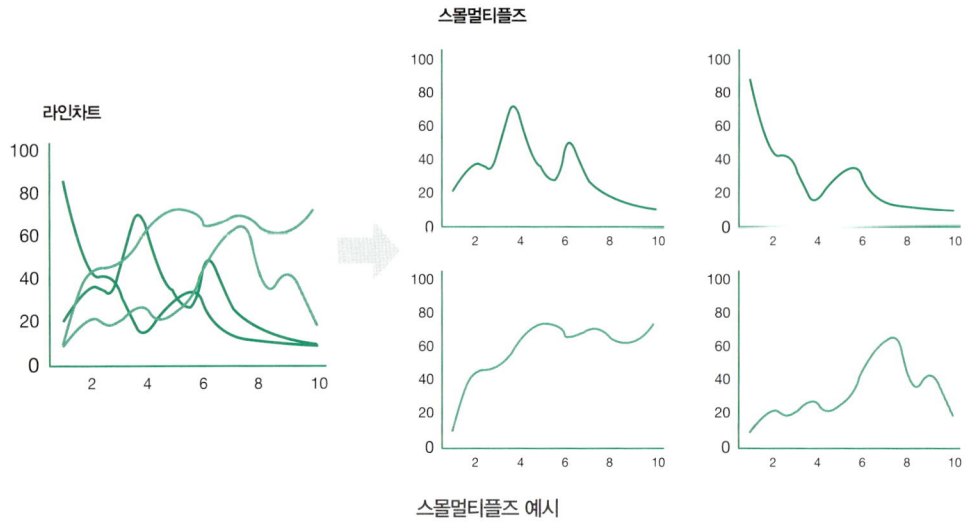

스몰멀티플즈 예시

❹ 선버스트차트(Sunburst Chart)와 트리맵(Tree Map)

선버스트차트와 트리맵은 계층 구조로된 다변량 데이터를 분석하는데 적합한 방법이다.

선버스트차트는 하나의 원이 계층 구조의 각 수준을 나타내면서 가장 안쪽에 있는 원이 계층 구조의 가장 높은 수준을 나타내는 차트로, 여러 계층으로 구성된 파이차트라 할 수 있으며, 데이터의 관계와 계층 구조를 통해 각 요소가 결합하여 더 큰 데이터 집단이 되는 과정을 확인할 수 있다.

⟨지역별 매출 현황⟩

도시	지점	지역	매출액
서울	강서지사		7,500,000
	강남지사	청담동	6,000,000
	강남지사	역삼동	5,500,000
	강남지사	논현동	4,400,000
	강남지사	신사동	4,500,000
	강북지사	미아동	2,000,000
	강북지사	수유동	2,000,000
	강동지사		4,500,000
경상북도	구미지사	송정동	200,000
	구미지사	형곡동	5,000,000
	칠곡지사		20,000,000

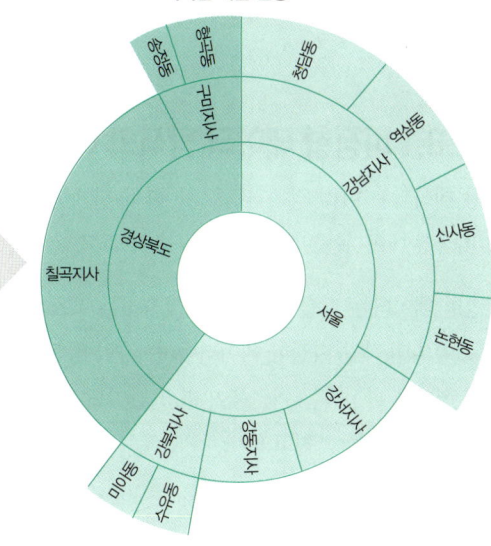

선버스트차트 예시

트리맵의 시각화 공간은 양적변수에 의해 크기와 순서가 정해지는 사각형으로 분할되며, 트리맵의 계층에서 수준은 다른 사각형을 포함하는 사각형으로 시각화된다.

계층에서 동일한 수준에 속하는 각 사각형 집합은 데이터 테이블의 표현식 또는 컬럼을 나타내며, 계층에서 동일한 수준에 속하는 각각의 개별 사각형은 컬럼의 범주를 표현한다. 전체 데이터 중 차지하는 비율을 면적으로 표현하여 각 카테고리를 구성하는 요소가 무엇인지 그 비중은 얼마나 되는지 파악할 수 있다.

⟨지역별 매출 현황⟩

도시	지점	지역	매출액
서울	강서지사		7,500,000
	강남지사	청담동	6,000,000
	강남지사	역삼동	5,500,000
	강남지사	논현동	4,400,000
	강남지사	신사동	4,500,000
	강북지사	미아동	2,000,000
	강북지사	수유동	2,000,000
	강동지사		4,500,000
경상북도	구미지사	송정동	200,000
	구미지사	형곡동	5,000,000
	칠곡지사		20,000,000

트리맵 예시

빅분기_21
5.2.3

5.2.3 비정형 데이터 탐색

5.2.3.1 비정형 데이터 탐색의 이해

정형 데이터는 미리 정해진 구조에 따라 관계형 데이터베이스 등 정해진 필드에 저장된 데이터인 반면에 비정형 데이터는 미리 정해진 구조가 없고, 정해진 필드에 저장되지 않는 데이터이다.

비정형 데이터는 소셜미디어에서 발생하는 텍스트 데이터, 문서(워드, 한글), 이미지, 오디오, 비디오 파일 등이 대표적인 비정형 데이터이며, 파일 형태로 수집되는 형태가 대부분이기 때문에 분석 가능한 데이터 형태로 파싱하는 어려움이 있고 난이도가 높은 반면, 수집 주체에 의해 데이터 분석이 선행되어 높은 잠재적 가치를 가지고 있다.

비정형 데이터 탐색은 비정형 데이터를 체계적인 통계적 규칙이나 패턴을 탐색하고 이를 의미 있는 정보로 변환하기 위한 분석 과정이며, 텍스트 마이닝, 웹 마이닝, 오피니언 마이닝, 리얼리티 마이닝, 소셜 네트워크분석, 감성분석 등을 이용할 수 있다('8.2.6 비정형 데이터 분석'에서 다룬다).

5.2.3.2 비정형 데이터의 유형

비정형 데이터의 유형은 크게 텍스트, 이미지, 음성과 영상, 로그파일로 구분한다.

비정형 데이터 유형 **기출**

구분	설명
텍스트	트위터, 페이스북 등 소셜 미디어에서의 실시간 대화, 온라인 모바일을 통한 SMS, 이메일 메시지, 블로그, 커뮤니티에서의 게시물, 전문정보, 뉴스기사 등
이미지	인터넷 매체에서 업로딩되는 모든 사진, 그림 등
음성과 영상	음악파일, 유튜브 등과 같은 동영상 전문 웹사이트가 제공하는 영상, UCC, 뉴스 동영상, 애니메이션 등
웹 로그파일	웹 로그, 인터넷 검색 인덱싱, 페이지 뷰 인덱싱, 웹 상에서 모든 흔적들의 데이터 파일

비정형 데이터를 정련 과정을 통해 정형 데이터로 만든 후, 분류, 군집화, 회귀분석, 요약, 이상감지분석 등의 데이터 마이닝을 통해 의미 있는 정보를 발굴한다.

5.2.3.3 웹 데이터 탐색

웹 환경에서 생성되는 데이터는 웹 사이트와 웹 페이지의 요약정보인 웹 구조 데이터, 웹 사이트를 구성하는 이미지, 텍스트, 영상, 음성 등의 웹 컨텐츠 데이터, 웹 사용자의 행위와 접속 로그, 세션정보 등의 웹 사용 데이터가 있다.

웹 데이터의 대부분은 비정형 데이터의 형태를 띠고 있으며, 이러한 데이터를 수집하여 분석하는 과정은 데이터 탐색에서 반드시 필요한 작업이다.

❶ 웹 크롤링

웹 크롤러(Web Crawler)는 조직적, 자동화된 방법으로 인터넷 환경(월드 와이드 웹)을 탐색하는 컴퓨터 프로그램이며, 웹 크롤러가 여러 인터넷 사이트의 페이지(문서, HTML 등)를 수집해서 분류하고, 찾아낸 데이터를 저장한 후 쉽게 찾을 수 있게 인덱싱하여 저장하는 작업을 웹 크롤링 혹은 스파이더링(Spidering)이라 한다.

웹 크롤링 개념도

예를 들어 구글, 네이버 등의 검색엔진 서비스에서는 인터넷에 존재하는 수 많은 사이트들을 크롤링하여 정보를 수집한다. 그후 각 서비스에서는 정보를 분류하고 인덱싱(검색을 위한 색인 처리)하여, 사용자가 어떠한 검색을 했을 때 필요한 정보와 연관된 내용을 사용자에게 제공해주게 된다.

> **참고** 웹 크롤링과 웹 스크래핑
>
> 웹 크롤링(Crawling) : 자동화 봇인 웹 크롤러가 정해진 규칙에 따라 복수개의 웹 페이지 자체를 브라우징하는 기법
> 웹 스크래핑(Scrapping) : 웹 사이트 상의 원하는 부분에 위치한 정보를 추출하여 수집하는 기술
>
> 정리하면, 정해진 링크를 따라 연결된 페이지를 가지고 오는 것은 웹 크롤링이며, 웹 크롤러가 수집하는 페이지가 있을 때, 추출하기 원하는 위치의 데이터를 가져 오는 것이 웹 스크래핑이다.

❷ 웹 마이닝

웹 마이닝(Web Mining)은 웹에서 발생하거나 웹 사이트에 저장한 데이터를 대상으로 유용한 패턴을 찾아내는 기법이며, 데이터 마이닝 기법을 활용하여 웹 상의 문서들과 서비스들로부터 정보를 추출/발견하는 과정이다.

웹 마이닝의 유형은 웹 컨텐츠 마이닝, 웹 구조 마이닝, 웹 사용 마이닝으로 구분한다.

웹 마이닝 유형

구분	설명	데이터 유형
웹 컨텐츠 마이닝 (Web Content Mining)	실제 웹 사이트를 구성하고 있는 페이지로부터 의미 있는 내용을 추출하는 마이닝 기법 온라인에 있는 방대한 웹 데이터(텍스트, 그림, 사운드 등)에서 유용한 정보를 자동으로 찾는 기술	텍스트, 이미지, 영상, 음성 등
웹 구조 마이닝 (Web Structure Mining)	웹 사이트와 웹 페이지의 구조적 요약 정보를 얻기 위한 마이닝 기법 웹 사이트의 구조적 정보란, 웹 페이지 사이의 하이퍼링크(hyperlink)를 통한 그래프(graph) 구조를 뜻함	HTML, XML, Hyper link
웹 사용 마이닝 (Web Usage Mining)	웹 사용자의 사용 패턴을 분석하는 마이닝 기법 웹 사용자의 행동을 접속통계 및 웹 페이지의 이용 패턴을 이해 가능 사용자에게 더욱 친숙하게 페이지를 재구성하거나, 웹 서버 로드밸런스, 사용자별 맞춤형 웹 페이지 구성 등에 이용	사용자 프로파일, 접근로그 등

5.2.3.4 텍스트 데이터 탐색

텍스트 데이터는 비정형 데이터 중 가장 많은 비중을 차지하고 있다. 텍스트를 정형화하는 방법은 주요 단어 등의 추출 등 정제 과정을 거쳐 정형화된 데이터 구조로 변환하는 것이 가장 일반적인 방법이며, 메타 데이터(Meta Data)로 직접 태그(Tag)하여 사용하기도 한다.

이 과정에서 인간의 언어로 이루어진 비정형 텍스트 데이터들을 자연어 처리(Natural Language Processing, NLP) 방식을 이용하여 대규모 문서에서 정보 추출, 연계성 파악, 분류 및 군집화, 요약 등을 통해 데이터에 숨겨진 의미를 발견하는 기법을 적용하는데, 이를 텍스트 마이닝 이라고 한다.

텍스트 마이닝은 일반적으로 입력 텍스트를 정형화한 다음, 정형화 데이터 내에서 패턴을 추출하고 난 후, 출력을 평가하고 번역하는 과정을 포함하고 있다.

테스트 마이닝 수행 절차와 내용은 다음과 같다.

텍스트 마이닝 절차

텍스트 마이닝 절차 상세 설명

절차	설명	기법
텍스트 수집 (정보 검색)	사용자가 원하는 키워드를 기반으로 원하는 정보가 포함된 텍스트 데이터가 들어있는 문서를 탐색하는 과정 사용 목적에 따라 웹 검색, 개인정보 검색, 기업이나 기관/ 특정 영역 검색 등 세 가지의 형태로 구별됨	크롤링, 말뭉치 확보, Open API 활용, 로그수집기 활용 등
텍스트 전처리	텍스트 수집이 사용자가 필요한 정보와 관련된 텍스트가 들어있는 특정한 문서를 찾는 것인데 반해 텍스트 전처리는 특정한 문서로부터 구체적인 정보를 정제하는 과정(Hotho et al., 2005)	토큰화, 불용어 처리, 정제와 정규화, 텍스트 인코딩 등
텍스트 분석	텍스트로부터 의미 있는 추세와 패턴 및 지식을 발견하기 위하여 데이터 마이닝, 머신러닝(기계학습) 등을 반복적으로 수행함으로써 의미 있는 결과를 얻어내는 과정	토픽모델링, 통계적 기법, 데이터 마이닝, 머신러닝 기법, 자연어 처리(NLP) 등
텍스트 시각화	분석된 결과에 대한 의미 분석 혹은 시각적 표현을 위해 사용자 관점에서 통찰력(Insight)를 얻는 과정	워드클라우드, 소셜네트워크 분석(SNA)

텍스트 마이닝을 통해서 의미 있는 정보를 추출, 검색하고 정보를 분류 및 군집하는 등의 효과를 얻을 수 있다. 다만 텍스트 데이터를 수집 및 분석하는 과정에서 명시되지 않았거나 공개되지 않은 다른 목적으로 데이터가 사용되어서는 안 된다. 개인 데이터가 큰 상품인 세상에서 이러한 오용은 개인의 데이터 프라이버시에 큰 위협이 될 수 있기 때문에 엄격하고 안전한 모니터링 방안과 통제방안 마련이 필요하다.

01. 일정 주기에 따라 반복되는 규칙적인 패턴과 불규칙 패턴을 구분하는 것으로 다음의 그래프에서 의미하는 탐색 기법은 무엇인가?

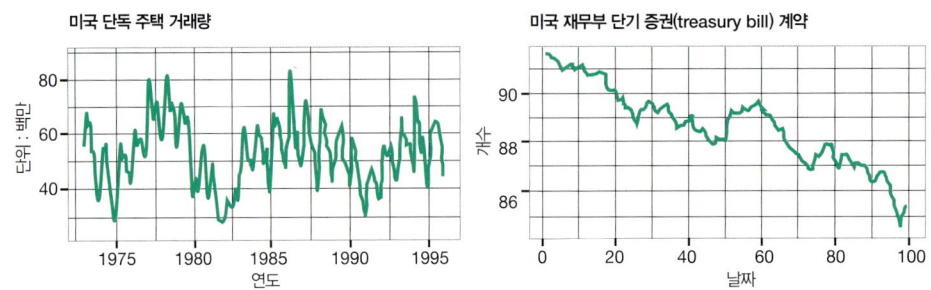

① 일자 데이터 탐색
② 시간 데이터 탐색
③ 공간 데이터 탐색
④ 시공간 데이터 탐색

02. 다음 시계열 그래프의 추이를 보고, 올바른 해석을 선택하시오.

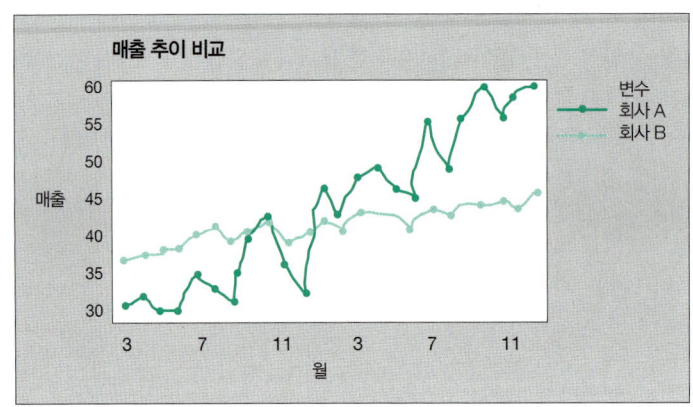

① A회사의 매출은 2년 동안 완만하게 증가했음을 알 수 있다.
② B회사의 매출도 2년 동안 전반적으로 증가했음을 보여주지만 A회사의 경우보다는 변동이 크다.
③ B회사는 A회사보다 매출이 낮게 시작하였으나, 4월에 B회사가 A회사의 매출을 추월 했다.
④ A회사가 B회사보다 변동성이 높은 사업구조를 가지고 있다.

03. 다음의 그래프에서 보여지는 탐색 기법에 대한 설명으로 올바르지 않은 것은?

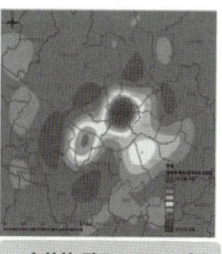

① 과거에는 주로 차트 위주의 단순한 도표였다.
② 공간적 객체에 시간의 개념을 추가하여 시간에 따라 위치나 형상을 반영한다.
③ 일상생활이나 특정 상황에 대한 인과관계를 분석한다.
④ 정보를 직관적으로 획득 또는 인사이트를 제공한다.

04. 다변량 데이터에 대한 설명으로 가장 알맞은 것은?

① 하나의 변수만을 측정하여 얻게 되는 변수의 값으로 데이터 요약과 패턴 확인이 목적이다.
② 두 변수 간의 관계를 분석하며 키와 몸무게의 관계 등을 예로 들 수 있다.
③ 데이터 간의 이질성과 차별성을 확인하는 것이 주 목적이다.
④ '감기가 걸린 원인이 나이, 성별, 몸무게와 관련이 있을까?'라는 명제를 들 수 있다.

05. 다변량 데이터를 탐색하기 위한 기법의 연결이 알맞지 않은 것은?

① 변수들 간의 관계 : 다중회귀분석, 로지스틱회귀, 분산분석
② 차원축소 : 주성분분석, 정준상관분석
③ 개체분류 : 판별분석, 다차원척도법
④ 교차분석 : 다변량분산분석

06. 교차분석 기법에 대한 설명으로 가장 알맞은 것은?

① 1개 또는 그 이상의 범주 변수에 대해 교차시켜 빈도를 분석한다.
② 교차표의 차이가 통계적으로 유의한지는 카이제곱검정을 통해 확인 가능하다.
③ 교차분석은 피벗테이블, 분할표분석과 선택적으로 쓰인다.
④ 변수 간의 관계가 상호 의존적인지에 대한 검증만 가능하다.

출제예상문제

07. 다차원척도법에 대한 설명으로 가장 적절하지 않은 것은?

① 개체들 사이의 유사성, 비유사성을 측정하여 2차원 또는 3차원의 공간에 점으로 표현한다.
② 개체들을 원래의 차원보다 낮은 차원 공간에 위치시켜 관계 파악을 쉽게 할 수 있다.
③ 거리 계산에는 주로 마할라노비스거리 측정을 활용한다.
④ 구간변수나 비율변수일 때는 계량적으로, 순서변수일때는 비계량적으로 사용한다.

08. 주성분분석에 대한 설명으로 가장 알맞은 것은?

① 원 변수의 직교 선형결합으로 표현하여 모든 변수에 영향이 있다.
② 인자들의 직교 선형결합으로 원 변수들을 표현하며 그룹 내 변수 간 상관계수가 높다.
③ 적절한 인자의 수를 구하고 변수들을 그룹화하여 관계를 알아본다.
④ 요인점수를 주성분점수와 유사하게 활용 가능하다.

09. 다음에서 설명하는 다변량 데이터 탐색 방법으로 가장 알맞은 것은?

> (   )는 하나의 변수를 하나의 세로축으로 평행하게 배치하며, 한 축의 윗부분은 각 변수의(매핑되는 하나의 축) 최대값 아래 부분은 각 변수의 최소값을 나타낸다. 변수를 표시한 세로축 여러 개를 나란히 늘어놓음으로써 한 번에 많은 데이터를 비교하기에 유용한 그래프이다.

① 산점도행렬
② 평행좌표그래프
③ 체르노프페이스
④ 스몰멀티플즈

10. 다음에서 설명하는 다변량 데이터 탐색 방법으로 가장 알맞은 것은?

〈표현 항목〉

부위		표현 항목
머리	머리 높이	골 수
	머리 너비	도움 수
눈	눈 높이	킬 패스
	눈 너비	돌파 수
얼굴	얼굴 길이	뛴 거리
	얼굴 너비	수비 가담
...		

 이동국    호나우도    안정환

...

① 산점도행렬
② 평행좌표그래프
③ 체르노프페이스
④ 스몰멀티플즈

07. ③   08. ①   09. ②   10. ③

11. 하나의 원이 계층 구조의 각 수준을 나타내면서 가장 안쪽에 있는 원이 계층 구조의 가장 높은 수준을 나타내는 차트로, 데이터의 관계와 계층 구조 이를 통해 각 요소가 결합하여 더 큰 데이터 집단이 되는 과정을 확인가능한 기법은 무엇인가?

① 산점도행렬 ② 평행좌표그래프
③ 체르노프페이스 ④ 선버스트차트

12. 다음에서 설명하는 다변량 데이터 탐색 방법으로 가장 알맞은 것은?

> (   )의 계층에서 동일한 수준에 속하는 각 사각형 집합은 데이터 테이블의 표현식 또는 컬럼을 나타내며, 계층에서 동일한 수준에 속하는 각각의 개별 사각형은 컬럼의 범주를 표현한다. 전체 데이터 중 차지하는 비율을 면적으로 표현하여 각 카테고리를 구성하는 요소가 무엇인지 그 비중은 얼마나 되는지 파악할 수 있다.

① 산점도행렬 ② 트리맵
③ 체르노프페이스 ④ 스몰멀티플즈

13. 비정형 데이터 탐색과 그 유형이 올바르게 연결되지 않은 것은?

① 텍스트 : 트위터, 페이스북, 실시간대화, SNS
② 이미지 : 인터넷에 올라온 사진, 그림
③ 음성과 영상 : 음악파일, 유튜브, 영상
④ 웹 로그파일 : 뉴스기사, 블로그, 이메일 메시지

14. 다음 중 웹 크롤링에 대한 설명 중 옳은 것은?

① 웹 크롤러를 이용해 www를 탐색해 정보를 얻어내는 컴퓨터 프로그램이다.
② 웹 페이지 크롤링을 통해 직접 접근해 정보를 수집하거나 자동 이메일 수집 또는 웹 유지관리를 위해 사용된다.
③ Scrapping은 웹 페이지의 내용 전체를 웹 코드까지 가져오지만, 크롤링은 Scrapping 이외에도 웹에서 전달하고자 하는 콘텐츠를 데이터화하는 것까지 포함한다.
④ 크롤러 구현 방법 중 Scrapy 라이브러리를 활용해 html을 파싱하여 크롤러를 구현한다.

15. 다음 중 웹 마이닝에 유형에 대한 설명으로 알맞은 것을 모두 고르시오.

> 가. 웹 컨텐츠 마이닝(Web Content Mining)
> 나. 웹 구조 마이닝(Web Structure Mining)
> 다. 웹 사용 마이닝(Web Usage Mining)

① 가 ② 가, 나
③ 나, 다 ④ 가, 나, 다

11. ④ 12. ② 13. ④ 14. ④ 15. ④

출제예상문제

16. 다음 중 웹 크롤링에 대한 설명으로 가장 알맞지 않은 것은?

① 실제 웹 사이트를 구성하는 페이지로부터 내용을 추출하는 행위도 포함된다.
② 웹 사이트와 구조적 요약정보에 대한 관계성을 얻을 수 있다.
③ 사용자 프로파일이나 접근로그를 처리하는 것은 불가능하다.
④ 사용자에게 더 친숙한 페이지로 재구성하거나 맞춤형으로 제공이 가능하다.

17. 다음 중 텍스트로부터 의미 있는 추세와 패턴을 발견하는 텍스트 분석에 대한 설명으로 가장 알맞지 않은 것은?

① 정보 검색은 사용자가 원하는 키워드를 기반으로 원하는 정보를 포함한 문서를 검색한다.
② 정보 추출로 문서로부터 구체적인 정보를 정제할 수 있다.
③ 불필요한 단어 또는 문자를 제거하는 토큰화 작업이 진행된다.
④ 기계가 인간의 말을 이해하고 해석하게 하는 자연어 처리를 진행한다.

18. 텍스트 마이닝 절차로 옳은 것은?

① 텍스트 전처리 → 텍스트 수집 → 텍스트 분석 → 텍스트 시각화
② 텍스트 전처리 → 텍스트 수집 → 텍스트 분석 → 텍스트 시각화
③ 텍스트 수집 → 텍스트 전처리 → 텍스트 분석 → 텍스트 시각화
④ 텍스트 수집 → 텍스트 분석 → 텍스트 전처리 → 텍스트 시각화

19. 두 개 이상의 범주를 갖는 하나의 실험 요인(독립변수)에 대한 평균 차이를 검정하는 분석 기법은 무엇인가?

① 상관관계분석　　　　　　　　　　② 일원분산분석
③ 이원분산분석　　　　　　　　　　④ 공분산분석

풀이

01. 시계열 데이터의 시간 데이터 탐색으로 추세를 분명히 식별 가능하다.

02. 그래프의 굴곡이 심한 것으로 보아 A회사가 B회사보다 변동성이 높은 사업구조를 가지고 있다.

03. 인과관계는 파악하기 어려우나 중요한 정보를 제공한다.

04. 다변량은 두 개 이상의 변수를 측정하여 얻어지는 값에 대한 분석에 해당된다.

05. 다변량 분산분석은 변수들 간의 관계를 분석하는 다변량 분석 기법이다.

06. 교차 분석을 진행해도 변수값의 차이에 대한 유의성 검증은 카이제곱검정으로 확인이 필요하다.

07. 거리계산에는 주로 유클리디안 알고리즘을 사용한다.

08. ②, ③, ④는 요인분석에 대한 설명이다.

09. 평행좌표그래프를 통해 한 로우 데이터별 선의 연결을 확인 가능하다.

10. 사람의 얼굴로 시각화하여 다차원 통계를 표현하는 체르노프페이스 그래프이다.

11. 선버스트차트는 여러 층의 파이를 겹쳐 놓은 모양의 차트이다.

12. 트리맵으로 양적변수에 의한 크기와 순서가 다른 사각형 형태의 시각화가 가능하다.

13. 웹 로그, 인터넷 검색 인덱싱, 페이지 뷰 인덱싱, 웹 상에서 모든 흔적들의 데이터 파일이 해당된다.

14. ① 크롤러에 대한 설명, ② 웹 유지 관리는 크롤링에 해당 안 됨, ③ 스크래핑은 내용 정체를 가져오는 것은 아니며, 원하는 영역을 가져오게 됨, 따라서 정답은 ④번이 된다.

15. 웹 마이닝 유형에는 컨텐츠, 구조, 사용이 모두 포함된다.

16. 사용자의 이용 패턴을 수집하기 위해 로그 접근도 포함된다.

17. 토큰화로 텍스트 문서의 띄어쓰기와 구두점을 제거하여 열로 분할한다.

18. 텍스트 마이닝은 텍스트 수집 → 텍스트 전처리 → 텍스트 분석 → 텍스트 시각화 절차로 수행된다.

19. 일원분산분석은 두 개 이상의 범주를 갖는 하나의 변수에 대한 평균 차이를 검정하는 방법이다(본 수험서에서는 분산분석에 대해 'Chapter 8 분석 기법'에서 상세히 학습한다).

Chapter 6

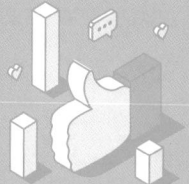

통계 기법 이해

들어가기 전에

통계학은 심리학, 사회학 등 변인(변수)을 통제할 실험을 수행할 수 없는 다양한 인문·사회과학 분야에서 원인과 결과를 추정하는데 활용하는 유용한 기법이며 빅데이터는 데이터의 규모(Volume), 데이터의 형태의 다양성(Variety), 데이터의 실시간 생산되는 속도(Velocity)의 특징을 이용해서 비즈니스의 가치를 찾아내고 문제를 해결 하는 것이 궁극적인 목적이 된다.

따라서 빅데이터는 곧 통계학으로 해석할 수 있고 데이터에서 의미를 찾아내기 위해 혹은 데이터 분석의 정확성을 높이기 위해 통계학 지식은 반드시 갖추어야 할 학문이다.

챕터 구성

6.1 기술 통계
6.1.1 데이터 요약
6.1.2 표본추출
6.1.3 확률분포
6.1.4 표본분포
출제예상문제

6.2 추론 통계
6.2.1 점추정
6.2.2 구간추정
6.2.3 가설 검정
출제예상문제

6.1 기술 통계

학습목표

통계학의 기초를 이해하고 표본의 특성을 파악하여(데이터 요약 등) 데이터의 특징을 정리하는 기술 통계에 대해서 학습한다.

출제경향

'6.1 기술 통계'는 다음 절에서 학습할 '6.2 추론 통계'와 더불어 전 영역에 걸쳐 출제비중이 가장 높은 세부 항목들이다. 개념적인 부분뿐 아니라 통계량 등의 계산문제를 풀기 위해 수학공식의 암기와 이해가 필요하나⋯ 단, 너무 겁먹을 필요는 없다. 공식만 암기하고 있으면 사칙연산으로 답을 쉽게 찾을 수 있는 문제들이 출제되었고, 수학식을 물어보는 문제들은 어렵지 않게 선택할 수 있는 수준의 문제들이었다.

본 수험서에 제시한 사례 문제들만 풀 수 있도록 학습하면 충분히 점수를 받을 수 있으니, 꼭 스스로 풀어보면서 학습하도록 하자.

출제빈도

제2회(2021. 04. 17) 5문항 출제	제3회(2021. 10. 02) 6문항 출제
제4회(2022. 04. 09) 6문항 출제	제5회(2022. 10. 01) 5문항 출제
제6회(2023. 04. 08) 5문항 출제	제7회(2023. 09. 23) 4문항 출제
제8회(2024. 04. 06) 5문항 출제	제9회(2024. 09. 07) 4문항 출제

출제세부항목	출제수	출제 내용(문항수)
6.1.1 데이터 요약	2	기술통계(2)
6.1.2 표본추출	6	표본추출(5), 전수조사
6.1.3 확률분포	20	확률분포(7), 정규분포(4), 포아송분포(3), 베이즈정리, 초기하분포, 표준화, 표준편차, 확률계산, 베르누이
6.1.4 표본분포	12	중심극한정리(4), 표본분포개념(4), 이산확률분포, 연속확률분포, t분포, 평균/표본분산

12, 13 Day

빅분기_22
6.1.1~6.1.2

6.1.1 데이터 요약

6.1.1.1 통계학의 이해

❶ 통계학의 정의

통계학(Statistics)은 관심 대상인 모집단(전체 대상)의 특성을 파악하기 위해, 모집단으로부터 관련된 표본(일부 자료)을 수집한 후, 수집된 표본 자료를 요약한 특성을 이용하여, 모집단의 특성에 대해 확률을 이용해 추론하는 학문이다.

> **참고** 통계학의 유래
>
> 영어의 statistics는 확률을 뜻하는 라틴어의 statisticus(확률) 또는 statisticum(상태), 이탈리아어의 statista(나라, 정치가) 등에서 유래했다고 한다. 특히 국가라는 의미가 담긴 이탈리아어의 영향을 받아, 국가의 인력, 재력 등 국가적 자료를 비교 검토하는 학문을 의미하게 되었다.
> 통계(Statistics) : 집단 현상에 대한 구체적인 양적 기술을 반영하는 숫자
> 통계학(Statistics) : 집단 현상(集團現象)을 수량적(數量的)으로 관찰하고, 분석하는 방법을 연구하는 학문

예를 들어, 국회의원 선거에서 우리 지역 후보자의 득표수를 개표 전에 알고 싶다고 가정하자. 우리 지역의 투표권자는 100만 명이고 이 중 50만 명이 투표를 했다. A후보의 득표수를 예측하려면 어떻게 해야 할까? 이때 통계학을 활용하게 된다.

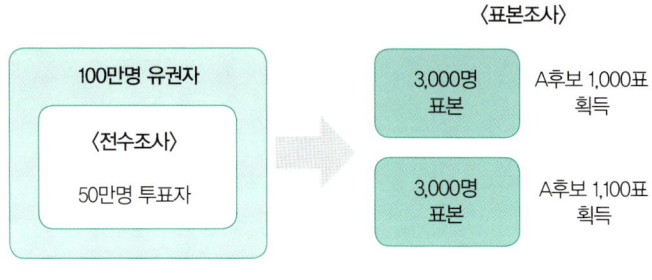

통계 사례

50만 명(모집단)의 투표 결과를 조사하는 것은 현실적으로 불가능하기 때문에 조사 가능한 인원수를 선정하고(표본) 이들의 투표 결과를 조사해서 A후보의 전체 득표수를 추정하는 것이다.

❷ 모집단과 표본

모집단은 관심이 있는 대상과 관련된 모든 관측 가능한 값의 집합이며, 표본은 집단 속에서 그 일부를 뽑아내어 조사한 결과로써 모집단의 성질을 추측할 수 있는 통계 자료이다(모집단의 부분집합).

모집단은 관심 대상의 수가 유한한 유한 모집단과 원소의 수가 무한한(제한 없는) 모집단인 무한 모집단으로 구분할 수 있다. 크기가 상당히 큰 경우에는 이론적으로 무한으로 간주하기도 한다(예 : 주사위를 계속 던지기, 매일 기압 측정, 호수의 모든 위치에서의 깊이 측정, 대량으로 제조되는 제품).

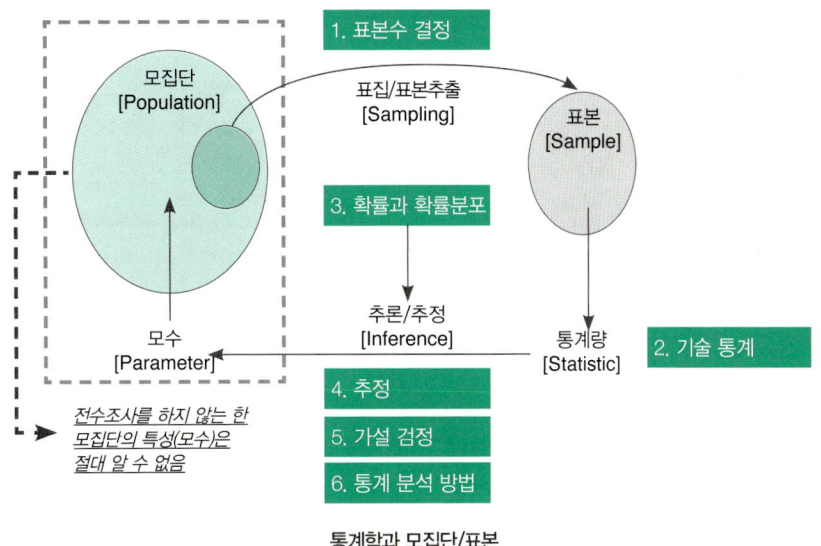

통계학과 모집단/표본

현실적으로 모집단 전체를 조사해서 알고 싶은 정보를 확인하기는 불가능하기 때문에 모집단을 모른다고 가정하며, 표본을 추출해서 모집단을 특성을 파악하게 된다.

모집단과 표본

구분	설명	사례/기법
모집단 (Population)	관측 대상이 되는 전체 집단(어머니 집단) 조사의 대상이 되는 자료 전체 어떤 확률분포로부터 관찰될 수 있는 모든 관측값들	대한민국 유권자 전체
표본 (Sample)	모집단에서 추출된 자료의 집합 모집단의 부분집합으로서, 실험자가 미지의 확률분포를 조사하기 위해 사용하는 일부 측정값들	전체 유권자 중 1,000명
모수 (Population Parameters)	모집단 관측값의 대표값(계산된 모든 값) 모집단을 요약·설명해주는 기술 통계 도구 전수조사를 하지 않는 한 알 수 없는 미지의 수	모평균, 모표준편차, 모비율 등
표본 통계량 (Sample Statistic)	표본 관측값의 요약값(계산된 모든 값) 표본을 요약/설명해주는 기술 통계 도구 = 추정량(Estimator)	표본평균, 표본표준편차, 표본비율 등
추정치(Estimate)	구체적인 표본에 근거하여 구한 추정량의 값	A후보자 투표 300명
표본추출 (Sampling)	모집단에서 특정 수만큼 표본을 추출하는 과정	확률표본추출, 비확률표본추출
표준오차 (Standard Error)	반복적으로 추출한 표본들 간의 표준편차(표본 간의 변동성) 표본 통계량의 표준편차	

추론/추정 (Inference)	표본에서 모집단을 추론하는 과정	추정, 가설 검정
표본오차 (Sampling Error)	모집단의 모수와 표본의 통계량의 차이 표본으로 삼은 집단을 통해 추출해낸 평균값이 실제 모집단의 평균과의 차이	

빅데이터의 발전은 모집단을 전수조사하는 것도 가능하게 한다. 그렇지만 오차를 감수하고 표본을 추출하여 모집단을 추론하는 이유는 표본추출이 모집단을 전수조사하는 것보다 시간과 노력(인적, 물적)이 덜 들기 때문이다.

❸ 기술 통계와 추론 통계

통계 분석은 기술 통계와 추론 통계로 나눌 수 있다.

추론 통계를 하기 위해서는 기술 통계가 선행되어야 한다. 그 이유는 표본조사를 통해 표본집단의 특성을 나타내는 통계량(Statistics)을 구한 다음에(기술 통계), 그것을 바탕으로 모집단의 특성, 즉 모수(Parameter)를 추론하기 때문이다(추론 통계).

기술 통계와 추론 통계의 비교

구분	기술 통계(Descriptive Statistics) 기출	추론 통계(Inferential Statistics)
정의	조사 및 측정된 자료를 통해 그 자료가 가지고 있는 특징을 수치, 표, 그래프로 정리하는 과정이고 모수와 표본 통계량을 계산해내는 통계학의 한 분야	관심 대상 전체 모집단으로부터 일부의 샘플을 추출, 분석하여 그 결과로부터 전체 모집단에 대한 특성을 예측/추론 하는 과정 = 추리 통계, 추측 통계
기법	평균값, 중앙값, 최빈값, 최대값, 최소값, 범위, 분산, 표준편차, 그래프 등	추정 : 점추정, 구간추정 가설 검정 통계적 분석 방법 : 회귀분석, 분산분석, 판별분석 등
사례	A고등학교 3학년 남학생과 여학생의 평균 몸무게	B기업의 과거 광고비 및 광고비 대비 매출액 자료를 분석하여 예측 모델 개발

6.1.1.2 통계 자료(데이터) 측정의 이해

❶ 자료(Data)

변수는 척도를 이용하여 관심 대상이 되는 개체(Item)의 속성을 측정한 값을 대표하여 일컫는 말이다. 따라서 서로 다른 변수(속성)를 표현하기 위해서는 변수에 대한 값을 부여하는 서로 다른 규칙이 필요하게 된다. 변수들의 값을 부여하는 방법이 척도이다.

또한 변수는 연구자가 관심을 가지고 있는 대상의 속성을 척도로 측정하여 수치로 계량화하는 규칙이라고 정의할 수 있다. 변수를 이와 같이 규정하면, 하나의 속성값을 측정하더라도 그 표현규칙을 다양하게 정의함에 따라 여러 개의 변수를 생성할 수도 있다.

관심 대상의 속성을 관찰하여 변수값으로 저장하는 과정을 측정(Measure)이라 하고, 그 결과로 생성된 변수값들을 총칭하여 자료(Data)라 한다.

❷ 통계적 자료의 종류

자료는 변수가 가지는 수치화 여부에 따라 질적자료와 양적자료로 구분된다.

질적자료는 수치화되지 않은 자료의 상태, 즉 막연하게 '몸무게가 무겁다', '키가 크다', '참 예쁘다'는 식의 주관적인 표현이 대부분이며, 양적자료는 질적자료를 객관적인 도구를 이용하여 측정하거나 평가하여 수치화한 자료를 의미한다.

질적자료는 범주형 자료로 표현하기도 하며, 양적자료는 연속형 자료로 표현하기도 한다.

질적자료와 양적자료

구분	설명	예시
질적자료 (Qualitative Data)	고유한 특성에 따라 분류되는 자료로, 수치화되지 않은 자료의 상태 몇 개의 특성에 의한 범주를 나누어 코드숫자로 나타낸 자료이며 부여한 수의 의미는 없음 = 범주형 자료	성별 : 남성 = 0, 여성 = 1
양적자료 (Quantitative Data)	질적자료를 객관적인 도구를 이용하여 측정하거나 평가하여 수치화한 자료 = 연속형 자료	철수 몸무게 55.5kg 민수 몸무게 56.4kg

일반적으로 양적자료는 질적자료로 변환이 가능하나, 질적자료를 양적자료로 바꾸는 것은 거의 불가능하며, 가능한 경우에도 변환에 따른 적지 않은 오차의 발생을 감수해야 하기 때문에 매우 제한적이다.

❸ 척도

척도(Scale)는 일정한 규칙을 가지고 기호 또는 숫자로 나타낸 값이며, 척도는 변수와 각 대응되는 형태를 가진다.

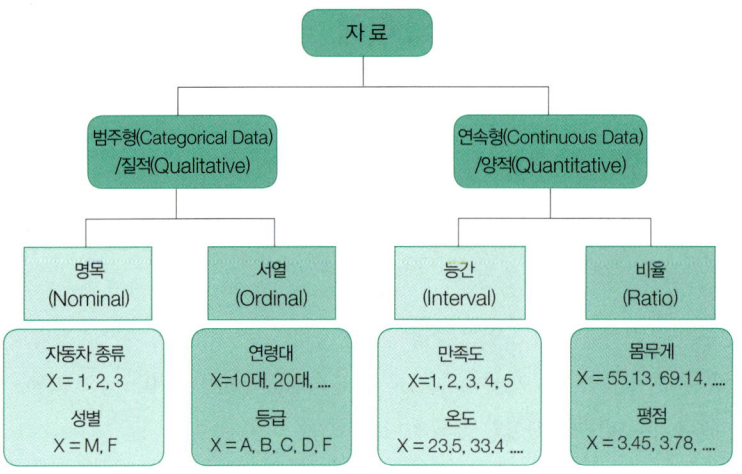

척도의 구분

위 그림과 같이 범주형 자료는 관측 결과가 몇 개의 범주 또는 항목의 형태로 나타내고 명목척도와 서열척도로 구분한다. 또한 연속형 자료는 관측 결과가 측정 가능한 숫자의 형태로 나타내고 등간척도와 비율척도로 나타낸다.

척도의 종류에 따라 자료(데이터)의 처리 방식이 달라진다. 명목, 서열척도를 가지는 범주형 자료의 평균은 의미가 없으며, 빈도수(Frequency)를 정량화해서 분석이 필요하다.

반면에 등간, 비율척도를 가지는 연속형 자료는 가감과 사칙연산이 가능하기 때문에 평균과 편차 등을 산출할 수 있다(척도와 변수에 대한 설명은 '3.1.2 데이터 유형 및 속성 파악'과 '4.2.1 변수 선택'에서 선행하였으니, 내용을 확인해 보도록 하자).

6.1.1.3 단변량 자료의 요약

단변량 자료는 분석 대상이 되는 변수의 개수가 1개인 자료이다. 예를 들어, A학교 학생의 몸무게의 분포 분석을 위해 수집한 몸무게 변수 하나만으로 구성하는 경우를 들 수 있다.

범주형 단변량 자료는 빈도수(Frequency)를 요약하여 확인하고, 연속형 단변량 자료는 평균, 분산 등 통계량을 이용해 요약하며, 요약 기법은 다음과 같다.

자료 형태에 따른 단변량 자료 요약 기법

자료 형태	요약 기법	그래프
범주형 자료	도수분포표(Frequency Table)	바차트(막대그림) 파이차트
연속형 자료	중심경향치 : 평균, 최빈값, 중앙값 산포도 : 범위, 사분위수 범위, 분산, 표준편차, 변동계수 비대칭도 : 왜도, 첨도	히스토그램 커널밀도곡선 박스그래프 바이올린그래프

각 요약 기법에 대한 상세 내용은 '5.1.3 기초 통계량 추출 이해'와 '8.2.1 범주형 자료 분석'을 참고한다.

6.1.1.4 다변량 자료의 요약

다변량 자료는 분석 대상이 되는 변수의 개수가 2개 이상인 경우를 의미한다.

예를 들어, A학교 학생의 나이와 몸무게의 상관관계를 분석하기 위해 나이와 몸무게 두 개 변수로 구성하는 경우를 들 수 있으며 다변량 자료의 요약 기법은 자료의 형태에 따라 다음과 같이 구분할 수 있다.

자료 형태에 따른 다변량 자료 요약 기법

독립 변수	종속 변수	요약 기법	분석 기법	그래프
범주형	범주형	도수분포표 분할표(Contingency Table)	카이제곱검정(교차분석) 백분율분석 등	막대그림 파이차트 모자이크그림
	연속형	그룹별 평균 등	t검정(t-Test), 분산분석	그룹별 막대그림 그룹별 상자그림
연속형	범주형	도수분포표	로지스틱회귀분석	히스토그램
	연속형	산술평균 중앙값 조화평균	상관관계분석, 선형/다중회귀분석 등	점그래프 산점도(행렬) 시계열그래프

범주형과 범주형으로 관측된 다변량 자료는 빈도수와 비율을 활용한 교차분석, 백분율분석 등을 활용하며, 범주형과 연속형으로 관측된 다변량 자료는 범주형 데이터의 항목들을 그룹으로 간주하고, 각 범주 그룹에 따라 연속형 변수의 기술 통계량 차이를 비교한다.

연속형과 연속형으로 관측된 다변량 자료는 데이터 간 산점도와 기울기를 이용해 상관성분석 및 회귀분석 등을 하게 된다.

통계적 분석 기법에 대해서는 'Chapter 8. 분석 기법 적용', 'Chapter 9. 분석 모델 평가 및 개선'에서 상세히 학습한다.

6.1.2 표본추출

6.1.2.1 표본조사의 이해

❶ 전수조사와 표본조사

모집단 전체를 대상으로 조사하는 것을 전수조사(Complete Enumeration Survey) 또는 센서스(Census)라고 부르며, 이 조사 방법은 연구자가 파악하고자 하는 전체를 대상으로 연구하므로 가장 이상적인 연구 방법이다.

하지만 모집단은 일반적으로 규모가 크기 때문에 모집단에 속한 모든 구성원들을 대상으로 연구하기 위해선 엄청난 비용과 시간이 필요하며, 모집단이 적은 경우가 아니면 전체를 대상으로 조사하는 것은 현실적으로 불가능하다. 따라서 모집단 전체에서 모집단의 속성을 거의 대표할 수 있는 일부 구성원을 뽑기 위한 표본조사(Sample Survey)를 시행해야 한다.

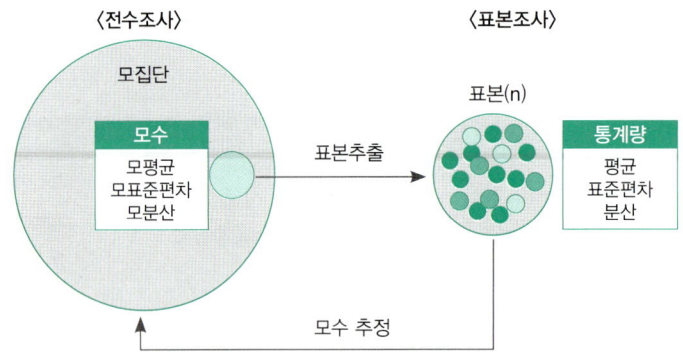

전수조사와 표본조사

표본조사는 관심의 대상이 되는 전체에서 일부의 부분 집단을 선택한 후, 그 일부 집단에 대해서 조사한 자료를 분석하여 전체 집단의 특성을 추정하는 통계 조사 방법이다.

전수조사와 표본조사 비교 [기출]

구분	전수조사	표본조사
개념	관심의 대상이 되는 집단 내의 모든 단위들을 조사하는 방법	관심의 대상이 되는 전체에서 일부의 부분 집단을 선택한 후, 그 일부 집단에 대해서 조사한 자료를 분석하여 전체 집단의 특성을 추정하는 통계 조사 방법
특징	인력(Manpower)과 예산(Budget) 비교적 많이 소요 현실적으로 집단 내 모든 단위를 조사하는 것은 불가능한 경우가 많기 때문에, 대부분의 통계 조사는 표본조사에 의해 이루어짐	전수조사에 비해 비용절감 조사 결과의 신속성 조사 규모가 크지 않기 때문에 심도 있는 조사 가능 관리가 비교적 잘 되어 정확성이 높음

표본조사의 궁극적인 목적은 모집단을 대표하는 표본을 조사하여 모집단 특성값인 모평균이나 모비율 등의 모수에 대한 효율적인 추정량을 얻는데 있다.

6.1.2.2 표본추출절차

표본조사는 모집단을 잘 대표할 수 있는 표본을 추출하고, 추출된 표본에서 조사된 정보를 이용하여 모집단의 특성값을 추정하는 표본설계과정(Design of Sample Survey)을 통해 표본오차를 목표 수준 이내로 유지하면서 비용을 최소화하는 표본크기를 결정해야 한다.

표본추출은 표본추출의 대상이 되는 모집단을 정의하는 과정부터 시작하며, 표본추출프레임(추출틀) 확보, 표본추출방법 결정, 표본크기 결정, 표본추출 순으로 진행한다.

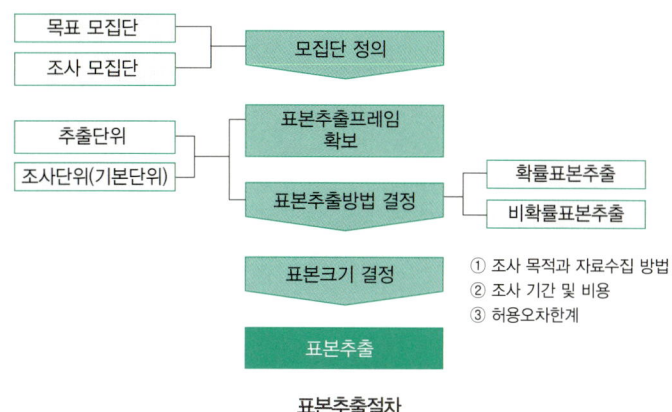

표본추출절차

마련한 표본추출프레임으로부터 표본을 어떻게 선택할지를 설계하여 표본을 추출하고, 추출된 표본을 조사하여 데이터를 얻는다. 마지막으로 얻어진 데이터를 이용하여 모집단의 특성에 대한 효율적인 추정값을 구한다.

표본추출절차 설명

구분	설명
모집단의 정의	조사자가 관심을 가지는 조사 대상을 정의
표본추출프레임 확보	표본추출프레임 : 표본추출을 위해 모집단의 구성요소나 표본추출 단위를 결정한 목록 실제 표본추출의 대상이 되는 표본 프레임을 결정함
표본추출방법 결정	확률표본추출방법과 비확률표본추출방법 중 적합한 방법 선택
표본크기의 결정	조사 예산과 시간상의 제약조건을 고려하여 표본의 크기 결정
표본추출	결정된 표본추출방법을 통해 표본추출

6.1.2.3 표본추출

❶ 표본추출방법

모집단에서 추출한 소수의 표본이 전체 모집단의 특성을 잘 대표해야만 표본조사의 정확성과 신뢰성을 확보할 수 있다. 표본추출은 모집단에 속한 모든 구성원들이 표본으로 뽑힐 가능성 여부에 따라 확률 표본추출과 비확률표본추출로 구분한다.

표본추출방법 비교

구분	확률표본추출법	비확률표본추출법
개념	모집단에 속하는 모든 추출 단위에 대해 사전에 일정한 추출확률이 주어지는 표본추출법	각 추출 단위들이 표본에 추출될 확률을 객관적으로 나타낼 수 없는 표본추출법
표본의 추출확률	확률 동일	동일하지 않음
표본추출방법	무작위적 표본추출	주관적 표본추출
표본오차 추정 여부	표본오차 추정 가능	표본오차 추정 불가능
모수 추정의 편향성	동일 확률 적용으로 편향성 낮음	주관적 표본추출로 편향성 높음
경제성	시간과 비용이 많이 소요	확률표본추출법 대비 시간과 비용이 적게 소요

❷ 확률표본추출법(Probability Sampling)

확률표본추출법은 모집단에 속하는 모든 추출 단위에 대해 사전에 일정한 추출확률(무작위 : Random, 표본추출방법을 적용해 동일한 확률)이 주어지는 표본추출방법이다.

- **단순확률표본추출(Simple Random Sampling, 단순임의추출법 = 단순무작위추출법)**

통계 조사에서 가장 기본이 되는 표본추출법이며, 모집단을 구성하는 요소 하나하나가 뽑힐 확률이 동일한 상황(무작위 : Random)에서 뽑는 방법이다.

단순확률표본추출을 사용하기 위해서는, 먼저 모든 단위들의 목록인 추출프레임이 마련되어 있어야 하며, 추출프레임을 통해 모집단 내 조사 단위 수(N)를 파악한 다음, 원하는 표본 수(n)만큼의 난수(Random Number, 고려 대상이 되는 모든 숫자들의 추출확률이 같아지도록 한 상태에서 무작위로 뽑은 수)를 발생시키고, 그 수에 해당되는 조사 단위를 표본으로 선택하면 된다.

단순확률표본추출

구분	설명
개념	n(난수) / N(전체) = 표본의 비율 동그라미와 점동그라미는 동일 표본 비율
장점	모집단에 대해 최소한의 정보만 알고 있어도 됨. 자료 분석이나 오차 계산이 용이
단점	연구자의 이전 경험을 반영할 수 없음. 같은 표본일 때 층화확률추출보다 큰 오차가 생길 수 있음
사례	XX카드 소지자 1,000만 명의 명단을 이용해서 1만 명을 난수로 추출

● **계통표본추출(Systematic Sampling)** 기출

모집단의 추출프레임에서 k번째 간격마다 하나씩 표본으로 추출하는 방법이다. 구간 1~k번째에 있는 데이터 중에 임의로 한 개 뽑은 후 k개씩 띄어서 표본을 추출한다.

k를 추출간격(Sampling Interval)이라 하고, 단순확률표본추출법에 의해 뽑히는 표본의 크기 n은 전체 모집단의 크기가 N인 경우에 $n = N/k$이다.

계통표본추출

구분	설명
개념	모집단의 전체에 번호를 붙여 놓고 첫 번째 선택 후 3개 간격으로 샘플 추출
장점	짧은 시간 내에 효과적으로 표본을 뽑을 수 있음 표본이 크고 모집단의 전체 명단을 이용할 수 있을 때 효과적임
단점	지정되는 번호가 특정 기준으로 일정한 간격을 두고 반복되는 경우 편향된 표본이 추출될 가능성이 있음
사례	A레스토랑 손님 만족도를 조사하기 위해 10, 20, …번째 손님을 추출($k = 10$)

● **층화확률표본추출(Stratified Random Sampling)**

층화확률표본추출은 모집단을 먼저 서로 겹치지 않는 여러 개의 층으로 분할한 후(층화 : 모집단을 몇개의 부분군으로 나누는 작업), 각 층별로 단순확률표본추출법을 적용시켜 표본을 추출하는 방법이다.

층화확률표본추출

구분	설명
개념	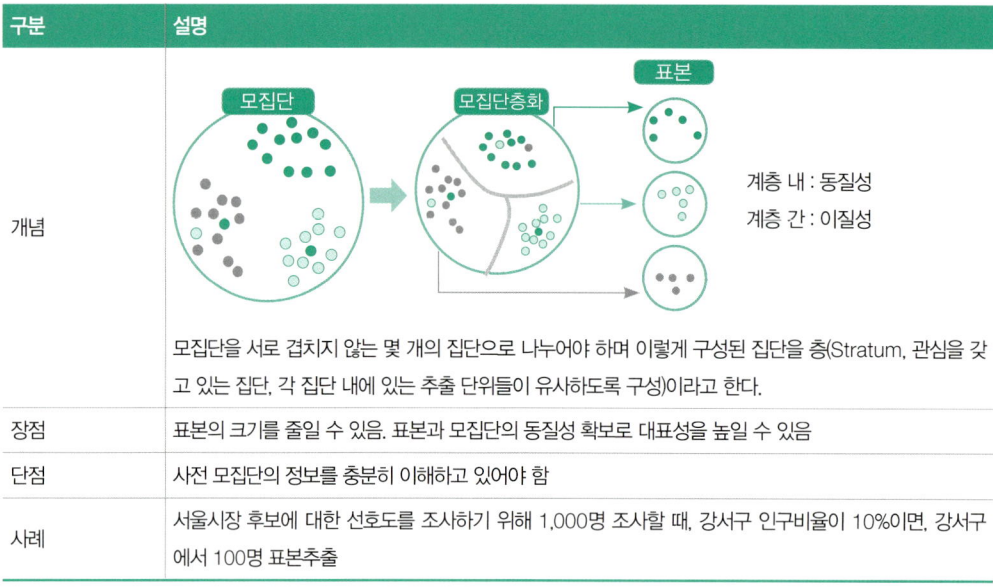 계층 내 : 동질성 계층 간 : 이질성 모집단을 서로 겹치지 않는 몇 개의 집단으로 나누어야 하며 이렇게 구성된 집단을 층(Stratum, 관심을 갖고 있는 집단, 각 집단 내에 있는 추출 단위들이 유사하도록 구성)이라고 한다.
장점	표본의 크기를 줄일 수 있음. 표본과 모집단의 동질성 확보로 대표성을 높일 수 있음
단점	사전 모집단의 정보를 충분히 이해하고 있어야 함
사례	서울시장 후보에 대한 선호도를 조사하기 위해 1,000명 조사할 때, 강서구 인구비율이 10%이면, 강서구에서 100명 표본추출

- **집락표본추출(Cluster Sampling, 군집표본추출)** 기출

서로 인접한 기본 단위들로 구성된 집락(군집)을 만들고, 추출된 집락 내의 일부 또는 전체를 조사하여 표본을 추출하는 방법이다. 추출 단위가 하나 이상의 기본 단위들로 구성된 집락(Cluster)이며, 표본으로 추출된 집락 내 조사 단위에 대한 리스트만 필요하다.

집락표본추출

구분	설명
개념	집락 내 : 이질적 집락 간 : 동질성
장점	군집 내에서 조사를 진행함으로 조사 과정이 간편, 노력과 비용이 절감됨 표본추출프레임을 모를 경우 사용할 수 있음
단점	표본추출 오차가 발생할 가능성이 큼
사례	1학년 1반에서 1학년 10반까지 있는 경우 각 반별 5명씩 랜덤 추출 1학년 1반에서 10반까지 골고루 표본추출 : 50명은 동질성을 가짐 각 반별로 특성이 다르기 때문에(이과반, 문과반, 취업반 등) 이질성을 가짐

층화확률표본추출이 사용되는 모집단에서는 주로 모집단 내에 한 층이 동일한 원소들 위주로 구성되어 있는 것이 특징이며, 집락표본추출이 사용되는 모집단에서는 주로 모집단 내 한 층에 원소들이 골고루 퍼져 있는 것이 특징이다.

따라서 층화확률표본추출은 각 계층 내(집단)는 동질성이 있고, 각 계층 사이에는 이질성이 존재하며, 집락표본추출은 집락(집단)내는 이질성이 있고, 각 집락 간은 동질성이 존재한다.

- **다단계표본추출(Multistage Sampling)**

최종 단위를 위하여 몇 단계를 거쳐서 표본추출하는 방법이다. 표본추출을 몇 단계로 하느냐에 따라 n단계 표본추출법이라 한다(표집 횟수를 2회 하면 2단계 표집법)

표집 단위가 지리적으로 규정되면 시간과 노력을 줄일 수 있으나, 표본의 크기가 동일할 때 표준오차가 크게 나타날 수 있다.

❸ 비확률표본추출법(Non-Probability Sampling)

비확률표본추출법은 각 추출 단위들이 표본에 추출될 확률을 객관적으로 나타낼 수 없는 표본추출법이며, 모집단의 요소들이 표본으로 뽑힐 확률을 고려하지 않고 연구자의 주관적 판단에 의해 임의로 표본을 추출하는 방법을 말한다.

비확률표본추출은 모집단의 범위를 한정할 수 없거나, 모집단의 범위는 한정할 수 있으나 표본추출프레임을 구할 수 없는 경우에 사용한다.

- **편의표본추출(Convenience Sampling)**

응답자를 선정하는 데 있어서 조사원 개인의 자의적인 판단에 따라 간편한 방법으로 표본을 추출하는 방법이다. 얻어진 표본이 목표 모집단을 얼마나 잘 대표하는지 알 수 없고, 얻어진 통계치에 대한 통계적 정확성을 평가할 수 없다.

예) 자발적으로 참여한 사람들을 대상으로 연구하거나, 길거리 조사

- **판단표본추출(Judgement Sampling, 유의추출법, 판단표집)**

조사자가 나름의 지식과 경험에 의해 모집단을 가장 잘 대표한다고 여겨지는 표본을 주관적으로 선정하는 방법이다. 판단표본추출법에 의한 표본은 조사자의 주관적 판단에 의해서 표본이 추출되기 때문에 그 표본을 통해 얻은 추정치의 정확성에 대해 객관적으로 평가할 수 없다.

표본의 크기가 작은 경우에 조사의 오차를 좌우하는 요인은 추정량의 분산이 된다.

예) 어느 교육연구소의 연구원이 전체 학생들의 평균성적을 알아보기 위해 전체 학생들의 성적을 대표한다고 생각되는 몇 학교를 나름대로 선택하는 경우

- **할당표본추출(Quota Sampling)**

조사 목적과 밀접하게 관련되어 있는 조사 대상자의 연령이나 성별과 같은 변수값에 따라 모집단을 부분집단으로 구분하고, 모집단의 부분집단별 구성비율과 표본의 부분집단별 구성비율이 유사하도록 표본을 선정하는 방법이다.

비용이 적게 들고 손쉽기 때문에 단기간에 조사를 해야 하는 경우에 알맞은 방법이며, 조사 목적과 관련이 있는 일부 중요 변수를 고려하여 표본을 추출하므로 두드러지게 나타나는 오차는 줄일 수 있지만, 경우에 따라서는 심각한 오차가 발생할 수 있다

예) 어느 대학에서 학생 서비스 만족도를 조사하고자 할 때 기존의 자료에 의거하여 각 학과별, 학년별, 성별 구성비율을 알아본 다음, 그 비율에 따라 표본을 학과별, 학년별, 성별로 할당하는 방법

- **눈덩이표본추출(Snowball Sampling)**

사전에 알고 있는 사람들을 대상으로 해당 집단에 속하는 다른 사람들을 소개받아서 조사를 진행하는 방법이다(소개 과정을 통해서 표본은 눈덩이처럼 커짐).

접근이 어렵거나 표본추출프레임의 작성이 곤란한 특정한 집단에 대한 조사에서 사용된다.

예) 우리나라의 외국인 근로자를 대상으로 우리나라 기업체에 대한 의식을 조사할 경우

- **지원자표본추출(Volunteer Sampling)**

광고를 통해 연구를 위한 지원자를 모집하여 표본을 추출하는 방법이다.

예) 백신 임상실험을 위해 최근 2개월 간 감기가 걸린 사람 20명을 모집하여 시험한다.

6.1.2.4 표본크기와 표본오차와의 관계 기출

표본의 추정값과 모수의 차이를 표본오차라 하며, 표본오차를 목표 수준 이내로 유지하면서 비용을 최소화하는 표본크기를 결정해야 한다.

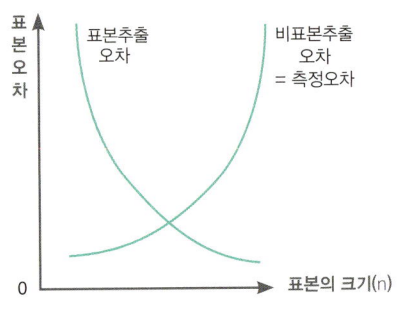

고려사항	설명
모집단의 동질성 정도	전체 집단을 구성하는 요소들이 연구하고자 하는 속성에 있어 비슷한 정도가 높을수록 표본의 크기는 작아질 수 있음
표본추출방법과 절차	표본추출방법에 따라 요구되는 표본수가 다를 수 있음을 고려 집락표본추출 > 단순확률표본추출 > 층화표본추출 순으로 진행
조사 여건	예상비용, 소요시간, 조사인력 등을 고려한 적합한 방식으로 수행
모집단 크기	표본오차를 최소화하는 충분한 표본수 산출
정확성	신뢰수준 99% 혹은 95%등 표본 추정치에 대한 정확성을 검토
비표본오차 고려	비표본오차 : 표본오차(모수와 통계량의 차이)를 제외한 조사 과정에서 발생할 수 있는 오차, 오입력, 계산착오, 응답의 불성실로 인해 발생

표본크기와 표본오차와의 관계 및 표본크기 결정 시 고려사항

일반적으로 표본수가 크면 표본오차는 작아지나, 많이 조사한다고 표본오차가 무한정 작아지진 않는다. 따라서 표본오차를 최소화하는 효율적인 표본 수의 선정이 필요하다.

6.1.3 확률분포

6.1.3.1 통계학과 확률

통계학은 표본의 자료를 이용하여 모집단의 특성에 대해, 확률을 이용해 모수를 추론한다. 따라서 확률은 통계적 방법론의 기본 이론이 된다.

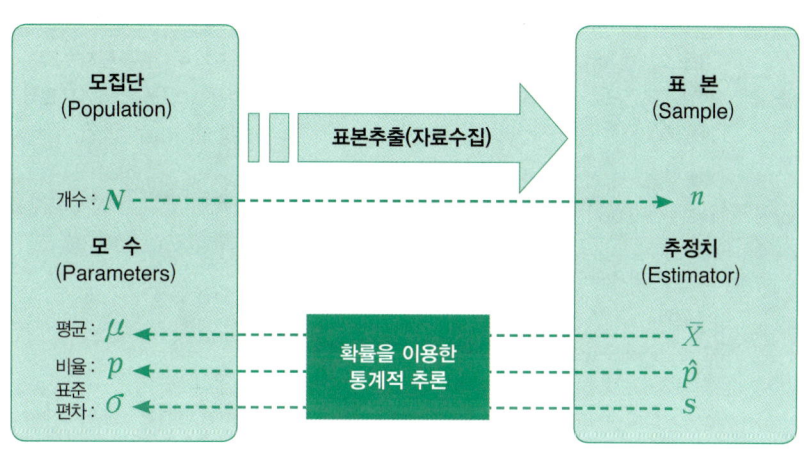

통계학과 확률의 관계

❶ 확률의 정의

확률(Probability)은 어떤 일이 발생할 가능성(경우의 수)의 척도를 의미하며, 비슷한 현상이 반복해서 일어날 경우에 어떤 사건이 발생할 가능성을 0과 1사이의 숫자 혹은 0%~100%의 비율로 표현한 값이다.

어떤 실험을 반복적으로 했을 때 특정 사건이 일어나는 상대빈도가 실험의 실행 수를 계속 증가함으로써 어떤 특정 숫자에 수렴하는 값을 '어떤 특정 사건이 일어날 확률'이라고 정의한다.

❷ 시행과 사건

주사위나 동전을 던지는 경우와 같이 같은 조건에서 반복할 수 있고, 그 결과가 우연에 의하여 정해지는 실험이나 시행(Trial) 또는 실험(Experiment)이라 하고, 시행으로 얻어진 결과들의 집합을 표본공간(Sample Space)이라 한다. 사건(Event)은 표본공간의 부분집합을 의미하며 이를 $A, B, C, \cdots$로 나타낸다.

시행과 사건을 이해하기 위한 확률의 기본 용어들은 다음과 같다.

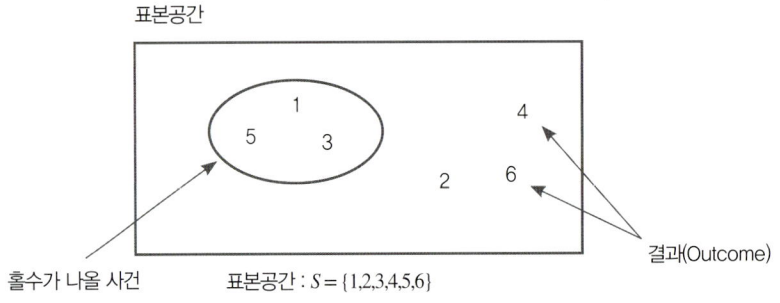

주사위를 한 번 던지는 시행 예시

확률의 기본 용어 : 시행과 사건

구분	용어 설명	주사위 사례
시행(Trial, 확률실험)	같은 조건 하에서 반복실험이 가능한 실험이나 관찰 동일한 조건으로 실험을 하더라도 서로 다른 결과가 나오는 경우	한 개의 주사위를 던지는 것 주사위 눈금은 1~6까지 존재 반복 실험이 동일 조건
표본공간 (Sample Space)	확률실험에서 모든 가능한 결과의 집합 Ω 또는 S로 표시	Ω 또는 $S = \{1,2,3,4,5,6\}$
표본점 (Sample Point)	표본공간의 각각의 원소들, 즉 어떤 시행에서 발생한 각각의 결과 $w_1, w_2, \cdots, w_n$으로 표시	$w_1 = 1$ $w_2 = 2$ … $w_6 = 6$
사건 (Event, 사상)	관심있는 결과의 집합, 표본공간의 부분집합 $A, B, \cdots$ 등으로 표시	주사위 한번 던졌을 때 홀수가 나오는 경우 $A = \{1,3,5\}$
근원사건 (Elementary Event, 단순사건)	표본공간의 한 원소로만 이루어진 사건, 즉 한 개의 표본점만을 결과로 갖는 사건 근원사건은 더 이상 나눌 수 없는 사건 근원사건 전체의 합집합 = 표본공간	주사위 한번 던졌을 때 1이 나오는 경우 $B = \{1\}$
사건 A가 일어날 확률	$P(A)$로 표시, 여기서 P를 확률함수 또는 확률이라고 함	주사위 한번 던졌을 때 홀수가 나오는 경우 $P(A) = P(홀수) = 3/6 = 0.5$

❸ 사건의 기본 연산

사건은 시행에 의해 생기는 여러 가지 결과를 의미하며 어떤 사건의 확률을 계산할 때는 여러 관계가 있는 사건들을 활용하는 것이 효율적이다.

예를 들어, 주사위를 한 번 던졌을 때 짝수이면서 3이하인 숫자가 나올 확률을 구한다고 가정해보자. "짝수인 사건"과 "3이하인 숫자가 나온 사건"을 각각 활용하여 쉽게 확률을 도출할 수 있다. 이러한 효율적인 계산을 위해서 사건들의 기본 연산인 여사건, 합사건, 곱사건 등을 활용한다.

사건의 기본 연산

구분	용어 설명	기호 및 벤다이어그램
전사건 (Total Event)	반드시 일어나는 사건, 즉 어떤 시행에서 표본공간 전체 전사건 = Ω 또는 S	Ω 또는 S = {1,2,3,4,5,6}
공사건 (Empty Event)	절대로 일어나지 않는 사건 공사건 = $\emptyset$	$\emptyset$ = {7}
여사건 (Complementary Event)	어떤 시행에서 발생한 사건에 대하여, 그 사건에 포함되지 않은 결과들을 갖는 사건 사건 A의 여사건 = A^c	
합사건 (Sum Event, Union)	어떤 시행에서 발생한 두 사건을 A와 B라 할 때, A 또는 B가 발생하는 사건 두 사건 A와 B의 합사건 = $A \cup B$	
곱사건 (Product Event, Intersection)	어떤 시행에서 발생한 두 사건을 A와 B라 할 때, A와 B가 동시에 발생하는 사건 두 사건 A와 B의 곱사건 = $A \cap B$	
배반사건 (Exclusive Event) 상호배타 (Mutually Exclusive)	어떤 시행에서 하나의 사건이 발생할 경우 다른 사건이 발생할 수 없는, 즉 동시에 나타날 수 없는 사건 두 사건 A와 B의 배반사건 = $A \cap B = \emptyset$	배반사건

사건의 연산 사례

구분	설명		
시행(확률 실험)	주사위를 던지는 실험, 주사위 1개를 던져서 맨 윗면에 나타내는 눈의 수 관찰		
표본공간	S = {1,2,3,4,5,6}		
사건	짝수의 눈이 나오는 사건 A	A = {2,4,6}	
	3의 배수의 눈이 나오는 사건 B	B = {3,6}	
	주사위를 던져서 1의 눈이 나오는 사건 C	C = {1}	
사건의 기본 연산	합사건	$A \cup B$ = {2,3,4,6}	
	곱사건	$A \cap B$ = {6}	
	배반사건	$A \cap B = \emptyset$	

❹ 확률의 종류

확률은 크게 고전적 확률, 경험적 확률, 공리적 확률로 구분할 수 있다.

● 고전적 확률(Classical Probability, 이론적 확률, 수학적 확률)

라플라스(Laplace)에 의해 정의된 고전적 확률은 사건 A가 일어날 가능성의 수치적 측도로서 어떤 확률실험에서 나타나는 모든 기본 결과들의 개수에 대한 특정한 사건에 해당하는 개수의 비율을 의미하며 (상대적 빈도수) 이론적 확률, 수학적 확률이라고도 한다.

어떤 시행의 결과가 유한 개이고 각 근원사건이 같은 정도로 발생할 것이 기대될 때, 표본공간 S에서 사건 A가 발생할 고전적 확률은 아래와 같이 정의한다.

$$P(A) = \frac{\text{사건 } A\text{의 경우의수}}{\text{전체(표본공간) 경우의수}}, \quad P(A) = \frac{n(A)}{n(S)} = \frac{\text{사건 } A\text{의 빈도}}{\text{표본공간 } S\text{의 빈도}}$$

고전적 확률 예시

구분	설명	
시행(확률 실험)	한 개의 주사위를 던질 때, 나오는 눈이 짝수일 확률	
전체(표본공간) 경우의 수	$S = \{1,2,3,4,5,6\} = 6$	
사건	짝수의 눈이 나오는 사건 A	$A = \{2,4,6\} = 3$
사건의 확률	$P(A) = \frac{3}{6} = 0.5$	

고전적인 확률 정의의 맹점은 표본공간의 모든 원소가 일어날 가능성이 같다고 가정하는데 있다.

● 경험적 확률(Empirical Probability, 통계적 확률, 객관적 확률)

경험적 확률(통계적 확률)은 실험에 대한 자료가 주어지는 확률을 의미하며, 어떤 시행을 N번 반복할 때, 사건 A가 발생할 횟수를 $n(A)$라 하면, 사건 A의 상대도수(각 변량의 도수의 총 도수에 대한 비율)를 아래와 같이 정의할 수 있다.

$$\text{사건 } A\text{의 상대도수} = \frac{n(A)}{N}$$

이 시행을 무한히 반복한다고 할 때, 상대도수의 극한(큰 수의 법칙, 대수의 법칙)으로 확률을 정의하는 방법은 아래와 같다.

$$P(A) = \lim_{N \to \infty} \frac{n(A)}{N}$$

즉, 경험적 확률이란 각각의 실험에서 발생하는 결과의 표본이고 실험을 무한히 반복한다는 것은 표본이 결국 모집단이 된다는 의미이다. 이를 큰 수의 법칙(Law of Large Number) 혹은 상대도수의 극한적 개념이라 하고, 시행 횟수 N이 커짐에 따라 경험적 확률이 고전적 확률에 가까워진다고 정의할 수 있다.

다음 표는 동전의 앞면이 나올 사건에 대한 확률 실험을 정리한 결과이다. 실험횟수가 어느 정도 큰 경우 상대도수가 0.5근처에 있는 것을 확인할 수 있으며, 이는 상대도수가 0.5에 수렴한다는 것을 의미한다.

동전 앞면의 상대도수의 극한

동전 던진 횟수 N	앞면 $n(A)$	상대도수 $n(A)/N$
100	30	0.30
200	80	0.40
...		
10,000	4,557	0.4557
..		
20,000	9,912	0.4956

> **참고 용어설명**
> 큰 수의 법칙(Law of Large Number, 대수의 법칙) : 사건을 무한히 반복할 때 일정한 사건이 일어나는 비율은 횟수를 거듭하면 할수록 일정한 값에 가까워지는 법칙
> 중심극한정리(Central Limit Theorem) : 모집단의 분포에 상관없이 임의의 분포에서 추출된 표본들의 평균의 분포는 정규분포를 이룬다는 법칙(단, 표본크기 $(n) \geq 30$)

● 공리적 확률(Probability Defined by Axioms)

확률의 고전적인 정의와 상대도수의 극한적인 개념으로서의 확률을 아우르는 정의가 공리적 확률이다. 공리(Axioms)란 증명이 필요 없는 자명한 진리로써 그것을 출발점으로 하여 다른 명제를 증명하는 기본 명제를 뜻한다.

확률이론들은 확률의 공리를 토대로 하며 표본공간에서 아래의 공리를 만족하는 $P(\ )$를 확률측도(Probability Measure)라 하고 $P(A)$를 사건 A의 확률이라고 한다.

확률의 3가지 공리(확률의 기본 성질)

확률의 공리	공리 정의	설명
공리1	사건 $A \subset \Omega$에 대해, $0 \leq P(A) \leq 1$	어떤 사건도 확률이 음수가 될 수 없고, 1보다 클 수도 없음을 정의
공리2	$P(\Omega) = 1, P(\emptyset) = 0$	어떤 실험의 결과는 표본공간 Ω에서 항상 일어남을 정의
공리3	$i \neq j$일 때, $A_i \cap A_j \neq \emptyset$이면, $P(A_1 \cup A_2 \cup, ..., A_n \cup ...) = \sum_{i=1}^{\infty} p(A_i)$ 서로 배반인 사건 A와 B에 대해, $P(A \cup B) = P(A) + P(B)$	서로 배반인 두 사건 A와 B에 대해, 합사건의 확률은 각각의 확률의 합과 같음을 정의

위 공리 3가지를 만족할 때 $P(A)$를 사건 A의 공리적 확률이라고 정의한다.

6.1.3.2 확률의 규칙

확률의 공리로부터 얻을 수 있는 확률의 기본적인 규칙은 다음과 같다.

❶ 여사건의 확률(Complementary Event)

어떤 시행에서 사건 A가 일어나지 않는 사건을 A의 여사건이라 하고, 기호로 A^c과 같이 나타낸다.

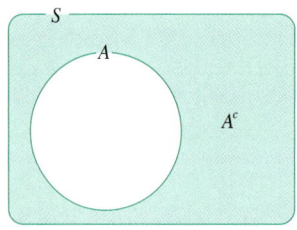

여사건의 확률 : $P(A^c) = 1 - P(A)$
$A \cup A^c = S, A \cap A^c = \emptyset$ 이므로
$P(S) = P(A \cup A^c) = P(A) + P(A^c) = 1$
따라서 $P(A^c) = 1 - P(A)$ 성립

여사건의 확률 증명

여사건 확률 사례

구분	설명
사례	포커게임의 카드 52장 중에서 스페이드를 뽑지 않을 확률 단, 카드는 4가지 모양이 각 13장(스페이드 13장)
스페이드 뽑을 확률	$P(A) = \dfrac{13}{52} = 0.25$
스페이드 뽑지 않을 확률	$P(A^c) = 1 - \dfrac{13}{52} = 0.75$

❷ 확률의 덧셈법칙(Additive rule of Probability)

어떤 시행에서 발생한 두 사건을 A와 B라 할 때, A 또는 B가 발생하는 사건의 확률을 확률의 덧셈법칙이라 한다. 덧셈법칙은 A와 B가 배반사건이 아니면 A와 B의 확률의 합에서 교집합을 빼주면 되고, 배반사건이면 A와 B의 확률을 더해주면 된다.

배반사건은 어떤 시행에서 하나의 사건이 발생할 경우 다른 사건이 발생할 수 없는, 즉 동시에 나타날 수 없는 사건을 의미하며, 두 사건 A, B에 대하여 서로 배반사건일 경우와 그렇지 않은 경우의 덧셈법칙은 다음과 같다.

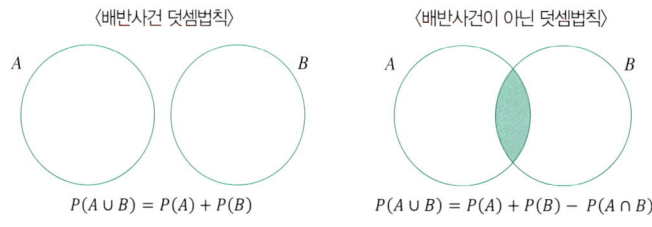

덧셈법칙의 벤다이어그램

배반사건이 아닌 경우의 확률의 덧셈법칙 사례

구분	설명
사례	52장의 카드 중에서 빨간색(Red) 또는 퀸(Q)인 카드를 뽑을 확률은? 단, 빨간색 카드는 하트 13장과 다이아몬드 13장, 퀸 카드는 4가지 모양 중 각 하나 존재
빨간색 카드를 뽑을 확률	$P(R) = \dfrac{26}{52}$
퀸 카드를 뽑을 확률	$P(Q) = \dfrac{4}{52}$
빨간색 카드이면서 퀸 카드를 뽑을 확률	$P(R \cap Q) = \dfrac{2}{52}$
빨간색 또는 퀸 카드를 뽑을 확률	$P(R \cup Q) = P(R) + P(Q) - P(R \cap Q)$ $= \dfrac{26}{52} + \dfrac{4}{52} - \dfrac{2}{52} = \dfrac{28}{52} = 0.5385$

❸ 독립사건과 종속사건

● **독립사건(Independent Event)**

두 사건 A, B가 존재할 때, 한 사건의 결과가 다른 사건에 영향을 주지 않으면 독립사건이라고 한다.

예를 들어, 맑은 날씨에 동전던지기를 했을 때, 동전던지기 결과 중 뒷면이 나올 확률을 $P(A)$라고 하고 맑은 날씨일 확률을 $P(B)$라고 하자. 날씨가 맑다고 해서 결과가 뒷면이 나오는 것은 아니기 때문에 이는 서로 독립적인 관계라 할 수 있다. 따라서 날씨가 맑을 때 동전 뒷면이 나올 확률은 P(동전 뒷면|맑은 날씨) $= P(A|B) = P(A) = P$(동전 뒷면)로 정의할 수 있다.

즉, 두 사건 A, B에 대하여 어느 한 사건이 일어날 확률에 영향을 끼치지 않을 때, 두 사건 A, B를 서로 독립이라 하고, 두 사건 A, B가 독립이 아닐 때 두 사건은 종속이라고 한다.

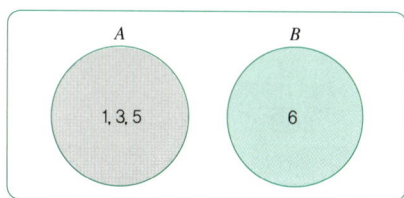

$P(A|B) = P(A|B^c) = P(A)$ or $P(B|A) = P(B|A^c) = P(B)$

독립사건 벤다이어그램

두 사건 A, B가 독립이기 위한 필요충분 조건은 아래와 같으며,

$$P(A \cap B) = P(A) \times P(B) \text{ (단, } P(A) > 0, P(B) > 0\text{)}$$

이를 독립사건의 곱셈법칙이라 한다. 역으로 정리하면,

$$P(A \cap B) = P(A) \times P(B) \text{ 이고 } P(A) > 0 \text{ 이면,}$$

$$P(B|A) = \frac{P(A \cap B)}{P(A)} = \frac{P(A) \times P(B)}{P(A)} = P(B) \text{ 이}$$

성립하므로 두 사건 A, B는 서로 독립이다. 따라서 $P(A|B) = P(A)$ 또한 동일조건으로 성립하게 된다.

독립사건의 곱셈법칙을 정리하면 아래와 같다.

$$P(A \cap B) = P(A) \times P(B) \text{ (단, } P(A) > 0, P(B) > 0)$$

$$P(B|A) = P(B)$$

$$P(A|B) = P(A)$$

- **종속사건(Dependent Event)**

두 사건 A, B가 존재할 때, 한 사건의 결과가 다른 사건에 영향을 주면 종속사건이라고 한다.

예를 들어 비가 오면 우산이 판매될 확률이 높아지므로 두 사건의 관계는 종속관계가 있다고 할 수 있다. $P(A)$를 우산이 팔릴 사건, $P(B)$를 비가 올 사건일 때, $P(A|B)$는 비가 왔을 때 우산이 판매될 확률로 정의할 수 있다.

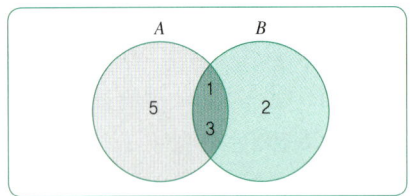

종속사건 벤다이어그램

두 사건 A, B가 종속이면 확률의 곱셈정리에 의해

$$P(A|B) = \frac{P(A \cap B)}{P(B)}, P(A \cap B) = P(B) \times P(A|B)$$

$$P(B|A) = \frac{P(A \cap B)}{P(A)}, P(B \cap A) = P(A) \times P(B|A)$$

$$\therefore P(A \cap B) = P(B) \times P(A|B) = P(A) \times P(B|A)$$

$$P(A|B) \neq P(A^c|B) \text{ 이 성립되며}$$

이를 종속사건의 곱셈법칙이라 한다.

종속사건은 실행 결과의 표본공간이 달라지기 때문에 조건부 확률('8.2.4 베이지안 기법'에서 학습)과 같은 공식이 성립하게 된다.

6.1.3.3 확률의 계산

빅분기_24
6.1.3.3

❶ 복원추출과 비복원추출

복원추출(Sampling with Replacement)은 표본을 한 번에 하나씩 추출할 때 한 번 추출된 원소를 다음 표본추출 대상에 포함시키는 방법이다. 같은 표본이 중복해서 나올 수 있기 때문에, 표본공간이 변하지 않고 독립사건이 된다.

비복원추출(Sampling without Replacement)은 한 번 추출된 원소는 다음 표본추출 대상에서 포함시키지 않고 제외시키는 방법이다. 같은 표본이 중복해서 나올 수 없기 때문에, 표본공간이 바뀌게 되고, 이는 선택으로 인해 표본공간이 바뀌는 종속사건에 해당된다.

복원추출과 비복원추출 확률 계산 기출

구분	설명	
예시	네모박스에 공이 10개가 있고, 검은색 공 7개와 빨간색 공 3개가 들어 있다고 하자. 연속해서 2개의 공을 뽑았을 때 빨간색 공을 뽑을 확률은 아래와 같다.	
비복원추출 (종속사건)	첫 번째 공 선택이 빨간색 공일 확률	$P(A)$
	두 번째 공 선택이 빨간색 공일 확률	$P(B)$
	첫 번째 공과 두 번째 공이 빨간색 공일 확률	$P(A \cap B) = P(A) \times P(B\|A)$ $\frac{3}{10} \times \frac{2}{9} = \frac{6}{90} = \frac{1}{15}$
복원추출 (독립사건)	첫 번째 공 선택이 빨간색 공일 확률	$P(A) = \frac{3}{10}$
	두 번째 공 선택이 빨간색 공일 확률	$P(B) = \frac{3}{10}$
	첫 번째 공과 두 번째 공이 빨간색 공일 확률	$P(A \cap B) = P(A) \times P(B)$ $\frac{3}{10} \times \frac{3}{10} = \frac{9}{100}$

❷ 경우의 수(The number of case)

어떤 실험을 했을 때 발생할 수 있는 결과의 개수, 즉 원소의 개수를 경우의 수라고 한다. 경우의 수를 계산하는 데 있어 기본 법칙은 곱의 법칙(Multiplication)이며, 곱의 법칙에 의하면 어떤 실험이 m개의 연속된 단계로 이루어져 있고 i번째 단계에서 발생 가능한 결과의 수가 n_i라고 했을 때, 전체 실험에서 발생 가능한 경우의 수는 아래와 같다.

$$n = n_1 \times n_2 \times ... \times n_m$$

곱의 법칙 사례

구분	설명
사례	동전 3개를 던져서 뒷면이 2번 나오는 경우의 수
각 실험 집합	동전 1 = {앞,뒤}, 동전 2 = {앞,뒤}, 동전 3 = {앞,뒤}
가능한 실험의 결과	동전 1 = 2, 동전 2 = 2, 동전 3 = 2
3번 실험한 결과의 집합	$2 \times 2 \times 2 = 8$
동전 뒷면이 2회 나오는 경우의 수	3
동전 3개를 던져 뒷면이 2번 나오는 경우의 수	$\frac{3}{8}$

경우의 수는 추출방법(복원, 비복원)과 배열순서 여부(순서 고려, 순서 고려하지 않음)에 따라 달라진다.

추출방법과 배열순서에 따른 경우의 수는 순열, 조합, 중복순열, 중복조합 이 4가지 상황으로 정리할 수 있다.

순열과 조합 요약

배열/추출	복원(중복허용)	비복원(중복허용 안 함)
순서 고려	중복순열 $_n\Pi_r = \overbrace{n \times n \times ... \times n}^{r개} = n^r$ 순서를 고려하면서 복원추출	순열 $_nP_r = n(n-1) \times (n-2) \times ... \times (n-r+1) = \frac{n!}{(n-r)!}$ 순서를 고려하면서 비복원추출
순서 무시	중복조합 $_nH_r = {_{n+r-1}C_r}$ 순서를 고려하지 않고 복원추출	조합 $_nC_r = \frac{_nP_r}{r!} = \frac{n!}{r!(n-r)!}$ 순서를 고려하지 않고 비복원추출

- 순열(Permutation)

순열은 순서를 고려하면서 비복원추출하여 얻어진 경우의 수이며, 각 단계에서 선택할 수 있는 개체의 수가 하나씩 줄어들기 때문에, n개 중에서 r개를 추출할 때 경우의 수는 다음과 같이 정의한다.

$$_nP_r = n(n-1) \times (n-2) \times ... \times (n-r+1) = \frac{n!}{(n-r)!}$$

순열의 경우의 수 예시

	설명
사례	6곡이 들어있는 MP3 플레이어가 있을 때, 6곡을 순서대로 중복 없이 들을 수 있는 경우의 수
도식화	
경우의 수 산출	$_6P_6 = 6 \times (6-1) \times (6-2) \times (6-3) \times (6-4) \times (6-6+1) = 6 \times 5 \times 4 \times 3 \times 2 \times 1 = 720$ * (n!) = $n\ factorial$ $n \times (n-1) \times (n-2) \times ... \times 1 = n!$
사례	1, 2, 3의 번호가 적힌 3장의 카드 중, 서로 다른 2장의 카드를 선택하여 만들 수 있는 두 자리의 자연수 개수
도식화	– 십의 자리에 올 수 있는 카드 : 1, 2, 3 – 각각에 대해 일의 자리에 올 수 있는 숫자는 십의 자리에 택한 카드를 제외한 2장의 카드 중 하나
경우의 수 산출	$_3P_2 = \dfrac{3!}{(3-2)!}$ $= \dfrac{3 \times (3-2) \times (3-3+1)}{1}$ $= 3 \times 2 \times 1 = 6$

> **참고 팩토리얼(Factorial, 차례곱)**
>
> 수학에서, 자연수의 계승 또는 팩토리얼은 그 수보다 작거나 같은 모든 양의 정수의 곱이다. n이 하나의 자연수일 때, 1에서 n까지의 모든 자연수의 곱을 n에 상대하여 이르는 말이다. 기호는 !을 쓰며 팩토리얼이라고 읽는다. 공식적이지는 않지만 팩토리얼을 줄여서 팩이라고 읽기도 한다.
>
> 0! = 1이며, N의 팩토리얼은 다음과 같이 정의한다.
>
> $$n! = \prod_{k=1}^{n} k = n \times (n-1) \times (n-2) \times ... \times 1$$

- **중복순열(Permutation with Repetition)**

중복순열은 순서를 고려하면서 복원추출하여 얻어진 경우의 수이며, n개의 서로 다른 원소 중에서 중복을 허용(복원)하여 r개를 뽑아서 순서대로 나열하기 때문에, 매번 n개 선택이 가능하며 다음과 같이 정의할 수 있다.

$$\prod_{n}{}_{r} = \overbrace{n \times n \times \ldots \times n}^{r개} = n^r$$

중복순열의 경우의 수 예시

	설명
사례	2개의 우체통에 3개의 편지를 넣을 수 있는 경우의 수
경우의 수 산출	$_2\prod_3 = 2^3 = 8$

- **조합(Combination)**

조합은 순서를 고려하지 않으면서 비복원추출하여 얻어진 경우의 수이며, 이는 (1,2,3), (1,3,2), (2,1,3), …과 같이 동일한 번호로 구성된 순서열은 같은 것으로 처리해야 함을 의미한다. 예를 들어, r개의 공을 선택했을 때, $r \times r(-1) \ldots \times 3 \times 2 \times 1 = r!$개의 경우와 같은 것이 되어 경우의 수는 한 개로 처리된다는 의미이다.

따라서 서로 다른 n개의 원소를 가지는 어떤 집합(집합은 서로 다른 원소의 모임)에서 순서에 상관없이 r개의 원소를 선택하는 것이며(즉, 선택의 순서와 상관없이 같은 원소들이 선택되었다면 같은 조합이며 다른 원소들이 선택되었다면 다른 조합), 이는 n개의 원소로 이루어진 집합에서 r개의 원소로 이루어진 부분집합을 만드는 것 혹은 찾는 것과 같다.

$$_nC_r = \frac{_nP_r}{r!} = \frac{n!}{r!(n-r)!}$$

조합의 경우의 수 예시

	설명
사례	6곡이 들어있는 MP3 플레이어가 있다. 6곡을 순서에 상관없이, 이 중 3곡을 중복없이 들을 수 있는 경우의 수
경우의 수 산출	$_6C_3 = \frac{_6P_3}{3!} = \frac{6 \times (6-1) \times (6-2)}{3 \times 2 \times 1} = 20$

- **중복조합(Combination with Repetition)**

중복조합은 순서를 고려하지 않으면서 복원추출하여 얻어진 경우의 수이며, 서로 다른 n개의 값을 중복을 허락하고 r개를 선택할 수 있는 경우의 수로 다음과 같이 정의한다.

$$_nH_r = {}_{n+r-1}C_r$$

중복조합의 경우의 수 예시

	설명
사례	어떤 꽃가게에 국화, 장미, 백합 세 종류의 꽃이 있다. 어떤 사람이 세 종류의 꽃을 선택해서 꽃 4송이를 사려고 한다. 이때 꽃 4송이의 구성은 세 종류의 꽃 중에 아무 것이라도 상관 없다고 한다. 가능한 경우의 수는?
경우의 수	3종류의 꽃 구성 $n = 3$ 중복 허용 $r = 4$ $_3H_4 = {_{3+4-1}C_4} = \dfrac{_6P_4}{4!} = \dfrac{6!}{4!\,2!} = 15$
사례	4종류의 꽃이 있다. 이 중 6개를 중복을 허용하면서 선택할 때 나올 수 있는 경우의 수는?
경우의 수	4종류의 꽃 구성 $n = 4$ 중복 허용 $r = 6$ $_4H_6 = {_{4+6-1}C_6} = \dfrac{_9P_6}{6!} = \dfrac{9!}{6!\,3!} = 84$

6.1.3.4 확률변수와 확률분포

빅분기_25
6.1.3.4 ~ 6.1.3.5

❶ 확률변수와 확률분포의 이해 기출

확률변수(Random Variable)는 확률실험의 결과로 결정되는 수치를 취할 가능성을 확률로 표시할 수 있는 변수이며, 어떤 시행에서 표본공간 S의 각 원소에 하나의 실수값이 대응되는 함수라고도 정의한다.

확률변수는 일반적으로 알파벳 대문자 X, Y, Z 등으로 나타내며, 확률변수가 가지는 값들은 알파벳 소문자 x, y, z 등으로 나타낸다.

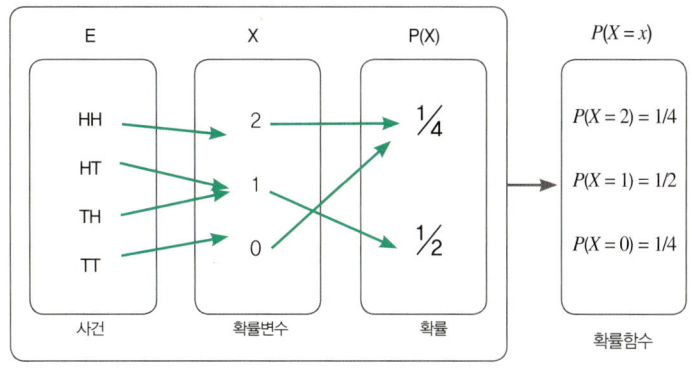

확률변수와 확률함수의 관계

예를 들어, 동전 두개를 동시에 던지는 시행에서 앞면이면 H(Head), 뒷면이면 T(Tail)라고 할 때, 이 시행의 표본공간 S는

$$\text{표본공간 } S = \{HH, HT, TH, TT\} \text{ 가 된다.}$$

이 표본공간의 각 근원사건에서 앞면이 나온 동전의 개수를 X라고 하면 위 그림과 같이 표본공간과 확률변수 간의 대응관계가 성립하고 다음과 같이 표현한다.

$$확률변수 X = \{x_1, x_2, x_3\} = \{2, 1, 0\}$$

확률함수(Probability Function, 또는 확률분포함수)는 확률변수에 의해 정의된 실수를 0과 1사이의 확률로 대응시키는 함수를 말한다. 확률함수를 이용해 확률변수가 발생할 확률을 알 수 있다.

특정 확률변수의 확률함수를 알고 있다면, 특정 사건이 일어날 확률을 예측할 수 있기 때문에 통계학에서 큰 의미를 가진다. 즉, 확률변수는 분포를 가진다는 의미와 같다.

$$확률함수 P(X=0) = 1/4, \quad P(X=1) = 1/2, \quad P(X=2) = 1/4$$

확률분포(Probability Distribution)는 어떤 확률변수가 취할 수 있는 모든 가능한 값들에 대응하는 확률이 어떻게 분포되어 있는지를 의미하며 표본의 분포가 아닌, 모집단의 형태(확률구조)를 나타낸다.

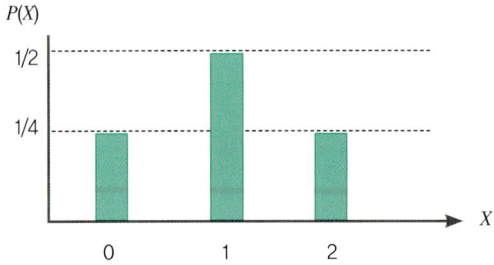

동전 두 개를 던지는 시행의 확률분포도(이산확률분포)

확률변수와 확률함수의 관계로 특정 사건의 확률을 계산할 수 있고 이를 바탕으로 추리 통계의 기초가 되는 통계적 검정을 할 수 있다.

변수는 자료의 특성에 따라 이산형 변수와 연속형 변수로 구분할 수 있다. 확률변수는 이러한 특성에 맞는 변수에 대응되며, 변수와 연계해 무작위 시행을 했을 때 특정 확률로 발생하는 각각의 결과를 수치적 값으로 표현하는 변수로 정의할 수 있다.

따라서 확률변수는 이산확률변수(Discrete Random Variable)와 연속확률변수(Continuous Random Variable)로 나누며, 각 확률변수의 값들에 대응하는 확률의 분포를 이산확률분포와 연속확률분포로 구분한다.

❷ 이산확률변수와 이산확률분포 기출

확률변수 X가 셀 수 있는 특정한 수치(정수)만을 가질 때, 그 확률변수를 이산확률변수라 한다. 불량품의 수, 고속도로에서 사고 건수, 방문자 수 등을 예로 들 수 있다.

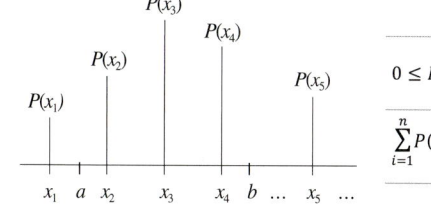

이산확률변수

이산확률변수 X의 값 $x_1, x_2, \cdots, x_n$ 각각에 대한 확률 $p_1, p_2, \cdots, p_n$의 대응관계를 이산확률변수 X에 대한 확률분포(이산확률분포)라하고, 이 대응관계를 다음과 같이 표현한다.

$$\text{이산확률분포} P(X = x_i) = p_i \ (i = 1, 2, 3, \ldots, n)$$

이때, 이산확률변수 X가 어떤 값 x를 가진 확률 $P(X = x)$를 이산확률변수 X의 확률질량함수(Probability Mass Function, PMF)라 한다.

$$\text{확률질량함수} f(x) = P(X = x_i)$$

그리고 이산확률분포를 표로 나타낸 것을 확률분포표라 한다.

확률분포표

확률변수 X	x_1	x_2	$\cdots$	x_n
확률질량함수 $P(X = x_i)$	p_1	p_2	$\cdots$	p_n

이산확률변수의 확률분포는 확률질량함수를 이용하여 표현하며, 확률질량함수의 성질은 확률의 기본 성질로부터 성립한다.

$0 \leq P(X = x_i) \leq 1$	확률변수 X가 가진 x의 확률은 0보다 크거나 같고 1보다 작거나 같음
$\sum_{i=1}^{n} P(X = x_i) = 1$	확률변수 X가 가진 각각 x의 확률의 합은 1이 됨

확률질량함수의 성질

이산확률변수 X가 x_i이상 x_j이하의 값을 가질 확률(확률변수의 어떤 값 x까지의 누적확률)을 이산누적분포함수(Cumulative Distribution Function, CDF)라 하며, 다음과 같이 정의한다.

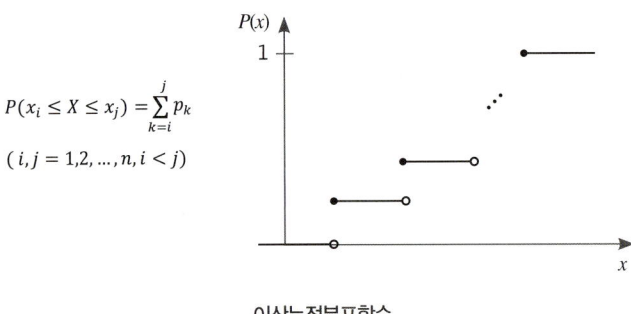

$$P(x_i \leq X \leq x_j) = \sum_{k=i}^{j} p_k$$
$$(i, j = 1, 2, \ldots, n, i < j)$$

이산누적분포함수

누적분포함수는 간단히 분포함수(Distribution Function)라 부르기도 한다.

이산확률분포의 예시

구분	설명
사례	주사위를 한 번 던져서 나오는 눈의 수는 1~6까지 여섯 가지가 있고, 눈의 수에 4로 나눈 나머지의 값을 확률변수 X라 할 때, 확률분포는 이 눈의 수를 4로 나눈 나머지인 {1,2,3,0,1,2}이며 따라서 확률변수가 가질 수 있는 값들은 {0,1,2,3}이 된다.
확률변수	표본공간 $S = \{1,2,3,4,5,6\}$ 주사위 눈의 수를 4로 나눈 나머지는 각각 $\{1,2,3,0,1,2\}$ 확률변수 $X = \{0,1,2,3\}$
확률분포표	<table><tr><th>확률변수 X</th><th>0</th><th>1</th><th>2</th><th>3</th></tr><tr><td>확률질량함수 $P(X = x_i)$</td><td>1/6</td><td>2/6</td><td>2/6</td><td>1/6</td></tr><tr><td>누적분포함수 $P(X \leq x_i)$</td><td>1/6</td><td>3/6</td><td>5/6</td><td>6/6</td></tr></table>
확률분포	(막대그래프: $x=0$에서 약 0.17, $x=1$에서 약 0.33, $x=2$에서 약 0.33, $x=3$에서 약 0.17)
확률질량함수 성질	1) $0 \leq P(X = x_i) \leq 1$: 만족 $P(X=0) = 1/6, P(X=1) = 2/6, P(X=2) = 2/6, P(X=3) = 1/6$ 2) $\sum_{i=1}^{n} P(X = x_i) = 1$: 만족 $\frac{1}{6} + \frac{2}{6} + \frac{2}{6} + \frac{1}{6} = \frac{6}{6} = 1$
누적분포함수	주사위의 눈의 나머지가 1과 2일 확률, 즉 1과 2사이의 누적분포함수 $P(1 \leq X \leq 2)$는 $P(1 \leq X \leq 2) = P(X=1) + P(X=2) = \frac{2}{6} + \frac{2}{6} = \frac{2}{3}$ 이다.

❸ 연속확률변수와 연속확률분포

연속확률변수는 전구의 수명, 몸무게, 평균 키, 체온, 통근시간 등과 같이 X가 어떤 범위(구간)에서 연속적인 값(실수)을 취할 수 있는 확률변수이다.

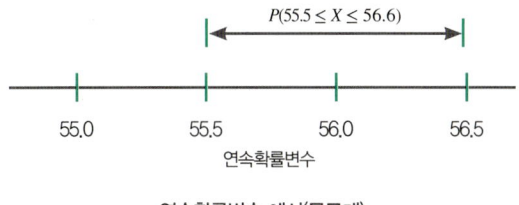

연속확률변수 예시(몸무게)

연속확률함수는 연속확률변수 X가 어떤 값 x를 가진 확률을 나타내며, 확률함수 $f(x) = P(X = x)$를 확률밀도함수 (Probability Density Function, PDF)라 부른다.

$$확률밀도함수 f(x) = P(X = x_i)$$

연속확률변수 X의 확률밀도함수 $f(x) = P(a \le x \le b) f(x)$에 대하여 다음을 만족하면, $f(x)$를 연속확률변수 X의 확률밀도함수, 연속확률분포라고 한다.

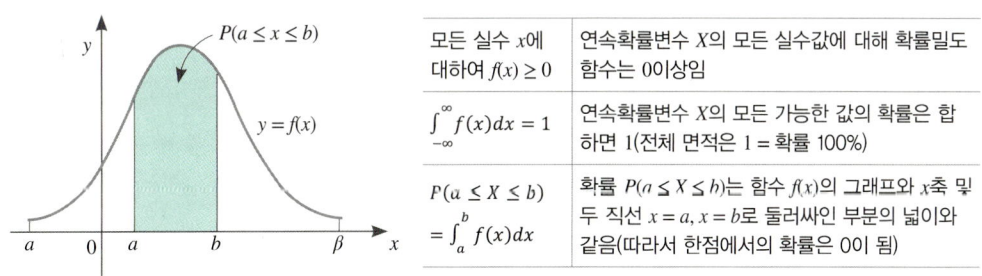

연속확률분포

확률밀도함수를 이용해 사건이 발생하는 구간의 넓이(면적)를 계산함으로써 그 사건이 발생할 확률을 계산 또는 예측할 수 있다.

확률밀도함수가 $f(x)$인 연속확률변수 X의 누적분포함수(Cumulative Distribution Function, CDF), $F(x)$는 다음과 같으며, X가 $X < x$인 모든 확률의 합으로 정의한다.

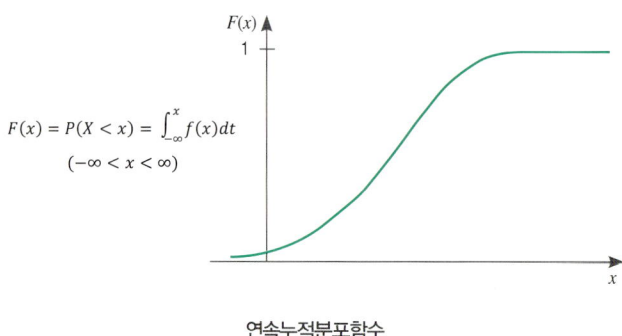

$$F(x) = P(X < x) = \int_{-\infty}^{x} f(x)dt$$
$$(-\infty < x < \infty)$$

연속누적분포함수

❹ 확률변수의 기대값과 분산

확률변수의 기대값이란, 각 확률변수가 특정 값을 가질 확률들을 곱하여 합한(더한) 값이다. 이것은 확률변수 X의 평균 또는 중심위치로 생각할 수 있다.

그리고 확률변수의 분산은 확률변수 X의 특정 x가 발생할 확률에서 기대값을 뺀 값(편차)의 제곱이다. 즉 확률변수의 값들이 기대값으로부터 얼마나 흩어져 있는가를 가늠하게 해주는 척도를 의미한다.

● **이산확률변수의 기대값과 분산**

이산확률변수 X의 확률질량함수가 $P(X = x_i) = p_i (i = 1,2,3,…,n)$일 때, 기대값과 분산, 표준편차는 다음과 같다.

$$기대값(평균)\ E(X) = \sum_{i=1}^{n} x_i P(X = x_i) = x_1 P_1 + x_2 P_2 + x_3 P_3 + \cdots + x_n P_n$$

$$분산\ V(X) = \sum_{i=1}^{n}(x_i - \mu)^2 P_i = E(X^2) - \{E(X)\}^2 \ (단, \mu = E(X))$$

$$표준편차\ \sigma(X) = \sqrt{V(X)}$$

이산확률변수의 기대값, 분산, 표준편차 예시

구분	설명			
사례	확률변수 X	2	4	6
	확률질량함수 $P(X = x_i)$	2/8	4/8	2/8
	확률변수 × 확률 $x_i × P(X = x_i)$	4/8	16/8	12/8
기대값	$E(X) = x_1 P_1 + x_2 P_2 + x_3 P_3 + \cdots + x_n P_n = 2 × \dfrac{2}{8} + 4 × \dfrac{4}{8} + 6 × \dfrac{2}{8} = 4$			
분산	$V(X) = E(X^2) - \{E(X)\}^2$ $E(X^2) = \sum_{i}^{n} x_i^2 × P(X = x_i) = 2^2 × \dfrac{2}{8} + 4^2 × \dfrac{4}{8} + 6^2 × \dfrac{2}{8} = 18$ $E(X)^2 = 16$ $V(X) = 18 - 16 = 2$			
표준편차	$\sigma(X) = \sqrt{V(X)} = \sqrt{2}$			

> **참고** 이산확률변수와 연속확률변수의 평균, 분산, 표준편차 성질 기출
>
> 이산확률변수 X와 임의의 상수 $a, b (a \neq 0)$에 대하여 아래의 규칙이 성립된다.
>
> 평균 : $E(aX + b) = aE(X) + b$
> 분산 : $V(aX + b) = a^2 V(X)$
> 표준편차 : $\sigma(aX + b) = |a|\sigma(X)$

● 연속확률변수의 기대값과 분산

연속확률변수 X가 구간 a, b에서 정의되고 X의 확률밀도함수가 $f(x)$일 때, 기대값과 분산, 표준편차는 다음과 같다.

$$기대값(평균)\, E(X) = \int_{-\infty}^{\infty} x \cdot f(x) dx$$

$$분산\, V(X) = \int_{-\infty}^{\infty} (x - E(X))^2 \cdot f(x) dx = E(X^2) - \{E(X)\}^2$$

$$표준편차\, \sigma(X) = \sqrt{V(X)}$$

6.1.3.5 이산확률분포의 종류 기출

확률분포는 어떤 확률변수가 취할 수 있는 모든 가능한 값들에 대응하는 확률이 어떻게 분포되어 있는지를 의미하며, 이는 표본의 분포가 아닌, 모집단의 형태(확률구조)를 나타낸다. 따라서 대부분의 통계는 그 특성을 알 수 있는 분포도를 이용해서 표본으로부터 모집단을 추정할 수 있게 된다.

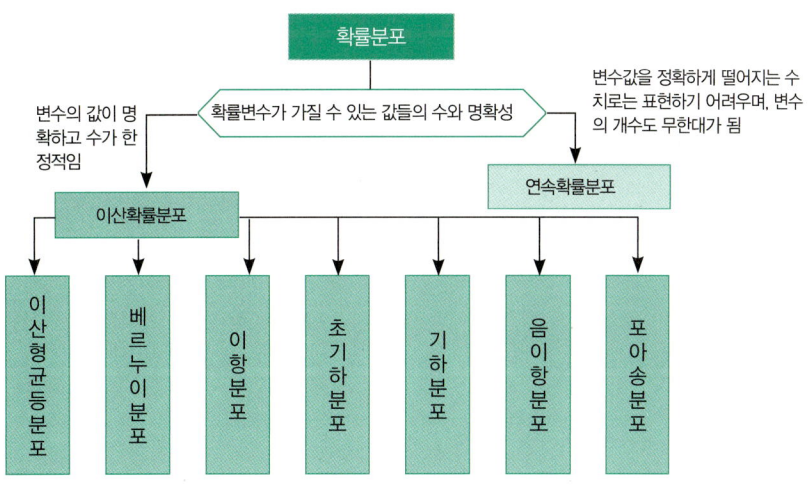

이산확률분포 종류

❶ 이산균등분포(Discrete Uniform Distribution)

확률변수 X가 n개의 이산값 $\{x_1, x_2, x_3, \ldots, x_n\}$을 가지며 각 값들이 취할 확률이 동일한 경우, 이 확률변수를 이산균등분포를 따른다고 정의한다.

이산균등분포 정의

구분	설명
확률변수	$X = \{x_1, x_2, x_3, \ldots, x_n\}$
확률질량함수	$f(x) = P(X = x_i) = \begin{cases} \dfrac{1}{n}, & x = x_1, x_2, x_3, \ldots, x_n \\ 0, & otherwise \end{cases}$
기호	$X \sim Uniform\,\{x_1, x_2, x_3, \ldots, x_n\}$
기댓값(평균)	$E(X) = \sum_{i=1}^{n} x_i f(x) = \sum_{i=1}^{n} x_i \dfrac{1}{n} = \dfrac{1}{n}\dfrac{n(n+1)}{2} = \dfrac{n+1}{2}$
분산	$V(X) = E(X^2) - \{E(X)\}^2 = \sum_{i=1}^{n} x^2 \dfrac{1}{n} - \left(\sum_{i=1}^{n} x \dfrac{1}{n}\right)^2$ $= \dfrac{1}{n} \times \dfrac{n(n+1)(2n+1)}{6} - \left(\dfrac{n+1}{2}\right)^2 = \dfrac{n^2 - 1}{12}$

이산균등분포의 예시

구분	설명
사례	주사위 1회 던지는 확률실험
확률변수	표본공간 $S = \{1,2,3,4,5,6\}$ 따라서 확률변수 $X = \{1,2,3,4,5,6\}$
기호	$X \sim Uniform\,\{1,2,3,4,5,6\}$
확률질량함수	$f(x) = P(X = x_i) = \begin{cases} \dfrac{1}{6}, & x = 1, 2, 3, 4, 5, 6 \\ 0, & otherwise \end{cases}$
확률분포표	<table><tr><th>확률변수 X</th><th>1</th><th>2</th><th>3</th><th>4</th><th>5</th><th>6</th></tr><tr><td>확률질량함수 $P(X = x_i)$</td><td>1/6</td><td>1/6</td><td>1/6</td><td>1/6</td><td>1/6</td><td>1/6</td></tr><tr><td>누적분포함수 $P(X \leq x_i)$</td><td>1/6</td><td>2/6</td><td>3/6</td><td>4/6</td><td>5/6</td><td>6/6</td></tr></table>
확률분포	(그래프: $P(x) = 1/6$, $x = 1, 2, 3, 4, 5, 6$인 균등분포)
기댓값과 분산	$E(X) = \dfrac{n+1}{2} = \dfrac{6+1}{2} = 3.5,\ V(X) = \dfrac{n^2 - 1}{12} = \dfrac{36 - 1}{12} = 2.92$

❷ 베르누이분포(Bernoulli Distribution)

베르누이 시행(Bernoulli Trial)이란 확률 실험의 결과가 성공(Success, S) 혹은 실패(Failure, F)와 같이 두 가지 결과로만 나타나는 실험을 말하며, 스위스의 수학자 야코프 베르누이의 이름에 따라 명명되었다.

베르누이분포는 확률론과 통계학에서 매 시행마다 오직 두 가지의 가능한 결과만 일어난다고 할 때, 이러한 실험을 1회 시행하여 일어난 두 가지 결과에 의해 그 값이 각각 0과 1로 결정되는 확률분포이다.

예를 들어, 한 개의 동전을 던지면, 앞면 또는 뒷면의 오직 두 가지 결과로 나누고 앞면이면 1, 뒷면이면 0을 갖는 확률변수 X를 의미하며, X의 확률분포는 다음과 같다.

베르누이 분포의 정의

구분	설명
확률변수	X = 1회, 베르누이 시행에서 성공의 수
확률질량함수	$f(x) = P(X = x_i) = \begin{cases} p, & x = 1(Success) \\ 1-p, & x = 0(Failure) \end{cases}$ 또는 $f(x) = P(X = x_i) = p^x(1-p)^{1-x}$ (단, $x = 0, 1$)
기호	$X \sim B(p)$
기댓값(평균)과 분산	기댓값 $E(X) = p$, 분산 $V(X) = p(1-p) = pq (q = 1-p)$

베르누이분포의 예시

구분	설명
사례	숫자 1부터 10까지 적혀 있는 카드가 10장 있고, 이 중 하나를 뽑았을 때 8이 적힌 카드가 나올 확률실험
확률변수	표본공간 $S = \{1,2,3,4,5,6,7,8,9,10\}$ 확률변수 $X = \{1, 0\}$
확률질량함수	$f(x) = P(X = x_i) = \begin{cases} \dfrac{1}{10}, & x = 1(Success) \\ \dfrac{9}{10}, & x = 0(Failure) \end{cases}$
기호	$X \sim B(0.1)$
확률분포표	확률변수 X / 1(카드8) / 0(카드 8 외) 확률질량함수 $P(X = x_i)$ / 1/10 / 9/10 누적분포함수 $P(X \leq x_i)$ / 1/10 / 10/10

확률분포	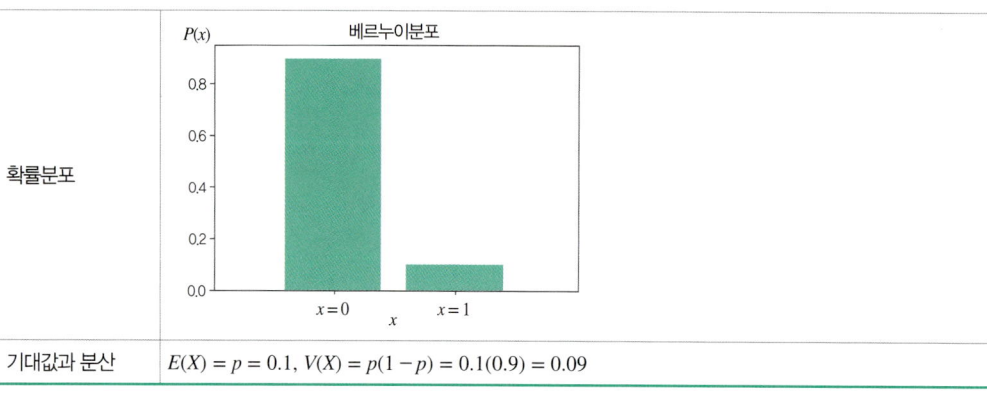
기대값과 분산	$E(X) = p = 0.1$, $V(X) = p(1-p) = 0.1(0.9) = 0.09$

❸ 이항분포(Binomial Distribution) 기출

이항분포는 '성공'에 해당하는 사건(사상)이 출현할 확률이 p인 똑같은 베르누이 시행을 독립적으로 n번 반복해서 시행하여 일어난 두 가지 결과에 의해 그 값이 각각 0과 1로 결정되는 확률분포이다.

예를 들어 축구선수가 패널티킥을 찬다고 가정해 보자. 이 선수의 이전 패널티킥 성공확률은 70% 였다. 이때 10번 차서 얻은 성공횟수가 이항분포의 확률변수 X를 의미한다.

성공확률이 p이고, 시행횟수가 n인 이항 분포는 다음과 같이 정의한다.

이항분포의 정의

구분	설명
확률변수	$X = n$회 독립적인 베르누이 시행에서 성공의 수
확률질량함수	$f(x) = P(X=x) = {}_nC_x p^x q^{n-x} = \begin{cases} \binom{n}{x} p^x (1-p)^{n-x}, & x = 0,1,2,\dots,n \\ 0, & otherwise \end{cases}$ (단, $q = 1-p$, $n =$ 베르누이 시행 반복횟수, $x = n$번의 시행중 성공횟수)
기호	$X \sim B(n,p)$
기대값(평균)과 분산	기대값 $E(X) = np$, 분산 $V(X) = npq$ ($q = 1-p$)

이항분포의 예시

구분	설명
사례	어떤 우체국에서 수거한 편지봉투의 20%에는 우편번호가 적혀 있지 않다고 한다. 이 우체국에서 수거한 10통의 편지봉투 중에서 편지봉투 7통에 우편번호가 적혀 있을 확률실험
확률변수	확률변수 $X = 10$번의 시행에서 성공(7통)의 수
기호	$X \sim B(10, 0.8)$
확률질량함수	$f(x) = {}_nC_x p^x q^{n-x} = \binom{n}{x} p^x (1-p)^{n-x}$ $f(7) = P(X=7) = \binom{10}{7} 0.8^7 (0.2)^{10-7} = \dfrac{10!}{7! \times 3!} 0.8^7 0.2^3 = 0.2013$

구분	확률변수 X	0	1	⋯	7	⋯	10
확률분포표	확률질량함수 $P(X = x_i)$	$_{10}C_0 0.8^0 0.2^{10}$	$_{10}C_1 0.8^1 0.2^9$	⋯	$_{10}C_7 0.8^7 0.2^3$ 0.2013	⋯	$_{10}C_{10} 0.8^{10} 0.2^0$

확률분포	
기대값과 분산	$E(X) = np = 10 \times 0.8 = 8$, $V(X) = np(1-p) = 10 \times 0.8 \times 0.2 = 1.6$

❹ 초기하분포(Hypergeometric Distribution) 기출

이항분포는 독립시행, 복원추출로 실험조건이 일정하지만, 초기하분포는 비복원추출로 매 시험조건이 달라지며, 유한 모집단의 개수 N이 충분이 크면 초기하분포는 이항분포를 따른다(베르누이분포 이용, 비복원추출로 확률 달라짐).

예를 들어, 로또복권 추첨을 가정해 보자. 로또에서 선택할 수 있는 수는 45개, 내가 선택할 수 있는 번호는 6개이다. 매회마다 추첨하는 번호는 2등을 포함하여 7개(표본)를 뽑는다. 이때 확률변수 X는 7개의 표본 안에 내가 선택한 번호 x개가 포함될 확률을 의미한다.

정리하면, 모집단이 N이며 구하고자 하는 대상의 수가 D인 경우, n개의 표본을 비복원으로 뽑았을 때, 구하고자 하는 수 x를 X의 확률분포로 정의한다.

초기하분포의 정의

구분	설명
확률변수	X = 속성 A(구하고자 하는 수)의 수
확률질량함수	$f(x) = P(X = x) = \begin{cases} \frac{\binom{D}{x}\binom{N-D}{n-x}}{\binom{N}{n}}, & x = 0, 1, \ldots, \min(n, D), 0 \leq n - x \leq N - D \\ 0, & otherwise \end{cases}$ (단, N = 모집단수, D = 구하고자 하는 대상수, n = 표본수)
기호	$X \sim Hyper(N, n, D)$
기대값(평균)과 분산	기대값 $E(X) = n\frac{D}{N}$, 분산 $V(X) = \frac{N-n}{N-1}npq$ $(q = 1 - p)$

초기하분포의 예시

구분	설명
사례	불량품이 6개 포함된 10개의 제품으로부터 7개를 비복원(임의로) 추출하여 조사할 때, 불량품이 4개 나올 확률실험
확률변수	확률변수 X = 불량품의 수(4개)
기호	$X \sim Hyper(10, 7, 6)$
확률질량함수	$f(x) = \dfrac{\binom{D}{x}\binom{N-D}{n-x}}{\binom{N}{n}}$ $f(4) = P(X=4) = \dfrac{\binom{6}{4}\binom{10-6}{7-4}}{\binom{10}{7}} = \dfrac{\frac{6!}{4! \times 2!} \times \frac{4!}{3! \times 1!}}{\frac{10!}{7! \times 3!}} = 0.5$

❺ 기하분포(Geometric Distribution)

베르누이 시행을 독립적으로 반복해 나가는 시행에서 확률변수 X를 첫번째 성공이 발생할 때까지 총 시행횟수라고 정의하면, 이 확률변수는 기하분포를 따른다.

예를 들어, 두 남녀가 연애를 하는데 일반적으로 연애를 해서 결혼할 확률은 10%라고 가정하자. 이때 확률변수 X는 x번째 사귄 이성과 결혼할 확률을 의미한다.

즉, 첫 번째 성공이 일어날 때까지 시행횟수를 가지고 확률분포를 설명한 것이며, 성공확률이 p인 기하분포를 따르는 확률변수 X는 다음과 같다.

기하분포의 정의

구분	설명
확률변수	X = 첫 번째 성공이 일어날 때까지의 총 시행 횟수
확률질량함수	$f(x) = P(X=x) = P\left(\underbrace{FF \ldots F}_{x-1} S\right) = \begin{cases} (1-p)^{x-1}p, & x=1,2,\ldots \\ 0, & otherwise \end{cases}$
기호	$X \sim Geometric(p)$
기댓값(평균)과 분산	기댓값 $E(X) = \dfrac{1}{p}$, 분산 $V(X) = \dfrac{q}{p^2}$

직관적으로 $P(X=1)$일 때 가장 높은 확률을 가지며 기하분포는 무기억성(Memoryless Property)을 가지는 분포 중 하나이다. 무기억성은 다음과 같이 표현하며,

$$P(X > i+j | X > i) = P(X > j)$$

i번째 성공 한 후, j번 더 성공할 확률은 j번 성공할 확률과 동일함을 의미한다.

>  **무기억성**
>
> 기억성(Memory Property) : 과거, 현재, 미래가 상호 의존적인 특성
> 무기억성(Memoryless Property) : 과거의 사건이 미래 정보와 전혀 관련성을 갖고 있지 않는 특성. 연속확률분포의 지수분포 또한 무기억성을 따른다.

기하분포의 예시

구분	설명
사례	어느 야구선수가 홈런을 칠 확률은 5%이다. 이 선수가 6번째 타석에서 첫 홈런을 칠 확률실험
확률변수	확률변수 X = 첫 번째 성공이 일어날 때까지의 총 시행횟수
기호	$X \sim Geometric(0.05)$
확률질량함수	$f(x) = (1-p)^{x-1}p$ $f(6) = P(X=6) = (1-0.05)^{6-1} \times 0.05 = 0.0387$

❻ 음이항분포(Negative Binomial Distribution)

베르누이 시행을 독립적으로 반복해 나가는 시행에서 확률변수 X를 r번째 성공이 발생할 때까지 총 시행횟수라고 정의하면 이 확률변수는 음이항분포를 따른다.

예를 들어 어느 야구선수가 안타를 칠 확률은 25%이다. 이때 확률변수 X는 이 선수가 $7(x)$번째 타석에서 $3(r)$번째 안타를 칠 확률을 의미한다.

기하분포는 첫 번째 성공에 대한 확률이었으며, 음이항분포는 r번째(1,2,3,…,r) 성공횟수를 추가한다. 즉 $r = 1$이면 기하분포와 같다.

음이항분포의 정의

구분	설명
확률변수	$X = r$번째 성공이 일어날 때까지의 총 시행횟수
확률질량함수	$f(x) = P(X = x) = P(\{(x-r)\text{개의}F, (r-1)\text{개의}S\} \text{ 후 } r \text{ 번째}S)$ $= (1-p)^{x-r}p^{r-1}p \times \dfrac{(x-1)!}{(r-1)!(x-r)!}$ (사건이 독립적이므로) $= \begin{cases} \binom{x-1}{r-1}(1-p)^{x-r}p^r, & x = r, r+1, \dots \\ 0, & otherwise \end{cases}$
기호	$X \sim NB(r,p)$
기댓값(평균)과 분산	기댓값 $E(X) = M'(0) = \dfrac{r}{p}$, 분산 $V(X) = M''(0) - M'(0)^2 = \dfrac{rq}{p^2}$

r번째 성공이 발생할 때까지 총 시행횟수가 아닌 총 실패횟수로 정의하는 경우도 있으며 총 실패횟수로 정의하는 경우에 이항분포의 성공확률 p가 음이항분포의 확률질량함수 끝에 $-p$로 들어가서 음이항분포라는 이름이 붙었다.

❼ 포아송분포(Poisson Distribution) 기출

독립성, 비례성, 비집락성인 3가지 포아송가정을 만족하는 실험에서 크기가 1인 단위시간 또는 단위공간 내에 평균적으로 발생하는 사건의 수를 λ(람다)라고 할 때, 확률변수 X를 단위시간당 또는 단위공간당 발생하는 사건의 수로 정의하면 이 확률변수는 포아송분포를 따른다.

포아송분포의 정의

구분	설명
확률변수	X = 단위시간 내에 발생하는 사건의 수
확률질량함수	$f(x) = P(X = x) = \begin{cases} \dfrac{e^{-\lambda}\lambda^x}{x!}, & x = 0,1,2,\ldots \\ 0, & otherwise \end{cases}$
기호	$X \sim Poisson(\lambda)$, (단위시간당 평균발생건수 = $\lambda > 0$)
기대값(평균)과 분산	기대값 $E(X) = \lambda$, 분산 $V(X) = \lambda$

어떤 단위시간이나 단위공간 내에서 사건이 몇 번 정도 일어나는지 알거나 혹은 내가 원하는 구간 동안에 사건이 몇 번 일어나는지 알고 싶은 경우 사용하는 분포이다.

예를 들어, 매시간(단위시간) 접수되는 문의 요청건수(발생횟수), 한 페이지당(단위공간) 발견된 오타의 수(발생횟수) 등의 확률을 구할 때 사용할 수 있다.

이항분포는 기대값(np)이 분산(npq)보다 큰 값을 가지는 반면, 포아송분포는 평균(λ)과 분산(λ)이 동일한 값을 가지며, 따라서 평균이 커짐에 따라 분산도 함께 커지는 특징을 가진다.

> **참고** 포아송가정
> 독립성 : 서로 다른 구간에서 발생하는 사건의 수는 서로 독립이다.
> 비례성 : 충분히 짧은 구간에서 사건이 발생할 확률은 구간의 길이에 비례한다.
> 비집락성 : 충분히 짧은 구간에서 2회 이상의 사건이 발생할 확률은 거의 없다.

포아송분포의 확률 예시

구분	설명
사례	어느 전공책 5페이지를 검사하였는데, 오타가 총10개 발견되었다고 한다. 이 책에서 어느 한 페이지를 검사하였는데 오타가 3개 나올 확률실험
확률변수	확률변수 X = 한 페이지를 검사했을 때 오타 수 3
기호	$X \sim Poisson(2)$, (λ) > 0
확률질량함수	$f(x) = \dfrac{e^{-\lambda}\lambda^x}{x!}$ ($e = 2.718281\ldots$) $f(3) = P(X = 3) = \dfrac{2.718281^{-2} 2^3}{3!} = 0.1804$

> **참고 무기억성**
>
> 기억성(Memory Property) : 과거, 현재, 미래가 상호 의존적인 특성
> 무기억성(Memoryless Property) : 과거의 사건이 미래 정보와 전혀 관련성을 갖고 있지 않는 특성. 연속확률분포의 지수분포 또한 무기억성을 따른다.

기하분포의 예시

구분	설명
사례	어느 야구선수가 홈런을 칠 확률은 5%이다. 이 선수가 6번째 타석에서 첫 홈런을 칠 확률실험
확률변수	확률변수 X = 첫 번째 성공이 일어날 때까지의 총 시행횟수
기호	$X \sim Geometric(0.05)$
확률질량함수	$f(x) = (1-p)^{x-1}p$ $f(6) = P(X=6) = (1-0.05)^{6-1} \times 0.05 = 0.0387$

❻ 음이항분포(Negative Binomial Distribution)

베르누이 시행을 독립적으로 반복해 나가는 시행에서 확률변수 X를 r번째 성공이 발생할 때까지 총 시행횟수라고 정의하면 이 확률변수는 음이항분포를 따른다.

예를 들어 어느 야구선수가 안타를 칠 확률은 25%이다. 이때 확률변수 X는 이 선수가 $7(x)$번째 타석에서 $3(r)$번째 안타를 칠 확률을 의미한다.

기하분포는 첫 번째 성공에 대한 확률이었으며, 음이항분포는 r번째$(1,2,3,\ldots,r)$ 성공횟수를 추가한다. 즉 $r=1$이면 기하분포와 같다.

음이항분포의 정의

구분	설명
확률변수	$X = r$번째 성공이 일어날 때까지의 총 시행횟수
확률질량함수	$f(x) = P(X=x) = P(\{(x-r)개의 F, (r-1)개의 S\}$ 후 r번째 $S)$ $= (1-p)^{x-r}p^{r-1}p \times \dfrac{(x-1)!}{(r-1)!(x-r)!}$ (사건이 독립적이므로) $= \begin{cases} \binom{x-1}{r-1}(1-p)^{x-r}p^r, & x = r, r+1, \ldots \\ 0, & otherwise \end{cases}$
기호	$X \sim NB(r,p)$
기댓값(평균)과 분산	기댓값 $E(X) = M'(0) = \dfrac{r}{p}$, 분산 $V(X) = M''(0) - M'(0)^2 = \dfrac{rq}{p^2}$

r번째 성공이 발생할 때까지 총 시행횟수가 아닌 총 실패횟수로 정의하는 경우도 있으며 총 실패횟수로 정의하는 경우에 이항분포의 성공확률 p가 음이항분포의 확률질량함수 끝에 $-p$로 들어가서 음이항분포라는 이름이 붙었다.

❼ 포아송분포(Poisson Distribution) 기출

독립성, 비례성, 비집락성인 3가지 포아송가정을 만족하는 실험에서 크기가 1인 단위시간 또는 단위공간 내에 평균적으로 발생하는 사건의 수를 λ(람다)라고 할 때, 확률변수 X를 단위시간당 또는 단위공간당 발생하는 사건의 수로 정의하면 이 확률변수는 포아송분포를 따른다.

포아송분포의 정의

구분	설명
확률변수	X = 단위시간 내에 발생하는 사건의 수
확률질량함수	$f(x) = P(X = x) = \begin{cases} \dfrac{e^{-\lambda}\lambda^x}{x!}, & x = 0,1,2,\dots \\ 0, & otherwise \end{cases}$
기호	$X \sim Poisson(\lambda)$, (단위시간당 평균발생건수 = $\lambda > 0$)
기대값(평균)과 분산	기대값 $E(X) = \lambda$, 분산 $V(X) = \lambda$

어떤 단위시간이나 단위공간 내에서 사건이 몇 번 정도 일어나는지 알거나 혹은 내가 원하는 구간 동안에 사건이 몇 번 일어나는지 알고 싶은 경우 사용하는 분포이다.

예를 들어, 매시간(단위시간) 접수되는 문의 요청건수(발생횟수), 한 페이지당(단위공간) 발견된 오타의 수(발생횟수) 등의 확률을 구할 때 사용할 수 있다.

이항분포는 기대값(np)이 분산(npq)보다 큰 값을 가지는 반면, 포아송분포는 평균(λ)과 분산(λ)이 동일한 값을 가지며, 따라서 평균이 커짐에 따라 분산도 함께 커지는 특징을 가진다.

> **참고 포아송가정**
> 독립성 : 서로 다른 구간에서 발생하는 사건의 수는 서로 독립이다.
> 비례성 : 충분히 짧은 구간에서 사건이 발생할 확률은 구간의 길이에 비례한다.
> 비집락성 : 충분히 짧은 구간에서 2회 이상의 사건이 발생할 확률은 거의 없다.

포아송분포의 확률 예시

구분	설명
사례	어느 전공책 5페이지를 검사하였는데, 오타가 총10개 발견되었다고 한다. 이 책에서 어느 한 페이지를 검사하였는데 오타가 3개 나올 확률실험
확률변수	확률변수 X = 한 페이지를 검사했을 때 오타 수 3
기호	$X \sim Poisson(2)$, $(\lambda) > 0$
확률질량함수	$f(x) = \dfrac{e^{-\lambda}\lambda^x}{x!}$ $(e = 2.718281\dots)$ $f(3) = P(X = 3) = \dfrac{2.718281^{-2} 2^3}{3!} = 0.1804$

6.1.3.6 연속확률분포의 종류

연속확률변수는 전구의 수명, 몸무게, 평균 키, 체온, 통근시간 등과 같이 X가 어떤 범위(구간)에서 대소 비교의 의미가 있는 연속적인 값(실수)을 취할 수 있는 확률변수이다.

연속확률변수는 셀 수 없기 때문에 확률밀도함수를 이용해 사건이 발생하는 구간의 넓이(면적)를 계산함으로써 그 사건이 발생할 확률을 계산 또는 예측할 수 있다.

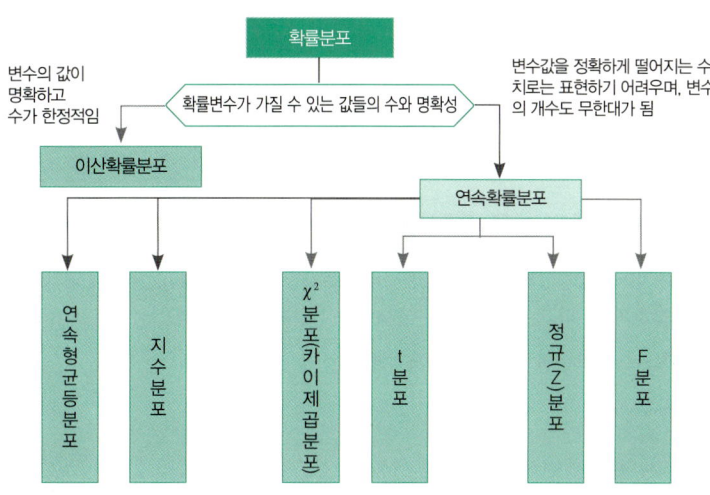

❶ 연속균일분포(Continuous Uniform Distribution, 균등분포)

임의의 실수구간 a, b에서 나타날 가능성이 동일한 확률변수를 균일확률변수라 하고 모든 확률변수에 대해 균일한 확률을 갖는 분포이다. 균일분포는 균등분포로 부르기도 한다(이산확률변수에서 이산균등분포와 동일한 형태이다).

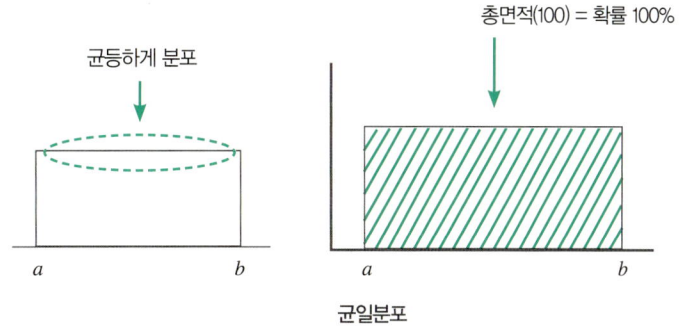

균일분포

확률변수 X를 구간 a,b 내에서 임의로 선택된 한 점으로 정의할 때, 연속균일분포는 다음과 같다.

연속균일분포의 정의

구분	설명
확률밀도함수	$f(x) = F'(x) = \begin{cases} \dfrac{1}{b-a}, & a \leq x < b \\ 0, & otherwise \end{cases}$
누적분포함수	$F(x) = P(X \leq x) = \begin{cases} 0, & x < a \\ \dfrac{x-a}{b-a}, & a \leq x < b \\ 1, & x \geq b \end{cases}$
기호	$X \sim Uniform(a,b)$
기대값(평균)과 분산	기대값 $E(X) = \dfrac{a+b}{2}$, 분산 $V(X) = \dfrac{(b-a)^2}{12}$

연속균일분포 예시

구분	설명
사례	어떤 버스는 정류장에서 정확히 15분 간격으로 출발한다. 한 학생이 정류장에 임의로 도착하여 버스가 발차할 때까지 기다리는 평균시간과 10분이상 기다릴 확률을 구하라.
확률변수	확률변수 X=학생이 버스정류장에 도착한 시간
기호	$X \sim Uniform\,(0,15)$
확률밀도함수	$f(x) = P(X = x_i) = \dfrac{1}{b-a}(a \leq x < b)$ $= \dfrac{1}{15-0}(0 \leq x < 15)$
기대값(평균)	기대값(평균) $E(X) = \dfrac{0+15}{2} = 7.5$
누적분포함수	$F(x) = P(X \leq x) = \dfrac{x-a}{b-a},\ a \leq x < b$ X 분에 도착하여 기다린 시간 $= 15 - X$ 10분 이상 기다릴 확률 : $P(15 - X \geq 10) = P(X \leq 5) = F(5) = \dfrac{5-0}{15-0} = \dfrac{1}{3}$

❷ 정규분포(Normal Distribution) 기출

정규분포는 평균을 중심으로 좌우대칭이고 종 모양을 갖는 확률분포이며, 가우스분포(Gaussian Distribution)라고도 한다.

많은 사회, 과학, 자연, 경제 현상들이 정규분포 형태를 띠고 있기 때문에 통계에서는 정규분포를 가장 많이 활용하고, 확률값이 가운데 있는 평균 근처에 많이 분포하고 평균에서 멀어질수록 적게 분포하기 때문에 종 모양을 갖고 있다.

정규분포 확률밀도함수의 그래프는 아래와 같고, 이때 표현하는 곡선을 정규분포곡선 혹은 정규곡선(Normal Curve)이라고 한다. 정규곡선의 특성은 다음과 같다.

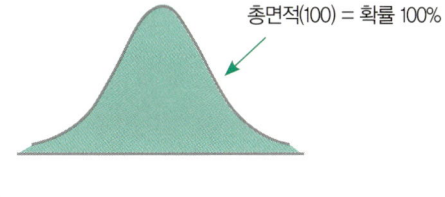

1) 직선 $x = \mu$(평균)에 대하여 대칭인 종 모양의 곡선이다.
2) 곡선과 x축으로 둘러싸인 영역의 넓이는 1이다(확률의 총합은 100%이다).
3) 곡선의 모양은 평균이 일정할 때, 표준편차가 작아지면 가운데로 밀집하고 표준편차가 커지면 양쪽으로 퍼진다.
4) 곡선의 모양은 표준편차가 일정할 때, 평균이 변하면 대칭축의 위치는 바뀌지만 곡선의 모양은 변하지 않는다.
5) 정규분포가 대칭일 경우 왜도는 0, 첨도는 3이다.

정규분포 확률밀도함수 그래프와 정규곡선 `기출`

18세기초 프랑스 수학자 드 므와브르(Abraham de Moivre)는 성공확률(p)이 1/2인 경우의 이항분포에 대해 실행횟수(n)가 점점 커질수록 정규분포 확률변수 X의 확률밀도함수와 수렴함을 증명했다.

정규확률변수 X의 확률밀도함수는 다음과 같다(정규분포는 이항분포 $B(n,p)$의 극한분포이다).

정규분포의 정의

구분	설명
확률밀도함수	$f(x) = F'(x) = \begin{cases} \dfrac{1}{\sqrt{2\pi}\sigma} \cdot e^{-\dfrac{(x-\mu)^2}{2\sigma^2}}, & -\infty < x < \infty \\ 0, & otherwise \end{cases}$
누적분포함수	$F(x) = \int_{-\infty}^{\infty} f(x)dx = \int_{-\infty}^{\infty} \dfrac{1}{\sqrt{2\pi}\sigma} \cdot e^{-\dfrac{(x-\mu)^2}{2\sigma^2}} dx$
기호	$X \sim N(\mu, \sigma^2)$ 단, μ는 평균, σ^2는 분산
기댓값(평균)과 분산	기댓값 $E(X) = M'(0) = \mu$, 분산 $V(X) = M''(0) - M'(0)^2 = \sigma^2$

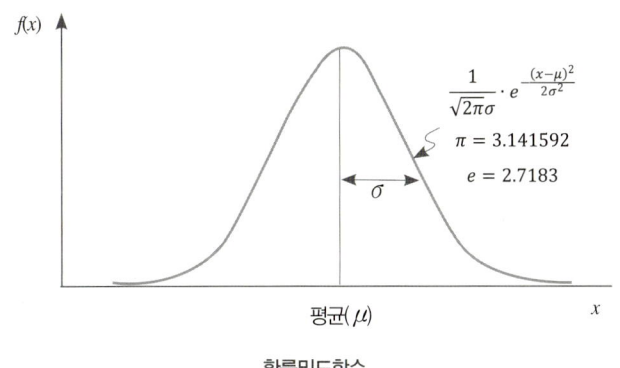

확률밀도함수

정규분포의 확률밀도 함수식에서 평균(μ)과 분산(σ^2), 표준편차(σ)를 제외하고는 모두 상수값이기 때문에 정규분포의 종 모양은 평균과 분산에 따라 다양하게 결정된다.

표준편차(σ)의 크기가 커질수록 그래프의 모양은 점점 옆으로 퍼지고 반대로 작아질수록 그래프의 모양은 뾰족해지며, 평균값에 따라 좌우로 그래프가 이동하게 된다.

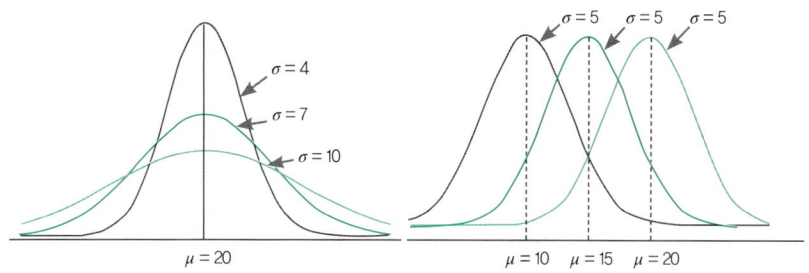

표준편차, 평균에 따른 종 모양의 다양한 형태

정규분포는 분산에 의해 분포의 넓이(확률)가 결정되며, 표준편차에 의해 오차범위가 결정되는 것을 위 그림을 통해 확인했다. 정규분포를 이용해서 확률을 계산할 때, 모집단에서 수많은 시행을 하게 되고, 시행마다 표본이 달라지기 때문에 정규분포의 모양도 변하게 된다.

다만, 모양이 변할 때마다 해당 곡선의 정규분포함수 $f(x)$를 파악해서 $a \sim b$까지 적분하여 그래프의 면적을 구하는 것은 쉽지 않은 작업이다.

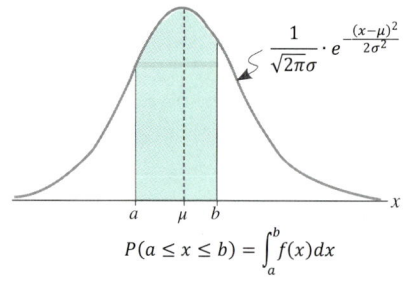

$$P(a \leq x \leq b) = \int_a^b f(x)dx$$

정규분포함수를 이용한 확률 계산

따라서 통계학자들은 실험에 대한 자료가 주어지는 확률을 통해 정규분포의 경험적 법칙(Empirical Rule)을 정의했고, 경험적 법칙(68-95-99.7 규칙)에 의하면 평균에서 양쪽으로 ±3 표준편차의 범위에 거의 모든 값들(99.7%)이 들어간다는 것을 알수 있다.

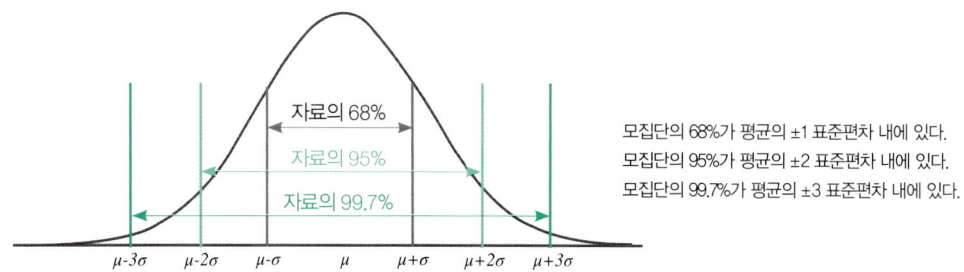

정규분포의 경험적 법칙(68-95-99.7 규칙)

또한 각 집단의 평균과 표준편차가 각각 다르기 때문에 서로 비교하기 어렵다는 문제가 있다.

예를 들어, 과학실험결과 A, B반의 수학점수가 정규분포를 따른다면 A반의 평균은 65점, 표준편차 30점이고, B반은 평균 65점 표준편차 10점이라면 두 반 중 어느 반이 학업성취도가 높다고 할 수 있을까?

A, B반의 분포와 모양이 달라 직관적으로 판단이 어렵다. 따라서 서로 다른 모수(평균, 표준편차)를 가진 정규분포 집단을 서로 비교하기 위해 정규분포를 평균이 0, 표준편차를 1로 표준화할 수 있다.

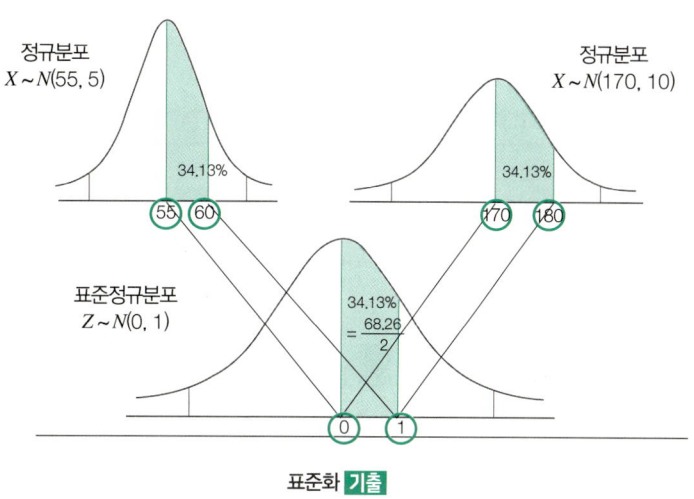

이를 정규분포를 표준정규분포로 바꾸는 과정인 표준화라고 한다.

❸ 표준정규분포(Standard Normal Distribution)

표준화확률변수(Standardized Random Variable) Z에 의해 변환 과정을 거쳐 평균이 0이고, 표준편차가 1로 정리된 정규분포를 표준정규분포라 한다.

확률변수 X가 정규분포 $X \sim N(\mu, \sigma^2)$을 따르면, 확률변수 Z는 표준정규분포 $Z \sim N(0, 1^2)$를 따른다. 확률변수 X값을 취할 때 대응하는 표준화확률변수 Z(Z점수 : Z-Score, Z통계량)의 값은 다음과 같다.

$$\text{표준화확률변수 } Z = \frac{X - \mu}{\sigma}$$ 기출

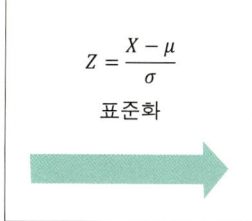

표준정규분포의 정의

구분	설명
확률변수	표준화확률변수 $Z = \dfrac{X - \mu}{\sigma}$
확률밀도함수	$f(z) = F'(z) = \begin{cases} \dfrac{1}{\sqrt{2\pi}} \cdot e^{-\frac{z^2}{2}}, & -\infty < z < \infty \\ 0, & otherwise \end{cases}$
누적분포함수	$F(z) = P(Z \leq z) = \int_{-\infty}^{z} \dfrac{1}{\sqrt{2\pi}} \cdot e^{-\frac{z^2}{2\sigma^2}} \, dz$
기호	$Z \sim N(0,1)$ (0은 평균, 1은 표준편차)
기댓값(평균)과 분산	기댓값 $E(X) = M'(0) = 0$, 분산 $V(X) = M''(0) - M'(0)^2 = 1$

모든 정규분포는 표준정규분포로의 변환이 가능하며, 변환 후 표준정규분포표를 이용하여 복잡한 확률을 계산할 수 있다.

표준화 예시

구분	설명
사례	우리나라 성인 남자 키를 조사했더니, 평균은 173cm, 표준편차는 5cm로 조사되었다. 키가 185cm 이상일 확률을 구하고자 할 때, 표준화 수행 결과는 다음과 같다.
확률변수	$Z = \dfrac{X - \mu}{\sigma} = \dfrac{185 - 173}{5} = 2.4$
기호	$Z \sim N(0,1)$
표준정규분포도	

위 사례의 z = 2.4에 해당하는 면적을 적분을 이용해서 구하기는 번거로운 과정이기 때문에 아래의 표준정규분포표로 확인할 수 있다.

아래 표준정규분포표의 z값 2.4에 대응되는 확률값을 확인해보면, 0.4918이다. 평균 0을 중심으로 왼쪽의 면적은 0.5이기 때문에 z값 2.4까지의 면적은 0.9918임을 알 수 있다. 따라서, 우리가 구하고자 하는 확률은 전체 1에서 0.9918을 뺀 영역이므로 1-0.9918 = 0.0082, 즉 0.82%이다.

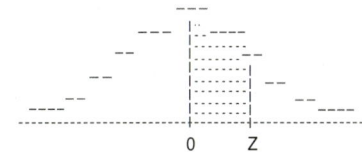

Z	0.00	0.01	0.02	0.03	0.04	0.05	0.06	0.07	0.08	0.09
0.0	.0000	.0040	.0080	.0120	.0160	.0199	.0239	.0279	.0319	.0359
0.1	.0398	.0438	.0478	.0517	.0557	.0596	.0636	.0675	.0714	.0753
0.2	.0793	.0832	.0871	.0910	.0948	.0987	.1026	.1064	.1103	.1141
0.3	.1179	.1217	.1255	.1293	.1331	.1368	.1406	.1443	.1480	.1517
0.4	.1554	.1591	.1628	.1664	.1700	.1736	.1772	.1808	.1844	.1879
...
2.0	.4772	.4778	.4783	.4788	.4793	.4798	.4803	.4808	.4812	.4817
2.1	.4821	.4826	.4830	.4834	.4838	.4842	.4846	.4850	.4854	.4857
2.2	.4861	.4864	.4868	.4871	.4875	.4878	.4881	.4884	.4887	.4890
2.3	.4893	.4896	.4898	.4901	.4904	.4906	.4909	.4911	.4913	.4916
2.4	.4918	.4920	.4922	.4925	.4927	.4929	.4931	.4932	.4934	.4936

표준정규분포표(우측을 기준으로 한 분포표), 부록 A 표준정규분포표 참조

한 가지 사례를 더 확인해보자.

표준정규분포 예시

구분	설명
사례	A반의 수학시험점수가 평균 50점이고 표준편차가 20점이라고 한다. 한 학생이 60점을 받았다면 상위 몇 %이며, 평균으로부터 얼마나 떨어져 있는가?
확률변수	$Z = \dfrac{X - \mu}{\sigma} = \dfrac{60 - 50}{20} = 0.5$
표준정규분포표	<table><tr><th>Z</th><th>0.00</th><th>0.01</th><th>0.02</th><th>0.03</th><th>0.04</th><th>0.05</th><th>0.06</th><th>0.07</th><th>0.08</th></tr><tr><td>0.0</td><td>0.0000</td><td>0.0040</td><td>0.0080</td><td>0.0120</td><td>0.0160</td><td>0.0199</td><td>0.0239</td><td>0.0279</td><td>0.0319</td></tr><tr><td>0.1</td><td>0.0398</td><td>0.0438</td><td>0.0478</td><td>0.0517</td><td>0.0557</td><td>0.0596</td><td>0.0636</td><td>0.0675</td><td>0.0714</td></tr><tr><td>0.2</td><td>0.0793</td><td>0.0832</td><td>0.0871</td><td>0.0910</td><td>0.0948</td><td>0.0987</td><td>0.1026</td><td>0.1064</td><td>0.1103</td></tr><tr><td>0.3</td><td>0.1179</td><td>0.1217</td><td>0.1255</td><td>0.1293</td><td>0.1331</td><td>0.1368</td><td>0.1406</td><td>0.1443</td><td>0.1480</td></tr><tr><td>0.4</td><td>0.1554</td><td>0.1591</td><td>0.1628</td><td>0.1664</td><td>0.1700</td><td>0.1736</td><td>0.1772</td><td>0.1808</td><td>0.1844</td></tr><tr><td>0.5</td><td>0.1915</td><td>0.1950</td><td>0.1985</td><td>0.2019</td><td>0.2054</td><td>0.2088</td><td>0.2123</td><td>0.2157</td><td>0.2190</td></tr><tr><td>0.6</td><td>0.2257</td><td>0.2291</td><td>0.2324</td><td>0.2357</td><td>0.2389</td><td>0.2422</td><td>0.2454</td><td>0.2486</td><td>0.2517</td></tr></table>
확률	$P(Z = 0.5) = 0.1915$ $50\% - 19.15\% = 30.85\%$
분포표	(Z통계량 = 0.5, 19.15%, 50%, 30.85%, $\sigma=-3, \sigma=-2, \sigma=-1, \mu=50, \sigma=1$ 70, $\sigma=2$ 90, $\sigma=3$ 100)
해설	표준화를 통해 평균과 표준편차를 이용하여, z는 0.5를 도출했다. 0을(중앙을) 기준으로 표준정규분포표에서 z값 0.5의 확률은 19.15%이다. x축 중앙을 기준으로 우측은 50%의 면적을 차지하고 있기 때문에, 50%에서 19.15%를 빼주면 30.85%가 된다. 60점을 받은 학생은 상위 30.85%에 위치하고 있으며, 평균으로부터는 z값인 0.5 시그마 만큼 떨어져 있다.

❹ 감마분포(Gamma Distribution)

포아송 가정을 만족하는 실험에서, 양의 실수구간에서 정의한 어떤 사건이 α번 발생하기까지의 대기시간에 관한 확률변수를 감마확률변수라 하고 이때 확률변수 X는 감마분포를 따른다고 한다.

감마분포의 정의

구분	설명
확률변수	$X = \alpha$번째 사건이 발생할 때까지 걸린 시간
확률밀도함수	$f(x) = F'(x) = \begin{cases} \dfrac{1}{\gamma(\alpha)\beta^{\alpha}} x^{\alpha-1} e^{-\frac{x}{\beta}}, & \alpha > 0, \beta > 0, x > 0, \\ 0, & otherwise \end{cases}$
기호	$X \sim Gam(\alpha, \beta)$, ($\alpha$는 형상모수, β는 척도모수)
기대값(평균)과 분산	기대값 $E(X) = M'(0) = \alpha\beta$, 분산 $V(X) = M''(0) - M'(0)^2 = \alpha\beta^2$

> **참고** 감마함수, 감마분포와 지수분포 및 카이제곱분포의 관계
>
> 감마함수는 임의의 $\alpha > 0$인 상수 α에 대하여 아래와 같이 정의한다.
>
> $\gamma(\alpha) = \displaystyle\int_0^\infty x^{\alpha-1} e^{-x} dx$
>
> 감마함수의 정의에 의해 다음이 성립한다.
> 1) $\alpha > 1$일 때 $\gamma(\alpha) = (\alpha - 1)\gamma(\alpha - 1)$
> 2) $\gamma(1) = 1$, 양의 정수 n에 대해 $\gamma(n) = (n - 1)!$
>
> 지수분포는 감마분포에서 $\alpha = 1, \beta = 1/\lambda$인 경우이며,
> 카이제곱분포는 감마분포에서 $\alpha = \nu/2, \beta = 2$인 경우이다($\nu$는 자유도).

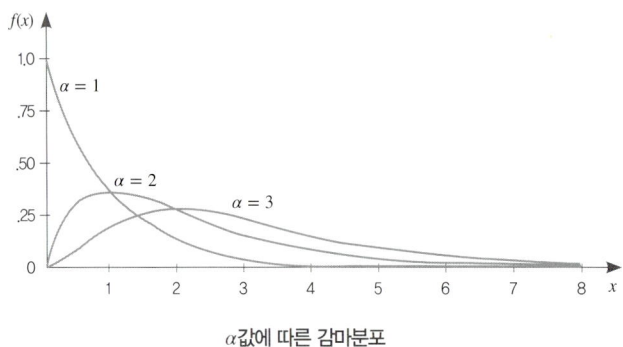

α값에 따른 감마분포

❺ 지수분포(Exponential Distribution)

단위시간당 또는 단위공간당 발생하는 사건 수에 대한 분포는 이산확률분포인 포아송분포를 따르며, 단위시간당 평균적으로 사건이 λ번 발생하는 실험에서 첫 번째 사건이 발생할 때까지 걸린 시간에 대한 분포는 지수분포를 따른다.

즉, 지수분포는 어떤 사건이 발생할 때까지 경과시간에 대한 두 사건 사이의 시간(발생 전과 발생)에 대한 연속확률분포이며, 시간이 지날수록 발생할 확률이 점점 작아지는 경우 사용하는 분포이다(연속확률분포 가운데 무기억성을 가지는 유일한 분포).

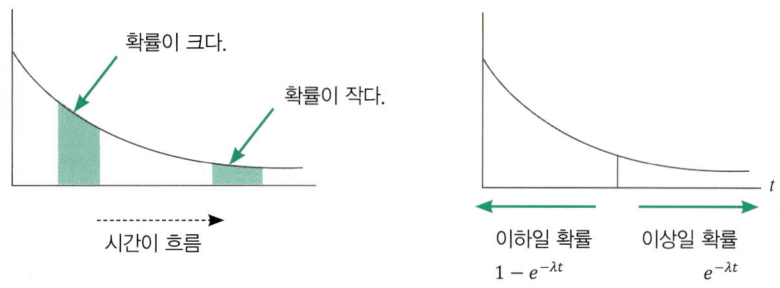

지수분포의 이해

다음 사건이 발생할 때까지 대기하는 시간을 확률변수 T라 할 때, 시간$(0,t)$에서 사건이 하나도 발생하지 않을 확률 $P(T > t)$는 처음 발생한 사건이 t시간 이후에 일어남을 의미한다. 여기서 단위시간당 평균 λ(람다)개의 사건이 발생하는 포아송분포를 생각하면 시간 $(0,t)$에서는 평균적으로 λt개의 사건이 발생한다.

이때, 확률변수 X가 평균이 λt인 포아송분포를 따른다고 하면, 지수분포는 다음과 같이 정의한다.

지수분포의 정의

구분	설명
확률변수	X = 첫 번째 사건이 발생할 때까지 걸린 시간
확률밀도함수	확률밀도함수 $f(x) = F'(x) = \begin{cases} \lambda e^{-\lambda x}, & x \geq 0 \\ 0, & \text{otherwise} \end{cases}$
누적분포함수	$F(x) = P(X \leq x) = 1 - P(X > x)$ $= 1 - P\{\text{시 구간}[0,x] \text{ 내에서 발생한 사건의 수} = 0\}$ $= 1 - P(Y = 0), Y \sim Poisson(\lambda x)$ $= 1 - \dfrac{e^{-\lambda x}(\lambda x)^0}{0!} = 1 - e^{-\lambda x}, \quad x \geq 0$
기호	기호 $X \sim Exp(\lambda)$
기댓값(평균)과 분산	기댓값 $E(X) = M'(0) = \dfrac{1}{\lambda}$, 분산 $V(X) = M''(0) - M'(0)^2 = \dfrac{1}{\lambda^2}$

❻ 카이제곱분포(Chi-square Distribution, χ^2분포)

카이제곱분포와 F분포는 모두 데이터가 흩어진 정도, 즉 치우침을 나타내는 분산의 특징을 확률분포로 만든 분포이며, 카이제곱분포가 한 집단의 (표본)분산을 추론하는 분포라면 F분포는 두 집단의 (표본)분산을 비교하는 분포이다.

> **참고**
>
> 카이제곱통계량은 범주형 변수인 명목척도나 서열척도 자료의 독립성 검정, 적합성 검정, 동질성 검정에 주로 활용되며, 두 변수 간 연관성 검정을 위해 사용되는 분석 기법인 교차분석의 통계량으로 사용한다.

카이제곱분포는 t분포와 마찬가지로 확률을 구할 때 사용하는 분포가 아니며, 추론 통계에서 신뢰구간 및 가설 검정에서 사용된다. 또한 분산이라는 제곱된 값을 다루기 때문에 (−)값은 존재하지 않고 (+)값만 존재한다. 그래서 정규분포는 x축을 중심으로 좌우대칭 모양을 표현하고 카이제곱분포는 우측 꼬리가 긴 비대칭 모양을 표현한다.

정규분포와 카이제곱분포

카이(χ)는 X의 그리스 알파벳 버전으로 평균 0, 분산 1인 표준정규분포를 의미하기 때문에 카이제곱이라는 이름에는 표준정규분포를 제곱한다는 의미가 내포되어 있다. 따라서 확률변수 $Z_1, Z_2, ..., Z_v$가 서로 독립인 v개의 확률변수이면서 표준정규분포 $N(0,1)$을 따른다면 자유도가 $v = (n-1)$인 카이제곱분포 (χ^2)는 다음과 같이 정의한다.

카이제곱분포의 정의

구분	설명
확률변수	$X = \chi^2 = \sum_{i=1}^{n} Z_i^2 = \dfrac{(X_i - \mu)^2}{\sigma^2}$ $=$ 표본분산의 확률변수 $= \chi^2_{(v)} = \dfrac{(n-1)S^2}{\sigma^2}$
확률밀도함수	$f(x) = F'(x) = \begin{cases} \dfrac{1}{2^{\frac{v}{2}} \gamma\left(\frac{v}{2}\right)} x^{\frac{v}{2}-1} e^{-\frac{x}{2}}, & x \geq 0 \\ 0, & otherwise \end{cases}$
기호	$X \sim \chi^2(v)$
기댓값(평균)과 분산	기댓값 $E(X) = \alpha\,\beta = v$, 분산 $V(X) = \alpha\beta^2 = 2v$

카이제곱분포는 감마분포에서 두 모수 α, β가 각각 $\dfrac{v}{2}$와 2인 경우이며, 카이제곱분포에서 v를 자유도라고 부르며, 자유도에 대한 확률은 카이제곱분포표를 이용하여 구할 수 있다.

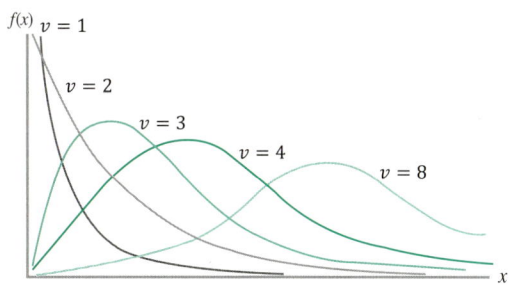

자유도에 따른 카이제곱분포

자유도 v가 커질수록 종 모양의 분포에 가까워지며 $v > 30$일 때 표준정규분포에 근사한다.

카이제곱분포표는 χ^2값을 중심으로 좌측에는 자유도(df, 표본수 − 1), 위에는 확률(α)로 정리되어 있으며 이 확률은 오른쪽 면적에 해당한다

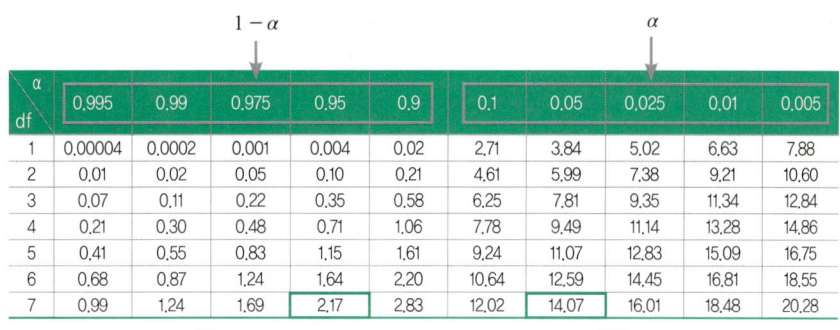

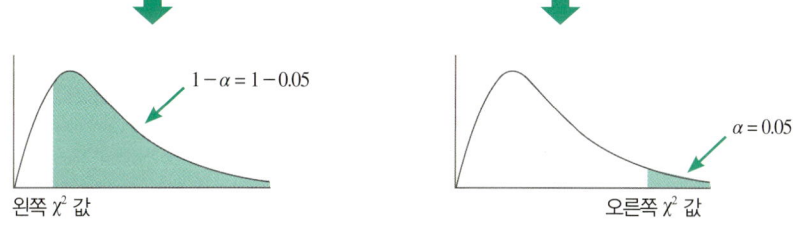

카이제곱분포표 예시, 부록 C 카이제곱분포표 참조

예를 들어, 위 카이제곱분포표에서 확률변수 X가 자유도가 7이고 유의수준(α)이 0.05(5%)인 χ^2 값을 찾으면 $\chi^2_{0.95} = 2.17$(왼쪽 값), $\chi^2_{0.05} = 14.07$(오른쪽 값)을 얻는다.

6.1.4 표본분포

빅분기_27
6.1.4.1 ~ 6.1.4.3

6.1.4.1 통계량

확률분포는 확률변수가 특정한 값을 가질 확률을 나타내는 함수를 의미하며, 통계량(Statistic)은 어떤 확률분포로부터 관찰될 수 있는 모든 관측값들이며, 확률표본을 구성하는 확률변수들의 함수이다.

통계량은 값이 알려져 있지 않은 모수들을 포함하지 않으며, 관측 가능한 확률변수들 $X_1, X_2, \ldots, X_n$의 실수값 함수를 말한다. 통계량 자체는 확률변수를 말하며, 자기 자신의 확률분포를 갖게 된다.

반면에 구체적인 표본에 의하여 구한 값(관측값)은 $(x_1, x_2, x_3, \ldots, x_n)$ 소문자를 사용하여 이 값들이 실제 표본에 근거한 구체적인 값임을 나타낸다.

통계량 예시

구분	설명	
확률표본	각각 $n = 5$인 확률표본 X_1, X_2	
확률변수	확률변수 X_1, X_2	
통계량	확률변수의 합	$X_1 + X_2$
	확률변수의 최소값	$X(1) = min(X_1, X_2)$
	확률변수의 최대값	$X(n) = max(X_1, X_2)$,
	표본평균	$\bar{X} = \frac{1}{2}\sum_{i=1}^{2} X_i$
	중앙값	$\tilde{X} = median\,(X_1, X_2)$,
	표본분산	$S^2 = \sum_{i=1}^{2}(X_i - \bar{X})^2$

모집단의 모수와 표본의 통계량의 차이를 표본오차(Sampling Error)라 하고, 반복적으로 추출한 표본들 간의 표준편차(표본 간의 변동성)를 표준오차(Standard Error of the Mean, SE)라 한다. 표준오차를 최소화해서 표본오차를 최소화하는 통계량은 모수의 예측 정확도를 높이게 된다.

> **참고** 모집단의 모수와 표본의 통계량 기호
>
> | 대상 | 모집단 모수 | 표본 통계량 |
> |---|---|---|
> | 조사값 | 모수 : 모집단의 특성값 | 통계량 : 표본의 측정값 |
> | 평균 | 모평균 : μ | 표본평균 : $\bar{X}$ |
> | 분산 | 모분산 : σ^2 | 표본분산 : S^2 |
> | 표준편차 | 모표준편차 : σ | 표본표준편차 : S |
> | 비율 | 모비율 : p | 표본비율 : $\hat{p}$ |
> | 크기 | 모집단의 크기 : N | 표본의 크기 : n |

❶ 표본평균(Sample Mean)

크기 순서대로 배열했을 때 자료의 집합의 중심을 나타내는 측도로는 평균, 중앙값, 최빈값 등이 있으며, 대표적으로 평균을 가장 많이 사용한다.

표본평균은 모집단의 모 평균에 대비되는 개념으로서 표본들을 추출하여 그 표본들의 평균을 구하고 그 평균의 집단을 대표하는 값을 일컫는다.

표본평균은 $X_1, X_2, \ldots, X_n$의 크기 n인 확률표본이라고 할 때, 다음과 같이 정의한다.

$$\text{표본평균 } \bar{X} = \frac{1}{n}\sum_{i=1}^{n} X_i$$

반복적으로 추출한 표본 $X_1, X_2, \ldots, X_n$ 확률변수들의 변동성을 추정하는 표본평균의 표준오차는 다음과 같다.

$$\text{표본평균의 표준오차 } SE(\bar{X}) = \frac{S}{\sqrt{n}}$$

❷ 표본분산(Sample Variance) 기출

표본분산은 표본의 분산을 의미하며, 관측값에서 표본평균을 빼고 제곱한 값을 모두 더한 것을 $n-1$로 나눈값이다. $X_1, X_2, \ldots, X_n$의 크기 n인 확률표본이라고 할 때, 아래와 같이 정의한다.

$$\text{표본분산 } S^2 = \frac{1}{n-1}\sum_{i=1}^{n}(X_i - \bar{X})^2$$

주어진 확률표본에서 S^2의 값은 s^2으로 표시되며, 통계적 추론에서 사용하기 위해(모분산과 표본분산이 같아지게 하기 위해) 분모가 $n-1$이 된다.

분산이 σ^2인 정규분포를 이루는 모집단에서 표본을 추출할 때, 각 표본의 분산 S^2의 표본분포는 제곱을 하기 때문에 정규분포와 다르게 항상 양의 값만을 가지며 비대칭 모양의 오른쪽으로 긴 꼬리를 가진다.

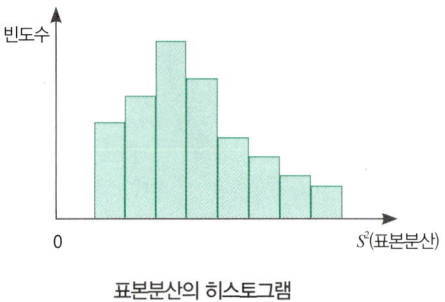

표본분산의 히스토그램

❸ 표본표준편차(Sample Standard Deviation)

표본표준편차는 표본분산의 양의 제곱근으로 정의되고 S로 표시한다.

$$S = \sqrt{S^2}$$

표본평균과 표본분산 표준편차 예시

구분	설명
확률표본	어느 도시의 상점 중 임의로 4곳을 선택하여 특정 상품의 가격을 비교해본 결과 지난 달보다 120원, 150원, 170원, 200원씩 인상되었다. 가격인상에 대한 이 확률표본의 표본평균과 분산은?
표본평균	$\bar{X} = \dfrac{1}{n}\sum_{i=1}^{n} X_i = \dfrac{120 + 150 + 170 + 200}{4} = 160$
표본분산	$S^2 = \dfrac{1}{n-1}\sum_{i=1}^{n}(X_i - \bar{X})^2 = \dfrac{1}{3}\sum_{i=1}^{4}(x_i - 160)^2$ $= \dfrac{1}{3}[(120-160)^2 + (150-160)^2 + (170-160)^2 + (200-160)^2] = \dfrac{3,400}{3}$
표준편차	$S = \sqrt{S^2} = \sqrt{\dfrac{3,400}{3}}$

❹ 표본비율(Sample Proportion)

비율(Proportion)은 전체 중에서 사건이 차지하는 크기를 의미하며 평균의 특별한 경우로 일반적인 평균의 표본분포와 같이 비율 표본분포를 이룬다.

어떤 특성을 띠는 것의 관측값을 1, 그 특성을 띠지 않는 것을 0으로 하고 이 값을 합하여 관측값의 개수로 나누면 비율을 얻을 수 있다. 이것은 1과 0이란 크기가 갖는 변량의 평균값에 해당하므로 비율은 평균의 특별한 경우라 말할 수 있는 것이다. 또한 베르누이 시행에서 성공확률이 표본비율이라 할 수 있다.

>
> - 비율(Proportion) : 전체 중에서 사건이 차지하는 크기
> - 비(Ratio) : 사건A와 B의 상대적 크기(성비, 인구밀도)
> - 율(Rate) : 특정 시간 동안 발생한 사건과 노출된 횟수(보통 1/1,000 사용)
> * 비율과 율은 같은 의미로 많이 사용

크기가 n인 표본에서 어떤 사건이 일어난 횟수를 확률변수 X라고 할 때, 그 사건에 대한 표본비율 $\hat{p}$는 다음과 같다.

$$\text{표본비율 } \hat{p} = \frac{X}{n}$$

n이 큰 경우, 이항분포는 정규분포에 근사하며, 따라서 확률변수 X 및 표본비율 $\hat{p}$는 정규분포를 따른다. 표본비율의 표준오차는 다음과 같다.

$$\text{표준오차 } SE(\hat{p}) = \sqrt{\frac{\hat{p}\hat{q}}{n}} \text{ (단, } \hat{q} = 1 - \hat{p}\text{)}$$

표준오차는 점추정치 $\hat{p}$의 정확도를 나타내는 지표이며, 표준오차가 작을수록 모집단 비율 p의 실제값에 대하여 더 작은 변동성을 가진다(높은 정확도). 표본크기 n이 커질수록 표준오차는 작아진다.

6.1.4.2 표본분포 기출

모집단에서 표본을 뽑아 그 표본을 대상으로 분석할 때, 선택된 표본은 모집단을 대표할 수 있어야 하며, 모집단의 특성을 추정하기 위해 표본을 선택하여 분석한다는 것은 표본분포를 이용하여 선택된 표본이 포함하고 있는 오차의 정도를 측정할 수 있다는 것을 의미한다.

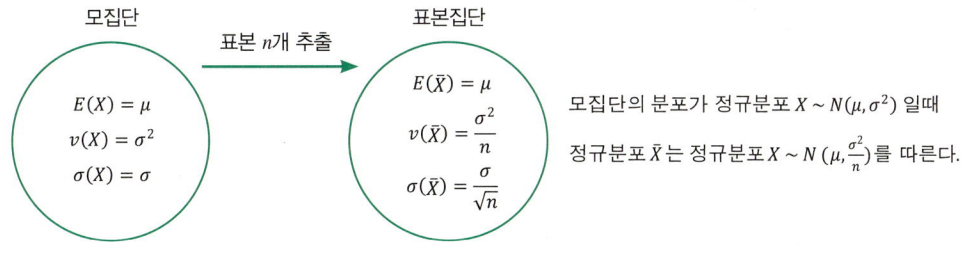

표본평균 표본분포 예시

표본분포는 모집단에서 일정한 크기(n)로 표본을 모두(k번) 뽑아서 계산한 각 표본 통계량의 확률분포이다.

확률표본을 구성하는 확률변수들의 함수를 통계량이라고 하며(표본평균, 표본분산 등) 통계량은 관측된 표본에 따라 변하는 확률변수로 확률분포를 가지게 된다. 즉, 통계량의 확률분포를 표본분포라고 한다.

통계량의 표본분포는 모집단의 크기, 표본의 크기, 표본추출방법에 따라 달라지며 하나의 표본으로부터 계산된 통계량은 크게 표본평균과 표본비율, 표본분산에 따른 표본분포로 구분할 수 있다.

6.1.4.3 표본평균의 분포

❶ 표본평균의 분포(Sampling Distribution of Mean) 기출

표본평균의 분포는 특정한 모집단에서 동일한 크기(n)로 표본(k번)을 뽑아서 각각의 표본들의 평균을 계산했을 때, 그 평균들의 확률분포를 의미한다.

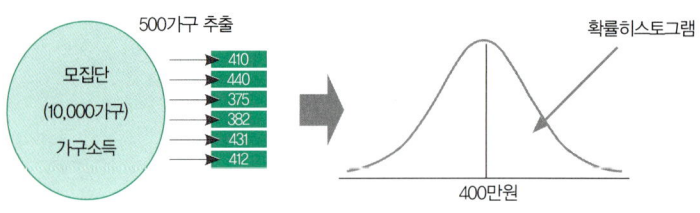

표본평균의 분포

표본평균의 평균은 기대값을 의미하며, 표본수가 달라지더라도 모집단 평균과 일치한다. 기대값 $E(\bar{X})$는 다음과 같다.

$$\text{기대값 } E(\bar{X}) = \mu_{\bar{X}} = \sum \bar{X} \cdot P(\bar{X})$$

표본크기가 n일 때, 표본평균의 분산은 모집단의 분산을 표본크기 n으로 나눈 것과 같다.

$$\text{표본평균의 분산 } \sigma_{\bar{X}}^2 = E(\bar{X} - \mu_{\bar{X}})^2 = \sum (\bar{X} - \mu_{\bar{X}})^2 \cdot P(\bar{X}) = \frac{\sigma^2}{n}$$

표본평균의 표준편차는 다음과 같다.

$$\text{표본평균의 표준편차 } \sigma_{\bar{X}} = \frac{\sigma}{\sqrt{n}}$$

모집단에서 표본을 선택하여 평균을 계산하면, 모집단의 평균과 차이가 날 것이며, 이 차이를 표본오차(Sampling Error)라고 한다. 표본오차를 나타내는 측도로 표준오차를 사용하며, 표본평균의 표준편차를 평균의 표준오차(Standard Error)라고 한다.

$$\text{표본평균의 표준오차 } \sigma_e = \sigma_{\bar{X}} = \frac{\sigma}{\sqrt{n}}$$

평균이 μ, 분산이 σ^2인 정규모집단에서 크기 n인 확률표본을 추출했다고 가정하면 확률표본은 X_1, X_2, ... , X_n은 모두 모집단과 동일한 정규분포를 따르게 된다.

표본평균을 이용한 모평균 추정은 모집단의 분산(표준편차)이 알려져 있는 경우 혹은 모집단의 분산(표준편차)이 알려져 있지 않고 대표본인 경우($n \geq 30$)는 중심극한의 정리에 의거하여 Z분포를 이용하고, 모집단의 분산(표준편차)이 알려져 있지 않고 소표본 ($n < 30$)인 경우는 t분포를 이용한다.

모평균의 분포

모분산을 알 때	모분산을 모를 때 대표본	모분산을 모를 때 소표본
$Z = \dfrac{\bar{X} - \mu}{\dfrac{\sigma}{\sqrt{n}}}$	$Z = \dfrac{\bar{X} - \mu}{\dfrac{s}{\sqrt{n}}}$	$T = \dfrac{\bar{X} - \mu}{\dfrac{s}{\sqrt{n}}}$ 자유도 $v = n - 1$

또한 평균에 대한 추론의 필요조건은 다음과 같다.

평균에 대한 추론의 필요조건 기출

구분	설명
임의성	자료는 임의 표본 혹은 임의 실험으로 산출
일반성	표본평균의 표본분포는 정규분포를 가정 모집단이 정규분포를 따르면 표본분포는 표본크기와 상관없이 정규분포를 따름 중심극한정리에 따라 표본이 충분히 클 때($n \geq 30$), 모집단의 분포와 상관없이 정규분포를 따름
독립성	각각의 관측값은 독립이어야 하며, 비복원추출일 경우 표본의 크기는 모집단의 10%를 초과하면 안 됨

> **참고** 표준오차에 따른 모평균의 경험적 법칙
>
> $X \sim N(\mu, \dfrac{\sigma^2}{n})$
>
> 68.26%
> 95.44%
> 99.73%
>
> $\mu - 3\dfrac{\sigma}{\sqrt{n}}$, $\mu - 2\dfrac{\sigma}{\sqrt{n}}$, $\mu - 1\dfrac{\sigma}{\sqrt{n}}$, μ, $\mu + 1\dfrac{\sigma}{\sqrt{n}}$, $\mu + 2\dfrac{\sigma}{\sqrt{n}}$, $\mu + 3\dfrac{\sigma}{\sqrt{n}}$
>
> $k = 1$, 68.26% 이상의 데이터가 $\mu \pm 1\dfrac{\sigma}{\sqrt{n}}$ 사이에 있음
>
> $k = 2$, 95.44% 이상의 데이터가 $\mu \pm 2\dfrac{\sigma}{\sqrt{n}}$ 사이에 있음
>
> $k = 3$, 99.73% 이상의 데이터가 $\mu \pm 3\dfrac{\sigma}{\sqrt{n}}$ 사이에 있음
>
> 표본분포는 표준오차(SE)의 크기에 의해 오차범위(신뢰구간)의 크기가 결정된다.

모평균 추정 사례

구분	설명
사례	정규 모집단 $N(50, 2^2)$에서 크기 $n = 16$의 표본을 무작위 추출할 때 표본평균 분포의 평균과 표준편차를 구하여라. 또한 표본평균이 $\bar{X} = 51$ 이상일 확률은?
모평균, 모표준편차	$\mu = 50$, $\sigma = 2$
표본평균의 평균	$E(\bar{X}) = \mu_{\bar{X}} = 50$
표본평균의 표준편차	$\sigma_{\bar{X}} = \dfrac{\sigma}{\sqrt{n}} = \dfrac{2}{\sqrt{16}} = \dfrac{1}{2}$
표본평균 $\bar{X} = 51$ 이상일 확률	표준화확률변수 $Z = \dfrac{\bar{X}-\mu}{\sigma/\sqrt{n}}$ $P(\bar{X} \geq 51) = P\left(z \geq \dfrac{\bar{X}-\mu}{\sigma/\sqrt{n}}\right) = P\left(z \geq \dfrac{51-50}{0.5}\right)$ $= P(z \geq 2.0) = 1 - P(z < 2.0) = 1 - 0.9772 = 0.0228$

❷ 중심극한정리(Central Limit Theorem) 기출

통계에서 정규분포가 중요한 이유는 통계분석 시, 관찰된 모집단의 분포가 실제로 정규분포가 아닌 경우에도 중심극한정리에 의해 모집단의 분포를 정규분포라고 대부분 가정하고 통계 분석을 할 수 있기 때문이다.

중심극한정리는 정확한 분포가 알려지지 않았거나 다루기 힘든 경우 근사분포를 제공하며, 추출한 표본의 n이 충분히 크면(일반적으로 $n \geq 30$이면) 모집단 분포의 모양에 상관없이 추출된 표본들의 평균분포는 정규분포 $N(\mu, \dfrac{\sigma}{\sqrt{n}})$를 따른다는 법칙이다(표준정규분포 $N(0,1)$에 근사함).

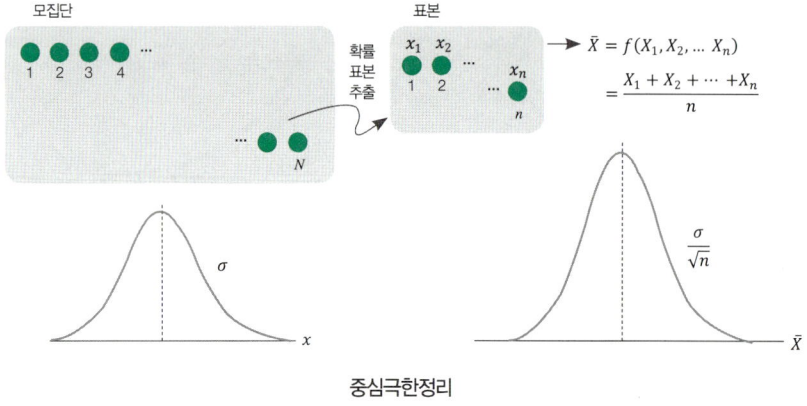

중심극한정리

이는 중심극한정리가 표본 수집을 기반으로 한 추론 통계에서 중요한 이론적 근거를 제시하는데, 모집단이 어떤 분포를 가지는지 상관없이 표본의 크기가 충분히 크다면, 표본평균들의 분포가 모집단의 모수를 기반으로 정규분포를 이룬다는 점을 이용하여 특정 사건이 일어날 확률값을 계산할 수 있게 된다.

서로 독립이고, 같은 확률분포를 가지고 있으며, 평균이 μ이고 분산이 σ^2인 모집단으로부터 크기 n인 확률표본을 추출했을 때,

표본들의 평균 $\bar{X} = \frac{x_1 + x_2 + \cdots + x_n}{n}$ 의 분포는 n이 충분히 크면, $(n \to \infty)$

정규분포 $N(\mu, \frac{\sigma^2}{n})$ 혹은 $N(\mu, \frac{\sigma}{\sqrt{n}})$에 근사하고

따라서, 표준화확률변수 $Z = \frac{\bar{X} - \mu}{\sigma/\sqrt{n}}$ 의 분포는 $N(0, 1^2)$에 근사한다

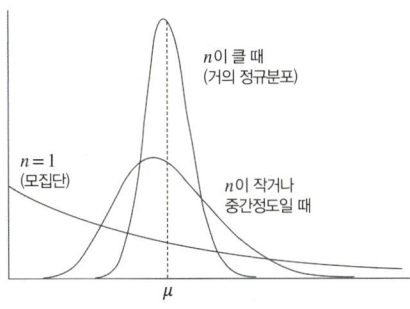

n의 크기에 따른 분포 모양

위 그래프를 보면 $n = 1$일 때 비대칭적, n이 커짐에 따라 $\bar{X}$는 더욱 정규분포에 근접하는 것을 알 수 있다.

중심극한정리 사례

구분	설명
사례	어떤 공장에서 생산되는 전구의 수명은 평균 800시간이고, 표준편차가 60시간인 정규분포를 따른다고 한다. 임의로 추출된 36개의 전구의 평균수명이 775시간 미만일 확률을 구하라.
$\bar{X}$의 분포	$\sigma_{\bar{X}} = 10$ $\bar{X}$의 분포는 $N(\mu, \frac{\sigma}{\sqrt{n}})$에 의해 $\mu_{\bar{X}} = 800$, $\sigma_{\bar{X}} = \frac{60}{\sqrt{36}} = 10$인 정규분포를 따른다.
표준정규분포	$\sigma_z = 1$ 따라서 $\bar{X} = 775$에 대응하는 표준정규계수 $Z = \frac{\bar{X} - \mu}{\sigma/\sqrt{n}} = \frac{775 - 800}{10} = -2.5$가 된다.
확률	$P(\bar{X} < 775) = P(Z < -2.5) = 0.0062$ ($z = 2.5$인 확률은 부록 A 표준정규분포표 참조) 36개의 전구의 평균수명이 775시간 미만일 확률은 0.62%이다.

❸ t분포(Student t-Distribution) 기출

모집단의 평균의 표본분포를 산출하기 위해 표본의 개수가 충분하다면 중심극한정리에 의한 Z분포를 이용할 수 있겠지만, 모분산(표준편차)이 알려져 있지 않고, 표본이 충분하지 못한 경우(일반적으로 $n < 30$이면)는 정규분포보다 예측 범위가 넓은 t분포를 사용한다.

평균 μ에 대한 신뢰구간 추정 및 가설 검정 시, t분포를 사용하며 확률을 구할 때는 사용하지 않는다.

t분포는 표준정규분포와 카이제곱분포의 결합으로 이루어져 있다.

Z는 표준정규확률변수, V는 자유도 v인 카이제곱확률변수이고, Z와 V가 서로 독립일 때,

$$\text{확률변수 } T = \frac{Z}{\sqrt{V/v}} \text{ 는}$$

$Z = \frac{\bar{X} - \mu}{\sigma/\sqrt{n}}$, $V = \frac{(n-1)s^2}{\sigma^2}$, $v = n - 1$ 이 된다. 따라서, t분포의 정의는 다음과 같다.

*t*분포의 정의

구분	설명
확률변수	$T = \frac{\bar{X} - \mu}{s/\sqrt{n}} \sim t(n-1)$ 단, $n-1$ 은 자유도 v
확률밀도함수	$f(x) = F'(v) = \frac{\gamma\left(\frac{v+1}{2}\right)}{\gamma\left(\frac{v}{2}\right)\sqrt{\pi v}} \left(1 + \frac{t^2}{2}\right)^{-\frac{v+1}{2}}, -\infty < t < \infty$
기호	$X \sim t(v)$ 또는 t_{n-1}
기대값(평균)과 분산	기대값 $E(X) = 0$, 분산 $V(X) = \frac{v}{v-2}$

> **참고** student 분포의 명명 이유
>
> t분포는 1908년 영국의 윌리엄 실리 고세트(William Sealy Gosset)에 의해 처음 소개되었다. 그가 근무하던 양조회사에서는 직원들이 논문을 발표하는 것을 허용하지 않아 학생(student)이라는 가명으로 출판하여 스튜던트의 t분포라고 부르게 되었다.

t분포의 특성은 다음과 같다.

> **t분포의 특성**
> - 정규분포와 같이 대칭적 형태이다.
> - 평균값은 0이고 분산(표준편차) 값은 자료(표본)의 크기 n에 따라 달라진다.
> - 표준정규분포에 비해 평균(0)을 중심으로 분포형태가 보다 완만하게 넓게 산재되어 있다.
> - 자료의 크기가 증가함에 따라 t분포는 표준정규분포에 근접하게 된다.

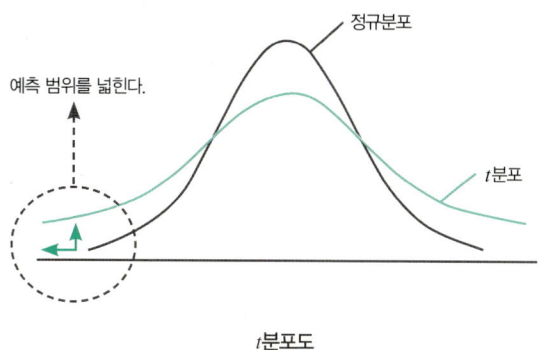

*t*분포도

*t*분포의 또 다른 특징은 표본 수가 적으면 적을수록 정규분포에 비해 양쪽 꼬리가 더 두터우며(데이터들이 그만큼 중심에 덜 모여 있다), *t*분포는 표본이 충분하지 못하여 정규분포를 이루지 못할 가능성이 크기 때문에 모집단은 정규분포를 이룬다는 가정이 필요하다.

*t*분포는 정규분포의 표준정규분포처럼 표준이 되는 그래프가 없으며, 대신 표본의 수 n이 많으면(30개 이상) 표준정규분포와 비슷해지고 표본의 수가 적을수록 그래프는 옆으로 퍼진다. 이때 표본의 수에서 1을 뺀, $n-1$을 자유도라고 하며 자유도가 증가함에 따라 표준정규분포에 더욱 접근한다.

*t*분포로 신뢰구간을 추정하고 가설 검정을 수행할 때 *t*값을 알아야 하며 이때 *t*값은 *t*분포표를 사용하여 구한다(*t*값은 *z*값과 마찬가지로 *x*축의 좌표를 의미한다).

표준정규분포표는 확률을 구할 때 사용하므로, 확률 중심으로 표가 구성되었으나 *t*분포표는 *t*값을 중심으로 좌측에는 자유도($n-1$), 위에는 확률(α)로 정리되어 있으며 이 확률은 면적에 해당한다. 단측검정일 경우에는 확률값대로 분포표를 확인하면 되지만, 양측검정일때는 확률값에서 나누기 2를 한 확률값 $\left(\dfrac{\alpha}{2}\right)$으로 *t*값을 찾아야 한다.

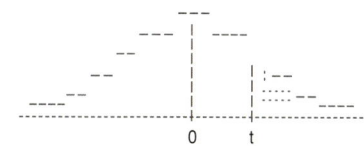

DF	t (0.1)	t (0.05)	t (0.025)	t (0.01)	t (0.005)	t (0.0025)
1	3.078	6.314	12.706	31.821	63.657	127.321
2	1.886	2.920	4.303	6.965	9.925	14.089
3	1.638	2.353	3.182	4.541	5.841	7.453
...						
18	1.330	1.734	2.101	2.552	2.878	3.197
19	1.328	1.729	2.093	2.539	2.861	3.174
20	1.325	1.725	2.086	2.528	2.845	3.153

*t*분포표, 부록 B *t*분포표 참조

*t*분포의 검정 예시

구분	설명
사례	어느 공정에서 관리자가 원재료 리터당 제품이 500g씩 제조된다고 주장한다. 이를 입증하기 위해 매월 19개의 표본을 추출하여 시험을 하였다. 95%의 확률로 실험결과가 500g이 아니면 잘못된 주장이라고 한다. 19개 샘플의 실험결과 표본평균은 518g이고 표준편차는 40g이었다면 어떤 결론을 낼 수 있겠는가? (모집단은 근사적으로 정규분포를 따른다고 가정)
95% 내의 있을 t값	표본수 $n = 19$, 자유도 $n - 1 = 18$ 주장의 신뢰구간 : 95% (신뢰하지 않는 구간100% − 95% = 5%(0.05)) 위 *t*분포표에서 95%의 *t*값을 찾으면 $t_{0.025} = 2.101$
t통계량	$T = \dfrac{\bar{X} - \mu}{s/\sqrt{n}} = \dfrac{518 - 500}{40/\sqrt{19}} = 1.9615 (\sqrt{19} = 4.359)$
T분포	(그래프: $t = 1.9615$, $t_c = -2.101$, $t_c = 2.101$, 양측 0.025)
결론	검정통계량 $t = 1.9615$는 95% 확률 내에 있기 때문에 리터당 제품이 500g씩 제조된다고 할 수 있다.

빅분기_28
6.1.4.4 ~ 6.1.4.5

6.1.4.4 표본비율의 분포

비율은 어떤 특성을 띠는 것의 관측값을 1, 특성을 띠지 않는 것을 0으로 했을 때 이를 합하여 관측값의 개수로 나누면 구할 수 있다. 표본분포에서 (표본) 비율을 표본비율(Sample Proportion, $\hat{p}$:p hat)이라 한다.

$$\text{표본비율 } \hat{p} = \dfrac{X}{n}$$

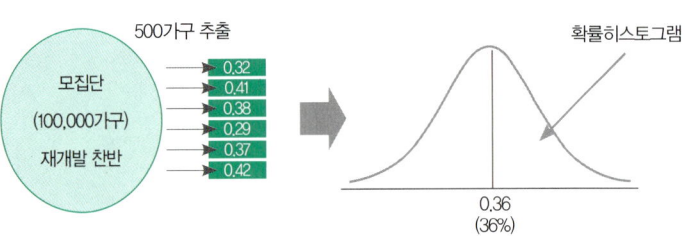

표본비율 분포

표본비율분포는 모집단에서 몇 백 표본으로 구성된 표본집단을 무수히 뽑아 각 표본마다 비율을 히스토그램으로 그렸을 경우 나타나는 확률분포이다.

모비율 p인 이항모집단으로부터 크기가 n인 확률표본에 의해 정의되는 표본비율($\hat{p}$)의 분포는 표본크기 n이 커짐에 따라 평균이 p이고 분산이 $\frac{pq}{n}$인 정규분포에 근사한다.

따라서 표본비율의 분포는 정규분포를 이루고 있으며, 표본비율의 확률은 표준정규분포 $N(0,1)$에 근사한다고 정의할 수 있다.

표본비율분포의 정의

구분	설명
확률변수	$Z = \frac{\hat{p}-p}{\sqrt{pq/n}}$
기호	$X \sim N(p, \frac{pq}{n})$
기대값(평균)과 분산	기대값 $E(X) = E(\hat{p}) = E(\frac{X}{n}) = \frac{1}{n}E(X) = p$, 분산 $V(X) = V(\hat{p}) = V(\frac{X}{n}) = \frac{1}{n^2}V(X) = \frac{1}{n^2}npq = \frac{pq}{n}$, 단 $q = 1-p$

비율의 표본분포 예시

구분	설명
사례	어떤 농장에서 판매하는 꽃의 씨앗 발아율은 80%라고 한다. 100개를 심었을 때 75개이상 발아할 확률은?
사례 분석	모비율(p) = 0.8 표본 수(n) = 100
표본비율	$\hat{p} = \frac{X}{n} = \frac{75}{100} = 0.75$
알고자 하는 것	100개를 심었을 때 75개 이상 발아할 확률 $P(\hat{p} \geq \frac{75}{100})$
표본비율확률	$P(\hat{p} \geq \frac{75}{100}) = P(Z \geq \frac{\hat{p}-p}{\sqrt{\frac{pq}{n}}}) = P(Z \geq \frac{0.75-0.8}{\sqrt{\frac{0.8 \times 0.2}{100}}} = -1.25) = 0.8944$ Z값 1.25에 대한 확률 : 부록 A 표준정규분포표 참조
분포도	89.44% ($z=-1.25$, $z=0$)

6.1.4.5 표본분산의 분포

❶ 표본분산의 분포

모집단의 모분산을 추정하기 위한 통계량은 표본분산이다. 표본분산은 모집단이 1개인 경우 카이제곱분포로 통계량을 산출하고, 서로 다른 모집단을 비교할 때 F분포로 통계량을 산출한다.

$$\text{표본분산 } S^2 = \frac{1}{n-1}\sum_{i=1}^{n}(X_i - \bar{X})^2$$

표본평균의 경우 중심극한정리에 의해 표본크기가 증가함에 따라 정규분포를 따르지만, 표본분산의 경우 정규분포를 따르지 않고, 카이제곱분포를 따른다.

따라서, 분산이 σ^2인 정규분포를 이루는 모집단에서 크기 n의 표본을 추출할 때, 각 표본의 분산 S^2이라 하면 자유도 $v = n - 1$인 카이제곱분포를 따른다.

$$\text{표본분산의 분포 } X = X^2_{(v)} = \frac{(n-1)s^2}{\sigma^2}, \text{ 자유도 } v = n - 1$$

표본분산의 표본분포 예시

구분	설명
사례	어떤 자동차 배터리 제조업자는 자기 회사에서 제조한 배터리의 수명이 평균은 3년, 표준편차는 1년이라고 주장하고 있다. 이 회사에서 제조된 5개의 배터리를 임의로 추출하여 시험한 결과 그 수명이 각각 1.9년, 2.4년, 3.0년, 3.5년, 4.2년이었다. 이 결과를 가지고 제조업자가 주장하는 표준편차가 1년이라 할 수 있는가?(신뢰수준은 95%, 배터리의 수명은 정규분포를 따른다고 가정)
사례 분석	모평균(μ) = 3 모표준편차(σ) = 1 표본 수(n) = 5
표본분산	표본분산 $S^2 = \frac{1}{n-1}\sum_{i=1}^{n}(X_i - \bar{X})^2$ $= \frac{1}{4}[(1.9-3)^2 + (2.4-3)^2 + (3-3)^2 + (3.5-3)^2 + (4.2-3)^2] = 0.815$
알고자 하는 것	자동차 배터리 제조업자는 자기 회사에서 제조한 배터리의 수명이 평균은 3년, 표준편차는 1년 이내에 95%로 존재여부
표본분산의 분포	$X = \chi^2_{(n-1)} = \frac{(n-1)s^2}{\sigma^2} = \frac{4 \times 0.815}{1} = 3.26$, 자유도($v$) = 4 자유도 4인 경우 95%의 χ^2의 값이 0.484(0.975)와 11.143(0.025) 사이에 오게 된다. 표준편차 1로 계산된 χ^2의 값은 3.26이기 때문에 제조업자의 주장은 합당하다고 할 수 있다(부록 C 카이제곱분포표 참조).

❷ F분포

F분포는 카이제곱분포와 마찬가지로 분산을 다루는 분포이며, 카이제곱분포 2개의 비율 확률분포다. 즉, 두 집단의 산포를 비교하는데 이용한다.

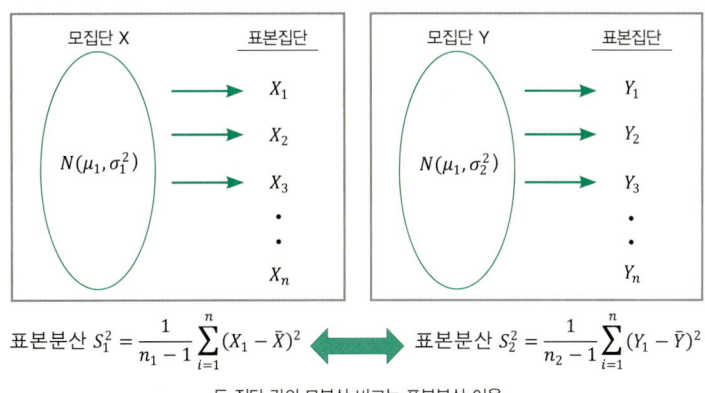

$$표본분산\ S_1^2 = \frac{1}{n_1-1}\sum_{i=1}^{n}(X_1-\bar{X})^2 \Longleftrightarrow 표본분산\ S_2^2 = \frac{1}{n_2-1}\sum_{i=1}^{n}(Y_1-\bar{Y})^2$$

두 집단 간의 모분산 비교는 표본분산 이용

F분포 개념도

F분포는 두 집단의 분산을 나눗셈을 이용하여 비교하며, 두 정규모집단의 모분산들의 비(Ratio)에 대한 통계적 추론(신뢰구간과 가설 검정) 및 분산분석 등에 활용된다.

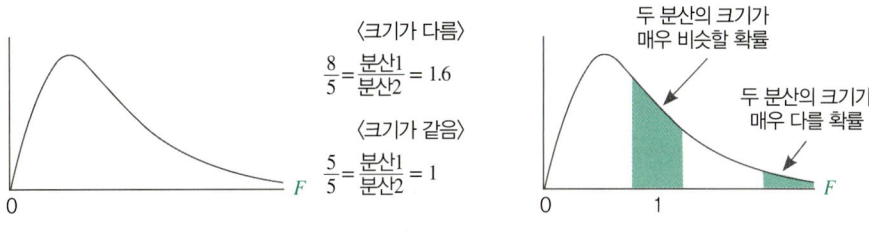

F분포

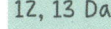

일반적으로 비대칭 모양을 하고 있으며(+값만 존재) F분포는 두 집단의 분산을 나눴을 때 1에 가까울수록 두 집단은 크기가 비슷하고, 1에서 멀 수록 크기가 다름을 알 수 있다.

F분포의 확률변수(F통계량)는 두 개의 서로 독립된 카이제곱확률변수를 각각의 자유도로 나눈 비를 의미한다.

두 카이제곱확률변수 U와 V의 자유도가 독립적으로 각각 v_1, v_2이고, 카이제곱분포를 따를 때,

$$U = \frac{(n_1-1)S_1^2}{\sigma_1^2},\ V = \frac{(n_2-1)S_2^2}{\sigma_2^2}\ \text{는}\ F = \frac{U/v_1}{V/v_2}\ \text{인}\ F분포를 따른다.$$

$$기호\ X \sim F(v_1, v_2)\ 또는\ F_{v_1}^{v_2}$$

요약하면 두 모집단의 모분산이 각각 크기 σ_1^2, σ_2^2으로 알려져 있는 정규모집단에서 크기 n_1, n_2인 표본의 분산을 S_1^2, S_2^2라고 할 때,

$$F(v_1, v_2) = \frac{\frac{S_1^2}{\sigma_1^2}}{\frac{S_2^2}{\sigma_2^2}} = \frac{\sigma_2^2 \times S_1^2}{\sigma_1^2 \times S_2^2},\ (\sigma_1^2 = \sigma_2^2\ 이면,\ F = \frac{S_1^2}{S_2^2})$$

자유도 $v_1 = n_1 - 1$, $v_2 = n_2 - 1$인 F분포를 따른다고 한다.

> 참고
>
> 카이제곱분포와 특성은 다르지만 비슷한 모양을 갖는다. 미국의 수학자 스네데커에 의해 처음 소개된 F분포는 자신의 이름과 영국의 수학자 피셔의 이름을 붙여 스네데커의 F분포라고 부르게 되었다.

F분포표는 두 집단의 분산을 비교하기 때문에 각 집단에 대한 자유도가 따로 존재하며, 그래프의 오른쪽 면적에 해당하는 확률(α)에 따라 별도의 분포표가 존재한다.

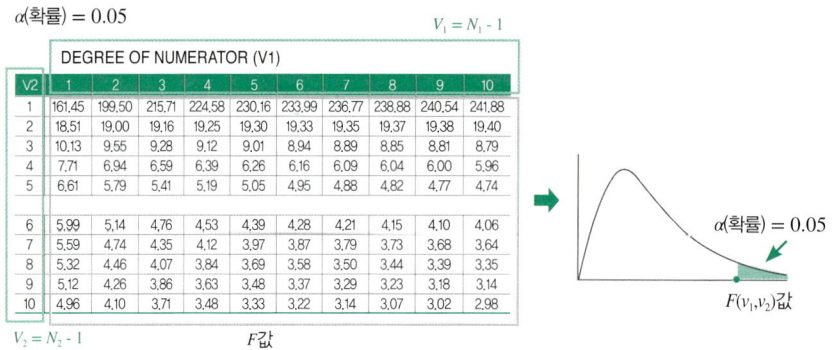

확률 0.05의 F분포표

F분포의 왼쪽 면적을 구할 때 $(1 - \alpha)$역수를 취하고 자유도를 바꾸며, 양쪽검정일 경우 $\frac{\alpha}{2}$를 해줘야 한다 (신뢰구간과 가설 검정 시에 양쪽검정 사용).

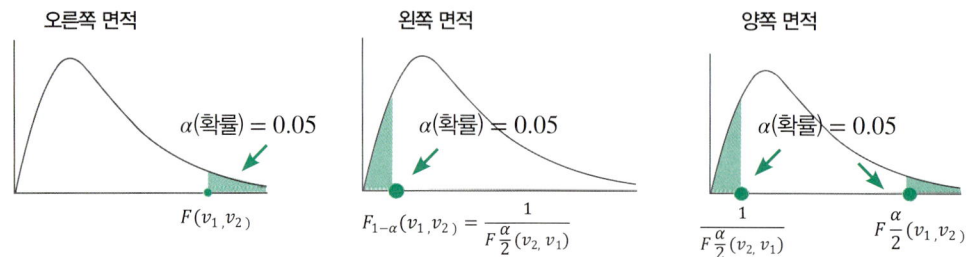

F분포는 일반적으로 우측만을 다루기 때문에 분산이 더 큰 값이 분자로 위치하고, $v_1(n_1 - 1)$이 되며, 작은 값이 분모로 위차하고 $v_2(n_2 - 1)$가 된다(F분포표에서 확인해보면 1보다 작은 값은 다루지 않음. 따라서 1보다 크게 하기 위함).

F분포 예시

구분	설명
사례	A반과 B반의 영어성적 학업 성취도를 확인하기 위해 A반 학생 6명, B반 9명의 성적을 확인했다. 그 결과 A반의 표본분산은 30, B반의 표본분산은 20이라고 했을 때 유의수준 $\alpha = 0.05$에 해당하는 F값은?
사례 분석	A 반 : 자유도 $(n_1 - 1) = 5$, 표본분산 $S_1^2 = 30$ B 반 : 자유도 $(n_2 - 1) = 8$, 표본분산 $S_2^2 = 20$
$\alpha = 0.05$의 F값	유의수준 $\alpha = 0.05$에 해당하는 F값 $\alpha(확률) = 0.05$ $v_1 = n_1 - 1$ DEGREE OF NUMERATOR (V1) | V2	1	2	3	4	5	6	7	8	9	10
---	---	---	---	---	---	---	---	---	---	---
1	161.45	199.50	215.71	224.58	230.16	233.99	236.77	238.88	240.54	241.88
2	18.51	19.00	19.16	19.25	19.30	19.33	19.35	19.37	19.38	19.40
3	10.13	9.55	9.28	9.12	9.01	8.94	8.89	8.85	8.81	8.79
4	7.71	6.94	6.59	6.39	6.26	6.16	6.09	6.04	6.00	5.96
5	6.61	5.79	5.41	5.19	5.05	4.95	4.88	4.82	4.77	4.74
6	5.99	5.14	4.76	4.53	4.39	4.28	4.21	4.15	4.10	4.06
7	5.59	4.74	4.35	4.12	3.97	3.87	3.79	3.73	3.68	3.64
8	5.32	4.46	4.07	3.84	**3.69**	3.58	3.50	3.44	3.39	3.35
9	5.12	4.26	3.86	3.63	3.48	3.37	3.29	3.23	3.18	3.14
10	4.96	4.10	3.71	3.48	3.33	3.22	3.14	3.07	3.02	2.98	 $v_2 = n_2 - 1$ $F = 3.69$ A 반과 B 반의 분산 비 $F = \dfrac{S_1^2}{S_2^2} = \dfrac{30}{20} = 1.5$
F분포도	$\alpha(확률) = 0.05$ $F = 1.5$ $F(5,8) = 3.69$

출제예상문제

01. 다음 중 기술 통계에 대한 설명으로 가장 올바르지 않은 것은?

① 조사 및 측정된 자료를 통해 그 자료가 가지고 있는 특징을 수치, 표, 그래프로 저장하는 과정이다.
② 모수와 표본 통계량을 계산해내는 통계학의 한 분야이며, 평균, 분산 등이 속한다.
③ 관심 대상 전체 모집단으로부터 일부 샘플을 추출, 분석하여 모집단의 특성을 예측/추론하는 과정이다.
④ 평균값(Mean), 중위수(Median), 최빈수(Mode), 분산(Variance) 등의 기법을 사용한다.

02. 다음에서 설명하는 통계 항목은 무엇인가?

> (　　　)은 모집단에서 추출된 자료의 집합으로 실험자가 미지의 확률분포를 조사하기 위해 사용하는 일부 측정값들을 의미한다. 전체 유권자 중 1,000명의 의견을 조사하는 것이 사례에 해당된다.

① 모집단　　　　　　　　　　　② 표본의 분산
③ 표본　　　　　　　　　　　　④ 범위

03. 질적자료에 대한 설명 중 올바르지 않은 것은?

① 고유한 특성에 따라 분류되는 자료로, 수치화되지 않은 자료의 상태를 의미한다.
② 성별에 대해 남성은 '0' 여성은 '1'로 구분하여 자료를 정의하는 것이 예시이다.
③ 객관적인 도구를 이용하여 측정하거나 객관적인 도구를 이용하여 측정하거나 평가하여 수치화한 자료를 의미한다.
④ 질적자료를 양적자료로 바꾸는 것은 거의 불가능하며, 가능하다 해도 매우 제한적이다.

04. 다음 중 측정 대상을 단순히 분류하기 위해 이름 대신 임의적으로 숫자를 부여해 표현하는 척도로 가장 알맞은 것은?

① 명목척도
② 서열척도
③ 등간척도
④ 비율척도

05. 척도의 설명 중 가장 부적절한 것은 무엇인가?

① 명목척도 : 측정 대상을 분류하기 위해 이름 대신 임의적으로 숫자를 부여한 단위이다.
② 서열척도 : 측정 대상이나 분류에 관한 정보를 주는 특성에 상대 서열을 부여한 단위이다.
③ 비율척도 : 측정 대상의 분류와 서열에 관한 정보를 주며 등간성을 주는 변수이다.
④ 간격척도 : 숫자 자체로는 절대적 의미를 갖지 못하지만 숫자간에는 의미 있는 단위이다.

06. 서열척도의 연산으로 가장 올바른 것은?

① +, −　　　　　　　　　　　② ×, /
③ ⟨, ⟩　　　　　　　　　　　④ =, ≠

01. ③　02. ③　03. ③　04. ①　05. ③　06. ③

07. 표본조사에 대한 설명으로 가장 올바르지 않은 것은?

① 관심의 대상이 되는 전체에서 일부 부분집단을 선택해 특성을 추정하는 조사 방법이다.
② 전수조사에 비해 비용 절감이 되며, 조사 결과가 신속하다는 것이 큰 장점이다.
③ 인력과 예산이 비교적 많이 소요되며 현실적으로 모든 단위의 조사가 불가능하다.
④ 조사 규모가 크지 않기 때문에 심도 있는 조사가 가능하며 관리가 비교적 잘 되어 정확성이 높다.

08. 다음 중 모집단에서 표본을 추출하기 위한 절차로 가장 적절한 것은 무엇인가?

① 표본추출방법 결정 → 모집단 정의 → 표본추출프레임 정의 → 표본크기 결정 → 표본추출
② 모집단 정의 → 표본추출프레임 정의 → 표본추출방법 결정 → 표본크기 결정 → 표본추출
③ 모집단 정의 → 표본크기 결정 → 표본추출프레임 정의 → 표본추출방법 결정 → 표본추출
④ 표본크기 결정 → 모집단 정의 → 표본추출방법 결정 → 표본추출프레임 정의 → 표본추출

09. 다음 중 모집단의 표본을 추출하는 방법인 확률표본추출로 올바르지 않은 것은?

① 편의표본추출
② 계통표본추출
③ 단순무작위표본추출
④ 층화표본추출

10. 다음에서 설명하는 표본추출방법은 무엇인가?

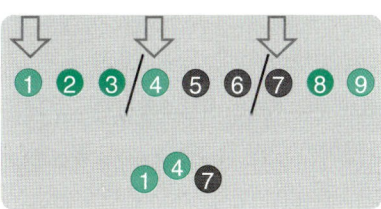

모집단의 전체에 번호를 붙여 놓고 첫 번째 선택 후 3개 간격으로 샘플을 추출한다.

① 단순확률표본추출
② 층화확률표본추출
③ 계통표본추출
④ 집락추출

11. 다음에서 설명하는 표본추출방법은 무엇인가?

서로 인접한 기본 단위들로 구성된 집락(군집)을 만들고, 추출된 집락 내의 일부 또는 전체를 조사하여 표본을 추출하는 방법
계층 내 : 이질성, 계층 간 : 동질성

① 단순확률표본추출
② 층화확률표본추출
③ 계통표본추출
④ 집락표본추출

출제예상문제

12. 표본오차를 최소화하기 위해서는 효율적인 표본 수의 선정이 필요하다. 표본크기 결정 시 고려해야 하는 사항으로 알맞지 않은 것은?

① 모집단의 동질성 정도 : 전체 집단을 구성하는 요소들이 연구하고자 하는 속성과 비슷할수록 표본의 크기는 작아질 수 있다.
② 표본추출방법과 절차 : 표본추출방법에 따라 요구되는 표본의 수는 다르다.
③ 조사여건 : 예상비용, 소요시간, 조사인력 등을 고려한 적합한 방식으로 수행한다.
④ 정확성 : 신뢰수준 99% 혹은 95% 등 모집단에 대한 정확성을 검토

13. 확률표본의 설명으로 옳지 않은 것은?

① 모집단으로부터 표본으로 추출될 확률을 알 수 있다.
② 단순확률표본 추출 방법이 기본 전제이다.
③ 표본의 수가 증가할 수록 표본오차는 감소한다.
④ 신뢰수준이 높을 수록 표본오차는 감소한다.

14. 제시된 조사 사례 중 전수조사를 진행해야 하는 상황에 가장 가까운 것을 선택하시오.

① 암환자 조사　　　　　　　　　　② 참다랑어 수 조사
③ 차량 안전장치 결함 조사　　　　④ 대통령선거 득표율 조사

15. 확률에 대한 설명으로 가장 알맞지 않은 것은?

① 고전적 확률 : 어떤 확률실험에서 나타나는 모든 기본 결과들의 개수에 대한 특정한 사건에 해당하는 기본 결과들의 개수의 비율로 정의된다.
② 경험적 확률 : 통계적 확률과 동의어로 실험에 대한 자료가 주어지는 확률을 의미한다.
③ 공리적 확률 : 확률의 고전적인 정의와 절대도수의 극한 개념으로 확률을 아우르는 개념이다.
④ 확률이란 확률실험에서 특정한 기본 결과들이 나올 가능성의 수치적 측도이다.

16. 아래의 확률의 공리로부터 얻을 수 있는 확률의 기본적인 규칙으로 알맞은 것은?

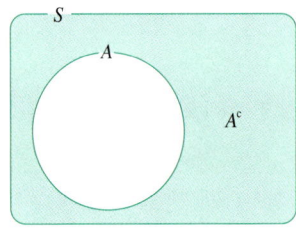

$A \cup A^c = S, A \cap A^c = \emptyset$ 이므로
$P(S) = P(A \cup A^c) = P(A) + P(A^c) = 1$
따라서 $P(A^c) = 1 - P(A)$ 성립

① 여사건의 확률　　　　　　　　　② 합사건의 확률
③ 곱사건의 확률　　　　　　　　　④ 배반사건

12. ④　13. ④　14. ③　15. ③　16. ①

17. 다음 순열과 조합에 대한 설명으로 맞는 것을 모두 고르시오.

> ㄱ. 순열 : 순서를 고려하면서 비복원추출하여 얻어진 경우의 수
> ㄴ. 중복순열 : 순서를 고려하면서 복원추출하여 얻어진 경우의 수
> ㄷ. 조합 : 비복원 추출하여 순서를 고려하지 않고 얻어진 경우의 수
> ㄹ. 중복조합 : 복원추출에서 순서를 고려하여 얻어진 경우의 수

① ㄱ ② ㄱㄴ
③ ㄱㄴㄷ ④ ㄱㄴㄷㄹ

18. 6곡이 들어있는 MP3플레이어가 있다. 순서대로 3곡을 중복없이 들을 수 있는 경우의 수를 구하시오.

① 110 ② 120
③ 130 ④ 150

19. 연속확률분포로 옳은 것은?

① 카이제곱분포 ② 초기하분포
③ 포아송분포 ④ 이항분포

20. 확률변수 X에 대한 이항분포 X~B$(100, \frac{1}{2})$에서 평균, 기대값, 분산, 표준편차로 옳지 않은 것은?

① 기대값 $E(X) = 100 \times \frac{1}{2}$ ② 평균 $\mu(X) = 100 \times (1 - \frac{1}{2})$
③ 분산 $V(X) = 100 \times \frac{1}{2} \times (1 - \frac{1}{2})$ ④ 표준편차 $\sigma(X) = \sqrt{V(X)}$

21. 확률변수 X와 임의의 상수 a,b에 대하여 이산확률변수의 성질로 옳은 것은?

① 평균 : $E(aX + b) = E(X) + b$ ② 분산 : $V(aX + b) = 2aV(X)$
③ 분산 : $V(aX + b) = a^2 V(X)$ ④ 표준편차 : $\sigma(aX + b) = |a^2|\sigma(X)$

22. 다음 연속확률분포 중 분산을 이용하는 분포로 옳게 짝지어진 것은?

① 카이제곱분포와 F분포 ② 정규분포와 F분포
③ 정규분포와 표준정규분포 ④ 감마분포와 지수분포

23. 확률변수에 대한 설명으로 알맞지 않은 것은?

① 이산확률변수는 정수와 같이 명확한 값을 변수값으로 하는 특성을 가진다.
② 확률변수가 가질 수 있는 값의 수가 한정되어 그 수를 셀 수 있는 변수는 이산확률변수이다.
③ 연속확률변수는 연속량으로 표기되어 가능한 변수값의 개수를 셀 수 없는 변수이다.
④ 2개의 동전을 던져서 나오는 앞뒷면의 수는 연속확률변수에 해당한다.

출제예상문제

24. 확률분포에 대한 설명으로 가장 알맞지 않은 것은?

① 이산확률분포는 이항분포, 초기하분포, 포아송분포가 해당된다.
② 연속확률분포는 χ^2분포, F분포, t분포, 정규분포가 있다.
③ 확률변수 X가 n개의 이산값 $\{x_1, x_2, x_3, \ldots, x_n\}$을 가지며 각 값들이 취할 확률이 동일한 경우, 이 확률변수를 이산균등분포를 따른다고 한다.
④ 베르누이분포는 '성공'에 해당하는 사건이 발생할 확률이 p인 똑같은 시행을 n번 반복해서 시행하여 일어난 두 가지 결과에 의해 그 값이 각각 0과 1로 결정되는 확률분포이다.

25. 이산확률분포가 아닌 것은?

① 이항분포
② 균등분포
③ 정규분포
④ 포아송분포

26. 숫자 1부터 10까지 적혀 있는 카드가 10장 있고, 이 중 하나를 뽑았을 때 8이 적힌 카드가 나올 확률로 알맞은 것을 고르시오.

① 기호 : $X \sim B(0.1)$, 기대값 : $E(X) = p = 0.1$, 분산 : $V(X) = 0.09$
② 기호 : $X \sim B(0.1)$, 기대값 : $E(X) = p = 0.2$, 분산 : $V(X) = 0.1$
③ 기호 : $X \sim B(0.1)$, 기대값 : $E(X) = p = 0.3$, 분산 : $V(X) = 0.09$
④ 기호 : $X \sim B(0.1)$, 기대값 : $E(X) = p = 0.1$, 분산 : $V(X) = 0.1$

27. 어떤 버스는 정류장에서 정확히 15분 간격으로 출발한다. 한 학생이 정류장에 임의로 도착하여 버스가 발차할 때까지 기다리는 평균시간과 10분 이상 기다릴 확률은 무엇인가?

① 확률밀도함수 : $f(x) = \frac{1}{15-0}$ $(0 \leq x < 15)$, 기대값 : 6.5, 누적분포함수 : $F(5) = \frac{1}{3}$
② 확률밀도함수 : $f(x) = \frac{1}{15-0}$ $(0 \leq x < 15)$, 기대값 : 6.5, 누적분포함수 : $F(5) = \frac{1}{4}$
③ 확률밀도함수 : $f(x) = \frac{1}{15-0}$ $(0 \leq x < 15)$, 기대값 : 7.5, 누적분포함수 : $F(5) = \frac{1}{4}$
④ 확률밀도함수 : $f(x) = \frac{1}{15-0}$ $(0 \leq x < 15)$, 기대값 : 7.5, 누적분포함수 : $F(5) = \frac{1}{3}$

28. 정규분포에 대한 설명 중 가장 알맞지 않은 것은 무엇인가?

① 직선 $x = \mu$(평균)에 대하여 대칭인 종 모양의 곡선이다.
② 곡선과 x축으로 둘러싸인 영역의 넓이는 1이다(확률의 총합은 100%이다).
③ 곡선의 모양은 평균이 일정할 때, 표준편차가 작아지면 가운데로 밀집하고 표준편차가 커지면 양쪽으로 퍼진다.
④ 곡선의 모양은 표준편차가 일정할 때, 평균이 변하면 대칭축의 위치와 곡선의 모양이 바뀐다.

24. ④ 25. ③ 26. ① 27. ④ 28. ④

29. 표준정규분포에 대해 틀리게 설명한 것은?

① 확률변수 $Z = \frac{X-\mu}{\sigma}$
② 기호 $Z \sim N(0,1)$
③ 기대값(평균) $E(X) = M'(0) = 1$
④ 누적분포함수 $F(z) = P(Z \leq z) = \int_{-\infty}^{z} \frac{1}{\sqrt{2\pi}} \cdot e^{-\frac{z^2}{2\sigma^2}} dz$

30. A 반의 수학 시험점수가 평균 50점이고 표준편차가 20점이라고 한다. 한 학생이 60점을 받았다면 상위 몇 %이며, 평균으로부터 얼마나 떨어져 있는가?(모집단은 근사적으로 정규분포를 따른다고 가정하며, 아래 분포표 참조하여 통계량 산출)

Areas Under the One-Tailed Standard Normal Curve

This table provides the area between the mean and some Z score.
For example, when Z score = 1.45 the area = 0.4265.

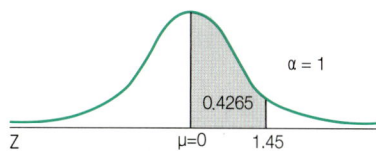

Z	0.00	0.01	0.02	0.03	0.04	0.05	0.06	0.07	0.08
0.0	0.0000	0.0040	0.0080	0.0120	0.0160	0.0199	0.0239	0.0279	0.0319
0.1	0.0398	0.0438	0.0478	0.0517	0.0557	0.0596	0.0636	0.0675	0.0714
0.2	0.0793	0.0832	0.0871	0.0910	0.0948	0.0987	0.1026	0.1064	0.1103
0.3	0.1179	0.1217	0.1255	0.1293	0.1331	0.1368	0.1406	0.1443	0.1480
0.4	0.1554	0.1591	0.1628	0.1664	0.1700	0.1736	0.1772	0.1808	0.1844
0.5	0.1915	0.1950	0.1985	0.2019	0.2054	0.2088	0.2123	0.2157	0.2190
0.6	0.2257	0.2291	0.2324	0.2357	0.2389	0.2422	0.2454	0.2486	0.2517

① 30.95%, 0.5σ
② 30.55%, 0.6σ
③ 30.55%, 0.5σ
④ 30.85%, 0.5σ

31. 통계학은 표본을 통해 관심 대상인 모집단의 특성을 파악하는 학문이다. 모집단과 표본에 대한 설명 중 가장 알맞지 않은 것은?

① 모집단은 관측 대상이 되는 전체 집단으로 조사의 대상이 되는 자료를 의미한다.
② 표본은 모집단의 부분집합으로서, 실험자가 미지의 확률분포를 조사하기 위해 사용하는 일부 측정값들이다.
③ 표준오차란 모집단의 표준편차로 표본 간의 변동성을 의미한다.
④ 표본오차란 표본으로 삼은 집단을 통해 추출해 낸 평균값이 실제 모집단의 평균과 차이나는 정도를 의미한다.

32. 모집단의 모수와 표본의 통계량에 대한 다음 표에서 알맞지 않은 것은?

번호	대상	모집단 모수	표본 통계량
①	조사값	모수 : 모집단의 특성값	통계량 : 표본의 측정값
②	평균	모평균 : μ	표본평균 : $\bar{X}$
③	분산	모분산 : σ^2	표본분산 : S^2
④	표준편차	모표준편차 : S	표본표준편차 : σ

29. ③ 30. ④ 31. ③ 32. ④

출제예상문제

33. 다음에서 설명하는 법칙으로 가장 적절한 것은?

( )는 정확한 분포가 알려지지 않았거나 다루기 힘든 경우 근사분포를 제공하며, 추출한 표본의 n이 충분히 크면(일반적으로 $n \geq 30$이면) 모집단 분포의 모양에 상관없이 추출된 표본들의 평균의 분포는 표준정규분포 $N(0,1)$를 따른다는 법칙이다.

① 경험의 법칙 ② 중심극한정리
③ 정규분포의 법칙 ④ 표본분포의 법칙

34. 아래의 사례의 경우 사용할 수 있는 연속확률분포는?

모분산이 알려져 있지 않고, 표본이 충분하지 못한 경우(일반적으로 $n < 30$이면) 평균의 표본분포를 산출하기 위한 방법

① z분포 ② 카이제곱분포
③ t분포 ④ F분포

35. 어느 공정에서 관리자가 원재료 리터당 제품이 500g씩 제조된다고 주장한다. 이를 입증하기 위해 매월 16개의 표본을 추출하여 시험을 하였다. 95%의 확률로 실험결과가 500g이 아니면 잘못된 주장이라고 한다. 16개 샘플의 시험결과 표본평균은 518g이고 표준편차는 40g이었다면 어떤 결론을 낼 수 있겠는가?(모집단은 근사적으로 정규분포를 따른다고 가정하며, 아래 분포표 참조하여 통계량 산출)

T-TABLE: VALUES OF T(ALPHA) OF THE T-DISTRIBUTION

DF	t (0.1)	t (0.05)	t (0.025)	t (0.01)	t (0.005)	t (0.0025)
1	3.078	6.314	12.706	31.821	63.657	127.321
2	1.886	2.920	4.303	6.965	9.925	14.089
3	1.638	2.353	3.182	4.541	5.841	7.453
4	1.533	2.132	2.776	3.747	4.604	5.598
5	1.476	2.015	2.571	3.365	4.032	4.773
...						
11	1.363	1.796	2.201	2.718	3.106	3.497
12	1.356	1.782	2.179	2.681	3.055	3.428
13	1.350	1.771	2.160	2.650	3.012	3.372
14	1.345	1.761	2.145	2.624	2.977	3.326
15	1.341	1.753	2.131	2.602	2.947	3.286
16	1.337	1.746	2.120	2.583	2.921	3.252
17	1.333	1.740	2.110	2.567	2.898	3.222

① 검정통계량 $t = 1.9615$는 25% 확률 내에 있지 않으므로 리터당 제품이 500g씩 제조된다고 할 수 있다.
② 검정통계량 $t = 1.8$은 25% 확률 내에 있기 때문에 리터당 제품이 500g씩 제조된다고 할 수 있다.
③ 검정통계량 $t = 1.9615$는 95% 확률 내에 있지 않으므로 리터당 제품이 500g씩 제조된다고 할 수 없다.
④ 검정통계량 $t = 1.8$은 95% 확률 내에 있기 때문에 리터당 제품이 500g씩 제조된다고 할 수 있다.

33. ② 34. ③ 35. ④

36. 어떤 농장에서 판매하는 꽃의 씨앗 발아율은 80%라고 한다. 100개를 심었을 때 75개 이상 발아할 확률은 무엇인가? (모집단은 근사적으로 정규분포를 따른다고 가정하며, 아래 분포표 참조하여 통계량 산출)

Areas Under the One-Tailed Standard Normal Curve

This table provides the area between the mean and some Z score.
For example, when Z score = 1.45 the area = 0.4265.

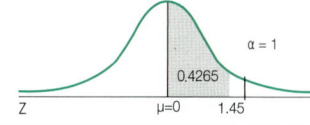

Z	0.00	0.01	0.02	0.03	0.04	0.05	0.06	0.07	0.08	0.09
0.0	0.0000	0.0040	0.0080	0.0120	0.0160	0.0199	0.0239	0.0279	0.0319	0.0359
0.1	0.0398	0.0438	0.0478	0.0517	0.0557	0.0596	0.0636	0.0675	0.0714	0.0753
0.2	0.0793	0.0832	0.0871	0.0910	0.0948	0.0987	0.1026	0.1064	0.1103	0.1141
0.3	0.1179	0.1217	0.1255	0.1293	0.1331	0.1368	0.1406	0.1443	0.1480	0.1517
...										
0.9	0.3159	0.3186	0.3212	0.3238	0.3264	0.3289	0.3315	0.3340	0.3365	0.3389
1.0	0.3413	0.3438	0.3461	0.3485	0.3508	0.3531	0.3554	0.3577	0.3599	0.3621
1.1	0.3643	0.3665	0.3686	0.3708	0.3729	0.3749	0.3770	0.3790	0.3810	0.3830
1.2	0.3849	0.3869	0.3888	0.3907	0.3925	0.3944	0.3962	0.3980	0.3997	0.4015
1.3	0.4032	0.4049	0.4066	0.4082	0.4099	0.4115	0.4131	0.4147	0.4162	0.4177
1.4	0.4192	0.4207	0.4222	0.4236	0.4251	0.4265	0.4279	0.4292	0.4306	0.4319

① 0.8941
② 0.8944
③ 0.8945
④ 0.8946

37. 어떤 자동차 배터리 제조업자는 자기 회사에서 제조한 배터리의 수명이 평균은 3년, 표준편차는 1년이라고 주장하고 있다. 이 회사에서 제조된 5개의 배터리를 임의로 추출하여 시험한 결과 그 수명이 각각 1.9년, 2.4년, 3.0년, 3.5년, 4.2년이었다. 이 결과를 가지고 제조업자가 주장하는 표준편차가 1년이라 할 수 있는가?(신뢰수준은 95%이며, 배터리의 수명은 정규분포를 따른다고 가정, 아래 분포표 참조)

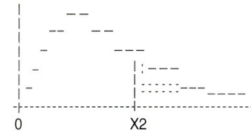

DF	X2(.995)	X2(.99)	X2(.975)	X2(.95)	X2(.05)	X2(.025)	X2(.01)	X2(.005)
1	0.000	0.000	0.001	0.004	3.841	5.024	6.635	7.879
2	0.010	0.020	0.051	0.103	5.991	7.378	9.210	10.597
3	0.072	0.115	0.216	0.352	7.815	9.348	11.345	12.838
4	0.207	0.297	0.484	0.711	9.488	11.143	13.277	14.860
5	0.412	0.554	0.831	1.145	11.071	12.833	15.086	16.750
6	0.676	0.872	1.237	1.635	12.592	14.449	16.812	18.548
7	0.989	1.239	1.690	2.167	14.067	16.013	18.475	20.278
8	1.344	1.646	2.180	2.733	15.507	17.535	20.090	21.955
9	1.735	2.088	2.700	3.325	16.919	19.023	21.666	23.589
10	2.156	2.558	3.247	3.940	18.307	20.483	23.209	25.188
11	2.603	3.053	3.816	4.575	19.675	21.920	24.725	26.757
12	3.074	3.571	4.404	5.226	21.026	23.337	26.217	28.300
13	3.565	4.107	5.009	5.892	22.362	24.736	27.688	29.819
14	4.075	4.660	5.629	6.571	23.685	26.119	29.141	31.319
15	4.601	5.229	6.262	7.261	24.996	27.488	30.578	32.801

① 표준편차1로 계산된 χ^2의 값은 3.26이기 때문에 제조업자의 주장은 합당하다고 할 수 있다.
② 표준편차1로 계산된 χ^2의 값은 3.26이기 때문에 제조업자의 주장은 맞지 않다.
③ 표준편차1로 계산된 χ^2의 값은 3.26 미만으로 제조업자의 주장은 맞지 않다.
④ 표준편차1로 계산된 χ^2의 값은 2.27이기 때문에 제조업자의 주장은 합당하다고 할 수 있다.

출제예상문제

38. 다음 경우의 F 값을 구하시오. (분포표 참조)

기계 A : 표본분산 30, 샘플 : 9개
기계 B : 표본분산 40, 샘플 : 5개
(유의수준 5%)

DEGREE OF NUMERATOR (V1)

V2	1	2	3	4	5	6	7	8	9	10
1	161.45	199.50	215.71	224.58	230.16	233.99	236.77	238.88	240.54	241.88
2	18.51	19.00	19.16	19.25	19.30	19.33	19.35	19.37	19.38	19.40
3	10.13	9.55	9.28	9.12	9.01	8.94	8.89	8.85	8.81	8.79
4	7.71	6.94	6.59	6.39	6.26	6.16	6.09	6.04	6.00	5.96
5	6.61	5.79	5.41	5.19	5.05	4.95	4.88	4.82	4.77	4.74
6	5.99	5.14	4.76	4.53	4.39	4.28	4.21	4.15	4.10	4.06
7	5.59	4.74	4.35	4.12	3.97	3.87	3.79	3.73	3.68	3.64
8	5.32	4.46	4.07	3.84	3.69	3.58	3.50	3.44	3.39	3.35
9	5.12	4.26	3.86	3.63	3.48	3.37	3.29	3.23	3.18	3.14
10	4.96	4.10	3.71	3.48	3.33	3.22	3.14	3.07	3.02	2.98

① 3.84　　② 6.04
③ 4.77　　④ 3.48

39. 만약 X가 팝콘기계가 고장나는 횟수를 나타내고, Y가 음료수기계가 고장나는 횟수를 나타내면, $X \sim Po(3.4)$이고 $Y \sim Po(2.3)$일 때, X+Y의 분포를 구하시오.

① $X+Y \sim Po(5.7)$
② $X-Y \sim Po(1.1)$
③ $X+Y \sim Po(1.1)$
④ $X-Y \sim Po(5.7)$

40. 중심극한정리에 대한 설명으로 옳은 것은?

① 모집단이 이산분포이면 표본분포는 정규분포를 이룰 수 없다.
② 한 모집단이 아닌 여러 모집단에서 뽑은 표본평균도 동일한 정규분포를 따른다.
③ 표본이 많아질수록 모집단이 한 쪽으로 쏠려 있는 표본집단은 정규분포가 된다.
④ 모집단이 정규분포를 따르지 않아도 표본집단은 정규분포에 근사한다.

풀이

01. 수집한 데이터로부터 모집단의 특성을 일반화할 수 있는지 추정하는 것은 추론 통계이다.

02. 모집단의 부분집합으로, 모집단의 조사에 사용하는 것은 표본이다.

03. 객관적으로 측정, 평가하여 수치화하는 것은 양적자료이다.

04. 명목척도는 질적속성으로 단순히 집단의 분류를 목적으로 사용되는 척도이다.

05. 비율척도는 분류, 서열, 등간성의 속성을 지닌 등간척도의 특성을 지니면서 절대영점과 가상 단위를 갖는 변수이다.

06. 서열척도는 측정 대상 사이의 대소관계를 나타내기 위한 척도이다.

07. 전수조사는 모든 단위의 조사가 불가능한 경우가 많아 대부분의 조사는 표본조사에 의해 이루어진다.

08. 표본추출은 마련된 표본추출프레임으로부터 표본을 추출하고 추출된 표본을 통해 데이터를 얻는다.

09. 확률표본추출에는 단순무작위표본추출, 계통표본추출, 층화표본추출, 집락표본추출, 다단계표본추출이 있다.

10. 계통표본추출은 모집단의 추출물에서 k번째 간격마다 하나씩 표본으로 추출하는 방법이다.

11. 계층 내 이질성을 가지고 계층 간에 동질성을 가지는 표본 추출은 집락표본추출에 대한 설명이다.

12. 정확성은 표본 추정치에 대한 정확성을 검토하는 것이며 이외에 모집단의 크기와 비표본 오차 고려 등도 표본크기 결정 시 고려사항에 포함된다.

13. 신뢰수준은 모수가 어느 범위 안에 있는지를 확률적으로 보여주는 방법이며, 표본오차와는 무관하다.

14. 차량 안전장치 결함 조사는 생명에 직결되기 때문에 표본이 아닌 전수조사를 수행해야 한다.

15. 공리적 확률은 확률의 기본 성질을 유지하는 상대도수의 극한적인 개념이다.

16. 어떤 시행에서 사건 A가 일어나지 않는 사건을 A의 여사건이라 하고, 기호로 A^c와 같이 나타낸다.

17. ㄹ. 중복 조합은 복원추출에서 순서를 고려하지 않고 얻어진 경우의 수이다.

18. 순서대로, 중복없이 산출할 수 있는 경우의 수는 순열에 대한 설명이며, 계산결과는 다음과 같다.

$$_6P_3 = \frac{6!}{(6-3)!} = \frac{6(6-1) \times (6-2) \times (6-3) \times (6-4) \times (6-6+1)}{3 \times 2 \times 1} = 6 \times 5 \times 4 = 120$$

19. 제시한 보기에서 카이제곱분포만 연속확률분포에 해당한다.

20. 이항분포의 기대값, 분산, 표준편차는 다음과 같으며, 평균과 기대값은 같은 의미를 나타낸다. 기대값 $E(X) = np$, 분산 $V(X) = npq(q = 1-p)$, 표준편차 $\sigma(X) = \sqrt{V(X)}$

21. 이산확률변수의 평균, 분산, 표준편차의 성질은 평균 : $E(aX + b) = aE(X) + b$, 분산 : $V(aX + b) = a^2V(X)$, 표준편차 : $\sigma(aX + b) = |a|\sigma(X)$로 정리할 수 있다.

22. 연속확률분포 중 데이터가 흩어진 정도인 분산의 특징을 이용하는 분포는 카이제곱분포와 F분포이다.

23. 2개의 동전을 던져서 나오는 앞뒷면의 수는 이산확률변수에 해당된다.

풀이

24. 이항분포에 대한 설명으로 베르누이분포는 확률론과 통계학에서 매 시행마다 오직 두 가지의 가능한 결과만 일어난다고 할 때의 확률분포이다.

25. 정규분포는 연속확률분포이다.

26. 베르누이분포의 확률질량 함수는 $f(x) = P(X = x_i) = \begin{cases} \frac{1}{10}, & x = 1(Success) \\ \frac{9}{10}, & x = 0(Failure) \end{cases}$

기대값은 $E(X) = p = 0.1$, 분산은 $V(X) = p(1-p) = 0.1(0.9) = 0.09$이다.

27. 균등분포의 확률밀도함수는 $f(x) = P(X = x_i) = \frac{1}{b-a} (a \leq x < b) = \frac{1}{15-0} (0 \leq x < 15)$,

기대값은 $E(X) = \frac{0+15}{2} = 7.5$, 누적분포함수는 $F(x) = P(X \leq x) = \frac{x-a}{b-a}$, $a \leq x < b$,

X분에 도착하여 기다린 시간 $= 15 - X$ $P(15 - X \geq 10) = P(X \leq 5) = F(5) = \frac{5-a}{15-0} = \frac{1}{3}$이다.

28. 정규분포는 표준편차가 일정할 경우 평균이 변해도 곡선 모양이 변화되지 않는다.

29. 표준정규분포의 기대값은 (평균) $E(X) = M'(0) = 0$으로 정의된다.

30. 표준화를 통해 평균과 표준편차를 이용하여, z는 0.5를 도출한다. $Z = \frac{X - \mu}{\sigma} = \frac{60 - 50}{20} = 0.5$

0을(중앙을) 기준으로 표준정규분포표에서 z값 0.5의 확률은 19.15%이다. x축 중앙을 기준으로 우측은 50%의 면적을 차지하고 있기 때문에, 50%에서 19.15%를 빼주면 30.85%가 된다. 60점을 받은 학생은 상위 30.85%에 위치하고 있으며, 평균으로부터는 z값인 0.5 시그마만큼 떨어져 있다.

31. 표준오차는 반복적으로 추출한 표본들 간의 표준편차를 의미한다.

32. 모표준편차 기호는 σ, 표본표준편차 기호는 S이다.

33. 통계에서 정규분포가 중요한 이유는 중심극한정리에 의해 모집단의 분포를 정규분포라고 가정하여 통계 분석을 하기 때문이다.

34. ① 모분산이 알려져 있는 경우 또는 모분산이 알려져 있지 않은 경우 대표본일 때, ② 단일 모집단 분산검정 ④ 두 모집단 분산검정

35. 표본수 $n = 16$, 자유도 $n - 1 = 15$, 주장의 신뢰구간(95%)을 찾으면 $t_{0.025} = 2.131$이 되고, 실험결과의 검정통계량은 $T = \frac{\bar{X} - \mu}{\sigma/\sqrt{n}} = \frac{518 - 500}{40/\sqrt{16}} = 1.8$이 된다.

검정통계량 1.8은 기각역 $t_{0.025} = 2.131$보다 작으므로, 채택역에 포함되어 제시된 주장 '실험결과가 500g이 아니다'는 기각된다. 따라서 정답은 ④번이다.

36. $\hat{p} = \frac{x}{n} = \frac{75}{100} = 0.75$, 100개를 심었을 때 75개 이상 발아할 확률 $P(\hat{p} \geq \frac{75}{100})$이므로

$P\left(\hat{p} \geq \frac{75}{100}\right) = P\left(Z \geq \frac{\hat{p} - p}{\sqrt{\frac{pq}{n}}}\right) = P\left(Z \geq \frac{0.75 - 0.8}{\sqrt{\frac{0.8 \times 0.2}{100}}} = -1.25\right) = 0.8944$

풀이

37. 표본분산 $S^2 = \frac{1}{n-1}\sum_{i=1}^{n}(X_i - \bar{X})^2 = \frac{1}{4}[(1.9-3)^2 + (2.4-3)^2 + (3-3)^2 + (3.5-3)^2 + (4.2-3)^2] = 0.815$, 분포는 $X = \chi^2_{(n-1)} = \frac{(n-1)s^2}{\sigma^2} = \frac{4 \times 0.815}{1} = 3.26$, 자유도$(v) = 4$

자유도 4인 경우 95%의 χ^2의 값이 0.484(0.975)와 11.143(0.025) 사이에 오게 된다.

표준편차1로 계산된 χ^2값은 3.26이기 때문에 제조업자의 주장은 합당하다고 할 수 있다.

38. 기계 B의 분산이 더 크므로 $v_1 = 5 - 1 = 4$이고 $v_2 = 9 - 1 = 8$이다. 따라서 분포표에서 값을 찾으면 오른쪽 F값은 3.84이다.

39. 포아송변수의 결합법칙에 따라 $X \sim Po(\lambda)$이고 $Y \sim Po(\lambda)$라면, $X + Y \sim Po(\lambda x + \lambda y)$를 의미하며 $\lambda x + \lambda y = 3.4 + 2.3 = 5.7$

40. 모집단이 정규분포를 따른다면, 표본평균의 표본분포는 표본의 크기와 상관없이 정규분포를 따른다.

6.2 추론 통계

학습목표
표본으로부터 산출한 통계량으로 알고자 하는 모수의 특성을 추론하기 위한 점추정, 구간추정과 가설 검정을 학습한다.

출제경향
추론 통계 영역에서는 점추정, 구간추정, 가설 검정의 개념을 묻는 문제와 이 세 가지를 이해하기 위한 원리들이 출제되고 있다. 이는 추론 통계가 통계를 하기 위한 이유이기 때문에 출제자 역시 추론 통계의 개념과 원리를 빅데이터 분석을 위한 기본 지식으로 생각하는 것으로 보인다. 뿐만 아니라, 본 절에서 학습할 추정과 가설 검정을 풀이하는 문제들도 '쉬운 수준'으로 출제되고 있으니 풀이과정을 꼼꼼히 학습하도록 하자.

출제빈도

제2회(2021. 04. 17) 5문항 출제	제3회(2021. 10. 02) 2문항 출제
제4회(2022. 04. 09) 1문항 출제	제5회(2022. 10. 01) 2문항 출제
제6회(2023. 04. 08) 미출제	제7회(2023. 09. 23) 1문항 출제
제8회(2024. 04. 06) 1문항 출제	제9회(2024. 09. 07) 2문항 출제

출제세부항목	출제수	출제 내용(문항수)
6.2.1 점추정	4	점추정, 최대가능도추정법, 점추정량의 준거, 불편/일치추정량
6.2.2 구간추정	4	신뢰구간(3), 가설 검정
6.2.3 가설검정	6	1종/2종오류, 유의확률, 귀무가설 검정, 대응표본 단측검정, 가설검정 개념, 가설검정 절차

14 Day

빅분기_29
6.2.1

6.2.1 점추정

6.2.1.1 추론 통계

추론 통계는 관심 대상 전체 모집단으로부터 일부의 샘플을 추출, 분석하여 그 결과로부터 전체 모집단에 대한 특성을 예측/추론하는 과정이다.

추론 통계(Inferential Statistics)와 통계적 추론(Statistical Inference)은 같은 의미로 사용되며, 통계적 추론을 학습하기 위하여, '6.1 기술 통계' 영역에서 기술적 통계치, 확률분포 그리고 표본분포에 대한 지식과 기법들을 학습했다.

통계적 추론은 모집단의 분포 가정 여부에 따른 분류, 모수 처리방식에 따른 통계적 추론 분류, 추론 목적에 따른 통계적 추론 분류로 가능하며 다음과 같다.

통계적 추론의 분류

분류 기준	통계적 추론	설명
분포 가정 유무에 따른 분류	모수적 추론 (Parametric Inference) = 모수 통계	모집단에 대해서 특정 분포를 가정하고, 그 분포를 결정하는 모수에 대해 추론하는 방법 모수 검정 방법 : t검정, 분산분석, 회귀분석 등
	비모수적 추론 (Non-parametric Inference) = 비모수 통계	모집단에 대해 특정한 분포를 가정하지 않는 방법이며, 주로 이상값이 존재할 때 사용 비모수 검정 방법 : 콜모고로프-스미르노프, 윌콕슨 부호 순위 검정, 맨-휘트니 U검정 등
모수 처리방식에 따른 분류	빈도론자 추론 (Frequentist Inference)	모수를 고정된 값인 상수라고 가정
	베이지안 추론 (Bayesian Inference)	미지의 값(모수, 결측값, 미래값)을 확률변수라고 가정하고, 해당 확률변수의 확률분포에 관심을 가지는 것
추론 목적에 따른 분류	추정(Estimation)	표본의 통계량을 이용하여 모집단의 모수의 근사값을 결정하는 방법
	가설 검정 (Testing Hypotheses)	모집단에 대한 가설을 나름대로 세워 그 가설의 옳고 그름을 확률적으로 판정하는 방법

Chapter 6에서는 추론 목적에 따른 분류인, 추정과 가설 검정을 중심으로 설명하고, 구체적인 가설 검정 방법은 분포 가정 유무에 따른 분류인 모수 통계와 비모수 통계 중심으로 각 영역을 구분하여 설명한다.

6.2.1.2 추정

추정은 표본의 통계량을 이용하여 모집단의 모수의 근사값을 결정하는 통계적 추론 방법이다. 표본평균 계산을 통해 모집단 평균을 추측해보거나, 모집단 평균에 대한 신뢰구간을 계산하는 과정을 나타낸다.

예를 들어, 국회의원 후보의 지지율(전체 유권자 중 지지자 비율)을 알기 위해 확률표본으로 100명의 유권자를 선정하고, 이 유권자로부터 지지율을 추정하게 되었다면 이때 실제 지지율의 추정값으로 표본 지지율을 이용한 것이 된다.

추정은 점추정(Point Estimation)과 구간추정(Interval Estimation)으로 구분한다.

추정의 종류

분류 기준	점추정	구간추정
목적	표본자료를 이용하여 모수의 참값이라고 추정되는 하나의 값을 결정	모수의 참값이 포함되어 있으리라고 추정되는 구간을 결정
관심사	모평균 μ의 참값이라고 추정되는 하나의 값을 어떻게 결정할 것인가	모평균 μ의 참값이 포함되어 있으리라고 추정되는 구간을 어떻게 결정할 수 있는가
예	가구 평균 대출금액은 5천만원이다.	가구 평균 대출금액은 5천만원 ±323만원이다.

6.2.1.3 점추정

❶ 점추정의 정의

점추정은 표본자료를 이용하여 모수의 참값이라고 추정되는 하나의 값을 결정하는 통계적 추정 방법이다.

점추정에서 추정 대상이 되는 모수(모평균 μ, 모분산 σ^2, 모비율 P 등)를 통상 θ(세타)로 표기한다(θ = 하나의 실수). 또한 모수 추정에 사용되는 통계량을 추정량(Estimator)이라 하고, 추정량에 관측값을 대입하여 얻은 추정량의 값을 추정값(Estimate, 추정치)이라고 한다.

모수, 추정량, 추정값의 의미

구분	설명	표기
모수	모집단을 요약/설명해주는 기술 통계 도구 모평균, 모분산, 모비율 등	θ (실제값)
추정량	모수 θ의 값을 추정하기 위해 이용되는 통계량 표본을 이루는 확률변수들의 함수, 하나의 확률변수 표본평균, 표본분산, 중앙값, 최대값, 최소값 등	$\hat{\theta}$
추정값	추출된 특정 표본값에 의해 계산된 추정량 $\hat{\theta}$의 값(점추정값) 추정치라고도 한다.	$\hat{\theta}$ (예측값)

예를 들어, 모평균의 추정량은 표본통계량의 표본평균이고, 모분산의 추정량은 표본분산이다.

추정량과 추정값

모수		점추정	
		추정량	추정값
평균	μ(뮤)	$\bar{x}$(엑스바)	x
비율	P(피)	$\hat{p}$(피햇)	p
분산	σ^2(시그마제곱)	S^2(에스제곱)	s^2
표준편차	σ(시그마)	S(에스)	s

추정량은 여러 관측값을 대입하여 추정값을 구하는 확률변수이고, 추정량에 대입하는 추정값은 실수값이다.

일반적으로 점추정을 할 때, 예측된 값이 모수의 참값과 일치하는 것은 거의 기대할 수 없다. 그러나 모집단에서 반복하여 표본을 추출한다면 각각의 표본에서 계산된 표본의 통계량은 매번 다를 수 있지만 평균적으로 모수의 주위에 밀집하게 될 것이다.

이때, 모수 주위에 가까울수록 좋은 추정량이 되고 멀수록 나쁜 추정량이 된다.

❷ 추정량의 4가지 준거(점추정의 성질)

추정량이 좋고 나쁨을 판별하는 준거로는 불편성, 유효성, 일치성, 충분성이 있다.

추정량의 4가지 준거 기출

준거	설명
불편성 (Unbiasedness)	비편향성이라고도 하며, 표본으로부터 구한 통계량의 기대치가 추정하려 하는 모수의 실제값에 같거나 가까워지는 성질 이러한 성질이 있는 추정량을 불편추정량(Unbiased Estimator)이라고 하며 하나의 모수에 여러 개의 불편추정량들이 존재
유효성 (Efficiency, 효율성)	모수를 추정할 때 여러 개의 불편추정량이 존재한다면, 분산이 작은 추정량이 모수를 정확하게 추정할 가능성이 높은 성질 유효성 $= \dfrac{V(\hat{\theta}_2)}{V(\hat{\theta}_1)}$, $\hat{\theta}_1$의 $\hat{\theta}_2$에 관한 효율성
일치성 (Consistency)	표본크기 n이 무한으로 접근할 때 추정량 $\hat{\theta}$의 값이 모수 θ와 같아지는 성질 표본크기를 크게 하면 할수록 추정치가 모집단 특성에 가까워질 때 그 추정량은 모수에 대한 일치추정량 $\lim\limits_{n \to \infty} P(|\hat{\theta}_n - \theta| < \varepsilon) = 1$
충분성 (Sufficiency)	동일한 표본으로부터 얻은 추정량이 모집단의 모수에 대한 더 많은 정보를 제공하는 성질(충분 추정량이 있다 표현)

> **참고** 불편의 의미
> '불편'은 추정의 편향(Bias; 偏差)이 0인 추정량이기도 하다.

❸ 모수의 점추정

- **모평균의 점추정**

관심의 대상이 되는 전체 집단에서 모평균은 일반적으로 알려져 있지 않다. 그러므로 모평균에 대한 추정량으로서 표본평균을 사용한다. 표본평균은 모평균에 대해서 불편추정량이고 모집단이 정규분포를 따른다면 효율성이 있는 추정량이다.

또한 표본크기가 충분히 크다면 일치성 있는 추정량이 될 수 있다. 이러한 이유 때문에 표본평균은 모평균에 대하여 가장 적합한 추정량이다.

$$모평균\ \theta = \mu$$
$$표본평균\ \bar{X} = 점추정량\ \hat{\theta} = \frac{1}{n}\sum_{i=1}^{n} X_i$$

예를 들어, 대학생들의 한 달 평균 용돈을 알기 위하여 500명의 대학생을 단순무작위로 추출하여 조사한 결과 표본평균 $\bar{x}$ = 50만 원이었다. 그러므로 모집단의 모수($\theta = \mu$)는 50만 원일 것이라고 추정하는데 이때 표본통계량($\hat{\theta}$)을 구하는 공식 '표본평균 $\bar{X} = \frac{1}{n}\sum_{i=1}^{n} X_i$'은 추정량이 되고 계산된 구체적인 수치 '$\bar{x}$ = 50만 원'은 추정값이 된다.

$$점추정값\ \hat{\theta} = 50만\ 원 = \mu$$

- **모비율의 점추정**

모집단에서 어떠한 특정 성격을 나타내는 모비율은 알려져 있지 않다. 그러므로 표본을 추출하여 표본에서 구한 표본비율을 모비율의 추정량으로 사용한다. 표본비율 또한 표본평균과 마찬가지로 불편성, 효율성, 일치성있는 추정량이 된다.

이항실험에서 n회의 시행 중 성공횟수를 X라 하면 모비율 P의 점추정량은 다음과 같다.

$$모비율\ \theta = P$$
$$표본비율\ \hat{p} = 점추정량\ \hat{\theta} = \frac{X(대상:확률변수)}{n}$$

A라는 제품 500개에 대한 불량품 비율 조사 결과 50개의 불량품이 파악되었다고 할 때, 점추정값 $p = \frac{50}{500} = 0.1$이 된다.

$$점추정값\ \hat{\theta} = \frac{50}{500} = 0.1 = P$$

- **모분산의 점추정**

모집단에서 변화하는 정도를 나타내는 분산은 알려져 있지 않다. 그러므로 표본을 추출하여 표본에서 구한 표본분산을 모분산의 추정량으로 사용한다.

표본분산이 불편추정량이 되기 위해서는 편차의 제곱합을 $n-1$로 나눈다. 이러한 표본분산은 다른 여러 종류의 분산도를 측량하는 단위보다 상대적으로 효율성과 일치성이 있기 때문에 모분산의 추정량으로 사용하게 된다.

$$모분산\ \theta = \sigma^2$$

$$표본분산\ S^2 = 점추정량\ \hat{\theta} = \frac{1}{n-1}\sum_{i=1}^{n}(X_i - \bar{X})^2$$

$$점추정값\ \hat{\theta} = \sigma^2$$

참고로 두 모분산의 비 $\frac{\sigma_1^2}{\sigma_2^2}$의 점추정 값은 두 표본분산의 비 $\frac{S_1^2}{S_2^2}$이다.

❹ 점추정 방법

- **평균제곱오차(Mean Square Error, MSE)**

모집단에서 무수히 많은 표본을 추출하여 각 표본통계량을 계산하였을 때 추정량이 바람직하기 위해서는 추정 값들의 확률분포가 모수를 중심으로 밀집되어야 한다. 이러한 표본통계량의 밀집 정도를 나타내는 것이 평균제곱오차(MSE)이다

서로 다른 기대값과 분산을 가지는 두 개의 점 추정치를 비교할 때 사용하며, 평균제곱오차(MSE)가 작은 점추정치를 선택한다.

$$MSE(\hat{\theta}) = E\left[(\hat{\theta} - \theta)^2\right],\quad \theta : 실제값,\quad \hat{\theta} : 예측값$$

- **적률법(Method of Moments)**

적률법은 모집단의 평균이 표본평균과 일치하는 모수 θ를 찾는 방법이다. 확률분포로부터 추출한 관측치들로 구성된 데이터 집합이 미지의 모수 θ에 의존한다고 하면, 모수의 점추정값 $\hat{\theta}$는 다음과 같다.

$$\bar{x} = E[X]$$

즉, 표본평균과 모평균을 같다고 놓고 점추정치를 구한다. 직관적으로 합리적인 추정 방식이다.

● 최대가능도(우도) 추정법(Maximum Likelihood Estimation, MLE) 기출

추정량은 표본을 달리하여 여러 개를 산출할 수 있다. 불편추정량이 2개 이상이면 그 중에서 어떤 추정량이 가장 효율적인가 비교하여 주어진 모수에 대해 가장 적절한 불편추정량을 결정해야 한다.

최대가능도추정법은 주어진 모수의 함수로 보고 표본들의 우도함수를 최대로하는 최대우도추정량 $\hat{\theta}$ 을 구하는 방법이다(주어진 현상에서 현상이 추출될 가능성을 가장 높게 하는 모수를 찾아내는 방법).

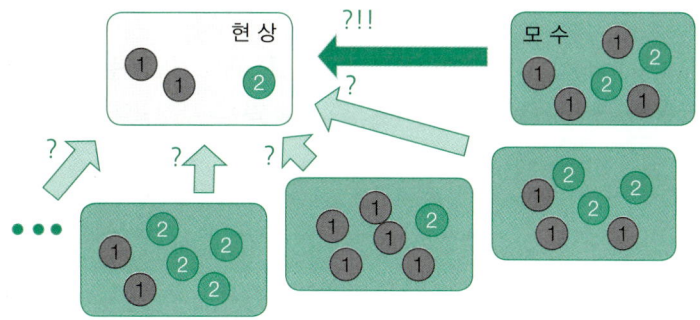

우도 : 가능성, 가능도라고하며 확률과는 반대되는 개념.
발생한 사건(결과)를 가지고 특정행위(원인,가설)를 추측하는 척도

우도함수란 표본들을 나타내는 확률변수 $X_1, X_2, \ldots, X_n$의 결합확률분포로서 관찰값이 $x_1, x_2, \ldots, x_n$이라 할 때 표본의 우도함수 $L(x_1, x_2, \ldots, x_n)$은 다음과 같다.

$$우도함수\ L(\theta) = L(x_1, x_2, \ldots, x_n)$$
$$= p(x_1, x_2, \ldots, x_n) = p(x_1)p(x_2)\ldots p(x_n) \quad (이산적일\ 때)$$
$$= f(x_1, x_2, \ldots, x_n) = f(x_1)f(x_2)\ldots f(x_n) \quad (연속적일\ 때)$$

우도함수를 최대화하기 위하여 우도함수를 모수에 대해 미분하는 방법을 사용한다.

미분을 하기 전에 우도함수에 자연로그를 취하는 경우가 많이 있다. 자연로그는 단조함수이므로 로그우도함수를 최대화하는 것은 우도함수를 최대화하는 것과 동일하다.

$$l(\theta) = \ln L(\theta)$$

최대우도함수는 우도함수를 편미분하여 0으로 놓고, 미지의 모수인 추정치를 추정한다.

$$최대우도함수\ \frac{dL(\theta)}{d\theta} = 0\ (\hat{\theta} = MLE)$$

최대우도함수는 일치 추정량(표본 크기가 커지면 MLE추정량은 모수값에 근사)을 보장하며, 최대우도추정량(MLE)은 충분통계량이다. 다만, 모집단의 분포를 모를 때는 산출할 수 없으며, 신뢰구간/가설 검정을 위해 샘플링 분포함수를 구할 수 있어야 한다.

6.2.2 구간추정

6.2.2.1 구간추정의 정의

점추정량은 확률변수로서, 표본으로부터 얻어지는 추정치는 매번 다르고 오차에 대한 정보도 제공하지 못한다(오차가 달라진다).

구간추정(Interval Estimation)은 점추정의 불확실성 정도를 표현하지 못하는 단점을 보완하여 모수가 그 구간에 얼마의 확률로 들어 있는지를 추정하는 방법으로 모수의 추정치와 신뢰도를 함께 구할 수 있게 해준다.

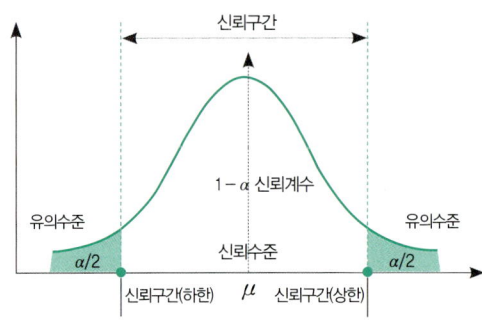

신뢰구간 추정

신뢰수준과 구간추정치

구분	설명	기호
신뢰계수 (Confidence Coefficient)	모수 θ의 참값이 포함되어 있으리라는 확신의 정도를 나타내는 측도 $1-\alpha = 0.99, 0.95, 0.90$	$1-\alpha$
신뢰수준 (Confidence Level)	모수가 어느 범위 안에 있는지를 확률적으로 보여주는 방법	$(1-\alpha) \times 100\%$
신뢰구간 (Confidence Interval)	특정 확률을 가지고 모집단의 모수가 포함될 것으로 예견되는 구간을 표본으로부터 도출한 범위의 값 구간추정치(Interval Estimate)이라고도 함	신뢰하한 $\hat{\theta}_L$ 신뢰상한 $\hat{\theta}_U$
유의수준 (Significance Level)	표본을 추출하여 모평균에 대한 구간추정을 함에 있어서 발생되는 오차에 대한 허용범위 유의수준 $\alpha = 0.01, 0.05, 0.1$ 등	α

신뢰수준이 높으면서 신뢰구간이 좁은 것이 이상적이나 어느 정도 신뢰수준을 낮추지 않으면 신뢰구간은 좁아지지 않는다.

6.2.2.2 모평균의 신뢰구간추정 [중요]

현실에서 통계를 활용해 여러 가지 조사를 할 때 평균을 많이 이용하며, 점추정은 신뢰도가 낮기 때문에 확률분포를 활용해서 알고자 하는 모평균을 추정할 때 모평균의 신뢰구간추정을 이용한다.

모분산(σ^2)을 아는 경우와 그렇지 않은 경우를 구분하며, 모분산을 아는 경우와 모분산을 모르나 표본의 수가 대표본($n \geq 30$)일 경우는 정규분포로(표준화하여 표준정규분포 이용)하여 신뢰구간을 추정하며, 모분산을 모르는 경우 표본 수가 소표본($n < 30$)이면 t분포를 이용하여 신뢰구간을 추정한다.

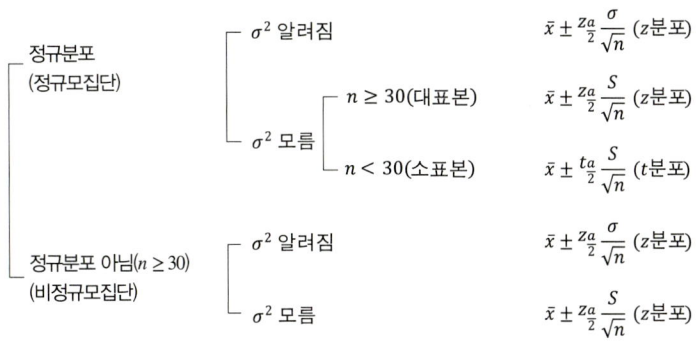

신뢰구간 추정

❶ 모분산(σ^2)을 알거나 혹은 모분산을 모를 때 대표본인 경우의 신뢰구간추정 [기출]

표본평균 $\bar{x}$의 표본분포는 평균 $\mu_{\bar{x}} = \mu$이며, 표준편차가 $\sigma_{\bar{x}} = \dfrac{\sigma}{\sqrt{n}}$인 정규분포에 근사한다.

이를 표준화 변수로 변환하면 다음과 같다(모분산을 모르더라도 표본의 크기가 $n \geq 30$이면 중심극한정리에 의하여 모분산의 추정량인 S^2으로 구성된 정규분포에 근사하므로 동일하다).

$$Z = \frac{\bar{X} - \mu}{\sigma/\sqrt{n}} \text{ 이며, } Z \sim N(0,1)$$

따라서, 모평균 μ의 신뢰구간 $(1-\alpha) \times 100\%$은 모분산 σ^2이 알려진 모집단으로부터 추출된 확률표본의 평균을 $\bar{x}$라 했을 때, 다음과 같이 정의한다.

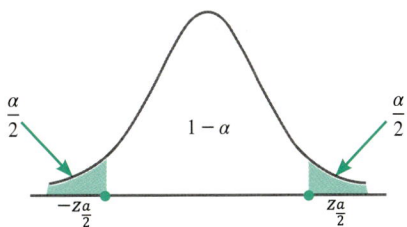

$\hat{\theta}_L : \bar{x} - z_{\frac{\alpha}{2}} \dfrac{\sigma}{\sqrt{n}} < \mu < \hat{\theta}_U : \bar{x} + z_{\frac{\alpha}{2}} \dfrac{\sigma}{\sqrt{n}}$

단, $z_{\frac{\alpha}{2}}$는 왼쪽 면적, 오른쪽 면적이 $\dfrac{\alpha}{2}$인 Z값이다.

z분포를 이용한 신뢰구간

비정규모집단으로부터 추출된 소표본으로는 정확한 신뢰수준을 기대할 수 없으며, 표본크기 $n \geq 30$이고 모집단의 분포가 너무 치우친 모양이 아니면 좋은 결과를 얻을 수 있다.

정의된 모평균의 신뢰구간은 다음과 같으며, 유의수준 α에 따른 $z_{\frac{\alpha}{2}}$의 값은 표준정규분포표를 참조하면 알 수 있다.

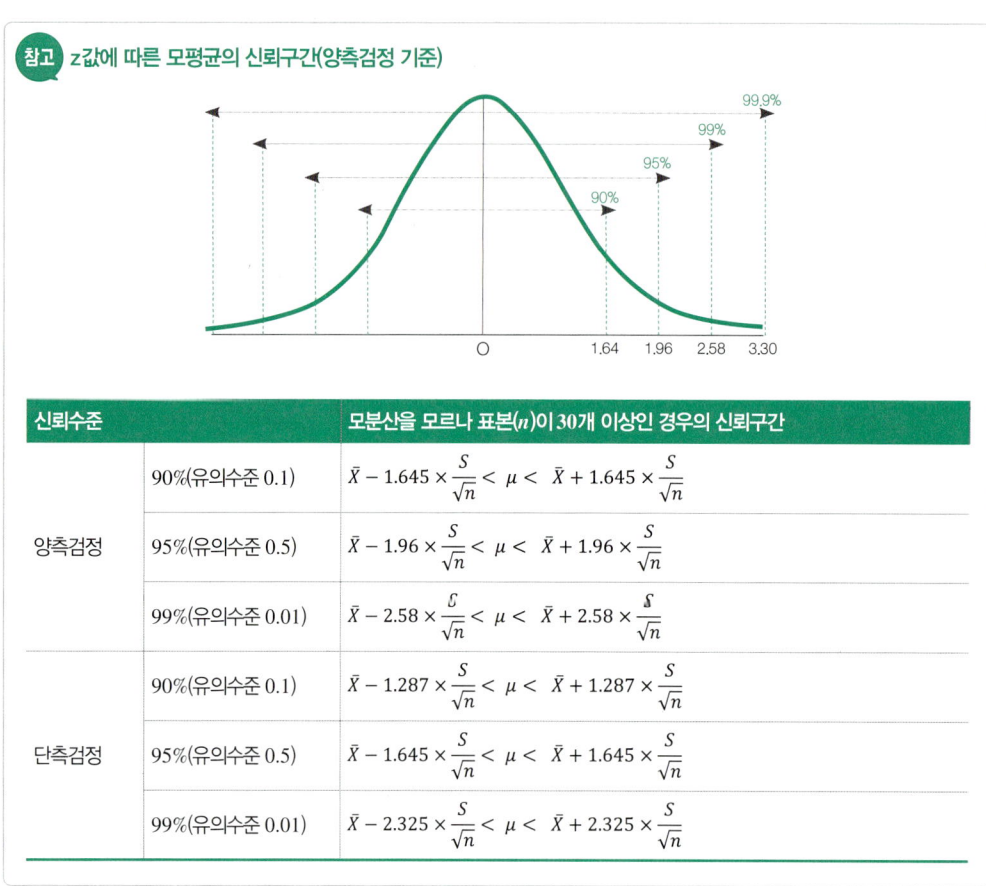

참고 z값에 따른 모평균의 신뢰구간(양측검정 기준)

신뢰수준		모분산을 모르나 표본(n)이 30개 이상인 경우의 신뢰구간
양측검정	90%(유의수준 0.1)	$\bar{X} - 1.645 \times \frac{S}{\sqrt{n}} < \mu < \bar{X} + 1.645 \times \frac{S}{\sqrt{n}}$
	95%(유의수준 0.5)	$\bar{X} - 1.96 \times \frac{S}{\sqrt{n}} < \mu < \bar{X} + 1.96 \times \frac{S}{\sqrt{n}}$
	99%(유의수준 0.01)	$\bar{X} - 2.58 \times \frac{S}{\sqrt{n}} < \mu < \bar{X} + 2.58 \times \frac{S}{\sqrt{n}}$
단측검정	90%(유의수준 0.1)	$\bar{X} - 1.287 \times \frac{S}{\sqrt{n}} < \mu < \bar{X} + 1.287 \times \frac{S}{\sqrt{n}}$
	95%(유의수준 0.5)	$\bar{X} - 1.645 \times \frac{S}{\sqrt{n}} < \mu < \bar{X} + 1.645 \times \frac{S}{\sqrt{n}}$
	99%(유의수준 0.01)	$\bar{X} - 2.325 \times \frac{S}{\sqrt{n}} < \mu < \bar{X} + 2.325 \times \frac{S}{\sqrt{n}}$

예를 들어, 어느 고등학교 학생들의 평균 키를 조사하기 위해 랜덤표본추출을 통해 49명을 무작위로 선정하여 측정하였더니, 160cm가 나왔다. 모표준편차가 21cm라고 했을 때, 학생들의 평균 키에 대한 95% 신뢰구간(유의수준 $\alpha = 0.05$)을 산출하면,

아래의 표준정규분포표는 종 모양을 중심으로 오른쪽 면적만 다루기 때문에 신뢰구간 95%의 유의수준($\alpha = 0.05$)에서 나누기 2를 하여 구한 값 0.025는 오른쪽 면에 해당하여, 전체 면적 1에서 0.025를 뺀 값이 우리가 알고자 하는 표준정규분포표상의 z값이 된다.

따라서, $1 - \alpha$인 $1 - 0.025 = 0.975$에 해당하는 z값을 찾으면 되는데, 다음의 표준정규분포표는 오른쪽 면적만을 다루기 때문에 왼쪽 면적은 0.5를 가지고 있는 상태에서 나머지 0.475에 해당하는 값을 찾으면, $z_{\frac{\alpha}{2}}$값은 1.96이 됨을 알 수 있다.

Z	0.00	0.01	0.02	0.03	0.04	0.05	0.06	0.07
0.0	0.0000	0.0040	0.0080	0.0120	0.0160	0.0199	0.0239	0.0279
0.1	0.0398	0.0438	0.0478	0.0517	0.0557	0.0596	0.0636	0.0675
1.7	0.4554	0.4564	0.4573	0.4582	0.4591	0.4599	0.4608	0.4616
1.8	0.4641	0.4649	0.4656	0.4664	0.4671	0.4678	0.4686	0.4693
1.9	0.4713	0.4719	0.4726	0.4732	0.4738	0.4744	0.4750	0.4756

표준정규분포표

신뢰구간 산식 $\bar{X} \pm z_{\frac{\alpha}{2}} \times \frac{S}{\sqrt{n}}$에 대입하여 $160 \pm 1.96 \times \frac{21}{\sqrt{49}}$을 ($\sqrt{49} = 7$) 계산하면 신뢰구간은 $154.1 \leq 160 \leq 165.9$로 산출되며, 확률분포와 신뢰구간은 다음과 같다.

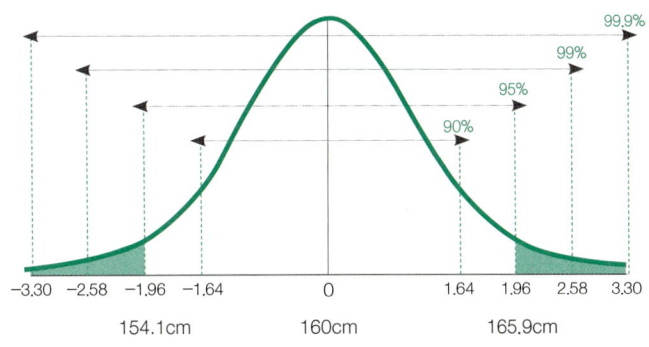

예제의 신뢰구간 **기출**

❷ 모분산(σ^2)을 모르고 소표본인 경우의 모평균 신뢰구간추정

모분산 σ^2이 알려지지 않고 표본의 크기 n이 작은 경우 ($n < 30$) 모분산 σ^2대신 표본분산 S^2을 사용하고, 표본평균 $\bar{X}$를 새로운 변수 $T = \frac{\bar{X} - \mu}{S/\sqrt{n}}$로 변환한다. T는 자유도가 $n - 1$인 t분포를 따른다.

$$T = \frac{\bar{X} - \mu}{S/\sqrt{n}} \sim t(n - 1)$$

모평균 μ의 $(1 - \alpha) \times 100\%$ 신뢰구간은 다음과 같다.

따라서 신뢰구간을 구하기 위해 t분포표에서 주어진 자유도 $n - 1$과 유의수준 $\frac{\alpha}{2}$가 교차하는 위치의 값을 찾아서 $t_{\frac{\alpha}{2}}(n - 1)$에 대입한다.

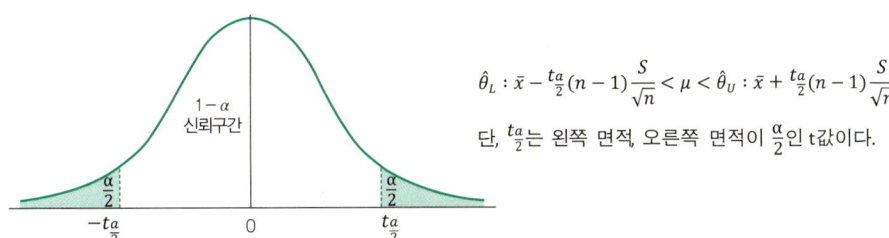

$\hat{\theta}_L : \bar{x} - t_{\frac{\alpha}{2}}(n - 1)\frac{S}{\sqrt{n}} < \mu < \hat{\theta}_U : \bar{x} + t_{\frac{\alpha}{2}}(n - 1)\frac{S}{\sqrt{n}}$

단, $t_{\frac{\alpha}{2}}$는 왼쪽 면적, 오른쪽 면적이 $\frac{\alpha}{2}$인 t값이다.

t분포의 신뢰구간

예를 들어, 정규분포를 따르는 모집단에서 표본을 12개 추출하여 어떤 물건의 무게를 측정한 결과, 다음과 같은 {13, 20, 19, 40, 25, 10, 21, 29, 17, 11, 7, 18} 자료를 얻었다. 이 물건의 모평균 무게 μ에 대한 95% 신뢰구간(유의수준 $\alpha = 0.05$)을 구하면,

표본 수 $n = 12$, 표본평균 $\bar{X} = 13 + 20 +,…, +18/12 = 19.167$이며, 분산과 표준편차는 $S^2 = 82.879$, $S = 9.104$와 같다.

$$19.167 \pm t_{\frac{0.05}{2}}(12-1)\frac{9.104}{\sqrt{12}}$$

아래 t분포표 $t_{\frac{0.05}{2}}(12-1)$의 t값은 분포표에서 $t_{0.025}(11)$을 찾으면 2.201이 된다. $\bar{X} \pm 2.201 \times \frac{S}{\sqrt{n}}$에 대입하여 $19.167 \pm 2.201 \times \frac{9.104}{\sqrt{12}}$을 계산하면($\sqrt{12} = 3.464$) 신뢰구간은 $13.38 \leq \mu \leq 24.95$로 산출된다.

DF	t(0.1)	t(0.5)	t(0.025)	t(0.01)	t(0.005)	t(0.0025)
1	3.078	6.314	12.706	31.821	63.657	127.321
2	1.886	2.920	4.303	6.965	9.925	14.089
3	1.638	2.353	3.182	4.541	5.841	7.453
4	1.533	2.132	2.776	3.747	4.604	5.598
5	1.476	2.015	2.571	3.365	4.032	4.773
11	1.363	1.796	2.201	2.718	3.106	3.497
12	1.356	1.782	2.179	2.681	3.055	3.428
13	1.350	1.771	2.160	2.650	3.012	3.372
14	1.345	1.761	2.145	2.624	2.977	3.326
15	1.341	1.753	2.131	2.602	2.947	3.286

t분포표

6.2.2.3 모비율의 신뢰구간추정

모집단으로부터 표본을 추출하여 표본에서 구한 표본비율을 바탕으로 모비율을 추정하며, 대상 모집단의 관측 결과들이 성공과 실패로 분류되는 이항모집단인 경우 '성공'에 대한 모비율 P에 대해 $(1-\alpha) \times 100\%$로 신뢰구간을 실정한다.

모비율의 신뢰구간추정은 모비율 P의 추정량인 표본비율 $\hat{p} = \frac{x}{n}$의 분포를 이용하는데, 이것은 중심극한정리에 의하여 평균이 P이고 분산이 $\frac{pq}{n}$인 정규분포로 근사하므로 이를 표준화변수 $Z = \frac{\hat{p} - \rho}{\sqrt{\frac{pq}{n}}}$로 변환하면, $Z \sim N(0,1)$이 된다.

모비율 P에 대한 신뢰구간은 다음과 같다.

$$\hat{\theta}_L : \hat{p} - z_{\frac{\alpha}{2}}\sqrt{\frac{\hat{p}\hat{q}}{n}} < P < \hat{\theta}_U : \hat{p} + z_{\frac{\alpha}{2}}\sqrt{\frac{\hat{p}\hat{q}}{n}}$$

단, $z_{\frac{\alpha}{2}}$는 오른쪽 면적, 왼쪽 면적이 $\frac{\alpha}{2}$인 z값이 된다.

n이 작고 모비율 P가 0이나 1에 근접한 값이라고 생각되는 경우에는 적용되지 않으며, $n\hat{p} \geq 5$, $n\hat{q} \geq 5$인 경우 적용되는 것이 바람직하다.

예를 들어, 어느 농장에서 가축 500마리를 확률표본으로 추출하여 특정 질병에 면역이 있는지를 조사하였다. 그 결과 340마리가 면역항체가 있는 것으로 확인되었다. 이 농장의 면역률에 대한 95% 신뢰구간(유의수준 $\alpha = 0.05$)은 다음과 같다.

$$\text{표본비율 } \hat{p} = \frac{340}{500} = 0.68, \hat{q} = 1 - \frac{340}{500} = 0.32$$

표준정규분포표는 오른쪽 면적만 다루기 때문에 95%의 신뢰구간의 유의수준 $\alpha = 0.05$에서 나누기 2를 하여 산출된 값 0.025가 오른쪽 면적에 해당한다. 전체 면적 1에서 0.025를 뺀 면적 0.975에 해당하는 $z_{\frac{\alpha}{2}}$ 값을 찾으면 1.96임을 정규분포표에서 확인할 수 있으며, 표본비율 0.68과 $z_{\frac{\alpha}{2}} = 1.96$을 $\hat{p} \pm z_{\frac{\alpha}{2}}\sqrt{\frac{\hat{p}\hat{q}}{n}}$ 식에 대입하여 모비율의 신뢰구간을 산출할 수 있다.

$$0.68 - 1.96\sqrt{\frac{0.68 \cdot 0.32}{500}} < P < 0.68 + 1.96\sqrt{\frac{0.68 \cdot 0.32}{500}}$$

신뢰구간은 $0.64 < P < 0.72$이 된다.

6.2.2.4 모분산의 신뢰구간추정

표본분산의 확률분포를 이용하여 모분산의 신뢰구간을 추정할 수 있다. 모분산이 σ^2인 모집단으로부터 크기가 동일한 표본을 무수히 많이 추출하면 표본에서 구한 분산 S^2은 변화한다. 이때 표본분산을 모분산과 비교하여, 자유도가 $(n-1)$인 χ^2(카이제곱)분포($\chi^2 = \frac{(n-1)S^2}{\sigma^2}$)를 따름을 알 수 있다.

χ^2값은 자유도$(n-1)$인 카이제곱분포에서 왼쪽, 오른쪽 면적이 각각 $1-\frac{\alpha}{2}$, $\frac{\alpha}{2}$인 $\chi^2_{1-\frac{\alpha}{2}}$, $\chi^2_{\frac{\alpha}{2}}$값이며, 이에 대한 확률$(1-\alpha)$은 아래와 같이 정의할 수 있다.

$$P(\chi^2_{1-\frac{\alpha}{2}} < \chi^2 < \chi^2_{\frac{\alpha}{2}}), \text{단 } \chi^2 = \frac{(n-1)S^2}{\sigma^2}$$

$$P(\chi^2_{1-\frac{\alpha}{2}} < \frac{(n-1)S^2}{\sigma^2} < \chi^2_{\frac{\alpha}{2}}) = 1-\alpha$$

$$P(\frac{(n-1)S^2}{\chi^2_{\frac{\alpha}{2}}} < \sigma^2 < \frac{(n-1)S^2}{\chi^2_{1-\frac{\alpha}{2}}}) = 1-\alpha$$

따라서, 정규분포로부터 크기 n인 확률표본의 분산을 S^2이라고 하면 모분산 σ^2의 $(1-\alpha) \times 100\%$에 해당하는 신뢰구간은 다음과 같다.

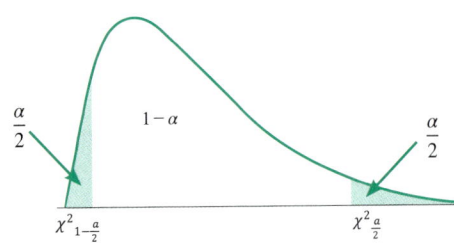

$$\hat{\theta}_L : \frac{(n-1)S^2}{\chi^2_{\frac{\alpha}{2}}} < \sigma^2 < \hat{\theta}_U : \frac{(n-1)S^2}{\chi^2_{1-\frac{\alpha}{2}}}$$

단, $\chi^2_{1-\frac{\alpha}{2}}$ 와 $\chi^2_{\frac{\alpha}{2}}$ 은 자유도 $(n-1)$인 카이제곱분포에서 왼쪽 면적, 오른쪽 면적이 각각 $1-\frac{\alpha}{2}$ 와 $\frac{\alpha}{2}$ 인 값이다.

모분산 신뢰구간추정 = 카이제곱분포

예를 들어, A회사에서 생산하는 빵의 무게에 대한 산포도를 추정하기 위해 이 회사의 제품 중 20개를 확률표본추출하여 조사한 결과 표본분산이 $S^2 = 5$였다. 이 회사의 빵의 무게 분포는 정규분포를 따른다고 가정하고 모분산 σ^2에 대한 95% 신뢰구간(유의수준 $\alpha = 0.05$)을 구하면,

자유도가 $19(\nu = 20 - 1)$인 카이제곱분포에서 왼쪽, 오른쪽 면적이 각각 $1 - \frac{\alpha}{2}$와 $\frac{\alpha}{2}$에 대한 확률은 $1 - \frac{\alpha}{2} = \chi^2_{0.975}$와 $\frac{\alpha}{2} = \chi^2_{0.025}$와 같다.

이를 아래 카이제곱분포표에서 확인하면, $\chi^2_{0.975} = 8.907$가 되고 $\chi^2_{0.025} = 32.852$가 된다.

DF	X2(.995)	X2(.99)	X2(.975)	X2(.95)	X2(.05)	X2(.025)	X2(.01)	X2(.005)
1	0.000	0.000	0.001	0.004	3.841	5.024	6.635	7.879
2	0.010	0.020	0.051	0.103	5.991	7.378	9.210	10.597
3	0.072	0.115	0.216	0.352	7.815	9.348	11.345	12.838
4	0.207	0.297	0.484	0.711	9.488	11.143	13.277	14.860
5	0.412	0.554	0.831	1.145	11.071	12.833	15.086	16.750
...								
16	5.142	5.812	6.908	7.962	26.296	28.845	32.000	34.267
17	5.697	6.408	7.564	8.672	27.587	30.191	33.409	35.718
18	6.265	7.015	8.231	9.390	28.869	31.526	34.805	37.156
19	6.844	7.633	8.907	10.117	30.144	32.852	36.191	38.582
20	7.434	8.260	9.591	10.851	31.410	34.170	37.566	39.997

카이제곱분포표

이 값을 아래 식에 대입하여 신뢰구간을 산출하면 다음과 같다.

$$\frac{(n-1)s^2}{\chi^2_{\frac{\alpha}{2}}} < \sigma^2 < \frac{(n-1)s^2}{\chi^2_{1-\frac{\alpha}{2}}} = \frac{19 \times 5}{32.852} < \sigma^2 < \frac{19 \times 5}{8.907}$$

신뢰구간은 $2.892 < \sigma^2 < 10.666$이다.

6.2.2.5 두 모분산비의 신뢰구간추정

두 모집단의 분산이 같은지 여부는 두 모집단의 분산의 차이에 대해서가 아니라, 비율에 의해 추정한다.

두 분산의 점추정량은 $\frac{S_1^2}{S_2^2}$로 산출하고, 신뢰구간에 이용되는 통계량은 두 모집단의 모분산이 각각 크기 σ_1^2, σ_2^2으로 알려져 있는 정규모집단에서 크기 n_1, n_2인 표본의 분산을 S_1^2, S_2^2라고 할 때, 아래와 같이 정의한다.

$$F = \frac{S_1^2/\sigma_1^2}{S_2^2/\sigma_2^2} = \frac{\sigma_2^2 \times S_1^2}{\sigma_1^2 \times S_2^2}, \ (\sigma_1^2 = \sigma_2^2 \text{ 이면}, F = \frac{S_1^2}{S_2^2})$$

이때, F값은 자유도 $v_1 = n_1 - 1, v_2 = n_2 - 1$인 F분포를 따른다고 한다.

F값은 자유도가 v_1, v_2인 F분포에서 왼쪽, 오른쪽 면적이 $1 - \frac{\alpha}{2}, \frac{\alpha}{2}$인 값이며, 아래와 같다.

$$F_{1-\frac{\alpha}{2}}(v_1, v_2) < F < F_{\frac{\alpha}{2}}(v_1, v_2)$$

$$\frac{1}{F_{1-\frac{\alpha}{2}}(v_1, v_2)} < \frac{\sigma_2^2 \times S_1^2}{\sigma_1^2 \times S_2^2} < F_{\frac{\alpha}{2}}(v_1, v_2)$$

또한 $F_{1-\frac{\alpha}{2}}(v_1, v_2)$는 아래와 같이 변환될 수 있다.

$$F_{1-\frac{\alpha}{2}}(v_1, v_2) = \frac{1}{F_{\frac{\alpha}{2}}(v_2, v_1)}$$

$$\therefore \frac{1}{F_{\frac{\alpha}{2}}(v_2, v_1)} < \frac{\sigma_2^2 \times S_1^2}{\sigma_1^2 \times S_2^2} < F_{\frac{\alpha}{2}}(v_1, v_2)$$

결국, 모분산의 비 $\frac{\sigma_2^2}{\sigma_1^2}$의 $(1-\alpha) \times 100\%$의 신뢰구간은 $\frac{\sigma_1^2}{\sigma_2^2}$로 변환하여 다음과 같이 정의된다.

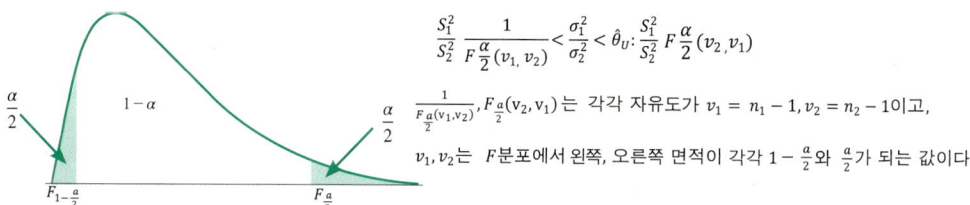

$$\frac{S_1^2}{S_2^2} \frac{1}{F_{\frac{\alpha}{2}}(v_1, v_2)} < \frac{\sigma_1^2}{\sigma_2^2} < \hat{\theta}_U : \frac{S_1^2}{S_2^2} F_{\frac{\alpha}{2}}(v_2, v_1)$$

$\frac{1}{F_{\frac{\alpha}{2}}(v_1, v_2)}, F_{\frac{\alpha}{2}}(v_2, v_1)$는 각각 자유도가 $v_1 = n_1 - 1, v_2 = n_2 - 1$이고, v_1, v_2는 F분포에서 왼쪽, 오른쪽 면적이 각각 $1 - \frac{\alpha}{2}$와 $\frac{\alpha}{2}$가 되는 값이다.

두 모분산비의 신뢰구간

예를 들어, A회사 아이스크림(n_1)과 B회사 아이스크림(n_2) 무게의 산포도를 비교하고자 한다. A회사 아이스크림 중 10개, B회사 아이스크림 중 8개를 임의로 추출하여 이들의 무게를 조사했다. A회사 아이스크림의 표본분산 0.25, B회사 아이스크림의 표본분산 0.49를 얻었다. 두 대상 모집단이 정규모집단을 따른다고 할 때 두 모집단의 모분산비 $\frac{\sigma_1^2}{\sigma_2^2}$에 대한 98% 신뢰구간은 다음과 같다.

사례 분석

구분	A회사 아이스크림	B회사 아이스크림
분산	$S_1^2 = 0.25$	$S_2^2 = 0.49$
자유도	$v_1 = 10 - 1 = 9$	$v_2 = 8 - 1 = 7$
유의수준 α	0.02	
신뢰수준 $1 - \alpha$	0.98	

신뢰구간을 $\frac{S_1^2}{S_2^2}\frac{1}{F_{\frac{\alpha}{2}}(v_1, v_2)} < \frac{\sigma_1^2}{\sigma_2^2} < \frac{S_1^2}{S_2^2}F_{\frac{\alpha}{2}}(v_2, v_1)$ 구하기 위해 F분포에서 왼쪽, 오른쪽 면적이 각각 $1 - \frac{\alpha}{2}$와 $\frac{\alpha}{2}$에 해당하는 값은 다음과 같다.

$$1 - \frac{\alpha}{2} = \frac{1}{F_{\frac{\alpha}{2}}(v_1, v_2)} = \frac{1}{F_{0.01}(9,7)}, \quad \frac{\alpha}{2} = F_{\frac{\alpha}{2}}(v_2, v_1) = F_{0.01}(7,9)$$

F분포표에서 유의수준 $\alpha = 0.02$에 해당하는 F값은 $\frac{1}{F_{0.01}(9,7)} = \frac{1}{6.72}, F_{0.01}(7,9) = 5.61$이며, 아래식으로 정리할 수 있다($F$분포표 확률 0.01에서 확인).

$$\frac{S_1^2}{S_2^2}\frac{1}{F_{0.01}(9,7)} < \frac{\sigma_1^2}{\sigma_2^2} < \frac{S_1^2}{S_2^2}F_{0.01}(7,9) = \frac{0.25}{0.49} \times \frac{1}{6.72} < \frac{\sigma_1^2}{\sigma_2^2} < \frac{0.25}{0.49} \times 5.61$$

신뢰구간은 $0.076 < \frac{\sigma_1^2}{\sigma_2^2} < 2.862$이 된다.

6.2.3. 가설 검정

빅분기_31
6.2.3.1 ~ 6.2.3.3

6.2.3.1 통계적 가설 검정의 이해 기출

❶ 통계적 가설 검정(Test of Statistical Hypothesis)

통계적 추론의 또 다른 영역은 가설 검정이다. 가설(Hypothesis)은 모집단의 특성을 나타내는 예상이나 주장을 의미하며, 통계적 가설 검정은 모집단 실제값이 얼마나 되는가 하는 주장과 관련해서, 표본이 가지고 있는 정보를 이용해 가설이 올바른지 그렇지 않은지 판정하는 과정을 나타낸다.

이때 두 가지 관점에서 가설을 판정할 수 있는데 첫 번째는 가설 검정(Test of hypothesis)으로 귀무가설과 대립가설을 설정하고 얻어진 자료를 근거로 통계량을 계산하여 기각역과 비교한 후 어느 가설이 타당한지 판단하며, 두 번째 유의성 검정(Test of Significance)은 얻어진 자료보다 더 극단적인 자료가 얻어질 가능성(P값)을 계산하여 이를 근거로 유효성을 판단하게 된다(통계량의 확률(P값)을 기준으로 유의수준의 확률과 비교하여 판단).

> **참고** 통계적 유의성의 의미
>
> "통계적으로 유의하다" → 어떤 실험결과가 확률적으로 봐서 단순한 우연이라고 생각되지 않을 정도로 의미가 있다
> "통계적으로 유의하지 않다" → 실험결과가 단순한 우연일 수도 있다.

❷ 가설의 종류

모집단의 미지의 모수에 대한 타당성을 확인하고자 하는 주장을 대립가설(Alternative Hypothesis) 혹은 연구가설이라 하고, 대립가설이 참이라는 확실한 근거가 없는 경우에 받아들이는 가설을 귀무가설(Null Hypothesis) 혹은 영가설이라고 한다.

귀무가설과 대립가설은 모수(연구자의 관심사)에 대한 서로 상반된 주장을 설정한다.

사례 분석

구분	귀무가설	대립가설
기호	H_0	H_1
가설 기호	모집단과 표본의 평균은 같다 $H_0 : \mu = \mu_0$	모집단과 표본의 평균은 다르다 $H_1 : \mu \neq \mu_0$
가설	기존에 알려져 있는 사실. 차이가 없다.	새로운 사실, 현재 믿음에 변화가 있는 사실. 차이가 있다.
대상	통계적 검정 대상	뚜렷한 증거로 입증하려고 하는 주장

6.2.3.2 가설 검정

❶ 가설 검정의 정의

가설 검정은 귀무가설이 현재 알려진 사실이기 때문에 귀무가설을 받아들일 것인지, 아니면 기각(Reject)할 것인지를 검정하는 과정 및 규칙을 말한다.

가설 검정의 결과는 귀무가설을 중심으로 기각할 수 있는지와 없는지를 표현하며, 검정통계량(Test Statistic)과 기각역(Critical Region), 채택역(Acceptance Region)을 이용하여 이를 검정한다.

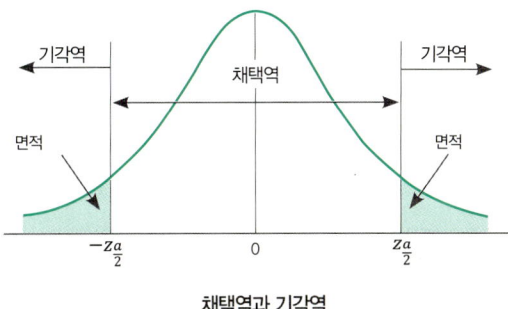

채택역과 기각역

통계적 가설 검정

구분	설명
검정통계량 (T(X))	귀무가설과 대립가설 중에서 하나의 가설을 선택하는데 사용하는 표본의 통계량 검정통계량 : Z통계량, t통계량, 카이제곱통계량(χ^2), F통계량의 확률분포상 x축 좌표값
기각역(C)	가설 검정에서 유의수준 α가 정해졌을 때, 검정통계량의 분포에서 이 유의수준의 크기에 해당하는 영역 (귀무가설 기각) 검정통계량의 분포에서 이 영역의 위치는 대립가설의 형태에 따라 다름
채택역(A)	가설 검정에서 유의수준 α가 정해졌을 때, 검정통계량의 분포에서 이 유의수준을 제외하는 크기에 해당하는 영역 채택되는 검정통계량의 영역(귀무가설 채택)

기각역 또는 채택역은 유의수준 α(기각하는 확률의 크기)을 어떻게 정하느냐에 따라 달라진다. 검정통계량의 계산이 정규분포나 t분포로 이루어지기 때문에 각 분포에서 유의수준 α에 대응하는 기준값으로 기각역과 채택역이 결정된다.

또한 가설 검정에서 유의수준 α는 구간추정에서 신뢰수준 $(1 - \alpha) \times 100\%$와 동일한 의미를 갖는다. 즉 신뢰구간과 양측가설 검정은 실질적으로 같은 의미를 가진다.

예를 들어 시중에 판매되고 있는 아이스크림이 있고, 그 아이스크림의 무게는 320g으로 판매되고 있다. 실제 무게가 320g인지 확인하기 위해, 여러 상점에서 아이스크림 표본을 수집하여 무게를 측정하였더니, 특정 아이스크림 1개는 310g이었다. 무게가 320g이 아니니 판매 업체에서는 소비자를 속였다고 할 수 있을까? 320g이라는 기준(모수의 평균)을 중심으로 인정 가능한 320g의 범위(신뢰구간)는 몇 g까지일까?

이때 특정 오차(유의수준)를 기준으로 인정할 범위(기각역)을 산정하여 이를 검정할 수 있다.

> **참고** **귀무가설, 대립가설 예시**
>
> A회사의 제품의 무게는 320g이어야 한다. A회사의 제품의 무게가 실제 320g인지 검정하라(유의수준 $\alpha = 0.05$).
> 귀무가설 (H_0) $\mu = 320g$: A회사 제품의 무게는 평균 320g이다.
> 대립가설 (H_1) $\mu \neq 320g$: A회사 제품의 무게는 평균 320g이 아니다.
>
>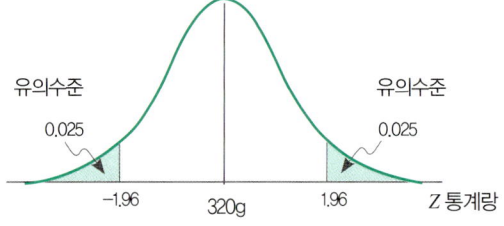
>
> 만약 산출한 Z통계량이 −1.96보다 크고 1.96보다 작으면($-1.96 < Z < 1.96$) 귀무가설을 채택하고(320g이다), Z통계량이 −1.96보다 작거나, 1.96보다 크면($Z < -1.96$거나 $Z > 1.96$) 귀무가설을 기각한다(320g이 아니다).
>
> 귀무가설 H_0 기각 : 자료로부터 귀무가설(H_0)에 반하는 충분한 증거가 얻어졌으므로 대립가설(H_1)을 채택
> 귀무가설 H_0 채택 : 자료로부터 귀무가설(H_0)에 반하는 충분한 증거가 얻어지지 않았음

❷ 가설 검정의 오류(판단 기준)

가설 검정의 결과를 나누어보면 귀무가설이 참인 경우에 이를 채택하거나 기각하는 두 가지 결정이 있고, 귀무가설이 거짓인 경우에 이를 채택하거나 기각하는 두 가지 결정이 있다.

이중 귀무가설이 옳은데도 불구하고 귀무가설을 기각하는 오류를 제1종오류(Type I Error)라고 하며 귀무가설이 옳지 않은데도 귀무가설을 채택하는 오류를 제2종오류(Type Ⅱ Error)라고 한다.

제1종오류를 범할 확률의 최대허용한계를 유의수준(Level of Significance) 또는 위험률이라 하고 α(알파)로 나타내며 제2종오류를 범할 확률은 β(베타)로 나타낸다.

1종오류와 제2종오류 기출

가설 \ 가설 검정결과	귀무가설이 사실이라고 판정	귀무가설이 사실이 아니라고 판정
귀무가설이 사실	옳은 결정$(1-\alpha)$	제1종오류(α)
귀무가설이 사실이 아님	제2종오류(β)	옳은 결정$(1-\beta)$

가설 검정에서는 두 가지 오류가 작을수록 바람직하나 두 가지를 동시에 줄일 수 없기 때문에 제1종오류 α(알파)의 크기를 0.1, 0.05, 0.01 등으로 미리 정해 놓은 뒤, 제2종오류 β(베타)가 최소가 되도록 기각역을 설정한다.

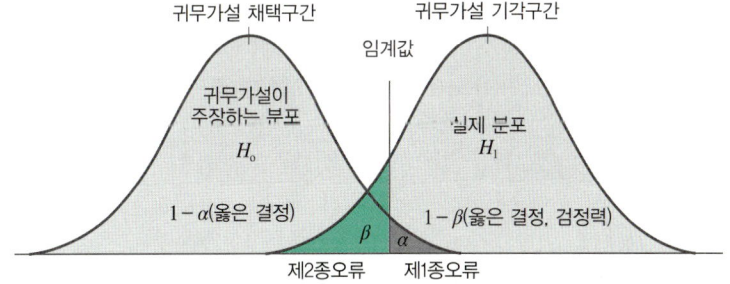

제1종오류와 제2종오류의 관계

제1종오류와 제2종오류의 관계 설명 기출

구분	설명
유의수준(α)	제1종오류를 범할 확률 귀무가설이 옳은데도 불구하고 이를 기각하는 확률의 크기를 말하며 검정통계량을 구하는 것과는 무관하게 검정을 실시하는 사람의 판단에 따라 결정함
신뢰도($1-\alpha$)	제1종오류를 범하지 않을 확률 검정하려는 귀무가설이 참인 경우, 이를 옳다고 판단하는 확률
위험(β)	제2종오류를 범할 확률 귀무가설이 거짓인데도 불구하고 이를 채택할 확률

검정력(Power, $1-\beta$)	제2종오류를 범하지 않는 확률. 검정하려는 귀무가설이 거짓인 경우, 이를 옳지 않다고 판단하는 확률
기각값(Critical Value, Cn)	주어진 유의수준에서 귀무가설을 채택하거나 기각하는 기준이 되는 값 임계값이라고도 함. 표준정규분포 기각값 예시 : $x_{critical} = \mu_0 \pm z_{critical} \dfrac{\sigma}{\sqrt{n}}$

통계적 가설 검정에 있어서는 제1종오류가 발생할 확률의 허용한계인 유의수준(α)을 고려하여 검정을 하게 된다.

> **참고 가설 검정의 주요 특성**
>
> 제1종오류와 제2종오류는 한 쪽의 확률이 증가하면 다른 한 쪽의 확률은 감소한다.
> 기각값을 조정하면 기각역의 크기나 제1종오류를 범할 확률은 변한다.
> 표본의 크기 n을 크게 하면 α와 β를 동시에 감소시킬 수 있다.
> 귀무가설이 거짓이면 α는 모수의 참값이 가설로 설정된 값에 접근할 때, 최대 모수의 참값이 가설로 설정된 값에서 멀어질수록 β의 값은 작아진다.

❸ 가설 검정의 종류

대립가설(H_1)의 모수 영역이 한 방향으로 주어지는 가설 검정을 단측검정(One-Sided Test)이라 하고, 양쪽 방향으로 주어지는 가설 검정을 양측검정(Two-Sided Test)이라고 한다. 단측검정은 모수를 기준으로 큰 방향이면 우측검정(Right-Sided Test), 작은 방향이면 좌측검정(Left-Sided Test)으로 구분한다.

● **양측검정**

귀무가설이 "모수가 특정값이다"라고 할 때, 대립가설이 "모수가 특정값이 아니다"라고 주어지는 경우로 귀무가설과 대립가설은 다음과 같이 표현할 수 있다.

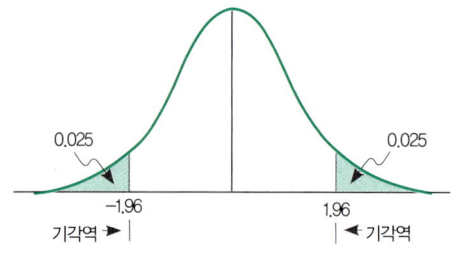

귀무가설 $H_0 : \mu = \mu_0$; μ_0 고정된 상수

대립가설 $H_1 : \mu \neq \mu_0$

기각역 $C = \{T(X) \leq -C_1$ 또는 $T(X) \geq C_1\}$

$T(X)$: 검정통계량, C_1 : 기각값(임계값)

양측검정

- **좌측검정**

귀무가설이 "모수가 특정값이다"라고 할 때, 대립가설이 "모수가 μ_0보다 작다"로 주어지는 경우로 귀무가설과 대립가설을 다음과 같이 표현할 수 있다

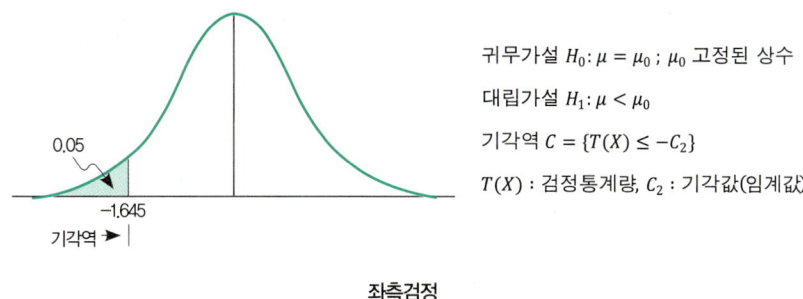

귀무가설 $H_0: \mu = \mu_0$; μ_0 고정된 상수
대립가설 $H_1: \mu < \mu_0$
기각역 $C = \{T(X) \leq -C_2\}$
$T(X)$: 검정통계량, C_2 : 기각값(임계값)

좌측검정

- **우측검정**

귀무가설이 "모수가 특정값이다"라고 할 때, 대립가설이 "모수가 μ_0보다 크다"로 주어지는 경우로 귀무가설과 대립가설을 다음과 같이 표현할 수 있다.

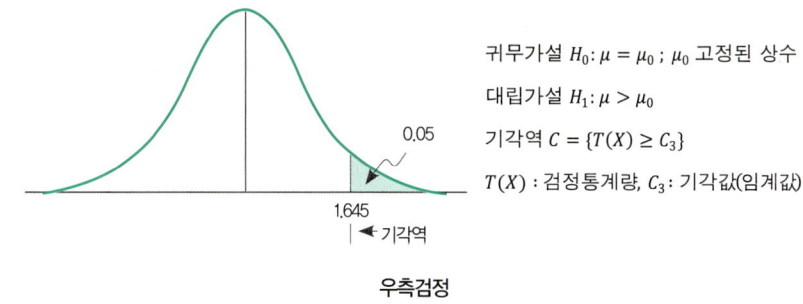

귀무가설 $H_0: \mu = \mu_0$; μ_0 고정된 상수
대립가설 $H_1: \mu > \mu_0$
기각역 $C = \{T(X) \geq C_3\}$
$T(X)$: 검정통계량, C_3 : 기각값(임계값)

우측검정

대립가설은 항상 부등호를 이용하여 표현되며, 가설 검정에서 대립가설의 부등호 방향에 따라 가설 검정의 종류를 정할 수 있다.

6.2.3.3 유의성 검정, P값 = 유의확률(Significance Probability) 기출

P값(P-Value)은 측정된 검정통계량의 값으로 계산된 확률로서 귀무가설을 기각하게 하는 최저의 유의수준이다(검정통계량의 값이 유의하게 되는 최저 유의수준).

※ P-Value는 귀무가설이 참일 때, 표본 데이터에서 얻은 결과가 우연히 발생할 확률이다. 즉, 귀무가설이 옳다고 가정했을 때, 현재 관측된 결과보다 더 극단적인 결과가 나타날 확률을 의미한다.

검정통계량의 값을 기각값과 직접적인 값으로 비교하는 대신에, 그에 대응하는 확률 값으로 검정하는 방법이며, P값을 관측유의수준(Observed Level of Significance)이라고도 한다.

유의수준 α를 사전에 설정하여 산출된 검정통계량이 기각역에 의해 귀무가설을 판단하는 경우(가설 검정), 제1종오류를 범할 위험의 최대값을 제한한다.

그렇기 때문에 검정통계량의 값이 기각역에 가까이 나타났을 경우 충분한 설명을 해주지 못한다. 따라서 P값을 이용하여 검정통계량의 값이 유의하게 되는 최저 유의수준을 확인하고 P값이 아주 작을 경우 귀무가설을 기각하고 모수는 유의하게 다르다고 결론을 도출할 수 있다.

$$P\text{값} = \begin{cases} \text{양측검정}: P(|Z| > z) = 2P(Z > z) \\ \text{우측검정}: P(Z > z) \\ \text{좌측검정}: P(Z < z) \end{cases} \quad (Z\text{검정통계량 및 } z\text{통계치 예시})$$

P값과 주어진 유의수준(α)값을 비교하여 귀무가설의 기각여부를 결정하며, P값이 주어진 유의수준의 값보다 작으면 귀무가설을 기각, α값보다 크면 귀무가설을 기각하지 않는다.

통계적 가설검정의 판단

구분	귀무가설 기각	귀무가설 채택
가설 검정	검정통계량 $T(X) \leq -$기각값 C_1 또는 검정통계량 $T(X) \geq$ 기각값 C_1 (차이가 있다)	검정통계량 $T(X) \geq -$기각값 C_1 또는 검정통계량 $T(X) \leq$ 기각값 C_1 (차이가 없다)
유의확률(P값)	P값 < 유의수준(α) (유의하다)	P값 > 유의수준(α) (유의하지 않다)

일반적으로 P값이 0.01보다 작으면 귀무가설에 대한 신빙성이 떨어지고 대립가설에 대한 신빙성이 올라가서 귀무가설을 기각하며, P값이 0.1보다 크면 귀무가설에 대한 신빙성이 매우 높게 나타나고, 대립가설에 대한 신빙성이 약하게 나타나므로 귀무가설을 기각하지 않는다(귀무가설 채택).

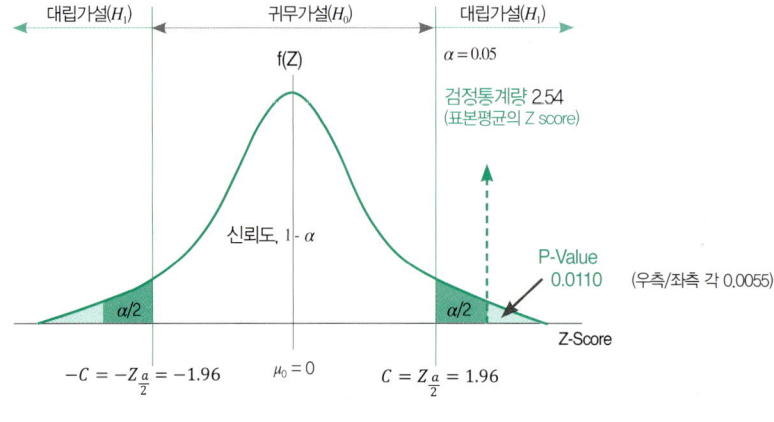

p값과 검정통계량의 판단

위 Z분포를 따르는 양측검정의 그림에서 유의수준(α)은 0.05이다(양측검정 $\alpha/2$는 0.025). 기각역(C)은 1.96이 되며, 검정통계량 Z값이 2.54라고 했을 때, 표준정규분포표에서 Z값 2.54에 해당하는 면적(확률)

은 0.9945가 된다. 전체 확률 1에서 Z값 2.54에 해당하는 면적 0.9945를 빼면 우측면의 면적 0.0055값을 도출할 수 있다. 따라서 양측검정의 좌측면도 포함하면 0.011(2Z = 2 × 0.0055)이 P값이 된다.

검정통계량의 Z값 2.54로 계산된 확률은 아래와 같으며, 귀무가설은 기각된다.

$$P = 2P(Z > 2.54) = 2(0.0055) = 0.011$$

$$0.011(p값) < 0.05(유의수준 \alpha)$$

6.2.3.4 통계적 가설 검정 절차 및 방법

❶ 통계적 가설 검정 절차 기출

기각역을 이용하는 가설 검정과 P값(유의확률)을 이용하는 유의성 검정의 통계적 가설 검정 절차는 다음과 같다.

통계적 가설 검정 절차

구분		설명
1단계		가설 설정 : 귀무가설 및 대립가설 설정 대립가설에 따라 단측검정 혹은 양측검정 방법 선택
2단계		유의수준(α) 결정 : 제1종오류를 범할 위험의 최대값을 제한
3단계		검정통계량 선정 및 계산
기각역 사용 (가설 검정)	4단계	표본크기 n과 유의수준에 따른 기각역 설정
	5단계	통계적 결론 : 검정통계량이 기각역에 속하면 귀무가설을 기각하며(대립가설 채택), 채택역에 속하면 귀무가설을 채택(대립가설 기각)
P값 사용 (유의성 검정)	4단계	검정통계량을 사용하여 P값 산출
	5단계	통계적 결론 : P값이 유의수준보다 작으면 귀무가설을 기각하며(대립가설 채택), P값이 유의수준보다 크면 귀무가설을 채택(대립가설 기각)

❷ 통계적 가설 검정 방법의 종류

모집단의 분포 가정 유무에 따라 통계적 추론을 모수 통계(Parametric Statistics, 모수적 추론)와 비모수 통계(Non Parametric Statistics, 비모수적 추론)로 구분할 수 있다.

모집단에 대해서 특정 분포를 가정하고, 그 분포를 결정하는 모수에 대해 추론하는 방법을 모수 통계 혹은 모수 검정이라 하며, 모집단에 대해 특정한 분포를 가정하지 않고 추론하는 방법을 비모수 통계 혹은 비모수 검정이라고 정의한다.

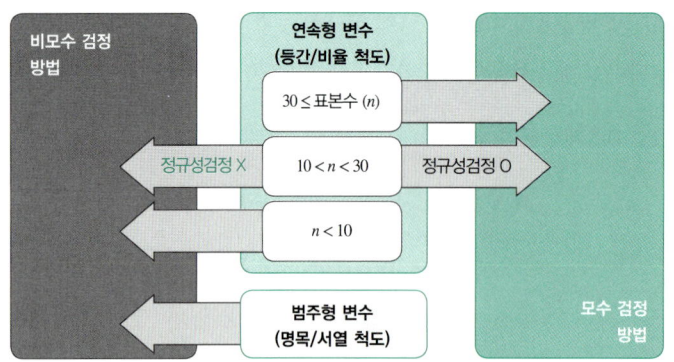

구분	예시
가정	전세계 성인 남성의 키는 정규분포를 따르며 평균 170, 편차 10 이라 가정
모수 통계 (모수 검정)	한국 남자의 키가 전 세계에서 큰 편인지 아닌지를 측정 → 전세계 성인 남성의 키는 정규분포를 가정함
비모수 통계 (비모수 검정)	전우주(외계인 존재 가정) 성인 남자 중 한국 남자의 키 정도 → 외계인의 전체 모수를 가정하지 못함

모수 통계와 비모수 통계

통상적으로 모수 검정 방법은 연속형 변수(등간/비율척도)에서만 적용 가능하며, 이상값(Outlier)에 의해 쉽게 영향을 받는 반면, 비모수적 검정 방법은 연속형 변수 뿐 아니라 범주형(서열/순서척도) 변수에도 적용 가능하고 이상값(Outlier)에 영향을 적게 받는다.

또한 비모수 검정 방법은 표본수가 10개 이상 30개 미만이면서 정규성을 만족하지 않는 경우, 표본수가 10개 미만인 경우에 사용된다. 즉, 수치에는 의미가 없고 상대적 크기가 의미있는 경우 사용된다고 정리할 수 있다.

비모수 통계의 상세 기법에 대해서는 '8.2.1 범주형 자료 분석', '8.2.9 비모수 통계'에서, 모수 통계에 대한 내용은 '8.1.1 회귀분석', '9.1.4 모수의 유의성 검정'에서 상세히 학습한다. Chapter 6에서는 가설 검정의 종류인 단측검정을 기준으로, 모수 통계의 모평균 차이를 검정할 수 있는 Z검정(Z-Test)에 대해 사례 기반으로 학습한다.

❸ 단측검정과 모평균 Z검정 사례

단측검정은 귀무가설이 '모수가 특정값이다'라고 할 때, 대립가설(H_1)이 "모수가 μ_0보다 작다 혹은 크다"로 주어지는 경우로 대립가설 기준에 따라 좌측검정과 우측검정으로 구분하며, Z검정은 모수의 평균차이를 검정할 때 모분산(σ^2)이 알려지거나 모집단의 분포가 정규분포든지 또는 임의의 분포든지 표본의 크기 n이 큰 경우($n \geq 30$), Z분포를 이용하는 검정 방법이다. 이를 일표본 Z검정(One-Sample Z-Test)이라고도 한다.

모평균 가설 검정 절차(모분산 σ^2을 알거나 혹은 알려지지 않은 경우 대표본)

구분	설명
귀무가설 및 대립가설 설정	귀무가설 $- H_0 : \mu = \mu_0$ ~ 평균은 차이가 없다(같다). 대립가설 $-$ 양측검정 : $H_1 : \mu \neq \mu_0$ ~ 평균은 차이가 있다(같지 않다). $-$ 좌측검정 : $H_1 : \mu < \mu_0$ ~ 평균은 작다. $-$ 우측검정 : $H_1 : \mu > \mu_0$ ~ 평균은 크다.
검정통계량	$Z = \frac{\bar{X} - \mu}{\sigma/\sqrt{n}}$ 또는 $Z = \frac{\bar{X} - \mu}{S/\sqrt{n}}$
가설 검정(기각역)	검정통계량(Z)과 유의수준(α)의 기각역(Z_a 또는 $Z_{Critical}$)을 산출, 각 가설검정 종류별로 아래에 해당하면 귀무가설(H_0) 기각 $-$ 양측검정 : 대립가설 $H_1 : \mu \neq \mu_0$ 일 때, $|Z| = z_{a/2}$ $-$ 좌측검정 : 대립가설 $H_1 : \mu < \mu_0$ 일 때, $Z \leq -z_a$ $-$ 우측검정 : 대립가설 $H_1 : \mu > \mu_0$ 일 때, $Z \geq z_a$
유의성 검정 (p값 사용)	검정통계량(Z)의 p값 < 유의수준(α)이면, 귀무가설(H_0) 기각 검정통계량(Z)의 p값 > 유의수준(α)이면, 귀무가설(H_0) 채택

모평균 가설 검정 사례(모분산 σ^2을 알 경우) 기출

구분	설명
사례	사람의 평균수명을 알아보기 위해 사망자 100명을 표본으로 추출하여 조사하였더니 평균 72년으로 나타났다. 모표준편차를 9년으로 가정할 때, 현재의 평균수명은 70년보다 길다고 할 수 있는가를 검정하라(유의수준 $\alpha = 0.05$)
귀부가설 및 대립가설 설정	귀무가설 $H_0 : \mu = 70$년 평균수명은 70년이다 대립가설 $H_1 : \mu > 70$년 평균수명은 70년보다 길다(우측 검정 = 단측검정).
유의수준	$\alpha = 0.05$
기각역	기각역은 대립가설 $H_1 : \mu > \mu_0$일 때, $Z \geq z_a$이며, 표준정규분포의 95%(($1-\alpha$) × 100)확률에 해당하는 Z값(기각역)은 $Z \geq z_{0.05} = 1.645$이다(표준정규분포표의 $\alpha = 0.05$에서 확인). 기각역 $Z_{critical} = 1.645$일 때, 기각값 $x_{critical} = \mu_0 + z_{critical} \frac{\sigma}{\sqrt{n}} = 70 + 1.645 \frac{9}{\sqrt{100}} = 71.4805$가 된다(참고).
검정통계량 및 P값	검정통계량 $Z = \frac{\bar{X} - \mu}{\sigma/\sqrt{n}}$에서 모평균 $\mu = 70$, 표본평균 $\bar{X} = 72$, 모표준편차 $\sigma = 9$일 때, $Z = \frac{72 - 70}{9/\sqrt{100}} = 2.22$ 이며, $Z = 2.22$일 때, P값 $= P(Z > 2.22) = 0.0132$이 된다. (표준정규분포표의 $Z = 2.22 = 0.9868$, P값 $= 1 - 0.9868 = 0.0132$)

표준정규분포도	$\alpha = 0.05$ $p = 0.013$ $z = 1.645$ $z = 2.22$
가설 검정(기각역)	검정통계량 $Z = 2.22 >$ 유의수준 0.05의 기각역 $z = 1.645$이므로 검정통계량이 기각역에 속하여 귀무가설(H_0)은 기각된다. 따라서 현재 평균수명은 70년보다 길다고 할 수 있다.
유의성 검정 (P값 사용)	검정통계량의 P값(0.013) < 유의수준($\alpha = 0.05$), 유의수준이 P값보다 큰 값이므로 귀무가설(H_0)은 기각된다. 따라서 현재 평균수명 70년이라는 가설은 유의하지 않다고 할 수 있다.

출제예상문제

01. 다음의 빈칸에 순서대로 들어갈 항목을 고르시오.

> (가)를 하기 위해서는 (나)가 선행되어야 한다. 표본조사를 통해 표본집단의 특성을 나타내는 통계량을 구한 다음에 그것을 바탕으로 모집단의 특성, 즉 모수를 추론하기 때문이다.
> (가)는 통계적 추론과 동일한 의미로 사용된다.

① 가 : 추론 통계, 나 : 기술 통계
② 가 : 기술 통계, 나 : 추론 통계
③ 가 : 추론 통계, 나 : 표본 추출
④ 가 : 기술 통계, 나 : 가설 검정

02. 추정에 대한 설명으로 가장 올바른 것은?

① 모수를 고정된 값인 상수라고 가정하여 처리방식에 따라 분류하는 방법이다.
② 모집단에 대한 가설을 나름대로 세워 그 가설의 옳고 그름을 확률적으로 판정한다.
③ 표본의 통계량을 이용하여 모집단의 모수의 근사값을 결정하는 것이다.
④ 모집단에 대해 특정한 분포를 가정하지 않는 방법이며, 주로 이상값이 존재할 때 사용하는 방법이다.

03. 구간추정에 대한 설명으로 올바르지 않은 것은?

① 모수의 참 값이 포함되어 있으리라고 추정되는 구간을 결정하는 것이 목적이다.
② 모평균 u의 참 값이라고 추정되는 하나의 값을 어떻게 결정하는지가 관심사이다.
③ '가구 평균 대출금액이 5천만 원의 ±323만 원이다'와 같은 사례를 제시할 수 있다.
④ 점추정이 모수의 참 값이라고 추정하는 하나의 값을 결정하는 반면에, 구간추정은 구간을 결정한다.

04. 다음의 빈칸에 들어갈 용어로 가장 적절한 것은?

(A)	(B)	
	(C)	(D)
평균	μ	$\bar{X}$	x
비율	P	$\hat{p}$	p
분산	σ^2	S^2	s^2
표준편차	σ	S	s

① (A) 모수 (B) 점추정 (C) 추정량 (D) 추정값
② (A) 모수 (B) 점추정 (C) 추정값 (D) 추정량
③ (A) 점추정 (B) 모수 (C) 추정량 (D) 추정값
④ (A) 점추정 (B) 모수 (C) 추정값 (D) 추정량

01. ① 02. ③ 03. ② 04. ①

출제예상문제

05. 모평균 또는 모분산에 대해 이용되는 통계량 표본인 추정량의 4가지 준거에 해당하지 않는 것은?

① 불편성 ② 유효성
③ 신뢰성 ④ 충분성

06. 다음의 사례에 대한 모평균의 점추정량을 구할 때 빈칸에 가장 적절한 것은?

> 대학생들의 한 달 평균 용돈을 알기 위하여 500명의 대학생을 단순무작위로 추출하여 조사한 결과 표본평균 $\bar{x} = 50$만 원 이었다. 따라서 모집단의 모수 모평균은 50만 원일 것이라고 추정하는데, 이때 표본통계량(   )는 추정량이 되고, 계산된 구체적인 수치 (   )은 추정값이 된다.

① $\bar{x} = 50, \bar{X} = \frac{1}{n}\sum_{i=1}^{n} X_i$　② $\bar{X} = \frac{1}{n}\sum_{i=1}^{n} X_i, \bar{x} = 50$
③ $\hat{\theta} = \frac{50}{500} = 0.1 = \theta, \bar{x} = 50$　④ $S^2 = \hat{\theta} = \frac{1}{n-1}\sum_{i=1}^{n}(X_i - \bar{X})^2, \bar{x} = 50$

07. 다음 중 모집단의 점추정 방법으로 적합하지 않은 것은?

① 평균제곱오차(MSE) ② 적률법
③ 유의수준　　　　　④ 최대가능도추정법(MLE)

08. 다음에서 설명하는 모집단의 추정 방법은 무엇인가?

> 점추정량은 확률변수로서 표본으로부터 얻어지는 추정치가 매번 다르고 오차에 대한 정보도 제공하지 못한다. (   )은 이러한 표본오차(Sampling Error)를 모수가 그 구간에 얼마의 확률로 들어 있는지를 추정하는 방법으로 모수의 추정치와 신뢰도를 함께 구할 수 있다.

① 점추정 ② 우도추정
③ 구간추정 ④ 유의도 산정

09. 다음의 그래프에서 각 빈칸에 들어갈 내용으로 적절한 것을 고르시오.

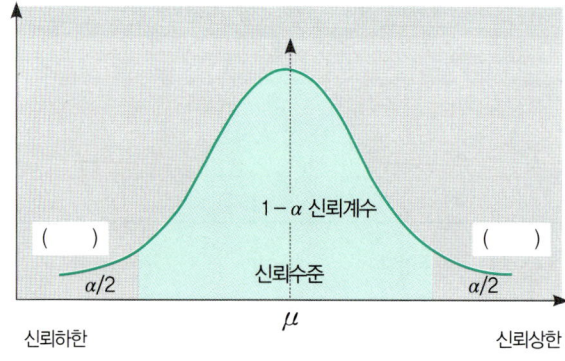

① 신뢰계수 ② 신뢰구간
③ 유의수준 ④ 신뢰수준

05. ③　06. ②　07. ③　08. ③　09. ③

10. 다음 중 신뢰구간 추정에 대한 설명 중 알맞지 않은 것은?

① 신뢰계수 : 모수의 참값이 포함되어 있으리라는 확신의 정도를 나타내는 측도이다.

② 신뢰수준 : 모수가 어느 범위 안에 있는지를 확률적으로 보여주는 방법이다.

③ 신뢰구간 : 특정 확률을 가지고 모집단의 모수가 포함될 것으로 예견되는 구간을 표본으로부터 도출한 범위의 값으로 구간추정치라고도 한다.

④ 유의수준 : 모평균에 대한 구간추정에서 발생되는 오차에 대해 허용 제외되는 범위를 말한다.

11. 다음의 신뢰구간 그래프에서 양측검정일 경우 95% 유의수준(0.5)일 때 모분산을 알 경우의 공식으로 알맞은 것을 고르시오.

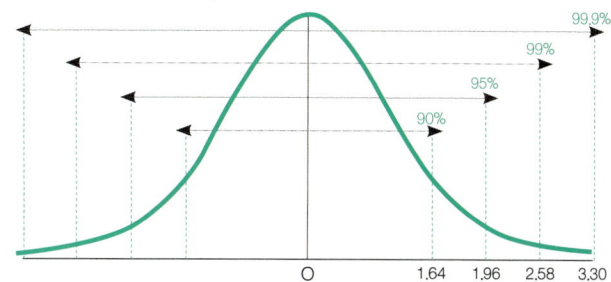

① $\bar{X} - 1.96 \times \frac{\sigma}{\sqrt{n}} < \mu < \bar{X} + 1.96 \times \frac{\sigma}{\sqrt{n}}$

② $\bar{X} - 1.96 \times \frac{\sigma}{n} < \mu < \bar{X} + 1.96 \times \frac{\sigma}{n}$

③ $\bar{X} \quad 1.645 \times \frac{\sigma}{n} < \mu < \bar{X} + 1.645 \times \frac{\sigma}{n}$

④ $\bar{X} - 1.645 \times \frac{\sigma}{\sqrt{n}} < \mu < \bar{X} + 1.645 \times \frac{\sigma}{\sqrt{n}}$

12. 정규분포를 따르는 모집단에서 표본을 16개 추출하여 어떤 물건의 무게를 측정한 결과, 표본평균은 $\bar{X}$ = 19, 표준편차 S = 12를 얻었다. 이 물건의 모평균 무게에 대한 95% 통계량이 2.131일 경우 신뢰구간을 구하시오.

① $12.61 \leq \mu \leq 25.39$

② $12.35 \leq \mu \leq 24.592$

③ $13.49 \leq \mu \leq 25.12$

④ $13.38 \leq \mu \leq 24.672$

10. ④ 11. ① 12. ①

출제예상문제

13. A회사에서 생산하는 빵의 무게에 대한 산포도를 추정하기 위해 이 회사의 제품 중 20개를 확률표본추출하여 조사한 결과 표본분산이 $S^2 = 5$였다. 이 회사의 빵의 무게 분포는 정규분포를 따른다고 가정하고 모분산 σ^2에 대한 95% 신뢰구간을 무엇인가?(통계량은 아래 분포표 참조하여 산출)

DF	X2(.995)	X2(.99)	X2(.975)	X2(.95)	X2(.05)	X2(.025)	X2(.01)	X2(.005)
1	0.000	0.000	0.001	0.004	3.841	5.024	6.635	7.879
2	0.010	0.020	0.051	0.103	5.991	7.378	9.210	10.597
3	0.072	0.115	0.216	0.352	7.815	9.348	11.345	12.838
4	0.207	0.297	0.484	0.711	9.488	11.143	13.277	14.860
5	0.412	0.554	0.831	1.145	11.071	12.833	15.086	16.750
...								
11	2.603	3.053	3.816	4.575	19.675	21.920	24.725	26.757
12	3.074	3.571	4.404	5.226	21.026	23.337	26.217	28.300
13	3.565	4.107	5.009	5.892	22.362	24.736	27.688	29.819
14	4.075	4.660	5.629	6.571	23.685	26.119	29.141	31.319
15	4.601	5.229	6.262	7.261	24.996	27.488	30.578	32.801
16	5.142	5.812	6.908	7.962	26.296	28.845	32.000	34.267
17	5.697	6.408	7.564	8.672	27.587	30.191	33.409	35.718
18	6.265	7.015	8.231	9.390	28.869	31.526	34.805	37.156
19	6.844	7.633	8.907	10.117	30.144	32.852	36.191	38.582
20	7.434	8.260	9.591	10.851	31.410	34.170	37.566	39.997

① $\frac{19 \times 5}{32.852} < \sigma^2 < \frac{19 \times 5}{8.907}$

② $\frac{19 \times 5}{32.852} < \sigma^2 < \frac{8.907}{19 \times 5}$

③ $\frac{32.852}{19 \times 5} < \sigma^2 < \frac{8.907}{19 \times 5}$

④ $\frac{19 \times 5}{8.907} < \sigma^2 < \frac{19 \times 5}{32.852}$

14. A회사 아이스크림과 B회사 아이스크림 무게의 산포도를 비교하려고 한다. A회사 아이스크림 중 10개, B회사 아이스크림 중 8개를 임의로 추출하여 이들의 무게를 조사했다. A회사 아이스크림의 표본분산 0.25, B회사 아이스크림의 표본분산 0.49를 얻었다. 두 대상모집단이 정규모집단을 따른다고 할 때 두 모집단의 모분산 비 $\frac{\sigma_1^2}{\sigma_2^2}$에 대한 98% 신뢰구간은 무엇인가?(상한 F통계량 : 5.61, 하한 F통계량 1/6.72)

① $0.075 < \frac{\sigma_1^2}{\sigma_2^2} < 2.862$

② $0.076 < \frac{\sigma_1^2}{\sigma_2^2} < 2.862$

③ $0.076 < \frac{\sigma_1^2}{\sigma_2^2} < 2.863$

④ $0.076 < \frac{\sigma_1^2}{\sigma_2^2} < 2.864$

15. 다음에서 설명하는 용어로 가장 적절한 것을 고르시오.

> (　　　)은 모집단 실제값이 얼마나 되는가 하는 주장과 관련해서, 표본이 가지고 있는 정보를 이용해 가설이 올바른지 그렇지 않은지 판정하는 과정을 나타낸다. 따라서 (　　　)은 모집단 모수의 값을 설정하고, 표본 통계치를 통해 확률적으로 진위를 판정하는 과정이다.

① 가설
② 귀무가설
③ 가설 검정
④ 대립가설

16. 가설 검정에 대한 설명으로 알맞지 않은 것은?

① 통계적으로 유의하다는 것은 어떤 실험결과가 확률적으로 봐서 단순히 우연이라고 생각되지 않을 정도로 의미가 있다는 것이다.
② 통계적으로 유의하지 않다는 것은 실험결과가 단순히 우연일 수도 있다는 것이다.
③ 가설 검정은 통계적 유의성을 검정하는 것으로 유의성 검정이라고도 한다.
④ 가설 검정은 귀무가설이 참이라는 확실한 근거가 없는 경우 대립가설을 받아들이는 것이다.

17. 통계적 가설 검정에 대한 설명으로 가장 알맞지 않은 것을 고르시오.

① 귀무가설이 현재 알려진 사실이기 때문에 귀무가설을 받아들일 것인지, 아니면 기각할 것인지를 검정하는 과정 및 규칙이다.
② 항상 귀무가설을 중심으로 기각여부를 표현하고, 검정통계량, 기각역, 채택역을 이용해 이를 검정한다.
③ 기각역은 가설 검정에서 유의수준 α가 정해졌을 때 검정통계량 분포에서 이 유의수준을 제외하는 크기에 해당하는 영역이다.
④ 검정통계량은 Z통계량, t통계량, 카이제곱통계량, F통계량의 확률분포상 x축 좌표 값이다.

18. A회사의 제품의 무게는 320g이어야 한다. A회사의 제품의 무게가 실제 320g인지 검정할 때 알맞지 않은 것은?(유의수준 0.05에 대한 통계량 1.96)

① 귀무가설 (H_0) $\mu = 320g$, 대립가설 (H_1) $\mu \neq 320g$
② 만약 산출한 Z통계량이 $-1.96 < Z < 1.96$이면 귀무가설을 기각(320g이다)하고, Z통계량이 $Z < -1.96$거나 $Z > 1.96$면 귀무가설을 채택(320g이 아니다)한다.
③ 자료로부터 H_0에 반하는 충분한 증거가 얻어졌으면 H_1을 채택한다.
④ 자료로부터 H_0에 반하는 충분한 증거가 얻어지지 않았으면 H_0를 채택한다.

19. 다음의 표에서 제1종오류와 제2종오류에 대한 것으로 각각 알맞은 것은?

가설 \ 가설 검정결과	H_0가 사실이라고 판정	H_1이 사실이라고 판정
H_0가 사실	(a)	(b)
H_0가 사실이 아님	(c)	(d)

① (a), (b)
② (a), (c)
③ (b), (c)
④ (b), (d)

출제예상문제

20. 가설 검정의 제1, 2종오류에 대한 설명으로 알맞지 않은 것은?

① 유의수준(α)은 제1종오류를 범할 확률로 귀무가설이 옳음에도 불구하고 이를 기각하는 확률의 크기를 말한다.
② 신뢰도($1-\alpha$)는 검정하려는 귀무가설이 참인 경우, 이를 옳다고 판단할 확률이다.
③ 검정력($1-\beta$)은 대립가설 H_1이 참일때 귀무가설 H_0을 기각하는 확률이다.
④ 위험도는 주어진 유의수준에서 귀무가설을 채택하거나 기각하는 기준이 되는 값이다.

21. 가설 검정의 종류가 아닌 것은?

① 양측검정　　　　　　　　　② 좌측검정
③ 우측검정　　　　　　　　　④ 하단검정

22. 유의확률에 대한 설명으로 가장 알맞지 않은 것은?

① P값은 측정된 검정통계량의 값으로 계산된 확률로서 귀무가설 H_0를 기각하게 하는 최저의 유의수준이다.
② 유의수준 α를 사전에 설정하여 산출된 검정통계량이 기각역에 의해 귀무가설 H_0을 판단하는 경우, 제1종오류를 범할 위험의 최대값을 제한한다.
③ 일반적으로 P값이 0.01보다 작으면 대립가설 H_1에 대한 신빙성이 떨어지고 귀무가설 H_0에 대한 신빙성이 올라가서 대립가설 H_1을 기각한다.
④ P값과 주어진 유의수준 α값을 비교하여 귀무가설 H_0의 기각여부를 결정하며, P값이 주어진 α의 값보다 작으면 귀무가설 H_0를 기각, α값보다 크면 귀무가설 H_0를 기각하지 않는다.

23. 통계적 가설 검정을 위한 절차로 알맞은 것을 고르시오.

가. 가설 설정 : 귀무가설 및 대립가설 설정
나. 유의수준(α) 결정 : 제1종오류를 범할 위험의 최대값을 제한
다. 검정통계량 선정 및 계산
라. 표본 크기 n과 유의수준에 따른 기각역 설정
마. 통계적 결론 : 검정통계량이 기각역에 속하면 H_0기각, 아닌 경우 H_0를 기각하지 않음

① 가 → 나 → 다 → 라 → 마　　　② 나 → 다 → 가 → 마 → 라
③ 가 → 나 → 마 → 라 → 다　　　④ 가 → 나 → 다 → 마 → 라

24. 사람의 평균수명을 알아보기 위해 사망자 100명을 표본으로 추출하여 조사하였더니 평균 71.8년으로 나타났다. 모표준편차를 8.9년으로 가정할 때, 현재의 평균수명은 70년보다 길다고 할 수 있는가를 검정할 때 검정통계량과 기각여부를 맞게 연결한 것은? (유의수준 α = 0.05이며, 기각역은 $Z \geq z_{0.05} = 1.645$)

① 1.645, 기각　　　　　　　② 2.02, 기각
③ 1.645, 채택　　　　　　　④ 2.02, 채택

풀이

01. 추론 통계는 기술 통계를 바탕으로 모집단의 특성을 추론하며 가설 검정, 통계 분석 방법을 통해 추론/추정을 진행한다.

02. ① 빈도론자 추정 ② 가설 검정 ④ 비모수적 추론

03. 구간추정은 모평균의 참 값이 포함되어 있는 구간을 결정하는 것이 주된 관심사이다.

04. 점추정은 표본자료를 통해 모수의 참값이라고 생각되는 하나의 값을 결정하며 추정량은 여러 관측값을 추정값을 구하는 확률변수이고, 추정값은 실수값이다.

05. 추정량의 4가지 준거로는 불편성, 유효성, 일치성, 충분성이 있다.

06. 표본평균은 $\bar{X} = \hat{\theta} = \frac{1}{n}\sum_{i=1}^{n} X_i$ 이며, 구체적인 수치는 $\bar{x} = 50$ 이다.

07. 모집단의 점추정 방법에는 평균제곱오차, 적률법, 최대가능도 추정법이 있다.

08. 구간추정은 모집단의 점추정에 대한 불확실성 정도를 표현 못하는 단점을 구간에 들어올 확률을 계산함으로써 신뢰도를 높일 수 있다.

09. 신뢰구간의 추정에서 유의수준은 표본을 추출하여 모평균을 추정함에 있어서 발생되는 오차에 대한 허용범위를 말한다(유의수준 $\alpha = 0.01, 0.05, 0.1$).

10. 유의수준에서 구간추정의 오차발생에 대해 허용범위를 설정한다.

11. 95%에 대한 유의수준은 0.5이므로 $1-\alpha$에 해당하는 $Z_{\frac{\alpha}{2}}$값은 1.96이 된다.

12. $\bar{X} \pm 2.131 \times \frac{s}{\sqrt{n}}$에 대입하여 $19 \pm 2.131 \times \frac{12}{\sqrt{16}}$을 계산하면 신뢰구간은 $12.61 \leq \mu \leq 25.39$로 산출된다.

13. 자유도가 $v = (n-1) = 19$인 카이제곱분포에서 오른쪽 면적이 $1 - \frac{\alpha}{2} = \chi^2_{0.975}$ 와 $\frac{\alpha}{2} = \chi^2_{0.025}$ 와 같다. 이를 카이제곱분포표에서 확인하면 $\chi^2_{0.025} = 32.852, \chi^2_{0.975} = 8.907$이다. 신뢰구간은 $\frac{(n-1)s^2}{\chi^2_{\frac{\alpha}{2}}} < \sigma^2 < \frac{(n-1)s^2}{\chi^2_{1-\frac{\alpha}{2}}} = \frac{19 \times 5}{32.852} < \sigma^2 < \frac{19 \times 5}{8.907}$ 이다.

14. 신뢰구간 $\frac{1}{F_{\frac{\alpha}{2}}(v_2, v_1)} < \frac{\sigma_2^2 \times s_1^2}{\sigma_1^2 \times s_2^2} < F_{\frac{\alpha}{2}}(v_1, v_2) = \frac{s_1^2}{s_2^2} \frac{1}{F_{\frac{\alpha}{2}}(v_1, v_2)} < \frac{\sigma_1^2}{\sigma_2^2} < \frac{s_1^2}{s_2^2} F_{\frac{\alpha}{2}}(v_2, v_1)$ F분포에서 오른쪽 면적이 각각 $1 - \frac{\alpha}{2}$와 $\frac{\alpha}{2}$에 대한 확률은 다음과 같다.

$1 - \frac{\alpha}{2} = \frac{1}{F_{\frac{\alpha}{2}}(v_1, v_2)} = \frac{1}{F_{0.01}(9,7)}, \frac{\alpha}{2} = F_{\frac{\alpha}{2}}(v_2, v_1) = F_{0.01}(7,9)$ F분포표에서 유의수준 $\alpha = 0.01$에 해당하는 F값은 $\frac{1}{F_{0.01}(9,7)} = \frac{1}{6.72}, F_{0.01}(7,9) = 5.61$이며, 아래식으로 정리할 수 있다.

$\frac{s_1^2}{s_2^2} \frac{1}{F_{0.05}(9,7)} < \frac{\sigma_1^2}{\sigma_2^2} < \frac{s_1^2}{s_2^2} F_{0.05}(7,9) = \frac{0.25}{0.49} \times \frac{1}{6.72} < \frac{\sigma_1^2}{\sigma_2^2} < \frac{0.25}{0.49} \times 5.61$로 신뢰구간 $0.076 < \frac{\sigma_1^2}{\sigma_2^2} < 2.862$이다.

15. 가설은 모집단의 특성을 나타내는 예상이나 주장을 의미하며, 가설 검정은 가설이 올바른지 아닌지를 판정하는 과정이다.

16. 대립가설이 참이라는 증거가 없는 경우 귀무가설을 받아들인다.

17. ③은 채택역에 관한 설명이다.

18. −1.96 < Z < 1.96이면 귀무가설을 채택한다.

19. (a) 옳은 결정(1 − α) (b) 제1종오류(α) (c) 제2종오류(β) (d) 옳은 결정(1 − β)

20. 기각값에 대한 설명이며 임계값이라고도 한다.

21. 가설 검정은 양측검정, 좌측검정, 우측검정이 있다.

22. 귀무가설에 대한 신빙성이 떨어지고 대립가설에 대한 신빙성이 올라간다.

23. 가 → 나 → 다 → 라 → 마 순으로 검정을 진행한다.

24. 검정통계량 $Z = \frac{\bar{X} - \mu}{\sigma/\sqrt{n}}$, 표본평균 $\bar{X} = 71.8$, 모표준편차 $\sigma = 8.9$ $Z = \frac{71.8 - 70}{8.9/\sqrt{100}} = 2.02$이며, 기각 여부 판단은 기각역 $1.645 < Z = 2.02$이기 때문에 z통계량은 기각역에 속한다.

#빅분기30일합격 #빅분기모든것 #빅분기통계

기출문제를 외워서 시험 합격, NO!
시험이 끝나도 까먹지 않는
진짜 빅데이터 분석 실력 보장, YES!

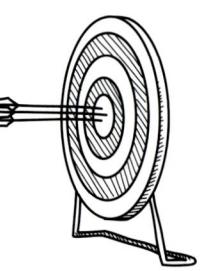

❋ **출제예상문제 627문제**
  본문 속 출제예상문제로 학습내용 바로 확인!

❋ **기출문제 640문제**
  8회분의 최신 기출문제로 합격 보장!

❋ **QR코드로 바로 확인 가능한 동영상 강의, 13시간**
  꼭 필요한 핵심개념부터 통계, 문제풀이까지

❋ **Q/A, 커뮤니케이션, 피드백 제공**
  Q/A 및 정오표, 빅분기 30일 스터디 운영, 기출문제복원/도서리뷰/합격후기 이벤트
  👍 아이리포 카페 https://cafe.naver.com/ilifobooks

❋ **합격을 위한 학습전략, 30일 학습플랜**
  시간이 부족한 수험생을 위해 빠르고, 효율적으로 학습할 수 있는 플랜 안내

빅데이터분석기사

979-11-93747-03-2 13000

아이리포

정가 36,000원 ISBN 979-11-93747-03-2

#빅분기30일합격 2025

빅데이터 분석기사 모든것

3과목 / 4과목 **필기**

최우슬, 최다정 지음

비전공자를 위한 빅데이터분석기사 바이블

- (이해 중심) 입문자, 비전공자도 쉽게 이해할 수 있는 친절한 설명
- (핵심 중심) 통계 개념 및 머신러닝 알고리즘 완벽 정리
- 1,267문제(출제예상문제 627 + 기출문제 640)
- QR코드로 바로 확인 가능한 핵심개념/통계/문제풀이 동영상 강의

무료 동영상강의

1267 문제

아이리포

#빅분기30일합격　2025
빅데이터 분석기사 모든것 필기

- 아이리포 카페 https://cafe.naver.com/ilifobooks
  본서의 전체 내용을 담은 무료 동영상 강의 13시간(카페 가입)
  Q&A 및 정오표
  빅분기 30일 스터디 운영
  기출문제복원/도서리뷰/합격후기 이벤트

- 기출문제 해설, 과목별 핵심사항, 학습방법 제공(유튜브) →

#빅분기30일합격
2025 빅데이터분석기사 모든 것

초판 1쇄 발행 · 2024년 7월 1일
초판 2쇄 발행 · 2025년 1월 2일
지은이 · 최우슬, 최다정
펴낸이 · 이동철
펴낸곳 · (주)아이리포
주소 · 서울시 마포구 월드컵북로 396 누리꿈스퀘어 비즈니스타워 8층
전화 · 02-6356-0182 / **팩스** · 070-4755-3619
등록 · 2020년 12월 23일 제 2020-000352호
ISBN · 979-11-93747-03-2 13000
기획 / 편집 · 송성근
표지 / 내지디자인 · nu:n / **조판** · 로아스

이 책에 대한 의견이나 오탈자 및 잘못된 내용에 대한 수정 정보는 (주)아이리포의 카페나 아래 이메일로
알려주십시오. 잘못된 책은 구입하신 서점에서 교환해 드립니다. 책값은 뒤표지에 표시되어 있습니다.
아이리포 카페 https://cafe.naver.com/ilifobooks / 이메일 books@ilifo.kr

Published by ILIFO, Inc. Printed in Korea
Copyright © 2024 최우슬, 최다정 & ILIFO, Inc.
이 책의 저작권은 최우슬, 최다정과 (주)아이리포에 있습니다.
저작권법에 의해 보호를 받는 저작물이므로 무단 복제 및 무단 전재를 금합니다.

지금 하지 않으면 할 수 없는 일이 있습니다.
책으로 펴내고 싶은 아이디어나 원고를 메일(books@ilifo.kr)로 보내주세요.
(주)아이리포는 여러분의 소중한 경험과 지식을 기다리고 있습니다.

#빅분기30일합격 2025

빅데이터 분석기사 모든것

3과목
4과목
필기

최우슬, 최다정 지음

아이리포

빅데이터분석기사 필기

○ 직무내용
대용량의 데이터 집합으로부터 유용한 정보를 찾고 결과를 예측하기 위해 목적에 따라 분석 기술과 방법론을 기반으로 정형/비정형 대용량 데이터를 구축, 탐색, 분석하고 시각화를 수행하는 업무를 수행한다.

○ 검정방법

필기검정방법	객관식	문제수	80	시험시간	120분

○ 출제문항

필기과목	문제수	주요 항목
1과목. 빅데이터 분석 기획	20	Chapter 1. 빅데이터의 이해 Chapter 2. 데이터 분석 계획 Chapter 3. 데이터 수집 및 저장 계획
2과목. 빅데이터 탐색	20	Chapter 4. 데이터 전처리 Chapter 5. 데이터 탐색 Chapter 6. 통계 기법 이해
3과목. 빅데이터 모델링	20	Chapter 7. 분석 모델(모형) 설계 Chapter 8. 분석 기법 적용
4과목. 빅데이터 결과 해석	20	Chapter 9. 분석 모델(모형) 평가 및 개선 Chapter 10. 분석 결과 해석 및 활용

○ 합격기준
과목당 100점을 만점으로
1. 전 과목 40점 이상
2. 전 과목 평균 60점 이상

○ 시행처 및 접수
데이터 자격검정(www.dataq.or.kr) 사이트를 통한 인터넷 접수, 필기 응시료(17,800원), 응시자격 등 빅데이터 분석기사 자격검정에 대한 사항은 데이터 자격검정 사이트 참조

○ 자격취득 시 학점은행제 20학점 인정(국가평생교육원)

제2회~9회 빅데이터분석기사 필기시험 출제문항 수

필기과목	문제수	주요 항목	제2회	제3회	제4회	제5회	제6회	제7회	제8회	제9회
1과목. 빅데이터 분석 기획	20	Chapter 1. 빅데이터의 이해								
		ㄴ 1.1 빅데이터 개요 및 활용	2	3	3	2	7	6	1	3
		ㄴ 1.2 빅데이터 기술 및 제도	4	6	5	6	5	4	2	2
		Chapter 2. 데이터 분석 계획								
		ㄴ 2.1 분석 방안 수립	2	2	3	5	2	3	4	3
		ㄴ 2.2 분석 작업 계획	3	3	1	1	2	1	2	1
		Chapter 3. 데이터 수집 및 저장 계획								
		ㄴ 3.1 데이터 수집 및 전환	7	3	4	5	2	5	6	8
		ㄴ 3.2 데이터 적재 및 저장	2	3	4	1	2	1	4	3
2과목. 빅데이터 탐색	20	Chapter 4. 데이터 전처리								
		ㄴ 4.1 데이터 정제	1	1	2	2	7	6	2	4
		ㄴ 4.2 분석 변수 처리	5	5	1	6	5	4	5	4
		Chapter 5. 데이터 탐색								
		ㄴ 5.1 데이터 탐색 기초	3	5	6	4	3	5	7	5
		ㄴ 5.2 고급 데이터 탐색	1	1	4	1	0	0	1	1
		Chapter 6. 통계 기법 이해								
		ㄴ 6.1 기술 통계	5	6	6	5	5	4	5	4
		ㄴ 6.2 추론 통계	5	2	1	2	0	1	1	2
3과목. 빅데이터 모델링	20	Chapter 7. 분석 모델(모형) 설계								
		ㄴ 7.1 분석 절차 추립	5	2	3	3	1	2	2	1
		ㄴ 7.2 분석 환경 구축	2	0	0	0	0	0	0	0
		Chapter 8. 분석 기법 적용								
		ㄴ 8.1 분석 기법	7	9	12	10	14	9	8	16
		ㄴ 8.2 고급 분석 기법	6	9	6	8	5	9	11	9
4과목. 빅데이터 결과 해석	20	Chapter 9. 분석 모델(모형) 평가 및 개선								
		ㄴ 9.1 분석 모델 평가	10	11	11	8	7	10	9	7
		ㄴ 9.2 분석 모델 개선	4	3	1	5	6	5	4	4
		Chapter 10. 분석 결과 해석 및 활용								
		ㄴ 10.1 분석 결과 해석	1	2	2	1	1	0	1	0
		ㄴ 10.2 분석 결과 시각화	4	3	4	4	6	5	4	3
		ㄴ 10.3 분석 결과 활용	1	1	1	1	0	0	1	0
		총 문항수	80	80	80	80	80	80	80	80

30일 학습플랜

Start > **1일차** _월_일 1.1 빅데이터 개요 및 활용 > **2일차** _월_일 1.2 빅데이터 기술 및 제도 > **3일차** _월_일 2.1 분석 방안 수립

14일차 _월_일 6.2 추론 통계 < **12, 13일차** _월_일 6.1 기술 통계 < **11일차** _월_일 5.2 고급 데이터 탐색

15일차 쉬어가기

16일차 _월_일 7.1 분석 절차 수립 / 7.2 분석 환경 구축 > **17, 18일차** _월_일 8.1 분석 기법 > **19, 20일차** _월_일 8.2 고급 분석 기법

Goal < **30일차** _월_일 틀린문제 다시보기 < **29일차** _월_일 제8회 (복원)기출문제 / 제9회 (복원)기출문제 < **28일차** _월_일 제6회 (복원)기출문제 / 제7회 (복원)기출문제

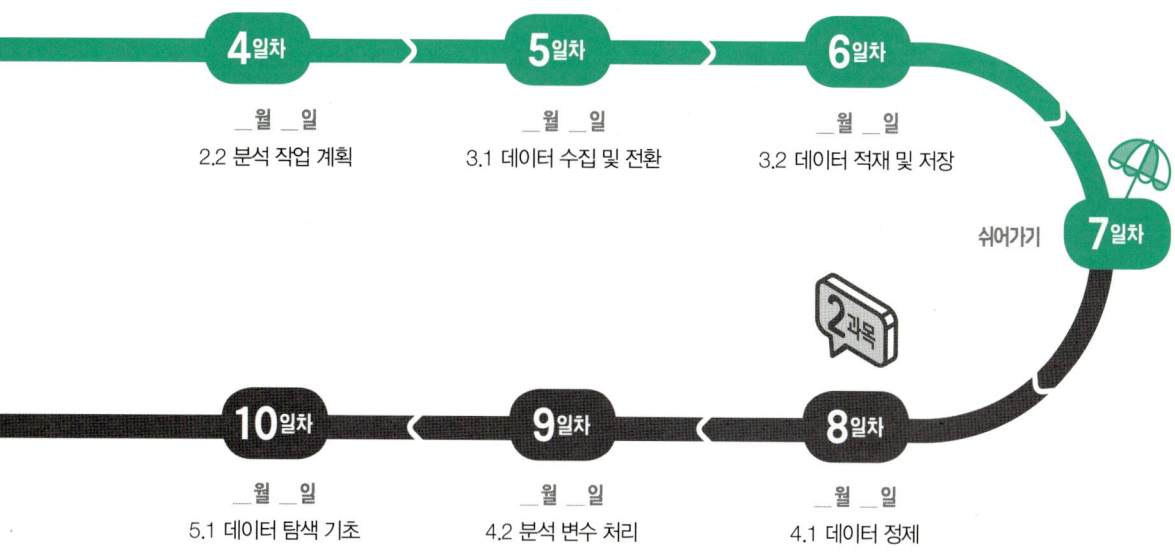

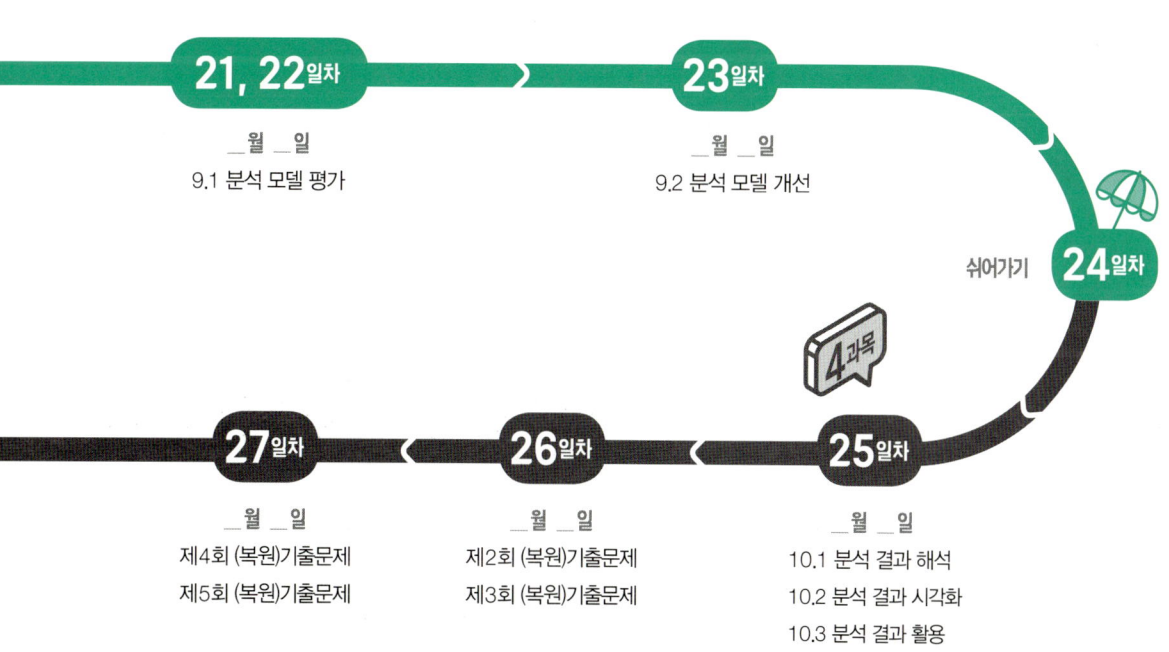

지은이의 글

누구에게나 데이터 분석의 지식이 필요하다

현재의 빅데이터는 '데이터 및 분석 전공자'만을 위한 영역이 아니라 다양한 업무 분야 혹은 다양한 실무자의 영역으로 자리잡았다. 즉, 데이터 분석은 전문가에 의해 만들어지는 창조물이 아닌 비즈니스를 이해하고 그 업무를 수행하고 있는 담당자의 활용 영역으로 재정의되었다.

이는 누구나가 데이터 분석의 지식을 가져야 한다는 것을 의미하고 이 역량은 빠르게 변하는 내/외부적인 경쟁 환경과 ICT 기술에 적응력과 탄력성을 가질 수 있는 중요한 무기가 될 것이라는 중요한 신호이다. 앞으로 더이상 다가오지 않을 산업혁명(변화의 속도가 빨라 더이상 산업혁명의 의미가 없어진다) 중심에는 데이터가 있을 것이고 데이터에서 빠르게 질 좋은 통찰력을 발견하는 자는 많은 가치를 얻게 될 것이다.

이 수험서는 시험문제를 풀기 위한 지식을 명확하게 학습해야 한다는 목표에 집중하고 있지만, 데이터 과학의 토대라고 할 수 있는 통계의 기본 개념들을 잘 정리하면서 동시에 사례와 추가적인 설명을 활용해 정리했다. 또한 빅데이터 분석에 중요한 도구가 되는 머신러닝 알고리즘 등에 대해서도 타 도서와는 달리 원리 기반의 친절한 그림과 설명을 담아 놓았다. 따라서 본 수험서를 이용해 개념을 정리하면서 문제를 풀어본다면 어느새 빅데이터분석기사 자격은 어렵지 않게 얻을 수 있는 수준에 올라있을 것이고, 데이터 분석가로서의 역량 또한 갖추게 될 것을 확신한다. 여기에 실무경험만 보완하게 된다면 훌륭한 데이터 사이언티스트로서 앞으로 나아가게 될 것이다.

지난 십 수년 간 프로젝트 현장에서 훌륭한 개발자, 엔지니어, 데이터 사이언티스트와 프로젝트 실패의 좌절감, 성공의 성취감을 느끼며 하루하루 정신없이 지내왔으나 늘 한편에는 아쉬움이 있었고 나에 대한 하나의 업적을 마련하고 싶었다. 이러한 고민에 데이터 분석이라는 주제에서 이들과 공유했던 지식 전달의 경험을 좀 더 쉽게 정리하고 싶은 생각을 하게 되었고, 이 수험서는 그러한 관점에서 비롯된 결과물이다. 그 과정에서 필자 역시도 출제기준과 학습범위, 2021~2024년 실시되었던 2~8회 기출문제를 분석하여 수험자 입장에서, 학습하는 태도로, '독자가 더 쉽게 이해할 수 있는 방법은 무엇일까'라는 질문을 던지며 한 줄, 한 줄 집필해왔고 결과적으로 데이터 분석을 경험하지 않은 초심자도 쉽게 이해할 수 있도록 작성하였다고 자부하니, 어려울 것이라는 편견을 접고 부담 없이 읽어 주길 바란다.

이 2025년 개정판을 위해 뼈를 갈아 넣는 열정을 보인 최다정 기술사, 업무적 통찰력과 경험을 공유해 준 유승연 기술사, 본서의 목표를 명확하게 잡아 주신 이춘식 대표님, 글자 한 자, 문장 한 줄까지 독자의 관점에서 신경써주신 아이리포 송성근 수석님, 마지막으로 이 책의 출간을 누구보다 기뻐해 줄 가족에게 머리 숙여 감사의 마음을 전합니다.

최우슬

이 책이 흔들리는 방향성의 첫 등대가 되었으면 한다

빅데이터 분석은 갑자기 등장한 부분이 아니다. 빅데이터가 중요한 시대가 도래했고, 그 분석을 통한 인사이트가 결국 기업의 비즈니스나 새로운 가치를 만들어 낸다는 것이 증명되는 시대가 되었다. 그리고 그에 발맞춰 분석기사 자격증이 생겼을 뿐이다.

이 빅데이터의 시대는 언제까지일까?

아마도 앞으로는 돌이키기 힘들 것이다. 빅데이터는 그 분석을 통해 AI와 결합한 시너지 효과를 내고 있다. 저자 또한 기존 솔루션에 빅데이터/AI 기술을 결합하여 업무효율화 및 신규 비즈니스를 할 수 있는 방안을 고민하고 있다.

데이터 분야의 인재가 부족하다고 한다. 하지만 막상 신입을 뽑아 가르치는 숫자가 다른 분야에 비해 많지 않다. 그것은 기업에서 필요로 하는 인재의 능력은 더욱 높아지고 빠르게 변하기에 발전 가능성이 있는 인재의 요구사항이 더욱 많기 때문은 아닐까?

그에 대비하기 위해 이 책이 흔들리는 방향성의 첫 등대가 되었으면 하는 바람이다. 어떤 이는 학습을 위해, 취업을 위해, 이직을 위해, 새로운 분야로의 인사이트를 갖추기 위해 다양한 이유로 이 책을 맞이하게 될 것이다.

이 책은 빅데이터에 처음 접근하는 비전공자를 비롯해 컴퓨터 전공자, 통계 전공자에 이르기까지 데이터 분야에 관심이 있는 모든 독자를 위해 준비했다. 이 책을 바탕으로 고도의 이론적 지식과 실무경험을 통해 각 도메인에서의 인사이트를 찾고 가치를 만들 수 있는 인재가 되길 바란다.

2022년 초판에서부터 2024년판에 이르기까지 어렵게 기술되어 있던 부분, 흐름이 끊어지는 부분을 전면 수정해 전체적인 완성도를 높였다. 이 과정에서 처음 계획했던 부분보다 많은 시간과 노력이 들어갔으며, 최우슬 기술사님의 역할이 매우 컸다.

이 시간을 빌어 저의 멘토이면서 더 발전할 수 있도록 채찍질해주신 최우슬 기술사님, 어려운 상황에서도 응원해준 사랑하는 나의 부인 김민영, 딸 은유와 은아에게 미안하면서도 고맙다는 말을 전하고 싶다. 또한 책이 재판될 수 있게 직간접적으로 도움을 주신 아이리포 이춘식 대표님과 송성근 수석님께도 감사드린다.

최다정

목차_1권

1과목 빅데이터 분석 기획

Chapter 1 빅데이터의 이해 019
- 1.1 빅데이터 개요 및 활용 021
  - 1.1.1 빅데이터의 특징 022
  - 1.1.2 빅데이터의 가치 030
  - 1.1.3 데이터 산업의 이해 033
  - 1.1.4 빅데이터 조직 및 인력 034
  - 출제예상문제 043
- 1.2 빅데이터 기술 및 제도 053
  - 1.2.1 빅데이터 플랫폼 054
  - 1.2.2 빅데이터와 인공지능 062
  - 1.2.3 개인정보 법/제도 068
  - 1.2.4 개인정보 활용 073
  - 출제예상문제 078

Chapter 2 데이터 분석 계획 089
- 2.1 분석 방안 수립 091
  - 2.1.1 분석 로드맵 설정 092
  - 2.1.2 분석 문제 정의 102
  - 2.1.3 데이터 분석 방안 108
  - 출제예상문제 118
- 2.2 분석 작업 계획 129
  - 2.2.1 데이터 확보 계획 130
  - 2.2.2 분석 절차 및 작업 계획 132
  - 출제예상문제 141

Chapter 3 데이터 수집 및 저장 계획 147
- 3.1 데이터 수집 및 전환 149
  - 3.1.1 데이터 수집 150
  - 3.1.2 데이터 유형 및 속성 파악 157
  - 3.1.3 데이터 변환 160
  - 3.1.4 데이터 비식별화 166
  - 3.1.5 데이터 품질 검증 175
  - 출제예상문제 179
- 3.2 데이터 적재 및 저장 191
  - 3.2.1 데이터 적재 192
  - 3.2.2 데이터 저장 196
  - 출제예상문제 204

2과목 빅데이터 탐색

Chapter 4 데이터 전처리 — 213

4.1 데이터 정제 — 215
- 4.1.1 데이터 정제 — 216
- 4.1.2 데이터 결측값 처리 — 219
- 4.1.3 데이터 이상값 처리 — 225
- 출제예상문제 — 237

4.2 분석 변수 처리 — 245
- 4.2.1 변수 선택 — 246
- 4.2.2 차원축소 — 252
- 4.2.3 파생변수 생성 — 255
- 4.2.4 변수 변환 — 256
- 4.2.5 불균형 데이터 처리 — 262
- 출제예상문제 — 268

Chapter 5 데이터 탐색 — 279

5.1 데이터 탐색 기초 — 281
- 5.1.1 데이터 탐색 개요 — 282
- 5.1.2 상관관계 분석 — 284
- 5.1.3 기초 통계량 추출 및 이해 — 294
- 5.1.4 시각적 데이터 탐색 — 306
- 출제예상문제 — 316

5.2 고급 데이터 탐색 — 327
- 5.2.1 시공간 데이터 탐색 — 328
- 5.2.2 다변량 데이터 탐색 — 330
- 5.2.3 비정형 데이터 탐색 — 336
- 출제예상문제 — 340

Chapter 6 통계 기법 이해 — 347

6.1 기술 통계 — 349
- 6.1.1 데이터 요약 — 350
- 6.1.2 표본추출 — 356
- 6.1.3 확률분포 — 363
- 6.1.4 표본분포 — 400
- 출제예상문제 — 416

6.2 추론 통계 — 429
- 6.2.1 점추정 — 430
- 6.2.2 구간추정 — 436
- 6.2.3 가설 검정 — 444
- 출제예상문제 — 455

목차_2권

3과목 빅데이터 모델링

Chapter 7 분석 모델(모형) 설계 ... 019

7.1 분석 절차 수립 ... 021
    7.1.1 분석 모델 선정 ... 022
    7.1.2 분석 모델 정의 ... 030
    7.1.3 분석 모델 구축 절차 ... 033
    출제예상문제 ... 037

7.2 분석 환경 구축 ... 045
    7.2.1 분석 도구 선정 ... 046
    7.2.2 데이터 분할 ... 050
    출제예상문제 ... 052

Chapter 8 분석 기법 적용 ... 055

8.1 분석 기법 ... 057
    8.1.1 회귀분석 ... 059
    8.1.2 로지스틱회귀분석 ... 085
    8.1.3 의사결정나무 ... 093
    8.1.4 인공신경망 ... 101
    8.1.5 서포트벡터머신 ... 117
    8.1.6 연관분석 ... 121
    8.1.7 군집분석 ... 126
    출제예상문제 ... 142

8.2 고급 분석 기법 ... 153
    8.2.1 범주형 자료 분석 ... 154
    8.2.2 다변량분석 ... 166
    8.2.3 시계열분석 ... 181
    8.2.4 베이지안분석 ... 190
    8.2.5 딥러닝분석 ... 200
    8.2.6 비정형 데이터 분석 ... 212
    8.2.7 앙상블분석 ... 225
    8.2.8 비모수 통계 ... 232
    출제예상문제 ... 241

4 과목 빅데이터 결과 해석

Chapter 9 분석 모델(모형) 평가 및 개선 — 257

9.1 분석 모델 평가 — 259
- 9.1.1 평가지표 — 260
- 9.1.2 분석 모델 진단 — 272
- 9.1.3 교차검증(교차타당성 검증) — 281
- 9.1.4 모수 유의성 검정 — 287
- 9.1.5 적합도 검정 — 316
- 출제예상문제 — 323

9.2 분석 모델 개선 — 337
- 9.2.1 과적합 방지 — 338
- 9.2.2 매개변수(파라미터) 최적화 — 342
- 9.2.3 분석 모델 융합 — 350
- 9.2.4 최종 모델 선정 — 351
- 출제예상문제 — 353

Chapter 10 분석 결과 해석 및 활용 — 359

10.1 분석 결과 해석 — 361
- 10.1.1 분석 모델 해석 — 362
- 10.1.2 비즈니스기여도 평가 — 366
- 출제예상문제 — 371

10.2 분석 결과 시각화 — 375
- 10.2.1 시공간시각화 — 376
- 10.2.2 관계시각화 — 381
- 10.2.3 비교시각화 — 382
- 10.2.4 인포그래픽 — 384
- 출제예상문제 — 386

10.3 분석 결과 활용 — 393
- 10.3.1 분석 모델 전개 — 395
- 10.3.2 분석 결과 활용 시나리오 개발 — 397
- 10.3.3 분석 모델 모니터링 — 400
- 10.3.4 분석 모델 리모델링 — 402
- 출제예상문제 — 404

부록 표준정규분포표, t분포표, 카이제곱분포표, F분포표 — 407
부록 제2회~9회 (복원)기출문제 — 413

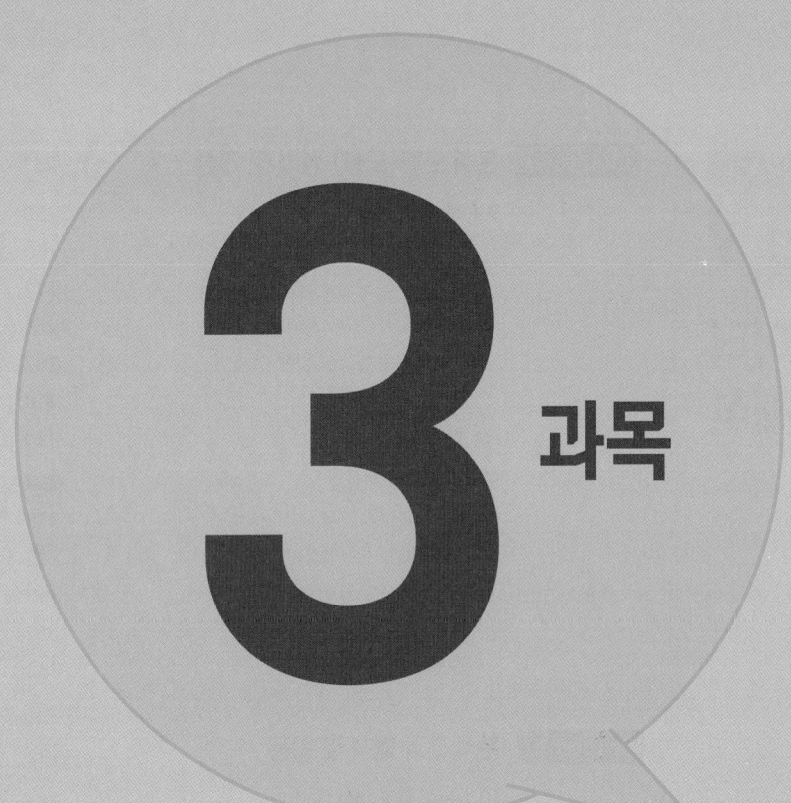

빅데이터 모델링

Chapter 7. 분석 모델(모형) 설계

Chapter 8. 분석 기법 적용

분석 모델(분석 모형)을 설계하고 분석 기법을 적용하기 위해서는 수집된 데이터의 특성을 파악하고 해당 데이터에 적합한 모델을 탐색한 후 목적에 따라 분석 모델을 선정하여 분석 기법에 적용해야 한다.

전통적 분석 환경의 데이터 활용은 정형 데이터의 비중이 높았기 때문에, 수집한 데이터의 변환 작업을 거쳐 저장하고 활용해야 했다. 하지만 최근에는 인터넷, 모바일, 오디오, 영상, 이미지, 소셜 데이터 등의 비중이 폭발적으로 증가하고 있으며, 이러한 비정형 데이터에 대한 저장과 처리를 통해 활용 및 분석할 수 있는 부분이 강조되고 있다.

'3과목 빅데이터 모델링'에서는 다양한 형태의 데이터와 속성 등에 따라 분석 모델을 선정하는 기준과 절차, 그리고 어떤 분석 기법들을 사용할 수 있는지에 대해 학습한다.

Chapter 7

분석 모델(모형) 설계

들어가기 전에

'Chapter 7 분석 모델(모형) 설계'에서는 데이터 분석을 위한 다양한 분석 모델(모형)에 대한 이해와 분석 모델 선정, 분석 모델 구축 절차 및 사용성 측면에서의 분석 도구와 분석 모델 성능 향상을 위한 데이터 분할 방법에 대해 학습한다.

데이터 모델링에서 분석 모델을 설계하는 것은 분석 결과의 품질을 결정하는 첫걸음이 된다. 이와 연계하여 각 단계별 수행 활동(Activity)과 목표를 명확하게 설정하고 분석 과정에서 발생할 수 있는 이슈와 문제에 민감하게 대응하여, 원하는 결과와 통찰력을 얻을 수 있는 방법을 절차화해야 한다.

또한 안정적인 서비스 환경 구축을 위해 각각의 분석 도구별 특징을 확인하고 사용성과 결과 도출 측면을 고려하여 분석 도구를 선정해야 하며, 분석 모델의 정확도 등의 성능을 평가하기 위해 데이터를 분할하는 과정에서 과적합(과대적합, Over Fitting)이나 과소적합(Under Fitting) 같은 문제가 발생하지 않도록 분석 기법을 적용할 수 있는 준비가 필요하다.

챕터 구성

7.1 분석 절차 수립
7.1.1 분석 모델 선정

7.1.2 분석 모델 정의

7.1.3 분석 모델 구축 절차

출제예상문제

7.2 분석 환경 구축
7.2.1 분석 도구 선정

7.2.2 데이터 분할

출제예상문제

7.1 분석 절차 수립

학습목표
분석 모델 설계를 위해 데이터 특성과 분석 모델의 이해를 바탕으로 분석 절차 수립을 학습한다.

출제경향
분석 절차 수립에서는 모델 선정 영역의 출제비중이 높았으며, 분석 결과나 사례가 주어지고 적합한 분석 모델을 선택하는 문제 유형이 대부분이었다. 따라서 데이터의 속성과 분석 목적에 맞는 분석 모델을 구분하면서 학습하자.

출제빈도

제2회(2021. 04. 17) 5문항 출제	제3회(2021. 10. 02) 2문항 출제
제4회(2022. 04. 09) 3문항 출제	제5회(2022. 10. 01) 3문항 출제
제6회(2023. 04. 08) 1문항 출제	제7회(2023. 09. 23) 2문항 출제
제8회(2024. 04. 06) 2문항 출제	제9회(2023. 09. 07) 1문항 출제

출제세부항목	출제수	출제 내용(문항수)
7.1.1 분석 모델 선정	13	모델 선정(2), 비지도학습(2), 회귀분류 모델(2), 진단 분석, 예측 분석, 분류 모델, 인공지능, 범주형 자료, 머신러닝, 지도학습
7.1.2 분석 모델 정의	5	하이퍼파라미터(2), 분석 모델 개념, 배치크기, 편향/분산
7.1.3 분석 모델 구축 절차	1	모델링 절차

빅분기_33
7.1.1

7.1.1 분석 모델 선정

분석 모델(분석 모형, Analytics Model)이란 어떤 현상 또는 프로세스를 해결 가능한 방정식의 집합으로 표현한 것이다. 이는 본질적으로 정량적이며, 특정 질문에 대해 답하거나 특정 설계에 대한 결정을 내리는 데 사용된다. 즉, 분석 모델을 이용해서 주어진 문제에 대한 결정(Decision)을 내릴 수 있는 패턴과 규칙을 정의하게 된다. 하지만 모든 모델을 전부 수행시켜 볼 수 없으니, 가능성이 높은 몇 개의 모델을 선택해 사용하게 되는데 분석 데이터의 특성을 이해하고, 예측해야 할 대상을 정의하고, 유사한 분석 및 예측 사례를 수집하여 검토한다. 이 중, 모델 선정에 있어 유사한 분석이나 예측 사례들을 검토하는 것이 중요하며, 사례를 바탕으로 왜 그 모델을 사용했는지, 데이터 특성은 무엇인지, 결과는 어떻게 나왔는지, 그 결과에서 어떠한 결론을 도출했는지, 모델 개선은 어떻게 했는지 등을 검토해서 분석 모델을 선정하게 된다.

7.1.1.1 분석 모델 선정 기준

명확한 기준을 설정하기 위해 분석 모델은 분석 목적, 목표변수, 데이터의 특성을 반영해 선정해야 한다.

> **분석 모델의 대표적인 선정 기준**
> - 분석 목적 규명 : 서술(Descriptive), 진단(Diagnostic), 예측(Predictive), 규범(Prescriptive)
> - 목표변수(Target Variable) 유/무 : 목표(Target)가 있는 데이터는 지도학습, 없으면 비지도학습 선정
> - 데이터의 특성 파악 : 연속형 데이터(예측), 범주형 데이터(분류) 분석 모델 선정

❶ 분석 목적 규명

분석 모델을 선정하기 위한 분석 목적은 데이터 품질에 따른 분석 영향도에 따라 서술적 분석, 진단 분석, 예측 분석, 규범 분석으로 구분할 수 있다.

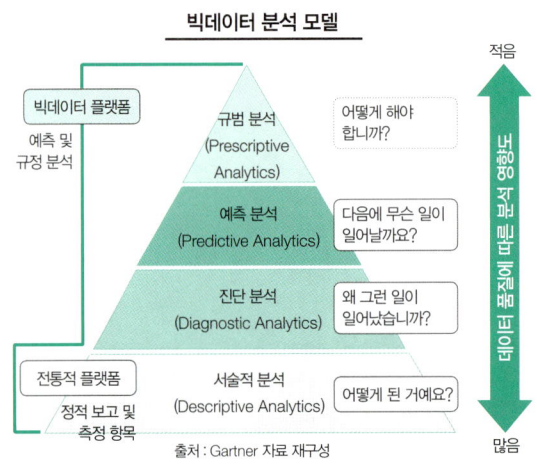

구분	설명
규범 분석 (Prescriptive Analytics)	조직에 원하는 결과를 달성하기 위해 수행해야 할 방향성을 제시하는 분석
예측 분석 기출 (Predictive Analytics)	현재 생성되는 데이터를 통해 무엇이 일어날 것인지 예측하는 것으로 현재 상태에 대한 확률을 구하여 현상을 예측하는 분석으로 고급 알고리즘인 인공지능과 기계학습 기술을 사용
진단 분석 기출 (Diagnostic Analytics)	과거 데이터를 통해 왜 일어났는지를 찾기 위한 분석으로 발생 패턴을 파악하거나, 데이터 분류 또는 원인의 요인을 찾는 분석으로 분석가는 고급 기능을 통해 데이터를 자세히 조사하고 주어진 상황의 근본 원인을 파악
서술적 분석 (Descriptive Analytics)	과거에서 현재 데이터를 통해 무엇이 일어났고, 일어나고 있는지를 파악하기 위한 분석으로 특정 시점 또는 특정 기간에 발생한 결과를 보여주는 간단한 보고서 및 시각화를 제공

❷ 목표변수 유무

목표변수(Target Variable, 종속변수)가 없는 데이터의 경우, 지도학습 모델을 선택하게 되면 원하는 결과를 얻을 수 없게 된다. 따라서 데이터에서 유사성을 찾을 수 있는 비지도학습 모델을 사용하거나, 파생변수 생성 등의 방법을 이용하여 목표변수를 명확하게 정의한 후 지도학습 모델에 적용해야 한다.

목표변수 유무에 따른 기준

목표변수	분석 목적	학습 기법	분석 작업 유형
존재	예측	지도학습	분류, 회귀
미존재	서술	비지도학습	연관규칙, 군집화, 차원축소

❸ 데이터 특성 파악

데이터에 대한 척도는 통계적인 결과를 도출하는 중요한 요인이 된다. 척도 중 명목척도와 서열척도로 측정된 데이터는 범주형으로 분류하고, 등간척도와 비율척도로 측정된 데이터는 연속형으로 분류하여 사용한다. 일반적으로 목표변수(종속변수)의 데이터 형태가 범주형인가 아니면 연속형인가에 따라 다른 분석 모델을 적용할 수 있다.

데이터 척도에 따른 기준

측정 데이터 분류	목표변수	분석 모델
명목척도, 서열척도	범주형	로지스틱회귀분석, 판별분석, 서포트벡터머신, 인공신경망, 의사결정나무, 랜덤포레스트 등
등간척도, 비율척도	연속형	회귀분석, 인공신경망, K-평균군집화, 의사결정나무 등

7.1.1.2 분석 모델 선정 프로세스

정의된 분석 모델 선정 기준에 맞춰 적합한 분석 모델을 선정해야 한다.

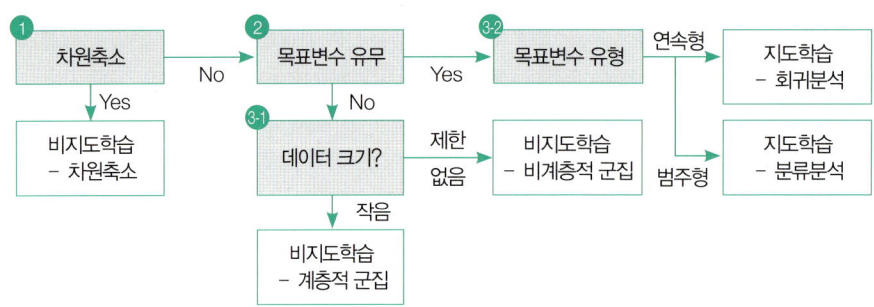

분석 모델 선정 프로세스

차원축소가 필요한지, 목표변수가 존재하는지, 목표변수의 유형(목표변수의 척도)이 무엇인지, 데이터의 크기가 어떻게 되는지에 따라 상세 모델을 선정할 수 있다.

모델 선정 프로세스

분류					상세 모델
① 차원축소 필요 여부	Yes				비지도학습 : 차원축소(주성분분석(PCA), 다차원척도법(MDS)) 등
	No	② 목표 변수 유무	③-2 Yes	목표 변수 유형 범주형	분류 : 로지스틱회귀분석, 서포트벡터머신, 의사결정 나무(분류나무) 등
				연속형	회귀(예측) : 회귀분석, 의사결정나무(회귀나무) 등
			③-1 No	데이터 크기? 작다	계층적 군집 : 응집분석법(Agglomerative), 분할분석법(Divisive)
				제한 없음	비계층적 군집 : K-평균군집화, K-중앙개체(K-Medoids) 군집, DBSCAN 등

7.1.1.3 분석 모델 유형 분류

분석 모델의 대표적인 유형을 통계 기반, 데이터 마이닝 기반, 머신러닝(기계학습) 기반, 비정형 데이터 기반으로 나눠 분류할 수 있다. 각각은 현상 서술과 새로운 의미 추출, 그리고 예측에 이르기까지 다양한 목적에 따라 분석 모델을 선정할 수 있다.

> **분석 모델 유형 분류**
> - 현상을 통한 인과적 결론 : 통계 기반 분석 모델(통계적 추론)
> - 데이터를 통한 정보 발견 : 데이터 마이닝
> - 모델을 통한 예측 : 머신러닝
> - 데이터 형태에 따른 활용 : 비정형 데이터 분석

❶ 통계 기반 분석 모델

통계 분석은 관찰된 데이터로부터 객관적인 의사결정을 위해 데이터 수집, 처리, 분류, 분석 및 해석하는 일련의 체계이며, 통계학에서 사용해 오던 방법을 기반으로 분석 모델을 선정할 수 있다.

통계 기반 분석 모델

분석 모델	설명
기술 통계 (Descriptive Statistics)	자료를 통계적으로 처리하는 일은 수집해 놓은 자료의 의미가 드러나도록 분석하는 과정(평균, 중앙값, 표준편차 등)
상관관계분석 (Correlation Analysis)	두 연속형 변수의 상관관계(선형적 비례)를 찾아내어 한 쪽 값으로 다른 쪽 값을 예측하는 통계적 분석
회귀분석 (Regression Analysis)	매개변수 모델(Parametric Model)을 이용하여 통계적으로 변수들 사이의 관계를 추정하는 분석 방법 하나나 그 이상의 독립변수(연속형 변수)들이 종속변수(연속형 변수)에 미치는 영향을 추정할 수 있는 통계 기법(로지스틱회귀분석은 범주형 변수 사용)
분산분석 (ANalysis Of VAriance)	두 개 이상 집단들의 평균 간 차이에 대한 통계적 유의성을 검정하는 방법(일반적으로 3개 이상 집단에 대해 분산분석을 사용)
주성분분석 (Principal Component Analysis)	많은 변수의 분산방식(분산, 공분산)의 패턴을 간결하게 표현하는 주성분을 원래 변수의 선형 결합으로서 추출하는 통계 기법 고차원의 데이터를 저차원의 데이터로 줄이는 방법으로 사용
판별분석 (Discriminant Analysis)	종속변수가 2개 또는 그 이상의 집단으로 구성되어 있을 때 여러 개의 독립변수로 집단 구성원을 판별 혹은 예측하기 위한 통계적 방법
시계열분석 (Timeseries Analysis)	일정한 단위 시간의 변화에 따른 개개의 경제 단위나 경제 단위의 통합체, 그리고 개개의 상품이나 상품의 집합체에 관한 경제 변량의 기본적인 관계를 나타내는 계수를 추정 및 분석하는 방법

❷ 데이터 마이닝 기반 분석 모델

데이터 마이닝이란 데이터 내에 존재하는 숨겨진 의미 및 패턴을 추출하는 과정이다. 패턴과 상관성을 중심으로 숫자, 데이터 처리까지 수행이 가능하다. 일반적으로 분류, 예측, 군집화, 연관 모델을 중심으로 구분하여 사용한다.

분류 모델(Classification Model)은 범주형 변수 혹은 이산형 변수 등의 범주를 예측하는 기법으로 다수의 속성 혹은 변수를 가지는 객체들을 사전에 정해진 그룹이나 범주 중의 하나로 분류하는 방법이다.

분류 모델 유형

유형	설명
통계적 기법 (Statistical Methodology)	어떤 현상을 종합적으로 한눈에 알아보기 쉽게 일정한 체계에 따라 숫자로 나타내는 기법 로지스틱회귀, 판별분석 등
트리 기반 기법 (Tree-based Methods)	의사결정 규칙에 따라 관심 대상이 되는 집단을 몇 개의 소집단으로 분류하는 기법 의사결정나무, 배깅, 랜덤포레스트, 부스팅 등

최적화 기법 (Optimization Methods)	주어진 조건 하에서 발휘할 수 있는 최대 성능을 구현하는 기법 경사하강법, 모멘텀 등
머신러닝 (Machine Learning)	인간의 학습능력과 같은 기능을 컴퓨터에서 실현하고자 하는 연구분야 인공신경망 등

예측 모델(Prediction Model)은 범주형 및 연속형 등의 과거 데이터로부터 특성을 분석하여 결과값(실수, 연속형)을 예측하는 방법이다.

예측 모델 유형 기출

유형	설명
회귀분석 (Regression Analysis)	관찰된 연속형 변수들에 대해 두 변수 사이의 모델을 구한 뒤 적합도를 측정하는 분석 기법 선형회귀분석, 다중회귀분석, 로지스틱회귀분석 등
의사결정나무(트리) (Decision Trees)	의사결정규칙을 도표화해 관심 대상이 되는 집단을 몇 개의 소집단으로 분류하거나 예측을 수행하는 분석 기법 회귀트리, 회귀랜덤포레스트 등
시계열분석 (Timeseries Analysis)	연도, 분기, 월별 등 시계열로 관측되는 자료를 분석하여 미래를 예측하기 위한 분석 기법 이동평균법, 지수평활법 등
인공신경망분석 (Artificial Neural Network)	사람 두뇌의 신경세포인 뉴런의 전기신호 전달을 모방한 예측 기법(머신러닝의 지도학습)

군집화 모델(Clustering Model)은 이질적인 집단을 몇 개의 동질적인 소집단으로 세분화하는 작업이며, 주어진 데이터들의 특성을 고려해 비슷한 속성을 가진 데이터들을 소그룹으로 묶는 방법이다.

군집화 모델 유형

유형	설명
계층적 군집화 (Hierarchical Clustering)	군집 수를 정하지 않고 응집 및 분할을 통해 단계적으로 군집 결과를 산출하는 기법 응집분석법 : 각 객체를 하나의 소집단으로 간주해 단계적으로 합쳐 구성하는 방법 분할분석법 : 전체 집단으로 시작, 유사성이 떨어지는 객체들을 분리하는 방법
비계층적 군집화 (Non-Hierarchical Clustering)	군집을 위해 소집단의 개수를 정해 놓고 각 개체를 소집단으로 배정하는 방법 K-평균(K-Means) 군집화, K-중앙개체(K-Medoids) 군집, DBSCAN 등

연관규칙(Association Rule) 모델은 데이터에 숨어 있으면서 동시에 발생하는 사건 혹은 항목 간의 규칙을 수치화하는 분석 기법(장바구니분석)이며, 대형 데이터베이스 등에서 변수 간의 흥미로운 관계를 발견하기 위한 규칙(조건-결과) 기반 데이터 마이닝 학습 방법이다.

연관규칙 모델 유형

유형	설명
선험적 알고리즘 (Apriori Algorithm)	데이터셋의 빈발항목을 산출하는 알고리즘 데이터셋 내에서 최소 N번의 트랜잭션이 일어난 아이템 집합들을 발견하는 알고리즘 고객의 구매 데이터를 분석하여 어떤 상품이 함께 판매될 확률이 높은가와 같은 연관된 규칙을 도출하는 방법
	연관규칙의 척도 : 지지도, 신뢰도, 향상도 지지도(Support) : 전체 거래 중 항목 A와 항목 B를 동시에 포함하는 거래의 비율 신뢰도(Confidence) : 항목 A를 포함한 거래 중에서 항목 A와 항목 B가 같이 포함될 확률(연관성의 정도를 파악) 향상도(Lift) : A가 구매되지 않았을 때 품목 B의 구매확률에 비해 A가 구매됐을 때 품목 B의 구매확률의 증가 비
빈도패턴성장 알고리즘 (Frequency Pattern-Growth Algorithm)	데이터를 점점 많이 쌓기 시작하면서 후보 빈발항목 집합을 생성하지 않고, FP-Tree를 만든 후 분할과 정복 방식을 통해 선험적 규칙(Apriori)의 연산 속도를 개선한 알고리즘

❸ 머신러닝(Machine Learning) 기반 분석 모델

머신러닝 기반 분석 모델은 기계가 자동으로 대규모 데이터에서 주요한 패턴과 규칙을 학습하고 의사결정 및 예측 등을 수행하는 기술이며, 이를 이용하여 데이터 분석 모델을 정의할 수 있다. 앞서 학습한 데이터 마이닝 기반 분석 모델과의 차이점은 데이터 마이닝은 데이터에서 알지 못했던 의미를 발견하는데 있고, 머신러닝은 데이터 마이닝보다 좀 더 예측에 집중하는데 있다(모델 목적 관점의 차이). 머신러닝은 크게 지도학습, 비지도학습, 강화학습 세 가지로 분류한다.

지도학습(Supervised Learning)은 정답인 레이블이 포함되어 있는 학습 데이터를 이용해 모델을 만드는 방법이다.

입력변수와 출력변수 간의 관계성을 표현하거나 미래 예측에 초점(인식, 분류, 진단, 예측 등)을 맞춰 문제를 해결한다. 지도학습은 분류(Classification)와 회귀(Regression)로 구분한다.

목적에 따른 지도학습의 분류 기출

유형	설명
분류 (Classification)	학습 데이터의 레이블(정답) 중 하나로 분류하는 기법(범주형 값을 예측) K-근접이웃(K-Nearest Neighbors), 의사결정나무(Decision Tree, 분류나무), 로지스틱회귀분석(Logistic Regression), 랜덤포레스트(Random Forest), 나이브 베이즈(Naïve Bayes), 서포트벡터머신(Support Vector Machine), 인공신경망(Artificial Neural Network)
회귀 (Regression)	연속된 다음 예상값을 예측하는 기법(연속형 값을 예측) 선형회귀분석(Linear Regression), 회귀나무(Regression Tree), 회귀랜덤포레스트(Random Forest Regression), 회귀서포트벡터머신(Support Vector Regression)

비지도학습(Unsupervised Learning)은 정답인 레이블 없이 학습시키는 방법(결과보다 과정 문제 활용)이며, 연관성과 유사성을 기반으로 군집화하여 새로운 데이터에 대한 결과를 예측하는 방법이다.

비지도학습 유형 기출

유형	설명
군집화(Clustering) 기출	데이터를 서로 유사한 정도에 따라 군집으로 분류하는 방법(계층적 군집화, 비계층적 군집화)
차원축소 (Dimensionality Reduction)	고차원 데이터로부터, 저차원의 데이터로 변환하는 방법(주성분분석, 다차원척도법 등)
연관규칙(Association Rule)	어떤 두 아이템 집합이 번번히 발생하는가를 알려주는 일련의 규칙들을 생성하는 방법

강화학습(Reinforcement Learning)은 주어진 입력값에 대한 출력값의 정답이 주어지지 않은 상태에서 행동 결과에 대한 보상이 주어지며, 이를 최대화하는 행동을 선택하는 학습 방법이다.

강화 학습 알고리즘

유형	설명
딥 큐러닝(Deep Q Learning)	모델 없이 특정한 상태(State)에 놓여있을 때, 취할 수 있는 각각의 행동(Action)에 대한 효용(Q)값을 미리 계산하여, 마르코프 의사결정 과정에서 최적의 정책을 찾는 강화 학습 방법
은닉마르코프 모델 (Hidden Markov Model, HMM)	통계적 마르코프 모델의 하나로, 시스템이 은닉된 상태와 관찰 가능한 결과의 두 가지 요소로 이루어졌다고 보는 모델
몬테카를로트리탐색 (Monte Carlo Tree Search, MCTS)	모든 트리 노드를 대상으로 하는 대신 게임 시뮬레이션을 통해 가장 가능성이 높아 보이는 방향으로 행동을 결정하는 탐색 방법

❹ 비정형 데이터 분석 모델

비정형 데이터(Unstructured Data)란 형태가 없으며, 연산도 불가능한 데이터를 의미한다. 예를 들면 텍스트, 음성, 이미지, 영상, 오피니언, 소셜 데이터 등이 있다. 파일(File) 형태로 수집되는 형태가 대부분이기 때문에 분석 가능한 데이터 형태로 파싱(Parsing)하는 어려움이 있고 난이도가 높은 반면, 수집 주체에 의해 데이터 분석이 선행되어 높은 잠재적 가치를 가지고 있다.

웹 환경에서 폭발적으로 발생하는 비정형 데이터는 텍스트 마이닝, 웹 마이닝, 오피니언 마이닝, 소셜 네트워크 분석, 감성분석, 리얼리티 마이닝 등으로 분석할 수 있다.

비정형 데이터 마이닝 유형

유형	설명
텍스트 마이닝 (Text Mining)	인간의 언어로 이루어진 비정형 텍스트 데이터들을 자연어 처리 (NLP) 방식을 이용하여 대규모 문서에서 정보 추출, 연계성 파악, 분류 및 군집화, 요약 등을 통해 데이터에 숨겨진 의미를 발견하는 기법 주요 분야 : 문서분류(Document Classification), 문서군집(Document Clustering), 정보추출(Information Extraction), 문서요약(Document Summarization)
웹 마이닝 (Web Mining)	데이터 마이닝 기술의 응용 분야로서 인터넷을 통해 웹 서비스를 이용하면서 웹에서 패턴을 발견하는 기법
오피니언 마이닝 (Opinion Mining)	인물, 이슈, 이벤트에 대한 의견, 평가, 태도, 감정을 분석해 긍정(Positive), 부정(Negative), 중립(Neutral)을 판별하는 기법 기업의 마케팅으로 활용해 제품에 대한 소비자의 반응을 보거나 정치적인 이슈에 대한 의견을 파악하는데 활용
감성분석 (Sentiment Analysis)	문장의 의미를 파악하여 글의 내용에 긍정/부정, 좋은/나쁨을 분류하거나 만족/불만족 강도를 지수화하여 고객의 감성 트렌드를 시계열적으로 분석하고 고객 감성 변화에 기업의 신속한 대응 및 부정적인 의견의 확산을 방지하기 위한 마이닝 기법
소셜 네트워크 분석 (Social Network Analysis)	개인이나 집단의 관계를 노드(Node)와 엣지(Edge)로 표현한 그래프 이론(Graph Theory)에 바탕을 둔 분석 기법 소셜 네트워크 연결 구조 및 강도를 바탕으로 영향력을 측정해 입소문의 중심이나 허브 역할 사용자를 찾는데 활용 소셜 네트워크 분석을 통해 영향력 있는 사용자를 인플루언서(Influencer)라 불리며, 최근에 인플루언서 마케팅이 중요하게 부각
리얼리티 마이닝 (Reality Mining)	휴대폰 등의 기기를 사용하여 인간관계와 행동 양태 등을 추론하는 마이닝 기법 통화량, 통화위치, 통화상태, 통화대상 및 내용 등을 분석하여 사용자의 인간관계, 행동 특성 등의 정보를 분석하는 기법

7.1.1.4 분석 모델 선정 고려사항

분석 모델의 선정 목적과 입력되는 데이터, 변수의 해석 가능 여부에 따라 분석 기법을 선택한다. 또한, 단일 모델을 선택하거나 다수의 모델을 조합한 앙상블 기법도 선택 가능하다.

데이터 정확도, 평균 오차율, 오류율, 데이터 밀도, 군집도, 매칭율, 데이터 분류율 등의 평가 기준을 정량적으로 수립하고 검토 요소로 활용한다.

분석 모델 선정 시 다양한 이해관계자가 모여서 분석 모델의 결과를 검토하고 최적화된 분석 모델을 선정해야 한다. 이를 위해서 평가 기준과 함께 실무 혹은 현장에서 활용 가능한지 여부도 검토해야 하며, 또한 모델의 성능이 좋아도 데이터셋의 확보가 제한될 경우에는 다른 분석 모델로의 변경도 검토할 수 있다.

> **참고** 인공지능 모델 선정 고려사항

'어떤 머신러닝 알고리즘을 사용할지?'에 대한 고민을 하게 되는데, 일반적인 선택 기준은 주로 데이터 과학 시나리오의 서로 다른 두 가지 측면에 따라 결정된다.

- 데이터로 어떤 작업을 수행할 예정인가?
  구체적으로, 과거 데이터에서 학습하여 답변하고 싶은 비즈니스 질문은 무엇인가?
- 데이터 과학 시나리오의 요구사항은 무엇인가?
  구체적으로, 정확도, 학습시간, 선형성, 매개변수 수 및 솔루션이 지원하는 특징 수는 어떻게 되나?

인공지능 모델 선정 고려사항

구분	설명
알고리즘 (Algorithm)	주어진 문제를 풀기 위한 절차나 방법 다양한 분야에서 문제를 풀거나 연산을 수행하기 위한 일련의 절차 분류 및 예측, 지도/비지도/강화학습 알고리즘
정확도(Accuracy)	전체 사례에 대한 실제 결과의 비율로 모델의 효율성을 측정하는 지표
학습시간 (Training Time)	지도학습에서 학습은 기록 데이터를 사용하여 오류를 최소화하는 기계학습 모델을 작성하는 것을 의미하며, 학습시간은 학습에 걸리는 시간 지표
매개변수 수 (Number of Parameters)	허용오차, 반복횟수 또는 알고리즘이 동작하는 방식의 변형 간 옵션 등 알고리즘의 동작에 영향을 주는 수
특징 수 (Number of Features)	분석하려는 현상의 정량화가 가능한 변수의 수 특징 수가 많으면 일부 학습 알고리즘이 교착 상태에 빠질 수 있으며 이로 인해 학습시간이 상당히 길어짐 서포트벡터머신은 특징의 수가 많은 시나리오에 특히 적합

빅분기_34
7.1.2 ~ 7.1.3

7.1.2 분석 모델 정의

분석 모델 정의는 분석 모델(Analytics Model)을 선정하고 모델에 적합한 변수를 선택하여 모델의 사양(Specification)을 작성하는 과정이다. 분석 모델을 정의하기 위해서는 분석 목적에 부합하는 적합한 데이터 선정 및 모델 선정이 필요하다.

적합한 데이터의 선정과 모델 선정을 위해서 데이터의 특성을 반영하여 변수를 선택하는 파라미터(Parameter)와 선정한 모델(회귀분석, 의사결정나무 등)의 옵션을 사용자가 설정할 수 있는 하이퍼파라미터(Hyperparameter) 최적화를 확인해야 한다.

7.1.2.1 파라미터와 하이퍼파라미터

❶ 파라미터(Parameter)

파라미터란 데이터로부터 모델 내부에서 결정되는 변수이며 또한 데이터로부터 구해지는 수치적 특성으로 평균(μ)과 표준편차(σ), 회귀분석의 회귀계수(β_1), 인공신경망의 가중치(ω) 등을 예로 들 수 있다.

파라미터의 특징
- 모델 내부에서 확인이 가능한 변수로 데이터를 통해 산출 가능한 값
- 예측을 수행할 때 모델에 의해 요구되는 값
- 파라미터가 모델의 성능 결정
- 파라미터는 측정되거나 데이터로부터 학습됨
- 사람에 의해 수작업으로 측정되지 않음
- 종종 학습된 모델의 일부로 저장됨

❷ 하이퍼파라미터(Hyperparameter)

하이퍼파라미터는 모델링을 할 때 사용자가 직접 설정하여, 모델(인공신경망, 의사결정나무 등)에 입력되는 값으로 경험에 의해 결정 혹은 반복(Iteration)을 통해 최적화한다.

하이퍼파라미터의 특징 기출
- 모델 외적인 요소로 데이터 분석을 통해 얻는 값이 아니라 사용자가 직접 설정해주는 값
- 모델의 파라미터값을 측정하기 위해 알고리즘 구현(모델 학습과정) 과정에서 사용
- 주로 알고리즘 사용자에 의해 결정
- 경험에 의해 결정 가능한 값
- 예측 알고리즘 모델링 성능 등의 문제를 위해 조절

참고 인공신경망의 하이퍼파라미터
- 학습율(Learning Rate) : 배치나 에폭에서 모델의 매개변수를 조절하는 비율
- 비용함수(Cost Function) : 원래의 값과 가장 오차가 작은 가설함수를 도출하기 위해 사용되는 함수
- 에폭(Epoch) 수 : 데이터셋 전체에 대해 훈련을 반복하는 횟수
- 은닉층 뉴런개수(Hidden Units) : 은닉층의 신경계와 신경조직을 구성하는 기본 세포 수
- 규제강도(Regularization Strength) : 가중치의 모든 원소를 0에 가깝게 하여 모든 특성이 출력에 주는 영향을 최소한으로 만드는 것의 강도
- 가중치 초기값(Weight Initialization) : 입력신호가 결과 출력에 주는 영향도를 조절하는 매개변수 초기값
- 배치크기(Batch Size) : 매개변수가 갱신되기 전 신경망을 통해 전파된 데이터 샘플의 수

하이퍼파라미터의 서로 다른 값은 모델 학습 비용(컴퓨팅 자원, 인력, 학습시간)과 모델 성능에 영향을 크게 줄 수 있기 때문에 하이퍼파라미터 최적화 과정이 반드시 필요하다.

파라미터와 하이퍼파라미터의 최적화 방법에 대해서는 '9.2.2 매개변수(파라미터) 최적화'에서 상세히 학습한다.

> **참고** 배치와 에폭의 이해
>
> 딥러닝 모델이 전체 학습 데이터를 한 번씩 학습한 것을 '에폭을 돌았다'라고 표현한다. 모델은 가중치를 한 번 업데이트하기 위해 한 개 이상의 훈련 데이터 묶음을 사용하는데, 이것을 배치(Batch)라 하고, 이 묶음의 크기가 바로 배치크기이다. 따라서 배치크기에 따라 에폭 당 훈련 횟수가 달라진다.

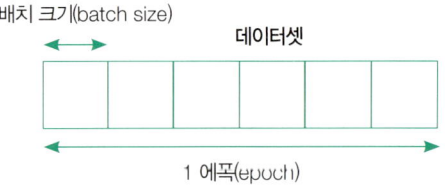

> **참고** 배치크기와 모델 학습의 관계
>
> 배치크기를 키우면 1에폭 당 훈련 수가 감소하기 때문에 결과적으로 전체 훈련 시간이 감소하게 되나, 높은 메모리 사용량이 필요하고 학습 불안정성이 증가하게 된다(과적합 가능성 증가).
>
> 배치크기를 줄이면 모델의 가중치를 1에폭 당 N번 갱신하게 되어 전체 훈련 시간이 증가하게 되나 학습 안정성이 증가하고 높은 일반화 성능을 기대할 수 있다(과적합 가능성 감소).
>
> 따라서 적절한 배치크기는 학습 속도와 학습 성능 모두에 영향을 미치는 중요한 요소가 된다.

7.1.2.2 분석 모델 정의 시 고려사항

분석 대상 데이터에 비해 모델이 너무 간단하면 과소적합이 발생하고, 모델을 너무 복잡하게 선택하면 과적합이 발생하므로 적절한 변수 및 모델을 선택해야 한다.

부적합 모델의 발생 원인

현상	설명
모델 선택 오류	적합하지 않은 함수 모델 생성
변수 누락	종속변수와 하나 또는 둘 이상의 독립변수 사이에 관계는 있지만 모델을 생성할 때 누락되는 경우
부적합 변수 생성	관련이 없는 변수가 모델에 포함된 경우 편향을 발생시키지는 않지만 과적합을 발생시켜 예측 성능 저하
동시편향	종속변수가 연립 방정식의 일부인 경우 동시편향 발생

편향(Bias)은 학습 알고리즘에서 잘못된 가정을 했을 때 발생하는 오차이고, 분산(Variance)은 학습 데이터셋에 내재된 작은 변동(Fluctuation) 때문에 발생하는 오차이다.

고 편향(High Bias)이 발생할 경우, 알고리즘이 데이터의 특징과 결과물과의 적절한 관계를 놓치게 만드는 과소적합(Under Fitting) 형태를 보이고, 고 분산(High Variance)이 발생할 경우에는 큰 노이즈까지 모델링에 포함시키는 과적합(Over Fitting) 형태를 보인다.

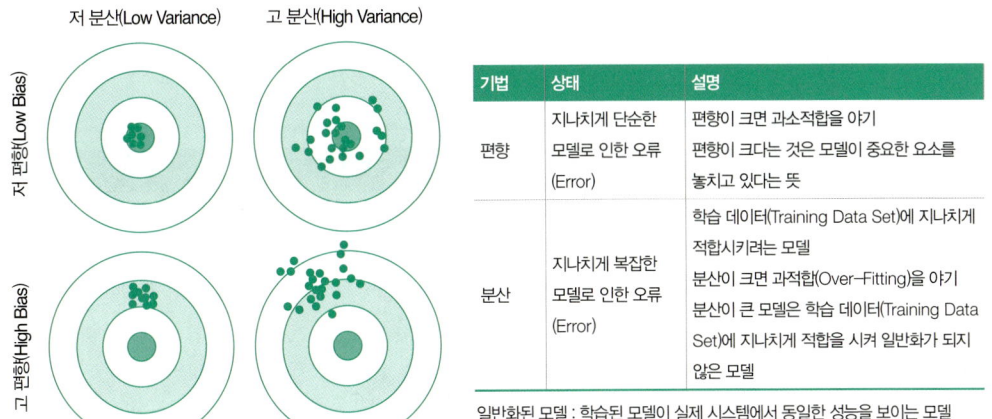

데이터 편향과 분산 관계

적정한 학습 수준을 통해 오류가 가장 낮은 적정 포인트를 찾아 오류를 낮출 수 있도록 모델을 도출하는 것이 필요하다. 데이터의 편향과 분산으로 인한 과적합과 과소적합에 대한 자세한 내용과 해결방법은 '9.2.1 과대적합 방지' 내용을 참고하도록 한다.

7.1.3. 분석 모델 구축 절차

빅데이터 분석 모델 구축 절차는 요건 정의, 모델링, 검증 및 테스트, 적용의 순서로 이루어진다.

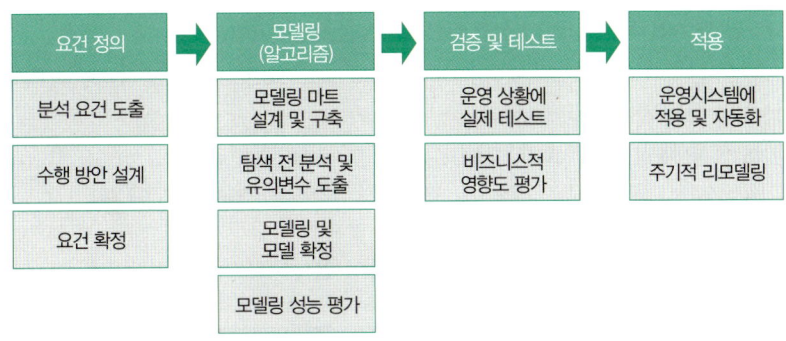

분석 모델 구축 절차. "한국데이터산업진흥원" 기출

7.1.3.1 분석 모델 요건 정의

요건 정의 프로세스에서 학습할 내용은 빅데이터 분석 방법론의 기획 단계에서 분석 과제 정의를 통해 도출된 내용이다. 그러나 기획 단계에서는 상위 전략적 측면을 다루기 때문에 상세한 수준의 내용이 정의되지 못한다.

분석 모델 요건 정의는 분석 요건을 구체적으로 도출, 선별, 결정, 분석 과정 설계 및 구체적인 수행 내용을 실무담당자와 협의하는 업무이다. 광범위하고 다양한 정보를 다루고 문서화 작업의 비중이 높기 때문에 전체 프로세스 중에서 가장 중요한 부분으로, 빅데이터 분석 업무의 성패를 좌우한다.

분석 모델 요건 정의 절차 `기출`

절차	설명
분석 요건 도출	분석 기획 단계보다 상세하게 분석 요건을 추출, 분석, 명세화하고 종합적으로 적합성을 검토하는 단계 데이터 분석 업무의 배경, 주요 이슈 기대효과, 제약사항을 사전에 정의하고 이해관계자들과 협의하여 확정 기존 분석 자료와 정보를 기반으로 분석 요건과 개인정보보호, 접근통제 등 정보보안 정책을 누락 없이 식별 요건은 비즈니스 이슈로부터도 도출 가능 〈이슈(Issue)〉 업무를 수행하는데 있어 수익증가, 비용증가, 상황변화, 처리속도 지연 등을 발생시키는 항목으로 전사적으로 개선되어야 할 사항 이슈 도출 절차 : 이슈 리스트 작성 → 핵심이슈 정의 → 이슈 그룹핑 → 해결방안 정의 〈요건 유형 예시〉 데이터 마이닝 요건 : 캠페인 반응율 개선을 통한 효율성 또는 비용절감 시뮬레이션 요건 : 의약품 분리 장비 추가 도입에 따른 업무시간 변화 검토 최적화 : 병원의 간호사 배치에 대한 진료과별 최적 할당
수행 방안 설계	도출된 분석 요건에 따라 구체적인 수행 방안을 설계하여 분석계획서와 WBS(Work Breakdown Structure)를 개발하는 단계 구체적 분석 수행을 위해 간단한 탐색적 분석 수행 후 미리 가설을 수립하여 분석의 틀을 잡아야 함(품질 준수를 위한 필수사항) 분석 기법 사전정의 필수, 분석 기법을 아는 전문인력 참가 WBS 작성 시 우선 Forward 방식으로 전개 후 납기(일정) 만족 여부 확인 인적자원의 중복 업무 배제(인프라 기술과 분석 기술 동시 수행 등) 기술인력은 특정기간에 필요한 경우가 많으므로 해당 시점, 투입 가능 여부 확인 동일 업무에 대해 처리속도 및 IT 자원의 효율적 활용이라는 기준에서 결정
요건 확정	도출된 요건과 수립된 분석계획서를 이용하여 기획안을 만들고 이해관계자와 공유하여 최종 요건을 확정하는 단계(최종 요건 확정 후 변경 관리 필요) 기획안을 통해 분석 요청 부서와 IT 부서, 연관 부서와 공유해 최종 요건 확정 (기획 단계에서 나온 분석 과제 기각도 가능, 사전에 지속적으로 대화/조율하여 요건을 확정) 확정된 요건을 종료(Closing)해 이후에 변경하는 일이 없도록 해야 함 실무를 하다 보면, 모델링 과정에서 요건이 변경되는 일이 발생하므로 프로젝트 완료일을 준수할 수 있는 범위에서 조율(변경관리)

7.1.3.2 분석 모델 모델링

분석 모델 모델링은 요건 정의에 따라 상세 분석 기법을 적용해 모델을 개발하는 과정이다. 빅데이터 분석에서 모델링을 거치면, 필요한 입력 데이터에 대한 처리가 매우 용이해진다.

분석 모델 모델링 절차

절차	설명
모델링 마트 설계 및 구축	원천 데이터로부터 분석 데이터 획득, 전처리를 통해 변수 식별 및 모델 마트 설계 및 구축하는 단계
	모델링을 위한 데이터를 시스템에 체계적으로 미리 준비해 놓으면 모델링 작업이 용이(분석 기법 무관)
	다양한 데이터 원천으로부터 분석 대상 데이터 획득
	분석 대상 데이터를 탐색, 정제, 요약 등의 전처리 기법을 이용해 신뢰성 확보
	분석 대상 데이터를 구조화하여 모델 마트 설계
	전처리한 분석 대상 데이터를 적재해 모델 마트 구축
탐색적 분석과 유의변수 도출	유의미한 변수를 파악하여(목표값별로 변수의 분포된 값 확인) 시뮬레이션을 통해 분석 모델 타당성/적합성 판단하는 단계
	탐색적 데이터 분석(Exploratory Data Analysis, EDA) : 비즈니스 이해와 분석 요건에 대한 구체적인 사실(Fact)을 발견해 통찰을 얻기 위해 수행하는 업무
	유의미한 변수를 파악하기 위해 목표값별로 해당 변수의 분포된 값을 보고 해당 변수의 구간에서 차이가 큰지 파악
	시뮬레이션을 이용해 사전에 수립된 분석 모델의 타당성과 적합성을 반복적으로 확인
	최소 시간에 데이터 분석(EDA)를 완료하여 단위 분석에 대한 예상 소요시간 추정
	데이터가 부족하면 신속하게 추가 변수 개발
모델링 및 모델 확정	다양한 모델링 기법 중에서 업무 특성에 적합한 기법을 선택하거나 여러 모델링 기법을 결합해 적용하는 단계(반복적 수행)
	시뮬레이션 : 실제 상황을 수학적으로 모델화하고, 가능한 모든 상황을 입력함으로써 각각의 경우에 어떤 결과가 도출되는지 예측하는 방법
	최적화 : 어떤 제약조건(Constraints)이 있는 상황에서 목적함수의 최대값과 최소값을 찾는 방법
	시뮬레이션 : 프로세스 및 자원에 대한 제약이 있고 입력값이 확률분포인 경우 사용
	최적화 기법 : 프로세스 및 자원에 대한 제약이 있고 상수값을 가질 때 사용
	경우에 따라 시뮬레이션과 최적화 기법을 결합하여 사용 가능
모델링 성능 평가	분석 모델이 적합한지 판단 기준을 수립 및 평가하고 분석 모델별 학습용 데이터 집합을 구축 및 조정하는 단계
	모델링 성능을 평가하는 기준은 분석 기법별로 다양
	예) 분류 모델 : 정확도(Accuracy), 정밀도(Precision), 재현율(Recall) 등
	시뮬레이션 : 처리(Throughput), 평균대기시간(Average Waiting Time), 평균큐길이(Average Queue Length), 시스템 시간(Time in System) 등의 지표 활용
	최적화 : 이전의 목적함수값(Object Function Value)과 최적화 이후의 값의 차이를 구해 평가
	분석 모델이 적합한지 판단 기준 수립, 분석 모델별 학습용 데이터 집합 구축
	학습 데이터로 조정한 분석 모델을 검증 데이터와 테스트 데이터로 결과 기반 분석

16 Day

7.1.3.3 분석 모델 검증 및 테스트

모든 모델링에서는 반드시 검증 및 테스트를 거친다. 분석용 데이터를 학습 데이터(Training Data Set)와 테스트 데이터(Test Data Set)로 분리한 다음 검증한다. 모든 모델링에 대해 반드시 검증 및 테스트를 수행해야 하며, 실제 테스트에서는 신규 데이터에 모델을 적용해 결과를 도출한다.

분석 모델 검증 및 테스트 절차

절차	설명
운영 상황에서 실제 테스트	분석 결과를 업무 프로세스에 가상으로 적용해 검증하는, 실무 적용 직전에 수행하는 테스트 단계
	운영 상황과 유사한 환경을 구축하여 모델을 테스트
	분석 모델을 테스트하기 위한 절차를 설계하고, 설계 절차에 따라 테스트 수행 후 분석
	테스트 결과를 분석 모델에 반복적으로 반영하고, 최종 결과는 운영 환경에 적용
	분석 모델의 유형에 따라 과적합과 과소적합이 발생하지 않도록 주의
비즈니스적 영향도 평가	ROI(Return Of Investment)를 산출하여 투자 대비 효과를 증명하는 단계(200~300% 효과 기대)
	모델링 성과에 대해 재현율(Recall)이 증가하거나 향상도(Lift) 등이 개선되어 발생하는 정량적 효과를 비즈니스 영향도 평가에 반영
	시뮬레이션 : 처리량, 대기시간, 대기행렬 감소 등을 정량적 효과로 제시
	최적화 : 목적함수가 증가한 만큼 정량적 효과 제시

7.1.3.4 분석 모델 적용

분석 모델 적용은 분석 결과를 업무 프로세스에 통합하여 실제 운영되는 시스템에 분석 모델을 적용하는 단계이다. 또한 분석 결과를 모니터링 하고 새로운 데이터에 적응적으로 모델을 발전시키는 과정을 함께 수행한다.

분석 모델 적용 절차

절차	설명
운영시스템에 적용 및 자동화	분석 모델을 실제 운영 환경에 적용하는 활동
	운영시스템에 적용해 실시간 또는 배치 스케줄러(Batch Scheduler)를 실행하여, 분석 모델의 결과를 DBMS에 기록하고, 이상 발생 시 경고(Alert)를 자동 발송 설정
	분석 모델을 자동으로 모니터링하고 이상 시에만 확인하는 프로세스 수립
주기적 리모델링	최적화 모델링 결과를 정기적으로 분석하여 모델의 성능을 유지하기 위한 활동(비즈니스 변화 등)
	일정 수준 이상으로 편차가 지속적으로 하락하는 경우 리모델링을 수행(주기적)
	일반적으로 주기적 리모델링은 분기/반기/연 단위로 수행(성과/성능 모니터링)
	리모델링 방법 : 동일 데이터 이용 학습 혹은 변수 추가 후 학습하는 방법 수행
	데이터 마이닝은 평균 분기별로 리모델링 수행, 시뮬레이션은 주요 변경이 이뤄지는 시점과 반기 정도면 적합하며, 최적화는 1년에 한 번 정도가 적합

출제예상문제

01. 다양한 분석 모델 선정 기준으로 가장 알맞지 않은 것은?

① 분석 목적 규명
② 목표변수 유무 확인
③ 데이터 특성 파악
④ 데이터 추정

02. 다음 중 범주형 변수의 분류를 목적으로 사용하는 분석 모델이 아닌 것은?

① 로지스틱회귀분석
② 서포트벡터머신
③ 의사결정나무
④ 선형회귀분석

03. 다음 중 연관규칙에 대한 설명으로 가장 알맞은 것은?

① 예측을 목적으로 잔차를 통한 최소제곱법을 사용한다.
② 데이터에 숨어 있는 항목 간의 규칙을 정성적으로 표현한다.
③ 선험적(Apriori) 알고리즘은 데이터셋의 빈발항목을 산출한다.
④ 빈도패턴-성장(FP-Growth) 알고리즘은 선험적(Apriori) 알고리즘보다 느린 편이다.

04. 정답인 레이블을 가지고 학습하는 지도학습 유형이 아닌 것은?

① 군집화
② 서포트벡터머신
③ 의사결정나무
④ 회귀분석

05. 비지도학습으로 고차원 데이터로부터 저차원의 데이터로 변환하는 방법은 무엇인가?

① 시계열분석
② 선험적(Apriori) 알고리즘
③ 차원축소
④ 랜덤포레스트

06. 다음 그림에서 사용하는 가장 적합한 알고리즘 학습 방법은?

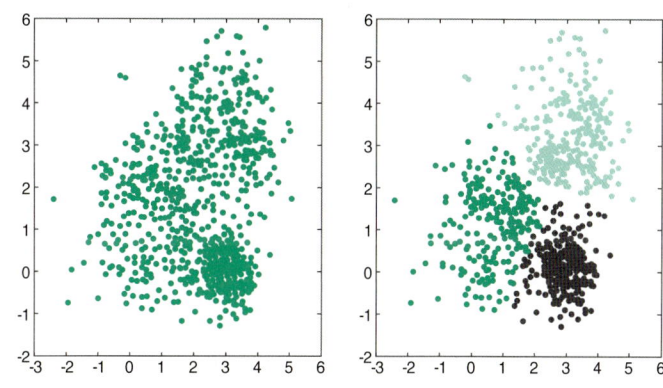

① 지도학습
② 비지도학습
③ 강화학습
④ 연관규칙학습

출제예상문제

07. 다음 중 성격이 가장 다른 머신러닝 기법은?

① 딥 큐러닝(Deep Q-Learning)
② 은닉마르코프 모델(Hidden Markov Model)
③ 잠재디리클레 할당(Latent Dirichlet Allocation)
④ 몬테카를로트리탐색(Monte Carlo Tree Search)

08. 다음 중 분석 모델 선정 프로세스에 해당하는 것을 모두 선택하시오.

ㄱ. 차원축소 필요 여부를 검토하였다.
ㄴ. 목표변수 존재 여부를 검토하였다.
ㄷ. 데이터 척도가 범주형인지 연속형인지 검토하였다.
ㄹ. 자료의 크기가 작은지 제한이 없는지 검토하였다.

① ㄱ, ㄴ
② ㄴ, ㄷ
③ ㄱ, ㄷ, ㄹ
④ ㄱ, ㄴ, ㄷ, ㄹ

09. 다음 데이터 분석 방법이 사례와 가장 옳게 짝지어지지 않은 것은?

① 회귀분석 : 고객만족도가 충성도에 미치는 영향을 분석
② 소셜분석 : 특정인과 다른 사람이 몇 촌 정도의 관계인지 분석
③ 예측분석 : 비슷한 비행기의 고장 수리에 대한 분석들로 비행기 수리시간을 분석
④ 감성분석 : 운전 경로를 최적화하기 위해 분석

10. 데이터가 암시하는 바에 대해 설명이 가능해야 하며, 설명에 대한 답을 찾아낼 수 있는 데이터 마이닝 기법은?

① 기술(Description)
② 군집(Clustering)
③ 분류(Classification)
④ 추정(Estimation)

11. 항목들 간의 "조건-결과" 유형의 패턴을 발견하는 데이터 마이닝 기법은?

① 선형회귀분석
② 데이터상관분석
③ 군집화
④ 연관규칙

12. 집단을 정의된 레이블로 세분화하여 분석하는 데이터 마이닝 기법은?

① 기술(Description)
② 군집(Clustering)
③ 분류(Classification)
④ 추정(Estimation)

07. ③ 08. ④ 09. ④ 10. ① 11. ④ 12. ③

13. 분석 모델은 크게 목표변수의 유무에 따라 나눌 수 있다. 다음 보기 중 성격이 다른 알고리즘은 무엇인가?

① 의사결정나무
② 군집분석
③ 회귀분석
④ 서포트벡터머신

14. 다음 분석 모델 선정 프로세스에 해당하는 단계로 옳은 것은?

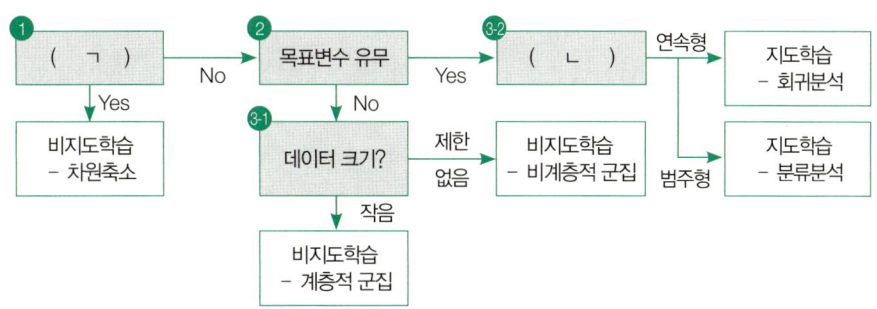

① ㄱ : 차원축소필요, ㄴ : 목표변수 유형
② ㄱ : 차원축소필요, ㄴ : 차원축소 필요
③ ㄱ : 데이터 척도, ㄴ : 목표변수 유형
④ ㄱ : 데이터 척도, ㄴ : 차원축소 필요

15. 다음은 분식 모델 신정 프로세스별로 나눈 상세 모델에 내한 설병으로 옳은 것은?

① 차원축소는 비지도학습이며, 주성분분석이 있다.
② 종속변수의 데이터 척도가 범주형으로 회귀분석을 사용하였다.
③ 자료의 크기에 따라 분류와 예측 형태로 모델을 나눌 수 있다.
④ 계층적 군집으로는 K-평균(Means) 군집이 대표적이다.

16. 다음 분석 중 이질적인 모집단을 세분화시키기 위한 방법은?

① 연관분석　　　　　　　　② 분류분석
③ 판별분석　　　　　　　　④ 군집분석

17. 원천 데이터를 기반으로 감춰진 지식을 발견하고 의사결정에 활용하는 작업은?

① 데이터 정제
② 데이터 전처리
③ 데이터 저장
④ 데이터 마이닝

13. ②　14. ①　15. ①　16. ④　17. ④

출제예상문제

18. 다음 중 분석 모델 구축 절차에 대한 설명으로 옳지 않은 것은?

① 요건 정의 단계 : 분석 모델이 적합한지 판단 기준을 수립 및 평가하고 분석 모델별 학습용 데이터 집합을 구축 및 조정한다.
② 모델링 단계 : 요건 정의에 따라 상세 분석 기법을 적용해 모델을 개발하는 과정이다.
③ 검증 및 테스트 단계 : 실제 테스트에서는 신규 데이터에 모델을 적용해 결과를 도출한다.
④ 적용 단계 : 분석 결과를 업무 프로세스에 완전히 통합해 실제 운영하는 것이다.

19. 데이터 품질에 따른 분석 모델에 대한 설명으로 옳지 않은 것은?

① 서술적 분석(Descriptive Analytics) : 과거에서 현재 데이터를 통해 무엇이 일어났고, 일어나고 있는지를 파악하기 위한 분석
② 진단 분석(Diagnostic Analytics) : 과거 데이터로 왜 일어났는지 찾기 위한 분석으로 발생 패턴을 파악하거나, 데이터 분류 또는 원인의 요인을 찾는 분석
③ 규범 분석(Prescriptive Analytics) : 상품이나 서비스를 구매하는 등 일련의 거래나 사건 안에 존재하는 항목 간의 일정한 연관규칙을 발견하는 분석
④ 예측 분석(Predictive Analytics) : 현재 생성되는 데이터를 통해 무엇이 일어날 것인지 예측하는 것으로 현재 상태에 대한 확률을 구하여 현상을 예측하는 분석

20. 다음 중 비지도학습에 해당하는 것들로 모두 고르시오.

> ㄱ. 사기 감지를 위해 시스템에서 신용카드의 높은 가치 거래를 감지
> ㄴ. 기저귀를 사면 맥주도 함께 구매함
> ㄷ. 집 크기에 따른 매매비용 예측

① ㄱ
② ㄱ, ㄴ
③ ㄴ, ㄷ
④ ㄱ, ㄴ, ㄷ

21. 분석 모델 검증 및 테스트에 대한 설명으로 알맞지 않은 것은?

① 모든 모델링에서는 반드시 검증 및 테스트를 거친다
② 운영 환경에서의 테스트는 운영 상황과 유사한 환경을 구축하여 모델을 테스트할 수 있다.
③ 실제 테스트에서는 신규 데이터에 모델을 적용해 결과를 도출한다
④ 비즈니스 영향도 평가를 수행 시 정량보다는 정성적으로 결과를 제시하는 편이다.

22. 분석 모델 선정 프로세스에 속하지 않는 단계는?

① 차원축소 여부 확인
② 목표변수(종속변수) 유무 확인
③ 데이터 척도(범주형/연속형) 확인
④ 알고리즘 사용 여부 확인

23. 다음 중 분석 모델 정의 단계에서의 설명이 아닌 것은?

① 모델에 적합한 변수를 선택해 모델의 사양을 작성하는 과정이다.
② 변수 선택을 위해 파라미터와 하이퍼파라미터 선정이 중요하다.
③ 하이퍼파라미터는 휴리스틱하게 설정해 사용한다.
④ 에폭 수는 데이터셋을 제거하는 횟수이다.

24. 분석 모델 구축 절차 중 모델링에 해당하는 상세 단계의 순서로 알맞은 것은?

ㄱ. 모델링 마트 설계 및 구축	ㄴ. 모델링 모델 확정
ㄷ. 모델링 성능 평가	ㄹ. 탐색 전 분석 및 유의변수 도출

① ㄱ → ㄴ → ㄷ → ㄹ
② ㄹ → ㄷ → ㄱ → ㄴ
③ ㄱ → ㄹ → ㄴ → ㄷ
④ ㄹ → ㄱ → ㄷ → ㄴ

25. 결정경계, 즉 분류를 위한 기준선을 정의하는 분석 방법은?

① 인공신경망분석
② 의사결정나무
③ 랜덤포레스트
④ 서포트벡터머신

26. 통계 기반 분석 모델에 대한 설명 중 틀린 것은?

① 기술 통계 : 자료를 통계적으로 처리하는 일은 수집해 놓은 자료를 의미가 드러나도록 분석하는 과정
② 상관분석 : 서로 상관관계에 있는 두 변량의 결부관계를 찾아내어 한 쪽 것으로 다른 쪽 값을 예측하는 통계적 분석
③ 회귀분석 : 두 개 이상 집단들의 평균 간 차이에 대한 통계적 유의성을 검정하는 방법
④ 판별분석 : 종속변인이 2개 혹은 그 이상의 집단으로 구성되어 있을 때 여러 개의 독립변인으로 집단구성원을 판별 혹은 예측하기 위한 통계적 방법

출제예상문제

27. 다음 중 파라미터 선정에 대한 내용이 아닌 것은?

① 사람의 수작업으로 측정되고 결정됨
② 모델 내부에서 확인이 가능한 변수로 데이터를 통해 산출 가능한 값
③ 예측을 수행할 때 모델에 의해 요구되어지는 값
④ 측정되거나 데이터로부터 학습됨

28. 다음 중 분석 모델 정의 시 부적합한 상황이 아닌 것은?

① 모델 선택 오류
② 적합 변수 생성
③ 동시편향
④ 분산 높음

29. 빅데이터 분석 모델 적용 단계에 대한 설명으로 옳지 않은 것은?

① 분석 결과를 업무 프로세스에 완전히 통합해 실제 운영하는 것이다.
② 분석시스템과 연계해 사용될 수 있고, 별도 코드로 분리돼 기존 시스템(Legacy System)에 별도 개발해 운영할 수 있다.
③ 운영시스템에 적용 및 자동화는 선정된 기법으로 분석모델을 실제 운영 환경에 적용하는 활동이다.
④ 비즈니스 상황이 변하거나 분석 결과 적용에 따른 주변 요인들이 관심의 대상으로 부각되기 때문에 주기적인 리모델링은 필요하지 않다.

 풀이

01. 분석 모델 선정 기준은 분석 목적 규명, 목표변수 유무 확인, 데이터 특성 파악이 대표적이다.

02. 선형회귀분석은 예측을 목적으로 한다.

03. 선험적(Apriori) 알고리즘은 데이터셋의 빈발항목을 산출하고, 데이터에 숨어 있는 항목 간 규칙을 정량적으로 표현한다. 빈도패턴-성장 알고리즘은 선험적 규칙의 개선 알고리즘으로 더 빠르게 처리되는 편이다.

04. 군집화는 정답이 없는 데이터를 이용하여 유사성을 판단하는 비지도학습의 대표적 유형이다.

05. 비지도학습 중 고차원의 데이터를 저차원으로 변환하는 기법은 차원축소에 대한 설명이다.

06. 여러 개의 동질성을 가진 소그룹으로 나누는 기법은 비지도학습 기반의 군집화에 대한 설명이다.

07. 딥 큐러닝(Deep Q-Learning), 은닉마르코프 모델(Hidden Markov Model), 몬테카를로트리탐색(Monte Carlo tree Search)은 대표적인 강화학습 머신러닝 기법이다.

08. 해당 보기 모두 분석 모델 선정 프로세스에서 검토해 결정할 수 있다.

09. 감성분석은 특정 주제에 대해 말하거나 글을 쓴 사람의 감정을 분석한다. '새로운 가격 정책에 대한 고객의 평가는 긍정적인지, 부정적인지'를 분석할 때 사용할 수 있다.

10. 데이터가 암시하는 바에 대해 설명이 가능해야 되며, 답을 찾을 수 있는 기법은 기술(Description) 통계이다.

11. 조건에 따른 결과 유형의 패턴을 발견하는 기법은 연관규칙이며, 장바구니분석 기법(Market Basket Analysis)이라고도 한다.

12. 집단을 정의된 레이블로 세분화하여 분석하는 기법을 분류(Classification)라고 한다.

13. 군집분석은 목표변수(정답)가 없는 분석 방법이며, 회귀분석과 의사결정나무, 서포트벡터머신은 목표변수를 가지고 분석한다.

14. ㄱ. 단계에서는 차원축소 필요 여부를 먼저 확인한 뒤, ㄴ. 단계에서는 목표변수에 대한 데이터 척도를 확인한다.

15. 차원축소는 비지도학습이며, 주성분분석(Principal Component Analysis, PCA), 특이값 분해(Singular Value Decomposition, SVD), 요인분석, 독립성분분석(Independent Component Analysis, ICA), 다차원척도법(MultiDimensional Scaling, MDS)이 있다.

16. 군집분석은 레이블이 없는 상태에서 이질적인 모집단을 작은 동질적인 집단으로 세분화 시키는 기법이다.

17. 원천 데이터에서 인사이트를 발견하여 의사결정을 하는 작업을 데이터 마이닝이라 한다.

18. 요건 정의 단계에서는 분석 요건을 구체적으로 도출, 선별, 결정, 분석 과정 설계 및 구체적인 수행 내용을 실무담당자와 협의한다.

 **풀이**

19. 조직에 원하는 결과를 달성하기 위해 수행해야 할 방향성을 제시하는 분석은 규범분석(Prescriptive Analytics)에 대한 설명이며, 연관분석(Association Analysis)은 상품이나 서비스를 구매하는 등 일련의 거래나 사건 안에 존재하는 항목 간의 일정한 연관규칙을 발견하는 분석이다

20. '사기 감지를 위해 시스템에서 신용카드의 높은 가치 거래를 감지'는 이상값 감지 기법으로 비지도학습이며, '기저귀를 사면 맥주도 함께 구매함'은 연관규칙 기법으로 역시 비지도학습 유형이다. '집 크기에 따른 매매비용 예측'은 회귀분석 기법으로 지도학습 유형이다.

21. 비즈니스 영향도 평가를 수행할 시, 모델링 성과에 대해 재현율(Recall)이 증가하거나 향상도(Lift) 등이 개선되어 발생하는 정량적 결과를 주로 사용한다. 시뮬레이션이나 최적화 시에도 정량적 효과를 제시한다.

22. 분석 모델 선정 프로세스는 차원축소 여부 확인, 목표변수 유무 확인, 데이터 척도 확인, 자료 크기 확인 등을 기반으로 선정한다.

23. 에폭 수는 데이터셋을 반복하는 횟수를 의미한다.

24. 모델링에 해당되는 절차는 ㄱ. 모델링 마트 설계 및 구축 → ㄹ. 탐색 전 분석 및 유의변수 도출 → ㄴ. 모델링 모델 확정 → ㄷ. 모델링 성능 평가 순으로 이루어진다.

25. 결정경계는 서포트백터머신에서 분류를 위한 기준선을 정의하기 위해 사용한다.

26. 회귀분석은 변수들 중 하나를 종속변수로, 나머지를 독립변수로 하여 이들 변수들이 서로 상관관계를 가질 때 독립변수가 변화함에 따라 종속변수가 어떻게 변화하는가를 규명하는 통계 기법이다.

27. 사람의 수작업으로 측정되고 결정되는 방법은 하이퍼파라미터이다.

28. 분석 모델 정의 시 대표적인 부적합 상황으로는 모델 선택의 오류, 동시편향, 분산이 높은 상태가 있다.

29. 비즈니스 상황이 변하거나 분석 결과 적용에 따른 주변 요인들이 관심의 대상으로 부각되기 때문에 주기적 리모델링 필요하다. 일반적으로 주기적 리모델링은 분기/반기/연 단위로 수행한다.

7.2 분석 환경 구축

학습목표

분석 환경 구축을 위한 기본 도구들에 대한 이해와 한정된 데이터를 활용하기 위한 데이터 분할에 대해 학습한다.

출제경향

분석 도구 선정은 출제비중이 높지 않으니 참고로 확인하고, 데이터 분할은 모델의 다양성을 부여하고 모델의 성능을 평가하기 위해 반드시 알아야 하는 내용이기 때문에 숙지하도록 하자.

출제빈도

제2회(2021. 04. 17) 2문항 출제	제3회(2021. 10. 02) 미출제
제4회(2022. 04. 09) 미출제	제5회(2022. 10. 01) 미출제
제6회(2023. 04. 08) 미출제	제7회(2023. 09. 23) 미출제
제8회(2024. 04. 06) 미출제	제9회(2023. 09. 07) 미출제

출제세부항목	출제수	출제 내용(문항수)
7.2.1 분석 도구 선정		
7.2.2 데이터 분할	2	데이터 분할, 케이폴드 교차검증

7.2.1 분석 도구 선정

7.2.1.1 엑셀 기반 통계 분석 도구

마이크로소프트의 엑셀(Excel)은 행과 열로 데이터를 구성하여 사용 및 분석하기에 용이한 도구이다. 데이터를 조건에 맞춰 검색하고 추출할 수 있으며, 데이터를 자동으로 추출할 수도 있다. 일반인도 쉽게 다루기 때문에 다양한 분야에서 널리 사용되고 있으며, '분석 도구'를 추가하여 기본적인 통계 분석에도 활용할 수 있다. ([파일]-[옵션] 추가 기능 탭에서 '분석 도구' 추가)

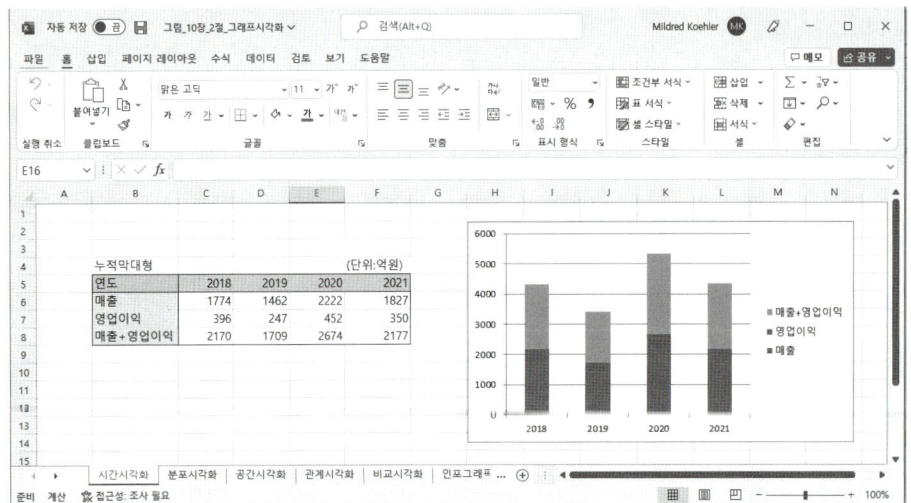

7.2.1.2 통계 분석 오픈소스 R

R은 미국 Bell사에서 개발된 데이터 분석용 객체지향 언어인 S언어를 기반으로 만들어진 오픈소스 프로그래밍 언어이다. 통계 프로그래밍 언어로 분석 및 데이터 마이닝 알고리즘을 지원하고 머신러닝 기반의 예측 분석까지 가능하다.

- 오픈소스 프로그래밍 : 다양한 사용자 커뮤니티 지원 가능
- 사용자 중심 : 커스터마이지드(Customized) 패키지 확장 및 시각화
- 도구 : R Studio
- 환경 : 인터프리터 언어

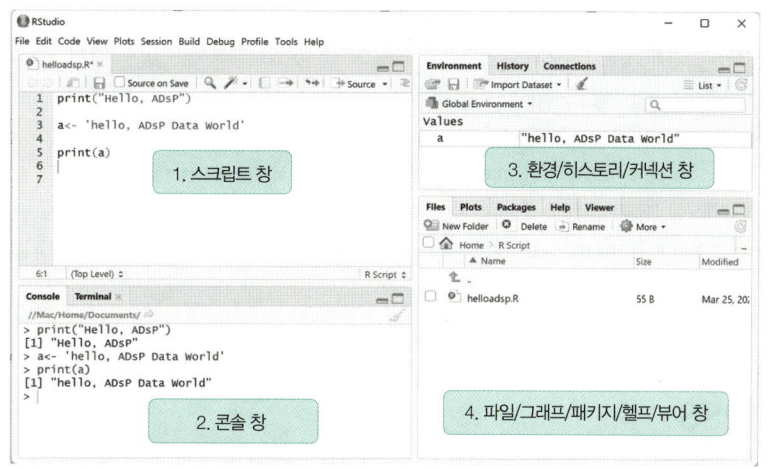

R 스튜디오 구성화면

7.2.1.3 파이썬(Python)

1991년 프로그래머인 귀도 반 로섬(Guido van Rossum)이 발표한 고급 프로그래밍 언어로, 플랫폼에 독립적이며 인터프리터식, 객체지향적, 동적타이핑을 지원하는 대화형 언어이다. 컴파일 과정 없이 실시간 텍스트 분석 후 실행이 가능하며, 다양한 플랫폼에서 쓸 수 있고, 라이브러리 및 모듈이 풍부하여 대학을 비롯한 여러 교육기관이나 산업계에서 이용이 증가하고 있다.

- Human Language : 사람이 생각하는 방식 그대로 표현한 언어
- Glue Language : 다른 언어로 쓰인 모듈을 연결하여 사용
- Dynamic Typing : 자료형의 명시 없이 변수명으로 선언 및 값 전달

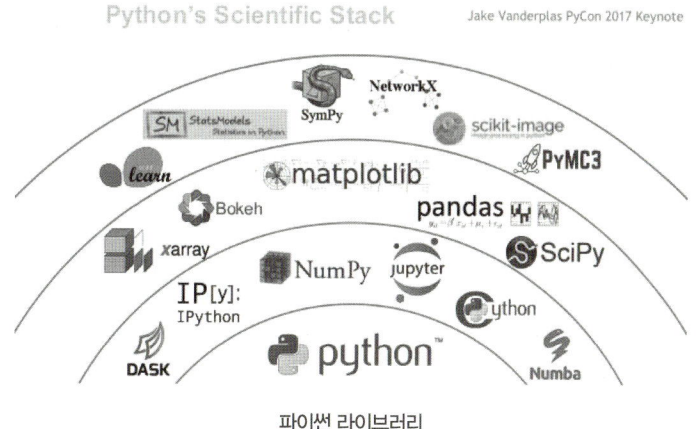

파이썬 라이브러리

> **참고** 파이썬 오픈소스 라이브러리
>
> - NumPy : 고차원의 수학적 기능을 제공하는 오픈소스 파이썬 라이브러리
> - SCIPY : 과학 연산에 필요한 기능을 제공하는 라이브러리
> - Pandas : 데이터 처리용 라이브러리로, DataFrame 클래스를 이용해 시계열 데이터 처리
> - Matplotlib : 그래프를 그리거나 데이터를 시각화하는 데 필요한 라이브러리
> - scikit-learn(sklearn) : 파이썬 머신러닝 라이브러리로, 딥러닝을 제외한 현존하는 거의 모든 머신러닝 알고리즘 구현 가능

7.2.1.4 SPSS

SPSS(Statistical Package for Social Science)는 IBM에서 개발한 통계 소프트웨어 플랫폼으로, 기업이 자체 데이터에서 실행 가능한 통찰(Insight)을 추출 및 분석할 수 있는 기능을 제공한다. 사회과학의 자료분석을 위해 고안되었으며, 사용자 친화적인 UI(엑셀 형태) 등의 편의성으로 인해 손익분석 등 경영 측면에서도 사용 빈도 수가 높은 것으로 알려져 있다.

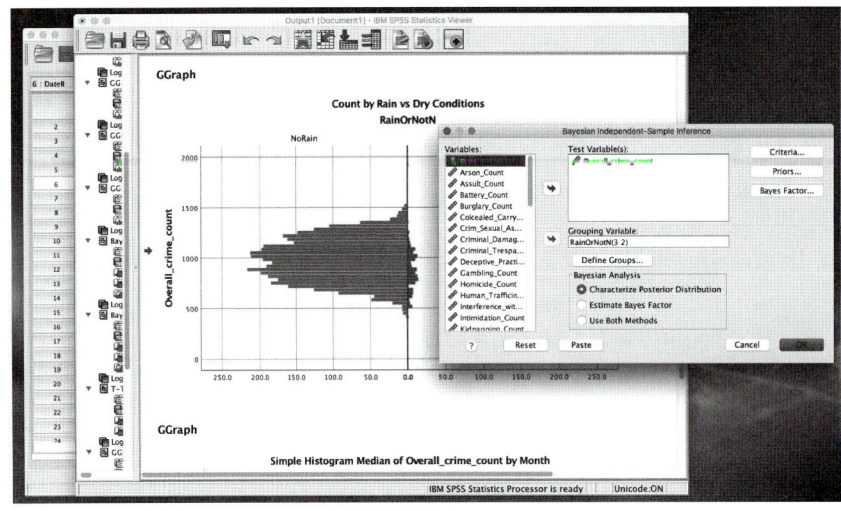

SPSS

7.2.1.5 SAS

SAS(Statistical Analysis System)는 공인되어 있는 대부분의 통계 분석을 포괄하여 수행 가능한 분석 도구이다. 보고서 작성 및 그래픽 처리가 가능하며, 통계 전문가들에 의해 활용성이 높고, 비즈니스 인텔리전스(Business Intelligence) 업계에서도 활용성이 높은 통계 도구로 알려져 있다.

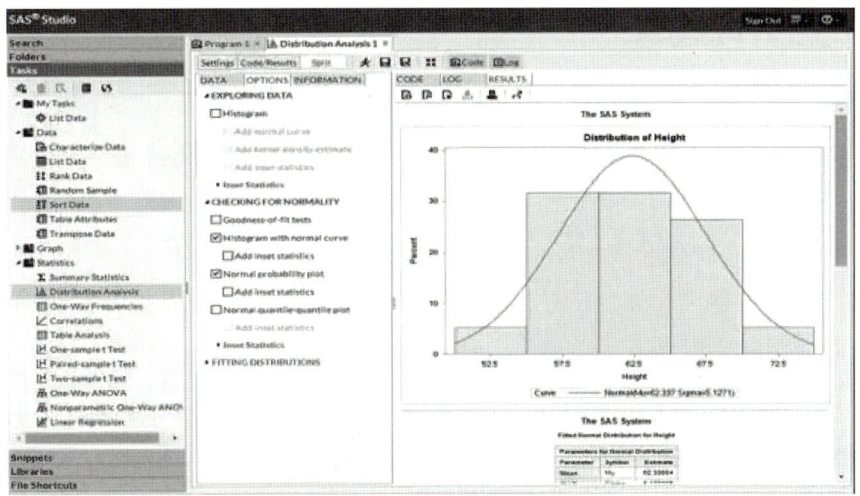

SAS

7.2.1.6 태블로

태블로(Tableau)는 데이터를 사용해 문제를 해결하는 방식에 혁신을 가져온 시각적 분석 플랫폼으로, 사람과 조직이 데이터를 최대한 활용하도록 지원하는 소프트웨어이다. 비즈니스 인텔리전스를 위한 데이터의 시각화가 강점이다.

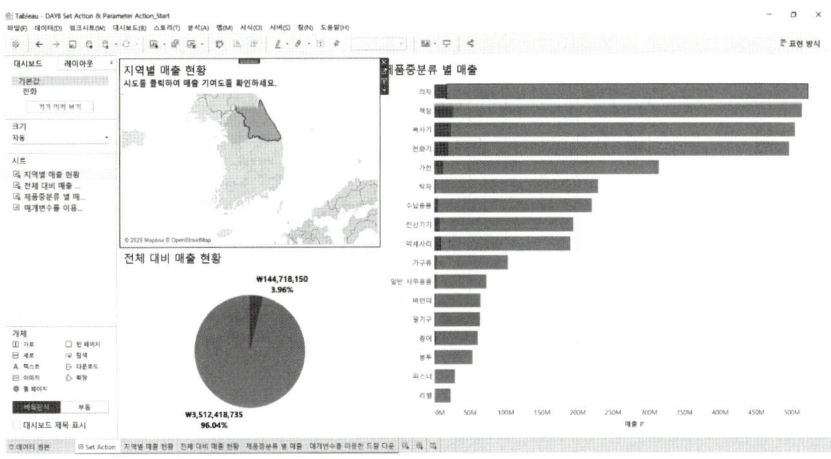

7.2.2 데이터 분할

분석하고자 하는 목표를 달성하기 위해, 데이터는 모델의 성능을 결정하는 중요한 수단이기 때문에 적합한 데이터로 학습(훈련)시킨 모델은 좋은 성능을 결과로 도출할 것이며, 그렇지 않으면 기대에 미치지 못하는 성능 문제가 발생할 것이다.

그러나 필요한 데이터를 충분히 확보하기는 쉽지 않기 때문에 원본 데이터를 분할하여 데이터의 조합을 다양하게 함으로써 데이터를 증가시키는 효과를 기대할 수 있으며, 또한 이 과정을 통해 분석 모델의 성능을 다양한 조합으로 평가할 수 있게 된다.

데이터 분할(Data Split)이란 주어진 한정된 데이터에 대해서만 높은 성능을 보이는 문제(과적합, 과소적합)를 방지하기 위해 일부 데이터는 모델의 학습 용도로 활용하고 학습에 사용되지 않은 일부 데이터는 학습된 모델을 검증하는 용도로 분리하는 과정이다.

> **참고 과적합과 과소적합**
> - 과적합(과대적합, Over Fitting) : 분석 모델이 학습 데이터에 대해 과하게 학습하여 실제 데이터에 대해 모델의 정확도가 떨어지는 현상
> - 과소적합(Under Fitting) : 분석 모델의 학습 부족 또는 학습 데이터 부족으로 모델의 정확도가 학습 데이터와 테스트 데이터 모두에서 떨어지는 현상

분석 모델을 구축하기 위한 데이터는 학습 데이터, 검증 데이터, 테스트 데이터로 분할하여 사용할 수 있다.

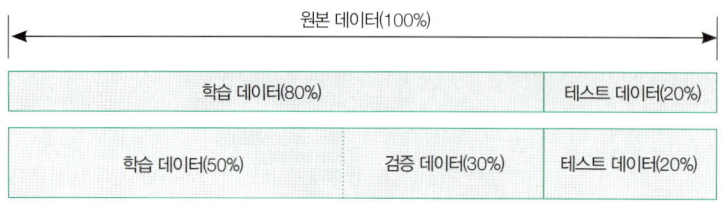

원본 데이터의 분할 **기출**

원본 데이터를 모델 훈련에 사용할 학습 데이터와 일반화 성능을 추정하는데 사용할 테스트 데이터로 나눈다. 그리고 예측 성능을 높이기 위해 하이퍼파라미터를 튜닝하고 결과를 비교해야 하는데, 이때 모델 선택에 같은 테스트 데이터를 반복해서 재사용하면 이는 학습 데이터의 일부가 되는 셈이고 모델 과적합의 원인이 된다.

그러므로 데이터셋을 학습 데이터, 검증 데이터, 테스트 데이터로 나누는 것이 적합하다. 검증 데이터를 이용하여 다른 하이퍼파라미터값에서 모델을 훈련하는 것을 반복하고 성능을 평가한 뒤, 만족할 만한 성능이 나온 하이퍼파라미터를 이용하여 테스트 데이터로 모델의 일반화 성능(Generalization Performance, 모델이 실제 시스템에서 보이는 성능)을 추정한다.

데이터 분할

데이터셋(Data Set)	설명	비율	활용
학습 데이터(Training Data Set)	모델을 적합하게 만들기 위해 사용되는 데이터	50%	모델 훈련
검증 데이터 (Validation Data Set)	모델이 얼마나 적합하게 선택되었는지 평가하는 데이터 일부 모델을 조정하여 구축된 모델 중 좋은 모델 선택	30%	모델 선택
테스트 데이터 (Test Data Set)	최종 선택 모델이 새로운 데이터에 대해 좋은 성과를 갖는지 평가하는 데이터	20%	모델 평가

테스트 데이터는 모델을 훈련시키는데 절대 사용하지 않기 때문에 홀드아웃(Holdout) 데이터셋이라고도 한다.

원본 데이터를 대상으로 학습 데이터는 50%, 검증 데이터는 30%, 테스트 데이터는 20%로 분할한다. 각 분할된 데이터는 중복되지 않도록 주의해야 하며, 분할된 데이터 내의 클래스의 분포는 동일한 비율로 구성되어야 한다(정답 클래스가 2개인 경우 동일 비율 5:5 유지 필요).

데이터가 중복으로 사용되거나 각 데이터별로 정답(클래스)의 비율이 차이 나게 되면 과적합이 발생하여 일반화 성능(Generalization Performance)은 낮은 정확도를 보이게 된다. 즉 잘못된 예측 결과와 낮은 성능을 보이는 모델을 만들게 된다.

> **참고** 데이터 분할 시 고려사항
> - 데이터의 대표성 : 학습 데이터와 테스트 데이터는 전체 데이터에 대표성을 가져야 함
> - 시간의 방향성 : 과거 데이터로부터 미래 데이터를 예측하고자 할 경우에는 데이터를 섞을 수 없음. 학습 데이터에 있는 데이터보다 테스트 데이터의 데이터를 미래의 것으로 구성
> - 데이터 중복 제거 : 각 학습 데이터, 검증 데이터, 테스트 데이터는 중복이 없도록 구성

분석 모델에서 지향하는 학습(Training)은 과적합(과대적합)이나 과소적합이 없고 새로운 데이터를 예측, 분류하는데 있어 성능이 좋은 일반화된 모델이어야 하기 때문에 과적합이나 과소적합은 반드시 해결해 주어야 한다. 따라서 분할된 원본 데이터에 대해서 교차검증(Cross Validation), 부트스트랩(Bootstrapping)등을 이용하여 이를 검증할 수 있다. 이에 대한 상세 내용은 '9.1.3교차검증', '9.2.1 과적합 방지'에서 학습한다.

출제예상문제

01. R의 특징이 아닌 것은?

① 리눅스에서 사용이 불가능하다.
② 인터프리터(Interpreter) 언어이다.
③ 사용자 중심으로 맞춤형(Customized) 패키지 확장이 가능하다.
④ 오픈소스 프로그래밍을 지원한다.

02. 데이터 분석 모델이 적합한지 검증할 때 데이터를 학습과 검증, 테스트 용도로 나눠 사용한다. 이러한 분석 검증 방법을 무엇이라 하는가?

① 데이터 추출
② 데이터 정제
③ 데이터 분할
④ 데이터 활용

03. 다음 중 데이터셋을 분할한 부분이 아닌 것은?

① 학습 데이터(Training Data Set)
② 검증 데이터(Validation Data Set)
③ 정의 데이터(Define Data Set)
④ 테스트 데이터(Test Data Set)

04. 다음 그림과 같이 데이터를 사용해 문제를 해결하는 시각적 분석 플랫폼은?

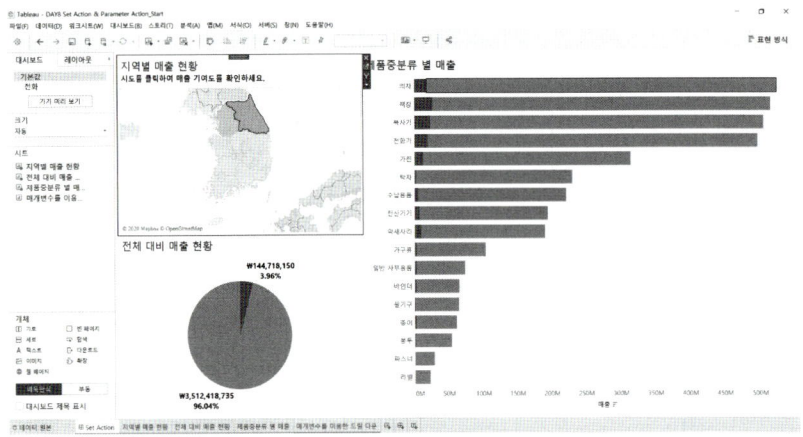

① 엑셀
② 워드
③ 태블로
④ R

01. ①　02. ③　03. ③　04. ③

05. 다음 중 데이터 분할 시 고려사항으로 가장 거리가 먼 것은?

① 데이터의 대표성
② 차원의 축소성
③ 시간의 방향성
④ 데이터 중복 제거

06. 다음 분석도구에 대한 설명으로 틀린 것은?

① R : 데이터 분석용 객체지향 언어인 S언어를 기반으로 만들어진 오픈소스 프로그래밍 언어
② Python : 플랫폼 독립적이며 인터프리터식, 객체지향적, 동적타이핑을 지원하는 대화형 언어
③ SPSS : 사회과학의 자료분석을 위해 고안된 프로그램으로 강력한 통계 소프트웨어 플랫폼
④ SAS : 일반인도 쉽게 다루기 때문에 다양한 분야에서 널리 사용. 이를 활용한 통계 분석 도구를 통해 시각화

07. 데이터 분할에 대한 설명으로 가장 거리가 먼 것은?

① 학습 데이터는 모델을 적합하게 만들기 위해 사용되는 데이터이다.
② 일반적으로 학습 데이터는 분석 데이터의 50%, 검증 데이터는 30%, 테스트 데이터는 20%를 사용한다.
③ 검증 데이터는 모델이 얼마나 잘 적합하게 선택되었는지 평가하기 위한 데이터로 일부 모델을 조정하여 구축된 모델 중 좋은 모델을 선택한다.
④ 테스트 데이터를 반복해서 재사용하면 이는 훈련 데이터의 일부가 되고 모델 과소적합의 원인이 된다.

풀이

01. R은 리눅스에서도 사용 가능하다. 인터프리터(Interpreter) 언어이며, 사용자 중심 맞춤형(Customized) 패키지 확장이 가능하다. 오픈소스 프로그래밍을 지원한다.

02. 데이터 분할은 마이닝을 적합한지 검증할 데이터를 학습과 검증, 테스트 용도로 나눠 사용한다.

03. 데이터 분할은 학습(Training), 검증(Validation), 테스트(Test) 데이터로 나눈다.

04. 최근 태블로는 비즈니스 인텔리전스 분야에서의 시각화를 통한 의사결정에 활용하고 있다.

05. 데이터 분할 시 고려사항으로는 데이터의 대표성, 시간의 방향성, 데이터의 중복 제거가 있다.

06. SAS는 사회분석 전문가가 주로 다루는 분석 도구이다.

07. 테스트 데이터를 반복해서 재사용하면 이는 훈련 데이터의 일부가 되고 과적합의 원인이 된다.

Chapter 8

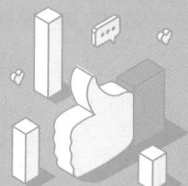

분석 기법 적용

들어가기 전에

분석(Analysis)의 가장 폭넓고 원뜻에 충실한 정의는 '어떤 대상을 이해하기 위해 그것을 세부 요소로 잘게 쪼개고, 나누어진 요소들을 각각 이해한 후, 그 이해의 총합을 원래 대상에 대한 이해라고 간주하는 것'이라고 할 수 있다. 다시 말하면 관찰의 단위(Unit of Observation)를 더 낮은 수준으로 환원(Reduct)하는 것과도 같으며, 어떤 논자들은 이를 가리켜 전형적인 근대 서양의 사고방식이라고 말하기도 한다. "혼합물 시료를 분석하다", "아동의 문제행동을 분석하다" 같은 표현들이 바로 이 경우다.

방법론의 관점에서 조금 더 좁힌다면, 분석한다는 것은 곧 정량적 자료를 토대로 하여 정성적인 의미를 이끌어내는 활동이라고 볼 수 있다. 숫자는 그 자체로 숫자일 뿐이지만, 어떤 의미 있는 의사결정을 하기 위한 근거로 우리가 그 숫자를 내세우고, 이 숫자가 자신의 판단과 관련성이 있음을 보여주는 것이다.

그렇기 때문에 단순한 집계조차 '빈도 분석' 같은 표현으로 이해될 수 있는 것이고, 원천 자료가 요약 및 정리되어 있는 기술 통계 자료만 가지고도 그것에 특정한 의미를 부여함으로써 분석이라고 불리게 되는 것이다.

챕터 구성

8.1 분석 기법
- 8.1.1 회귀분석
- 8.1.2 로지스틱회귀분석
- 8.1.3 의사결정나무
- 8.1.4 인공신경망
- 8.1.5 서포트벡터머신
- 8.1.6 연관분석
- 8.1.7 군집분석

출제예상문제

8.2 고급 분석 기법
- 8.2.1 범주형 자료 분석
- 8.2.2 다변량분석
- 8.2.3 시계열분석
- 8.2.4 베이지안분석
- 8.2.5 딥러닝분석
- 8.2.6 비정형 데이터 분석
- 8.2.7 앙상블분석
- 8.2.8 비모수통계

출제예상문제

8.1 분석 기법

학습목표
여러 가지 분석 기법에 대한 개념과 알고리즘에 대해 이해하고, 어떤 목적이나 데이터 유형에서 사용되는지 확인하며 학습한다.

출제경향
'8.1 분석기법'은 매 회차 10문제 가까이 출제되는 중요한 세부항목이다. 아무래도 빅데이터와 인공지능 업무 관점에서 기본적으로 알아야 하는 내용이고, 알고리즘 중심의 세부항목이다 보니 출제자들도 중요성이 높다고 판단한 것으로 보인다. 기출문제를 분석해 보면 회귀분석과 최근 중요성이 강조되는 인공신경망의 비중이 높으니 두 항목은 개념과 원리를 이해하면서 학습하자.

출제빈도

제2회(2021. 04. 17) 7문항 출제	제3회(2021. 10. 02) 9문항 출제
제4회(2022. 04. 09) 12문항 출제	제5회(2022. 10. 01) 10문항 출제
제6회(2023. 04. 08) 14문항 출제	제7회(2023. 09. 23) 9문항 출제
제8회(2024. 04. 06) 8문항 출제	제9회(2023. 09. 07) 16문항 출제

출제세부항목	출제수	출제 내용(문항수)
8.1.1 회귀분석	26	규제회귀(4), 다중공선성(4), 회귀분석 개념(4), 오차항(3), 변수 선택(2), 결정계수(2), F통계량, 회귀식, 모델평가, 잔차, 일반화선형회귀(GLM), 정준연결로그함수, 유의성 검정
8.1.2 로지스틱회귀분석	8	로지스틱회귀분석 개념(6), 오즈비 계산, 수식 해석
8.1.3 의사결정나무	8	의사결정나무 개념(4), 유형, 트리노드 계산, 정지규칙, 분리기준
8.1.4 인공신경망	20	인공신경망 개념(3), 활성화 함수(3), 과적합방지(2), 출력값(2), tanh, Softmax, XOR 문제, 기울기 소멸, 머신러닝 산출물, 오토인코더, 학습률, 원핫인코딩, 역전파, 워드임베딩
8.1.5 서포트벡터머신	6	서포트벡터머신 개념(3), 특징, 커널 기법(함수), 계산
8.1.6 연관성분석	6	지표 계산(3), 3가지 지표, 유형, 개념
8.1.7 군집분석	11	계층적 군집(2), K평균 알고리즘 개념, 비지도학습, 거리 계산, 덴드로그램, k값 미설정, SOM, k평균군집, 민코우스키, 개념

8.1

통계 분석 기법의 선택 기준

분석 기법을 선택할 때, 분석 목적을 정의하고 목적에 맞는 데이터를 수집한다. 획득한 데이터의 성격을 이해하고, 어떤 데이터를 어떤 변수로 설정해야 좋을지 안다면 통계 기법을 선택하기가 용이하다. 통계적 분석 기법은 분류하는 기준에 따라 다양하게 표현될 수 있지만 맥락은 다음에 제시한 통계 분석 기법의 분류와 같이 함을 인지하기 바란다.

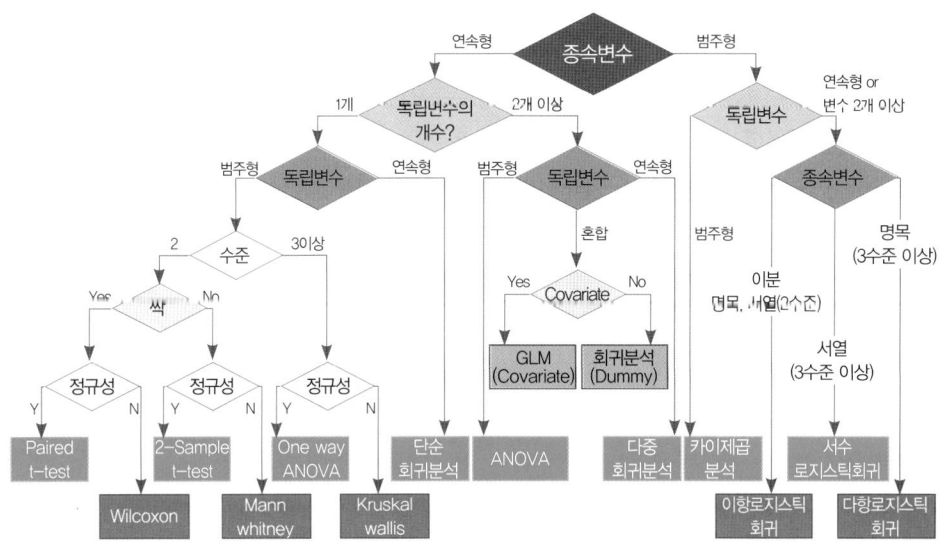

통계 분석 기법의 선택

위 그림처럼 통계 분석 기법을 판단할 수 있는 기준은 다음과 같다.

1) 종속변수의 종류 : 연속형(등간/비율척도)과 범주형(명목/서열척도)

2) 독립변수의 개수 : 1개 혹은 2개 이상

3) 독립변수의 종류 : 연속형(등간/비율척도)과 범주형(명목/서열척도)

4) 그룹(집단)의 수 : 한 개 혹은 그 이상

5) 집단 대응 여부 : 짝을 이루고 있는지 그렇지 않은지

6) 모수적 특성(특정 분포를 가정)과 비모수적 특성(특정 분포를 가정하지 않음)

'Chapter 8 분석 기법 적용'과 'Chapter 9 분석 모델 평가 및 개선'에서는 회귀분석, 분산분석 등 통계 분석 기법을 포함한 다양한 관점의 분석 기법을 학습한다.

8.1.1 회귀분석

8.1.1.1 회귀분석의 이해

회귀(Regression)는 평균으로 '돌아간다'는 의미로, 영국의 학자 프랜시스 골턴(Francis Galton)이 '인간의 키가 세대를 지날수록 평균과 가까워진다'는 연구 결과를 '회귀'라 이름 붙인 것에서 시작한다.

부모의 키가 크고, 자식은 부모보다 더 크다고 하더라도 후손의 키가 세대를 이어가면서 무한정 커지는 것은 아니며, 부모의 키가 작고, 자식은 부모보다 더 작더라도 후손의 키가 세대를 이어가며 무한정 작아지는 것이 아니라는 것이다.

즉, 사람의 키가 평균 키로 회귀하려는 경향을 가지는 것은 자연의 법칙이라는 의미이며, 회귀분석은 이처럼 데이터값이 평균과 같은 일정한 값으로 돌아가려는 경향을 이용한 통계학 기법으로 정리할 수 있다.

❶ 회귀분석(Regression Analysis)의 이해

회귀분석은 통계학에서 가장 기본이 되는 자료 분석 방법으로, 자료들 간의 관계성을 수학적 추정을 통해 설명한다. 회귀분석은 인과관계(Causal Relationship)를 증명하는 방법은 아니며, 인과관계를 검정하는 분석 방법이다(Causal Analysis).

따라서 회귀분석은 변수 간의 함수관계를 분석하는 방법 중 하나로, 좀 더 수학적으로 표현한다면 독립변수와 종속변수 간의 1차 선형관계를 도출하여 독립변수가 종속변수에 미치는 영향 혹은 예측 정도를 분석하는 방법이다.

> **회귀분석의 목적**
> - 한 변수(종속변수)가 다른 여러 변수(독립변수)에 의해 어떻게 영향을 받는가를 수학적 함수식으로 파악함으로써 상호관계를 추론 및 분석
> - 주어진 독립변수로부터 종속변수를 예측하기 위하여 사용하며, 이를 위해 직선 형태의 추세선 도출

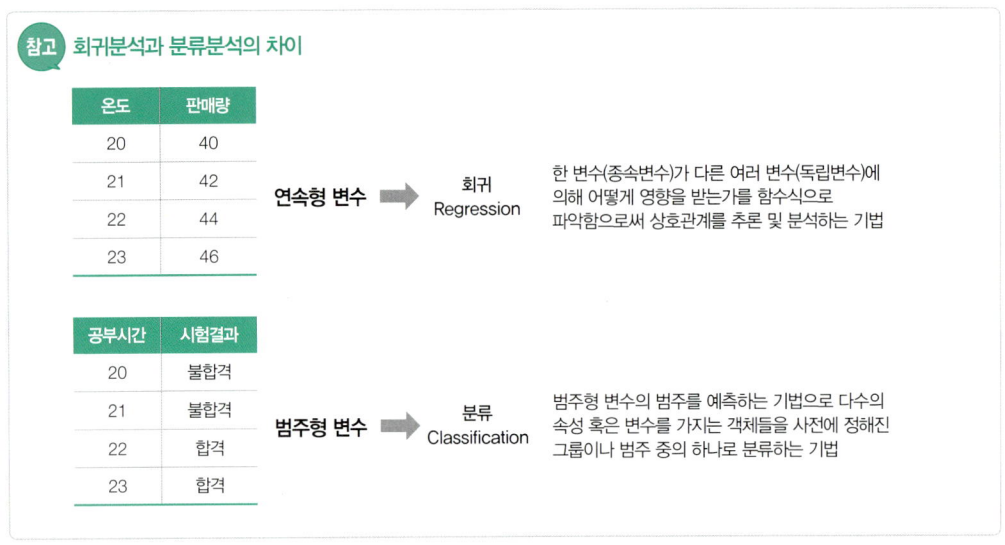

❷ 회귀분석의 변수와 선형회귀식

● 회귀분석의 변수

회귀분석을 위한 변수는 독립변수와 종속변수로 구분하며, 독립변수는 원인(영향을 주는 변수) 그리고 종속변수는 원인에 대한 결과(영향을 받는 변수)를 의미한다.

회귀분석 변수

● 회귀식과 선형회귀식

선형관계는 선형회귀식을 이용하여 파라미터를 추정하고, 예측값과 실제 관측값 간 차이(잔차)의 합이 최소가 되는 직선이다.

가장 간단한 관계식은 $Y = b + aX$ 예로 들 수 있다. 이 관계식에서 X, Y는 데이터고 a, b는 두 데이터의 관계를 설명하는 파라미터(Parameter)가 된다.

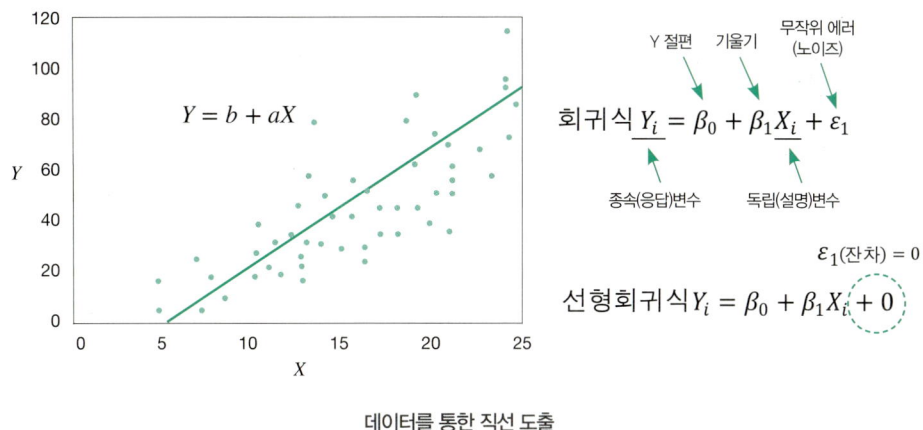

데이터를 통한 직선 도출

관계식에서 모든 데이터 위치와 직선의 위치가 정확히 일치하는 직선을 얻는 것은 현실에서 거의 불가능하기 때문에 무작위 에러(노이즈)를 추가하여 사용한다.

위의 수식에서 ε_1(잔차) 평균이 0이 되는 조건을 만족하는 회귀계수 β_0와 β_1의 관계식이 선형회귀식이며, 이것으로 선형 모델을 도출하게 된다(ε_1평균이 최소가 되도록 파라미터(β_0, β_1)의 값을 좁혀 가기 때문에 회귀라고 한다).

또한 회귀분석에서 독립변수가 변화함에 따라 종속변수에 미치는 영향력의 크기를 회귀계수(Regression Coefficient)라 한다. 회귀식에서 β_0와 $\beta_1, \beta_2 \cdots \beta_n$를 회귀계수라 부르며, 회귀분석은 회귀계수를 찾아 독립변수와 종속변수 사이의 함수식을 정의한다(단순선형회귀는 독립변수의 회귀계수가 1개, 다중선형회귀는 독립변수 수만큼 회귀계수 존재).

정의된 회귀계수가 통계적으로 유의미한지 파악한 후(F검정 등 이용), 유의하다고 검정이 될 경우에 회귀 모델을 이용해 종속변수의 값을 예측하게 되며, 일반적으로 두 변수 사이에 상관관계가 거의 없을 때(상관계수 = 0) 회귀계수는 의미가 없다고 판단할 수 있다.

회귀계수를 추정하기 위해 최소제곱법, 최대가능도법, 적률추정법 등을 사용한다.

❸ 회귀분석의 유의성 검정 절차

회귀분석 유의성 검정을 위한 첫 번째는 산점도 행렬을 시각화하고 상관관계 분석을 이용하여 독립변수(설명변수)와 종속변수(목표변수) 간의 데이터 경향성을 확인하는 과정이다.

데이터 경향성 파악이 끝났다면 회귀계수의 유의성 확인, 분산분석/결정계수를 이용한 설명력 확인, 잔차의 기본 가정 만족 여부 확인 과정을 거쳐 회귀 모델의 적합성을 판단하게 된다.

회귀분석의 유의성 검정 절차

구분	설명
회귀 모델 설정	주요 독립변수, 종속변수 파악
데이터 경향성 확인	독립변수와 종속변수 간 산점도 분석 및 상관관계 분석을 이용하여 선형성 확인
회귀계수 추정	최소제곱법, 최대가능도법, 적률추정법 등 사용
회귀계수 유의성 확인	t검정을 이용해 회귀계수의 유의성 확인 독립변수 간 다중공선성 확인(독립변수가 2개 이상인 경우) 종속변수에 영향을 주는 독립변수 선택 및 해석
회귀식 적합성 확인	모델 적합성 확인 : 분산분석(ANOVA)의 F검정 모델 설명력 확인 : 결정계수(R^2, Coefficient of Determination) 데이터의 모델 적합성 : 회귀분석의 기본 가정 확인(정규성, 등분산성, 독립성 등)
회귀식의 영향력 진단	관측값(데이터)의 이상값(범위에서 벗어난 크거나 작은 값)과 영향값(영향점)이 회귀식의 기울기(회귀계수)에 영향을 주는지 회귀식의 안정성을 진단 마할라노비스(Mahalanobis) 거리, 쿡(Cook)의 거리, 레버리지(Leverage) 값, DFBETAS(DFference in BETAS) 등 활용('9.1.2.4 분석 모델의 데이터 진단' 참조)
최종 모델 선정	최종 모델 선정

요약하면, 회귀 모델(회귀식)이 통계적으로 유의미한지는 분산분석의 F통계량으로 확인하며, 회귀계수의 유의미함은 t통계량을 이용해 신뢰구간을 확인한다. 또한 모형의 설명력이 있는가는 결정계수(R^2)와 수정된 결정계수($Adjusted\ R^2$)로 파악이 가능하다.

또한 회귀분석의 가정사항 및 영향력을 진단하여, 회귀 모델 수정이 필요한지를 확인해야 한다. 필요할 경우에는 이상값과 영향값을 제거해야 할 수도 있는데 이상값과 영향값 모두 정보를 가진 관측값이기 때문에 회귀 모델 적합을 위해서는 제외하지만 왜 이 관측값이 다른 관측값에 비해 종속변수의 값을 크거나 작게 하는지 파악하여 정보를 얻고 이를 연구 결과나 의사결정에 반영할 필요가 있다. 위 유의성 검정 상세 내용은 '8.2.2.3 단순회귀분석'에서 상세히 학습하도록 하자.

> **참고** 영향값과 이상값
>
> 영향값이나 이상값은 모두 다른 관측값에 비해 잔차가 큰 관측값이라는 점에서 공통점이 있으나, 이상값은 비교할 대상이 (독립변수 관계 속에서) 있어 그 값들에 비해 값이 매우 크거나 작아 회귀계수 추정값을 변화시킨다.
> 영향값은 이상값과 동일하게 회귀계수 추정값을 변화시키지만 비교 대상이 되는 관측값이 없으므로 이상값인지 판단할 수 없는 경우에 해당한다.

❹ 회귀분석의 기본 가정사항

회귀분석 모델의 유의성이 검정되어 '잘 만들어진 모델'이라는 신뢰를 얻더라도 앞서 설명한 영향값과 이상값 등에 적합이 과도하게 결정되는 상황이 발생하는 것은 바람직하지 않다.

기본 가정사항은 관측값(데이터)에 의해 회귀 모델이 적절했는지를 따져보기 위한 검토 방법 중 하나로 오차의 기본 가정이 위배된다면 모델이 적합하다고 할 수 없기 때문에, 회귀 모델의 기본 가정이 잘 성립했는지 확인이 필요하다. 이를 검정할 수 있는 회귀분석의 기본 가정 4가지는 다음과 같다.

회귀분석 가정사항

구분	설명
독립변수와 종속변수 간의 선형성 **기출**	예측하고자 하는 독립변수 X와 종속변수 Y 간의 선형성을 만족하는 특성을 의미 선형회귀분석에서 중요한 기본 가정(비선형회귀분석에서는 해당하지 않음)
오차의 독립성	예측의 오차값들은 서로 독립이라는 가정, 예측값의 변화에 따라 오차항이 특정한 패턴을 가져서는 안 됨을 의미 일반적으로 더빈-왓슨(Durbin-Watson) 통계량을 이용하여 독립성을 검정(통계량은 0 혹은 4에 가까울수록 상관관계 존재, 회귀식 부적합)
오차의 정규성	오차의 분포가 정규분포를 만족하는지 여부 Q-Q Plot, 콜모고로프-스미르노프 검정, 샤피로-윌크 검정 등 활용
등분산성 **기출**	오차의 분산은 독립변수값과 무관하게 일정해야 한다는 가정 산점도를 그려서 잔차와 독립변수 간 아무런 관련성이 없게 점들이 무작위적으로 고르게 분포되어야 등분산성을 만족 레빈의 검정(Levene's Test)과 바틀렛 검정(Bartlett's Test) 등 이용

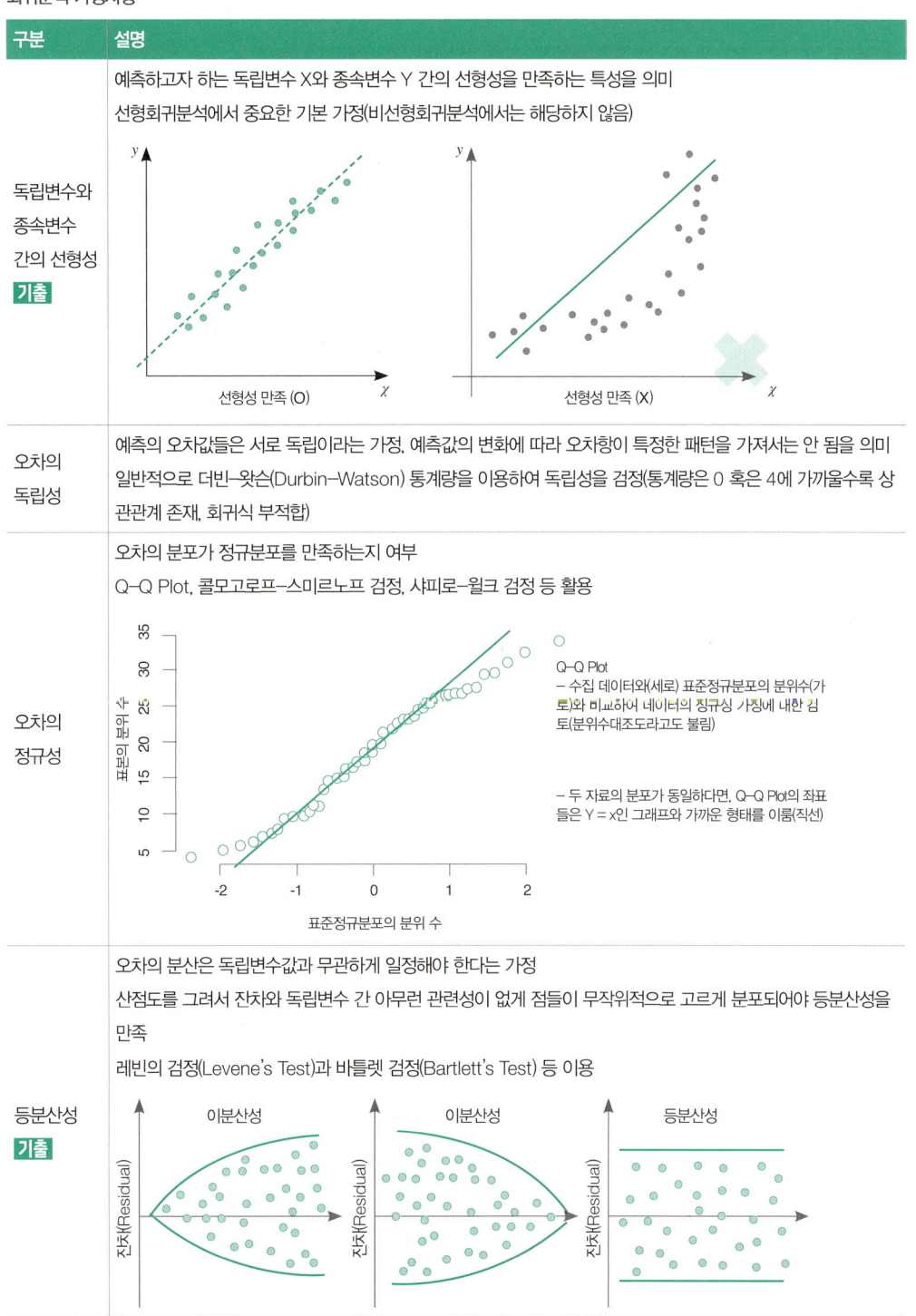

8.1.1.2 회귀분석의 유형

회귀분석의 유형을 분류하는 기준은 다음과 같다.

- 독립변수의 수 : 1개(단순회귀분석), 2개 이상(다중회귀분석)
- 독립변수의 척도 : 연속형(일반회귀분석), 범주형('더미변수 = 가변환'을 이용한 회귀분석)
- 독립변수와 종속변수의 관계 : 선형(선형회귀분석), 비선형(비선형회귀분석)
- 회귀계수 제약조건 추가 : 릿지회귀분석(제곱합으로 규제), 라쏘회귀분석(절대값으로 규제), 엘라스틱넷(제곱합과 절대값으로 규제)

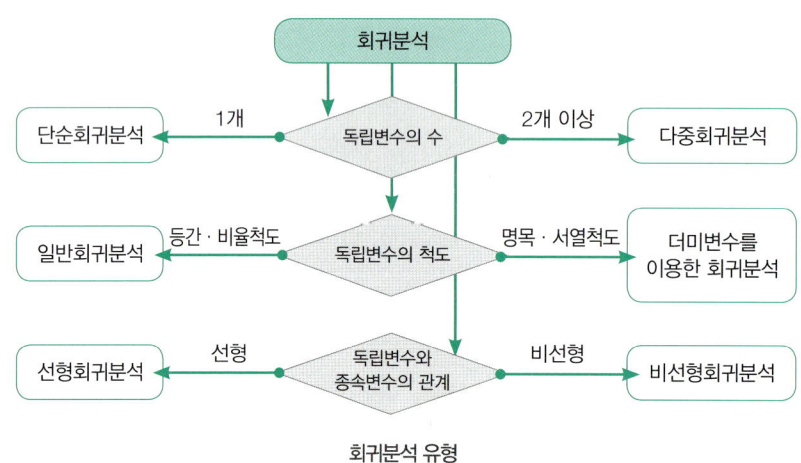

회귀분석 유형

한 가지 주의할 것은 회귀분석의 독립변수는 연속형이어야 하기 때문에, 범주형 변수를 연속형 변수로 변환해 주어야 하는데, 이때 더미변수(가변환)을 이용하면 연속형 변수처럼 사용할 수 있게 되어, 회귀분석 모델에 범주형 변수를 사용하여 분석할 수 있게 된다.

>  더미변수(가변환)
>
> 각 고유의 값을 하나의 열(변수)로 바꾸어 값이 있으면 1, 없으면 0을 가지는 값으로 존재 여부를 표시하는 방법('4.2.4.2 변수 변환 기법' 참조)

8.1.1.3 단순회귀분석

❶ 단순회귀분석(Simple Regression Analysis)의 정의

단순회귀분석은 하나의 독립변수가 종속변수에 미치는 영향을 추정하는 회귀분석 기법이다. 따라서 독립변수와 종속변수가 각각 한 개이며, 오차항이 있는 선형관계로 정의한다. 단순회귀분석의 가정사항과 정의는 다음과 같다.

> **단순회귀분석의 가정사항**
>
> - 독립변수 : 연속형 변수(1개), 종속변수 : 연속형 변수(1개)
> - 선형성 만족 : 독립변수와 종속변수의 선형성
> - 오차의 정규성 만족
>   - 오차항의 정규성 검정 기법 : 샤피로-윌크 검정, 콜모고로프-스미르노프 검정 등
> - 등분산성 만족(두 모집단 비교 시 : 독립표본 Z검정)
>   - 등분산성 검정 기법 : 레빈의 검정(Levene's Test)과 바틀렛 검정(Bartlett's Test) 등

단순회귀분석의 회귀식 정의

구분	설명	
회귀식	모집단 단순회귀식 $Y = \beta_0 + \beta_1 X_1 + \varepsilon_1$ ε_1 : 오차 (모집단 회귀식 예측값 - 실제값)	표본 단순회귀식 $\hat{y} = \hat{\beta}_0 + \hat{\beta}_1 X_1 + e_1$ e_1 : 잔차 (표본집단 회귀식 예측값 - 실제값)
	회귀분석변수	X_1 : 독립변수 Y : 종속변수
	회귀계수	$\beta_0, \hat{\beta}_0 = Y$의 절편($X$가 0일 때, Y의 예측값) $\beta_1, \hat{\beta}_1 = $ 기울기(X가 Y에 미치는 영향)
예시	근무연수에 따른 연봉 변화 추이 예측 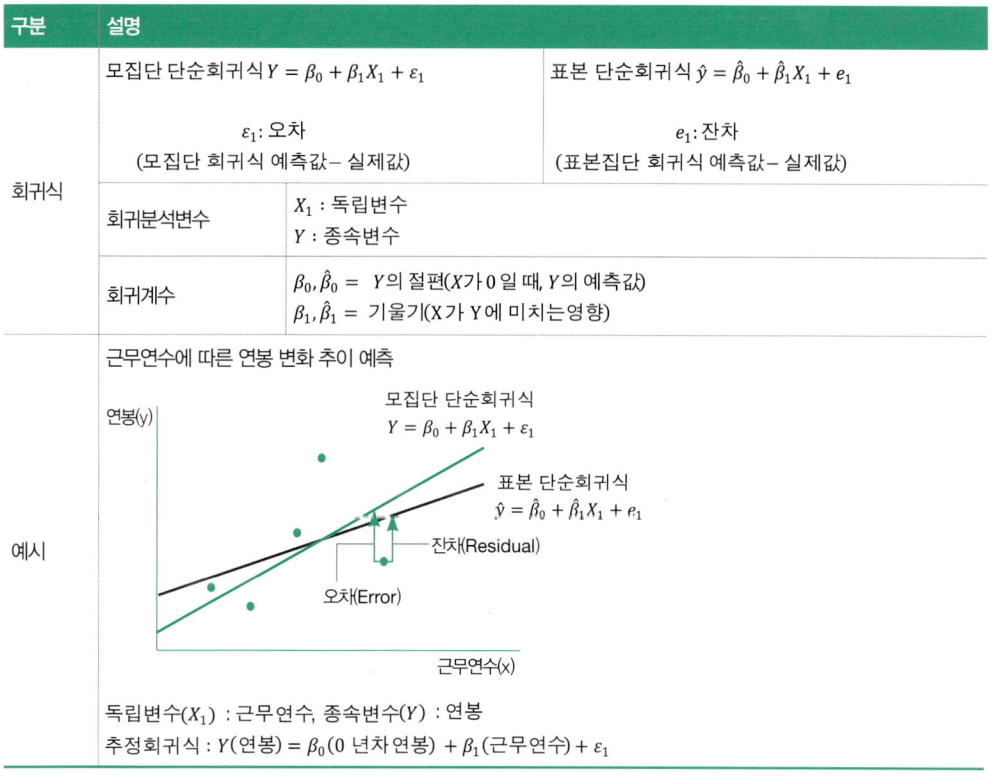 독립변수(X_1) : 근무연수, 종속변수(Y) : 연봉 추정회귀식 : Y(연봉) $= \beta_0$(0년차 연봉) $+ \beta_1$(근무연수) $+ \varepsilon_1$	

❷ 단순회귀분석의 회귀계수 추정, 최소제곱법

단순회귀분석에서 회귀계수를 추정하기 위해 최소제곱법(Least Squared Method = 최소자승법)을 사용한다. 최소제곱법은 잔차 제곱합(예측값 $\hat{y}$과 실제 관찰값 y 사이의 차이)을 최소로 만드는 직선을 찾는 방법이며, 최소제곱법으로 회귀계수를 구하는 산출식은 다음과 같다.

최소제곱법의 회귀계수 산출식

〈최소제곱법의 의미 : 잔차의 제곱합이 0이 되는 직선 산출 = SSE가 0이 되는 직선〉
SSE(Sum of Squares estimation of Error) : 회귀식으로 설명되지 않는 변동, 잔차의 제곱합(예측값 $\hat{y}$과 실제 관찰값 y 사이의 차이)

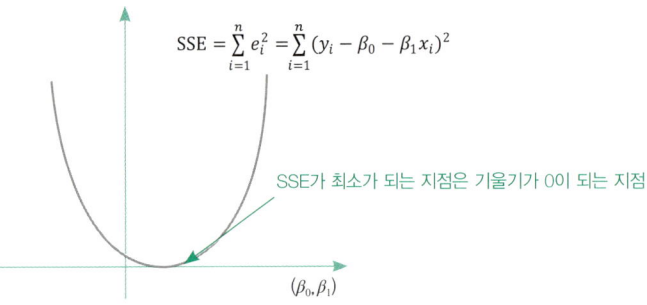

$$SSE = \sum_{i=1}^{n} e_i^2 = \sum_{i=1}^{n} (y_i - \beta_0 - \beta_1 x_i)^2$$

SSE가 최소가 되는 지점은 기울기가 0이 되는 지점

(β_0, β_1)

1) β_1 회귀계수 산출식 $\frac{\partial L}{\partial \beta_0} = -2\sum_{i=1}^{n}(y_i - \beta_0 - \beta_1 x_i) = 0$ ➡ $\hat{\beta}_1 = \frac{\sum_{i=1}^{n}(x_i - \bar{x})(y_i - \bar{y})}{\sum_{i=1}^{n}(x_i - \bar{x})^2} = S_{xy}/S_{xx}$ 2) β_0 회귀계수 산출식 $\frac{\partial L}{\partial \beta_1} = -2\sum_{i=1}^{n}(y_i - \beta_0 - \beta_1 x_i)x_i = 0$ ➡ $\hat{\beta}_0 = \bar{y} - \hat{\beta}_1 \bar{x}$	x_i : i번째 독립변수값 $\bar{x}$: 독립변수 관측값의 평균 y_i : i번째 종속변수값 $\bar{y}$: 종속변수 관측값의 평균 $\hat{\beta}_0$: 회귀직선의 y절편 $\hat{\beta}_1$: 회귀직선의 기울기 (독립변수 x_1의 개수)

> **참고** 용어 설명
>
> ESS(Explained Sum of Squares) 혹은 SSR(Regression Sum of Squares) : 회귀식으로 설명 가능한 수치
> RSS(Residual Sum of Squares) 혹은 SSE(Sum of Squares Estimation of Error) : 회귀식으로 설명 불가능한 수치

최소제곱법 사례

구분	설명				
사례	어느 실험실에서 10시간, 20시간, 30시간, 40시간마다 물질의 무게를 측정한 자료가 있다. 35시간에 대한 물질의 무게는?				
	시간(X)	10	20	30	40
	무게(Y)	71	45	24	8
평균	시간 평균($\bar{x}$) : 25, 무게 평균($\bar{y}$) : 37				

회귀계수
$$\hat{\beta}_1 = \frac{\sum_{i=1}^{n}(x_i - \bar{x})(y_i - \bar{y})}{\sum_{i=1}^{n}(x_i - \bar{x})^2}$$

$$= \frac{(71-37)(10-25) + (45-37)(20-25) + (24-37)(30-25) + (8-37)(40-25)}{(10-25)^2 + (20-25)^2 + (30-25)^2 + (40-25)^2} = -2.1$$

$\hat{\beta}_0 = \bar{y} - \hat{\beta}_1\bar{x} = 37 - (-2.1)25 = 89.5$

회귀식 $\hat{y} = \hat{\beta}_0 + \hat{\beta}_1 X_i + e_1 = 89.5 + (-2.1 \times X_i) + 0$

35시간에 대한 물질의 무게 산출

$\hat{y} = \hat{\beta}_0 + \hat{\beta}_1 X_i + e_1 = 89.5 + (-2.1 \times X_i) + 0 = 89.5 + (-2.1 \times 35) + 0 = 16$

참고 잔차(e_n)의 제곱합을 최소화시키는 이유 중요

이유	수식	그래프
잔차의 합이 0이 되는 해는 무수히 많음(유일한 해를 찾지 못함)	$\sum_{i=1}^{n} e_i = e_1 + e_2 + \cdots + e_n = 0$	
잔차의 절대값 합은 미분이 불가능한 형태(작은 부분을 확대해도 뾰족한 형태로 제거 불가)	$\sum_{i=1}^{n} |e_i| = |e_1| + |e_2| + \cdots + |e_n|$	미분불가 (B_0, B_1)
잔차의 제곱합은 미분이 가능한 형태로 유일한 해를 찾을 수 있음	$SSE = \sum_{i=1}^{n} e_i^2 = e_1^2 + e_2^2 + \cdots + e_n^2$	미분가능 (B_0, B_1)

❸ 단순회귀분석, 회귀계수의 유의성 검정 기출

회귀분석 수행 시 도출되는 회귀계수의 t통계량은 해당 회귀계수가 통계적으로 얼마나 유의한가를 나타낸다. 회귀계수의 유의성을 판단하기 위해서 t검정을 수행하며, 검정 과정은 다음과 같다.

회귀계수의 유의성 검정, t검정 절차

구분	설명
귀무가설 및 대립가설 설정	귀무가설(H_0) - $\beta_i = 0$, i 번째 회귀계수가 0이다. 변수의 설명력이 없다. 대립가설(H_1) - $\beta_i \neq 0$, i 번째 회귀계수가 0이 아니다. 변수의 설명력이 있다.
검정통계량	$\hat{\beta}_1$의 표준오차($Standard\ Error$) = $S.E.(\hat{\beta}_1) = \frac{s}{\sqrt{S_{xx}}}$ $T = \frac{\hat{\beta}_1 - \beta_1}{S.E.(\hat{\beta}_1)} = \frac{\hat{\beta}_1 - 0}{\frac{s}{\sqrt{S_{xx}}}} = \frac{\hat{\beta}_1 - 0}{\frac{s}{\sqrt{\sum_{i=1}^n (x_i - \bar{x})^2}}} \sim t(n - k - 1)$ n : 관측값의 개수, k : 독립변수의 개수
가설 검정(기각역)	양측검정 : 대립가설 : $\beta_i \neq 0$일 때, $\|T\| \geq t_{\frac{\alpha}{2}}(n - k - 1)$
유의성 검정 (P값 사용)	검정통계량의 p값 < 유의수준(α)이면, 귀무가설 기각(설명력 있다) 검정통계량의 p값 > 유의수준(α)이면, 귀무가설 채택(설명력 없다)

회귀계수에 대한 P값이 0.05보다 작거나 t통계량의 절대값이 기각역에 있으면 'i번째 회귀계수는 0이다.' 라는 귀무가설을 기각하고, 해당 회귀계수는 통계적으로 유의하다(변수의 설명력이 있다)고 판단할 수 있다.

회귀계수의 유의성 검정 사례

구분	설명
사례	표본이 12개인 연구비와 매출의 회귀 모델은 최소제곱법에 의해 다음과 같이 산출되었다. $\hat{y} = \hat{\beta}_0 + \hat{\beta}_1 X_i + e_1 = 9.312 + 0.203 \times X_1 + 0$ 이때, 회귀계수 $\hat{\beta}_1$ 유의성 검정 과정은 다음과 같다(유의수준 0.05). 회귀계수의 유의성 검정 결과 | 구분	회귀계수 (Coefficient)	회귀계수 표준오차 (STD. Error)	회귀계수 통계량 (t-statistic)	유의확률 (P값) P > |t| | | --- | --- | --- | --- | --- | | 절편(Intercept, $\hat{\beta}_0$) | 9.312 | 0.563 | 16.54 | 0.0001 | | 연구비 예산($\hat{\beta}_1$) | 0.203 | 0.022 | 9.22 | 0.0001 |
귀무가설 및 대립가설 설정	귀무가설(H_0) - $\beta_i = 0$, 연구비 예산의 회귀계수는 0이다. 변수의 설명력이 없다. 대립가설(H_1) - $\beta_i \neq 0$, 연구비 예산의 회귀계수는 0이 아니다. 변수의 설명력이 있다.

검정통계량	$\hat{\beta}_1$의 표준오차$(Standard\ Error) = \frac{s}{\sqrt{S_{xx}}} = \frac{s}{\sqrt{\sum_{i=1}^{n}(x_i - \bar{x})^2}} = S.E.(\hat{\beta}_1)$ $T = \frac{\hat{\beta}_1 - \beta_1}{S.E.(\hat{\beta}_1)} = \frac{\hat{\beta}_1 - 0}{S.E.(\hat{\beta}_1)} = \frac{\hat{\beta}_1 - 0}{S.E.(\hat{\beta}_1)} \sim t(n-k-1) = \frac{0.203 - 0}{0.022} = 9.22 \sim t(10)$
가설 검정 유의수준(α) 기각역	검정통계량 $t \geq$ 기각역 $\|T\| \geq t_{\frac{\alpha}{2}}(n-2)$ 기각역 $t_{\frac{0.05}{2}}(10) = 2.228$ (부록 B t분포표 참조)
통계적 결론 – 기각역	검정통계량 $t = 9.22 \geq$ 기각역 $t_{\frac{0.05}{2}}(10) = 2.228$, 따라서 검정통계량은 기각역에 속하여 귀무가설은 기각된다. 연구비 예산의 회귀계수는 0이 아니다(변수의 설명력이 있다고 판단한다).
통계적 결론 – 유의확률	유의확률 P값 $= 0.00001 <$ 유의수준$(\alpha = 0.05)$, 유의확률은 유의수준보다 작아 귀무가설은 기각된다. 연구비 예산의 회귀계수는 0이 아니다(변수의 설명력이 있다고 판단한다).

단순회귀분석에서 t통계량은 회귀계수의 검정통계량이며, 제곱값은 모델의 적합성 검정값인 F통계량과 같다. 따라서 회귀계수에 대한 F검정과 t검정은 같은 의미를 가진다고 할 수 있다.

❹ 단순회귀분석의 적합성 검정

단순회귀식의 적합성 검정의 목적은 다음과 같이 구분할 수 있다.

구분	설명	검정 기법
모델 적합성 검정	독립변수 X가 종속변수 Y에 대해 통계적으로 유의한 영향을 주는가를 확인	분산분석(ANOVA)의 F검정
모델 설명력 검정	종속변수의 분산 중에서 독립변수로 설명되는 비율 회귀분석 모델로 종속변수를 얼마나 잘 설명할 수 있는가를 확인	결정계수 (R^2, Coefficient of Determination)
데이터의 모델 적합성 검정	분산분석과 결정계수를 통해 유의한 결과가 나왔을 때, 관측값(데이터)에 의해 회귀 모델이 적절했는지를 확인	회귀분석의 기본 가정 확인(선형성, 정규성, 등분산성, 독립성)

- **모델 적합성 검정, 분산분석(ANOVA = F검정)**

회귀 모델의 통계적 유의성을 검정하기 위해서 분산분석을 수행하여 독립변수 X가 종속변수 Y에 대해 통계적으로 유의한 영향을 주는가를 확인한다.

이때 분산분석의 결과로 산출되는 F통계량을 이용해 유의한 영향을 검정하며, 검정 절차는 다음과 같다.

단순회귀분석의 분산분석

구분	설명
귀무가설 및 대립 가설 설정	귀무가설(H_0) - 회귀계수가 0이다 ($\beta_i = 0$). 독립변수 X와 종속변수 Y는 서로 관련이 없다. 대립가설(H_1) - 회귀계수가 0이 아니다($\beta_i \neq 0$). 독립변수 X와 종속변수 Y는 서로 관련이 있다.
변동요인 산출 (제곱합의 분할)	〈변동요인〉 그래프: Y_i, (X_i, Y_i), SSE $(Y_i - \hat{Y}_i)$ 설명되지 않는 편차 (ε_i), 단순회귀식 $\hat{Y}_i = \hat{\beta}_0 + \hat{\beta}_1 X_i + \varepsilon_1$, SSR 설명되는 편차 ($\hat{Y}_i - \bar{Y}$), 총편차 SST $(Y_i - \bar{Y})$, $\bar{Y}$, $\hat{\beta}_0$, X_i
변동요인 산출 (제곱합의 분할)	〈변동요인의 분해〉 $$\sum_{i=1}^{n}(Y_i - \bar{Y})^2 = \sum_{i=1}^{n}(\hat{Y}_i - \bar{Y})^2 + \sum_{i=1}^{n}(Y_i - \hat{Y}_i)^2$$ 총제곱합(SST) / 회귀제곱합(SSR) / 오차제곱합(SSE = RSS) • 종속변수값의 총 변동 / • 총 변동 중 회귀선에 의해 설명되는 변동 / • 총 변동 중 회귀선에 의해 설명되지 않는 변동 • 종속변수의 산포를 의미 / / • 오차에 의해 생기는 변동 $\bar{Y}$: 관찰값(데이터의 평균), $\hat{Y}_i$: 회귀선의 추정값, Y_i : 관찰값
검정통계량 F값(f)	〈분산분석표〉 | 변동요인	제곱합	자유도	평균 제곱	F값(f)
---	---	---	---	---
회귀식	SSR	k	$MSR = SSR / k$	$f = \dfrac{MSR}{MSE}$
오차	SSE	$n - k - 1$	$MSE = \dfrac{SSE}{(n-k-1)}$	
전체 변동	SST	$n - 1$			 n : 관측값의 개수, k = 독립변수의 개수(단순회귀분석 : $k = 1$) MSE(Mean Square Error, 오차제곱평균) 산출 MSR(Mean Square Regression, 회귀제곱평균) 산출 $$F값(f) = \frac{회귀식의 변동(설명되는 변동)}{오차의 변동(설명되지 않는 변동)} = \frac{MS_{Regression}}{MS_{Error}}$$
가설 검정 (기각역)	우측검정 : 대립가설 $H_1 : \beta_i \neq 0$일 때, $f > f_a (k, n - k - 1)$이면 귀무가설 기각, 그렇지 않으면 귀무가설 채택(a : 유의수준)
유의성 검정 (P값 사용)	F값의 p값 < 유의수준(α)이면, 귀무가설 기각 F값의 p값 > 유의수준(α)이면, 귀무가설 채택

분산분석표의 F통계량은 MSR(회귀제곱평균)과 MSE(오차제곱평균) 간의 비율로써 이 값이 크다는 것은 F통계량이 분포도 우측에 존재한다는 뜻이며(기각역에 위치), 오차들에 의해 설명되는 변동보다 회귀선에 의해 설명되는 변동이 크다는 뜻이기도 하기 때문에 회귀선이 독립변수와 종속변수와의 관계를 잘 설명한다는 의미가 된다.

- **모델 설명력 검정, 결정계수(R^2, Coefficient of Determination)** 기출

결정계수(R^2)는 종속변수의 분산 중에서 독립변수로 설명되는 비율을 의미한다. 쉽게 말해, 이 통계 모델로 종속변수를 얼마나 잘 설명할 수 있는가를 숫자로 나타낸 것이 결정계수이다(추정된 회귀식이 전체 데이터에서 설명할 수 있는 데이터의 비율).

결정계수의 정의는 다음과 같다.

$$결정계수(R\ Square) = 1 - \frac{SST - SSR}{SST} = 1 - \frac{SSE}{SST} = \frac{SSR(회귀제곱합)}{SST(총 제곱합)}$$

$$결정계수의\ 범위\ 0 \leq R^2 \leq 1$$

결정계수는 0~1의 범위를 가지며, 1에 가까울수록 회귀 모델의 설명력이 높다는 것을 의미하고 또한 독립변수와 종속변수의 사이에 상관관계가 높을수록 1에 가까워지는 특성이 있다. 따라서 결정계수가 0에 가까운 값을 가지는 회귀 모델은 유용성이 낮은 반면, 결정계수값이 클수록 회귀 모델의 유용성이 높다고 할 수 있다.

예를 들어 결정계수값이 0.54라고 가정하면 종속변수의 변동 중 약 54%가 독립변수에 의해 설명이 가능하다고 해석한다.

> **참고 결정계수와 상관계수**
>
> 피어슨 상관계수는 두 연속형 변수의 선형비례관계를 -1과 1사이의 값으로 수치화한 척도이다.
> 독립변수가 한 개일 때 결정계수는 피어슨 상관계수(Pearson Correlation Coefficient)의 제곱과 같으며, 이 값을 제곱하면, 음(-)의 값이 양(+)의 값으로 바뀌면서 0부터 1까지의 결정계수값을 갖게 된다.

모델의 적합성과 설명력 검정 사례를 확인해보자. 본 사례는 수학성적과 영어성적의 유의성 검정과정을 보기 위한 사례로, 개인별 수학성적과 영어성적 점수는 작성하지 않고 결과만을 기준으로 작성했다.

모델의 적합성과 설명력 확인 사례

구분	설명
사례	어느 대학 1학년 신입생 12명의 수학성적(X)과 영어성적(Y)의 평균을 가지고 얻은 회귀식은 다음과 같다. 수학성적평균($\bar{X}$) = 60.417, 영어성적평균($\bar{Y}$) = 84.250 회귀식 $\hat{y} = \hat{\beta}_0 + \hat{\beta}_1 X_i + e_1 = 30.056 + 0.897 \times X_1 + 0$ 이때, 변동요인과 분산분석표는 아래와 같이 산출되었다(과정 생략). 〈변동요인〉 SSR(회귀제곱합) $= \sum_{i=1}^{n}(\hat{Y}_i - \bar{Y})^2 = 541.69$ SSE(오차제곱합) $= \sum_{i=1}^{n}(Y_i - \hat{Y}_i)^2 = 186.56$ SST(전체변동) $= \sum_{i=1}^{n}(Y_i - \bar{Y})^2 = 728.25$ 〈분산분석표 결과〉 | 변동요인	제곱합	자유도	평균 제곱	F값(f)
---	---	---	---	---
회귀식(SSR)	541.69	$k = 1$	$MSR = SSR/k$ $= 541.69$	$f = \dfrac{MSR}{MSE}$ $= \dfrac{541.69}{18.656} = 29.036$
오차(SSE)	186.56	$n-k-1 = 10$	$MSE = \dfrac{SSE}{(n-k-1)}$ $186.56/10 = 18.656$	
전체 변동(SST)	728.25	$n-1 = 11$			
귀무가설 및 대립가설 설정	귀무가설(H_0) – 회귀계수가 0이다($\beta_i = 0$). 수학성적(독립변수)과 영어성적(종속변수)은 서로 관련이 없다. 대립가설(H_1) – 회귀계수가 0이 아니다($\beta_i \neq 0$). 수학성적(독립변수)과 영어성적(종속변수)은 서로 관련이 있다.
검정통계량	F값(f) $= \dfrac{MS_{Regression}}{MS_{Error}} = \dfrac{541.69}{18.656} = 29.036$ F값(f) 29.036의 유의확률 P값 $= 0.00031$
가설 검정 유의수준 ($\alpha = 0.05$) 기각역	검정통계량 $f > f_{0.05}(k, n-k-1)$이면 귀무가설 기각 기각역 $f_{0.05}(1, 10) = 4.96$
통계적 결론 – 기각역	검정통계량 $F = 29.036 \geq$ 기각역 $f_{0.05}(1, 10) = 4.96$, 따라서 검정통계량은 기각역에 속하여 귀무가설은 기각된다. 수학성적과 영어성적은 서로 관련이 있다고 판단한다(모델의 설명력이 있다고 판단한다).
통계적 결론 – 유의확률	유의확률 P값 $= 0.00031 <$ 유의수준($= 0.05$), 따라서 유의확률은 유의수준보다 작아 귀무가설은 기각된다. 수학성적과 영어성적은 서로 관련이 있다고 판단한다(모델의 설명력이 있다고 판단한다).
결정계수(R^2)	결정계수($R\ Square$) $= 1 - \dfrac{SSE(\text{오차제곱합})}{SST(\text{총 제곱합})} = 1 - 186.56/728.35 = 0.744$ 종속변수(영어성적)의 변동 중 약 74% 정도는 독립변수(회귀선)에 의해 설명 가능하다.

● 데이터의 모델 적합성 검정

데이터의 모델 적합성을 확인하기 위해서는 회귀분석의 기본 가정사항을 이용하여, 그래프로 표현하고 회귀진단을 수행한다.

모델의 적합성 확인(분산분석)과 모델의 설명력 확인(결정계수)을 이용해 유의한 결과가 나왔을 때, 오차의 기본 가정이 위배된다면 모델이 적합하다고 할 수 없기 때문에 관측값(데이터)에 대해 회귀 모델이 적절했는지를 확인하는 과정이 필요하다. 상세 내용은 앞서 학습한 '회귀분석의 기본 가정사항'을 확인하도록 하자.

8.1.1.4 다중회귀분석

❶ 다중회귀분석(Multiple Regression Analysis)의 정의

다중회귀분석은 두 개 이상의 독립변수가 하나의 종속변수에 미치는 영향을 추정하는 회귀분석 기법이다. 다변량회귀분석, 중선형회귀분석이라고도 한다.

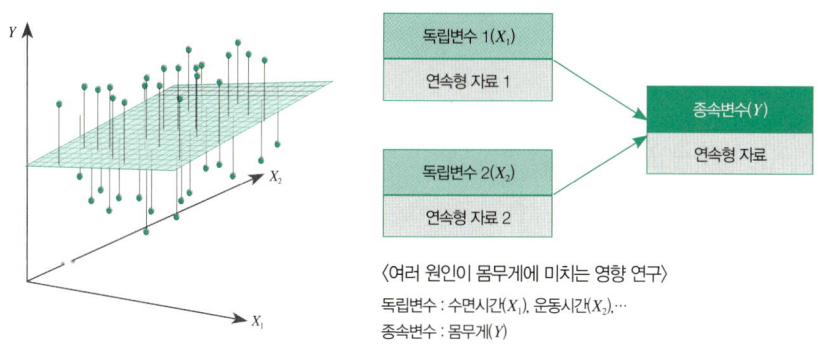

다중회귀분석의 이해

다중회귀분석의 가정사항 기출

- 독립변수 : 연속형 변수(2개 이상), 종속변수 : 연속형 변수(1개)
- 다중공선성 확인 : 독립변수 간 상관관계를 가지는 문제 최소화
- 선형성 만족 : 각 독립변수와 종속변수 간의 선형성
- 독립성 만족 : 각 집단은 독립적이어야 한다(독립성)
  - 더빈-왓슨(Durbin-Watson) 통계량을 이용
- 오차의 정규성 만족
  - 정규성 검정 기법 : 샤피로-윌크 검정, 콜모고로프-스미르노프 검정 등
- 등분산성을 만족
  - 등분산성 검정 기법 : 레빈의 검정(Levene's Test)과 바틀렛 검정(Bartlett's Test) 등

다중회귀분석의 회귀식 정의

구분	설명		
회귀식	모집단 다중회귀식 $Y = \beta_0 + \beta_1 X_1 + \cdots + \beta_k X_k + \varepsilon_1$ ε_1: 오차 (모집단 회귀식 예측값 – 실제값)		표본 다중회귀식 $\hat{y} = \hat{\beta}_0 + \hat{\beta}_1 X_1 + \cdots + \hat{\beta}_k X_k + e_1$ e_1: 잔차 (표본집단 회귀식 예측값 – 실제값)
	회귀분석변수	X_k : 독립변수 Y : 종속변수	
	회귀계수	$\beta_0, \hat{\beta}_0 = Y$의 절편($X$가 0일때, Y의 예측값) $\beta_k, \hat{\beta}_k = $ 기울기(X가 Y에 미치는 영향) $k = $ 독립변수의 수	

다중회귀분석 역시, 단순회귀분석과 동일한 순서로 회귀계수를 정의하여(최소제곱법) 회귀식을 만들고, 정의된 회귀계수의 유의성을 검정(t검정)하며, 적합성을 확인(분산분석, 결정계수, 데이터 적합성)하는 과정을 거친다.

하지만 단순회귀분석은 독립변수가 하나이고, 다중회귀분석은 독립변수가 n개이기 때문에 '모델에 유의미한 독립변수들을 선택하는 과정'과 '독립변수들 간의 상관관계'가 나타나는 다중공선성 문제를 해결하는 과정은 차이가 있다.

❷ 다중회귀분석의 중요 변수 결정

● 다중회귀분석의 변수 선택 기준

다중회귀분석은 독립변수가 n개 존재하며, n개의 변수가 종속변수에 얼마나 큰 영향을 주는지는 회귀 모델의 종속변수 설명력 평가지표를 이용하여 확인할 수 있다. 이는 곧 변수 선택의 기준으로 활용될 수 있음을 의미한다.

회귀 모델에서 독립변수에 대해 종속변수를 얼마나 잘 설명할 수 있는가를 평가하는 척도들은 다음과 같다.

회귀 모델의 종속변수 설명력 평가 척도

구분	설명	값(Value)
맬로우즈 Cp (Mallow's Cp)	예측된 오차와 실제 오차 간의 차이를 최소화하는 모델을 찾기 위해 사용하며, 모델 내 독립변수 개수의 균형을 맞추는 데 유용한 방법(C_p 값이 자유도에 가까우면 적합)	$C_p = \dfrac{SSE_k}{\sigma^2} + 2k - n$ k : 독립변수 개수(모델의 자유도)
수정된 결정계수 (Adjust R^2)	독립변수가 추가되어도 결정계수의 값이 감소하도록 변수의 수만큼 패널티를 주는 방법(Adjust R^2 값이 1에 가까우면 좋은 모델)	$Adjust\ R^2 = 1 - \dfrac{SSE/(n-k-1)}{SST/(n-1)}$ $= 1 - \dfrac{(1-R^2)(n-1)}{(n-k-1)}$

아카이케 정보 기준 (AIC, Akaike Information Criterion)	실제 데이터의 분포와 모델이 예측하는 분포의 차이를 데이터 수와 상관없이, 변수 개수에 비례하여 패널티를 일정하게 주는 방법(값의 범위는 0 이상의 값이 계산, 값이 작을수록 적합)	$AIC = -2\log(L) + 2k$ $BIC = -2\log(L) + Log(n)k$ $L(Likelihood)$: 최대가능도 $-2\log(L)$: 모형 적합도
베이즈 정보 기준 (BIC, Bayes Information Criterion)	AIC를 보완하여 데이터 수가 많아질수록 패널티도 함께 커지게 하는 방법(값의 범위는 0 이상의 값이 계산, 값이 작을수록 적합)	

정보기준(Information Criterion) : 최대가능도에 독립변수 개수에 대한 패널티를 반영하는 방법
k : 독립변수 수, n : 데이터 수

● **다중회귀분석의 변수 선택 방법**

이상적으로는 독립변수의 조합에 따라 만들어지는 선형 모델 모두를 비교하여 최고의 모델을 선정할 수 있다. 이러한 방법을 모든 가능한 조합의 회귀분석(All Possible Regression)이라 한다.

하지만 변수가 k개인 경우, k개 변수들의 일부를 포함하는 총 모델의 수는 2^k개에 이르므로, 모델 모두를 고려하기는 현실적으로 불가능하기 때문에 단계적 변수 선택(Stepwise Variable Selection) 방법을 사용한다.

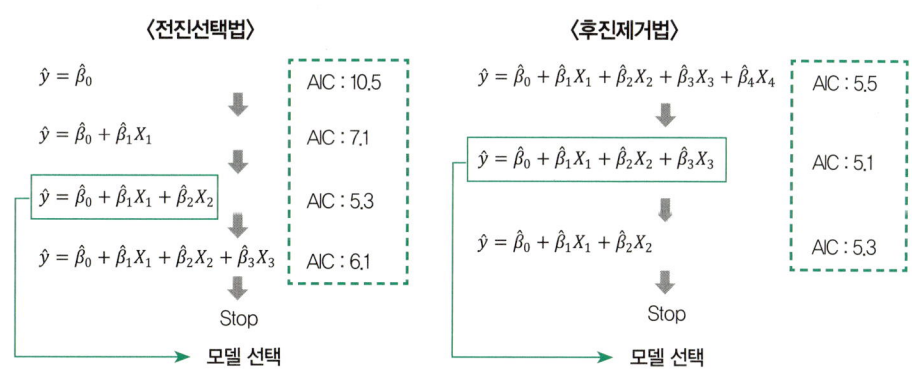

단계적 변수 선택 방법의 중요 변수 결정 예시

단계적 변수 선택 방법의 3가지 유형은 다음과 같다.

단계적 변수 선택 방법의 유형 **기출**

구분	설명	설명
전진선택법 (Forward Selection)	모델적합에 가장 큰 영향을 미치는 독립변수를 순서대로 추가하여 성능지표를 비교하면서 변수를 선택하는 방법 한 번 선택한 변수는 제거하지 않음	장점 : 이해용이, 변수 많은 경우 사용 가능 단점 : 변수의 작은 변동에도 영향을 받음
후진제거법 (Backward Elimination)	모델적합에 가장 약하게 영향을 미치는 독립변수를 순서대로 제거해가며 성능지표를 비교하면서 변수를 선택하는 방법	장점 : 전체 변수 이용 단점 : 변수의 개수가 많은 경우 사용 어려움
단계적 방법 (Stepwise Method)	전진선택법과 후진제거법을 병행하는 방법 추가된 변수에 의해 기존 변수의 중요도가 작아지면 추가된 변수를 제거	장점 : 모든 변수 조합 이용, 가장 우수한 변수 조합 선택 가능 단점 : 변수의 개수가 많은 경우 많은 시간 소요

❸ 다중회귀분석의 회귀계수 유의성 검정과 적합성 검정

● 다중회귀분석, 회귀계수의 유의성 검정

다중회귀분석의 회귀계수는 최소제곱법으로 추정하며, 추정된 회귀계수($\beta_0, \beta_1, \beta_1, \cdots$)의 유의성을 판단하기 위해서 t검정을 수행한다. 회귀계수의 t통계량은 해당 회귀계수가 통계적으로 얼마나 유의한가를 나타낸다. 유의성 검정 수행 과정은 다음과 같다.

회귀계수의 유의성 검정, t검정 절차

구분	설명
귀무가설 및 대립가설 설정	귀무가설(H_0) − 회귀계수가 0이다($\beta_i = 0$), 변수의 설명력이 없다. 대립가설(H_1) − 회귀계수가 0이 아니다($\beta_i \neq 0$), 변수의 설명력이 있다.
검정통계량	$\hat{\beta}_1$의 표준오차($Standard\ Error$) $= S.E.(\hat{\beta}) = \dfrac{s}{\sqrt{S_{xx}}}$ $T = \dfrac{\hat{\beta}_k - \beta_k}{S.E.(\hat{\beta}_k)} = \dfrac{\hat{\beta}_k - 0}{\frac{s}{\sqrt{S_{xx}}}} = \dfrac{\hat{\beta}_k - 0}{\sqrt{\sum_{i=1}^{n}(x_i - \bar{x}_k)^2}} \sim t(n - k - 1)$
가설 검정 (기각역)	양측검정 : 대립가설 $H_1 : \beta_i \neq 0$일 때, $\|T\| \geq t_{\frac{\alpha}{2}}(n - k - 1)$
유의성 검정 (P값 사용)	검정통계량의 p값 < 유의수준(α)이면, 귀무가설 기각(설명력 있다) 검정통계량의 p값 > 유의수준(α)이면, 귀무가설 채택(설명력 없다)

● 다중회귀분석의 모델 적합성 검정 **기출**

다중회귀분석의 모델 적합성 검정은 단순회귀분석의 모델 적합성 검정 과정과 동일하며 분산분석(ANOVA)을 이용하여 검정한다.

다중회귀분석 분산분석

구분	설명
귀무가설 및 대립가설 설정	귀무가설(H_0) - $\beta_1 = \beta_2 = \cdots = \beta_k = 0$, 모든 회귀계수가 0이다. 모든 독립변수 X와 종속변수 Y는 서로 관련이 없다. ($i = 1,2,3,\ldots,k$) 대립가설(H_1) - $\beta_i \neq 0$, 최소 하나의 회귀계수는 0이 아니다. 독립변수 X와 종속변수 Y는 서로 관련이 있다.
검정통계량 F값(f)	〈분산분석표〉 | 변동요인	제곱합	자유도	평균 제곱	F값(f)
---	---	---	---	---
회귀식	SSR	k	$MSR = SSR/k$	$f = \dfrac{MSR}{MSE}$
오차	SSE	$n-k-1$	$MSE = \dfrac{SSE}{(n-k-1)}$	
전체 변동	SST	$n-1$			 n : 관측값의 개수, k = 독립변수의 개수(단순회귀분석 : $k = 1$) MSE(Mean Square Error, 오차제곱평균) 산출 MSR(Mean Square Regression, 회귀제곱평균) 산출 $F값(f) = \dfrac{\text{회귀식의 변동(설명되는 변동)}}{\text{오차의 변동(설명되지 않는 변동)}} = \dfrac{MS_{Regression}}{MS_{Error}}$
가설 검정(기각역)	양측검정 : 대립가설 $H_1 : \beta_1 \neq 0$일 때, $f > f_\alpha(k, n-k-1)$이면 귀무가설 기각, 그렇지 않으면 귀무가설 채택(α : 유의수준)
유의성 검정 (P값 사용)	F값의 p값 < 유의수준(α)이면, 귀무가설 기각 F값의 p값 > 유의수준(α)이면, 귀무가설 채택

- **모델 설명력 확인, 결정계수(R^2, Coefficient of Determination)**

다중회귀분석의 결정계수는 다음과 같다.

$$결정계수(R\ Square) = 1 - \frac{SST - SSR}{SST} = 1 - \frac{SSE}{SST} = \frac{SSR(회귀제곱합)}{SST(총제곱합)}$$

$$결정계수의\ 범위\ 0 \leq R^2 \leq 1$$

다중회귀분석은 독립변수가 n개 존재한다. 따라서 독립변수의 유의성과 관계없이 독립변수의 수가 많아지면 종속변수의 변동을 설명해주지 못하는 변수가 회귀 모델에 추가되어도 결정계수(R^2)의 값이 커지는 경향이 있다.

이러한 단점을 보완하기 위해 변수가 추가되면 결정계수의 값이 감소하도록 패널티를 주는 수정된 결정계수(Adjust R^2, Adjust Coefficient of Determination)를 활용하여 모델의 설명력을 판단할 것을 고려해야 한다(수정된 결정계수는 단순회귀분석에서도 결정계수와 함께 활용할 수 있는 지표).

$$Adjust\ R^2 = 1 - \frac{SSE/(n-k-1)}{SST/(n-1)} = 1 - \frac{(1-R^2)(n-1)}{(n-k-1)}$$

결정계수의 범위 $0 \leq Adjust\ R^2 \leq 1$

$(1-R^2)$: 회귀모델이 설명하지 못하는 변동의 비율, n : 표본 수, k : 독립변수 수

수정된 결정계수는 결정계수와 동일하게 0~1의 범위를 가지며, 1에 가까울수록 회귀 모델이 설명력이 높다는 것을 의미하고 또한 독립변수와 종속변수의 사이에 상관관계가 높을수록 1에 가까워지는 특성이 있다.

● 다중회귀분석의 다중공선성(Multicollinearity) 검정

다중공선성은 회귀분석에서 독립변수들 간에 강한 상관관계가 나타나는 문제이다. 이러한 다중공선성 문제가 존재하면 정확한 회귀계수의 추정이 어려워진다. 즉 다중공선성을 가진 독립변수들로 회귀 모델을 정의하면 분석 결과인 회귀계수가 불안정해지며, 각 독립변수의 회귀계수가 종속변수에 미치는 영향력을 올바로 설명하지 못하게 된다.

> **참고 다중공선성의 종류**
>
> 완전공선성(Perfect Multicollinearity) : 독립변수들 간에 정확한 선형관계가 존재하여, 최소제곱법으로 회귀계수를 구할 수 없는 문제
> 다중공선성(Multicollinearity) : 정확한 선형관계는 아니나 독립변수들 간에 높은 선형관계가 나타나는 문제

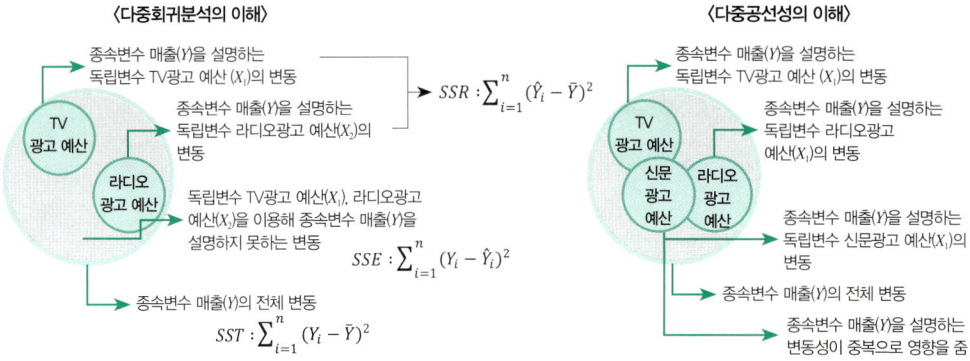

광고 예산에 따른 매출의 인과관계 분석, 신문광고 예산은 TV광고 예산과 라디오광고 예산에 중복 영향을 줌

다중공선성의 이해

즉, 다중공선성을 고려하지 않고 회귀분석을 수행한 후 그 결과를 해석하면 잘못된 결론(변수의 중요성을 설명할 때)을 내리게 되는 문제가 발생한다.

> **참고** 다중공선성을 가진 데이터를 의사결정나무(Decision Tree) 알고리즘에 적용하면!?
>
> 분류에 중요한 영향을 미치는 변수가 결정트리의 분리 조건에 나타나지 않게 되며, 중요 변수가 사용되지 못하여 정확도(Accuracy)가 낮아지는 문제 발생

따라서 독립변수들 간 상관관계 여부, 분산팽창요인(VIF) 등으로 다중공선성을 확인한 후 문제가 있는 독립변수를 제거하거나 차원축소, 규제항 적용 등을 이용해 다중공선성을 해결해야 한다.

다중공선성을 검사하는 방법은 아래와 같다.

다중공선성 검사 방법

구분	설명
독립변수 간 상관계수 확인 **기출**	산점도 혹은 산점도 행렬을 확인하여 선형성이 강한 변수 파악 피어슨 상관계수를 확인하여 값이 -1과 1에 가까우면 다중공선성이 있다고 판단(연구 분야에 따라 0.5 혹은 0.7을 기준으로 판단)
결정계수(R^2) 확인	일반적으로 결정계수는 독립변수와 종속변수의 상관계수의 제곱과 같음 결정계수값이 높아 회귀식의 설명력은 높지만 식 안의 독립변수 P값($P-Value$)이 커서 개별 인자들이 유의하지 않은 경우, 독립변수들 간에 다중공선성(높은 상관관계)이 있다고 판단
허용오차 (Tolerance, 공차한계) 확인	한 독립변수의 분산 중 다른 독립변수들에 의해서 설명되지 않는 부분을 의미 허용오차가 0.1 이하이면 다중공선성이 존재한다고 판단 허용오차 = $(1 - R_i^2)$ R_i^2 : 독립변수 x_i의 분산이 다른 독립변수들에 의해서 설명되는 정도
분산팽창요인 (VIF, Variance Inflation Factor) 확인 **기출**	허용오차의 역수로 그 값이 클수록 독립변수들 간의 상관성이 높음을 의미(VIF 값은 0에서 무한대의 값의 범위를 가짐) **분산팽창계수가 10 이상일 때, 다중공선성이 존재한다고 판단** $VIF_i = \dfrac{1}{1 - R_i^2 (\text{허용오차})}$

다중공선성이 발생할 경우, 종속변수에 대한 다중공선성의 원인이 되는 개별 효과를 분리하기 어려우므로, 사전에 처리해주는 작업이 필요하다.

위에서 분산팽창요인(VIF)이 10 이상인 경우 다중공선성이 있는 변수라고 판단할 수 있다고 했는데, 그렇다면 '다중공선성이 있다고 판단되는 변수를 무조건적으로 제거해야 하나'라는 의문이 들 수 있을 것이다. 이에 대한 답은 '무조건적으로 제거하면 안 된다'이다.

분산팽창요인(VIF)이 높더라도 회귀계수 유의성 확인으로 P값이 유의수준보다 작은 변수라면 제거하지 않는 것이 적절하다. 이때는 다른 변수들 중에 분산팽창요인(VIF)이 높고, 유의미하지 않은 변수가 있다면 그 변수들을 제거해 본 뒤 다시 분산팽창요인(VIF)을 계산해 보아야 할 것이다. 이 과정을 거치더라도 분산팽창요인(VIF)은 높은 수치일 가능성이 높으나, 변수를 제거하는 것은 모델의 유의성을 떨어뜨리게 되니 주의해야 한다.

다중공선성 해결 방법 [기출]

구분	설명
독립변수의 제거	데이터에서 상관관계의 원인을 파악하여 해결 상관계수가 높은 독립변수 중 하나를 제거
새로운 데이터 적용	변수를 변형하거나, 새로운 데이터(관측값) 이용
차원축소 알고리즘 적용	주성분분석(Principle Component Analysis, PCA) 등의 차원축소 알고리즘을 적용하여 의미를 함축하여 독립변수 줄여줌
규제(Regularization)항 적용	릿지회귀(Ridge Regression) 등을 이용하여 독립변수에 제약을 주어 회귀계수의 영향도를 낮추는 방법 적용
중요 변수 선택	종속변수에 영향을 미치는 유의미한 독립변수들을 선택하는 방법 적용 전진선택법, 후진제거법, 단계적 방법('4.2.1.4변수 선택 기법')

위 방법 외에도 오토인코더(Auto-Encoder) 등의 비지도학습 기반 머신러닝 기법들을 이용하여, 전체 변수를 대표하는 잠재변수를 모델에 적용하거나 혹은 중요하지 않는 변수들에 대해 영향력을 줄이는 방법으로 다중공선성을 줄일 수도 있다.

다만 다중공선성을 완전히 제거하는 것은 불가능에 가깝다. 따라서 데이터 엔지니어링의 많은 경험과 데이터의 통찰력을 바탕으로 이를 해결하려는 반복적 노력이 무엇보다 중요하다.

- **데이터의 모델 적합성 검정**

다중회귀분석에서 데이터의 모델 적합성을 확인하기 위해서는 회귀분석의 기본 가정사항을 이용하여, 그래프로 표현하고 회귀진단을 수행한다.

❹ 다중회귀분석 해석 예시

제시한 사례는 다중회귀분석 모델의 결과 해석을 확인하기 위해, 각 관찰값(데이터)은 작성하지 않고 통계도구(Python, SPSS 등)로 산출한 결과를 기반으로 작성했다.

다중회귀분석 모델 적합성 검정 사례

구분	설명
사례	어느 대학 통계학 강좌 1학년 수강생 12명의 입시 수학성적(X_1), 결석횟수(X_2), 통계학 성적(Y)을 비교하여 정리한 회귀식은 다음과 같다. $\hat{y} = \hat{\beta}_0 + \hat{\beta}_1 X_1 + \hat{\beta}_2 X_2 + e_1 = 53.68 + 0.61 \times X_1 - 1.94 \times X_2 + 0$ ($\hat{\beta}_2$의 음의부호 : 결석횟수가 많아지면 성적이 나빠짐을 의미)

	회귀계수의 유의성 검정 결과				
회귀계수 $\hat{\beta}_1, \hat{\beta}_2$ 유의성 검정 (유의수준 $\alpha = 0.05$)	구분	회귀계수 (Coefficient)	회귀계수 표준오차 (STD. Error)	회귀계수 통계량 (t-statistic)	유의확률 (P값) P > |t|
	절편(Intercept, $\hat{\beta}_0$)	53.68	14.18	3.78	0.004
	수학성적($\hat{\beta}_1$)	0.61	0.20	3.06	0.014
	결석횟수($\hat{\beta}_2$)	−1.94	0.91	−2.12	0.063

⟨가설 설정⟩

귀무가설(H_0)
- 수학성적($\hat{\beta}_1$) 회귀계수가 0이다 ($\beta_1 = 0$)
- 결석횟수($\hat{\beta}_2$) 회귀계수가 0이다 ($\beta_2 = 0$)

⟨회귀계수 유의성 통계적 결론⟩
- 수학성적: 유의확률 P값 $= 0.014 <$ 유의수준($\alpha = 0.05$), 유의확률은 유의수준보다 작아 귀무가설은 기각되어, 수학성적 변수의 설명력이 있다고 판단.
- 결석횟수: 유의확률 P값 $= 0.063 >$ 유의수준($\alpha = 0.05$), 유의확률은 유의수준보다 크므로 귀무가설은 채택되어, 결석횟수 변수의 설명력은 없다고 판단.

⟨변동요인⟩

통계학 성적의 평균($\bar{Y}$) = 84.25

SSR(회귀제곱합) $= \sum_{i=1}^{n}(\hat{Y}_i - \bar{Y})^2 = 603.59$

SSE(오차제곱합) $= \sum_{i=1}^{n}(Y_i - \hat{Y}_i)^2 = 124.66$

SST(전체변동) $= \sum_{i=1}^{n}(Y_i - \bar{Y})^2 = 728.25$

⟨분산분석표 결과⟩

변동요인	제곱합	자유도	평균 제곱	F값(f)
회귀식(SSR)	603.59	$k = 2$	$MSR = SSR / k$ $= 301.8$	$f = \dfrac{MSR}{MSE}$ $= \dfrac{301.8}{13.85} = 21.8$
오차(SSE)	124.66	$n - k - 1 = 9$	$MSE = \dfrac{SSE}{(n-k-1)}$ $= 13.85$	
전체 변동(SST)	728.25	$n - 1 = 11$		

모델 적합도 검정 (유의수준 $\alpha = 0.05$)

⟨가설 설정⟩

귀무가설(H_0)
- 수학성적(β_1) = 결석횟수(β_2) = 0, 모든 회귀계수가 0이다. 모든 독립변수 수학성적과 결석횟수는 종속변수 통계학 성적과 서로 관련이 없다.

⟨모델 적합도 유의성 통계적 결론⟩

F값 21.8의 유의확률 P값 $= 0.000354$.

유의확률 P값 $= 0.000354 <$ 유의수준($\alpha = 0.05$), 유의확률은 유의수준보다 작아 귀무가설은 기각된다. 따라서 모든 독립변수 수학성적과 결석횟수는 종속변수 통계학 성적과는 서로 관련이 있다고 판단한다 (회귀 모델의 설명력은 있다고 판단한다).

결정계수(R^2)	결정계수($R\ Square$) = $1 - \dfrac{SSE(오차제곱합)}{SST(총제곱합)}$ = $1 - 124.66/728.25 = 0.83$ 종속변수(통계학 성적)의 변동 중 약 83% 정도는 독립변수(회귀선)에 의해 설명 가능하다.
수정된 결정계수 ($Adjust\ R^2$)	$Adjust\ R^2 = 1 - \dfrac{SSE/(n-k-1)}{SST/(n-1)} = 1 - \dfrac{124.66/(12-2-1)}{728.25/(12-1)} = 0.791$ 종속변수(통계학 성적)의 변동 중 약 79% 정도는 독립변수(회귀선)에 의해 설명 가능하다.

8.1.1.5 비선형회귀와 규제가 있는 회귀분석

❶ 비선형회귀분석(Non Linear Regression Analysis)

독립변수와 종속변수의 선형관계 여부에 따라 선형회귀분석(Linear Regression Analysis)과 비선형회귀분석으로 나눌 수 있었는데, 바꿔 말하면 회귀계수의 선형 결합(계수들이 덧셈과 뺄셈으로만 결합되어 있는 것을 의미)만으로 관측값(데이터)을 회귀 모델로 표현 가능하면 선형회귀분석이라 하고, 그렇지 않으면 비선형회귀분석이라 한다.

즉, 독립변수가 일차식인지, 이차식인지, 로그함수인지가 중요한 것이 아니라 추정할 대상인 파라미터가 어떻게 생겼느냐의 문제로 정리할 수 있다.

선형회귀식과 비선형회귀식 예시

선형회귀식	비선형회귀식
$Y = \beta_0 + \beta_1 X_1$ $Y = \beta_0 + \beta_1 X_1 + \beta_2 X_2$ $Y = \beta_0 + \beta_1 X_1 + \beta_2 X_2^2$	$Y = \dfrac{\beta_1 \times X_1}{\beta_1 + X_2}$

위의 선형회귀식(좌측) 예시 중 마지막 예시인 $Y = \beta_0 + \beta_1 X_1 + \beta_2 X_2^2$ 회귀식은 독립변수인 X를 기준으로 생각하면 X_2^2이기 때문에 비선형이라고 생각하기 쉽지만, 회귀 모델의 선형성은 X가 아닌 회귀계수인 $\beta_0, \beta_1, \beta_2$를 기준으로 생각해야 하기 때문에 위에서 제시한 좌측 사례는 모두 선형회귀식이 된다.

또한 위의 비선형회귀식(우측) 수식은 X_1, X_2, Y를 아무리 변경하더라도 β_1 회귀계수를 선형회귀식으로 표현할 수 없다.

선형회귀분석은 회귀계수에 의해 해석이 단순하지만 비선형회귀분석은 회귀 모델의 형태가 복잡할 경우 해석이 어렵다. 그래서 모델의 해석이 필요한 경우 비선형회귀분석을 잘 사용하지 않게 된다. 만약 회귀분석의 목적이 예측에 있다면 비선형회귀분석은 상당한 유연함을 제공하기 때문에 사용이 가능하다.

❷ 규제가 있는 회귀분석

규제(Regularization, 정규화)가 있는 회귀분석은 회귀계수에 제약조건을 추가하여 모델이 과도하게 최적화(과적합, Over Fitting)되는 것을 막는 방법이다. 규제를 적용함으로써(규제항 적용) 얻을 수 있는 장점은 다음과 같다.

> **규제를 적용할 때의 장점**
> - 데이터의 잡음(Noise)을 제거하여 모델 정확도 개선
> - 불필요한 변수의 영향도를 줄임으로써 모델의 학습 연산속도 증가
> - 다중공선성 문제를 완화하여 모델의 해석능력 향상

규제가 있는 회귀분석의 유형으로 릿지회귀(Ridge Regression, 능형회귀), 라쏘회귀(LASSO Regression), 엘라스틱넷(Elastic Net)으로 구분할 수 있다.

규제가 있는 선형회귀 유형

구분	설명	목표
릿지회귀 (Ridge Regression, 티호노프규제) `기출`	모델의 설명력에 기여하지 못하는 독립변수의 회귀계수 크기를 0에 근접하도록 축소시키는 방법 규제항 : 독립변수의 회귀계수(가중치) 제곱값 훈련 시만 사용, 변수 선택 불가능, $\alpha = 0$이면 선형회귀와 같음	$MSE(\theta) + \alpha \frac{1}{2} \sum_{i=1}^{p} \theta_i^2$ L2규제(L2 norm) 규제항 : $\alpha \frac{1}{2} \sum_{i=1}^{p} \theta_i^2$
라쏘회귀 (LASSO Regression) `기출`	Least Absolute Shrinkage and Selection Operator 모델의 설명력에 기여하지 못하는 독립변수의 회귀계수를 0으로 만드는 방법 규제항 : 독립변수의 회귀계수(가중치) 절대값	$MSE(\theta) + \alpha \sum_{i=1}^{p} |\theta_i|$ L1규제(L1 norm) 규제항 : $\alpha \sum_{i=1}^{n} |\theta_i|$
엘라스틱넷 (Elastic Net)	릿지와 라쏘를 결합한 모델 릿지와 회귀의 규제항을 단순히 더해서 사용 혼합정도는 r을 사용해 조절 $r = 0$: 릿지회귀, $r = 1$: 라쏘회귀	$MSE(\theta) + r\alpha \sum_{i=1}^{p} |\theta_i|$ $+ \alpha \frac{1-r}{2} \sum_{i=1}^{n} \theta_i^2$

θ : 회귀계수(가중치), p : 독립변수 개수, α : 하이퍼파라미터 얼마나 많은 규제를 할지 조절하는 파라미터

8.1.1.6 일반화 선형 모델 `기출`

일반 선형 모델(General Linear Model, GLM)은 하나 이상의 독립변수와 연속형 종속변수 간의 통계적 관계를 설명하는 모델이며, 단순/다중회귀분석이나 분산분석 같이 종속변수가 정규분포를 따르는 연속형 변수인 경우가 이에 해당한다.

하지만 많은 경우에 있어서 종속변수가 정규분포를 가정할 수 없는 경우도 있으며 범주형 변수가 종속변수인 경우도 있다. 이런 경우 종속변수의 분포를 적절한 함수(연결 함수)를 이용하여 종속변수와 독립변수의 관계를 일반 선형 모델을 활용해 모델링할 수 있게 확장해 주는 일반화 선형 모델(Generalizaed Linear Model, GLM)을 사용한다.

일반 선형 모델과 일반화 선형 모델의 차이

구분	일반 선형 모델(General Linear Model)	일반화 선형 모델(Generalizaed Linear Model)
개념	하나 이상의 독립변수와 연속형 종속변수 간의 통계적 관계를 설명하는 모델 종속변수가 정규분포를 따르는 것으로 가정	종속변수가 범주형 자료이거나 정규성을 만족하지 못할 경우, 연결 함수(Link Function)를 사용하여 선형 결합한 모델
모델을 구하는 수학적 방식	최소제곱법(Least Squares Method), 최고 선형 비편향 예측(Best Linear Unbiased Prediction, BLUP)	최대가능도(우도) 추정법
통계 방법	분산분석(ANOVA), 다변량분산분석(MANOVA), 공분산분석(ANCOVA), 선형회귀(Linear regression), 혼합 모델(Mixed Model)	선형회귀, Cox의 비례위험회귀, 로지스틱회귀, 다항로지스틱회귀, 로그선형 모델 등

Cox의 비례위험회귀 : 어떤 사건(Event)이 일어날 때까지의 시간을 대상으로 분석하는 통계 방법

일반화 선형 모델은 다음 3가지 성분(Component)에 의해서 정의된다.

일반화 선형 모델의 3가지 성분

성분	설명
확률요소(Random Component)	종속변수의 확률분포를 규정
선형예측자(Linear Predictor, 체계적 성분)	독립변수들 간의 선형 결합(종속변수의 기댓값 정의)
연결 함수(Link Function)	종속변수와 선형예측자 간의 평균을 연결해주는 함수 = 정준연결함수(Canonical link)라고도 함

3가지 성분에 따른 일반화 선형 모델(GLM)의 분석 방법은 다음과 같이 구분한다.

일반화 선형 모델(GLM)의 분석 방법 기출

독립변수(선형예측자)	종속변수 분포(확률요소)	연결 함수	분석방법
연속형	정규분포	항등 함수	선형회귀
범주형	정규분포	항등 함수	분산분석
연속형 + 범주형	정규분포	항등 함수	공분산분석
연속형 + 범주형	이항분포	로짓 함수	로지스틱회귀
연속형 + 범주형	다항분포	로짓 함수	다항로지스틱회귀
연속형 + 범주형	포아송분포	로그 함수	로그선형 모델

예를 들어, 일반화 선형 모델(Generalizaed Linear Model)에는 로지스틱회귀분석이 있는데, 종속변수가 범주형(실패/성공, 0/1, 생존/사망 등)인 일반화 선형회귀 중 하나로서, $log\ odds(log\left(\frac{\mu}{1-\mu}\right))$에 대해 독립변수와 회귀계수의 선형 결합으로 선형회귀(Linear Regression)를 모델화하게 된다('8.1.2 로지스틱회귀분석'에서 상세하게 학습하자).

8.1.2 로지스틱회귀분석

8.1.2.1 로지스틱회귀분석의 이해

❶ 로지스틱회귀분석(Logistic Regression Analysis)의 정의

로지스틱회귀분석은 영국의 통계학자인 D. R. Cox가 1958년에 제안한 확률 모델로서 두 개의 값만을 가지는 종속변수와 독립변수들 간의 인과관계를 로지스틱 함수를 이용하여 추정하는 통계 기법이며, 어떤 사건(Event)이 발생할 지에 대한 직접 예측이 아니라 그 사건이 발생할 확률을 예측하게 된다.

따라서 회귀분석이라는 명칭과 달리 회귀 문제와 분류 문제 모두에 사용할 수 있으나 일반적으로 분류 모델로 사용한다.

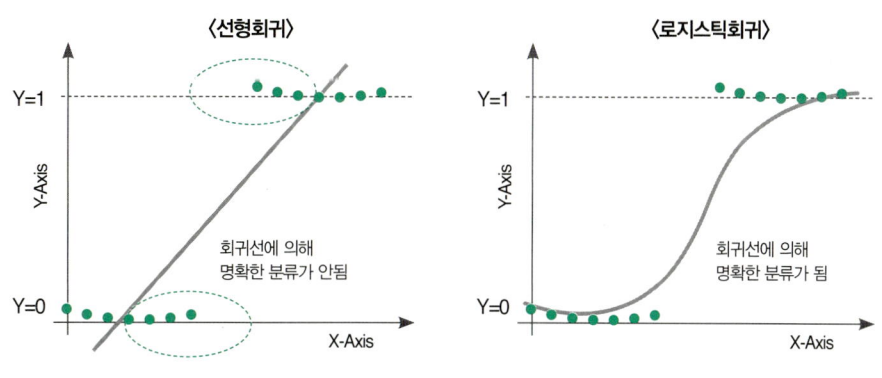

선형회귀와 로지스틱회귀

위 그림에서처럼 종속변수 Y가 성공(1)과 실패(0) 2가지 값(범주)을 가졌다고 할 때, 좌측의 선형회귀는 하나의 회귀선으로 명확하게 성공(1)과 실패(0)를 분류하지 못함을 알 수 있다. 하지만 우측의 로지스틱회귀는 하나의 회귀선으로 성공(1)과 실패(0)를 명확하게 분류할 수 있게 된다.

즉, 예측된 확률에 따라 가능성이 더 높은 범주로 분류하는 지도학습 기반의 알고리즘으로 정리할 수 있다.

> **로지스틱회귀의 정의**
> - $p = P$(성공 | k개의 독립변수), k개의 독립변수가 주어졌을 때의 1인 확률
> - $1 - p = P$(실패 | k개의 독립변수), k개의 독립변수가 주어졌을 때의 0인 확률

로지스틱회귀분석은 여러 독립변수들로부터 두 범주만을 가지는 종속변수를 예측하는데 사용하며, 분석결과 종속변수값, 즉 확률이 0.5보다 크면 그 사건이 일어나며, 0.5보다 작으면 그 사건이 일어나지 않는 것으로 예측한다.

> **로지스틱회귀분석의 가정사항** 기출
> - 독립변수 : 범주형 변수(연속형 변수로 변환) 혹은 연속형 변수, 종속변수 : 범주형 변수(1개)
> - 종속변수의 이항분포 근사 및 대표본($n \geq 30$)이어야 함
> - 선형성 : 독립변수와 종속변수의 로짓(Logit 선형관계)
> - 다중공선성 확인 : 독립변수 간 상관관계를 가지는 문제 최소화
> - 독립성 만족 : 각 집단은 독립적이어야 한다(독립성).

로지스틱회귀분석은 "정규성"을 만족하지 않아도 되기 때문에 판별분석에 비해 쉽게 적용이 가능하다(일반적으로 로지스틱회귀분석식에서는 5가지 기본 가정사항 들이 분명 존재하지만, 종속변수의 이항분포만을 제외하면, 분석에서 특별히 신경 쓰지 않는다).

❷ 로지스틱회귀의 종류

일반적으로 로지스틱회귀는 종속변수가 이항형 문제(유효한 범주의 개수가 두 개인 경우)를 지칭할 때 사용하지만, 이외에도 두 개 이상의 범주를 가지는 문제가 대상인 경우와 복수의 범주이면서 순서가 존재하는 경우에도 사용할 수 있다.

로지스틱회귀의 종류

구분	설명
이항 로지스틱회귀 (Binomial Logistic Regression)	종속변수 결과가 2개의 범주(집단)인 경우 예 : 성공, 실패 등
다항 로지스틱회귀 (Multinomial Logistic Regression)	종속변수 결과가 두 개 이상의 범주(집단)인 경우 = 분화 로지스틱회귀(Polytomous Logistic Regression) 예 : 맑음, 흐림, 비 등
서수 로지스틱회귀 (Ordinal Logistic Regression)	종속변수 결과가 두 개 이상의 범주(집단)이면서 순서가 존재하는 경우 예 : A등급, B등급, C등급

예를 들어, 통신사의 경우 2년 약정 종료 후 번호이동으로 타 통신사로 갈 것인지, 기기변경으로 남을 것인지에 대한 분류 문제를 판단하고자 할 때 로지스틱회귀가 활용될 수 있다.

8.1.2.2 로지스틱회귀분석의 원리 기출

종속변수 Y가 범주형 변수일 경우, 일반적인 선형회귀 모델로는 범주값을 추정할 수 없다. 이유는 종속변수 Y는 1과 0으로 이루어져 있고, 선형회귀 모델은 (−)무한대에서 (+)무한대($-\infty, \infty$) 사이의 값을 가지기 때문이다.

$$\underbrace{\text{범주형}Y}_{\substack{\text{범주형}Y\text{의 값}\\0, 1}} \neq \underbrace{\beta_0 + \beta_1 X_1 + \cdots + \beta_k X_k + \varepsilon_1}_{\substack{X_1 \sim X_k \text{에 의해 가질 수 있는 값}\\(-)\text{무한대에서 }(+)\text{무한대}(-\infty, \infty)}}$$

따라서 독립변수가 (−)무한대에서 (+)무한대($-\infty, \infty$)에 포함되는 어떤 숫자이든 상관없이 종속변수값이 항상 [0,1] 사이의 범위에 있도록 하거나, 범주형 변수를 (−)무한대에서 (+)무한대의 값으로 변환해 주어야 한다(회귀식의 값과 종속변수 값의 범위 일치).

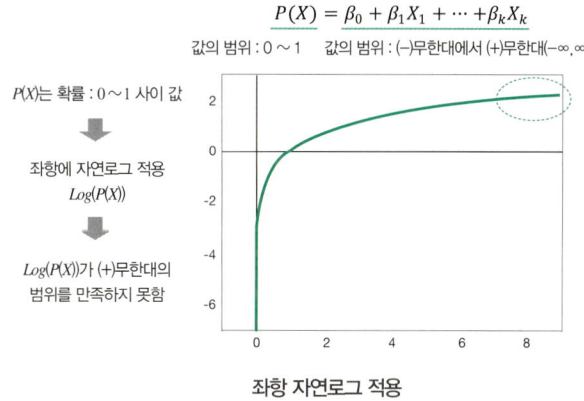

위 그림에서처럼 좌항과 우항의 값을 (−)무한대에서 (+)무한대($-\infty, \infty$)로 일치시키기 위해 범주형 값을 가진 좌항에 자연로그를 취하였음에도, $Log(P(X))$는 (−)무한대의 값은 가질 수 있으나 (+)무한대의 값을 가질 수 없다. 따라서 (+)무한대로 만들어주는 과정이 필요하다.

이러한 역할을 하는 함수를 연결 함수(Link Function)라 하고 범주형 종속변수 집단의(0과 1) 각 확률을 연속형 척도로 변환하여 종속변수와 독립변수의 관계를 선형회귀분석을 활용해 모델링할 수 있게 해 준다.

로지스틱회귀분석의 연결 함수는 로지스틱 함수(Logistic Function)이며, 오즈(Odds)를 로짓(Logit)변환 함으로써 정의된다.

> **참고**
> 일반적으로 좌항(범주형 0,1의 값)을 무한대로 변환시켜 분석에 사용하는 것은 통계학에서 활용하고, 우항(회귀식)을 0~1의 확률로 변환하여 사용하는 것은 머신러닝 분야에서 활용한다.

❶ 오즈(Odds)의 정의

오즈는 어떤 사건이 일어날 확률을 그 사건이 일어나지 않을 확률로 나눈 값이며, 특정 사건이 발생할 확률에 대한 그 사건이 발생하지 않을 확률의 비율을 의미한다.

종속변수 Y가 성공(1)일 때, 오즈의 값의 범위는 다음 식으로 표현되며, 오즈는 0에서 (+)무한대$(0, \infty)$ 사이의 값을 가지게 한다.

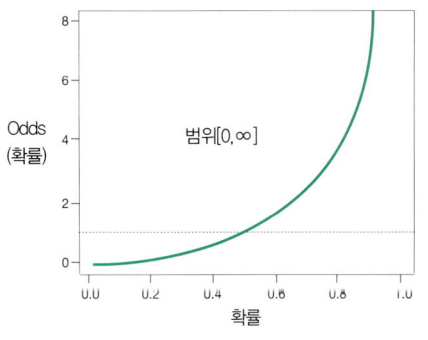

$$Odds(Y = 1) = \frac{p}{1-p}, p : (y = 1|x)$$

$$0 \leq 오즈(Odds) \leq \infty$$

x : 독립변수, y : 종속변수

Odds의 범위

오즈는 0에서 무한대의 값을 가질 수 있으나, 음수의 값을 가질 수는 없다. 확률과의 관계식에 있어서, 확률이 0.5일 경우의 오즈는 1이 되며, 확률이 0에서 0.5 사이일 경우는 오즈값의 범위는 0에서 1 사이의 값을 가지고, 확률이 0.5에서 1 사이일 경우는 1에서 무한대 사이의 오즈값을 가지게 된다.

특히 0.9 이상의 확률에서는 매우 큰 오즈값을 가지게 되며, 이러한 불균형성 때문에 단순히 오즈를 기초로 분석을 실시하면 결과를 왜곡시킬 수 있다.

❷ 로짓(Logit)의 정의

로짓은 오즈에 로그를 취한 값으로, 오즈의 비대칭성을 대칭으로 변환해주는 과정으로 정의할 수 있다. 오즈의 0의 값을 무한대 값으로 변환하여 (−)무한대에서 (+)무한대$(-\infty, \infty)$ 사이의 값을 가지게 하며, 범주형 종속변수를 로짓변환하면 선형회귀식으로 종속변수 Y에 대한 값을 추정할 수 있게 된다.

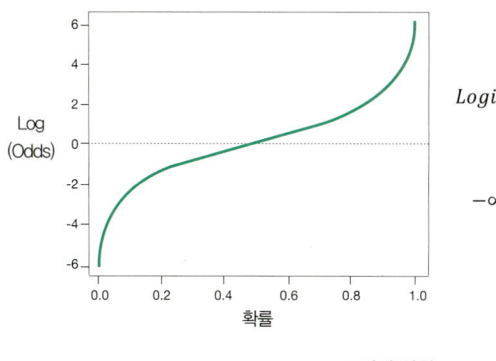

$$Logit(p) = Log(odds) = \log \frac{p(X)}{1-p(X)}$$
$$= \beta_0 + \beta_1 X_1 + \cdots + \beta_k X_k$$
$$-\infty \leq 로그오즈(Log\ Odds) \leq \infty$$

로짓의 범위

❸ 로지스틱 함수(Logistic Function)의 정의 기출

로지스틱 함수는 로짓(Logit)의 역함수이다. 즉, 음의 무한대부터 양의 무한대까지의 값을 가지는 입력 변수를 0부터 1사이의 값을 가지는 출력변수로 변환하는 역할을 한다.

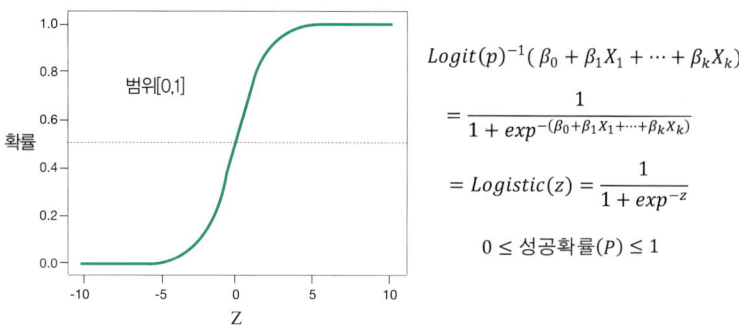

$$Logit(p)^{-1}(\beta_0 + \beta_1 X_1 + \cdots + \beta_k X_k)$$
$$= \frac{1}{1 + exp^{-(\beta_0 + \beta_1 X_1 + \cdots + \beta_k X_k)}}$$
$$= Logistic(z) = \frac{1}{1 + exp^{-z}}$$
$$0 \leq 성공확률(P) \leq 1$$

로지스틱 함수의 범위

로지스틱 함수는 연결 함수(Link Function)의 한 종류인 시그모이드 함수(Sigmoid Function)와 동의어임을 기억하자.

로지스틱회귀분석을 이용한 1과 0 클래스 발생 확률 도출 사례는 다음과 같다.

머신러닝에서의 로지스틱 함수 적용 사례(우항, 회귀식의 로짓변환)

구분	설명	파라미터
사례	이커머스 사이트에서 물건의 구매여부(Y)가 월소득(X_1)과 성별(X_2)에 의해 결정된다고 했을 때, 월 400만 원의 월급을 받는 사람의 구매(1) 확률을 구해 보자.	〈독립변수〉 월소득(X_1) 성별(X_2) : 남(1), 여(0) 〈종속변수(Y)〉 구매여부 : 구매(1), 미구매(0)

선형회귀식	사전 정의한 선형회귀식(과정 생략) $Y = 0.5 + (-0.01 \times X_1) + (-1.1 \times X_2)$	절편(β_0) = 0.5 월소득(β_1) = -0.01 성별(β_2) = -1.1
데이터	위 회귀식으로 예측할 데이터	월소득(X_1) = 400만 원 성별(X_2) = 1
로짓변환(판별 함수)	$z = 0.5 + (-0.01 \times 400) + (-1.1 \times 1) = -4.6$	$z = -4.6$
로지스틱 함수 (확률 산출)	$Logistic(z) = \dfrac{1}{1 + exp^{-z}} = \dfrac{1}{1 + exp^{-(-2.4)}} = 0.009$	구매(1) : 0.009 미구매(0) : 0.991
결론	$exp(0.08) = -4.6$ 남자이면서 월 400만 원의 월급을 받는 사람은 물건을 구매할 비율이 구매하지 않을 경우에 비해 4.6배 낮고, 이를 구매(1) 확률로 변환하면 0.9%가 된다.	

8.1.2.3 로지스틱회귀분석의 회귀계수와 적합성 검정

선형회귀분석과의 로지스틱회귀분석의 회귀계수 추정 방법과 적합성 검정 방법 차이는 다음과 같다.

선형회귀분석과 로지스틱회귀분석 차이

구분	선형회귀분석	로지스틱회귀분석
목적	연속형 종속변수값 예측	비연속형 종속변수의 범주 예측
회귀계수 추정	최소제곱법	최대가능도(우도) 추정법
회귀계수 유의성 검정	t검정	왈드(Wald) 통계량
모델 적합도	분산분석(F검정)	호스머렘쇼(Hosmer-Lemeshow) 적합도검정 (카이제곱검정 사용) 로그우도 함수 $log(L) = LL$ -2로그우도 함수 : $-2log(L) = -2LL$
모델 설명력	결정계수(R^2), 수정된 결정계수($Adjust\ R^2$)	맥파든 의사결정계수(R^2_{pseudo}) 등

단순회귀분석, 다중회귀분석에서 모델에 대한 검정을 위해 분산분석표의 F검정을 활용하였다. 회귀계수에 대한 검정으로는 t검정을 사용하였으며, 모델에 대한 설명력은 결정계수(R^2), 수정된 결정계수($Adjust\ R^2$)로 판단하였다.

로지스틱회귀분석에서는 모델에 대한 검정으로 로그우도를 활용한다. 회귀계수에 대한 검정으로는 왈드(Wald) 통계량을 활용하고, 모델에 대한 설명력으로는 맥파든 의사결정계수(R^2_{pseudo}) 등을 사용한다. 그러나 선형회귀분석의 결정계수(R^2)만큼 중요도를 높게 평가하진 않는다.

로지스틱회귀분석 적합도 검정

구분	로지스틱회귀분석	설명
회귀계수 추정	최대가능도(우도) 추정법	특정한 우도 함수(Likelihood Function)을 설정하고 이 함수를 최대화하는 모수값들을 순환과정을 거쳐 산출 $Max[L(\beta_i;\beta_j)]$ 월소득($\beta1$) = -0.01 우도 : 특정한 로지스틱회귀 모델이 모집단에서 참이라는 가정하에 자료의 빈도 혹은 비율들이 발생할 확률을 의미함
회귀계수 유의성 검정	왈드(Wald) 통계량	왈드통계량 z^2가 자유도가 1인 카이제곱분포를 따른다는 사실을 이용하여 유의성 검정 $Wald(z^2) = (\dfrac{\hat{\beta}_j - \beta_j}{S.E.(\hat{\beta}_j)})^2 \sim \chi^2$ 귀무가설(H_0) : 회귀계수가 0이다 ($\beta_j = 0$), 변수의 설명력이 없다.
모델 적합성	로그우도 함수 $log(L) = LL$	우도 함수에 로그를 취한 값 로그우도 함수는 0을 제외하고 항상 음수 0에 가까울수록 모델의 적합성이 좋음 로그우도의 범위 : $-\infty \le log(L) \le 0$
	$-2log(L) = -2LL$	로그우도에 -2를 곱하여 카이제곱분포를 따르게 함 $-2LL$의 범위 : $0 \le -2LL \le \infty$ 0에 가까울수록 모델의 적합성이 좋음 작을수록 설명력이 증가된다고 해석 가능 우도비검정 : 로그우도 함수를 이용한 유의성 검증
모델 설명력	맥파든 의사결정계수(R^2_{pseudo})	로그우도 함수값을 이용해 계산한 결정계수 결정계수 범위 $0 \le R^2_{pseudo} \le 1$ 1에 가까울수록 모델의 설명력 좋음 $R^2_{pseudo} = 1 - \dfrac{G^2}{G_0^2}$ G^2 : 현재 이탈도, G_0^2 : 귀무 모델 측정 이탈도 (이탈도는 0에 가까울수록 좋음)

모델 적합성 판단 시 호스머렘쇼(Hosmer-Lemeshow) 적합도검정(카이제곱검정 사용)도 활용할 수 있으나 권장되지 않는다.

8.1.2.4 로지스틱회귀분석 해석 예시

제시한 사례는 로지스틱회귀분석 모델의 결과 해석을 확인하기 위해, 각 관찰값(데이터)은 작성하지 않고 통계도구(Python의 Statsmodel Library)로 산출한 결과를 기반으로 작성했다.

로지스틱회귀분석 모델 적합성 검정 사례

구분	설명
검정 데이터셋 소개	〈위스콘신 유방암(Breast Cancer) 데이터셋〉 유방암 진단 사진으로부터 측정한 종양(Tumar)의 특징값을 사용하여 종양이 양성(Benign)인지 악성(Malignant)인지를 판별한 결과를 가진 데이터셋(569건) 분류하고자 하는 타겟 데이터 포함 총 31개의 변수로 구성 타겟 데이터(범주) : 양성(Benign, 1), 악성(Malignant, 0)
로지스틱 회귀분석	유방암 데이터셋의 독립변수 일부를 사용하여 암의 양성(1)과 악성(0)을 판단 독립변수 : mean_radius(반경평균), mean_texture(질감평균), mean_perimeter(둘레평균) 종속변수 : target(양성1, 악성0) 분석데이터 : 455건(569건의 80% 사용) 분석방법 : statsmodels 사용
테스트 데이터 양성종양 (1)의 확률 계산 사례	〈로짓 함수(회귀식 도출)〉 $Logit(p) = Log\left(\frac{P(X)}{1-P(X)}\right) = 0.64 + 20.18 \times X_1 + -1.07 \times X_2 + -24.47 \times X_3$ 〈로지스틱 함수〉 $Logistic(z) = \frac{1}{1+exp^{-(0.64+20.18 \times X_1 + -1.07 \times X_2 + -24.47 \times X_3)}}$ 〈테스트 데이터의 확률 계산〉 테스트 데이터 : $X_1 = -0.49, X_2 = -0.25, X_3 = -0.46$ $Log\left(\frac{P(X)}{1-P(X)}\right) = 0.64 + 20.18 \times -0.49 + -1.07 \times -0.25 + -24.47 \times -0.46 = 2.28$ $Logistic(z) = \frac{1}{1+exp^{-(2.28)}} = 0.91$ (양성1일 확률 : 91%) $exp(0.91) = 2.28$ 양성종양(1)에 걸릴 경우가 악성종양(0)일 경우에 비해 2.28배 높고, 이를 구매(1) 확률로 변환하면 91%가 된다.
회귀계수 추정 및 유의성 검정	〈회귀계수 유의성 검정 결과〉 |	coef	std err	z	P > |z|	[0.025	0.975]
---	---	---	---	---	---	---
const	0.6412	0.194	3.308	0.001	0.261	1.021
X_1	20.1777	3.706	5.445	0.000	12.914	27.441
X_2	-1.0736	0.208	-5.162	0.000	-1.481	-0.666
X_3	-24.4741	3.954	-6.190	0.000	-32.223	-16.725	 X_1 : mean_radius, X_2 : mean_texture, X_3 : mean_perimeter 〈가설 설정〉 귀무가설(H_0) - $X_1(\hat{\beta}_1)$ 회귀계수가 0이다($\beta_1 = 0$) - $X_2(\hat{\beta}_2)$ 회귀계수가 0이다($\beta_2 = 0$) - $X_3(\hat{\beta}_3)$ 회귀계수가 0이다($\beta_3 = 0$) 〈회귀계수 유의성 통계적 결론〉 - X_1 : 유의확률 P값 = 0.000 < 유의수준($\alpha = 0.05$), 유의확률은 유의수준보다 작아 귀무가설은 기각되어, X_1 변수의 설명력은 있다고 판단

회귀계수 추정 및 유의성 검정	- X_2 : 유의확률 P값 = 0.000 < 유의수준(α = 0.05), 유의확률은 유의수준보다 작아 귀무가설은 기각되어, X_2 변수의 설명력은 있다고 판단 - X_3 : 유의확률 P값 = 0.000 < 유의수준(α = 0.05), 유의확률은 유의수준보다 작아 귀무가설은 기각되어, X_3 변수의 설명력은 있다고 판단
모델의 적합성 검정 R^2_{pseudo}	〈로지스틱회귀 결과〉 | Dep. Variable : | Target | No. Observations : | 455 | |---|---|---|---| | Model : | Logit | Df Residuals : | 451 | | Method : | MLE | Df Model : | 3 | | Date : | Tue, 11 Oct 2022 | Pseudo R-squ : | 0.6894 | | Time : | 19:06:39 | Log-Likelihood : | -93.220 | | Converged : | True | LL-Null : | -300.17 | | Covariance Type : | Nonrobust | LLR P-value : | 2.162e-89 | 〈맥파든 의사결정계수〉 $R^2_{pseudo} = 0.6894$ 종속변수(암의 판단 여부)의 변동 중 약 68% 정도는 독립변수에 의해 설명 가능하다. 〈로그우도 함수〉 $Log\,(L) = Log\text{-}Likelihood = -93.22$ 0에 가까울수록 모델의 적합성이 좋으므로, 일부 모델의 설명력이 있다고 판단할 수 있다.

8.1.3 의사결정나무

빅분기_39
8.1.3

8.1.3.1 의사결정나무의 이해

의사결정나무(Decision Tree)는 데이터들이 가진 속성들로부터 분리 기준 변수(속성)를 판별하고, 분리 기준 변수(속성)에 따라 나무 형태로 모델링하는 분류 및 예측 모델이다. 의사결정나무는 분류와 예측에 모두 쓰인다.

의사결정나무는 주어진 입력값에 대하여 출력값을 예측하는 모델로 분류나무(Classification Tree) 모델과 회귀나무(Regression Tree) 모델이 있다.

❶ 의사결정나무의 구조 기출

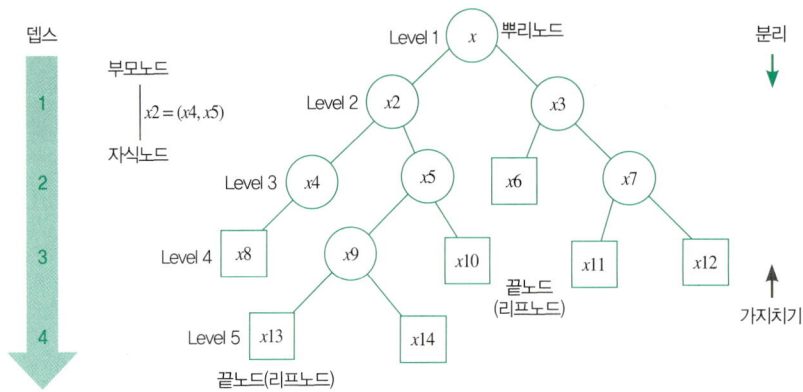

의사결정나무 구조

상위노드로부터 하위노드로 트리 구조를 형성하는 매 단계마다 분리변수와 분리기준값의 선택이 중요하다. 상위노드의 기준(분리변수, 분리기준값)에 의해 분기되는 하위노드에서는 노드(집단) 내에서는 동질성이, 노드(집단) 간에는 이질성이 가장 커지도록 선택한다. 나무 모델의 크기는 과적합(또는 과소적합)되지 않도록 합리적 기준에 의해 적당히 조절한다. 기출

❷ 의사결정나무의 구성

의사결정나무 구성요소

구분	설명	위 사례 예시
뿌리노드(Root Node)	나무 구조가 시작되는 노드로 전체 자료로 구성	x
자식노드(Child Node)	하나의 노드로부터 분리되어 나간 2개 이상의 노드들	$x2, x3, x4, x5, x6, x7, x8, x9, x10, x11, x12, x13, x14$
부모노드(Parent Node)	주어진 노드의 상위노드	$x, x2, x3, x4, x5, x7, x9$
끝노드(Terminal Node)	자식노드가 없는 노드 = 가지노드 (Branch Node), 리프노드(잎, Leaf Node)	$x8, x13, x14, x10, x6, x11, x12$
중간노드(Internal Node)	부모노드와 자식노드가 모두 있는 노드	$x2, x3, x4, x5, x7, x9$
가지(Branch)	한 노드로부터 끝노드까지 연결된 노드	-
레벨(Level)	뿌리노드를 기준으로 특정 노드까지의 경로 길이	x : level 1 $x4$: Level 3
깊이(Depth)	뿌리노드부터 끝노드까지의 중간 노드의 수	$Max\_depth = 4$

❸ 의사결정나무의 장점 및 단점

의사결정나무 장점 및 단점

구분	주요 과정	설명
장점	해석의 용이성	나무 구조에 의해서 모델이 표현되기 때문에 해석이 쉬움 새로운 자료에 모델을 적합시키기 쉬움 어떤 입력변수가 중요한지 파악이 쉬움
	교호작용 효과의 해석	두 개 이상의 변수가 결합하여 종속변수에 어떠한 영향을 주는지 알기 쉬움
	비모수적 모델	선형성, 정규성, 등분산성의 가정이 필요치 않음 단지 순위만 분석에 영향을 주므로 이상값에 민감하지 않음
단점	비연속성	연속형 변수를 비연속적인 값으로 취급하여 예측오류가 클 가능성이 있음
	선형성 또는 주 효과의 결여	선형 또는 주 효과 모델에서와 같은 결과를 얻을 수 없음
	비안정성	분석용 자료에만 의존하므로 새로운 자료의 예측에 불안정함

- 교호작용(Interaction) : 실험계획법에서 두 개 이상의 인자에 대해 각각의 기준을 조합하였을 때 생기는 효과, 즉 조합에 의해 최적조건이 달라질 때 조합의 영향도를 의미한다.

8.1.3.2 의사결정나무분석 방법

❶ 의사결정나무 형성 과정

의사결정나무 형성 과정 **기출**

단계	주요 과정	설명
Step1	변수 선택	종속변수와 관계가 있는 독립변수 선택
Step2	성장 (Growing)	분석 목적과 자료의 구조에 따라 적절한 알고리즘의 선택 및 분리기준과 정지규칙을 정하여 의사결정나무의 구조를 만드는 과정 1) 알고리즘 선정 : CHAID, CART, C4.5/5.0 등 2) 분리규칙 : 어떤 독립변수를 이용하여 어떻게 분리하는 것이 종속변수의 분포를 가장 잘 구별해 주는지에 대한 규칙(자식노드의 순수도는 증가하고 불순도는 감소하는 방향으로 분리를 진행, 최적 분리기준을 찾은 후 각 레벨에서 분리를 반복함) 3) 분리기준 : 순수도 혹은 불순도에 의해 측정(종속변수의 특정 범주에 개체들이 포함되어 있는 정도) 부모노드에 비해 자식노드의 불순도(이질성)가 작은 방향으로 분리 혹은 순수도(동질성)가 증가하는 방향으로 분리 (예 : 부모 불순도(0.5), 자식 불순도(0.3)인 경우, 자식 불순도가 작아져서 분리 수행) 4) 정지규칙 : 더이상 분리가 일어나지 않고 현재의 노드가 끝노드가 되도록 깊이(Depth)를 지정하는 규칙(불순도 감소량이 작을 때 적용)

Step3	가지치기 (Pruning)	적절하지 않은 마디를 제거하여, 적당한 크기의 자식노드 구조를 가지도록 하는 규칙 과적합을 줄이고 일반화 가능성을 증대시키는 자식노드(Subtree)를 찾는 과정(가지치기 결과로 깊이가 줄어들고 결과의 개수가 줄어듦)
		1) 속성 제한 – 나무의 깊이(Depth), 잎노드(Leaf Node)의 최대 개수, 노드가 분할하는 최대 개수 – 그 중에서도 최대 깊이(Max_Depth)를 통해 나무의 깊이 제한 2) 최소 표본 분리(Min_Sample_Split) 파라미터 조정 – 한 노드에 들어있는 최소 데이터 수를 정함
		가지치기를 하면 과적합은 줄어들지만 많이 수행 시 데이터 정확도가 하락할 수 있어, 최적의 가지치기 횟수를 하이퍼파라미터로 설정 필요 알파컷(Alpha-Cut) 등 과적합 막기 위한 가지치기 기법 이용
Step4	타당성 평가	이익(Gain), 위험(Risk), 비용(Cost) 등을 고려하여 모델 평가 가지치기의 결과인 나무 모델의 집합에서 최적 모델을 선택 검증오차가 가장 작은 의사결정나무를 평가
Step5	해석 및 예측	분류(Classification) 및 예측(Prediction) 수행

❷ 불순도(Impurity)와 순수도(Purity) : 노드의 분리 기준

불순도는 다양한 범주(Factor)들의 개체(데이터)들이 얼마나 포함되어 있는가를 의미하며 즉, 여러 가지의 범주들이 섞여 있는 정도를 말한다. 반대로 순수도(Purity)는 같은 범주들끼리 얼마나 많이 포함되어 있는지를 의미한다. 따라서 부모노드의 순수도에 비해서 자식노드들의 순수도가 증가하거나 혹은 부모노드의 불순도에 비해서 자식노드의 불순도가 낮아지도록 트리를 형성한다.

불순도와 순수도

1, 3번 데이터는 순수하게 연두색과 초록색으로 채워져 있으며, 2번 데이터는 섞여 있다. 1, 3번 데이터는 순도가 100%라 할 수 있으며, 2번 데이터만 순수도가 낮은 상태라 할 수 있다.

8.1.3.3 의사결정나무분석 유형

의사결정나무는 종속변수가 범주형인 분류나무(Classification Tree)와 종속변수가 연속형인 회귀나무(Regression Tree)로 구분된다.

종속변수에 따른 분류나무와 회귀나무 구분 기출

구분	범주형 종속변수(분류나무)	연속형 종속변수(회귀나무)
CHAID(다지분리)	카이제곱통계량	분산분석(ANOVA) F통계량
CART(이진분리)	지니지수	분산감소량
ID3, C4.5/C5.0(다지분리)	엔트로피지수	–

이진분리(Binary Split) : 2개의 부분집합(Subset)으로 나눔
다지분리(Multi-way Split) : 고유값만큼 많은 파티션을 사용하여 나눔

종속변수가 범주형인 분류나무는 상위노드에서 가지 분할을 수행할 때, 분류 기준값의 선택 방법으로 카이제곱통계량(Chi-square Statistic), 지니지수(Gini Index), 엔트로피지수(Entropy Index) 등이 사용되며, 종속변수가 연속형인 회귀나무는 분산분석(ANOVA) F통계량과 분산감소량을 사용한다.

❶ 분류나무(Classification Tree, 종속변수가 범주형인 경우)

- **카이제곱통계량**

카이제곱통계량이 자유도(유의수준)에 비해서 매우 작다는 것은 독립변수의 각 범주에 따른 종속변수의 분포가 서로 동일하다는 것을 의미하며, 독립변수가 종속변수의 분류에 영향을 주지 않는다는 결론을 내릴 수 있다.

반대로 카이제곱통계량이 크다는 것은 분리된 노드가 이질적임을 의미한다. 따라서 카이제곱통계량은 커지고 카이제곱통계량의 P값($P-value$)이 작아지는 방향으로 노드를 분리한다. 즉 관측도수와 기대도수의 차이가 커질수록 노드 간의 이질성은 높아지고, 노드 내의 순수도는 높아져 좋은 분리(Split)가 됐다고 할 수 있다.

카이제곱통계량 기반 분리되는 사례

구분	설명
사례	A:6, B:6 → (A:6, B:2) / (A:0, B:4) 관측도수, 기대도수의 분할표 | 만족	A 속성	B 속성	합계
---	---	---	---
왼쪽 노드	6(4)	2(4)	8
오른쪽 노드	0(2)	4(2)	4
합계	6	6	12	 왼쪽 노드와 오른쪽 노드로 분리되었을 때의 A와 B의 속성 수 ( )안의 숫자는 기대도수 (6 × 8) / 12 = 4, (6 × 4) / 12 = 2

가설 설정	귀무가설(H_0) – 왼쪽 노드와 오른쪽 노드 간의 A와 B의 구성 비율이 동일하다(동질적). 대립가설(H_1) – 왼쪽 노드와 오른쪽 노드 간의 A와 B의 구성 비율이 동일하지 않다(이질적).
검정통계량	$\chi_0^2 = \sum_{i=1}^{k} \frac{(O_i - e_i)^2}{e_i}$, 자유도($v = k - 1$, k : 범주의 개수) O_i : i번째 범주의 관측도수, e_i : i번째 범주의 기대도수 $\chi^2 = \frac{(6-4)^2}{4} + \frac{(2-4)^2}{4} + \frac{(0-2)^2}{2} + \frac{(4-2)^2}{2} = 6$
가설 검정 유의수준 ($\alpha = 0.05$) 기각역	검정통계량 $\chi_0^2 \geq$ 기각역 $\chi^2((r-1)(c-1), \alpha)$ R : 행의 범주, 기각역 $\chi^2(1, 0.05) = 3.838$ (부록 C 카이제곱분포표 참조) C : 열의 범주
통계적 결론 – 기각역	검정통계량 $\chi_0^2 = 6 \geq$ 기각역 $\chi^2((2-1)(2-1), 0.05) = 3.838$. 검정통계량은 기각역에 속하여 귀무가설은 기각된다. 따라서 왼쪽 노드와 오른쪽 노드 간의 A와 B의 구성 비율이 동일하지 않다. 이질적이기 때문에 분리된다.
통계적 결론 – P값	검정통계량 6의 P값 $0.014 \leq$ 유의수준 0.05이므로 귀무가설은 기각된다. 따라서 왼쪽 노드와 오른쪽 노드 간의 A와 B의 구성 비율이 동일하지 않다. 이질적이기 때문에 분리된다.

● **지니지수(Gini Index)**

지니지수는 경제적 불평등을 표현하는 방법으로, 지니지수가 1에 가까울수록 완전 불평등을 의미하고 (하나의 노드에 하나의 클래스 데이터만 존재, 불순도 낮음). 즉, 1일 때 모든 클래스가 동일한 비율로 존재하기 때문에 데이터가 어떤 클래스에 속할지 예측하기 가장 어려운 상태가 된다. 일반적으로 의사결정나무와 같은 머신러닝 알고리즘에서는 노드의 분류 정확도를 측정할 때 데이터가 얼마나 다양한 클래스에 속하는지를 평가하기 위해 지니불순도(Gini Impurity)를 사용한다. 클래스의 수가 2일 때 지니불순도의 최대값은 0.5가 되며 이는 노드 내의 이질성이 큰 것이기 때문에 불순도가 작아지는 방향으로 분리하거나 감소폭이 높은 쪽으로 분리한다(클래스가 3개 이상일 경우 최대값이 0.5보다 커질 수 있다).

$$\text{지니불순도} = 1 - \sum_i^c P_i^2, \quad 0 \leq G \leq \frac{1}{2}$$

G : 지니불순도, P_i^2 : 클래스 i에 속할 확률, c : 클래스의 수

사례 : 지니불순도 계산

구분	성별을 기준으로 나눈 경우	나이를 기준으로 나눈 경우
사례	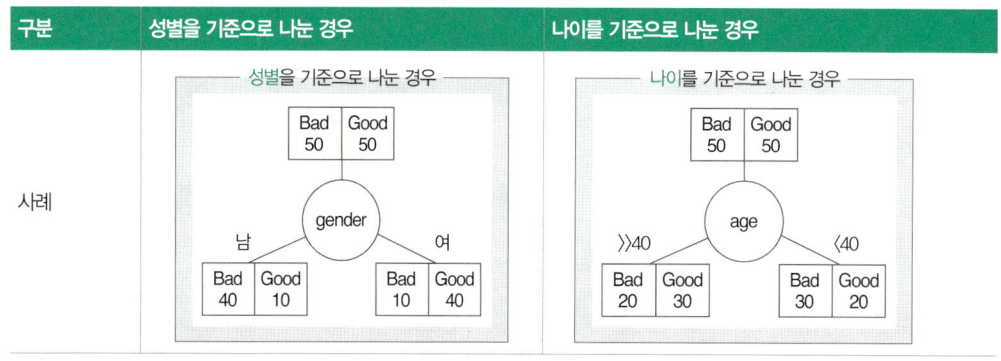	

뿌리노드의 불순도	$1 - \left\{ \left(\frac{50}{100}\right)^2 + \left(\frac{50}{100}\right)^2 \right\} = 0.5$	
자식노드의 지니불순도	$\langle D : Left = 남자 \rangle$ $1 - \left\{ \left(\frac{40}{50}\right)^2 + \left(\frac{10}{50}\right)^2 \right\} = 0.32$ $\langle D : Right = 여자 \rangle$ $1 - \left\{ \left(\frac{10}{50}\right)^2 + \left(\frac{40}{50}\right)^2 \right\} = 0.32$	$\langle D : Left \geq 40 \rangle$ $1 - \left\{ \left(\frac{20}{50}\right)^2 + \left(\frac{30}{50}\right)^2 \right\} = 0.48$ $\langle D : Right < 40 \rangle$ $1 - \left\{ \left(\frac{30}{50}\right)^2 + \left(\frac{20}{50}\right)^2 \right\} = 0.48$
불순도의 감소폭	〈성별의 감소폭〉 $0.5 - \left\{ \left(\frac{50}{100}\right) \times 0.32 \right\} \times 2 = 0.18$	〈나이의 감소폭〉 $0.5 - \left\{ \left(\frac{50}{100}\right) \times 0.48 \right\} \times 2 = 0.02$
결론	즉, 성별에 의해 자료를 나누는 것이 나이를 기준으로 분할하는 것보다 종료노드의 순수성의 증가에 도움이 되어 분할에 유리하게 된다.	

사례에서 불순도를 비교하면 성별을 기준으로 분할했을 때의 지니지수는 0.32이고, 나이를 기준으로 분할했을 때는 0.48이다. 0.5가 노드의 불순도가 높다고 봤을 때 이는 나이를 기준으로 분할 시 불순도가 더 크다는 의미이므로 불순도 값이 낮은 성별을 기준으로 분할한다.

● **엔트로피지수(Entropy Index)**

엔트로피지수는 정보이론(Information Theory)에서 온 개념으로, 어떤 사건이 발생할 확률분포에 따라 얻을 수 있는 정보의 양을 나타내며 정보의 불확실성을 측정하는 지표로 표현된다. 따라서 각 클래스의 확률분포가 얼마나 고르게 되어 있는지를 측정하며 만약 모든 데이터가 같은 클래스에 속한다면(불순도가 낮다면) 엔트로피는 0이고, 각 클래스가 동일한 확률로 나타난다면(불순도가 높다면) 엔트로피는 최대값이 된다(클래스의 수 2 : 최대값 1, 3개 이상 : 1 이상).

$$엔트로피지수 = 1 - \sum_{i}^{c} P_i log_2 P_i, \ 0 \leq E \leq 1$$

E : 엔트로피지수, P_i : 클래스 i에 속할 확률, c : 클래스의 수

엔트로피 값이 크다는 것은 자식노드 안에 다양한 클래스가 섞여 있다는 뜻이므로 엔트로피를 줄이는 방향으로 데이터를 분리한다.

엔트로피지수 계산 사례

구분	〈분할 전〉 엔트로피지수	〈분할 후〉 엔트로피지수
사례	연두색 공 10개, 초록색 공 10개	A노드 B노드 A노드 : 연두색 공 8개, 초록색 공 1개 B노드 : 연두색 공 2개, 초록색 공 9개

엔트로피지수	$-\left(\frac{10}{20}\right) log_2 \left(\frac{10}{20}\right) - \left(\frac{10}{20}\right) log_2 \left(\frac{10}{20}\right)$ $= 0.5 + 0.5 = 1$	$\left(\frac{9}{20}\right) \times \left\{ -\left(\frac{1}{9}\right) log_2 \left(\frac{1}{9}\right) - \left(\frac{8}{9}\right) log_2 \left(\frac{8}{9}\right) \right\}$ $+ \left(\frac{11}{20}\right) \times \left\{ -\left(\frac{2}{11}\right) log_2 \left(\frac{2}{11}\right) - \left(\frac{9}{11}\right) log_2 \left(\frac{9}{11}\right) \right\}$ $= \left(\frac{9}{20}\right) \times 0.21 + \left(\frac{11}{20}\right) \times 0.37 = 0.298$
결론	분할 전의 엔트로피지수는 1이다. 이를 분할했을 때 엔트로피지수는 0.298이 된다. 분할 시 엔트로피지수가 현저하게 감소한 결과를 채택하여 분리를 진행한다.	

❷ 회귀나무(Regression Tree, 종속변수가 연속형인 경우)

종속변수가 연속형 변수인 경우의 의사결정나무를 회귀나무라고 한다. 통계학에서 종속변수가 연속형일 때 흔히 수행하는 분석이 선형회귀분석인 것을 연상해 본다면 명칭이 이해가 될 것이다. 일반적으로 범주형 변수들은 가변수화하여 0,1의 형태로 변형하여 회귀분석에 활용하지만, 범주형 변수의 수가 매우 많고, 각 범주형 변수의 개수도 많은 경우 해석은 어려워지고 분석도 복잡해진다. 이러한 경우 회귀나무 모델을 사용하게 되면, 가변수를 생성할 필요 없이 범주형 입력변수와 연속형 입력변수를 그대로 활용할 수 있게 되어 분석 및 그 해석이 용이해질 수 있다.

각 분리노드별 종속변수의 F통계량 또는 분산의 감소량에 의해 노드를 분리한다. 종속변수의 F통계량에 의해 분리노드를 결정하는 경우에는 종속변수와 독립변수들 간에 가장 설명력이 큰 변수를 먼저 선택하여 분리한다.

- **분산분석(ANOVA) F통계량**

F통계량을 계산하는 방법은 많이 알려진 분산분석(ANOVA)과 동일하다. CHIAD 알고리즘에서는 연속형 종속변수(회귀나무)의 경우 F통계량의 P값을 기준으로 데이터를 병합하고 분리하는데, P값(P-value)이 가장 작은 독립변수를 찾아 그에 맞는 최적의 분할을 통해 자식노드를 형성한다.

만약 F통계량의 P값이 유의수준보다 크다면, 독립변수에 따라 종속변수의 평균에 차이가 없다고 판단할 수 있다. 이는 해당 독립변수가 종속변수의 예측에 영향을 주지 않는다는 뜻이다. 반대로, P값이 유의수준보다 작다면 독립변수가 종속변수 예측에 영향을 미친다고 판단할 수 있으며, 이 경우 데이터를 분리하여 노드를 나누게 된다.

- **분산감소량**

특정 노드를 분리할 때 분산이 줄어든다는 것은 비슷한 특성을 가진 데이터들이 같은 그룹으로, 서로 다른 특성을 가진 개체들이 다른 그룹으로 나뉘었다는 것을 의미한다. 따라서, 분산을 가장 많이 줄이는 분리 방식이 가장 좋은 분리라고 할 수 있다.

8.1.3.4 의사결정나무 알고리즘

앞서 정리한 분리 기준별 의사결정나무 알고리즘의 종류는 다음과 같이 요약할 수 있다.

의사결정나무 알고리즘 분류표

구분	CART	C4.5/C5.0	CHAID	QUEST
종속변수	범주형 연속형	범주형	범주형 연속형	범주형
독립변수	범주형 연속형	범주형 연속형	범주형	범주형 연속형
분리기준	지니지수 분산의감소량	엔트로피지수	카이제곱통계량 F-검정	카이제곱통계량 F-검정
분리개수	이진분리	다지분리	다지분리	이진분리

각 알고리즘별 상세 설명은 다음과 같다.

의사결정나무 알고리즘 상세 설명

구분	상세 설명
CHAID (CHi-square Automatic Interaction Detection)	두 변수 간의 통계적 관계를 찾는 것(가장 오래된 알고리즘) 카이제곱검정 또는 F통계량을 이용해 다지분리 수행 종속변수가 이산형일 때, P값이 가장 작은 독립변수와 그때의 최적 분리에 의해 자식노드 형성 가지치기를 하지 않고 적당한 크기에서 나무 모델의 성장을 중지하며 입력변수가 반드시 범주형 변수여야 함
CART (Classification And Regression Tree)	이진트리 구조로 모델을 형성하는데 종속변수를 가장 잘 분리하는 독립변수와 분리 시점을 찾는 것 가장 많이 활용되는 의사결정나무 알고리즘으로 불순도의 측정 변수가 범주형일 경우 지니지수를, 연속형일 경우 분산의 감소량을 이용한 이진분리에 사용
C5.0	C4.5를 바탕으로 개발된 알고리즘 CART와는 다르게 각 노드에서 다지분리가 가능하며 범주형 입력변수에 대해서는 범주의 수만큼 분리가 발생
QUEST(Quick, Unbiased, Efficient, Statistical Tree)	명목형 종속변수의 자료에 대해서만 분석을 수행할 수 있음 독립변수의 척도에 따라서 서로 다른 분리 기준을 사용

8.1.4 인공신경망 기출

인공지능은 컴퓨터가 인간의 지능적인 행동을 모방할 수 있도록 하는 소프트웨어로 인간이 가진 지적 능력의 일부 또는 전체를 인공적으로 구현한 것을 의미한다.

빅분기_40
8.1.4

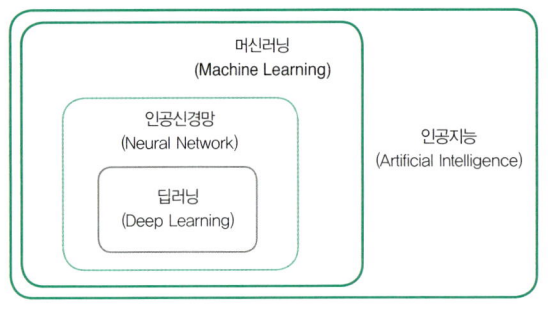

인공신경망 범위

- 인공지능 : 컴퓨터가 인간의 지능적인 행동을 모방할 수 있도록 하는 소프트웨어
- 머신러닝 : 명시적인 프로그래밍 없이 컴퓨터가 학습하는 능력을 갖추게 하는 연구 분야
- 딥러닝 : 사람의 개입이 필요한 기존의 지도학습에 보다 능동적인 비지도학습이 결합되어 컴퓨터가 마치 사람처럼 스스로 학습할 수 있는 인공지능 기술

인공지능을 구현하기 위해서 머신러닝(기계학습)을 이용하며, 머신러닝의 인공신경망(Artificial Neural Network)을 기반으로 한 알고리즘이 딥러닝이다. 따라서, 인공지능, 머신러닝(Machine Learning), 딥러닝(Deep Learning)은 포함 관계를 가지고 있으며, 인공신경망은 머신러닝의 유형인 지도학습(Supervised Learning)의 한 종류로 구분할 수 있다.

또한 인공신경망이 XOR연산 불가 문제, 기울기 소멸 문제(Vanishing Gradient)를 거쳐 현재의 딥러닝(Deep Learning, 심층학습)으로 정의되었기 때문에 딥러닝이 더 진보적인 개념을 가지고 있다

머신러닝의 유형은 모델을 학습시키는 과정에서 정답(클래스, Label)를 알려주느냐 그렇지 않느냐에 따라 지도학습(Supervised Learning)과 비지도학습(UnSupervised Learning)으로 구분되며, 각각의 상세 알고리즘은 '7.1.1.3 머신러닝 기반 분석 모델'을 참조한다.

8.1.4.1 인공신경망의 이해 기출

인공신경망(Artificial Neural Network)은 인간 두뇌의 학습 과정을 뉴런과 시냅스의 상호작용을 연산 과정으로 간주하고 이를 재현한 분류(Classification), 예측(Regression) 모델이다.

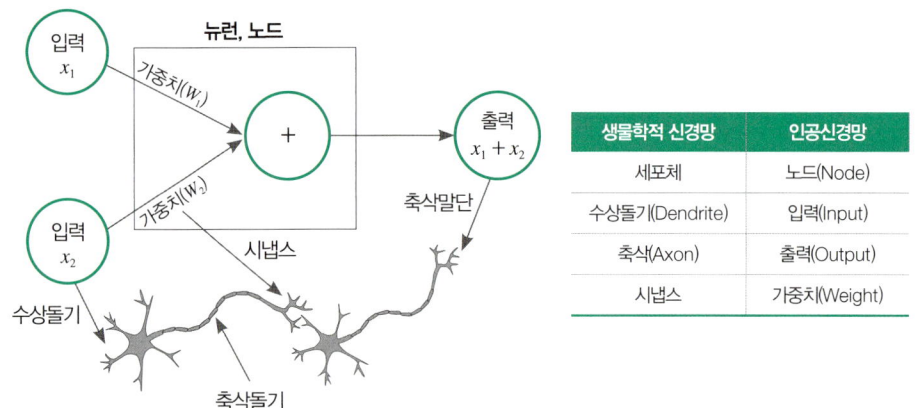

인간의 신경망 원리를 모방한 인공신경망

인공신경망은 두뇌의 뉴런(신경세포)이 연결된 형태를 모방하여 착안되었으며, 뉴런은 시냅스를 거쳐 수상돌기(Dendrite)로 받아들인 외부의 전달물질을 세포체(Cell body)에 저장하다가 자신의 용량을 넘어서면 축색돌기(Axon)를 통해 외부로 전달물질을 내보낸다고 알려져 있다.

즉, 생물학적인 뉴런이 위의 그림과 같이 다른 여러 개의 뉴런으로부터 입력값을 받아서 세포체에 저장하다가 자신의 용량을 넘어서면 외부로 출력값을 내보내는 것처럼, 인공신경망의 노드(세포체)는 여러 입력값을 받아서 일정 수준이 넘어서면 활성화되어 출력값을 내보낸다. 이 과정에서 시냅스(Synapse)에 의해 뉴런과 뉴런을 연결하여 자극이 전달되게 되는데 이는 인공신경망에서 가중치를 학습함을 의미하게 된다(인공신경망은 데이터로부터 가중치를 학습하는 매커니즘으로 구성된다).

8.1.4.2 인공신경망의 진화 과정

인간의 신경 구조를 기반으로 하는 인공신경망의 개념이 1943년 정립되고, 현재의 딥러닝 시대로 전화해온 과정은 다음 연대표와 같다.

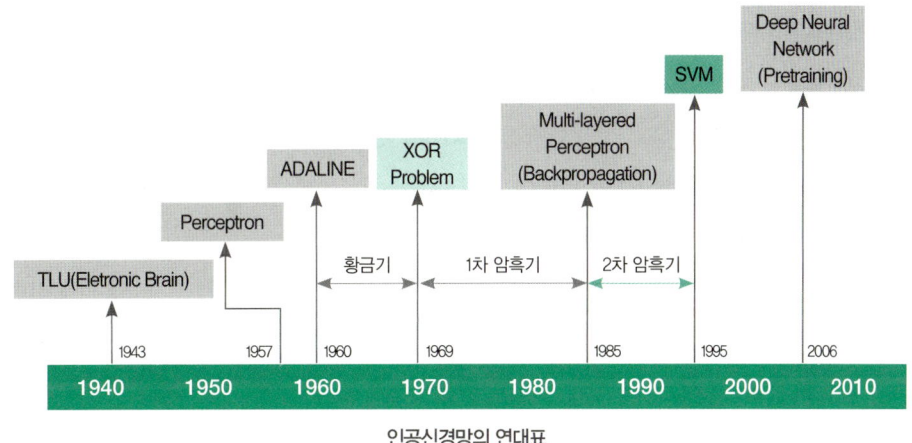

인공신경망의 연대표

본 장에서는 연대표상의 주요 알고리즘을 중심으로 설명한다.

참고 인공지능의 1, 2차 암흑기

구분		설명
1차 암흑기	원인	퍼셉트론의 XOR 게이트 연산 불가능한 문제
	해결	다층퍼셉트론과 역전파 알고리즘의 등장으로 해결(1986)
2차 암흑기	원인	기울기 소멸(Vanishing Gradient) 문제, SVM(Support Vector Machine) 등 우수한 알고리즘 등장
	해결	초기 가중치 정확도 향상, Sigmoid 활성화 함수의 대체(ReLu 활성화 함수), DropOut 적용 등

❶ TLU(Threshold Logic Unit)

1943년 워렌 맥컬록(McCulloch) 월터피츠(Walter Pitts)는 생물학적 신경망 이론을 단순화한 이론을 발표하였는데, 이는 인간의 뇌를 수많은 신경세포가 연결된 디지털 네트워크 모델로 보고 이 신호처리 과정을 모델화하여 표현할 수 있다고 제안했다. 이를 TLU(Threshold Logic Unit)라 한다.

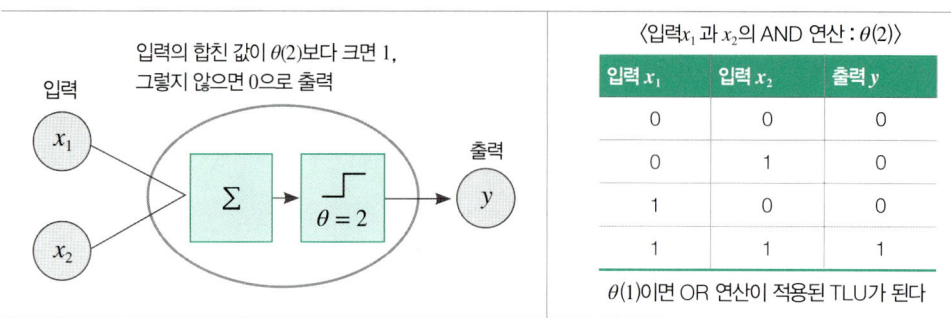

인공신경망 TLU를 AND 논리 연산에 적용한 사례

❷ 헵 규칙(Hebb Rule)

헵 규칙은 두 개의 뉴런 A, B가 서로 반복적이고 지속적으로 점화(Firing)하여 어느 한쪽 또는 양쪽 모두에 어떤 변화를 야기한다면 상호 간 점화의 효율(Weight)은 점점 커지게 된다는 이론이다. 헵의 학습 규칙(Hebb Learning Rule)이라고도 한다.

신호 전달 시 반복적 또는 지속적으로 신호가 자극됨에 따라, 뉴런 A에서 뉴런 B로 가는 경로인 시냅스 연결이 강화된다. 이는 TLU(Threshold Logic Unit)에 가중치(Weight)라는 개념이 적용되게 하여, 각 입력에 따라 중요도를 달리 구성할 수 있게 하였다.

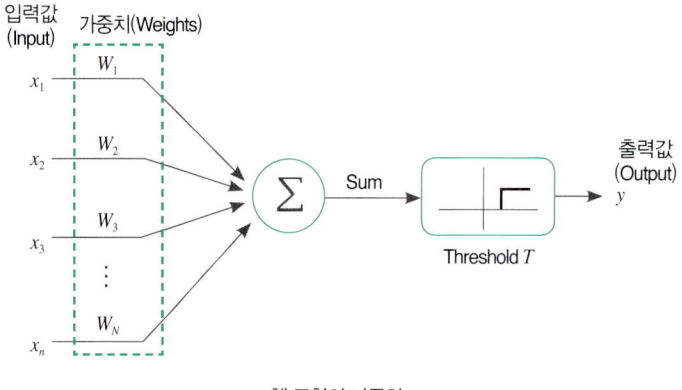

헵 규칙의 가중치

위 그림에서 각 두 개의 입력변수를 성별(x_1)과, 나이(x_2)라고 가정하자. 만약 나이 변수가 더 중요한 변수라면, 나이(x_2)변수의 가중치(Weight)를 높게 주어($x_1 = 0.2$, $x_2 = 0.5$) 두 개의 값이 합쳐졌을 때 나이 변수의 영향력을 높일 수가 있게 되는 것이다. 헵 규칙은 후에 신경망 모델 학습 규칙의 토대가 되었다.

❸ 퍼셉트론(Perceptron)과 아달라인(Adaline)

TLU(Threshold Logic Unit) 알고리즘과 헵의 규칙(Hebb Rule)을 결합하여 프랑크 로젠블라트(Frank Rosenblatt, 1957)는 퍼셉트론 즉, 간단한 덧셈과 뺄셈을 하는 이층 구조의 학습 컴퓨터망에 근거한 패턴인식을 위한 알고리즘을 만들었다.

퍼셉트론(Perceptron)은 목표값(Ideal)을 정하고 현재 계산된 값(Output)이 목표값과 다르면 그만큼의 오차를 다시 퍼셉트론에 반영하여 오차를 줄여나가는 알고리즘이 적용되었으며, 인간의 신경망과 유사하게 만든 입력층, 출력층으로 구성되어 학습능력을 가진 신경망 모델로 정의되었다.

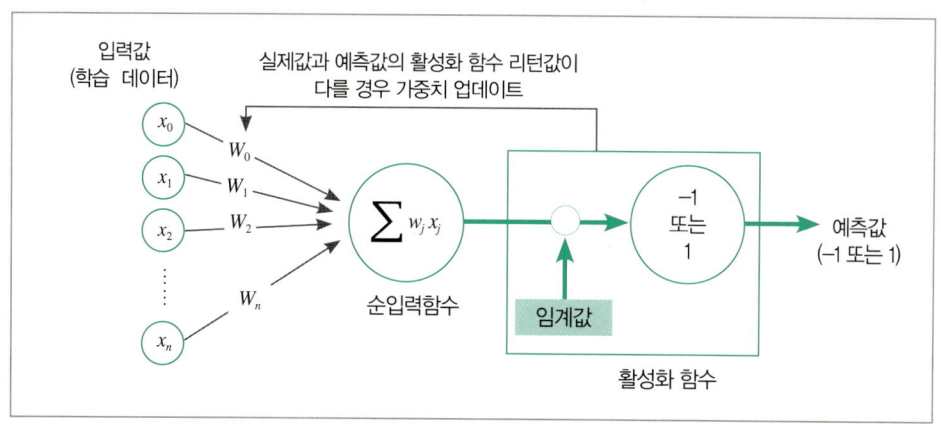

퍼셉트론 구조

퍼셉트론에서는 활성화 함수(Active Function)가 순입력 함수의 리턴값을 임계값과 비교하여 그 결과에 따라 1 또는 -1을 출력한다. 따라서 퍼셉트론의 가중치 업데이트는 학습 데이터에 대한 활성화 함수(Active Function)의 리턴값과 학습 데이터의 실제 결과값이 같은지 다른지에 따라 이루어지게 된다.

1960년 베나드 윈드로(Benard Windorow)와 테드 호프(Tedd Hoff)은 퍼셉트론의 성능을 개선한 인공신경망 알고리즘인 아달라인(Adaptive Linear Neuron, AdaLine) 논문을 발표한다.

아달라인은 단층신경망에서 적당한 가중치를 알아내기 위해 출력값을 오차에 비례하게 가중치(Weight)를 조절하는 인공신경망 알고리즘이며, 역전파 알고리즘(Back Propagation)의 기본 이론이 되었다(아달라인은 델타규칙이라고도 한다).

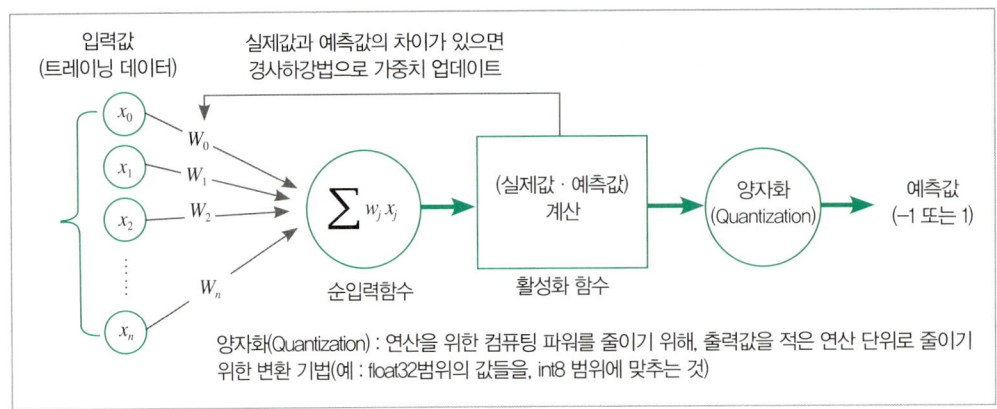

아달라인 구조

퍼셉트론과 아달라인의 차이점은 가중치(Weight) 업데이트를 위한 활성화 함수(Active Function)가 다른 것인데, 퍼셉트론이 출력값인 1 또는 -1을 실제 결과값과 비교한다면, 아달라인은 신경망의 출력값과 실제 결과값을 직접 비교하여 오차가 최소화되도록 하는 손실 함수(Loss Function)를 사용한다.

순입력 함수의 출력값과 실제 결과값의 오차를 손실 함수로 계산하고 손실 함수의 값이 최소가 되도록 최소제곱법을 이용하여 가중치를 조정하게 된다. 이러한 메커니즘은 경사하강법(Gradient Descent), 회귀분석(Regression), 서포트벡터머신(Support Vector Machine) 알고리즘에서 최적의 가중치를 찾기 위해 사용하게 된다.

❹ 퍼셉트론(Perceptron)의 한계

퍼셉트론은 AND, OR, NAND 게이트를 훌륭하게 구분해 냈다. AND 게이트는 2개의 입력값 중 모두 1인 값만 출력값이 1이 되므로 아래 그림과 같이 선 하나로 하나로 녹색(Green) 원($y = 1$)과 흰색 원($y = 0$)을 구분할 수 있다.

OR 게이트 또한 2개의 입력값 중 1개만 1이면 출력값도 1이므로 아래 그림과 같이 선 하나로 녹색 원($y = 1$)과 흰색 원($y = 0$)을 구분할 수 있다. NAND 게이트 또한 마찬가지이다.

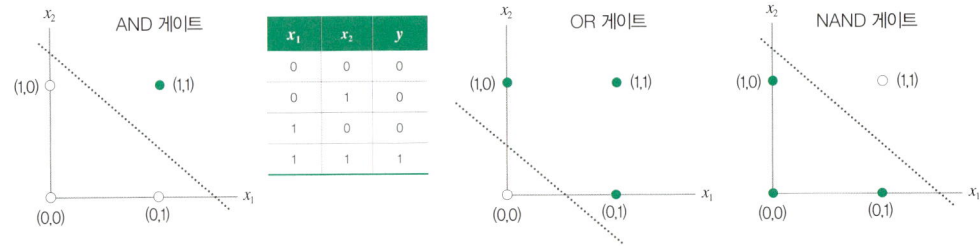

퍼셉트론의 AND, OR, NAND 게이트

하지만 XOR 게이트의 경우 선 하나로 표현이 가능하지 않다. XOR 게이트는 입력값 두 개가 서로 다른 값을 가지고 있을 때만 출력값이 1이 되고 입력값 두 개가 서로 같은 값을 가지면 출력값이 0이 되는 게이트이기 때문에 출력값 0(하얀색 원)과 1(녹색 원)이 대각선에 위치한다.

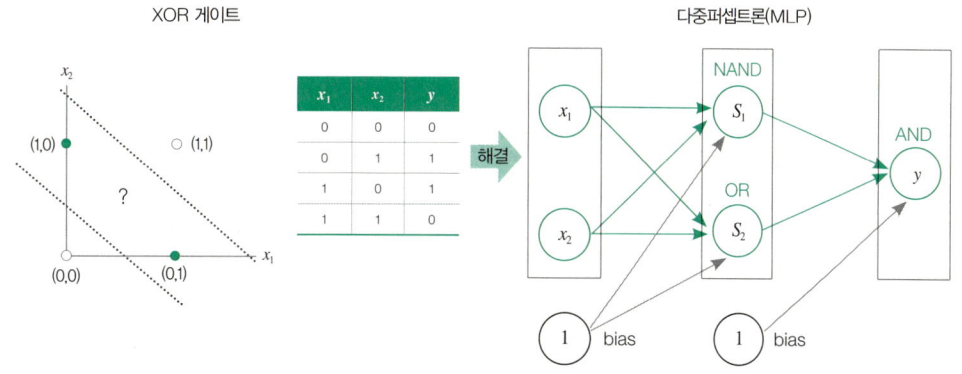

퍼셉트론의 XOR 게이트 기출

XOR 게이트에서 하얀색 원과 녹색 원을 직선 하나로 나누는 것은 불가능하므로 단층퍼셉트론으로는 XOR 게이트를 구현할 수 없다. 따라서 위의 좌측 그림과 같이 적어도 두 개의 선이 필요하다. 즉, 우측 그림의 다층퍼셉트론 모델이 필요하지만 1969년 당시에는 이러한 모델을 학습시킬 방법이 존재하지 않았고, 이는 학계에서 약 20년간 인공신경망을 연구하지 않는 결과(1차 AI 겨울)를 초래하였다.

❺ 다층퍼셉트론(Multi Layer Perceptron, MLP)

다층퍼셉트론을 사용하면 여러 개의 선으로 분류하는 효과를 얻을 수 있기 때문에 XOR 게이트의 분류 문제를 해결할 수 있게 된다.

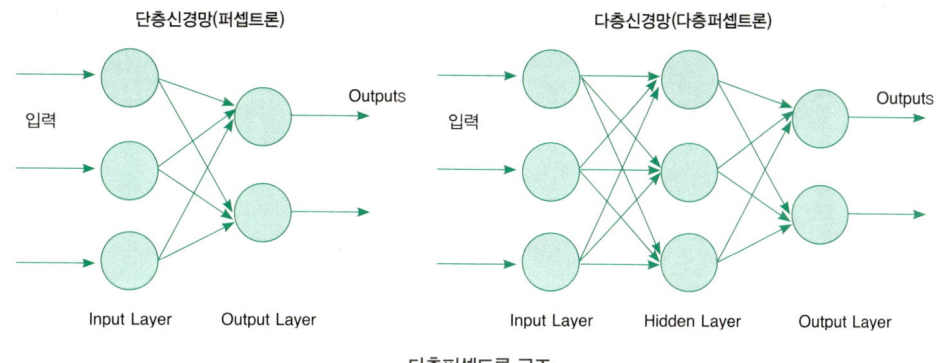

다층퍼셉트론 구조

단층퍼셉트론은 입력층과 출력층만 존재하지만, 다층퍼셉트론은 중간에 은닉층(Hidden Layer)이라 불리는 층을 더 추가하였다.

은닉층이 존재할 경우 XOR 게이트는 기존의 AND, NAND, OR 게이트의 조합으로 만들 수 있기 때문에 퍼셉트론에서 층을 추가하면서 만들 수 있다. 이렇게 층을 여러 겹으로 쌓아가면서 선형 분류만으로 풀지 못했던 문제를 비선형적으로 풀 수 있게 된다. 각 층에서 오차는 역전파 알고리즘(Back Propagation)을 통해 업데이트해 나간다.

❻ 역전파 알고리즘(Back Propagation) 기출

다층퍼셉트론으로 단순한 XOR 문제를 해결할 수 있었지만, 복잡한 비선형 구조의 XOR 문제는 다층퍼셉트론을 이루는 수많은 퍼셉트론 각각의 가중치(Weight)와 편향(Bias) 값을, 구조가 복잡하고 어렵다는 이유로 수정할 방법이 없었다.

이러한 복잡한 비선형 구조의 XOR 문제를 해결하기 위해 1986년 제프리 힌튼 교수는 다층퍼셉트론(MLP) 구조를 이용해 어떤 결과가 예측되었을 때, 그 예측이 틀리다면 은닉층 노드들의 오차를 확인하고 오차(ε)가 작아지는 방향으로 역전파(Backward)시켜 가중치와 편향값을 학습시키는 신경망을 제안하여 이를 해결함을 입증하였다. 이를 역전파 알고리즘이라 한다.

역전파 알고리즘의 의의
- 딥러닝(Deep Learning)의 가중치 학습의 개념 정립
- 속도는 느리지만, 모델의 안정적인 결과를 얻을 수 있는 장점
- 다층퍼셉트론의 은닉층 학습 한계 해결(XOR 문제 해결)

역전파 알고리즘은 순전파와 역전파를 반복적으로 수행하면서 가중치와 편향을 최적화시키며, 수행 절차는 다음과 같다.

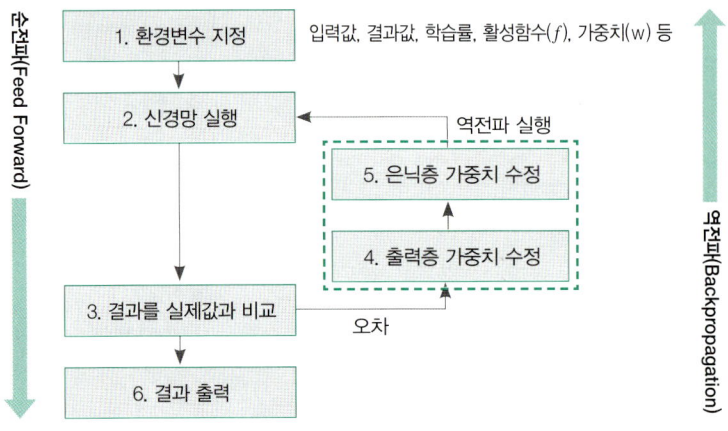

역전파 알고리즘 학습절차

순전파 신경망(Feedforward Neural Network, FNN)은 정보의 흐름이 순환 사이클(Cycle) 없이 입력층, 은닉층, 출력층으로 정보가 전방으로(한 방향으로) 전달되는 인공신경망인데 반해, 역전파 알고리즘은 출력층, 은닉층, 입력층 역순(순전파와 반대로)으로 정보가 전달된다.

역전파 알고리즘 학습 절차

구분	단계	설명	특징
1	순전파 수행	입력층에서 출력층으로 순전파 수행	가중치 초기화
2	오차 측정	출력층 오차를 최소화하는 가중치 탐색 출력층에서부터 역방향 진행	오차(ε) : 예측값 − 실제값 손실 함수 사용(손실 점수 계산)
3	가중치 조정	학습률만큼 수정한 가중치로 조정 오차값을 배분하여 가중치 갱신	경사하강법 등 사용
4	반복 수행	목표 도달 시까지 위 과정을 반복	N회 수행(최적화될 때까지)

결론적으로 역전파 알고리즘은 인공신경망의 가중치와 편향을 손실 함수(Loss Function)와 학습 알고리즘(Learning Algorithm)을 이용하여 최적화시키는 메커니즘을 제시하였다.

❼ 손실 함수(Loss Function = 비용 함수, Cost Function)

손실 함수는 지도학습(Supervised Learning)에서 모델(알고리즘)이 예측한 값과 실제 정답의 차이를 비교하기 위한 함수이다.

즉, '학습 중에 알고리즘이 얼마나 잘못 예측하는 정도'를 확인하기 위한 함수로써 파라미터를 최적화(Optimization)하기 위해 손실 점수(Loss Score)를 최소화하는 것이 목적이 된다.

신경망 성능의 "나쁨"을 나타내는 지표로, 현재 모델이 훈련 데이터를 얼마나 잘 처리하지 못하느냐를 나타내는 지표로 사용하게 된다.

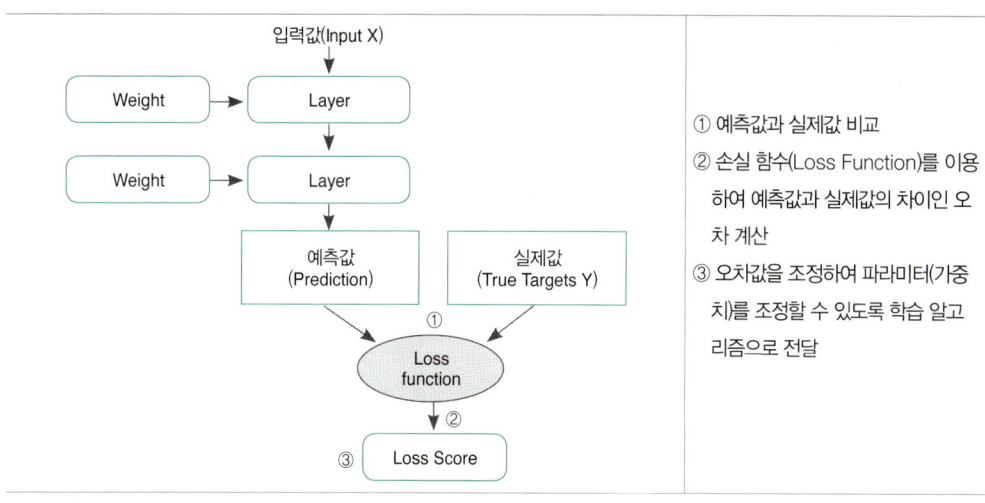

지도학습 절차에서의 손실 함수의 위치

모델 학습 중에 손실 점수(Loss Score)가 커질수록 학습이 잘 안 되고 있다고 해석할 수 있고, 반대로 손실 점수가 작아질수록 학습이 잘 이루어지고 있다고 해석한다. 이처럼, 손실 함수는 모델 학습의 길잡이 역할을 하는 중요한 역할을 담당하게 된다.

> **참고 성능지표와 손실 함수의 차이**
> 성능지표 : 알고리즘의 학습이 끝났을 때 모델의 성능을 평가하기 위한 지표(정확도, F1 점수, 정밀도 등)
> 손실 함수 : 알고리즘 학습 중에 학습이 얼마나 잘 되고 있는지 평가하기 위한 지표

손실 함수의 종류

목적	손실 함수의 종류
회귀(Regression)	MAE(Mean Absolute Error), MSE(Mean Squared Error), RMSE(Root Mean Squared Error), MSLE(Mean Squared Log Error), MAD(Median Absolute Deviation) 등
분류(Classification)	CE(Cross-Entropy), KL-Divergence 등

손실 점수를 파라미터(가중치)에 최적화시키기 위한 알고리즘으로 경사하강법 등을 사용하게 된다.

❽ 경사하강법(Gradient Descent) 기출

경사하강법은 역전파 알고리즘을 이용하여 기울기가 0이 되는 것을 판단하는 방법으로 손실 점수(Loss Score)를 미분하여 가중치를 최적화시키는 역할을 한다. 손실 점수의 기울기가 0이 된다는 의미는 가중치의 변화가 더 이상 없음을 설명하며, 이는 가중치가 최적화됐음을 뜻한다.

경사하강법의 사전적 의미는 기울기 하강 혹은 기울기 확장으로 풀이할 수 있으며, 손실 함수의 최소값 위치를 찾기 위해, 손실 함수의 기울기 반대방향으로 학습률만큼 조금씩 이동해 가면서 최적의 파라미터를 찾으려는 알고리즘(오차의 최소값을 찾기 위해 사용되는 기법)이다.

- 미분의 개념을 최적화 문제에 적용한 대표적 방법
- 머신러닝(기계학습)에서 예측값과 실제값의 오차를 설명하는 오차 함수의 최소값을 찾기 위해 사용
- 업데이트 시마다 매번 전체 데이터 미분으로 인한 성능 문제 해결과 최적값의 정확성 향상을 위해 다양한 경사하강법 존재 : 모멘텀, 아담 등('9.2.2 매개변수 최적화' 참조)

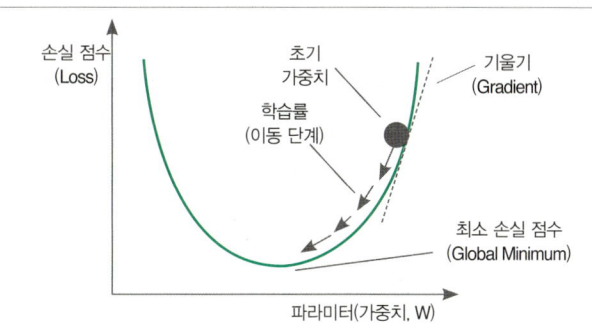

경사하강법 원리

임의의 초기 가중치(W)를 선정하여 손실 점수$L(W)$를 계산하고 이를 편미분한 기울기($\frac{\partial C(w)}{\partial w}$)를 이동 방향으로, 학습률만큼 이동하게 된다. 이 과정을 반복하면서 손실 함수의 편미분값이 0이 됐을 때의 가중치(전역최소값, 최소 손실 점수)가 모델의 최적 파라미터로 확정된다.

경사하강법 매커니즘

구분	설명
Step1	임의의 초기 가중치 선택
Step2	초기 가중치에 해당하는 손실 점수값을 편미분하여 기울기(경사도) 계산
Step3	가중치를 경사 방향으로 학습률만큼 이동 후 다음 기울기 계산
Step4	Step 1~3을 반복하여 기울기가 0이 되는(손실 함수가 최소값) 값을 찾음

모델을 학습할 때 학습률은 경사하강법에서 얼마만큼 경사각을 내려갈 것인지 정하는 하이퍼파라미터이다. 학습률이 작을 경우 최소 손실 점수에 수렴하기 위해 반복해야 하는 값이 많으므로 학습시간이 오래걸리며, 지역최소값(Local Minimum)에 수렴할 수 있다.

반대로 학습률이 너무 클 경우 학습시간은 적게 걸리나, 증감이 너무 커서 전역최소값(Global Minimum) 반대편으로 건너뛰어 최소 손실 점수에서 멀어질 수 있다. 이를 고려하여 적절한 학습률을 설정해야 한다.

> **참고** 경사하강법의 종류

종류	설명
배치 경사하강법 (Batch Gradient Descent, BGD)	파라미터를 업데이트할 때마다 모든 학습 데이터를 사용하여 기울기를 계산 단점 : 시간 오래 걸림(메모리 사용 증가), 지역최소점에 빠질 수 있음
확률적 경사하강법 (Stochastic Gradient Descending, SGD)	파라미터를 업데이트할 때, 무작위로 샘플링된 훈련 데이터를 하나씩만 이용하여 기울기를 계산(배치사이즈 =1) 장점 : 지역최소점에 빠질 가능성을 줄일 수 있음(전역최소점이 목표) 단점 : 전역최소점을 못 찾을 수 있음, 샘플의 선택이 확률적이기 때문에 불안정할 수 있음
미니 배치 경사하강법 (Mini Batch Gradient Descent)	파라미터를 업데이트할 때, 무작위로 샘플링된 학습 데이터를 배치사이즈가 1이 아닌 특정 단위별로 기울기를 계산 장점 : 배치 경사하강법보다 학습속도 빠름, 확률적 경사하강법보다 안정적

지역최소점(Local Minimum) : 가장 작은 값을 찾았다고 생각되는 가중치
전역최소점(Global Minimum) : 실제 가장 작은 값을 갖는 가중치(목표 파라미터)

❾ 인공신경망 활성화 함수(Active Function) 기출

퍼셉트론(Perceptron)은 입력(Input X)과 가중치(Weight)들의 곱을 모두 더한 뒤 활성화 함수(Activation Function)를 적용해서 그 값이 0보다 크면 1, 0보다 작으면 −1을 출력하는 선형 분류기의 구조였다.

예를 들어, 아래 그림에서처럼 입력값에 의해 1,000의 값이 계산되었다고 가정했을 때, 입력값을 100으로 나누는 활성화 함수를 사용하면, 다음 노드로 전달하는 값은 10이 된다.

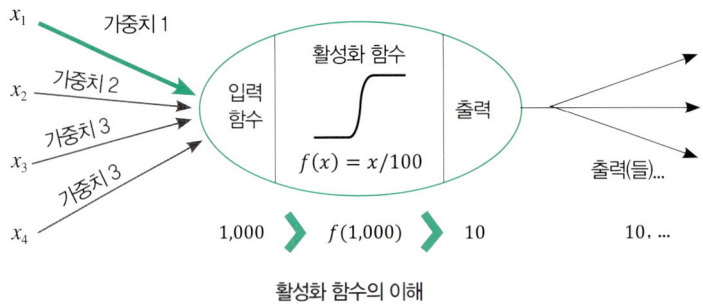

활성화 함수의 이해

즉, 활성화 함수를 이용하여 입력된 데이터의 가중합을 출력신호로 변환하여, 은닉층의 출력값을 특정 범위의 실수값으로 정규화하고 은닉층과 출력층에서 각 출력값을 제한하기 위해 사용된다.

● **은닉층의 활성화 함수**

은닉층에서 사용되는 활성화 함수는 다음과 같은 종류들이 있다.

활성화 함수 종류

구분	수식	도식	설명
항등 함수 (Identity Function) = 선형 함수	$y = f(x)$		입력의 가중합 x를 그대로 출력하는 함수 (양극성, 선형 연속 함수)
계단 함수 (Step Function)	$y = 0\ (if,\ x < 0)$ $y = +1(if,\ x \geq 0)$		입력의 가중합 x가 0보다 크면 1, 작으면 0을 출력 (단극성 or 양극성 이진 함수) 디지털 형태 출력 시 사용
부호 함수 (Sign Function)	$y = -1(if,\ x < 0)$ $y = +1(if,\ x \geq 0)$		입력의 가중합 x가 0보다 크면 1, 작으면 −1을 출력하는 함수 (단극성 or 양극성 이진 함수) 디지털 형태 출력 시 사용
시그모이드 함수 (Sigmoid Function) = 로지스틱 함수 기출	$y = \dfrac{1}{1 + e^{-x}}$		0과 1사이의 범위의 값을 출력하는 함수 (단극성, 비선형 이진 함수)
하이퍼볼릭탄젠트 함수 (Hyperbolic Tangent Function, Tanh) 기출 = 쌍곡선탄젠트 함수	$y = tanh(x)$		시그모이드 함수와 유사하게 −1과 1사이 범위의 값을 출력하는 함수 (양극성 비선형 이진 함수)
렐루 함수 (Rectified Linear Unit Function, ReLU)	$y = 0\ (if,\ x < 0)$ $y = x\ (if,\ x \geq 0)$		x 값이 음수일 경우 0을 출력하고 양수이면 입력값 그대로 출력
파라메트릭 렐루 함수 (Parametric ReLU, PReLU)	$y = a \times x\ (if,\ x < 0)$ $y = x\ (if,\ x \geq 0)$ a : 기울기		입력의 가중합이 0보다 크면 그대로 출력하고, 작으면 a(기울기)를 곱하여 음(−)의 값도 출력하는 함수 $Leaky\ ReLU : a = 0.01$

인공신경망 초기의 활성화 함수는 시그모이드 함수(Sigmoid Function)와 하이퍼볼릭탄젠트 함수(Tanh Function)를 사용하였으나, 출력값이 작은 범위(Sigmoid : 0과 1사이, Tanh : −1과 +1사이)로 제한되는 특징이 있어, 기울기 소멸 문제(Vanishing Gradient)의 원인이 되었다. 이를 해결하기 위해 고안된 활성화 함수가 렐루 함수(ReLU), 파라메트릭 렐루 함수(PReLU)이다.

> **참고** 다차원 배열의 행렬곱 연산 **기출**
>
> 다차원 배열의 계산은 앞서 설명한 가중치의 값을 보다 편하게 하기 위해서 행렬 연산을 이용하는 것이다. 한두 개의 신경망 층은 인간이 계산할 수 있을지 모르겠지만 그 이상의 수많은 차원의 수많은 뉴런층으로 구성된 신경망의 가중치(Weight)를 일일이 계산하는 것은 불가능한 일이다. 이를 쉽게 할 수 있도록 돕는 것이 행렬 연산이다.
>
>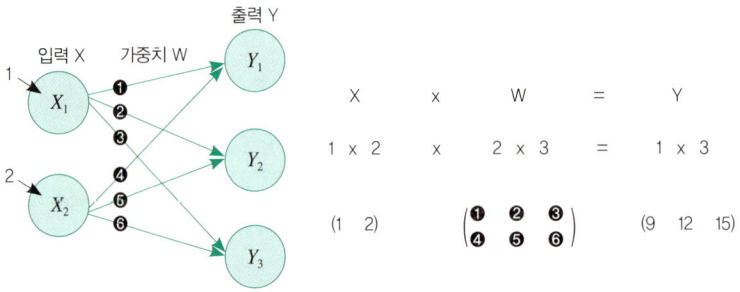
>
> 위의 예제는 (1 × 2) × (2 × 3)의 행렬곱이다. 안쪽이 2 = 2로 동일하고 결과값은 1 × 3으로 바깥쪽의 값으로 이루어진 행렬 차원을 보인다. Y의 값들은 활성화 함수를 통해 변환된다.

● **출력층의 활성화 함수** **기출**

소프트맥스 함수(Softmax Function)는 출력노드(Output Node)의 출력값을 0~1로 제한하는 활성화 함수이다.

[1.2]		[0.46]	각 output node의 출력값을 0~1로 제한 ($0 < Softmax(x_i) < 1$사이 실수값)
[0.9]	→ 소프트맥스 함수 →	[0.34]	각 클래스의 출력의 모두 합한 값은 항상 1
[0.4]		[0.20]	〈소프트맥스 함수 수식〉
		합계 : 1	$Softmax(x_i) = \dfrac{exp^{x_i}}{\sum_{j=1}^{n} exp^{x_j}}$

위 사례와 같이 소프트맥스 함수에 의해 1.2값은 0.46, 0.9값은 0.34, 0.4값은 0.20으로 제한되었으며 출력값의 합은 1이 됨을 알 수 있다. 최종 출력값으로 0.46이 가장 높다는 것을 알았기 때문에 이는 곧 정답(1)이 됨을 의미하며, 0.46을 1으로, 0.34와 0.20을 0으로 변환할 수 있는데, 이러한 값으로 변환하는 워드임베딩(Word Embedding) 방식을 원핫인코딩(One Hot Encoding)이라고 한다.

> **참고** 워드임베딩(Word Embedding)
>
> 워드임베딩은 단어 간 유사도 및 중요도 파악을 위해 단어를 저차원의 실수 벡터로 맵핑하여 의미적으로 비슷한 단어를 가깝게 배치하는 수치화 방법이다.

⑩ 기울기 소멸 문제(Vanishing Gradient Problem) 및 해결 방법

● **기울기 소멸 문제의 이해** 기출

기울기 소멸 문제란 역전파 알고리즘으로 가중치를 수정할 때, 은닉층으로 오차가 거의 전달되지 않는 문제이다. 바꿔 말하면 인공신경망 활성화 함수의 출력값이 곱해지다 보면 가중치에 따른 결과값의 기울기가 0이 되어 버려서, 경사하강법을 이용할 수 없게 되는 문제라 정리할 수 있다.

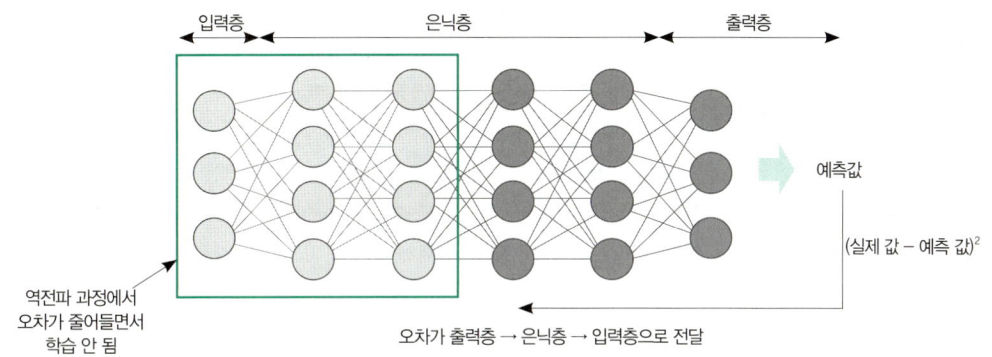

기울기 소멸 문제

이는 인공지능 2차 암흑기의 주요 원인으로, 많은 연구와 논문이 기각(Reject)되는 상황을 만들었으며, 발생 원인은 다음과 같이 정리할 수 있다.

기울기 소멸 문제의 주요 발생 원인

구분	발생 원인
시그모이드 함수의 사용	시그모이드 함수는 0과 1사이의 값을 출력 역전파 알고리즘을 수행하기 위해 경사하강법을 이용하여 은닉층의 출력값을 미분하게 되는데 그 표현값은 0~0.25 사이의 값으로 전달 따라서 미분 계산 반복 시 0에 가까운 값이 되어 가중치를 학습하지 못함 하이퍼볼릭탄젠트(Tanh) 함수 또한 동일 현상 발생
초기 파라미터(가중치) 정확도 낮음	초기 파라미터(가중치) 정확도가 낮아, 가중치가 모델의 적합되기 위해 많은 학습량 필요
연산량 부족	현재의 컴퓨팅 파워는 클라우드 컴퓨팅, GPU 등을 이용하여 고성능을 적용할 수 있으나, 당시 (1980~1990년대)의 컴퓨팅 파워로는 모델을 적합시키기 위해서 무한한 시간 필요 알고리즘의 활용 한계로 불필요한 인공신경망 노드를 모두 학습하여 연산량을 증가시킴

● 기울기 소멸 문제 해결 방법

기울기 소멸 문제는 시그모이드 활성화 함수를 렐루(ReLU) 활성화 함수로 변경함으로 발생 가능성을 낮출 수 있으며, 그 외에 적용할 수 있는 방법은 다음과 같다.

기울기 소멸 문제 해결 방법

구분	방법	설명
활성화 함수의 교체	렐루 활성화 함수 (ReLU Function) 사용	0보다 큰 값이 나올 경우, 그대로 반환하기 때문에 미분에 의해 줄어드는 범위가 시그모이드보다 적음 파라메트릭 렐루 함수(Parametric ReLU, PReLU) 등도 동일한 효과를 얻을 수 있음
초기 파라미터 (가중치) 정확도 향상	배치정규화(Batch Normalization)	각 층 입력값의 평균과 표준편차를 다시 맞추고 입력값이 쏠리는 것을 막아, 가중치 초기화에 훨씬 덜 민감해져 기울기 소멸 문제를 예방
	비지도학습 이용	RBM(Restrict Boltzman Machine), 오토인코더(AutoEncoder) 등의 비지도학습을 이용하여 초기 가중치 정확도 향상
	사전학습 (Pre training)	사전학습된 모델의 파라미터를 이용해 모델을 초기화한 뒤, 실제 해결하려는 문제 데이터에 미세조정(Fine Tuning)하게 되면 처음부터 학습시키는 것보다 더 높은 성능을 얻을 수 있음
연산량 조성 **기출**	드롭아웃 (Drop Out) 사용	드롭아웃 : 인공신경망 학습 시 임의의 노드를 생략하고 학습하는 알고리즘 불필요한 노드의 학습을 제거함으로써 가중치(Weight)가 동조화되는 현상 회피
	규제화 (Regularization) 적용	불필요한 노드의 학습을 줄이거나 제거하기 위해 파라미터(가중치)에 규제화 적용 L2규제(L2 norm) : 파라미터(가중치) 값을 0에 근접하게 만들어 연산량을 줄이는 규제 L1규제(L1 norm) : 파라미터(가중치) 값을 0으로 만들어 불필요한 노드를 제거하는 규제
	조기 종료 (Early Stop)	모델이 과적합되기 전 훈련을 멈추는 정규화 기법 훈련 중 주기적으로 성능 검증을 하다가 성능이 더 좋아지지 않으면 과적합이라 판단하고 훈련을 멈추는 방법(검증 데이터 사용) 과적합 방지 방법으로 사용 가능

2006년 힌튼(Hinton) 교수가 기울기 소멸 문제에 대한 해법을 제시하였음에도 불구하고 인공신경망이라는 주제는 학회에서 냉대를 받았다. 그래서 부정적 이미지를 가지고 있던 인공신경망이라는 이름은 심층신경망(Deep Neural Network) 혹은 딥러닝(Deep Learning)으로 다시 태어나게 되었다.

이러한 과정을 거쳐 2016년 알파고(AlphaGo, 알파벳의 구글 딥마인드에서 개발한 바둑 인공지능 프로그램)의 등장이 있었고, 또한 많은 연구들이 활발히 진행되고 있다.

현재는 인공지능의 전성기가 왔다고 해도 무방할 것이다. 딥러닝에 대한 내용은 '8.2.5 딥러닝분석'에서 학습하도록 하자.

> **참고** 기울기 폭주(Gradient Exploding)
> 기울기 폭주 : 기울기가 점차 커져 파라미터(가중치)들이 비정상적으로 큰 값이 되면서 결국 발산되어 파라미터(가중치) 학습이 안 되는 문제점
> 기울기 소멸(Gradient Vanishing)과 학습 효율의 문제점은 유사함

8.1.5 서포트벡터머신

8.1.5.1 서포트벡터머신의 이해

서포트벡터머신(Support Vector Machine, SVM)은 블라디미르 배프니크(Vladimir Vapnik)와 그의 동료에 의해 1992년에 최초로 정립된 선형과 비선형 분류, 회귀(예측) 및 이상값 분류에도 사용할 수 있는 패턴인식, 자료분석 등에 활용되는 지도학습 알고리즘이다(인공지능의 2차 암흑기는 서포트벡터머신과 같은 우수한 알고리즘의 등장도 원인이 되었다).

서포트벡터머신의 특징 기출

- 지도학습에서의 과적합(Over Fitting) 회피
- 분류(종속변수 : 범주형), 회귀(종속변수 : 연속형)의 문제 활용
- 인공신경망 대비 사용이 쉬움
- 학습속도가 느리고 해석의 어려움 존재

서포트벡터머신은 최대 마진을 가지는 선형 판별에 기초하며, 속성들 간의 의존성은 고려하지 않는다. 아래 그림처럼 데이터가 사상(관련된)된 공간에서 경계선과 근접한 데이터(Support Vector) 간의 거리가 가장 큰 경계(마진, Margin)를 식별하여 새로운 데이터가 경계 밖, 어느 범주에 속하는지 분류(Classification)한다.

또한 경계와 경계 안에 데이터가 얼마나 많이 사상되는지를 판단하고 경계 밖의 에러값이 최소가 되도록 정의하여 새로운 데이터를 예측(회귀, Regression)하게 된다. 즉, 서포트벡터머신은 분류와 회귀에 모두 사용할 수 있다.

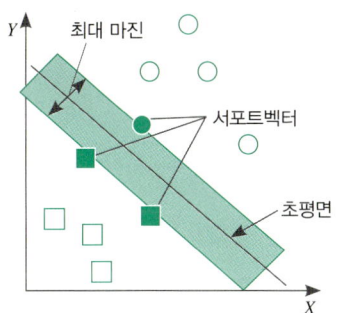

구분	설명
서포트벡터 (Support Vector)	집단 구분 결정직선에서 가장 근거리에 위치하는 벡터
마진(Margin)	서포트벡터 사이의 거리 최대 마진이 되도록 하는 경계 식별
초평면 (Hyperplane)	n차원의 공간 구분을 위해 결정되는 $n-1$차원의 평면 = 결정경계(Decision Boundary)

서포트벡터머신의 이해 : 분류 기반

서포트벡터머신에서 데이터가 n차원으로 주어졌을 때 데이터를 $n-1$차원의 초평면(하이퍼플레인)으로 분리한다. 2차원의 데이터에서는 초평면은 1차원의 선이 되고, 3차원의 데이터에서는 초평면이 2차원인 면이 된다. 또한 초평면에서 가장 가까운 데이터를 서포트벡터라 하고 서포트벡터끼리 거리를 마진(Margin)이라고 한다. 서포트벡터머신은 집단 사이의 마진이 최대화하는 것을 기준으로 초평면을 학습한다. 이러한 과정이 서포트벡터머신의 최적화 과정이다.

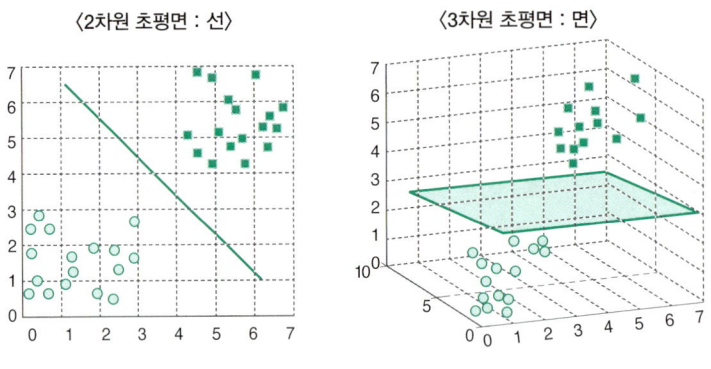

2,3차원의 초평면 구조

대부분의 머신러닝 지도학습 알고리즘은 학습 데이터 모두를 사용하여 모델을 학습한다. 그런데 서포트벡터머신에서 결정경계를 정의하는 것은 서포트벡터이기 때문에 데이터 포인트 중에서 서포트벡터만 잘 골라내면 나머지 쓸 데 없는 수많은 데이터 포인트들을 무시할 수 있다. 그래서 효율적인 차원 소모가 가능하다.

> **참고** 서포트벡터머신의 분류와 회귀
>
> | 구분 | 서포트벡터머신 분류 | 서포트벡터머신 회귀 |
> |---|---|---|
> | 목표 | 마진 오류 발생 정도를 조절(C 이용)하면서 두 클래스 사이의 마진폭을 최대 넓게 하는 모델 생성 | 마진 오류 발생 정도를 조절(C 이용)하면서 지정된 폭의 마진 안에 가능한 많은 샘플 포함하는 모델 생성 |
> | 종속변수 | 범주형 | 연속형 |
> | 마진 오류 | 마진 위에 위치한 샘플 | 마진 밖에 위치한 샘플 |
>
> C : 오류 허용 정도

8.1.5.2 하드마진과 소프트마진

마진(Margin)은 결정경계와 서포트벡터 사이의 거리를 의미하는데, 이상값(Outlier)을 얼마나 허용할 것인가에 따라 소프트마진과 하드마진으로 구분할 수 있다. 서포트벡터머신은 데이터 포인트들을 올바르게 분리하면서 마진의 크기를 최대화해야 하는데 이는 결국 이상값을 잘 다루는 게 중요함을 의미한다.

초평면(결정경계, 하이퍼플레인)의 가중치(Weight, 기울기)가 작아질수록 마진의 경계 폭이 커지게 된다. 따라서 결정경계 마진의 폭을 크게 하기 위해서 초평면을 최소화해야 한다.

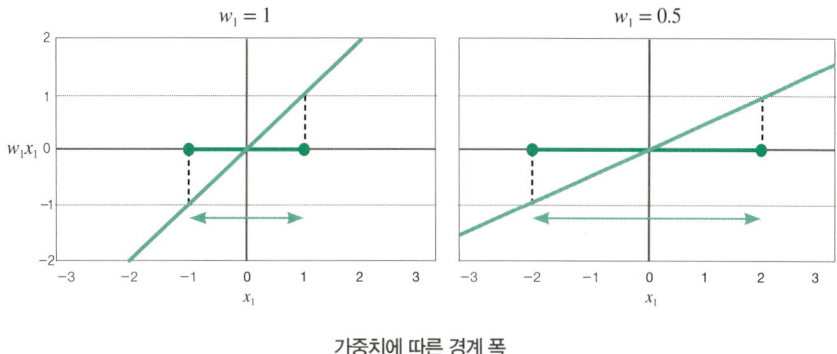

가중치에 따른 경계 폭

하드마진과 소프트마진 두 기법 모두 분류모델에 사용된다. 하드마진(Hard Margin)은 모든 데이터(양성/음성)가 결정경계의 마진 밖으로 위치하는 가중치(W, 기울기)를 찾는 방법이다. 아래 그림에서 하드마진은 이상값을 허용하지 않고 기준을 까다롭게 세웠으며, 서포트벡터와 결정경계 사이의 거리가 매우 좁은 것을 알 수 있다(마진이 작아짐). 이는 이상값이 존재할 경우 민감하게 반응할 수 있다는 의미이며 과적합에 빠질 수 있다.

또한 소프트마진(Soft Margin)은 결정경계 마진 안에 위치하는 데이터의 수를 제한하면서 결정경계 도로의 폭이 최대가 되도록 하는 가중치(기울기)를 찾는 방법이다. 마진 안에 어느 정도 데이터가 포함되도록 여유롭게 기준을 잡았다. 서포트벡터와 결정경계 사이의 거리가 멀어진 것과(마진이 넓어짐), 일부 이상값이 포함된 것도 확인할 수 있다.

실제 분석을 진행할 때는 지나치게 많은 이상값의 존재를 허용하지 않는 기울기를 찾는 것이 중요하다. 이상값이 포함이 증가될수록 과소적합에 문제가 발생할 수 있다.

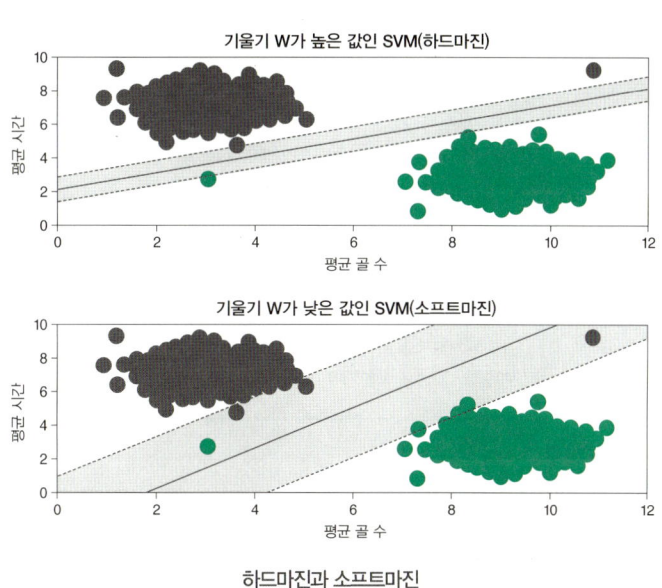

하드마진과 소프트마진

8.1.5.3 커널 기법

서포트벡터머신은 커널 기법을 이용하여 비선형 분류를 가능하게 한다. 커널 기법(Kernel Method)은 저차원의 데이터를 고차원의 데이터로 옮겨주는 사상 함수가 계산량이 많아 현실적으로 구현하기 어렵기에 고안되었다. 예를 들어, 다음과 같은 회색과 녹색 데이터가 있다고 가정했을 때, 입력공간(Input Space)에서는 회색 점과 녹색 점을 분리하는 직선인 결정공간을 찾기가 어렵다.

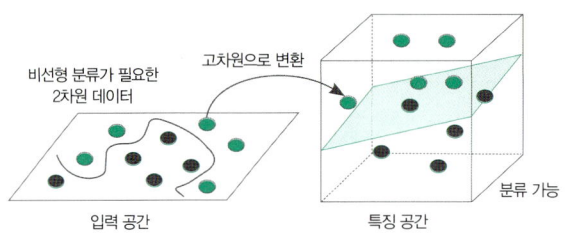

커널트릭

따라서 커널 기법을 사용하면 저차원의 데이터를 고차원으로 변환하여 저차원 데이터의 비선형 분류가 가능하게 된다. 이를 커널트릭(Kernel Trick)이라고도 한다.

> **참고 커널트릭**
> 커널 기법의 한 종류로 벡터의 내적을 계산할 경우 연산량이 많은 사상 함수(Mapping Function)를 사용하지 않고 커널 함수를 정의하여 저차원의 데이터로 직접 계산할 수 있게 해주는 방법

서포트벡터머신과 함께 사용되는 커널의 종류는 다음과 같다.

커널 종류

커널 구분	수식	하이퍼 파라미터	설명
선형 커널 (Linear Kernel)	$K(x_1, x_2) = (x_1^t \times x_2)$ x_1, x_2 : 데이터포인트(입력벡터)	C	두 벡터의 내적에 의해 정의 소프트마진 분류(커널트릭은 아님)
다항식 커널 (Polynomial Kernel)	$K(x_1, x_2)$ $= \exp(\gamma(x_1^t \times x_2) + \theta)^d$	$C, degree$ $coef\ 0, Gamma$	지정한 차수까지 변환하여 확장 예) 이미지 처리
가우시안 커널 (Gaussian Kernel) = RBF (Radial Basis Function)	$K(x_1, x_2)$ $= \exp(-\gamma\|\|x_1 - x_2\|\|)^2$ $\|\|x_1 - x_2\|\|$: 유클리드거리	$C, Gamma$	무한대 차원의 특성으로 변환 데이터가 너무 크지 않을 경우, 가장 성능이 좋은 방법
시그모이드 커널 (Sigmoid Kernel)	$K(x_1, x_2)$ $= \tanh(\gamma(x_1^t \times x_2) + \theta)$	$C, coef\ 0,$ $Gamma$	시그모이드 곡선의 하이퍼볼릭 탄젠트 함수(Tanh) 적용됨 예) 신경망 학습

$C(Cost)$: 모델에 규제를 적용하는 값 ($float$)
$D(Degree)$: 다항식의 차수
$\theta(Theta)$: $coef\ 0$는 모델이 높은 차수와 낮은 차수에 얼마나 영향을 받을 지에 대해 조절
$\gamma(Gamma)$: 가우시안 커널의 폭을 제어하는 매개변수. 모델이 생성하는 경계가 복잡해지는 정도

> **참고** 커널트릭에서 사용하는 하이퍼파라미터 C(Cost), γ(Gamma)
>
> | 하이퍼파라미터 | 케이스 | 설명 |
> |---|---|---|
> | C(Cost) : 오류허용 정도(기울기) | 높을 경우 | 마진 좁아짐. 오분류 적어짐. 과적합 |
> | | 낮을 경우 | 마진 넓어짐. 오분류 많아짐. 과소적합 |
> | γ(Gamma) : 초평면과의 거리(Margin) | 높을 경우 | 데이터에 영향 크게 받음. 과적합 |
> | | 낮을 경우 | 데이터에 영향 적게 받음. 과소적합 |
>
> 둘의 값이 클수록 모형의 복잡도가 증가하며, 둘의 값이 작을수록 모형의 복잡도가 감소한다.
> 모형의 성능을 최적화/극대화하는 Cost와 Gamma의 최적값을 찾아낼 필요가 있다.

8.1.6 연관분석

8.1.6.1 연관분석의 이해

연관분석(Association Analysis)은 데이터들에 대한 발생빈도를 기반으로 각 데이터 간의 연관관계를 밝히기 위한 방법이다. 상품을 구매하거나 일련의 사건의 데이터에서 존재하는 항목 간의 연관규칙을 발견하는 과정으로 복잡한 알고리즘 없이도 결과를 도출할 수 있다.

연관분석은 종속변수가 미존재하는 비지도학습의 한 종류이며, 주로 거래 구매항목에 존재하는 품목들 간의 연관성 규칙을 추론할 때 사용하기 때문에 장바구니분석(Market Basket Analysis)이라고도 한다.

연관분석 장점 및 단점

구분	주요 내용	설명
장점	결과 이해도 높음	조건 반응으로 표현되는 연관분석 결과 이해도가 높음
	종속변수가 없어 유용	분석 방향이나 목적이 특별히 없는 경우 유용
	계산 용이	계산이 간단함(지지도, 신뢰도, 향상도)
단점	연산량 많음	계산하는 연산 데이터양이 많음
	분석 지표 명확화 필요	너무 상세한 세분화된 품목을 가지고 규칙을 찾으면 의미 없는 분석(적절한 품목 세분화 필요)
	충분한 데이터 필요	거래량이 적은 품목은 거래수가 적어 규칙 발견 시 제외 필요

8.1.6.2 연관분석 측정지표

데이터들에 대한 발생빈도를 기반으로 각 데이터 간의 연관관계를 밝히기 위한 측정지표로는 지지도, 신뢰도, 향상도가 있다.

연관분석을 위한 3가지 측정지표

측정기준	수식	설명
지지도(Support)	$P(X \cap Y)$	전체 거래 중 X, Y가 동시에 포함된 거래의 비율 1에 가까울수록 동시 포함
신뢰도(Confidence)	$P(X \cap Y)/P(X)$	품목 X가 구매되었을 때, 품목 Y가 추가로 구매될 확률 (조건부확률) 1에 가까울수록 품목 X와 품목 Y는 동시 포함
향상도(Lift) 기출	$\dfrac{P(X \cap Y)}{P(X) \times P(Y)}$	품목 X를 구매할 때, 품목 Y도 구매하는지 서로 간의 연관성을 파악하는 비율 - 향상도 = 1 : 독립에 가까운 관계 - 향상도 > 1 : 양의 상관관계(데이터 간 연관성 높음) - 향상도 < 1 : 음의 상관관계(데이터 간 연관성 낮음)

- 샘플이 적을 경우 지지도를 통하여 연관관계에 대한 통계적 유의성을 증명하기 어려움

지지도는 전체 거래중에서 X와 Y가 동시에 판매되는 사건을 의미하기 때문에 빈발항목 집합으로 구분 가능하다. 이때는 모든 경우의 수를 분석하는 것은 현실적 어려움이 있으므로 최소지지도를 설정해 이 값을 기준으로 규칙을 도출한다.

연관분석 사례 기출

구분	설명		
사례	거래번호	구매상품	
	1	기저귀, 맥주, 빵	
	2	기저귀, 맥주	
	3	기저귀, 빵, 음료수	
	4	빵, 음료수, 커피	
	기저귀와 맥주의 연관분석		
지지도	전체 거래 4건 중 기저귀(X)와 맥주(Y)를 동시에 구입한 거래는 2건	$P(X \cap Y) = \dfrac{2}{4} = 0.5$	
신뢰도	기저귀(X)가 구매되었을 때, 맥주(Y)가 추가로 구매될 확률	$\dfrac{P(X \cap Y)}{P(X)} = \dfrac{0.5}{0.75} = 0.67$ ($P(X) = \dfrac{3}{4} = 0.75$)	
향상도	기저귀(X)를 구매할 때, 맥주(Y)도 구매하는지 서로 간의 연관성을 파악하는 비율	$\dfrac{P(X \cap Y)}{P(X) \times P(Y)} = \dfrac{0.5}{0.75 \times 0.5} = 1.33$ ($P(Y) = \dfrac{2}{4} = 0.5$) 향상도 1.33은 1보다 크므로 기저귀($X$)와 맥주($Y$)는 양의 상관관계를 가짐 (연관성 높음)	

> **참고** 연관규칙 활용 예시

활용 분야	설명	예시
교차판매 (Cross Selling)	한 제품을 구입한 고객이 다른 제품을 추가로 살 수 있도록 유도하는 전략	연필과 지우개, 기저귀와 맥주, 양복과 넥타이 판매 등
상품진열 (Inventory Display)	고객의 구매패턴을 분석하여 상품진열에 활용함	월마트, 아마존
부정탐지 (Fraud Detection)	신용카드의 수많은 매출 데이터를 표본으로 도난 카드의 사용 유형 패턴을 발견하고 이를 활용할 수 있음	도난카드 차단, 추적
상품구성 (Catalog Design)	상품의 배치 문제, 패키지 상품의 구성, 카달로그 구성에 활용하는 전략	쿠폰발행, 패키지 상품구성

연관분석은 가능한 모든 경우의 수를 탐색할 경우 계산에 소요되는 시간과 노력이 기하급수적으로 증가하게 된다. 이에 따라 빈발항목을 식별하고 이를 통해 계산의 복잡도를 낮추는 알고리즘으로 선험적 규칙(Apriori Principle)을 사용한다.

8.1.6.3 선험적 규칙 알고리즘 기출

선험적 규칙(Apriori Algorithm)은 전체 항목(Item)에서 최소 N번의 트랜잭션(사건, 거래)이 일어난 항목 집합들을 발견하는 알고리즘이다(적절한 품목을 세분화하는 과정). 만약 k개의 품목이 존재한다고 했을 때 조합이 가능한 품목 집합은 2^k개가 존재한다. K가 아주 크다면 이 모든 집합 중에 지지도가 높은 집합을 찾아 연관성을 분석하는 것은 현실적으로 불가능할 것이다.

따라서 여러 품목 중 최소지지도보다 큰 집합만을 대상으로 높은 지지도를 갖는 품목 집합을 찾기 위한 알고리즘이 선험적 규칙이다. 즉 비 빈발항목 집합(전체)에서 빈발항목 집합을 도출하게 된다.

선험적 규칙의 이해

구분		과정	설명
용어		항목 집합(Itemset)	하나 이상의 항목 모음 k-항목 집합은 k개 항목들이 포함된 항목 집합 1-Item set : 1개의 항목 집합
		최소지지도(Min Support)	빈발항목 집합이 되기 위한 최소지지도
		빈발항목 집합(Frequent Item Set = Superset)	최소지지도를 만족하는 k개의 항목들이 포함된 항목 집합(Superset) 1-Frequent Item set : 1개의 항목 집합 중 최소지지도를 만족하는 항목 집합
규칙		규칙 1	한 항목 집합이 빈발항목이면, 모든 부분 집합은 빈발항목
		규칙 2	한 항목 집합이 비빈발항목이면, 모든 부분 집합은 비빈발항목
알고리즘		조인(Join)	항목 집합을 생성하기 위해 항목을 결합하는 과정
		가지치기(Pruning)	생성된 항목 집합이 최소지지도를 만족하지 못한 경우 부분집합까지 삭제하는 과정

빈발항목 집합을 도출하는 과정은 다음과 같다.

선험적 규칙(Apriori) 알고리즘 도출 과정

No.	과정	설명
1	단일 항목 집합 생성	K개의 항목을 가지고 단일 항목 집합 생성(1-Item set)
2	단일 빈발항목 집합 생성	최소지지도를 만족하지 못하는 항목과 그 항목의 부분 집합은 가지치기(Pruning)하여 단일 빈발항목 집합 생성(1-Frequent Item set)
3	2개 항목 집합 생성	2에서 최소지지도가 만족한 단일 항목 집단에 대해 조인을 이용하여 2개 항목 집단 생성(2-Item set)
4	2개 빈발항목 집합 생성	최소지지도를 만족하지 못하는 항목과 그 항목의 부분 집합은 가지치기(Pruning)하여 2개 빈발항목 집합 생성(2-Frequent Item set)
5	No.3, No.4 반복	항목 집단을 하나씩 추가하면서 조인과 제거를 이용해 k개의 빈발항목 집합(k-Frequent Item set)이 생성될 때까지 No.3과 No.4를 반복

선험적 규칙으로 빈발항목 집합을 도출하는 사례는 다음과 같다.

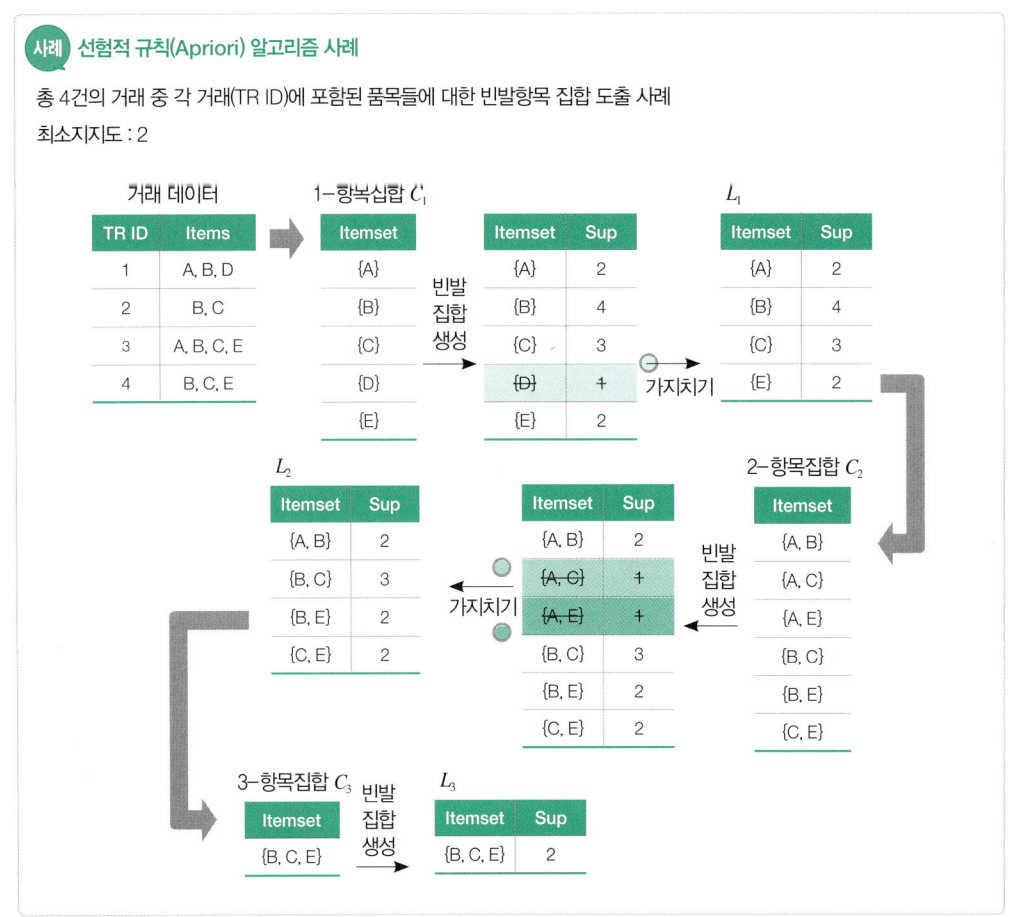

사례 선험적 규칙(Apriori) 알고리즘 사례

총 4건의 거래 중 각 거래(TR ID)에 포함된 품목들에 대한 빈발항목 집합 도출 사례
최소지지도 : 2

> **사례** 선험적 규칙(Apriori) 알고리즘 사례

No.	과정	설명
1	단일 항목 집합 생성	1개 항목 집합 = {A} : 2, {B} : 4, {C} : 3, {D} : 1, {E} : 2
2	단일 빈발항목 집합 생성	가지치기(Pruning) : {D} : 1 최소지지도 만족 못하여 제거 1-빈발항목 집합 = {A} : 2, {B} : 4, {C} : 3, {E} : 2
3	2개 항목 집합 생성	항목을 대상으로 조인을 이용하여 2개 항목 집합 생성 2-항목 집합 = {A,B} : 2, {A,C} : 1, {A,E} : 1, {B,C} : 3, {B,E} : 2, {C,E} : 2
4	2개 빈발항목 집합 생성	가지치기(Pruning) : {A,C} : 1, {A,E} : 1 최소지지도 만족 못하여 제거 2-빈발항목 집합 = {A,B} : 2, {B,C} : 3, {B,E} : 2, {C,E} : 2
5	3개 항목 집합 생성	{A}, {B}, {C}, {E} 항목을 대상으로 조인을 이용하여 3개 항목 집합 생성 3-항목 집합 = {A,B,C} : 1, {A,C,E} : 1, {B,C,E} : 2 {A,C}, {A,E}는 2개 빈발항목 집합에서 최소지지도를 만족하지 못함(한 항목 집합이 비빈발항목이면, 모든 부분집합은 비빈발항목) 따라서 3-항목 집합 = {B,C,E} : 2
6	3개 빈발항목 집합 생성	가지치기(Pruning) : 대상 없음 3-빈발항목 집합 = {B,C,E} : 2

8.1.6.4 빈발패턴성장 알고리즘(FP-Growth)

빈발패턴성장(Frequent Pattern, FP-Growth) 알고리즘은 분석해야 할 데이터가 증가하면서, 선험적 규칙(Apriori) 알고리즘의 연산 속도를 개선한, 트리(Tree) 구조 기반의 연관규칙 알고리즘이다. 알고리즘을 적용하는 순서는 다음과 같다.

빈발패턴성장 알고리즘 도출 과정

No.	과정	설명
1	최소지지도 기반 선택	모든 거래를 확인해 각 아이템마다의 서포트를 계산하고 최소지지도 이상의 아이템만 선택
2	빈도 수 기반 정렬	모든 거래에서 빈도가 높은 아이템 순서대로 순서를 정렬(여기서부터 달라짐)
3	트리 생성	부모노드를 중심으로 거래를 자식노드로 추가해주면서 트리를 생성
4	트리 시작 및 확장	새로운 아이템이 나올 경우에는 부모노드부터 시작하고, 그렇지 않으면 기존의 노드에서 확장
5	빈발품목 집합 도출	위의 과정을 모든 거래에 대해 반복하여 FP Tree를 만들고 최소지지도 이상의 패턴만을 추출

빈발패턴성장 알고리즘은 트리(Tree) 구조이기 때문에 선험적 규칙(Apriori)보다 훨씬 빠르며, DB에서 스캔하는 횟수도 줄어든다. 빈발패턴성장 알고리즘은 첫 번째 스캔으로 단일 항목 집단을 만들고, 두 번째 스캔으로 트리 구조를 완성한다. 후보 항목 집합(Itemset)을 생성할 필요없이, 트리(Tree)만 구성하면 되는 장점이 있다.

반면에 대용량 데이터셋에서 메모리를 효율적으로 사용하지 못한다는 것과 선험적 규칙(Apriori)에 비해 설계가 어렵고, 지지도의 계산은 무조건 빈발패턴트리(FP-Tree)가 만들어져야 가능하다는 단점이 존재한다.

8.1.7 군집분석

8.1.7.1 군집분석의 이해 기출

군집분석(Clustering Analysis)은 여러 개체(데이터) 중에서 유사한 속성을 지닌 대상을 몇 개의 집단으로 그룹화한 다음, 각 집단의 성격을 파악함으로써 데이터 전체의 구조에 대해 이해하고자 하는 탐색적 분석 방법이다(비지도학습).

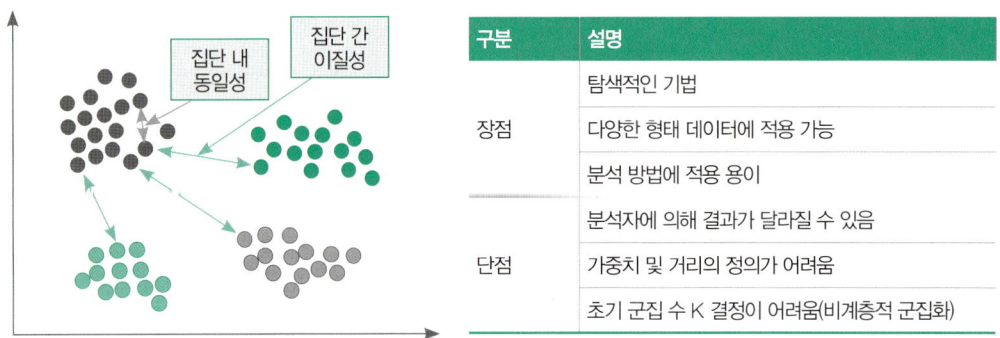

군집분석 집단 간 성질과 장/단점

8.1.7.2 군집분석의 척도

군집분석은 데이터의 유사한 혹은 동질의 군집(Cluster)화 작업이기 때문에 데이터 간 유사성을 판단해야 한다. 이때 비유사도(Dis-Similarity)와 유사도(Similarity)를 척도로 활용한다.

❶ 비유사도 척도(=거리 기반 척도, Distance)

비유사도는 두 데이터(개체)의 다른 정도에 대한 수치적인 척도로 두 대상 사이의 떨어진 정도를 나타내므로 값이 클수록 서로 거리가 멀다는 것을 나타내고(유사하지 않음), 작을수록 거리가 가깝다는 것(유사하다)을 의미한다. 거리(Distance)는 비유사도와 동의어이며, 하한값은 0, 상한값은 제한이 없다.

대표적인 비유사도 척도는 다음과 같다.

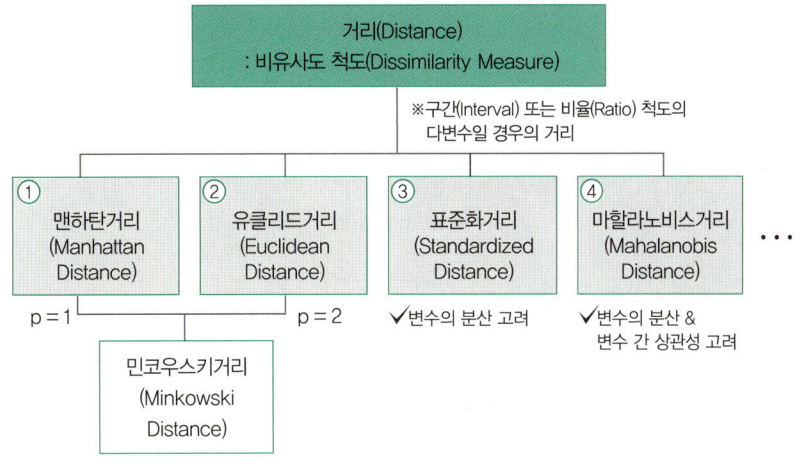

비유사도 척도의 종류

- **맨하탄거리(Manhattan Distance)**

맨하탄거리는 뉴욕의 택시가 출발지에서 도착지까지의 거리를 측정할 때, 가로 블록과 세로 블록의 거리를 절대합으로 계산하는 것을 보고 이름 붙여진 비유사도 척도이다.

물리적인 거리를 생각해보면 택시가 길과 길 사이에 있는 빌딩을 대각선으로 지나갈 수는 없다. 빌딩을 피해 도로를 기반으로 최단 거리를 찾을 수밖에 없기 때문에 두 점의 값(출발지 → 도착지)에 대한 맨하탄거리는 각 좌표간의 차이를 절대값으로 계산한다.

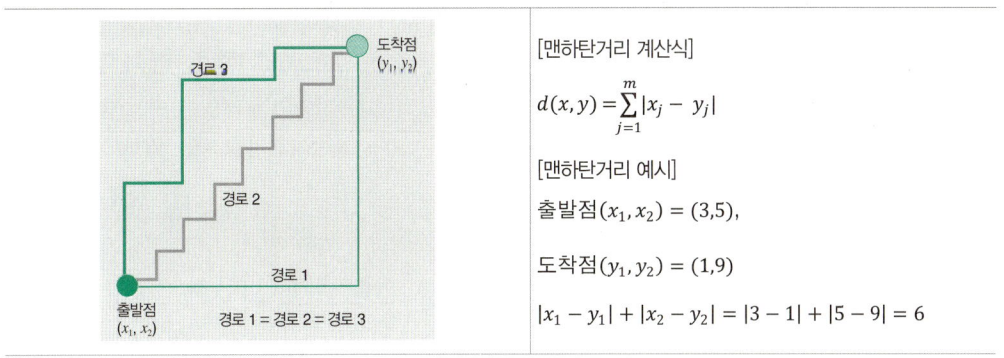

[맨하탄거리 계산식]

$$d(x,y) = \sum_{j=1}^{m} |x_j - y_j|$$

[맨하탄거리 예시]

출발점 $(x_1, x_2) = (3,5)$,

도착점 $(y_1, y_2) = (1,9)$

$|x_1 - y_1| + |x_2 - y_2| = |3 - 1| + |5 - 9| = 6$

맨하탄거리 **기출**

- **유클리드거리(Euclidean Distance)**

유클리드거리는 두 점을 잇는 가장 짧은 직선거리다. 아래 그림을 예로 들면, x지점에서 y지점으로 날아간다고 했을 때 x와 y지점 사이에 아무리 많은 빌딩이 있더라도 상관없이 최단 직선을 나타낸다.

m차원 유클리드 공간(Euclidean Space)에서 두 점 (x_1, x_2), (y_1, y_2)의 거리는 피타고라스정리(Pythagorean Theorem)에 의해서 아래 그림에서 제시한 공식으로 구할 수 있다.

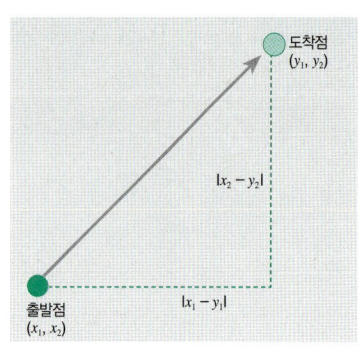

[피타고라스정리]

$a^2 + b^2 = c^2$

$c = (a^2 + b^2)^{1/2} = \sqrt{a^2 + b^2}$

[유클리드거리 계산식]

$d(x,y) = (\sum_{j=1}^{m} |x_j - y_j|^2)^{1/2}$

[유클리드거리 예시]

출발점 $(x_1, x_2) = (3,5)$,

도착점 $(y_1, y_2) = (1,9)$

$\sqrt{(x_1-y_1)^2 + (x_2-y_2)^2} = \sqrt{(3-1)^2 + (5-9)^2} = \sqrt{20}$

유클리드거리

- **민코우스키거리(Minkowski Distance)**

민코우스키거리는 맨하탄거리와 유클리드거리를 한 번에 표현한 거리 척도이다.

$$d(x,y) = (\sum_{j=1}^{m} |x_j - y_j|^p)^{1/p}$$

맨하탄거리는 민코우스키거리에서 $p = 1$이며, 유클리드거리는 $p = 2$(2-norm Distance)인 경우이다.

- **표준화거리(Standardized Distance)**

표준화거리는 각 변수의 값이 서로 다른 단위나 범위를 가질 경우 이를 고려하여 유클리드거리 계산한 값에 각 변수를 표준화한 값(분산/표준편차)으로 나누어 거리를 계산하는 방법이다. 표준화를 수행하면 척도(Scale)의 차이, 분산의 차이로 인한 왜곡을 피할 수 있다. 표준화거리는 다른 말로 통계적거리(Statistical Distance) 라고도 한다.

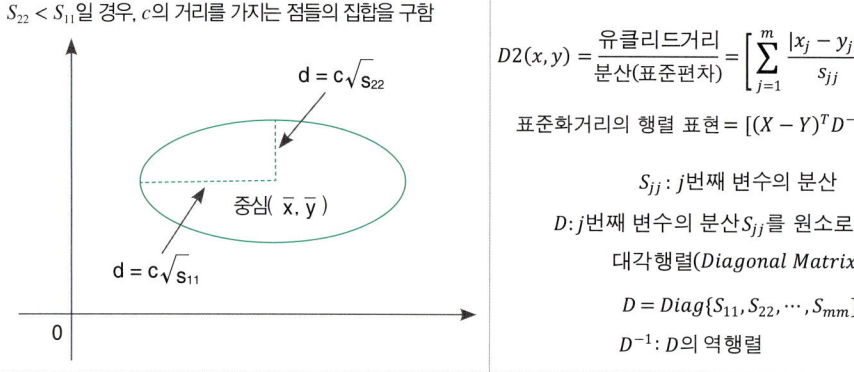

$D2(x,y) = \dfrac{\text{유클리드거리}}{\text{분산(표준편차)}} = \left[\sum_{j=1}^{m} \dfrac{|x_j - y_j|^2}{S_{jj}}\right]^{\frac{1}{2}}$

표준화거리의 행렬 표현 $= [(X-Y)^T D^{-1} (X-Y)]^{1/2}$

S_{jj} : j번째 변수의 분산

D : j번째 변수의 분산 S_{jj}를 원소로 가지는 대각행렬(Diagonal Matrix)

$D = Diag\{S_{11}, S_{22}, \cdots, S_{mm}\}$

D^{-1} : D의 역행렬

표준화거리

표준화거리를 이용하여 한 점에서 거리가 같은 점들의 집합을 구하면 표본평균을 중심으로 좌표축에 장축(Major Axis)과 단축(Minor Axis)이 반듯하게 놓인 타원(Ellipse) 또는 타원체를 이루게 된다. 변수가 2개인 경우 두 개체 간의 표준화거리를 구하면 타원의 중심은 각 변수의 평균값이 위치한 곳이 되며, 위 그림과 같은 형태로 그려져 각 변수의 평균점을 중심으로 하는 타원이 된다.

- **마할라노비스거리(Mahalanobis Distance)**

마할라노비스거리는 변수의 표준편차와 더불어 변수 간 상관관계(Correlation)까지 고려한 거리 척도이다. 한 점에서 마할라노비스거리가 같은 점들의 집합을 구하면 표본평균을 중심으로 축이 회전된 타원체(Rotated Ellipse)를 이루게 된다. 변수 간의 상관성이 있을 때의 거리 척도로서 방향성을 고려하여 다음 그림과 같이 회전된 축을 생각할 수 있다.

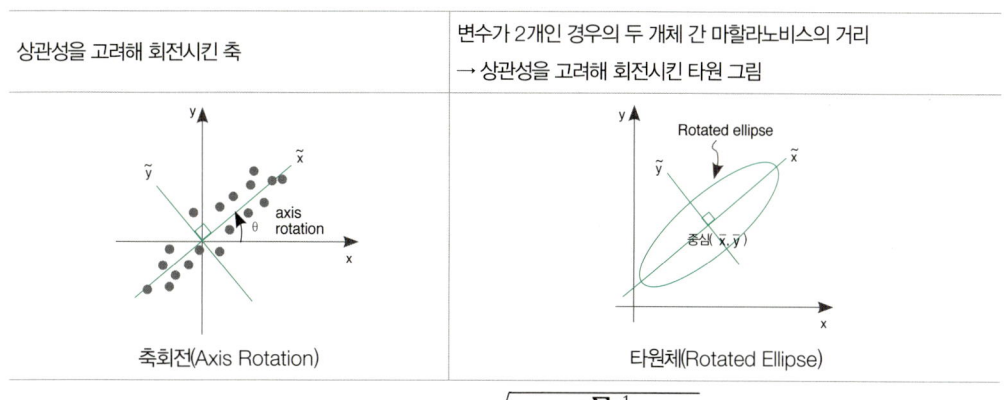

$$d_{mahalanobis}(x, y) = \sqrt{(x-y)^T \sum\nolimits^{-1} (x-y)}$$

$(x - y)$: 두 관측치 간의 차이, $\sum$: 공분산행렬, $\sum^{-1}$: 공분산행렬의 역행렬
차이 벡터$(x-y)$를 공분산행렬의 역행렬로 변환한 후, 그 결과를 다시 차이 벡터와 곱한 값

마할라노비스거리

표준편차가 1이고, 변수들 간의 상관관계가 없는 경우에 마할라노비스거리는 유클리드거리와 동일해질 수 있다.

❷ 유사도(Similarity)척도

유사도는 두 데이터(개체)의 닮은 정도에 대한 수치적인 척도로 음이 아닌 수, 0과 1사이의 값으로 표현할 수 있는 척도이다. 1에 가까우면 유사함을 의미하고 0에 가까우면 유사하지 않음을 의미한다.

- **코사인유사도(Cosine Similarity)**

코사인유사도는 벡터와 벡터 간의 유사도를 비교할 때 두 벡터 간의 사이각을 구해서 얼마나 유사한지를 수치로 나타낸 척도이다. 따라서 벡터 방향이 동일한 방향(0도)를 나타내면 두 벡터는 서로 유사하며, 벡터 방향이 90°일 때는 두 벡터 간의 관련성이 없고, 벡터 방향이 180°로 표현되면 두 벡터는 반대 관계를 보인다(각도가 0°일 때의 코사인값은 1이며, 다른 모든 각도의 코사인값은 1보다 작다).

코사인유사도 : -1　　코사인유사도 : 0　　코사인유사도 : 1

코사인유사도

코사인유사도를 구하는 식은 아래와 같다.

$$Similarity = \frac{A \cdot B}{\|A\| \|B\|} = \frac{\sum_{i=1}^{n} A_i \times B_i}{\sqrt{\sum_{i=1}^{n}(A_i)^2} \times \sqrt{\sum_{i=1}^{n}(B_i)^2}}$$

문서 간 유사도를 측정하는 방법 중 유클리드거리 기반의 지표도 있다. 하지만 희소행렬에서 문서와 문서 벡터 간의 크기에 기반한 유사도 지표는 정확도가 떨어진다. 또한 문서가 매우 긴 경우 단어의 빈도 수 또한 많기 때문에 빈도 수에만 기반해서 유사도를 구하는 것은 공정한 비교가 될 수 없다.

예를 들어 A 문서에서 '경제'라는 단어가 5번 나왔고, B 문서에서 '경제'라는 단어가 3번 언급되었다고 해서 A 문서가 경제와 더 밀접한 문서라고 볼 수 없다. A 문서의 길이가 B 문서의 길이보다 10배 이상 크다면 오히려 B 문서가 경제와 더 관련이 있다고 판단해야 옳을 것이다. 따라서 문서 간 유사도를 측정할 때는 코사인유사도가 가장 많이 쓰인다.

> **참고 코사인거리(Cosine Distance)**
> 변환 : 유사도를 비유사도로 변환하거나 그 역으로 변환하여 근접도 척도를 [0,1]과 같은 특정 범위로 적용하기 위해 사용코사인거리 : 코사인 유사도를 코사인거리로 변환하기 위해 1에서 코사인 유사도값을 빼줌
> $$Distance = d(x, y) = 1 - \frac{A \cdot B}{\|A\| \|B\|} = 1 - \frac{\sum_{i=1}^{n} A_i \times B_i}{\sqrt{\sum_{i=1}^{n}(A_i)^2} \times \sqrt{\sum_{i=1}^{n}(B_i)^2}}$$

● **자카드유사도(Jaccard Similarity, 자카드계수)**

자카드유사도는 두 문장을 각각 단어의 집합으로 만든 뒤 두 집합을 통해 유사도를 측정하는 방식 중 하나다.

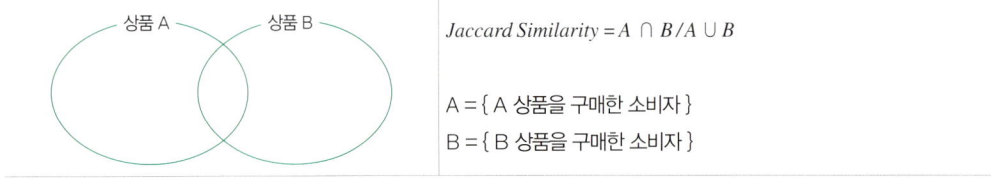

$Jaccard\ Similarity = A \cap B / A \cup B$

A = { A 상품을 구매한 소비자 }
B = { B 상품을 구매한 소비자 }

자카드유사도

> **사례** 자카드유사도

3명의 사용자의 품목(Item) 구매 여부

구분	Item1	Item2	Item3	Item4
사용자 1	0	1	0	1
사용자 2	0	1	1	1
사용자 3	1	0	1	0

〈사용자 1과 사용자 2의 자카드유사도를 계산하는 경우〉

수식 : $J(A, B) = |A \cap B| / |A \cup B|$

(분모) $|A \cup B|$ 두 사람이 산 상품의 합집합의 개수는 3(Item2, Item3, Item4)

(분자) $|A \cap B|$ 두 사람이 산 상품의 교집합의 개수는 2(Item2, Item4)

→ 자카드유사도 값은 2/3 = 0.67

군집분석 분류로 비유사도와 유사도 기반 외에도 레벤슈타인이나 해밍거리를 포함하는 다차원 변수와 유사도 계수 기반으로 분류하기도 한다.

군집분석 다차원 변수의 유사도 및 유사도계수 기반 분류

구분	주요 내용	설명
비유사도 (거리 기반)	유클리드거리 (Euclid Distance)	다차원 분산형 차트에서 변수값 쌍의 관계 표현. 두 점의 직선거리. 기하학적 최단거리
	마할라노비스거리 (Mahalanobis)	유클리드거리에서 점수를 늘려 거리를 구하는 기법(다차원 공간의 이상점 발견) 확률분포를 고려하기 때문에 공분산 행렬을 사용(정규분포에서의 거리)
	민코우스키거리 (Minkowski)	두 가지 거리(유클리드거리와 맨하탄거리)를 일반화한 기법 $P = 1$은 맨하탄거리와 동일. $P = 2$는 유클리드거리와 동일
	맨하탄거리 (Manhattan)	격자형으로 된 두 점 사이의 이동거리 측정법으로 가로 이동 거리와 세로 이동 거리를 합친 전체 이동 거리를 구하는 기법
다차원 변수의 유사도	레벤슈타인거리 (Levenshtein)	값이 아닌 문자열 사이의 유사도를 나타낼 때 사용(몇 개의 문자가 차이가 나는지). 맞춤법 오류 확인 등
	해밍거리 (Hamming)	한 문자열을 다른 문자열로 바꾸기 위해 몇 글자를 바꾸어야 하는지 정의 고정 길이의 이진 데이터에서 서로 다른 비트 부호 수를 갖는 문자 개수
유사도	단순매칭계수 (SimpleMatching Coefficient)	집합 2개의 유사도를 구할 때 공통요소를 전체요소 수로 나눈 것
	자카드계수 (JaccardCoefficient)	두 문헌 간이나 문헌과 질문 간의 유사도를 측정하기 위해 사용하는 유사도계수
	코사인유사도 (CosineSimilarity)	두 벡터(Vector)의 유사도(Similarity)를 구하는 방법 문서 사이의 유사도 계산(단어의 출현 빈도를 코사인에 적용)
	피어슨 상관계수 (Pearson's Correlation Coefficient)	변수의 척도가 등간 이상일 경우에 변수 간의 상관관계와 선형성을 알아보기 위해 사용하는 기법

17, 18 Day

유사도	스피어만 상관계수 (Spearman Correlation Coefficient)	피어슨상관계수의 특별한 경우, 같은 순위가 있다면 순위를 보정하지 않고 유사도를 측정하는 기법
	켄달순위 상관계수 (Kendall Correlation Coefficient)	스피어만처럼 변수의 척도가 서열일 때 두 변수의 데이터값의 일치도를 알아보기 위해 사용하는 기법

8.1.7.3 군집분석 유형

군집 안에 부분 군집 존재 유무에 따라 계층적 군집(Hierarchical Clustering)과 비계층적 군집(Non-Hierarchical Clustering)으로 나눈다. 계층적 군집은 한 군집 안에 부분 군집이 있는 반면, 비계층적 군집은 군집 간 부분 집합이나 중복 없이 상호 배타적으로(Exclusive) 존재한다.

군집분석 유형

구분	설명
계층적 군집 (Hierarchical Clustering)	여러 개의 군집 중에서 가장 유사도가 높은 혹은 거리가 가까운 군집 두 개를 선택하여 하나로 합치면서 군집 개수를 줄여가는 방법 분할과 병합을 이용해 단계적 계층적으로 군집을 만드는 방법
	병합 : n개의 군집을 시작으로 최종적으로 하나의 군집이 남을 때까지 유사성 기반으로 병합해나가는 방식 분할 : 병합 방식의 반대 방향으로 진행하며 최초 1개의 군집에서 분할해 나가는 방식
비계층적 군집 (Non-Hierarchical Clustering)	구하고자 하는 군집의 수를 정한 상태에서 설정된 군집의 중심에 가장 가까운 개체를 하나씩 포함해 가는 군집 형성 방법
	사전에 결정된 군집들의 수(K)를 사용 (군집의 수(K)를 사전에 정의하는 부분이 어려움) 레코드들을 각각의 군집에 할당하는 방법 레코드들의 중심점(평균값)을 이용한 군집 방법

❶ 계층적 군집(Hierarchical Clustering) 기출

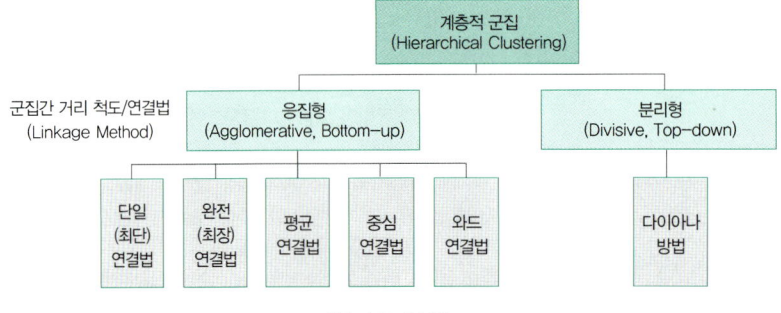

계층적 군집 분류

계층적 군집분석은 개별 데이터에서 시작해서 유사한 데이터끼리 군집으로 묶어가는 기법인 응집형 방법(Agglomerative, Bottom-up Method)과 반대로 모든 데이터를 하나의 군집에 속한다고 놓고, 차근차근 세부 군집으로 나누어 가는 분리형 방법(Divisive, Top-down Method)으로 구분할 수 있다. 모든 관측치를 상호 배타적으로 탐색하는 경우의 분리형(Divisive) 군집화는 복잡도가 $O(2^n)$으로 너무 높아 사용이 어려워 해당 장에서는 응집형 방법에 대해서만 알아보도록 한다.

계층적 군집 절차

구분	절차
Step1	개별 데이터를 군집으로 정의하여 데이터 수만큼의 군집을 지정
Step2	각 군집과 군집 간 거리들을 모두 계산
Step3	가장 작은 거리를 갖는 두 개의 군집을 찾아 이를 하나의 군집으로 결합
Step4	모든 데이터를 포함하는 하나의 군집이 형성될 때까지 2~3단계를 계속 반복

응집형 계층적 군집화는 연결 기반 군집화(Connectivity-based Clustering)라고도 하며, 각 군집 간의 거리를 측정하는 방식에 따라 다양한 알고리즘을 활용할 수 있다.

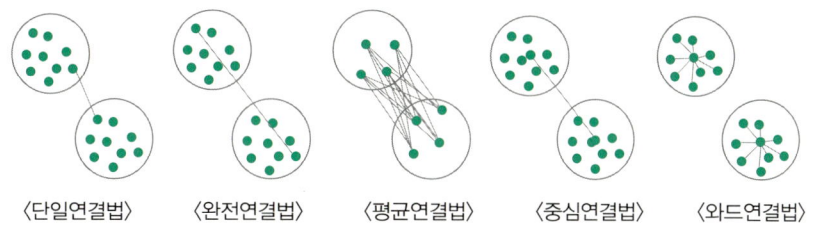

〈단일연결법〉　〈완전연결법〉　〈평균연결법〉　〈중심연결법〉　〈와드연결법〉

군집 사이의 거리측정 방법

군집 사이의 거리 측정 방법 설명

구분	설명
단일연결법 (Single linkage) = 최단연결법	$n \times n$ 거리행렬에서 거리가 가장 가까운 데이터를 묶어서 군집을 형성 군집과 군집 또는 데이터와 거리 계산 시 최단거리(Min)를 거리로 계산하여 거리행렬 수정을 진행 수정된 거리행렬에서 거리가 가까운 데이터 또는 군집을 새로운 군집으로 형성 최소값으로 측정
완전연결법 (Complete linkage) = 최장연결법	군집에서 하나씩 데이터를 뽑았을 때 나타날 수 있는 거리의 최대값으로 측정하여 가장 유사성이 큰 군집으로 병합해 나가는 방법 최대값으로 측정
평균연결법 (Average linkage)	모든 데이터에 대한 거리를 평균을 구하면서 가장 유사성이 큰 군집을 병합해 나가는 방법 계산량이 불필요하게 많아질 수 있음 단일연결법과 완전연결법보다 이상값에 덜 민감
중심연결법 (Centroid linkage)	두 군집의 중심 간의 거리를 측정 두 군집이 결합될 때 새로운 군집의 평균은 가중 평균을 통해 구함 계산량이 적고, 중심 사이의 거리를 한 번만 계산

와드연결법 (Ward linkage)	군집 내 편차들의 제곱합을 고려한 방법 병합된 군집의 오차제곱합이 병합 이전 군집의 오차제곱합에 비해 증가한 정도가 작아지는 방향으로 군집을 형성하는 방법 군집 간 정보의 손실을 최소화하기 위해 군집화를 진행 군집 내 오차제곱합(SSE)

계층적 군집을 시각화하는 방법으로 덴드로그램(Dendrogram)을 활용하여, 가까운 두 데이터(개체) 혹은 데이터와 군집을 묶어 가면서 군집을 이루어나가는 과정을 시각화할 수 있다.

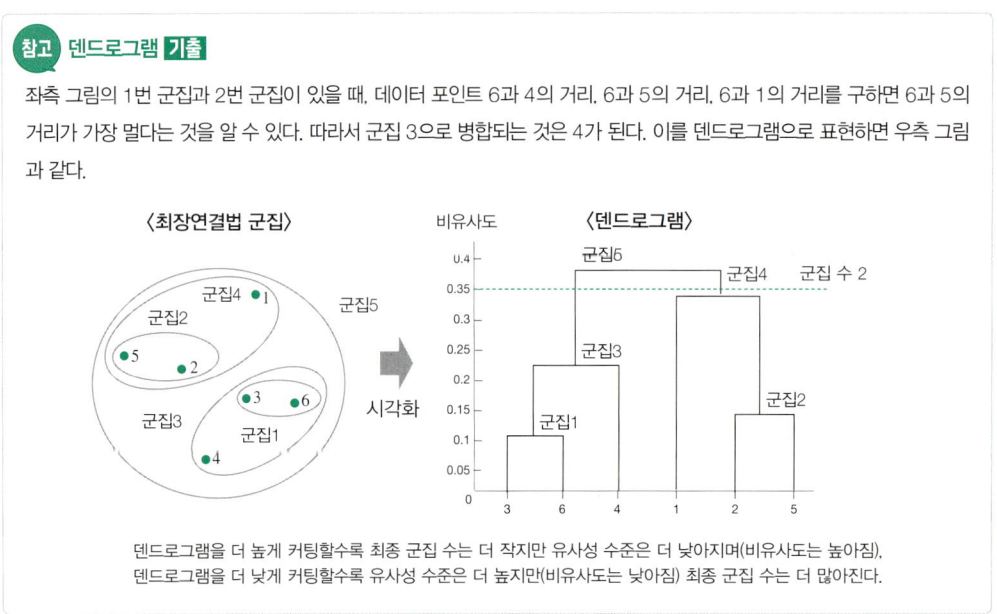

> **참고 덴드로그램 기출**
>
> 좌측 그림의 1번 군집과 2번 군집이 있을 때, 데이터 포인트 6과 4의 거리, 6과 5의 거리, 6과 1의 거리를 구하면 6과 5의 거리가 가장 멀다는 것을 알 수 있다. 따라서 군집 3으로 병합되는 것은 4가 된다. 이를 덴드로그램으로 표현하면 우측 그림과 같다.
>
> 덴드로그램을 더 높게 커팅할수록 최종 군집 수는 더 작지만 유사성 수준은 더 낮아지며(비유사도는 높아짐).
> 덴드로그램을 더 낮게 커팅할수록 유사성 수준은 더 높지만(비유사도는 낮아짐) 최종 군집 수는 더 많아진다.

❷ 비계층적 군집(Non-Hierarchical Clustering)

비계층적 군집은 구하고자 하는 군집의 수를 정한 상태에서 설정된 군집의 중심에 가장 가까운 개체를 하나씩 포함해 가는 군집 방법이며, 분할적 군집(Partitional Clustering)이라고도 한다.

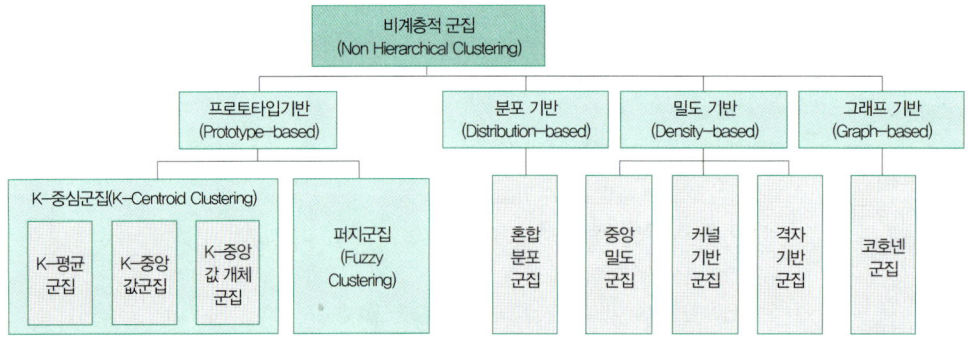

비계층적 군집 분류

비계층적 군집에 대한 분류 방식으로 프로토타입 기반, 분포 기반, 밀도 기반, 그래프 기반이 있다.

비계층적 군집의 분류

분류	설명
프로토타입 기반 군집 (Prototype based Clustering)	미리 정해놓은 각 군집의 프로토타입에 각 데이터(개체)가 얼마나 유사한가를 가지고 군집을 형성하는 기법
분포 기반 군집 (Distribution based Clustering)	각 데이터가 혼합분포 중 어느 모델로부터 나왔을 확률이 높은지에 따라 군집을 형성하는 기법
밀도 기반 군집 (Density based Clustering)	동일 군집에 속하는 데이터는 서로 근접하게 분포할 것이라는 가정을 기반으로 군집을 형성하는 기법(높은 밀도를 가진 데이터들의 공간)
그래프 기반 군집 (Graph based Clustering)	신경망 기술을 활용하여 고차원의 데이터를 저차원의 뉴런으로 정렬, 지도의 형태로 형상화해서 군집화하는 기법

● **프로토타입 기반 군집, K-평균군집(K-Means Clustering) 알고리즘** 기출

K-평균군집(K-$Means$) 알고리즘은 n개의 데이터를 K개의 군집으로 분류하기 위해 거리 기반으로 반복적으로 계산해 나가는 군집 알고리즘이다(중심점을 옮겨가며 거리측정).

다음과 같은 목적 함수 값이 최소화될 때까지 군집의 중심위치와 각 데이터가 소속될 군집을 반복해서 찾는다. 이 값을 관성(Inertia)이라 한다.

k-평균군집의 군집 기준

관성(목적 함수)	설명
$$J = \sum_{k=1}^{K} \sum_{i \in C_k} d(x_i, \mu_k)$$	K : 군집 수, C_k : k번째 군집에 속하는 데이터 집합 μ_k : k번째 군집의 중심점 $d(x_i, \mu_k)$: 두 데이터 사이의 거리 혹은 비유사도

비유사도 측정은 일반적으로 유클리드거리를 사용한다.

$$d(x, y) = \left(\sum_{j=1}^{m} |x_j - y_j|^2\right)^{1/2}$$

K-평균군집(K-$Means$) 알고리즘의 특징은 거리 기반, K개의 중심점(Centroid)의 사용, 데이터 양자화, 반복적 최적해 산출로 요약할 수 있다.

장점	단점
구현이 간단하고 군집이 직관적임	초기 군집에 민감하여 결과가 다를 수 있음
대용량 데이터에도 적용 가능	클러스터 수를 사용자가 지정
대체로 빠른 수행속도	군집중심이 선택되는 초기 위치에 따라 속도가 느릴 수 있음
군집결과를 해석하기 쉬움	이상값/노이즈에 민감
유클리드거리 등 다양한 거리 측정방법을 사용	볼록체(Convex Hull) 모양이 아닌 데이터셋에 정확도 떨어짐(예 : 초승달 모양 데이터셋)

K-평균군집 알고리즘의 수행 절차는 다음과 같다.

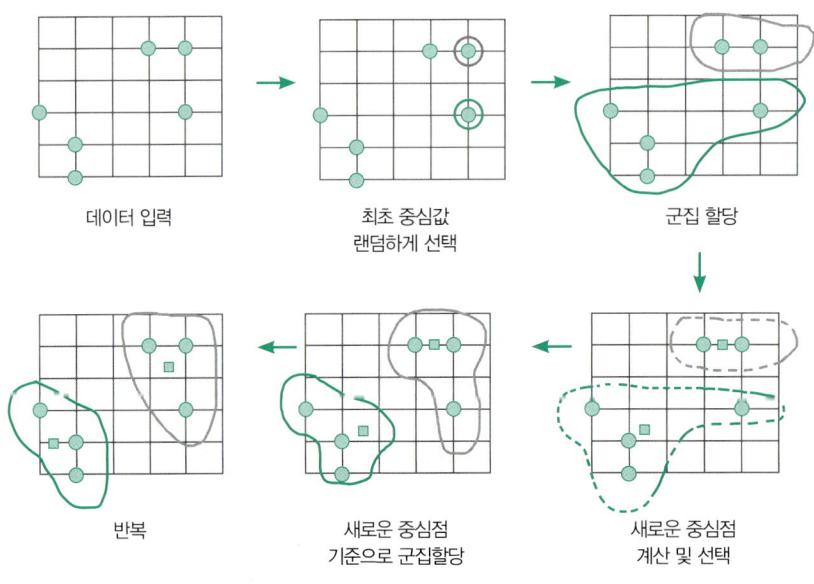

K-평균군집 수행 절차

K-평균군집 절차

구분	절차
Step1	군집 수 K를 정의
Step2	초기 K개 군집의 중심점(Centroid) 선택
Step3	각 관측값들을 가장 가까운 중심의 군집에 할당
Step4	새로운 군집의 중심 계산
Step5	재정의된 중심값 기준으로 다시 거리 기반의 군집 재분류
Step6	군집경계가 변경되지 않을 때까지 반복

K-평균군집 알고리즘은 이상값에 대해 민감하여 중심점(Centroid)에 크게 영향받을 수 있다. 이를 개선하기 위해 초기 중심점의 정확도를 높이기 위한 K-평균++(K-Means++) 알고리즘이 등장했다.

K-평균++ 알고리즘은 전통적인 K-평균에 비해 초기 중심점을 더욱 전략적으로 배치하기 때문에 더 최적의 군집화를 구성할 수 있다. 또한 K-평균군집보다 알고리즘이 수렴하는 속도가 빠르다. 전통적인 K-평균을 사용하면 초기 중심점이(운이 나쁘게) 잘못 지정되는 경우 알고리즘이 수렴하는 데 시간이 오래 걸릴 수 있기 때문이다.

그 밖에도 이상값의 왜곡에 강한 알고리즘으로 K-중앙개체(K-medoids) 군집 알고리즘을 사용하게 되었다.

> **참고** K-최근접 이웃 알고리즘(K-Nearest Neighbor Classification, K-NN)
>
> K-평균 알고리즘이 대표적인 비지도 학습의 알고리즘이라면, 비교되는 K-최근접 이웃 알고리즘은 대표적인 지도학습 알고리즘이다.
>
> K-최근접 이웃 알고리즘은 어떤 집단(정답)으로 나누어져 있는 데이터셋이 있을 때, 사전 모델링 없이 새로운 데이터에 대해 특정 집단으로 분류(Classification)하는 알고리즘이다. 또한 유사한 데이터들의 평균을 예측값으로 사용하여 회귀(Regression) 알고리즘으로 사용 가능하다.
>
> K-최근접 이웃 알고리즘의 장/단점
>
> | 장점 | 단점 |
> |---|---|
> | 분류 및 회귀로 사용 가능 | K값의 결정이 어려움 |
> | 사용이 간단하며 학습이 빠름 | 연속형 데이터가 아닐 경우 유사도 정의가 어려움 |
> | 별도의 학습 불필요 | 이상값 존재 시 성능 저하 발생 |
> | 범주로 분류할 기준이 없어도 사용 가능 | |
>
> K값은 학습의 난이도와 데이터의 개수에 따라 결정될 수 있으며, 일반적으로는 훈련 데이터 개수의 제곱근으로 설정한다. 또한 K값을 너무 크게 설정할 경우, 주변의 데이터와 떨어져 분류가 잘 이루어지지 않고 과소적합(Underfitting)이 발생할 수 있으며 반대로 너무 작게 설정한다면, 데이터 하나하나에 민감하게 영향을 받아 과적합(Overfitting)이 발생할 수 있다.
>
> K-최근접 이웃 알고리즘 절차
>
> 〈K가 3인 경우의 K-최근접 이웃 예시〉
>
> | 구분 | 설명 |
> |---|---|
> | Step1 | 사전 모델링 없이 훈련 데이터 저장(게으른 모델 = Lazy Model) |
> | Step2 | 초기 K 정의(K : 새로운 데이터 분류에 참여할 이웃 데이터 수) |
> | Step3 | 새로운 데이터 각 데이터의 거리 계산(유클리드 거리, 마할라노비스거리 등 사용) |
> | Step4 | 가장 가까운 K개의 데이터 선정 |
> | Step5 | 새로운 데이터를 선정된 K개의 데이터 중 가장 많은 집단으로 분류(Majority Voting) |
>
> 게으른 학습(Lazy Learning) : 사전학습 없이, 테스트 데이터가 주어졌을 때 최근접 이웃들을 찾아가는 학습 방식

17, 18 Day

● **프로토타입 기반 군집, K-중앙개체 군집(K-Medoids Clustering) 알고리즘**

K-중앙개체 군집 알고리즘은 K-평균군집 알고리즘이 극도로 큰 값(혹은 작은 값)에 의해 데이터 분포를 사실상 왜곡할 수 있기 때문에 이상값(노이즈)에 민감한 단점을 개선한 알고리즘이다.

군집에서 객체들의 평균값을 취하는 대신에 군집에서 가장 중심에 위치한 객체인 Medoid를 사용하여 n개의 객체(데이터) 중에서 k개의 군집을 찾게 된다.

- 장점 : 실데이터를 중심점으로 사용하기 때문에 노이즈 처리가 우수
- 단점 : K-평균군집 알고리즘에 비해 연산량이 많음

Step 1	Step 2	Step 3	Step 4
k개의 대표 객체(Medoids) 지정(여기선 2개)	나머지 객체를 가까운 대표 객체에 배속	새로운 임의의 객체를 대표 객체로 선정	Step2에서의 총 비용과 현재 총비용을 비교하여 작으면 선택

K-중앙개체 군집 수행 절차

● **분포 기반 군집, 기대값 최대화(Expectation-Maximization, EM) 알고리즘**

혼합 분포 기반 군집화(Mixture Distribution-based Clustering)는 데이터의 여러 확률 분포를 결합하여 데이터 포인트를 그룹화하는 군집화 방법이며, 데이터셋의 전체 분포를 여러 개의 작은 분포들이 혼합된 형태로 가정하며, 각각의 작은 분포는 특정 군집을 의미한다. 군집의 크기가 너무 작으면 추정이 어렵지만 커지면 시간이 오래 걸릴 수 있다. 대표적 알고리즘 기대값 최대화(EM) 알고리즘이 있다.

기대값 최대화(EM) 알고리즘은 관측되지 않는 잠재변수에 의존하는 확률 모델에서 최대가능도(Maximum Likelihood)나 최대사후확률(Maximum a Posteriori)을 갖는 매개변수를 찾는 반복적 알고리즘이다. 매개변수에 관한 추정값으로 로그가능도의 특징은 아래와 같다.

- 가능도 함수(Likelihood Function) : 확률적 적합성 평가. Likelihood의 값 최대화가 목표
- 로그 함수로 종료 평가 : 가능도(Likelihood) 값이 일정값 수준으로 향상되면 수렴 허용
- 가우시안 정규분포(Gaussian Mixture Model) 적용
- 데이터가 완전하지 않거나, 숨겨진 변수(잠재변수)가 있을 때 사용
- 데이터 집합이 여러 개의 분포에서 생성된 것으로 가정. 각 분포의 확률밀도 함수를 추정

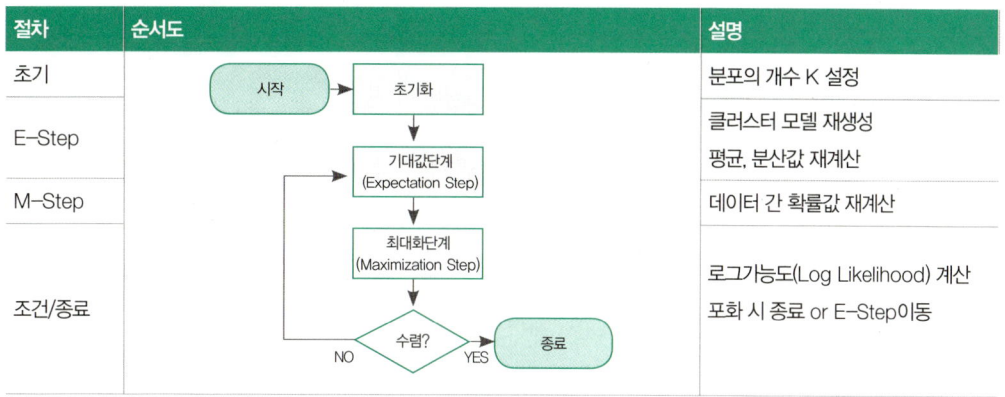

E-Step과 M-Step 2개의 Phase를 반복하며 처리하는 알고리즘

EM 알고리즘 수행 절차

- **밀도 기반 군집, DBSCAN 알고리즘** 기출

DBSCAN(Density Based Spatial Clustering of Application with Noise) 알고리즘은 어느 점을 기준으로 반경 x내에 점이 n개 이상 있으면 하나의 군집으로 인식하는 방식이다. 군집 수를 미리 정하지 않아도 되는 장점이 있다.

k-평균군집과 DBSCAN 군집의 차이

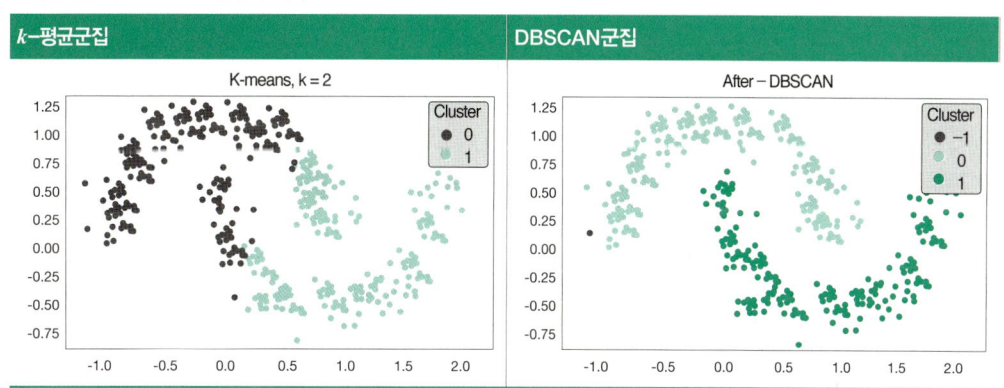

군집의 밀도를 사용해 기하학적 모양을 가지는 군집도 찾을 수 있으며, 잡음포인트(Noise Point)를 통해 이상값(Outlier) 검출이 용이하다.

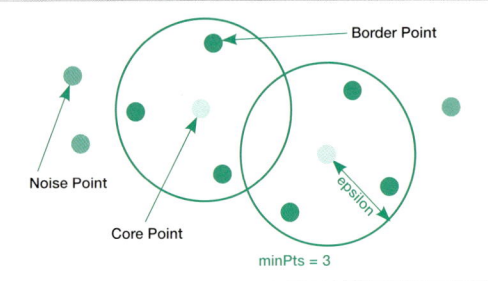

순서	절차
Step1	코어중심반경(Epsilon), 최소 데이터 개수(MinPts) 결정
Step2	핵심포인트(Core Point) 기반 경계 구분
Step3	군집 할당
Step4	경계(Border), 잡음(Noise) 계산

DBSCAN 군집 수행 절차

DBSCAN 군집 요소

구분	설명	핵심
핵심포인트 (Core Point)	일정 기준 이상의 밀도를 갖는 데이터(점) 핵심(Core)에서 핵심(Core)으로 탐색	N개 이상의 이웃점을 갖는 데이터
잡음포인트 (Noise Point)	일정 기준 미만의 밀도를 가지고, 군집에도 속하지 않는 데이터(점)	어떤 군집에도 속하지 않음
경계포인트 (Border Point)	일정 기준 미만의 밀도를 갖고 있지만, 군집에 속하지 않는 데이터 경계(Border)를 만나면 군집에서 탐색 중지	군집 탐색 중지
앱실론 주변 영역 (Epsilon)	주어진 개체들의 반경 밀도는 앱실론 안에 있는 다른 좌표점의 수	거리 기준
최소 데이터 개수 (Min Points)	앱실론 반경 내 군집 위해 필요한 객체 수 어떤 좌표점이 군집을 형성할 수 있는 최소 좌표점의 수	밀도 기준값

- **그래프 기반 군집, 자기조직화지도(Self-Organizing Map, SOM) 알고리즘** 기출

자기조직화지도(SOM) 알고리즘은 대뇌피질 중 시각피질의 학습과정을 모델화한 인공신경망으로 입력벡터를 훈련집합에서 일치되도록 가중치를 조정하는 비지도학습의 한 방법이다. 이러한 특성으로 군집화, 차원축소, 시각화 등에 활용되며, 코호넨(Kohonen) 네트워크에 근간을 두고 있다.

입력벡터의 특성에 따라 벡터가 한 점으로 클러스터링되는 경쟁신경망(Competitive Network)을 이용하여, 승자전유(Winner-take-all) 과정을 통해 입력벡터에 가장 가까운 가중치벡터를 가지는 노드를 승자로 선언하고, 그 값이 입력벡터에 더 가까워지도록 가중치를 조정한다.

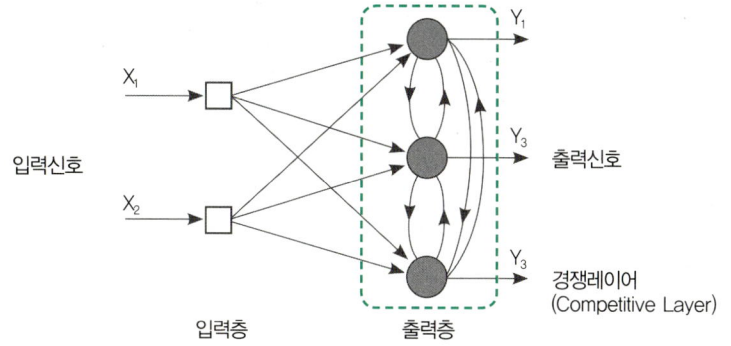

자기조직화 지도 구성

자기조직화지도 절차

구분	절차
Step1	입력층에서 출력층으로 가는 순방향 연결과 출력층 각 측방향 연결
Step2	측방향 연결은 뉴런 간 경쟁을 생성하는 데 사용
Step3	모든 뉴런 중 활성화 수준이 가장 높은 뉴런이 승자(승자 독식 뉴런)
Step4	승자 독식한 뉴런이 출력신호를 생성하는 유일한 뉴런
Step5	경쟁에서 진 다른 뉴런들의 활성은 억제

출제예상문제

01. 회귀분석 가정에 대한 문제로 아래 그래프가 의미하는 성질은?

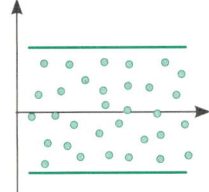

① 독립성　　　　　　　　② 등분산성
③ 정상성　　　　　　　　④ 비상관성

02. 다중회귀 모델(모형)의 통계적 유의성 확인 방법은 무엇인가?

① F통계량을 확인한다
② t검정을 실시한다
③ 마할라노비스(Mahalanobis) 거리를 측정한다.
④ 교차검증을 실시한다.

03. 규제화 선형회귀에서 라쏘(Lasso) 회귀 모델에 대해 옳지 않은 것은?

① 회귀계수의 절대값이 클수록 패널티를 부여한다
② L2를 사용하여 제곱한다
③ 람다계수를 사용해서 패널티를 사용한다
④ 변수를 선정하는 기능이다

04. 다중회귀 분석에서 모든 변수 적용 후 하나씩 변수 제거 방법으로 옳은 것은?

① 층화추출법　　　　　　② 단계적방법
③ 전진선택법　　　　　　④ 후진제거법

05. 인공신경망 모델에 대한 설명에서 가장 거리가 먼 것은?

① 헵 규칙은 신경망 모델 학습규칙의 토대가 되었다.
② Layer로는 입력층, 은닉층, 출력층이 있다.
③ 활성화 함수에 따라 입력변수가 달라진다
④ 손실 함수(Loss Function)의 최소화 알고리즘으로 경사하강법을 사용한다.

06. 반응변수가 범주형일 때 수행하는 회귀분석으로 알맞은 것은?

① 로지스틱회귀분석　　　② 선형회귀분석
③ 규제가 있는 선형회귀분석　　④ 비선형회귀분석

출제예상문제　01. ②　02. ①　03. ②　04. ④　05. ③　06. ①

07. 정준연결(Canonical link)의 로그 함수로 알맞은 것은?

① 정규분포 ② 베르누이
③ 포아송 ④ 감마

08. 목표변수가 이산형인 경우 지니지수, 연속형인 경우 분산감소량을 사용하는 알고리즘은?

① C5.0 ② QUEST
③ CHAID ④ CART

09. 서포트벡터머신의 설명으로 옳지 않은 것은?

① 분류와 회귀분석에 사용되는 지도학습 알고리즘이다.
② 데이터가 사상된 공간에서 경계선과 가장 근접한 데이터를 서포트벡터라고 부른다.
③ 테스트가 매우 쉽다.
④ 고차원에서의 특징 추출이 어려운 경우 차원의 저주를 회피한다.

10 카탈로그 배열이나 교차판매에 사용될 수 있는 데이터 마이닝 기법은?

① 연관분석 ② 텍스트 마이닝
③ 분산분석 ④ 사회연결망 분석

11. 전체 항목 중 X와 Y가 동시에 포함되는 항목의 비율은?

① 지지도 ② 향상도
③ 신뢰도 ④ 평균도

12. 고차원의 데이터를 이해하기 쉬운 저차원의 뉴런으로 정렬하며, 경쟁신경망을 이용하는 알고리즘으로 옳은 것은?

① 특징지도(Feature Map)
② 미세조정(Fine Turning)
③ 자기조직화지도(Self-Organizing Map, SOM)
④ 밀도 기반 클러스터링(DBSCAN)

13. 군집의 개수를 미리 정하지 않아도 되는 탐색적 모델은?

① 비계층적 군집 ② 계층적 군집
③ K평균(K-Means) 군집 ④ K중앙개체(K-Medoid) 군집

14. 두 벡터 사이의 각도를 이용하여 벡터 간의 유사 정도를 측정하는 방식은?

① 유클리드거리 측정 방식 ② 벡터 유사 방식
③ 거리 측정 방식 ④ 코사인유사도

07. ③ 08. ④ 09. ③ 10. ① 11. ① 12. ③ 13. ② 14. ④

출제예상문제

15. 다음 중 느린 학습(Lazy Learning)에 해당하는 분석 알고리즘은?

① 최근접 이웃 모형(Nearest Neighbor search)
② SOM(Self-Organizing Map)
③ CART
④ 층화추출법

16. 다음 중 활성화 함수의 설명으로 적절한 것?

① 로지스틱회귀 모델에서의 회귀계수와 유사하게 해석된다.
② L2 패널티(Penalty)를 사용한다.
③ 드롭아웃을 사용한다.
④ 시그모이드 함수가 대표적이다.

17. K평균(K-Means) 군집의 장점은?

① 이상값에 강하다.
② 데이터가 규칙적이고 내부 특징이 있는 분류 초기 단계에 적합하다.
③ 계층적 군집보다 많은 양의 자료를 다룰 수 있다.
④ K를 결정하기 용이하다.

18. 선형회귀 모델에서 결정계수를 구하는 방법은?

① $1 - \frac{SSE}{SST}$
② MSE(Mean Square Error)
③ 잔차의 합산
④ 오차의 평균

19. 다음 중 신경망분석 시, 노드의 수가 적으면 생기는 문제는?

① 과적합이 생기지 않아 문제다.
② 학습률(Learning Rate)이 작아진다.
③ 복잡한 의사결정경계를 만들 수 없다.
④ 기울기 소멸 문제(Vanishing Gradient Problem)가 발생한다.

20. 회귀분석 유형의 분류 기준에 대한 설명으로 부적절한 것은?

① 종속변수의 수가 1개면 단순회귀분석, 2개 이상인 경우 다중회귀분석으로 분류한다.
② 독립변수의 척도가 연속형인 경우 일반회귀분석, 범주형인 경우 더미변수를 이용한 회귀분석으로 분류한다.
③ 독립변수와 종속변수의 관계에 따라 선형회귀분석과 비선형회귀분석으로 분류한다.
④ 회귀계수의 제약조건에 따라 제곱합으로 규제할 경우 릿지회귀분석, 절대값으로 규제할 경우 라쏘회귀분석으로 분류한다.

21. 다중회귀분석 모델에 대한 설명으로 옳지 않은 것은?

① 다중회귀분석에서의 결정계수는 상관계수의 제곱값이다.
② 다중회귀분석의 모델 적합성 검정은 판별분석을 이용하여 검정한다.
③ 독립변수의 조합에 따라 만들어지는 선형 모델 모두를 비교하기 불가능하기 때문에 단계적 변수 선택을 사용한다.
④ 회귀계수는 최소제곱법으로 추정하며, 추정된 회귀계수($\beta_0, \beta_1, \beta_1, \cdots$)의 유의성을 판단하기 위해서 t검정을 수행한다.

22. 의사결정나무 모델에서의 분류 기준에 대한 설명 중 틀린 것은?

① 지니지수값이 0에 가까울수록 이질적이며 순수도가 떨어진다.
② 카이제곱통계량은 이산형 종속변수일 때 사용한다.
③ CART 알고리즘은 지니지수와 분산감소량을 사용한다.
④ 분류나무와 회귀나무로 나눌 수 있다.

23. 다음 중 일반화 선형 모형(GLM)에 대한 설명으로 옳은 것을 모두 고르시오.

> ㄱ. 종속변수가 범주형 자료이거나 정규성을 만족하지 못할 경우, 연결 함수를 사용하여 선형 결합한 회귀 모델이다.
> ㄴ. 대표적으로 로지스틱회귀분석이 있다.
> ㄷ. 최소제곱법을 통해 수학적 방식으로 모델을 구한다.

① ㄱ
② ㄱ, ㄴ
③ ㄴ, ㄷ
④ ㄱ, ㄴ, ㄷ

24. 다음은 감기환자와 접촉 시와 비접촉 시를 구분하여 감염 여부를 표시한 자료이다. 다음 표에서 감기환자 접촉 시와 비접촉 시의 오즈(Odds)를 구하시오(소수점 셋째 자리에서 반올림한다).

구분	감염	비감염	합계
접촉	20	40	60
비접촉	5	35	40
합계	25	75	100

① 접촉 : 0.5, 비접촉 : 0.14
② 접촉 : 2, 비접촉 : 7
③ 접촉 : 4, 비접촉 : 1.14
④ 접촉 : 0.25, 비접촉 : 0.88

25. 의사결정나무에서 오차를 크게 할 위험이 높거나 부적절한 추론규칙을 가지고 있는 값을 제거하는 기법은?

① 가지치기(Pruning)
② 유망주 선정(Promising)
③ 이상값 제거
④ 결측값 대치

출제예상문제

26. 인공지능에서의 범위를 옳게 표시한 것은?

① 인공지능 〉 인공신경망 〉 딥러닝 〉 머신러닝
② 인공지능 〉 머신러닝 〉 인공신경망 〉 딥러닝
③ 인공지능 〉 인공신경망 〉 머신러닝 〉 딥러닝
④ 인공지능 〉 머신러닝 〉 딥러닝 〉 인공신경망

27. 연속형 변수의 거리 중에서 표준화와 공분산을 동시에 만족하는 거리는?

① 민코우스키거리　　　　　　② 표준화거리
③ 유클리드거리　　　　　　　④ 마할라노비스거리

28. 다음 중 변수에 대한 설명으로 틀린 것은?

① 독립변수 : 원인변수, 설명하는 변수, 예측하는 변수
② 종속변수 : 결과변수, 설명되는 변수, 예측되는 변수
③ 왜곡변수 : 독립변수와 종속변수 관계의 정도를 조절하는 변수
④ 억제변수 : 두 변수가 관계가 있음에도 없는 것으로 나타나게 하는 변수

29. 딥러닝에서 기울기 소멸 문제 해결 방안으로 가장 거리가 먼 것은?

① 특징 있는 데이터의 확보
② 늦은 종료
③ 사전학습(Pre-training)
④ 드롭아웃(Drop Out)

30. 인공신경망 모델에 대한 설명으로 가장 부적절한 것은?

① 단층퍼셉트론으로 AND, OR, XOR 논리회로를 표현할 수 있다.
② 은닉층의 뉴런의 개수는 자동으로 설정된다.
③ 다층퍼셉트론은 은닉층이 1개 이상인 퍼셉트론을 말한다.
④ 깊은 층수를 쌓게 되면 기울기 소멸 문제가 발생할 수 있다.

31. K평균(K-Means) 군집분석의 수행 순서로 알맞은 것은?

> ㄱ. 각 군집의 평균으로 중심을 이동
> ㄴ. 데이터를 가장 가까운 군집에 할당
> ㄷ. 초기 군집으로 k를 임의로 설정
> ㄹ. 군집 중심이 변화가 없을 때까지 반복

① ㄱ-ㄴ-ㄷ-ㄹ　　　　　　　② ㄱ-ㄷ-ㄴ-ㄹ
③ ㄷ-ㄹ-ㄱ-ㄴ　　　　　　　④ ㄷ-ㄴ-ㄱ-ㄹ

146　출제예상문제　26. ②　27. ④　28. ③　29. ②　30. ①　31. ④

32. 계층적 군집분석에서 군집의 오차제곱합을 활용한 방법은?

① 와드연결법　　　　　　② 최소제곱법
③ 잔차의 합산　　　　　　④ 중앙연결법

33. 인공신경망에서의 일반화된 가중치의 의미로 옳은 것은?

① 가중치는 높을수록 좋다.
② 가중치를 조절하는 방법으로 경사제거법이 있다.
③ 로지스틱회귀 모델에서의 회귀계수와 유사하게 해석된다.
④ 드롭아웃에 사용한다.

34. 아래 설명의 문제에 대한 해결 기법으로 가장 알맞지 않은 것은?

> 회귀분석에서 독립변수들 간에 강한 상관관계가 나타나는 문제이다. 이러한 문제가 존재하면 정확한 회귀계수의 추정이 어렵다.

① 변수를 변형시키면 안 되고, 기존 관측값을 그대로 이용한다.
② 상관관계가 높은 독립변수 중 하나 혹은 일부를 제거한다.
③ 자료를 수집하는 현장의 상황을 보아 상관관계의 이유를 파악하여 해결한다.
④ 주성분분석을 이용한 대각행렬의 형태로 공선성을 없애 준다.

35. 의사결정나무의 회귀나무(Regression Tree) 모델을 만들 때의 분류 기준은?

① t통계량
② 분산감소량, F통계량
③ 엔트로피지수
④ 지니지수, 카이제곱통계량

36. 다음 중 서포트벡터머신의 커널 종류가 아닌 것은?

① 다항식 커널　　　　　　② 회귀형 커널
③ 가우시안 커널　　　　　④ 시그모이드 커널

37. 서포트벡터머신에서의 마진(Margin)에 대한 설명으로 옳지 않은 것은?

① 마진(Margin)은 결정경계와 서포트벡터 사이의 거리를 의미한다.
② 중앙값에 따라 하드마진과 소프트마진으로 구분할 수 있다
③ 소프트마진(Soft Margin)은 결정경계 마진 안에 위치하는 데이터의 수를 제한하면서 결정경계 도로의 폭이 최대가 되도록 하는 가중치(기울기)를 찾는 방법이다
④ 하드마진(Hard Margin)의 경우 과적합에 빠질 수 있다.

출제예상문제

38. 선험적(Apriori) 알고리즘의 연산속도 문제를 개선한 연관규칙 알고리즘은?

① K평균(K-Means) 알고리즘
② EM 알고리즘
③ CART 알고리즘
④ 빈도패턴성장(FP-Growth) 알고리즘

39. 다층신경망에서 은닉층이 많아 학습이 이루어지지 않는 문제는?

① 기울기 소멸 문제   ② 드롭아웃 문제
③ 과적합 문제   ④ 과소적합 문제

40. 비선형 구조 등 임의적 모양의 군집 탐색에 효과적인 기법은?

① 밀도 기반 군집기법   ② 완전연결법
③ 다이아나 방법   ④ 와드연결법

41. 연관규칙의 "A → B"의 향상도는?

> 지지도 : 3/10, P(A) : 6/10, P(B) : 6/10

① 63%   ② 36%
③ 38%   ④ 83%

42. 다음 중 아래 괄호에 들어갈 내용으로 알맞은 것은?

> 로지스틱회귀 모델에서 exp(x)의 의미는 나머지 변수가 주어질 때 x가 한 단위 증가할 때마다 성공(Y = 1)의 (   )이/가 몇 배 증가하는지 나타낸다.

① 오즈(Odds)   ② 로짓(Logit)
③ 로그(Log)   ④ 비율(Proportion)

43. 다음 그림에서 지니지수를 구하여라.

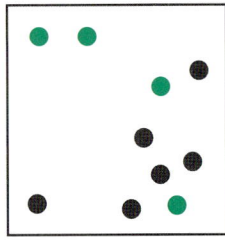

① 0.48   ② 0.4
③ 0.6   ④ 0.67

44. 군집분석에 대한 설명으로 부적절한 것은?

① 사전정보 없이 의미를 찾을 수 있다.

② 분석 주체에 따라 결과가 달라질 수 있다.

③ 군집 결과에 대한 안정성을 검토하는 방법은 교차타당성을 이용하는 방법이다.

④ K값 결정이 어렵다.

45. 최근접 이웃 알고리즘(K-NN)의 특징으로 옳지 않은 것은?

① 분류/회귀분석   ② 비지도학습

③ 별도의 학습 불필요   ④ 범주 분류 기준이 없어도 사용 가능

46. 다음 중 "우유 → 커피"의 신뢰도는?

거래번호	구매상품
1	우유, 커피, 빵
2	우유, 커피
3	우유, 빵, 음료수
4	빵, 음료수, 주스

① 0.5   ② 0.75

③ 0.67   ④ 1.33

47. 시그모이드(Sigmoid) 함수와 하이퍼볼릭탄젠트(Tanh) 함수의 결과값을 순서대로 도출하세요.

① $0 \leq y \leq 1, -1 \leq y \leq 1$ ② $0 \leq y \leq 1, -1 \leq y \leq 0$

③ $-1 \leq y \leq 0, -1 \leq y \leq 0$ ④ $-1 \leq y \leq 1, 0 \leq y \leq 1$

48. 점 A의 좌표(2,2)에서 B의 좌표(12,12)까지 유클리드거리는 얼마인가?

① 200   ② 20

③ $\sqrt{200}$ ④ $\sqrt{20}$

49. 다음 군집 분석 유형 중 성질이 다른 하나는 무엇인가?

① 응집형 기반   ② 프로토타입 기반

③ 밀도 기반   ④ 그래프 기반

50. 오토인코더에 대한 설명으로 가장 잘못된 것은?

① 비지도학습이다.   ② 사전학습으로 사용된다.

③ 인코드 입력 수와 디코드 출력 수는 동일하다.   ④ 입력 수는 은닉층 수보다 항상 작다.

44. ③ 45. ② 46. ③ 47. ① 48. ③ 49. ① 50. ④

풀이

01. 등분산성은 분산이 같다는 것으로, 특정한 패턴 없이 고르게 분포했다는 의미이다.

02. 다중회귀 모델(모형)의 통계적 유의성 확인은 F통계량을 통해 확인하며, t검정은 회귀계수의 유의성 검정에 활용하고, 마할라노비스(Mahalanobis) 거리는 영향값을 검정한다.

03. 라쏘(Lasso) 회귀 모델은 릿지회귀처럼 비용 함수에 규제항을 더하지만 L2 norm의 제곱을 2로 나눈 것 대신 가중치 벡터의 L1 norm을 사용한다. $J(\theta) = MSE(\theta) + \alpha \sum_{i=1}^{n} |\theta_i|$

04. 후진제거법은 모형 적합에 가장 약하게 영향을 미치는 독립변수를 순서대로 제거하는 방식이다. 따라서 모든 변수 적용 후 하나씩 제거한다.

05. 신경망 모델에서 활성화 함수는 출력에 영향을 준다.

06. 로지스틱회귀분석은 종속변수(반응변수)가 범주형인 경우 사용하는 대표적인 회귀분석 기법이다.

07. 일반화 선형회귀(glm)에서 $g(\mu)$와 같이 자연모수를 이용하는 연결 함수를 정준연결함수라고 하며, 정규분포에 대해서 평균 그 자체가 포아송분포에서는 평균의 로그를 취한 것이, 이항분포에 대해서는 성공확률의 로짓이 각각 자연모수가 된다.

08. 의사결정나무에서 CART 알고리즘은 종속(목표)변수가 이산형인 경우 지니지수, 연속형인 경우 분산감소량을 사용한다.

09. 서포트벡터머신의 경우 테스트를 여러 개의 조합으로 해야 되므로 복잡한 단점이 있다. 학습도 느리며, 블랙박스로 해석의 어려움도 존재한다.

10. 연관분석 기법은 교차판매, 상품진열, 부정탐지, 카탈로그 배열에서 활용된다.

11. 지지도는 전체 거래 중 X, Y가 동시에 포함된 거래의 비율이다. $P(X \cap Y)$

12. 자기조직화지도(SOM)는 고차원의 데이터를 이해하기 쉬운 저차원의 뉴런으로 정렬하여 지도의 형태로 형상화한다. 경쟁신경망(Competitive Network)인 승자전유(Winner-Take-All) 과정을 사용한다.

13. 군집의 개수를 미리 정하지 않아도 되는 탐색적 모델은 계층적 군집으로 비계층적 군집은 군집 수 K를 정하는 단계가 있다.

14. 코사인유사도는 두 벡터 사이의 각도를 이용하여 벡터 간의 유사 정도를 측정한다.

15. 늦은 학습(Lazy Learning)은 일반화된 모델을 선행해서 능동적으로 만들지 않는 방법으로 근접 이웃 모델(KNN)에서 주로 사용하는 기법이다.

16. 활성화 함수는 대표적으로 시그모이드, 하이퍼볼릭탄젠트(Tanh), 렐루(Relu)가 있다.

17. K평균(K-Means) 군집은 이상값에 약하며, 레이블이 없는 경우 불규칙적인 데이터 분류에서 사용하며, K를 결정하는데 어려움이 있다. 계층적 군집보다는 더 많은 데이터를 분석할 수 있다.

18. 선형회귀 모델에서의 결정계수는 $R\ Square = 1 - SSE/SST$ 으로 계산한다.

19. 노드의 수가 적으면 복잡한 의사결정경계를 만들 수 없다. 데이터의 수가 적어 과소적합(Under Fitting) 문제가 발생할 수 있다.

풀이

20. 다중회귀분석은 독립변수가 2개 이상일 경우를 말하며, 종속변수는 1개이다.

21. 다중회귀분석의 모델 적합성 검정은 단순회귀분석의 모델 적합성 검정 과정과 동일하며 분산분석을 이용하여 검정한다.

22. 지니지수값이 0에 가까울수록 동질적이며 순수도가 높아진다.

23. 일반화 선형 모델은 종속변수가 범주형 자료이거나 정규성을 만족하지 못할 경우, 연결 함수(Link Function)을 사용하여 선형 결합한 회귀 모델이다. 베이지안 최대가능도(Maximum Likelihood Bayesian)를 이용해 모델을 구한다.

24. 오즈(Odds)는 어떤 사건이 일어날 확률을 그 사건이 일어나지 않을 확률로 나눈 값이며, 특정 사건이 발생할 확률에 대한 그 사건이 발생하지 않을 확률의 비율을 의미한다. 따라서 접촉 시의 오즈는 20/40 = 0.5, 비접촉 시의 오즈는 5/35 = 0.14이다.

25. 의사결정나무분석 기법에서는 가지치기(Pruning)을 통해 오차를 줄이는 작업을 수행한다.

26. 인공지능에서의 범위로 인공지능 〉머신러닝 〉인공신경망 〉딥러닝으로 포함 관계에 있다.

27. 마할라노비스거리는 변수의 표준편차와 더불어 변수 간 상관성(Correlation)까지 고려한 거리 측도이다. 따라서 표준화와 공분산을 동시에 만족하는 거리 기반 군집화 기법이다.

28. 왜곡변수는 독립변수와 종속변수의 사실상 관계를 정반대의 관계로 왜곡하는 변수이다. 독립변수와 종속변수 관계의 정도를 조절하는 변수는 조절변수이다.

29. 딥러닝에서 기울기 소멸 문제 해결방안으로는 특징 데이터의 확보, 사전학습, 드롭아웃, 조기종료가 있다.

30. 신경망 모델에서 단층퍼셉트론으로는 XOR을 표현할 수 없다. 다층퍼셉트론은 2개 이상의 은닉층이 있는 퍼셉트론을 말한다. 깊은 층수를 쌓으면 기울기 소멸 문제가 발생할 수 있다.

31. K평균(K-Means) 군집분석의 절차로 ㄷ. 초기 군집 k 임의 설정 → ㄴ. 데이터를 가까운 군집에 할당 → ㄱ. 각 군집의 평균으로 중심을 이동 → ㄹ. 군집 중심이 변화가 없을 때까지 반복을 수행한다.

32. 계층적 군집분석에서 와드연결법은 군집 내의 오차 제곱합에 기초하여 군집 수와 모든 변수들에 대하여 두 군집의 분산분석(ANOVA) 제곱합(Sum of Square)을 더한 값이다.

33. 인공신경망에서 가중치는 x가 y를 얼만큼 변화시키는지를 의미하며, 로지스틱 회귀 모델에서의 회귀계수와 유사하게 해석되며, 가중치에 영향을 주는 방법으로는 경사하강법(조정), 드롭아웃(제거) 등이 있다.

34. 다중공선성 문제에 대한 설명이다. 해당 문제에 대한 해결방법은 변수를 변형시키거나 새로운 관측값을 이용한다.

35. 의사결정나무에서의 회귀나무 모델의 분류는 분산감소량과 F통계량이다.

36. 서포트벡터머신의 커널 종류로는 선형 커널, 다항식 커널, 시그모이드 커널, 가우시안 커널이 있다.

37. 마진(Margin)은 결정경계와 서포트벡터 사이의 거리를 의미하는데, 이상값(Outlier)을 얼마나 허용할 것인가에 따라 소프트마진과 하드마진으로 구분할 수 있다.

풀이

38. 빈도패턴성장(Frequent Pattern, FP-Growth) 알고리즘은 선험적(Apriori) 알고리즘의 연산 속도를 개선하기 위해 등장했다. 이 연관규칙은 Tree 구조를 이용해 속도를 개선할 수 있었다. 핵심 아이디어는 연관규칙을 트리로 만들어 단점을 개선한다.

39. 머신러닝 신경망 알고리즘에서 은닉층이 두터워져 학습 효과가 낮아지는 문제를 기울기 소멸 문제라고 하며, 인공지능 2차 암흑기의 원인이 되었다.

40. 밀도 기반 군집 기법은 임의적 모양의 군집 탐색에 효과적이며 DBSCAN 등의 알고리즘을 이용한다.

41. 연관규칙의 $A \rightarrow B$의 향상도는 $P(X \cap Y) / P(X) \times P(Y) = 0.3 / 0.36 = 83.33\%$

42. 로지스틱회귀 모델에서 exp(x)의 의미는 나머지 변수가 주어질 때 x가 한 단위 증가할 때마다 성공($Y = 1$)의 오즈(Odds)가 몇 배 증가하는지 나타낸다.

43. 그림에서 회색점이 6개, 녹색점이 4개이므로 지니지수는 $1 - (0.6)^2 - (0.4)^2 = 0.48$이다.

44. 군집분석은 사전 정보 없이 의미를 찾을 수 있고, 비교적 분석 방법이 용이하다. 비계층적 군집의 경우 k값의 결정이 어렵다.

45. K-최근접 이웃 알고리즘은 지도학습이며, 별도의 학습이 불필요한 특징을 가진다.

46. 우유 → 커피의 신뢰도는 $P(X) = 3/4 = 0.75$, $P(X \cap Y)/P(X) = 0.5/0.75 = 0.67$이다.

47. 활성화 함수에서 시그모이드는 출력값이 0~1사이, 하이퍼볼릭탄젠트는 −1~1 사이이다.

48. 좌표A(2,2)와 좌표B(12,12)의 각각 x값과 y값의 차이를 통해 계산한다.

$$\sqrt{(2-12)^2 + (2-12)^2} = \sqrt{200}$$

49. 군집분석에서의 비계층형으로 프로토타입 기반, 분포 기반, 밀도 기반, 그래프 기반 군집이 있다.

50. 오토인코더에서 입력 수는 은닉층 수보다 항상 작은 건 아니다.

8.2 고급 분석 기법

학습목표
여러 가지 고급 분석 기법에 대한 개념과 알고리즘에 대해 이해하고 학습한다.

출제경향
'8.2 고급 분석 기법' 역시, 세세항목 하나하나에서 각 회별로 출제가 되고 있는 중요한 세부항목이다. 낯선 용어들을 접하게 되기 때문에 학습이 어려울 수 있지만, 몇 회 반복하면서 각 분석 기법의 개념과 분석 과정을 이해하도록 학습한다면 시험 관점에서는 높은 점수를 받게 될 뿐 아니라 데이터 분석에 대한 이해도 함께 높아질 것이다.

출제빈도

제2회(2021. 04. 17) 6문항 출제	제3회(2021. 10. 02) 9문항 출제
제4회(2022. 04. 09) 6문항 출제	제5회(2022. 10. 01) 8문항 출제
제6회(2023. 04. 08) 5문항 출제	제7회(2023. 09. 23) 9문항 출제
제8회(2024. 04. 06) 11문항 출제	제9회(2023. 09. 07) 9문항 출제

출제세부항목	출제수	출제 내용(문항수)
8.2.1 범주형 자료 분석	3	범주형 분석 종류(2), 위험도/승산비 계산
8.2.2 다변량분석	14	주성분분석(PCA)(5), 분산분석(ANOVA)(2), 다차원척도(MDS)(2), 공분산행렬, 요인분석, 정준상관분석, 표해석, 차원축소
8.2.3 시계열분석	10	시계열분석 개념(3), 요인(2), ARIMA(2), 자기상관성(2), 분석기법
8.2.4 베이지안분석	5	베이즈 정리 계산(3), 나이브 베이즈 개념, 부울함수
8.2.5 딥러닝분석	10	언어모델(3), Seq-to-Seq(2), 알고리즘(2), 딥러닝 개념, 합성곱신경망(CNN), GRU
8.2.6 비정형 데이터 분석	8	SNA(2), 비정형 기법, 엔그램(N-gram), 원핫인코딩, 소셜미디어 데이터 분석, Pos 태깅, 텍스트 마이닝
8.2.7 앙상블분석	7	앙상블(3), 배깅, 부스팅(2), 랜덤포레스트
8.2.8 비모수 통계	6	종류(4), 비모수 통계 개념(2)

빅분기_43
8.2.1

8.2.1 범주형 자료 분석

8.2.1.1 범주형 자료 분석의 이해

범주형 자료 분석은 독립변수 혹은 종속변수가 범주형 변수인 경우 데이터를 분석하여 모델의 유의성을 분석하는 방법이다.

> **참고** 범주형 자료
> - 범주형 자료 : 관측 결과가 숫자가 아닌 성별 등의 집단으로 분류되는 자료(명목/서열척도)
> - 연속형 자료도 구간으로 구분하면 범주형 자료로 치환 가능(연속형 자료의 범주화)
> - 요인 : 범주형 변수
> - 수준(그룹, 집단) : 범주형 변수가 취하는 값

독립변수와 종속변수가 범주형 변수인 경우의 분석 방법은 다음과 같다(아래 표는 연속형(수치형) 변수에 대해서도 비교하기 위해 함께 작성했다).

자료 형태에 따른 다변량 자료 요약 기법

독립변수	종속변수	요약 방법	분석 기법	그래프
범주형	범주형	도수분포표 교차표	교차분석(카이제곱검정) 백분율분석 등	막대그림 파이차트 모자이크그림
	연속형	그룹별 평균 등	t검정(t-Test), 분산분석	그룹별 막대도표 그룹별 상자그림
연속형	범주형	도수분포표	로지스틱회귀분석	히스토그램
	연속형	산술평균 중앙값 조화평균	상관관계분석, 선형/다중회귀분석 등	점그래프 산점도(행렬) 시계열그래프

독립변수가 연속형 변수이면서 종속변수가 범주형 변수인 경우에는 연속형 변수를 몇 개의 범주로 구간화하여 범주형 변수로 변경 후 도수분포표나 교차표로 분석할 수 있다.

단, 범주형 변수를 연속형 변수로 변경할 수는 없다. 이는 의미를 담고 있는 변수는 실수화를 하더라도 수치적 차이를 부여 받지 못하기 때문이다. 그래서 이때는 가변환을 통해서 연속적인 의미의 속성을 추가하여 그 효과를 내는 방법을 쓰게 되는 것이다.

8.2.1.2 범주형 자료 요약 방법

❶ 도수분포표(Frequency Table)

최초 수집 및 조사된 원시 자료(Raw Data)는 그 자료의 특징 및 분포를 파악하기 어렵다. 따라서 도수분포표 등을 활용하여 요약정보로 표현하게 된다.

도수분포표는 데이터 각 값의 출현 도수를 세거나 몇 개의 구간으로 나누어 각 구간에 속하는 데이터의 개수를 세어서 정리한 표이며, 도수분포표를 활용하여 데이터의 특성이나 분포를 파악하게 된다.

일반적으로 하나의(일변량) 범주형 변수에 빈도수를 파악하거나, 연속형 변수를 구간화하여 범주형 형태로 표현한 후, 도수분포표로 분석한다.

도수분포표 작성 절차

절차	설명
자료의 범위 산출	최대값과 최소값을 찾아 범위 산출 최대값 − 최소값
계급 수 결정	자료의 수와 범위를 고려하여 계급의 수 결정(연속형 변수의 구간화) 2의 승수법 : 2^k값이 n으로 처음 초과하는 k의 값을 계급의 수로 결정 스터지스의 공식(Sturges' Formula) : 계급의 구간수 $= 1 + 3.3 \cdot log(n)$
계급의 폭 결정	계급의 폭(범위/계급의 수)을 올림으로 소수를 정리한 후 계급 구간의 폭을 조정 계급 구간의 폭은 2.5, 5, 10등이 바람직함
상한/하한값 조정	첫 계급의 하한과 마지막 계급의 상한을 조정
도수 계산	각 계급에 속하는 구간도수, 상대도수, 누적도수 등 산출

참고 도수분포표 용어

용어	설명
변량(Variate)	자료를 수량으로 나타낸 값. 예) 문자 발송 건 수
계급(Class)	변량을 일정한 간격으로 나눈 구간. 예) 20이상~30미만
계급의 크기(Class Interval)	계급을 나눈 구간의 크기. 예) 20이상~30미만은 30−20=10, 10은 계급의 크기)
계급값(Class Mark)	도수분포표에서 각 계급을 대표하는 값. 각 계급의 중앙값 예) (20+30)/2=25, 25가 계급값
도수(Frequency)	각 계급에 속하는 자료의 개수. 각 계급에 해당하는 변량의 수량 예) 20이상~30미만 발송한 사람 : 5명
상대도수(Relative Frequency)	전체 자료 중 해당 범주에 속한 자료의 비율(각 계급의 도수 / 전체 개수)
도수분포표에서의 평균	(계급값×도수)의 총합 / 도수의 총합

⟨원 데이터(변량)⟩

어느 야구선수의 홈런 수						
22	34	35	41	41	46	47
49	54	54	59	60	46	46

평균 : 변량의 총합/ 도수의 총합
634 / 14 = 45.3

도수분포표 평균 : (계급값 × 도수) / 도수의 총합
630 / 14 = 45

⟨도수분포표⟩

구간	계급값	빈도(구간도수)	계급값×도수	상대도수(%)	상대누적도수(%)
20이상 ~ 30미만	25	1	25	7%	7%
30이상 ~ 40미만	35	2	70	14%	21%
40이상 ~ 50미만	45	7	315	50%	71%
50이상 ~ 60이하	55	4	220	29%	100%
합계		14	630	100%	100%

도수분포표

도수분포표로 자료 그 자체의 수치값은 잃어 버리게 되나, 대략적인 분포의 형태, 중심위치, 산포 등을 파악할 수 있다. 그리고 도수분포표에서 구한 평균은 자료의 대략적인 평균을 나타내는 것으로 실제 평균과는 다를 수 있음을 주의하자.

또한 도수분포표를 히스토그램으로 시각화하여 각 구간별 빈도수를 직관적으로 비교할 수도 있다 ('5.1.4.3 분포시각화, 히스토그램' 참조).

❷ 교차표(Cross Tabulation) = 분할표(Contingency Table)

범주형 변수를 교차시켜 빈도 수를 표시한 표를 분할표 또는 교차표라 하며 각 범주에 교차되는 부분을 칸(Cell)이라고 한다. 관측값을 몇 개의 범주로 분할하여 그 해당 도수(빈도 수)로 자료를 정리하기 때문에 비율(상대도수) 등으로 연관성 비교가 가능하다.

각 범주에 대해 데이터의 관측도수(빈도)를 나타낸 교차표의 종류는 범주형 변수의 개수가 1개일 때는 일원교차표, 범주형 변수 개수가 2개이면 이원교차표, 범주형 변수 개수가 3개 이상일 경우 다원교차표로 구분한다.

교차표의 종류

대조군	처리군	합계
55(O_{11})	45(O_{12})	100(N)

– 일원교차표(1×2교차표)

생존	사망	합계
55(O_{11})	50(O_{12})	100(N)

– 일원교차표(1×2교차표)

생존여부 \ 비교군	대조군	처리군	계
생존	17(O_{11})	33(O_{12})	50(N_1)
사망	38(O_{21})	12(O_{22})	50(N_2)
계	55(n_1)	45(n_2)	100(N)

– 이원교차표(2×2교차표)

O_{ij} : 교차표의 관측도수, N : 전체 빈도 수

일반적으로 행에 중요한 관심포인트를 두고 설계하기 때문에 독립변수를 행에 위치시키고 종속변수는 열에 위치시켜 행을 기준으로 전체(100)가 표현되도록 작성한다.

범주형 변수에 대해 교차표의 관찰도수를 이용하여 상대적 위험도(Relative Risk)와 승산비(Odds Ratio) 분석에 활용할 수 있으며, 관측도수와 기대도수를 교차표에 작성하여 교차분석(Cross Tabulation Analysis)을 수행할 수 있다.

● **상대적 위험도(Relative Risk)** 기출

상대적 위험도는 관심 집단의 위험률과 비교 집단의 위험률(확률)에 대한 비(Ratio)를 의미한다. 코호트 연구(특정 집단을 특정 기간 동안 관찰하는 분석 방법)의 경우 아직 질환이 발생되지 않은 모집단을 위험 인자(요인)에 노출된 집단과 위험인자(요인)에 노출되지 않은 집단으로 구분하여 추적 관찰한다(시간적 개념이 포함됨).

그러므로 위험인자 노출 모집단과 비노출 모집단을 파악할 수 있고, 이에 따라 상대적 위험도를 이용해 위험인자와 질병 발생 간의 확률의 비로 연관성을 추정할 수 있다.

$$RR(Relative\ Risk) = \frac{위험인자에\ 노출된\ 집단에서\ 질병이\ 발생할\ 위험률(비교집단)}{위험인자에\ 노출되지\ 않은\ 집단에서\ 질병이\ 발생할\ 위험률(관심집단)}$$

질병발생 요인노출	예	아니오	합계
예	a	b	$a+b$
아니오	c	d	$c+d$
합계	$a+c$	$b+d$	$n = a+b+c+d$

$$RR = \frac{\frac{a}{(a+b)}}{\frac{c}{(c+d)}} = \frac{p_1}{p_2} = \frac{a(c+d)}{c(a+b)}$$

p_1 : 요인노출, 발생할 확률
p_2 : 요인비노출, 발생할 확률

상대적 위험도	합계
RR = 1	요인에 노출되었을 때의 위험과 노출되지 않았을 때의 위험이 같음(영향 무)
RR > 1	요인에 노출되었을 때 질병 발생할 위험이 더 높아짐
RR < 1	요인에 노출되었을 때 질병 발생할 위험이 더 낮아짐

상대적 위험도

상대적 위험도 사례

구분	설명			
사례	위험인자 : 흡연 여부(흡연자, 비흡연자) 위험 : 암 발생 여부(유, 무)			
자료	구분	암발생(유)	암발생(무)	합계
	흡연	30	10	40
	비흡연	10	10	20
	합계	40	20	60
결과	흡연자 중 암에 걸린 확률 : 30/40 비흡연자 중 암에 걸린 확률 : 10/20 두 그룹의 상대적 위험도(RR) : (30/40) / (10/20) = 1.5			
결과 해석	흡연자(위험인자)는 비흡연자(위험인자)에 비해 암(위험)에 걸릴 확률이 1.5배 높음			

● **오즈비(Odds Ratio, 승산비)**

오즈(Odds, 승산)는 어떤 사건이 일어날 확률을 그 사건이 일어나지 않을 확률로 나눈 값으로 특정 사건이 발생할 확률에 대한 그 사건이 발생하지 않을 확률의 비율이다. 즉, 성공할 확률이 실패할 확률의 몇 배인지를 나타낸다.

예를 들어, 5번 게임을 해서 1번 이기고 4번 졌을 때의 오즈(승산)는 1/4이 된다.

오즈비(Odds Ratio, 승산비)는 한 범주의 오즈1(Odds1)을 다른 범주의 오즈2(Odds2)로 나눠준 값이며, 오즈의 각 범주별 비율로 정의된다.

예를 들어, 환자-대조군 연구는 이미 질환이 발생한 환자군과 질환이 발생하지 않은 대조군을 모집한 후 위험인자 노출 여부(특정 시점에서의 결과)를 조사하여 위험인자와 질환 발생 간의 연관성을 추정한다. 이러한 경우에는 위험인자에 노출된 전체 모집단과 노출되지 않은 전체 모집단을 파악할 수가 없으므로(특정 시점에서의 집단 수만 파악할 수 있기 때문에) 오즈비를 사용할 수밖에 없는 것이다.

요인노출 \ 질병발생	예	아니오	합계
예	a	b	a + b
아니오	c	d	c + d
합계	a + c	b + d	n = a + b + c + d

$$Odds1 = \frac{\frac{a}{a+b}}{\frac{b}{a+b}} = \frac{p_1}{1-p_1} = \frac{a}{b}$$

$$Odds2 = \frac{\frac{c}{c+d}}{\frac{d}{c+d}} = \frac{p_2}{1-p_2} = \frac{c}{d}$$

$$OR(Odds\ Ratio) = \frac{\frac{a}{b}}{\frac{c}{d}} = \frac{Odds1}{Odds2}$$

오즈비의 정의

오즈비 사례

구분	설명
사례	위험인자 : 흡연 여부(흡연자, 비흡연자) 위험 : 암 발생 여부(유, 무)
자료	<table><tr><th>구분</th><th>암발생(유)</th><th>암발생(무)</th><th>합계</th></tr><tr><td>흡연</td><td>30</td><td>10</td><td>40</td></tr><tr><td>비흡연</td><td>10</td><td>10</td><td>20</td></tr><tr><td>합계</td><td>40</td><td>20</td><td>60</td></tr></table>
결과	흡연자 중 암에 걸린 확률 : 30/40 흡연자 중 암에 걸리지 않을 확률 : 10/40 비흡연자 중 암에 걸린 확률 : 10/20 비흡연자 중 암에 걸리지 않을 확률 : 10/20 흡연자 오즈 : $Odds1 = \frac{30/40}{10/40} = 3$ 비흡연자 오즈 : $Odds2 = \frac{10/20}{10/20} = 1$ 오즈비 : $(Odds\ Ratio) = \frac{3}{1} = 3$
결과 해석	흡연자(위험인자)는 비흡연자(위험인자)에 비해 3배 정도 더 암(위험)에 걸리는 경향을 보임

두 집단 간 성공 확률의 차이(A집단 - B집단)가 아닌 비율로 다루는 이유는 단위에 상관없이 나타내기 위함이다. 만약, 두 집단 중 A집단의 확률이 각각 $P_1 = 0.04, P_2 = 0.01$인 경우와 B집단의 확률이 각각 $P_1 = 0.4, P_2 = 0.1$인 경우가 있다고 가정하자.

A집단의 확률 차이는 0.03이고, B집단의 확률 차이는 0.3이니, 수치적으로 봤을 때 A집단(차이 0.03)의 차이가 작다고 볼 수 있다. 하지만, 비율로 구했을 때 두 집단의 확률 비는 1/4로 동일하다. 따라서, 단위에 상관없이 차이를 보기 위해 비율을 사용한다.

8.2.1.3 범주형 자료 분석 기법

❶ 교차분석(Cross Tabulation Analysis, = 교차표분석, 분할표분석)

교차분석은 교차표에서 각 칸(Cell)의 관찰빈도(자료로 얻은 빈도)와 기대빈도(두 변수가 독립일 때 이론적으로 기대할 수 있는 빈도) 간의 차이를 검정하는 통계적 방법이다.

카이제곱통계량(χ^2)을 이용하여 적합도 검정, 독립성 검정, 동질성 검정을 수행하기 때문에 카이제곱검정(Chi Square-Test)라고 한다(모집단 분포에 대해 가정하지 않는 비모수적 방법).

단, 단일 모집단에 대해 모분산 검정을 힐 때도 카이제곱검정을 사용하는데 이때는 분산이 알려져 있어야 하며 정규성이 가정되어야 한다(모집단의 분포를 따르는 모수적 방법).

교차분석(카이제곱검정)의 가정사항
- 빈도 분석의 특성별 차이 분석
- 독립변수와 종속변수는 범주형 변수(명목척도, 서열척도)
- 교차분석표의 각 셀의 기대빈도가 5보다 커야 함
- 기대빈도가 5보다 작은 셀의 수는 최소 전체 셀의 20%를 넘지 않아야 함
- 위 가정을 만족하지 못할 경우 피셔의 정확 검정(Fisher's Exact Test)을 수행

● **적합도 검정(Goodness of fit Test)**

적합도 검정은 하나의 범주형 변수에 대해 관측값들이 어떤 이론이나 이론적 분포를 따르고 있는지를 검정하는 방법이며, 실제 표본이 한 범주형 변수의 각 그룹(집단)별 비율이 특정 비율과 동일한지 검정한다.

관측도수와 기대도수가 차이가 적으면 카이제곱통계량(χ^2)의 값이 작아지고, 가정된 분포에 적합해지며, 관측도수와 기대도수 차이가 크면 카이제곱통계량(χ^2) 값이 크게 되어 적합도가 떨어진다.

k개의 범주를 포함하는 실험에서, 교차표를 사용하여 산출한 관측도수와 기대도수 사이의 적합도 검정은 다음 절차에 따라 결정된다.

적합도 검정 절차

구분	설명
교차표 작성구분	<table><tr><td>구분</td><td>1</td><td>2</td><td>...</td><td>k</td><td>합계</td></tr><tr><td>관측도수</td><td>O_1</td><td>O_2</td><td>$O_{...}$</td><td>O_i</td><td>N</td></tr><tr><td>기대도수</td><td>e_1</td><td>e_2</td><td>$e_{...}$</td><td>e_i</td><td>N</td></tr></table> 관측도수 : 실제 측정값 기대도수 : 기대값(평균 : 관측도수의 N/k), k : 범주의 개수 O_i : i번째 범주의 관측도수, e_i : i번째 범주의 기대도수
귀무가설	귀무가설 (H_0) : 관찰도수와 기대도수는 동일하다(차이가 없다). 대립가설 (H_1) : 관찰도수와 기대도수는 동일하지 않다(차이가 있다).
검정통계량	$\chi_0^2 = \sum_{i=1}^{k} \frac{(O_i - e_i)^2}{e_i}$, 자유도($v = k - 1$, k : 범주의개수)
가설 검정 – 유의수준(α) 기각역	검정통계량 $\chi_0^2 \geq$ 기각역 $\chi^2(k-1, a)$이면, 귀무가설 기각 검정통계량 $\chi_0^2 <$ 기각역 $\chi^2(k-1, a)$이면, 귀무가설 채택
유의성 검정 (P값 사용)	검정통계량 χ_0^2의 p값 < 유의수준(α)이면, 귀무가설 기각 검정통계량 χ_0^2의 p값 > 유의수준(α)이면, 귀무가설 채택

적합도 검정 사례 기출

구분	설명
사례	어느 회사에서 3교대 근무를 한다. 각 교대조마다 매일 불량수를 조사해 본 결과 다음과 같은 결과를 얻었다. 불량수가 발생하는 것은 교대조에 따라 차이가 있다고 말할 수 있는지 검정하라(유의수준 $a = 0.05$). <table><tr><td>구분</td><td>1조</td><td>2조</td><td>3조</td><td>합계</td></tr><tr><td>관측도수</td><td>23</td><td>18</td><td>37</td><td>78</td></tr></table>
교차표	<table><tr><td>구분</td><td>1조</td><td>2조</td><td>3조</td><td>합계</td></tr><tr><td>관측도수</td><td>23</td><td>18</td><td>37</td><td>78</td></tr><tr><td>기대도수</td><td>26</td><td>26</td><td>26</td><td>78</td></tr></table> 기대도수 : 기대값(평균 : $\frac{N}{k} = \frac{78}{3} = 26$)
귀무가설	귀무가설 (H_0) : 교대조에 의해서 불량수가 발생하는 것은 차이가 없다.
검정통계량	$\chi_0^2 = \sum_{i=1}^{k} \frac{(O_i - e_i)^2}{e_i} = \frac{(23-26)^2}{26} + \frac{(18-26)^2}{26} + \frac{(37-26)^2}{26} = 7.462$
가설 검정 – 유의수준(α)기각역	검정통계량 $\chi_0^2 \geq$ 기각역 $\chi^2(k-1, a)$ 기각역 $\chi^2(3-1, 0.05) = 5.991$(부록 C 카이제곱분포표 참조)

분포도	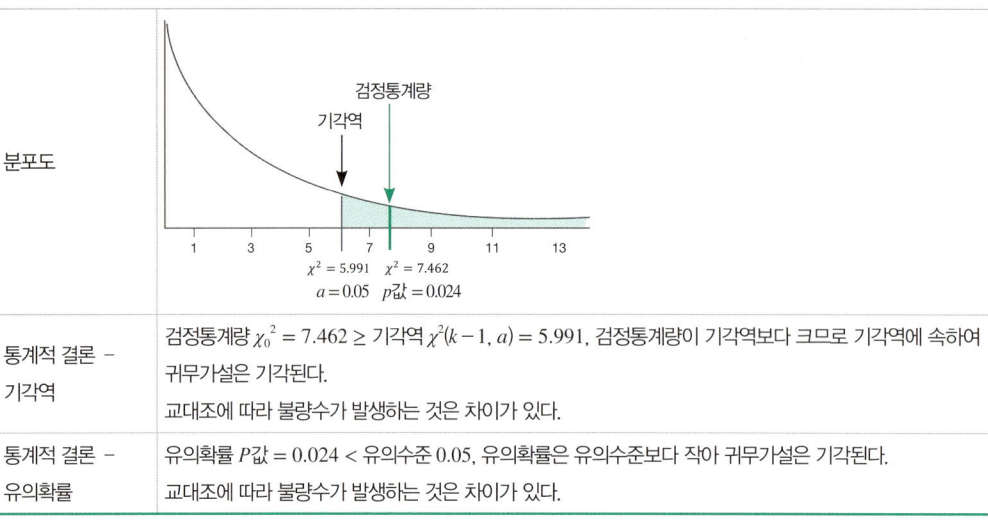
통계적 결론 - 기각역	검정통계량 $\chi_0^2 = 7.462 \geq$ 기각역 $\chi^2(k-1, a) = 5.991$, 검정통계량이 기각역보다 크므로 기각역에 속하여 귀무가설은 기각된다. 교대조에 따라 불량수가 발생하는 것은 차이가 있다.
통계적 결론 - 유의확률	유의확률 P값 = 0.024 < 유의수준 0.05, 유의확률은 유의수준보다 작아 귀무가설은 기각된다. 교대조에 따라 불량수가 발생하는 것은 차이가 있다.

● **독립성 검정(Test of Independence)**

독립성 검정은 두 개의 범주형 변수에 대해 관측값들이 다수의 인자(집단)들에 의해 분할되어 있는 경우 그 인자(집단)들의 관찰값에 영향을 주고 있는지 아닌지를 검정하는 방법이다(연속형 변수들 사이의 관계 : 상관관계 분석, 범주형 변수와의 관계 : 독립성 검정).

교차분석의 종류

구분	적합도 검정	독립성 검정	동질성 검정
개념	관측값들이 어떤 이론이나 이론적 분포를 따르고 있는지를 검정하는 방법	실험 결과를 측정하여 관측값들이 집단들에 의해 분할되어 있는 경우 그 집단들의 관찰값에 영향을 주고 있는지 아닌지를 검정하는 방법	각 집단들에 대해 정해진 표본의 크기만큼 자료를 추출한 후, 각 집단 간의 비율이 동일한가를 검정하는 방법
관점	관측값과 기대값의 차이	두 변수(속성) 간의 독립관계	정해진 비율과 동일한지 검정
범주형 변수 수	1	2	2
사례 1	제품 불량이 발생하는 원인이 작업조에 의해서 차이가 있는지 검정	500명의 유권자를 선정, 각 정당 유권자별 낙태금지법안 찬성 여부 조사 (유권자 : A정당/B정당, 찬성 여부 : 찬성/반대의 관계)	유권자 500명을, A정당 200명, B정당 150명, C정당 150명으로 선정하여 낙태금지법안 찬성 여부(찬성/반대의 비율)를 조사
사례 2	세 기계의 불량이 20%, 30%, 50%라고 알려진 경우, 차이가 있는지 검정	성별(남/여)과 흡연 여부(흡연/비흡연)의 관계	남성과 여성 각 50명씩에 대해 남성과 여성의 흡연 비율 차이 여부 조사

독립성 검정의 절차 및 사례는 다음과 같다.

독립성 검정 절차

구분	설명
교차표 작성	⟨행이 r개, 열이 c개인 $r \times c$ 교차표⟩ | 범주 구분	범주 A					행합계 | |---|---|---|---|---|---|---| | | A_1 | A_2 | ... | A_j | ... | A_c | | | 범주 B — B_1 | $O_{11}(e\_11)$ | $O_{12}(e\_12)$ | ... | $O_{1j}(e_{1j})$ | ... | $O_{1c}(e_{1c})$ | N_1 | | B_2 | $O_{21}(e\_21)$ | $O_{22}(e\_22)$ | ... | $O_{2j}(e_{2j})$ | ... | $O_{2c}(e_{2c})$ | N_2 | | ... | ... | ... | | ... | | ... | ... | | B_i | $O_{i1}(e_{i1})$ | $O_{i2}(e_{i2})$ | ... | $O_{ij}(e_{ij})$ | ... | $O_{ic}(e_{ic})$ | N_i | | ... | ... | ... | | ... | | ... | ... | | B_r | $O_{r1}(e_{r1})$ | $O_{r2}(e_{r2})$ | ... | $O_{rj}(e_{rj})$ | ... | $O_{rc}(e_{rc})$ | N_r | | 열합계 | $n_{.1}$ | $n_{.2}$ | ... | $n_{.j}$ | ... | $n_{.c}$ | N | 관측도수(O_{ij}) : 실제 측정치 기대도수(e_{ij}) : i행과 j열 도수의 기대값 $= \dfrac{\text{행합계} \times \text{열합계}}{\text{총합계}} = \dfrac{N_i \times n_{.j}}{N}$
귀무가설 – 독립성 검정	귀무가설 – $H_0 : P_{ij} = P_{ir} \times P_{cj}, (i=1,2,...,r\ j=1,2,...,c)$ (두 변수는 독립관계이다 = 연관이 없다) 대립가설 – H_1 : 두 변수는 독립이 아니다(두 변수는 종속관계이다 = 연관이 있다).
검정통계량	$\chi_0^2 = \sum\limits_{i=1}^{r} \sum\limits_{j=1}^{c} \dfrac{(O_{ij} - e_{ij})^2}{e_{ij}}$, 자유도 $v = (r-1)(c-1)$, r : 행의 범주 수, c : 열의 범주 수 O_{ij} : ij번째 범주의 관측도수, e_{ij} : ij번째 범주의 기대도수
가설 검정 – 유의수준(α) 기각역	검정통계량 $\chi_0^2 \geq$ 기각역 $\chi^2((r-1)(c-1), \alpha)$이면, 귀무가설 기각 검정통계량 $\chi_0^2 <$ 기각역 $\chi^2((r-1)(c-1), \alpha)$이면, 귀무가설 채택
유의성 검정 (P값 사용)	p값 < 유의수준(α)이면, 귀무가설 기각 p값 > 유의수준(α)이면, 귀무가설 채택

독립성 검정 사례

구분	설명
사례	어느 회사에서 학력과 회사에 대한 만족도 사이에 연관성이 있는지를 알아보기 위해 회사원 300명을 임의로 추출하여 조사하였다. 두 변수에 연관성이 있다고 볼 수 있는지 검정하라(유의수준 $a = 0.05$).
교차표 작성 (관측도수, 기대도수)	〈관측교차표 : 행 3개, 열 3개〉 | 범주 구분		만족도			합계
---	---	---	---	---	---
		만족	보통	불만	
학력	고졸	40	32	10	82
	대졸	92	50	28	170
	대학원	16	20	12	48
합계		148	102	50	300	 〈기대교차표〉 기대도수(e_{ij}) : i행과 j열의 도수의 기대값 $= \frac{\text{행합계} \times \text{열합계}}{\text{총합계}} = \frac{N_{i.} \times n_{.j}}{N}$ $(e_{11}) = \frac{148 \times 82}{300} = 40.45$, $(e_{12}) = \frac{102 \times 82}{300} = 27.88$, $(e_{13}) = \frac{50 \times 82}{300} = 13.67$ $(e_{21}) = \frac{148 \times 170}{300} = 83.87$, $(e_{22}) = \frac{102 \times 170}{300} = 57.8, \ldots$
교차표 작성 (관측도수, 기대도수)	〈계산 결과 아래표 확인〉 | 범주 구분		만족도			합계
---	---	---	---	---	---
		만족	보통	불만	
학력	고졸	40(40.45)	32(27.88)	10(13.67)	82
	대졸	92(83.87)	50(57.80)	28(28.33)	170
	대학원	16(23.68)	20(16.32)	12(8.00)	48
합계		148	102	50	300	
귀무가설	귀무가설 (H_0) : 학력과 만족도는 서로 독립이다(동일하다). 대립가설 (H_1) : 학력과 만족도는 서로 독립이 아니다(동일하지 않다).
검정통계량	$\chi_0^2 = \sum_{i=1}^{r} \sum_{j=1}^{c} \frac{(O_{ij} - e_{ij})^2}{e_{ij}}$ $\chi_0^2 = \frac{(40 - 40.45)^2}{40.45} + \frac{(32 - 27.88)^2}{27.88} + \cdots + \frac{(12 - 8)^2}{8} = 8.764$ 자유도 $v = (r-1)(c-1) = (3-1)(3-1) = 4$
가설 검정 - 유의수준(α) 기각역	검정통계량 $\chi_0^2 \geq$ 기각역 $\chi^2((r-1)(c-1), a)$ 기각역 $\chi^2(4, 0.05) = 9.488$(부록 C 카이제곱분포표 참조)

구분	
분포도	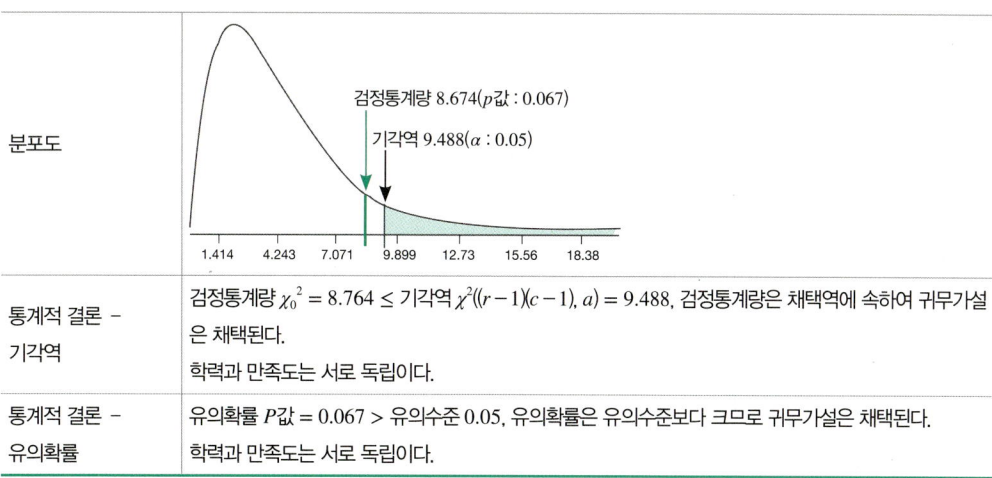
통계적 결론 – 기각역	검정통계량 $\chi_0^2 = 8.764 \leq$ 기각역 $\chi^2((r-1)(c-1), a) = 9.488$, 검정통계량은 채택역에 속하여 귀무가설은 채택된다. 학력과 만족도는 서로 독립이다.
통계적 결론 – 유의확률	유의확률 P값 $= 0.067 >$ 유의수준 0.05, 유의확률은 유의수준보다 크므로 귀무가설은 채택된다. 학력과 만족도는 서로 독립이다.

> **참고** 피셔의 정확 검정(Fisher's Exact Test)
>
> 범주형 변수의 독립성 검정에서 표본이 소표본($n < 30$)이거나 기대빈도 가정이 충족되지 못할 때(기대빈도가 5보다 작은 셀이 전체 20%가 넘을 경우)는 카이제곱검정이 아닌 피셔의 정확 검정을 사용(2×2 교차표인 경우만 사용, 초기하분포 기반)
>
> 사이다와 콜라 구분 피셔의 정확 검정 사례, 괄호안 기대빈도는 2혹은 3
>
> | 추측/사실 | 사이다 | 콜라 | 합계 |
> |---|---|---|---|
> | 사이다 | 4(3) | 1(2) | 5 |
> | 콜라 | 2(3) | 3(2) | 5 |
> | 합계 | 6 | 4 | 10 |

● **동질성 검정(Test of Homogeneity)**

동질성 검정은 각 범주에 해당하는 도수를 미리 정하여 측정하고 그 비율과 같은지를 검정한다.

동질성 검정 절차

구분	설명
교차표 작성	독립성 검정과 동일
귀무가설 – 동질성 검정	귀무가설 $- H_0 : (P_{11}, P_{12}, \cdots, P_{14}) = \cdots = (P_{21}, P_{22}, \cdots, P_{24}) = (P_{r1}, P_{rj}, \cdots, P_{rc})$ (행 집단의 각 비율과 각 비율은 같다.) 대립가설 $- H_1 : H_0$가 아니다. (행 집단의 각 비율과 각 비율은 같지 않다.)

검정통계량	$\chi_0^2 = \sum_{i=1}^{r} \sum_{j=1}^{c} \frac{(O_{ij} - e_{ij})^2}{e_{ij}}$, 자유도 $v = (r-1)(c-1)$, r : 행의 범주 수, c : 열의 범주 수 O_{ij} : ij번째 범주의 관측도수, e_{ij} : ij번째 범주의 기대도수
가설 검정 – 유의수준(α) 기각역	검정통계량 $\chi_0^2 \geq$ 기각역 $\chi^2((r-1)(c-1), a)$이면, 귀무가설 기각 검정통계량 $\chi_0^2 <$ 기각역 $\chi^2((r-1)(c-1), a)$이면, 귀무가설 채택
유의성 검정 (P값 사용)	p값 < 유의수준(α)이면, 귀무가설 기각 p값 > 유의수준(α)이면, 귀무가설 채택

독립성 검정과 동질성 검정은 비교하는 관점만 다르고, 검정하는 과정은 동일하므로 동질성 검정의 사례는 따로 설명하지 않는다.

❷ 로지스틱회귀분석(Logistic Regression)

영국의 통계학자인 D. R. Cox가 1958년에 제안한 확률 모델로서 독립변수의 선형 결합을 이용하여 사건의 발생 가능성을 예측하는데 사용되는 통계 기법이다. 로지스틱회귀의 목적은 일반적인 회귀분석의 목표와 동일하게 종속변수와 독립변수 간의 관계를 구체적인 함수로 나타내어 향후 예측 모델에 사용하는 것이며, 이는 독립변수의 선형 결합으로 종속변수를 설명한다는 관점에서는 선형회귀분석과 유사하다.

하지만 로지스틱회귀는 선형회귀분석과는 다르게 종속변수가 범주형 데이터를 대상으로 하며 입력 데이터가 주어졌을 때 해당 데이터의 결과가 특정 분류로 나뉘기 때문에 회귀라는 이름과 다르게 분류(Classification) 기법으로 볼 수 있다.

흔히 로지스틱회귀는 종속변수가 이항형 문제(즉, 유효한 범주의 개수가 두 개인 경우)를 지칭할 때 사용된다. 이외에, 두 개 이상의 범주를 가지는 문제가 대상인 경우엔 다항로지스틱회귀(Multinomial Logistic Regression)라 정의한다. 자세한 내용은 '8.1.2 로지스틱회귀분석'을 참고하여 학습하도록 하자.

빅분기_44
8.2.2

8.2.2 다변량분석

8.2.2.1 다변량분석의 이해

다변량분석(Multivariate Analysis)이란 여러 현상이나 사건에 대한 측정값을 개별적으로 분석하지 않고, 동시에 분석하는 통계 기법을 말한다. 즉, 여러 변수(변인)들 간의 관계성을 고려해 그 효과를 밝히는 것이다.

다변량 분포는 여러 변인을 동시에 고려하다 보니 평면상의 면적이 아니라 공간상의 입체적 표현이 필요하게 되는데, 이 경우에도 4차원 이상의 데이터는 이를 시각적으로 표현하기 어렵게 된다. 실제로는 공간상에 표현이 불가능하더라도 논리적으로는 3차원 공간의 분석 기법을 확장해 이용하게 된다.

결국 다변량분석은 여러 변수(변인)들의 효과를 동시에 분석하기에 종속변수에 대한 효과가 개별 평균(혹은 변량)이 아니라, 여러 변수들 간의 선형 조합(평균벡터)으로 해석된다는 점에서 한 개 변수(단변량)에 대한 분석과는 차이가 있다.

따라서 다변량분석을 넓은 의미로 정의한다면 조사 중인 각 개인 혹은 각 대상물에 대한 다수의 측정치를 동시에 분석하는 모든 통계적 방법이라 볼 수 있다. 즉, 두 개 이상의 변수를 동시에 분석한다면 다변량분석이라 볼 수 있다.

변수들 간의 인과관계를 규명, 분석하거나 변수들 간의 상관관계를 이용하여 변수를 축약(Reduction)하거나 개체들을 분류하는 관점에서 다변량분석 기법을 구분할 수 있다.

다변량 데이터 분석 기법

구분	설명	분석 기법
변수들 간의 관계	변수들 간의 인과관계, 상관관계 및 평균과 분산 등의 차이를 탐색하는 방법	다중회귀분석(Multiple Regression), 로지스틱회귀분석(Logistic Regression), 다변량분산분석(Multivariate ANOVA), 상관관계분석, 교차분석 등
데이터의 차원축소	변수들 간의 상관관계를 분석하여 가지고 있는 의미를 유지하면서(정보 손실 최소화) 변수를 요약하고자 할 때 사용하는 방법	주성분분석(PCA), 요인분석(FA), 정준상관분석(Canonical Analysis, CCA) 등
케이스 차원축소 (개체 분류)	변수들이 가지는 값들의(개체들의) 유사성을 이용하여 분류하고자 할 때 사용하는 방법	군집분석, 판별분석, 다차원척도법(Multi-Dimensional Scaling, MDS) 등

다변량분석 관점에서 위의 표를 기억하도록 하자. 빅데이터 분석 기사의 과목별 목차는 분석 기법 혹은 중요성에 따라 별도로 구분되는 경우가 있다. 예를 들어 '8.2.2 다변량분석'에서 다중회귀분석을 다루지만 '8.1.1 회귀분석'에서도 다중회귀분석을 깊게 학습했다. 따라서 각 세부항목이 별도로 존재하는 영역은 개념과 반드시 알아야 하는 내용 중심으로 학습하도록 한다.

8.2.2.2 변수들 간의 관계 관점의 다변량분석 기법

❶ 다중회귀분석(Multiple Regression Analysis)

다중회귀분석은 두 개 이상의 독립변수가 하나의 종속변수에 미치는 영향을 추정하는 회귀분석 기법이다. 다변량회귀분석, 중선형회귀분석이라고도 한다.

다중회귀분석의 목적은 다수의 독립변수의 변화에 따른 종속변수의 변화를 예측하는 것에 있다. 다중회귀분석을 통해 연구자는 회귀 모델의 적합성을 분석하거나 독립변수들이 종속변수를 설명하는 정도를 알 수 있고, 종속변수에 대한 독립변수들의 상대적인 기여도를 파악할 수 있다.

예를 들어, 월 외식 경비(종속변수)는 가족의 수와 평균수입 등의 독립변수들에 의해 예측될 수 있다.

- 종속변수 : 연속형 변수
- 독립변수 : 연속형 변수 혹은 범주형 변수(가변환 필요)

다중회귀분석 모델의 독립변수의 선정 기준은 아래와 같다.

- 종속변수와 높은 상관관계
- 선택된 독립변수 간 낮은 상관관계(다중공선성 문제 회피)
- 독립변수의 개수는 적을수록 유리

단순회귀분석과 다중회귀분석 수식 설명

구분	수식 설명	
단순회귀분석 (Simple Regression Analysis)	$Y_i = \beta_0 + \beta_1 X_i + \varepsilon_1$	β_0 : 절편 β_k : 회귀계수(기울기)
다중회귀분석 (Multiple Regression Analysis)	$Y = \beta_0 + \beta_1 X_1 + \cdots + \beta_k X_k + \varepsilon_1$	X_i : 독립변수, Y : 종속변수 ε_1 : 오차

다중회귀분석은 독립변수(설명변수)가 2개 이상인 회귀 모델을 분석 대상으로 삼고 있으며, 기본 가정은 독립변수는 2개, 각 독립변수는 종속변수와 선형관계에 있다.

종속변수를 설명하는 독립변수가 두 개일 때, 단순회귀 모델을 설정한다면 모델 설명(Specification)이 부정확할 뿐 아니라 종속변수에 대한 중요한 독립변수를 누락함으로써 계수 추정량에 대해 편향(Bias)을 발생시킬 수 있으므로 단순회귀분석은 그 유용성을 상실하게 된다. 따라서 다중회귀분석을 통해 편향(Bias)을 제거할 수 있다.

이처럼 다중회귀분석은 추가적인 독립변수를 도입함으로써 오차항의 값을 줄일 수 있으며, 단순회귀분석의 단점을 극복할 수 있는 등으로 분석내용을 향상시킬 수 있다.

❷ 로지스틱회귀분석(Logistic Regression Analysis)

로지스틱회귀분석은 종속변수와 독립변수들 간의 인과관계를 로지스틱 함수를 이용하여 추정하는 통계 기법이며, 어떤 사건(Event)이 발생할지에 대한 직접 예측이 아니라 그 사건이 발생할 확률을 예측하게 된다. 따라서 회귀분석이라는 명칭과 달리 회귀 문제와 분류 문제 모두에 사용할 수 있으나, 일반적으로 분류모델로 활용한다.

종속변수가 범주형으로 2개 이상의 집단을 분류하는 경우에 사용할 수 있으며, 독립변수 또한 범주형 변수, 연속형 변수를 여러 개 사용할 수 있기 때문에 다변량분석으로 해석할 수 있다.

로지스틱회귀분석의 가정사항은 다음과 같다.

로지스틱회귀분석의 가정사항

- 독립변수 : 범주형 변수(연속형 변수로 변환) 혹은 연속형 변수
- 종속변수 : 범주형 변수(1개, 변수집단은 2개 이상 가능)
- 종속변수의 이항분포 근사 및 대표본($n \geq 30$)이어야 함
- 선형성 : 독립변수와 종속변수의 로짓(Logit 선형관계)
- 다중공선성 확인 : 독립변수 간 상관관계를 가지는 문제 최소화
- 독립성 만족 : 각 집단은 독립적이어야 함

예를 들어, 대학생의 전공 고려 시 학점과 흥미에 따른 선택의 경우나 투표 시 정치적 성향, 지역에 따른 통계 결과 분석에 사용한다.

❸ 다변량분산분석(Multivariate Analysis of Variance, ANOVA)

다변량분산분석은 연속형 종속변수에 대해 3개 이상의 집단(독립변수)의 차이가 있는지 검정하는 분석 방법이다. 연속형 종속변수의 수에 따라 1개인 경우는 단일변량분산분석, 2개 이상인 경우에는 다변량분산분석(Multivariate ANOVA)으로 구분한다.

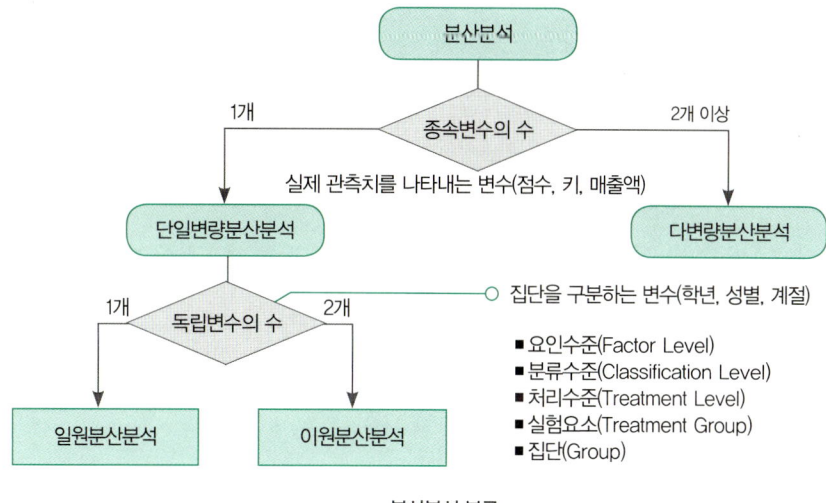

분산분석 분류

분산분석 분류

구분	분산분석	독립변수 수	각 요인의 수준 (비교그룹/집단)	연속형 종속변수
단일변량	일원분산분석(One-way ANOVA)	1	2개 이상	1개
	이원분산분석(Two-way ANOVA)	2	각 2개 이상	
	다원분산분석(Multi-way ANOVA)	2개 이상	각 2개 이상	
다변량	다변량분산분석(MANOVA)	1개 이상	2개 이상	2개 이상

다변량분산분석은 2개 이상의 연속형 종속변수와 1개 이상의 범주형 독립변수 간의 관련성을 동시에 알아볼 때 이용되는 통계적 방법이다. 즉 대부분의 종속변수들은 서로 상관관계가 있기 때문에 단일변량 분산분석과는 달리 집단 간의 결합된 차이를 밝혀낼 수 있어 집단 간 차이를 밝히는데 사용 가능한 정보를 보다 많이 사용할 수 있다.

다변량분산분석의 가정사항

- 독립변수 : 범주형 변수 1개 이상(3개 이상 집단), 종속변수 : 연속형 변수 2개 이상
- 각 집단은 독립적이어야 한다.
- 모든 종속변수들은 다변량 정규분포를 따른다.
- 각 집단의 분산, 공분산은 행렬이 동일하다.

다변량공분산분석은 실험에서 통제되지 않은 독립변수들의 종속변수들에 대한 효과를 제거하기 위해 다변량분산분석과 함께 이용되는 방법으로 다변량분산분석은 두 개 이상의 연속형 종속변수에 대한 각 집단의 반응값의 분산에 대한 가설을 검증하는데 매우 유용하다.

예를 들어, 3개 호수의 산소량 차이에 대한 분석을 수행할 때는 단일변량분산분석을 사용할 수 있다. 추가로 3개 호수의 산소량과 수은 함유량의 차이를 분석할 때는 각각 단일변량분산분석을 하는 것이 아니라, 산소량과 수은 함유량은 상관관계가 있음을 고려하기 때문에 다변량분산분석을 시행해야 한다.

8.2.2.3 데이터 차원축소 관점의 다변량분석 기법

데이터 차원축소(Dimensionality Reduction)란 변수들 간의 상관관계를 분석하여 가지고 있는 의미를 유지하면서(정보 손실 최소화) 변수를 요약하고자 할 때 사용하는 방법이다.

일반적으로 변수가 늘어날수록 학습 데이터 양 증가 및 모델 예측 신뢰도가 떨어지게 되는데, 차원축소를 하게 되면 학습 데이터가 줄어들어 예측 신뢰도를 향상시킬 수 있다. 따라서 차원축소는 단순히 데이터를 압축하는 것이 아닌 좀 더 데이터를 잘 설명할 수 있는 잠재적인 요소를 추출하는 데 목적이 있다.

해당 장에서는 주성분분석과 요인분석을 중심으로 살펴보도록 한다.

❶ 주성분분석(Principal Component Analysis, PCA) 기출

주성분분석은 고차원의 데이터를 선형 연관성이 없는 저차원의 데이터로 차원을 축소하여, 데이터 탐색의 시간과 노력을 효율적으로 사용할 수 있게 해준다. 주성분분석은 고차원의 데이터를 선형 연관성이 없는 저차원의 데이터로 차원을 축소하는 방법으로 데이터를 몇 가지 주요한 축(주성분)으로 변환하여 분산을 최대화하는 방법이다.

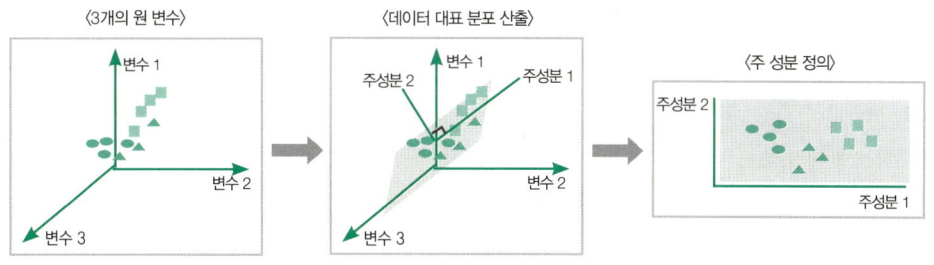

주성분분석의 개념적 설명

위 그림과 같이 변수 세 개로 표현된 데이터 11개가 있다고 하자. 이 데이터들은 변수 세 개에 의해 설명되지만 두 개의 주성분을 찾아 그 관점으로 설명한다면 데이터 11개의 특성을 더 잘 나타낼 수 있다.

차원축소의 목적

- 모델 성능 향상 : 과적합 방지, 계산 효율성 증가
- 데이터 시각화 : 고차원 데이터를 시각적으로 이해하기 쉽게 변환
- 노이즈 제거 : 불필요한 정보 제거
- 데이터 저장 및 전송 효율성 증가 : 데이터 압축
- 차원의 저주 극복 : 고차원 데이터의 문제점 해결
- 특징 선택 및 추출 : 중요 특징 추출(다중공선성 최소화)
- 데이터 해석 용이성 증가 : 설명력 향상 및 해석의 간소화
- 상관관계 처리 : 변수 간 상관관계 고려

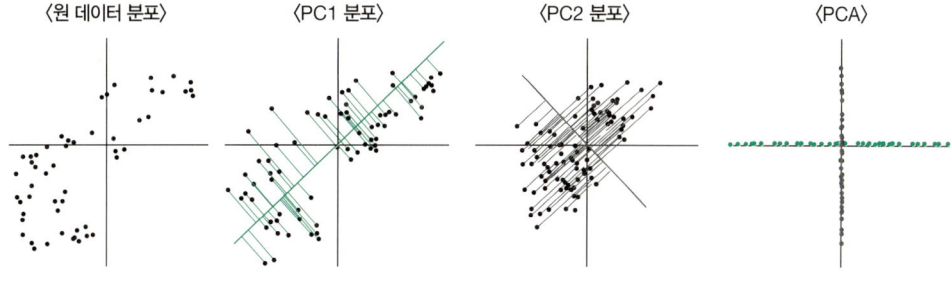

주성분분석의 이해

주성분분석의 아이디어는 10% 정도의 정보는 잃어버리더라도, 합리적인 분석에 큰 무리가 없으므로, 주성분1(PC1), 주성분2(PC2), …, 주성분n(PCn)만 택하여 n차원 데이터로 줄일 수 있다는 것이다.

위 그림에서 첫 번째 주성분(PC1)이 원 데이터의 분포를 가장 많이 보존하고, 두 번째 주성분(PC2)이 그 다음으로 원 데이터의 분포를 많이 보존한다.

원 데이터 분포 축 상에서 정사영(Projection)할 때, 얻어진 데이터들의 분포(분산)가 가장 최대가 되도록 주성분1(PC1)의 첫 번째 축을 정의하고, 두 번째 축인 주성분2(PC2)는 주성분1(PC1)의 첫 번째 축과 관계가 없도록 원 데이터를 이 축 상에 정사영할 때, 얻어진(새로운) 데이터들의 분포(분산)가 주성분1(PC1) 다음으로 가장 최대가 되어야 한다. 변수 간에 어떤 영향을 미치는지 파악할 수가 없기 때문에 주성분분석은 관계가 있는 변수끼리는 각 주성분에 모이도록 하고, 주성분들 사이에는 서로 관계가 없도록 한다. 이는 서로 다른 주축이 수직을 이루는 것으로 나타난다.

주성분분석을 이해하기 위한 수학적 개념은 다음과 같다.

주요 개념	설명
공분산 (Covariance)	2개의 연속형 변수의 상관 정도(선형관계)를 나타내는 값 원 데이터의 분산에 대한 정보 저장 $Cov(x, y) = \dfrac{\sum_{i=1}^{n}(x_i - \bar{x})(y_i - \bar{y})}{n-1}$
공분산행렬 (Covariance Matrix) **기출**	변수들 사이의 공분산을 행렬로 나타낸 값 정방행렬(Square Matrix)이며, 전치(Transpose)를 시켰을 때 동일한 행렬이 나타나는 대칭행렬(Symmetric Matrix) $\Sigma = \begin{pmatrix} cov(x,x) & cov(x,y) \\ cov(y,x) & cov(y,y) \end{pmatrix}$ 데이터 구조적 의미 : 각 데이터의 변동이 얼마나 닮았나를 확인
고유벡터 (Eigen Vectors)	공분산행렬 A에 의해 선형변환(Linear Transformation)되는 수많은 벡터들 중에 변환되기 전과 변환된 후의 방향이 똑같은 벡터 선형변환에 의한 변환 결과가 자기 자신의 상수배가 되는 0이 아닌 벡터
고유값 (Eigen Values)	변환 전과 후의 길이 변화 비율 고유벡터에 의해 변환되는 스케일 (변환 전과 후의 길이 변화 비율)
새로운 차원의 데이터	원 데이터에 고유벡터를 내적 연산한 값(차원축소된 값)

정방행렬 : A
고유벡터 : $Ax = \lambda x$를 만족하는 0이 아닌 열벡터 x
고유값 : 상수 λ

벡터의 상수배(Scalar Multiplication) : 선형변환에 의해 방향은 보존되고, 스케일(범위)만 변환되는 방향 벡터

공분산행렬의 고유벡터는 데이터가 어떤 방향으로 분산되었는지를 나타내며, 고유값은 고유벡터 방향으로 얼마만큼의 크기로 벡터 공간이 늘려지는지를 나타낸다. 고유값이 큰 순서대로 고유벡터를 정렬하는 것은 중요한 순서대로 주성분을 구하는 것을 의미한다.

주성분분석 절차

구분	절차
Step1	평균과 편차를 구하고 공분산행렬 계산
Step2	고유분해를 이용해 고유값과 고유벡터 계산
Step3	고유값이 큰 순서대로 나열
Step4	지정된 최소 분산 크기 이상을 설명하도록 n번째 고유벡터 선택
Step5	기존 데이터값에 고유벡터를 내적하여 새로운 차원의 값 생성

주성분의 개수를 선정하기 위해 고유값-주성분의 분산 변화를 보는 스크리 그래프(Scree Plot)을 이용할 수 있다.

주성분의 결정 기준

구분	설명			
고유값 기준 (Eigenvalue Criterion)과 누적기여율 (Cumulative Proportion)		PC1	PC2	PC3
	Eigen Value(Standard Deviation)	2.9381	0.9202	0.1477
	Eigen Ratio(Proportion of Variance)	0.7296	0.2285	0.0367
	Cumulative Proportion	0.7296	0.9581	0.9948

〈고유값 기준〉
고유값이 1 이상이거나 1에 가까운 주성분만 선택(주성분이 설명하는 분산의 양)
위 사례에서 PC1이 2.9381이기 때문에 PC1 선택(단 PC2도 1에 가깝기 때문에 PC2까지 선택)
〈누적기여율〉
주성분분석 결과 누적기여율이 85% 이상에 해당하는 주성분의 수 결정
위 사례에서는 PC2의 누적기여율이 95.8%임. 따라서 PC2까지의 2개의 주성분 선정

스크리그래프 (Scree Plot)

수평축에 주성분을 놓고 수직축에 해당 주성분에 대응하는 고유값을 연결한 차(그래프가 완만해지는 부분까지의 주성분을 활용)

그래프가 완만해지는 부분 이전의 주성분 선택 따라서 PC2까지의 2개의 주성분 선정

❷ 요인분석(Factor Analysis, FA)

요인분석은 많은 변수들의 상호 관련성을 소수의 요인(Factor)으로 추출하여 전체 변수들의 공통 요인을 찾아내 각 변수가 받는 영향의 정도와 그 집단의 특성을 규명하는 다변량통계 분석 방법이다. 다수의 변수들의 정보 손실을 최소화하면서, 소수의 요인(Factor)으로 축약해 준다.

예를 들어, 관광객이 여행사를 선택하는 기준(변수)에 숙박비, 교통비, 식비, 가이드팁 그리고 1일차, 2일차 이동거리가 있을 때, 이들 변수 모두를 개별적으로 분석하기보다는 숙박비, 교통비, 식비, 가이드팁은 '가격'이라는 요인으로 축약하고 1일차, 2일차 이동거리는 '이동거리'라는 요인으로 축약할 때 요인분석을 실시한다.

요인분석의 목적

- 변수들이 하나의 요인으로 묶여짐으로써 적은 수의 요인으로 축소
- 요인에 포함되지 않거나 포함되더라도 중요도가 낮은 변수 제거
- 관련된 변수들이 묶여져 요인을 이루고 이들 요인들은 상호 독립적인 특성 파악
- 측정항목의 타당성(Validity)을 평가

요인분석을 이해하기 위한 주요 개념은 다음과 같다.

요인분석 개념

구분	설명
요인(Factor)	상관계수가 높은 변수들을 포함해 새롭게 생성한 변수 집단
요인적재값 (Factor Loading)	변수와 해당 요인 간의 상관계수 요인적재값의 제곱은 해당 변수가 요인에 의해 설명되는 분산의 비율을 의미
요인행렬 (Factor Matrix)	요인들에 대한 모든 변수의 요인적재값을 모은 행렬
고유값 (Eigen Value)	각 요인에 대한 모든 변수들의 요인적재값 제곱의 합 해당 요인이 설명할 수 있는 변수들의 분산 총합으로, 변수 속 정보(분산)가 어떤 요인에 의해 어느 정도 설명될 수 있는지를 나타내는 비율
공통성 (Communality)	여러 요인이 설명할 수 있는 한 변수의 분산의 양을 백분율로 나타낸 것 한 변수의 공통성은 추출된 요인들이 그 변수의 정보(분산)를 얼만큼 설명할 수 있는지를 의미하며, 0과 1사이의 값을 가짐

변수에 대한 모든 요인적재값을 제곱하여 합한 것이 공통성(Communality)이다. 요인적재값의 제곱은 결정계수가 되므로 공통성은 결국 추출된 요인들에 의해 설명되는 특정 변수의 분산이 된다. 따라서 이를 통해 요인분석의 적합성 여부를 판단한다.

요인분석 절차는 상관관계를 산출하여 다음과 같다.

요인분석 절차

구분	절차	설명
Step1	데이터 입력	최초 데이터 입력
Step2	상관계수 산출	동질적이거나 유사한 변수들을 하나의 요인으로 나타내기 위해 변수들 간의 상관계수를 계산
Step3	요인 추출	주성분분석 혹은 공통 요인분석을 통해 요인을 추출하고, 고유값과 스크리도표(Scree Plot, 고유값-높은 관계의 분산 변화를 보는 그래프) 등을 활용해 적절한 요인의 수를 결정
Step4	요인적재량 산출	요인적재량(각 변수와 요인 간의 상관관계의 정도)을 이용하여 요인을 이루는 항목들을 선택
Step5	요인 회전	해석하기 쉽도록 회전하는 과정(최초에는 변수들의 분산을 설명할 수 있지만, 요인과 각 변수들 간의 관계를 명확하게 나타내지 않으므로 회전) 〈직각 회전 종류〉 QUARTIMAX 방식(하나의 변수를 설명하는 요인 수를 최대한 줄여서 변수의 해석에 중점을 두는 방식) VARIMAX 방식(하나의 요인에 높게 적재하는 변수 수를 줄여서 요인의 해석에 중점을 둔 방식) EQUAMAX 방식(QUARTIMAX 방식, VARIMAX 방식의 절충형)
Step6	요인 해석	새롭게 생성된(결정된) 잠재변수에 이름(Label)을 부여
Step7	요인점수 산출	관측값별 요인점수는 요인점수계수와 표준화된 관측값의 곱으로 구하며, 요인별로 이 값을 합해 요인별 요인점수 도출

> **참고** 주성분분석과 요인분석의 차이 비교 **기출**

구분	주성분분석	요인분석
공통점	변수 축소 가능, 데이터 패턴 탐색 용이, 타 분석을 위한 사전 분석 역할 수행	
원리	변수의 전체 분산을 토대로 요인을 추출 (원 변수들의 선형 결합으로 만들어짐)	변수 간의 공통 분산만(공분산)을 토대로 요인을 추출 그룹 내 변수들 간에는 상관계수가 높고 다른 그룹 변수 간에는 상관관계가 낮음
목적	변수들의 변동을 설명	여러 변수의 공분산 구조의 의미를 밝힘
변수 개수	원 변수를 1~2개로 축약	서로 상관성을 갖는 변수들의 군집의 수만큼 축약

주성분분석의 특징

- 선형변환기법 : 변수들 간의 관계가 선형적일 때 가장 잘 작동
- 상관관계가 있는 경우 주성분을 통해 중요한 정보 추출
- 분산의 최대화 : 분산을 최대로 하는 주성분을 찾음(데이터가 비슷하면 주성분분석 부적합)
- 노이즈와 척도에 민감 : 데이터 전처리 및 표준화 수행 필요
- 특정 분포를 가정하지 않아도 됨 : 정규분포에 가까울 경우 더 유리하게 작동
- 주성분 간의 독립성 : 각 주성분은 서로 직교(독립적)하는 방향으로 분산을 최대화

8.2.2.4 케이스 차원축소(개체 분류) 기반 다변량분석 기법

❶ 군집분석(Cluster Analysis)

군집분석(Cluster Analysis, CA)은 집단에 관한 사전정보가 전혀 없는 각 표본에 대하여 그 분류 체계를 찾을 때, 각 표본을 표본들 간의 유사성에 기초해 한 집단에 분류시키고자 할 때 사용되는 기법이다. 이는 데이터의 적절한 그룹 개수가 결정되고 각 그룹에 거리 기반으로 데이터를 분류함을 의미한다.

즉, 사전에 그룹(집단)이 나누어져 있지 않으며 여러 변수들의 데이터를 그룹화하는 다변량분석 기법이다.

예를 들어, 소비자들의 제품에 대한 태도, 의견 등에 관한 설문자료를 이용하여 소비자들을 몇 개의 군집으로 나누거나, 한 제품 군 내의 경쟁 브랜드의 소비자 의견조사를 이용하여 유사 브랜드끼리 군집화하는 경우 군집분석을 수행할 수 있다.

군집분석은 크게 계층적 군집(Hierarchical Clustering)과 비계층적 군집(Non-Hierarchical Clustering)으로 나눌 수 있다. 자세한 내용은 '8.1.7 군집분석'에서 확인하도록 한다.

> **참고** 판별분석, 군집분석, 요인분석의 개념적 차이
>
> | 판별분석 | 군집분석 | 요인분석 |
> | --- | --- | --- |
> | 분석 이전에 그룹(집단)이 이미 나누어져 있으며, 집단들 간의 차별적 특성을 설명하는 변수 발견 | 사전에 그룹(집단)이 나누어져 있지 않으며 여러 변수들의 데이터를 그룹화 | 변수들이 하나의 요인으로 묶여짐으로써 적은 수의 요인으로 축소(변수의 그룹화) |

❷ 판별분석(Discriminant Analysis)

판별분석이란 두 개 이상의 모집단에서 추출된 표본들의 정보를 활용하여, 이 표본들이 어떤 집단에서 추출된 것인지를 결정할 수 있는 기준을 찾는 분석법이다.

집단을 구분할 수 있는 독립변수(연속형)를 이용하여 집단 구분 함수식(판별식)을 도출하고, 소속된 집단(종속변수, 범주형)을 예측하는 목적으로 사용한다.

판별분석의 가정
- 독립변수들이 다변량 정규분포를 이룬다.
- 종속변수에 의해 범주화되는 분산과 공분산행렬이 동일하다(선형판별분석만).

예를 들어, 신용카드 회사에서 기존 고객의 특성(직업, 자산, 주거형태, 나이 등)을 변수로 하여 카드 발급 여부(카드 발급, 카드 미발급)를 조사한 자료를 활용하여, 새로운 고객의 특성 자료에 대하여 카드를

발급할 것인지 미발급할 것인지를 판단한다.

판별분석의 목적

- 종속변수의 구분에 도움이 되는 독립변수의 선정(차원축소 가능)
- 판별 능력에 있어, 독립변수들의 상대적 중요도 평가
- 결정된 판별 함수를 이용하여 새로운 관측값을 판별하여 데이터를 분류
- 새로운 판별 대상에 대한 예측력 평가

종속변수의 집단 수에 따라 2개인 경우를 판별분석(Discriminant Analysis)이라 하며, 집단수가 3개 이상인 경우를 다중판별분석(Multiple Discriminant Analysis, MDA)으로 구분한다. 또한 분류 모델 관점에서 선형판별분석(Linear Discriminant Analysis, LDA)과 이차원판별분석(Quadratic Discriminant Analysis, QDA)으로 구분한다.

선형판별분석과 이차원판별분석

선형판별분석(LDA)	이차원판별분석(QDA)
데이터 분포를 학습해 결정경계(Decision boundary)를 만들어 데이터를 분류하는 분석 기법 데이터를 특정 한 축에 정사영(Projection)한 후에 두 범주를 잘 구분할 수 있는 직선을 찾아 데이터를 분류하는 기법	선형판별분석(LDA)에서 공통 공분산 구조에 대한 가정을 제외한, 즉 공분산 구조가 다른 경우 사용하는 분류 기법

선형판별분석(LDA)은 주성분분석(PCA)과 유사하게 입력 데이터를 저차원 공간에 정사영(Projection)하여 차원축소 기법으로 활용된다. 중요한 차이는 선형판별분석(LDA)은 지도학습의 분류(Classification)에서 사용하기 쉽도록 개별 집단(클래스)을 분류할 수 있는 기준을 최대한 유지하면서 차원을 축소한다.

> **참고**
> 주성분분석(PCA)은 입력 데이터의 변동성의 가장 큰 축을 찾았지만 선형판별분석(LDA)은 입력 데이터의 결정값 집단(클래스)을 최대한 분리할 수 있는 축을 찾는 차이가 있다.

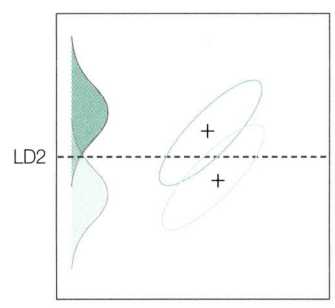
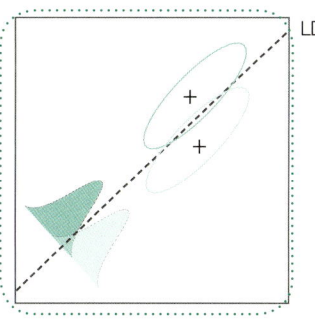
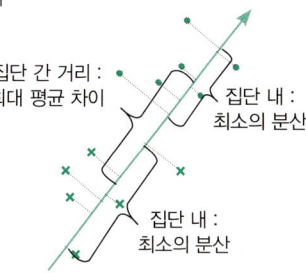

선형판별분석

우측 그림(LD1)과 같이 집단 내의 분산이 최소가 되게 하고, 집단 평균 간의 거리가 최대가 되게 하는 벡터를 찾아 정사영(Projection, 투영)시키는 것이 선형판별분석(LDA)이 하는 일이다. 그러나 종속변수의 집단 사이에 공분산이 다른 경우를 반영하지 못하는 단점이 있다.

선형판별분석(LDA)에서 공통 공분산 구조에 대한 가정을 제외한, 즉 공분산 구조가 크게 다른 경우 사용하는 판별분석 기법을 이차원판별분석(QDA)이라 한다.

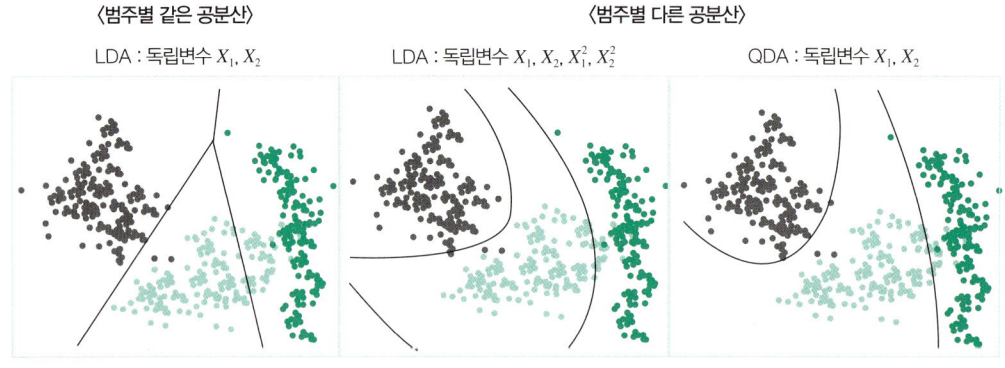

선형판별분석과 이차원판별분석의 차이

첫 번째 그림은 선형판별분석(LDA), 두 번째 그림은 즉 임의로 변수를 넣은 선형판별분석(LDA)이다. 즉 비선형 데이터를 분류할 수 있도록 2차 방정식을 추가한 것이다. 두 번째 선형판별분석(LDA)은 공분산 구조의 차이를 반영했고, 세 번째 이차원판별분석(QDA)은 공통적인 공분산 구조를 가정한 것에 있다.

판별분석을 이해하기 위한 주요 개념은 다음과 같다.

판별분석 개념

구분	설명
판별식	$Z = \beta_0 + \beta_1 x_1 + \beta_2 x_2 + \cdots + \beta_n x_n$ Z : 판별점수, β_0 : 판별상수, $\beta_1 \cdots \beta_n$: 판별계수, $x_1 \cdots x_n$: 판별변수
판별변수	어떤 집단에 속하는지 판별하기 위한 변수로 독립변수 중 판별력이 높은 변수 판별변수는 상관관계가 적은 독립변수를 선택하여 만듦
판별함수	판별함수를 이용하여 각 데이터들이 소속 집단에 얼마나 잘 판별되는가에 대한 판별력을 측정하고 각 집단을 가장 잘 구분할 수 있는 판별식을 만들어 분별하는 과정
판별점수	판별함수에 어떤 대상을 대입하여 그 대상이 어떤 집단에 속하는지 얼마나 잘 판별하는지를 구한 값

일반적으로 전체 데이터의 크기는 독립변수의 개수보다 3배 이상이어야 하며, 종속변수의 각각의 데이터의 크기 중 최소 크기가 독립변수의 개수보다 커야 함

판별분석 절차

구분	절차
Step1	종속변수의 분류와 독립변수의 설정
Step2	집단을 구분하는 기준이 되는 독립변수들의 선형 결합, 즉 판별함수를 도출
Step3	도출된 판별함수에 의한 분류의 정확도를 파악
Step4	판별함수를 이용하여 새로운 케이스가 속하는 집단을 예측

❸ 다차원척도법(Multidimensional Scaling, MDS) 기출

다차원척도법은 데이터 간의 거리(Distance)를 바탕으로 이들 간의 관계 구조를 시각적으로 표현하는 통계 데이터 분석 기법이다(개체간 근접성: Proximity).

다차원척도법은 개체들의 비유사성(거리)을 이용하는 점에서 군집분석과 동일하지만, 2차원 공간에 점을 표시하고 개체들 사이의 집단화를 시각적으로 표현하는 것에 차이가 있다.

예를 들어, A, B 두 표본이 다른 어떤 쌍에 비해 가장 유사성이 크다고 판정될 경우 다차원 공간에서의 이 두 표본 간의 거리는 다른 모든 쌍 간의 거리에 비해 짧게 나타나게 된다.

〈국내 주요 도시 간 거리 데이터〉

Matrix	서울	인천	부산	대구	대전	청주	춘천	광주	전주
서울	0								
인천	28km	0							
부산	310km	320km	0						
대구	220km	225km	97km	0					
대전	130km	135km	188km	105km	0				
청주	95km	110km	202km	114km	34km	0			
춘천	88km	120km	300km	205km	161km	125km	0		
광주	245km	228km	177km	159km	130km	159km	288km	0	
전주	175km	170km	180km	120km	55km	88km	209km	72km	0

〈MDS를 이용한 2차원 데이터 변환 그래프〉

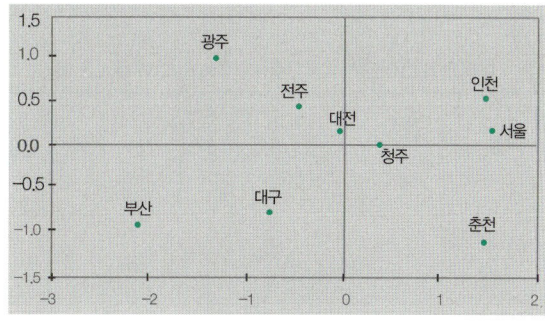

다차원 척도 사례

다차원척도법의 목적은 데이터 속에 잠재해 있는 패턴과 구조를 찾아 기하학적으로 표현하는데 있다. 방법으로는 개체들의 거리 계산은 유클리드거리 행렬을 활용하고 관측 대상들의 상대적 거리의 정확도를 높이기 위해 적합 정도를 스트레스값으로 표현한다.

MDS는 비선형 최적화 문제이며, 거리 기반 최적화를 통해 작동하므로, 글로벌 최적점에 도달하기 어려운 경우가 많다.

적합도 수준을 나타내는 척도인 스트레스(STRESS)는 0과 1 사이의 값을 취하며, 0으로 작아질수록 더 적절한 모델이라고 판단한다.

다차원척도법은 근접도를 계산하는 방식에 따라 계량적 다차원척도법과 비계량적 다차원척도법으로 구분할 수 있다.

다차원척도법의 종류

구분	계량적 다차원척도법	비계량적 다차원척도법
척도	등간변수 혹은 비율변수	서열변수
근접도 계산	각 데이터(개체)들 간의 유클리드거리 행렬을 계산하고 개체들 간의 비유사성을 공간상에 표현	데이터(개체)들 간의 거리가 순서로 주어진 경우에는 서열척도를 거리의 속성과 같도록 변환하여 표현

다차원척도법의 분석 절차는 다음과 같다.

다차원척도법 분석 절차

구분	절차
Step1	자료 수집
Step2	유사성/비유사성 측정 일반적으로 모든 관측치 쌍에 대한 유클리드거리를 계산해 거리행렬 생성
Step3	개체들을 2차원이나 3차원 공간 상에 표현
Step4	관측 대상들의 상대적 거리의 정확도를 높이기 위해 적합 정도를 스트레스값(Stress Value) 측정 실제 거리행렬과 다차원척도법에 의해 추정된 거리행렬을 비교해 거리 간의 오차가 최소가 되게 좌표를 조정 $$STRESS = \sqrt{\frac{\sum(실제거리 - 추정거리)^2}{\sum 실제거리^2}}$$ 〈STRESS값 기준 판단〉 0 : 완벽, 0~0.05 : 매우 좋음, 0.05~0.10 : 만족, 0.10~0.15 : 보통, 0.15이상 : 나쁨

8.2.3 시계열분석

8.2.3.1 시계열분석의 이해 기출

시계열 데이터(Time Series Data)는 시간별(Hourly), 일별(Daily), 월별(Monthly), 분기별(Quarterly) 또는 연도별(Annual) 등 시간의 경과에 따라 순서대로(Ordered in Time) 관측되는 자료이다. 예를 들면 국내총생산(GDP), 물가지수, 판매량, 종합주가지수, 강우량, 실험 및 관측자료 등이 있다.

시계열 자료의 종류

연속 시계열 데이터 (Continuous Time Series)	이산 시계열 데이터 (Discrete Time Series)
연속적으로 생성	특정 시점에 생성
연속적으로 연결된 형태로 존재	이산적인 형태로 분리되어 존재

연속 시계열 데이터는 모든 시점에 측정되기 때문에 분석하기 어려운 상태가 된다. 따라서 이산 시계열 데이터를 일반적으로 사용한다.

시계열분석(Time Series Analysis)은 불규칙성을 가지는 시계열 데이터에 특정한 기법이나 규칙적 패턴을 적용하여 과거 시계열 데이터의 패턴(Pattern)이 미래에도 지속적으로 유지된다는 가정하에서 현재까지 수집된 자료들을 기반으로 미래를 예측(Forecast)하는 것이다. 아래의 그림을 보면 직관적으로 이해할 수 있다.

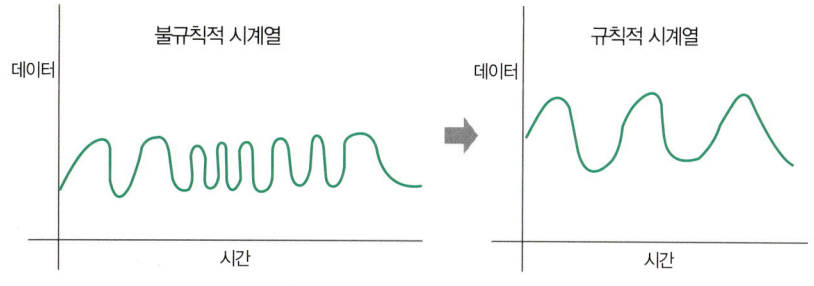

시계열 데이터의 형태

따라서 시계열 데이터의 형태(Components)는 규칙적 시계열과 불규칙적 시계열로 구분되며, 규칙적 시계열을 체계적 변동(Systematic Variation)이라 하고 불규칙적 시계열을 불규칙 변동(Irregular Variation) 또는 확률적 변동(Random Variation)이라 한다.

- 규칙적 시계열(체계적 변동) : 장기간에 걸쳐 트렌드와 분산이 반복(추세요인, 순환요인, 계절요인)
- 불규칙적 시계열(불규칙 변동) : 트렌드와 분산이 변화(불규칙요인)

시계열분석 요인 기출

추세요인 (Trend Factor)	순환요인 (Cycle Factor)	계절요인 (Seasonal Factor)	불규칙요인 (Irregular Factor)
장기간 혹은 점진적으로 상승하거나 하강하는 패턴 예) 국내총생산(GDP), 인구증가율	특정 주기 혹은 수년 간의 간격으로 발생하는 주기적인 패턴 예) 경기 변동	계절적 영향과 사회적 관습에 따라 1년 주기로 발생하는 패턴 예) 추석, 설 등	명확히 설명할 수 없는 요인에 의한 우연한 패턴 (예측불가, 분석가능) 예) 전쟁, 홍수 등

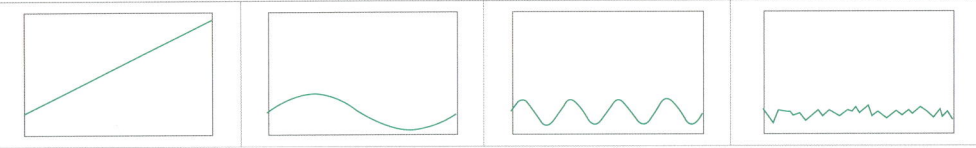

시계열분석 요인

즉 시계열 데이터에서 체계적 변동과 불규칙 변동을 분해하여 각 요인을 분석할 수도 있고 혹은 데이터 분석 목적이나 형태에 적합한 시계열분석 모델을 적용하여 규칙성을 부여하여 분석할 수도 있다.

최근에는 딥러닝을 이용하여 시계열 데이터의 연속성을 기계 스스로 찾아내도록 하는 방법 또한 각광받고 있다.

8.2.3.2 시계열 데이터의 분석 기법

❶ 시계열 데이터 분석 기법 개요

시계열 데이터를 예측하는 방법은 경험적 법칙을 추정하여 예측하는 양적 예측 기법을 주로 사용하며, 양적 예측 기법은 전통적 시계열분석 기법과 확률적 시계열분석 기법으로 구분할 수 있다.

시계열 데이터 분석 기법 기출

구분		상세 기법
예측	전통적 시계열분석 기법	평활법(Smoothing Method)
		분해법(Decomposition Method)
	확률적 시계열분석 기법	자기회귀 모델(AutoRegressive, AR)
		이동평균 모델(Moving Average, MA)
		자기회귀이동평균 모델(AutoRegressive Moving Average, ARMA)
		자기회귀누적이동평균 모델(AutoRegressive Integrated Moving Average, ARIMA)

시계열 데이터 분석 기법으로 예측된 시계열 데이터에 대한 평가 요소는 다음과 같다.

시계열 데이터 예측 평가 요소

구분	설명
데이터를 관측 가능 기간과 예측 기간으로 구분	관측 가능 기간의 데이터를 사전 평가, 예측 기간의 데이터를 사후 평가로 구분
	미래의 데이터는 구할 수 없으므로 사후 평가 데이터로 가정하는 것
사전 평가에서 모델을 구축하고 사후 평가에서 추정된 모델로 예측	시계열 데이터는 시간을 갖고 있기 때문에 순서가 바뀌면 안 되므로 샘플링을 하면 안 됨. 관측 가능한 기간에서 모델을 학습한 후, 사후 평가 데이터를 사용하여 미래의 예측을 수행
모델을 평가하는 척도	평균절대오차(MAE), 평균제곱오차(MSE) 평균제곱근오차(RMSE), 평균절대백분비오차(MAPE) 자기상관성함수(AutoCorrelation Function, ACF), 부분자기상관성함수(Partial ACF, PACF)

❷ 정상성(Stationary)

시계열 자료란 시간의 흐름에 따라 관측된 데이터이며, 시계열분석을 하기 위해서는 기본적으로 평균, 분산, 공분산 및 기타 모든 분포적 특성이 일정한 성질인 정상성을 만족해야 한다.

정상성

구분	설명
정상성 3가지 조건	평균은 모든 시점(시간 t)에 대해 일정함
	분산은 모든 시점(시간 t)에 대해서 일정함
	공분산은 시점(시간 t)에 의존하지 않고, 단지 시차(s)에만 의존(t 시점과 t + s 시점의 공분산 = t 시점과 t − s 시점의 공분산)
목적	안정적 예측 : 예측값이 무한대로 가지 않고, 값이 튀지 않으며, 특정 범위 내 있음을 확인
	예측 정확성 향상 : 넓은 범위의 값을 좁은 범위의 값으로 바꾸었을 때, 예측 정확성 향상
종류	약정상(Weak Stationarity) : 두 시점을 비교했을 때 정상적인 것
	강정상(Strong Stationarity) : 모든 시점에서 정상적인 것(시간 차이에만 의존)

이 3가지의 정상성 조건 중 하나라도 만족하지 못한다면 비정상성(Non Stationarity)이라 부른다. 이러한 비정상성(Non Stationarity)을 확인하기 위해서, 시계열 자료의 그림을 통해 이상점(Outlier)과 개입(Intervention)이 있는지 판단하고, 정상성 만족 여부와 개략적인 추세 유무를 관찰한 후 정상성을 만족할 수 있도록 변환한다.

정상성 변환 방법

구분	설명
추세가 보이거나 평균이 일정하지 않은 경우	차분(Difference)을 통해서 비정상 시계열을 가공
	1차 차분으로 정상성을 띠지 않으면 반복
	차분 : 현재 상태의 변수에서 바로 전 상태의 변수를 빼 주는 것($D = y_t - y_{t-1}$)
분산이 일정하지 않은 경우	변환(Transformation)을 통해서 비정상 시계열을 가공
	로그변환 등

이렇듯 정상성을 나타내지 않는 데이터는 복잡한 패턴을 모델링하여 분석하기 어렵기 때문에, 정상성을 갖도록 전처리 후 분석을 시행해야 한다.

8.2.3.3 전통적 시계열분석 기법

❶ 평활법(Smoothing Method)

평활(Smoothing)이란 불규칙한 변동을 평탄(평활)하게 하여 예측값을 구한다는 의미이며, 평활법은 시계열 데이터에서 단기 변동(잡음)을 제거하고 데이터의 추세나 패턴을 더 명확하게 파악하기 위해 사용하는 전통적인 시계열분석방법이다. 평활법에는 이동평균법(Moving Average), 지수평활법(Exponential Smoothing) 등이 있다.

● 이동평균법

이동평균법은 과거로부터 현재까지의 시계열 자료를 대상으로 일정 기간별 이동평균을 계산하고, 이들의 추세를 파악하여 다음 기간을 예측하는 방법이다.

시계열 자료에서 계절요인(Seasonal Factor)과 불규칙요인(Irregular Factor)을 제거하여 추세요인(Trend Factor)과 순환요인(Cycle Factor)만 가진 시계열로 변환하는 방법으로도 사용된다.

$$F_{n+1} = \frac{1}{m}(Z_n + Z_{n+1} + \cdots + Z_{n-m+1}) = \frac{1}{m}\sum_{t}^{n} Z_t, (t = n - m + 1)$$

F_{n+1} : n시점 다음 예측값, m : 특정기간, Z_n : n시점의 관측값, n : 시계열 데이터수

n개의 시계열 데이터를 m기간으로 이동평균하면 $n - m + 1$개의 이동평균 데이터가 생성된다.

이동평균법의 특징

- 간단하고 쉽게 미래를 예측할 수 있으며, 자료의 수가 많고, 안정된 패턴을 보이는 경우 예측 품질(Quality) 높음
- 특정 기간 안에 속하는 시계열에 대해서는 동일한 가중치 부여
- 시계열 자료에 뚜렷한 추세가 있거나 불규칙변동이 심하지 않은 경우 → 짧은 기간(m의 갯수가 적음)의 평균을 사용
- 불규칙변동이 심한 경우 → 긴 기간(m의 갯수가 많음)의 평균을 사용
- 이동평균법에서 가장 중요한 것은 적절한 기간을 사용하는 것. 즉, 적절한 n의 개수를 결정하는 것

● 지수평활법

지수평활법은 일정 기간의 평균을 이용하는 이동평균법과는 달리 모든 시계열 자료를 사용하여 평균을 구한다. 시간의 흐름에 따라 최근 시계열에 더 많은 가중치(지수평활계수 α)를 부여하여 미래를 예측하는 방법이다.

$$F_{n+1} = \alpha Z_n + \alpha(1-\alpha)Z_{n-1} + \alpha(1-\alpha)^2 Z_{n-2} + \cdots$$

F_{n+1} : n시점 다음 예측값, α : 지수평활계수, Z_n : n시점의 관측값

$(1-\alpha) < 0$이기 때문에 지수평활계수가 과거로 갈수록 지수 형태로 감소하는 형태인 것을 확인할 수 있으며, 이 값이 계속 곱해진다는 것은 값이 작아진다는 것을 의미한다. 즉, 단기간에 발생하는 불규칙요인을 평활하는 방법이다.

지수평활법의 특징

- 이동평균법과 마찬가지로 자료의 수가 많고 안정된 패턴을 보이는 경우일수록 예측 품질이 높음
- 지수평활법에서 가중치 역할을 하는 것은 지수평활계수(α)
- 불규칙변동이 큰 시계열의 경우 → 지수평활계수는 작은 값으로 설정
- 불규칙변동이 작은 시계열의 경우 → 지수평활계수는 큰 값으로 설정
- 일반적으로 지수평활계수 α는 $0.05 \leq \alpha \leq 0.3$ 값을 갖음

지수평활법은 불규칙요인의 영향을 제거하는 효과가 있으며, 중기 예측 이상에 주로 사용한다. 단, 단순 지수평활법의 경우, 추세요인이나 계절요인이 포함된 시계열의 예측에는 적합하지 않다. 이동평균법은 계절요인, 불규칙요인 제거에 효과적이고, m값에 따라 단기에서 장기까지 예측이 가능하다.

❷ 분해법(Decomposition Method)

시계열 분해법(Time Series Decompostion)은 시계열 데이터를 추세요인, 순환요인, 계절요인, 불규칙요인으로 분해하는 기법이다. 따라서 시계열 데이터는 덧셈분해(Additive Decompostion, = 가법)와 곱셈분해(Multiplicative Decomposition, = 승법)에 의해 추세요인, 순환요인, 계절요인, 불규칙요인으로 나눠서 설명할 수 있다.

원본 데이터가 일정하게 안정적인 그래프를 그린다면 덧셈분해(가법), 증가하거나 감소하는 형태라면 곱셈분해(승법)를 선택한다.

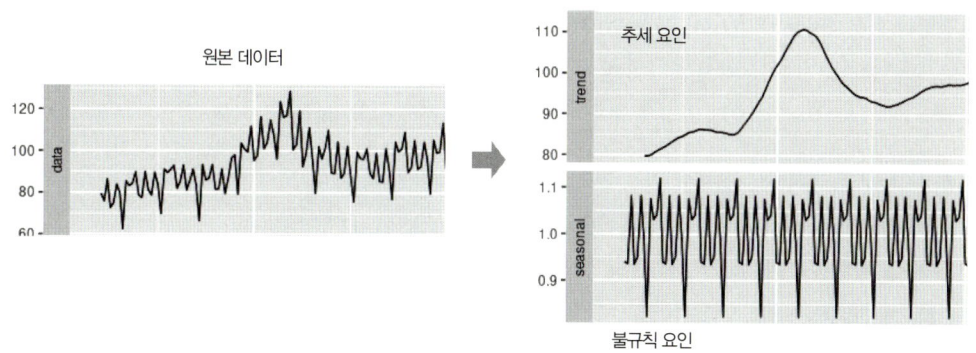

분해법 예시

덧셈분해(가법)와 곱셈분해(승법)의 차이는 덧셈분해는 추세요인과 계절요인을 별개로 보고, 곱셈분해는 추세요인에 따라 계절요인이 변화한다고 보면 된다.

- **덧셈분해(가법)를 적용한 분해법**

시계열의 변동폭이 시간의 흐름에 관계없이 일정한 경우에 사용한다.

$$Z_t = S_t + T_t + R_t$$

Z_t : 원본데이터, S_t : 계절요인, T_t : 추세요인/순환요인, R_t : 불규칙요인

예를 들어, 추세가 조정된 데이터를 보기 위해서는 $Z_t - T_t = S_t + R_t$와 같이 정의하면 된다.

- **곱셈분해(승법)을 적용한 분해법**

시계열의 변동폭이 시간의 흐름에 따라 점차로 커지는 경우에 사용한다.

$$Z_t = S_t \times T_t \times R_t \text{ (단, } Z_t\text{에 0이 존재하면 안 됨)}$$

Z_t : 원본데이터, S_t : 계절요인, T_t : 추세요인/순환요인, R_t : 불규칙요인

예를 들어, 추세가 조정된 데이터를 보기 위해서는 $Z_t / T_t = S_t \times R_t$과 같이 해주면 된다.

분해법은 추세요인, 순환요인, 계절요인을 추정할 때 정보손실이 발생하여 이는 결국 불규칙요인 추정 시에도 정보 손실이 발생하게 한다. 또한 급등하거나 급락하는 데이터 기간에 값이 크게 변화하는 단점이 있다.

따라서 분해법은 계절요인값이 주기별로 일정한 것을 가정하여 단기간의 데이터를 분해하는 방식으로는 적합하지만 장기간의 데이터에는 부적합하다.

8.2.3.4 확률적 시계열분석 기법 기출

확률적 시계열분석(Stochastic Time Series Analysis) 기법은 시계열 데이터의 변동을 확률적 과정으로 모델링하여 분석하는 방법이다. 이 방법에서는 시계열 데이터가 완전히 결정론적으로 설명될 수 없다고 보고, 시간에 따른 데이터의 변화가 확률적 요소에 의해 영향을 받는다고 가정한다. 이러한 분석 기법은 시계열 데이터를 확률적 모델로 표현하여 미래의 값을 예측하거나 데이터를 이해하는 데 사용된다.

- 자기회귀 모델(AutoRegressive, AR) : 현재와 과거의 자신과의 관계를 정의
- 이동평균 모델(Moving Average, MA) : 현재와 과거 자신의 오차와의 관계를 정의
- 자기회귀이동평균 모델(AutoRegressive Moving Average, ARMA) : 현재와 과거의 자신 그리고 자신과의 오차를 동시에 고려하여 정의
- 자기회귀누적이동평균 모델(AutoRegressive Integrated Moving Average, ARIMA) : 현재와 추세(트렌드 변화) 간의 관계를 정의

❶ 자기회귀 모델(AutoRegression, AR)

자기회귀 모델은 자신의 이전 관측값이 이후 자신의 관측값에 영향을 준다는 아이디어를 이용한, 자기 자신의 과거를 사용하여 시계열 데이터를 예측하기 위한 기법이다. 정리하면 자기자신을 종속변수로 하고 이전 시점의 데이터를 독립변수로 구성하는 모델을 의미한다.

$$Z_t = \emptyset_1 Z_{t-1} + \emptyset_2 Z_{t-2} + \cdots + \emptyset_p Z_{t-p} + \alpha_t$$

- Z_t: 시계열 자료 현재 시점
- $\emptyset_p Z_{t-p}$: 과거가 현재에 미치는 영향을 나타내는 모수 × 시계열 자료 과거 시점
- α_t: 오차항 (백색잡음 과정)

t : 현재 시점, p : 과거 시점, Z : 시계열자료, $\emptyset$: 모수(가중치), α : 오차항

자기회귀 모델의 정의

이전의 자기 상태에 가중치를 곱하고 상수를 더한 것에 백색잡음(a_t) 값을 더 한다. 여기서 백색잡음(White Noise)이란 일반적인 정규분포(평균이 0, 분산이 1인 정규분포)에서 도출된 무작위잡음(Random Noise) 값을 의미한다.

백색잡음으로 구성된 항들의 평균과 분산은 일정하며, 시계열 변수들에 화이트닝(Whitening, 데이터를 고유값으로 나누어 정규화하는 기법)을 통해 정규화한다.

$p = 1$ 즉 과거 데이터가 1일 때 자기회귀 모델의 식은 다음과 같다.

$$Z_t = \phi_1 Z_{t-1} + a_t$$

❷ 이동평균 모델(Moving Average, MA)

이동평균 모델은 경향성(평균 혹은 시계열 그래프에서의 y값)이 변화하는 상황에 적합한 회귀 모델이다. 자기 ㅌ자신을 종속변수로 하고 해당 시점과 이전 시점의 오차들(a_p)로 독립변수를 구성하는 모델을 의미한다.

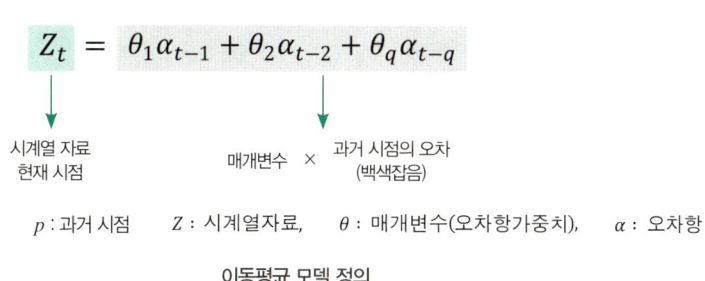

t : 현재 시점, p : 과거 시점, Z : 시계열자료, θ : 매개변수(오차항가중치), α : 오차항

이동평균 모델 정의

전 항에서의 상태 (Z_{t-1})를 이용하여 새로운 상태를 추론하는 것이 아니라, 이전 항에서의 오차(a_{t-1}) 혹은 변동값을 이용하여 현재 항의 상태를 추론한다.

이동평균 모델은 현시점의 유한 개의 백색잡음이 선형 결합으로 표현되었기 때문에 항상 정상성을 만족한다. 이동평균 모델은 자기회귀 모델과 반대로 자기상관함수 $P + 1$ 시차 이후 절단된 형태를 취한다.

❸ 자기회귀이동평균 모델(AutoRegressive Moving Average, ARMA)

자기회귀이동평균 모델은 과거의 상태와 오차값을 사용해 현재의 상태를 예측하는 모델이다. ARMA라는 이름에서도 알 수 있듯이 자기회귀 모델(AR), 이동평균 모델(MA)을 결합한 모델이다. 자기자신을 종속변수로 하고 이전 시점의 데이터와 해당 시점과 이전 시점의 오차들(a_p)로 독립변수를 구성하는 모델을 의미한다.

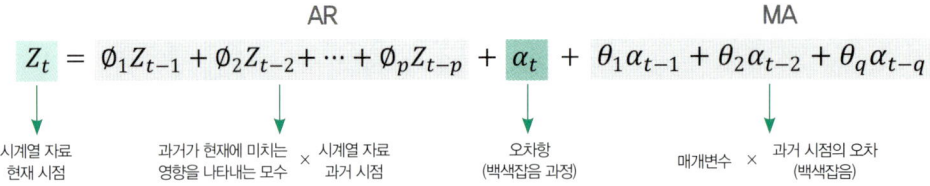

두 가지 관점에서 1 윈도우 이전 만큼의 과거를 참고하는 것을 ARMA(1,1)이라고 표기한다.

자기회귀이동평균 모델은 불규칙적 시계열 데이터를 제대로 예측하지 못한다는 한계가 있다.

❹ 자기회귀누적이동평균 모델(AutoRegressive Integrated Moving Average, ARIMA) 기출

자기회귀누적이동평균 모델(ARIMA)은 AR(자기회귀), I(차분, 즉 통합), MA(이동평균)의 합성으로 관측값 사이의 차분(Difference)이라는 개념을 사용하여 불규칙적 시계열 데이터를 규칙적 시계열 데이터로 활용할 수 있도록 하는 과정이다. 현재 상태의 변수에서 바로 전 상태의 변수를 빼주는 것을 차분이라고 하며, 차분을 거친 결과 변수들이 화이트닝(Whitening)되는 효과가 있다. 차분을 통해 현재 상태를 변환한다.

기존 AR, MA, ARMA 모델의 경우 데이터가 정상(Stationary)이어야 함으로 비정상(Non Stationary)인 경우는 차분(Differencing)을 통해 데이터를 정상으로 변형해주어야 한다. ARIMA는 ARMA 모형에 차분을 d회 수행해준 모델이다.

$$ARIMA(p, d, q)$$

p : AR 모델의 차수, d : 차분, q : MA 모델의 차수

차분에 따른 차이 및 AR, MA, ARMA의 정상화

차분에 따른 차이	차분 변환을 통한 정상화
$(d=0) : z_t = Z_t$	
$(d=1) : z_t = Z_t - Z_{t-1}$	$(p=0) : IMA(d,q) => d$회 차분하면 $MA(q)$
$(d=2) : z_t = (Z_t - Z_{t-1}) - (Z_{t-1} - Z_{t-2})$	$(d=0) : ARMA(p,q) => $ 정상성 만족
z : 변환된 새로운 현재 상태,	$(q=0) : ARI(p,d) => d$회 차분하면 $AR(p)$
Z : 변환 전 원래의 현재 상태, d : 차분	

예측 모델을 다음과 같이 ARIMA(p, d, q)일 때, ARIMA(1,2,1)이라면 AR과 MA를 1개만큼의 과거를 활용하고, 차분은 2 만큼을 활용함을 의미한다. ARIMA 모델의 하이퍼파라미터인 p와 q를 결정하기 위해서는 자기상관성함수(ACF), 부분자기상관성함수(PACF)를 이용한다(아래 참고 확인).

> **참고** 자기공분산, 자기상관성함수(ACF), 부분자기상관성함수(PACF)
>
> 상관계수가 두 변수의 관계(예를 들어 여름철 온도와 불쾌지수)를 알려주었다면 자기상관성(AutoCovariance)은 시계열 자료에 적용되는 상관계수라고 생각하면 된다. 시계열 자료는 현재의 상태가 과거, 미래의 상태와 매우 밀접한 관련을 갖고 있다. 바로 시간의 흐름에 따라 독립적이지 않다는 말이다. 쉽게 설명하자면 시계열적 관점으로 보았을 때 이동된 시간 사이에서의 자기 자신과의 상관관계가 있다는 것을 의미한다.
>
> 〈자기공분산〉
> 자기공분산(Autocovariance)은 시계열 데이터에서 서로 다른 시점의 두 관측값 사이의 공분산을 의미한다. 즉, 두 시점의 데이터가 얼마나 함께 변하는지를 나타내는 척도이다.
>
> 〈자기상관성함수〉 **기출**
> 자기상관함수(Autocorrelation Function, ACF)는 자기공분산을 표준화한 값으로 두 시점 간의 선형적인 관계의 강도를 나타낸다. 따라서 공분산이 일정해야 한다는 것은 시계열 데이터에서 시간이 흘러도 특정 시차에서의 자기상관계수가 일정하게 유지되는 성질을 의미한다(자기상관함수의 시간 불변성). 자기상관계수의 값은 −1과 1사이의 값을 가지며, 0으로 갈수록 해당 시차는 독립적이다는 의미이며, 1로 갈수록 전 시점과 유사함을 나타내고, −1로 갈수록 전 시점과 반대 방향으로 이동한다는 것을 의미한다.
>
> 〈부분자기상관성함수〉
> 부분상관(Partial Correlation)이란 두 확률변수 X와 Y에 의해 다른 모든 변수들에 나타난 상관관계를 설명하고 난 이후에도 여전히 남아있는 상관관계라고 정의할 수 있다. 따라서, 부분자기상관함수(Partial AutoCovariance Function, PACF)는 자기상관함수와 마찬가지로 시계열 관측치 간 상관관계 함수이고, 시차 k에서의 k단계 만큼 떨어져 있는 모든 데이터 점들 간의 순수한 상관관계를 의미한다. 부분상관계수의 값의 범위와 의미는 자기상관계수와 동일하다.

빅분기_46
8.2.4

8.2.4 베이지안분석

8.2.4.1 베이즈 정리

❶ 베이즈 정리(Bayesian Rule)의 이해

'6.1.3 확률분포'에서 확률의 정의와 확률의 규칙에 대해 학습했다. 확률(Probability)은 어떤 일이 발생할 가능성(경우의 수)의 척도를 의미하며, 비슷한 현상이 반복해서 일어날 경우에 어떤 사건이 발생할 가능성을 0과 1사이의 숫자 혹은 0%~100%의 비율로 표현한 값이다.

그런데 종종 확률 분석을 할 때 전체 사건을 기초로 특정 사건이 일어날 확률 뿐아니라 추가적인 새로운 정보를 얻게 되고 이를 반영한 수정된 확률을 계산하게 된다. 이렇듯 새로운 정보에 의해 수정된 확률을 사후확률이라 하며 베이즈 정리는 앞서 알고 있었던 사전확률(Priori Probability)을 변경하여 새로운 정보가 반영된 사후확률(Posteriori Probability)을 정의하는 방법을 제공한다.

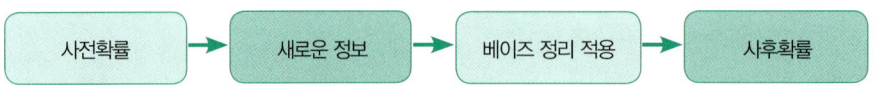

- 직접 관측으로는 얻을 수 없는 현상 추론에 유용한 확률적 근거
- 결과를 관측한 후 원인이 추론
- 사전지식으로부터 사후확률을 알 수 있음

베이즈 정리의 개념

즉, 베이즈 정리는 '사후확률 $P(A|B)$'을, '사전확률 $P(A)$, $P(B)$, 및 조건부확률 $P(B|A)$'로부터 구할 수 있게 해주며, 사전확률과 사후확률의 의미는 다음과 같이 구분할 수 있다.

사전확률과 사후확률

구분	사전확률	사후확률
측정관점	실제 확률 실험 시행 전에(관측 전에), 사건 발생에 대해 이미 알고 있는 확률(믿음)	사건 발생 후에(관측 후에), 그것이 어떤 원인일 것이라고 생각되는(기대되는) 확률
인과관점	원인으로부터 결과를 확인하는 정방향 확률	결과로부터 원인을 유추하는 역방향 확률
정보관점	현재 가지고 있는 정보를 기초로 하여 정한 초기 확률	추가된 정보로부터 사전정보를 새롭게 수정한 확률 (수정확률)

가령 아무 사람이나 데리고 와서 어떤 정보도 없이 이 사람이 남자인지 여자인지 분류하라고 한다면 아마 절반은 남자, 절반은 여자라 가정하고 성별 중 하나를 50% 확률로 어림짐작할 수 밖에 없을 것이다.

이와 같이 어떠한 정보없이, 사전지식만을 가지고 범주(남성/여성)를 판별해야 할 때 도움을 주는 확률값을 사전확률(Prior Probability)이라고 한다(참고로, 사전확률은 실제 데이터에서 범주간 비율을 가지고 미리 계산할 수 있다.)

예를 들어, 100건의 데이터에서 40 : 60의 비율로 범주 남성과 여성이 주어져 있다면 각 범주에 대한 사전확률 값은 0.4, 0.6이 되는 것이다.

베이즈 정리는 두 사건 A와 B의 관계를 알고 있다면 사건 B가 발생하였다는 사실로부터 기존에 알고 있는 사건 A에 대한 확률 $P(A)$를 좀 더 정확한 확률로 바꿀 수 있는 방법을 알려준다. 이를 이해하기 위해 결합확률과 조건부확률이라는 두 가지 개념을 정의해야 한다.

❷ 결합확률(Joint Probability)과 주변확률(Marginal Probability) 기출

결합확률은 두 사건 A, B가 있을 때, 두 사건이 동시에 일어나는 확률을 의미한다. 예를 들어 두 개의 동전을 동시에 던지는 경우, 하나의 동전의 결과가 다른 동전의 결과에 영향을 주지 않으며 결과는 각각 발생한다.

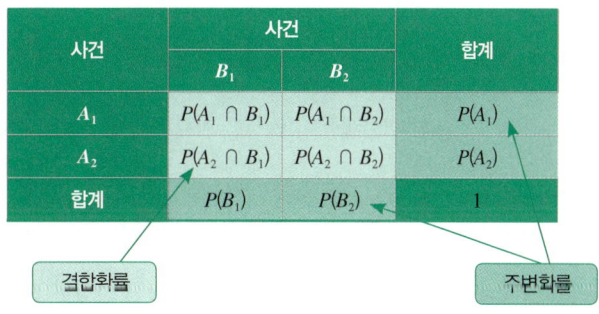

결합확률과 주변확률

주변확률은 위 그림에서 행과 열의 가장자리에 있는 사건의 확률이며, 개별 사건의 확률이지만 결합사건(Joint Event)들의 합으로 표시될 수 있는 확률을 의미한다.

결합확률과 주변확률의 값으로 각 사건이 종속인지 독립인지 판단할 수 있으며, 종속사건과 독립사건의 결합확률은 다음과 같이 정의할 수 있다.

두 사건 A, B가 서로 종속일 때, 결합확률은 다음이 성립

$$P(A, B) = P(A \cap B) = P(A|B) \times P(B)$$

두 사건 A, B가 서로 독립일 때, 결합확률은 다음이 성립

$$P(A, B) = P(A \cap B) = P(A) \times P(B)$$

결합확률, 주변확률, 조건부확률 예시 [기출]

구분	설명			
예시	구분	2만원 미만 구매(확률)	2만원 이상 구매(확률)	합계(확률)
	20대	6(0.08)	15(0.23)	21(0.31)
	30대	36(0.53)	11(0.16)	47(0.69)
	합계	42(0.62)	26(0.38)	68(1)
결합확률	2만원 미만 구매한 20대 = P(2만원 미만 구매, 20대) = 6/68 = 0.08 2만원 이상 구매한 20대 = P(2만원 이상 구매, 20대) = 15/68 = 0.23 2만원 미만 구매한 30대 = P(2만원 미만 구매, 30대) = 36/68 = 0.53 2만원 이상 구매한 30대 = P(2만원 이상 구매, 30대) = 11/68 = 0.16			
주변확률	20대 P(20대) = 21/68 = 0.31 30대 P(30대) = 47/68 = 0.69 2만원 미만 구매 P(2만원 미만 구매) = 42/68 = 0.62 2만원 이상 구매 P(2만원 이상 구매) = 26/68 = 0.38			
조건부확률	30대인 경우에 2만원 이상 구매할 확률 $P(B\|A) = P(A \cap B)/P(A)$ = P(2만원 이상 | 30대) = P(30대 ∩ 2만원 이상 구매)/P(30대) = 0.16/0.69 = 0.23			

뒤에서 학습할 전확률의 법칙(Theorem of Total Probability)은 결합확률의 합으로 주변확률을 구하는 방법이며, 조건부확률은 주변확률로부터 결합확률이 발생할 확률을 구하는 방법이다.

❸ 조건부확률(Conditional Probability)과 확률의 곱셈정리

조건부확률은 시간의 관점에서 A라는 사건이 이루어진 이후에 B라는 사건이 발생할 확률을 의미한다. 이때 조건부확률 $P(B|A)$는 다음과 같이 정의한다.

$$P(B|A) = \frac{P(A \cap B)}{P(A)}, 단 P(A) > 0$$

조건부확률 : 사건 A가 일어났다는 조건하에 사건 B가 일어날 확률

또한 조건부확률은 표본공간 S가 추가로 주어진 조건 A나 B에 의해 바뀐다는 것을 의미한다.

표본공간의 변화

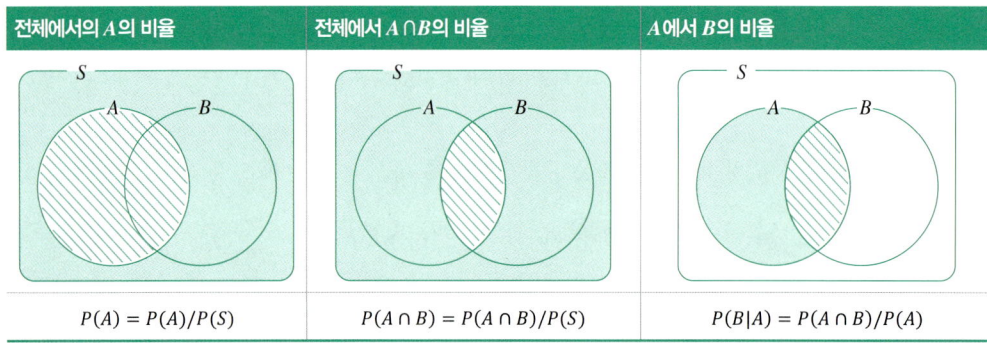

표본공간 S에서 정의되는 두 사건 A, B에 대하여 동시에 일어날 확률은 교집합이며, 각각이 일어날 확률의 곱으로 정의된다. 즉, 두 사건 A, B에 대해 동시 발생할 확률은 $P(A \cap B)$으로 표시하고 각각의 확률의 곱으로 정의된다.

조건부확률에서의 곱셈정리는 사건 A와 사건 B의 독립 여부와 무관하게 항상 성립한다. 따라서, 확률의 곱셈법칙은 조건부확률을 순차적 곱으로 분해하여 사용할 수 있게 한다(복잡한 사건을 분해해서).

조건부확률에서 사건 A가 일어났을 때, 사건 B가 일어날 확률

$$P(B|A) = \frac{P(A \cap B)}{P(A)}, \quad P(A \cap B) = P(A)P(B|A)$$

마찬가지로, 사건 B가 일어났을 때, 사건 A가 일어날 확률

$$P(A|B) = \frac{P(A \cap B)}{P(B)}, \quad P(A \cap B) = P(B)P(A|B)$$

위 2개 조건부확률은 곱셈법칙에 의해 다음이 성립한다.

$$P(A \text{ and } B) = P(A \cap B) = P(A) \times P(B|A) = P(B) \times P(A|B)$$

$$\therefore P(B)P(A|B) = P(A)P(B|A)$$

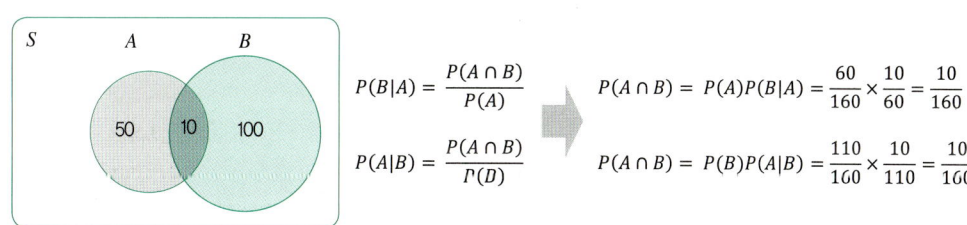

확률의 곱셈 분해 예시

조건부확률의 산출 예시는 다음과 같다.

조건부확률 예시

구분	설명
예시	한 학급 30명의 학생 중 여학생이 20명, 남학생이 10명 있다. 남학생은 5명이 안경을 착용했고, 여학생은 12명이 안경을 착용했다. 이 중 한 명을 선택했더니 남학생이었다. 이 학생이 안경을 착용했을 확률은?
벤다이어그램	(그림: S 30, 남학생 10, 여학생 20, 안경착용 5, 12) $P(B|A) = \frac{P(A \cap B)}{P(A)}$ $P(\text{안경}|\text{남학생}) = \frac{P(\text{안경} \cap \text{남학생})}{P(\text{남학생})}$

조건부확률	$P(A) = P(남학생) = \dfrac{10\,명}{30\,명}$	$P(A \cap B) = P(안경 \cap 남학생) = \dfrac{5\,명}{30\,명}$
	$\therefore P(B|A) = P(안경|남학생) = \dfrac{P(안경 \cap 남학생)}{P(남학생)} = \dfrac{\frac{5}{30}}{\frac{10}{30}} = 0.5$	

> **참고** **독립사건의 곱셈법칙**
>
> 독립사건의 곱셈정리는 다음과 같으며, 사건 A와 사건 B의 독립일 때만 성립한다.
> 사건 A와 사건 B가 독립일 때, 확률의 곱셈정리는 두 사건이 동시에 일어날 확률은 두 개의 확률을 곱한 값이다.
>
> 독립사건의 곱셈법칙
> $P(A \text{ and } B) = P(A \cap B) = P(A) \times P(B)$

④ 전확률의 법칙(Theorem of Total Probability)

전확률의 법칙은 결합확률의 합으로 주변확률을 구하는 방법이다. 조건부확률로부터 조건이 붙지 않은 확률을 계산할 때 쓸 수 있다. 또한 베이즈 정리 공식의 일부에 전확률 법칙이 포함된다.

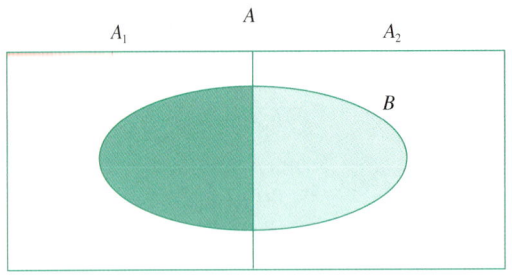

전확률 벤다이어그램

표본공간이 n개의 서로 배반적인 사건 $A_1, A_2, \ldots, A_n$으로 분할되었고, A_i의 확률이 0이 아니면 임의의 사건 B에 대해 아래와 같이 정의할 수 있다.

$$\begin{aligned} P(B) &= P(A \cap B) \\ &= P(A_1 \cap B) + P(A_2 \cap B) + \cdots + P(A_n \cap B) \\ &= P(A_1)P(B|A_1) + P(A_2)P(B|A_2) + \cdots + P(A_n)P(B|A_n) \end{aligned}$$

전확률 예시

구분	설명
예시	반도체를 생산하는 세 개의 생산라인에서 각각 전체 반도체 생산품의 50%를 A라인, 30%를 B라인, 20%를 C라인에서 생산하고, A라인의 불량률은 3%, B라인의 불량률은 5%, C라인의 불량률은 6%라고 했을 때 임의로 선택한 제품이 불량품일 확률은?

공식 유도	P(불량품) = P(불량품 ∩ 생산품) = P(불량품 ∩ A라인생산품) + P(불량품 ∩ B라인생산품) + P(불량품 ∩ C라인생산품) = P(불량품|A라인생산품)P(A라인생산품) + P(불량품|B라인생산품)P(B라인생산품) 　+P(불량품|C라인생산품)P(C라인생산품)
전확률	$0.5 \times 0.03 + 0.3 \times 0.05 + 0.2 \times 0.06 = 0.042$

❺ 베이즈 정리(Bayesian Theorem)

베이즈 정리는 두 확률변수의 사전확률과 사후확률 사이의 관계를 나타내는 이론이다. 베이즈 확률론 해석에 따르면 사전확률과 사후확률 사이의 관계를 조건부확률을 이용해서 계산하는 확률 이론이며, 불확실성(직접 관측으로는 쉽게 얻어낼 수 없는 현상) 추론에 용이하게 활용할 수 있다.

사후확률은 관측이나 증거에 대한 조건부확률을 말한다. 즉, 어떤 특정 사건이 이미 발생하였는데 이 특정 사건이 나온 원인이 무엇인지 불확실한 상황을 식으로 나타낸 것이며 $P(A|B)$로 표현할 수 있다.

베이즈 정리는 사전확률과 조건부확률로부터 사후확률을 구할 수 있으며, 도출 과정은 아래와 같다.

사전확률 : 관측을 하기 전에 알고 있는 확률(A사건이 발생한 확률)

$$P(A)$$

조건부확률(=가능도, Likelihood) : 원인 A가 발생한 후 결과 B가 나타날 확률, A(원인) → B(결과)

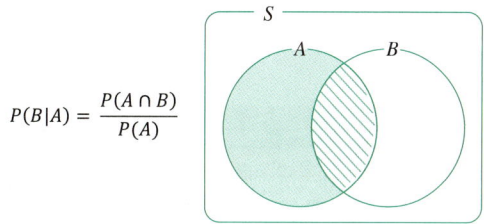

$$P(B|A) = \frac{P(A \cap B)}{P(A)}$$

사후확률 : 결과 B가 나온 이후에 원인 A일 확률, B(결과) → A(원인)

$$P(A|B) = \frac{P(A \cap B)}{P(B)}$$

확률의 곱셈법칙 : 사건 A와 사건 B가 동시에 일어날 확률

조건부확률의 곱셈법칙

$$P(A \text{ and } B) = P(A \cap B) = P(A) \times P(B|A) = P(B) \times P(A|B)$$

(독립이면, $P(A) \times P(B)$)

전확률 : 조건부확률로부터 조건이 붙지 않은 확률을 계산

(각 원인이 되는 확률들의 합)

$$P(B) = P(A \cap B)$$
$$= P(A_1 \cap B) + P(A_2 \cap B) + \cdots + P(A_n \cap B)$$
$$= P(A_1)P(B|A_1) + P(A_2)P(B|A_2) + \cdots + P(A_n)P(B|A_n)$$

베이즈 정리 도출 : 사전확률과 사후확률 사이의 관계를 조건부확률의 역으로 이용해서 확률 계산

베이즈 정리는 B를 표본공간 S내의 임의의 사건이라 하고, 서로 배반인 사건 A_1, A_2,..., A_n의 합이 표본공간 S라 하면 B사건 근거로 A_i가 발생할 확률이며 정의는 다음과 같다.

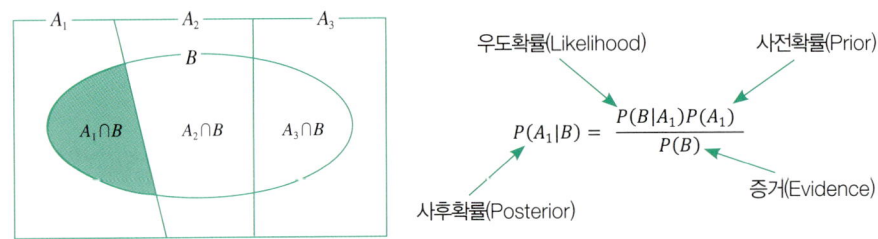

베이즈 정리 정의 `기출`

$$P(A_1|B) = \frac{P(B|A_1)P(A_1)}{P(B)} = \frac{P(A_1 \cap B)}{P(B)}$$

$$= \frac{P(A_1 \cap B)}{P(A_1 \cap B) + P(A_2 \cap B) + \cdots + P(A_n \cap B)}$$

$$= \frac{P(A_1 \cap B)}{P(A_1)P(B|A_1) + P(A_2)P(B|A_2) + \cdots + P(A_n)P(B|A_n)}$$

베이즈 정리 사례 `기출`

증명 과정	설명
사례 제시	어느 대학을 응시한 남학생과 여학생의 비율이 각각 70%와 30%이었다. 여학생의 합격률은 60%이고 남학생의 합격율은 20%라고 했을 때, 합격한 신입생 중 남학생의 비율은?
알고자 하는 것 $P(A_1\|B)$	신입생(합격자) 중 합격한 남학생 $P(A_1\|B) = P($남학생 | 신입생 : 합격자$)$
사전확률 $P(A)$	남/여학생 응시률 $P(A_1)$: 남학생 0.7 $P(A_2)$: 여학생 0.3($P(A^c)$ = 남학생이 아닌 확률 = 여학생인 확률)
조건부확률	남학생 합격률 : 0.2 $P(B\|A_1) = P($합격|남학생$)$, 원인(남학생) → 결과(합격) 여학생 합격률 : 0.6 $P(B\|A_2) = P($합격|여학생$)$, 원인(여학생) → 결과(합격)

벤다이어그램	합격률(조건부 확률) $P(A)$: 남학생 0.7　　$P(A')$: 여학생 0.3 합격률 : $P(B)$ 0.2　　0.6
사후확률 $P(A\|B)$	결과가 나온 이후에 원인 A일 확률 $P(A\|B) = \dfrac{P(A \cap B)}{P(B)}$ 결과(신입생 : 합격자) → 원인(학생) P(학생|신입생 : 합격자)
베이즈 정리 $P(A_1\|B)$	알고자 하는 것 : 결과(신입생 : 합격) → 원인(남학생) $P(A_1\|B) = P$(남학생|신입생 : 합격자) $P(A_1\|B) = \dfrac{P(B\|A_1)P(A_1)}{P(B)} = \dfrac{P(A_1 \cap B)}{P(A_1 \cap B) + P(A_2 \cap B)}$
베이즈 정리 정의	$P(A_1\|B) = \dfrac{P(B\|A_1)P(A_1)}{P(B)} = \dfrac{P(A_1 \cap B)}{P(B)}$ $= \dfrac{P(A_1 \cap B)}{P(A_1 \cap B) + P(A_2 \cap B) + \cdots + P(A_n \cap B)}$ $= \dfrac{P(A_1 \cap B)}{P(A_1)P(B\|A_1) + P(A_2)P(B\|A_2) + \cdots + P(A_n)P(B\|A_n)}$
전확률과 곱셈법칙 $P(B)$ $P(A_1 \cap B)$	$P(B) = P$(신입생 : 합격자) 　　　$= P(A_1 \cap B) + P(A_2 \cap B) = P(A_1)P(B\|A_1) + P(A_2)P(B\|A_2)$ 　　　$= 0.7 \times 0.2 + 0.3 \times 0.6 = 0.32$ $P(A_1 \cap B) = P$(남학생 ∩ 신입생 : 합격자) $= P(A_1)P(B\|A_1)$ 　　　　　　$= 0.7 \times 0.2 = 0.14$
알고자 하는 것 $P(A_1\|B)$	P(남학생|신입생 : 합격자) $= P(A_1\|B)$ 　　　　　　　　　　$= 0.14 / 0.32 = 0.4375$

19, 20 Day

8.2.4.2 나이브 베이즈

❶ 나이브 베이즈(Naive Bayes)의 이해

나이브 베이즈는 베이즈 정리를 바탕으로 임의의 데이터가 주어졌을 때 특정 범주(클래스)로 예측될 확률을 계산하는 분류 모델(Classification Model)이다.

모든 차원의 개별 독립변수가 서로 조건부 독립(Conditional Independent)을 가정하여 조건을 나이브(순진)하게 하고, 베이즈 정리를 이용해 최대가능도추정(Maximum Likelihood Estimation, MLE)의 가장 큰 확률값을 갖는 모수를 추정해 낸다.

예를 들어, 메일의 본문 내용에 여러 단어가 있다고 가정해 보자. '성인, 게임, 도박 등' 자극적인 단어가 포함된다면 스팸메일 확률이 높을 것이다. 이 단어를 기반으로 스팸메일의 확률과 그렇지 않을 확률을 구할 수 있다.

$$P(\text{스팸메일}|\text{단어}1, \text{단어}2, \text{단어}3, \ldots)$$
$$P(\text{스팸메일 아님}|\text{단어}1, \text{단어}2, \text{단어}3, \ldots)$$

즉, 나이브 베이즈는 문서가 주어지고 그 문서에 여러 단어(x)가 있다고 가정했을 때 문서를 여러 범주(C) 중 하나로 판단하는 문제 등에 활용된다.

분류 모델로서 나이브 베이즈의 장점과 단점은 다음과 같다.

나이브 베이즈 장점/단점

장점	단점
모델이 단순하고 계산속도가 빠름	모든 속성의 중요도를 동등하게 반영해서, 독립 가정이 잘못된 판단을 할 수 있음
노이즈와 결측 데이터에 강함	(예 : 일기예보에서 습도는 중요한 단어임에도 다른 특징과 동등하게 봄)
데이터의 크기에 상관 없이 잘 동작	연속형 독립변수가 많은 경우 이상적이지 않음
예측에 대한 추정확률 얻기가 쉬움	추정된 확률은 예측된 범주보다 덜 신뢰적

독립변수의 유형과 종속변수의 범주 수에 따라 사용 가능한 나이브 베이즈 모델의 종류는 다음과 같다.

나이브 베이즈 모델 종류

구분	설명
가우시안 나이브 베이즈 (Gaussian Naive Bayes)	독립변수가 연속형 변수 적은 데이터로도 효율적인 성능을 낼 수 있음 표본평균과 표본분산을 가진 정규분포하에서 베이즈 정리 사용
베르누이 나이브 베이즈 (Bernoulli Naive Bayes)	독립변수가 범주형 변수일 때, 종속변수의 범주가 2개밖에 없는 이진형인 경우 사용 예) 스팸 필터링, 비정상 상황 감지 등
다항 나이브 베이즈 (Multinomial Naive Bayes)	독립변수가 범주형 변수일 때, 종속변수의 범주가 2개 이상인 경우 사용 (범주가 2개이면 베르누이 나이브 베이즈와 동일) 예) 문서 분류, 스포츠 범주 분류 등

❷ 나이브 베이즈의 원리

베이즈 정리에서는 사후확률이 가장 큰 집단으로 개체에 대한 분류를 수행한다. 나이브 베이즈는 사후확률의 계산을 좀 더 편하게 할 수 있도록 독립변수들 간의 독립을 가정한다.

〈베이즈 정리〉 〈나이브 베이즈〉

$$P(c_1|x_1, x_2) = \frac{P(x_1, x_2|c_1) \times P(c_1)}{P(x_1, x_2)} \quad P(c_1|x_1, x_2) = \frac{P(x_1|c_1) \times P(x_2|c_1) \times P(c_1)}{P(x_1) \times P(x_2)}$$

독립변수가 2개일 때 베이즈 정리

즉, 나이브 베이즈의 분자식을 이용하여 사후확률의 분자를 계산하고, 그 결과를 이용하여 집단 간 분류를 수행한다. 이 방법은 계산을 크게 단순화시켜주며, 독립변수의 수가 많은 경우에도 적용이 편리하다.

나이브 베이즈의 원리 기출

베이즈 정리의 설명에서 사건 A와 B의 표기는 이해를 높이기 위해 사건 A는 C_1, B는 x_1, x_2로 표기함

구분	설명
독립사건 (Independent Events)	두 사건 중 하나의 사건이 일어날 확률이 나머지 다른 하나의 사건이 일어날 확률에 영향을 미치지 않는다는 것 예) 비 오는 날 동전 던지기를 했을 때 앞면이 나올 확률
결합확률 (Joint Probability)	결합확률 : 두 사건이 동시에 일어나는 확률 나이브 베이즈는 두 사건 x_1, x_2를 독립이라 가정하며, 따라서 아래식이 성립 $P(x_1, x_2) = P(x_1\|x_2) \times P(x_2) = \dfrac{P(x_1 \cap x_2)}{P(x_2)} \times P(x_2) = P(x_1 \cap x_2) = P(x_1) \times P(x_2)$
베이즈 정리 (Bayes Theorem)	베이즈 정리를 이용하여 주어진 데이터에 대해, 사후확률로부터 데이터의 집단(클래스)를 판단할 수 있음 베이즈 정리 $P(c_1\|x_1, x_2) = \dfrac{P(x_1, x_2\|c_1) \times P(c_1)}{P(x_1, x_2)}$ c_1 : 집단(클래스), x : 데이터 $P(c_1)$: 데이터가 집단 c_1에 속할 확률(사전확률) $P(x_1, x_2\|c_1)$: 집단 c_1인 데이터가 x_1, x_2의 특징을 모두 가질 확률(가능도) $P(x_1, x_2)$: 데이터가 x_1, x_2의 특징을 모두 가질 확률(증거) $P(c_1\|x_1, x_2)$: x_1, x_2의 특징을 모두 갖는 데이터가 집단 c_1에 속할 확률(사후확률)
조건부 독립 (Conditional Independence)	조건부확률에서 사건 c_1가 주어졌을 때, x_1가 x_2에 대해서 또는 x_2가 x_1에 대해서 어떤 정보도 제공하지 않는다면 조건부 독립을 만족(별개의 변수 c_1가 존재) 결합확률 $P(x_1, x_2) = P(x_1) \times P(x_2)$, 조건부 독립 $P(x_1, x_2\|c_1) = P(x_1\|c_1) \times P(x_2\|c_1)$
나이브 베이즈 (Naive Bayes)	$P(c_1\|x_1, x_2) = \dfrac{P(x_1\|c_1) \times P(x_2\|c_1) \times P(c_1)}{P(x_1) \times P(x_2)}$

나이브 베이즈를 이용한 분류 모델의 적용 사례는 다음과 같으며, 위 식에서 정의한 나이브 베이즈의 분모 $P(x_1) \times P(x_2)$는 각 비교하는 집단(클래스)에 동일하게 적용되기 때문에 삭제하고 계산한다.

나이브 베이즈	정의	사례
범주별 확률	각 범주의 확률(클래스의 판단) $P(c_1\|x) >? P(c_2\|x)$ c_1 : 범주(클래스), x : 데이터	몸무게 데이터가 주어졌을 때 남성과 여성일 확률은? 범주 c_1 : 남성, 범주 c_2 : 여성 $P(남성\|몸무게) >? P(여성\|몸무게)$
베이즈 정리 유도	$\dfrac{P(x\|c_1)P(c_1)}{P(x)} >? \dfrac{P(x\|c_2)P(c_2)}{P(x)}$	$\dfrac{P(남성) \times P(몸무게\|남성)}{P(몸무게)} >? \dfrac{P(여성) \times P(몸무게\|여성)}{P(몸무게)}$
분모 삭제	정의된 베이즈 정리의 분모는 동일하므로 분모는 삭제 후 확률 비교	
	$P(x\|c_1)P(c_1) >? P(x\|c_2)P(c_2)$	$P(몸무게\|남성) \times P(남성) >? P(몸무게\|여성) \times P(여성)$

독립변수 추가	$P(c_1\|x_1,x_2) = P(x_1\|c_1)$ $\times P(c_1)$ $\times P(x_2\|c_1,x_1)$ $\times P(x_3\|c_1,x_1,x_2)$	〈키, 허리둘레 데이터 추가〉 P(남성|몸무게,키,허리둘레) $= P$(남성) $\times P$(몸무게|남성) $\times P$(키|남성,몸무게) $\times P$(허리둘레|남성,몸무게,키) 참고 : 여성 집단도 동일
조건부 독립	각 변수들의 독립을 가정했을 때 아래와 같이 변환됨 조건부 독립 $P(x_2\|c_1,x_1) = P(x_2\|c_1)$ $P(c_1\|x_1,x_2) = P(x_1\|c_1) \times P(c_1)$ $\times P(x_2\|c_1) \times P(x_3\|c_1)$	P(남성|몸무게,키,허리둘레) $= P$(남성) $\times P$(몸무게|남성) $\times P$(키|남성) $\times P$(허리둘레|남성)
나이브 베이즈 분류 모델 정의	$P(c_1\|x_1,x_2,x_3 \ldots x_n) = P(x_1\|c_1) \times P(c_1) \times P(x_2\|c_1) \times P(x_3\|c_1) \times \ldots \times P(x_n\|c_1)$ $= P(c_1) \prod_{i=1}^{n} P(x_i\|c_1)$ 각 클래스의 확률 $\hat{y} = argmax_{k \in \{1,2,\ldots k\}} P(c_k) \prod_{i=1}^{n} P(x_i\|c_k)$ k : 클래스 수, n : 독립변수 수	

위 예시에서 확인한 바와 같이 베이즈 정리를 이용하여 단순하게 추가 정보를 계속 곱해주기 때문에, 나이브(순진한) 베이즈라 한다.

빅분기_47
8.2.5

8.2.5 딥러닝분석

8.2.5.1 딥러닝의 이해

❶ 딥러닝(Deep Learning)의 정의

인공신경망(Artificial Neural Network, ANN)은 입력값을 이용하여 출력값을 계산하고, 계산한 출력값과 사용자가 기대하는 출력값을 비교하게 되는데, 이때 기대하는 출력값을 생성할 수 있도록 가중치를 조절한다. 그러나 인공신경망은 학습 과정에서 최적의 파라미터를 찾기 어렵고 학습 시간이 느린 문제가 있었다.

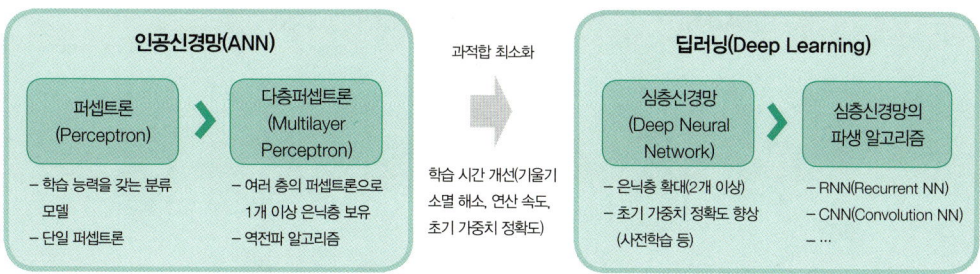

인공신경망과 딥러닝의 진화 기출

인공신경망의 여러 문제가 해결되면서 모델 내 은닉층을 늘려 학습의 결과를 향상시키는 방법이 등장하였고, 이를 심층신경망(Deep Neural Network, DNN)이라고 한다. 심층신경망은 은닉층을 2개 이상 지닌 학습 방법을 뜻하는데, 컴퓨터가 스스로 분류 레이블을 만들어내고, 데이터를 구분짓는 과정을 반복하여 최적의 구분선을 도출해낸다. 많은 데이터와 반복학습이 필요하며 사전학습(Pretraining)과 역전파 알고리즘을 이용하여 현재까지도 널리 사용되고 있다.

결과적으로 심층신경망은 기존 인공신경망의 문제점을 개선하여 딥러닝(Deep Learning)으로 정의되었다.

딥러닝의 다양한 정의

인공신경망 관점	사고 표현 관점	머신러닝 관점
심층신경망을 기반으로, 일반적으로 2개 이상의 은닉층을 가진 신경망을 구성하여 데이터를 학습하고 모델링하는 알고리즘	인간의 사고방식을 학습시키는 머신러닝의 분야로 여러 비선형 활성화 함수의 조합을 통해 자동으로 대용량 데이터에서 패턴 및 규칙을 학습, 분석하는 알고리즘	적층구조(Deep Architecture)를 사용하여 지도학습(Supervised Learning)과 능동적인 비지도학습(Unsupervised)이 결합된 머신러닝 알고리즘

딥러닝은 패턴인식, 자연어 처리, 자동제어, 로보틱스 인지공학로봇, 컴퓨터 비전, 가상현실, 데이터 마이닝, 시멘틱 웹, 인공신경망 모델링 등에 적용되고 있으며, 구글(인공지능 맨해튼 프로젝트), IBM(왓슨그룹), MS(아담 프로젝트), 페이스북(얼굴인식 프로그램/딥페이스), 바이두(딥러닝연구소), 국내 포털(네이버/음성인식검색), AI스피커 등에서 활발하게 사용되고 있다.

❷ 심층신경망(Deep Neural Network, DNN)

심층신경망(DNN)은 은닉층을 2개 이상 지닌 인공신경망(ANN)에 기반하여 설계된 여러 개의 층을 통해 계층적으로 데이터를 학습하는 방법이며, 입력층(Input Layer), 은닉층(Hidden Layer), 출력층(Output Layer)으로 구성된다.

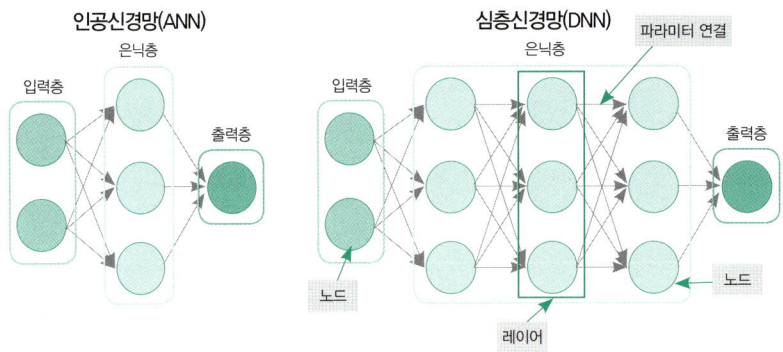

심층신경망의 구조

입력층과 출력층의 수는 1개로 고정이고, 그 사이에 존재하는 여러 개의 은닉층의 수는 분석가가 직접 결정한다. 각 층(Layer)은 노드로 구성되어 있고, 각 노드들의 연결은 파라미터 연결(Weight Connection)로 불린다. 한 신경망에 존재하는 파라미터(가중치)의 개수는 파라미터 연결의 수와 같다. 이 파라미터는 경사하강법 등을 사용해서 비용 함수를 최소화하는 방향으로 각 파라미터들을 최적화하게 된다.

각 층의 역할

구분	설명	특징
입력층 (Input Layer)	데이터셋을 입력받는 역할 입력변수의 수와 입력노드의 수는 같음	값들을 전달하기만 함 (계산 없음)
은닉층 (Hidden Layer)	앞 단계에서 받은 데이터를 필터링해서 좀 더 구체화(계산)한 후 다음 단계층으로 전달하는 역할 입력층의 입력노드 수보다 많이 편성	활성화 함수 사용(ReLU, 시그모이드 등)
출력층 (Output Layer)	은닉층의 값을 입력받아 목표값을 출력하는 역할 출력노드의 수는 출력변수의 수와 같음	활성화 함수 사용 이진분류(시그모이드) 다항분류(소프트맥스)

은닉층에 있는 계산의 결과를 사용자가 볼 수 없기(Hidden) 때문에 이런 이름이 붙었으며, 심층신경망은 여러 개의 은닉층을 가질 수 있어, 데이터의 잠재적인 구조 파악과 비선형적 관계를 학습할 수 있다.

그리고 출력층에서 예측할 값이 0과 1일 때는 시그모이드 활성화 함수를 사용하고 0, 1, 2등의 다항분류가 필요할 때는 소프트맥스 활성화 함수를 사용한다. 또한 예측할 목표변수가 실수값인 경우, 활성화 함수가 필요하지 않을 수 있다(예 : 다중회귀분석 등).

알고리즘의 동작 방식에 따른 심층신경망 종류로는 합성곱신경망(Convolution Neural Network, CNN), 순환신경망(Recurrent Neural Network, RNN), 제한된 볼츠만머신(Restricted Boltzman Machine, RBM), 심층신뢰망(Deep Belief Network, DBN) 등이 있다.

8.2.5.2 딥러닝의 종류 기출

❶ 합성곱신경망(Convolutional Neural Network, CNN)

합성곱신경망(CNN)은 시각인지 연구를 기초로 인공신경망에 필터링 기법을 적용한 것으로 이미지 같은 2차원 데이터를 분석하는 심층신경망 알고리즘이다.

- 각 레이어의 입출력 데이터의 형상 유지
- 이미지의 공간 정보를 유지하면서 인접 이미지와의 특징을 효과적으로 인식
- 복수의 필터(Filter = 커널)로 이미지의 특징 추출 및 학습
- 추출한 이미지의 특징을 모으고 강화하는 풀링 레이어(Pooling Layer) 사용
- 필터를 공유 파라미터로 사용하기 때문에, 일반 인공신경망과 비교하여 학습 파라미터가 매우 적음

합성곱신경망(CNN)의 연산은 컨볼루션 레이어(Convolution Layer), 풀링 레이어(Pooling Layer), 풀리커넥티드 레이어(Fully Connected Layer)로 구분하여 수행한다.

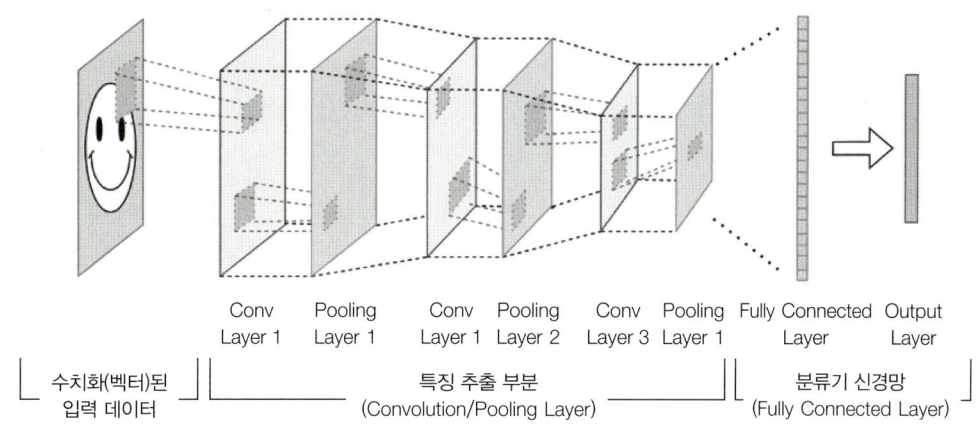

합성곱신경망(CNN) 알고리즘

컨볼루션 레이어(Convolution Layer), 풀링 레이어(Pooling Layer)를 반복적으로 구성하여 각 특징(Feature) 추출 및 차원축소 단계를 거쳐 알고자 하는 문제에 대한 최적화를 수행한다.

합성곱신경망(CNN)의 레이어 설명

구분	설명	기능
컨볼루션 레이어 (Convolution Layer)	입력 데이터에 필터를 적용하여 특징(Feature)을 추출하는 레이어	필터(Filter) 사용 특징맵(Feature Map) 추출
풀링 레이어 (Pooling Layer)	서브 샘플링(Sub Sampling) 이용하여 데이터 차원을 축소하는 레이어	최대/평균(Max/Average) 풀링(Pooling) 활용
풀리커넥티드 레이어 (Fully Connected Layer)	이전 레이어의 모든 처리 결과를 하나로 연결하여 이미지의 특징을 구분(판단)하는 심층신경망이 구성된 레이어	분류(Classification) 등 최종 결과 출력

● 컨볼루션 레이어(Convolution Layer)의 연산

컨볼루션 레이어는 원본 이미지를 수치화(벡터화)하여 입력 데이터에 필터를 적용해 특징(Feature)을 추출하는 역할을 한다. 이미지는 각 영역이 픽셀로 구성되어 있으며, 픽셀은 하나의 실수로 표현 가능하다(명암에 따라 명암이 진하면 9, 연하면 0).

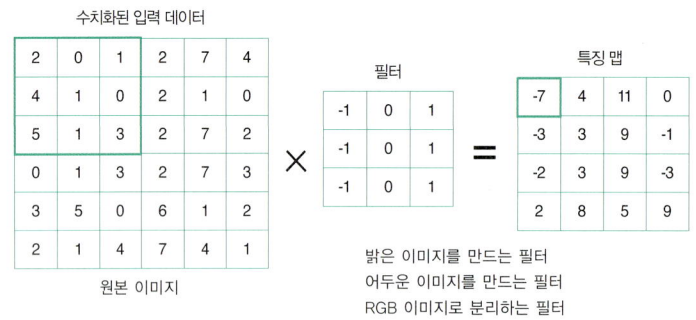

우선 6 × 6 사이즈의 이미지가 있다고 해보자. 이 이미지 위를 3 × 3사이즈의 필터(Convolution Filter)가 왼쪽 위부터 시작해서 몇 칸 단위로 차례차례 돌아다닌다. 한 칸씩 움직인다고 하면 가로로 네 번, 세로로 네 번 해서 총 16번 훑을 것이다(슬라이딩 윈도우, Sliding Window).

매번 움직일 때마다 필터 위의 숫자와 이들 각각의 위치에 해당하는 이미지 위의 숫자를 곱한 후, 결과를 전부 합한다. 이렇게 해서 각 격자를 계산된 자리대로 배치해서 내놓은 것을 특징맵(Feature Map)이라고 한다.

컨볼루션 레이어 연산 기출

구분	기능
필터(Filter) (= Kernel)	원본 이미지의 특징을 찾아내기 위해 사용하는 공용 파라미터 어두운 이미지를 만드는 필터, 밝은 이미지를 만든 필터 등
특징맵(Feature Map) (= Activation Map)	합성곱 계산으로 만들어진 행렬 특징맵 사이즈 = $\dfrac{N + 2P - F}{S} + 1$ N : 입력 데이터의 차원, P : 패딩값, F : 필터의 차원, S : 필터의 이동 간격(Stride) 위 사례의 사이즈 = $\dfrac{6 + 2 \times 0 - 3}{1} + 1 = 4$
슬라이딩 윈도우 (Sliding Windows)	원본 이미지를 필터 사이즈만큼 몇 칸 단위로 이동하는 방식 필터의 이동 간격(Stride)
채널(Channel)	원본 이미지에 n개의 필터를 적용하여 출력되는 특징맵의 수

구분		
패딩 (Padding)	입력 데이터의 외각에 지정된 픽셀만큼 특정 값으로 채워 넣는 값 컨볼루션 연산 시, 이미지 사이즈가 줄어드는 것을 방지하기 위한 용도로 사용	(6×6 행렬: 외곽에 0으로 패딩된 표) Padding : 1pixel 추가

해당 연산 결과는 자연수가 되어야 한다. 또한 컨볼루션 레이어 다음에 풀링 레이어가 온다면, 특징맵(Feature Map)의 행과 열 크기는 풀링(Pooling) 크기의 배수여야 한다.

● 풀링 레이어(Pooling Layer)의 출력 방법

풀링 레이어는 서브 샘플링(Sub Sampling)을 이용하여 특징맵의 크기를 줄이고 위치나 이동에 더 강인한 성질을 갖는 특징을 추출하는 과정이다. 일반적인 풀링 사이즈(Pooling Size)는 정사각형이며(예: 2 × 2), 모든 입력값이 한 번씩 풀링(Pooling)되도록 만든다.

서브 샘플링을 수행하는 방법은 다음과 같다.

풀링 방법

구분	기능
평균풀링 (Average Pooling)	특징맵(Feature Map)을 풀링 크기만큼 잘라낸 후, 평균을 연산해 도출하는 방법 영향에 미미한 값들이 반영이 됨으로 성능을 떨어트릴 수 있음 Feature Map → Average pooling → 결과(2, 4, 3, 5)
최대풀링 (Max Pooling)	특징맵(Feature Map)을 풀링 크기만큼 잘라낸 후, 최대값을 찾아 도출하는 방법 만약 최대값이 이상값 혹은 노이즈값이면 과적합의 원인이 될 수 있음 Feature Map → Max pooling → 결과(10, 11, 8, 9)
확률풀링 (Stochastic Pooling)	입력 데이터에서 임의의 확률로 한 개를 선정 범위 내 동일한 값이 여러 개 있다면 확률적으로 선택 가능성이 높아 대표성을 띨 수 있음

합성곱신경망(CNN)을 사용해서 이미지를 분류하는 방식에는 크게 사용자가 직접 합성곱신경망(CNN) 모델을 구축하는 방법과, 사전학습 모델을 사용하는 방법으로 구분할 수 있다. 사전학습 모델을 사용하는 과정에서는 해당 모델을 그대로 사용할 수도 있고 모델의 일부를 수정하는 전이학습을 사용할 수도 있다.

최근 합성곱신경망(CNN) 계열의 주요 모델로 ILSVRC, LeNet, AlexNet, VGGNet, InceptionNet(= Google Net), ResNet(Residual Network), MobileNet, DenseNet, Efficient Net 등이 알려져 있다.

❷ 순환신경망(Recurrent Neural Networks, RNN)

순환신경망(RNN)은 연속된 데이터 상에서 이전 순서의 히든노드(Hidden Node)의 값을 저장한 후, 다음 순서의 입력 데이터로 학습할 때 이전에 저장해 놓은 값을 이용하는 알고리즘이다. 신경망 연결에 순환구조(Direct Cycle)를 적용한 것으로 음성이나 언어 등 연속된 입력 데이터(Sequence Input Data)에 적용이 용이한 딥러닝 모델이다.

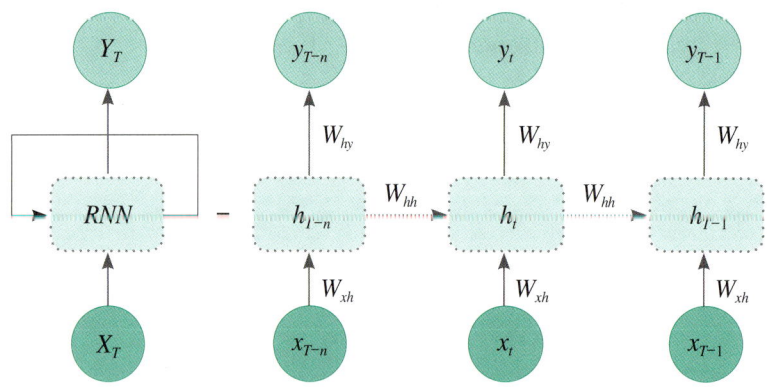

순환신경망(RNN) 알고리즘

현재 상태의 히든 상태 h_t는 직전 시점의 히든 상태 h_{t-1}를 받아 갱신되며, 현재 상태의 아웃풋 y_t는 h_t를 전달받아 갱신되는 구조다. 히든 상태의 활성화 함수(Activation Function)는 비선형 함수인 하이퍼볼릭탄젠트(Tanh)이다.

순환신경망(RNN) 알고리즘

구분	요소	설명
구성	시간	순차적으로 연결된 시간의 흐름
	입력층	해당 시간에 입력된 자극이나 입력값
	은닉층	시간 경과 후 재사용을 위해 저장된 배열 정보 $h_t = tanh(W_{hh}h_{t-1} + W_{xh}x_t + b_h)$
	출력층	이전 상태와 입력값을 연산하여 나온 결과 $y_t = W_{hy}h_t + b_y$

학습	순환사이클(Directed Cycle)	하나의 Input 값에 대한 다수의 출력값
	순환가중치(Recurrent Weight)	반복 가중치 구조
	BPTT 알고리즘	오류역전파 확장. 시간방향을 학습(Back Propagation Through Time)
	순차적 데이터 학습	과거 내용을 이용하여 현재의 문맥을 이해

초기 순환신경망(RNN)은 매 시점마다 오래 전 상태에 대한 값을 저장하게 됨으로 오래 전 데이터는 기울기값이 소멸되는 장기 의존성 문제(The Problem of Long-Term Dependencies)가 발생하여 학습이 어려워진다.

❸ 장단기 메모리 신경망(Long Shot Term Memory, LSTM)

순환신경망(RNN)은 오류역전파(Back Propagation)의 연쇄법칙(Chain Rule)에 의해 [-1, 1] 사이의 값들이 계속 곱해지다 보니 앞쪽으로 갈수록 그 값이 작아져, 결국에는 소멸되어 파라미터(Parameter)들이 업데이트되지 않는 문제가 발생한다(기울기 소멸 문제).

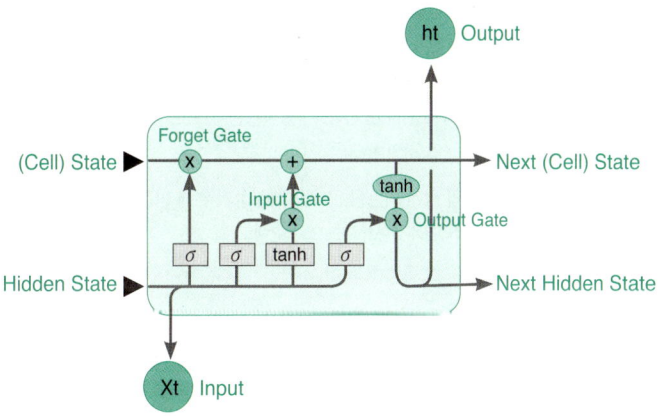

LSTM 네트워크 구조

따라서 순환신경망(RNN)의 장기 의존성 문제를 해결하기 위해 망각게이트(Forget Gate, 은닉게이트)를 두어 불필요한 상태를 지울 수 있게 구성한 장단기 메모리 신경망(Long Short Term Memory networks, LSTM)을 사용한다.

장단기 메모리 신경망(LSTM)의 특징

- 은닉층(Hidden Layer)이 셀 상태(Cell State)와 3개의 게이트로(입력, 출력, 망각) 구성
- 시간 흐름에 따른 이전 데이터 처리를 위해 셀(Cell)사용
- 입력(Input) 안에 활성화 함수(tanh), 망각게이트(XOR) 사용
- 언어모델링(Language Modeling), 기계번역(Machine Translation) 등에 활용

그 밖에도 GRU(Gated Recurrent Unit)를 사용하여 망각게이트와 입력게이트를 합친 업데이트게이트(Update Gate) $Z(t)$를 사용하는 방법도 있다. 기출

참고 딥러닝 기반 자연어 처리(Natural Language Processing, NLP)

자연어 처리(NLP) : 기계가 자연어를 이해하고 해석하여 처리할 수 있도록 하는 과정
딥러닝 기반 언어 모델은 순환신경망(RNN)을 시작으로 GPT-3까지, 인간과 유사하게 번역을 하고 문장을 작성하는 수준으로 진화

구분	설명
순환신경망 (Recurrent Neural Networks, RNN)	연속된 데이터 상에서 이전 순서의 히든노드(Hidden Node)의 값을 저장한 후, 다음 순서의 입력 데이터로 학습할 때 이전에 저장해 놓은 값을 이용하는 알고리즘 신경망 연결에 순환구조(Direct Cycle)를 적용한 것으로 음성이나 언어 등 연속된 입력 데이터(Sequence Input Data)에 적용이 용이한 딥러닝 모델
장단기 메모리 신경망 (Long Shot Term Memory, LSTM)	순환신경망(RNN)의 장기 의존성 문제를 해결하기 위해 망각게이트(Forget Gate)를 두어 불필요한 상태를 지울 수 있게 구성한 딥러닝 모델 언어 모델링(Language Modeling), 기계번역(Machine Translation) 등에 활용
시퀀스-투-시퀀스 (Sequence-to-Sequence, Seq2Seq) 기출	순환신경망(RNN), 장단기 메모리 신경망(LSTM) 계열의 딥러닝 모델은 입력과 출력의 크기가 고정되어 있어, 한 언어로 다른 언어로 번역할 때 길이가 달라질 경우 별도의 처리가 필요 시퀀스-투-시퀀스(Seq2seq)는 순환신경망(RNN) 계열의 모델을 활용한 구조로, 입력시퀀스를 처리하는 인코더(Encoder), 출력시퀀스를 생성하는 디코더(Decoder)를 구성하여 한 문장(시퀀스)을 다른 문장(시퀀스)으로 변환하는 딥러닝 기반 언어 모델
어텐션 (Attention)	시퀀스-투-시퀀스(Seq2Seq) 모델에서 인코더의 압축에서 발생하는 정보 손실 문제(인코더의 압축)를 해결하기 위해, 인코더에서 문장 정보를 모은 다음 디코더로 보내는 것이 아닌, 단어 별로 보내는 딥러닝 기반 언어 모델(특정 단어에 중요도를 높여(보정)서 반영할 수 있음)
트랜스포머 (Transformer) 기출	어텐션(Attention)은 순환신경망(RNN)에서 인코더가 입력을 벡터로 압축 시 일부 정보가 손실되는 것을 보정하는 용도로 활용됨 트랜스포머(Transformer)에서는 순환신경망(RNN)을 사용하지 않고 어텐션(Attention) 매커니즘이 인코더와 디코더를 만드는데 직접적으로 사용 됨 문장 속 단어와 같은 순차 데이터 내의 관계를 추적해 맥락과 의미를 학습하는 딥러닝 기반 언어 모델 〈트랜스포머의 3가지 학습 계층〉 Encoder Self Attention(입력 단어의 유사성 파악) Masked Decoder Self Attention(등장하지 않는 단어 제외) Encoder Decoder Attention(단어의 연관성 확인)

> **참고** 딥러닝 기반 자연어 처리(Natural Language Processing, NLP)

구분	설명		
BERT GPT의 비교	구분	BERT	GPT
	정의	양방향으로 사전학습하여 중간 단어를 예측하는 언어 모델(구글)	일방향으로 다음 단어를 예측하는 언어 모델(Open AI)
	특징	트랜스포머의 인코더 사용	트랜스포머의 디코더 사용
	학습 활용	사전학습(Pre-training) 파인튜닝(Fine-Tuning)	사전학습(Pre-training) 파인튜닝(Fine-Tuning) 퓨샷러닝(Few-shot)
	적용 범위	음성비서, 리뷰분석, 정보검색 등 다양한 태스크를 전이학습을 통해 쉽게 처리 가능	언어 관련 문제풀이, 작문, 번역, 웹 코딩 등의 태스크 수행 가능
GPT (Generative Pre-trained Transformer)	사전학습된 대용량의 레이블링되지 않는(Unlabeled) 데이터를 이용하여 언어 모델(Language Model)을 학습하고 이를 토대로 특정 작업(문서분류, 질의응답, 번역 등)을 위한 신경망을 추가하는 전이학습 모델		
	GPT-1	1억 1천 7백만 개의 파라미터 사용	
	GPT-2	15억 4천 2백만 개의 파라미터 사용	
	GPT-3	1750억 개의 파라미터 사용	

GPT-3는 '초거대 AI'의 알고리즘 중 하나로 정의되며 인간의 뇌와 유사한 역할을 할 수 있다고 보기 때문에 미래 모든 산업 분야에서 핵심기술로 응용될 것으로 예상됨.

2023년 등장한 챗-GPT(Chat-GPT)는 수백만개의 문장을 학습하여 텍스트 생성, 질문 응답, 감성분석 등 인간과 자연스러운 대화를 생성하고 다양한 자연어 처리 작업을 수행할 수 있는 것을 입증하였음.

> **참고** 컨텍스트 벡터(Context Vector)
>
> 시퀀스-투-시퀀스 모델은 인코더와 디코더, 두 개의 모듈로 구성. 인코더는 입력 문장의 모든 단어들을 순차적으로 입력받은 뒤에 마지막에 이 모든 단어 정보들을 압축해서 하나의 벡터로 만드는데, 이를 컨텍스트 벡터(Context Vector)라고 한다. 입력 문장의 정보가 하나의 컨텍스트 벡터로 모두 압축되면 인코더는 컨텍스트 벡터를 디코더로 전송하고, 디코더는 컨텍스트 벡터를 받아서 번역된 단어를 한 개씩 순차적으로 출력하게 된다.

❹ 심층신뢰망(Deep Belief Network, DBN)

심층신뢰망(DBN)은 입력층과 출력층으로만 구성되어 있는 제한된 볼츠만머신(Restricted Boltzmann machine, RBM)을 층층이 쌓은 형태의 신경망이다.

제한된 볼츠만머신(RBM)은 여러 가지 형태의 레이블된 데이터 또는 레이블되지 않은 데이터를 가시층(Visible Layer)과 은닉층(Hidden Layer) 2개 층으로 구성하여 확률적 방법으로 판별하는 생성 모델(Generative Model)이며, 초기 가중치값을 학습하기 위해 사용하는 비지도학습 알고리즘이다.

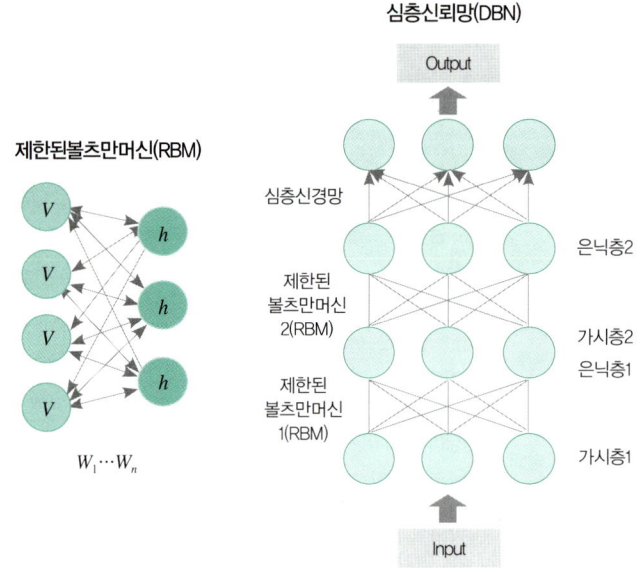

심층신뢰망(DBN) 구조

심층신뢰망(DBN)은 제한된 볼츠만머신(RBM)을 기반으로 일종의 비지도학습인 사전학습(Pre-Training)을 통해 가중치를 어느 정도 보정해 놓고, 마지막 튜닝 과정을 통해 최종 가중치를 계산한다. 레이블된 데이터가 충분하지 않은 경우 사용한다(초기 가중치 정확성 향상).

심층신뢰망(DBN) 절차

구분	절차
Step1	가시층과 은닉층1을 하나의 제한된 볼츠만머신(RBM)으로 생각하고 학습
Step2	학습이 종료되면 은닉층1의 값을 새로운 입력으로 하여 은닉층1과 은닉층2를 제한된 볼츠만머신(RBM)으로 학습
Step3	단계적으로 올라가면서 마지막 층까지 학습을 시켜 결과 도출

❺ 생성적 적대신경망(Generative Adversarial Network, GAN)

생성적 적대신경망(Generative Adversarial Network, GAN)은 생성자(Generator)와 판별자(Discriminator)가 서로 경쟁하는 과정을 통해 정보를 학습하는 대표적 준지도학습(지도학습과 비지도학습을 모두 훈련에 사용)이다.

GAN 알고리즘

생성적 적대신경망(GAN)은 생성자(Generator)와 판별자(Discriminator), 이 두 신경망 모델의 경쟁을 통해 학습하고 결과물을 만들어낸다.

생성자는 실제 데이터를 학습하고 이를 바탕으로 거짓 데이터를 생성한다. 실제에 가까운 거짓 데이터를 생성하는 게 목적이며, 판별자는 생성자가 내놓은 데이터가 실제인지 거짓인지 판별하도록 학습한다. 생성자의 거짓 데이터에 속아 넘어가지 않는 게 목적이다.

생성자는 판별자를 속이지 못한 데이터를, 판별자는 생성자에게 속은 데이터를 입력받아 학습한다. 이 과정이 반복되면서 점점 더 실제에 가까운 데이터를 만들 수 있게 되는 셈이다.

2014년 생성적 적대신경망(GAN) 논문이 처음 발표된 뒤로 다양한 후속 연구가 발표되고 있다. GAN이 차세대 딥러닝 알고리즘으로 주목받는 이유는 기존 지도학습 방식에서 벗어나 준지도학습의 초석을 다졌기 때문이다.

생성적 적대신경망(GAN)의 파생 알고리즘

알고리즘	설명	활용사례
DCGAN	사실적인 이미지 형성 기술	사람 얼굴 표현
SRGAN	저해상도 이미지를 고해상도 이미지로 변환하는 기술	미술품, 회화
Stack GAN	입력 이미지 생성을 통해 문장과 단어 해석	통번역
Cycle GAN	AI가 자율적으로 학습해 이미지 스타일을 변환하는 기술	회화, 이미지 변환
Star GAN	여러 도메인 간의 이미지 변환을 동시에 수행하는 기술	도메인 융합
Self-AttentionGAN	스펙트럼정규화(Spectral Normalization) 도입해 안정적 보완	이미지
BigGAN	대규모(Large Scale) 데이터에 대해서도 학습	사전학습 성능 향상
ProgressiveGAN	생성자와 판별자를 점진적으로 학습	고해상도 이미지
StyleGAN	생성자 네트워크에서 각 레이어마다 스타일 정보를 입히는 방식으로 학습	이미지 스타일 변경

생성적 적대신경망(GAN)은 진짜 같은 가짜를 생성해준다는 점에서 고문서 복원, AI화가/작곡가/소설가 등 높은 활용성이 기대되지만 악용 가능성에 대한 우려도 만만치 않다.

최근 생성적 적대신경망(GAN)을 활용한 진짜같은 가짜를 만드는 이미지 합성 기술인 '딥페이크(Deep Fake)' 영상들이 유통되면서 부작용을 낳고 있다. 유명 연예인들의 얼굴을 합성하여 가짜뉴스 혹은 가짜 영상이 제작되어 프라이버시 침해 등의 디지털 범죄가 무분별하게 벌어지고 있다.

과거에도 이미지, 영상 합성 등으로 인한 문제가 없었던 건 아니지만 가짜 콘텐츠를 쉽고 빠르게 대량으로 찍어낼 수 있다는 점에서 이전과 다른 파괴적 영향력을 가질 수 있음을 유의해야 한다.

빅분기_48
8.2.6

8.2.6 비정형 데이터 분석

데이터의 유형인 정형/반정형/비정형 데이터 관점에서 영상, 음성, 문서 등 정의된 '형태가 없는' 비정형 데이터의 잠재적 가치가 가장 높다고 할 수 있다. 따라서 비정형 데이터를 분석하여 문제를 해결하고 기업의 가치를 높이고자 하는 시도가 활발히 이뤄지고 있다.

빅데이터 유형 분류

유형	설명	사례
메타 데이터(Meta)	데이터를 활용하기 위하여 파악해야 할 대상이나 항목으로 데이터를 설명하는 정보, 정보명, 주제영역, 품질수준, 다른 데이터와 연관성 등에 대한 정보	설명, 생성주기, 출처, 주제영역
기준 데이터 (Master Data)	업무 프로세스의 중심이 되는 기준 정보 및 참조 정보	제품정보 사업자정보
거래 데이터 (Transaction Data)	고유한 업무 및 서비스 활동을 처리하는 정보시스템에 의해 생성, 관리되는 트랜잭션 정보	신용카드 거래내역, 금융내역
분석 데이터	집계 또는 통계 및 분석을 통하여 결과로 생성된 정보	매출현황, 인구
GIS 데이터	지형지물에 대한 공간적 정보로서 벡터(Vector), 래스터(Raster) 형태의 공간 정보	행정구역도, 산림도
로그 데이터	시스템이 생성한 Log 정보 및 웹 크롤링(Crawling) Raw file 형태의 정보	로그기록, WebLog
센서 데이터	사물인터넷(IoT), 추적장치(Tracking Device), 공장자동화기기 등 각종 센서를 통하여 생성되는 정보	위치, 기상, 수질
활동 데이터	의견정보(Opinion Data), 웹 검색(Web Search) 정보 등을 포함한 온라인상에서 생성된 것으로 분석을 위하여 전처리(정제, 자연어 처리 등)를 수행한 정보	웹 게시글, SNS내역
문서 데이터	문서 작성기로 생성한 문서 정보(hwp, doc, pdf 등 고유의 저장형식으로 생성)	일반문서, 논문, 보고서
미디어 데이터	다양한 멀티미디어(텍스트, 이미지, 음성, 영상) 정보	사진, 영상, 음성

8.2.6.1 비정형 데이터 분석의 이해

비정형 데이터 분석은 비정형 데이터를 체계적인 통계적 규칙이나 패턴을 탐색하고 이를 의미있는 정보로 변환하기 위한 분석 기법이다.

비정형 데이터 분석 절차는 탐색 과정, 이해 과정, 분석 과정으로 구분되며 이는 비정형 데이터 마이닝 절차와 맥락을 같이 한다. 즉 비정형 데이터 분석은 비정형 데이터 마이닝과 같은 의미를 가진다고 보면 이해가 쉽다. 따라서 비정형 데이터 분석 기법은 다음과 같이 정리할 수 있다.

비정형 데이터 분석 기법(비정형 데이터 마이닝 유형)

종류	설명
텍스트 마이닝 (Text Mining)	인간의 언어로 이루어진 비정형 텍스트 데이터들을 자연어 처리(NLP) 방식을 이용하여 대규모 문서에서 정보 추출, 연계성 파악, 분류 및 군집화, 요약 등을 통해 데이터에 숨겨진 의미를 발견하는 기법
웹 마이닝 (Web Mining)	데이터 마이닝 기술의 응용 분야로서 인터넷을 통해 웹 서비스를 이용하면서 웹에서 패턴을 발견하는 기법
오피니언 마이닝 (Opinion Mining)	어떤 사안이나 인물, 이슈, 이벤트 등 관련 원천 데이터에서 의견이나 평가, 태도, 감정 등과 같은 주관적인 정보를 식별하고 추출하는 기법
감성분석 (Sentiment Analysis)	문장의 의미를 파악하여 글의 내용에 긍정/부정, 좋음/나쁨을 분류하거나 만족/불만족 강도를 지수화하여 고객의 감성 트렌드를 시계열적으로 분석하고 고객 감성 변화에 기업의 신속한 대응 및 부정적인 의견의 확산을 방지하기 위한 마이닝 기법
사회연결망분석 (Social Network Analysis)	개인과 집단 등의 관계를 노드와 링크로서 모델링하여 그것의 위상 구조와 확산 및 진화 과정을 계량적으로 분석하는 기법
리얼리티 마이닝 (Reality Mining)	휴대폰 등의 기기를 사용하여 인간관계와 행동 양태 등을 추론하는 마이닝 기법 통화량, 통화위치, 통화상태, 통화대상 및 내용 등을 분석하여 사용자의 인간관계, 행동 특성 등의 정보를 분석

8.2.6.2 텍스트 마이닝

텍스트 마이닝은 구조화되지 않은 대규모의 텍스트 데이터로부터 자동적으로 정보를 추출함으로써 이전에 알려지지 않았던 새로운 정보를 발견하는 마이닝 기법이다.

자연어 처리(Natural Language Processing, NLP) 기술을 사용해 인간의 언어로 쓰인 비정형 텍스트에서 유용한 정보를 추출하거나 다른 데이터와의 연계성을 파악하여, 분류나 군집화 등 빅데이터에 숨겨진 의미있는 정보를 발견하는 기술로도 정의된다.

텍스트 마이닝의 활용

- 문서요약(Summarization) : 문서 주요 내용을 추출하여 요약(토픽모델링)
- 문서분류(Classification) : 문서를 주어진 키워드 따라 자동으로 구조화 및 분류
- 문서군집(Clustering) : 문서들을 분석하여 동일한 내용의 문서들을 묶음
- 정보추출(Extraction) : 문서 내 사용자가 원하는 정보나 특성을 자동으로 추출

텍스트 마이닝의 상세 절차와 설명은 다음과 같다.

텍스트 수집 (정보 탐색) — 문서, 소스 등 텍스트 데이터 수집, 크롤링, 말뭉치 데이터 확보 등
텍스트 전처리 (정보 추출) — 토큰화, 불용화 처리 등, 텍스트 데이터 수치화
텍스트 분석 (자료 분석) — 토픽 모델링, 데이터 마이닝, 머신러닝 등
텍스트 시각화 — 워드클라우드, 사회연결망 분석 등 활용

텍스트 마이닝 수행 절차

텍스트 마이닝 절차 상세 설명

절차	설명	기법
텍스트 수집 (정보 탐색)	사용자가 원하는 키워드를 기반으로 원하는 정보가 포함된 텍스트 데이터가 들어있는 문서를 탐색하는 과정 사용 목적에 따라 웹 검색, 개인정보 검색, 기업이나 기관/ 특정 영역 검색 등 세 가지의 형태로 구별됨	크롤링, 말뭉치 확보, Open API 활용, 로그수집기 활용 등
텍스트 전처리 (정보 추출) **기출**	정보 탐색이 사용자가 필요한 정보와 관련된 텍스트가 들어있는 특정한 문서를 찾는 것인데 반해 정보 추출이란 특정한 문서로부터 구체적인 정보를 정제하는 과정(Hotho et al., 2005).	토큰화, 불용어 처리, 정제와 정규화, 텍스트 인코딩 등
텍스트 분석 (자료분석)	텍스트로부터 의미있는 추세와 패턴 및 지식을 발견하기 위하여 데이터 마이닝, 머신러닝(기계학습) 등을 반복적으로 수행함으로써 의미있는 결과를 얻어내는 과정	통계적 기법, 데이터 마이닝, 머신러닝 기법, 자연어 처리(NLP) 등
텍스트 시각화	분석된 결과에 대한 의미 분석 혹은 시각적 표현을 위해 사용자 관점에서 통찰력(Insight)를 얻는 과정	워드클라우드, 소셜네트워크 분석(SNA)

❶ 텍스트 수집

텍스트 데이터 수집은 사용자가 원하는 키워드를 기반으로 원하는 정보가 포함된 텍스트 데이터가 들어있는 문서를 탐색하는 과정이며, 사용 목적에 따라 웹 검색, 개인정보 검색, 기업이나 기관/특정 영역 검색 등 세 가지의 형태로 구별될 수 있다. 텍스트 데이터 수집 기술은 다음과 같다.

텍스트 데이터 수집

절차	기법
크롤링	정적 웹크롤링을 이용해 텍스트, 하이퍼링크, 이미지를 가져오는 방법 BeautifulSoup이라는 라이브러리를 사용하여 뉴스기사 등 수집 가능
말뭉치 (Corpus, 코퍼스)	자연어 연구를 위해 특정한 목적을 가지고 언어의 표본을 추출한 집합 모두의 말뭉치 등 수집 가능(corpus.korean.go.kr)
Open API	Open API를 사용하여 개방된 텍스트 문서나 데이터를 가져오는 방법 공공데이터 등 수집 가능(공공데이터 포털 data.go.kr)
로그수집기	로그수집기를 이용하여 텍스트 데이터를 수집하는 방법

이외에도 공공데이터 포털 등에 접속하면 텍스트 데이터를 csv 형태로도 제공받을 수 있다.

❷ 텍스트 전처리

텍스트 전처리는 특정한 문서로부터 구체적인 정보를 정제하는 과정이다. 수집한 텍스트는 전처리되지 않은 상태일 가능성이 높다. 따라서 분석 가능한 상태로 변환하는 과정이 필요하다.

텍스트 전처리의 수행 절차는 다음과 같다.

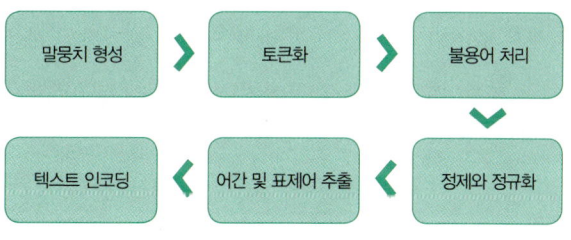

텍스트 전처리 수행 절차

- **말뭉치(Corpus) 형성**

말뭉치는 자연어 연구를 위해 특정한 목적을 가지고 언어의 표본을 추출한 집합이며, 언어의 빈도와 분포를 확인할 있는 구조로 텍스트 변환하여 신뢰성 있는 각종 정보를 얻어 내기 쉬운 형태로 가공해야 한다.

- **토큰화(Tokenization)**

토큰화는 텍스트 문서를 띄어쓰기 공백과 모든 구두점을 제거하여 연속하는 단어의 열(Stream of Words)로 분할하는 과정이다. 주요 기법은 단어 토큰화, 어절 토큰화, 형태소 토큰화가 있다.

토큰화 절차

구분	기법
단어 토큰화	단어를 기준으로 분할 온점(.), 콤마(,), 세미콜론(;) 등과 같은 구두점을 지우는 과정
어절 토큰화	어절(Word Segment)를 기준으로 분할 영어는 단어 토큰 적용 가능 한글은 지양 : 조사/어미 등을 붙여 만들기 때문
형태소 토큰화	형태소(Morpheme) : 의미를 가지는 요소로서는 더 이상 분석할 수 없는 가장 작은 말의 단위 형태소 토큰화 : 형태소를 기준으로 분할(한글은 필수)
	자립 형태소 : 다른 말의 도움 없이 그것만으로도 자립할 수 있는 형태소 체언(명사, 대명사, 수사), 수식언(관형사, 부사), 감탄사 등
	의존 형태소 : 다른 형태소와 결합하여 사용되는 형태소 접사, 어미, 조사, 어간 등
	예시 : 나는 공부를 한다. 자립 형태소 : 나, 공부 의존 형태소 : -는, -를, 한-, -다
품사태깅(Part of Speech Tagging) = PoS 태깅	토큰화된 단어의 의미를 파악하기 위해 각 단어가 어떤 품사를 쓰였는 구분하여 태깅하는 과정

한글 토큰화를 하기 위해서 KoNLPy(코엔엘파이)라는 파이썬 패키지를 사용할 수 있다. KoNLPy로 사용할 수 있는 형태소 분석기는 OKT(Open Korea Text), Mecab(메캅), Komoran(코모란), Hannanum(한나눔), Kkma(꼬꼬마) 등이 제공된다.

● **불용어(Stop word) 처리**

불용어는 분석에 큰 의미가 없는 단어를 의미한다.

예를 들어, the, a, an, is, I, my 등과 같이 문장을 구성하는 필수 요소지만 문맥적으로 큰 의미가 없는 단어가 이에 속한다. 이런 불용어는 텍스트에 빈번하게 나타나기 때문에 중요한 단어로 인지될 수 있다. 하지만 실질적으로는 중요한 단어가 아니므로 사전에 제거해줘야 한다.

한글에서 불용어를 제거하는 방법으로는 간단하게는 토큰화 후에 조사, 접속사 등을 제거하는 방법이 있다. 하지만 불용어를 제거하다 보면 조사나 접속사와 같은 단어들 뿐만 아니라 명사, 형용사와 같은 단어들 중에서 제거하고 싶은 단어들이 생기기도 한다. 따라서 사용자가 직접 불용어사전(Stop word Dictionary)을 만들어 정의된 불용어사전에 해당하는 단어가 존재하면 제거하는 방식으로 불용어를 처리한다.

- **정제(Cleaning)와 정규화(Normalization)**

토큰화 작업 전, 후에는 텍스트 데이터를 용도에 맞게 정제 및 정규화(Normalization)를 함께 진행한다. 정제 및 정규화의 목적은 각각 다음과 같다.

정제와 정규화

- 정제 : 불필요한 단어 또는 문자를 제거하는 과정
- 정규화 : 같은 의미이면서 표현이 다른 단어를 통합하는 과정

정제와 정규화 기법

기법	설명
규칙 기반 단어 단어 통합	같은 의미를 가지고 있음에도 표기가 다른 단어를 하나의 단어로 정규화하는 방법
대소문자 통일	대문자에서 소문자로 변환
불필요한 단어 제거	불용어와는 달리 빈도 수가 작거나 길이가 짧은 단어를 제거
정규표현식 (Regular Expression) 이용	정규표현식 : 문자열을 처리하는 방법 중의 하나로 특정한 조건의 문자를 '검색'하거나 '치환'하는 과정을 매우 간편하게 처리할 수 있도록 하는 수단
	정규표현식으로 규칙을 정의하여 한 번에 제거하거나 치환하는 방법

- **어간 추출(Stemming) 및 표제어 추출(Lemmatization)**

어간(Stemming, 단어의 핵심 부분) 추출은 정해진 규칙만 보고 단어의 어미를 자르는 어림 짐작의 작업이고, 표제어(Lemma)는 한글로는 '표제어' 또는 '기본 사전형 단어' 정도의 의미이며, 표제어 추출은 단어들로부터 표제어를 찾아가는 과정이다.

어간 추출과 표제어 추출 예시

어간 추출	표제어 추출
Allowance(추출 전) → allow(추출 후)	is, are → be
Electrical(추출 전) → electric(추출 후)	the going → the go

- **텍스트 인코딩(Text Encoding)** 기출

텍스트 인코딩 또는 문자 인코딩(Character Encoding)은 사용자가 입력한 문자나 기호들을 컴퓨터가 이용할 수 있는 신호인 0과 1사이의 값(수치화 = 벡터화)으로 만드는 것을 의미한다. 텍스트 인코딩 방법을 구분하는 기준은 다양하게 존재하지만 본서에서는 희소표현과 밀집표현으로 구분하여 내용을 정리한다.

텍스트 인코딩(수치화)의 구분

구분	희소표현(Sparse Representation)	밀집표현(Dense Representation)
개념	기존 차원을 유지하면서 수치화하는 방법 수치화된 값(벡터, 행렬) 대부분이 0으로 표현됨	정의된 차원 수만큼 수치화된 값이 실수로 표현되는 방법
차원	고차원(단어 집합의 크기)으로 표현	저차원으로 표현
방법	Bag of Words(BOW), TF-IDF, 원핫인코딩	워드임베딩, 워드투벡터, 잠재의미 분석(LSA), BERT, 글로브(GloVe) 등
예시	고양이, 강아지, 물개 고양이 = [1 0 0], 강아지 = [0 1 0]	고양이, 강아지, 물개 고양이 = [0.4 0.9], 강아지 = [0.2 1.8]

희소표현으로 텍스트를 수치화시키는 방법은 다음과 같다.

희소표현 수치화 방법

구분	설명
Bag of Words(BoW)	단어들의 순서는 전혀 고려하지 않고, 단어들의 출현 빈도(Frequency)에만 집중하는 텍스트 데이터의 수치화 표현 방법
엔그램(N-Gram) **기출**	Bag of Words(BoW)를 개선하여 단어 하나만을 보는 것이 아니라 주변의 $n-1$개 단어를 뭉쳐서 표현하는 방법(토큰화 방법 혹은 언어 모델) 예) 3-Gram : Here is a dog → Here is, is a, a dog
문서단어행렬 (Document-Term Matrix, DTM)	다수의 문서에서 등장하는 각 단어들의 빈도를 행렬로 표현하여 문서들을 서로 비교할 수 있도록 수치화할 수 있는 방법 각 문서에 대한 BoW를 하나의 행렬로 만듦 문서1 : 먹고 싶은 사과 문서2 : 먹고 싶은 바나나 바나나 | 구분	먹고	싶은	사과	바나나 | | --- | --- | --- | --- | --- | | 문서1 | 1 | 1 | 1 | 0 | | 문서2 | 1 | 1 | 0 | 2 |
단어빈도-역 문서빈도 (Term Frequency-Inverse Document Frequency, TF-IDF)	단어의 빈도와 역 문서빈도(문서의 빈도에 특정 식을 취함)를 사용하여 문서단어행렬(DTM) 내의 각 단어들마다 중요한 정도를 가중치로 주는 방법 핵심 단어 추출을 위해, 단어의 빈도수(TF)와 문서 내 빈도수의 역수(IDF)를 이용하여 중요도 산출 $tf(d,t)$: 특정 문서 d에서의 특정 단어 t의 등장 횟수 $df(t)$: 특정 단어 t가 등장한 문서의 수 $idf(d,t)$: $df(t)$에 반비례하는 수 (idf는 값이 커져, 자연로그 사용, 0이 되는 것 방지하기 위해 1 더해 줌) $tf\,idf(d,t) = tf(d,t) \times ln\left(\dfrac{n}{1+df(t)}\right)$

원핫인코딩 (One Hot Encoding) **기출**	단어 집합의 크기를 벡터의 차원으로 하고, 표현하고 싶은 단어의 인덱스에 1의 값을, 다른 인덱스에는 0을 부여하는 단어의 수치화 방법 희소표현(*Sparse Representation*) 남성, 여성 → 남성 : [1,0], 여성[0,1]

위 방법들은 단어표현 관점에서 단어만 보고 수치화를 수행하기 때문에 국소표현(Local Representation) 혹은 빈도수 기반 기법이라고도 함

밀집표현으로 텍스트를 수치화시키는 방법은 다음과 같다.

밀집표현 수치화(임베딩) 방법

구분	설명
워드임베딩 (Word Embedding)	단어 간 유사도 및 중요도 파악을 위해 단어를 저차원의 실수 벡터로 맵핑하여 의미적으로 비슷한 단어를 가깝게 배치하는 수치화 방법
워드투벡터 (Word2Vec)	단어 자체가 가지는 의미를 다차원 공간에서 벡터화하는 비지도학습 기반의 수치화 방법 | 중심 단어	원-핫인코딩	워드투벡터 임베딩 | |---|---|---| | King | [1,0,0,0,0,0] | [1, 1] | | Man | [0, 0, 1, 0, 0, 0] | [1, 3] | | Queen | [0, 0, 0, 1, 0, 0] | [5, 5] | | Woman | [0, 0, 0, 0, 0, 1] | [5, 6] | 텍스트 문서(말뭉치)를 이용해 학습하고, 한 단어에 대한 유사도를 측정하여 관련 단어로 수치화함 워드투벡터(Word2Vec)는 CBOW와 Skip Gram 알고리즘이 있음
	CBOW : 문맥 단어를 보고 기준 단어가 무엇인지 예측하는 모델
	Skip Gram : 기준 단어를 보고 어떤 문맥 단어가 등장할지 예측하는 모델
	장점 : 단어 간 유사도 측정 단점 : 주변 단어(맥락 단어) 몇 개만 활용하여 결과가 도출되기 때문에 문서 전체의 단어 정보가 반영되기 어려움
잠재의미 분석 (Latent Semantic Analysis, LSA)	DTM이나 TF-IDF는 단어의 빈도 수를 이용한 수치화 방법이기 때문에 단어의 의미를 고려하지 하는 단점을 개선하여 잠재된(Latent) 의미를 이끌어내는 방법 장점 : 문서 전체의 통계적인 정보를 활용 단점 : 단어 간 유사도를 측정하기 어려움
글로브(Global Vectors for Word Representation, GloVe)	잠재의미 분석(LSA)과 워드투벡터(Word2Vec)의 장점을 합쳐, 단어 간 유사도도 측정할 수 있고 문서 전체의 통계적인 정보도 활용하는 수치화 방법
ELMo(Embeddings from Language Model)	글로브(GloVe)의 다의어에 대한 의미 분석이 어려운 한계점을 개선하여, 문장의 문맥을 보고 글자는 같지만 뜻이 다른 두 단어의 벡터를 다르게 표시할 수 있는 수치화 방법(두 가지 이상의 뜻을 가진 다의어의 경우 어떠한 뜻으로 이용되었는지를 파악) 사전 훈련된 언어 모델(Pre-trained Language Model)을 사용

위 방법들은 단어표현 관점에서 주변을 참고하여 단어를 수치화하기 때문에 분산표현(Distributed Representation) 방법 혹은 예측 기반 기법이라고도 한다.

❸ 텍스트 분석

텍스트 분석은 텍스트로부터 의미있는 추세와 패턴 및 지식을 발견하기 위하여 데이터 마이닝, 머신러닝(기계학습)등을 반복적으로 수행함으로써 의미있는 결과를 얻어내는 과정이다.

일반적으로 텍스트 분석에서는 의미있는 결과를 도출하기 위해 토픽모델링, 감성분석, 문서분류, 문서군집 등을 활용할 수 있다.

토픽모델링(Topic Modeling)은 비 구조화된 텍스트 자료들의 집합으로부터 의미있는 토픽(주제)들을 추출하는 확률 모델 방법론이다.

예를 들어 개에 대한 문서에서는 "개"와 "뼈다귀"라는 단어가 더 자주 등장하는 반면, 고양이에 대한 문서에서는 "고양이"와 "야옹"이 더 자주 등장할 것이고, "그", "~이다"와 같은 단어는 양쪽 모두에서 자주 등장할 것이다. 이렇게 함께 자주 등장하는 단어들은 대개 유사한 의미를 지니게 되는데 이를 잠재적인 "주제"로 정의할 수 있다. 즉, "개"와 "뼈다귀"를 하나의 주제로 묶고, "고양이"와 "야옹"을 또 다른 주제로 묶는 모델을 구상할 수 있는데 바로 이것이 토픽 모델의 개략적인 개념이다.

토픽모델링을 위해 다음과 같은 알고리즘들을 활용한다.

토픽모델링 알고리즘

구분	설명
잠재의미 분석 (Latent Semantic Analysis, LSA)	DTM이나 TF-IDF는 단어의 빈도 수를 이용한 수치화 방법이기 때문에 단어의 의미를 고려하지 않는 단점을 개선하여 잠재된(Latent) 의미를 이끌어내는 방법 장점 : 문서 전체의 통계적인 정보를 활용 단점 : 단어 간 유사도를 측정하기 어려움
잠재디리클레 할당 (Latent Dirichlet Allocation, LDA)	주어진 문서에 대하여 각 문서에 어떤 주제들이 존재하는지를 서술하는 지에 대한 확률적 토픽 모델링 방법 미리 알고 있는 주제별 단어수 분포를 바탕으로, 주어진 문서에서 발견된 단어수 분포를 분석함으로써 해당 문서가 어떤 주제들을 함께 다루고 있을지를 예측
BERT (Bidirectional Encoder Representation From Transformer)	사전학습된 대용량의 레이블링되지 않는(Unlabeled) 데이터를 이용하여 언어 모델(Language Model)을 학습하고 이를 토대로 특정 작업(문서분류, 질의응답, 번역 등)을 위한 신경망을 추가하는 전이학습 방법 워드임베딩 방법으로도 사용 가능

텍스트 분석을 위한 감성분석, 문서분류, 문서군집에 대한 설명은 다음과 같다.

감성분석, 문서분류, 문서군집

구분	설명
감성분석 (Sentiment Analysis)	문장의 의미를 파악하여 글의 내용에 긍정/부정, 좋은/나쁨을 분류하거나 만족/불만족 강도를 지수화하여 고객의 감성 트렌드를 시계열적으로 분석하고 고객 감성 변화에 기업의 신속한 대응 및 부정적인 의견의 확산을 방지하기 위한 마이닝 기법
문서분류 (Text Classification)	문서를 지정한 카테고리로 분류하는 기법 머신러닝 기법 : 서포트벡터머신, 나이브 베이즈, CNN, RNN, LSTM 등 활용
문서군집 (Text Clustering)	문서의 단어 사이 유사도를 산출하여 단어의 관계를 파악하고 비슷한 의미를 가지는 단어 간에 군집을 구성하는 기법

❹ 텍스트 시각화

텍스트 시각화는 분석된 결과에 대한 의미 분석 혹은 시각적 표현을 위해 사용자 관점에서 통찰력(Insight)을 얻는 과정이며, 시각화하는 기법에는 워드클라우드(Word Cloud)와 의미연결망분석(Semantic Netwrok Analysis) 기법이 있다.

텍스트 시각화 기법

구분	설명
워드클라우드 (Word Cloud)	메타 데이터에서 얻어진 단어들을 분석하여 중요도나 인기도를 고려해 시각적으로 늘어 놓아 웹 사이트에 표시하는 방법 인기있거나 중요한 단어를 한눈에 찾아볼 수 있도록 알파벳 순서로 단어들을 나열하거나, 중요한 내용들은 폰트를 더 크고 굵게 또는 하이라이트를 주는 방식으로 시각화되어 있는 단어들의 모임
의미연결망분석 (Semantic Network Analysis)	의미연결망분석은 언어로 된 텍스트로부터 의미를 나타낼 만한 개념을 단어의 형태로 추출하고, 그들 간의 동시 출현과 같은 연관관계를 토대로 네트워크를 구성하여 텍스트의 의미적 내용을 분석하는 방법 의미연결망분석을 통해 중심성 분석 및 핵심어 사이의 관계성을 파악하여 네트워크 시각화 수행 〈2020년 특정 신문기사 의미연결망분석 예시〉

사회연결망분석(Social Network Analysis) 기법을 텍스트 내 단어의 관계에 적용한 것이 의미연결망분석이며, 일정한 범위 내에서 어휘가 동시에 등장하면 서로 연결된 것으로 간주, 이 연결관계들을 분석하게 된다.

8.2.6.3 오피니언 마이닝

오피니언 마이닝(Opinion Mining)은 사용자들이 특정 제품 및 서비스에 대해 평가한 리뷰, SNS 등에 게시한 텍스트, 녹음된 음성 등을 빠르게 분석하고, 유의미한 정보를 지능적으로 유추해내는 마이닝 기법이다.

해당 의견에서 긍정적인지 부정적인지에 대해 분석하고, 더 나아가 그 원인을 도출하는 것을 목적으로 한다. 정치, 경제, 사회적인 특정 사안들이 발생했을 때, 여론이나 대중의 관심도가 실시간으로 어떻게 변하는지 확인할 수 있다.

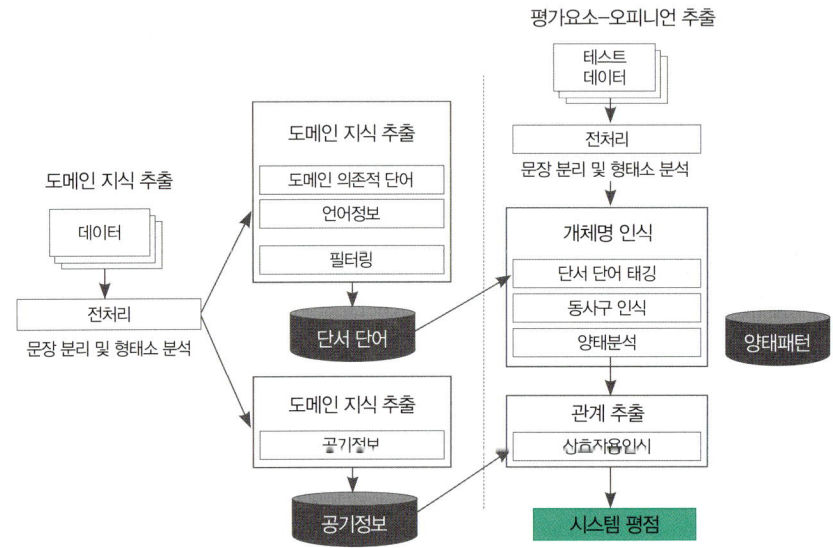

오피니언 마이닝

오피니언 마이닝은 흔히 감성분석(Sentiment Analysis)라고도 불려지는 것으로, 텍스트에 나타난 사람들의 의견이나 성향 같은 주관적인 데이터를 분석하는 자연어 처리 기술이라고 할 수도 있어 텍스트 마이닝의 한 기법으로 정의되기도 한다.

예를 들어 고객이 호텔에 대한 피드백을 "객실은 훌륭했어요. 그런데 직원이 불친절했어요"라고 남기면 오피니언 마이닝은 텍스트의 대상(직원)과 관련 평가(의견) 및 감정을 찾아, 긍정적인 평가인지 부정적인 평가인지를 판단할 수 있게 한다.

8.2.6.4 웹 마이닝

웹 마이닝(Web Mining)은 웹에서 발생하거나 웹 사이트에 저장한 데이터를 대상으로 유용한 패턴을 찾아내는 기법이며, 데이터 마이닝 기법을 활용하여 웹 상의 문서들과 서비스들로부터 정보를 추출/발견하는 과정이다.

웹 마이닝은 분석 대상에 따라 웹 컨텐츠, 웹 구조, 웹 사용 마이닝으로 구분할 수 있다.

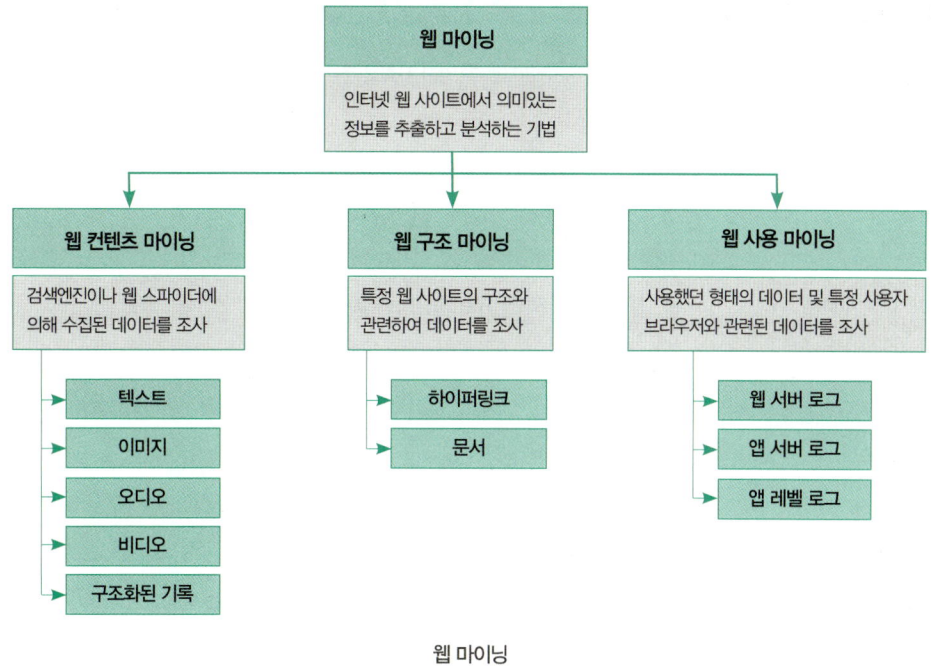

웹 마이닝

예를 들어, 웹 환경에서 획득하는 고객의 데이터(방문기록, 검색횟수 등)를 분석하여 추출한 행위/패턴 등 가치있는 정보를 이용하여 마케팅 및 의사결정에 활용할 수 있다.

8.2.6.5 사회연결망분석

사회연결망분석(Social Network Analysis, SNA)은 사회연결망 또는 소셜네트워크(Social Network Service, SNS)의 데이터를 활용하여 사회연결망과 사회구조 등을 사회과학적으로 분석하는 하나의 기법이다.

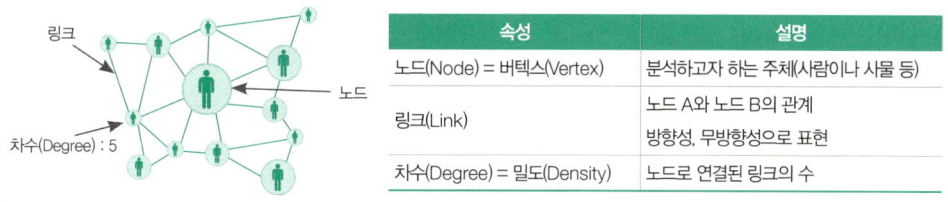

사회연결망분석의 이해

기술의 발전과 더불어 사회의 객체들 사이의 관계는 더욱 복잡하고, 정교하게 변화하였다. 이런 관계들을 통해 특정 네트워크의 구조나 개인(노드) 간의 상호관계 등을 파악하는 것을 목표로 하며, 개인과 집단들 간의 관계를 노드와 링크로서 모델링해 그것의 구조와 확산 및 진화 과정을 계량적으로 분석하게 된다.

사회연결망분석(SNA) 주요 분석 속성

속성	도표	설명
응집력(Cohesion)		행위자들 간 강한 사회화 관계의 존재를 평가하는 속성
등가(Equivalence)		한 네트워크의 구조적 지위와 그 위치가 주는 역할이 동일한 사람들 간의 관계를 평가하는 속성
명성(Prominence)		네트워크에서 누가 권력을 가지고 있는지 평가하는 속성
범위(Range)		행위자의 네트워크 규모를 평가하는 속성
중계(Brokerage)		다른 네트워크와 연결해주는 정도를 평가하는 속성

이런 분석을 하기 위해 수치화, 통계화, 그래프를 통한 시각화 등을 실시하며, 일련의 과정을 통해 발견된 어떤 형태나 패턴을 분석함으로써 사회구조, 연결망, 관계성, 그룹 또는 개인의 속성을 파악한다.

SNA 주요 분석 방법 기출

구분		설명
중심성분석 (Centrality Analysis) 기출		한 노드가 얼마나 네트워크 중심에 위치하는지에 대한 정도를 측정하는 방법 그래프 혹은 사회연결망에서 노드(Node)의 상대적 중요성으로 나타내는 척도
	연결중심성 (Degree Centrality)	한 노드에 직접적으로 연결된 링크의 합으로 얻어진 중심성을 평가하는 방법 연결된 노드의 수가 많을수록 연결 정도 중심성이 높아짐
	매개중심성 (Betweenness Centrality)	네트워크 내에서 한 노드가 다른 노드들의 중간에서 얼마나 중개자 및 매개자 역할을 하고 있는지를 평가하는 방법 한 노드가 연결망 내의 다른 노드들 사이에 최다 연결 경로에 위치하면 할수록 해당 노드의 매개중심성은 높음
	근접(인접)중심성 (Closeness Centrality)	각 노드 간의 거리를 근거로 한 중심성을 평가하는 방법 한 노드로부터 다른 노드에 도달하기까지 필요한 최소 단계의 합 근접중심성이 높을수록 네트워크의 중앙에 위치
	고유벡터중심성 (Eigenvector Centrality)	자신의 연결 정도 중심성으로부터 발생하는 영향력과 자신과 연결된 타인의 영향력을 합하여 결정하는 방법 위세가 높은 노드들과 관계가 많을수록 자신의 위세 또한 높아짐
이웃분석 (Neighbor Analysis)		네트워크를 구성하는 각 노드들 간의 표면적인 연결 상태를 파악하는 가장 기본적인 분석 방법 노드들 간의 특정 관계 또는 흐름의 전체를 시각적으로 나타냄

응집도분석 (Clique Analysis)	네트워크를 구성하는 노드들 간의 결합력을 바탕으로 군집구조를 파악하는 방법 응집도 결합력을 가지는 최소 3개의 노드로 구성되는 그룹을 나타내며, 모든 점이 직접적으로 연결되어야만 응집도가 성립됨
밀도분석 (Density Analysis)	네트워크 내에 존재하는 가능한 총 관계 수와 실제로 맺어진 관계 수의 비율을 분석하는 방법 실제로 맺어진 관계가 많을수록 Density 우수
친화도분석 (Affinity Analysis)	비슷한 점(공통점)이 많은 정도를 분석하는 분석 방법

이런 사회연결망분석은 다양한 학문과 연구에서 하나의 연구 방법으로서 활용되며, 마케팅 등 경영학의 관점에서도 강력한 전략으로써 활용될 수 있다.

SNA 분석 절차

구분	절차
그래프 생성	특정 단어빈도 수 이상 데이터 추출 문서단어행렬(DTM) 생성 후 네트워크 그래프 생성
그래프 목적에 따라 가공 및 분석	그래프에 연결된 노드의 위치를 분석 후 용도에 맞게 조절
커뮤니티 탐지 및 역할 정의	네트워크 그래프에서 인접한 노드 관계를 커뮤니티로 식별
데이터 변환 및 마이닝 기법 활용	커뮤니티 사용자 리스트에 대해 팔로워(Follower) 정보를 추가로 검색 네트워크 그래프를 생성하여 유력자 현황 분석

사회연결망분석을 수행하기 위해 R, Python 등의 프로그램을 이용하기도 하나, 일반적으로 사회연결망분석 프로그램을 사용한다. 국내의 대표적인 프로그램으로는 'UCINET'과 'NetMiner' 등이 있으며 해외의 대표적인 프로그램으로는 'NodeXL' 등이 있다

8.2.7 앙상블분석

8.2.7.1 앙상블분석의 이해

앙상블분석(Ensemble Analysis)은 주어진 데이터로부터 여러 개의 모델을 학습한 다음, 분류나 회귀 결과를 예측할 때, 여러 모델의 예측 결과들을 종합하여 정확도를 높이는 기법이다.

〈알고리즘을 다양하게 구성한 앙상블〉　　〈데이터를 다양하게 구성한 앙상블〉

앙상블분석

지도학습의 과적합 문제에 대한 극복 방법으로 고안되었으며, 원본 데이터를 다양하게 조합하여 여러 모델(분류기, Classifier)을 생성할 수도 있고 또는 서포트벡터머신, 의사결정나무 등 다른 알고리즘을 적용한 모델을 여러 개 조합하여 기준을 구성한 후 각 모델의 결과에 대한 투표를 통해 데이터를 분류(Classification)하거나 값을 예측(회귀)하게 된다.

8.2.7.2 앙상블분석의 유형

앙상블분석의 유형은 아래와 같이 구분할 수 있다.

앙상블의 유형 기출

- 보팅(Voting, 투표)
- 배깅(Bootstrapped Aggregation, Bagging)
- 부스팅(Boosting)
- 랜덤포레스트(Random Forest)
- 스태킹(Stacked Generalization, Stacking)

❶ 보팅(Voting)

보팅(투표)이란 다른 종류의 모델들의 각각의 예측값을 합쳐 최종 결과를 도출해내는 방법이다. 앙상블의 유형 중 배깅과 랜덤포레스트는 결과를 취합할 때 보팅을 활용한다.

최종 모델의 예측값을 결정짓는 보팅의 방법은 하드보팅(Hard Voting)과 소프트보팅(Soft Voting)으로 구분할 수 있다.

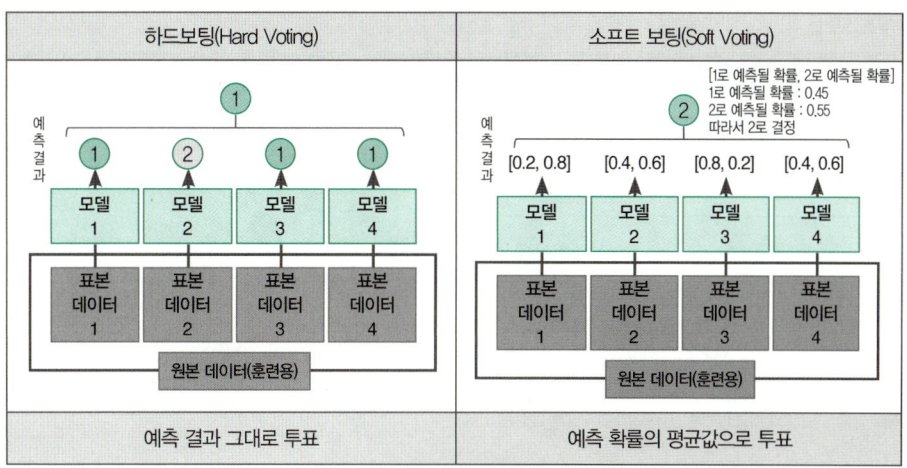

하드보팅과 소프트보팅

하드보팅을 이용한 분류는 다수결 원칙과 같으며 각각 모델의 결과값 중 가장 많은 걸 따른다. 위 좌측 그림에서 4개의 모델 중에 3개가 "1"이라 판단했고 1개가 "2"라고 판단했다면 최종 결론은 "1"으로 내린다.

소프트보팅은 각 모델이 클래스(집단)의 확률을 예측해서, 이것을 평균하여 이들 중 확률이 가장 높은 클래스값을 최종값으로 예측한다. 위 우측 그림에서 4개의 모델이 클래스 1과 2의 확률을 각각(0.2 0.8), (0.4 0.6), (0.8 0.2), (0.4 0.6)으로 예측했다. 1로 예측한 평균은 $0.45(=\frac{0.2+0.4+0.8+0.4}{4})$, 2로 예측한 평균은 $0.55(=\frac{0.8+0.6+0.2+0.6}{4})$가 되어 앙상블에 의한 결정은 2로 내리게 된다.

❷ 배깅(Bagging, Bootstrap Aggregating) 기출

배깅은 주어진 데이터에서 여러 개의 부트스트랩(Bootstrap) 자료를 생성하고, 각 자료를 모델링한 후 결합(Aggregating)하여 최종 예측 모델을 만드는 앙상블 알고리즘이다.

> **참고** 부트스트랩
> 부트스트랩은 원본 데이터에서 여러 개의 데이터셋(Data Set)을 n개 만들기 위해 중복을 허용해서 데이터를 뽑아, 중복된 데이터를 포함해서 선택된 데이터는 학습 데이터(Training Data Set)로 사용하고, 선택되지 않았던 데이터들만 모아서 테스트 데이터(Test Data Set)로 사용하는 방법

배깅과 부트스트랩

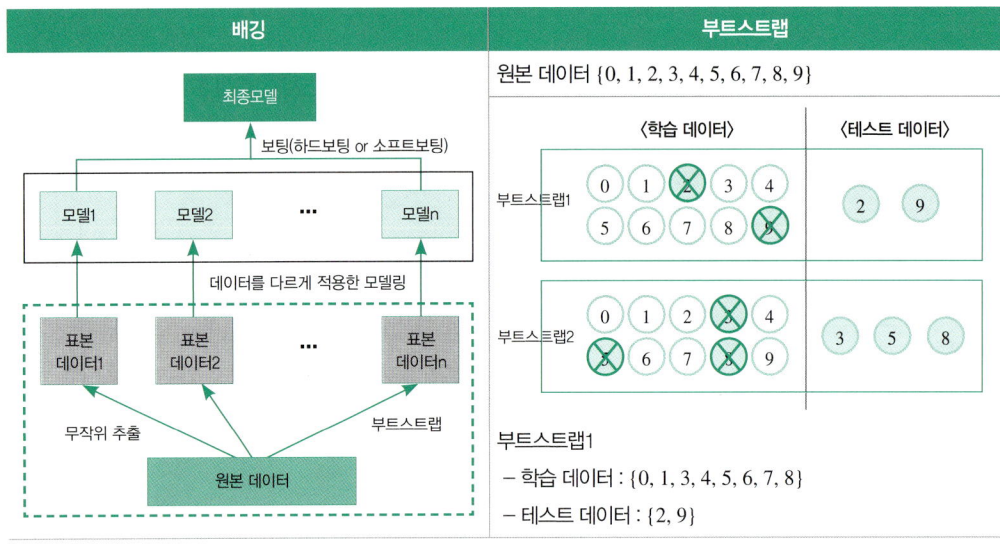

배깅(Bagging)

배깅(Bagging)과 보팅(Voting)의 가장 큰 차이점은 하나의 단일 알고리즘을 여러 개 사용하는 방식인지, 아니면 다양한 알고리즘을 동일한 샘플 데이터셋(Dataset)에 적용하는 방식인지에 그 차이가 있다.

보팅(Voting)은 동일한 데이터셋을 이용하여 각각 다른 알고리즘을 적용한다. 반면 배깅은 부트스트랩을 이용하여 원본 데이터에서 다른 형태의 데이터셋을 구성한 후 동일한 알고리즘을 적용하게 된다.

❸ 부스팅(Boosting) 기출

앞선 배깅(Bagging)의 경우 각각의 모델들이 학습 시, 상호영향을 주지 않은 상황에서(독립적) 학습이 끝난 다음 결과를 종합하는 기법이라면, 부스팅은 이전 모델의 학습 결과를 토대로 다음 모델에서 사용할 학습 데이터의 가중치(Weight)를 높게 조정(Update)하여 학습을 진행하는 방법이다.

배깅과 부스팅의 차이

단계	배깅	부스팅
공통점	원본 데이터를 복원 추출하여 n개의 모델 생성	
수행 방식	병렬적 수행	순차적 수행(이전 모델의 오답을 고려)
앙상블	보팅을 이용한 최종 결과	모든 모델의 결합을 통한 최종 결과
목적	분산 감소	편향 감소
샘플링	부트스트랩	부트스트랩(오답에 가중치 부여하여 샘플링)

즉, 먼저 생성된 모델을 꾸준히 개선해나가는 방향으로 학습이 진행되는 것이다.

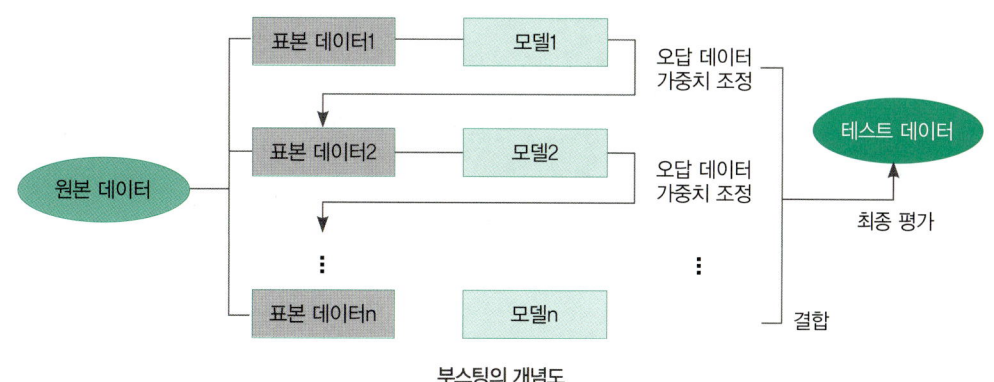

부스팅의 개념도

이러한 부스팅은 일반적으로 잘못 분류된(오답) 데이터에 대해 높은 가중치를 부여하므로 정확도가 높게 나타나기 때문에 이상값(Outlier)에 취약할 수 있다.

부스팅 구조화	부스팅 절차
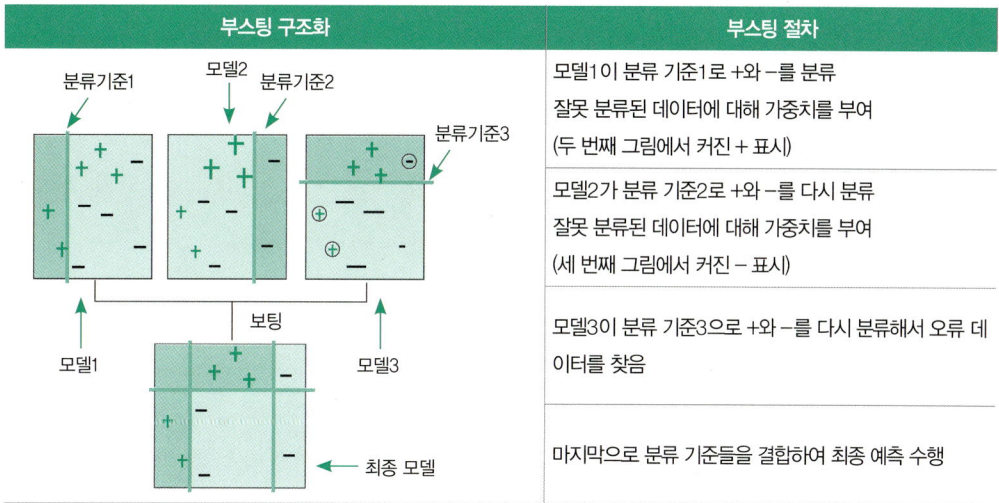	모델1이 분류 기준1로 +와 -를 분류 잘못 분류된 데이터에 대해 가중치를 부여 (두 번째 그림에서 커진 + 표시)
	모델2가 분류 기준2로 +와 -를 다시 분류 잘못 분류된 데이터에 대해 가중치를 부여 (세 번째 그림에서 커진 - 표시)
	모델3이 분류 기준3으로 +와 -를 다시 분류해서 오류 데이터를 찾음
	마지막으로 분류 기준들을 결합하여 최종 예측 수행

부스팅의 동작 과정

부스팅 기반의 알고리즘의 종류는 다음과 같다.

부스팅 알고리즘 종류 기출

알고리즘	설명	특징
AdaBoost (Adaptive Boost)	약한 모델(Weak Learner)의 오류 데이터에 가중치를 부여하면서 부스팅을 수행하는 대표적인 알고리즘	보팅을 통한 정답 분류 및 오답에 가중치 부여 속도나 성능적인 측면에서 의사결정나무(Decision Tree)를 약한 학습기로 사용
GBM(Gradient Boost Machine)	손실 함수(Loss Function)의 기울기(Gradient)를 통해 오답에 가중치 부여하는 부스팅 알고리즘	예측 성능이 높은 욕심쟁이 알고리즘(Greedy Algorithm)으로 과적합이 발생 시간이 오래 걸린다는 단점

XGBoost	GBM에 병렬학습이 지원되도록 구현한 부스팅 알고리즘 시스템 자원 효율적 활용(CPU, Memory) CART(Classification And Regression Tree) 앙상블 모델을 사용 캐글(Kaggle)을 통한 성능 검증 (많은 상위 랭커가 사용)	뛰어난 예측 성능 GBM 대비 빠른 수행 시간 과적합 규제(Regularization) 트리 가지치기(Tree Pruning) 자체 내장된 교차 검증 결손값 자체 처리
Light GBM	일반적인 균형트리분할(Level Wise) 방식과 달리 리프중심트리분할(Leaf Wise) 방식을 사용 XGBoost가 처리하지 못하는 대용량 데이터 학습 가능 근사치 분할(Approximates the split)을 통한 성능 향상	XGBoost 대비 빠른 학습과 예측수행 더 작은 메모리 사용량 카테고리형 피처의 자동 변환과 최적 분할 적은 데이터셋에 적용할 경우 과적합이 발생

❹ 랜덤포레스트(Random Forest) 기출

랜덤포레스트는 의사결정나무(Decision Tree)의 특징인 분산이 크다는 점을 고려하여 배깅과 부스팅보다 더 많은 무작위성을 주어 그림과 같이 여러 개의 약한 학습기들을 생성하고 이를 결합해 최종적으로 종속변수를 분류하거나 예측한다.

랜덤포레스트 특징

- 분류(Classification)와 회귀(Regression) 문제에 모두 사용 가능
- 의사결정나무의 쉽고 직관적인 장점을 그대로 가지고 있음
- 앙상블 알고리즘 중 비교적 빠른 수행 속도를 가지고 있음(대량 데이터에 효과적)
- 상대적인 중요 변수 선정 가능

또한 배깅처럼 데이터를 복원추출할 뿐만 아니라, 거기에 더해 변수 또한 랜덤(Random)하게 추출하여 다양한 모델을 만드는 앙상블 알고리즘이다.

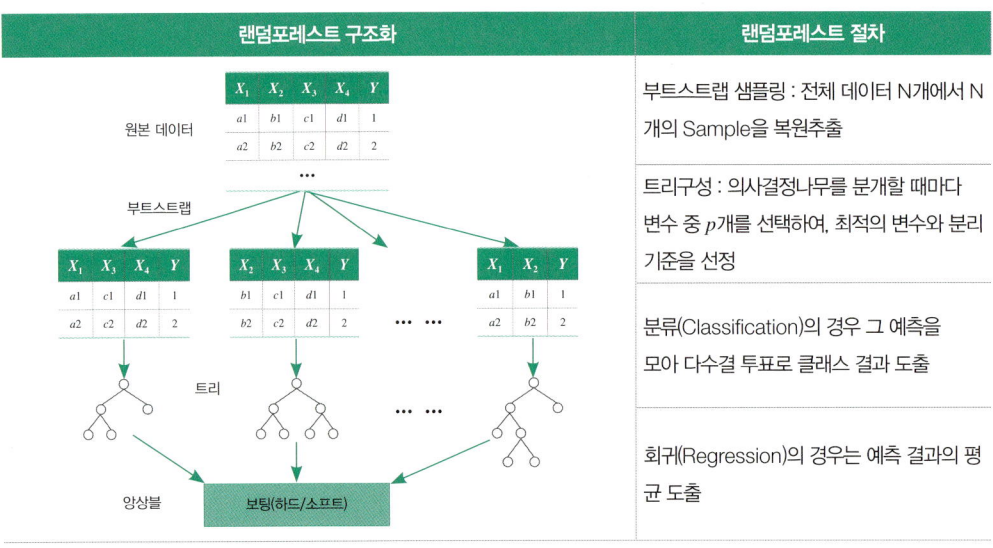

랜덤포레스트(Random Forest)

랜덤포레스트가 많은 강점이 있음에도 불구하고, 블랙박스 모델이기 때문에 독립변수와 종속변수의 설명력을 확보하기 어렵다는 단점도 있다. 이를 어느 정도 해결하기 위해, 변수 중요도(Variable Importance)라는 척도를 통해 어느 변수가 예측 성능에 중요한 역할을 하는지를 추정할 수 있다.

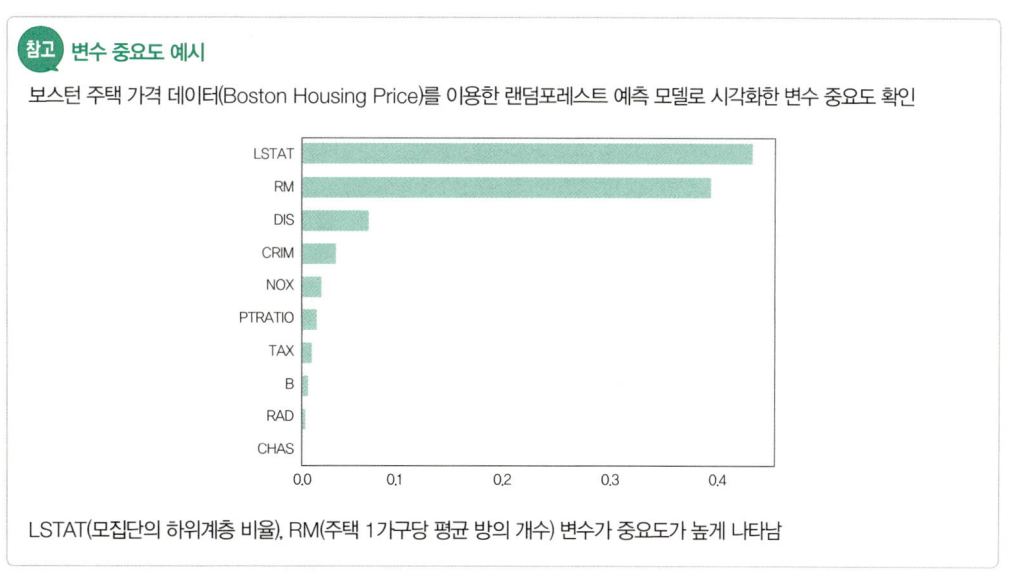

❺ 스태킹(Stacking)

스태킹을 가장 간단하게 정리하자면 예측값으로 실제값을 다시 예측하는 기법이다.

배깅이나 부스팅과는 달리 일반적으로 서로 다른 타입의 모델들을 사용하여 예측값을 도출하고 이 예측값이 학습 데이터가 되어 '또 다른 모델'을 학습시켜 최종 결과를 도출한다.

이때 예측값을 결합하는 또 다른 모델을 보팅(Voting)이 아닌 블렌더(Blender) 또는 메타러너(Meta Learner)라고 하며, 이러한 형태의 학습 방법을 메타러닝(Meta Learning)이라 정의한다.

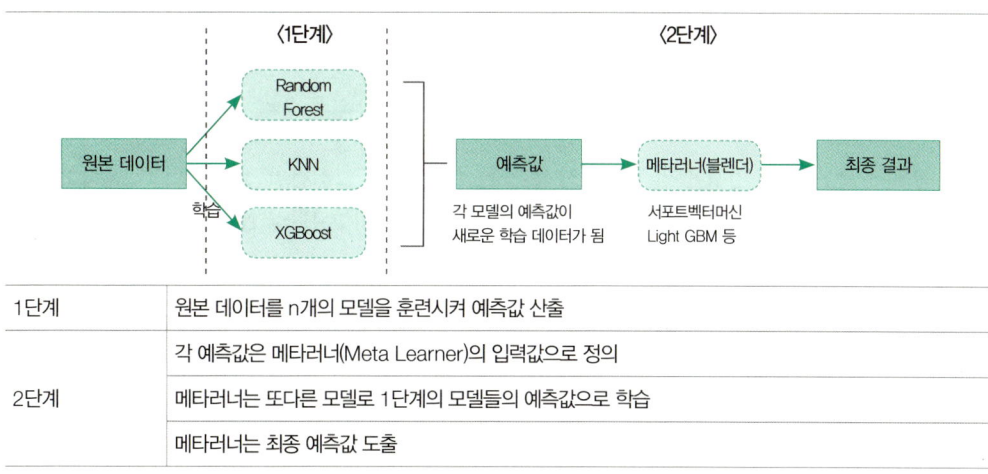

1단계	원본 데이터를 n개의 모델을 훈련시켜 예측값 산출
2단계	각 예측값은 메타러너(Meta Learner)의 입력값으로 정의
	메타러너는 또다른 모델로 1단계의 모델들의 예측값으로 학습
	메타러너는 최종 예측값 도출

스태킹 절차

스태킹(Stacking)은 개별적인 여러 모델을 서로 결합해 예측 결과를 도출한다는 점에서 배깅(Bagging) 및 부스팅(Boosting)과 공통점을 가지고 있다. 하지만 가장 큰 차이점은 개별 알고리즘으로 예측한 데이터를 기반으로 다시 예측을 수행한다는 점이다.

즉, 개별 알고리즘의 예측 결과 데이터셋을 최종적인 메타 데이터셋으로 만들어 별도 모델로 최종 학습을 수행하고 동일한 테스트 데이터(Test Data Set)를 기반으로 다시 최종 예측을 수행하는 방식이다

8.2.8 비모수 통계

8.2.8.1 모수 통계와 비모수 통계

모집단의 특성에 대한 정보(분포의 형태와 모수에 대한 사전정보)가 충분하고 변수의 척도가 등간척도나 비율측도로 측정된 경우 적용될 수 있는 통계 분석 방법을 모수 통계(Parametric Statistics) 또는 모수 검정이라 정의하며, 모집단의 분포 형태나 모수에 대한 정보가 부족해 모집단의 특성에 대한 가정을 세우기 어렵거나 자료의 척도가 명목척도, 서열척도인 경우 적용되는 통계 분석 방법을 비모수 통계(NonParametric Statistics) 또는 비모수 검정이라 정의한다.

모수 통계와 비모수 통계의 차이 기출

구분	모수 통계	비모수 통계
의미	모집단의 정규성 가정 (모집단이 정규분포를 따른다는 가정)	모집단이 정규성을 가정하지 않음 (모집단이 정규분포를 따른다는 가정이 없음) 표본수 10개 미만인 경우
척도	등간척도 및 비율척도 사용	모든 척도 사용 가능하나 일반적으로 명목척도 및 서열척도 사용 등간/비율척도를 중앙값 혹은 서열화하여 사용
검정 방식	표본평균, 표본분산 등을 이용해 검정	범주나 순위 또는 두 관측값의 부호 등을 이용해 검정
검정 방법	Z검정, t검정, F검정, 카이제곱검정 등	콜모고로프-스미르노프검정, 맨휘트니검정, 카이제곱검정 등
상관관계 분석	피어슨 상관계수	스피어만 상관계수

일반적으로 쓰는 t검정, F검정 등의 전통적인 통계 분석 방법들은 모집단이 정규분포를 따른다고 가정하고 있다. 그런데, 문제는 실제 데이터에서는 이 가정이 유효하다고 볼 수 없는 경우가 대부분이라는 것이다.

그럼에도 불구하고 정규분포를 가정하고 분석을 할 수 있는 것은, 모집단의 분포와 관계없이, 표본의 크기가 충분히 크다면 표본평균의 분포는 근사적으로 정규분포를 따르게 되기 때문이다(중심극한의 정리). 그러나 모집단의 분포를 무리하게 모수적 분포로 가정하면, 잘못된 결론을 얻을 수 있으므로 주의할 필요가 있다.

비모수 검정은 모수 검정에 비해 비효율적이지만, 다음과 같은 장점이 있다.

비모수적 검정의 장점
- 최소한의 가정만을 사용하므로, 모수적 가정이 잘못되어 생기는 오류의 가능성이 적음
- 범주형 자료와 같은 서열척도 데이터에 적용할 수 있음
- 등간, 비율척도를 서열화하여 서열척도로 분석할 수 있음(정규성을 얻지 못한 경우)
- 적합도 검정과 같이 모수적 가정에 대한 검정 방법을 제공
- 순위(Rank)나 부호(Sign)에 기초한 방법이기 때문에, 이상값의 영향을 덜 받음

8.2.8.2 비모수 검정 방법

❶ 비모수 검정 방법의 종류

모수 검정은 표본평균, 표본분산 등을 이용해 검정하며, 비모수 검정 방법은 관측값의 절대적인 크기에 의존하지 않는, 관측값들의 순위(서열)나 두 관측값 차이의 부호 등을 이용해 검정한다.

모수 검정 방법과 비교하여 서열척도, 명목척도별 대표적인 비모수 검정 방법은 다음과 같다.

비모수 검정 방법의 종류 기출

표본		모수 검정 방법	비모수 검정 방법	
			서열척도	명목척도
단일표본		단일표본 t검정	일표본 콜모고로프–스미르노프검정	카이제곱검정 런검정
종속표본	2개	대응표본 t검정	부호검정 윌콕슨부호순위검정	맥니마르검정
	3개 이상(k개)	반복측정 분산분석, 이원반복측정 분산분석	프리드만검정	코크란의 Q검정
독립표본	2개	독립표본 t검정	윌콕슨순위합검정 맨휘트니U검정 이표본 콜모고로프–스미르노프검정	카이제곱검정 피셔의 정확 검정
	3개 이상(k개)	일원분산분석, 이원분산분석	중앙값검정 크루스칼–왈리스검정	카이제곱검정
상관관계 분석		피어슨 상관관계 분석	스피어만 상관관계 분석	카이제곱검정

비모수 검정은 분포의 가정이 완화되어 있으므로 어떠한 형태의 모집단에 대한 비교도 가능하다는 장점이 있으며, 양적 관측값(연속형 변수의 평균, 분산 등)에 의존하지 않고 이들의 상대적 평가에 의존하므로 이상값의 영향을 감소시킨다.

❷ 비모수 검정 방법

비모수의 유의성 검정은 검정통계량의 값을 기각값과 비교하거나 유의수준 α와 그에 대응하는 검정통계량의 확률 P값으로 귀무가설 채택과 기각을 검정한다('6.2.3 가설 검정' 참조)

통계적 가설 검정의 판단

구분	귀무가설 기각	귀무가설 채택
가설 검정	검정통계량 $T(X) \leq -$기각값 C_1 또는 검정통계량 $T(X) \geq$ 기각값 C_1 (차이가 있다)	검정통계량 $T(X) \geq -$기각값 C_1 또는 검정통계량 $T(X) \leq$ 기각값 C_1 (차이가 없다)
유의확률(P값)	P값 < 유의수준(α) (유의하다)	P값 > 유의수준(α) (유의하지 않다)

● 단일표본 비모수 검정 방법

단일표본 비모수 검정은 1개의 모집단에서 중심위치를 나타내는 평균이나 중앙값을 기준으로 크면(+), 작으면(−) 기호로 변환하여 척도로 사용하는 방법이며, 종류는 다음과 같다.

단일표본 비모수 검정 방법

검정방법	구분	설명
카이제곱검정 (Chi-Square Test)	개념	명목형 변수들 간의 관찰도수와 기대도수를 산출하여 적합도(단일표본), 독립성, 동질성을 검정하는 방법
	귀무가설	귀무가설 H_0 : 관찰도수와 기대도수는 차이가 없다(같다).
	검정통계량	$\chi_0^2 = \sum_{i=1}^{k} \frac{(O_i - e_i)^2}{e_i}$, 자유도($v = k - 1$, k : 범주의 개수)
	사례	3교대 근무조의 매일 발생하는 불량수가 교대조마다 차이가 있는지 검정
일표본 콜모고로프- 스미르노프검정 (Kolmogorov- Smirnov Test= K-S Test)	개념	단일표본의 정규성 검정을 위한 적합도 검정(등간/비율척도) 독립된 두 개의 집단 간의 차이가 있는지 알기 위한 검정으로도 사용(서열척도) 표본의 누적분포함수(Cumulative Distribution Function, CDF)와 비교하고자 하는 분포의 누적분포함수(CDF) 간의 최대거리를 통계량으로 사용하는 방법
	귀무가설	$H_0 : F(x) = F_0(x)$ 주어진 자료의 분포는 검정하고자 하는 분포와 차이가 없다(같다). $F_0(x)$: 주어진 자료 분포
	검정통계량	$F_n(x) = \frac{1}{n} \sum_{i=1}^{n} I_{[-\infty, x]}(X_i)$ $F_n(x)$: 관찰한 샘플들의 누적확률함수 X_i : n개의 독립적이고 동일하게 분포된 정렬된 관측값
	사례	학생들의 수학시험점수가 정규분포를 따르는지 검정

런검정 (Run Test)	개념	연속적인 관찰값이 무작위적(Random)으로 나타난 것인지 아니면 앞에서 나타난 관찰값이 뒤에 나타나는 관찰값에 어떤 영향을 미치는지를 검정하는 방법
		런(Run) : 동일한 관측값이 연속적으로 이어진 값
		만약 이진형(0,1) 자료가 아니라면 이진형으로 변환 필요
	귀무가설	H_0 : 연속적인 관측값은 무작위로 관측되었다.
	검정통계량	$Z = \dfrac{R - \mu_R}{\sigma_R}$ 평균 : $\mu_R = \dfrac{2n_1 n_2}{n_1 + n_2} + 1$ 표준편차 : $\sigma_R = \sqrt{\dfrac{2n_1 n_2 (2n_1 n_2 - n_1 - n_2)}{(n_1 + n_2)^2 (n_1 + n_2 - 1)}}$
	사례	동전을 반복해서 던질 때 앞면(1)과 뒷면(0)이 나온 순서가 '11001011100'과 같이 나타났을 경우 무작위인지를 검정

'8.2.8 비모수 통계'에서는 카이제곱검정에 대해 단일표본 비모수 검정 관점으로만 설명한다. 상세 내용은 '8.2.1 범주형 자료 분석'을 참조하자.

사례 일표본 콜모고로프–스미르노프검정 사례

구분	설명									
사례	어느 학교 학생 10명의 시험점수를 검정한 결과이다. 학생들의 시험점수가 정규분포를 따르는지를 검정하래(유의수준 0.05).									
	학생	1	2	3	4	5	6	7	8	9	10
	시험점수	496.6	488.4	514.27	491.28	495.53	482.15	484.76	510.13	507.35	505.84
귀무가설 및 대립가설 설정	귀무가설 H_0 : 학생들의 성적은 정규분포를 따른다. 대립가설 H_1 : 학생들의 성적은 정규분포를 따르지 않을 것이다.									
검정통계량 및 유의확률	검정통계량 : 0.531 검정통계량의 유의확률 : 0.940(계산된 결과)									
유의성 검정 (P값 사용)	검정결과 Z값 1.046에 대한 유의확률은 0.940로서 유의수준 0.05보다 크므로 귀무가설을 기각하지 못한다. 따라서 이 학급의 학생들의 성적은 정규분포를 따른다.									

● **종속표본 비모수 검정 방법**

종속표본 비모수 검정은 2개 이상의 모집단에서 대응(Paired)되는 변수 간의 동질성을 검정하는 방법이다. 종류는 다음과 같다.

종속표본 비모수 검정 방법

검정방법	구분	설명
부호검정 (Sign Test)	개념	단일표본에 대하여 중앙값을 검정하거나 대응(Paired) 표본(전/후의 관측값)의 중앙값이 차이가 있는지를 검정하는 방법(서열척도) 모집단의 중앙값(Median)에 대해 관찰된 표본 중에서 중앙값을 초과하는 값이 몇 개인지를 파악하여 관측값들 간에 같다 혹은 크거나 작다라는 주장에 대해 사실인지 아닌지를 검정 이항분포를 이용하는 위치 모수에 대한 가장 간단한 비모수 검정 방법
	절차	1) 중앙값보다 큰 값에는 (+)를 부여하고 작은 값에는 (−)를 부여하여 (+)개수와 (−)개수가 비슷하면 귀무가설을 채택하고, 개수의 차이가 크면 귀무가설을 기각함 2) 표본 중에서 중앙값과 같은 값을 갖는 관측값은 검정에서 제외함 3) 부호는 (+) 또는 (−), 둘 중에 하나이기 때문에 각각의 확률(p)은 0.5가 되며, 이항확률분포를 따른다고 가정할 수 있음.
	귀무가설	$H_0 : M = M_0$ 중앙값 M_0은 차이가 없다(같다).
	사례	두 상표의 음료의 맛을 평가한 점수를 비교하여 맛의 차이 검정 두 음료의 맛의 차이를 구하여 0보다 크면 (+)부호, 작으면 (−) 부호로 정의하고 검정
윌콕스부호순위 검정 (Wilcoxon Signed Rank Test) 기출	개념	부호검정(Sign Test)은 부호만을 이용해 검정통계량을 산출했으나, 윌콕슨부호순위검정은 부호에 순위를 결합하여 부호검정보다 큰 검정력을 이용하는 검정 방법 단일표본에 대하여 중앙값을 검정하거나 대응(Paired) 표본(전/후의 관측값)의 중앙값이 차이가 있는지를 검정하는데 사용(서열척도)
	귀무가설	$H_0 : M = M_0$ ~ 중앙값 M_0은 차이가 없다(같다).
	검정통계량	검정통계량 : $W^+ = \sum_{i=1}^{n} S_i R_i^+$ S_i : 관측값에서 중앙값을 뺀 값이 0보다 크면 1, 0보다 작으면 0 R_i^+ : 관측값이 중앙값보다 큰 경우의 순위
맥니마르검정 (Mcnemar Test)	개념	동일한 집단의 대응 범주형 데이터(Paired Nominal data)의 전후 비율을 비교할 때 사용하는 검정 방법 대응되는 명목형 변수에서 열과 행의 주변확률(Marginal Probability)이 같은지를 검정 (명목척도) 예측값은 범주가 서로 관련이 없다는 가정을 따라, 변화가 있는 값의 기대값이 같다고 설정하여 얻음 2 x 2교차표에 적용
	귀무가설	$H_0 : p_b = p_c$ 전후 비율은 동일하다.
	검정통계량	검정 통계량 : $\chi^2 = \dfrac{(b-c)^2}{b+c}$ (자유도= 1)
	사례	벌금을 부과하기 전 후의 안전벨트 착용자의 수 검정
프리드만검정 (Friedman Test)	개념	3개 이상의 대응되는 변수들 간에 평균 순위의 차이가 있는지 알아보는 데 사용하는 검정 방법 순위의 합을 계산하여 변수들 간의 평균 순위에 차이가 있는지의 여부를 검정(서열척도) 크루스칼왈리스(Kruskal-Wallis) 검정의 확장으로서, 이원분산분석(Two Way ANOVA) 실험에서 얻어진 자료를 비모수적인 방법으로 검정(두 요인 간에 교호작용이 없는 경우에 사용) 교호작용 : 한 요인의 효과가 다른 요인의 수준에 의존하는 경우

프리드만검정 (Friedman Test)	귀무가설	$H_0 : M_1 = M_2 = \cdots = M_k$ k개의 모집단의 중앙값은 차이가 없다(같다).	
	검정통계량	검정통계량 : $\chi^2_{(b-1)} = \dfrac{12}{ab(b+1)} \sum\limits_{j=1}^{b}(R_j)^2 - 3a(b+1)$ b : 열의수, a : 행의수, R_j : j번째 열의 순위합	
	사례	자동차 A , B , C 3대에 대한 9명의 선호도를 낮음(1), 중간(2), 높음(3)으로 표시하여 짝을 이루는 3개의 집단 간에 차이가 있는지 검정	
코크란의 Q검정 (Cochran's Q Test)	개념	이항변수로 되어 있는 3개 이상의 변수 간 비율차이를 검정하는 방법 자료가 명목변수 및 순위변수로 이루어져 있을 때 적절	
	사례	A사의 세 가지 판매전략이 효과가 있는지를 조사하기 위해 13명에게 판매성공(1), 판매실패(0)를 기록하게 하고 판매효과에 차이가 있는지 검정	

부호검정과 윌콕슨부호순위검정은 단일표본에 대한 비모수 검정으로도 사용할 수 있다.

부호검정 사례

구분	설명
사례	과거의 공정에서 제작한 접착력의 중앙값은 71이었다. 공장을 확장하여 새로운 공정의 접착력을 측정한 결과가 다음과 같았을 때, 71보다 크다고 할 수 있는지 검정하라(유의수준 0.05). <table><tr><th colspan="10">접착력</th></tr><tr><td>76</td><td>92</td><td>70</td><td>57</td><td>79</td><td>80</td><td>90</td><td>73</td><td>75</td><td>70</td></tr></table>
귀무가설 및 대립가설 설정	귀무가설 − $H_0 : M = 71$ 접착력은 차이가 없다(같다). 대립가설 − 우측검정 : $H_1 : M > 71$ 접착력은 71보다 크다.
검정통계량 및 유의확률	검정통계량 : 중앙값 M_0(71)보다 큰 데이터의 개수 7 검정통계량의 유의확률 : 0.1719(계산된 결과)
유의성 검정 (P값 사용)	유의확률 0.1719 > 유의수준(0.05)이기 때문에 귀무가설(H_0)이 채택되어 새로운 공정의 접착력은 중앙값 71보다 크다고 할 수 없다.

● **독립표본 비모수 검정 방법**

2개의 연속적이고 동일한 형태의 분포를 가지는 독립표본의 두 모집단 간 중심위치 비교 맨휘트니 U검정과 콜모고로프−스미르노프검정을 사용하며, 3개 독립표본을 비교하기 위해 크루스칼−왈리스검정을 사용한다.

독립표본 비모수 검정 방법

검정방법	구분	설명
윌콕슨순위합검정 (Wilcoxon Rank Sum Test) 기출	개념	독립된 2개 집단의 분포가 동일한지 검정(중심위치 비교) 두 독립표본이 동일한 모집단에서 추출되었는지 또는 동일한 평균을 가지고 있는 두 모집단에서 추출되었는지를 검정(서열척도) 부호검정(Sign Test)은 표본 데이터를 중앙값 M_0보다 작은지 큰지를 조사하여 부호(+)와 (−)로 변환하였기 때문에 원래의 표본 데이터가 가지는 정보를 많이 잃어버리게 됨 윌콕슨순위합검정은 표본 데이터에서 중앙값을 뺀 값에 대하여 순위 데이터로 변환한 후 중앙값보다 큰 순위의 합과 작은 순위의 합을 비교하는 방법
맨휘트니 U검정 (Man Whitney U Test)	개념	독립된 2개의 집단의 분포가 동일한지 검정(중심위치 비교) 맨휘트니윌콕슨순위합검정이라고도 하며 윌콕슨순위합검정(Wilcoxon Rank Sum Test)과 동일 모수 검정 방법에서 독립표본 t검정과 같음
	귀무가설	$H_0 : \Delta = 0$ 두 모집단 간 중앙값은 차이가 없다(같다). Δ : 두 모집단의 중앙값 차이$(M_1 - M_2)$
	검정통계량	검정통계량 : $U = W - \dfrac{n(n+1)}{2}$ R_j : 두 모집단의 혼합표본에서 값의 순위 순위의합 : $W = \sum_{j=1}^{b} R_j$
	사례	정부 경제부처(X)의 내년도 물가상승률에 대한 예측이 일반적으로 경제학 교수(Y)들에 의한 예측보다 낮게 평가되는 경향이 있다는 주장에 대한 검정 | X | 3.8 | 4.3 | 5.6 | 5.7 | 6.3 | 6.6 | 6.8 | 7.1 | 8.4 | | Y | 5.7 | 6.3 | 6.4 | 6.5 | 7.8 | 8.6 | 9.8 | 10.2 | 11.2 |
이표본 콜모고로프 – 스미르노프검정 (Kolmogorov– Smirnov Test = K–S Test)	개념	독립된 두 개의 집단 간의 차이가 있는지 알기 위한 비모수 검정(1개 표본의 정규성 검정으로도 사용, 단일표본 비모수 검정 참조)
	귀무가설	− $H_0 : F(x) = G(x)$ 두 자료의 분포는 차이가 없다(같다.)
	사례	A기업은 대도시와 중/소도시에서 각각 50개의 매장을 추출하여 생산성 평가기준을 5등급으로 대도시와 중/소도시별로 매장들의 관측빈도 수를 측정했다. 중/소도시와 대도시의 매장의 생산성이 다르다고 할 수 있는지 검정 | 생산성 평가 기준 | 중소도시 관측빈도 | 대도시 관측빈도 | |---|---|---| | 0~20 (Poor) | 2 | 3 | | 21~30 (Fair) | 11 | 17 | | 31~50 (Good) | 15 | 18 | | 51~70 (Very good) | 19 | 8 | | 70이상 (Excellent) | 3 | 4 | | 계 | 50 | 50 |

크루스칼–왈리스 검정 (Kruskal–Wallis Test)	개념	모든 그룹의 데이터가 유사한 모양의 분포를 가지고 있는 경우 3개 이상의 그룹의 중앙값이 다른지 확인하는 검정 방법 표본 속의 관측치를 분석대상으로 하지 않고 순서를 대상으로 함 모수 검정 방법에서의 일원분산분석(One-way ANOVA)과 같은 목적으로 쓰이며, 그룹별(집단)로 평균이 아닌 중앙값이 같은지 아닌지를 검정
	귀무가설	$H_0 : M_1 = M_2 = \cdots = M_k$ k개의 모집단의 중앙값은 차이가 없다(같다).
	검정통계량	$H = \dfrac{12}{n(n+1)} \sum_{j=1}^{k} \dfrac{R_j^2}{n_j} - 3(n+1)$ n : 전체 표본수, R_j : j번째 집단의 순위 합, n_j : j번째 집단의 표본수
	사례	A, B, C 세 기계에서 생산되는 철선의 강도가 다른지 검정
중앙값검정 (Median Test)	개념	둘 또는 그 이상의 표본들이 동일한 중앙값을 가지고 있는 모집단들에서 추출되었는지 여부를 검정하는 방법 표본들이 추출되어진 모집단들에 대해 가정이 필요하지 않음

맨휘트니 U검정 사례

구분	설명
사례	정부 경제부처(X)의 내년도 물가상승률에 대한 예측이 일반적으로 경제학 교수들(Y)에 의한 예측보다 낮게 평가되는 경향이 있다는 주장에 대한 검정(유의수준 0.05) | X | 3.8 | 4.3 | 5.6 | 5.7 | 6.3 | 6.6 | 6.8 | 7.1 | 8.4 | | Y | 5.7 | 6.3 | 6.4 | 6.5 | 7.8 | 8.6 | 9.8 | 10.2 | 11.2 |
귀무가설 및 대립가설 설정	귀무가설 – $H_0 : \Delta = 0$ 경제부처와 경제학 교수의 물가상승률 예측은 차이가 없다. 대립가설 – $H_1 : \Delta < 0$ 경제부처의 물가상승률 예측이 경제학 교수의 물가상승률 예측보다 작다.
검정통계량 및 유의확률	〈순위합〉 | 번호 | Y | R_i | X | R_j | |---|---|---|---|---| | 1 | 5.7 | 4.5 | 3.8 | 1 | | 2 | 6.3 | 6.5 | 4.3 | 2 | | 3 | 6.4 | 8 | 5.6 | 3 | | 4 | 6.5 | 9 | 5.7 | 4.5 | | 5 | 7.8 | 13 | 6.3 | 6.5 | | 6 | 8.6 | 15 | 6.6 | 10 | | 7 | 9.8 | 16 | 6.8 | 11 | | 8 | 10.2 | 17 | 7.1 | 12 | | 9 | | | 8.4 | 14 | | 순위 합계 | | $V = 89$ | | $W = 64$ | | 순위 평균 | | 11.125 | | 7.111 |

검정통계량 및 유의확률	R_j : 두 모집단의 혼합표본에서 값의 순위 $W = \sum_{j=1}^{n} R_j = 64$ m : 경체부처의 물가 상승률 자료 개수 = 9 〈검정통계량〉 $U = W - \dfrac{m(m+1)}{2} = 64 - \dfrac{9(9+1)}{2} = 19$ 검정통계량 19에 대한 유의확률 0.0570(계산된 결과)
유의성 검정 (P값 사용)	유의확률 0.0570 > 유의수준(0.05)이면, 귀무가설 채택 정부 경제부처(X)의 물가상승률에 대한 예측이 경제학 교수들(Y)의 예측보다 낮다고 할 수 없다.

출제예상문제

01. 다음의 제시한 문제에 대해 계산한 결과로 옳은 것은?

> $P(A) = 0.3$, $P(B) = 0.4$이며 서로 독립일 때 $P(B|A)$는?

① 0.3
② 0.4
③ 0.12
④ 0.75

02. 다음이 설명하는 시계열 모델은 무엇인가?

> 현 시점의 유한 개의 백색잡음을 선형 결합으로 표현하였기에 정상성을 만족한다.
> 현재와 과거 자신의 오차와의 관계를 정의한다.
> 자기상관함수 $p+1$ 시차 이후 절단된 형태를 취한다.

① 이동평균 모델(Moving Average, MA)
② 자기회귀누적이동평균 모델(AutoRegressive Integrated Moving Average, ARIMA)
③ 자기회귀 모델(AutoRegressive, AR)
④ 자기회귀이동평균 모델(AutoRegressive Moving Average, ARMA)

03. 베이즈 정리를 활용한 분류 알고리즘은?

① 조건부확률 분류
② 베이지안 필터(Bayesian Filter)
③ 나이브 베이지안 분류(Naive Bayesian classification)
④ 확률론 분류

04. 요인분석에 대한 설명으로 옳지 않은 것은?

① 고유값과 스크리도표를 활용해 적절한 수의 요인을 산출할 수 있다
② 요인이 측정된 변인들의 선형 결합으로 이뤄져 있다
③ 변수들을 하나의 요인으로 묶음으로써 적은 수의 요인으로 축소한다.
④ 요인에 포함되지 않거나 포함되더라도 중요도가 낮은 변수는 제거한다.

05. 앙상블의 분석 기법의 설명으로 옳지 않은 것은?

① 배깅을 사용할 수 있다.
② 부스팅은 오분류에 가중치를 주는 방식이다.
③ 랜덤포레스트는 배깅을 사용한다.
④ 상호 연관성이 높으면 정확도가 향상한다.

01. ②　02. ①　03. ③　04. ②　05. ④

출제예상문제

06. 비모수적 방법의 특징 중 옳지 않은 것은?

① 비모수적 검정 기법으로 스피어만 순위 상관분석이 있다.
② 비모수 검정에서는 평균 및 분산을 활용해 검정을 실시한다.
③ 서열척도를 사용할 수 있다.
④ 비모수 검정은 모수검정보다 비효율적이고 검정력이 작다.

07. 다음 중 자료 형태가 범주형 자료에서 사용하는 방법으로 가장 거리가 먼 것은?

① 교차분석
② 회귀분석
③ 로지스틱회귀분석
④ 막대도표

08. 다음 중 교차분석의 검정 유형이 아닌 것은?

① 적합도 검정
② 응집성 검정
③ 동질성 검정
④ 독립성 검정

09. 주성분분석(PCA)의 공분산행렬에 대한 설명으로 옳지 않은 것은?

① 공분산행렬의 고유벡터는 데이터가 어떤 방향으로 분산되었는지를 나타낸다.
② 변수를 사이의 공분산을 행렬로 나타낸 값이나.
③ 전치를 시켰을 때 동일한 행렬이 나타나는 대칭행렬이다.
④ 정방행렬은 불가능하다.

10. 비모수 검정 중 짝지어진 두 개의 관찰치의 크고 작음에 대한 가설 검증은?

① 교차검증
② 크루스칼-월리스검정
③ 윌콕슨순위합검정
④ 부호검정

11. 시계열 분석에서 정상성을 만족한다는 의미는 무엇인가?

① 분산이 시점에 의존하지 않는다.
② 약정상이 아니다.
③ 가장 뛰어난 데이터로만 이루어져 있다.
④ 데이터 분석 효과가 낮다.

12. 텍스트 문맥 파악을 위해서 단어 단위로 끊어서 판별하는 기법은?

① N-Gram
② 토픽모델링
③ 워드클라우드
④ TF-IDF

13. 다음 다차원척도법에 대한 분석 절차를 순서대로 나열하시오.

ㄱ. 유사성과 비유사성 측정
ㄴ. 자료 수집
ㄷ. 적합 정도를 스트레스값(Stress Value) 측정
ㄹ. 개체들을 2차원이나 3차원 공간 상에 표현

① ㄱ-ㄴ-ㄷ-ㄹ
② ㄱ-ㄴ-ㄹ-ㄷ
③ ㄴ-ㄱ-ㄹ-ㄷ
④ ㄴ-ㄹ-ㄱ-ㄷ

14. 다음 중 데이터의 차원축소 기법이 아닌 것은?

① 주성분분석
② 요인분석
③ 군집분석
④ 정준상관분석

15. 요인분석에 대한 설명으로 옳지 않은 것은?

① 요인(Factor)은 상관계수가 높은 변수들을 포함해 새롭게 생성한 변수집단이다.
② 고유값(Eigen Value)은 해당 요인이 설명할 수 있는 있는 변수들의 평균의 총합이다.
③ 요인적재값(Factor Loading)의 제곱은 해당 변수가 요인에 의해 설명되는 분산의 비율을 의미한다.
④ 공통성(Communality)은 여러 요인이 설명할 수 있는 한 변수의 분산의 양을 백분율로 나타낸 것이다.

16. 문장에서 사용된 긍정과 부정을 파악해 분석하는 기법은?

① 워드클라우드
② 잠재의미 분석
③ TD-IDF
④ 오피니언 분석

17. 다음 시계열의 요인과 연결된 사례로 옳지 않은 것은?

① 추세요인(Trend Factor) : 자본 축적
② 계절요인(Seasonal Factor) : 아이스크림 판매량
③ 불규칙요인(Irregular Factor) : 천재지변으로 인한 데이터
④ 순환요인(Cycle Factor) : 코로나 감염률

18. 앙상블 방법론 중 여러 개의 결정트리를 임의적으로 학습하는 방식은?

① 배깅(Bagging)
② 부스팅(Booting)
③ 랜덤포레스트(Random Forest)
④ 스태킹(Staking)

19. 스피어만 상관계수를 계산할 때 대상이 되는 자료의 종류는?

① 서열척도
② 비정형 데이터
③ 구간척도
④ 비율척도

13. ③　14. ③　15. ②　16. ④　17. ④　18. ③　19. ①

출제예상문제

20. 다음 중 앙상블 기법이 아닌 것은?

① 시그모이드(Sigmoid)　　② 배깅(Bagging)
③ 랜덤포레스트(Random Forest)　　④ 부스팅(Boosting)

21. 다음 중 감성분석의 설명으로 가장 옳지 않은 것은?

① 텍스트 마이닝을 기반으로 한다.
② 초기에는 사전에 구축하고 규칙을 개발하는 방법으로 판단했다.
③ 최근 BERT를 이용하여 연구가 활발해졌다.
④ 사회적 관계를 알아내고자 할 때 사용한다.

22. 비선형적인 관계도 파악할 수 있는 상관계수는?

① 피어슨 상관계수　　② 다연 상관계수
③ 스피어만 상관계수　　④ 다분 상관계수

23. 단어의 사용빈도를 효과적으로 보여주기 위해 단어들을 크기 및 색으로 구름처럼 표현한 시각화 기법은?

① 클라우드넷　　② 워드클라우드
③ 시멘틱 네트워크　　④ 사회연결망분석

24. 비모수 검정과 분산의 모수 검정으로 사용가능한 검정 방법은?

① 크루스칼-윌리스검정　　② 부호검정
③ 카이제곱검정　　④ 윌콕슨순위합검정

25. 다음 중 성격이 다른 기법 하나를 고르시오.

① Word2Vec　　② TF-IDF
③ BERT　　④ GPT-3

26. 다음의 분할표 분석 사례에서 두 그룹의 상대적 위험도(RR) 추정량은?

구분	취업	미취업	합계
대학생	30	10	40
고등학생	10	10	20
합계	40	20	60

대학생 중 취업에 성공한 비율 30/40, 고등학생 중 취업에 성공한 비율 10/20

① 0　　② 0.5
③ 1　　④ 1.5

20. ①　21. ④　22. ③　23. ②　24. ③　25. ②　26. ④

27. 다음 시계열 분석 기법에 대한 설명으로 가장 거리가 먼 것은?

① 자기회귀 모델(AutoRegressive, AR) : 현재와 과거의 자신과의 관계를 정의
② 이동평균 모델(Moving Average, MA) : 현재와 과거 자신의 오차와의 관계를 정의
③ 자기회귀이동평균 모델(AutoRegressive Moving Average, ARMA) : 현재와 과거의 자신을 더하여 정의
④ 자기회귀누적이동평균 모델(AutoRegressive Integrated Moving Average, ARIMA) : 현재와 추세 간의 관계를 정의

28. 다음 중 딥러닝 알고리즘과 설명이 알맞지 않은 것은?

① 합성곱신경망(CNN) : CCTV를 통해 이미지를 분석해 사람을 구분하였다.
② 순환신경망(RNN) : AI스피커에게 음악을 들려 달라고 하였다.
③ 합성곱신경망(CNN)&순환신경망(RNN) : 문자인식(OCR)을 통해 신분증을 인식하였다.
④ 강화학습 : 이전 거래를 학습하여, 집값을 예측하였다.

29. 수학의 그래프 이론을 바탕으로 소셜 네트워크 서비스에서의 구조와 연결 강도를 분석하여 사용자의 명성 및 영향력을 측정하는 마이닝 기법은?

① 오피니언 마이닝　　　　　② 리얼리티 마이닝
③ 사회연결망분석　　　　　④ 웹 마이닝

30. 다음 중 앙상블 학습인 부스팅 알고리즘 종류에 대한 설명으로 바르지 않은 것은?

① AdaBoost : 약한 학습기의 오류 데이터에 가중치를 부여하면서 부스팅을 수행한다.
② GBM : 예측 성능은 높지만 욕심쟁이(Greedy) 알고리즘으로 과적합이 빠르다.
③ XGBoost : GBM대비 성능이 향상되었다.
④ Light GBM : 일반적인 균형트리분할(Level Wise) 방식을 사용한다.

31. 다음 합성곱신경망(CNN) 알고리즘에서 6×6 입력 데이터(Input data)와 3×3의 필터(Filter)의 경우 특징맵(Feature Map)의 크기를 계산하시오.

① 2×2　　　　　　　　② 3×3
③ 4×4　　　　　　　　④ 5×5

32. 텍스트 마이닝 중 정제, 통합, 변환의 과정을 거친 구조화된 단계로서 더 이상 추가적인 절차 없이 활용될 수 있는 상태는?

① 말뭉치(Corpus)
② 패키지(Package)
③ 데이터사전(Data Dictionary)
④ 문서단어행렬(Term Document Matrix, TDM)

27. ③　28. ④　29. ③　30. ④　31. ③　32. ①

33. 나이브 베이즈에 대한 설명으로 옳지 않은 것은?

① 베이즈 정리를 이용해 최대가능도 추정의 가장 큰 확률값을 갖는 모수를 추정해 낸다.
② 속성별로 중요도를 나눠 설정할 수 있어, 독립 가정 시 올바른 판단이 가능하다.
③ 비교적 노이즈와 결측 데이터에 강하고, 데이터 크기에 상관 없이 잘 동작한다.
④ 가우시안 나이브 베이즈는 독립변수가 연속형 변수 시 사용하며, 적은 데이터로도 효율적인 성능을 낼 수 있다.

34. 딥러닝 알고리즘인 합성곱신경망(CNN)의 설명으로 가장 거리가 먼 것은?

① 합성곱(Convolution) : 하나의 함수와 또 다른 함수를 반전 이동한 값을 곱한 다음, 구간에 대해 적분하여 새로운 함수를 구하는 수학 연산자
② 필터(Filter) : 이미지의 특징을 필터링하여 삭제하는 파라미터
③ 패딩(Padding) : 입력 데이터의 외각에 지정된 픽셀만큼 특정 값으로 채워 넣는 것
④ 최대풀링(Max Pooling) : 특징지도(Feature map)를 특정 크기로 잘라낸 후, 그 안에서 가장 큰 값 도출 방법

35. 콜모고로프-스미르노프(Kolmogorov-Smirnov) 검정 사례에 대한 설명으로 틀린 것은?

어느 학교 학생 100명 시험점수를 검정한 결과이다. 학생들의 시험점수가 정규분포를 따르는지를 검정하라.

귀무가설 (H_0) : 학생들의 성적은 정규분포를 따른다.
대립가설 (H_1) : 학생들의 성적은 정규분포를 따르지 않을 것이다.

일표본 kolmogorov-Smirnov 검정 (N=100)		Score
정규모수(a, b)	평균	75.66
	표준편차	15.02
최대극단차	절대값	0.148
	양수	0.070
	음수	−0.148
kolmogorov-Smirnov의 Z		1.046
근사 유의확률 (양측)		0.224

① 검정 결과 Z값 1.046에 대한 유의확률은 0.224이다.
② 귀무가설을 기각하지 못한다.
③ 이 학급의 학생들의 성적은 정규분포를 따른다.
④ 평균이 75.66이고, 유의확률이 0.224이므로 해석이 불가능하다.

36. 단어 집합의 크기를 벡터의 차원으로 하고, 표현하고 싶은 단어의 인덱스에 1의 값을, 다른 인덱스에는 0을 부여하는 단어의 수치화 방법은?

① 원핫인코딩(One Hot Encoding)
② 엔그램(N-Gram)
③ 단어자루(Bag of Words, BOW)
④ 잠재의미 분석(Latent Semantic Analysis, LSA)

37. 다음 중 워드임베딩 기법에 대한 설명 중 가장 거리가 먼 것은?

① BERT는 자연어 처리 Task를 레이블없이 양방향으로 사전학습하는 모델이다.
② GPT-3는 Open AI에서 개발한 모델이다.
③ TD-IDF는 Few-Shot 러닝을 하는 기법이다.
④ Word2Vector 학습 과정으로 CBOW, Skip-Gram이 있다.

38. 서로 다른 타입의 모델들을 결합하는 앙상블 알고리즘은?

① 배깅(Bagging)
② 부스팅(Boosting)
③ 랜덤포레스트(Random Forest)
④ 스태킹(Staking)

39. 딥러닝 합성곱신경망(CNN) 알고리즘의 풀링 레이어(Pooling Layer)에서의 최대풀링(Max Pooling)과 평균풀링(Average Pooling) 값을 구하시오.

4	10
2	8

① 최대풀링 : 10, 평균풀링 : 8
② 최대풀링 : 10, 평균풀링 : 6
③ 최대풀링 : 6, 평균풀링 : 8
④ 최대풀링 : 6, 평균풀링 : 10

40. 다음 중 비모수 통계에 대한 설명으로 가장 거리가 먼 것은?

① 가정에 대한 불만족, 작은 샘플 사이즈, 순위로만 된 데이터를 사용한다.
② 평균을 사용한다.
③ 부호검정 방법이 있다.
④ 통계량은 중앙값을 사용한다.

36. ① 37. ③ 38. ④ 39. ② 40. ②

출제예상문제

41. 딥러닝 순환신경망(RNN) 알고리즘을 개선한 장단기 메모리(LSTM) 알고리즘의 설명으로 가장 거리가 먼 것은?

① 셀 상태(Cell State)를 사용한다.
② 망각게이트(Forget Gate)는 출력(Output) 이후 사용한다.
③ 하이퍼볼릭탄젠트(Tanh) 활성화 함수를 사용한다.
④ 입력게이트(Input Gate), 망각게이트(Forget Gate), 출력게이트(Output Gate)를 사용한다.

42. 다음 중 네트워크 중심성 평가에서 사용하는 중심성이 아닌 것은?

① 연결중심성(Degree Centrality)
② 매개중심성(Betweenness Centrality)
③ 근접중심성(Closeness Centrality)
④ 원격중심성(Remote Centrality)

43. 다음 중 독립변수와 종속변수 척도에 따른 통계 분석 방법으로 옳지 않은 것은?

① t검정은 연속형 종속변수와 2개 범주의 독립변수를 사용하여 분석하는 방법이다.
② 공분산분석(ANCOVA)은 종속변수가 범주형, 독립변수가 연속형인 분석 방법이다.
③ 로직 모델은 범주형 종속변수와 범주형 및 연속형(수치형) 독립변수를 사용하여 분석하는 방법이다.
④ 카이제곱(x^2) 검정은 범주형 종속변수와 범주형 독립변수를 사용하여 분석하는 방법이다.

44. 다음에서 설명하는 이론은 무엇인가?

> B를 표본공간 S내의 임의의 사건이라 하고, 서로 배반인 사건 $A_1, A_2, \cdots, A_n$의 합이 표본공간 S라 하면 B사건 근거로 A_i가 발생할 확률
>
> $$P(A_1|B) = \frac{P(A_1 \cap B)}{P(B|A_1)P(A_1) + P(B|A_2)P(A_2) + \cdots + P(B|A_n)P(A_n)}$$

① 사전확률
② 조건부확률
③ 전확률
④ 베이즈 정리

45. 범주형 변수의 독립성 검정에서 표본이 소표본(n < 30)이거나 기대빈도 가정이 충족되지 못 할 때(기대빈도가 5보다 작은 셀이 전체 20%가 넘을 경우) 사용 가능한 분석 기법은?

① 카이제곱검정
② 분산분석
③ 피셔의 정확 검정
④ Z검정

41. ② 42. ④ 43. ② 44. ④ 45. ③

46. 다음 중 주성분분석의 설명이 아닌 것은?

① 공분산을 사용한다.
② 차원을 축소하는 기법이다.
③ 상관관계가 없는 변수들을 변수로 분산을 극대화하고, 선형 결합해 사용한다.
④ 정방행렬에서만 사용한다.

47. 시계열분석 기법에 대한 설명으로 가장 거리가 먼 것은?

① 평활법 : 지수평활법과 이동평균법으로 나눌 수 있다.
② 분해법 : 시계열의 변동폭이 시간의 흐름에 따라 일정하거나 점차 커지는 경우 사용한다.
③ 자기상관성함수 : 0에 가까울수록 시계열이 불안정적이며, 1로 갈수록 시계열이 안정적인 것을 의미한다
④ 백색잡음(White Noise) : 일반적인 정규분포(평균이 0, 분산이 1인 정규분포)에서 도출된 무작위잡음 (Random Noise) 값을 의미한다

48. 다음 중 배깅의 절차를 순서대로 나열하시오.

ㄱ. 원자료(Raw data)에서 부트스트랩(Bootstrap) 추출
ㄴ. 모델링하여 모델 생성
ㄷ. 추출 반복 n개의 표본추출 데이터(Sampling Data) 만듦
ㄹ. 단일 모델로 결합하여 최종 예측 모델 생성

① ㄱ-ㄴ-ㄷ-ㄹ
② ㄱ-ㄷ-ㄴ-ㄹ
③ ㄴ-ㄱ-ㄷ-ㄹ
④ ㄴ-ㄷ-ㄱ-ㄹ

49. 사회연결망분석의 주요 속성에 대한 설명으로 가장 거리가 먼 것은?

① 응집력 : 행위자들 간 강한 사회화 관계의 존재
② 등가 : 네트워크에서 누가 권력을 가지고 있는가?
③ 범위 : 행위자의 네트워크 규모
④ 중계 : 다른 네트워크와 연결해주는 것

50. 핸드폰 생산공장에서 핸드폰을 생산하는데 A, B, C라인을 사용한다. 생산품의 10%를 A라인, 30%를 B라인, 60%를 C라인에서 생산하고, A라인의 불량률은 1%, B라인의 불량률은 2%, C라인의 불량률은 3%라고 했을 때, A 라인에서 불량품이 발생할 확률은?

① 0.017
② 0.4
③ 0.17
④ 0.04

46. ③ 47. ③ 48. ② 49. ② 50. ④

풀이

01. 독립사건이므로, $P(A \cap B) = P(A) \times P(B)$, 조건부확률은 $P(B \mid A) = P(A \cap B) / P(A)$.
따라서 $P(A) \times P(B) / P(A) = P(B) = 0.4$이다.

02. 시계열분석 기법에서 이동평균 모델(Moving Average, MA)은 현 시점의 유한 개의 백색잡음을 선형 결합으로 표현하였기에 정상성을 만족한다.

03. 나이브 베이즈 알고리즘은 각 변수가 독립임을 가정하고, 각 우도확률을 직접 이용하지 않고, 근사값을 계산하여 대상을 구분하는 분류 기법이다. 특성들 사이의 독립을 가정하는 베이즈 정리를 적용한 확률 분류 기법이다.

04. 요인(Factor)은 상관계수가 높은 변수들을 포함해 새롭게 생성한 변수 집단이며, 변수의 선형 결합으로 차원을 축소하는 방법은 주성분분석의 특징이다.

05. 앙상블 기법의 경우 투표(Voting), 배깅(Bagging), 부스팅(Boosting), 랜덤포레스트(Random Forest), 스태킹(Staking) 유형이 있다. 상호 연관성이 높으면 분류하기가 쉽지 않기 때문에 정확도가 감소한다.

06. 모수적 검정에서 평균과 분산을 사용해 검정을 실시한다.

07. 회귀분석은 연속형 자료에서 사용한다.

08. 교차분석 검정 유형으로는 적합도 검정, 동질성 검정, 독립성 검정 세 가지가 있다.

09. 공분산행렬은 정방행렬(Square Matrix)에서 가능하다.

10. 비모수 검정 중, 부호검정과 윌콕슨부호순위검정은 짝지어진 두 개의 관찰치(대응표본)의 크고 작음에 대해 검정을 수행할 수 있다.

11. 시계열에서 정상성을 만족한다는 의미는 평균, 분산, 공분산 및 기타 모든 분포적 특성이 일정함을 의미한다. 시간의 흐름에 따라 통계적 특성(평균, 분산, 공분산)이 변하지 않는 것이다.

12. 엔그램(N-Gram)은 임의의 단어 개수를 정하기 위한 기준을 위해 사용하는 것으로, n개의 연속적인 단어 나열을 의미한다. 말뭉치(Corpus)에서 $n-1$개의 단어 뭉치 단위로 끊어서 이를 하나의 토큰으로 간주한다.

13. 다차원척도법은 케이스 간의 거리를 바탕으로 관계 구조를 시각적으로 표현한 분석 기법이다. 개체들의 비유사성을 이용하여 2차원 공간에 점을 표시하고 개체들 사이의 집단화를 시각적으로 표현한다.

14. 데이터 차원축소 기법은 주성분분석, 요인분석, 정준상관분석이 대표적이다. 군집분석은 해당하지 않는다.

15. 고유값(Eigen Value)은 각 요인에 대한 모든 변수들의 요인 적재값 제곱의 합이며, 해당 요인이 설명할 수 있는 있는 변수들의 분산의 총합이다.

16. 텍스트 마이닝에서 오피니언 분석은 문장에서 사용된 긍정과 부정을 파악해 분석하는 기법이다.

17. 순환요인(Cycle Factor)은 특정 주기 혹은 수년 간의 간격으로 발생하는 주기적인 패턴으로 물가상승률이나 급격한 인구증가를 설명할 수 있다. 코로나 같은 전염병은 불규칙요인에 해당되며, 순환요인으로 설명되지 않는다.

풀이

18. 랜덤포레스트는 여러 개의 결정 트리를 임의로 학습시킨 후 최적화를 수행하는 앙상블 기법이다.

19. 서열척도 자료는 스피어만 상관계수를 계산할 때 사용한다.

20. 앙상블 기법에는 대표적으로 보팅(Voting), 배깅(Bagging), 부스팅(Boosting), 랜덤포레스트(Random Forest), 스태킹(Staking)이 있다.

21. 사회적인 관계를 알아내고자 하는 기법은 사회연결망분석 기법이다.

22. 스피어만 상관계수는 비선형적인 관계도 파악할 수 있으며, 피어슨 상관계수는 선형적인 관계를 파악할 수 있다.

23. 워드클라우드는 단어의 사용빈도를 기반으로 효과적으로 보여주기 위해 크기, 색으로 구름처럼 표현한 시각화 기법이다.

24. 카이제곱검정은 분산의 모수 차이를 검정할 수 있으며, 명목/서열척도를 검정할 수 있는 비모수 통계에도 사용될 수 있다.

25. 제시한 보기는 텍스트 마이닝에서 사용하는 워드임베딩 기법들이다. 출현빈도 기반으로 TF-IDF, Count Vector, 예측 기반의 Word2Vec, BERT, GPT-3가 있다.

26. 대학생 중 취업에 성공한 비율 30/40, 고등학생 중 취업에 성공한 비율이 10/20이므로 두 그룹의 상대위험도 추정량은 (30/40) / (10/20) = 1.5이다.

27. 자기회귀이동평균 모델(AutoRegressive Moving Average, ARMA)은 현재와 과거의 자신 그리고 자신과의 오차를 동시에 고려하여 정의한다.

28. 이전 거래에 대한 학습을 통해 집값을 예측하기 위해서는 지도학습의 회귀를 사용하다

29. 데이터 마이닝에서 사회연결망분석은 수학의 그래프 이론을 바탕으로 소셜 네트워크 서비스에서의 구조와 연결 강도를 분석하여 사용자의 명성 및 영향력을 측정하는 기법이다.

30. 앙상블 학습의 부스팅 알고리즘에서 Light GBM은 일반적인 균형트리분할(Level Wise)이 아닌 리프중심트리분할(Leaf Wise)을 사용한다.

31. N은 Input shape, P는 padding값, F는 Convolution filter shape, S는 Stride값.
    출력 데이터 크기 계산은 $\frac{N+2P-F}{S}+1 = \frac{6+(2\times0)-3}{1}+1 = 4$이다.

32. 말뭉치(Corpus)는 텍스트 마이닝 중 정제, 통합, 변환의 과정을 거쳐 구조화된 단계로 추가적인 절차 없이 활용할 수 있는 상태이다.

33. 나이브 베이즈의 단점으로는 모든 속성의 중요도를 동등하게 반영하여 독립 가정이 잘못된 판단을 할 수 있다는 점이다. 예를 들면, 일기예보에서 습도는 중요한 단어임에도 다른 특징과 동등하게 반영한다.

34. 합성곱신경망(CNN)에서의 필터란 커널과 같은 의미로, 이미지의 특징을 찾아내기 위한 공용 파라미터이다.

풀이

35. 검정 결과 Z값 1.046에 대한 유의확률은 0.224로서 유의수준 0.05보다 크므로 귀무가설을 채택한다(기각하지 못한다). 따라서 이 학급의 학생들의 성적은 정규분포를 따른다. 학생들의 성적은 정규분포를 따를 것이라는 귀무가설을 검정한 결과이다.

36. 원핫인코딩(One Hot Encoding)에 대한 설명으로, 희소표현(Sparse Representation, 텍스트를 수치화시키는 방법)의 대표적인 인코딩 기법이다.

37. 퓨샷러닝(Few-shot Learning)은 적은 양의 데이터로 모델을 학습하여 테스트 데이터에서 유의미한 성능을 얻고자 하는 작업으로 GPT-3에서 사용한다. TD-IDF는 빈도기반 워드임베딩 기법이다.

38. 스태킹은 서로 다른 타입의 모델들을 결합하는 앙상블 알고리즘이다.

39. 합성곱신경망(CNN)에서의 최대풀링(Max Pooling)은 최대값 10, 평균풀링(Average Pooling)은 평균값 6을 도출한다.

40. 평균을 사용하는 건 모수 통계이다.

41. 망각게이트(Forget Gate)는 출력게이트(Output gate) 전에 사용된다.

42. 네트워크 중심성 평가로는 연결중심성, 매개중심성, 근접중심성, 고유벡터 중심성이 대표적이다.

43. 일반선형 모델(General Linear Model)에서 독립변수가 연속형(이산형 포함) 변수의 경우, 공분산분석 모델(ANCOVA)을 사용한다.

44. 제시한 보기는 베이즈 정리에 대한 정의이다.

45. 범주형 변수의 독립성 검정에서 표본이 소표본($n < 30$) 이거나 기대빈도 가정이 충족되지 못 할 때(기대빈도가 5보다 작은 셀이 전체 20%가 넘을 경우)는 카이제곱검정이 아닌 피셔의 정확 검정을 사용한다 (2×2 교차표인 경우만 사용, 초기하분포 기반)

46. 주성분분석은 여러 변수들의 데이터를 주성분이라는 서로 상관성이 높은 변수들의 선형 결합으로 만들어 변수들을 요약, 축소하는 기법이다.

47. 자기상관성 함수(AutoCovariance Function, ACF)는 시간에 따른 상관 정도를 나타내기 위한 통계량이다. 자기상관계수의 값은 0과 1사이의 값을 가지며, 0으로 갈수록 시계열이 안정적이며, 1로 갈수록 시계열이 불안정적인 것을 의미한다.

48. 앙상블 알고리즘에서 배깅은 ㄱ. 원자료(Raw data)에서 부트스트랩(Bootstrap) 추출 → ㄷ. 추출 반복 n개의 표본추출 데이터(Sampling Data) 만듦 → ㄴ. 모델링하여 모델 생성 → ㄹ. 단일 모델로 결합하여 최종 예측 모형 생성 단계로 수행한다.

49. 사회연결망분석에서 주요 속성 중 등가는 한 네트워크의 구조적 지위와 그 위치가 주는 역할이 동일한 사람들 간의 관계이다. 네트워크에서 누가 권력을 가지고 있는가는 명성을 의미한다.

50. 제시된 문제는 베이즈 정리에 대한 풀이 문제로 다음과 같다.

$$P(A라인|불량품) = P(A|M) = \frac{P(A \cap M)}{P(M)} = \frac{P(A \cap M)}{P(M|A)P(A)+P(M|B)P(B)+P(M|C)P(C)}$$

$$P(A라인|불량품) = \frac{(0.1)(0.01)}{(0.1)(0.01)+(0.3)(0.02)+(0.6)(0.03)} = 0.04$$

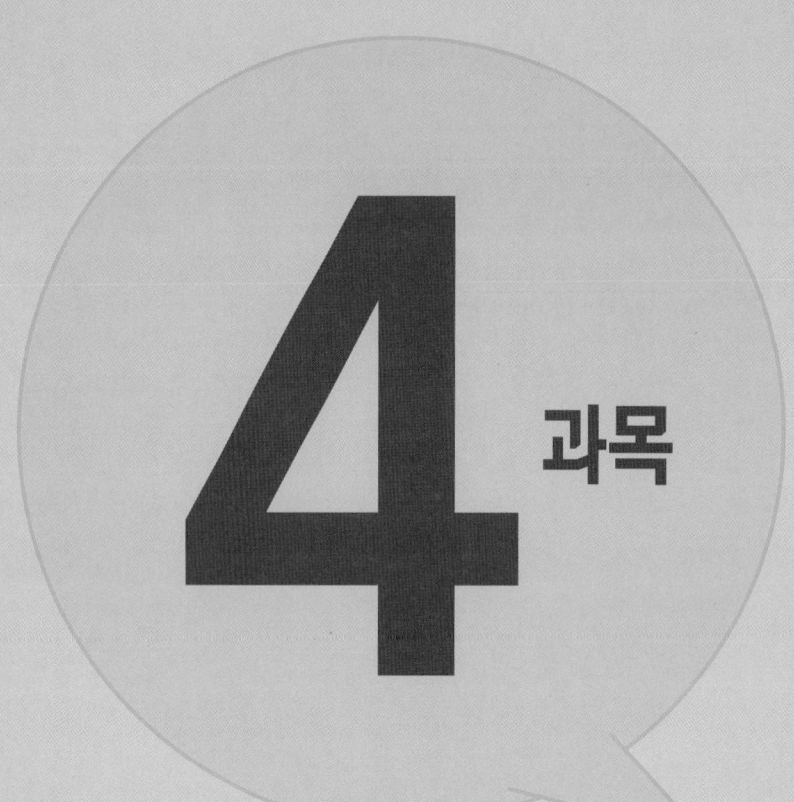

빅데이터 결과 해석

Chapter 9. 분석 모델(모형) 평가 및 개선

Chapter 10. 분석 결과 해석 및 활용

데이터 가치사슬(Data Value Chain)은 반복 가능한 프로세스에서 현업 부서는 물론, 데이터 가치사슬 자체에 대한 지속적인 향상을 필요로 한다. 이는 곧 빅데이터 투자에서 가치를 얻으려면 데이터를 기반으로 데이터 분석 모델을 효과적으로 관리해야 함을 의미한다.

데이터 분석 모델을 효과적으로 관리하기 위해 모델의 결과를 기반으로 현재 추진하고 있는 주요 과제에 대한 변경을 수행하고 그 결과를 측정하게 되는데, 이를 이용해 추가 조치를 결정하는 한편, 자체 데이터 수집, 데이터 정제 및 데이터 모델의 성능을 향상시키는 과정을 수행하게 된다.

이러한 과정은 프로세스를 보다 신속하게 수정하고 데이터의 가치를 도출하는 소요시간을 단축시켜 준다. 따라서 가장 이상적인 것은 여러 번의 반복 작업 후 모델이 정확한 예측을 생성하고 수립한 목표를 달성하며, 다음 비즈니스 과제를 해결하는 과정에서도 활용할 수 있는 하나의 최종 데이터 가치사슬을 구성하는 것이다.

'4과목 빅데이터 결과 해석'에서는 앞서 설명한 데이터 가치사슬의 최적화를 위해 빅데이터 모델링의 결과를 평가 및 개선하여 최종적인 분석 모델을 운영 환경(운영시스템, 서비스 등)에 적용하고, 이를 활용하는 일련의 과정에 대해 학습한다.

Chapter 9

분석 모델(모형) 평가 및 개선

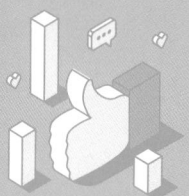

들어가기 전에

분석 목적을 달성하기 위해 적합한 분석 모델의 선정, 모델의 적용, 모델의 평가 과정은 빅데이터의 분석의 핵심적인 부분이다. 1회성으로 모델의 평가 결과를 놓고 판단한다면 잘못된 결과를 초래하기 때문에 정량적인 지표를 기준으로 반복적인 수행을 통해 운영 환경에서 높은 성능을 보이는 모델(일반화 성능)을 적용하기 위한 노력이 필요하다.

이를 위해서 여러 모델을 비교해서 좋은 모델을 선택하기 위한 평가 기준이 있어야 하며, 분석 모델에 적합한 평가지표를 선정해서 성능을 진단하고 개선해야 한다.

본 장에서는 분석 모델 종류별로 어떤 평가 기법을 사용하고 어떤 과정을 통해서 분석 모델의 성능을 높일 수 있는지 학습한다.

챕터 구성

9.1 분석 모델 평가
9.1.1 평가지표
9.1.2 분석 모델 진단
9.1.3 교차검증(교차타당성 검증)
9.1.4 모수 유의성 검정
9.1.5 적합도 검정
출제예상문제

9.2 분석 모델 개선
9.2.1 과적합 방지
9.2.2 매개변수(파라미터) 최적화
9.2.3 분석 모델 융합
9.2.4 최종 모델 선정
출제예상문제

9.1 분석 모델 평가

학습목표
분석 모델을 평가하기 위한 지표는 무엇이며, 각 모델에 적합한 다양한 진단 방법을 학습한다.

출제경향
해당 장에서는 평가지표의 종류를 선택하는 문제의 출제비중이 매우 높으며, 출제유형도 계산하는 문제유형까지 깊이 있게 출제되고 있다. 따라서 각 모델별 사용할 수 있는 평가지표를 명확하게 구분해서 학습해야 할 뿐 아니라, 분류 모델에 대해서는 혼동행렬을 중심으로 계산식도 반드시 숙지해야 한다. 또한 모델을 평가하여 성능을 높이기 위한 교차검증, 모수의 유의성 검정은 각 기법의 개념과 특징 중심으로 기법을 선택하는 문제유형에 대응할 수 있도록 준비하도록 하자.

출제빈도

제2회(2021. 04. 17) 10문항 출제	제3회(2021. 10. 02) 11문항 출제
제4회(2022. 04. 09) 11문항 출제	제5회(2022. 10. 01) 8문항 출제
제6회(2023. 04. 08) 7문항 출제	제7회(2023. 09. 23) 10문항 출제
제8회(2024. 04. 06) 9문항 출제	제9회(2024. 09. 07) 7문항 출제

출제세부항목	출제수	출제 내용(문항수)
9.1.1 평가지표	26	혼동행렬(10), 분류지표(6), 회귀지표(4), F1-Score(2), 지표 해석(2), 군집지표, 평가기준
9.1.2 분석 모델 진단	16	ROC(7), 분석 모델 진단, 군집 진단, 데이터 진단, 그래프 해석, AUC, 선형회귀 3가지 가정, 모델 테스트, 엘보우 메소드, Lift
9.1.3 교차검증	13	케이폴드 교차검증(4), 데이터 분할(3), 유형(2), 개념(2), LOOCV(2)
9.1.4 모수 유의성 검정	8	카이제곱(2), 검정 개념(2), 가설 검정, 유의확률, 해석, 정규성 검정 기법
9.1.5 적합도 검정	10	검정 기법(4), 개념(4), 적합도 검정 해석, 회귀분석 적합도 검정

빅분기_50
9.1.1

9.1.1 평가지표

모델 평가(Evaluation)는 최종 분석 모델의 신뢰성을 입증하여 모델의 타당성을 확보하고자 수행하는 절차이며, 모델 진단(Diagnostics)은 분석 모델의 불완전성을 파악하여, 이를 개선함으로써 최선의 모델을 얻고자 수행하는 절차이다.

따라서 진단은 최종 모델을 구현하기 위한 일련의 과정 중 수행하는 것이며, 평가는 최종 모델을 확보하고 난 후 수행하는 것이다.

모델 평가는 모델의 예측값과 실제값을 비교하여 두 값의 오차가 어느 정도인지를 판단하게 되며, 실제값과 예측값의 차이(오차)가 작을수록 분석 모델의 성능이 우수함을 의미한다. 하지만 실제값과 예측값이 100% 일치하는 것은 현실적으로 불가능하기 때문에 어느 정도 오차를 허용할 것인지를 결정하여 빅데이터 분석 모델을 적용하게 된다.

모델 평가의 목적 기출

- 신뢰성 기반 활용 기준 : 실무에서 사용 가능한지 판단
- 효율성과 정확성 : 적은 입력변수의 선택과 분류와 예측의 정확성 확보
- 일반화 가능성 : 데이터 확장 적용 및 이에 따른 데이터 변화에 안정적 결과 제공
- 진단의 기준 : 구축된 모델의 성능 안정성 유지 및 성능 개선
- 해석력 : 입력변수(독립변수)와 출력변수(종속변수)의 관계 설명 정도

이 과정에서 오차를 측정하는 기준인 평가지표(Evaluation Metrics)는 크게 머신러닝의 두 가지 유형인 지도학습과 비지도학습 관점에서 구분할 수 있으며, 지도학습은 종속변수가 범주형인지와 연속형인지에 따라 달라질 수 있다.

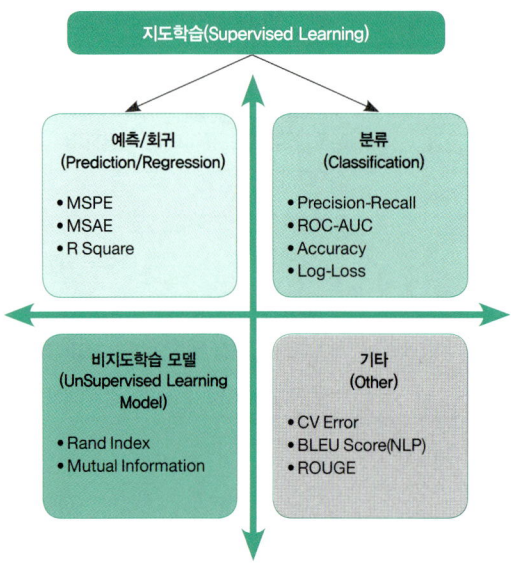

분석 모델별 모델 성능 평가지표 기출

9.1.1.1 회귀 모델의 평가지표

머신러닝의 유형은 모델을 학습시키는 과정에서 정답(클래스, Label)을 알려주느냐 그렇지 않느냐에 따라 지도학습(Supervised Learning)과 비지도학습(Un-Supervised Learning)으로 구분되며, 이중 지도학습은 크게 분류(Classification)와 회귀(Regression) 모델로 구분된다.

분류 모델은 결과가 범주형 데이터(0 혹은 1 등)로 결정되기 때문에 옳게 예측한 비율로 모델의 성능을 평가하고, 회귀 모델은 결과가 연속형 데이터(실수값)로 결정되기 때문에 데이터의 오차(Error)의 수치로 성능을 평가한다.

우선 다음 표에 정리한 회귀 모델의 평가지표부터 학습하도록 하자.

회귀 모델에서의 평가지표

평가 항목	수식	설명
AE	평균오차(Average Error) $$\frac{1}{n}\sum_{i=1}^{n}(y_i - \hat{y})$$	실제값에서 예측값을 뺀 합의 평균 예측값들이 평균적으로 미달하는지 초과하는지 확인
MAE	평균절대오차(Mean Absolute Error) $$\frac{1}{n}\sum_{i=1}^{n}|y_i - \hat{y}_i|$$	실제값과 예측값 차이의 절대값 합의 평균(직관적 지표) 오차간 합이 0되는 것을 방지
		절대값이기 때문에 실제보다 높은 예측인지(과대평가), 낮은 예측인지(과소평가)는 알 수 없음 작을수록 좋은 모델
		평균제곱오차(MSE)보다 이상값에 대한 저항도가 높음
MAPE 기출	평균절대백분율오차 (Mean Absolute Percentage Error) $$\frac{100\%}{n}\sum_{i=1}^{n}\left|\frac{y_i - \hat{y}_i}{y_i}\right|$$	평균절대오차(MAE)를 퍼센트로 변환한 값(직관적이지 않음) 평균오차(AE)의 크기가 다른 모델 비교에 용이함
		과대평가와 과소평가 문제와 모델에 대한 편향이 존재할 수 있음 이 단점에 대응하기 위해 평균백분율오차(Mean Percentage Error, MPE)도 추가로 확인 필요

지표	수식	설명
MPE	평균백분율오차(Mean Percentage Error) $$\frac{100\%}{n}\sum_{i=1}^{n}\left(\frac{y_i - \hat{y}_i}{y_i}\right)$$	실제값과 예측값 차이 합한 값에 대한 백분율의 평균(직관적이지 않음) 평균절대백분율오차(MAPE)에서 절대값을 제외한 지표 과소평가와 과대평가 확인 가능(상대 오차 측정)
MSE **기출**	평균제곱오차(Mean Square Error) $$\frac{1}{n}\sum_{i=1}^{n}(y_i - \hat{y}_i)^2$$	실제값과 예측값 차이의 제곱합의 평균(직관적 지표) 제곱을 하기 때문에 평균절대오차(MAE)와는 다르게 모델의 실제값 예측값과 차이의 면적의 합이 됨 이런 차이로 특이값/이상값에 민감
		작을수록 좋은 모델
		1 미만의 에러는 더 작아지고 그 이상의 에러는 더 커지는 값의 왜곡이 발생
RMSE **기출**	평균제곱근오차(Root Mean Square Error) $$\sqrt{\frac{1}{n}\sum_{i=1}^{n}(y_i - \hat{y}_i)^2}$$	평균제곱오차(MSE)의 제곱근의 값(직관적) 평균제곱오차(MSE)의 값이 커지는 것을 실제값의 단위와 맞게 조정 평균제곱오차(MSE)보다 특이값/이상값에 덜 민감함
R Square (결정계수)	$R^2 = 1 - \frac{SST - SSR}{SST} = 1 - \frac{SSE}{SST} = \frac{SSR}{SST}$ = 회귀선 설명 가능 변동(SSR) / 총변동(SST) 종속변수의 분산 중에서 독립변수로 설명되는 비율(모델의 설명력) 결정계수의 범위 $0 \leq R^2 \leq 1$ 1에 가까울 수록 설명력이 높다고 판단	
	총제곱합(Sum of Squares Total) $$SST = \sum_{i=1}^{n}(y_i - \bar{y})^2$$	값(y_i)이 평균($\bar{y}$)과 얼마나 차이 있는지 의미 Y가 가진 총 변동성(회귀선 설명 + 회귀선 설명불가)
	회귀제곱합(Sum of Squares Regression) $$SSR = \sum_{i=1}^{n}(\hat{y}_i - \bar{y})^2$$	회귀선으로 설명할 수 있는 변동
	오차제곱합(Sum of Squares Error) $$SSE = \sum_{i=1}^{n}(y_i - \hat{y}_i)^2$$	회귀식으로 설명되지 않는 변동을 의미 SSE가 작을수록 결정계수가 커져 모델이 데이터를 잘 설명한다고 볼 수 있음
Adjusted R Square	수정된 결정계수(Adjusted R Square) $$1 - \frac{n-1}{(n-k-1)(1-R^2)}$$ n: 표본 개수, p: 독립변수개수	다중회귀분석에서는 독립변수가 유의하든, 유의하지 않든 독립변수의 수가 많아지면 결정계수가 높아짐 이런 결정계수의 단점을 보완하기 위한 모델의 설명력 평가지표

y_i : i번째 종속변수 실제값, $\bar{y}$: 종속변수 관측값들의 평균, $\hat{y}_i$: i번째 종속변수 예측값

과소평가(Underperformance) : 모델이 실제보다 낮은 값으로 예측

과대평가(Overperformance) : 모델이 실제보다 높은 값으로 예측

> **참고** 추가적인 종속변수 설명력 평가 척도
>
> 결정계수, 수정된 결정계수 외에도 다음과 같은 종속변수의 설명력을 평가하는 척도 존재
> 아래 기법들은 다중회귀분석에서 종속변수에 영향을 주는 독립변수 그룹을 선정하는 기준으로도 활용된다.
>
> | 구분 | 설명 | 값 (Value) |
> | --- | --- | --- |
> | 맬로우즈Cp (Mallows's Cp) | 모델 내 독립변수 개수의 균형을 맞추는데 유용한 방법 (오차가 적은 방향으로 변수 선택) $C_p < p$ 이면 좋은 모델 | $C_p = \dfrac{SSE_k}{\sigma^2} + 2k - n$ |
> | 아카이케 정보 기준 (Akaike Information Criterion, AIC) | 실제 데이터의 분포와 모델이 예측하는 분포의 차이를 데이터 수와 상관없이 패널티를 일정하게 주는 방법 AIC가 작으면 좋은 모델 | $AIC = -2log(L) + 2k$ $BIC = -2log(L) + Log(n)k$ $L(Likelihood)$: 최대가능도 $-2log(L)$: 로그가능도 |
> | 베이즈 정보 기준 (Bayes Information Criterion, BIC) | AIC를 보완하여 데이터 수가 많아질수록 패널티도 함께 커지게 하는 방법 BIC가 작으면 좋은 모델 | |
>
> 정보 기준(Information Criterion) : 최대가능도에 독립변수 개수에 대한 패널티를 반영하는 방법
> k : 독립변수 수, n : 데이터 수

9.1.1.2 분류 모델의 평가지표

분류 모델을 학습하는 목적은 주어진 데이터를 의도에 맞게 잘 분류(Classification)하기 위한 것이며, 평가하는 기준은 주로 정확도(Accuracy), 정밀도(Precision), 재현율(Recall)을 사용한다.

❶ 혼동행렬(Confusion Matrix)

혼동행렬은 분석 모델에서 분류한 예측값(그룹 혹은 범주)과 실제값(그룹 혹은 범주)을 교차표 형태로 정리한 행렬로 구성된다. 분할표(Contingency Table) 또는 오차행렬(An Error Matrix)이라고도 불리며, 분류 모델을 평가하는 지표로 사용된다.

혼동행렬(또는 오류행렬) 기출

		실제 범주값(실제값)	
		Positive(1)	Negative(0)
예측 범주값 (예측값)	Positive(1)	TP(True Positive) 옳은 결정($1-\alpha$)	FP(False Positive) 제1 종오류(α)
	Negative(0)	FN(False Negative) 제2 종오류(β)	TN(True Negative) 옳은 결정($1-\beta$)

실제값과 예측값이 동일하면 T(True), 틀리면 F(False)로 표시하고, 예측값을 기준으로 범주1로 예측했다면 P(Positive), 범주 0으로 예측했다면 N(Negative)를 붙여준다.

예를 들어, 정답이 범주 1과 0 두 개가 존재할 경우, TP(True Positive)는 전체 데이터에 대하여 해당 분류 모델이 범주 1을 예측했고 실제 정답도 1인 건수를 의미한다.

- TP(True Positive) : 실제값 1(Positive)을 분류 모델이 1(Positive)로 옳게(True) 예측한 수
- FP(False Positive) : 실제값 0(Negative)을 분류 모델이 1(Positive)로 틀리게(False) 예측한 수
- FN(False Negative) : 실제값 1(Positive)을 분류 모델이 0(Negative)으로 틀리게(False) 예측한 수 `기출`
- TN(True Negative) : 실제값 0(Negative)을 분류 모델이 0(Negative)으로 옳게(True) 예측한 수

혼동행렬에서 정답의 범주가 3개 이상인 경우, 다음과 같이 행과 열을 늘려, 옳게(True) 판단한 값은 대각선에 위치하고, 틀리게(False) 판단한 값은 나머지 위치에 존재한다.

정답이 2개와 3개인 경우, 혼동행렬의 확장

❷ 혼동행렬의 평가지표(Metric)

혼동행렬만 보면 분류 모델의 성능이 명확하게 표현되지 않는다. 분류 모델이 얼마나 정확한지 확인하기 위해 다음과 같은 평가지표를 활용한다.

혼동행렬을 이용한 평가지표 `기출`

평가 항목	수식	설명
정확도 (Accuracy)	$\dfrac{TP+TN}{TP+TN+FP+FN}$	전체 중 맞춘 것의 비율 전체 예측에서 옳은 예측의 비율(예측이 Positive든 Negative든 무관)
정밀도 (Precision)	$\dfrac{TP}{TP+FP}$	예측값이 Positive인 값 중에 Positive를 Positive로 옳게(TP) 판단한 비율 Positive 정답률, PPV(Positive Predictive Value)
재현율 (Recall)	$\dfrac{TP}{TP+FN}$	실제값이 Positive인 값 중에 Positive를 Positive로 옳게(TP) 판단한 비율 Positive 검출율
민감도 (Sensitivity)	$\dfrac{TP}{TP+FN}$	실제값이 Positive인 값 중에 Positive를 Positive로 옳게(TP) 판단한 비율 민감도는 재현율과 동일하며 특이도와 함께 범주 불균형 문제를 가지고 있는 데이터의 평가지표 참 양성비율(진양성율), TPR(True Positive Rate)

특이도 (Specificity) **기출**	$\dfrac{TN}{TN+FP}$	실제값이 Negative인 값 중에 Negative를 Negative로 옳게(TN) 판단한 비율 범주 불균형 문제를 가지고 있는 데이터의 평가지표 참 음성비율(진음성율), TNR(True Negative Rate)
거짓양성비율 (FP Rate = Fall − out)	$1 - 특이도$ $= 1 - \dfrac{TN}{TN+FP} = \dfrac{FP}{TN+FP}$	실제값이 Negative인 값 중에 Negative를 Positive로 잘못(FP) 판단한 비율 거짓 양성비율(위양성율), FPR(False Positive Rate)
F1점수 (F1 − Score)	$2 \times \dfrac{Precision \times Recall}{Precision + Recall}$	정밀도(Precision)와 재현율(Recall)의 조화평균 범주 불균형 문제를 가지고 있는 데이터의 평가지표 시스템의 성능을 하나의 수치로 표현하기 위해 사용하는 점수로 0∼1 사이의 값을 가지며 1에 가까울수록 좋음
F베타 점수 (F Beta − Score)	$F_\beta = (1+\beta^2) \times \dfrac{P \times R}{(\beta^2 \times P) + R}$ $P : Precision, R : Recall$	정밀도(Precision)와 재현율(Recall)의 조화평균에서 어느 한 쪽에 가중치를 더 두고 싶을 때 사용하는 평가지표 베타(Beta,β)값이 1.0보다 큰 경우 재현율의 비중이 커지고, 1.0보다 작은 경우 정밀도의 비중이 커짐(베타의 값이 1인 경우 F1 Score와 같음)
카파 (Kappa)	$\dfrac{Accuracy(정확도) - P(e)}{1 - P(e)}$ $P(e)$: 두 평가자의평가가 우연히일치할확률	두 평가자의 평가가 얼마나 일치하는지 평가하는 값 0∼1 사이의 값을 가짐 두 평가자의 평가가 우연히 일치할 확률을 제외한 점수

❸ 평가지표의 계산 사례

구분	설명
사례	10명의 사람이 악성 종양 검사를 받았다고 하자. 이때 진짜 악성 종양을 가지고 있는 사람이 0명이라고 했을 때, 분류 모델의 예측 결과는 다음과 같다(양성 : 1, 악성 : 0). | 혼동행렬		실제 범주값(실제값)	
---	---	---	---
		Positive(1) : 양성	Negative(0) : 악성
예측 범주값 (예측값)	Positive(1)	$TP(1)$	$FP(1)$
	Negative(0)	$FN(1)$	$TN(7)$	
정확도 (Accuracy)	$\dfrac{TP+TN}{TP+TN+FP+FN} = \dfrac{1+7}{1+7+1+1} = 0.8$
정밀도 (Precision)	$\dfrac{TP}{TP+FP} = \dfrac{1}{1+1} = 0.5$
재현율 (Recall)	$\dfrac{TP}{TP+FN} = \dfrac{1}{1+1} = 0.5$
F1점수 (F1 − Score) **기출**	$2 \times \dfrac{Precision \times Recall}{Precision + Recall} = 2 \times \dfrac{0.5 \times 0.5}{0.5 + 0.5} = 0.5$
특이도 (Specificity) **기출**	$\dfrac{TN}{TN+FP} = \dfrac{7}{7+1} = 0.875$

거짓양성비율 (FP Rate = Fall − out)	$1 - 특이도 = 1 - \dfrac{TN}{TN+FP} = \dfrac{FP}{TN+FP}$ $= 1 - 0.875 = \dfrac{1}{7+1} = 0.125$

일반적으로 정확도(Accuracy)는 데이터 편향(Bias)에 대해 단점을 가진다.

예를 들어, 100명의 사람이 악성종양 검사를 한 결과 진짜 악성종양을 가지고 있는 사람이 5명이었다. 우리가 만든 모델에 이 데이터를 넣었을 때, 정확도가 95%가 나왔다고 가정하고, 이를 분석해 보았더니 악성종양을 가진 사람은 맞히지 못했고 악성종양을 가지지 못한 사람을 100% 맞혔다. 실제 악성종양을 맞추지 못했는데 모델의 정확도는 95%로 판단하게 된다.

이렇게 데이터의 불균형으로 양성(Positive) 혹은 음성(Negative) 비율이 치우쳐서 제대로 된 분류를 못하는 상황을 정확도의 역설(Accuracy Paradox)이라고 한다. 그래서 희박한 가능성으로 발생할 상황에 대해 제대로 된 분류를 해주는지 평가해줄 지표로 정밀도(Precision)와 재현율(Recall)을 확인해야 한다. `기출`

❹ 정밀도, 재현율의 트레이드 오프 관계와 임계값

정밀도와 재현율은 정의되는 문제의 종류에 따라 다르게 사용될 수 있다.

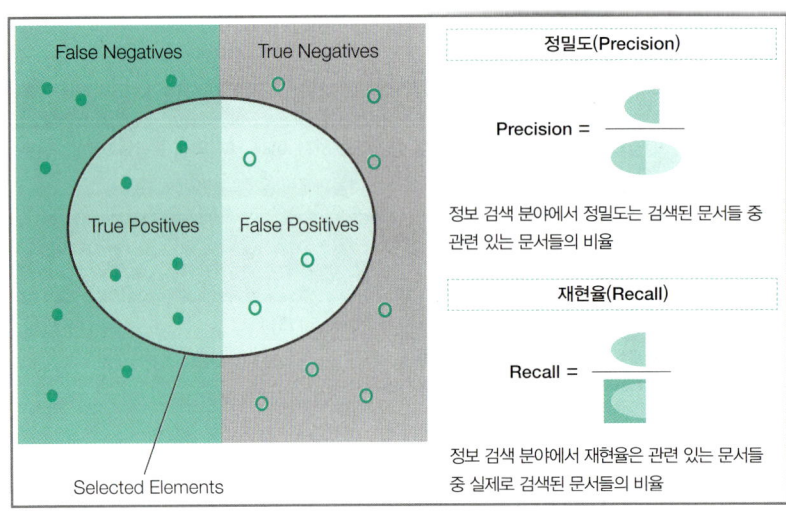

정밀도와 재현율

정밀도(Precision)는 스팸메일 분류를 예로 들 수 있는데, 만약 분류 모델이 중요한 업무내용을 담고 있는 메일(Negative)을 스팸메일(Positive)이라고 분류하게 된다면 중요한 업무내용이 전달되지 못하는 위험상황이 발생한다. 따라서 정밀도는 모델이 Positive(1)라고 예측했을 때 실제값이 Negative(0)일 때 위험이 수반되는 경우 사용된다.

반대로 재현율(Recall)은 보통 실제값이 Positive(1)일 때 예측한 값이 Positive(1)일 경우가 매우 중요한 상황일 때 사용된다. 예를 들어, 암 판단 분류 예측을 하는 문제에 있어서 실제로 암(Positive)이 걸렸는데 예측을 암이 걸리지 않았다(Negative)고 판단하게 되면 수반되는 위험이 매우 커지게 된다.

정밀도와 재현율

구분	정밀도	재현율
정의	예측값이 Positive인 값 중에 Positive를 Positive로 옳게(TP) 판단한 비율	실제값이 Positive인 값 중에 Positive를 Positive로 옳게(TP) 판단한 비율
관심있는 문제	모델이 Positive(1)라고 예측했을 때 실제값이 Negative(0)일 때 위험이 수반되는 상황	실제값이 Positive(1)일 때 예측한 값이 Positive(1)일 경우가 매우 중요한 상황
예시	스팸메일 분류 등	질병 분류 등

그런데 이 정밀도와 재현율은 트레이드 오프(Trade-off) 관계가 존재한다. 쉽게 말해서 "두 마리 토끼를 다 잡을 순 없다"라는 의미이다. 정밀도가 극도로 높게 된다면 재현율은 낮아질 수밖에 없고 반대로 재현율이 극도로 높게 된다면 정밀도 값은 낮아질 수밖에 없다.

이진분류의 상황에서 Positive(1)로 분류하는 기본값(Default)의 확률은 0.5인데, 이 기본값을 '분류결정임계값(Threshold)'이라 부르며, 높여줌으로써 정밀도와 재현율을 조절할 수 있다.

분류결정임계값 조정에 따른 정밀도와 재현율의 변화는 다음과 같다.

정밀도와 재현율

구분	임계값 낮춤(0.5 → 0.3)	임계값 높임(예 0.5 → 0.7)
정밀도	분모의 FP값이 커짐 정밀도는 작아짐	분모의 FP값이 작아짐 정밀도는 커짐
재현율	FN값이 작아짐 재현율은 커짐	FN값이 커짐 재현율은 작아짐

F1점수(F1-score)는 정밀도와 재현율이 어느 한쪽으로 치우치지 않는 수치를 나타낼 때 상대적으로 높은 값을 갖는다. 만약 A라는 모델의 정밀도가 0.9, 재현율이 0.1이고 B라는 모델의 정밀도가 0.5, 재현율이 0.5라고 했을 때, A와 B모델의 F1점수는 각각 0.18, 0.5라는 값을 갖게 된다. 결국 B라는 모델이 더 높은 F1점수를 가지며 결국 더욱 더 객관적인 분류 성능을 갖고 있음을 알 수 있다.

9.1.1.3 군집 모델의 평가지표

대표적인 비지도학습의 종류인 군집화(Clustering) 모델에 대한 평가는 분류 모델과 달리 특정한 독립변수와 종속변수의 구분도 없고, 학습을 위한 정답(Label)도 필요로 하지 않기 때문에 성능 기준을 만들기 어렵다(정확도, 정밀도 등을 사용 불가).

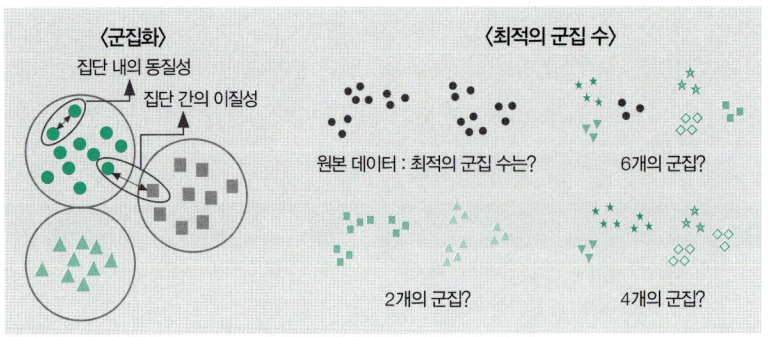

최적의 군집 수의 기준

독립변수들이 2개 혹은 3개인 저차원의 데이터라면 그래프를 통해 도식화로 각 군집의 유사성을 파악 가능하겠지만 수많은 차원(수많은 변수)의 데이터는 도식화가 어렵기 때문에 수치로 정량화 할 수 있는 평가지표가 필요하다.

군집의 결과가 얼마만큼 타당한지는 군집 간의 거리, 군집의 지름, 군집의 분산도 등을 종합적으로 고려해 평가할 수 있다. 일반적으로 군집간 분산(Inter Cluster Variance)이 최대가 되고 군집 내 분산(Inner Cluster Variance)이 최소가 될 때 최적의 군집 모양과 개수를 판단하게 된다. 군집 모델의 평가지표는 데이터가 원래 어떻게 군집화되어 있어야 하는지를 알려주는 정답(Ground Truth, 참값)을 아는 경우와 그렇지 않은 경우에 따라 외부 평가지표와, 내부 평가지표로 구분할 수 있다.

❶ 외부 평가지표(External Evaluation, 정답이 있는 군집 모델 평가지표)

외부 평가지표(External Evaluation)는 군집의 결과물을 군집에 사용되지 않은 데이터로 평가한다. 다시 말해, 군집의 결과물을 전문가들이 미리 정해놓은 모범답안 혹은 외부 벤치마크 평가기준 등을 이용해서 군집 알고리즘의 정확도를 평가하는 것이다. 이러한 평가 방식은 군집 결과가 미리 정해진 결과물과 얼마나 비슷한지를 측정한다.

외부 평가지표

평가지표	수식	설명
일치행렬 (Incidence Matrix)	$R_{ij} = \begin{cases} 1 \ if \ T_{ij} = C_{ij} \\ 0 \ if \ T_{ij} \neq C_{ij} \end{cases}$ T : 군집의 정답행렬 C : 군집한 결과행렬	일치행렬 : 군집의 정답행렬 T와 군집의 결과행렬 C를 비교하여 C, T 두 행렬의 모든 원소에 대해 값이 같으면 1, 다르면 0으로 계산한 행렬 〈예시〉 {0, 1, 2, 3, 4}라는 5개의 데이터 집합에 대해 군집 정답행렬 T : {0,1,2}와 {3,4} 군집한 결과행렬 C : {0,1}와 {2,3,4} $T = [[1, 1, 1, 0, 0],$ $\quad C = [[1, 1, 0, 0, 0],$ $\quad R = [[1, 1, 0, 1, 1],$ $\quad\quad [1, 1, 1, 0, 0],$ $\quad\quad\quad [1, 1, 0, 0, 0],$ $\quad\quad\quad [1, 1, 0, 1, 1],$ $\quad\quad [1, 1, 1, 0, 0],$ $\quad\quad\quad [0, 0, 1, 1, 1],$ $\quad\quad\quad [0, 0, 1, 0, 0],$ $\quad\quad [0, 0, 0, 1, 1],$ $\quad\quad\quad [0, 0, 1, 1, 1],$ $\quad\quad\quad [1, 1, 0, 1, 1],$ $\quad\quad [0, 0, 0, 1, 1]]$ $\quad\quad\quad [0, 0, 1, 1, 1]]$ $\quad\quad\quad [1, 1, 0, 1, 1]]$

랜드지수 (Rand Index)	$RI = \dfrac{a+b}{{}_N C_2} = \dfrac{a+b}{\binom{n}{2}}$ $\binom{n}{2} = n(n-1)/2$	랜드지수 : 가능한 모든 데이터 쌍의 개수에 대해 정답인 데이터 쌍의 개수의 비율 0~1사이의 값을 가지고 1이 가장 좋은 성능 $a + b$: 일치행렬 위쪽 비대각 성분에서 1의 개수 a : T에서 같은 군집에 있고 C에서도 같은 군집에 있는 데이터 쌍의 수 b : T에서 다른 군집에 있고 C에서도 다른 군집에 있는 데이터 쌍의 수 〈일치행렬〉　〈랜드지수〉 $R = [[1, 1, 0, 1, 1],$ $[1, 1, 0, 1, 1],$ $a+b=6$　$[0, 0, 1, 0, 0],$　$\dfrac{a+b}{\binom{n}{2}} = \dfrac{6}{\binom{5}{2}} = 0.6$ $[1, 1, 0, 1, 1],$ $[1, 1, 0, 1, 1]]$
조정 랜드지수 (Adjusted Rand Index)	$\dfrac{RI - Expected[RI]}{Max(RI) - Expected[RI]}$ $Expected[RI]$: RI 기댓값	랜드지수(RI)의 문제점 : 무작위로 군집화를 한 경우에도 어느 정도 좋은 값이 나올 가능성이 높다는 점 랜드지수(RI)의 무작위 군집화에서 생기는 기댓값을 원래의 값에서 빼서 기댓값과 분산을 재조정한 값(교차표 사용) 완벽한 군집 : $ARI = 1$, 무작위 군집 : $ARI = 0$ 혹은 − 값 가능
조정 상호정보량 (Adjusted Mutual Information)	$\displaystyle\sum_{i=1}^{r}\sum_{j=1}^{s} P(i,j) \log \dfrac{P(i,j)}{P(i)P'(j)}$	상호정보량(Mutual Information) : 정답(T)와 군집화 결과(C)의 상호 의존성을 측정한 값 서로 독립이면 상호정보량(MI) 0, 의존성이 강할수록 증가함 군집의 개수가 많아질수록 상호정보량(MI)이 증가 조정상호정보량 : 조정 랜드지수(ARI)의 경우와 마찬가지로 각 경우에 따른 상호정보량의 기댓값을 빼서 재조정한 값 정답(T) = $P(i) = \dfrac{\|T_i\|}{N}$ 군집결과(C) = $P'(j) = \dfrac{\|C_j\|}{N}$ T와 C의 결합분포 $P(i,j) = \dfrac{\|T_i \cap C_j\|}{N}$
	N : 전체 데이터 개수 $\|T_i\|$: 군집 T_i에 속하는 데이터 개수, $\|C_j\|$: 군집 C_j에 속하는 데이터 개수	
자카드지수 (Jaccard Index)	자카드지수 $J(A, B)$ $= \dfrac{\|A \cap B\|}{\|A \cup B\|}$ $= \dfrac{TP}{TP + FP + FN}$ 자카드거리 $1 - J(A, B)$	비교 대상이 되는 두 개의 데이터 집합의 유사도를 계산하는 기법 0 : 완전 다른 집합 1 : 동일한 집합 〈예시〉 집합 $A = \{1, 2, 3\}$ 집합 $B = \{2, 3, 4\}$ $J(A, B) = A \cap B / A \cup B$ $J(A, B) = 2 / 4 = 0.5$

군집의 정답이 있기 때문에 특정 군집에 대해서는 혼동행렬 및 ROC커브를 이용해 군집 모델의 평가도 가능하다.

❷ 내부 평가지표(Internal Evaluation, 정답이 없는 군집 모델 평가지표)

내부 평가지표는 데이터 집합을 군집한 결과 그 자체를 놓고 평가하는 방식이다. 이러한 방식에서는 군집 내 높은 유사도(High Intra-Cluster Similarity = 응집도)를 가지고, 군집 간 낮은 유사도(Low Inter-Cluster Similarity, 분리도)를 가진 결과물에 높은 점수를 준다. 이와 같은 평가방법은 오로지 데이터를 군집한 결과물만을 보고 판단하기 때문에, 평가 점수가 높다고 해서 실제 정답(Ground Truth, 참값)에 가깝다는 것을 반드시 보장하지는 않는다는 단점이 있다

내부 평가지표

평가지표	수식	설명
던지수 (Dunn Index)	$\dfrac{\min_{1 \leq i < j \leq n} d(i,j)}{\max_{1 \leq k \leq n} d(k)}$ $d(i,j)$: 군집 i와 j 간 거리 $d(k)$: 군집 k 내 데이터 거리 장점 : 사용하기 용이하고 직관적임	군집 내(Inner Cluster) 최대거리에 대한 군집 간(Inter Cluster)의 최소거리의 비 군집 간 거리의 최소값을 분자, 군집 내 요소간 최대값을 분모로 하는 지표 군집 간 거리가 멀수록, 데이터 간 거리가 가까울수록 큰 값을 가짐(군집 내 밀도가 높고 군집이 잘 나누어질수록) 단점 : 클러스터 수와 데이터 차원증가로 인한 계산 비용 증가
실루엣계수 (Silhouette Coefficient)	$\dfrac{b_i - a_i}{\max(a_i, b_i)}$ $a_i = \dfrac{3+1+3}{3} = 2.3$ $d(i, 군집3) = \dfrac{6.5+5+6.5}{3} = 5.8$ $d(i, 군집2) = \dfrac{6.5+4.5+5}{3} = 5.3$ $b_i = \min(5.3, 5.8)$ $\dfrac{0.58 + 0.57 + \cdots + 0.7 + 0.75}{10} = 0.6$	군집 내의 응집도와 군집 간 분리도를 이용한 지표로, 군집 내 데이터 간의 거리가 짧고 서로 다른 군집 간 거리가 멀수록 값이 커짐 완벽한 군집화 : $S_i = 1$ 무작위 군집화 : $S_i = -1$ a_i : i번째 데이터와 같은 군집에 속한 요소들 간 거리들의 평균 $d(i,C)$: i번째 데이터와 i번째 데이터가 속하지 않은 각 군집의 데이터와의 평균 b_i : $d(i,C)$ 중 최소값 i의 실루엣 계수 $= \dfrac{b_i - a_i}{\max(a_i, b_i)}$ $= \dfrac{5.3 - 2.3}{\max(5.3, 2.3)} = 0.57$ 모든 데이터 포인트들에 대해 실루엣계수를 계산하여, 실루엣계수들의 평균값 산출

실루엣계수 (Silhouette Coefficient)	장점 : 클러스터링 수행 이후 실루엣계수 도출로 클러스터링 알고리즘 영향 안 줌 적절한 클러스터 개수를 정하거나 더 나은 클러스터링 기법을 선택하는 기준 활용 클러스터링 결과값을 시각화 가능	단점 : 연산량이 많음. 전체 데이터 포인트 실루엣계수 평균값만으로 클러스터링 결과 판단 불가(개별 클러스터 평균 고려)

만일 군집 개수별로 여러 번 군집화를 수행했거나, 여러 군집 기법으로 여러 번 군집화를 수행한 경우 실루엣계수의 평균값을 비교하여, 군집 개수를 몇 개로 할 것인지, 혹은 어떤 군집 기법을 선택할 것인지 판단할 수 있다.

9.1.1.4 기타 평가지표

앞서 학습한 회귀, 분류, 군집 모델은 분석하고자 하는 관점에 따라 다른 지표를 사용했다. 이 외에도 수집한 원본 데이터(표본)을 다르게 구성하여 과적합(Over Fitting)을 확인하거나 혹은 자연어 처리 등 특정 영역에 적합한 평가지표를 소개한다.

기타 평가지표

구분	설명
교차검증 에러 (Cross Validation Error, CVE)	교차검증 : 원본 데이터를 학습/검증/테스트 데이터로 분할하고 각각의 데이터 비율 및 구성을 다르게 하면서 모델을 만들고 평가하는 과정을 반복하여 데이터의 성능 검증(Out of Sample Testing) 및 모델의 성능을 평가하는 방법 특정한 테스트 데이터에 과적합(Over Fitting)되는 것은 테스트 데이터가 고정되어 있기 때문에 발생 이를 해결하기 위해 데이터 중 고정된 일부분을 테스트 데이터로 두지 않고 데이터의 모든 부분을 사용하여, 즉 교차검증하여 모델의 성능을 검증 교차검증 기법 : 홀드아웃 교차검증, K-폴드 교차검증, 리브-p-아웃 교차검증 등('9.1.3 교차검증'에서 상세히 학습)
BLEU (Bilingual Evaluation Understudy Score)	자연어 처리에서 기계번역 결과와 사람이 직접 번역한 결과가 얼마나 유사한지 비교하여 번역에 대한 성능을 측정하는 방법 1에서 100 사이의 점수를 산출(높을수록 성능 우수) 〈특징〉 엔그램(N-Gram)을 통한 순서쌍들이 얼마나 겹치는지 측정(Precision) 문장길이에 대한 과적합 보정(Brevity Penalty) 같은 단어가 연속적으로 나올 때 과적합되는 것을 보정(Clipping)
ROUGE (Recall-Oriented Understudy for Gisting Evaluation)	텍스트 자동 요약, 기계번역 등 자연어 생성 모델의 성능을 평가하기 위한 지표(BLEU의 재현율 측정) 모델이 생성한 요약본 혹은 번역본을 사람이 미리 만들어 놓은 참조본과 대조해 성능 점수를 계산

엔그램(N-Gram) : 다음 단어를 예측할 때 문장 내 모든 단어를 고려하지 않고 특정 단어의 개수만 고려하는 단어 예측 모델

빅분기_51
9.1.2 ~ 9.1.3

9.1.2 분석 모델 진단

앞서 모델 진단(Diagnostics)은 최종 모델을 구현하기 위한 일련의 과정으로, 분석 모델의 불완전성을 파악하여, 이를 개선함으로써 최선의 모델을 얻고자 수행하는 절차라고 설명했다.

구축된 모델을 활용하여 분석 결과를 얻을 수 있지만, 분석 모델에 대한 진단이 제대로 되지 않는다면 잘못된 결과를 기반으로 의사결정을 수행하게 된다. 따라서 모델을 이용한 분석은 선정된 모델과 모델에 필요한 가정들이 정확하다는 전제하에 수행하게 된다.

9.1.2.1 분류 모델의 진단

일반적으로 분류 모델의 진단은 혼동행렬을 이용하여 정확도(Accuracy), 정밀도(Precision), 재현율(Recall)을 사용한다.

정밀도와 재현율의 트레이드 오프관계에서 임계값을 낮출수록 TPR(재현율 = 민감도)이 올라가는 것을 확인했었다. 하지만 이렇게 임계값이 낮아지게 되면 실제는 Negative(0)이지만 Positive(1)로 판단하는 경우 역시 늘어나게 된다. 따라서 이 두 가지 경우에 적절한 임계값을 찾아야 하기 때문에 거짓 양성비율(또는 = 위 양성비율, FPR)을 정의하게 된다.

이를 이용하여 ROC Curve를 그릴 수 있고 아래 면적에 따라 모델의 성능을 진단할 수 있다. 또한 향상도 곡선과 카파 상관계수 등을 이용해 분류 모델을 진단할 수 있다.

구분	설명
수신자 판단 특성 곡선 (ROC Curve)	민감도와 특이도를 이용하여 가로축은 거짓 양성비율(FPR, 1 - 특이도), 세로축은 참 양성비율(TPR = 민감도 또는 재현율)로 구성된 그래프
AUC (Area Under the ROC Curve) 기출	ROC Curve에 의해 설명되는 면적 AUC는 ROC Curve를 점수로 환산한 값 1에 가까울수록 좋은 분류 모델을 의미
향상도차트(Lift Chart) / 이익차트(Gain Chart)	목표 범주에 속하는 데이터(개체)들이 임의로 나눈 등급별로 얼마나 분포하고 있는지를 그래프로 나타내어 분류 정확도를 측정하는 평가방법 향상도차트 : 랜덤모델과 비교하여 등급별 분류 정확도 향상 확인 이익차트 : 상위 n%의 데이터 중 몇% 사례를 찾았는지 백분율로 확인
카파 상관계수 (Kappa Coefficient)	두 평가자의 평가가 얼마나 일치하는지 평가하는 값 0~1 사이의 값을 가짐. P(e)는 두 평가자의 평가가 우연히 일치할 확률 카파 상관계수는 두 평가자의 평가가 우연히 일치할 확률을 제외한 뒤의 점수

※ 〈이익차트(Gain Chart)〉 : 상위 n%의 데이터를 사용할 때, 전체 목표 사례 중 몇 %를 찾아냈는지를 누적 백분율로 시각화한 차트. 이익차트는 향상도곡선과 비슷하지만, 중점이 되는 것은 목표 데이터의 비율이다. 예를 들어, 상위 20%의 데이터를 사용했을 때 전체 양성 사례의 50%를 찾았다고 할 수 있다.

❶ ROC Curve(수신자 판단 특성 곡선)와 AUC(Area Under the ROC Curve)

ROC Curve(Receiver Operator Characteristic Curve)는 민감도와 특이도를 이용하여 그린 그래프로 가로축은 거짓 양성비율(FPR, 1 - 특이도), 세로축은 참 양성비율(TPR, = 민감도 = 재현율)로 구성된다. 또한 ROC Curve에 의해 설명되는 면적을 AUC라 하는데, AUC는 ROC Curve를 점수로 환산한 값이며, 1에 가까울수록 좋은 분류 모델을 의미한다.

ROC Curve의 주요 지표 기출

민감도 (Sensitivity)	$\dfrac{TP}{TP+FN}$	실제값이 Positive인 값 중에 Positive를 Positive로 옳게(TP) 판단한 비율 민감도는 재현율과 동일하며 특이도와 함께 범주 불균형 문제를 가지고 있는 데이터의 평가지표 참 양성비율(진양성율), TPR(True Positive Rate)
특이도 (Specificity)	$\dfrac{TN}{TN+FP}$	실제값이 Negative인 값 중에 Negative를 Negative로 옳게(TN) 판단한 비율 범주 불균형 문제를 가지고 있는 데이터의 평가지표 참 음성비율(진음성율), TNR(True Negative Rate)
거짓양성비율 (FP Rate = Fall-out)	$1 - $ 특이도 $= 1 - \dfrac{TN}{TN+FP} = \dfrac{FP}{TN+FP}$	실제값이 Negative인 값 중에 Negative를 Positive로 잘못(FP) 판단한 비율 거짓 양성비율(위양성율), FPR(False Positive Rate)

ROC Curve와 AUC를 사용하면 분류 문제에서 여러 임계값 설정에 대한 모델의 성능을 구할 수 있게 된다.

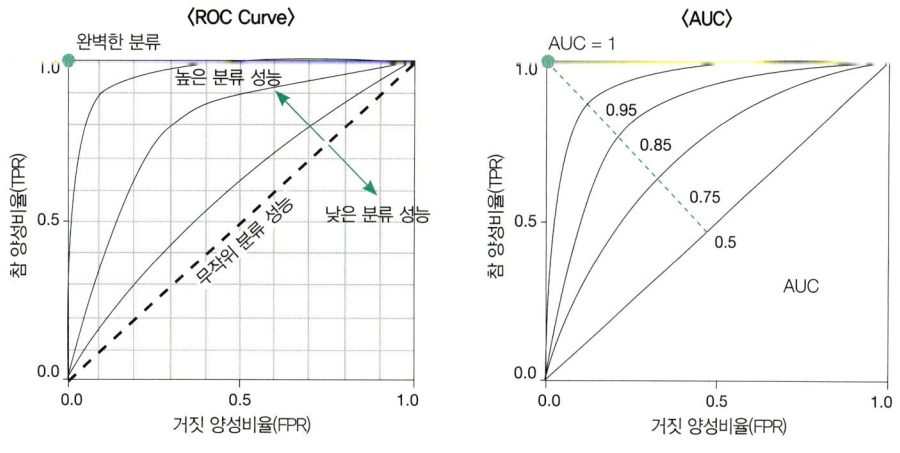

ROC Curve 및 AUC 기출

ROC 커브에서 보면 TPR = 1이고, FPR = 0인 경우가 가장 이상적이다(Perfect Classification). AUC 값은 ROC곡선 밑의 면적을 구한 것으로 일반적으로 1에 가까울수록 좋은 수치이고, 0.5에 가까울수록 학습이 제대로 이루어지지 않은 모델을 의미한다.

AUC가 커지려면 거짓 양성비율(FPR)이 작은 상태에서 얼마나 큰 참 양성비율(TPR)을 얻을 수 있느냐 가 관건이다. 즉 가운데 직선에서 멀어지고 왼쪽 상단 모서리쪽으로 가파르게 올라갈수록 면적이 1에 가까워지는 좋은 모델이 된다.

AUC값에 따른 모델 진단

AUC 점수(Score)	평가(Evaluation)
0.9 < AUC ≤ 1.0	뛰어남(Excellent)
0.8 < AUC ≤ 0.9	우수함(Good)
0.7 < AUC ≤ 0.8	보통(Fair)
0.6 < AUC ≤ 0.7	불량(Poor)
0.5 ≤ AUC ≤ 0.6	실패(Fail)

분류 문제에서 모델을 올바르게 평가하기 위해서는 정확도 외에 정밀도, 재현율을 잘 이해하고 사용해야 하는 것을 학습했다. 특히 각 범주를 예측하는 기준이 되는 임계값의 위치에 따라 정밀도나 재현율이 달라지기 때문에 문제의 상황별로 적절한 임계값을 선택할 필요가 있으며, ROC Curve와 AUC점수를 잘 활용하면 좋은 결과를 만들어 낼 수 있을 것이다.

❷ 향상도 차트(Lift Chart)

향상도차트는 예측모델이 랜덤모델(데이터에 대해 학습이나 분석 없이 무작위로 예측한 모델)과 비교하여 얼마나 더 성능이 향상되었는지를 확인하기 위해, 데이터를 여러 구간으로 나누고, 각 구간에서 예측모델이 목표범주(클래스)를 얼마나 더 잘 찾아냈는지를 평가하는 방법이다.

임의로 나눈 각 등급별로 분류된 데이터들에 대해 얼마나 예측이 잘 이루어졌는지를 나타내는 반응 검출율(Captured Response), 반응율(Response), 향상도(Lift) 등의 정보를 산출하여 도표로 표현한다.

향상도 차트의 주요 지표

구분	수식	설명
기준향상도 (Baseline Lift, 기저리프트값)	전체 반응 데이터 수/ 전체 데이터 수	모든 데이터 중에서 실제로 반응한 데이터의 비율 전체 데이터셋에서 단 하나의 숫자로 얻어짐 랜덤 모델은 모든 분위의 반응률이 기준향상도와 같음
반응검출율(%) (Captured Response)	구간 내 반응 데이터 수/ 전체 반응 데이터 수	각 구간별로 전체 반응 데이터에서 얼마나 큰 조각을 가져가는지에 대한 비율 각 구간마다 반응검출율 산출(이의차트에 사용)
반응율(%) (Response)	구간 내 반응 데이터 수/ (전체 데이터 수 ÷ 분위의 개수)	각 분위에 담긴 데이터 중에서 실제로 반응한 데이터가 얼마나 많은지의 비율 각 구간마다 반응율 산출(리프트/이의차트에 사용)

향상도 (Lift, 리프트값)	구간별 반응율/ 기준향상도	각 구간별로 나타나는 반응율이 기준향상도와 비교할 때 몇 배나 더 큰지에 대한 값 각 구간마다 산출(리프트차트에 사용) 향상도는 비율이 아니므로 0~1 사이의 값에 한정되지 않음

각 등급은 예측 확률에 따른 순위이기 때문에 상위 등급에서 더 높은 반응율을 보이는 것이 좋은 모델이라고 평가할 수 있다. 또한 향상도가 빠른 속도로 감소하는 모델이 좋으며, 향상도가 불규칙적이거나 차이가 없게 될 경우는 좋은 모델이라 보기 어렵다.

> **사례**
>
> 전체 5,000명을 10개 구간으로 500명씩 구분하여 각 구간별 실구매자에 대한 향상도 산출
> - 기준향상도 : 전체 5,000명 중 실구매 950명 = 950 / 5,000 = 0.19 = 19%
> - 1등급의 향상도는 4.58이며, 따라서 1등급 반응율은 기준향상도에 비해 4.58배 더 크다고 해석함
>
> | 등급 | 구간별 인원 | 실구매자 | 반응검출율(%) | 반응율(%) | 향상도 |
> |---|---|---|---|---|---|
> | 1 | 500 | 435 | 435/950=45.8 | 435/500=87 | 0.87/0.19=4.58 |
> | 2 | 500 | 275 | 275/950=28.95 | 275/500=55 | 0.55/0.19=2.89 |
> | 3 | 500 | 95 | 95/950=10 | 95/500=19 | 0.19/0.19=1 |
> | 4 | 500 | 35 | 35/950=3.68 | 35/500=7 | 0.07/0.19=0.37 |
> | 5 | 500 | 27 | 27/950=2.84 | 27/500=5.4 | 0.054/0.19=0.28 |
> | 6 | 500 | 25 | 25/950=2.63 | 25/500=5 | 0.05/0.19=0.26 |
> | 7 | 500 | 18 | 18/950=1.89 | 18/500=3.6 | 0.036/0.19=0.19 |
> | 8 | 500 | 24 | 24/950=2.53 | 24/500=4.8 | 0.040/0.19=0.25 |
> | 9 | 500 | 12 | 12/950=1.26 | 12/500=2.4 | 0.024/0.19=0.13 |
> | 10 | 500 | 4 | 4/950=0.42 | 4/500=0.8 | 0.008/0.19=0.04 |
> | 계 | 5,000 | 950 | 950/950=100 | - | - |
>
>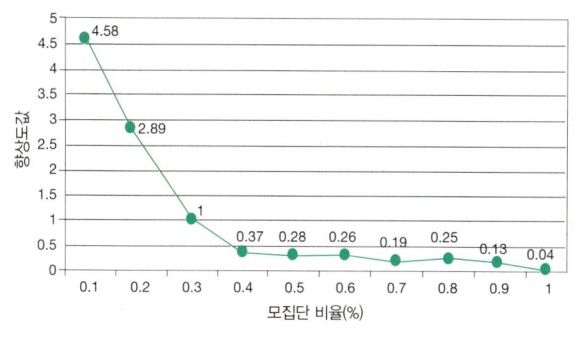
>
> **향상도곡선(Lift Curve, 리프트곡선)**
> 향상도차트의 시각적 표현으로, 특정 구간에서 모델이 랜덤모델과 비교하여 성능이 얼마나 향상되었는지를 곡선 형태로 나타낸 그래프(x축 : 데이터 구간의 누적 백분율, y축 : 향상도)
>
> 리프트 곡선
>
> 리프트곡선의 해석 : 1등급의 리프트값은 4.58이며, 상위 10%의 데이터를 사용할 때 랜덤모델보다 4.58배 더 많은 반응 예측을 할 수 있다. 모델이 상위 등급 데이터에서 더 성능이 좋으며 구간이 낮아질수록 향상도는 줄어 들어 랜덤모델과 거의 유사한 성과를 보인다.

❸ 카파 상관계수(Cohen's Kappa Coefficient)

카파 상관계수는 코헨이 제안했다고 하여 코헨의 카파(Cohen's Kappa) 상관계수라 불리며, 두 관찰자 간의 측정된 범주값에 대한 일치도(Agreement)를 측정하는 방법이다. 모델을 평가할 때, 모델의 예측값과 실제값의 일치 여부를 판정하는 통계량으로 사용된다.

0~1 사이의 범위를 가지며, 1에 가까울수록 모델의 예측값과 실제값이 일치함을 의미한다.

$$K = Accuracy - \frac{P(e)}{1 - P(e)} = \frac{\frac{A}{t} - \frac{B}{t}}{1 - \frac{B}{t}}$$

A : 대각선의 관찰빈도의 합, B : 대각선의 해당하는 기대빈도들의 합, t : 전체 관찰빈도
$P(e)$: 예측이 우연히 일치할 확률로, 카파 상관계수를 통해 모델의 평가 결과가 우연히 나온 결과가 아니며 그 평가의 유효성을 확보하는 지표로도 사용되기도 한다.

9.1.2.2 회귀 모델의 진단 기출

총괄 분석(Aggregate Analysis)은 회귀식을 추정하고 검정하는 과정이며, 설정한 회귀 모델과 가정들이 정확하다는 전제하에 이루어진다. 그러나 제시한 회귀 모델 및 가정은 언제든 틀릴 수 있는 가능성이 존재한다.

따라서 회귀 모델 및 가정이 타당한지 그리고 각각의 관측값이 모델 및 가정에 어떠한 영향을 미치는지를 진단하는 과정이 필요하다. 이러한 과정을 회귀 진단(Regression Diagnostics)이라 한다. 회귀 진단은 모델이나 가정에 어떤 문제가 있는지를 알아보는 모델 진단(Model Diagnostic)과 데이터의 변화에 모델의 추정값이 어떠한 영향을 미치는지 알아보는 데이터 진단(Data Diagnostics, 자료 진단)으로 구분할 수 있다.

❶ 모델 진단(Model Diagnostic)

단순회귀분석은 잔차에 대한 4가지 가정(선형성, 독립성, 정규성, 등분산성)을 진단하며, 다중회귀분석에서는 4가지 가정뿐 아니라 다중공선성 또한 확인해야 한다.

모델 진단

구분	설명
독립변수와 종속변수 간의 선형성	예측하고자 하는 독립변수 X와 종속변수 Y간에 선형성을 만족하는 특성을 의미 선형회귀분석에서 중요한 기본 가정(비선형회귀분석에서는 해당하지 않음)
오차의 독립성	예측의 오차값들은 서로 독립이라는 가정, 예측값의 변화에 따라 오차항이 특정한 패턴을 가져서는 안 됨을 의미 일반적으로 더빈-왓슨(Durbin-Watson) 통계량을 이용하여 독립성을 검정(통계량은 0혹은 4에 가까울 수록 상관관계 존재, 회귀식 부적합)

	오차의 분포가 정규분포를 만족하는지 여부	
오차의 정규성	샤피로–윌크 (Shapiro–Wilk Test) 검정	데이터의 정규성을 검정하기 위해 사용하는 방법 오차항이 정규분포를 추종하는지 알아보는 검정으로, 회귀분석에서 모든 독립변수에 대해서 종속변수가 정규분포를 추종하는지 확인하는 방법
	콜모고로프–스미르노프 (Kolmogorov–Smirnov Test) 검정	경험적 누적분포함수(Empirical distribution function, EDF)에 기반한 적합도 검정 방법 자료의 평균/표준편차와 히스토그램을 표준정규분포와 비교하여 적합도를 검정
오차의 정규성	Q–Q 플롯 (Quantiles–Quantiles Plot, Q–Q Plot)	그래프를 그려서 정규성 가정이 만족되는지 시각적으로 확인하는 방법 대각선 참조선을 따라서 관측값들이 분포하게 되면 정규성을 만족한다고 판단
등분산성	오차의 분산은 독립변수값과 무관하게 일정해야 한다는 가정 산점도를 그려서 잔차와 독립변수 간 아무런 관련성이 없게 점들이 무작위적으로 고르게 분포되어야 등분산성을 만족 레빈(Levene)과 바틀렛(Bartlett) 검정 등 이용 이분산성 / 이분산성 / 등분산성	
다중공선성	독립변수들 간에 강한 상관관계가 나타나는 문제 각 독립변수의 회귀계수가 종속변수에 미치는 영향력을 올바로 설명하지 못하게 됨 해결방안 · 독립변수 간 상관계수 확인, 결정계수(R^2) 확인, 분산팽창요인(VIF) 확인	

오차의 정규성에 대한 자세한 내용은 '9.1.5 적합도 검정 기법'을 참고하도록 한다.

❷ 데이터 진단(Data Diagnostics = 자료 진단)

21, 22 Day

데이터 진단은 데이터의 변화가 모델의 추정에 영향을 미치는지 알아보는 것으로 관측한 데이터에서 모든 관측값의 특징이 같지 않은 경우가 있기 때문에 확인이 필요하다.

데이터 진단이 필요한 데이터를 영향값(Influential Data)과 이상값(Outlier)으로 구분하는데, 영향값이나 이상값은 모두 다른 관측값에 비해 잔차가 큰 관측값이라는 점에서 공통점이 있으나, 이상값은 비교할 대상(독립변수 관계 속에서)이 있어 그 값들에 비해 값이 매우 크거나 작아 회귀계수 추정값을 변화시키고, 영향값은 이상값과 동일하게 회귀계수 추정값을 변화시키지만 비교 대상이 되는 관측값이 없으므로 이상값인지 판단할 수 없는 경우에 해당한다.

영향값과 이상값을 진단하는 방법은 다음과 같다.

영향값과 이상값 진단방법 [기출]

방법	수식	설명
레버리지 (Leverage)	$h_{ii} \leftarrow H = X(X'X)^{-1}X$	독립변수의 각 관측값이 독립변수들의 평균에서 떨어진 정도를 나타내는 통계량 레버리지는 0과 1사이의 값을 가지며, 일반적으로 레버리지 평균의 2~4배를 초과하는 관측값을 이상값으로 정의함 H : 영향도행렬(Influence matrix) 또는 hat행렬(Hat matrix)
표준화잔차 (Standardized residual)	$r_i = \dfrac{e_i}{\sqrt{s^2(1-h_i)}}$ e_i : i번째 잔차 h_i : $X(X'X)^{-1}$ i번째의 대각원소, s^2 : 평균제곱오차	잔차는 추정된 회귀 모델에 의해 산출된 예측값과 실제값으로 측정된 관측값의 차이를 의미하며, 표준화잔차는 잔차를 표준화한 통계량 일반적으로 표준화잔차의 절대값이 2나 3을 초과하는 관측값을 이상값으로 정의함
스튜던트잔차 (Studentized residual)	$r_i = \dfrac{e_i}{\sqrt{s_{(i)}^2 \times (1-h_i)}}$ $s_{(i)}^2$: i번째 관측치 미포함 계산 평균제곱오차	스튜던트잔차는 잔차를 잔차의 표준오차로 나눈 통계량으로, t분포를 기반으로 이상값을 탐색함 절대적인 수치로는 스튜던트잔차의 절대값이 3 또는 4를 초과하면 이상값으로 의심함
쿡의 거리 (Cook's Distance)	$\dfrac{\sum_{j=1}^{n}(\hat{Y}_{j \cdot f} - \hat{Y}_{j(i)})^2}{(p+1)MSE}$ p: $number\ of\ point$	추정된 회귀 모델에 대한 각 관측값들의 전반적인 영향력을 측정하기 위해 잔차와 레버리지를 동시에 고려한 척도 영향값 진단에 가장 많이 사용 i번째 관측값(관측치)를 포함하여 계산한 적합값과 i번째 결측값을 포함하지 않고 계산한 적합값 사이의 거리 기준값인 1보다 클 경우 영향값으로 판단
마할라노비스거리 (Mahalanobis distance)	$d(x,y) = \sqrt{\sum_{j=1}^{m}\dfrac{(x_j-y_j)^2}{\sigma_j^2}}$	변수의 표준편차와 더불어 변수 간 상관성(Correlation)까지 고려한 거리 척도 한 점에서 마할라노비스거리가 같은 점들의 집합을 구하면 표본평균을 중심으로 축이 회전된 타원체(Rotated Ellipse) 작성(변수 간의 상관성이 있을 때 거리 척도)
DIFFerence in FITS	$\dfrac{\hat{Y}_i - \hat{Y}_{(i)}}{\sqrt{MSE_{(i)}h_{ii}}}$	모든 관측값(관측치)을 활용하여 추정된 회귀 모델 예측값과 해당 관측값을 제외한 후 추정된 회귀 모델의 예측값 변화 정도를 측정하는 방법 i번째 관측값 제외 시 종속변수 예측값의 변화 정도 측정값 기준값인 $2\sqrt{\dfrac{p+1}{n}}$ 보다 클수록 영향값 가능성 높음
DIFFerence in BETAS	$\dfrac{\beta_k - \beta_{k(i)}}{\sqrt{MSE_{(i)}c_{kk}}}$	모든 관측값을 활용하여 추정된 회귀 모델의 회귀계수와 해당 관측값을 제외한 후 추정된 회귀 모델의 회귀계수 변화 정도를 측정하는 방법 데이터의 수가 적은 경우($n \leq 30$), DFBETAS의 절대값이 1보다 크면 이상값으로 판단하며, 데이터의 수가 큰 경우($n > 30$), DFBETAS의 절대값이 $\dfrac{2}{\sqrt{n}}$ 보다 클 경우 이상값으로 판단함

9.1.2.3 군집 모델의 진단

군집 모델의 진단은 '9.1.1.3 군집 모델의 평가지표'들을 활용하여, 모델의 성능을 평가할 수 있으며, 뿐만 아니라 최적 군집 숫자를 판단하는 기준으로 활용한다.

최적 군집 숫자 K 진단 방법 `기출`

기법	수식 및 그림	설명
단순계산법 (Rule of Thumb)	$k = \sqrt{n/2}$ k : 군집수, n : 데이터수	가장 간단한 방법으로, 데이터의 수 n을 이용하여 필요한 군집의 수를 계산하는 방법
		〈예시〉 데이터 수 200 $k = \sqrt{n/2} = \sqrt{200/2} = 10$
	장점) 가장 간단한 방법. 계산법 용이 단점) 군집의 성능 평가에 대한 정확도가 떨어짐	
팔꿈치기법 (Elbow Method) `기출`	팔꿈치(Elbow) 모습을 나타내는 부분을 최적의 군집 수를 K값으로 지정하는 방법 군집 간의 거리의 합을 나타내는 관성(Inertia)이 급격히 떨어지는 구간이 생기는데 이 지점의 K 값을 군집의 개수로 사용 관성(Inertia) : 각 군집의 군집 내 총 제곱합(Within Cluster Sum of Squares, WCSS)	
	$K = 3$일 때 최적의 군집수임을 확인	
	장점) 시각화로 인해 직관적인 결과 도출 가능 단점) 정량적인 결과 도출이 아닌 직관에 의존해 진단자의 영향력이 커짐	
실루엣계수 (Silhouette Coefficient) `기출`	군집 내의 응집도와 군집 간 분리도를 이용한 지표로, 군집 내 데이터 간의 거리가 짧고 서로 다른 군집 간 거리가 멀수록 값이 커짐	
	완벽한 군집화 : $S_i = 1$ 무작위 군집화 : $S_i = -1$	$\dfrac{b_i - a_i}{\max(a_i, b_i)}$

실루엣계수 (Silhouette Coefficient) 기출	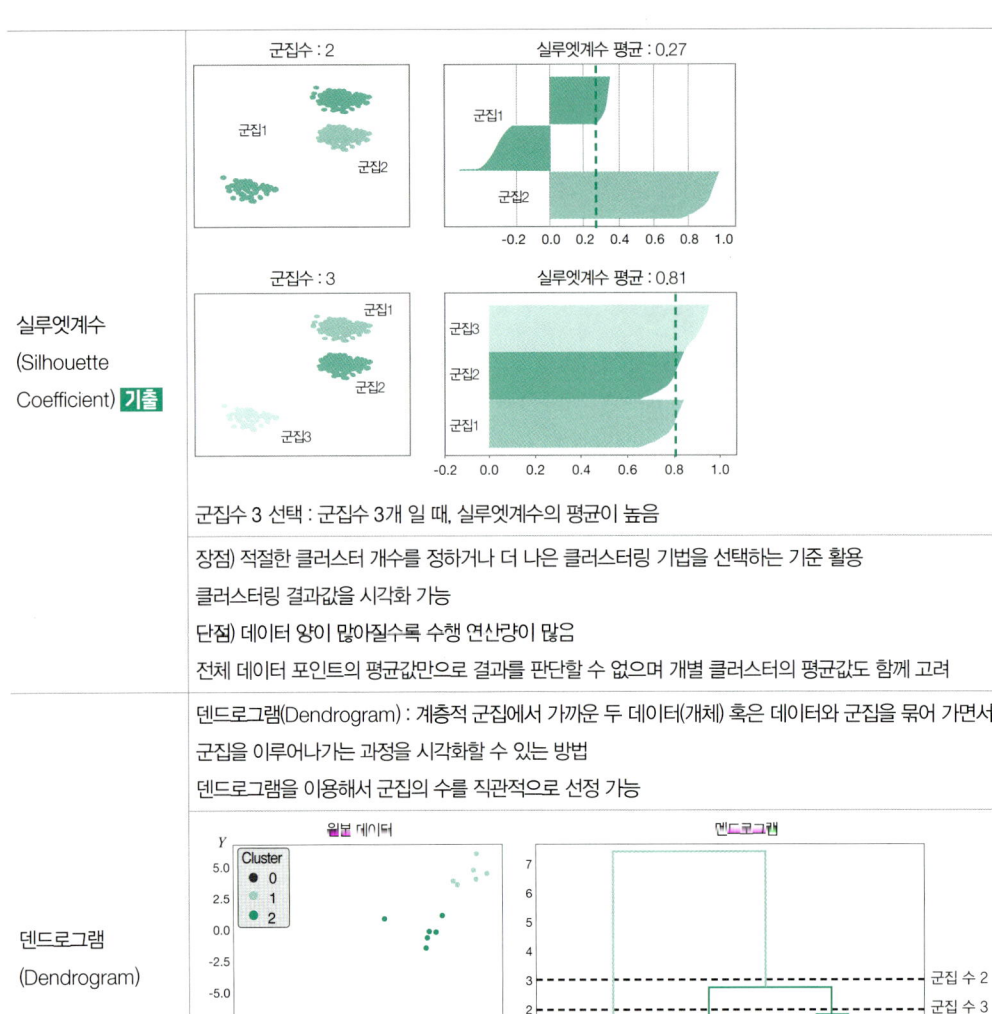

군집수 3 선택 : 군집수 3개 일 때, 실루엣계수의 평균이 높음

장점) 적절한 클러스터 개수를 정하거나 더 나은 클러스터링 기법을 선택하는 기준 활용

클러스터링 결과값을 시각화 가능

단점) 데이터 양이 많아질수록 수행 연산량이 많음

전체 데이터 포인트의 평균값만으로 결과를 판단할 수 없으며 개별 클러스터의 평균값도 함께 고려

덴드로그램 (Dendrogram)	덴드로그램(Dendrogram) : 계층적 군집에서 가까운 두 데이터(개체) 혹은 데이터와 군집을 묶어 가면서 군집을 이루어나가는 과정을 시각화할 수 있는 방법 덴드로그램을 이용해서 군집의 수를 직관적으로 선정 가능 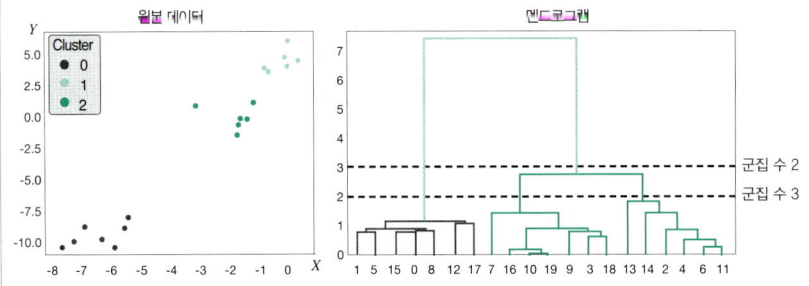 장점) 시각화로 결과 판단이 용이하며, 거리를 이용한 결과 도출용이 군집화 과정 확인 가능. 임의성 없어 재계산해도 결과 같음 단점) 상대적으로 데이터 크기가 작은 문제에 적용. 군집 개수 설정 제약

분석 모델에서 지향하는 학습(Training)은 과적합(과대적합)이나 과소적합이 없고 새로운 데이터를 예측, 분류 및 군집을 하는데 있어 성능이 좋은 일반화된 모델이어야 하기 때문에 과적합이나 과소적합은 반드시 해결해 주어야 한다. 따라서 분할된 원본 데이터에 대해서 교차검증(Cross Validation) 등을 이용하여 이를 검증할 수 있다. 이에 대한 상세 내용은 '9.1.3교차검증', '9.2.1 과적합 방지'에서 학습한다.

9.1.3 교차검증(교차타당성 검증)

9.1.3.1 교차검증의 이해 기출

모델의 성능을 높이기 위해 데이터 파라미터(가중치)를 확인하고 하이퍼파라미터(모델의 설정값)를 튜닝하는 과정을 거쳐 결과를 비교해야 하는데, 이때 같은 테스트 데이터(Test Data Set)를 반복해서 재사용하면 이는 학습 데이터의 일부가 되는 셈이고 모델 과적합의 원인이 된다. 그러므로 데이터셋을 학습 데이터, 검증 데이터, 테스트 데이터로 나누는 것이 적합하다고 학습했다('7.2.2 데이터 분할').

- 학습 데이터(Training Data Set) : 모델을 만드는데 사용하는 데이터
- 검증 데이터(Validation Data Set) : 모델의 성능 향상을 위해 매개변수 최적화에 사용하는 데이터
- 테스트 데이터(Test Data Set) : 최종적으로 충분한 정확도로 일반화시킬 수 있는 모델인지 확인하는 데이터

또한 원본 데이터(Original Data Set)를 기준으로 위 3가지로 분할된, 고정적인 데이터로 학습하게 되면 데이터의 다양성이 줄어들어 과적합(과대적합, Over Fitting)이 발생할 수 있다. 즉, 같은 학습 데이터를 반복적으로 분석 모델을 만들게 되면 학습 데이터에서만 잘 맞는 모델이 만들어지지만 실제 성능에서는 정확도가 떨어지는 일이 발생한다(과적합, Overfitting).

따라서 동일한 원본 데이터라도 각 분리된 학습/검증/테스트 데이터에 대해 교차검증 방법을 적용하여 학습에 다양성을 부여하는 과정이 필요하다.

교차검증(Cross Validation = 교차타당성)은 원본 데이터를 학습/검증/테스트 데이터로 분할하고, 각각의 데이터 비율 및 구성을 다르게 하면서 모델을 만들고 평가하는 과정을 반복하여 데이터의 성능 검증(Out of Sample Testing) 및 모델의 성능을 평가하는 방법이다.

교차검증의 목적 기출

- 학습 결과로 생성된 모델 선택(Model Selection) 및 모델 평가(Model Assessment)
- 확보된 데이터의 수가 적은 경우, 데이터 분석 신뢰도에 대한 평가
- 분할된 데이터셋의 검증
- 과적합(과대적합, Over Fitting) 문제 해결

교차검증의 장/단점은 다음과 같다.

교차검증의 장/단점

장/단점	구분	설명
장점	원본 데이터 전체의 활용 (학습/검증/테스트)	분석 정확도 향상 데이터 부족으로 인한 과소적합(Under Fitting) 감소 특정 테스트 데이터의 과적합 방지 일반화된 성능(모델이 실제 시스템에서 보이는 성능)을 보이는 모델 선택
단점	모델 생성 시간 증가	반복 횟수가 많아져 모델의 훈련 및 평가 시간이 오래 걸림

9.1.3.2 교차검증의 종류

원본 데이터에서 데이터를 추출하여 모델을 선택하거나 혹은 모델을 평가하는 검증 방법은 크게 데이터를 재사용하지 않는 홀드아웃 교차검증 방법과 데이터를 재사용할 수 있는 교차검증, 부트스트랩 방법으로 구분할 수 있다.

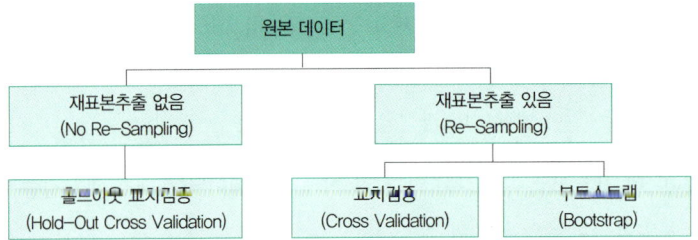

데이터 분할 검증 방법 또는 샘플링 방법(Sampling)

모델 성능 평가(Model Assessment)나 모델 선택(Model Selection)을 위해서 교차검증을 사용하며, 모수 추정의 정확도나 주어진 통계적 모델의 정확도를 계산하기 위해서는 부트스트랩을 사용된다.

교차검증과 부트스트랩은 활용 목적이 다르나 샘플링 관점에서 복원추출이라는 유사한 특성이 있기 때문에 본 수험서에서는 교차검증에 포함시켜 학습한다.

검증 기법 비교

항목	홀드아웃 교차검증	교차검증	부트스트랩
개념	전체 데이터를 무작위로 학습 데이터와 테스트 데이터로 분할	K개의 데이터 집합 생성 각 집합에 대해 k-1개의 학습 데이터와 1개의 테스트 데이터 구성	전체 데이터에서 무작위 복원추출로 훈련 데이터 집합 생성하여 검증하는 방법
샘플링	비복원추출	복원추출(K개의 데이터 집합)	복원추출(훈련 데이터)
활용 기준	데이터가 충분히 많은 경우 사용	데이터가 충분하지 않은 경우 사용	데이터가 충분하지 않고 모집단 분포 가정이 어려운 경우
정확도	정확도 다소 낮음 간단함	홀드아웃 교차검증보다 높은 정확도	홀드아웃 교차검증보다 높은 정확도

❶ 홀드아웃 교차검증(Hold Out Cross Validation) 기출

테스트 데이터는 모델을 훈련시키는 과정에서는 절대 사용하지 않기 때문에 홀드아웃(holdout) 데이터셋이라고도 한다. 이 데이터는 모델 성능을 최종 평가할 때만 사용하며 실제 성능을 비교적 정확하게 반영할 수 있다.

홀드아웃 교차검증은 원본 데이터(Original Data Set)를 학습 데이터와 테스트 데이터(홀드아웃 데이터)로 나누고, 분리된 학습 데이터를 다시 검증 데이터로 따로 분할하여 교차검증하는 방법이다. 정리하면 훈련 데이터와 검증 데이터로 모델을 선택하고 테스트 데이터에서 최종 모델을 평가하게 된다.

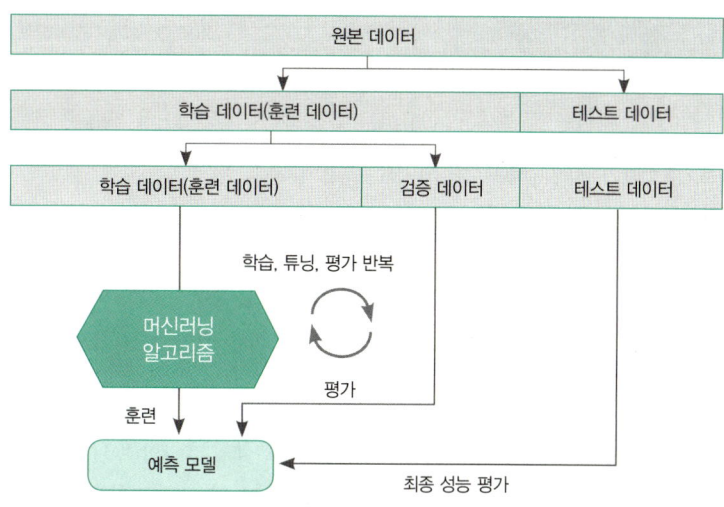

홀드아웃 교차검증 수행 절차 기출

홀드아웃 교차검증은 개념적으로 이해하기 쉽고 수행하기 쉽다는 장점이 있지만, 데이터가 학습/검증/테스트 중 어느 데이터셋에 속해 있는지에 따라 변동성이 커진다. 또한, 학습 데이터와 테스트 데이터를 50 : 50으로 나누게 되면 훈련용 데이터가 작아지기 때문에 과적합이 있을 수 있는 단점이 존재한다.

❷ 케이폴드 교차검증(K-fold Cross Validation) 기출

원본 데이터를 k등분의 부분 집합(Fold)으로 균등하게 분할하고, $k-1$개의 부분 집합은 학습 데이터로, 나머지 1개의 부분 집합은 테스트 데이터로 할당한 후 테스트 데이터로 결과를 계산하여 모델의 성능을 평가하는 기법이다.

케이폴드 교차검증 수행 절차

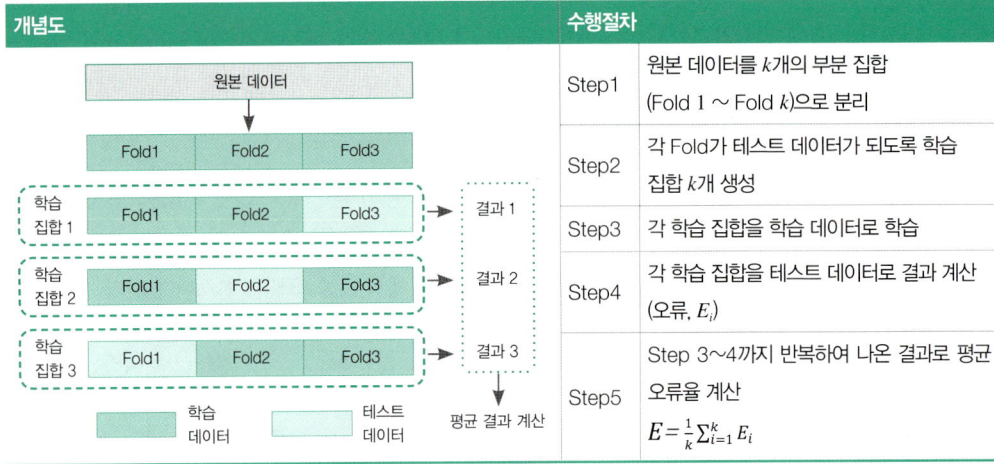

개념도	수행절차	
	Step1	원본 데이터를 k개의 부분 집합 (Fold 1 ~ Fold k)으로 분리
	Step2	각 Fold가 테스트 데이터가 되도록 학습 집합 k개 생성
	Step3	각 학습 집합을 학습 데이터로 학습
	Step4	각 학습 집합을 테스트 데이터로 결과 계산 (오류, E_i)
	Step5	Step 3~4까지 반복하여 나온 결과로 평균 오류율 계산 $E = \frac{1}{k}\sum_{i=1}^{k} E_i$

k는 전체 데이터의 크기에 따라 다르나 일반적으로 5~10 사용
위 사례는 k = 3이기 때문에 3 Fold CV라 정의함

케이폴드 교차검증은 홀드아웃 교차검증에 비해, 학습 데이터 분할에 민감하지 않은 성능 추정을 얻을 수 있다. 학습 집합 내에서는 데이터의 중복을 허락하지 않고 학습 집합의 결과1에서 k개까지를 이용해 평균오류율로 성능을 추정한다.

학습 데이터가 적다면 부분 집합의 개수를 늘리는 것이 좋다. k 값이 증가하면 학습 데이터가 여러 번 반복해서 사용되고, 모델 성능을 평균하여 일반화 성능을 추정할 때 더 낮은 편향을 만든다.

케이폴드 교차검증의 장/단점

장/단점	구분	설명
장점	원본 데이터 전체의 활용 (학습/검증/테스트)	분석 정확도 향상 데이터 부족으로 인한 과소적합(Under Fitting) 감소 특정 테스트 데이터의 과적합 방지 일반화된 성능(모델이 실제 시스템에서 보이는 성능)을 보이는 모델 선택
단점	정답(클래스) 불균형에 성능 취약	정답(클래스)의 숫자가 k의 숫자와 같거나 정답의 불균형(Imbalanced) 존재 시 과소적합 발생

정답(클래스)의 숫자가 k의 숫자와 같거나 정답의 불균형(Imbalanced) 존재 시 과소적합이 발생할 수 있다. 따라서 회귀 모델(Regression Model)과 같이 연속형 데이터를 예측하는 모델에 사용된다(분류 모델인 경우 계층별 케이폴드 교차검증 사용 권고).

❸ 계층별 케이폴드 교차검증(Stratified K-fold Cross Validation)

계층별 케이폴드 교차검증은 원본 데이터에서 정답(클래스)의 분포를 먼저 고려한 뒤, 이 분포와 동일하게 학습 및 테스트 데이터를 분배하는 방법이다.

케이폴드 교차검증과 계층별 케이폴드 교차검증

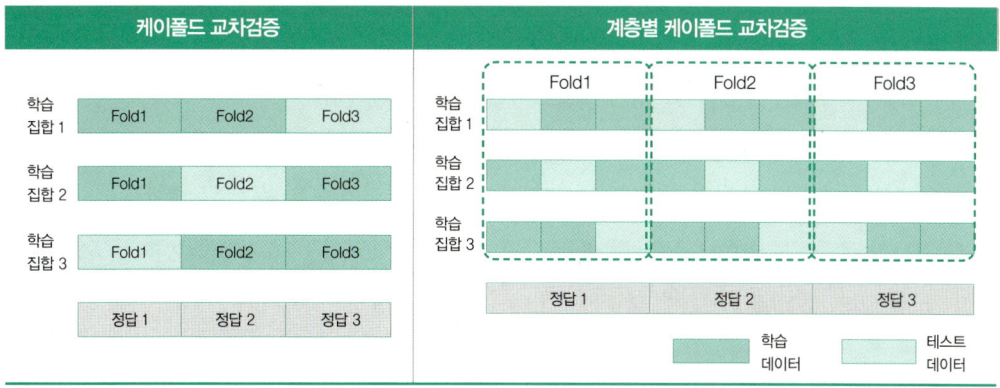

정답(클래스)의 비율이 다르거나 정답의 수가 k와 같은 경우, 케이폴드 교차검증이 원본 데이터의 정답 분포를 학습 데이터와 테스트 데이터에 제대로 분배하지 못하는 문제를 해결할 수 있으며, 일반적으로 분류 모델(Classification Model)에 활용된다.

❹ 리브-원-아웃 교차검증(Leave-One-Out Cross Validation, LOOCV) 기출

리브-원-아웃 교차검증은 케이폴드 교차검증(K-Fold CV)의 극단적인 형태로, 학습 데이터가 극도로 작을 때 사용할 수 있는 방법이다.

전체 N개의 원본 데이터에서 $N-1$개의 학습 데이터와 1개의 테스트 데이터로 나누어(Leave One Out), 총 N번만큼 교차검증을 수행한다.

리브-원-아웃 교차검증(LOOCV)

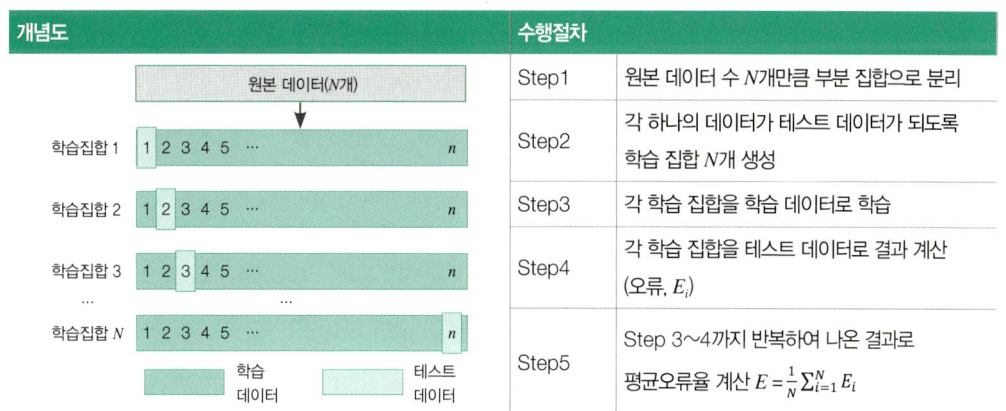

개념도	수행절차	
	Step1	원본 데이터 수 N개만큼 부분 집합으로 분리
	Step2	각 하나의 데이터가 테스트 데이터가 되도록 학습 집합 N개 생성
	Step3	각 학습 집합을 학습 데이터로 학습
	Step4	각 학습 집합을 테스트 데이터로 결과 계산 (오류, E_i)
	Step5	Step 3~4까지 반복하여 나온 결과로 평균오류율 계산 $E = \frac{1}{N}\sum_{i=1}^{N} E_i$

학습 데이터의 손실을 최소화할 수 있지만, 원본 데이터 수가 1,000개만 되어도 총 1,000번의 학습과 테스트를 진행해야 하기 때문에 시간과 컴퓨팅 자원이 많이 소모된다는 단점이 있다(계산량 증가).

❺ 리브-p-아웃 교차검증(Leave-p-Out Cross Validation, LpOCV)

리브-p-아웃 교차검증은 전체 N개의 원본 데이터를 학습 집합별로 $N-p$개의 학습 데이터와 p개의 테스트 데이터로 나누어 사용하는 교차검증 방법이다.

예를 들어 리브-2-아웃 교차검증은 가지고 있는 데이터에서 아래의 그림처럼 2개를 추출하여 테스트 데이터로 이용한다. 그리고 나머지 데이터는 학습 데이터로 사용하여 검증 결과를 도출하게 된다.

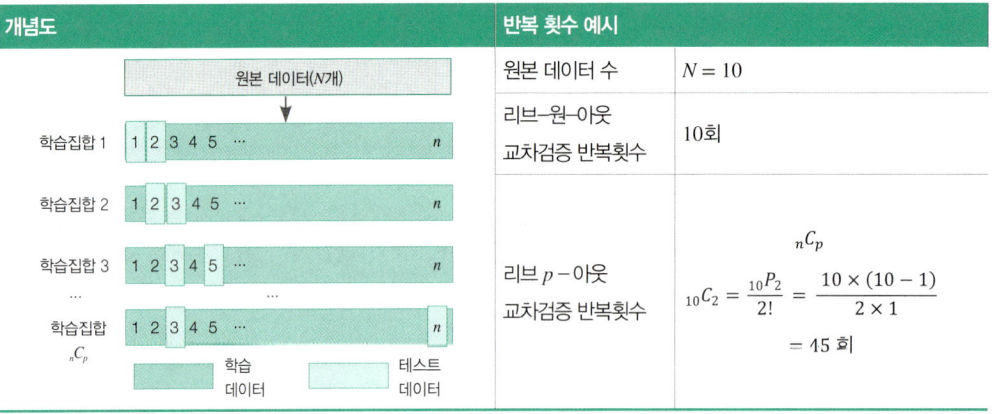

p가 1일 때, 리브-원-아웃 교차검증(LOOCV)과 결과가 동일하며, 총 $_nC_p$번만큼 교차검증을 반복하기 때문에 p가 2이상이면 리브-원-아웃 교차검증(LOOCV)보다 교차검증 횟수가 증가하여 계산 시간이 오래 걸린다는 단점이 있다.

❻ 부트스트랩(Bootstrap)

부트스트랩은 전체 데이터에서 무작위(Random) 복원추출로 훈련 데이터 집합을 생성하여 검증하는 방법이다. 학습 집합별로 훈련 데이터는 중복을 허용하여 만들고, 훈련 데이터에 사용하지 않은 데이터는 테스트 데이터로 사용한다.

일반적으로 데이터가 충분하지 않거나 모집단의 분포를 가정하기 어려운 경우 사용되며, 교차검증은 k개로 원본 데이터를 분할하여 학습 데이터와 테스트 데이터를 구분하지만, 부트스트랩은 난수를(Random)를 이용하여 학습 데이터와 테스트 데이터를 구분하게 된다.

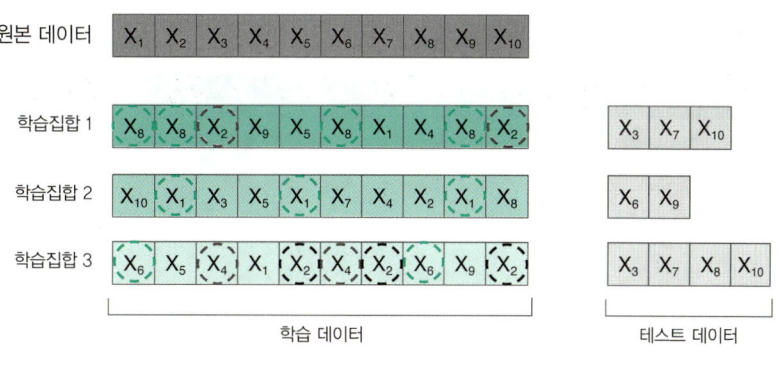

부트스트랩

위 그림에서 동그라미로 표시된 데이터는 각 학습 집합에서 중복으로 존재하는 데이터를 의미하며, 각 학습 집합에 사용되지 않은 데이터는 테스트 데이터로 사용됨을 알 수 있다.

이렇게 부트스트랩을 이용해 추출한 샘플을 학습에 사용하고 나머지 샘플을 검정을 위해 사용하는 것을 OOB(Out Of Bag) 데이터셋이라고 한다.

부트스트랩은 배깅(Bagging) 앙상블 모델에서 데이터 분할 방식으로도 사용된다.

9.1.4 모수 유의성 검정

통계적 가설 검정 방법은 분포의 가정 여부에 따라 모수 검정과 비모수 검정으로 구분할 수 있다 ('6.2.3.4 통계적 가설 검정 절차 및 방법'). 또한 분석 목적에 따라 크게 모수차이 검정과 변수 관계 검정으로도 구분할 수 있다.

모수차이 검정은 모집단의 수(비교하는 그룹 수)와 표본 수 등에 따라 평균, 분산 및 비율의 차이를 검정하는 방법이 있고, 변수관계 검정은 변수의 유형에 따라 범주형 변수 간의 관계, 수치형 변수 간의 관계, 변수의 인과관계를 귀무가설에 의해 통계적으로 유의미한지 검정(유의성 검정)하게 된다.

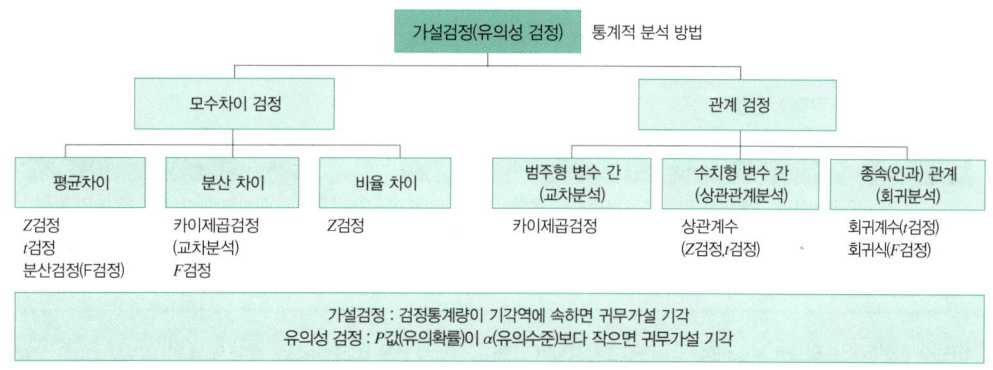

분석 목적에 따른 통계적 가설 검정 방법

통계적 가설 검정 방법(분석 기법)의 분석 목적과 변수의 척도는 다음과 같다.

통계적 분석 방법	분석 목적	변수의 척도		예시
Z검정 t검정	단일 집단의 검정 및 두 집단 간 비교	독립변수	범주형(2개 집단 이하)	성별(남,여)
		종속변수	연속형	투표율
분산분석	두 집단 이상의 차이 분석 (일반적으로 3개 집단)	독립변수	범주형(2개 집단 이상)	종교(기독교, 불교, 천주교)
		종속변수	연속형	소득
카이제곱검정 (교차분석)	관련성 분석(척도에 관계없이 활용 가능)	독립변수	범주형	성별(남,여)
		종속변수		학점
상관관계분석	두 변수의 선형성 분석	독립변수	연속형	교육수준
		종속변수		소득
회귀분석	독립변수가 종속변수에 미치는 영향 정도 분석	독립변수	연속형	소득
		종속변수		소비

본 장에서는 평균, 분산 및 비율의 차이를 검정하는 방법인 모수차이 검정을 기반으로 학습한다.

빅분기_52
9.1.4.1 ~ 9.1.4.2

9.1.4.1 모수 유의성 검정의 이해

통계적 유의함(Significance)은 어떤 실험결과가 확률적으로 봐서 단순한 우연이라고 생각되지 않을 정도로 의미가 있다는 뜻이며, 유의성 검정(Test of Significance)은 얻어진 자료보다 더 극단적인 자료가 얻어질 가능성(P값)을 계산하여 이를 근거로 유효성을 판단하게 된다. 이때 통계적 가설 검정의 기준이 되는 P값은 측정된 검정통계량의 값으로 계산된 확률로서 귀무가설(H_0)을 기각하게 하는 최저의 유의수준을 의미한다.

모수의 유의성 검정은 검정통계량의 값을 기각값과 비교하는 대신에, 유의수준(α)과 그에 대응하는 검정통계량의 확률 P값으로 귀무가설 채택과 기각을 검정한다.

p값 < 유의수준(α)이면, H_0(귀무가설) 기각 = 유의하다.

p값 > 유의수준(α)이면, H_0(귀무가설) 채택 = 유의하지 않다.

> **참고** 모수 검정과 비모수 검정
>
> | 종류 | 모수 검정 | 비모수 검정 |
> |---|---|---|
> | 의미 | 모집단이 정규분포를 따른다고 가정하고 검정통계량과 검정통계량의 분포를 도출해 검정하는 방법 | 모집단의 분포에 대해 어떠한 가정도 하지 않고 모집단을 추정하는 방법 |
> | 척도 | 등간척도, 비율척도 | 명목척도, 서열척도 |
>
> 비모수 검정은 대표적으로 부호검정, 윌콕슨부호합검정이 있으며, 상세 내용은 '8.2.8 비모수 통계'에서 학습하자.

모수의 유의성 검정 방법은 평균, 분산, 비율 차이에 대해서, 비교하고자 하는 모집단의 수와 모분산을 알고 있는지 등에 따라 검정 방법을 선택할 수 있다.

9.1.4.2 모수의 분산 차이 검정

모분산 차이를 검정하는 방법은 카이제곱검정과 F 검정으로 구분하여 사용한다.

> **참고** 모분산 관점의 카이제곱검정과 F 검정 차이
>
> | 구분 | 카이제곱검정 | F 검정 |
> |---|---|---|
> | 기준 | 하나의 모집단에 대해 분산의 차이가 있는 검정 | 두 모집단이 분산의 차이가 있는가를 검정하는 방법 (분산의 동질성) |
> | 정규성 | 정규성 가정(집단이 정규분포를 따르며 분산을 알고 있어야 함) | 정규성 가정하지 않음(두 모집단이 정규분포를 따를 필요 없음) |
> | 통계량 | $\chi^2 = \dfrac{(n-1)S^2}{\sigma^2}$ | $F = s_1^2/s_2^2$
 카이제곱분포의 비율(Ratio) |

❶ 카이제곱검정(Chi-square Test)

● 카이제곱검정의 정의

'8.2.1.2 범주형 자료 분석'에서 교차표를 이용한 카이제곱검정에 대해 학습했다. 교차분석은 비모수 통계(정규성을 따르지 않고, 범주형 척도인 경우)에 해당하며, 독자분들은 뜬금없이 모분산 차이도 카이제곱검정을 쓰는 것은 일관성이 없다고 생각할 수 있다.

따라서 카이제곱분포의 활용되는 관점을 다음과 같이 정리한다.

카이제곱분포의 활용

구분	관점	분석대상	정규성
적합도 검정	빈도수의 분포 검정	범주형 변수(1개)	비모수 통계
독립성, 동질성 검정	두 변수 사이의 관계(독립성)과 비율 차이(동질성) 검정	범주형 변수/범주형 변수(2개)	비모수 통계
모분산 검정	분산 차이 검정	단일 모집단에 n개의 표본	모수 통계

교차분석에서 카이제곱검정은 하나 혹은 두 범주형 변수가 서로 상관이 있는지 독립인지를 판단했고, 모분산 검정에서 카이제곱검정은 단일표본의 모집단이 정규분포를 따르며 분산을 미리 알고 있는 경우에 모분산과 표본분산이 차이 여부 혹은 한 모집단에서 추출한 표본들의 분산 차이를 검정하기 위해 사용될 수 있다.

그러나 통계 분석 과정에서 모분산을 알고 있는 경우는 드물기 때문에 모집단을 알고 있지 않은 경우, 카이제곱분포의 비율인 F검정을 이용하여 분석하게 된다.

- **모분산의 가설 검정**

모분산(σ^2)의 추정량인 표본분산(S^2)은 모집단 분포가 정규분포라는 가정하에 자유도가 $n-1$인 카이제곱분포 $\chi^2 = \frac{(n-1)S^2}{\sigma^2}$를 따르며, 모분산 σ^2에 대한 가설 검정에서의 가설, 검정통계량(χ^2), 기각역은 다음과 같다.

모분산에 대한 카이제곱검정 절차

구분	설명
귀무가설 및 대립가설 설정	귀무가설 - $H_0 : \sigma^2 = \sigma_0^2$ ~ 분산은 ~와 차이가 없다(같다). 대립가설 - 양측검정 : $H_1 : \sigma^2 \neq \sigma_0^2$ ~ 분산은 ~와 차이가 있다(같지 않다). - 좌측검정 : $H_1 : \sigma^2 < \sigma_0^2$ ~ 분산은 ~이 작다. - 우측검정 : $H_1 : \sigma^2 > \sigma_0^2$ ~ 분산은 ~이 크다.
검정통계량 **기출**	$\chi^2 = \frac{(n-1)S^2}{\sigma^2}$
가설 검정 (기각역)	검정통계량(χ^2)과 유의수준(α)의 기각역(χ_α^2 또는 $\chi_{Critical}^2$)을 산출, 각 가설 검정 종류별로 아래에 해당하면 귀무가설 기각 양측검정 : 대립가설 $H_1 : \sigma^2 \neq \sigma_0^2$일 때, $\chi^2 < \chi_{1-\frac{\alpha}{2}}^2(n-1)$ 또는 $\chi_{\frac{\alpha}{2}}^2(n-1)$ 좌측검정 : 대립가설 $H_1 : \sigma^2 < \sigma_0^2$일 때, $\chi^2 < \chi_{1-\alpha}^2(n-1)$ 우측검정 : 대립가설 $H_1 : \sigma^2 > \sigma_0^2$일 때, $\chi^2 > \chi_\alpha^2(n-1)$
유의성 검정 (P값 사용)	검정통계량의 p값 < 유의수준(α)이면, 귀무가설 기각 검정통계량의 p값 > 유의수준(α)이면, 귀무가설 채택

모분산에 대한 카이제곱검정 사례

구분	설명
사례	어느 회사의 배터리 수명을 측정하고 있다. 배터리 수명의 분산은 25로 품질 기준을 잡고 있는데, 최근 배터리 공정의 주요 설비 교체로 불량률이 높아져 분산이 25보다 큰 것 같다는 의견이 나왔다. 표본 10개를 뽑아 분산을 측정했더니 29가 나왔는데 현재 제품의 분산이 25보다 크다고 할 수 있는지 검정하라(유의수준 $\alpha = 0.05$).
귀무가설 및 대립가설 설정	귀무가설 $H_0 : \sigma^2 = 25$ 배터리 수명은 차이가 없다(같다). 대립가설 $H_1 : \sigma^2 > 25$ 배터리 수명은 분산 25보다 크다(우측검정).
유의수준	$\alpha = 0.05$
기각역	기각역은 대립가설 $H_1 : \sigma^2 > \sigma_0^2$일 때, $\chi^2 > \chi_\alpha^2(n-1)$이며, 카이제곱분포 95%(($1-\alpha) \times 100$) 확률에 해당하는 χ^2값(기각역)은 $\chi^2 = \chi_{0.05}^2(10-1) = 16.920$이다. 즉, $\chi^2 = \chi_{0.05}^2 = 16.92$

검정통계량 및 유의확률(P값)	검정통계량 $\chi^2 = \frac{(n-1)s^2}{\sigma^2}$ 모분산 $\sigma^2 = 25$, 표본수 $n-1 = 9$, 표본분산 $S^2 = 29$ 검정통계량 $\chi^2 = \frac{(10-1)29}{25} = 10.44$ $\chi^2 = 10.44$일 때, P값 $= P(\chi^2 > 10.44) = 0.316$이 된다.
분포도	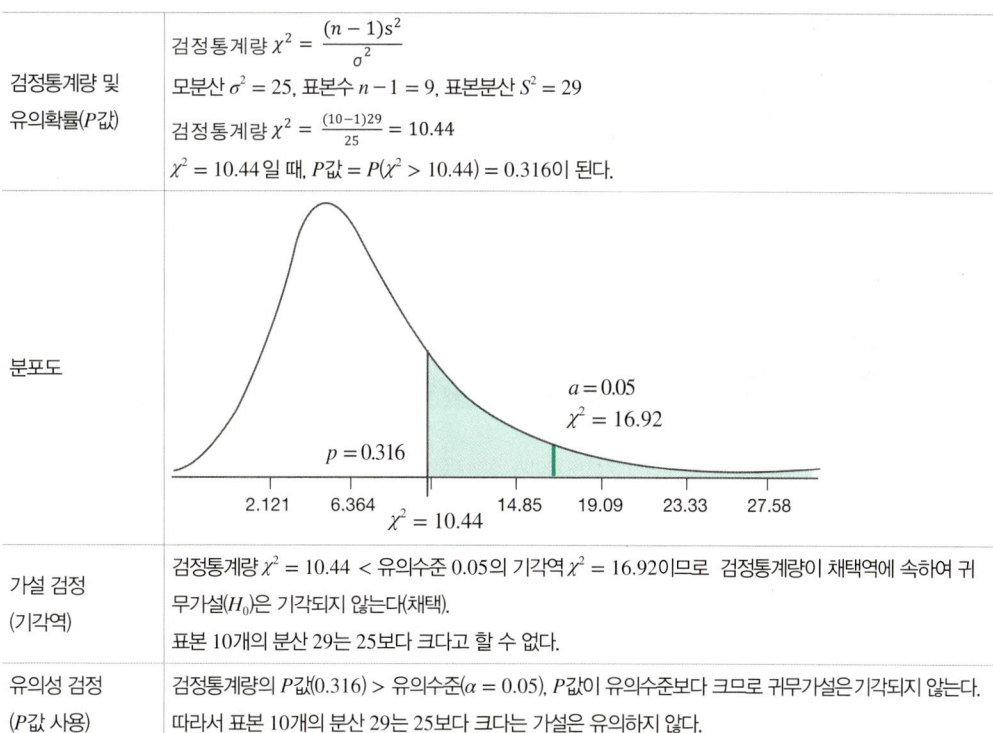
가설 검정 (기각역)	검정통계량 $\chi^2 = 10.44 <$ 유의수준 0.05의 기각역 $\chi^2 = 16.92$이므로 검정통계량이 채택역에 속하여 귀무가설(H_0)은 기각되지 않는다(채택). 표본 10개의 분산 29는 25보다 크다고 할 수 없다.
유의성 검정 (P값 사용)	검정통계량의 P값(0.316) > 유의수준($\alpha = 0.05$), P값이 유의수준보다 크므로 귀무가설은 기각되지 않는다. 따라서 표본 10개의 분산 29는 25보다 크다는 가설은 유의하지 않다.

❷ F검정(F test)

● F검정의 정의

F검정은 정규모집단에서 독립적으로 추출한 두 표본의 분산에 대한 차이가 통계적으로 유의한가에 대해 두 모분산의 비(Ratio)를 이용해 판별하는 검정 방법이다.

카이제곱검정은 단일표본의 모집단이 정규분포를 따르며 분산을 미리 알고 있는 경우에 적용된다. 그러나 통계 과정에서 이를 알고 있는 경우는 드물기 때문에 모집단을 알고 있지 않은 경우, 카이제곱분포의 비율인 F검정을 이용하여 분석한다.

비율에 올바른 분산을 포함하기만 하면 F검정을 사용하여 집단 평균이 동일한지 확인할 수 있으며, 이러한 특성 때문에 분산분석(ANOVA)에서 집단 3개 이상의 평균의 동질성(평균이 서로 다른지에 대한)을 통계적으로 검정하게 된다.

분산분석(ANOVA)에서의 F값을 이용한 동질성 산정식은 다음과 같다.

$$F값 = \frac{집단간\ 변동(Between\ Variance)}{집단내\ 변동(Within\ Variance)} = \frac{MS_{Between}}{MS_{Within}}$$

● 두 모분산의 가설 검정

두 모집단의 모분산이 각각 크기 σ_1^2, σ_2^2으로 알려져 있는 정규모집단에서 크기 n_1, n_2인 표본의 분산을 S_1^2, S_2^2라고 할 때, $F = \dfrac{s_1^2/\sigma_1^2}{s_2^2/\sigma_2^2} = \dfrac{\sigma_2^2 \times s_1^2}{\sigma_1^2 \times s_2^2}$, 자유도 $v_1 = n_1 - 1, v_2 = n_2 - 1$인 F 분포를 따른다고 한다.

단, $\sigma_1^2 = \sigma_2^2$이 가정되어 검정통계량 $F = \dfrac{s_1^2}{s_2^2}$를 따른다고 정의하며, 두 모분산 σ_1^2, σ_2^2에 대한 가설 검정에서의 가설, 검정통계량(F값), 기각역은 다음과 같다.

두 모분산에 대한 F검정 절차

구분	설명
귀무가설 및 대립가설 설정	귀무가설 $- H_0 : \sigma_1^2 = \sigma_2^2$ 두 집단의 분산은 차이가 없다(같다). 대립가설 - 양측검정 : $H_1 : \sigma_1^2 \neq \sigma_2^2$ 두 집단의 분산은 차이가 있다(같지 않다). - 좌측검정 : $H_1 : \sigma_1^2 < \sigma_2^2$ ~ 분산은 ~이 작다. - 우측검정 : $H_1 : \sigma_1^2 > \sigma_2^2$ ~ 분산은 ~이 크다.
검정통계량	F값$(f) = s_1^2 / s_2^2$
가설 검정 (기각역)	검정통계량(f)과 유의수준(α)의 기각역(f_α 또는 $f_{Critical}$)을 산출, 각 가설 검정 종류별로 아래에 해당하면 귀무가설(H_0)기각 양측검정 : 대립가설 $H_1 : \sigma_1^2 \neq \sigma_2^2$일 때, $f < f_{1-\frac{\alpha}{2}}(v_1, v_2)$ 또는 $f > f_{\frac{\alpha}{2}}(v_1, v_2)$ (단, 왼쪽 기각역 : $f < f_{1-\frac{\alpha}{2}}(v_1, v_2) = \dfrac{1}{f_{\frac{\alpha}{2}}(v_2, v_1)}$) 좌측검정 : 대립가설 $H_1 : \sigma_1^2 < \sigma_2^2$일 때, $f < f_{1-\alpha}(v_1, v_2)$ 우측검정 : 대립가설 $H_1 : \sigma_1^2 > \sigma_2^2$일 때, $f > f_\alpha(v_1, v_2)$
유의성 검정 (P값 사용)	검정통계량(Z)의 p값 < 유의수준(α)이면, 귀무가설 기각 검정통계량(Z)의 p값 > 유의수준(α)이면, 귀무가설 채택

1에 가까운 F값은 집단 평균이 각 집단 내 변동성에 비해 밀집한(변동성이 낮은) 경우를 나타내고, 1과 차이가 큰 F값은 집단 평균의 변동성이 집단 내 변동성에 비해 큰 경우를 나타낸다. 집단 평균이 동일하다는 귀무가설을 기각하려면 F값이 커야 한다.

두 모분산에 대한 F검정 사례 기출

구분	설명
사례	어느 회사의 배터리 생산기계 A와 B는 분산이 동일한 것으로 알려져 있다. 최근 생산 수량 증가로 설비의 부품 교체가 잦아지면서 생산기계 A의 분산이 더 크다는 의견이 나왔다. A기계에서 표본 11개, B기계에서 표본 8개를 뽑아 분산을 측정했더니 각각 A기계의 분산이 15, B기계의 분산이 10이 나왔는데, 현재 A기계의 분산이 더 크다고 할 수 있는지 검정하라(유의수준 $\alpha = 0.05$).
귀무가설 및 대립가설 설정	귀무가설 $H_0 : \sigma_1^2 = \sigma_2^2$ 두 기계의 분산은 차이가 없다. 대립가설 $H_1 : \sigma_1^2 > \sigma_2^2$ A 기계의 분산이 크다(우측검정).
유의수준	$\alpha = 0.05$

기각역 및 기각값	기각역은 대립가설 $H_1 : \sigma_1^2 > \sigma_2^2$일 때, $f > f_a(v_1, v_2)$이다. 자유도가 큰 값이 v_1, 자유도가 작은 값이 v_2이며, 기계 A 자유도 $v_1 = 11 - 1 = 10$, 분산 $S_1^2 = 15$ 기계 B 자유도 $v_2 = 8 - 1 = 7$, 분산 $S_2^2 = 10$이 된다. f분포표에서 자유도로 f값을 확인하면, 기각역 $f > f_a(v_1, v_2) = f_{0.05}(10, 7)$에 대한 f값은 3.637이다.
검정통계량 및 유의확률	검정통계량 $f = \frac{s_1^2}{s_2^2}$에 의해서 $f = \frac{15}{10} = 1.5$ $f = 1.5$일 때, P값 $= P(f > 1.5) = 0.303$이 된다.
분포도	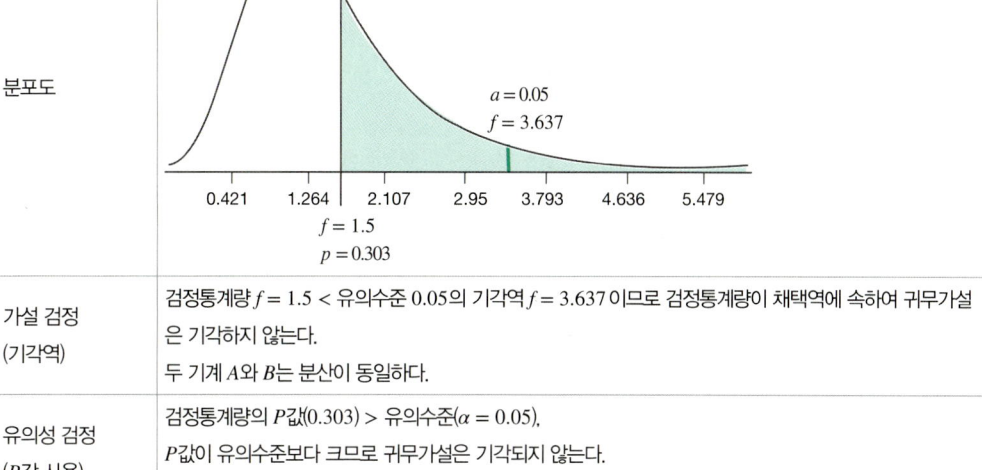
가설 검정 (기각역)	검정통계량 $f = 1.5 <$ 유의수준 0.05의 기각역 $f = 3.637$ 이므로 검정통계량이 채택역에 속하여 귀무가설은 기각하지 않는다. 두 기계 A와 B는 분산이 동일하다.
유의성 검정 (P값 사용)	검정통계량의 P값(0.303) > 유의수준($\alpha = 0.05$), P값이 유의수준보다 크므로 귀무가설은 기각되지 않는다. 두 기계 A와 B는 분산이 다르다는 가설은 유의하지 않다.

> **참고** 등분산 검정의 종류
>
> 등분산 검정의 가설
> - 귀무가설 (H_0) : 두 집단의 분산은 차이가 없다.
> - 대립가설 (H_1) : 두 집단의 분산은 차이가 있다.
>
> | 종류 | 설명 |
> |---|---|
> | F검정 | 정규분포를 따르는 두 그룹의 분산 비교 |
> | 레빈 검정
(Levene's Test) | 세 그룹 이상에서 각 그룹의 편차를 이용하여 평균 비교(두 그룹도 가능)
평균뿐 아니라 중앙값(치우친 경우), 절사 평균값(꼬리가 두툼한 경우)도 이용 가능
표본이 정규 분포를 따르지 않아도 사용 |
> | 바틀렛 검정
(Barlett Test) | Levene's 검정과 달리 표본이 정규성을 만족할 때(정규분포)에만 사용
세 그룹 이상에서 각 그룹의 편차를 이용하여 평균 비교(두 그룹도 가능) |
>
> 검정 결과 유의확률 p값이 유의수준(α)보다 크면 귀무가설 채택, 즉 등분산은 차이가 없다(같다).

빅분기_53
9.1.4.3 ~ 9.1.4.4

9.1.4.3 모수의 평균차이 검정(모평균의 가설 검정)

평균차이 검정은 모집단의 수(비교 그룹 수), 모분산이 알려져 있거나 그렇지 않은 경우의 표본 수에 따라 Z검정, t검정, 분산분석을 통해 유의성을 검정할 수 있다.

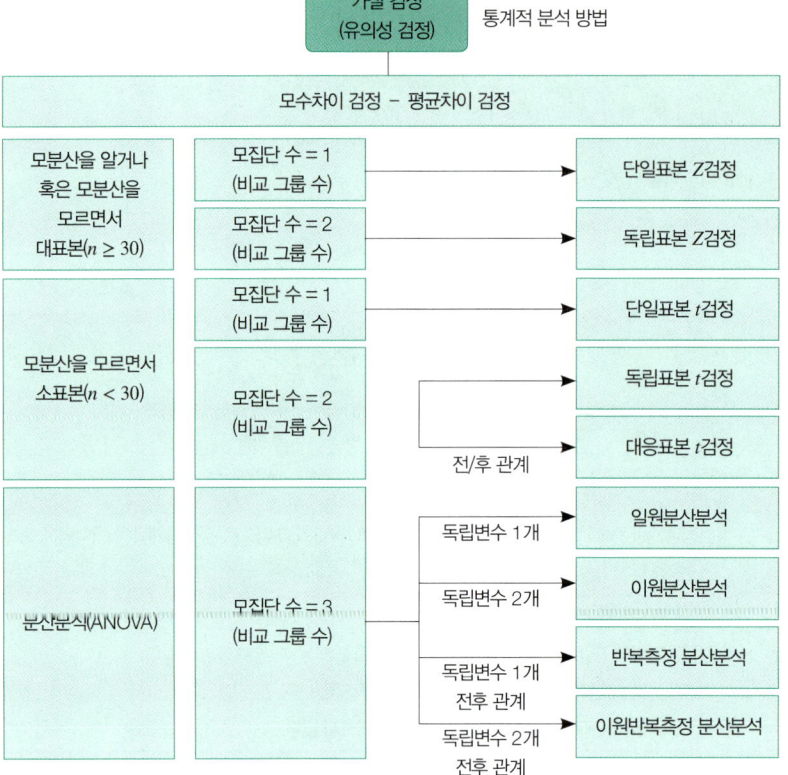

평균차이 검정 방법

❶ Z검정(Z-test)

- **Z검정의 정의**

모집단의 분산(표준편차)을 알고 있거나 혹은 모르는 경우 표본의 크기가 충분히 커서($n \geq 30$), 표집 분포가 정규분포로 근사될 경우 모평균에 대해, Z분포를 이용하여 유의성을 검정하는 방법을 Z검정(Z-test)이라 하며, 기본 가정은 다음과 같다.

Z검정의 가정사항

- 독립변수 : 범주형 변수(1개 집단), 종속변수 : 연속형 변수
- 모집단의 분산(혹은 표준편차)을 알거나 혹은 모를 때 대표본($n \geq 30$)이어야 한다.
- 모집단의 분포가 모두 정규분포를 따른다(정규성)
  - 정규성 검정 기법 : 샤피로–윌크 검정, 콜모고로프–스미르노프 검정 등
- 등분산성을 만족해야 한다(두 모집단 비교 시 : 독립표본 Z검정)
  - 등분산성 검정 기법 : 레빈 검정과 바틀렛 검정 등

Z검정은 모집단(비교 그룹 수)이 하나인 경우 일표본 Z검정(One Sample Z-test)으로 평균차이를 비교하고, 모집단(비교 그룹 수)이 두 개인 경우 독립표본 Z검정(Independent Sample Z-test)으로 평균차이를 비교한다.

통계학은 일반적으로 모수를 모른다고 가정하고 연구에 대한 가설을 증명하기 때문에 Z검정은 이론적으로만 이해하고, 실제 검정은 t검정으로 이뤄지는 것을 인지하자.

> **참고** Z검정의 종류
>
> | 종류 | 설명 | 설명 |
> |---|---|---|
> | 단일표본 Z검정 (One Sample Z-test) | 하나로 구성된 모집단의 평균값을 기준값과 비교하고자 할 때 사용하는 분석법
예) A아이스크림 회사에서 만든 아이스크림이 320g이다. | 정규성 가정
변수 : 독립변수 그룹1개(범주형), 종속변수(연속형) |
> | 독립표본 Z검정 (Independent Sample Z-test) | 두 집단이 서로 독립적일 때 두 집단 간 평균차이를 검정하기 위한 분석법
예) A 회사와 B 회사의 타이어 수명은 차이가 없다. | 정규성 가정
독립성 가정
등분산성 가정
변수 : 독립변수 그룹2개(범주형), 종속변수(연속형) |

● **단일표본 Z검정(One Sample Z-test) = 모평균의 가설 검정**

하나의 모집단에 대해 모분산 σ^2이 알려지거나 또는 임의의 분포일 때 표본의 크기 n이 큰 경우($n \geq 30$), Z분포를 이용하여 검정하는 방법을 단일표본 Z검정이라 한다. 모평균 μ에 대한 가설 검정에서의 가설, 검정통계량(Z값), 기각역은 다음과 같다. 단, μ_0는 모평균 μ에 대한 가설의 주장값이다.

단일표본 Z검정 절차(모분산 σ^2을 알거나 혹은 알려지지 않은 경우 대표본)

구분	설명
귀무가설 및 대립가설 설정	귀무가설 - $H_0 : \mu = \mu_0$ 평균은 ~ 이다(같다). 대립가설 - 양측검정 : $H_1 : \mu \neq \mu_0$ 평균은 ~이 아니다(같지 않다). - 좌측검정 : $H_1 : \mu < \mu_0$ ~ 평균은 ~이 작다. - 우측검정 : $H_1 : \mu > \mu_0$ ~ 평균은 ~이 크다.
검정통계량	$Z = \dfrac{\bar{X} - \mu}{\sigma/\sqrt{n}}$ 또는 $Z = \dfrac{\bar{X} - \mu}{S/\sqrt{n}}$
가설 검정 (기각역)	검정통계량(Z)과 유의수준(α)의 기각역(Z_a 또는 $Z_{Critical}$)을 산출, 각 가설 검정 종류별로 아래에 해당하면 귀무가설 기각 - 양측검정 : 대립가설 $H_1 : \mu \neq \mu_0$일 때, $\|Z\| = z_{a/2}$ - 좌측검정 : 대립가설 $H_1 : \mu < \mu_0$일 때, $Z \leq -z_a$ - 우측검정 : 대립가설 $H_1 : \mu > \mu_0$일 때, $Z \geq z_a$
유의성 검정 (P값 사용)	검정통계량(Z)의 p값 < 유의수준(α)이면, 귀무가설 기각 검정통계량(Z)의 p값 > 유의수준(α)이면, 귀무가설 채택

단일표본 Z검정 사례는 '6.2.4.3 통계적 가설 검정 절차 및 방법'을 참조한다.

● 독립표본 Z검정(Independent Sample Z-test) = 두 모평균의 가설 검정

서로 독립인 두 모집단의 각각의 모분산 σ_1^2과 σ_2^2이 알려지거나 혹은 두 모집단의 분포가 정규분포든지 또는 임의의 분포든지 각각의 표본의 크기 n_1과 n_2가 큰 경우(또는 $n_1, n_2 \geq 30$) Z분포를 이용하여 검정하는 방법을 독립표본 Z검정이라 한다.

두 모평균 μ_1과 μ_2에 대한 가설 검정에서의 가설, 검정통계량(Z값), 기각역은 다음과 같다.

독립표본 Z검정 절차

구분	설명	
귀무가설 및 대립가설 설정	귀무가설 - $H_0 : \mu_1 = \mu_2$ 두 집단의 평균은 같다. $\mu_1 = \mu_2 = (\mu_1 - \mu_2) = 0$ 대립가설 - 양측검정 : $H_1 : \mu_1 \neq \mu_2$ 두 집단의 평균은 같지 않다. - 좌측검정 : $H_1 : \mu_1 < \mu_2$ ~ 평균은 ~보다 작다. - 우측검정 : $H_1 : \mu_1 > \mu_2$ ~ 평균은 ~보다 크다.	
검정통계량	모분산이 알려진 경우 $Z = \dfrac{(\bar{X}_1 - \bar{X}_2) - (\mu_1 - \mu_2)}{\sqrt{\dfrac{\sigma_1^2}{n_1} + \dfrac{\sigma_2^2}{n_2}}}$	모분산이 알려지지 않고 소표본인 경우(표본분산 이용) $Z = \dfrac{(\bar{X}_1 - \bar{X}_2) - (\mu_1 - \mu_2)}{\sqrt{\dfrac{S_1^2}{n_1} + \dfrac{S_2^2}{n_2}}}$

구분	설명
가설 검정 (기각역)	검정통계량(Z)과 유의수준(α)의 기각역(Z_a 또는 $Z_{Critical}$)을 산출, 각 가설 검정 종류별로 아래에 해당하면 귀무가설 기각 – 양측검정 : 대립가설 $H_1 : \mu_1 \neq \mu_2$일 때, $|Z| \geq z_{\frac{\alpha}{2}}$ – 좌측검정 : 대립가설 $H_1 : \mu_1 < \mu_2$일 때, $Z \leq -z_a$ – 우측검정 : 대립가설 $H_1 : \mu_1 > \mu_2$일 때, $Z \geq z_a$
유의성 검정 (P값 사용)	검정통계량(Z)의 p값 < 유의수준(α)이면, 귀무가설 기각 검정통계량(Z)의 p값 > 유의수준(α)이면, 귀무가설 채택

독립표본 Z검정 사례(모분산 σ^2을 알 경우)

구분	설명
사례	어떤 공장에 전구를 생산하는 A기계와 B기계가 있다. 두 기계에서 하루에 생산하는 전구의 수는 각각 100개씩이고 생산한 전구의 지름은 평균 0.41cm와 0.45cm이며 표준편차는 0.01cm, 0.02cm라고 한다. A기계와 B기계 두 대에서 생산하는 전구의 지름에 차이가 있다고 할 수 있는지 검정하시오. (유의수준 $\alpha = 0.05$)
귀무가설 및 대립가설 설정	귀무가설 H_0 : A기계의 전구 지름 = B기계의 전구 지름 대립가설 H_1 : A기계의 전구 지름 ≠ B기계의 전구 지름(양측검정)
유의수준	$\alpha = 0.05$
기각역 및 기각값	기각역은 대립가설 $H_1 : \mu_1 \neq \mu_2$일 때, $|Z| \geq z_{\frac{\alpha}{2}}$이며, 표준정규분포의 95%(($1-\alpha) \times 100$)확률에 해당하는 Z값(기각역)은 $|Z| > z_{\frac{0.05}{2}} = 1.960$이다. 즉, $Z < -z_{0.025} = -1.96$ 또는 $Z > z_{0.025} = 1.96$와 같다.
검정통계량	검정통계량 $z = \dfrac{(\bar{X}_1 - \bar{X}_2) - (\mu_1 - \mu_2)}{\sqrt{\dfrac{\sigma_1^2}{n_1} + \dfrac{\sigma_2^2}{n_2}}}$ A기계 : 표본평균 $\bar{X}_1 = 0.41$, 모표준편차 $\sigma_1 = 0.01$, 표본 수 $n_1 = 100$ B기계 : 표본평균 $\bar{X}_2 = 0.45$, 모표준편차 $\sigma_2 = 0.02$, 표본 수 $n_2 = 100$ 검정통계량 $Z = \dfrac{(0.41 - 0.45) - (0)}{\sqrt{\dfrac{0.01^2}{100} + \dfrac{0.02^2}{100}}} = -17.89$ $Z = -17.89$일 때, P값 = 0.000000이 된다.
분포도	0.025 0.025 검정통계량 $z_c = -1.96$ $z_c = 1.96$ $z = -17.89$
가설 검정 (기각역)	검정통계량 $z = -17.89$ < 유의수준 0.05의 기각역 $z = -1.96$이므로 검정통계량이 기각역에 속하여 귀무가설은 기각된다. 두 기계 A와 B 전구의 모평균 지름들은 차이가 있다고 판정한다.
유의성 검정 (P값 사용)	검정통계량의 P값(0.000000) < 유의수준($\alpha = 0.05$), 유의수준이 P값보다 큰 값이므로 귀무가설은 기각된다. 따라서 두 기계 A와 B 전구의 모평균 지름들은 유의한 차이가 있다고 판정한다.

❷ t검정(t-test)

● t검정의 정의

모집단의 분산(표준편차)을 모르고 표본의 크기가 작은($n < 30$) 경우 모평균에 대해, t분포를 이용하여 평균차이를(유의성 검정) 검정하는 방법을 t검정이라 하며, 기본 가정은 다음과 같다.

*t*검정의 가정사항

- 독립변수 : 범주형 변수(1개 집단), 종속변수 : 연속형 변수
- 모집단의 분산을 모를 때 소표본이어야 한다($n < 30$).
- 모집단의 분포가 모두 정규분포를 따른다(정규성)
  - 정규성 검정 기법 : 샤피로-윌크 검정, 콜모고로프-스미르노프 검정 등
- 등분산성을 만족해야 한다(두 모집단 비교 시 : 독립표본 t검정)
  - 등분산성 검정 기법 : 레빈 검정과 바틀렛 검정 등

t검정은 모집단(비교 그룹 수)이 하나인 경우 단일표본 t검정(One Sample t-test)으로 평균차이를 비교하고, 모집단(비교 그룹 수)이 두 개인 경우 독립표본 t검정(Independent Sample t-test)으로 평균차이를 비교한다. 또한 하나의 모집단에서 실험 이전과 이후의 평균차이는 대응표본 t검정으로 유의성을 검정한다.

> **참고** *t*검정의 종류
>
> | 종류 | 설명 | 특징 |
> | --- | --- | --- |
> | 단일표본 *t*검정 (One Sample t-test) | 하나로 구성된 모집단의 평균값을 기준값과 비교하고자 할 때 사용하는 분석법
예) A아이스크림 회사에서 만든 아이스크림이 320g이다. | 정규성 가정
독립변수 그룹 1(범주형), 종속변수(연속형) |
> | 대응표본 *t*검정 (Paired Sample t-test) | 실험 이전의 집단과 실험 이후의 집단이 동일한 집단일 경우 사용하는 분석법 (전/후 비교)
예) A 약을 투여 전과 후의 몸무게 차이가 없다. | 정규성 가정
변수 : 독립변수 그룹 2(범주형), 종속변수(연속형)
(독립변수 그룹은 짝을 이룸) |
> | 독립표본 *t*검정 (Independent Sample t-test) | 두 집단이 서로 독립적일 때 두 집단 간 평균차이를 검정하기 위한 분석법
예) : A 회사와 B 회사의 타이어 수명은 차이가 없다. | 독립성
등분산성 가정
변수 : 독립변수 그룹 2(범주형), 종속변수(연속형) |

● 단일표본 t검정(One Sample t-test) = 모평균의 가설 검정

하나로 구성된 모집단의 평균값을 기준값과 비교하고자 할 때 사용하는 분석법이며, 모분산 σ_2이 알려지지 않고 소표본($n < 30$)일 때, t분포를 이용하여 모평균에 대한 차이를 검정하는 방법을 단일표본 t검정이라 한다.

모평균 μ에 대한 가설 검정에서의 가설, 검정통계량(t값), 기각역은 다음과 같다. 단, μ_0는 모평균 μ에 대한 가설의 주장값이다.

단일표본 t검정 절차(모분산 σ^2을 모르고 소표본인 경우)

구분	설명
귀무가설 및 대립가설 설정	귀무가설 - $H_0 : \mu = \mu_0$ 평균은 ~이다(같다). 대립가설 - 양측검정 : $H_1 : \mu \neq \mu_0$ 평균은 ~이 아니다(같지 않다). - 좌측검정 : $H_1 : \mu < \mu_0$ ~ 평균은 ~보다 작다. - 우측검정 : $H_1 : \mu > \mu_0$ ~ 평균은 ~보다 크다.
검정통계량	$T = \frac{\bar{x} - \mu}{S/\sqrt{n}}$
가설 검정 (기각역)	검정통계량(T)과 유의수준(α)의 기각역(t_a 또는 $t_{Critical}$)을 산출, 각 가설 검정 종류별로 아래에 해당하면 귀무가설 기각 양측검정 : 대립가설 $H_1 : \mu \neq \mu_0$일 때, $\|T\| \geq t_{\frac{\alpha}{2}}(n-1)$ 좌측검정 : 대립가설 $H_1 : \mu < \mu_0$일 때, $T \leq -t_a(n-1)$ 우측검정 : 대립가설 $H_1 : \mu > \mu_0$일 때, $T \geq t_a(n-1)$
유의성 검정 (P값 사용)	검정통계량(T)의 p값 < 유의수준(α)이면, 귀무가설 기각 검정통계량(T)의 p값 > 유의수준(α)이면, 귀무가설 채택

단일표본 t검정 사례(모분산 σ^2을 모르고 소표본인 경우)

구분	설명
사례	어느 식용류 회사에서 평균용량을 200ml로 하고 싶다. 평균용량을 조사하기 위하여 임의로 9개를 추출해 조사해 보니, 평균용량 220ml, 표준편차 25ml로 결과가 나왔다. 이 회사에서 생산되는 식용류의 평균용량이 200ml라고 할 수 있는지 검정하라(유의수준 $\alpha = 0.05$).
귀무가설 및 대립가설 설정	귀무가설 $H_0 : \mu = 200$ 평균용량은 200ml이다. 대립가설 $H_1 : \mu \neq 200$ 평균용량은 200ml이 아니다(양측검정).
유의수준	$\alpha = 0.05$
기각역 및 기각값	기각역은 대립가설 $H_1 : \mu \neq \mu_0$일 때, $\|T\| \geq t_{\frac{\alpha}{2}}(n-1)$이며, t분포의 95%(($1-\alpha) \times 100$)확률에 해당하는 t값(기각역)은 $\|T\| \geq t_{0.05}(9-1) = 2.306$이다. 기각역 $t_{critical} = 2.306$일 때, 기각값 $x_{critical} = \mu_0 \pm t_{critical} \frac{s}{\sqrt{n}} = 200 \pm 2.306 \frac{25}{\sqrt{9}} = 180.78, 219.22$이 된다.

검정통계량 및 P-value	$t = \frac{\bar{X} - \mu}{s/\sqrt{n}}$ 에서 모평균 $\mu = 200$, 표본평균 $\bar{X} = 220$, 표본표준편차 $s = 25$일 때, 검정 통계량 $t = \frac{220 - 200}{25/\sqrt{9}} = 2.4$이며, $t = 2.4$일 때, P값 $= P(t > 2.4) = 0.0432$이 된다.
분포도	(그래프: $a = 0.05$, $t = 2.306$, $p = 0.043$, $t = 2.4$)
가설 검정 (기각역)	검정통계량 T = 2.4 > 유의수준 0.05의 기각역 t = 2.306이므로 검정통계량이 기각역에 속하여 귀무가설은 기각된다. 따라서 식용류의 평균용량은 200ml가 아니다.
유의성 검정 (P값 사용)	검정통계량의 P값(0.043) < 유의수준($\alpha = 0.05$), 유의수준이 P값 보다 큰 값이므로 귀무가설은 기각된다. 따라서 현재 식용류의 평균용량은 200ml라는 가설은 유의하지 않다고 할 수 있다.

● **대응표본 t검정(Paired Sample t-test) = 종속표본 t검정(두 모평균의 가설 검정)** 기출

한 집단을 대상으로 두 가지 실험의 결과를 비교하고자 하는 검정을 서로 대응인 두 모평균의 검정, 즉 대응표본 t검정이라고 한다. 예를 들어 감기약의 효과를 실험한다고 했을 때, 감기약의 복용 전,후를 비교하는 경우를 들 수 있다.

대응표본 t검정을 수행하기 전에 표본평균의 정규성 검정을 수행하여 이를 만족하지 못할 경우, 비모수 기반의 윌콕슨부호순위(Wilcoxon Signed Rank) 검정 등을 이용하여 대응표본의 유의성 검정을 수행해야 한다.

관측값의 차에 대한 평균은 $\bar{D} = \frac{1}{n}\sum_{i=1}^{n} D_i$이고, 표준편차는 $S_D^2 = \frac{1}{n-1}\sum_{i=1}^{n}(D_i - \bar{D})^2$이다. 두 확률변수의 차 $X_{1i} - X_{2i} = D_i$의 표본평균 $\bar{D}$의 분포는 $\mu_1 - \mu_2$인 정규분포를 따르고, 이를 표준화변수 $Z = \frac{\bar{D} - (\mu_1 - \mu_2)}{S_D/\sqrt{n}}$로 변환하면 $Z \sim N(0,1)$이 된다.

대응표본 관측값의 차

대상번호 \ 실험	전(X_{1i})	후(X_{2i})	관측값의 차
1	X_{11}	X_{21}	$D_1 = X_{11} - X_{21}$
2	X_{12}	X_{22}	$D_2 = X_{12} - X_{22}$
…	…	…	…
n	X_{1n}	X_{2n}	$D_n = X_{1n} - X_{2n}$

두 모평균의 검정에서 확인할 대립가설 H_1은 두 모평균의 비교이므로, 귀무가설(H_0)은 두 모평균이 일치한다는 것이다. 즉, $\mu_1 - \mu_2 = 0$이 귀무가설(H_0)이 되며 표준화변수는 다음과 같다.

$$Z = \frac{\bar{D}}{S_D/\sqrt{n}} = \frac{\bar{D}\sqrt{n}}{S_D}$$

서로 대응인 두 모집단의 표본의 크기 n이 작은 경우(또는 $n < 30$)의 두 모평균 μ_1과 μ_2에 대한 가설 검정에서의 가설, 검정통계량, 기각역은 다음과 같다.

대응표본 t 검정 절차

구분	설명
귀무가설 및 대립가설 설정	귀무가설 - $H_0 : \mu_1 - \mu_2 = 0$, 두 집단의 평균차이는 없다(같다). 대립가설 - 양측검정 : $H_1 : \mu_1 - \mu_2 \neq 0$ 두 집단의 평균차이는 있다. - 좌측검정 : $H_1 : \mu_1 - \mu_2 < 0$ ~ 평균은 ~보다 작다. - 우측검정 : $H_1 : \mu_1 - \mu_2 > 0$ ~ 평균은 ~보다 크다.
검정통계량	$T = \dfrac{\bar{D}}{S_D/\sqrt{n}}$ (자유도 $n-1$ 인 t 분포)
가설 검정 (기각역)	검정통계량(T)과 유의수준(α)의 기각역(t_α 또는 $t_{Critical}$)을 산출, 각 가설 검정 종류별로 아래에 해당하면 귀무가설 기각 양측검정 : 대립가설 $H_1 : \mu_1 - \mu_2 \neq 0$일 때, $|T| \geq t_{\frac{\alpha}{2}}(n-1)$ 좌측검정 : 대립가설 $H_1 : \mu_1 - \mu_2 < 0$일 때, $T \leq -t_\alpha(n-1)$ 우측검정 : 대립가설 $H_1 : \mu_1 - \mu_2 > 0$일 때, $T \geq t_\alpha(n-1)$
유의성 검정 (P값 사용)	검정통계량(T)의 p값 < 유의수준(α)이면, 귀무가설 기각 검정통계량(T)의 p값 > 유의수준(α)이면, 귀무가설 채택

대응표본 t검정 사례

구분	설명
사례	A학교의 원어민 강사의 채용을 판단하기 위해 수업 전/후의 영어능력 차이를 검정하고자 A학교 학생 5명의 영어점수 추이를 확인해본 결과가 다음과 같았다. 	전(X_{1i})	후(X_{2i})
60	69
72	65
45	50
55	63
70	65 | 이 결과로 영어능력 차이가 있는지를 검정하라(단, 두 영어능력은 정규분포를 이룬다고 가정하며 유의수준은 $\alpha = 0.1$이다).
귀무가설 및 대립가설 설정	귀무가설 $H_0 : \mu_1 - \mu_2 = 0$ 학생들의 영어능력 차이는 없다. 대립가설 $H_1 : \mu_1 - \mu_2 \neq 0$ 학생들의 영어능력 차이는 있다(양측검정).
유의수준	$\alpha = 0.1$
기각역 및 기각값	기각역은 대립가설 $H_1 : \mu_1 - \mu_2 \neq 0$일 때, $\|T\| \geq t_{\frac{\alpha}{2}}(n-1)$이며, t분포의 $90\%((1-\alpha) \times 100)$확률에 해당하는 t값(기각역)은 $\|T\| \geq t_{\frac{0.1}{2}}(5-1) = 2.132$이다. 즉, $t < -t_{0.05}(4) = -2.132$ 또는 $t > t_{0.05}(4) = 2.132$
차이통계량		실험 학생	전(X_{1i})	후(X_{2i})	관측값의 차
---	---	---	---
1	60	69	-9
2	72	65	7
3	45	50	-5
4	55	63	-8
5	70	65	5	 교육 전후 차이의 평균 $\bar{D} = \frac{1}{n}\sum_{i=1}^{n} D_i = -2$ 표본분산 $S_D^2 = \frac{1}{n-1}\sum_{i=1}^{n}(D_i - \bar{D})^2 = 56$, 표준편차 $S_D = \sqrt{56} = 7.4833$
검정통계량	$t = \frac{\bar{D}}{S_D/\sqrt{n}}$ 에서 표준편차 $S_D = 7.4833$, 전후 차이의 평균 $\bar{D} = -2$일때, 검정통계량 $t = \frac{-2}{\frac{7.4833}{\sqrt{5}}} = -0.6$ 이며, $t = -0.6$ 일 때, P값 $= P(t < -0.6) = 0.581$이 된다.

구분	설명
분포도	(그래프: $p = 0.581$, $a = 0.1$, $t = -2.132$, $t = -0.6$, x축 -4 ~ 4)
가설 검정 (기각역)	검정통계량 $T = -0.6$ > 유의수준 0.1의 기각역 $t = -2.132$이므로 검정통계량이 채택역에 속하여 귀무가설은 채택된다. 따라서 영어능력은 차이가 없다고 판정한다.
유의성 검정 (P값 사용)	검정통계량의 P값(0.581) > 유의수준($\alpha = 0.1$), 유의수준이 P값 보다 작은 값이므로 귀무가설은 채택된다. 따라서 영어능력은 차이가 있다는 가설은 유의하지 않다고 할 수 있다.

● **독립표본 t검정(Independent Sample t-test)**

서로 독립인 두 모집단의 모분산 σ_1^2과 σ_2^2이 알려져 있지 않고, 두 모집단의 각각의 표본 크기 n_1과 n_2가 작은 경우(또는 $n_1, n_2 < 30$) t분포를 이용하여 검정하는 방법을 독립표본 t검정이라 한다.

독립표본 t검정은 모분산이 같은 경우(등분산)과 그렇지 않은 경우에 따라 산출하는 방법이 달라진다.

레빈 검정과 바틀렛 검정 등을 이용해 모분산이 같은지 그렇지 않은지를 검정하여 모분산이 같은 경우, 즉 두 모집단이 정규분포를 따르며 $\sigma_1 = \sigma_2 = \sigma$로 간주될 수 있으면(등분산 가정) 합동표본분산(Pooled Sample Variance, 합동 t검정)을 이용한다. 이때, 추정치는 양의 제곱근인 합동표본표준편차(S_p)이며 이를 반영하여 t검정을 수행하게 된다.

그리고 두 모분산이 다른 경우(이분산 가정, $\sigma_1 \neq \sigma_2$), 자유도를 근사적으로 산출하여 t검정을 수행하게 된다.

모분산이 같은 경우의 가설, 검정통계량(t값), 기각역은 다음과 같다.

모분산이 같은 경우 독립표본 t검정 절차

구분	설명
귀무가설 및 대립가설 설정	귀무가설 - $H_0 : \mu_1 = \mu_2$ 두 집단의 평균은 같다. $\mu_1 = \mu_2 (\mu_1 - \mu_2) = 0$ 대립가설 - 양측검정 : $H_1 : \mu_1 \neq \mu_2$ 두 집단의 평균은 같지 않다. - 좌측검정 : $H_1 : \mu_1 < \mu_2$ ~ 평균은 ~보다 작다. - 우측검정 : $H_1 : \mu_1 > \mu_2$ ~ 평균은 ~보다 크다.

구분	설명
합동표본분산	$S_p^2 = \dfrac{(n_1-1)S_1^2 + (n_2-1)S_2^2}{n_1+n_2-2}$
검정통계량	$T = \dfrac{(\bar{X}_1-\bar{X}_2)-(\mu_1-\mu_2)}{S_p\sqrt{\frac{1}{n_1}+\frac{1}{n_2}}}$ (자유도 $v = n_1+n_2-2$ 인 t 분포)
가설 검정 (기각역)	검정통계량(T)과 유의수준(α)의 기각역(t_α 또는 $t_{Critical}$)을 산출, 각 가설 검정 종류별로 아래에 해당하면 귀무가설 기각 양측검정 : 대립가설 $H_1 : \mu_1 \neq \mu_2$ 일 때, $\|T\| \geq t_{\frac{\alpha}{2}}(n_1+n_2-2)$ 좌측검정 : 대립가설 $H_1 : \mu_1 < \mu_2$ 일 때, $T \leq -t_\alpha(n_1+n_2-2)$ 우측검정 : 대립가설 $H_1 : \mu_1 > \mu_2$ 일 때, $T \geq t_\alpha(n_1+n_2-2)$
유의성 검정 (P값 사용)	검정통계량(T)의 p값 < 유의수준(α)이면, 귀무가설 기각 검정통계량(T)의 p값 > 유의수준(α)이면, 귀무가설 채택

모분산이 같지 않은 경우의 가설, 검정통계량(t값), 기각역은 다음과 같다.

모분산이 같지 않은 경우 독립표본 t 검정 절차

구분	설명
귀무가설 및 대립가설 설정	귀무가설 – $H_0 : \mu_1 = \mu_2$ 두 집단의 평균은 같다. $\mu_1 = \mu_2(\mu_1-\mu_2) = 0$ 대립가설 – 양측검정 : $H_1 : \mu_1 \neq \mu_2$ 두 집단의 평균은 같지 않다. – 좌측검정 : $H_1 : \mu_1 < \mu_2$ ~ 평균은 ~보다 작다. – 우측검정 : $H_1 : \mu_1 > \mu_2$ ~ 평균은 ~보다 크다.
자유도와 검정통계량	$v = \dfrac{\left(\frac{s_1^2}{n_1}+\frac{s_2^2}{n_2}\right)^2}{\dfrac{\left(\frac{s_1^2}{n_1}\right)^2}{n_1-1}+\dfrac{\left(\frac{s_2^2}{n_2}\right)^2}{n_2-1}}$ $\qquad T = \dfrac{(\bar{X}_1-\bar{X}_2)-(\mu_1-\mu_2)}{\sqrt{\frac{s_1^2}{n_1}+\frac{s_2^2}{n_2}}}$
가설 검정 (기각역)	검정통계량(T)과 유의수준(α)의 기각역(t_α 또는 $t_{Critical}$)을 산출, 각 가설 검정 종류별로 아래에 해당하면 귀무가설 기각 양측검정 : 대립가설 $H_1 : \mu_1 \neq \mu_2$ 일 때, $\|T\| \geq t_{\frac{\alpha}{2}}(v)$ 좌측검정 : 대립가설 $H_1 : \mu_1 < \mu_2$ 일 때, $T \leq -t_\alpha(v)$ 우측검정 : 대립가설 $H_1 : \mu_1 > \mu_2$ 일 때, $T \geq t_\alpha(v)$
유의성 검정 (P값 사용)	검정통계량(T)의 p값 < 유의수준(α)이면, 귀무가설 기각 검정통계량(T)의 p값 > 유의수준(α)이면, 귀무가설 채택

사례는 모분산이 같지 않은 경우 독립표본 t 검정 사례로 확인해 보자.

모분산이 같지 않은 경우(동일 분산이 아닌 경우) 독립표본 t검정 사례

구분	설명
사례	A학교와 B학교의 영어능력 차이를 검정하고자 A학교 학생 12명, B학교 학생 10명을 확률표본추출하여 점수를 확인해본 결과가 다음과 같았다. A학교 : 표본평균 83점, 표본표준편차 4점 B학교 : 표본평균 81점, 표본표준편차 5점 이 결과로 두 학교의 영어능력 차이가 있는지를 검정하라(단, 두 영어능력은 정규분포를 이룬다고 가정하며 유의수준은 $\alpha = 0.05$이다).
귀무가설 및 대립가설 설정	귀무가설 $H_0 : \mu_1 = \mu_2$ A학교와 B학교의 영어능력 차이는 없다. 대립가설 $H_1 : \mu_1 \neq \mu_2$ A학교와 B학교의 영어능력 차이는 있다(양측검정).
유의수준	$\alpha = 0.05$
자유도	A학교 : 표본표준편차 $S_1 = 4$, 표본 수 $n_1 = 12$ B학교 : 표본표준편차 $S_2 = 5$, 표본 수 $n_2 = 10$ $$v = \frac{\left(\frac{s_1^2}{n_1}+\frac{s_2^2}{n_2}\right)^2}{\frac{(s_1^2/n_1)^2}{n_1-1}+\frac{(s_2^2/n_2)^2}{n_2-1}} = \frac{\left(\frac{4^2}{12}+\frac{5^2}{10}\right)^2}{\frac{\left(\frac{4^2}{12}\right)^2}{11}+\frac{\left(\frac{5^2}{10}\right)^2}{9}} \approx 17$$
기각역 및 기각값	기각역은 대립가설 $H_1 : \mu_1 \neq \mu_2$일 때, $\|T\| \geq t_{\frac{\alpha}{2}}(v)$이며, t분포의 95%($(1-\alpha) \times 100$)확률에 해당하는 t값(기각역)은 $\|T\| \geq t_{0.05/2}(17) = 2.110$ 즉, $t < -t_{0.025}(17) = -2.110$ 또는 $t > t_{0.025}(17) = 2.110$이다.
검정통계량	검정통계량 $T = \dfrac{(\bar{X}_1 - \bar{X}_2) - (\mu_1 - \mu_2)}{\sqrt{\frac{s_1^2}{n_1}+\frac{s_2^2}{n_2}}}$ A 학교 : 표본평균 $\bar{X}_1 = 83$, 표본표준편차 $S_1 = 4$, 표본 수 $n_1 = 12$ B 학교 : 표본평균 $\bar{X}_2 = 81$, 표본표준편차 $S_2 = 5$, 표본 수 $n_2 = 10$ 검정통계량 $T = \dfrac{83-81}{\sqrt{\left(\frac{4^2}{12}\right)+\left(\frac{5^2}{10}\right)}} = 1.022$ $t = 1.022$일 때, P값 $= P(t > 1.022) = 0.322$이 된다.
분포도	$p = 0.322$, $a = 0.05$, $t = 2.11$, $t = 1.02$
가설 검정 (기각역)	검정통계량 $T = 1.02 <$ 유의수준 0.05의 기각역 $t = 2.11$이므로 검정통계량이 채택역에 속하여 귀무가설은 채택된다. A학교와 B학교의 영어능력은 차이가 없다고 판정한다.
유의성 검정 (P값 사용)	검정통계량의 P값(0.322) > 유의수준($\alpha = 0.051$), 유의수준이 P값 보다 작은 값이므로 귀무가설은 채택된다. 따라서 A학교와 B학교의 영어능력은 차이가 있다는 가설은 유의하지 않다고 할 수 있다.

❸ 분산분석(ANalysis Of VAriance, ANOVA)

● 분산분석의 정의

분산분석은 독립변수(범주형 변수)에 의한 종속변수(연속형 변수)의 평균차이를 검정할 수 있으며, 일반적으로 3개 이상의 모집단 간 비교를 수행하고자 할 때 그룹(집단) 내의 분산, 총평균과 각 그룹의 평균차이에 의해 생긴 집단 간 분석 비교로 얻은 통계량을 F분포를 이용하여 가설 검증을 수행하는 방법이다(차이의 비율이라 할 수 있다).

서로 다른 그룹의 평균(또는 산술평균)에서 분산값을 비교하는 데 사용되는 통계 방법이며, 평균의 차이가 있는지 검정할 수 있다.

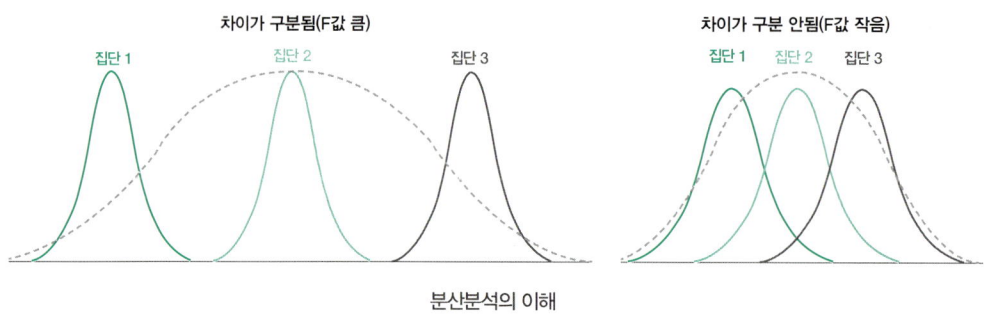

분산분석의 이해

예를 들어, 다양한 당뇨병 약물의 효과를 연구할 목적으로 약물 유형과 그에 따른 혈당 수치 사이의 관계를 설정하고 실험하여 조사한다고 가정하자.

모집단을 4개 집단으로 나누고 각 집단에 특정 의약품을 투여했을 때, 각 표본(대상자)의 혈당 수치를 측정한 후 각 집단에 대해 평균 혈당 수치를 계산한다. 이때 집단 내와 집단 간의 평균을 비교하여 통계적으로 다른지 또는 유사한지를 검정할 수 있다.

분산분석의 가정사항 기출

- 독립변수 : 범주형 변수(3개 이상 집단), 종속변수 : 연속형 변수
- 각 집단은 독립적이어야 한다(독립성).
- 모집단의 분포가 모두 정규분포를 따른다(정규성).
    - 정규성 검정 기법 : 샤피로–윌크 검정, 콜모고로프–스미르노프 검정 등
- 등분산성을 만족해야 한다(등분산성).
    - 등분산성 검정 기법 : 레빈 검정과 바틀렛 검정 등

> **참고** 분산의 성질과 원리를 이용한 평균차이 분석
>
> 각 집단의 평균들 간 분산이 크면 평균들이 서로 멀리 떨어져 있다고 판단할 수 있다. 따라서 평균을 직접 비교하지 않고, 집단 내의 분산과 각 집단 간의 평균의 분산을 이용해서 평균이 다른지 확인하게 된다.
>
> 분산분석과 t검정 및 카이제곱검정의 차이
>
> | 통계적 분석 방법 | 분석 목적 | 변수의 척도 | | 예시 |
> |---|---|---|---|---|
> | Z검정 t검정 | 단일 집단의 검정 및 두 집단 간 비교 | 독립변수 | 범주형(2개 집단) | 성별(남,여) |
> | | | 종속변수 | 연속형 | 투표율 |
> | 분산분석 | 두 집단 이상의 차이분석 (일반적으로 3집단 이상) | 독립변수 | 범주형 (2개 이상 집단) | 종교(기독교, 불교, 천주교) |
> | | | 종속변수 | 연속형 | 소득 |
> | 카이제곱검정 (교차분석) | 관련성 분석(척도에 관계없이 활용 가능) | 독립변수 | 범주형 | 성별(남,여) |
> | | | 종속변수 | | 학점 |
>
> 분산분석으로 2개의 집단을 분석할 경우 t분포의 결과와 같음

- **분산분석의 절차**

분산분석(ANOVA)은 F검정을 사용하여 모수의 유의성을 검정하며, F값의 유의확률이 유의수준보다 크면 귀무가설을 채택하고(집단 간의 차이가 없다 = 유의하지 않다) F값의 유의확률이 유의수준보다 작으면 귀무가설을 기각한다(최소 두 개 집단 간의 차이가 있다 = 유의하다).

분산분석(ANOVA) 결과가 통계적으로 유의하다는 결과(귀무가설 기각)를 얻었을 경우 집단별로 차이가 있다는 것까지는 도출 가능하지만, 어떤 집단 간에 차이가 있는지 알 수 없다. 여러 개의 집단 중 어떤 집단들 간에 차이가 있는지를 확인하기 위해 사후분석을 실시한다(분산분석 완료 후 각 집단 간 검정).

분산분석 검정 절차, 각 집단의 표본 크기가 같은 경우

구분	설명
귀무가설 및 대립가설 설정	귀무가설 - $H_0 : \mu_1 = \mu_2 = \mu_3 \ldots = \mu_n$ 각 집단의 평균은 차이가 없다. 대립가설 - $H_1 : \mu_1 \neq \mu_2 \ or \ \mu_1 \neq \mu_3 \ or \ \mu_2 \neq \mu_3 \ or \ \mu_{n-1} \neq \mu_n$ 최소 한 집단 간에는 차이가 있다.
변동요인 산출	〈변동 요인〉 （아래 표 참조） 그룹(집단) : 그룹(집단)의 구분, 집단의 갯수 = k 그룹(집단)의 값 : 각 집단의 값, y_{ij}(i = 집단, j = 실험횟수) 그룹(집단)의 합 : 각 집단의 합, 각 집단의 실험횟수 = n 그룹(집단)의 평균 : 각 집단의 평균, 전체 값의 갯수 = N SST(Sum of Square for Total, 총 제곱합) = SSB(Sum of Square Between factor, 집단 간 제곱합) + SSW(Sum of Square Within factor, 오차제곱합 = SSE(Error))

〈변동 요인〉

그룹(집단) 실험 수(n)	1	2	...	i	...	k	
그룹(집단)의 값 y_{ij} (i = 집단, j = 실험횟수)	y_{11} y_{12} ... y_{1n}	y_{21} y_{22} ... y_{23}	... ...	y_{i1} y_{i2} ... y_{in}	... ...	y_{k1} y_{k2} ... y_{k3}	
그룹(집단)의 합	Y_1	Y_2	...	Y_i	...	Y_k	Y
그룹(집단)의 평균	$\bar{y}_1$	$\bar{y}_2$	...	$\bar{y}_i$	...	$\bar{y}_k$	$\bar{y}$

집단 간 변동 (각 집단의 평균 − 전체 평균)의 제곱합	SSB(처리효과) $= n\sum_{i=1}^{k}(\bar{y}_i - \bar{y})^2$
집단 내 변동 (각 집단의 값 − 각 집단의 평균)의 제곱합	SSW(오차) $= \sum_{i=1}^{k}\sum_{j=1}^{n}(y_{ij} - \bar{y}_i)^2$
전체 변동 (각 집단의 값 − 전체 평균)의 제곱합	SST(총편차) $= \sum_{i=1}^{k}\sum_{j=1}^{n}(y_{ij} - \bar{y})^2$

검정통계량 F값(f)

〈분산 분석표〉

변동요인	제곱합	자유도	평균 제곱	F값(f)
집단 간 변동	SSB	$k-1$	$MSB = s_1^2 = \dfrac{SSB}{k-1}$	$f = \dfrac{MSB}{MSW}$
집단 내 변동	SSW	$k(n-1)$	$MSW = s_2^2 = \dfrac{SSW}{k(n-1)}$	
전체 변동	SST	$kn-1$		

MSW(Mean Square of Within groups, 집단 내 변동의 평균) 산출
MSB(Mean Square of Between groups, 집단 간 변동의 평균) 산출

F값(f) $= \dfrac{\text{집단 간 변동}(Between\ Variance)}{\text{집단 내 변동}(Within\ Variance)} = \dfrac{MS_{Between}}{MS_{Within}}$

F값(f) $= s_1^2/s_2^2$ 자유도$(k-1, k(n-1))$

가설 검정 (기각역)	우측검정 : 대립가설 $H_1 : \mu_1 \neq \mu_2 \ or \ \mu_1 \neq \mu_3 \ or \ \mu_2 \neq \mu_3 \ or \ \mu_{n-1} \neq \mu_n$일 때, $f > f_a(k-1, k(n-1))$이면 귀무가설 기각, 그렇지 않으면 귀무가설 채택 (k : 집단 수, n : 표본 수, a : 유의수준)
유의성 검정 (P값 사용)	F값의 p값 < 유의수준(α)이면, 귀무가설 기각(기각인 경우 사후검정 시행) F값의 p값 > 유의수준(α)이면, 귀무가설 채택
사후검정 (귀무가설 기각인 경우)	검정 기법 : Scheffe, Tukey, Duncan, Student-Newman-Keuls, Fisher's LSD 등 귀무가설 $H_0 : \mu_1 = \mu_2$, 두 집단의 평균차이는 없다(같다). 대립가설(양측검정) : $H_1 : \mu_1 \neq \mu_2$ 두 집단의 평균차이는 있다. 유의수준(α) = 0.05 사후검정 p값 > 유의수준(α)이면, 귀무가설 채택 사후검정 p값 < 유의수준(α)이면, 귀무가설 기각

참고 사후검정의 종류

사후검정 : A-B, B-C, A-C, A-D, C-D 등 모든 집단 쌍에 대해 평균차이의 유의성을 검정하는 방법(다중 비교)

구분	설명
튜키 HSD (Tukey's Honest Significant Difference)	t분포와 유사한 스튜던트 범위 분포(q)에 기반을 두고 각 그룹의 평균의 차이가 있는지 검정하는 방법(표본 수, 분산이 동일할 경우 사용)
쉐페 (Scheffe)	가장 보수적이고 엄격한 사후검정 방식(표본 수가 일치하지 않아도 되나 분산이 동일한 경우 사용) 범위 이상의 넓은 신뢰구간 제시
던칸 (Duncan)	t분포와 유사한 스튜던드 범위 분포(q)에 기반을 두고 표본의 평균을 크기 순서에 따라 다수 범위를 이용, 집단 쌍의 평균차이를 검정하는 방법 = 다중범위검증(Multiple Range Tests) 1종오류가 발생빈도 높음(표본 수, 분산이 동일할 경우 사용)
본페로니 (Bonferroni)	각각의 귀무가설에서 유의수준을 수준의 갯수로 나누는 방법 필요 이상으로 넓은 신뢰구간 제시(표본 수가 일치하지 않아도 되나 분산이 동일한 경우 사용)
피셔 LSD (Fisher's Least Significant Difference)	모든 쌍의 평균에 대해 t검정을 실시하는 방법, 1종오류 발생확률을 통제하지 않아 잘 사용 안함(표본 수가 일치하지 않아도 되나 분산이 동일한 경우 사용)

● 분산분석의 유형

분산분석은 독립변수의 수, 반복 측정 여부에 따라 다양한 유형으로 구분한다.

분산분석의 유형

분석 유형	독립변수의 수(요인)	각 요인의 수준 (비교그룹/집단)	종속변수의 수	설명
일원분산분석 (One-way ANOVA)	1	2개 이상	1	여러 집단 간의 평균 차이 비교 예) 세 가지 학습시간(1시간, 2시간, 3시간)의 성적(점수)에 대한 영향 분석
이원분산분석 (Two-way ANOVA)	2	각 2개 이상	1	두 개의 요인이 종속변수에 미치는 영향 및 상호작용 효과 분석 예) 성별(남, 여)과 학습시간(1시간, 2시간)이 성적(점수)에 미치는 영향 분석
다원분산분석 (Factorial ANOVA)	2개 이상	각 2개 이상	1	여러 요인이 종속변수에 미치는 영향 및 상호작용 효과 분석 예) 세 가지 학습시간(1시간, 2시간, 3시간), 두 가지 학습환경(시끄러운 환경, 조용한 환경)이 성적(점수)에 미치는 영향 분석
다변량 분산분석 (MNOVA)	1개 이상	2개 이상	2개 이상	여러 종속변수에 대한 동시 분석 예) 교육방법(읽기방식, 토론방식, 강의방식)이 영어점수와 수학점수에 미치는 영향 분석
반복측정 분산분석 (Repeated Measures ANOVA)	1개 이상	여러 시점 또는 조건	1	동일한 대상을 반복 측정하여 시간 경과에 따른 변화 분석 예) 치료과정(치료 전, 3개월 후, 6개월 후)에 대한 효과(통증점수)를 보기 위한 환자의 변화 추적
이원반복측정 분산분석 (Two-way Repeated Measures ANOVA)	2개 이상	여러 시점 또는 조건	1	두 개의 요인과 반복 측정을 동시에 고려 예) 성별(남, 여)과 학습기간(3개월 후, 6개월 후, 9개월 후)이 학생들의 학습성취도(시험점수)와 학습만족도(설문점수)에 미치는 영향을 분석
이원반복측정 다변량 분산분석(Two-way Repeated Measures MANOVA)	2개 이상	여러 시점 또는 조건	2개 이상	여러 종속변수에 대한 동시 분석과 반복 측정 예) 학습플랫폼(A, B)과 학습기간(3개월, 6개월, 9개월)이 학생들의 학습성취도(시험점수)와 학습참여도(설문점수)에 미치는 영향을 분석
다변량 공분산분석 (MANOVA)	1개 이상	2개 이상	2개 이상	여러 종속변수에 대한 동시 분석과 함께 공변량을 포함하여 독립변수들이 종속변수에 미치는 영향을 분석 예) 학생들의 사전 성적(공변량)을 통제한 후 학습방법(A, B)과 학습환경(온라인, 오프라인)이 학습성취도(시험점수)와 학습참여도(설문점수)에 미치는 영향을 분석

● **일원분산분석의 사례**

일원분산분석은 각 집단의 표본 수(n)가 같은 경우와 같지 않은 경우에 따라 자유도를 구하는 방식이 달라진다.

표본 수에 따른 자유도

변동요인	각 집단의 표본수가 같은 경우의 자유도	각 집단의 표본수가 다른 경우의 자유도
집단 간 변동(SSB)	$k-1$	$k-1$
집단 내 변동(SSW)	$k(n-1)$	$N-1-(k-1) = N-k$
전체 변동(SST)	$kn-1$	$N-1$

집단의 갯수 $= k$, 각 집단의 표본 수(실험횟수) $= n$, 전체 값의 갯수 $= N$

본 서에서는 각 집단의 표본수가 같은 경우를 사례로 학습한다.

일원분산분석 사례

구분	설명
사례	시멘트 골재 종류 4개에 대하여 수분흡수율에 관한 자료는 다음과 같다. 수분흡수율이 같은지 검정하라(유의수준 0.05).
귀무가설 및 대립가설 설정	귀무가설 – $H_0 : \mu_1 = \mu_2 = \mu_3 = \mu_4$ 　골재 종류에 관계없이 수분흡수율의 평균은 같다. 대립가설 – H_1 : 집단1≠ 집단2 or 집단1 ≠ 집단3 or … 집단3 ≠ 집단4 　골재 종류에 따라 수분흡수율의 평균은 적어도 하나 이상 같지 않다.
유의수준	$\alpha = 0.05$
변동요인 산출	〈변동 요인〉

구분	그룹(집단) 1	2	3	4	
그룹(집단)의 값 (실험횟수(n) = 6) (집단의 갯수(k) = 4) (전체 값의 갯수(N) = 24)	76	87	79	84	y_{ij}는 수분흡수율 각각의 값
	82	74	78	73	
	79	78	86	74	
	81	83	78	80	
	80	88	83	82	
	75	76	85	70	
그룹(집단)의 합	$Y_1 = 470$	$Y_2 = 483$	$Y_3 = 506$	$Y_4 = 452$	$Y = 1911$
그룹(집단)의 평균	$\bar{y}_1 = 78.3$	$\bar{y}_2 = 80.5$	$\bar{y}_3 = 84.3$	$\bar{y}_4 = 75.3$	$\bar{y} = 79.625$

SST(총 제곱합) $= SSB$(집단 간 제곱합) $+ SSW$(오차제곱합)

SSB(처리효과) 집단 간 변동

$$SSB = n \sum_{i=1}^{k} (\bar{y}_i - \bar{y})^2$$
$$= 6[(78.3 - 79.625)^2 + (80.5 - 79.625)^2 + (84.3 - 79.625)^2 + (75.3 - 79.625)^2]$$
$$= 258.125$$

변동요인 산출	SST(총편차) 전체 변동	$SST = \sum_{i=1}^{k} \sum_{j=1}^{n} (y_{ij} - \bar{y})^2$ $= [(76 - 79.625)^2 + (80 - 79.625)^2 + \cdots$ $+ (70 - 79.625)^2] = 505.625$
	SSW(오차) 집단 내 변동	$SSW = \sum_{i=1}^{k} \sum_{j=1}^{n} (y_{ij} - \bar{y}_i)^2$ $= SST(\text{총 제곱합}) - SSB(\text{집단 간 제곱합})$ $= 505.625 - 258.125 = 247.5$

검정통계량 F값(f)

〈분산 분석표〉

변동요인	제곱합	자유도	평균 제곱	F값(f)
SSB (집단 간 변동)	258.125	$k-1$ $= 4-1$	$MSB = \dfrac{SSB}{k-1}$ $= \dfrac{258.125}{3} = 86.042$	$f = \dfrac{86.042}{12.375}$ $= 6.953$
SSW (집단 내 변동)	247.5	$k(n-1)$ $= 4(6-1)$	$MSW = \dfrac{SSW}{k(n-1)}$ $= \dfrac{247.5}{20} = 12.375$	
SST (전체 변동)	505.625	$kn-1$ $= 4 \times 6 - 1$		

$$F\text{값}(f) = \frac{\text{집단 간 변동}(Between\ Variance)}{\text{집단 내 변동}(Within\ Variance)} = \frac{86.042}{12.375} = 6.953$$

가설 검정 (기각역)

우측검정 : 대립가설 $H_1 : \mu_1 \neq \mu_2$ or $\mu_1 \neq \mu_3$ or $\mu_2 \neq \mu_3$ or $\mu_{n-1} \neq \mu_n$일 때,

$f > f_a(k-1, k(n-1))$이면 귀무가설 기각, 그렇지 않으면 귀무가설 채택

F값(f) = 6.953

$f_{0.05}(3, 20) = 3.099$(부록 D F분포표 참조)

$f = 6.953 > f_{0.05}(3, 20) = 3.099$이므로 귀무가설 기각하고 대립가설을 채택한다.

유의성 검정 (P값 사용)

F값의 p값 < 유의수준(α)이면, 귀무가설 기각

F값의 p값 > 유의수준(α)이면, 귀무가설 채택

$P[F\text{값}(f) = 6.953] = 0.002 <$ 유의수준($\alpha = 0.05$)이므로 귀무가설 기각하고 대립가설을 채택한다.

분포도

0.331 0.994 1.656 2.319 2.981 3.644 4.306
$F = 3.099$ $F = 6.953$
$a = 0.05$ p값 $= 0.002$

사후검정 (귀무가설 기각인 경우)

사례는 귀무가설이 기각되므로 사후검정 필요

Fisher's LSD를 이용한 모든 평균에 대해 t검정 수행(과정 생략)

귀무가설

- $H_0 : \mu_1 = \mu_2$ 두 집단의 평균차이는 없다(같다).

대립가설

- $H_1 : \mu_1 \neq \mu_2$ 두 집단의 평균차이는 있다.

유의수준(α) = 0.05
사후검정 p값 > 유의수준(α)이면, 귀무가설 채택
사후검정 p값 < 유의수준(α)이면, 귀무가설 기각

	비교 집단	유의확률 (p값)	p값 > 유의수준(0.05)이면, H_0 채택
사후검정 (귀무가설 기각인 경우)	집단1과 집단2($\mu_1 - \mu_2$)	0.298	채택(평균차이 같다)
	집단1과 집단3($\mu_1 - \mu_3$)	0.008	기각(평균차이 다르다)
	집단1과 집단4($\mu_1 - \mu_4$)	0.155	채택(평균차이 같다)
	…	…	…
	집단4와 집단1($\mu_4 - \mu_1$)	0.155	채택(평균차이 같다)
	집단4와 집단2($\mu_4 - \mu_2$)	0.019	기각(평균차이 다르다)
	집단4와 집단3($\mu_4 - \mu_3$)	0.000	기각(평균차이 다르다)

결과 : 집단1과 집단2, 집단1과 집단4, 그리고 집단2와 집단3이 유의수준 0.05에서 같다고 할 수 있고, 다른 집단은 같다고 할 수 없다.

회귀분석에서 유의성을 판단하기 위해 분산분석표를 활용하는데, 그 이유는 총편차를 분해하는 과정이 분산분석과 동일하기 때문이다. 대표적인 차이는 회귀분석의 독립변수는 연속형 변수이고, 분산분석의 독립변수는 범주형 변수인 것을 다시 인지하도록 하자.

9.1.4.4 모수의 비율차이 검정

❶ 모비율의 가설 검정

'성공', '실패'의 두 속성으로 분류되는 이항 모집단의 '성공'의 모비율 P에 대한 값을 비교하고자 할 때 사용하는 가설 검정 방법이다.

모비율 P의 추정량인 표본비율 $\hat{p} = \frac{X(대상:확률변수)}{n}$가 알려지거나 표본의 크기 n이 큰 경우의 모비율 P에 대한 가설 검정에서의 가설, 검정통계량, 기각역은 다음과 같다. 단, P_0는 모비율 P에 대한 가설의 주장값이다.

모비율의 가설 검정 절차

구분	설명
귀무가설 및 대립가설 설정	귀무가설 - $H_0 : P = P_0$ 비율은 ~ 이다(같다). 대립가설 - 양측검정 : $H_1 : P \neq P_0$ 비율은 같지 않다. - 좌측검정 : $H_1 : P < P_0$ ~ 비율은 작다. - 우측검정 : $H_1 : P > P_0$ ~ 비율은 크다.
검정통계량	$Z = \frac{\hat{p} - P_0}{\sqrt{\frac{P_0 q_0}{n}}}$, $q_0 = 1 - P_0$

구분	설명
가설 검정 (기각역)	검정통계량(Z)과 유의수준(α)의 기각역(Z_a 또는 $Z_{Critical}$)을 산출, 각 가설 검정 종류별로 아래에 해당하면 귀무가설 기각 – 양측검정 : 대립가설 $H_1 : P \neq P_0$일 때, $\|Z\| \geq z_{\frac{a}{2}}$ – 좌측검정 : 대립가설 $H_1 : P < P_0$일 때, $Z \leq -z_a$ – 우측검정 : 대립가설 $H_1 : P > P_0$일 때, $Z \geq z_a$
유의성 검정 (P값 사용)	검정통계량(Z)의 p값 < 유의수준(α)이면, 귀무가설 기각 검정통계량(Z)의 p값 > 유의수준(α)이면, 귀무가설 채택

모비율의 검정 사례

구분	설명
사례	어느 여행사의 예약 취소율을 10% 정도로 예상하였다. 실제로 금년의 예약 취소는 100건 중 15건이었다. 이 여행사의 예상이 잘못되었다고 할 수 있는지 검정하라(유의수준 $\alpha = 0.05$).
귀무가설 및 대립가설 설정	귀무가설 $H_0 : P = 0.1$ 예약 취소율은 10%와 차이가 없다. 대립가설 $H_1 : P \neq 0.1$ 예약 취소율은 10%와 차이가 있다(양측검정).
유의수준	$\alpha = 0.05$
기각역 및 기각값	기각역은 대립가설 $H_1 : P \neq P_0$일 때, $\|Z\| \geq z_{\frac{a}{2}}$이며, 표준정규분포의 95%($(1-\alpha) \times 100$)확률에 해당하는 Z값(기각역)은 $Z = z_{0.05/2} = 1.96$이다. 즉, $Z < -z_{0.025} = -1.96$ 또는 $Z > z_{0.025} = 1.96$
검정통계량 및 P값	검정통계량 $Z = \dfrac{\hat{p} - P_0}{\sqrt{\dfrac{P_0 q_0}{n}}}$, $q_0 = 1 - P_0$ 모비율 P에 대한 가설의 주장값 $P_0 = 0.1$, $q_0 = 0.9$ 표본크기 $n = 100$, 표본비율 $\hat{p} = 0.15$ 검정통계량 $Z = \dfrac{0.15 - 0.1}{\sqrt{\dfrac{0.1 \times 0.9}{100}}} = 1.67$ $Z = 1.67$일 때, P값 $= 0.095$이 된다.
표준정규분포도	$z = -1.96$, $a = 0.05$, $z = 1.96$, $z = 1.67$, $p = 0.095$
가설 검정 (기각역)	검정통계량 $Z = 1.67$ < 유의수준 0.05의 기각역 $z = 1.96$이므로 검정통계량이 채택역에 속하여 귀무가설은 채택된다. 따라서 예약 취소율은 10%와 차이가 없다고 할 수 있다.
유의성 검정 (P값 사용)	검정통계량의 P값(0.095) > 유의수준($\alpha = 0.05$), 유의수준이 P값보다 작은 값이므로 귀무가설은 채택된다. 따라서 예약 취소율은 10%와 차이가 있다는 가설은 유의하지 않다고 할 수 있다.

❷ 두 모비율의 가설 검정

서로 독립인 두 모집단 각각의 모비율 P_1과 P_2의 추정량인 각각의 표본비율 $\hat{p}_1 = \frac{X_1}{n_1}$과 $\hat{p}_2 = \frac{X_2}{n_2}$가 알려지거나 각각의 표본의 크기 n_1과 n_2가 큰 경우의 두 모비율 P_1과 P_2에 대한 가설 검정에서의 가설, 검정통계량, 기각역은 다음과 같다.

두 모비율의 가설 검정 절차

구분	설명
귀무가설 및 대립가설 설정	귀무가설 - $H_0 : P_1 = P_2$ 두 집단의 비율은 같다. 대립가설 - 양측검정 : $H_1 : P_1 \neq P_2$ 두 집단의 비율은 같지 않다. - 좌측검정 : $H_1 : P_1 < P_2$ ~ 비율은 ~보다 작다. - 우측검정 : $H_1 : P_1 > P_2$ ~ 비율은 ~보다 크다.
표본 비율	$\hat{p}_1 = \frac{X_1}{n_1},\ \hat{p}_2 = \frac{X_2}{n_2}$
P의 합동 추정량 ($\hat{p}$)	$\hat{p} = \frac{X_1 + X_2}{n_1 + n_2} = \frac{n_1 \hat{p}_1 + n_2 \hat{p}_2}{n_1 + n_2}$
검정통계량	$Z = \frac{\hat{p}_1 - \hat{p}_2}{\sqrt{\hat{p}\hat{q}(\frac{1}{n_1} + \frac{1}{n_2})}}$ 단, $\hat{q} = 1 - \hat{p}$
가설 검정 (기각역)	검정통계량(Z)과 유의수준(α)의 기각역(Z_a 또는 $Z_{Critical}$)을 산출, 각 가설 검정 종류별로 아래에 해당하면 귀무가설기각 - 양측검정 : 대립가설 $H_1 : P_1 \neq P_2$일 때, $\|Z\| \geq z_{\frac{\alpha}{2}}$ - 좌측검정 : 대립가설 $H_1 : P_1 < P_2$일 때, $Z \leq -z_\alpha$ - 우측검정 : 대립가설 $H_1 : P_1 > P_2$일 때, $Z \geq z_\alpha$
유의성 검정 (P값 사용)	검정통계량(Z)의 p값 < 유의수준(α)이면, 귀무가설 기각 검정통계량(Z)의 p값 > 유의수준(α)이면, 귀무가설 채택

두 모비율의 검정 사례

구분	설명
사례	어느 도시 외곽지역에 공장 건설 계획에 대한 도시지역과 인접지역 거주민 대상 찬반투표를 실시하였다. 공장 건설에 찬성하는 유권자가 A도시에서는 200명 중 120명, B도시에서는 500명 중 240명으로 나타났다면, A도시의 지지율이 B도시의 지지율보다 높다고 할 수 있겠는가?(유의수준 $\alpha = 0.05$)
귀무가설 및 대립가설 설정	도시지역의 공장건설 지지의 비율 : A도시 : P_1, B도시 : P_2 귀무가설 $H_0 : P_1 = P_2$ A도시와 B도시의 지지율은 차이가 없다. 대립가설 $H_1 : P_1 > P_2$ A도시의 지지율이 B도시의 지지율보다 높다(우측검정).
유의수준	$\alpha = 0.05$
기각역	기각역은 대립가설 $H_1 : P_1 > P_2$일 때, $Z \geq z_\alpha$이며, 표준정규분포의 95%(($1-\alpha) \times 100$)확률에 해당하는 z값(기각역)은 $z = z_{0.05} = 1.645$이다. 즉, $z > z_{0.05} = 1.645$

표본비율과 합동추정량	A 도시 지지율 $\hat{p}_1 = \dfrac{x_1}{n_1} = \dfrac{120}{200} = 0.60$ B 도시 지지율 $\hat{p}_2 = \dfrac{x_2}{n_2} = \dfrac{240}{500} = 0.48$ 합동추정량 $\hat{p} = \dfrac{x_1 + x_2}{n_1 + n_2} = \dfrac{120 + 240}{200 + 500} = 0.51$, $\hat{q} = 1 - 0.51 = 0.49$
검정통계량 및 P 값	검정통계량 $Z = \dfrac{\hat{p}_1 - \hat{p}_2}{\sqrt{\hat{p}\hat{q}(\frac{1}{n_1} + \frac{1}{n_2})}}$ 검정통계량 $Z = \dfrac{0.60 - 0.48}{\sqrt{0.51 \times 0.49(\frac{1}{200} + \frac{1}{500})}} = 2.9$ $Z = 2.9$일 때, P 값 $= 0.002$이 된다.
분포도	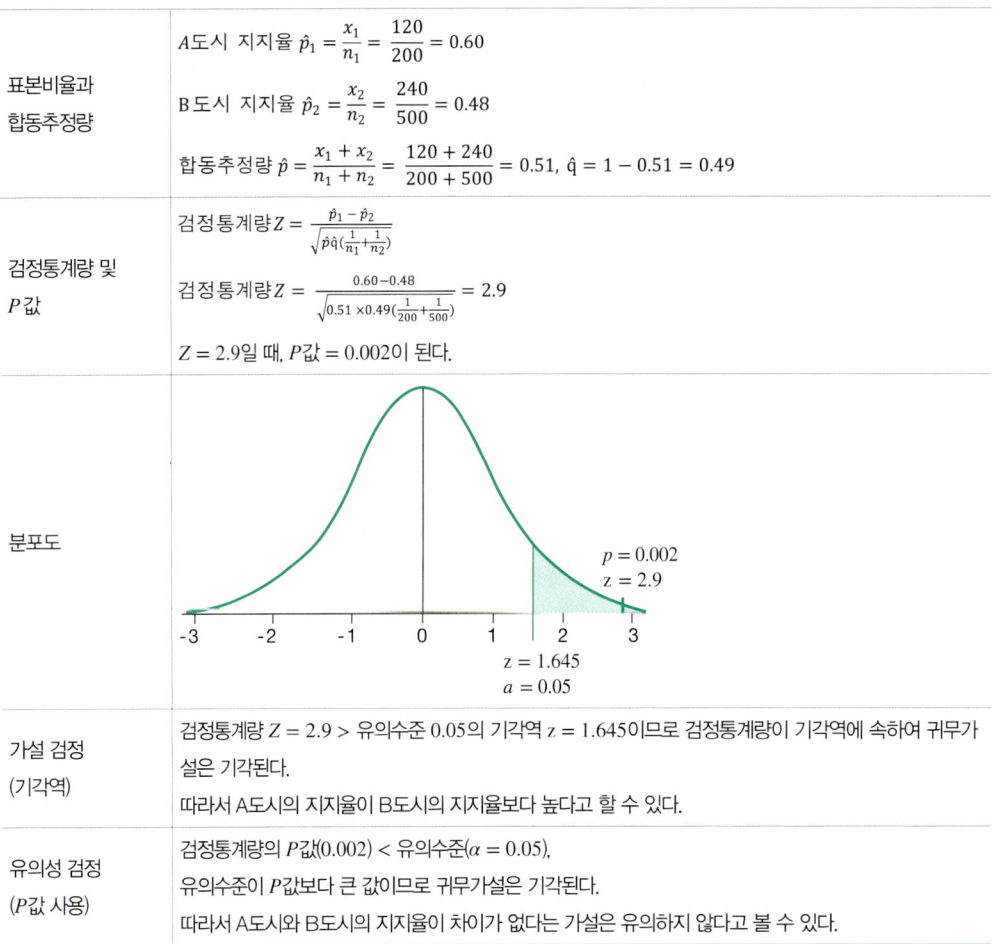
가설 검정 (기각역)	검정통계량 $Z = 2.9 >$ 유의수준 0.05의 기각역 $z = 1.645$이므로 검정통계량이 기각역에 속하여 귀무가설은 기각된다. 따라서 A도시의 지지율이 B도시의 지지율보다 높다고 할 수 있다.
유의성 검정 (P 값 사용)	검정통계량의 P 값$(0.002) <$ 유의수준$(\alpha = 0.05)$, 유의수준이 P 값보다 큰 값이므로 귀무가설은 기각된다. 따라서 A도시와 B도시의 지지율이 차이가 없다는 가설은 유의하지 않다고 볼 수 있다.

참고로 3개 이상의 모비율을 비교할 때는 카이제곱검정을 이용한다. 예를 들어 일일 3교대 작업(주간, 저녁, 야간)을 하고 있는 어떤 공장에서 작업 교대 조별로 불량률(양품, 불량품)이 같은지 조사하는 경우이다.

빅분기_54
9.1.5

9.1.5 적합도 검정

9.1.5.1 적합도 검정의 이해 기출

적합도(Goodness of Fit)는 실험에서 얻은 결과가 이론 분포와 일치하는 정도를 의미하며, 적합도 검정(Goodness-of-Fit Test)은 이 데이터가 특정 이론적 분포와 일치하는지를 검정하는 방법이다. 즉, 모집단에 대해 추정된 확률분포가 타당(어느 정도 부합)한지를 검정하게 된다.

적합도 검정
- 가정된 확률이 정해진 경우(정규분포 가정하지 않음) : 카이제곱검정
- 가정된 확률이 정해지지 않은 경우(정규분포 가정) : 정규성 검정

하나의 범주형 변수에 대해 관측값들이 어떤 이론이나 이론적 분포를 따르고 있는지를 검정할 때, 카이제곱검정을 이용하여 적합도를 판단하게 된다.

또한 적합도 검정을 위해 가장 많이 활용하는 방법이 정규성 검정(Normality test)이며, 모집단의 분포를 정규분포로 가정하고 하는 분석법, 예를 들어 t검정, 회귀분석, 분산분석(ANOVA) 등을 시행할 때, 데이터가 정규분포를 따르는가를 확인할 때 사용된다.

정규성 가정을 검토하는 방법으로는 대표적으로 샤피로-윌크 검정, 콜모고로프-스미르노프 검정과 Q-Q Plot 검정 방법이 있다.

9.1.5.2 적합도 검정 종류

❶ 카이제곱검정(Chi-Square Test)

카이제곱을 이용한 적합도 검정은 하나의 범주형 변수에 대해 관측값들이 어떤 이론이나 이론적 분포를 따르고 있는지를 검정하는 방법이며, 한 범주형 변수의 각 그룹(집단)별 비율이 특정 비율과 동일한지 검정한다.

관측도수와 기대도수가 차이가 적으면 카이제곱통계량(χ^2)의 값이 작아지고, 가정된 분포에 적합 해지며, 관측도수와 기대도수 차이가 크면 카이제곱통계량(χ^2) 값이 크게 되어 적합도가 떨어진다.

자세한 사례는 '8.2.1.3 범주형 자료 분석 기법'을 참고하도록 한다.

❷ 정규성 검정(Normality Test)의 종류 기출

- **샤피로-윌크 검정(Shapiro Wilk Test)**

샤피로-윌크 검정이란 데이터의 정규성을 검정하기 위해 사용하는 방법이다. 오차항이 정규분포를 따르는지 알아보는 검정으로, 원래의 샤피로-윌크 검정은 50개가 안 되는 작은 데이터의 정규성 검정을 위하여 고안되었으나, R, Python등에서는 3~5천 개 사이의 표본까지 다룰 수 있도록 조정되어 사용 가능하다.

t검정, 회귀분석, 분산분석(ANOVA) 등을 시행할 때, 연속형 변수의 정규성을 검정하기 위해 사용된다.

샤피로-윌크 검정

구분	설명	
귀무가설	귀무가설 H_0 : 데이터가 정규분포를 따른다(차이가 없다). 대립가설 H_1 : 데이터가 정규분포를 따르지 않는다(차이가 있다).	
검정통계량과 유의확률	검정통계량	$W = \dfrac{(\sum_{i=1}^{n} a_i x_{(i)})^2}{\sum_{i=1}^{n}(x_i - \bar{x})^2}$, $0 \leq W \leq 1$ x_i : 데이터(표본), $\bar{x} = \dfrac{x_1, \cdots, x_n}{n}$: 평균, $a_1, \cdots, a_i$: 정규차수통계
	W가 1에서 가까울 수록 정규분포를 따름을 의미	
	W의 유의확률(P값)이 유의수준 $\alpha = 0.05$ 보다 크면 정규분포를 따름을 의미	

다만 유의할 점은 분포 차이에 민감하게 반응하기 때문에 조금만 달라도 P값이 작게 나와 정규성을 따르지 않는다고 판단할 수 있다. 따라서 커널밀도추정(Kernel Density Estimation, KDE), QQ-Plot 등의 시각화 기법을 병행하여 정규성을 확인하는 것이 좋다.

파이썬을 이용한 샤피로-윌크의 검정 사례는 다음과 같다.

사례 샤피로-윌크 검정 사례

구분	설명
문제	정규분포를 따르는 임의의 1,000개의 난수를 발생시킨 뒤 이 숫자들이 정규 분포를 따르는지 파이썬으로 샤피로-윌크 검정 수행(유의수준 $\alpha = 0.05$)
가설 설정	귀무가설 H_0 : 정규분포를 따른다 대립가설 H_1 : 정규분포를 따르지 않는다

소스코드	```
	# 라이브러리 호출
	import numpy as np
	import seaborn as sns
	import matplotlib.pyplot as plt
	
	## 정규분포를 따르는 난수 1000개 생성
	rand = np.random.normal(loc=1, scale=2, size=1000)
	
	## 생성된 데이터의 분포 확인(KDE Plot)
	plt.figure(figsize=(20,5))
	sns.kdeplot(data=rand, color="red", shade=True)
	plt.show()
	
	## 샤피로-윌크 정규성 검정, Scipy package의 shaprio 함수 사용
	import scipy.stats as stats
	test_stat, p_val = stats.shapiro(rand)
	
	# 결과 출력
	print("검정통계량 : {}, 유의확률 : {}".format(test_stat, p_val))
	``

사례 샤피로 윌크 검정 사례

구분	설명
검정 결과	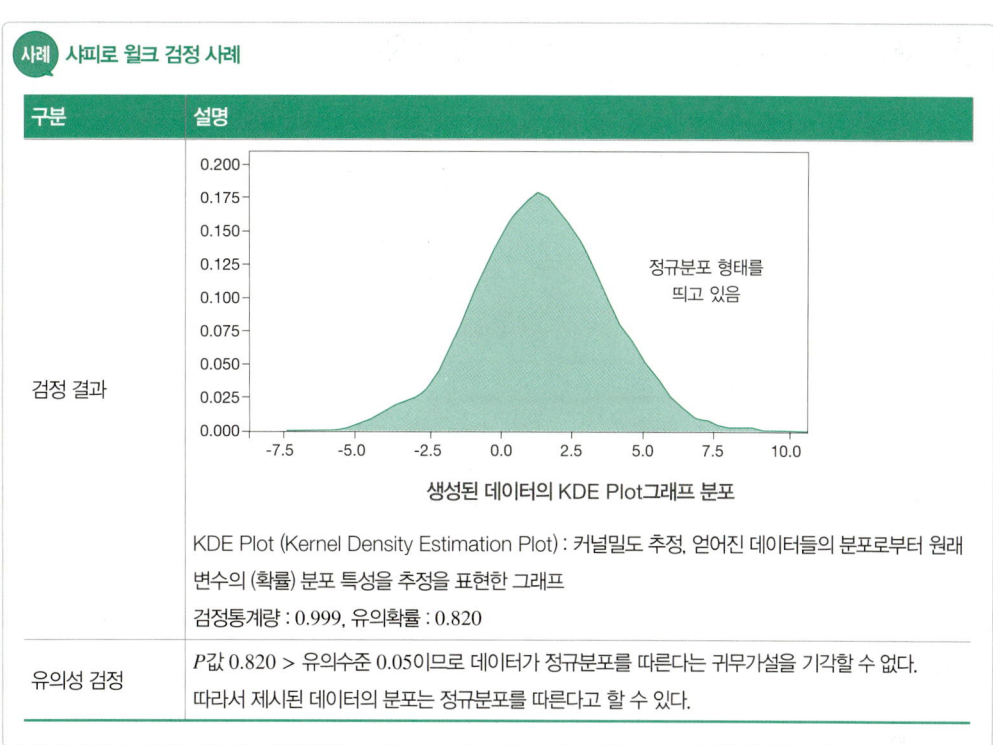 생성된 데이터의 KDE Plot그래프 분포 KDE Plot (Kernel Density Estimation Plot) : 커널밀도 추정. 얻어진 데이터들의 분포로부터 원래 변수의 (확률) 분포 특성을 추정을 표현한 그래프 검정통계량 : 0.999, 유의확률 : 0.820
유의성 검정	P값 0.820 > 유의수준 0.05이므로 데이터가 정규분포를 따른다는 귀무가설을 기각할 수 없다. 따라서 제시된 데이터의 분포는 정규분포를 따른다고 할 수 있다.

● **콜모고로프–스미르노프 검정(Kolmogorov–Smirnov Test)** 기출

콜모고로프–스미르노프 적합도 검정은 경험적 누적분포함수(Empirical Cumulative Distribution Function, ECDF 혹은 EDF)에 기반한 적합도 검정 방법이다. 자료의 평균, 표준편차와 히스토그램을 표준정규분포와 비교하여 적합도를 검정한다(K–S Test라고도 함).

연속형 변수(등간/비율척도)에 대해 정규성 검정을 위한 적합도 검정과 범주형 변수(서열척도)의 독립된 두 개의 집단 간의 차이가 있는지 알기 위한 검정으로 사용된다.

콜모고로프–스미르노프의 정의

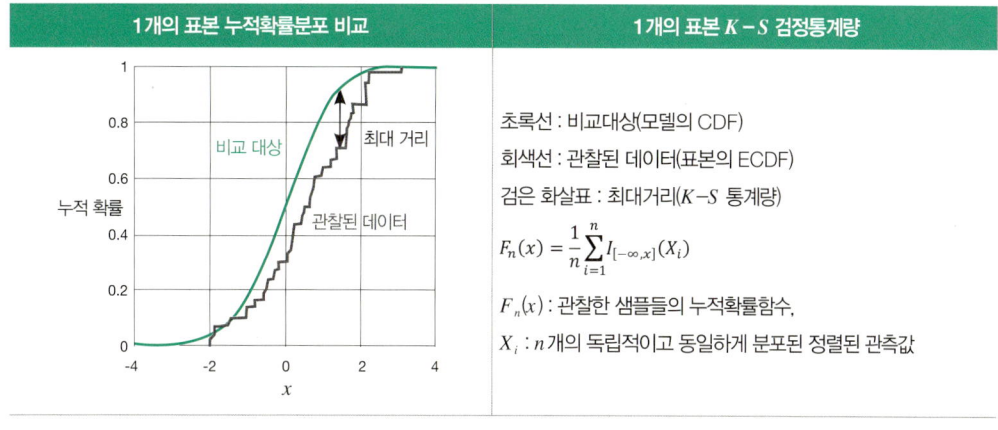

초록선 : 비교대상(모델의 CDF)
회색선 : 관찰된 데이터(표본의 ECDF)
검은 화살표 : 최대거리(K–S 통계량)

$$F_n(x) = \frac{1}{n}\sum_{i=1}^{n} I_{[-\infty, x]}(X_i)$$

$F_n(x)$: 관찰한 샘플들의 누적확률함수.
X_i : n개의 독립적이고 동일하게 분포된 정렬된 관측값

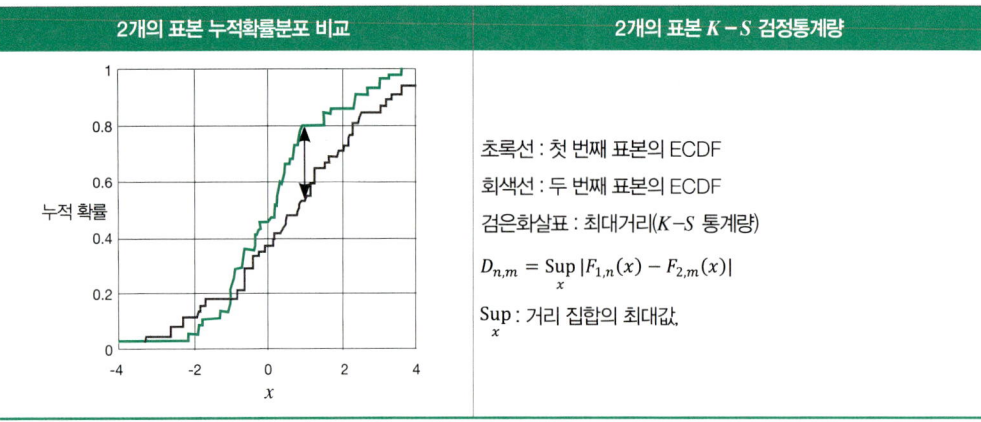

누적분포함수(Cumulative Distribution Function, CDF) : 누적된 확률을 결과값으로 하는 함수
경험적 누적분포함수(Experience CDF 혹은 ECDF) : 반복된 실험을 통해 확률변수가 일정 값을 넘지 않을 확률을 유추하는 함수

파이썬을 이용한 콜모고로프-스미르노프의 검정 사례는 다음과 같다.

사례 콜모고로프-스미르노프, 단일표본 정규성 검정 사례

구분	설명
문제	정규분포를 따르는 임의의 1,000개의 난수를 발생시킨 뒤 이 숫자들이 정규 분포를 따르는지 파이썬으로 콜모고로프-스미르노프 검정 수행(유의수준 $\alpha = 0.05$)
가정	귀무가설 H_0 : 정규분포를 따른다 대립가설 H_1 : 정규분포를 따르지 않는다
| 소스코드 | ```python
# 라이브러리 호출
import numpy as np
import scipy.stats as stats

## 정규분포를 따르는 난수 1000개 생성
x = np.random.normal(0,1,1000)

## K-S검정 수행, Scipy package의 kstest함수 사용
ks_test = stats.kstest(x , 'norm')

print(ks_test)
``` |
| 결과 | KstestResult(statistic = 0.023, pvalue = 0.664) |
| 해석 | P값 0.664 > 유의수준 0.05이므로 데이터가 정규분포를 따른다는 귀무가설을 기각할 수 없다. 따라서 제시된 데이터의 분포는 정규분포를 따른다고 할 수 있다. |
```

- **Q-Q Plot(Quantiles-Quantiles Plot)** 기출

Q-Q Plot은 분위수 대조도라고 하는데, 분위수(Quantile, 확률분포를 동일한 확률 간격으로 나누는 절단점을 의미) 값을 사용해 두 확률분포를 비교하는 플롯(plot)을 의미한다.

아래의 그림과 같이 대각선 참조선을 따라서 값들이 분포하게 되면 정규성을 만족한다고 볼 수 있고, 만약 한 쪽으로 치우치는 모습이라면 정규성 가정에 위배되었다고 볼 수 있다.

데이터가 선형회귀 모델의 선형성 가정을 만족하면 분석 결과로 나온 잔차는 정규분포를 따라야 한다.

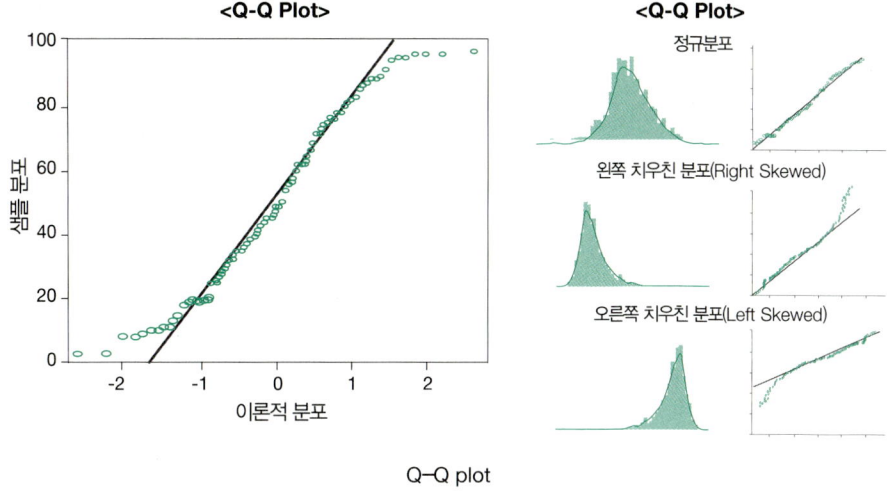

Q-Q plot

Q-Q plot 해석

구분	설명	
해석 전 고려사항	x 축이 이론적 분포(기준이 되는 분포)	
	y 축은 비교하고자 하는 분포(비교대상 분포)	
	데이터는 크기순으로 나열(왼쪽이 작은 값 오른쪽이 큰 값)	
그래프 해석	점들이 직선 위에 분포	분포가 같은 형태(정규분포)
	특정 점들이 선 위쪽에 분포	그 위치에서 비교대상 분포가 기준 분포의 값보다 작은 값을 갖음 (왼쪽으로 치우침)
	특정 점들이 선 아래쪽에 분포	그 위치에서 비교대상 분포가 기준 분포의 값보다 큰 값을 갖음 (오른쪽으로 치우침)

파이썬을 이용한 Q-Q Plot의 검정 사례는 다음과 같다.

사례 Q-Q Plot 검정 사례

구분	설명
문제	임의의 1,000개의 난수를 발생시킨 뒤 이 숫자들이 정규 분포를 따르는지 Q-Q Plot으로 시각화
| 소스코드 | ```python
# 라이브러리 호출
from scipy.stats import probplot
import matplotlib.pyplot as plt
import numpy as np

# 정규분포, 지수, 로그 데이터 생성
np.random.seed(0)

n = 1000
x1 = np.random.normal(0, 10, n)
x2 = np.random.exponential(20, n)
x3 = np.log1p(x2)

# 박스 Plot, Q-Q Plot 시각화(probplot 사용)
f, axes = plt.subplots(2, 3, figsize=(12, 6))
axes[0][0].boxplot(x1)
probplot(x1, plot=axes[1][0])
axes[0][1].boxplot(x2)
probplot(x2, plot=axes[1][1])
axes[0][2].boxplot(x3)
probplot(x3, plot=axes[1][2])
plt.axis("equal")
plt.show()
``` |
| 결과 | - 맨 왼쪽: 정규분포(이론적 잔차값과 관측된 잔차가 일직선을 이룸)
- 중간: 지수형 데이터 분포
- 맨 오른쪽: 로그형 데이터 분포 |

직관적이지만 정량적 수치인 P값 등이 도출되지 않는 단점이 있어 사람마다 그래프가 치우쳤다는 것에 대한 기준이 다르기 때문에 결과 해석이 주관적일 수 있다.
```

출제예상문제

01. 혼동행렬에서 True(Positive)로 예측한 것 중 실제 True(Positive)인 지표?

① 민감도(Sensitivity) ② 재현율(Recall)
③ 정밀도(Precision) ④ 특이도(Specificity)

02. A편의점의 매운 라면 연평균판매량이 44개 였다고 한다. 16곳의 매장을 표본추출하여 매운 라면의 판매량을 조사하였더니 표본평균이 42, 표본표준편차가 4로 나타났다. 라면 판매량의 모집단은 정규모집단으로 가정했을 때 연평균판매량이 44개보다 적은지에 대한 설명으로 알맞지 않은 것은?(유의수준 $\alpha = 0.05$)

DF	t (0.1)	t (0.05)	t (0.025)	t (0.01)	t (0.005)	t (0.0025)
1	3.078	6.314	12.706	31.821	63.657	127.321
2	1.886	2.920	4.303	6.965	9.925	14.089
3	1.638	2.353	3.182	4.541	5.841	7.453
4	1.533	2.132	2.776	3.747	4.604	5.598
5	1.476	2.015	2.571	3.365	4.032	4.773
11	1.363	1.796	2.201	2.718	3.106	3.497
12	1.356	1.782	2.179	2.681	3.055	3.428
13	1.350	1.771	2.160	2.650	3.012	3.372
14	1.345	1.761	2.145	2.624	2.977	3.326
15	1.341	1.753	2.131	2.602	2.947	3.286
16	1.337	1.746	2.120	2.583	2.921	3.252
17	1.333	1.740	2.110	2.567	2.898	3.222
18	1.330	1.734	2.101	2.552	2.878	3.197
19	1.328	1.729	2.093	2.539	2.861	3.174
20	1.325	1.725	2.086	2.528	2.845	3.153

① 귀무가설 $H_0 : \mu = 44$이고, 대립가설 $H_1 : \mu < 44$로 정의한다.
② 좌측검정으로 가설에 대한 검정을 진행한다.
③ 기각역은 $t \leq -t_{0.05}(16 - 1) = -1.753$이다.
④ 검정통계량은 −1이며, 기각되지 않는다.

03. 군집분석의 품질 평가지표로 응집도와 분리도를 계산하는 지표는?

① 자카드계수 ② 상호정보량
③ 실루엣계수 ④ 랜드지수

04. ROC에서 완벽한 모델인 경우 x, y 값은?

① 0, 0 ② 0, 1
③ 1, 0 ④ 1, 1

05. 혼동행렬에서 TP / (TP + FN)인 지표는?

① 정밀도(Precision) ② 재현율(Recall)
③ 정확도(Accuracy) ④ 특이도(Specificity)

01. ③   02. ④   03. ③   04. ②   05. ②

출제예상문제

06. 데이터 마이닝 성과 분석 중 오분류에 대한 추정치에서 TN/(FP+TN)인 지표는?

① 정밀도(Precision) ② 재현율(Recall)
③ 민감도(Sensitivity) ④ 특이도(Specificity)

07. 다음 중 모델 평가 기준으로 옳지 않은 것은?

① 일반화 가능성 ② 예측 정확성
③ 표본의 충분성 ④ 분류 정확성

08. 다음 중 추정에 대한 설명으로 부적절한 것은?

① 추정 회귀 모델에 대해 정규성 검정을 실시하며, 통계적 방법으로는 샤피로-윌크 검정, 콜모고로프-스미르노프 적합도 검정, Q-Q Plot의 시각화 방법이 대표적이다
② 모수(Parameter)가 갖는 성질이 표본에 그대로 나니니서 표본 통계량이 모수 추정량으로서 의미가 있을 때 유의성이 있다고 한다.
③ 신뢰수준 95%의 의미는 추정값이 신뢰구간 내에 존재할 확률이 95%이다.
④ 유의성 검정은 확률적 추출 과정을 통한 어떠한 통계적 추정값의 신뢰도를 확인하기 위하여 통계적 이론에 근거해 추론하는 통계적 가설 검정을 활용한다.

09. 실제 False(Negative) 100개 중 40개를 False(Negative)로 옳게 예측했을 때의 특이도는?

① 4/10 ② 6/10
③ 0 ④ 1

10. 랜덤 모델과 비교하여 해당 모델의 성과가 얼마나 향상되었는지 각 등급별로 파악하는 그래프는?

① ROC Curve
② 혼동행렬(Confusion Matrix)
③ 향상도 곡선(Lift Curve)
④ 이익도표(Gain Chart)

11. 다음 중 증명하고 싶은 가설을 의미하는 것은?

① 귀무가설 ② 대립가설
③ 추정가설 ④ 귀납가설

12. 다음 정밀도와 재현율을 이용하여 F1-Score 을 도출하시오.

| 정밀도 : 0.3, 재현율 : 0.15 |

① 0.1 ② 0.2
③ 0.4 ④ 0.8

06. ④ 07. ③ 08. ③ 09. ① 10. ③ 11. ② 12. ②

13. 적합도 검정에 대한 설명으로 옳지 않은 것은?

① 정규성 검정을 통해 정규분포를 가정하지 않고, 적합도를 검정한다.
② 실험에서 얻은 결과가 특정 이론적 분포와 일치하는지를 검정하는 방법이다.
③ 하나의 범주형 변수에 대해 관측값들이 어떤 이론이나 이론적 분포를 따르고 있는지를 검정할 때, 카이제곱 검정을 사용한다.
④ Q-Q Plot을 통해 정규성 가정을 검토할 수 있다.

14. 다음 평가지표 중 성격이 다른 것은?

① MSPE
② MSAE
③ R Square
④ Rand Index

15. 모델의 예측값과 실제값의 차이를 모두 더하는 지표는?

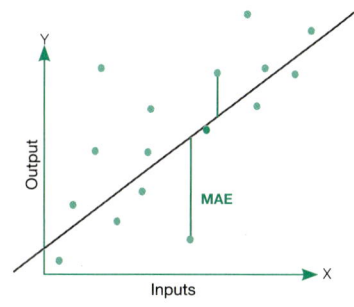

① MAE
② MSE
③ MPE
④ SSR

16. 혼동행렬을 사용한 평가지표에 대한 것은?

① F1-Score
② ROC Curve
③ Lift Curve
④ R Square

17. 다음 설명이 의미하는 지표로 옳은 것은?

> 주어진 데이터에 회귀선이 얼마나 잘 맞는지, 적합 정도를 평가하는 척도이자 독립변수들이 종속변수를 얼마나 잘 설명하는지 보여주는 지표다.

① MSE
② 던지수(Dunn Index)
③ R Square
④ 카파(Kappa)

18. 두 집단의 평균차이 검정 기법으로 옳은 것은?

① t검정
② F검정
③ 카이제곱검정
④ 부호검정

19. 다음 중 분산분석(ANOVA) 유형의 설명이 옳지 않은 것은?

① 일원분산분석(One-way ANOVA) : 한 개의 집단 구분, 독립변수 측정
② 반복측정 분산분석(Repeated Measures ANOVA) : 한 개의 집단 구분, 변수별 반복 측정
③ 이원분산분석(Two-way ANOVA) : 두 개의 집단 구분, 독립변수 측정
④ 이원반복측정 분산분석(Two-way Repeated Measures ANOVA) : 실험군과 대조군을 나눠 동일한 실험 단위에 대해 여러 번 측정하는 경우

20. 민감도와 특이도가 어떤 관계를 갖고 변하는지 이차원 평면 상에 표현한 방법으로 옳은 것은?

① ROC Curve
② Gain Chart
③ F1-Score
④ 던지수(Dunn Index)

21. 다음 F검정의 설명으로 옳지 않은 것을 고르시오.

> 어느 중학교에서 1학년 학생들의 키 차이(분산)가 2학년이 되면 더 커질 것이라고 예상된다. 1학년에서 6명을 뽑고, 2학년에서 8명을 뽑아서 각각의 성적의 분산을 조사해 봤더니, 1학년의 분산은 10.0이었고, 2학년의 분산은 20.0이었다. 두 모집단의 분산은 같다고 볼 수 있을까?(유의수준(α) = 0.05일 때, F값 4.88)

① F = 2이다.
② F는 채택역 안에 있다.
③ 귀무가설을 기각할 수 없다.
④ F값이 작을수록 두 집단 간의 분산의 차이가 크다.

22. Z검정에 대한 설명으로 옳지 않은 것은?

① 독립변수는 연속형이고, 종속변수는 범주형을 이용한다.
② 단일 집단 및 두 집단의 비교 검정이 가능하다.
③ 각 집단의 평균을 이용하여 검정한다.
④ 모수차이 검정의 한 유형으로 구분할 수 있다.

23. 교차검증의 목적에 대한 설명으로 부적절한 것은?

① 학습 결과로 생성된 모델 선택 및 모델 평가
② 확보된 데이터의 수가 적은 경우, 데이터 분석 신뢰도에 대한 평가
③ 과적합 문제 해결
④ 모델 생성 시간 감소

24. 다중회귀분석에서 독립변수 간의 상관관계가 존재하는 문제를 무엇이라 하는가?

① t분포
② 다중공선성
③ 분산팽창요인
④ R Square

25. 다음 중 군집분석 모델의 진단 방법이 아닌 것은?

① 샤피로-윌크(Shapiro-Wilk) 검정
② 단순계산법(Rule of Thumb)
③ 던지수(Dunn Index)
④ 팔꿈치기법(Elbow Method)

26. 다음 중 모수 유의성 검정을 수행할 수 있는 조건으로 가장 알맞은 것은?

① 관측값이 특정 분포를 따른다고 가정할 수 없는 경우
② 표본의 수가 30개 이상으로 많은 경우
③ 모집단에 대한 정보가 없는 경우
④ 변수의 척도가 질적 척도인 명목척도 또는 서열척도인 경우

27. 그래프를 그려서 정규성 가정이 만족되는지 시각적으로 확인하는 방법은?

① 샤피로-윌크(Shapiro-Wilk) 검정
② 콜모고로프-스미르노프(Kolmogorov-Smirnov) 검정
③ 카이제곱(Chi-square) 검정
④ 분위수대조도(Quantiles-Quantiles Plot, Q-Q plot)

28. 다음에 설명하는 모델 진단 방법으로 옳은 것을 고르시오.

> 군집 간의 거리의 합을 나타내는 관성(Inertia)이 급격히 떨어지는 구간을 적절한 군집의 개수로 사용할 수 있게 하는 방법

① 실루엣계수(Silhouette Coefficient)
② 단순계산법(Rule of Thumb)
③ 던지수(Dunn Index)
④ 팔꿈치기법(Elbow Method)

29. 카이제곱검정에 대한 설명으로 옳지 않은 것은?

① 한 범주형 변수의 각 그룹(집단)별 비율이 특정 비율과 동일한지 검정하는 방법을 동질성 검정이라 한다.
② 모분산의 차이를 카이제곱검정으로 확인 가능하다.
③ 검정통계량은 $\chi^2 = \frac{(n-1)s^2}{\sigma^2}$ 을 활용 한다.
④ 모수 통계와 비모수 통계에 활용되는 검정 방법이다.

24. ② 25. ① 26. ② 27. ④ 28. ④ 29. ①

출제예상문제

30. 다음은 모수의 유의성 검정 절차이다. 순서대로 나열하시오.

> ㄱ. 가설(귀무가설, 대립가설)을 세운다
> ㄴ. 관측된 자료에 대한 P값($P-value$)를 계산한다
> ㄷ. 유의수준 α를 정한다.
> ㄹ. 검정통계량을 결정한다.
> ㅁ. P값($P-value$) $< \alpha \rightarrow$ 귀무가설 기각하거나, P값($P-value$) $> \alpha \rightarrow$ 귀무가설 채택한다.

① ㄱ-ㄹ-ㄴ-ㄷ-ㅁ
② ㄱ-ㄷ-ㄹ-ㄴ-ㅁ
③ ㄱ-ㄴ-ㄹ-ㄷ-ㅁ
④ ㄱ-ㄷ-ㄴ-ㄹ-ㅁ

31. 다음의 예시에서 사용할 수 있는 검정 방법은?

> 전체 학생 100명 중 A반의 학생 25명의 평균성적은 70점, 표준편차는 15점이다. B반 학생의 평균성적은 75점, 표준편차는 13점이다. 두 반 중 어느 반의 성적이 좋다고 할 수 있는지 확인한다.

① 분산분석
② 대응표본 t검정
③ 단일표본 Z검정
④ 독립표본 t검정

32. 대응표본 t검정의 통계량으로 옳은 것은?

① $T = \dfrac{\bar{D}}{S_D/\sqrt{n}}$ (자유도 $n-1$인 t분포)

② $T = \dfrac{\bar{X}-\mu}{S/\sqrt{n}}$

③ $T = \dfrac{(\bar{X}_1-\bar{X}_2)-(\mu_1-\mu_2)}{s_p\sqrt{\frac{1}{n_1}+\frac{1}{n_2}}}$ (자유도 $v = n_1 + n_2 - 2$인 t분포)

④ s_1^2/s_2^2 자유도($k-1$, $k(n-1)$)

33. 다음 중 데이터 관측값 영향력을 진단하는 방법이 아닌 것은?

① 쿡의 거리(Cook's Distance)
② DFBETAS
③ DFFITS
④ 샤피로-윌크(Shapiro-Wilk)

34. 분산분석(ANOVA)의 변동요인에 대한 수식으로 옳지 않은 것은?

① SSB(집단 간 변동) $= n\sum_{i=1}^{k}(\bar{y}_i - \bar{y})^2$

② SSA(부분 변동) $= \sum_{i=1}^{k}\sum_{j=1}^{n}(y_{ij} - \bar{y})^2$

③ SSW(집단 내 변동) $= \sum_{i=1}^{k}\sum_{j=1}^{n}(y_{ij} - \bar{y}_i)^2$

④ SST(전체 변동) $= \sum_{i=1}^{k}\sum_{j=1}^{n}(y_{ij} - \bar{y})^2$

30. ② 31. ④ 32. ① 33. ④ 34. ②

35. 카파(Kappa) 통계량에 설명으로 옳은 것을 모두 고르시오.

ㄱ. 모델의 예측값과 실제값이 우연히 일치할 확률을 제외하여 반영한다.
ㄴ. 0~1사이의 값을 가진다.
ㄷ. 0에 가까울수록 모델의 예측값과 실제값이 일치한다.

① ㄱ
② ㄱ, ㄴ
③ ㄱ, ㄴ, ㄷ
④ ㄴ, ㄷ

36. 다음 공식이 의미하는 평가지표는 무엇인가?

$$\frac{min_{1 \leq i < j \leq n} d(i,j)}{max_{1 \leq k \leq n} d(k)}$$

① 실루엣계수(Silhouette Coefficient)
② F1점수(F1-Score)
③ 던지수(Dunn Index)
④ 상호정보량(Mutual Information)

37. 다음 교차검증 기법 중 무작위(Random)로 K개의 균일한 서브셋(Subset)으로 분할하여 사용하는 방법은?

① 홀드아웃(Hold out)
② 케이폴드 교차검증(K-fold CV)
③ 리브-p-아웃 교차검증(Leave-p-Out Cross Validation, LpOCV)
④ 리브-원-아웃 교차검승(Leave-One-Out Cross Validation, LOOCV)

38. 다음 평가지표 중 성격이 다른 것은?

① 랜드지수(Rand Index)
② 상호정보량(Mutual Information)
③ 실루엣계수(Silhouette Coefficient)
④ BLEU(Bilingual Evaluation Understudy) Score

39. 분산분석의 사후검정에 대한 설명으로 옳지 않은 것은?

① 본페로니(Bonferroni) : 각각의 귀무가설에서 유의수준을 수준의 갯수로 나누는 방법
② 쉐페(Scheffe) : 표본 수가 일치하지 않아도 되나 분산이 동일한 경우 사용하는 가장 보수적이고 엄격한 사후검정 방식
③ 던칸(Duncan) : t분포와 유사한 스튜던트 범위 분포(q)에 기반을 두고 각 그룹의 평균 차이가 있는지 검정하는 방법
④ 피셔(Fisher's) LSD : 모든 쌍의 평균에 대해 t검정을 실시하는 방법

출제예상문제

40. 다음 중 교차검증의 목적으로 가장 거리가 먼 것은?

① 확보된 데이터의 수가 적은 분석 신뢰도에 대한 평가
② 학습 결과로 생성된 모델에 대한 성능을 측정하고 평가
③ 과적합(Over Fitting) 학습단계에서의 문제를 해결
④ 데이터의 오차에 대한 교정을 수행

41. 다음 교차검증 기법의 설명으로 옳은 것을 고르시오.

> 원본 데이터에서 정답(클래스)의 분포를 먼저 고려한 뒤, 이 분포와 동일하게 학습 및 테스트 데이터를 분배하는 방법

① 리브-p-아웃 교차검증(Leave-p-Out Cross Validation, LpOCV)
② 케이폴드 교차검증(K-fold CV)
③ 계층별 케이폴드 교차검증(Stratified K-Fold CV)
④ 홀드아웃(Hold out)

42. 다음 중 군집 모델 평가지표가 아닌 것은?

① 일치행렬(Incidence Matrix)
② 랜드지수(Rand Index, RI)
③ 상호정보량(Mutual Information, MI)
④ DFFITS

43. 다음 중 단일표본 t검정 가정이 아닌 것은?

① 종속변수가 연속형 변수
② 종속변수 값이 정규분포라고 가정
③ 등분산가정
④ 모집단의 분산을 알 때 사용

44. 다음 모수 유의성 검정의 분류 중 검정 대상에 대한 성격이 다른 기법은?

① t검정
② 분산분석(ANOVA)
③ z검정
④ 카이제곱검정

45. 다음 혼동행렬을 이용하여 F1-Score 값을 도출하시오.

		예측값	
		Positive	Negative
실제값	Positive	30	10
	Negative	20	40

① 1/3
② 2/3
③ 1
④ 3/4

46. 교차검증 중 재표본추출(Re-Sampling)을 수행하지 않는 기법은?

① 리브-p-아웃 교차검증(Leave-p-Out Cross Validation, LpOCV)

② 계층별 케이폴드 교차검증(Stratified K-Fold CV)

③ 케이폴드 교차검증(K-fold CV)

④ 홀드아웃(Hold out)

47. 다음은 사례에 대해 선택 가능한 분산분석 방법으로 옳은 것은?

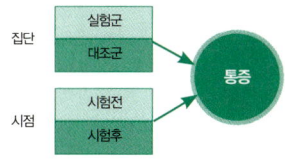

① 일원분산분석(One-way ANOVA)

② 반복측정 분산분석(Repeated Measures ANOVA)

③ 이원분산분석(Two-way ANOVA)

④ 이원반복측정 분산분석(Two-way Repeated Measures ANOVA)

48. 다음 그래프가 의미하는 적합도 검정 기법은?

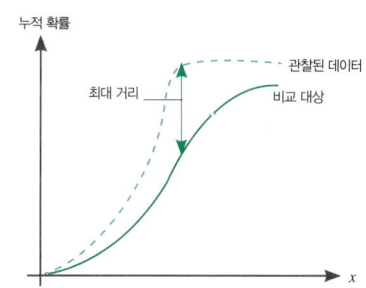

① 샤피로-윌크(Shapiro-Wilk) 검정

② 콜모고로프-스미르노프(Kolmogorov-Smirnov) 검정

③ 카이제곱(Chi-square) 검정

④ Q-Q plot

49. 모비율의 가설 검정 방법에 대한 설명으로 옳은 것은?

① 대립가설 : $H_1 : P = P_0$ 비율은 ~ 같다.

② 귀무가설 : $H_0 : P = P_0$ 비율은 ~ 같지 않다.

③ 검정통계량 : $Z = \dfrac{\hat{p} - P_0}{\sqrt{\dfrac{P_0 q_0}{n}}}$, $q_0 = 1 - P_0$

④ 모평균 P에 대한 값을 비교하고자 할 때 사용하는 가설 검정 방법이다.

출제예상문제

50. 다음은 케이폴드 교차검증(K-fold Cross Validation) 절차이다. 순서대로 나열하시오.

ㄱ. 원본 데이터를 k개의 부분집합(Fold 1~ Fold k)으로 분리
ㄴ. 각 Fold가 테스트 데이터가 되도록 학습 집합 k개 생성
ㄷ. 반복하여 나온 결과로 평균오류율 계산
ㄹ. 각 학습 집합을 테스트 데이터로 결과 계산
ㅁ. 각 학습 집합을 학습 데이터로 학습

① ㄴ-ㄹ-ㄱ-ㅁ-ㄷ
② ㄱ-ㄴ-ㄹ-ㅁ-ㄷ
③ ㄴ-ㄹ-ㄱ-ㄷ-ㅁ
④ ㄱ-ㄴ-ㅁ-ㄹ-ㄷ

 **풀이**

01. 정밀도(Precision)는 True(Positive)로 예측된 것 중 실제로 True(Positive)인 경우의 비율이다.

02. 유의수준 0.05의 기각역은 −1.753이며, 검정통계량은 $t = \frac{\bar{X} - \mu}{s/\sqrt{n}}$, $t = \frac{42 - 44}{4/\sqrt{16}} = -2$이다. 따라서 검정통계량은 기각역에 위치하기 때문에 귀무가설은 기각된다.

03. 실루엣계수(Silhouette Coefficient)는 군집분석의 평가지표로 응집도와 분리도를 계산할 수 있는 내부 평가지표이다. 따라서 응집도가 높고 분리도가 낮은 군집에 높은 점수를 부여한다.

04. ROC 커브의 x축은 위양성률(False Positive Rate, FPR), y축은 진양성률(True Positive Rate, TPR)로 FPR은 적을수록, TPR은 높을수록 좋은 성능으로 판단한다. 따라서 0,1이 가장 좋은 성능이다.

05. 민감도($Sensitivity$) = 재현율($Recall$) = $TP/(TP + FN)$. True(Positive)인 것들 중 예측이 True(Positive)로 된 경우의 비율이다.

06. 특이도($Specificity = TN/(FP + TN)$). 실제로 False(Negative)인 것들 중 예측이 False(Negative)로 된 경우의 비율이다.

07. 모델 평가의 기준으로 신뢰성 기반 활용 기준, 효율성과 정확성, 일반화 가능성, 진단의 기준, 해석력이 있다. 표본이 충분한 것으로는 평가 기준이 될 수 없다.

08. 신뢰수준 95%라는 말은 신뢰구간을 구하는 일을 무한히 반복할 때, 95%의 경우에 신뢰구간 안에 모집단의 평균이 있다는 뜻이다.

09. 특이도($Specificity = TN/(FP + TN)$). 실제 False(Negative)들 중에서 False(Negative)로 예측한 비율로 실제 False 100개 중 False로 예측한 40개 = 40/100

10. 향상도 곡선은 랜덤 모델과 비교하여 해당 모델의 성과가 얼마나 향상되었는지, 각 등급별로 파악한 그래프이다.

11. 증명하고 싶은 가설을 대립가설이라 한다. 실제로 알려진 사실을 귀무가설이라 한다.

12. F1점수(F1-Score)는 정밀도(Precision)와 재현율(Recall)의 조화평균이다.
$2(Precision \times Recall)/(Precision + Recall) = 2(0.3 \times 0.15)/(0.3 + 0.15) = 0.2$

13. 적합도 검정을 위해 가장 많이 활용 하는 방법이 정규성 검정(Normality Test)이며, 모집단의 분포를 정규분포로 가정하고 하는 분석법, 예를 들어 t검정, 회귀분석, 분산분석(ANOVA) 등을 시행할 때, 데이터가 정규분포를 따르는가를 확인할 때 사용된다.

14. MSPE, MSAE, R Square는 회귀 모델에서의 평가지표이다. 랜드지수(Rand Index)는 일치행렬, 상호정보량(Mutual Information, MI)와 함께 군집 모델의 평가지표이다.

15. MAE는 모델의 예측값과 실제값의 차이를 모두 더한다는 개념이다. 절대값을 취하기 때문에 가장 직관적으로 알 수 있는 지표이다. $MAE = \frac{1}{n}\sum_{i=1}^{n}|y_i - \hat{y}_i|$

16. F1-Score는 혼동행렬의 평가지표이다.

17. 결정계수(Coefficient of determination) R Square는 주어진 데이터에 회귀선이 얼마나 잘 맞는지, 적합 정도를 평가하는 척도이자 독립변수들이 종속변수를 얼마나 잘 설명하는지 보여주는 지표다.

18. 모수의 유의성을 검정할 때, t검정은 두 집단의 평균 차이 검정을 수행하며, 카이제곱검정은 분산차이 검정, F검정은 두 모집단 분산의 비율 검정으로 사용한다.

19. 반복측정 분산분석(Repeated Measures ANOVA)은 한 개의 집단에 대한 시점별 반복 측정이다.

20. ROC Curve는 민감도와 특이도를 통해 진양성률(TPR) = 민감도 = 1 - 위음성율, 위양성률(FPR) = 1 - 특이도를 도출해 시각적으로 이차원 평면상에 표현한 방법이다.

21. 2학년 자유도 $v_1 = 8 - 1 = 7$, 분산 $S_1^2 = 20$, 1학년 자유도 $v_2 = 6 - 1 = 5$, 분산 $S_2^2 = 10$ 검정통계량 $f = \frac{20}{10} = 2$, 검정통계량 2 < 유의수준의 통계량 4.88이기 때문에 귀무가설은 채택 된다. F값이 클수록 두 집단 간의 분산의 차이가 크다고 할 수 있다.

22. Z검정은 모수의 유의성 검증 중 평균을 이용하여 단일 집단과 두 개 집단의 차이를 검정할 수 있으며, 독립변수는 범주형, 종속변수는 연속형 변수를 사용한다.

23. 교차검증은 반복 횟수가 많아져 모델의 훈련 및 평가 시간이 오래 걸리는 단점이 있다.

24. 다중회귀분석에서 독립변수 간의 상관관계가 존재하는 경우를 다중공선성이라 한다. 분산팽창요인은 독립변수 간의 상관관계가 존재하는지 측정하는 척도이다.

25. 군집분석 모델의 진단 방법으로 단순계산법, 던지수(Dunn Index), 팔꿈치기법(Elbow Method)이 있다.

26. 비모수 유의성 검정을 수행할 수 있는 조건은 관측값이 특정 분포를 따른다고 가정할 수 없는 경우, 표본의 수가 30개 미만으로 적은 경우, 모집단에 대한 정보가 없는 경우, 변수의 척도가 질적 척도인 명목척도 또는 서열척도인 경우이다.

27. 분위수대조도(Quantiles-Quantiles Plot, Q-Q plot)는 그래프를 그려서 정규성 가정이 만족되는지 시각적으로 확인하는 방법이다.

28. 군집 간의 거리의 합을 나타내는 관성(Inertia)이 급격히 떨어지는 구간이 생기는데 이 지점의 K 값을 군집의 개수로 사용하는 방법은 팔꿈치기법(Elbow Method)에 대한 설명이다.

29. 한 범주형 변수의 각 그룹(집단)별 비율이 특정 비율과 동일한지 검정하는 방법을 카이제곱검정을 이용한 적합도 검정이라 한다.

30. 모수 유의성 검정 절차는 ㄱ. 가설 수립 → ㄷ. 유의수준을 정한다 → ㄹ. 검정통계량을 결정한다 → ㄴ. P값($P-value$) 계산 → ㅁ. 귀무가설 기각 or 채택한다.

31. 제시한 예시는 각 표본 25명의 표본에 대해, A반과 B반 2개 집단의 평균을 비교하기 때문에 독립표본 t 검정을 사용한다.

32. 서로 대응인 두 모집단의 표본의 크기 n이 작은 경우(또는 $n < 30$)의 두 모평균 μ_1과 μ_2에 대한 검정통계량은 $T = \frac{\bar{D}}{s_D/\sqrt{n}}$ (자유도 $n-1$인 t분포)이다.

33. 데이터 관측값의 영향력 진단 방법은 쿡의 거리(Cook's Distance), DFBETAS, DFFITS 등이 있다. 샤피로-윌크는 정규성을 검정하는 기법이다.

풀이

34. 분석분석에서 변동요인은 SSB(집단 간 변동) $= n\sum_{i=1}^{k}(\bar{y}_i - \bar{y})^2$, SSW(집단 내 변동) $= \sum_{i=1}^{k}\sum_{j=1}^{n}(y_{ij} - \bar{y}_i)^2$, SST(전체 변동) $= \sum_{i=1}^{k}\sum_{j=1}^{n}(y_{ij} - \bar{y})^2$ 이다.

35. 카파(Kappa)는 모델의 예측값과 실제값이 우연히 일치할 확률을 제외하여 반영한다. 0~1사이의 값을 가지며, 1에 가까울수록 모델의 예측값과 실제값이 일치한다.

36. 던지수(Dunn Index) 군집 간 거리의 최소값을 분자, 군집 내 요소간 최대값을 분모로 하는 지표이다.
$$\frac{min_{1\leq i < j \leq n}d(i,j)}{max_{1\leq k \leq n}d(k)}$$

37. 케이폴드 교차검증(K-fold CV)은 무작위로 K개의 균일한 서브셋(Subset)으로 분할하여 사용하는 교차검증 기법이다.

38. BLEU (Bilingual Evaluation Understudy) Score는 성과지표로 데이터의 x가 순서정보를 가진 단어들(문장)로 이루어져 있고, y 또한 단어들의 시리즈(문장)로 이루어진 경우에 사용되며, 번역을 하는 모델에 주로 사용된다.

39. 던칸(Duncan) 사후검정 방법은 t분포와 유사한 스튜던트 범위 분포(q)에 기반을 두고 표본의 평균을 크기 순서에 따라 다수 범위를 이용하는 방법이며, 각 그룹의 평균의 차이가 있는지 검정 하는 방법은 튜키(Tukey) HSD에 대한 설명이다.

40. 교차검증의 목적은 확보된 데이터 수가 적은 분석 신뢰도에 대한 평가, 성능 측정하고 평가, 과적합 학습단계에서의 해결이다.

41. 원본 데이터에서 정답(클래스)의 분포를 먼저 고려한 뒤, 이 분포와 동일하게 학습 및 테스트 데이터를 분배하는 방법은 계층별 케이폴드 교차검증 기법이다.

42. DFFITS, Cook;s Distance, DFBETAS, Leverage H는 데이터의 관측값 영향력을 진단하는 방법이다.

43. 단일표본 t검정의 가정은 종속변수가 연속형(양적) 변수인 경우, 종속변수 값이 정규분포라고 가정인 경우, 등분산가정인 경우이다. 모집단의 분산을 알면 Z검정을 수행한다.

44. t검정, z검정, 분산분석은 모수 유의성 검정 중 평균차이 검정에 해당하며, 카이제곱검정은 분산차이 검정 혹은 범주형 변수의 교차검정으로 활용한다.

45. $F1-Score = 2(Precision \times Recall)/(Precision + Recall) = 2(30/50 \times 30/40)/(30/50 + 30/40) = 2 \times (9/20)/(27/20) = 2/3$

46. 홀드아웃(Hold-out)은 재샘플링하지 않는 기법이다.

47. 이원반복측정 분산분석(Two-way Repeated Measures ANOVA)은 독립변수가 2개이고, 시점에 따라 여러 번 측정한다.

48. 콜모고로프-스미르노프 검정(Kolmogorov-Smirnov Goodness of Fit test)은 자료의 평균/표준편차와 히스토그램을 표준정규분포와 비교하여 적합도를 검정한다. 주어진 데이터가 어떤 특정한 분포를 따르는 가를 정규분포와 비교하는 검정 기법이다.

49. 귀무가설은 '비율은 ~ 같다', '대립가설은 비율은 ~ 같지 않다'로 정의되며, 모비율의 가설 검정은 모평균이 아닌 모비율 P에 대한 값을 비교하고자 할 때 사용한다.

검정통계량은 $Z = \dfrac{\hat{p} - P_0}{\sqrt{\dfrac{P_0 q_0}{n}}}$, $q_0 = 1 - P_0$으로 정의된다.

50. 케이폴드 교차검증 절차는 ㄱ. 원본 데이터를 k개의 부분집합(Fold 1~ Fold k)으로 분리 → ㄴ. 각 Fold가 테스트 데이터가 되도록 학습 집합 k개 생성 → ㅁ. 각 학습 집합을 학습 데이터로 학습 → ㄹ. 각 학습 집합을 테스트 데이터로 결과 계산 → ㄷ. 반복하여 나온 결과로 평균오류율을 계산한다.

9.2 분석 모델 개선

학습목표

분석 모델을 개선하기 위해 데이터 과적합의 이해와 매개변수(파라미터) 최적화 및 모델 융합에 대한 필요성과 개념을 학습한다.

출제경향

분석 모델 개선에서는 과적합 방지, 매개변수(파라미터) 최적화에 대한 개념 위주로 출제되고 있다. 출제비중은 높지 않으니, 앞서 학습한 분석 모델(모형) 평가를 정리한다는 생각으로 학습하도록 하자.

출제빈도

제2회(2021. 04. 17) 4문항 출제	제3회(2021. 10. 02) 3문항 출제
제4회(2022. 04. 09) 1문항 출제	제5회(2022. 10. 01) 5문항 출제
제6회(2023. 04. 08) 6문항 출제	제7회(2023. 09. 23) 5문항 출제
제8회(2024. 04. 06) 4문항 출제	제9회(2024. 09. 07) 4문항 출제

출제세부항목	출제수	출제 내용(문항수)
9.2.1 과적합 방지	12	방지 기법(8), 과적합 개념(3), 과적합 원인
9.2.2 매개변수(파라미터) 최적화	9	하이퍼파라미터(4), 매개변수 개념(3), 파라미터(2)
9.2.3 분석 모델 융합	10	부스팅(2), 앙상블(2), 경사하강법(2), 분석 모델 융합 개념, 특징, 매개변수 최적화 기법, 랜덤포레스트
9.2.4 최종 모델 선정	1	선정

23 Day

빅분기_55
9.2.1 ~ 9.2.2

9.2.1 과적합 방지

9.2.1.1 과적합의 이해 기출

과적합(Over Fitting, 과대적합)은 지도학습(Supervised Learning)에서 분석 모델이 학습 데이터(Training Data Set)에 대해 지나치게 최적화되어(잘 학습하여) 발생하는 문제점이다. 즉, 모델을 복잡하게 학습하여 학습 데이터에서는 좋은 성능을 나타내지만 실제 새로운 데이터가 주어졌을 때는 정확한 예측과 분류를 못하게 된다.

과소적합(Under Fitting)은 과적합의 반대 개념으로 분석 모델이 충분히 복잡하지 않아(잘 학습이 안 되어) 발생하는 문제점이다. 모델의 학습 부족 또는 학습 데이터의 부족으로 모델의 정확도(Accuracy)가 학습 데이터와 테스트 데이터(Test Data Set) 모두에서 떨어지게 된다.

과적합과 과소적합

과소적합(Under Fitting)	적정적합(Generalized-fitting)	과적합(Over Fitting)
학습 부족 또는 학습 데이터 부족으로 모델의 정확도가 학습 데이터와 테스트 데이터 모두에서 떨어지는 현상	적정한 학습 수준 (Best Fit)	훈련 데이터에 과하게 학습하여 실제 데이터에 대한 오차가 증가하는 현상 (일반화되지 못하는 문제)

위의 그림은 동일한 학습 데이터에 대해 각각 상황별로 만들어진 회귀 모델을 점선으로 표현한 그림이다.

과소적합이 일어난 모델은 모델의 복잡도가 낮아 학습 데이터 내 모든 데이터의 규칙을 제대로 찾아내지 못해 전체적으로 낮은 정확도를 보이고, 새로운 데이터가 들어오더라도 제대로 예측할 수 없음을 알 수 있다.

또한 과적합이 일어난 모델은 학습 데이터 내 모든 데이터를 섭렵하여 오차를 줄이려 하므로 주어진 학습 데이터 내 데이터에 대해서는 높은 정확도를 보여주지만 그 외의 데이터에 대해서는 낮은 정확도를 보인다. 즉, 기존 데이터의 규칙에 과하게 적응하여 새로운 데이터의 규칙을 잘 예측하지 못하게 된다.

가운데 그래프인 적정적합을 나타내는 회귀 모델은 전체 범위에서 데이터의 모양을 근사(대표)하고 있다. 물론 학습 데이터에 대해 100%의 적합도를 보여주지는 않지만, 새로운 데이터가 들어오더라도 어느 정도 잘 맞을 것으로 예측할 수 있다.

9.2.1.2 과적합과 과소적합의 판단

❶ 편향(Bias)와 분산(Variance)의 트레이드 오프

위에서 살펴본 바와 같이 과적합은 훈련 데이터에서 높은 정확도(낮은 손실)를, 테스트 데이터에서는 낮은 정확도(높은 손실)를 보였고, 과소적합은 훈련 데이터와 그 외 모든 데이터에서 낮은 정확도(높은 손실)를 보였다.

이는 과적합된 모델의 경우 예측값과 실제값(Target)의 차이가 작으므로 편향이 작지만, 모델의 복잡도가 크기 때문에 분산이 큰 것을 의미하고, 반대로 과소적합된 모델의 경우 모델의 복잡도가 낮아 분산은 작지만, 훈련 데이터의 적절한 규칙을 찾지 못해 실제값과의 차이가 커져 편향이 큰 것을 의미한다('7.1.2.2 분석 모델 정의 시 고려사항'에서 편향과 분산의 개념 참조).

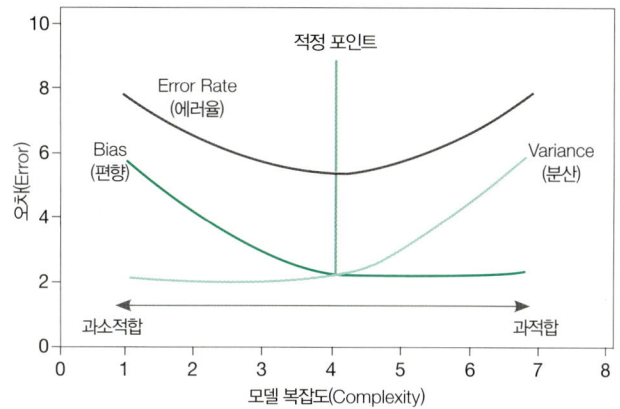

분산(Variance) : 모델을 통과한 값들이 서로 얼마나 가까운지를 나타내는 지표
편향(Bias) : 모델을 통과한 값이 평균적으로 실제값과 얼마나 차이가 나는지를 나타내는 지표

모델 복잡도와 오차와의 관계

즉, 모델의 복잡도가 커질수록 모델의 분산은 커지고 편향은 작아지며, 모델의 오차는 분산과 편향, 그리고 줄일 수 없는 오차가 더해져서 결정되므로, 합이 최소가 되는 적절한 분산과 편향을 찾아내야 하며, 이를 '편향 분산 트레이드오프(Bias-Variance Trade off)'라고 한다.

이런 문제를 해결하는 것을 정밀하게 수행하는 것이 쉽지 않지만 학습 곡선을 이용하면 편향과 분산 중 무엇을 개선해야 하는지를 어느 정도 알 수 있다.

❷ 학습 곡선(Learning Curve)을 이용한 과적합과 과소적합 판단

학습 곡선은 시간이나 시행 횟수에 따른 성취도를 표현한 그래프이며, 다양한 분야에서 사용되는 단어이지만 일반적으로 모델 복잡도에 따른 학습 데이터와 테스트 데이터의 오류 정도를 나타낸 그래프라고 해석할 수 있다(머신러닝에서는 반복횟수(Epoch)에 따른 정확도 혹은 오류 정도를 나타냄).

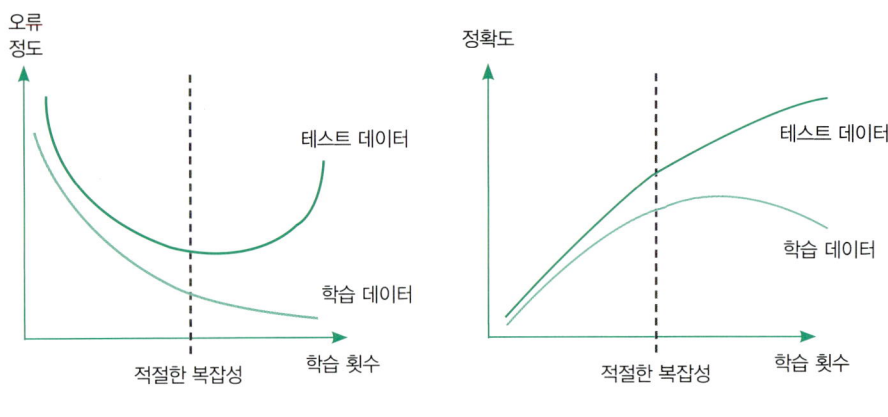

학습 곡선

위 학습 곡선에서 학습 초기에는 학습 데이터와 테스트 데이터 모두 높은 오류(Error)와 낮은 정확도를 보이고 있다. 즉, 과소적합 현상이 나타나고 있다.

학습 횟수가 증가함에 따라 모델의 오류는 낮아지고 정확도는 점점 증가하다가, 어느 순간 학습 데이터의 오류는 낮아지고 정확도는 증가하지만 테스트 데이터는 반대로 움직이게 된다. 이는 모델이 학습 데이터에 집착하여 일반화된 규칙을 찾지 못하고 있다는 의미이다. 즉, 과적합 현상이 나타나고 있음을 알 수 있다.

따라서 학습 곡선으로 이런 문제점을 체크함으로써 모델의 성능을 높이기 위해 데이터를 추가해야 하는지, 변수를 늘려야 하는지, 모델의 크기를 늘려야 하는지 등 다른 문제를 봐야 하는지를 알 수 있게 된다.

9.2.1.3 과적합 방지

과적합(Over Fitting)은 분석 모델에 파라미터가 많거나 표현력이 높은 모델이거나 학습 데이터가 적을 때 발생하게 되는데, 이런 과적합을 방지하기 위해 충분한 학습 데이터의 확보, 모델 복잡도 감소, 가중치 규제, 드롭아웃 방법을 사용할 수 있다.

과적합(Over Fitting)의 발생원인과 해결방법 `기출`

구성	원인/방안	설명
발생원인	학습 데이터 (Training Data Set)의 특성 미달	학습 데이터는 실제 데이터의 부분 집합, 따라서 실제 데이터의 모든 특성을 대표하지 못할 수 있음
		학습 데이터가 분류/예측하고자 하는 모델의 대표성을 가지지 못하는 경우
		학습 데이터가 실제 데이터의 일부분만 가지고 있는 경우(편향된 학습 데이터)
		학습 데이터에 오류가 포함되어 있는 경우(데이터의 오류)
	독립변수의 특성 부적합	고려해야 할 독립변수가 너무 많아 차원의 저주 발생
		이상값, 영향값 등 각 독립변수의 대표값에 영향을 주는 데이터의 존재

발생원인	모델 복잡성 과다	복잡한 모델이 생성되어 독립변수와 종속변수 간의 관계를 설명 못하는 경우 오캄의 면도날(단순한 모델이 우수한 성능을 가짐)의 원리 위배	
해결방법	규제화 (Regularization)	데이터를 일정한 규칙에 따라 변형하여 가중치(Weight)의 값을 0으로 만들거나 줄이는 방법	
		L2규제(L2 norm)	독립변수 가중치의 크기를 0에 근접하도록 규제 적용 가중치의 제곱값 사용
		L1규제(L1 norm)	독립변수의 가중치를 0으로 만드는 규제 적용 가중치의 절대값 사용
	교차검증 (Cross Validation)	원본 데이터를 학습/검증/테스트 데이터로 분할하고, 각각의 데이터 비율 및 구성을 다르게 하면서 모델을 만들고 평가하는 과정을 반복하여 데이터의 성능 검증(Out of Sample Testing) 및 모델의 성능을 평가	
		케이폴드 교차검증, 계층별 케이폴드 교차검증 등 적용	
	충분한 데이터 확보	충분한 데이터로 학습 데이터(Traning Data Set) 구성 비즈니스에 기반한 모델에 적합한 독립변수 선정	
	사전학습 (Pre Training)	초기 가중치(Weight) 값을 비지도학습(RBM, 오토인코더 등)을 이용하거나 기 학습된 모델을 재사용하여 사전 정확도를 높이는 작업	
	차원축소 (Reduce Dimension)	각 독립변수 간에 비중이 다른 변수가 섞이면 좋지 않은 결과가 발생하므로 의미를 유지하면서 대표성을 띄는 형태로 데이터 압축	
		불필요한 변수의 노이즈 제거(차원의 저주 해결)	
	드롭아웃 (DropOut)	전체 노드의 가중치(Weight) 중 레이어(Layer)에 포함된 주요 노드 가중치(Weight)의 일부만 연산에 참여할 수 있도록 불필요한 노드 삭제(모델 학습 시만 적용)	
		드롭아웃 유형 : 초기/공간적/시간적 드롭아웃	
	배치정규화 (Batch Normalization)	모델 학습 과정에서 각 배치별(학습 단위)로 데이터가 다양한 분포를 가지더라도 각 배치별 평균과 분산을 이용해 범위를 벗어나지 않도록 값을 제한하는 과정	
		배치(Batch) : 전체 데이터 중 일부분, 100개 데이터 중 배치 2의 의미는 50번의 학습을 의미	
	조기종료 (Early Stopping)	학습을 반복하다가 검증 데이터의 검증정확도(Validation Accuracy)가 더 이상 상승하지 않을 때 학습 정지하여 과적합 방지	

> **참고**
>
> 오캄의 면도날(Occam's razor) : 어떤 사실 또는 현상에 대한 설명들 가운데 논리적으로 가장 단순한 것이 진실일 가능성이 높다는 원칙, 단순성의 원칙(The Principle of Simplicity) 또는 논리절약의 원칙(The Principle of Parsimony)으로도 지칭됨
> 차원의 저주((The Curse of Dimensionality) : 데이터 학습을 위해 차원(변수의 수)이 증가하면서 학습 데이터 수가 차원의 수보다 적어져 성능이 저하되는 현상

과소적합의 주요 원인은 단순한 모델 사용이므로 충분한 데이터 확보나 학습 모델 변경 등으로 해결할 수 있다.

과소적합(Under Fitting)의 발생원인과 해결방법

구성	원인/방안	설명
발생원인	학습 데이터의 부족	학습 데이터 부족으로 모델이 단순하게 학습되어 부정확한 결과 도출
	기울기 소멸 문제 (Gradient Vanishing)	역전파(Back Propagation)에서 시그모이드(Sigmoid) 활성화 함수로 인해 기울기 소멸(Gradient Vanishing) 문제 발생 시 과소적합 발생
해결방법	충분한 데이터 확보	모델에 적합한 충분한 독립변수 및 데이터를 추가하여 모델이 학습할 수 있는 범위인 분산(Variance) 증가
	사전학습 (Pre Training)	초기 가중치(Weight) 값을 비지도학습(RBM, 오토인코더 등)을 이용하거나 기 학습된 모델을 재사용하여 사전 정확도를 높이는 작업
	학습 모델 변경	높은 분산을 가지는 모델인 의사결정나무, K최근접이웃(K-NN) 알고리즘, 서포트 벡터머신(SVM)과 같은 학습 모델을 사용
	기울기 소멸 문제 감소	시그모이드(Sigmoid) 활성화 함수를 렐루(ReLu) 함수로 대체

9.2.2 매개변수(파라미터) 최적화

9.2.2.1 매개변수 최적화의 이해

컴퓨터 프로그래밍에서 매개변수(혹은 파라미터, Parameter)는 변수의 특별한 한 종류로서, 함수(Function) 등과 같은 서브루틴을 실행시키기 위해 제공하는 입력값(Input)으로 정의한다.

데이터 분석에서 이러한 입력값을 '매개변수'보다는 파라미터(Parameter)로 표현하며, 파라미터 최적화(Parameter Optimization)는 모델에 필요한 파라미터들을 모델이 가장 좋은 성능을 낼 수 있도록 최적화하는 작업을 의미한다.

크게 데이터의 특성을 의미하는 파라미터와 학습 모델에 설정을 적용하기 위한 하이퍼파라미터(Hyper Parameter)로 구분하여, 반복적인 학습을 통해 최적화를 수행한다('7.1.2.1 파라미터와 하이퍼파라미터' 내용 참조).

파라미터와 하이퍼파라미터 기출

구분	파라미터	하이퍼파라미터
개념	모델 내부에서 확인이 가능한 변수로 데이터를 통해 산출 가능한 값	모델 외적인 요소로 데이터 분석을 통해 얻는 값이 아니라 사용자가 직접 설정해주는 값
목적	모델의 성능을 결정	모델의 파라미터값을 측정하기 위해 알고리즘 구현(모델 학습과정) 과정에서 사용
결정	파라미터는 측정되거나 데이터로부터 학습됨	주로 알고리즘 사용자에 의해 결정
인공신경망 예시	가중치(w)와 편향(b) 등	비용함수(Cost Function) 알고리즘, 은닉층 뉴런개수(Hidden Units) 등

9.2.2.2 매개변수 최적화 과정

지도학습의 궁극적인 목표는 학습 데이터를 대표하는 파라미터를 최적화하는데 있다(하이퍼파라미터는 성능 지표의 기준). 따라서, 파라미터를 학습하는 과정을 이해해야 한다.

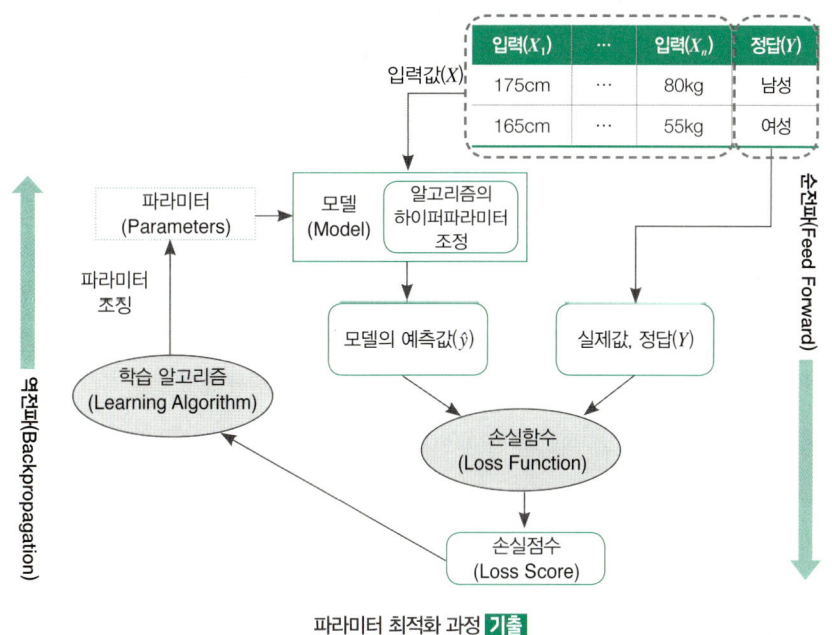

파라미터 최적화 과정 기출

학습 데이터(Training Data Set)를 이용하여 모델이 예측한 결과와 정답을 비교하고, 손실함수(Loss Function)로 그 차이인 오차를 계산한다. 그런 후 학습 알고리즘(Learning Algorithm)을 이용하여 오차(Error)만큼 파라미터값을 조정하게 된다. 파라미터 조정은 학습 알고리즘의 기준에 부합할 때까지 반복적으로 수행된다.

지도학습 학습 절차 상세 설명

구분	설명	예시
입력값(Input X)	모델을 학습시키기 위한 사용되는 데이터	독립변수
모델(Model)	입력값을 분류 및 예측하기 위한 알고리즘 적용	인공신경망, 의사결정나무 등
	알고리즘의 하이퍼파라미터값 최적화	의사결정나무의 최대깊이, 자식노드 수 등
실제값(True Targets, Y)	입력값에 의해 결정되어 있는 정답(Label) 모델을 학습시키기 위해 사용되는 정답	종속변수
예측값(Predictions)	반복적 학습에 의해 모델이 예측한 결과값	예측 결과
손실함수와 손실점수 (Loss Function & Loss Score)	예측값과 실제값의 차이를 계산하는 함수 손실점수는 파라미터를 조정하기 위한 기준으로 사용	손실함수 : 최소제곱법, 크로스엔트로피 등 손실점수 : 손실함수에 의해 계산된 값
학습 알고리즘 (Learning Algorithm)	손실점수를 파라미터에 적용시키기 위한 알고리즘	경사하강법 등
파라미터(Parameter)	모델을 대표하는 데이터의 특성 조정	가중치, 편향 등

하이퍼파라미터는 모델을 실행할 때 설정하는 값으로 파라미터와 달리 사람이 직접 값을 설정해야 하며, 하이퍼파라미터에서 설정한 값에 따라 파라미터를 최적화한다(그래서 하이퍼파라미터 최적화는 모델의 성능에 큰 영향을 미친다).

9.2.2.3 매개변수 최적화 기법

계산된 실제값과 예측값의 차이인 오차(Error)를 학습 알고리즘(Learning Algorithm)을 이용하여 반복적으로 파라미터값을 조정하면서 모델을 최적화하게 되는데, 이때 사용할 수 있는 대표적인 알고리즘은 경사하강법(Gradient Descending)이 있다('8.1.4.3 인공신경망의 진화' 참조).

경사하강법은 손실함수의 최소값 위치를 찾기 위해, 손실함수의 기울기 반대방향으로 학습률만큼 조금씩 이동해 가면서 최적의 파라미터를 찾으려는 알고리즘(오차의 최소값을 찾기 위해 사용되는 기법)이다.

경사하강법은 현재 위치에서 전체 데이터로 기울기를 계산하기 때문에 최적화 속도가 오래 걸리고, 또한 무작위 초기화(Random Initialization)로 인해 전역최소점(Global Minimum)이 아닌 지역최소점(Local Minimum)에 수렴할 수 있다.

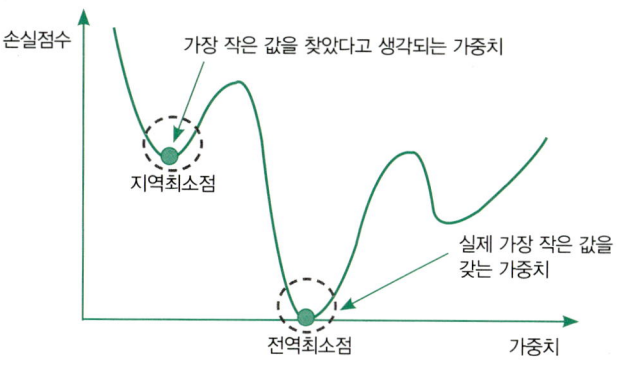

지역최소점과 전역최소점

경사하강법의 단점을 개선하면서 진화해온 파라미터 최적화 기법은 다음과 같다.

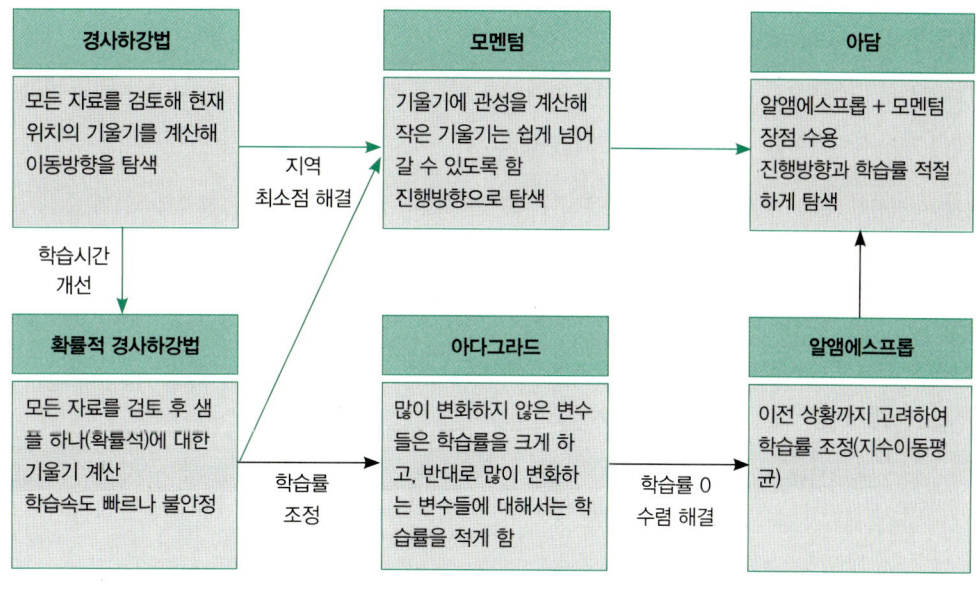

파라미터 최적화 기법 기출

❶ 확률적 경사하강법(Stochastic Gradient Descending, SGD)

확률적 경사하강법은 손실함수의 최소값 위치를 찾기 위해, 손실함수의 기울기(Gradient) 반대방향으로 정의한 학습률(Learning Rate, Step Size)만큼 조금씩 이동하면서 최적의 파라미터를 찾는 경사하강법의 매커니즘을 기반으로 학습속도 및 지역최소점 문제의 발생 가능성을 최소화한 알고리즘이다.

파라미터를 업데이트할 때, 무작위로 샘플링된 훈련 데이터를 하나씩만 이용하여 기울기를 계산(배치사이즈 = 1)함으로써 배치 경사하강법(BGD)의 메모리 사용량 문제와 지역최소점에 빠질 가능성을 최소화했다.

확률적 경사하강법의 정의와 특징

확률적 경사하강법 정의	특징
정의: $W^{(1)} = W^{(0)} - \eta \frac{\partial L(w)}{\partial w}$ $Gradient$(기울기): $\frac{\partial L(w)}{\partial w}$ ∂(라운드): 편미분 η : 학습률(하이퍼파라미터) W : 가중치($Weight$) $L(w)$: 손실점수($= Cost$)	무작위로 샘플링된 훈련 데이터를 하나씩만 이용하여 기울기를 계산(배치사이즈 = 1)함 매우 적은 데이터를 처리하기에 학습속도가 빠름
	현재 위치에서 기울기를 사용하기 때문에 지역최소점에 빠질 수 있음
	샘플의 선택이 확률적(Stochastic)이기 때문에 배치 경사하강법에 비해 불안정함

확률적 경사하강법은 단순하고 구현도 쉽지만, 샘플의 선택이 확률적(Stochastic)이기 때문에 배치 경사하강법에 비해 불안정할 수 있다. 이를 개선하기 위해 모멘텀, 아다그라드, 아담 등의 방법을 활용한다.

❷ 모멘텀(Momentum)

모멘텀은 물리학에서 속도와 질량에 관련된 운동량을 뜻하는 단어로, 기울기방향으로 힘을 받아 물체가 가속된다는 물리법칙을 적용한 최적화 방법이다.

확률적 경사하강법은 기울기가 매우 작은 구간에서는 학습시간이 늘어나거나 지역최소점에 수렴하는 문제점을 완전히 해결하지 못했다.

모멘텀은 이 문제를 개선하기 위해 그 이동방향에 가속도(Velocity)를 부여하여, 작은 기울기에 반응하지 않게 한다. 즉, 물체가 아무런 힘을 받지 않을 때에도 서서히 하강시켜 전역최소점에 수렴하게 한다.

모멘텀의 정의와 특징

모멘텀의 정의	특징
가속도($Velocity$): $v^{(t)} = \alpha v^{(t-1)} - \eta \frac{\partial L(w)}{\partial W^{(t)}}$ $W^{(t+1)} = W^{(t)} + v^{(t)}$	확률적 경사하강법 + 관성(저항하는 정도)
W : 갱신할 가중치 파라미터 $L(w)$: 손실함수 $\frac{\partial L}{\partial w}$: W에 대한 손실함수 기울기 η : 학습률(하이퍼파라미터) α : 모멘텀계수(관성, 하이퍼파라미터)	확률적 경사하강법의 지역최소점 문제를 개선함 이전 기울기의 경향(방향)을 사용
	과거에 이동했던 양을 변수별로 저장해야 하므로 변수에 대한 메모리가 2배 소모
	모멘텀 계수(α) : 0.9나 0.99로 설정

경사하강법과 마찬가지로 매번 기울기를 구하지만, 가중치를 수정하기 전, 이전 수정 방향(+, −)을 참고하여 같은 방향으로 일정한 비율만 수정되게 한다. 수정이 양(+) 방향과 음(−) 방향으로 순차적으로 일어나는 지그재그 현상이 줄어들고, 이전 이동 값을 고려하여 일정 비율만큼 다음 값을 결정하므로 관성(저항성)의 효과를 낼 수 있다.

❸ 아다그라드(Adaptive Gradient, AdaGrad)

아다그라드(AdaGrad)는 매개변수별 학습률을 가진 수정된 확률성 경사하강법 알고리즘으로 변수의 업데이트 횟수에 따라 학습률을 조절(적응적 학습률)하는 옵션이 추가된 최적화 방법이다.

여기서 변수란 가중치(W) 벡터의 하나의 값(w[i])을 의미하며, 많이 변화하지 않은 변수들은 학습률을 크게 하고, 반대로 많이 변화한 변수들에 대해서는 학습률을 적게 한다.

이는 많이 변화한 변수는 최적값에 근접했을 것이라는 가정하에 작은 크기로 이동하면서 세밀한 값을 조정하고, 반대로 적게 변화한 변수들은 학습률을 크게 하여 빠르게 손실값을 줄일 수 있다.

아다그라드 정의와 특징

아다그라드의 정의	특징
$\hat{h}^{(t)} = \hat{h}^{(t-1)} + \left(\dfrac{\partial L(w)}{\partial W^{(t)}}\right)^2$ $W^{(t+1)} = W^{(t)} - \eta \times \dfrac{1}{\sqrt{\hat{h}^{(t)} + \varepsilon}} \times \dfrac{\partial L(w)}{\partial W^{(t)}}$	h : 기존 기울기값을 제곱하여 계속 더한 값. 파라미터가 이전 시간까지 얼마나 변화했는지 의미 ε(입실론) : 0으로 나누는 것을 방지
W : 갱신할 가중치 파라미터 $L(w)$: 손실함수 $\dfrac{\partial L}{\partial w}$: W에 대한 손실함수 기울기 η : 학습률(하이퍼파라미터) ε(입실론) : 아주 작은 상수(하이퍼파라미터)	각 변수의 학습률을 적응적으로 조정 같은 입력 데이터가 여러 번 학습되는 학습 모델에 유용(Word2vec, GloVe 등 언어 관련 모델) 무한히 계속 학습할 경우에는 어느 순간 업데이트 값이 "0"이 되는 단점 존재

아다그라드는 과거의(이전) 기울기를 제곱해서 계속 더하기 때문에, 학습을 진행할수록 업데이트 강도가 약해져서 무한히 계속 학습할 경우에는 어느 순간 업데이트 값이 "0"이 되는 단점이 있다. 이러한 아다그라드의 단점을 개선한 방법으로는 알엠에스프롭(Root Mean Square Propagation, RMSProp)이 있다.

알엠에스프롭(RMSProp)은 과거의 모든 기울기를 균일하게 더해가는 것이 아니라, 먼 과거의 기울기는 서서히 잊고 새로운 기울기 정보를 크게 반영(지수이동평균)하게 한다.

❹ 아담(Adaptive Moment Estimation, Adam)

아담은 오래된 기울기의 영향력을 지수적으로 줄여 아다그라드(AdaGrad)를 개선한 알엠에스프롭(RMSProp)과 모멘텀(Momentum)을 합친 알고리즘이다.

아담 정의와 특징

수식	특징
$v^{(t)} = \beta_1 v^{(t-1)} - (1-\beta_1)\dfrac{\partial L(w)}{\partial W^{(t)}}$ $h^{(t)} = \beta_2 h^{(t-1)} + (1-\beta_2)\left(\dfrac{\partial L(w)}{\partial W^{(t)}}\right)^2$ $\hat{v}^{(t)} = \dfrac{v^{(t)}}{1-\beta_1^{\,t}}, \quad \hat{h}^{(t)} = \dfrac{h^{(t)}}{1-\beta_2^{\,t}}$	아담은 4개의 하이퍼파라미터를 설정하는데, 논문에서 학습률($\eta = 0.001$), 일차 모멘텀계수($\beta_1 = 0.9$), 이차 모멘텀계수($\beta_2 = 0.999$), 상수($\varepsilon = 10^{-8}$)를 기본 설정값으로 하면 좋은 결과를 얻을 수 있다고 명시
$W^{(t+1)} = W^{(t)} - \eta \times \dfrac{\hat{v}^{(t)}}{\sqrt{\hat{h}^{(t)} + \varepsilon}}$	모멘텀(Momentum)의 이전 기울기의 경향(방향)과 알앰에스프롭(RMSProp)의 이전 학습률의 경향을 함께 고려

아담의 수학적 이론은 다소 복잡하나 실무에서 성능이 입증되어 가장 기본적으로 사용하는 최적화 방법으로 알려져 있으며, 최근에는 아담을 기반으로 한 RAdam, AdamW, AdamP과 같이 더욱 우수한 성능을 보이는 최적화 기법이 제안되어 활용되고 있다.

그 외에도 아다델타(Adadelta), 네스테로프 모멘텀(Nesterov Momentum), Nadam(AdaGrad with Nesterov Momentum) 등의 방법도 있다.

9.2.2.4 하이퍼파라미터 최적화

하이퍼파라미터(Hyperparameter)는 모델 최적화 과정을 제어할 수 있는 조절 가능한 파라미터다. 따라서 서로 다른 하이퍼파라미터값은 모델 학습과 정확도(Accuracy) 혹은 모델의 수렴율(Convergence rate)에 영향을 미칠 수 있다.

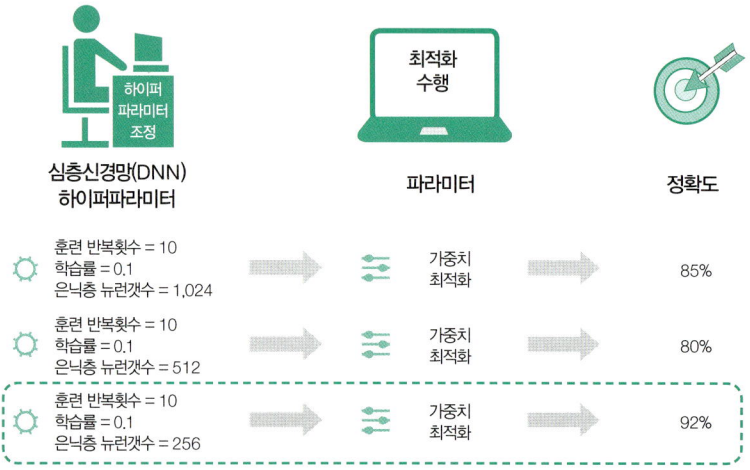

하이퍼파라미터 최적화

하이퍼파라미터는 모델이 학습하면서 최적의 값을 자동을 찾는 파라미터(Parameter)와 달리 사람이 직접 입력값을 설정해줘야 한다. 대표적인 하이퍼파라미터 최적화 기법의 종류는 다음과 같다.

대표적인 하이퍼파라미터 최적화 기법 기출

기법	설명
수동탐색 (Manual Search)	사용자가 직접 조절하는 방법으로 여러 번 시도해본 뒤에 가장 높은 성능을 나타냈던 값을 쓰는 방법(사전지식 포함) 사용자의 직감 또는 경험에 의거하여 최적의 조합 후보들을 선출해내야 하기 때문에, 그것이 어려운 사용자에게는 비효율적인 방법 방법이 매우 단순하고, 탐색시간도 자유롭게 정할 수 있다는 장점은 있으나 비효율적인 측면에서 단점이 큼
격자탐색 (Grid Search)	탐색의 대상이 되는 특정 구간 내의 후보 하이퍼파라미터값들을 일정한 간격을 두고 선정하여 이들 각각에 대하여 성능 결과를 측정한 후 가장 높은 성능을 발휘했던 값을 최적값으로 선정하는 방법(무식하게 하나하나 다 해보기) 〈단점〉 구간 전역을 탐색하기 때문에 하이퍼파라미터의 종류가 많아질수록 탐색 시간이 기하급수적으로 증가 균일한 간격으로 탐색하기 때문에 최적 하이퍼파라미터값을 찾지 못하는 경우가 발생
무작위탐색 (Random Search)	각 하이퍼파라미터의 최소값-최대값을 정해두고, 범위 내에서 무작위 값을 반복적으로 추출하여 최적의 조합을 찾는 방법 격자탐색(Grid Search)은 사용자가 꼽은 선택지 중에서만 고르지만, 무작위탐색(Random Search)은 훨씬 다양한 조합들을 시험하여 예상치 못한 결과들을 얻을 수 있음
베이지안 최적화 (Bayesian Optimization)	매회 새로운 하이퍼파라미터값에 대한 조사를 수행할 때에 사전지식을 충분히 반영하면서 동시에 전체적인 탐색 과정을 좀 더 체계적으로 수행하는 방법(대리 모델 + 획득 함수) 대리 모델(Surrogate Model) : 현재까지 조사된 입력값과 함수값을 바탕으로 목적 함수의 형태에 대한 확률적 추정을 수행 획득 함수(Acquisition Function) : 대리 모델의 결과를 이용해 최적해를 찾는 데 유용한 후보를 추천

빅분기_56
9.2.3 ~ 9.2.4

9.2.3 분석 모델 융합

분석 모델의 융합은 단일 모델을 이용할 때 성능보다 여러 개의 모델을 융합(Aggregation)할 때, 더 좋은 성능을 얻을 수 있다는 아이디어에서 시작되었다. 대표적인 분석 모델 융합 매커니즘은 앙상블 학습(Ensemble Learning)으로 정의될 수 있다.

본 수험서의 '8.2.7 앙상블 분석'에서 해당 내용은 상세히 학습했다. 따라서 본 장에서는 학습한 내용을 요약하면서 일부 다루지 않은 페이스팅(Pasting) 등 몇 가지 기법들의 추가로 정리하도록 하자.

앙상블 유형 기출

분석기법	방법론	
보팅 (Voting)	다른 모델들 각각의 예측값을 합쳐 최종 결과를 도출해내는 방법	
	하드보팅 (Hard Voting)	다수의 분류기가 예측한 결과값을 최종 결과로 선정
	소프트보팅 (Soft Voting)	모든 분류기가 예측한 레이블값의 결정 확률 평균을 구한 뒤 가장 확률이 높은 레이블값을 최종 결과로 선정
배깅 (Bootstrap AGGregatING, Bagging)	주어진 데이터에서 여러 개의 부트스트랩(Bootstrap) 자료를 생성하고, 각 자료를 모델링한 후 결합(Aggregating)하여 최종 예측 모델을 만드는 방법	
	모델에 적용하기 위한 알고리즘을 다양하게 구성하는 것이 아닌, 부트스트랩(중복 허용한 샘플링 방식)으로 데이터의 다양성을 확보하여 다양한 결과를 분류 및 예측	
	종속변수가 범주형 데이터(Categorical Data) : 하드보팅 적용 종속변수가 연속형 데이터(Continuous Data) : 소프트보팅 적용 대표적인 배깅 방식 : 랜덤포레스트 알고리즘	
페이스팅 (Pasting)	배깅은 부트스트랩을 이용하여 학습 데이터에 중복을 허용하는 방식인데 반해, 페이스팅은 중복을 허용하지 않고 샘플링하는 방법을 적용한 앙상블 방법 분산(Variance) : 배깅 〈 페이스팅 편향(Bias) : 배깅 〉 페이스팅	
랜덤서브스페이스 (Random Subspaces)	데이터를 샘플링하는 것이 아닌 특정 변수만을 샘플링하여 수행하는 앙상블 방법(고차원→저차원) 〈배깅〉　〈랜덤서브스페이스〉　〈랜덤패치〉	
랜덤패치 (Random Patches)	데이터를 복원추출과 특정 변수를 동시에 샘플링하여 수행하는 앙상블 방법(부트스트랩, 고차원 → 저차원)	

부스팅 (Boosting) 기출	배깅은 각각의 모델들이 학습 시, 상호 영향을 주지 않은 상황에서(독립적) 학습이 끝난 다음 결과를 종합하는 기법이라면, 부스팅은 이전 모델의 학습 결과를 토대로 다음 모델에서 사용할 학습 데이터의 가중치(Weight)를 높게 조정(Update)하여 학습을 진행하는 앙상블 방법(배깅 대비 분산은 높아질 수 있으나 편향은 작아짐)	
	부스팅 종류 : AdaBoost(Adaptive Boost), GBM(Gradient Boost Machine), XG Boost, Light GBM 등	
랜덤포레스트 (Random Forests) 기출	배깅처럼 데이터를 복원추출할 뿐만 아니라, 거기에 더해 변수 또한 랜덤(Random)하게 추출하여 다양한 모델을 만드는 앙상블 방법	
	의사결정나무(Decision Tree)의 특징인 분산이 크다는 점을 고려하여 배깅과 부스팅보다 더 많은 무작위성을 주어 여러 개의 약한 학습기들을 생성하고 이를 결합해 최종적으로 종속변수를 분류하거나 예측하는 앙상블 방법	
스태킹 (Stacked Generalization)	배깅이나 부스팅과는 달리 일반적으로 서로 다른 타입의 모델들을 사용하여 예측값을 도출하고 이 예측값이 학습 데이터가 되어 '또 다른 모델'을 학습시켜 최종 결과를 도출하는 앙상블 방법(보팅이 아닌 메타러너 사용)	
	1단계	원본 데이터를 n개의 모델을 훈련시켜 예측값 산출
	2단계	각 예측값은 메타러너(Meta Learner, 블렌더)의 입력값으로 정의 메타러너는 또다른 모델로 Level1의 모델들의 예측값으로 학습 메타러너는 최종 예측값 도출

> **참고** 스태킹이 다른 앙상블 기법과 구분되는 특징
> 모델의 예측값을 토대로 학습하는 방식 : 여러 모델의 결과를 학습 데이터로 이용
> → 단일 모델의 편향 발견 가능
> 다른 종류의 단일 모델을 앙상블하는 방식 : 서로 다른 종류의 단일 모델들을 혼합
> → 높은 분산 문제(High Variance Problem) 해결에 기여

9.2.4 최종 모델 선정

최종 모델 선정은 파라미터와 하이퍼파라미터 최적화를 통해 얻은 모델의 최종 성능을 평가하고 결과를 검토하여 운영시스템에 적용할 모델을 확정하는 단계이다.

이 과정에서 분석 모델의 과적합과 과소적합은 없는지, 데이터의 편향과 분산은 적정하게 데이터에 맞춰졌는지, 최종 결과에 불균형은 발생하지 않는지를 다시 한번 확인해야 한다.

그리고 최종적으로 분석 모델의 종류(회귀, 분류, 군집 등)에 적합한 평가지표를 선정하여 가장 성능이 우수한 모델을 선정(챔피언 모델)하게 된다.

최종 모델 선정 절차는 최종 모델 평가기준 선정 → 최종 모델 분석 결과 검토 → 알고리즘별 결과 비교 단계로 수행한다.

최종 모델 선정 절차

구분		설명
평가기준 선정 ('9.1.1 평가지표' 내용 참조)	회귀 모델의 평가지표	평균절대오차(MAE), 평균제곱오차(MSE), 평균제곱근오차(RMSE), R Square(결정계수) 등
	분류 모델의 평가지표	정확도(Accuracy), 정밀도(Precision), 재현율(Recall), ROC Curve(수신자 판단 특성 곡선)와 AUC 등
	군집 모델의 평가지표	던지수(Dunn Index), 실루엣계수(Silhouette Coefficient) 등
	기타 평가지표	교차검증에러(CVE), BLEU, ROUGE 등
	모델 신뢰성	과적합과 과소적합 여부 데이터의 편향과 분산의 적정성 최종 결과의 불균형 여부(발생 가능하나 검토 필요)
최종 모델 분석 결과 검토		해당 분석 모델의 정량적인 성능 평가와 함께 해당 모델의 실제 필드에서의 활용 가능성, 데이터 확보 가능성들이 중요한 요소로 검토 모델과 데이터에서 추출한 패턴이 규칙이라고 할 수 있는지, 아니면 특정 데이터에서만 볼 수 있는 성질은 아닌지 등을 확인 정량적인 성능 평가와 함께 해당 모델의 실제 필드에서의 활용 가능성, 데이터 확보 가능성들이 중요한 요소로 검토 이해관계자(분석가, 데이터 처리자, 고객 등) 리뷰 후 검토회의를 진행 모델이 원래 비즈니스 목적에 부합하는지 확인
분석 알고리즘 결과 비교		최종 모델을 선정하는 과정에서 작업한 변수, 파라미터와 하이퍼파라미터, 그리고 앙상블 조합 등 변경 전/후에 대한 차이점을 비교하여 수행 결과 기록 각 평가기준에 따라 정량적인 차이를 판단해 작성 선정된 최종 평가지표와 우수한 모델을 통해 빅데이터 분석 모델을 가장 잘 구축할 수 있게 함

그 외에도 데이터 확보가 용이한 모델이나 데이터베이스 시스템 환경에 따라 사용하기 적합한 모델을 선정하기 위한 항목을 지표로 활용할 수 있으며, 해당 최종 모델은 데이터의 변화에 적응적으로 관리하고 고도화 작업을 통해 개선해 나가도록 한다.

출제예상문제

01. 다음 중 과적합의 원인이 아닌 것은?

① 학습 데이터가 대표성을 가지지 못하는 경우
② 고려해야 할 독립변수가 너무 많아 차원의 저주 발생
③ 복잡한 모델이 생성되어 독립변수와 종속변수 간의 관계 설명 실패
④ 특징이 단순하여 학습 정확도 저하

02. 파라미터 최적화 기법 중 아래 지문에서 설명하는 기법으로 옳은 것은?

> 파라미터의 기울기를 구해 기울어진 방향으로 파라미터값을 갱신하는 일을 반복해 최적의 값을 추출하는 기법이다. 급격한 변곡점의 한계를 보인다.

① 확률적 경사하강법(SGD)
② 모멘텀(Momentum)
③ 아다그라드(Adagrad)
④ 아담(Adam)

03. 다음 중 앙상블 기법의 설명으로 옳지 않은 것은?

① 랜덤포레스트(Random Forests) : 여러 개의 결정 트리를 임의적으로 학습하는 방식의 앙상블 방법이다.
② 부스팅(Boosting) : 오분류 데이터들에 높은 가중치를 부여하여 새로운 분류 규칙을 만들고 반복해 최종 예측 모델을 만드는 알고리즘이다.
③ 배깅(Bagging) : 데이터 샘플링을 통해 모델을 학습시키고 결과를 집계하는 방법이다.
④ 보팅(Voting) : 서로 다른 종류의 단일 모델들을 혼합한다.

04. 아래 그림과 같이 예측 모델 함수의 학습 데이터셋 상에 데이터가 오차 없이 추정하였다. 이 경우 발생할 수 있는 현상은 무엇인가?

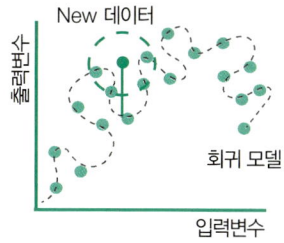

① 과소적합
② 과적합
③ 적정적합
④ 최적적합

01. ④ 02. ① 03. ④ 04. ②

출제예상문제

05. 다음 중 경사하강법 사용 중 지역최소점(Local Minimum)에 갇혀 전역최소점(Global Minimum)을 찾지 못할 경우 해결방안에 대해 틀린 것은?

① 초기가중치(Initial Weight) 값을 계속 변경
② 시뮬레이티드 어닐링(Simulated Annealing) 사용
③ 대규모 직렬처리의 계산 모델인 볼츠만 머신으로 해결
④ 모멘텀, 아다그라드, 아담 알고리즘 적용

06. 파라미터 최적화의 설명으로 옳지 않은 것은?

① 파라미터는 주어진 데이터로부터 학습을 통해 모델 내부에서 결정되는 변수이다.
② 학습 모델과 실제 레이블과의 차이는 손실함수로 표현한다.
③ 학습의 목적은 오차나 손실함수의 값을 최소화하도록 가중치와 편향을 찾는 것이다.
④ 학습률이 작은 경우 학습이 빠르고, 높을 경우는 학습이 느리다.

07. 편향과 분산의 관계에 대한 설명으로 옳은 것은?

① 과적합된 모델의 경우 복잡도가 커질수록 모델의 분산은 커지고, 편향은 작아진다.
② 과적합된 모델의 경우 편향은 커지고 분산은 작아진다.
③ 과소적합된 모델의 경우 편향과 분산은 작아진다
④ 과소적합된 모델의 경우 편향은 작아지고 분산은 커진다.

08. 다음 중 최종 모델 선정 절차로 옳은 것은?

> ㄱ. 최종 모델 평가기준 선정
> ㄴ. 알고리즘별 결과 비교
> ㄷ. 최종 모델 분석 결과 검토

① ㄱ - ㄴ - ㄷ
② ㄱ - ㄷ - ㄴ
③ ㄴ - ㄱ - ㄷ
④ ㄷ - ㄱ - ㄴ

09. 다음 중 취합(Aggregation) 방법론이 아닌 것은?

① 교차검증(Cross Validation)
② 부스팅(Boosting)
③ 랜덤포레스트(Random Forest)
④ 스태킹(Stacked Generalization)

10. 파라미터 최적화 기법 중 기울기 방향으로 힘을 받아 물체가 가속된다는 물리법칙을 적용한 알고리즘은 무엇 인가?

① 확률적 경사하강법(SGD)
② 모멘텀(Momentum)
③ 아다그라드(Adagrad)
④ 아담(Adam)

11. 다음은 과적합의 해결방안인 드롭아웃에 대한 설명이다. 옳지 않은 것은?

① 전체 노드의 가중치 중 레이어(Layer)에 포함된 주요 노드 가중치(Weight)의 일부만 연산에 참여한다.
② 드롭아웃 이후 적은 수의 뉴런으로 학습을 해야 하므로 학습시간이 짧다.
③ 임의로 삭제하여 적은 수로도 지정된 레이블을 맞추도록 훈련한다.
④ 유형으로는 초기, 공간적, 시간적 드롭아웃이 있다.

12. 다음 중 과소적합의 원인 및 대응 방안으로 옳지 않은 것은?

① 적은 특징(Less Features) - 차원이나 변수를 추가하여 분산(Variance) 증가
② 기울기 소멸(Gradient Vanishing) - ReLu 활성화 함수 사용
③ 데이터 부족 - 충분한 데이터 확보
④ 검증 모델의 독립변수 과다 - 학습 모델을 KNN, SVM 같은 학습 모델 사용

13. 파라미터 최적화 기법의 특징으로 잘못 짝지어진 것은?

① 확률적 경사하강법(SGD) : 무작위로 골라낸 데이터에 대한 사용
② 모멘텀(Momentum) : 관성, 탄력, 가속도. 누적된 과거 경사로 보정
③ 아다그라드(Adagrad) : 변수 사용횟수에 따라 학습율을 다르게
④ 아담(Adam) : 급격한 변곡점의 한계

14. 다음 중 과적합을 해결할 수 있는 방법을 모두 고르시오.

ㄱ. 정규화(Regulation)
ㄴ. 교차검증(Cross Validation)
ㄷ. 차원축소(Reduce Dimension)
ㄹ. 드롭아웃(Dropout)

① ㄱ, ㄴ
② ㄱ, ㄴ, ㄷ
③ ㄱ, ㄷ, ㄹ
④ ㄱ, ㄴ, ㄷ, ㄹ

출제예상문제

15. 최종 모델 평가기준 선정 시 고려하는 대표적인 평가지표로 틀린 것은?

① 회귀 모델 : MAE, MSE

② 예측 모델 : 혼동행렬(Confusion Matrix), 향상도 차트(Lift Chart)

③ 군집 모델 : 일치행렬, 랜드지수(RI)

④ 분류 모델 : 혼동행렬, ROC Curve

16. 각 하이퍼파라미터의 최소값-최대값을 정해두고, 범위 내에서 반복적으로 값을 추출하여 최적의 조합을 찾는 방법으로 옳은 것은?

① 수동탐색(Manual Search)

② 무작위탐색(Random Search)

③ 베이지안 최적화(Bayesian Optimization)

④ 격자탐색(Grid Search)

17. 다음 중 파라미터와 하이퍼파라미터에 대한 설명으로 가장 거리가 먼 것은?

① 파라미터는 모델 내부에서 결정되는 변수로 그 값은 데이터로부터 결정된다.

② 선형회귀의 계수도 모델링에 의해 자동으로 결정되는 값으로 파라미터라 한다.

③ 하이퍼파라미터는 모델링할 때 사용자가 직접 세팅해주는 값을 의미한다.

④ 하이퍼파라미터는 정해진 최적의 값이 있어, 휴리스틱한 방법이나 경험법칙으로 결정할 수 없다.

18. 다음 중 대표적인 하이퍼파라미터 최적화 기법이 아닌 것은?

① 수동탐색(Manual Search)

② 격자탐색(Grid Search)

③ 베이지안 최적화(Bayesian Optimization)

④ 순차탐색(Sequential Search)

15. ② 16. ② 17. ④ 18. ④

01. 과적합의 원인은 학습 데이터가 대표성이 없는 경우, 고려할 독립변수가 많아 차원의 저주가 발생한 경우, 복잡한 모델이 생성되어 독립변수와 종속변수 간의 관계 설명이 실패할 경우 등이 있으며, 특징이 단순하여 학습 정확도 저하되는 것은 과소적합에 대한 설명이다.

02. 지문은 확률적 경사하강법에 대한 설명이다. 개선 기법으로는 모멘텀(Momentum), 아다그라드(Adagrad), 아담(Adam)이 있다.

03. 다수결(Voting)은 여러 모델에서 출력된 결과를 다수결로 최종 결과를 예측하는 방식이며, 서로 다른 종류의 단일 모델을 혼합하는 방식은 스태킹(Stacked Generalization)에 대한 설명이다.

04. 해당 그림은 과적합에 대한 그림이다. 예측 모델 함수의 학습 데이터셋 상에 데이터가 오차없이 추정하였으나 시험 데이터에서는 큰 오차가 보인다.

05. 지역최소점 해결방법으로는 초기가중치(Initial Weight) 값 변경, 시뮬레이티드 어닐링 사용, 파라미터 개선 기법인 모멘텀(Momentum), 아다그라드(Adagrad), 아담(Adam) 등의 활용이 있다.

06. 파라미터 최적화 학습률이 작으면 학습이 느리고, 크면 학습이 빠를 수 있으나, 최적화 관점에서 손실 함수의 계산값이 최적화되는 것은 이와는 다른 문제이다.

07. 과적합된 모델의 예측값과 실제값(Target)의 차이가 작으므로 편향이 작지만, 모델의 복잡도가 크기 때문에 분산이 큰 것을 의미하고, 반대로 과소적합된 모델의 경우 모델의 복잡도가 낮아 분산은 작지만, 훈련 데이터의 적절한 규칙을 찾지 못해 실제값과의 차이가 커져 편향이 큰 것을 의미한다.

08. 최종 모델 선정은 ㄱ. 평가기준 선정 → ㄷ. 최종 모델 분석 결과 검토 → ㄴ. 알고리즘별 결과 비교이다.

09. 취합 방법론은 보팅(Voting), 배깅(Bagging), 부스팅(Boosting), 랜덤포레스트(Random Forest), 스태킹(Stacked Generalization) 있다.

10. 모멘텀(Momentum)은 파라미터 최적화 기법 중 기울기방향으로 힘을 받아 물체가 가속된다는 물리법칙을 적용한 알고리즘이다.

11. 임의로 뉴런을 삭제하는 드롭아웃을 수행한 뒤, 일반적으로 드롭아웃 전보다 정확도는 높아지지만 적은 뉴런으로 학습해야 되므로 학습시간은 길어진다.

12. 검증 모델의 독립변수 과다는 과적합의 원인이다.

13. 파라미터 최적화 기법 중 아담(Adam)의 경우 오래된 기울기의 영향력을 지수적으로 줄여 아다그라드(AdaGrad)를 개선한 알엠에스프롭(RMSProp)과 모멘텀(Momentum)을 합친 알고리즘이다.

14. 과적합 해결 방법은 정규화, 교차검증, 충분한 데이터, 차원축소, 드롭아웃, 조기종료가 있다.

15. 예측 모델은 특정 값을 예측하는 방법이기 때문에 회귀 모델의 평가와 동일한 방법을 사용할 수 있다. 따라서 MSE, MAE 등의 방법이 적합하다.

16. 각 하이퍼파라미터의 최소값-최대값을 정해두고, 범위 내에서 무작위 값을 반복적으로 추출하여 최적의 조합을 찾는 방법은 무작위탐색에 대한 설명이다.

17. 하이퍼파라미터는 정해진 최적의 값이 없기 때문에 휴리스틱한 방법이나 경험법칙(Rules of thumb)에 의해 결정하는 경우가 많다.

18. 하이퍼파리미터는 대표적인 최적화 기법으로 수동탐색(Manual Search), 격자탐색(Grid Search), 랜덤탐색(Random Search), 베이지안 최적화(Bayesian Optimization)를 사용한다.

Chapter 10

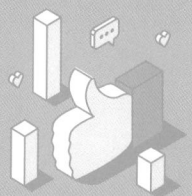

분석 결과 해석 및 활용

들어가기 전에

기업의 비즈니스에 중요한 의사결정을 내리기 위해 분석 모델을 활용하고 있다. 데이터 분석은 단순한 정보 수준이 아닌 깊은 통찰력(Insight)을 제공하고 비즈니스 가치를 창출하기 위해 시각화 기법을 사용하여 좀 더 높은 직관적인 설득력을 제시할 수 있다.

'Chapter 10'에서는 분석 결과를 해석하는데 효과적인 시각화 기법에 대해 학습하고, 분석 결과를 활용할 수 있도록 분석 모델의 전개와 활용 시나리오 수행, 모니터링 및 리모델링에 대해 학습한다.

챕터 구성

10.1 분석 결과 해석
10.1.1 분석 모델 해석
10.1.2 비즈니스기여도 평가
출제예상문제

10.2 분석 결과 시각화
10.2.1 시공간시각화
10.2.2 관계시각화
10.2.3 비교시각화
10.2.4 인포그래픽
출제예상문제

10.3 분석 결과 활용
10.3.1 분석 모델 전개
10.3.2 분석 결과 활용 시나리오 개발
10.3.3 분석 모델 모니터링
10.3.4 분석 모델 리모델링
출제예상문제

10.1 분석 결과 해석

학습목표
분석 결과를 해석하고 비즈니스기여도를 평가하는 방법을 학습한다.

출제경향
해당 영역에서의 출제비중은 높지 않았으며, 개념을 이해하면 쉽게 선택할 수 있는 문제들이 출제되었다. 데이터시각화 관점에서의 몇 가지 개념과 절차, 그리고 데이터 분석으로 얻을 수 있는 정성 및 정량적 가치의 기준을 중심으로 학습하자.

출제빈도

제2회(2021. 04. 17) 1문항 출제	제3회(2021. 10. 02) 2문항 출제
제4회(2022. 04. 09) 2문항 출제	제5회(2022. 10. 01) 1문항 출제
제6회(2023. 04. 08) 1문항 출제	제7회(2023. 09. 23) 미출제
제8회(2024. 04. 06) 1문항 출제	제9회(2024. 09. 07) 미출제

출제세부항목	출제수	출제 내용(문항수)
10.1.1 분석 모델 해석	5	빅데이터 시각화 절차(2), 분석 모델 선택, 시각화 유형, 시공간시각화 기법
10.1.2 비즈니스기여도 평가	3	성과지표, 평가 방법론, 데이터 비즈니스 가치

25 Day

10.1.1 분석 모델 해석

분석의 난이도가 높아지면 분석 결과에서 얻을 수 있는 통찰과 그에 따른 비즈니스 가치 창출 수준도 높아지는 것은 자명한 사실이다. 이와 같은 결과는 데이터시각화를 이용해 정보를 명확하고 직관적으로 전달함으로써 효과를 극대화할 수 있게 된다.

정보 디자인 관점에서 메시지를 전달하고자 할 때, 목적과 관점에 따라 정보형 메시지와 설득형 메시지로 분류한다.

정보형 메시지는 정보 자체만을 전달하는 것을 의미하며, 객관적, 통계적, 수치적 성격을 반영하는 정보들로 구성된다(합리적, 정보지향). 또한 설득형 메시지는 그래픽 이미지나 멀티미디어를 이용해 흥미를 갖게 하는 표현으로 행동의 변화를 유도하는 정보들로 구성된다.

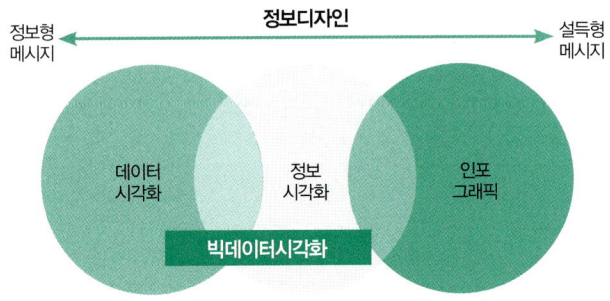

정보 디자인에서 빅데이터시각화 영역. "데이터 분석 전문가 가이드". 한국데이터산업진흥원, 2018.

빅데이터시각화는 데이터를 기반으로 객관적 표현에 초점을 맞추는 경우가 많으므로 정보형 메시지를 전달하기 위한 데이터시각화 작업을 하는 경향이 강하다. 반면 데이터를 기초로 해석된 의미의 설득형 메시지를 전달하기 위한 경우에는 인포그래픽에 해당하는 결과물이 도출된다.

회귀분석, 군집분석 등 분석 모델이 도출한 결과의 정확도와 모델의 신뢰성 해석에 대한 내용은 'Chapter 8', 'Chapter 9' 등에서 학습했다. '10.1 분석 결과 해석'에서는 분석 모델에서 도출한 결과를 직관적으로 해석하기 위한 데이터시각화와 분석 결과에 따른 비즈니스기여도 평가 방법에 대해 학습한다.

10.1.1.1 데이터시각화

데이터시각화(Data Visualization)란 데이터를 시간 순서, 분포도, 관계성, 공간위치, 비교 등을 통해 사람이 이해하기 쉽게 표현하는 기술이다.

데이터에 대한 이해를 돕기 위해 그림, 도형 등 그래픽 요소들을 이용해 데이터를 묘사하고 표현하는 과정이라고 할 수 있다. 데이터 분석 결과를 쉽게 이해할 수 있도록 도표라는 시각적 수단을 이용해 정보를 효과적으로 전달하는 것을 모두 포함한다.

디지털 시대에서는 수많은 정보들을 시각적으로 묘사하고 필요한 정보를 효율적이고 명확하게 제공하는 데이터시각화의 필요성이 증가하고 있다.

전통적인 시각화 기술은 주로 분석 결과나 시스템 로그 등에 대한 통계 정보를 그래프로 보여주는 방식인데 반해, 데이터시각화는 모든 데이터를 살펴보는 것에 제약이 따르므로 시각화의 기술적인 요소와 더불어 데이터를 요약하고, 한눈에 살펴볼 수 있도록 돕는 시각화 방법론적 요소의 중요성이 커지고 있다.

❶ 데이터시각화 기능과 목적 기출

데이터시각화의 기능은 설명적 기능, 탐색적 기능, 표현적 기능으로 구분한다. 설명적 기능은 단일 시각 경험을 제공하고, 탐색적 기능은 다양하고 흥미로운 경험을 제공한다. 또한 표현적 기능은 공감의 감정적 반응을 얻을 수 있게 한다.

- 설명적(Explanatory) 기능 : 전달하려는 메시지와 분석 결과 설명
- 탐색적(Exploratory) 기능 : 유의미하고 흥미로운 요소 명확하게 보여줌
- 표현적(Expressive) 기능 : 이야기 전달과 공감을 불러일으키기 위한 기능

데이터시각화의 목적은 시각화 결과를 활용하는 사용자가 더 잘 이해하게 만드는 것이며, 정보 전달과 설득을 위해 활용된다.

- 정보 전달 : 데이터의 진실을 명확하게 전달할 수 있는 목적
- 설득 : 데이터를 통해 전달하는 메시지의 공감 같은 감정적 반응을 유도하는 목적

❷ 데이터시각화 절차 및 방법

데이터시각화는 정보구조화, 정보시각화, 정보시각표현, 3단계 절차로 수행된다.

시각화 방법

정보구조화	정보시각화	정보시각표현
데이터 수집 및 탐색	시간시각화	그래픽 7요소
데이터 분류하기	분포시각화	그래픽디자인 기본 원리
데이터 배열하기	관계시각화	인터랙션
데이터 재배열	비교시각화	시각정보디자인 7원칙
	공간시각화	

데이터시각화 절차

데이터시각화 상세 절차 기출

절차		설명
정보구조화	데이터 수집 및 탐색	빅데이터 고유의 특성이 훼손되지 않으면서 데이터를 수집, 탐색 필요
	데이터 분류 및 배열	통계, 품질, 의도한 정보 디자인을 위한 데이터가 도출되었는지 확인
정보시각화	시간/분포/관계시각화 비교/공간시각화	주로 분석 도구에서 제공하는 그래프나 분석 도구의 특성에 따른 시각화 데이터 분석 정보의 시각화를 구현하는 단계 각종 시각화 툴에서 일반적으로 제공하는 그래프 스타일의 원리와 쓰임새를 아는 것이 중요
정보시각표현	디자인 기본 원리 사용	구분, 순서, 비율, 색채 사용과 인지 등의 기본 원리를 사용하여 시각화
	인터렉션 디자인 활용	다양한 유형의 시각 자료를 적용하고 테스트하여 지속 확인

❸ 데이터시각화 방법론

정보시각화 전문 디자이너 벤 프라이(Ben Fry)는 데이터시각화 절차를 7단계로 구체화하여 시각화 분석 및 표현을 위한 프레임워크를 제시했다. 데이터 수집에서 데이터 간 상호작용까지 유용한 시각화를 개발하기 위한 과정은 다음과 같다.

벤 프라이 시각화 방법론

단계		세부단계	설명
1단계	정보구조화	획득(Acquire)	데이터를 획득(정보 수집)
2단계		분해(Parse)	데이터를 구조화하고 분류(카테고리화)
3단계		선별(Filter)	관심있는 데이터만 추출(의미 없는 정보 제거)
4단계		마인(Mine)	통계적인 방법 혹은 데이터 마이닝 통해 의미 도출
5단계	정보시각화	표현(Represent)	바, 그래프, 리스트, 트리 등 기본 시각화 모델 선택
6단계		정제(Refine)	명확하고, 매력적 표현으로 개선. 시각화 모델 개선
7단계	정보시각표현	상호작용(Interact)	데이터 변경이나 보여지는 특징 조작 방법 추가

10.1.1.2 데이터 유형별 시각적 분석

데이터시각화 분석을 이용해 데이터가 표현하고 있는 다양한 규칙과 패턴을 분석할 수 있다.

데이터 유형별 시각적 분석 내용

데이터 유형	검증 항목	분석 내용
범주 및 비율값 비교	범위	값의 범위 파악
	분포	개별의 변수, 변수의 조합이 갖는 분포 형태를 파악
	순위	크기를 기준으로 데이터 순서 확인
	측정	값이 갖는 의미를 파악

시간에 따른 추세 및 패턴	추세 방향	값의 증가 및 감소 변화 확인
	추세 패턴	선형이나 지수형으로 변하는지 확인
	변동 패턴	추세가 어느 정도 급격한지 파악
	중요도	중요 신호인지 잡음인지 파악
	교차	교차점 발생 여부 확인
관계 및 연결	예외	이상값 같은 정상 범위를 벗어난 변수 파악
	상관성	변수 간 관련성이 강하거나 혹은 약한 관계 확인
	연관성	변수와 값의 조합 간 의미 있는 관계 파악
	계층 관계	데이터 범주의 구성, 분포, 관련성 파악

10.1.1.3 데이터시각화 도구

시각화를 구현하는데 사용되는 도구는 단순한 그래프를 제공하는 도구부터 통계적 기법을 적용한 전문적 도구까지 다양하게 활용되고 있다.

데이터시각화 주요 도구

도구	설명
Excel, CSV, Json	기본적인 데이터 Export, Import 도구. 최근 구글 OpenRefine 사용
D3	HTML, CSS, Javascript 기반의 오픈소스 시각화 라이브러리
Crossfilter	D3, Highcharts or 구글 Visualization API와 사용하는 라이브러리
Tangle	Javascript 기반의 컨텐츠 및 컨트롤, 차트 시각화 라이브러리
Modest Maps	10kb 크기로 가장 작은 용량의 빅데이터시각화 라이브러리
OpenLayers	가장 정교하고 최적화된 라이브러리 제공 도구
R	러닝커브가 길지만 커뮤니티, 패키지 라이브러리 제공 도구
Gephi	그래프 기반의 시각화 및 데이터 탐색 라이브러리 제공 도구
Tableau	차트, 그래프, 지도를 포함한 다양한 그래픽 기능을 제공하는 빅데이터시각화 툴, 클라우드 기반
Infogram	실시간으로 빅데이터와 인포그래픽 비주얼라이제이션을 연동해주는 것이 특징적인 툴, 교육/강의/미디어 등 활용
ChartBlocks	코딩 없이 스프래드시트, 데이터베이스 형태의 데이터를 쉽게 시각화할 수 있는 대표적인 툴
Datawrapper	쉽게 데이터를 업로드하고 이를 차트나 맵으로 변환해주며 사용자의 목적에 따라 맞춤화하여 제작할 수 있는 레이아웃을 제공. 워싱턴 포스트, 월스트리트저널 등에서 사용

시각화 도구로 보여지는 내용도 중요하지만 분석된 데이터가 체계적으로 분류되고, 분류된 정보가 오류 없이 잘 활용되도록 시각화 도구와 상호작용 가능한 프로그래밍이 필요하다.

10.1.1.4 데이터시각화 시스템 구축 절차

다양한 선행 연구들에 의해 표현과 의사전달 관점의 데이터시각화 관련 기술이 발전해왔으며, 이러한 기술을 사용자 관점에서 활용되게 하기 위해서는 공학적 관점의 시스템 구축 과정이 필요하다.

시각화 요건에 대해 사용자 입장에서 이를 구현하고 시스템에 적용하기 위한 과정은 다음과 같다.

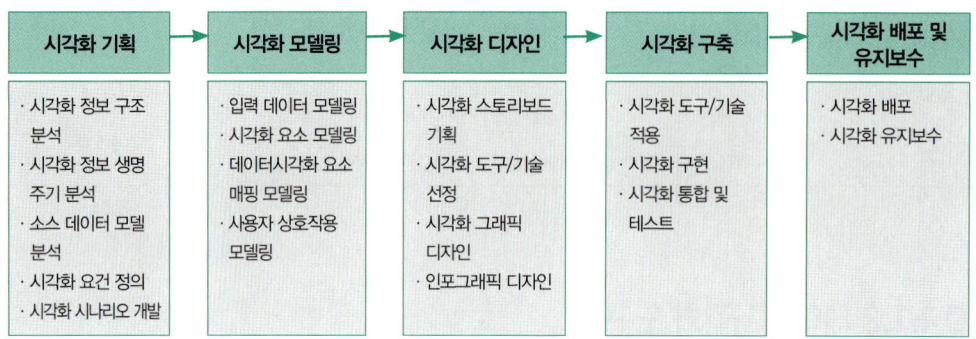

데이터시각화 시스템 구축 절차

분석 결과는 명확하게 전달되어야 한다. 하지만 사용자에 따라 결과 해석이 달라질 수 있기 때문에 사용자가 어떤 시스템, 제품이나 서비스를 직/간접적으로 이용하면서 느끼고 생각하게 되는 총체적 경험과 감정을 반영할 수 있도록 해야 한다(사용자 인터페이스/경험 최적화 필요).

> **참고** 야콥 닐슨의 사용자 인터페이스(User Interface, User Experience) 최적화를 위한 시각화 10원칙
>
> | | | |
> |---|---|---|
> | 1. 알기 쉬운 시스템 상태 | 2. 실제 사용 환경에 적합한 시스템 | 3. 사용자에게 자유와 주도권 제공 |
> | 4. 일관성과 표준화 | 5. 오류 예방 | 6. 보는 것만으로 이해할 수 있는 디자인 |
> | 7. 유연성과 효율성 | 8. 심플하고 아름다운 디자인 | 9. 사용자 오류 인식 및 진단, 복구 지원 |
> | 10. 도움말과 설명서 준비 | | |

10.1.2 비즈니스기여도 평가

10.1.2.1 비즈니스기여도 평가 방법론

비즈니스기여도는 데이터 분석 결과를 활용하여 사업 수행 혹은 과제 수행 등을 통해 얻게 되는 긍정적인 영향도를 의미한다. 따라서 비즈니스기여도 평가는 사업 수행에 영향을 주는 요소를 수치화된 자료 형태로 산출하는 평가 방법으로 정의할 수 있다.

비즈니스기여도 평가는 중/장기적인 목표도 성과로 반영할 수 있도록 해야 한다. 그렇지 않고 단기적인 목표에만 집중하게 되면 비즈니스의 지속성이 떨어져 전체로 봤을 때, 비즈니스 성과가 줄어들게 된다.

데이터 분석 결과가 업무 수행의 정확성을 높여 비용이나 만족도를 개선하거나 혹은 추가 수익을 창출한다는 것을 객관적인 지표로 입증하는 것은 어려운 과정이다. 이를 명확하게 하기 위해 분석 목표를 중심으로 성과의 달성여부를 판단할 수 있도록 구체적이고 측정 가능한 핵심성과지표(Key Performance Indicator, KPI) 등을 도출해야 한다.

❶ 핵심성과지표(Key Performance Indicator, KPI)

핵심성과지표는 경영 전략과 목표 달성도를 양적, 질적으로 측정 및 관리하기 위한 지표이다.

데이터 분석 목표를 외부 환경 변화와 내부 사업 환경을 고려하여 전사적, 조직, 현업 중심으로 핵심성과지표(KPI)를 정의한다. 핵심성과지표(KPI)는 성과 목표의 구체적 달성 방안 마련과 해야 할 작업(To-Do)에 대한 명확한 인지를 도와준다.

핵심성과지표(KPI) 개발의 7대 원칙

구분	원칙
대표성	전략 목표와 성과 목표를 대표하는 내용인가? 전략 목표 및 성과 목표와 직접적인 연관이 있는 내용인가?
적절성	성과 지표의 목표치 설정이 적절한가?
인과성	목표와 결과 간의 인과관계를 파악할 수 있는가? 목표를 달성하기 위해 기관의 노력이 반영되어 있는가?
구체성	달성하고자 하는 목표를 명확하고 구체적으로 제시하였는가?
측정가능성	성과 목표 달성 정도를 객관적으로 측정할 수 있는가?
기한성	일정 기한 내에 달성할 수 있는가?
비교가능성	과거의 성과 및 유사 사업의 성과와 비교할 수 있는가?

KPI 수립 절차는 미션 및 비전 확인 → KPI와 후보 KPI 생성 → 1차 성과지표 선정 → KPI 조정 및 확정 → KPI 상세화 → 가중치 부여 단계로 진행되며, 과거 실적에 대한 이행 달성도 검토, 벤치마킹 및 경영진 인터뷰 등 비전 실현을 중심으로 실천 가능한 전략과 업무성과 측정방안이 함께 고려되어야 한다.

❷ 균형성과표(Balanced Score Card, BSC)

성과관리란 조직에 소속된 구성이 효율적으로 직무를 수행하고 목표를 달성할 수 있도록 피드백을 제공하여, 이러한 것들이 체계적으로 운영될 수 있도록 조직의 환경을 구축하는 조직관리 방법을 의미한다.

전통적인 성과관리 기법으로 목표에 의한 관리(Management By Objective, MBO)와 균형성과표(Balanced Score Card, BSC)를 활용할 수 있는데, 목표에 의한 관리(MBO)는 개인성과를 측정하고 평가하는 도구다. 조직목표와 개인목표 간 가시성(Line of Insight)을 확보한 뒤, 조직의 핵심성공요인(Critical Success Factor, CSF)을 파악하여 얻은 핵심성과지표(KPI)에 따라서 목표 수행 성과평가를 피드백한다. 그러나 단기적이고 결과 중심으로 평가되는 경향이 있다.

균형성과표(BSC)는 목표에 의한 관리(MBO)의 단점을 보완하여 비즈니스 기여도에 대해 과정부터 결과까지 재무적 관점과 비재무적 관점을 포괄하여 핵심성과지표(KPI)로 관리함으로써, 균형적인 경영성과 관리를 실행하도록 도와주는 성과관리 기법이다. 조직의 목표와 비전을 실현하기 위한 4가지 성과지표는 다음과 같다.

균형성과표(BSC) 4가지 성과지표

구분	설명	KPI
재무 관점	전통적인 성과 측정 관점으로 매출액, 순이익, 원가 절감 등의 재무적인 평가	매출액, 현금 흐름 재고 및 채권 효율화 영업이익률 등
고객 관점	고객의 충성도 제고, 고객만족도 향상 등 고객관계 관점 평가	고객만족도 적시 공급율 수주 → 출하 리드타임 등
내부 프로세스 관점	조직 내부 프로세스의 최적화 관점에서 성과를 평가하고 프로세스 향상에 대한 노력을 성과로 인정함	Cycle Time 신제품 개발 건수 단위 원가 등
학습과 성장 관점	조직에서 구성원의 중요성을 강조하여 구성원의 학습 노력과 역량 증진에 대한 성과를 측정함	직원만족도 제품개발기간 신제품 비율 등

❸ 목표핵심결과(Objective Key Result, OKR)

목표핵심결과는 목표(Objective)와 핵심결과(Key Results)의 약자로, 측정 가능한 팀 목표를 설정하고 추적하는 데 도움이 되는 목표 설정 방법론이다.

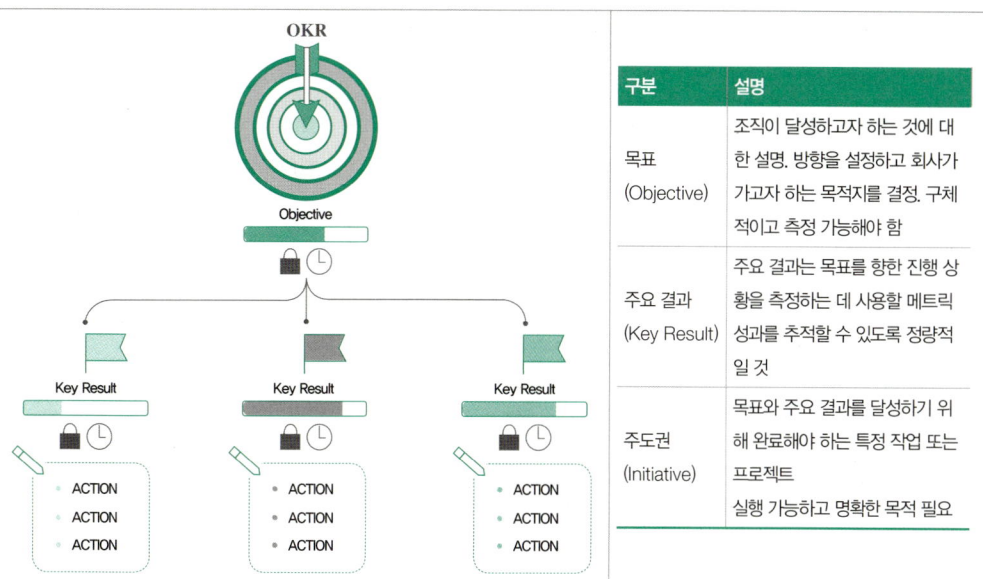

구분	설명
목표 (Objective)	조직이 달성하고자 하는 것에 대한 설명. 방향을 설정하고 회사가 가고자 하는 목적지를 결정. 구체적이고 측정 가능해야 함
주요 결과 (Key Result)	주요 결과는 목표를 향한 진행 상황을 측정하는 데 사용할 메트릭 성과를 추적할 수 있도록 정량적일 것
주도권 (Initiative)	목표와 주요 결과를 달성하기 위해 완료해야 하는 특정 작업 또는 프로젝트 실행 가능하고 명확한 목적 필요

10.1.2.2 비즈니스기여도 평가 방법

데이터 분석 결과에 따른 비즈니스기여도의 정량적 평가지표는 투자대비효과를 대표적으로 활용할 수 있으며, 다중접근분석법 등을 이용해 다양한 관점에서 데이터 분석 성과를 측정할 수 있다.

비즈니스 가치 평가지표

평가방법론	항목	설명
비용이익 분석	투자대비효과 (Return On Investment, ROI)	자본 투자에 대한 수익률 평가 시급성 관련 항목은 비즈니스 효과로 산출하고, 난이도 관련 항목은 투자비용요소로 산출하여 총 비즈니스 효과에 총투자 비용을 나눈 비율인 ROI를 계산 ROI가 높은 과제에 높은 우선순위를 선정하는 방식으로 과제들을 평가
	순현재가치 (Net Present Value, NPV)	현재 및 미래 화폐가치를 반영한 가치 분석 투자로부터 유입되는 미래 현금의 현재가치와 해당 투자를 위해 투입된 비용의 차액
	내부수익률 (Internal Rate Return, IRR)	순현재가치를 0으로 만들 때 할인율 이용 사업 기간 동안의 현금수익 흐름을 현재가치로 환산하여 합한 값이 투자 지출과 같아지도록 할인하는 이자율
	자본회수기간 (Payback Period, PP)	투자된 금액이 회수되는데 걸린 기간
	소유 총비용(Total Cost of Ownership, TCO)	해당 물품의 사용 기간 동안에 발생하는 모든 종류의 직/간접비용들을 산정한 것 취득 비용은 총비용의 일부에 불과하다는 시사점

다중접근 분석법	재무적 관점	비용이익분석(Cost-Benefit Analysis) 기법 활용 평가
	비즈니스 연계 관점	비즈니스 적합성, 효과에 대한 정성적 평가 기법
	기술적 관점	시스템 측면에서 필요성, 사양, 표준준수 등을 평가
	리스크평가법	투자대안별로 리스크 도출, 리스크 우선순위를 평가하고 투자 영향도 분석
	투자대안우선순위법	재무적 관점, 비즈니스 연계 관점, 기술적 관점 결과를 토대로 우선순위를 도출
	균형성과평가(Balanced Score Card, BSC)	재무, 고객, 프로세스, 학습과 성장 관점에 따른 평가
	가치사슬(Value Chain)	기업의 가치활동 평가를 본원적, 지원적으로 나눠 평가

10.1.2.3 비즈니스기여도 평가 고려사항

비즈니스기여도 평가의 정량적 가치 측정을 위해 적정지표 개발과 모범사례(Best Practice) 반영, 경영 변화에 따른 지표의 유연성, 기간 시스템과의 연계(지식관리시스템, 경영성과정보시스템 등)를 기반으로 각 분석 모델별 비즈니스기여 효과가 측정될 수 있도록 해야 한다.

- 모델 개선 효과 : 모델링 과정을 통해 검출율, 향상도 개선 등 효과 제시
- 시스템 성능 : 처리량, 대기시간, 대기행렬 감소 등으로 성능 향상 효과 제시
- 중복 배제 : 타 모델링과의 중복에 따른 효과 통제 및 제시
- 자원 최적화 : 보유 자원(인력, 설비 등)의 최대 성능을 낼 수 있는 최적화 요소 반영

출제예상문제

01. 다음 중 벤프라이 시각화 방법론에 대한 설명으로 옳지 않은 것은?

① 분해(Parse) : 데이터를 구조화하고 분류
② 선별(Filter) : 관심있는 데이터만 추출
③ 획득(Acquire) : 데이터를 획득
④ 상호작용(Interact) : 보다 명확하게, 매력적인 표현으로 개선

02. 비즈니스 가치 평가지표에 대한 설명으로 옳지 않은 것은?

① 내부수익율(IRR) : 사업기간 동안의 현금수익 흐름을 현재가치로 환산하여 합한 값이 투자지출과 같아지도록 할인하는 이자율
② 투자대비이익률(ROI) : 자본 투자에 대한 수익률 평가
③ 자본회수기간(PP) : 투자된 금액이 회수되는데 걸린 시간
④ 균형성과평가(BSC) : 기업의 가치활동 평가를 본원적, 지원적으로 나눠 평가

03. 빅데이터시각화 상세 절차를 순서에 따라 나열하시오.

> ㄱ. 정보시각표현 : 디자인 기본 원리 사용, 인터렉션 디자인(인포그래픽)
> ㄴ. 정보시각화 : 시간/분포/관계시각화, 비교/변수/공간시각화(정보시각화)
> ㄷ. 정보구조화 : 데이터 수집 및 탐색, 분류 및 배열(데이터시각화)

① ㄱ-ㄴ-ㄷ
② ㄱ-ㄷ-ㄴ
③ ㄷ-ㄱ-ㄴ
④ ㄷ-ㄴ-ㄱ

04. 시각화에 대한 성과지표 설명으로 가장 옳지 않은 것은?

① 데이터시각화는 데이터 분석 결과를 쉽게 이해할 수 있도록 시각적으로 표현하고 전달되는 과정이다.
② 비즈니스기여도 평가의 정량적 가치를 측정할 수 있다.
③ 데이터시각화를 위해 새로운 지표를 생성하지 않아도 된다.
④ 비즈니스 의사결정에 사용할 수 있다.

05. 보고서 작성 방법으로 가장 거리가 먼 것은?

① 쉽게 이해할 수 있도록 작성한다.
② 비즈니스에 사용할 수 있도록 한다.
③ 전문용어를 많이 사용한다.
④ 보고서를 통해 성과 기준과 기여도를 표현할 수 있도록 한다.

01. ④ 02. ④ 03. ④ 04. ③ 05. ③

출제예상문제

06. 다음 중 데이터시각화 기능에 대한 설명으로 잘못된 것은?

① 설명 : 전달하려는 메시지와 분석 결과 설명
② 가설 : 증명하기 어려운 원인에 대한 예측 이론
③ 탐색 : 유의미하고 흥미로운 요소 명확하게 보여줌
④ 표현 : 이야기 전달과 공감을 불러 일으키기 위한 기능

07. 다음 빅데이터시각화 시스템 구축 절차에 대한 설명으로 틀린 것은?

① 시각화 기획 : 시각화 정보 구조 분석, 생명주기 분석, 요건 정의, 시나리오 개발
② 시각화 모델링 : 입력 데이터 모델링, 시각화 요소 모델링, 사용자 상호작용 모델링
③ 시각화 디자인 : 스토리보드 기획, 도구 및 기술 선정, 시각화 그래픽 디자인, 인포그래픽
④ 시각화 구축 및 유지보수 : 시각화 관련 비즈니스 계약 및 업무 정의

08. 다음 중 빅데이터시각화 절차에 해당하는 요소로 옳지 않은 것은?

① 데이터 수집 및 탐색, 분류 및 배열
② 데이터 분석 정보의 시각화를 구현
③ 디자인 기본 원리 사용 및 인터렉션 디자인 활용
④ 정제를 통한 통계적 가설 검정 수행

09. 다음 중 비즈니스기여도 평가 방법론에 대한 설명으로 틀린 것은?

① 균형성과기록표(Balanced Score Card, BSC) : 재무적 관점과 비재무적 관점을 측정 가능한 핵심성과지표(KPI)로 전환하여 관리함으로써, 균형적인 경영성과관리를 실행하도록 도와주는 성과관리 기법이다.
② 가치사슬(ValueChain) : 가치를 제공함에 있어서 부가가치 창출에 직간접적으로 관련된 일련의 활동, 기능, 프로세스의 연계하여 분석하는 기법이다.
③ 목표핵심결과(OKR) : 보상에 의한 성과를 통해 목표를 이룬다.
④ 핵심성과지표(Key Performance Indicator, KPI) : 기업의 경영전략과 목표 달성도를 양적, 질적으로 측정 및 관리하기 위한 지표이다.

10. 시각화 분석을 위한 데이터 유형에 대한 설명으로 알맞은 것은?

① 범주 및 비율 : 측정
② 추세 및 패턴 : 분포
③ 관계 및 연결 : 교차
④ 추세 및 패턴 : 연관성

풀이

01. 벤프라이 시각화 단계에서의 상호작용(Interact)은 데이터를 변경 혹은 보여지는 특징을 조작하는 방법을 추가하는 것을 의미하며 보다 명확하게, 매력적인 표현으로 개선하는 것은 정제(Refine) 단계의 설명이다.

02. 균형성과평가(BSC)는 빅데이터의 비즈니스기여도에 대한 재무적 관점과 비재무적 관점을 측정 가능한 핵심성과지표(KPI)로 전환하여 관리하는 성과관리 기법이다. 기업의 가치활동 평가를 본원적, 지원적으로 나눠 평가하는 것은 가치사슬(Value Chain)이라고 한다.

03. 빅데이터시각화는 ㄷ. 정보구조화 → ㄴ. 정보시각화 → ㄱ. 정보시각표현으로 수행한다.

04. 데이터시각화를 위해 새로운 지표를 생성을 통해 시각화할 수도 있다.

05. 보고하는 사람에 맞춰 작성하지만 대부분의 전문용어를 풀어 이해하기 쉽게 보고서를 작성한다.

06. 데이터시각화 기능으로 설명, 탐색, 표현이 있다.

07. 시각화 구축 및 유지보수의 절차로는 시각화 도구/기술 적용, 구현, 통합 및 테스트, 배포, 유지보수가 있다.

08. 데이터시각화 절차는 정보구조화, 정보시각화, 정보시각표현으로 수행하며, 통계적 가설 검정은 입증하고자 하는 주장에 대한 근거를 제시하는 방법이다.

09. 목표핵심결과(Objective Key Result, OKR)는 목표(Objective)와 핵심결과(Key Results)의 약자로 측정 가능한 팀 목표를 설정하고 추적하는데 도움이 되는 목표 설정 방법론이다.

10. 범주 및 비율의 데이터 유형은 범위, 분포, 순위, 측정이 있다.

10.2 분석 결과 시각화

학습목표
분석 결과의 효과를 극대화하고 정보를 명확하고 효율적으로 전달할 수 있는 시각화 방법에 대해 학습한다.

출제경향
분석 결과 시각화에서는 차트나 그래프, 그래픽의 형태를 보고 종류를 확인하는 부분에 집중해서 문제가 출제되고 있다.

데이터 유형이나 속성, 분석 모델이 주어지고 결과를 시각화하는 차트의 종류가 무엇인지 선택하거나, 시각화 결과를 제시하고 가능한 시각화 방법을 선택하는 문제를 사례로 들 수 있다. 따라서 시각화 종류와 그에 따른 시각화 기법들의 장단점을 구분하여 학습하도록 하자.

출제빈도

제2회(2021. 04. 17) 4문항 출제	제3회(2021. 10. 02) 3문항 출제
제4회(2022. 04. 09) 4문항 출제	제5회(2022. 10. 01) 4문항 출제
제6회(2023. 04. 08) 6문항 출제	제7회(2023. 09. 23) 5문항 출제
제8회(2024. 04. 06) 4문항 출제	제9회(2024. 09. 07) 3문항 출제

출제세부항목	출제수	출제 내용(문항수)
10.2.1 시공간시각화	10	개념(2), 카토그램(2), 시계열차트, 점그래프, 시공간시각화 기법, 격자 카토그램, 주성분기반시각화, 시계열시각화
10.2.2 관계시각화	8	산점도(4), 관계시각화 기법(3), 버블차트
10.2.3 비교시각화	8	비교시각화 기법(3), 비교시각화 개념(2), 히트맵(2), 스타차트
10.2.4 인포그래픽	7	인포그래픽 개념(4), 스토리형, 타임라인형, 지도형

빅분기_58
10.2.1

10.2.1 시공간시각화

10.2.1.1 데이터시각화 유형

데이터 분석 작업에서 가장 먼저 해야 하는 것은 데이터를 그래프로 나타내는 것이다. 그래프는 패턴, 특이한 관측값, 시간에 따른 변화, 변수 사이의 관계 등 데이터의 많은 특징을 눈으로 볼 수 있게 해준다. 한 가지 주의할 점은 데이터에서 통찰을 얻기 위해 어떤 시각화 기법을 사용할 것인가를 고민해야 한다는 것이다.

앤드루 아벨라(Andrew Abela)는 보고자 하는 목적에 따라 비교(Comparison), 분포(Distribution), 구성(Composition), 관계(Relationship)의 4가지 카테고리로 수많은 데이터시각화 기법을 그림처럼 구분했다.

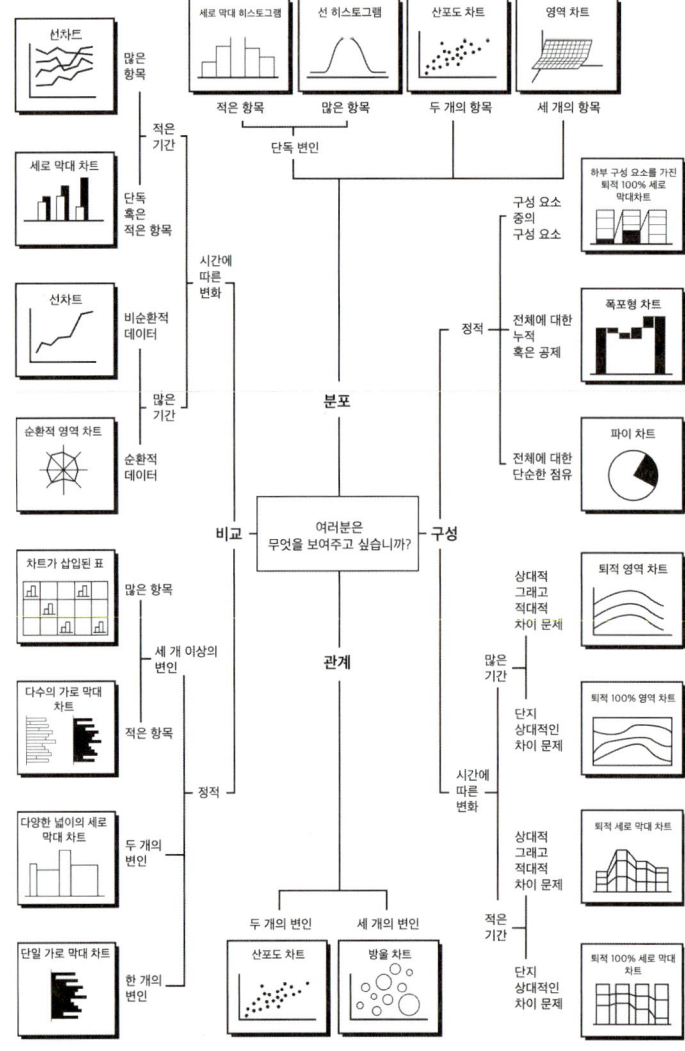

앤드루 아벨라가 고안한 목적에 따른 차트 선택 방법

앤드루 아벨라가 고안한 '목적에 따른 차트 선택 방법'을 요약하면 다음과 같이 시각화 방법을 구분할 수 있다.

데이터시각화 유형 기출

시간시각화	분포시각화	관계시각화	비교시각화	공간시각화
시간 흐름에 따른 경향 파악	최대, 최소, 전체 분포 등으로 구분, 전체에서 부분 간 관계	집단 간의 상관관계를 확인, 수치의 변화 예측	각각의 데이터 간의 차이점과 유사성 관계 확인	지도를 통해 시점에 따른 경향, 차이 등을 확인
막대그래프 누적막대그래프 점그래프 선그래프 영역차트 계단식그래프	파이차트 도넛형차트 트리맵 누적연속그래프 히스토그램	산점도 산점도행렬 버블차트 히스토그램	플로팅바차트 히트맵, 모자이크 그림 체르노프페이스 스타차트 평행좌표그래프 다차원척도법	등치지역도 등치선도 도트맵 버블플롯맵 카토그램

단, 주의할 점은 각 그래프 혹은 차트는 하나의 목적만이 아닌 다양한 목적으로 사용되는 경우도 있다는 것을 이해해야 한다. 예를 들어 히스토그램은 분포를 확인할 수 있는 대표적인 그래프이지만 각 구간(혹은 집단)에 대한 빈도 수로 범주의 관계적 의미 또한 파악할 수 있게 된다.

10.2.1.2 시간시각화 기법

시계열 데이터는 시간 변화(일, 월, 분기, 시간 등)에 관련된 데이터이며, 시간의 흐름에 따라 얼마나 많은 변화가 있었는지에 대해 기록하고 이를 이용하여 추세, 트랜드, 예측, 계절성, 주기 등의 패턴을 확인할 수 있으며, 특정 시점의 데이터보다는 전후 관계를 파악하는데 있어 직관적인 이해를 얻을 수 있다.

시간시각화는 시계열 데이터를 시각화하는 방법으로, 선그래프, 점그래프, 막대그래프, 누적그래프, 버블그래프, 컬러스케일그래프 등의 기법이 있다.

시간시각화 기법

구분	시각화	설명
막대그래프 (Bar Chart)	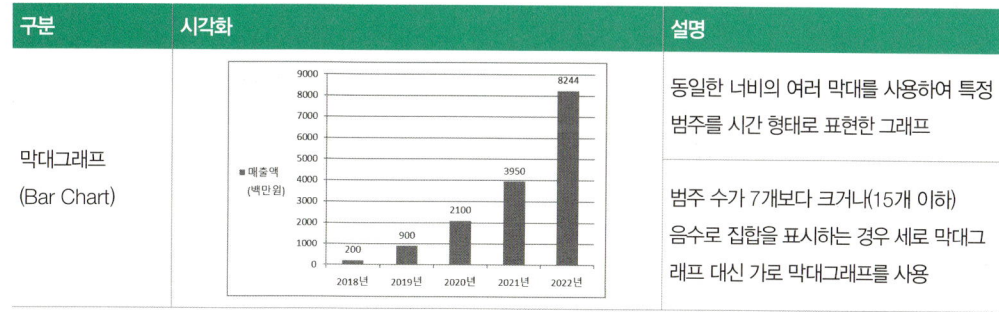	동일한 너비의 여러 막대를 사용하여 특정 범주를 시간 형태로 표현한 그래프 범주 수가 7개보다 크거나(15개 이하) 음수로 집합을 표시하는 경우 세로 막대그래프 대신 가로 막대그래프를 사용

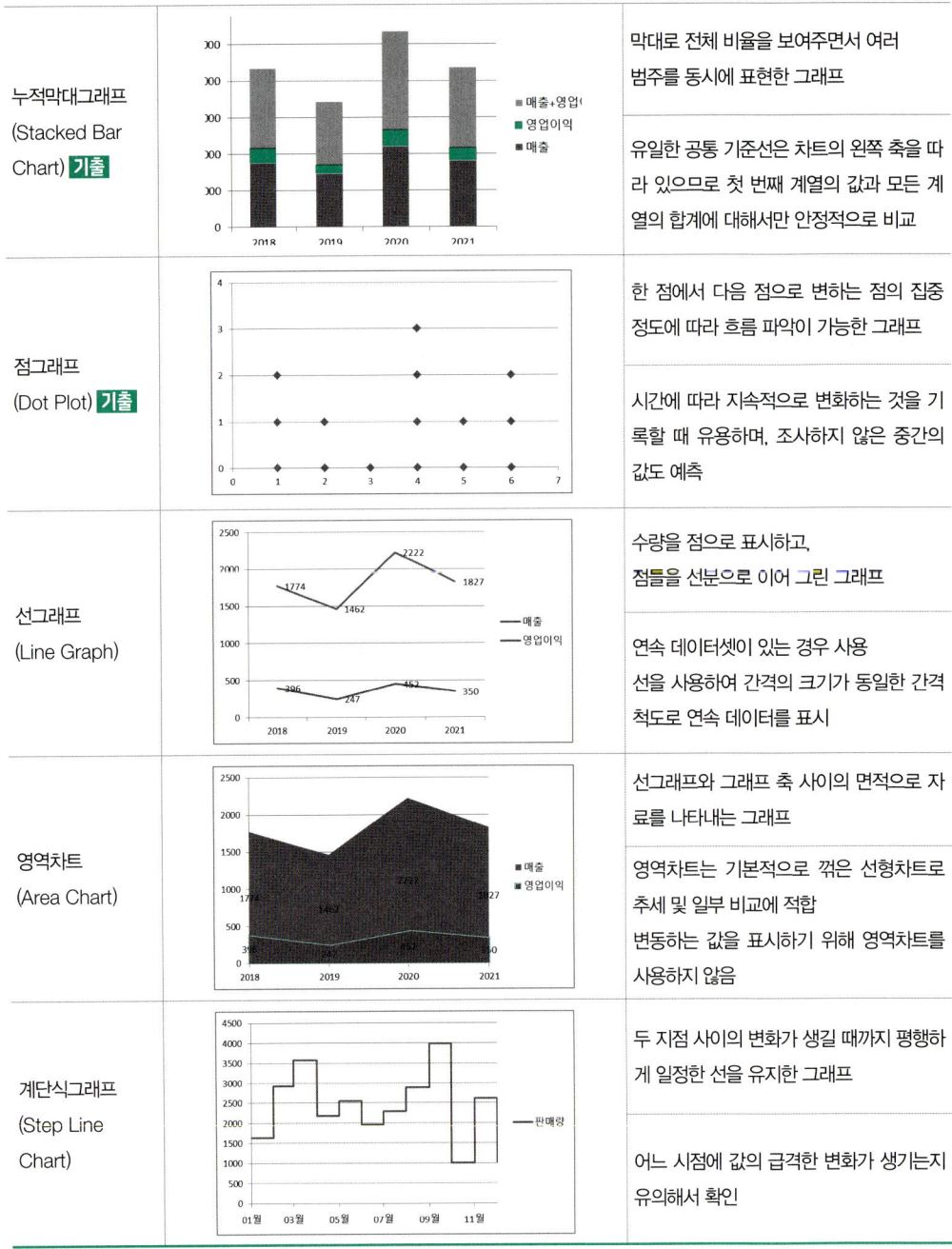

10.2.1.3 분포시각화 기법

분포시각화는 데이터의 최대, 최소, 전체 분포를 나타내는 방법으로서 전체의 관점에서 각 부분 간의 관계를 표현하는 방법이다. 또 계층 구조의 구성요소로 범주형 데이터의 관계를 분석하기 위해 사용한다.

분포시각화 기법

구분	시각화	설명
파이차트 (Pie Chart)		범주별 구성 비율을 원형으로 표현한 그래프
		너무 많은 구성요소, 매우 유사한 값 사용 주의 모든 세그먼트의 총합이 100% 인지 확인 필요
도넛형차트 (Donut Chart)		도넛 조각의 크기를 각 범주의 비율로 나타낸 그래프
		범주 수가 많을 경우 파이차트와 도넛차트 사용을 피함(범주가 6개 미만인 경우 사용)
트리맵 (Treemap)		영역 기반의 시각화 각 사각형의 크기가 수치를 나타난 그래프
		모든 사각형의 면적의 합이 100% 위계 구조 기반 데이터나 트리 구조에 유용 크기가 변하는 데이터셋을 수용하지 않음 사각형의 크기 값은 양수값이어야 함
누적연속그래프 (Stacked Bar Chart)		시간에 따른 연속적인 누적막대그래프
		값 축을 전체 확률로 하여 속성별 비율을 보는 경우 값 축을 전체 값의 합으로 하여 속성별 비율 변동을 보는 경우 비교 또는 관계 분석에 부적합
히스토그램 (Histogram) **기출**		표로 되어 있는 도수 분포를 정보 그림으로 나타낸 그래프
		세로축은 빈도, 가로축은 계급 표시 각 계급을 연속적으로 표현이 가능한 경우 분포를 확인하기 위해 사용

히스토그램은 누적히스토그램으로 표현할 수 있으며, 이는 연속확률분포에서 학습한 누적분포함수(Cumulative Distribution Function)의 그래프와 형태를 같이 한다.

10.2.1.4 공간시각화 기법

공간시각화는 지도상에 해당하는 정보를 표현하는 시각화 방법이다. 모든 데이터에 시간을 적용하면 지도 하나는 한 지점의 한 순간을 나타내고, 여러 장의 지도를 통해 다양한 시점의 자료를 표현한다. 지리정보, 위치정보 등 공간 데이터에 대해 매핑하는 방법으로 여러 기법이 있다.

공간시각화 기법 기출

구분	시각화	설명
등치지역도 (Choropleth Map)		지리적 단위로 데이터의 의미를 색상으로 구분하여 표현한 지도 (예 : 서울의 구별 경계 표현)
		공간 패턴과 관계를 표시하거나 지리적 위치 분포에 대한 개요 확인 시 작성
등치선도 (Isarithmic Map)		등치선 : 지도 상에서 같은 값을 가지는 점을 선으로 이은 것 등치선도 : 일정 간격으로 같은 값을 가지는 점을 등치선으로 이은 지도
		시각적으로 분포파악 용이(끊어져서 분포하는 값보다 주로 연속되는 값 표현에 유리) 등치지역도의 데이터 왜곡 해결
도트맵 (Dot plot Map)		지도상의 위도와 경도에 해당하는 좌표점에 산점도와 같이 점을 찍어 표현한 지도 (예 : 인구분포)
		분포와 지형 또는 그 밖의 요인과의 인과관계를 고찰하는 데 편리하나, 일정 지역 내에서의 분포 현상의 구체적 상태 파악은 어려움
버블플롯맵 (Bubble plot Map)		수치화된 데이터값을 서로 다른 크기의 원형으로 표현한 지도 (예 : A사 제품의 세계 지역별 판매수익)
		2개(분산) 또는 3개(버블) 수치 변수 간의 관계를 제시
카토그램 (Cartogram) 기출		지역의 값을 표현하기 위해 지리적 형상 크기를 조절, 왜곡되고 삐뚤어진 화면으로 표기한 그림(예 : 국회의원 지역별 당선 현황)
		왜곡된 지도가 진실에 가까운 역설을 보여줌 (실제 지도 표시하면 잘 보이지 않음) 제작자의 의도에 따라 특정 메시지가 강조될 수 있음

10.2.2 관계시각화

관계시각화는 다변량 데이터 사이에 존재하는 변수 사이의 연관성, 분포와 패턴을 찾는 시각화 방법이다. 한 수치의 변화를 통해 다른 수치의 변화를 예측하는데 산점도, 산점도행렬, 버블차트, 히스토그램 시각화 기법 등이 존재한다.

관계시각화 기법 기출

구분	시각화	설명
산점도 (Scatter Plot) 기출		x축(가로축)과 y축(세로축) 각각에 두 변수값의 순서쌍을 한 점으로 표시하여 두 변수의 관계를 나타낸 그래프 (예 : 광고횟수당 매출액)
		상관관계, 군집화, 이상값 패턴을 파악하기에 유용
산점도행렬 (Scatterplot Matrix)		다변량 변수를 갖는 데이터에서 가능한 모든 변수 쌍에 대한 산점도를 행렬로 표현한 그래프
		모든 열의 행 수 모두 동일 데이터에는 그룹화에 대한 범주형 데이터 열을 최대 3개까지 포함
버블차트 (Bubble Chart) 기출		산점도에서 데이터값을 나타내는 점 또는 마크에 여러 가지 의미를 부여하여 확장된 그래프
		특정 영역에 있는 버블 크기의 일관성이 높으면 변수 간 관계의 변동이 더 적음을 의미. 버블 크기의 일관성이 낮으면 관계에 변동이 더 많음을 의미
히스토그램 (Histogram)		자료 형태를 직사각형으로 시각화하여 각 막대 간 관계를 보여주는 그래프 (예 : 나이별 매출현황)
		상관관계를 파악하고자 하면 관계시각화, 아니면 단순히 분포를 파악하고자 하면 분포시각화에도 포함

10.2.3 비교시각화

비교시각화는 다변량 변수를 갖는 자료를 제한된 2차원에 효과적으로 표현하는 시각화 방법이다. 변수의 수가 많아 가장 주요한 변수 간의 관계를 살펴보기 위해 변수를 선택하거나, 모든 변수를 고려한 상황에서 개체들을 비교하기 위해 사용할 수 있다. 비교시각화는 막대그래프, 플로팅바차트, 히트맵 등의 기법을 활용할 수 있다.

비교시각화 기법 `기출`

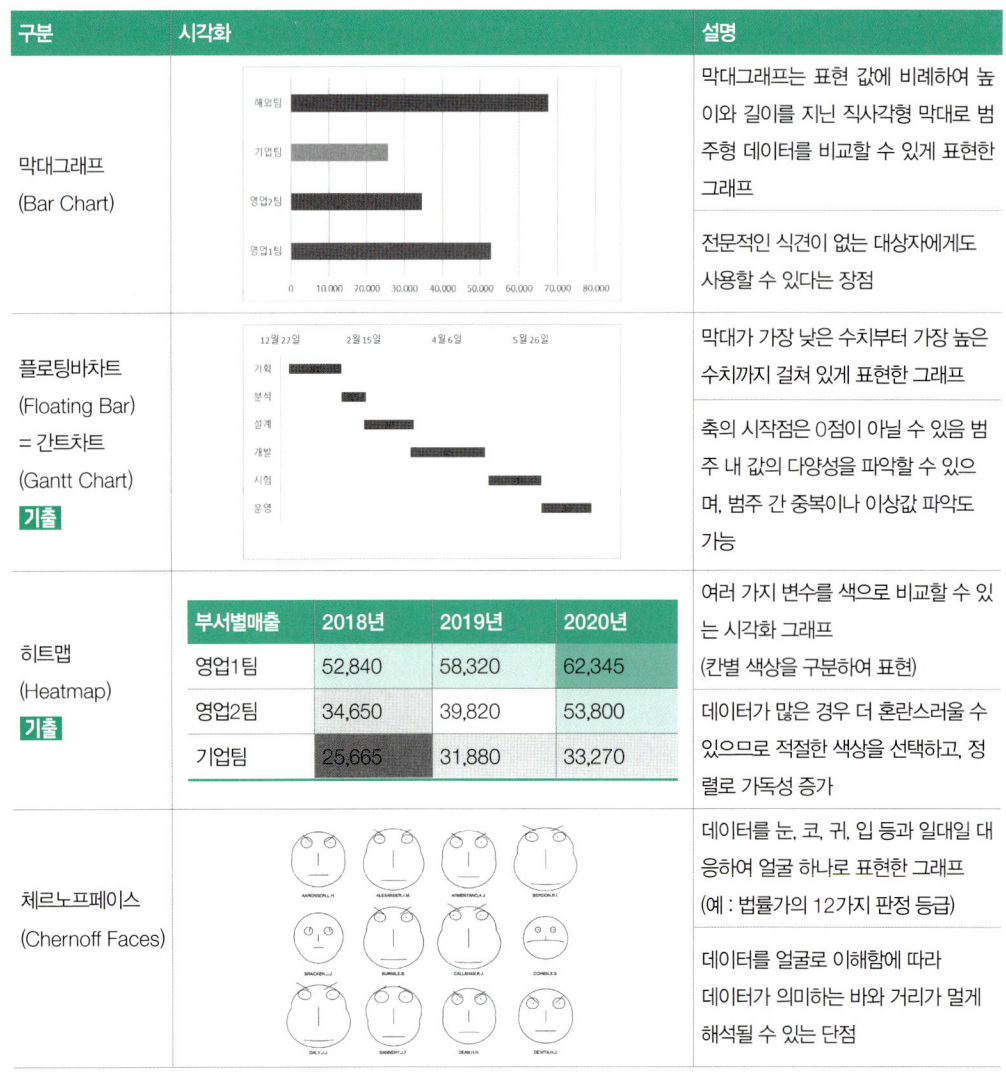

구분	시각화	설명
막대그래프 (Bar Chart)		막대그래프는 표현 값에 비례하여 높이와 길이를 지닌 직사각형 막대로 범주형 데이터를 비교할 수 있게 표현한 그래프
		전문적인 식견이 없는 대상자에게도 사용할 수 있다는 장점
플로팅바차트 (Floating Bar) = 간트차트 (Gantt Chart) `기출`		막대가 가장 낮은 수치부터 가장 높은 수치까지 걸쳐 있게 표현한 그래프
		축의 시작점은 0점이 아닐 수 있음 범주 내 값의 다양성을 파악할 수 있으며, 범주 간 중복이나 이상값 파악도 가능
히트맵 (Heatmap) `기출`		여러 가지 변수를 색으로 비교할 수 있는 시각화 그래프 (칸별 색상을 구분하여 표현)
		데이터가 많은 경우 더 혼란스러울 수 있으므로 적절한 색상을 선택하고, 정렬로 가독성 증가
체르노프페이스 (Chernoff Faces)		데이터를 눈, 코, 귀, 입 등과 일대일 대응하여 얼굴 하나로 표현한 그래프 (예 : 법률가의 12가지 판정 등급)
		데이터를 얼굴로 이해함에 따라 데이터가 의미하는 바와 거리가 멀게 해석될 수 있는 단점

스타차트 (Star Chart) = 레이더 차트 (Radar Chart) = 스파이더 차트 (Spider Chart)	(레이더 차트 이미지)	각 변수의 표시 지점을 연결선을 통해 그려 별 모양의 도형으로 나타낸 그래프(예: 레이더차트)
		중심점은 축이 나타내는 값의 최소값, 가장 먼 끝점은 최대값을 의미 이를 여러 개 겹쳐 사용
평행좌표그래프 (Parallel Coordinates)	(평행좌표그래프 이미지)	데이터의 각 행을 변수별로 선으로 매핑시켜 나타내는 그래프
		축의 윗부분을 최대값, 아랫부분을 최소값으로 하여 값들을 선으로 연결해서 표현

> **참고** 모자이크 그림(Mosaic Plot)
>
> 두 개 이상의 범주형 변수 간의 관계를 시각적으로 표현하는 통계 그래픽(2원 혹은 3원 교차표의 시각화) 따라서 전체 정사각 도형을 교차표의 행 빈도에 비례하는 직사각 도형으로 구분하여 표현(비교시각화)

25 Day

10.2.4 인포그래픽 기출

정보의 인포메이션(Information)과 시각적 그래프의 합성어로, 핵심정보를 그래픽으로 표현해 쉽게 이해할 수 있게 만든 그래픽 메시지이다.

중요 정보를 하나의 그래픽으로 표현해서 보는 사람들이 쉽게 정보를 이해할 수 있도록 만드는 시각화 방법이며, 그래픽과 텍스트를 조합하여 실용적 메시지를 전달하기 위해 차트, 다이어그램, 일러스트레이션 등을 사용한다.

그림 전체적으로 의미하는 바가 있어, 부분 전달이나 일부를 잘라서 적용할 경우 오해가 있을 수 있다. 따라서 처음 목적에 맞게 제공된 그대로의 이미지를 사용해야 하며, 주제별로 지도형, 도표형, 타임라인형, 스토리텔링형 등으로 구분하여 표현할 수 있다.

정보를 일반적으로 전달하는 방법과 스토리텔링이 가능하다는 점에서 기존 차트나 그래픽과 다르게 사회적 캠페인 등에 사용되기도 한다.

인포그래픽 시각화 기법

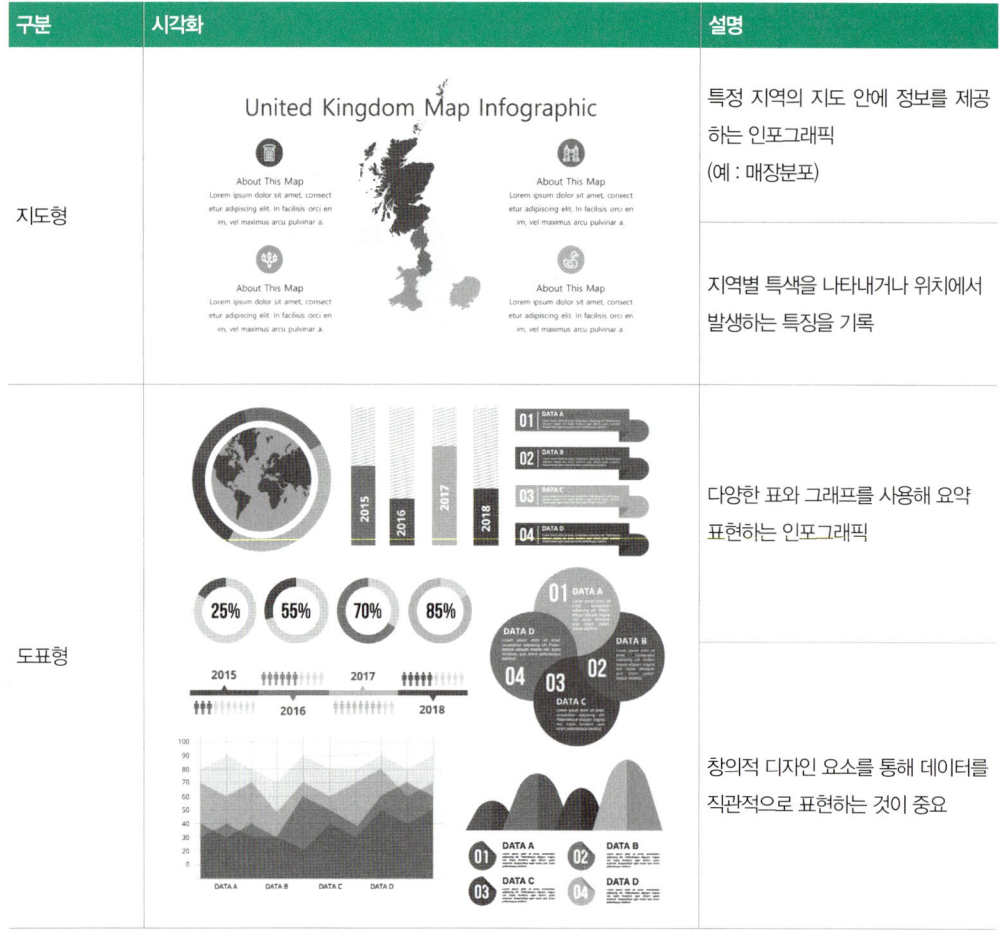

구분	시각화	설명
지도형	United Kingdom Map Infographic	특정 지역의 지도 안에 정보를 제공하는 인포그래픽 (예 : 매장분포)
		지역별 특색을 나타내거나 위치에서 발생하는 특징을 기록
도표형		다양한 표와 그래프를 사용해 요약 표현하는 인포그래픽
		창의적 디자인 요소를 통해 데이터를 직관적으로 표현하는 것이 중요

타임라인형 **기출**	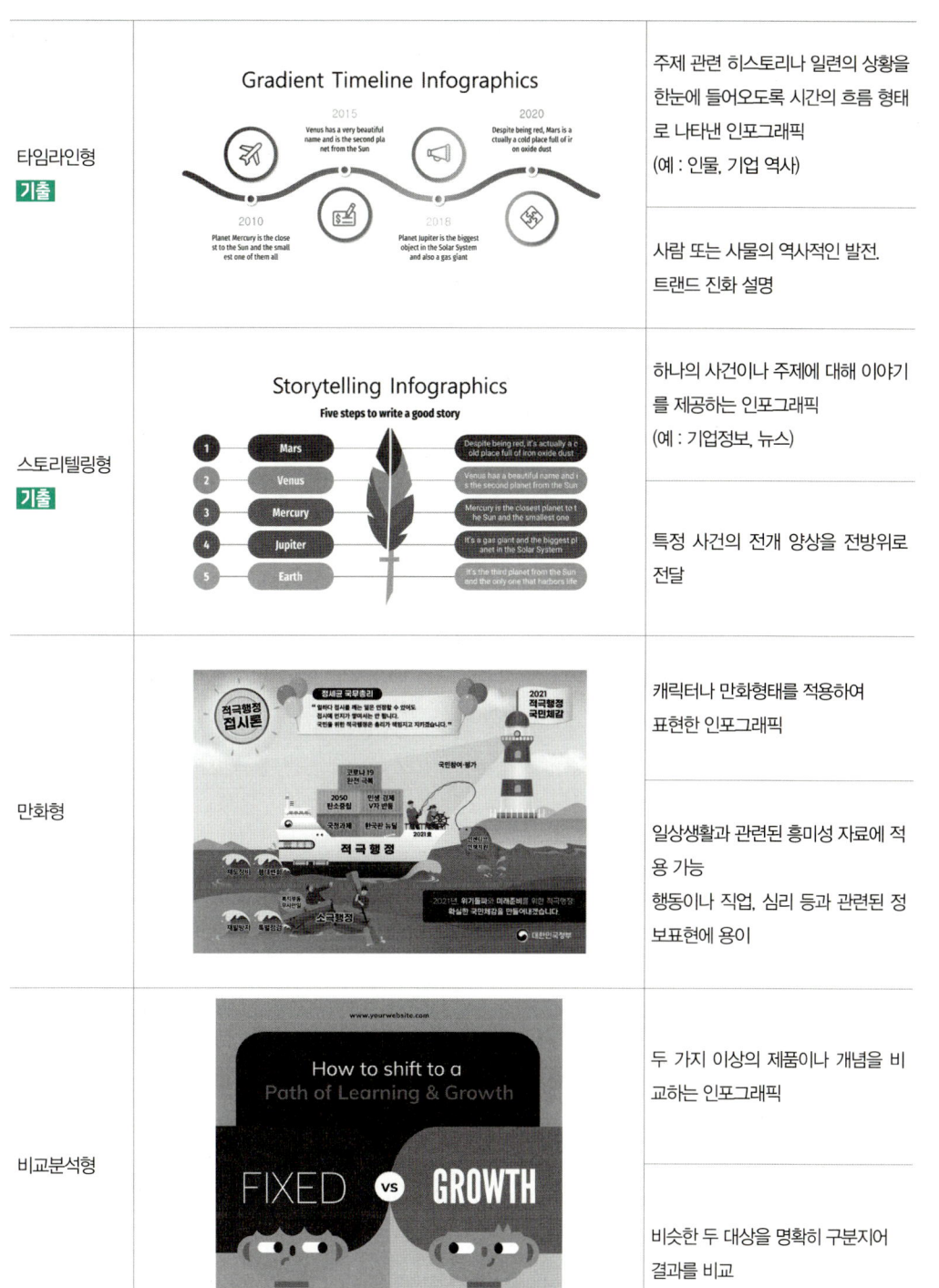	주제 관련 히스토리나 일련의 상황을 한눈에 들어오도록 시간의 흐름 형태로 나타낸 인포그래픽 (예 : 인물, 기업 역사)
		사람 또는 사물의 역사적인 발전, 트랜드 진화 설명
스토리텔링형 **기출**		하나의 사건이나 주제에 대해 이야기를 제공하는 인포그래픽 (예 : 기업정보, 뉴스)
		특정 사건의 전개 양상을 전방위로 전달
만화형		캐릭터나 만화형태를 적용하여 표현한 인포그래픽
		일상생활과 관련된 흥미성 자료에 적용 가능 행동이나 직업, 심리 등과 관련된 정보표현에 용이
비교분석형		두 가지 이상의 제품이나 개념을 비교하는 인포그래픽
		비슷한 두 대상을 명확히 구분지어 결과를 비교

출제예상문제

01. 아래 그래프와 같은 유형의 데이터시각화 기법이 아닌 것은?

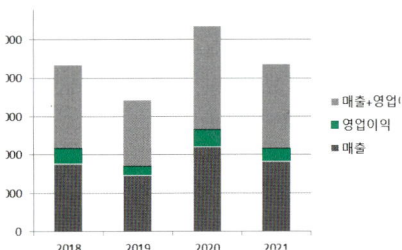

① 점그래프
② 영역차트
③ 히스토그램
④ 계단식그래프

02. 아래 그래프와 같은 유형의 데이터시각화 기법인 것은?

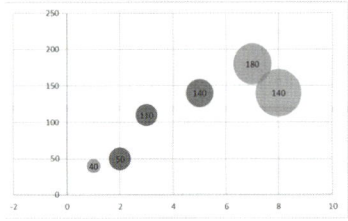

① 카토그램
② 산점도
③ 등치선도
④ 스타차트

03. 인포그래픽의 설명으로 틀린 것은?

① 중요 정보를 하나의 그래픽으로 표현해서 보는 사람들이 쉽게 정보를 이해할 수 있도록 만드는 시각화 방법이다.
② 정보를 일반적으로 전달하는 방법과 스토리텔링이 가능하다는 점에서 기존 차트나 그래픽과 동일하게 사용한다.
③ 정보의 인포메이션(Information)과 시각적 그래프의 합성어이다.
④ 인포그래픽 기법으로는 지도형, 도표형, 타임라인형 등이 있다.

04. 다음 그래프는 어떤 그래프인지 옳은 것을 고르시오.

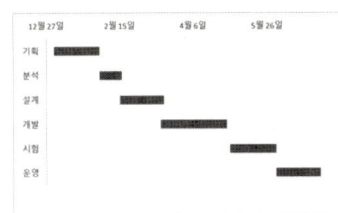

① 체르노프페이스
② 히트맵
③ 스타차트
④ 플로팅바차트

05. 데이터시각화 기법 중 x축과 y축 사이에 존재하는 두 개 변수 간의 관계를 나타내는 방법으로 알맞은 것은?

① 산점도
② 히스토그램
③ 버블차트
④ 플로팅바차트

06. 데이터를 눈, 코, 귀, 입 등과 일대일 대응하여 얼굴 하나로 표현한 그래프는?

① 누적막대그래프
② 점그래프
③ 체르노프페이스
④ 영역차트

07. 아래 그래프의 설명으로 옳은 것은?

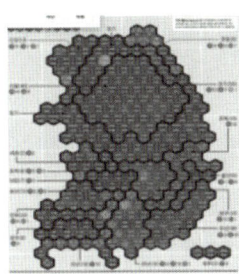

① 수치화된 데이터값의 크기를 서로 다른 크기의 원형으로 표현한다.
② 지리적 단위로 데이터의 의미를 색상으로 구분하여 표현한다.
③ 지역의 값을 표현하기 위해 형상 크기를 조절, 왜곡한 화면으로 표기한다.
④ 범주형 데이터의 비율을 나타내는 데 사용되며 각 조각의 크기는 각 범주의 비율이다.

출제예상문제

08. 아래 그래프의 유형으로 알맞은 것은?

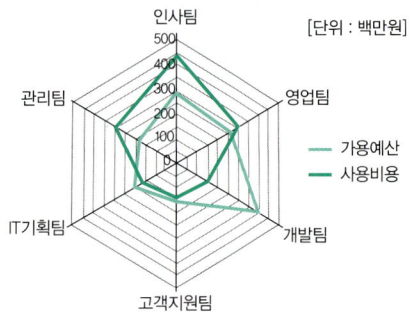

① 막대그래프　　　　　　　② 평행좌표그래프
③ 체르노프페이스　　　　　④ 스타차트

09. 다음 중 그 유사성이 다른 데이터시각화 기법은?

① 파이차트　　　　　　　　② 도넛차트
③ 도트맵　　　　　　　　　④ 트리맵

10. 인포그래픽 시각화 기법에 대한 설명으로 틀린 것은?

① 비교분석형 : 다양한 표와 그래프를 사용해 요약 표현하는 방식
② 스토리텔링형 : 하나의 사건이나 주제에 대해 이야기를 제공하는 방식
③ 타임라인형 : 주제 관련 히스토리나 상황을 시간의 흐름 형태로 나타낸 방식
④ 지도형 : 지도 안에 특정 지역의 정보를 제공하는 방식

11. 아래 그래프에 대한 설명으로 알맞은 것은?

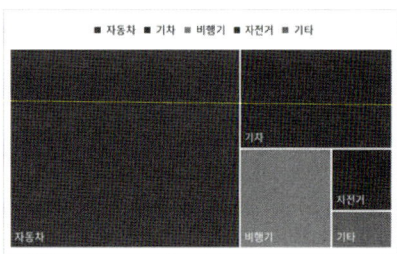

① 자료 분포 형태를 직사각형 형태로 통계화하여 보여주는 그래프이다.
② 선그래프와 같이 시간에 따라 크기 변화 표시한다.
③ 영역 기반의 시각화로 각 사각형의 크기가 수치를 나타내며 모든 사각형의 면적의 합이 100%이다. 위계 구조 기반 데이터나 트리 구조에 유용하다.
④ 범주별 구성 비율을 원형으로 표현한 그래프이다.

388 출제예상문제　08. ④　09. ③　10. ①　11. ③

12. 다음 비교시각화 기법의 예시로 부적절한 것은?

① 막대그래프 : 매장 분포
② 플로팅바차트 : 간트차트
③ 체르노프페이스 : 법률가의 판정 등급
④ 스타차트 : 레이더차트

13. 다음 중 데이터시각화 유형에 대한 설명으로 틀린 것은?

① 시간시각화 : 시간 흐름에 따른 경향 파악
② 관계시각화 : 집단 간의 상관관계를 확인, 수치의 변화 예측
③ 비교시각화 : 최대, 최소, 전체 분포 등으로 구분, 전체에서 부분 간 관계
④ 공간시각화 : 지도를 통해 시점에 따른 경향, 차이 등을 확인

14. 아래의 그래프에 대한 해석으로 틀린 것은?

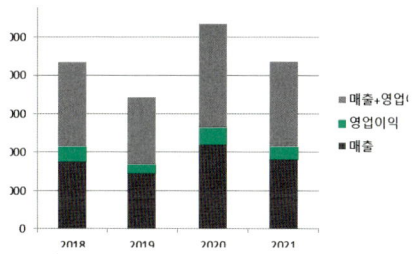

① 2020년의 매출이 가장 크다.
② 매출은 꾸준히 증가하고 있다.
③ 영업이익은 감소 및 증가를 반복한다.
④ 2019년에 매출 및 영업이익의 합이 가장 작다.

15. 공간시각화 기법의 설명으로 틀린 것은?

① 등치지역도 : 지리적 단위로 데이터의 의미를 색상으로 구분하여 표현한다.
② 도트맵 : 지도상의 위도와 경도에 해당하는 좌표점에 산점도와 같이 점을 찍어 표현한다.
③ 버블플롯맵 : 수치화된 데이터값의 크기를 서로 다른 크기의 원형으로 표현
④ 카토그램 : 등치지역도의 데이터 왜곡 결점을 극복, 색상의 농도를 활용한다.

16. 데이터시각화의 유형 중 시간시각화가 아닌 것은?

① 막대그래프　　　　　　② 점그래프
③ 트리맵　　　　　　　　④ 계단식그래프

출제예상문제

17. 다음 중 데이터시각화 유형 중 비교시각화가 아닌 것은?

① 플로팅바 차트
② 히트맵
③ 도트맵
④ 스타차트

18. 다음 중 데이터시각화의 주요 유형이 잘못 짝지어진 것은?

① 시간시각화 - 영역차트
② 분포시각화 - 파이차트
③ 관계시각화 - 산점도
④ 공간시각화 - 다차원척도법

 **풀이**

01. 제시한 그래프는 누적막대그래프이며, 시간시각화 기법으로 사용한다. 시간시각화 기법으로 막대그래프, 점그래프, 선그래프, 영역차트, 계단식그래프가 있다.

02. 제시한 그래프는 버블차트이며, 버블차트는 관계시각화 기법으로 산점도, 산점도행렬, 히스토그램이 있다.

03. 인포그래픽은 스트리텔링이 가능하다는 점에서 기존 차트와 차별화되어 사용한다.

04. 제시한 그래프는 플로팅바차트이며, 막대가 가장 낮은 수치부터 가장 높은 수치까지 걸쳐 있게 표현한 그래프이다.

05. 산점도는 x축과 y축 사이에 존재하는 두 개 변수 간의 관계를 시각화 한 기법이다.

06. 데이터를 눈, 코, 귀, 입 등과 일대일 대응하여 얼굴 하나로 표현한 그래프는 체르노프페이스에 대한 설명이다.

07. 해당 그래프는 카토그램이다. 카토그램은 지역의 값을 표현하기 위해 형상 크기를 조절, 왜곡한 화면으로 표기한다.

08. 각 변수를 표시 지점을 연결선을 통해 그려 별 모양의 도형으로 나타낸 그래프는 스타차트이다.

09. 파이차트, 도넛차트, 트리맵, 누적연속그래프는 분포시각화 기법이며, 도트맵은 공간시각화 기법이다.

10. 인포그래픽시각화 기법 중 비교분석형은 두 가지 이상의 제품이나 개념을 비교하는 방식이다. 다양한 표와 그래프를 사용해 요약 표현하는 방식은 도표형에 대한 설명이다.

11. 제시한 그래프는 트리맵이다. 영역 기반의 시각화, 각 사각형이 크기가 수치를 나타내며, 모든 사각형의 면적의 합이 100%이다. 위계구조 기반 데이터나 트리구조에 유용하다.

12. 막대그래프는 비교시각화 기법으로 정류소 총사용자 수와 일반 승차 승객수 같은 사례를 표시할 수 있다.

13. 비교시각화는 각각의 데이터 간의 차이점과 유사성 관계에 대해 확인한다.

14. 제시한 그래프는 누적막대그래프로 '매출은 감소했다, 증가했다'를 반복하고 있다.

15. 카토그램은 지역의 값을 표현하기 위해 형상 크기를 조절, 왜곡한 화면으로 표기하며, 등치지역도의 데이터 왜곡을 줄 수 있는 결점을 극복, 색상의 농도를 활용해 표현하는 기법은 등치선도이다.

16. 시간시각화 기법에는 막대그래프, 누적막대그래프, 점그래프, 선그래프, 영역차트, 계단식그래프가 있다.

17. 비교시각화 기법에는 플로팅바차트, 히트맵, 체르노프페이스, 스타차트, 평행좌표그래프, 다차원척도법이 있다.

18. 다차원척도법은 비교시각화 기법이다.

10.3 분석 결과 활용

학습목표
정의한 분석 모델의 적용과 활용 방안, 그리고 분석 결과가 지속적으로 통찰력을 제공할 수 있도록 하기 위한 분석 모델의 성능 모니터링과 리모델링에 대하여 학습한다.

출제경향
분석 결과 활용은 마지막 장으로 출제비중은 높지 않으나 활용 측면에서 분석 모델 전개 부분이 출제되고 있다. 결과에 대한 활용은 시나리오 순서대로 수행하는 과정을 중심으로 학습한다.

출제빈도

제2회(2021. 04. 17) 1문항 출제	제3회(2021. 10. 02) 1문항 출제
제4회(2022. 04. 09) 1문항 출제	제5회(2022. 10. 01) 1문항 출제
제6회(2023. 04. 08) 미출제	제7회(2023. 09. 23) 미출제
제8회(2024. 04. 06) 1문항 출제	제9회(2024. 09. 07) 미출제

출제세부항목	출제수	출제 내용(문항수)
10.3.1 분석 모델 전개		
10.3.2 분석 결과 활용 시나리오 개발	4	분석 결과 활용(2), 데이터 해석, 스토리텔링
10.3.3 분석 모델 모니터링		
10.3.4 분석 모델 리모델링	1	리모델링 활용 과정

10.3 분석 결과 활용

분석 결과 활용은 분석 모델을 운영 업무에 적용시키는 것뿐 아니라 모니터링과 유지보수를 통한 지속적인 운영과 분석 모델을 개선시키는 과정을 포함한다.

또한 분석 모델의 생명주기(Life Cycle)를 설정하고, 주기적인 평가를 실시하여 유지보수하거나 재구축 방안을 마련하게 된다(모델 발전 계획). 수행 절차는 다음과 같다.

구분		설명
분석 모델 전개	분석 모델 전개 방안 수립	분석 모델 전개는 배포(Deploy)라고 하며, 분석 모델을 운영시스템 환경과 통합하고 이를 수행하기 위한 방안 수립
	분석 모델 개선 방안 수립	운영시스템 적용 후 지속적인 분석 모델에 대한 성능 추적을 통해 예측오차를 확인하고 모델에 대한 점검, 방향성 검토, 개선을 수행
분석 결과 활용 시나리오 개발	분석 결과 활용 시나리오 개발	분석 결과를 활용하기 위한 과정 분석 과제 계획 단계에서 미리 수립하게 되며, 전개 단계에서는 계획 단계에서 수립된 활용 방안을 시나리오 수준까지 구체화 중장기 활용 계획도 수립 및 상세화 필요
분석 모델 모니터링	분석 모델 모니터링	운영시스템에 적용된 분석 모델의 성능을 유지 및 개선
	분석결과보고서	분석 기획 단계에서 정의한 분석목표정의서에 정의된 단계별 산출물 작성 최종보고서는 이전 결과물을 포함하여 결과를 요약 구성
분석 모델 리모델링	분석 모델 리모델링	분석 모델의 정확도 편차가 일정 수준 이상으로 하락되는 경우 데이터 마이닝, 시뮬레이션, 최적화를 적용하는 개조 작업

10.3.1 분석 모델 전개

분석 모델 전개(Deployment)는 분석 모델 개발을 통한 시스템 구현 이후 마지막 프로세스 단계로 완성된 모델을 업무에 적용(활용)하기 위한 단계이다.

해당 단계는 개발한 분석 모델을 서비스를 하기 위한(제공되고 있는) 운영시스템에 적용(배포)하는 것을 의미하며, '빅데이터 분석방법론'의 평가 및 전개에 해당되는 내용이다.

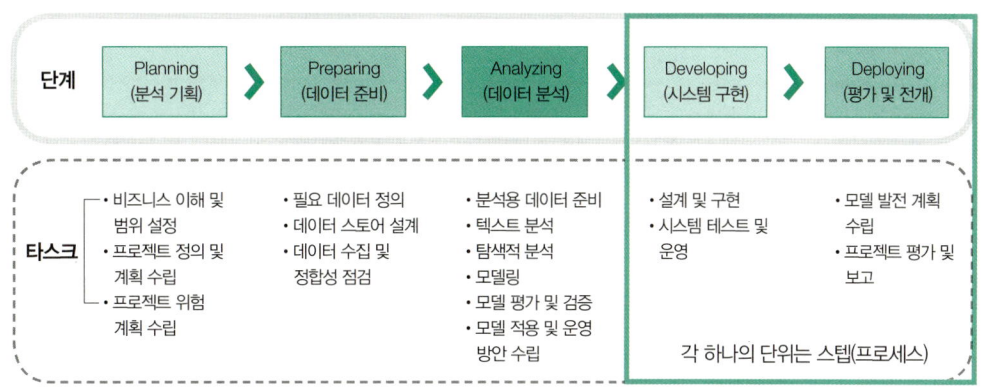

'빅데이터 분석 방법론'의 평가 및 전개 단계

10.3.1.1 분석 모델 전개 방안

분석 모델 전개 방안은 분석 모델을 운영 환경 구축과 함께 통합하고 실행시키는 작업이다.

데이터 기반으로 도출된 분석 모델은 비즈니스 의사결정을 위해 운영시스템과의 통합이 요구되며, 따라서 분석 모델을 운영시스템에 적용하기 위해서는 다음 사항이 고려되어야 한다.

분석 모델 전개 방안

구분	설명
운영난이도 결정	분석 모델을 도출하기 위해 통계 툴(R, SAS등) 혹은 개발 언어(파이썬, 자바 등)가 사용되었는지에 따라 난이도 결정
운영시스템과 동일한 개발 언어 사용	상대적으로 통합 과정 용이
인터페이스 개발	통계 패키지와 호환을 위한 인터페이스 개발 필요
성능 모니터링	끊임없이 변하는 데이터에 대한 기존 분석 모델의 정확도(Accuracy) 모니터링
규제 요구사항	개인정보보호, 모델의 투명성을 유지하기 위한 사전/사후 조치

데이터 분석 모델의 운영시스템 적용은 분석 모델 적용 모듈을 결정한 후 운영시스템 구성 이해 및 모듈 선택(분석 모델 적용), 초기 단계부터 모듈의 입출력 변수 정의를 수행한다.

분석 모델 통합 결정 및 구현을 통해서 운영시스템 내 모듈과 어떤 방식으로 통합할지 결정한다.

10.3.1.2 분석 모델 개선 방안

운영시스템 적용 후 지속적인 분석 모델에 대한 성능 추적이 필요하다. 정의한 지표를 기준으로 예측오차를 확인하고 모델에 대한 점검, 방향성 검토 및 개선을 수행한다.

분석 모델 개선 절차

구분	설명	
Step1	예측오차 계산(오차 계산 및 기록)	
	예측오차 (Forecast Error)	관측값과 예측값의 차이 일반적으로 예측오차 추적은 추적신호 이용 절대평균오차(Mean Absolute Error, MAE)를 대표적으로 사용
	추적신호 (Tracking Signal, TS)	추적신호 : 예측값의 평균이 일정한 진로를 유지하고 있는지를 나타내는 척도 (예측오차들의 합을 평균 절대편차로 나눈 값, 0부근 : 정상, -4~4 사이 : 성능 유지)
Step2	예측 모델의 점검 여부 결정(추적신호 계산 및 추적)	
	예측 모델에 대한 성능 추적 예측오차로 추적신호 다시 계산 → 관리도(Control Chart)를 활용히여 추적신호 확인 관리도상의 상한값 or 하한값을 벗어나면 점검 필요	
Step3	예측 모델 개선 방향 결정(최근 데이터셋 활용 재학습, 다른 모델로 교체)	
	예측 모델에 대한 개선 방안 같은 분석 모델을 사용하되 새로운 데이터를 수집하여, 재학습을 위해 해당 분석 모델에 적용하여 수정된 분석 모델 도출	
Step4	개선이 필요한 경우 현재 운영되고 있는 운영시스템에 영향이 없도록 진행	
	다른 분석 기법을 적용하여 분석 모델 자체를 변경	

분석 모델의 개선 방안은 예측오차에 대한 실제 계산, 모델에 대한 성능 추적, 예측 모델 개선 방안 도출로 이뤄진다. 이는 모니터링과 리모델링 작업으로 연결될 수 있도록 정량적인 결과로 기록할 수 있다.

>  관리도(Control Chart)
> 관리도는 품질의 산포를 관리하기 위하여 하나의 중심선과 두 개의 관리 한계선(관리 상한선, 하한선)을 설정한 그래프, 관리 상한선과 하한선을 기준으로 이상 원인을 찾기 위해 사용

10.3.2 분석 결과 활용 시나리오 개발

10.3.2.1 분석 결과 활용 분야 발굴

최종 사용자는 분석(예측) 결과의 통찰력(Insight)을 확보하여 의사결정에 반영하게 되면 데이터 분석 결과의 제안 가치를 업무에 반영하게 된다.

분석 주제를 정의하는 과정에는 분석(예측) 결과의 활용 계획이 포함되지만 데이터에 대한 세밀한 이해와 탐색을 반복적으로 수행해야 하며 최종 분석(예측)결과 생성 후에도 해당 과정은 지속되어야 한다.

구분	설명
분석 결과 활용 가능 분야 파악	분석 결과의 해당 업무와 연결된 가치 사슬 활동 파악 분석목표정의서에 명시된 활용 방안을 확대 시행하거나 유사 혹은 연관 업무 파악
활용 가능 분야 분류	분석 결과 활용 가능한 분야 파악 후 마인드 맵, 친화도, 피라미드 구조도 등을 이용하여 유사 업무 활동끼리 분류(아이디어별로 구분 가능)
활용 가능 서비스 영역 도출	기존 분석 결과를 직접 적용할 수 있는 서비스 영역 도출 분석 결과가 2개 이상 영역에 활용되는 경우, 융합 활용할 수 있는 상호 작용 영역 파악
빅데이터 분석 서비스 모델 개발	신규 분석 가능한 서비스 영역에서 새로운 가치 창출이 가능한 서비스 도출 신규 서비스 기반으로 신규 분석 서비스 모델 정의

분석 결과 활용 분야 발굴

예를 들어, 구글(Google)은 데이터센터 성능 및 에너지 사용 최적화로 내부 프로세스 효율성을 개선하기 위해, 데이터센터 서버와 기타 장비들의 사용시간과 에너지 사용량에 대한 방대한 분량의 운영 데이터를 분석하여, 데이터 센터의 성능과 에너지 사용량이라는 트레이드오프 관계에 있는 두 가지 지표를 최적의 상태로 운영하고 있다. 이 과정에서 두 가지 지표에 대한 활용성을 검토하고 분류해서 분석 모델을 추가적으로 개발한 것이다.

> **참고** 빅데이터의 주요 활용 목적 **기출**
>
> 가트너 그룹은 '빅데이터 가치 모델(The Big data Value Model, 2015)'을 통해서 빅데이터 분석의 주요 활용 목적을 여섯 개의 카테고리로 구분
>
> 1) 고객관계관리(Customer Insights)
> 2) 프로세스 효율성(Product and Process Efficiency)
> 3) 마케팅 극대화(Digital Product and Service)
> 4) 운영 효율화(Operational Excellence)
> 5) 디지털 마케팅(Digital Marketing)
> 6) 위험 최소화(Risk Management and Compliance)

데이터 분석 활용 시나리오는 분석(예측) 결과로부터 데이터 특성에 적합한 차트와 필요에 따라 적정한 시각화 도구를 선택하는 방법을 계획하여 작성한다.

10.3.2.2 분석 결과 활용 시나리오 개발

새로운 분석 시나리오가 수익 창출로 이어지기 위해서는 서비스 사용자가 요구하는 답을 원하는 시점에 정확히 그리고 손쉽게 제공할 수 있는 역량이 서비스 제공자에게 필요하며, 서비스 역량을 가치로 전환시킬 수 있어야 분석 서비스로 수익 창출이 가능하다.

분석 서비스는 다양한 사용자의 이해 수준과 사용 수준을 고려하여 효과적이면서 맞춤화된 정보를 제공할 수 있어야 한다.

활용 시나리오 도출 과정(스토리텔링 수행 절차) **기출**

구분	설명
사용자별 데이터셋 및 정보 기술	사용자 분류 및 사용자별 필요 데이터셋 정의 사용자별 시각화 목적 및 내용과 시각화 결과물 기술
사용자별 사용 시나리오 작성	기업 내/외부 사용자별 사용 시나리오 작성 내부 사용자(업무담당자, 관리자 등), 외부 사용자(고객, 공급업체 등)
스토리보드 기획	사용자별 데이터 표현 수준, 전달 핵심 요소 선정, 화면 레이아웃 선정, 시각화 방법 및 그래픽 요소, 효과적 정보 전달 요소 작성

이 과정에서 스토리텔링을 중요한 기법으로 사용할 수 있으며, 사용자의 문제 상황, 해결 과정과 결과 해석에 대한 전개를 의미하므로 분석 결과에 대한 이해와 함께 사용자와 원활한 의사 소통을 하는데 도움을 준다.

10.3.2.3 분석 결과 활용 의사결정

개발된 분석 결과 시나리오를 바탕으로 분석 결과 모델 활용 여부를 결정해야 한다. 통찰력 확장은 분석 주제 정의 시 목표 외 분석(예측) 결과를 통해 확장 가능한 업무 영역을 검토할 수 있다.

빅데이터 기반의 분석 결과를 활용한 의사결정은 메트릭(분석지표) 및 데이터를 사용하여 목적, 목표 및 주도권(Initiative)에 부합하는 전략적 비즈니스 의사결정을 내리도록 안내하는 것으로 정의된다. 그렇지 않고 목적이 불명확하거나 비용 투자만으로 비즈니스 가치 달성을 추가하는 시도를 한다면 가치 창출에 어려움을 겪게 될 것이다.

> **빅데이터 비즈니스 실패 요인**
> - 빅데이터 분석 목적, 빅데이터 서비스 목적의 불명확
> - 빅데이터 분석 결과를 이용할 사용자 및 활용 방안의 불명확
> - 분석 대상 데이터 품질의 저하
> - 분석 모델에 대한 정의 없이 인프라 우선 도입

빅데이터를 활용한 비즈니스 실패 요인을 명확히 분석하고, 이를 극복할 수 있는 성공적인 데이터 거버넌스 구성이 필요하다.

빅데이터 활용 비즈니스의 실패 극복을 위한 거버넌스 구성 예시

거버넌스	설명
조직이 보유한 데이터의 전체 가치를 인식	비즈니스분석가, 영업관리자 또는 인적자원 전문가인지와 관계없이 모든 사용자가 매일 데이터를 바탕으로 더 나은 의사결정
	그러나 이것은 다음 번 전략적 기회를 식별하기 위한 적합한 분석 기술을 선택하는 것만으로는 달성 어려움
분석 결과 활용 의사결정 표준화	조직은 분석 결과를 활용한 의사결정을 표준화하여 비판적 사고와 호기심을 장려하는 문화를 조성
데이터 기반 문화 정착	모든 수준의 사용자가 데이터로 시작하는 대화를 나누고, 연습과 응용 프로그램을 통해 데이터 기술을 개발
보안 및 서비스 모델 제공	기본적으로 보안 및 거버넌스와 균형을 맞추어 사용자가 필요한 데이터에 액세스할 수 있는 셀프 서비스 모델이 필요
교육 및 기회 숙달	데이터 기술을 학습할 수 있는 교육 및 개발 기회를 창출하는 숙달이 필요
커뮤니티 확보 및 레퍼런스 장려	분석 결과를 활용한 의사결정을 지원하고 실행하는 경영진의 지원과 커뮤니티를 확보하면 다른 사람들에게도 레퍼런스가 되어 수행할 수 있도록 장려

10.3.3 분석 모델 모니터링

분석 모델이 운영시스템에 적용되거나 또는 새로운 분석시스템이 가동되면 모델의 성능을 향상시키기 위해서 모델 결과를 지속적으로 분석하고 모니터링해야 한다. 또한 변화하는 데이터의 속성과 새로운 데이터에 적응적 모델을 유지하기 위해 모델의 성능(예측력)이 떨어지지 않는지 반복적으로 확인해야 한다.

10.3.3.1 분석 모델 성능 모니터링 지표

분석 모델 및 운영시스템의 성능을 평가하려면 시스템의 예측을 샘플링해서 평가한다. 일정 주기별로 실시간 성능을 체크하고 성능이 떨어졌을 때 알람을 통지할 수 있도록 하여 갑작스러운 성능 감소와 오작동 등의 예외 상황에 대비해야 한다.

❶ 주요 성능 측정 항목 : 항목별 임계치와 이벤트 등급별로 알람을 통해 관리

분석 주기별 성능 모니터링 기준 : 일간, 주간, 월간(분기), 연간

주요 성능 측정 항목 **기출**

구분	항목	설명
측정 항목별로 영향을 미치는 측정 항목	사용률(Utilization)	자원의 일정시간 동안 정상적으로 사용한 비율(네트워크 사용 정도)
	가용성(Availability)	총 운용시간 중 정상적으로 가동된 시간 비율, 서비스 시간과 중단 시간을 고려하여 가용성 산출(서비스 시간 : 정상 서비스 시간, 중단 시간 : 하드웨어 장애, SW 버그, 운영자 실수 등)
	회귀 모델 지표	평균절대오차(MAE), 평균제곱오차(MSE), 평균제곱근오차(RMSE), R Square(결정계수) 등
	분류 모델 지표	정확도(Accuracy), 정밀도(Precision), 재현율(Recall), ROC Curve(수신자 판단 특성 곡선)와 AUC 등
	군집 모델 지표	던지수(Dunn Index), 실루엣계수(Silhouette Coefficient) 등
	기타 모델 지표	교차검증에러(CVE), BLEU, ROUGE 등
응용 프로그램 주요 성능 측정 항목	응답시간/트랜잭션 처리량	초당 트랜잭션 건수(Transaction Per Second, TPS), 타임아웃 발생 건수, 응답시간(Respense Time)
	메모리 사용량	메모리 사용시간, 사용량
	데이터베이스 처리	SQL 처리시간
	배치 실행 환경	배치 프로그램 수행 시간, 선후행 작업 결과 등
	예외처리	오류 및 예외
응용 플랫폼 성능 측정 항목	응답시간/트랜잭션 처리량	초당 트랜잭션 건수(TPS), 타임아웃 발생 건수, 응답시간
	대기 상태	대기 큐/대기 시간

응용 플랫폼 성능 측정 항목	프로세스 상태	프로세스(스레드) 상태 및 개수
	세션 상태 및 개수	클라이언트 세션의 메모리 사용량, 세션 평균 개수
	통신처리	통신 큐, 채널 상태
	자원 풀	DB 커넥션 풀, 스레드 또는 객체 풀 등의 실시간 및 평균 최대 사용 개수
	분산처리	부하 분산
	예외처리	오류 및 예외
응용 솔루션 성능 측정 항목 및 주기	수행시간	구간별 수행시간(실시간/정기)
	대기 상태	대기 큐(실시간)
	메모리 상태	메모리/버퍼(실시간/정기)
	예외처리	오류 및 예외(실시간)

> **참고** 분석 모니터링 도구
> - R을 이용한 모델 성능 모니터링(절차 단순화 및 가시성 확보 가능)
> - 샤이니(Shiny) : 작업파일(Ui.R), 서버파일(Server.R)로 구성
> - 파이썬 기반의 분석 모델 모니터링 솔루션
> - 머신러닝(ML) 모니터링을 위한 AI 플랫폼 예측(Platform Prediction)

❷ 성능 모니터링 이벤트 유형

측정 항목 정의 및 임계치 설정, 성능 이벤트(임계치 초과되는 상태)는 성능 분석을 통해 사전 예방 및 개선이 필요하다.

성능 모니터링 이벤트

구분	항목	설명
주요 성능 저하 원인		서버자원 부족, 성능 조정의 부족, I/O 조각화 현상, 데이터 이동, 프로그래밍 오류, 데이터베이스 설계 오류, 악성코드, 하드웨어 다운, 외부적 요인, 구성요소의 부조화
성능 모니터링 이벤트 발생	임계치 설정	서비스 형태와 특성 고려, 응답시간/처리속도 등
	임계치 관리	주변 요소(서버, 네트워크, 데이터베이스 등)를 반영

10.3.3.2 분석 모델 분석결과보고서 기출

빅데이터 분석 방법론의 분석 기획 영역에서는 분석목표정의서를 주요 산출물로 작성하며, 분석목표정의서에 각 단계별 필수 산출물을 명시하여 프로젝트 단계별 평가와 최종 평가에 활용하게 된다.

분석결과보고서 유형

구분	설명
프로젝트계획서	데이터 분석목표정의서, 프로젝트 일정/자원배분/의사소통 계획 등
데이터탐색보고서	데이터 수집 대상 내용 포함, 데이터 후보 변수 도출 과정, 데이터 최종 후보 변수 목록, 데이터 분석 가설별 유의성 검증 내용
모델링 및 검증보고서	데이터 모델링 및 실험계획 방안, 데이터 모델링 개발 스크립트, 데이터 모델 비교 검증을 위한 검증 내용 및 결과
중간 및 최종보고서	데이터 분석 결과 및 변수들 사이의 유의성, 데이터 분석 결과 시각화 및 시사점
성능보고서	다양한 적합 통계량을 사용. 챔피언 및 챌린저 모델에 대한 성능 보고서 생성
운영보고서	별도 인터페이스 개발에 따른 설명서, 데이터 분석 모델 유지보수를 위한 설명서 및 교육자료, 기타 필요 보고서 및 산출물

각 보고서는 보고의 목적과 보고와 관련된 이해관계자의 관심사 및 이해도를 고려하여, 전문용어 등을 최소화하고 이해가 용이하도록 작성한다. 또한 최종적으로 정리되는 분석결과보고서에는 분석 결과 '요약'을 작성하여 통찰력을 직관적으로 표현해야 한다.

10.3.4 분석 모델 리모델링

10.3.4.1 분석 모델 리모델링의 이해

분석 모델 리모델링은 편차가 일정 수준 이상으로 하락되는 경우 데이터 마이닝, 시뮬레이션, 최적화를 적용하는 개조 작업이다.

데이터는 고정되어 있지 않고 비즈니스 상황에 맞춰 지속적으로 변하기 때문에 정기적으로 새로운 데이터를 학습시키기 위해 모델을 훈련시켜야 한다.

리모델링은 기본 분석 모델에 대해 분석 기법에 따라 데이터 마이닝, 시뮬레이션 또는 최적화를 적용하는 과정으로 진행되며, 각 방법별 리모델링 주기와 수행 업무는 다음과 같다.

모델 리모델링 주기와 수행 업무

분석 기법	주기	수행 업무
데이터 마이닝(Data Mining)	분기별	동일 데이터 학습, 변수 조정 및 추가
시뮬레이션(Simulation)	주요 변경 시점 또는 반기	이벤트 발생 패턴의 변화, 시간 지연의 변화, 이벤트 처리 리소스 증가, 대기 우선순위 조정, 자원할당 규칙 변화
최적화(Optimization)	연 단위	목적함수의 계수 변경, 제약조건에 사용되는 제약값의 변화와 추가

또한 다음과 같은 리모델링 학습 방법을 적용할 수 있다.

- 재학습(Retain) : 신규 데이터로 기존 모델을 재학습하는 방법(일반적으로 우선 적용)
- 수정(Revise) : 기존 모델을 새로운 알고리즘, 기술, 데이터를 반영하여 수정하는 방법
- 교체(Replace) : 기존 모델과 전혀 다른 새로운 모델로 교체하는 방법

10.3.4.2 분석 모델 리모델링 절차

분석 모델 리모델링은 개선용 데이터 수집 및 처리(필요성) → 분석 모델 개선(반복적 탐색) → 분석 결과 평가 및 분석 모델 등록(개선 모델 선정) 절차로 진행된다.

분석 모델 리모델링 절차 **기출**

구분		설명
개선용 데이터 수집 및 처리 (필요성)	기존 모델 성능 검토	분석 모델 현황 분석(정확도/재현율/오분류율 등 분석) → 성능 검토(평균적 성능) → 개선 필요성 결정 (변동성 고려)
	개선 데이터 선정	기존 데이터에 함께 추가하거나 제외할 데이터 여부 점검
		변경된 현황을 반영하기 위한 데이터 수집 및 정제
		개선 데이터 선정 시 고려사항 : 데이터 활용도, 데이터 변동도, 신규 영향 데이터, 데이터 오류율, 기타
분석 모델 개선 (반복적 탐색)	분석 알고리즘 선정	분석 모델 개발과 동일한 절차. 높은 성능 향상을 위해 모델의 파라미터 조정
		명확한 개선 목적 설정
		개선 데이터 선정 및 유형 구분
		기존 학습 데이터 변경 내역 조사
	알고리즘 수행 및 분석 결과 기록	분석 모델 개발 절차와 동일
		학습/검증/시험용 데이터 분할 시 신규 데이터 반영
분석 결과 평가 및 분석 모델 등록 (개선 모델 선정)	분석 결과 평가	분석 알고리즘 수행 결과 검토 후 최종 모델 선정
		선정 시 이해관계자와 리뷰, 검토회의 수행
	분석 모델 등록	평가 기준 선정 → 분석 결과 검토 → 알고리즘별 결과 비교

10.3.4.3 분석 모델 리모델링 고려사항

분석 모델 리모델링은 결과를 도출하였다고 종료되는 단계는 아니다. 주기적인 재평가를 통해 필요시 분석 모델을 재조정하게 되는데, 일반적으로 초기에는 모델을 자주 재조정하고 점진적인 안정화를 통해 그 주기를 길게 설정하게 된다.

- 데이터 마이닝 : 최신 데이터 적용이나 변수 추가 방식으로 분석 모델 재조정
- 시뮬레이션 : 업무 프로세스 KPI 변경 또는 주요 시스템 원칙 변경, 발생 이벤트의 건수 증가에 따라 성능 평가 및 재조정
- 최적화 : 조건 변화나 가중치 변화 시 계수값 조정 또는 제약조건 추가로 재조정

출제예상문제

01. 빅데이터 분석 모델 전개 방안에 속하지 않는 작업은?

① 예측 모델 선정
② 운영난이도 결정
③ 운영시스템과 동일한 개발 언어 사용
④ 인터페이스 개발

02. 분석 모델 리모델링 업무에 대한 설명으로 틀린 것은?

① 데이터 마이닝
② 최적화
③ 시뮬레이션
④ 예측 모델 모니터링

03. 다음 중 분석 결과 활용 분야 발굴 순서로 알맞은 것은?

> ㄱ. 활용 가능 분야 분류
> ㄴ. 분석 결과 활용 가능 분야 파악
> ㄷ. 빅데이터 분석 서비스 모델 개발
> ㄹ. 활용 가능 서비스 영역 도출

① ㄱ-ㄴ-ㄷ-ㄹ
② ㄴ-ㄱ-ㄷ-ㄹ
③ ㄱ-ㄴ-ㄹ-ㄷ
④ ㄴ-ㄱ-ㄹ-ㄷ

04. 빅데이터 모델 성능 모니터링에 대한 주요 측정 항목 설명으로 가장 부적절한 것은?

① 응답시간 : 클라이언트 세션의 메모리 사용량, 세션 평균 개수
② 사용율 : 자원의 일정 시간 동안 정상적으로 사용한 비율
③ 가용성 : 총 운용 시간 중 정상적으로 가동된 시간 비율
④ 정확성 : 모델의 처리 결과의 정확성에 영향을 주는 요인

05. 분석 모델 리모델링 절차에 대해 순서대로 나열하시오.

> ㄱ. 개선용 데이터 수집 및 처리 / ㄴ. 분석 결과 평가 및 모델 등록 / ㄷ. 분석 모델 개선

① ㄱ → ㄴ → ㄷ
② ㄴ → ㄱ → ㄷ
③ ㄷ → ㄱ → ㄴ
④ ㄱ → ㄷ → ㄴ

06. 분석 모델 결과 보고서에 해당하지 않는 것은?

① 성능보고서
② 운영보고서
③ 학습 데이터
④ 모델링 검증보고서

07. 분석 결과를 표현하는 스토리텔링 과정으로 옳지 않은 것은?

① 사용자별 사용 시나리오 작성
② 스토리보드 도구 검증
③ 스토리보드 기획
④ 사용자별 데이터셋 및 정보 정의

01. ① 02. ④ 03. ④ 04. ① 05. ④ 06. ③ 07. ②

풀이

01. 분석 모델 전개 방안으로는 운영난이도 결정, 운영시스템과 동일한 개발 언어 사용, 인터페이스 개발 등이 있다.

02. 분석 모델 리모델링 업무로는 데이터 마이닝, 시뮬레이션, 최적화가 있다.

03. 분석 결과 활용 분야 발굴은 먼저 분야를 파악하고 분류한다. 이후 활용 가능 서비스 영역을 도출한 뒤, 빅데이터 분석 서비스 모델을 개발한다.

04. 빅데이터 모델 성능 모니터링에 주요 측정 항목은 응답시간, 사용률, 가용성, 정확성, 처리량, 프로세스 상태 등이 있다. 응답시간은 서비스 요청에서 사용자 응답까지 걸리는 시간이다.

05. 분석 모델 리모델링으로 ㄱ. 개선용 데이터 수집 및 처리 → ㄷ. 분석 모델 개선 → ㄴ. 분석 결과 평가 및 모델 등록 순으로 수행한다.

06. 학습 데이터는 모델을 학습시키는 용도이기 때문에, 보고 관점에서 어떠한 데이터가 사용되었다는 것은 포함 가능하나 실제 보고서의 형태로 정리하는 것은 무리가 있다.

07. 활용 시나리오 도출 과정에서는 스토리텔링을 중요한 기법으로 사용할 수 있으며, 사용자별 데이터셋 및 정보 기술 → 사용자별 사용 시나리오 작성 → 스토리보드 기획으로 수행한다.

Appendix

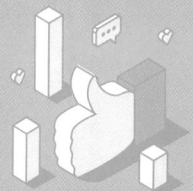

A. 표준정규분포표
B. t분포표
C. 카이제곱분포표
D. F분포표

지면 관계상 분포표 전체를 수록하지 못했습니다.
분포표 전체는 아이리포 카페에 올려 놓았습니다.
https://cafe.naver.com/ilifobooks

Z-TABLE: AREAS UNDER THE STANDARD NORMAL CURVE BETWEEN 0 AND Z, P(0~Z)

z	0	1	2	3	4	5	6	7	8	9
0.0	.0000	.0040	.0080	.0120	.0160	.0199	.0239	.0279	.0319	.0359
0.1	.0398	.0438	.0478	.0517	.0557	.0596	.0636	.0675	.0714	.0753
0.2	.0793	.0832	.0871	.0910	.0948	.0987	.1026	.1064	.1103	.1141
0.3	.1179	.1217	.1255	.1293	.1331	.1368	.1406	.1443	.1480	.1517
0.4	.1554	.1591	.1628	.1664	.1700	.1736	.1772	.1808	.1844	.1879
0.5	.1915	.1950	.1985	.2019	.2054	.2088	.2123	.2157	.2190	.2224
0.6	.2257	.2291	.2324	.2357	.2389	.2422	.2454	.2486	.2517	.2549
0.7	.2580	.2611	.2642	.2673	.2704	.2734	.2764	.2794	.2823	.2852
0.8	.2881	.2910	.2939	.2967	.2995	.3023	.3051	.3078	.3106	.3133
0.9	.3159	.3186	.3212	.3238	.3264	.3289	.3315	.3340	.3365	.3389
1.0	.3413	.3438	.3461	.3485	.3508	.3531	.3554	.3577	.3599	.3621
1.1	.3643	.3665	.3686	.3708	.3729	.3749	.3770	.3790	.3810	.3830
1.2	.3849	.3869	.3888	.3907	.3925	.3944	.3962	.3980	.3997	.4015
1.3	.4032	.4049	.4066	.4082	.4099	.4115	.4131	.4147	.4162	.4177
1.4	.4192	.4207	.4222	.4236	.4251	.4265	.4279	.4292	.4306	.4319
1.5	.4332	.4345	.4357	.4370	.4382	.4394	.4406	.4418	.4429	.4441
1.6	.4452	.4463	.4474	.4484	.4495	.4505	.4515	.4525	.4535	.4545
1.7	.4554	.4564	.4573	.4582	.4591	.4599	.4608	.4616	.4625	.4633
1.8	.4641	.4649	.4656	.4664	.4671	.4678	.4686	.4693	.4699	.4706
1.9	.4713	.4719	.4726	.4732	.4738	.4744	.4750	.4756	.4761	.4767
2.0	.4772	.4778	.4783	.4788	.4793	.4798	.4803	.4808	.4812	.4817
2.1	.4821	.4826	.4830	.4834	.4838	.4842	.4846	.4850	.4854	.4857
2.2	.4861	.4864	.4868	.4871	.4875	.4878	.4881	.4884	.4887	.4890
2.3	.4893	.4896	.4898	.4901	.4904	.4906	.4909	.4911	.4913	.4916
2.4	.4918	.4920	.4922	.4925	.4927	.4929	.4931	.4932	.4934	.4936
2.5	.4938	.4940	.4941	.4943	.4945	.4946	.4948	.4949	.4951	.4952
2.6	.4953	.4955	.4956	.4957	.4959	.4960	.4961	.4962	.4963	.4964
2.7	.4965	.4966	.4967	.4968	.4969	.4970	.4971	.4972	.4973	.4974
2.8	.4974	.4975	.4976	.4977	.4977	.4978	.4979	.4979	.4980	.4981
2.9	.4981	.4982	.4982	.4983	.4984	.4984	.4985	.4985	.4986	.4986
3.0	.4987	.4987	.4987	.4988	.4988	.4989	.4989	.4989	.4990	.4990
3.1	.4990	.4991	.4991	.4991	.4992	.4992	.4992	.4992	.4993	.4993
3.2	.4993	.4993	.4994	.4994	.4994	.4994	.4994	.4995	.4995	.4995
3.3	.4995	.4995	.4995	.4996	.4996	.4996	.4996	.4996	.4996	.4997
3.4	.4997	.4997	.4997	.4997	.4997	.4997	.4997	.4997	.4997	.4998
3.5	.4998	.4998	.4998	.4998	.4998	.4998	.4998	.4998	.4998	.4998
3.6	.4998	.4998	.4999	.4999	.4999	.4999	.4999	.4999	.4999	.4999
3.7	.4999	.4999	.4999	.4999	.4999	.4999	.4999	.4999	.4999	.4999
3.8	.4999	.4999	.4999	.4999	.4999	.4999	.4999	.4999	.4999	.4999
3.9	.5000	.5000	.5000	.5000	.5000	.5000	.5000	.5000	.5000	.5000

Table was generated by Statext.

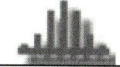

T-TABLE: VALUES OF T(ALPHA) OF THE T-DISTRIBUTION

DF	t(0.1)	t(0.05)	t(0.025)	t(0.01)	t(0.005)	t(0.0025)
1	3.078	6.314	12.706	31.821	63.657	127.321
2	1.886	2.920	4.303	6.965	9.925	14.089
3	1.638	2.353	3.182	4.541	5.841	7.453
4	1.533	2.132	2.776	3.747	4.604	5.598
5	1.476	2.015	2.571	3.365	4.032	4.773
6	1.440	1.943	2.447	3.143	3.707	4.317
7	1.415	1.895	2.365	2.998	3.499	4.029
8	1.397	1.860	2.306	2.896	3.355	3.833
9	1.383	1.833	2.262	2.821	3.250	3.690
10	1.372	1.812	2.228	2.764	3.169	3.581
11	1.363	1.796	2.201	2.718	3.106	3.497
12	1.356	1.782	2.179	2.681	3.055	3.428
13	1.350	1.771	2.160	2.650	3.012	3.372
14	1.345	1.761	2.145	2.624	2.977	3.326
15	1.341	1.753	2.131	2.602	2.947	3.286
16	1.337	1.746	2.120	2.583	2.921	3.252
17	1.333	1.740	2.110	2.567	2.898	3.222
18	1.330	1.734	2.101	2.552	2.878	3.197
19	1.328	1.729	2.093	2.539	2.861	3.174
20	1.325	1.725	2.086	2.528	2.845	3.153
21	1.323	1.721	2.080	2.518	2.831	3.135
22	1.321	1.717	2.074	2.508	2.819	3.119
23	1.319	1.714	2.069	2.500	2.807	3.104
24	1.318	1.711	2.064	2.492	2.797	3.091
25	1.316	1.708	2.060	2.485	2.787	3.078
26	1.315	1.706	2.056	2.479	2.779	3.067
27	1.314	1.703	2.052	2.473	2.771	3.057
28	1.313	1.701	2.048	2.467	2.763	3.047
29	1.311	1.699	2.045	2.462	2.756	3.038
30	1.310	1.697	2.042	2.457	2.750	3.030
31	1.309	1.696	2.040	2.453	2.744	3.022
32	1.309	1.694	2.037	2.449	2.738	3.015
33	1.308	1.692	2.035	2.445	2.733	3.008
34	1.307	1.691	2.032	2.441	2.728	3.002
35	1.306	1.690	2.030	2.438	2.724	2.996
40	1.303	1.684	2.021	2.423	2.704	2.971
50	1.299	1.676	2.009	2.403	2.678	2.937
60	1.296	1.671	2.000	2.390	2.660	2.915
70	1.294	1.667	1.994	2.381	2.648	2.899
80	1.292	1.664	1.990	2.374	2.639	2.887
90	1.291	1.662	1.987	2.368	2.632	2.878
100	1.290	1.660	1.984	2.364	2.626	2.871
110	1.289	1.659	1.982	2.361	2.621	2.865
120	1.289	1.658	1.980	2.358	2.617	2.860
Z	1.282	1.645	1.960	2.326	2.576	2.807

Table was generated by Statext.

CHI-SQUARE TABLE: VALUES OF CHI-SQUARE (ALPHA) OF THE CHI-SQUARE DISTRIBUTION

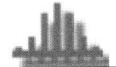

DF	X2(.995)	X2(.99)	X2(.975)	X2(.95)	X2(.05)	X2(.025)	X2(.01)	X2(.005)
1	0.000	0.000	0.001	0.004	3.841	5.024	6.635	7.879
2	0.010	0.020	0.051	0.103	5.991	7.378	9.210	10.597
3	0.072	0.115	0.216	0.352	7.815	9.348	11.345	12.838
4	0.207	0.297	0.484	0.711	9.488	11.143	13.277	14.860
5	0.412	0.554	0.831	1.145	11.071	12.833	15.086	16.750
6	0.676	0.872	1.237	1.635	12.592	14.449	16.812	18.548
7	0.989	1.239	1.690	2.167	14.067	16.013	18.475	20.278
8	1.344	1.646	2.180	2.733	15.507	17.535	20.090	21.955
9	1.735	2.088	2.700	3.325	16.919	19.023	21.666	23.589
10	2.156	2.558	3.247	3.940	18.307	20.483	23.209	25.188
11	2.603	3.053	3.816	4.575	19.675	21.920	24.725	26.757
12	3.074	3.571	4.404	5.226	21.026	23.337	26.217	28.300
13	3.565	4.107	5.009	5.892	22.362	24.736	27.688	29.819
14	4.075	4.660	5.629	6.571	23.685	26.119	29.141	31.319
15	4.601	5.229	6.262	7.261	24.996	27.488	30.578	32.801
16	5.142	5.812	6.908	7.962	26.296	28.845	32.000	34.267
17	5.697	6.408	7.564	8.672	27.587	30.191	33.409	35.718
18	6.265	7.015	8.231	9.390	28.869	31.526	34.805	37.156
19	6.844	7.633	8.907	10.117	30.144	32.852	36.191	38.582
20	7.434	8.260	9.591	10.851	31.410	34.170	37.566	39.997
21	8.034	8.897	10.283	11.591	32.671	35.479	38.932	41.401
22	8.643	9.542	10.982	12.338	33.924	36.781	40.289	42.796
23	9.260	10.196	11.689	13.091	35.172	38.076	41.638	44.181
24	9.886	10.856	12.401	13.848	36.415	39.364	42.980	45.559
25	10.520	11.524	13.120	14.611	37.652	40.646	44.314	46.928
26	11.160	12.198	13.844	15.379	38.885	41.923	45.642	48.290
27	11.808	12.879	14.573	16.151	40.113	43.195	46.963	49.645
28	12.461	13.565	15.308	16.928	41.337	44.461	48.278	50.993
29	13.121	14.256	16.047	17.708	42.557	45.722	49.588	52.336
30	13.787	14.953	16.791	18.493	43.773	46.979	50.892	53.672
31	14.458	15.655	17.539	19.281	44.985	48.232	52.191	55.003
32	15.134	16.362	18.291	20.072	46.194	49.480	53.486	56.328
33	15.815	17.074	19.047	20.867	47.400	50.725	54.776	57.648
34	16.501	17.789	19.806	21.664	48.602	51.966	56.061	58.964
35	17.192	18.509	20.569	22.465	49.802	53.203	57.342	60.275
40	20.707	22.164	24.433	26.509	55.758	59.342	63.691	66.766
50	27.991	29.707	32.357	34.764	67.505	71.420	76.154	79.490
60	35.534	37.485	40.482	43.188	79.082	83.298	88.379	91.952
70	43.275	45.442	48.758	51.739	90.531	95.023	100.425	104.215
80	51.172	53.540	57.153	60.391	101.879	106.629	112.329	116.321
90	59.196	61.754	65.647	69.126	113.145	118.136	124.116	128.299
100	67.328	70.065	74.222	77.929	124.342	129.561	135.807	140.169
110	75.550	78.458	82.867	86.792	135.480	140.917	147.414	151.948
120	83.852	86.923	91.573	95.705	146.567	152.211	158.950	163.648

Table was generated by Statext.

F-TABLE: VALUES OF F OF THE F-DISTRIBUTION (ALPHA = 0.05)

```
          DEGREE OF NUMERATOR (V1)
  V2 |    1      2      3      4      5      6      7      8      9     10
-----+---------------------------------------------------------------------
   1 |  161.45 199.50 215.71 224.58 230.16 233.99 236.77 238.88 240.54 241.88
   2 |   18.51  19.00  19.16  19.25  19.30  19.33  19.35  19.37  19.38  19.40
   3 |   10.13   9.55   9.28   9.12   9.01   8.94   8.89   8.85   8.81   8.79
   4 |    7.71   6.94   6.59   6.39   6.26   6.16   6.09   6.04   6.00   5.96
   5 |    6.61   5.79   5.41   5.19   5.05   4.95   4.88   4.82   4.77   4.74

   6 |    5.99   5.14   4.76   4.53   4.39   4.28   4.21   4.15   4.10   4.06
   7 |    5.59   4.74   4.35   4.12   3.97   3.87   3.79   3.73   3.68   3.64
   8 |    5.32   4.46   4.07   3.84   3.69   3.58   3.50   3.44   3.39   3.35
   9 |    5.12   4.26   3.86   3.63   3.48   3.37   3.29   3.23   3.18   3.14
  10 |    4.96   4.10   3.71   3.48   3.33   3.22   3.14   3.07   3.02   2.98

  11 |    4.84   3.98   3.59   3.36   3.20   3.09   3.01   2.95   2.90   2.85
  12 |    4.75   3.89   3.49   3.26   3.11   3.00   2.91   2.85   2.80   2.75
  13 |    4.67   3.81   3.41   3.18   3.03   2.92   2.83   2.77   2.71   2.67
  14 |    4.60   3.74   3.34   3.11   2.96   2.85   2.76   2.70   2.65   2.60
  15 |    4.54   3.68   3.29   3.06   2.90   2.79   2.71   2.64   2.59   2.54

  16 |    4.49   3.63   3.24   3.01   2.85   2.74   2.66   2.59   2.54   2.49
  17 |    4.45   3.59   3.20   2.96   2.81   2.70   2.61   2.55   2.49   2.45
  18 |    4.41   3.55   3.16   2.93   2.77   2.66   2.58   2.51   2.46   2.41
  19 |    4.38   3.52   3.13   2.90   2.74   2.63   2.54   2.48   2.42   2.38
  20 |    4.35   3.49   3.10   2.87   2.71   2.60   2.51   2.45   2.39   2.35

  21 |    4.32   3.47   3.07   2.84   2.68   2.57   2.49   2.42   2.37   2.32
  22 |    4.30   3.44   3.05   2.82   2.66   2.55   2.46   2.40   2.34   2.30
  23 |    4.28   3.42   3.03   2.80   2.64   2.53   2.44   2.37   2.32   2.27
  24 |    4.26   3.40   3.01   2.78   2.62   2.51   2.42   2.36   2.30   2.25
  25 |    4.24   3.39   2.99   2.76   2.60   2.49   2.40   2.34   2.28   2.24

  26 |    4.23   3.37   2.98   2.74   2.59   2.47   2.39   2.32   2.27   2.22
  27 |    4.21   3.35   2.96   2.73   2.57   2.46   2.37   2.31   2.25   2.20
  28 |    4.20   3.34   2.95   2.71   2.56   2.45   2.36   2.29   2.24   2.19
  29 |    4.18   3.33   2.93   2.70   2.55   2.43   2.35   2.28   2.22   2.18
  30 |    4.17   3.32   2.92   2.69   2.53   2.42   2.33   2.27   2.21   2.16
```

Table was generated by Statext.

Appendix

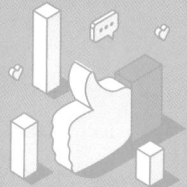

제2회~9회 (복원)기출문제

제2회 (복원)기출문제

01. 분석성숙도 평가항목에 속하지 않는 것은?

① 비즈니스 ② 조직, 역량
③ 법/제도 ④ IT자원

02. 다음에서 설명하는 내용으로 가장 적절한 것을 보기에서 고르시오.

> ( )는 데이터 분석을 기업의 문화로 정착하고 데이터 분석 업무를 지속적으로 고도화하기 위해서 조직 재분석 및 관리하는 체계를 의미한다. 전사 차원의 모든 데이터에 대해 정책 및 지침, 표준화 운영 조직 및 책임 등의 표준화된 관리체계를 수립하고 운영을 위한 프레임워크의 구축을 수행한다.

① BCP(Business Continuity Planning)
② ERP(Enterprise Resource Planning)
③ KPI/MBO
④ 데이터 거버넌스

03. 심층신경망 분석기법 중, 분류 모델과 회귀 모델은 어떤 분석방법에 속하는가?

① 비지도학습 ② 지도학습
③ 강화학습 ④ 준지도학습

04. 다음 중 인공지능, 머신러닝, 딥러닝에 대한 설명으로 옳지 않은 것은?

① 인공지능 : 컴퓨터가 인간의 지능적인 행동을 모방할 수 있도록 하는 소프트웨어
② 머신러닝 : 명시적인 프로그래밍 없이 컴퓨터가 학습하는 능력을 갖게 하는 연구 분야
③ 딥러닝 : 사람의 개입이 필요한 지도학습, 능동적인 비지도학습이 결합되어 컴퓨터가 마치 사람처럼 스스로 학습할 수 있는 인공지능 기술
④ 머신러닝 : 딥러닝보다 인간의 사고방식과 더 유사한 기술

05. 개인정보처리자는 정보주체의 동의를 받은 경우 개인정보의 수집, 이용이 가능하지만, 개인정보보호법에서는 수집 목적에 한하여 동의 없이 처리할 수 있는 경우를 정의하고 있다. 다음 중 동의 없이 처리 가능한 경우가 아닌 것은?

① 대학교에서 학교의 시설 유지 관리를 위해 차주의 휴대폰번호를 교내 재학 정보시스템에서 조회하여 주차민원을 해결하는 경우
② 보험회사가 계약 체결을 위해 청약자의 자동차 사고 이력, 다른 유사 보험 가입 여부 등의 정보를 수집하는 경우
③ 회사가 업무 효율성을 높이기 위해 임직원의 업무 처리 내역과 인터넷 접속 기록을 모니터링하는 시스템을 설치하는 경우
④ 아파트에 화재가 발생하여 집 안에 있는 자녀를 구조하기 위해 부모의 휴대폰번호를 수집하는 경우

06. 다음 중 민감정보 처리에 해당하지 않는 것은?

① LP 음반을 판매하는 회사가 고객 동의를 받아 정기적으로 카탈로그를 보내오다가 오디오테이프, CD, DVD 형태의 음악 카탈로그도 보내는 경우
② 약국에서 고객이 다른 고객의 의약품을 잘못 가져간 경우 약국이 해당 고객에 이 사실을 알리기 위해 처방 병원에 휴대폰번호를 제공받아 전화하는 경우
③ 병원진료 시 수집한 환자의 주민등록번호를 추가적인 질병 여부 파악을 위해 연계한 병원에 문의하여 병력 조회를 하는 경우
④ 홈쇼핑 고객에게 동의를 받아 매월 DM(Direct Message) 발송을 통해 상품안내를 진행하였으나 할인쿠폰이 추가 발급되어 DM과 함께 발송하는 경우

07. 다음 중 분석 유형을 구분할 때 데이터 분석방법은 충분히 이해하고 있지만 조직 내 분석대상을 인지하지 못하는 유형은?

① 최적화(Optimization) ② 발견(Discovery)
③ 통찰(Insight) ④ 솔루션(Solution)

08. 분석 문제 정의의 상향식접근법의 절차를 맞게 설명한 것은?

① 프로세스 분류 → 프로세스 흐름 분석 → 분석요건 정의 → 분석요건 식별
② 프로세스 흐름 분석 → 프로세스 분류 → 분석요건 식별 → 분석요건 정의
③ 프로세스 분류 → 프로세스 흐름 분석 → 분석요건 식별 → 분석요건 정의
④ 프로세스 흐름 분석 → 프로세스 분류 → 분석요건 정의 → 분석요건 식별

09. 빅데이터 분석절차는 빅데이터 분석방법론을 토대로 5단계 절차로 수행된다. 다음 중 빅데이터 분석절차로 옳은 것은?

① 분석 기획 → 데이터 준비 → 시스템 구현 → 데이터 분석 → 평가 및 전개
② 분석 기획 → 데이터 분석 → 시스템 구현 → 데이터 준비 → 평가 및 전개
③ 데이터 준비 → 분석 기획 → 데이터 분석 → 시스템 구현 → 평가 및 전개
④ 분석 기획 → 데이터 준비 → 데이터 분석 → 시스템 구현 → 평가 및 전개

10. 데이터 분석 단계에서는 분석용 데이터 준비, 분석, 모델링, 평가 및 검증을 수행한다. 다음에서 설명하는 데이터 분석 단계의 수행 내용에 알맞은 것은?

( )는 벨연구소의 수학자 '존 튜키'가 개발한 데이터 분석과정에 대한 개념으로, 데이터를 분석하고 결과를 내는 과정에 있어서 지속적으로 해당 데이터에 대한 '탐색과 이해'를 기본으로 가져야 한다는 것을 의미한다.

① 모델링 ② 정합성 검증
③ 시스템 테스트 ④ 탐색적 분석(EDA)

제2회 (복원)기출문제

11. 가설 설정을 통해 통계 모델을 만들거나 기계학습(지도학습, 비지도학습 등)을 이용하여 모델을 만드는 과정은 무엇인가?

① 모델링
② 텍스트 분석
③ 모델 평가
④ 탐색적 분석

12. 다음 중 반정형 데이터의 수집기술로 가장 적절하지 않은 것은?

① Open API
② HTTP
③ ETL
④ Crawling

13. 데이터 변환에 대한 설명으로 옳은 것은?

① 데이터 유형을 변환하거나 데이터 분석이 용이한 형태로 변환하는 과정
② 결측값 변환, 이상값 제거, 노이즈 데이터를 교정하는 과정
③ 데이터 분석이 용이하도록 기존 또는 유사 데이터를 연계, 통합하는 과정
④ 레거시 시스템(Legacy system)의 데이터와 함께 분석이 필요한 경우 수행

14. 다음 중 데이터 비식별화 방법에 대한 설명으로 가장 적절하지 않은 것은?

① 데이터 마스킹 : 개인식별이 가능한 데이터에 직접적으로 식별할 수 없는 다른 값으로 대체
② 데이터 삭제 : 개인정보 식별이 가능한 특정 데이터값을 삭제
③ 데이터 범주화 : 단일 식별 정보를 해당 그룹의 대표값으로 변환하거나 구간값으로 변환
④ 총계처리 : 개인정보에 대해 통계값을 적용해 특정 개인을 판단할 수 없도록 함

15. 비식별화 프라이버시 모델 중 특정인 추론이 안 된다고 해도 민감한 정보의 다양성을 높여 추론 가능성을 낮추는 기법은?

① k-익명성
② l-다양성
③ t-근접성
④ s-민감성

16. 다음을 설명하는 품질 특성을 고르시오.

> 필수항목에 누락이 없어야 한다.
> 예) 고객의 아이디는 NULL일 수 없다.

① 완전성
② 유일성
③ 일관성
④ 신뢰성

17. 정형 데이터의 품질 기준에 대한 설명으로 가장 적절하지 않은 것은?

① 필수항목에는 누락이 없어야 하는 특성
② 규정된 조건에서 사용될 때, 사용자에 의해 이해되고, 선호될 수 있게 하는 정도
③ 데이터 항목은 정해진 데이터 유효 범위 및 도메인을 충족해야 하는 특성
④ 데이터가 지켜야 할 구조, 값 등이 일관되게 정의되어야 하며 일치해야 하는 특성

18. 데이터 품질진단으로 도출할 수 있는 질문은 무엇인가?

① 왜 발생했는가?
② 언제 할 것인가?
③ 사건이 일어날 것인가?
④ 어떻게 대응할 것인가?

19. 전통적 분석 환경에서의 ETL에 대한 설명으로 알맞지 않은 것은?

① ETL은 Extract, Transform, Load 세 단어의 축약어로 데이터 소스시스템 및 환경으로부터 데이터를 추출하여 비즈니스 데이터로 변환 후 데이터 마트, 데이터 웨어하우스, ODS(Online Data Store)로 적재한다.
② ETL 구현을 위해 일괄 ETL(Batch ETL) 실시간 ETL(Real Time ETL)로 구분할 수 있다.
③ 대용량 데이터 처리를 위해 MPP(작업 단계에서 다수의 프로세서가 동시 처리할 수 있게 하는 병렬처리 프로세스)를 지원한다.
④ ETL은 중간 단계에 저장하는 역할을 한다.

20. 비정형 데이터 저장방식으로 알맞지 않은 것은?

① 단어, 문장
② 음성 데이터는 정적이므로 $y = f(x)$의 형태
③ 이미지는 RGB픽셀
④ 동영상은 스트리밍 방식

21. 이상값 탐지를 위한 상자그림(Boxplot)에서 측정 불가능한 항목은 무엇인가?

① 제1사분위수
② 사분위수 범위(IQR)
③ 평균값
④ 중앙값(Median)

22. 래퍼 기법에 대한 설명으로 가장 부적절한 것은?

① 전진선택법은 변수를 알 수 없는 상태로 시작하여 반복할 때마다 가장 중요한 변수를 추가함으로써 더 이상 성능 향상이 없을 때까지 변수를 추가하는 방법이다.
② 전진선택법은 변수값의 작은 변동에도 그 결과가 유지되어 안전성이 높다.
③ 후진제거법은 모든 변수를 가지고 시작하고 가장 덜 중요한 변수를 하나씩 제거하면서 모델의 성능을 향상시키는 기법이다.
④ 단계별 선택법은 전진과 후진제거법을 결합하여 사용하는 기법이다.

제2회 (복원)기출문제

23. 대표적인 차원축소 기법에 대한 다음의 설명 중 옳지 않은 것은?

① 주성분분석은 여러 변수들의 선형 결합으로 이루어진 주성분이라는 새로운 변수를 만들어 기존의 변수들을 요약하여 축소하며, 각 주성분 간에 우선순위가 없이 대등하다.
② 다차원척도법은 데이터 속에 잠재해 있는 패턴, 구조를 찾아내어 소수 차원의 공간에 객체 간 근접성을 시각화하는 통계 기법으로 차원축소에 사용될 수 있다.
③ 차원축소 기법 중 하나인 요인분석은 여러 개의 변수들로 이루어진 데이터에서 변수들 간의 상관관계를 고려하여 서로 유사한 변수들을 묶어 새로운 잠재요인을 추출해내는 분석방법이다.
④ t-SNE는 데이터에서 지역 인접성을 보존하려고 시도하는 차원축소 알고리즘으로, 비선형적이며 비결정적이다.

24. 아래의 설명 중 파생변수의 추가방법에 해당되는 것을 모두 고르시오.

ㄱ. 한 값으로부터 특징들을 추출한다.
ㄴ. 한 레코드 내의 값들을 결합한다.
ㄷ. 다른 테이블의 부가적인 정보를 참조한다.
ㄹ. 거래 레코드를 분리한다.
ㅁ. 복잡한 표현방식으로 변환한다.

① ㄱ, ㄷ
② ㄴ, ㄹ
③ ㄱ, ㄴ, ㄷ
④ ㄱ, ㄴ, ㅁ

25. 불균형 데이터 처리방법으로 적합하지 않은 것은?

① 언더샘플링
② 오버샘플링
③ SMOTE
④ 임베디드 기법

26. 다음 중 오버샘플링(Over Sampling)에 대한 설명으로 옳지 않은 것은?

① 정보가 손실되지 않는다는 장점이 있다.
② 데이터의 수를 증가시키므로 복제되는 데이터에 분류기가 과적합될 수 있는 단점이 있다.
③ 오버샘플링 기법에는 Resampling, SMOTE, Borderline SMOTE가 있다.
④ 데이터의 크기가 클 때 효과적이며 계산 시간이 감소한다.

27. 상관관계 분석에 대한 설명으로 가장 부적절한 것은?

① 두 개의 변수 간의 직선관계의 선형성과 산점도로 확인할 수 있다.
② 양(+)의 상관관계는 두 변수가 동반 증가되는 것이며, 음(-)의 상관관계는 두 변수의 값이 반대로 증감하는 것이다.
③ -1~+1 사이의 값으로 -1과 +1은 완전한 비선형관계를 의미한다.
④ 두 변수의 선형관계 측정을 위한 수치로 공분산과 상관계수를 사용한다.

28. 프로야구 선수 A의 연도별 홈런 개수를 조사하였다. 주어진 자료가 {1, 2, 5, 4, 7, 10}일 때, 자료의 중앙값을 계산하시오.

① 중앙값 = 4.2
② 중앙값 = 4.3
③ 중앙값 = 4.4
④ 중앙값 = 4.5

29. 다음 시계열 그래프의 추이를 보고, 올바른 해석을 선택하시오.

① A회사에 매출은 2년 동안 완만하게 증가했음을 알 수 있다.
② B회사에 매출도 2년 동안 전반적으로 증가했음을 보여주지만 A회사의 경우보다는 변동이 크다.
③ B회사는 A회사보다 매출이 낮게 시작하였으나, 4월에 B회사가 A회사의 매출을 추월했다.
④ A회사가 B회사보다 변동성이 높은 사업구조를 가지고 있다.

30. 다음에서 설명하는 다변량 데이터 탐색방법으로 가장 알맞은 것은?

( )는 하나의 변수를 하나의 세로축으로 평행하게 배치하며, 한 축의 윗부분은 각 변수의 (매핑되는 하나의 축) 최대값, 아래부분은 각 변수의 최소값을 나타낸다.
변수를 표시한 세로축 여러 개를 나란히 늘어놓음으로써 한 번에 많은 데이터를 비교하기에 유용한 그래프이다.

① 산점도행렬
② 평행좌표그래프
③ 체르노프페이스
④ 스몰멀티플즈

31. 다음에서 설명하는 표본추출 방법은 무엇인가?

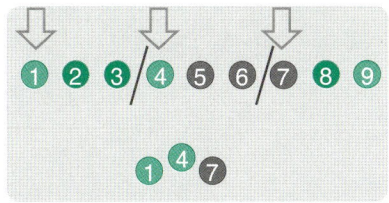

모집단의 전체에 번호를 붙여 놓고 첫 번째 선택 후 3개 간격으로 샘플을 추출한다.

① 단순확률표본추출
② 층화확률표본추출
③ 계통표본추출
④ 집락추출

제2회 (복원)기출문제

32. 핸드폰 생산공장에서 핸드폰을 생산하는데 A, B, C라인을 사용한다. 생산품의 10%를 A라인, 30%를 B라인, 60%를 C라인에서 생산하고, A라인의 불량률은 1%, B라인의 불량률은 2%, C라인의 불량률은 3%라고 했을 때, A라인에서 불량품이 발생할 확률은?

① 0.04　　　　　　　　　　② 0.017
③ 0.4　　　　　　　　　　　④ 0.17

33. 확률분포에 대한 설명으로 가장 알맞지 않은 것은?

① 이산확률분포는 이항분포, 초기하분포, 포아송분포가 해당된다.
② 연속확률분포는 χ^2분포, F분포, t분포, 정규분포가 있다.
③ 확률변수 X가 n개의 이산값 $\{x_1, x_1, x_1, \ldots, x_n\}$을 가지며 각 값들이 취할 확률이 동일한 경우, 이 확률변수를 이산균등분포를 따른다고 한다.
④ 베르누이분포는 '성공'에 해당하는 사건이 발생할 확률이 p인 똑같은 시행을 n번 반복해서 시행하여 일어난 두 가지 결과에 의해 그 값이 각각 0과 1로 결정되는 확률분포이다.

34. 이산 확률분포가 아닌 것은?

① 이항분포　　　　　　　　② 균등분포
③ 정규분포　　　　　　　　④ 포아송분포

35. 아래의 사례의 경우 사용할 수 있는 연속확률분포는?

> 모분산이 알려져 있지 않고, 표본이 충분하지 못한 경우(일반적으로 $n < 30$이면) 평균의 표본분포를 산출하기 위한 방법

① z분포　　　　　　　　　② 카이제곱분포
③ t분포　　　　　　　　　④ F분포

36. 다음의 사례에 대한 모평균의 점추정량을 구할 때 빈칸에 가장 적절한 것은?

> 대학생들의 한 달 평균 용돈을 알기 위하여 500명의 대학생을 단순무작위로 추출하여 조사한 결과 표본평균 $\bar{x} = 50$만 원이었다. 따라서 모집단의 모수 모평균은 50만 원일 것이라고 추정하는데, 이때 표본통계량(　　　)는 추정량이 되고, 계산된 구체적인 수치 (　　　)은 추정값이 된다.

① $\bar{x} = 50, \bar{X} = \frac{1}{n}\sum_{i=1}^{n} X_i$
② $\bar{X} = \frac{1}{n}\sum_{i=1}^{n} X_i, \bar{x} = 50$
③ $\hat{\theta} = \frac{50}{500} = 0.1 = \theta, \bar{x} = 50$
④ $S^2 = \hat{\theta} = \frac{1}{n-1}\sum_{i=1}^{n}(X_i - \bar{X})^2, \bar{x} = 50$

37. 다음 중 모집단의 점추정 방법으로 적합하지 않은 것은?

① 평균제곱오차(MSE)　　　② 적률법
③ 유의수준　　　　　　　　④ 최대가능도추정법(MLE)

38. 정규분포를 따르는 모집단에서 표본을 16개 추출하여 어떤 물건의 무게를 측정한 결과, 표본평균은 $\bar{X}$ = 19, 표준편차 S = 12를 얻었다. 이 물건의 모평균 무게에 대한 95% 통계량이 2.131일 경우 신뢰구간을 구하시오.

① $12.61 \leq \mu \leq 25.39$
② $12.35 \leq \mu \leq 24.592$
③ $13.49 \leq \mu \leq 25.12$
④ $13.38 \leq \mu \leq 24.672$

39. 다음의 표에서 제1종오류와 제2종오류에 대한 것으로 알맞은 것은?

가설 \ 가설 검정결과	귀무가설(H_0)가 사실이라고 판정	대립가설(H_1)이 사실이라고 판정
귀무가설(H_0)이 사실	(a)	(b)
귀무가설(H_0)이 사실이 아님	(c)	(d)

① (a), (b)
② (a), (c)
③ (b), (c)
④ (b), (d)

40. 가설 검정의 제1,2종오류에 대한 설명으로 알맞지 않은 것은?

① 유의수준(α)은 제1종오류를 범할 확률로 귀무가설이 옳음에도 불구하고 이를 기각하는 확률의 크기를 말한다.
② 신뢰도($1-\alpha$)는 검정하려는 귀무가설이 참인 경우, 이를 옳다고 판단할 확률이다.
③ 검정력($1-\beta$)은 대립가설이 참일 때, 귀무가설을 기각하는 확률이다.
④ 위험도는 주어진 유의수준에서 귀무가설을 채택하거나 기각하는 기준이 되는 값이다.

41. 다음 중 진단(DIONOSTIC) 분석에 대한 설명으로 알맞은 것은?

① 조직이 원하는 결과를 달성하기 위해 수행해야 할 방향성을 제시하는 분석
② 과거 데이터로 왜 일어났는지 찾기 위한 분석으로 데이터를 자세히 조사하고 주어진 상황의 근본 원인을 파악하기 위한 분석
③ 현재 생성되는 데이터를 통해 무엇이 일어날 것인지 예측하는 분석
④ 과거에서 현재 데이터를 통해 무엇이 일어났고, 일어나고 있는지를 파악하기 위한 분석

42. 다음 중 비지도학습에 해당하는 것들을 모두 고르시오.

ㄱ. 사기 감지를 위해 시스템에서 신용카드의 높은 가치 거래를 감지
ㄴ. 기저귀를 사면 맥주도 함께 구매함
ㄷ. 집 크기에 따른 매매비용 예측

① ㄱ
② ㄱ, ㄴ
③ ㄴ, ㄷ
④ ㄱ, ㄴ, ㄷ

43. 다음 중 보기를 분석하기 위한 알고리즘 사례로 가장 알맞은 것은?

① 회귀 ② 분류
③ 다지분류 ④ 예측

44. 다음 보기를 분석하기 위한 알고리즘으로 알맞은 것은?

| 교복에 대한 치수와 너비를 잰 학생 데이터 |

① 분류트리 ② 군집화
③ 회귀분석 ④ 서포트벡터머신

45. 분석 모델 구축절차 중 모델링에 해당하는 상세 단계로 알맞은 것은?

ㄱ. 모델링 마트 설계 및 구축
ㄴ. 모델링 모델 확정
ㄷ. 모델링 성능 평가
ㄹ. 탐색 전 분석 및 유의변수 도출

① ㄱ - ㄴ - ㄷ - ㄹ ② ㄹ - ㄷ - ㄱ - ㄴ
③ ㄱ - ㄹ - ㄴ - ㄷ ④ ㄹ - ㄱ - ㄷ - ㄴ

46. 데이터 분할에 대한 설명으로 가장 거리가 먼 것은?

① 학습 데이터 : 모델을 적합하게 만들기 위해 사용되는 데이터
② 일반적으로 학습 데이터는 분석 데이터의 50%, 검증 데이터는 30%, 테스트 데이터는 20%를 사용한다.
③ 검증 데이터 : 모델이 얼마나 잘 적합하게 선택되있는지 평가. 일부 모델을 조정하여 구축된 모델 중 좋은 모델 선택
④ 테스트 데이터를 반복해서 재사용하면 이는 훈련셋의 일부가 되고 모델 과소적합의 원인이 된다.

47. K-폴드 교차검증(K-fold Cross-Validation)에 대한 설명으로 틀린 것은?

① 홀드아웃에 비해 훈련 데이터 분할에 덜 민감한 성능 추정을 얻을 수 있다.
② 데이터가 충분하지 않은 경우 사용한다.
③ 훈련 데이터가 작다면 Fold 개수를 줄이는 것이 좋다.
④ 대체로 학습 데이터(Train Data Set)와 검증 데이터(Validation Data Set)만 사용하는 것보다 높은 정확도를 보인다.

48. 다음 중 회귀분석 가정에 대한 문제로 아래 그래프가 의미하는 성질은?

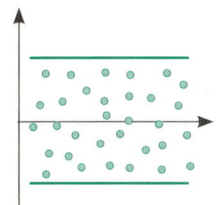

① 독립성　　　　　　② 등분산성
③ 정상성　　　　　　④ 비상관성

49. 모든 변수 적용 후 하나씩 변수를 제거하는 방법은?

① 층화추출법　　　　② 단계적방법
③ 전진선택법　　　　④ 후진제거법

50. 라쏘(Lasso) 회귀 모델에 대한 설명 중 옳지 않은 것은?

① 가중치 벡터의 L1 norm을 사용한다.
② 공식은 $J(\theta) = MSE(\theta) + \alpha \sum_{i=1}^{n} |\theta_i|$로 도출할 수 있다.
③ 규제가 적용된 선형회귀이다.
④ L2 norm의 제곱을 나눠 규제항으로 사용한다.

51. 반응변수가 범주형일 때 사용히는 회귀분석으로 알맞은 것을 고르시오

① 로지스틱회귀분석
② 선형회귀분석
③ 규제가 있는 선형회귀분석
④ 비선형회귀분석

52. 인공신경망에서 학습을 통해 정해지는 값으로 가장 알맞은 것은?

① 커널값　　　　　　② 뉴런값
③ 가중치　　　　　　④ 오차

53. 서포트벡터머신의 설명으로 틀린 것은?

① 분류와 회귀분석에 사용되는 지도학습 알고리즘이다.
② 데이터가 사상된 공간에서 경계선과 가장 근접한 데이터를 서포트벡터라고 부른다.
③ 테스트가 매우 쉽다.
④ 고차원에서의 특징 추출이 어려운 경우 차원의 저주를 회피한다.

제2회 (복원)기출문제

54. K-평균군집(K-Means Clustering)의 K를 구하는 방법으로 알맞은 것은?

① 엘보우메소드(Elbow Method)
② 정밀도(Precision)
③ 재현율(Recall)
④ 던지수(Dunn Index)

55. 제시한 데이터를 사용할 수 있는 분석기법은 무엇인가?

〈국내 주요 도시 간 거리 데이터〉

Matrix	서울	인천	부산	대구	대전	청주	춘천	광주	전주
서울	0								
인천	28km	0							
부산	310km	320km	0						
대구	220km	225km	97km	0					
대전	130km	135km	188km	105km	0				
청주	95km	110km	202km	114km	34km	0			
춘천	88km	120km	300km	205km	161km	125km	0		
광주	245km	228km	177km	159km	130km	159km	288km	0	
전주	175km	170km	180km	120km	55km	88km	209km	72km	0

① 군집분석
② 시계열분석
③ 다차원척도법
④ 비정형 데이터 분석

56. 다음 중 시계열 분석기법에서 사용 모델로 가장 거리가 먼 것은?

① 분해법
② 이항분포
③ 자기회귀
④ 이동평균

57. 베이즈 정리에 대해 아래 빈 칸에 알맞은 내용을 넣으시오.

$$P(A|B) = \frac{(빈칸)P(B|A)}{P(B)}$$

① P(A)
② P(B)
③ P(B∩A)
④ P(A∪B)

58. 합성곱신경망(CNN) 알고리즘에서 6×6 Input Data에 대해 3×3의 Filter를 거치는 경우 특징맵(피처맵)의 크기를 계산하시오.

① 2×2
② 3×3
③ 4×4
④ 5×5

59. 다음 중 앙상블 기법이 아닌 것은?

① 시그모이드(Sigmoid)
② 배깅(Bagging)
③ 랜덤포레스트(Random Forest)
④ 부스팅(Booting)

60. 여러 개의 약한 학습기(Weak Learner)를 순차적으로 학습/예측하면서 잘못 예측한 데이터에 가중치를 부여해 오류를 개선해 나가는 학습으로 모델 개수가 많을수록 정확도가 높은 방식은?

① 배깅 – 아다부스트
② 랜덤포레스트 – 배깅
③ 부스팅 – 랜덤포레스트
④ 부스팅 – GBM

61. ROC에서 완벽한 모델인 경우 x, y 값은?

① 0, 0
② 0, 1
③ 1, 0
④ 1, 1

62. 실제 False 100 개 중 40개를 False로 예측했을 때, 특이도에 해당하는 값은?

① 4/10
② 6/10
③ 0
④ 1

63. 다음 중 ROC Curve에 대한 설명으로 맞는 것은?

① 진양성율(True Positive Rate, TPR) = 민감도 = 1 – 음성율
② 양성율이란 True인 케이스에 대해 True로 맞게 예측한 비율이다.
③ 위양성율(False Positive Rate, FPR) = 1 – 정밀도
④ 위양성율이란 False인 케이스에 대해 False로 예측한 비율이다.

64. 다음 중 혼동행렬에서 도출 가능한 평가지표가 아닌 것은?

① 정밀도
② 재현율
③ 신뢰도
④ 특이도

65. 다음 혼동행렬을 통해 F1-Score 값을 도출하시오.

		예측값	
		Positive	Negative
실제값	Positive	30	10
	Negative	20	40

① 1/3
② 2/3
③ 1
④ 3/4

제2회 (복원)기출문제

66. 다음 중 데이터 관측값 영향력을 진단하는 방법이 아닌 것은?

① 쿡의 거리(Cook's Distance)

② DFBETAS

③ DFFITS

④ 샤피로-윌크(Shapiro-Wilk)

67. 다음 중 군집분석 모델의 진단방법이 아닌 것은?

① 샤피로-윌크(Shapiro-wilk) 검정

② 단순계산법

③ 던지수(Dunn Index)

④ 엘보우메소드(Elbow Method)

68. 그래프를 그려서 정규성 가정이 만족되는지 시각적으로 확인하는 방법은?

① 샤피로-윌크(Shapiro-Wilk) 검정

② 콜모고로프-스미르노프(Kolmogorov-Smirnov) 검정

③ 카이제곱(Chi-square) 검정

④ 분위수 대조도(Q-Q plot)

69. 다음은 모수의 유의성 검정절차다. 순서대로 나열하시오.

> ㄱ. 가설(귀무가설, 대립가설)을 세운다
> ㄴ. 관측된 자료에 대한 P값($P-value$)를 계산한다
> ㄷ. 유의수준 α를 정한다.
> ㄹ. 검정통계량을 결정한다.
> ㅁ. P값($P-value$) < α → 귀무가설 기각하거나, P값($P-value$) > α → 귀무가설 채택한다.

① ㄱ-ㄹ-ㄴ-ㄷ-ㅁ

② ㄱ-ㄷ-ㄹ-ㄴ-ㅁ

③ ㄱ-ㄴ-ㄹ-ㄷ-ㅁ

④ ㄱ-ㄷ-ㄴ-ㄹ-ㅁ

70. 다음 그래프가 의미하는 적합도 검정 기법은?

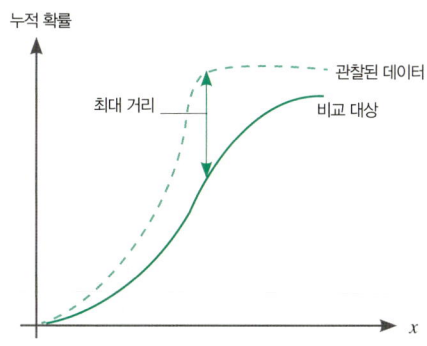

① 샤피로-윌크(Shapiro-Wilk) 검정
② 콜모고로프-스미르노프(Kolmogorov-Smirnov) 검정
③ 카이제곱(Chi-square) 검정
④ Q-Q plot

71. 다음 중 과적합의 원인이 아닌 것은?

① 학습 데이터가 대표성을 가지지 못하는 경우
② 고려해야 할 독립변수가 너무 많아 차원의 저주 발생
③ 복잡한 모델이 생성되어 독립변수와 종속변수 간의 관계 설명 실패
④ 특징이 단순하여 학습 정확도 저하

72. 파라미터 최적화의 설명으로 틀린 것은?

① 파라미터는 주어진 데이터로부터 학습을 통해 모델 내부에서 결정되는 변수이다.
② 학습 모델과 실제 레이블과의 차이는 손실 함수로 표현한다.
③ 학습의 목적은 오차나 손실 함수의 값을 최소화하도록 가중치와 편향을 찾는 것이다.
④ 학습률이 작은 경우 학습이 빠르고, 높을 경우는 학습이 느리다.

73. 다음 중 파라미터에 대한 설명으로 가장 거리가 먼 것은?

① 파라미터는 모델 내부에서 결정되는 변수로 그 값은 데이터로부터 결정된다.
② 선형회귀의 계수도 모델링에 의해 자동으로 결정되는 값으로 파라미터라 한다.
③ 하이퍼파라미터는 모델링할 때 사용자가 직접 세팅해주는 값을 의미한다.
④ 하이퍼파라미터는 정해진 최적의 값이 있어 휴리스틱한 방법이나 경험법칙으로 결정할 수 없다.

제2회 (복원)기출문제

74. 최종 모델 평가기준 선정 시 고려하는 대표적인 평가지표로 틀린 것은?

① 회귀 모델 : MAE, MSE
② 예측 모델 : 혼동행렬(Confusion Matrix), 향상도차트(Lift Chart)
③ 군집 모델 : 일치행렬, 랜드지수(RI)
④ 분류 모델 : ROC Curve, 카파(Kappa) 상관계수

75. 다음 중 데이터 시각화 기능에 대한 설명으로 잘못된 것은?

① 설명 : 전달하려는 메시지와 분석결과 설명
② 가설 : 증명하기 어려운 원인에 대한 예측 이론
③ 탐색 : 유의미하고 흥미로운 요소 명확하게 보여줌
④ 표현 : 이야기 전달과 공감을 불러일으키기 위한 기능

76. 아래의 그래프에 대한 해석으로 틀린 것은?

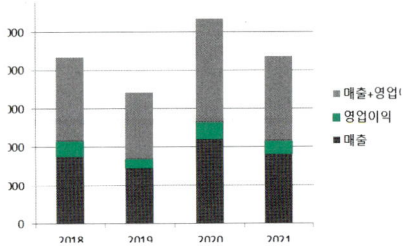

① 2020년의 매출이 가장 크다.
② 매출은 꾸준히 증가하고 있다.
③ 영업이익은 감소 및 증가를 반복한다.
④ 2019년에 매출 및 영업이익의 합이 가장 작다.

77. 빅데이터 시각화 기법 중 x축과 y축 사이에 존재하는 두 개 변수 간의 관계를 나타내는 방법으로 알맞은 것은?

① 산점도
② 히스토그램
③ 버블차트
④ 플로팅바차트

78. 다음 그래프를 보고 같은 유형의 빅데이터 시각화 기법이 아닌 것은?

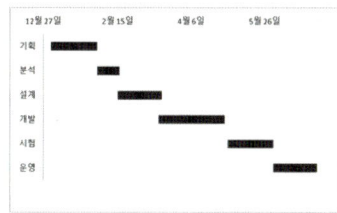

① 체르노프페이스
② 히트맵
③ 스타차트
④ 트리맵

79. 인포그래픽의 설명으로 틀린 것은?

① 중요 정보를 하나의 그래픽으로 표현해서 보는 사람들이 쉽게 정보를 이해할 수 있도록 만드는 시각화 방법이다.
② 정보를 일반적으로 전달하는 방법과 스토레텔링이 가능하다는 점에서 기존 차트나 그래픽과 동일하게 사용한다.
③ 정보의 인포메이션(Information)과 시각적 그래프의 합성어이다.
④ 인포그래픽 기법으로는 지도형, 도표형, 타임라인형 등이 있다.

80. 데이터(Data) 분석결과 활용에 대한 설명으로 옳지 않은 것은?

① 데이터가 많을 때 훈련만 하고, 검증하지 않아도 신뢰성이 높다.
② 위기상황에 대한 판단을 할 수 있다.
③ 숨은 니즈(Needs)와 가치 발견이 가능하다.
④ 새로운 정보의 왜곡 및 실제 여부를 판단할 수 있다.

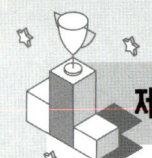

제2회 (복원)기출문제_정답 및 풀이

정답

문항	정답	문항	정답	문항	정답	문항	정답	문항	정답	문항	정답	문항	정답	문항	정답
01	③	11	①	21	③	31	③	41	②	51	①	61	②	71	④
02	④	12	③	22	②	32	①	42	②	52	③	62	①	72	④
03	②	13	①	23	①	33	④	43	②	53	③	63	②	73	④
04	④	14	①	24	③	34	③	44	②	54	①	64	③	74	②
05	③	15	②	25	④	35	③	45	③	55	③	65	②	75	②
06	③	16	②	26	④	36	④	46	②	56	③	66	④	76	②
07	③	17	②	27	③	37	③	47	③	57	①	67	①	77	①
08	③	18	①	28	④	38	①	48	②	58	③	68	④	78	④
09	④	19	④	29	④	39	③	49	④	59	④	69	②	79	②
10	④	20	②	30	②	40	④	50	④	60	④	70	②	80	①

풀이

01. 분석성숙도 평가의 3가지 기준은 비즈니스, 조직/역량, IT자원이다.

02. 데이터 거버넌스를 통해 기업의 데이터를 총괄하고 데이터 운영에 대한 안정성을 확보할 수 있다.

03. 분류와 회귀 모델은 지도학습의 2가지 종류다.

04. 인간의 사고방식과 더 유사하게 학습을 통해 주요 특성을 도출하는 기술은 딥러닝이다.

05. 모니터링 시스템의 설치를 정보주체의 권리보다 명백히 우선한다고 보기 어려우므로 노사협의회 등을 통해 직원 동의 절차를 거치는 것이 바람직하다.

06. 민감정보 또는 고유식별정보는 다른 개인정보와 달리 개인정보보호법 제23조, 24조에 따라 정보주체로부터 별도 동의를 받거나 법령에 근거가 있는 경우에 한하여 처리 가능하다.

07. 분석대상에 대해서는 명확히 알 수 없지만 분석방법을 잘 알고 있다면 Insight(통찰력)를 도출할 수 있다.

08. 상향식접근법의 절차는 프로세스 분류 → 프로세스 흐름 분석 → 분석요건 식별 → 분석요건 정의이다.

09. 빅데이터 분석방법론의 분석절차는 분석 기획 → 데이터 준비 → 데이터 분석 → 시스템 구현 → 평가 및 전개 순으로 진행된다.

10. 탐색적 분석(EDA)은 분석용 데이터셋에 대해 정합성을 검토하고 데이터 시각화로 가독성을 높이는 데이터 분석기법이다.

제2회 (복원)기출문제_정답 및 풀이

11. 모델링은 지도/비지도학습 등의 알고리즘을 이용해 해결하고자 하는 문제에 대한 모델을 정의하는 과정이다.

12. ETL은 정형 데이터의 수집기술이다.

13. 데이터 변환은 데이터 유형을 변환하거나 데이터 분석이 용이한 형태로 변환하는 과정이며, 레거시 시스템의 분석 작업은 데이터 통합에서 이루어진다.

14. 개인식별이 가능한 데이터에 대해 직접적으로 식별할 수 없는 다른 값으로 대체하는 것은 가명처리이다.

15. 민감정보의 다양성을 높이는 프라이버시 모델은 l-다양성에 대한 설명이다.

16. 필수항목에 누락이 없어야 하는 품질 특성은 완전성에 대한 설명이다.

17. 규정된 조건에서 사용될 때 사용자에 의해 이해되고, 선호될 수 있게 하는 정도는 비정형 데이터의 사용성을 의미한다.

18. 품질진단을 통해 품질저하의 요인을 분석해 개선사항을 제한하게 되며, 왜 특정 결과가 발생했는지 설명할 수 있다.

19. 데이터 분석을 위해 실시간 데이터를 저장하는 것은 데이터 분석을 위한 중간 단계이며, 이는 ODS의 역할이며 목적이다.

20. 음성 데이터는 미디어 데이터로 연속적인 형태를 보이므로 스트리밍 처리방식이 적합하다.

21. 사분위수(Quartile)에서는 1~4사분위수, 범위, 최소, 최대값, 이상값, 중앙값을 확인 가능하며 평균값은 측정할 수 없다.

22. 진진신댁법은 변수값의 작은 변동에도 그 결과가 크게 달라져 견고성이 부족한 단점이 있다.

23. 주성분분석은 고차원의 표본들을 선형 연관성이 없는 저차원의 공간으로 변환하는 기법이며, 가장 우선순위가 높은 주성분을 축으로 재조정한다.

24. 거래 레코드는 요약해서 사용하고, 복잡한 표현은 단순한 표현으로 변환해야 한다.

25. 임베디드 기법은 변수 선택 기법 중 하나이다.

26. 보기 ④번은 언더샘플링의 장점이며, 오버샘플링은 정보손실이 적은 장점이 있다.

27. -1과 +1은 완전한 선형관계를 의미한다.

28. 전체 자료가 짝수인 경우로 $\frac{n}{2} = \frac{6}{2} = 3$, $(\frac{n}{2}+1) = (\frac{6}{2}+1) = 4$, 3번째 값이 4, 4번째 값이 5이므로 중앙값 $= \frac{4+5}{2} = 4.5$

29. 그래프의 굴곡이 심한 것으로 보아 A회사가 B회사보다 변동성이 큰 사업구조를 가지고 있다.

30. 평행좌표그래프를 통해 한 로우 데이터별 선의 연결을 확인할 수 있다.

31. 계통표본추출은 모집단의 추출물에서 k번째 간격마다 하나씩 표본으로 추출하는 방법이다.

제2회 (복원)기출문제_정답 및 풀이

32. 제시된 문제는 베이즈 정리에 대한 풀이 문제로 다음과 같다.

$$P(A라인|불량품) = P(A|M) = \frac{P(A \cap M)}{P(M)} = \frac{P(A \cap M)}{P(M|A)P(A) + P(M|B)P(B) + P(M|C)P(C)}$$

$$P(A라인|불량품) = \frac{(0.1)(0.01)}{(0.1)(0.01) + (0.3)(0.02) + (0.6)(0.03)} = 0.04$$

33. 보기 ④는 이항분포에 대한 설명으로 베르누이분포는 확률론과 통계학에서 매 시행마다 오직 두 가지의 가능한 결과만 일어난다고 할 때의 확률분포이다.

34. 정규분포는 연속분포이다.

35. ① 모분산이 알려져 있는 경우 또는 모분산이 알려져 있지 않은 경우 대표본($n \geq 30$)일 때, ② 단일 모집단 분산 검정 ④ 두 모집단 분산 검정

36. 표본평균은 $\bar{X} = \hat{\theta} = \frac{1}{n}\sum_{i=1}^{n} X_i$이며, 구체적인 수치는 $\bar{x} = 50$이다.

37. 모집단의 점추정 방법에는 평균제곱오차, 적률법, 최대가능도추정법이 있다.

38. $\bar{X} \pm 2.131 \times \frac{s}{\sqrt{n}}$에 대입하여 $19 \pm 2.131 \times \frac{12}{\sqrt{16}}$을 계산하면 신뢰구간은 $12.607 \leq \mu \leq 25.393$로 산출된다.

39. (a) 옳은 결정$(1-\alpha)$ (b) 제1종오류(α) (c) 제2종오류(β) (d) 옳은 결정$(1-\beta)$

40. 보기 ④는 기각값에 대한 설명이며 임계값이라고도 한다.

41. 진단 분석은 과거 데이터로 왜 일어났는지 찾기 위한 분석으로 발생 패턴을 파악하거나, 데이터 분류 또는 원인의 요인을 찾는 분석이다.

42. 'ㄱ'은 이상값 감지 기법으로 유사성 판단으로 군집화, 'ㄴ'은 연관규칙 기법으로 비지도학습 유형이다. 'ㄷ'은 회귀분석 기법으로 지도학습 유형이다.

43. 제시된 보기는 숫자 이미지를 분류(Image Classification)하는 사례이다.

44. 군집화는 비지도학습의 대표적 유형으로 레이블(정답)없이 유사성을 판단하는 알고리즘이며, 학생들의 교복 치수와 너비를 이용해 유사한 집단으로 구분하기 위한 용도로 활용할 수 있다.

45. 분석 모델 구축절차에서 모델링은 모델링 마트 설계 및 구축 → 탐색 전 분석 및 유의변수 도출 → 모델링 모델 확정 → 모델링 성능 평가 순으로 이루어진다.

46. 테스트 데이터를 반복해서 재사용하면 이는 훈련 데이터의 일부가 되고 과적합의 원인이 된다.

47. 학습 데이터가 작다면 Fold의 개수를 늘려서 사용하는 것이 좋다.

48. 제시한 그래프는 회귀분석의 가정사항 중 등분산성을 의미하며, 등분산성은 분산이 같다는 뜻으로, 특정한 패턴 없이 고르게 분포했다는 의미이다.

49. 변수 선택의 래퍼 기법 중 후진제거법은 모델(모형) 최적합에 가장 약하게 영향을 미치는 독립변수를 순서대로 제거하는 방식이다. 따라서 모든 변수 적용 후 하나씩 제거한다.

50. 라쏘(Lasso) 회귀 모델은 손실(비용) 함수에 L1 norm을 사용하여, 절대값을 규제항으로 적용하며, 특성의 가중치를 완전히 제거하려고 한다(즉, 가중치가 0이 됨).

제2회 (복원)기출문제_정답 및 풀이

51. 로지스틱회귀분석은 반응변수(종속변수)가 범주형인 경우 사용하는 대표적인 회귀분석 기법이다.

52. 인공신경망의 학습은 파라미터(가중치)를 최적화시키는 것을 의미하며, 대표적인 가중치 최적화 기법은 경사하강법이 있다.

53. 서포트벡터머신의 경우 테스트를 여러 개의 조합으로 해야 되므로 복잡한 단점이 있다. 학습도 느리며, 블랙박스로 해석의 어려움도 존재한다.

54. 엘보우메소드(팔꿈치 기법)는 군집을 추가로 늘려가면서 군집 내 변동성이 급감하는 군집 개수를 찾는 기법이다. 따라서 급감하는 변동성의 위치로 적합한 K값을 산출할 수 있다.

55. 다차원척도법은 케이스 간의 거리를 바탕으로 관계 구조를 시각적으로 표현한 분석기법이다. 개체들의 비유사성을 이용하여 2차원 공간에 점을 표시하고 개체들 사이의 집단화를 시각적으로 표현한다.

56. 시계열 데이터의 분석기법으로 평활법, 분해법, 이동평균 모델, 자기회귀 모델 등이 있으며, 이항분포는 성공과 실패에 대한 이산확률분포를 의미한다.

57. 베이즈 정리 산식은 $P(A|B) = \frac{P(A)P(B|A)}{P(B)}$와 같다.

58. N은 Input Shape, P는 Padding값, F는 Convolution Filter Shape, S는 Stride값.
출력 데이터 크기 계산 : $(N + 2P - F)/S + 1 = (6 + (2 \times 0) - 3)/1 + 1 = 4$

59. 앙상블 기법에는 대표적으로 보팅(Voting), 배깅(Bagging), 부스팅(Boosting), 랜덤포레스트(Random Forest), 스태킹(Staking)이 있다.

60. 제시된 문제는 부스팅에 대한 설명으로, 부스팅의 유형에는 AdaBoost, GBM(Gradient Boosting Machine), XGBoost, LightGBM 등이 있다.

61. ROC 커브의 x축은 위양성률(False Positive Rate, FPR), y축은 진양성률(True Positive Rate, TPR)로 FPR은 적을수록, TPR은 높을수록 좋은 성능으로 판단한다. 따라서 0,1이 가장 좋은 성능이다.

62. 특이도(Specificity) = TN/(FP + TN)로 계산하며, 실제 False(Negative)들 중에서 False (Negative)로 예측한 비율로 실제 False(Negative) 100개 중 False(Negative)로 예측한 40개의 특이도는 40/100이 된다.

63. 양성율이란 True(Positive)인 케이스에 대해 True(Positive)로 맞게 예측한 비율이다.

64. 혼동행렬에서 도출 가능한 평가지표는 정밀도, 재현율, 특이도, 민감도가 있다.

65. F1-Score = 2(Precision × Recall) / (Precision + Recall) = 2(30/50 × 30/40) / (30/50 + 30/40) = 2×(9/20) / (27/20) = 2/3

66. 데이터 관측값 영향력 진단방법은 Cook's Distance, DFBETAS, DFFITS이 있다.

67. 군집분석 모델의 진단방법으로 단순계산법, Dunn Index, Elbow Method가 있다. 샤피로-윌크 검정은 정규성을 검정하는 방법으로 사용된다.

68. Q-Q Plot은 그래프를 그려서 정규성 가정이 만족되는지 시각적으로 확인하는 방법이다.

제2회 (복원)기출문제_정답 및 풀이

69. 검정절차는 가설 수립 → 유의수준 설정 → 검정통계량을 결정 → P값(P-value) 계산 → 귀무가설 기각 or 채택으로 수행한다.

70. 콜모고로프-스미르노프(K-S test)은 자료의 평균/표준편차와 히스토그램을 표준정규분포와 비교하여 적합도를 검정하며, 주어진 데이터가 어떤 특정한 분포를 따르는가를 정규분포와 비교하는 검정 기법이다.

71. 과적합의 원인은 학습 데이터가 대표성이 없는 경우, 고려할 독립변수가 많아 차원의 저주에 빠진 경우, 복잡한 모델이 생성되어 독립변수와 종속변수 간의 관계 설명이 안 되는 경우 발생할 수 있다. 특징이 단순하여 학습이 안 되는 경우는 과소적합에 가깝다.

72. 파라미터 최적화 학습률이 작고 큰 것은 학습이 빠르고 느린 것과는 관계가 없다.

73. 하이퍼파라미터는 정해진 최적의 값이 없다. 휴리스틱한 방법이나 경험법칙(Rules of Thumb)에 의해 결정하는 경우가 많다.

74. 분류 모델의 평가지표로 혼동행렬(Confusion Matrix), ROC커브(Curve), 향상도차트(Lift Chart), 카파(Kappa) 상관계수가 있다.

75. 데이터 시각화 기능으로 설명, 탐색, 표현이 있다. 가설 검정은 증명하고자 하는 가설이 우연에 의한 것이 아닌 증거에 의한 것인지 판단하는 방법이다.

76. 제시된 시각화 도구는 누적막대그래프로 매출은 감소와 증가를 반복한 것을 알 수 있다.

77. 산점도는 x축과 y축 사이에 존재하는 두 개 변수 간의 관계를 시각화한 기법이다.

78. 제시한 그래프는 플로팅바차트이며, 비교시각화 기법에 사용된다. 비교시각화 기법으로 막대그래프, 히트맵, 체르노프페이스, 스타차트, 평행좌표그래프 등을 사용할 수 있다. 트리맵은 분포시각화 기법이다.

79. 인포그래픽은 스토리텔링이 가능하다는 점에서 기존 차트와 차별화되어 사용한다.

80. 분석결과를 활용해 위기 판단과 니즈 발견, 정보 왜곡 여부를 확인할 수 있다.

제3회 (복원)기출문제

01. 다음 중 빅데이터의 특징인 3V에 해당하지 않는 것을 고르시오.

① 규모(Volume) ② 다양성(Variety)
③ 속도(Velocity) ④ 정확성(Validity)

02. 빅데이터가 만들어낸 변화에 관한 설명 중 틀린 것을 고르시오.

① 정해진 특정한 정보만 처리하는 것이 아닌, 가능한 많은 데이터를 모으고 그 데이터를 다양한 방식으로 조합해 숨은 정보를 찾아냄
② IoT/클라우드 기술의 발전으로 데이터 처리 비용이 감소하게 되면서 데이터 활용방법이 표본조사에서 전수조사로 변화됐다.
③ 수집 데이터의 양이 증가할수록 분석의 정확도가 높아져 양질의 분석결과 산출에 긍정적인 영향을 주었다.
④ 특정한 상관관계가 중요시되던 과거와 달리, 인과관계를 통한 인사이트 도출이 점점 확산되고 있다.

03. 다음 중 데이터 과학자의 소양으로 옳지 않은 것은?

① 데이터 자동화 프로그램을 개발한다.
② 분석대상이 되는 비즈니스 영역에 대해 설득력 있게 전달한다.
③ 분석 인사이트를 기반으로 최적 분석 설계 및 노하우를 제공한다.
④ 데이터에 대한 이해를 통해 적적한 방법론을 제시한다.

04. 하둡 기반의 대용량 데이터의 분산분석을 지원하는 플랫폼 ETL과 Low-Latency 지원, Long Term Query 및 AD Hoc Query 지원하는 프로젝트는?

① Tajo ② Pig
③ Oozie ④ Spark

05. 전통적 머신러닝과 비교해서 빅데이터를 활용한 머신러닝의 특징으로 옳지 않은 것은?

① 빅데이터 플랫폼 기반의 풍부한 데이터를 활용할 수 있다.
② 데이터 특성을 파악하여 모델에 최적화하는 단계가 정밀해졌다.
③ GPU 및 클라우드 환경이 적용되어 연산속도가 빨라졌다.
④ 사람의 개입이 더 늘어났다.

06. 개인정보보호법의 개인정보보호 원칙은 OECD의 프라이버시 8원칙을 참고하여 반영하고 있다. 다음 중 OECD 8원칙에 대한 설명이 잘못된 것은?

① 수집 제한의 원칙 : 사생활 침해를 최소화하는 방법으로 처리하며 익명처리의 원칙에 해당한다.
② 목적 명확화의 원칙 : 목적 범위 내에서 적법하게 처리, 목적 외 활용을 금지한다.
③ 처리방침 공개 원칙 : 개인정보처리방침 등을 공개한다.
④ 책임의 원칙 : 개인정보처리자의 책임 준수, 신뢰 확보를 위해 노력한다.

제3회 (복원)기출문제

07. 빅데이터의 활용과 관련된 법률에 대한 다음 설명 중 연결이 잘못된 것은?

① 신용정보법 – 신용정보업의 건전한 육성 및 신용질서 확립
② 전자서명법 – 전자서명 기본 사항 규정으로 전자문서 활성화
③ GDPR – 유럽연합 회원국별로 차등 적용되는 개인정보보호의 특별법
④ 지능정보화기본법 – 지능정보화 정책 수립 및 지능정보사회 구현

08. 다음에서 설명하고 있는 개인정보보호법의 정의는 무엇인가?

> 추가 정보의 사용/결합 없이는 특정 개인을 알아볼 수 없는 정보이며, ( )의 처리를 위해 개인정보의 일부를 삭제하거나 일부 또는 전부를 대체하는 등의 방법으로 추가 정보가 없이는 특정 개인을 알아볼 수 없도록 처리한다.

① 고유식별정보　　　② 가명정보
③ 익명정보　　　　　④ 민감정보

09. 다음 설명으로 옳은 것은?

> 정보주체인 개인이 '정보이동권(Right to Data Portability)'에 근거하여 본인 데이터에 대한 개방을 요청하면, 기업이 보유한 데이터를 개인(요청자) 또는 개인이 지정한 제3자에게 개방하도록 하는 것

① 마이데이터
② 개인정보보호법
③ 가명처리
④ 데이터 3법

10. 데이터 분석 마스터 플랜의 수행순서로 적합한 것은?

① 분석과제 도출 → 우선순위 평가 → 우선순위 정렬 → 중장기 분석 로드맵 수립
② 분석과제 도출 → 우선순위 정렬 → 우선순위 평가 → 중장기 분석 로드맵 수립
③ 분석대상 수행과제 도출 → 우선순위 평가 → 단기적 세부 이행 계획 → 중장기 분석 로드맵 수립
④ 분석대상 수행과제 도출 → 단기적 세부 이행 계획 → 우선순위 평가 → 중장기 분석 로드맵 수립

11. 빅데이터 분석 기획에서 다음이 설명하는 단계를 선택하시오.

> 업무별 분석요건에 대한 문제점을 정의하고 분석을 통해 개선사항 도출
> 분석요건별 문제점에 따른 이슈와 개선 목표 사이의 갭(Gap) 분석을 진행

① 도메인 이슈 도출
② 분석 목표 수립
③ 프로젝트 계획
④ 보유 데이터 자산 확인

12. 빅데이터 분석절차는 빅데이터 분석방법론을 토대로 5단계 절차로 수행된다. 다음 중 빅데이터 분석절차로 가장 알맞은 것은?

① 분석 기획 → 데이터 준비 → 시스템 구현 → 데이터 분석 → 평가 및 전개
② 분석 기획 → 데이터 분석 → 시스템 구현 → 데이터 준비 → 평가 및 전개
③ 데이터 준비 → 분석 기획 → 데이터 분석 → 시스템 구현 → 평가 및 전개
④ 분석 기획 → 데이터 준비 → 데이터 분석 → 시스템 구현 → 평가 및 전개

13. 다음 중 빅데이터 분석 단계에서 수행하는 내용으로 적절한 것을 모두 고른 것은?

| 가. 필요 데이터의 정의   나. 분석용 데이터 준비 |
| 다. 텍스트 분석   라. 탐색적 분석   마. 모델링 |

① 가, 나
② 가, 다
③ 나, 다, 라
④ 나, 다, 라, 마

14. 데이터 분석과정의 고려사항으로 옳지 않은 것은?

① 비즈니스 이해를 시작으로 도출하고자 하는 분석 목표를 정의한다.
② WBS를 기준으로 범위와 일정에 변경이 없는지 주기적으로 확인한다.
③ 수집 데이터 양과 분석주기 파악은 불필요하다.
④ 초기 파악된 리스크는 수시로 재평가해야 한다.

15. 재현 자료(Synthetic data)에 대한 설명으로 옳은 것은?

① 원본과 통계적으로 유사하나 가상으로 다시 만들어진 데이터이다.
② 완전 재현 데이터는 민감한 정보에 대해서만 재현 데이터로 대체하는 방식이다.
③ 부분 재현 데이터는 정보 모두를 재현 데이터로 생성하는 방식이다.
④ 암호화 상태에서 데이터를 결합하고 연산/분석 등이 가능하다.

16. 다음 중 데이터 비식별화 방법에 대한 설명으로 가장 적절하지 않은 것은?

① 데이터 마스킹 : 개인식별이 가능한 데이터에 직접적으로 식별할 수 없는 다른 값으로 대체
② 데이터 삭제 : 개인정보 식별이 가능한 특정 데이터값을 삭제
③ 데이터 범주화 : 단일 식별 정보를 해당 그룹의 대표값으로 변환하거나 구간값으로 변환
④ 총계처리 : 개인정보에 대해 통계값을 적용해 특정 개인을 판단할 수 없도록 함

17. 다음 중 민감정보가 아닌 것을 고르시오.

① 종교
② 신용등급
③ 정치성향
④ 인종정보

18. 전통적 분석 환경에서의 ETL에 대한 설명으로 알맞지 않은 것은?

① ETL은 Extract, Transform, Load 세 단어의 축약어로 데이터 소스시스템 및 환경으로부터 데이터를 추출하여 비즈니스 데이터로 변환 후 데이터 마트, 데이터 웨어하우스, ODS로 적재한다.
② ETL 구현을 위해 일괄 ETL(Batch ETL) 실시간 ETL(Real Time ETL)로 구분할 수 있다.
③ 대용량 데이터 처리를 위해 MPP(작업 단계에서 다수의 프로세서가 동시 처리할 수 있게 하는 병렬처리 프로세스)를 지원한다.
④ ETL은 중간 단계에 저장하는 역할을 한다.

19. 데이터 웨어하우스(DW)의 특징으로 옳지 않은 것은?

① 주제 중심
② 통합 구조
③ 시계열성
④ 휘발성

20. NoSQL의 유형별 종류로 옳게 짝지어진 것을 고르시오.

① Document-oriented : Oracle Berkeley DB, Voldmorte
② Key-Value : Redis, HyperTable
③ Column-Oriented : Cassandra, Google BigTable
④ Graph : Neo4j, HBase

21. 데이터 정제에 대한 설명으로 옳지 않은 것을 고르시오.

① 정제는 데이터 전처리의 한 과정이다.
② 결측값을 채우고 이상값을 삭제하거나 대체한다.
③ 데이터의 누락값, 불일치, 오류의 수정 및 숫자나 날짜 등의 형식에 대해 일관성 유지를 수행하게 된다.
④ 데이터 정제는 1회성으로 완료된다.

22. PCA(주성분분석) 기법에 대한 설명으로 옳은 것은?

① 데이터 처리 기법이다.
② 다수 변수들을 변수들 간의 상관관계를 분석하여 공통 차원들을 통해 축약한다.
③ 비유사성을 측정하여 2차원 또는 3차원 공간상에 점으로 표현한다.
④ 상관행렬과 공분산행렬을 이용한다.

23. 다음 중 요인분석(Factor Analysis)에 해당되는 것을 모두 고르시오.

가. 데이터에 관찰할 수 있는 잠재적 변수가 존재한다고 가정한다.
나. 다수 변수들을 변수 간의 상관관계를 분석하고 공통 차원으로 축약하는 통계 기법이다.
다. 상관계수 ±3을 벗어나는 자료는 부적합하다.
라. 사회과학, 설문조사 등에 많이 활용되는 기법이다.

① 가
② 가, 나
③ 가, 다, 라
④ 가, 나, 다, 라

24. Box-Cox 변환에 대한 설명으로 옳지 않은 것을 고르시오.

① 변수 변환 기법이다.
② 로그변환을 이용한다.
③ 차원축소 기법이다.
④ 거듭곱변환을 이용한다.

25. 변수 변환 기법 중 스케일링 기법이 아닌 것은?

① 범주화
② 최소-최대 정규화
③ 표준화
④ 최대-절대값 정규화

26. 불균형 데이터에 대한 설명으로 옳지 않은 것은?

① 불균형 데이터가 존재할 경우 많은 비율을 가진 집단의 정확도(Accuracy)가 높아지므로 모형의 성능 판별이 어려워지게 된다.
② 적은 비율을 가진 집단의 재현율(Recall)은 작아지는 현상이 발생할 수 있다.
③ 변수가 가진 데이터에서 각 집단에 속하는 데이터의 수가 동일하지 않은 상태이다.
④ 기존 변수에 특정 조건 혹은 함수 등을 활용하여 만들거나 기존 변수들을 조합하여 새롭게 만들어진 과정이다.

27. 상관관계 분석에 대한 설명으로 가장 부적절한 것은?

① 두 개의 변수 간의 직선관계의 선형성과 산점도로 확인할 수 있다.
② 양(+)의 상관관계는 두 변수가 동반 증가하는 것이며, 음(-)의 상관관계는 두 변수의 값이 반대로 증감하는 것이다.
③ -1~+1 사이의 값으로 -1과 +1은 완전한 비선형관계를 의미한다.
④ 두 변수의 선형관계 측정을 위한 수치로 공분산과 상관계수를 사용한다.

제3회 (복원)기출문제

28. 오른쪽으로 긴 꼬리를 갖는 분포의 왜도로 가장 적합한 것은?

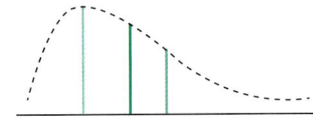

① 왜도 < 0　　　② 왜도 = 0
③ 왜도 > 0　　　④ 왜도 < 1

29. 중심경향치(대표값)에 대한 설명으로 옳은 것은?

① 대표값은 평균, 표준편차, 분산으로 구분할 수 있다.
② 평균은 중앙값보다 분포 함수를 쉽게 구할 수 있다.
③ 중앙값보다 평균이 이상값에 덜 민감하다.
④ 극단치가 존재하는 경우 평균이 대표값으로 합리적이다.

30. 다음 중 특성이 다른 하나를 고르시오.

① 평균　　　② 사분위수
③ 중앙값　　④ 최빈값

31. 다음 중 평균에 대한 설명으로 가장 옳지 않은 것은?

① 평균은 관측치의 절대 크기의 중앙이므로 모든 관측치를 더한 값에 관측치의 개수(n)로 나눈 값을 의미한다.
② 평균값과 관측치 값이 같을 수 있다.
③ 소수의 극단치에 영향을 받지 않는다.
④ 극단치가 존재하지 않으면 평균과 중앙값은 거의 일치한다.

32. 두 개 이상의 범주를 갖는 하나의 실험요인(독립변수)에 대한 평균 차이를 검정하는 분석기법은 무엇인가?

① 상관관계분석
② 일원분산분석
③ 이원분산분석
④ 공분산분석

33. 다음 중 전수조사 해야 하는 경우는?

① 암환자 조사
② 참다랑어 수 조사
③ 차량 안전장치 결함 조사
④ 대통령선거 지지율 조사

34. 다음에서 설명하는 표본추출 방법은 무엇인가?

> 서로 인접한 기본 단위들로 구성된 집락(군집)을 만들고, 추출된 집락 내의 일부 또는 전체를 조사하여 표본을 추출하는 방법
> 계층 내 : 이질성, 계층 간 : 동질성

① 단순확률표본추출　　② 층화확률표본추출
③ 계통표본추출　　　　④ 집락표본추출

35. 만약 X가 팝콘 기계가 고장 나는 횟수를 나타내고, Y가 음료수 기계가 고장 나는 횟수를 나타내면, X ~ Po(3.4)이고 Y ~ Po(2.3)일 때, X+Y의 분포를 구하시오.

① X+Y ~ Po(5.7)　　② X−Y ~ Po(1.1)
③ X+Y ~ Po(1.1)　　④ X−Y ~ Po(5.7)

36. 정규분포에 대한 설명 중 가장 알맞지 않은 것은 무엇인가?

① 직선 $x = \mu$(평균)에 대하여 대칭인 종 모양의 곡선이다.
② 곡선과 x축으로 둘러싸인 영역의 넓이는 1이다(확률의 총합은 100%이다).
③ 곡선의 모양은 평균이 일정할 때, 표준편차가 작아지면 가운데로 밀집하고 표준편차가 커지면 양쪽으로 퍼진다.
④ 곡선의 모양은 표준편차가 일정할 때, 평균이 변하면 대칭축의 위치와 곡선의 모양이 바뀐다.

37. 중심극한정리의 문제로 옳은 것은?

① 모집단이 이산분포이면 표본분포는 정규분포를 이룰 수 없다.
② 한 모집단이 아닌 여러 모집단에서 뽑은 표본평균도 동일한 정규분포를 따른다.
③ 표본이 많아질수록 모집단이 한 쪽으로 쏠려 있는 표본집단은 정규분포가 된다.
④ 모집단이 정규분포를 따르지 않아도 표본집단은 정규분포에 근사한다.

38. 다음에서 설명하는 법칙으로 가장 적절한 것은?

> (　　　)는 정확한 분포가 알려지지 않았거나 다루기 힘든 경우 근사분포를 제공하며, 추출한 표본의 n이 충분히 크면(일반적으로 $n \geq 30$이면) 모집단 분포의 모양에 상관없이 추출된 표본들의 평균의 분포는 표준정규분포 N(0,1)를 따른다는 법칙이다.

① 경험법칙　　　　　② 중심극한정리
③ 정규분포의 법칙　　④ 표분분포의 법칙

39. 모평균 또는 모분산에 대해 이용되는 통계량 표본인 추정량의 4가지 준거에 해당하지 않는 것은?

① 불편성　　② 유효성
③ 신뢰성　　④ 충분성

제3회 (복원)기출문제

40. 유의확률에 대한 설명으로 가장 알맞지 않은 것은?

① P값은 측정된 검정통계량의 값으로 계산된 확률로서 귀무가설을 기각하게 하는 최저의 유의수준이다.
② 유의수준 α를 사전에 설정하여 산출된 검정통계량이 기각역에 의해 귀무가설을 판단하는 경우, 제1종오류를 범할 위험의 최대값을 제한한다.
③ 일반적으로 P값이 0.01보다 작으면 대립가설에 대한 신빙성이 떨어지고 귀무가설에 대한 신빙성이 올라가서 대립가설을 기각한다.
④ P값과 주어진 유의수준 α값을 비교하여 귀무가설의 기각여부를 결정하며, P값이 주어진 α의 값보다 작으면 귀무가설을 기각, α값보다 크면 귀무가설을 기각하지 않는다.

41. 다음 중 인공지능 알고리즘을 알맞게 짝 지은 것은?

> 가. AI스피커를 사용하여, 음성 분석
> 나. 카메라로 사진을 찍어 이미지 분석
> 다. 컴퓨터 비전과 자연어 처리를 결합해 이미지와 언어 간 번역 모듈 사용
> 라. 바둑에서 인간의 데이터를 사용하지 않고, 규칙만으로 보상을 통한 학습 사용

① RNN, CNN, RNN&CNN, 강화학습
② CNN, RNN, RNN&CNN, 강화학습
③ 강화학습, CNN, RNN, RNN&CNN
④ RNN, 강화학습, RNN&CNN, CNN

42. 다음 중 파라미터 선정에 대한 내용이 아닌 것은?

① 사람의 수작업으로 측정되고 결정됨
② 모델 내부에서 확인이 가능한 변수로 데이터를 통해 산출 가능한 값
③ 예측을 수행할 때 모델에 의해 요구되어지는 값
④ 측정되거나 데이터로부터 학습됨

43. 아래 설명의 문제에 대한 해결 기법으로 가장 알맞지 않은 것은?

> 회귀분석에서 독립변수들 간에 강한 상관관계가 나타나는 문제이다. 이러한 문제가 존재하면 정확한 회귀계수의 추정이 어렵다.

① 상관관계가 높은 독립변수 중 하나 혹은 일부를 제거한다.
② 변수를 변형시키면 안 되고, 기존 관측치를 그대로 이용한다.
③ 자료를 수집하는 현장의 상황을 보아 상관관계의 이유를 파악하여 해결한다.
④ 주성분분석을 이용한 대각행렬의 형태로 공선성을 없애 준다.

44. 다중회귀 모형(모델)의 통계적 유의성 확인 방법은 무엇인가?

① F통계량을 확인한다
② t검정을 실시한다
③ ANOVA를 수행한다.
④ 교차검증을 실시한다.

45. 의사결정나무의 회귀트리(Regression Tree) 모델(모형)을 만들 때의 분류 기준은 무엇인가?

① t통계량
② 분산감소량, F통계량
③ 엔트로피지수
④ 지니지수, 카이제곱통계량

46. 다음 중 활성화 함수의 설명으로 적절한 것?

① 로지스틱회귀 모델에서의 회귀계수와 유사하게 해석된다.
② L2 penalty를 사용한다.
③ 선형이면 의미가 없다.
④ 시그모이드 함수가 대표적이다.

47. 활성화 함수 중 시그모이드와 하이퍼볼릭탄젠트(Tanh) 함수의 결과값을 순서대로 도출하시오.

① $0 \leq y \leq 1, -1 \leq y \leq 1$
② $-1 \leq y \leq 1, -1 \leq y \leq 1$
③ $-1 \leq y \leq 0, -1 \leq y \leq 0$
④ $-1 \leq y \leq 1, 0 \leq y \leq 1$

48. 다음 신경망 활성화 함수의 출력물을 계산하시오.

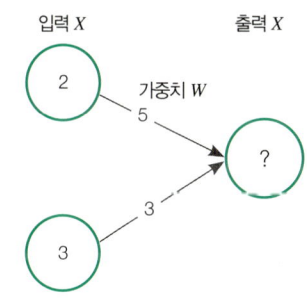

① 17
② 18
③ 19
④ 20

49. 서포트벡터머신(SVM)의 설명으로 틀린 것은?

① 분류와 회귀분석에 사용되는 지도학습 알고리즘이다.
② 데이터가 사상된 공간에서 경계선과 가장 근접한 데이터를 서포트벡터라고 부른다.
③ 테스트가 매우 쉽다.
④ 고차원에서의 특징 추출이 어려운 경우 차원의 저주를 회피한다.

50. 다음 중 서포트벡터머신(SVM)의 커널 종류가 아닌 것은?

① 다항식 커널
② 회귀형 커널
③ 가우시안 커널
④ 시그모이드 커널

51. 연관규칙의 "A→B"의 향상도는?

지지도 : 3/10, $P(A)$: 6/10, $P(B)$: 6/10.

① 63% ② 36%
③ 38% ④ 83%

52. 주성분분석(PCA)의 공분산행렬에 대한 설명으로 옳지 않은 것은?

① 공분산행렬의 고유벡터는 데이터가 어떤 방향으로 분산되었는지를 나타낸다.
② 변수들 사이의 공분산을 행렬로 나타낸 값이다.
③ 정방행렬은 불가능하다.
④ 전치를 시켰을 때 동일한 행렬이 나타나는 대칭행렬이다.

53. 다음을 참고하여 데이터에 대한 주성분분석(PCA)의 결과를 해석으로 옳은 것은?

Importance of components:

	PC1	PC2	PC3	PC4
Standard deviation	30.1227	27.0528	9.07614	6.15239
Proportion of Variance	0.5157	0.4159	0.04682	0.02151
Cumulative Proportion	0.5157	0.9317	0.97849	1.00000

① 두 번째 주성분의 누적기여율은 93.17%이다.
② 최소 70%의 분산 설명력을 갖기 위한 주성분의 개수는 3개이다.
③ 누적기여율은 세 번째 주성분의 값으로 고정되어 있다.
④ 첫 번째 주성분으로 기준을 삼을 수 있다.

54. 다음 시계열의 요인 중 틀린 것은?

① 추세요인(Trend Factor) : 인구증가, 자본축적, 기술진보
② 계절요인(Seasonal Factor) : 아이스크림 판매량, 농업생산량
③ 불규칙 요인(Irregular Factor) : 전쟁, 홍수
④ 순환요인(Cyclical Factor) : 물가상승률, 인구밀도, 전염병

55. 다음 시계열 분석기법에 대한 설명으로 가장 거리가 먼 것은?

① 자기회귀 모델(AR) : 현재와 과거의 자신과의 관계를 정의
② 이동평균 모델(MA) : 현재와 과거 자신의 오차와의 관계를 정의
③ 자기회귀이동평균 모델(ARMA) : 현재와 과거의 자신을 고려하여 정의
④ 자기회귀누적이동평균 모델(ARIMA) : 현재와 추세 간의 관계를 정의

56. 다음 중 시계열 분석에서 사용하는 개념으로 옳지 않은 것은?

① 백색잡음 : 일반적인 정규분포에서 도출된 무작위 잡음(Random Noise) 값을 의미

② 자기상관 : 시계열적 관점으로 보았을 때 이동된 시간 사이에서의 자기 자신과의 불규칙 관계를 의미

③ 평활법 : 지수평활법과 이동평균법으로 구분

④ 분해법 : 시계열의 변동폭이 시간의 흐름에 따라 일정하거나 점차 커지는 경우 사용

57. 다음 중 딥러닝 기법의 기반이 되는 모델은?

① 연관성 분석 모델 ② 신경망 모델
③ 회귀 모델 ④ 군집 모델

58. 네트워크 중심성 평가에서 사용하는 중심성이 아닌 것은?

① 연결중심성(Degree Centrality)

② 매개중심성(Betweenness Centrality)

③ 근접중심성(Closeness Centrality)

④ 원격중심성(Remote Centrality)

59. 비모수 통계에 대한 설명으로 가장 거리가 먼 것은?

① 가정에 대한 불만족, 작은 샘플 사이즈, 순위로만 된 데이터를 사용한다.

② 평균을 사용한다.

③ 부호검정 방법이 있다.

④ 통계량은 중위수를 사용한다.

60. 다음 비모수 통계에 대한 검정 기법으로 알맞은 것은?

> 약을 탔을 때, 반응을 전후로 살펴본다.

① 윌콕슨부호 ② 윌콕슨순위합
③ 프리드만 ④ 크루스칼왈리스

61. 회귀 모델의 평가지표 수식으로 옳지 않은 것은?

① $MAE = \frac{1}{n}\sum_{i=1}^{n}|y_i - \hat{y}_i|$

② $RMSE = \sqrt{\frac{1}{n}\sum_{i=1}^{n}(y_i - \hat{y}_i)^2}$

③ $MAPE = \frac{100\%}{n}\sum_{i=1}^{n}|y_i - \hat{y}_i|$

④ $MSE = \frac{1}{n}\sum_{i=1}^{n}(y_i - \hat{y}_i)^2$

62. 다음 중 Fail을 Fail로 예측하는 기준은?

① 정밀도(Precision) ② 재현율(Recall)
③ 신뢰도(Reliability) ④ 특이도(Specificity)

제3회 (복원)기출문제

63. 혼동행렬에서의 민감도, 정밀도 계산으로 옳지 않은 것은?

① 재현율(Recall) = $TP / (TP - FN)$
② 정밀도(Precision) = $TP / (TP + FP)$
③ 정확도(Accuracy) = $(TP + TN) / (TP + TN + FP + FN)$
④ F1-Score = $2(Precision \times Recall) / (Precision + Recall)$

64. 다음 중 이진분류기 평가 측정지표로 옳지 않은 것은?

① 정밀도
② 오분류율
③ 정확도
④ 평균절대오차

65. 다음 중 선형 및 다중회귀분석에 대한 설명으로 옳지 않은 것은?

① 회귀분석의 잔차는 정규분포이다.
② 단순회귀분석은 잔차에 대한 선형성을 진단한다.
③ 다중회귀분석은 두 개 이상의 독립변수가 하나의 종속변수에 미치는 영향을 추정한다.
④ 다중회귀분석은 선택된 독립변수 간 높은 상관관계를 통해 다중공선성 문제를 회피한다.

66. AUC(Area Under Curve)의 설명으로 옳지 않은 것은?

① ROC 커브의 면적을 AUC라고 한다.
② AUC의 면적은 넓을수록 좋은 모델이다.
③ TPR(Ture Positive Rate)과 FPR(False Positive Rate)은 서로 반비례적인 관계에 있다.
④ 분류 모델의 성능을 보여주는 그래프이다.

67. 교차검증 기법 중 학습용과 검증용 데이터로 나누어 검증하며, 재표본추출(Re-sampling)을 수행하지 않는 기법은?

① 리브-p-아웃 교차검증(Leave-p-Out Cross Validation, LpOCVq)
② 리브-원-아웃 교차검증(Leave-One-Out Cross Validation, LOOCV)
③ 케이폴드 교차검증(K-fold CV)
④ 홀드아웃(Hold out)

68. 다음 중 교차검증의 목적으로 가장 거리가 먼 것은?

① 확보된 데이터의 수가 적은 분석 신뢰도에 대한 평가
② 학습 결과로 생성된 모델에 대한 성능을 측정하고 평가
③ 학습 단계에서의 과적합(Over Fitting) 문제해결
④ 데이터의 오차에 대한 교정을 수행

69. 다음 중 카이제곱 수식으로 알맞은 것은? (o_i : i번째 범주의 관측도수, e_i : i번째 범주의 기대도수)

① $\sum_{i=1}^{k} \frac{(o_i - e_i)}{e_i}$
② $\sum_{i=1}^{k} \frac{(o_i - e_i)^2}{e_i}$
③ $\sum_{i=1}^{k} \frac{(e_i - o_i)}{e_i}$
④ $\sum_{i=1}^{k} \frac{(e_i - o_i)^2}{e_i}$

70. 다음 가설 검정 설명 중 틀린 것은?

① P값(P-value)이 유의수준보다 클 때, 귀무가설을 기각한다.
② 대립가설이 방향성을 갖는 경우를 단측검정이라 한다.
③ 모수는 모집단 분포 특성을 규정짓는 척도이며, 표본을 이용하여 이 모수에 대해 유의성을 검정한다.
④ 기각역이란 P값(P-value)이 유의수준보다 같거나 작아지게 하는 검정통계량값의 영역이다.

71. 다음 중 적합도 검정과 관련 없는 지표는?

① y절편
② P값(P-Value)
③ F통계량
④ 잔차 히스토그램

72. 인공신경망 과적합을 막기 위한 걸로 옳지 않은 것은?

① 설명변수의 수를 늘린다.
② 학습률 줄이기
③ 가중치 조절
④ 은닉층 줄이기

73. 파라미터 최적화 기법 중 아래 설명 기법은?

> 파라미터의 기울기를 구해 기울어진 방향으로 파라미터값을 갱신하는 일을 반복해 최적의 값을 추출하는 기법이다. 급격한 변곡점의 한계를 보인다.

① 확률적 경사하강법(Stochastic Gradient Descent, SGD)
② 모멘텀(Momentum)
③ 아다그라드(Adagrad)
④ 아담(Adam)

74. 다음 중 아래 설명으로 맞는 방법론은?

> 한 학습기를 여러 개 연결하여 강한 학습기를 만드는 앙상블 방법이다. 오분류 데이터들에 높은 가중치를 부여하여 새로운 분류 규칙을 만들고 반복해 최종 예측 모델을 만드는 알고리즘이다.

① 배깅(Bagging)
② 부스팅(Boosting)
③ 랜덤포레스트(Random Forests)
④ 스태킹(Stacked Generalization)

제3회 (복원)기출문제

75. 다음중 시각화 기법이 아닌 것은?

① 산점도
② 박스플롯
③ 히스토그램
④ 원핫인코딩

76. 시각화에 대한 성과지표 설명으로 가장 옳지 않은 것은?

① 데이터 시각화는 데이터 분석결과를 쉽게 이해할 수 있도록 시각적으로 표현하고 전달되는 과정이다.
② 비즈니스에 기여도 평가의 정량적 가치를 측정할 수 있다.
③ 데이터 시각화를 위해 새로운 지표를 생성하지 않아도 된다.
④ 비즈니스 의사결정에 사용할 수 있다.

77. 다음 중 아래 그래프의 설명으로 알맞은 것은?

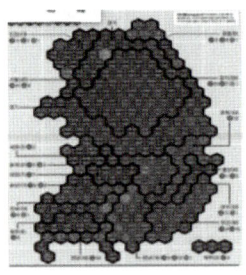

① 수치화된 데이터값의 크기를 서로 다른 크기의 원형으로 표현한다.
② 지리적 단위로 데이터의 의미를 색상으로 구분하여 표현한다.
③ 지역의 값을 표현하기 위해 형상 크기를 조절, 왜곡한 화면으로 표기한다.
④ 범주형 데이터의 비율을 나타내는 데 사용되며 각 조각의 크기는 각 범주의 비율이다.

78. 아래 그래프와 같은 유형의 빅데이터 시각화 기법인 것은?

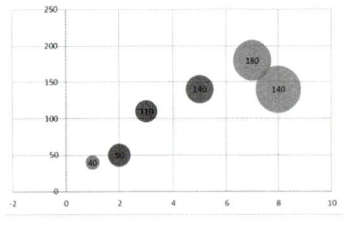

① 카토그램
② 산점도
③ 등치선도
④ 스타차트

79. 다음은 어떤 시각화 기법에 대한 설명인가?

다변량 데이터 사이에 존재하는 변수 사이의 연관성, 분포와 패턴을 찾음, 집단 간의 상관 관계를 확인, 수치의 변화 예측

① 시간시각화

② 관계시각화

③ 비교시각화

④ 공간시각화

80. 다음 중 분석결과를 활용한 데이터 시각화를 통해 얻을 수 있는 대표적인 기능이 아닌 것은?

① 커뮤니케이션

② 인사이트 발굴

③ 연동 모델 선정

④ 디스커버리

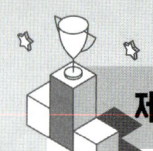

제3회 (복원)기출문제_정답 및 풀이

정답

문항	정답	문항	정답	문항	정답	문항	정답	문항	정답	문항	정답	문항	정답	문항	정답
01	④	11	①	21	④	31	③	41	①	51	④	61	③	71	①
02	④	12	④	22	④	32	②	42	①	52	③	62	④	72	①
03	①	13	④	23	④	33	③	43	②	53	①	63	①	73	①
04	①	14	③	24	③	34	④	44	①	54	④	64	④	74	②
05	④	15	①	25	①	35	①	45	②	55	①	65	④	75	④
06	②	16	①	26	④	36	④	46	④	56	②	66	③	76	③
07	③	17	②	27	③	37	③	47	①	57	②	67	④	77	③
08	④	18	④	28	①	38	②	48	③	58	④	68	④	78	②
09	①	19	④	29	②	39	②	49	①	59	②	69	②	79	②
10	③	20	③	30	②	40	③	50	②	60	①	70	①	80	③

풀이

01. Value(가치), Veracity(진실성), Visualization(시각화), Validity(정확성)은 빅데이터의 기본적인 특징인 3V에 속하지 않는다.

02. 과거에는 인과관계가 중요시되었다가, 데이터의 양이 늘어나면서부터 상관관계를 통한 인사이트 도출이 확산되고 있다.

03. ①은 프로그래머의 전문역량을 설명하고 있다.

04. Tajo는 대용량 데이터 웨어하우스 시스템이며, 제시된 지문은 Tajo에 대한 설명이다.

05. 빅데이터를 활용한 머신러닝 즉, 딥러닝은 사람의 개입이 최소화된다.

06. 목적 명확화의 원칙은 개인정보의 처리 목적을 명확하게 하는 것이다.

07. GDPR은 유럽연합 회원국에 동일하게 적용되는 개인정보보호의 일반법으로 개인정보의 암호화나 가명처리 등의 안전조치 마련, 독립적인 감독기구 운영 등을 요구한다.

08. 데이터 3법 개정으로 개인정보보호법 제2조 1의 2에는 가명정보의 개념이 추가되었으며, 추가 정보의 사용·결합 없이는 특정 개인을 알아볼 수 없는 정보는 가명정보에 대한 설명이다.

09. 보유한 데이터를 개인(요청자) 또는 개인이 지정한 제3자에게 개방하도록 하는 서비스는 마이데이터에 대한 설명이다.

10. 분석 마스터 플랜은 분석대상 수행과제 도출 → 우선순위 평가 → 단기적 세부 이행 계획 → 중장기 분석 로드맵 수립 단계로 수행한다.

제3회 (복원)기출문제_정답 및 풀이

11. 분석요건의 문제점을 정의하고 개선사항을 도출하는 단계는 도메인 이슈 도출이다.

12. 분석절차는 분석 기획 → 데이터 준비 → 데이터 분석 → 시스템 구현 → 평가 및 전개 순으로 진행된다.

13. 가) 필요 데이터의 정의는 데이터 준비 단계에서 수행한다.

14. 수집 데이터 양과 분석주기 파악은 데이터 준비 단계에서 고려되어야 한다.

15. 재현 자료는 통계적 원본을 보존하고 있는 가상의 합성 데이터이다.

16. 개인식별이 가능한 데이터에 대해 직접적으로 식별할 수 없는 다른 값으로 대체하는 것은 가명처리이다.

17. 신용등급은 준식별자에 해당한다.

18. 데이터 분석을 위해 실시간 데이터를 저장하는 것은 ODS의 역할이며 목적이다.

19. DW의 특징은 주제 지향적, 통합 구조, 시계열성, 비휘발성이다.

20. Column-Oriented 기반 NoSQL은 Cassandra, HBase, Google BigTable, Vertica, Druid, Accumulo, HyperTable 등이 있다.

21. 데이터 정제는 1회성으로 끝나는 것이 아닌, 데이터의 변화가 있을 때 수시 및 주기로 수행한다.

22. PCA는 더 구체적으로 차원축소 기법이다. 단순히 데이터 처리 기법이라고 하기엔 포괄적이다. 2 : "공통 차원"이라는 표현은 요인분석에 가깝다. 3 : 2차원 또는 3차원 공간상에 점으로 표현은 다차원척도법에 대한 설명이다.

23. 요인분석은 데이터를 이용해 잠재요인을 도출하고 데이터 구조를 해석할 수 있는 차원축소 기법이다. 또한 설문조사 등에서 요인별로 잘 그룹핑되었는지 확인할 수 있다.

24. Box-Cox는 변수 변환 기법이며, 로그변환과 거듭곱변환을 이용하여 정규성을 확보한다.

25. 범주화는 스케일링 기법이 아니며, 특정 집단의 의미를 부여한 값을 말한다.

26. ④는 파생변수 생성에 대한 설명이다.

27. −1과 +1은 완전한 선형관계를 의미한다.

28. 왜도가 > 0이며, 최빈값 < 중앙값 < 평균으로 정렬되며, 오른쪽으로 긴 꼬리를 갖는 분포도를 갖는다.

29. 중심경향치의 중앙값이 이상값에 덜 민감하나, 평균은 분포 함수를 쉽게 구할 수 있는 장점이 있다.

30. 사분위수는 산포도를 나타내는 통계량이며, 그 외는 중심경향치를 나타내는 통계량이다.

31. 평균은 소수의 극단치에 민감하게 영향을 받으며, 극단치가 존재할 때 대표값은 중앙값을 사용하게 된다.

32. 일원분산분석은 두 개 이상의 범주를 갖는 하나의 변수에 대한 평균 차이를 검정하는 방법이다.

33. 차량 안전장치 결함 조사는 생명에 직결되기 때문에 표본이 아닌 전수조사를 수행해야 한다.

34. 계층 내 이질성을 가지고 계층 간에 동질성을 가지는 표본 추출은 집락표본추출에 대한 설명이다.

35. 포아송변수의 결합법칙에 따라 $X \sim Po(\lambda)$이고 $Y \sim Po(\lambda)$라면, $X + Y \sim Po(\lambda x + \lambda y)$를 의미하며 $\lambda x + \lambda y = 3.4 + 2.3 = 5.7$

제3회 (복원)기출문제_정답 및 풀이

36. 정규분포는 표준편차가 일정할 경우 평균이 변해도 곡선 모양이 변화되지 않는다.

37. 모집단이 정규분포를 따른다면, 표본평균의 표본분포는 표본의 크기와 상관없이 정규분포를 따른다.

38. 통계에서 정규분포가 중요한 이유는 중심극한정리에 의해 모집단의 분포를 정규분포라고 가정하고 통계 분석을 하기 때문이다.

39. 추정량의 4가지 준거로는 불편성, 유효성, 일치성, 충분성이 있다.

40. 귀무가설에 대한 신빙성이 떨어지고 대립가설에 대한 신빙성이 올라간다.

41. 음성에 최적화되어 있는 알고리즘은 RNN, 이미지 특징 추출에는 CNN을 사용한다. 강화학습은 보상을 통해 발전시켜 나간다.

42. 사람의 수작업으로 측정되고 결정되는 휴리스틱한 방법은 하이퍼파라미터이다.

43. 다중공선성 문제에 대한 설명이다. 해당 문제에 대한 해결방법은 변수를 변형시키거나 새로운 관측치를 이용한다.

44. 다중회귀 모델의 통계적 유의성 확인은 F-검정을 통해 확인한다.

45. 의사결정나무에서의 회귀나무 모델의 분류는 분산감소량과 F통계량이다.

46. 활성화 함수에는 대표적으로 시그모이드, 하이퍼볼릭탄젠트(Tanh), 렐루(Relu)가 있다.

47. 활성화 함수에서 시그모이드는 출력값이 0~1 사이, 하이퍼볼릭탄젠트는 -1~1 사이이다.

48. 다차원 배열에서의 행렬곱 연산은 19.
입력 X1(2) × 가중치w1(5) = 10, 입력 X2(3) × 가중치w2(3) = 9

49. 서포트벡터머신의 경우 테스트를 여러 개의 조합으로 해야 되므로 복잡한 단점이 있다. 학습도 느리며, 블랙박스로 해석의 어려움도 존재한다.

50. 서포트벡터머신의 커널 종류로는 다항식 커널, 시그모이드 커널, 가우시안 커널이 있다.

51. 연관규칙의 A → B의 향상도는 $P(X \cap Y)/P(X) \times P(Y) = 0.3/0.36 = 83.33\%$

52. 정방행렬(Square Matrix)에서 가능하다.

53. 주성분의 개수는 PC1~PC4까지 총 4개이며, 누적기여율은 고정되어 있지 않다. 보통 누적기여율 기준을 90%로 잡았을 때, 두 번째 주성분의 누적기여율이 93.17%이므로 PC1, PC2 두 개가 주성분이 된다.

54. 코로나 같은 전염병의 발생은 불규칙 요인에 해당한다.

55. 자기회귀이동평균 모델(ARMA)은 현재와 과거의 자신 그리고 자신과의 오차를 동시에 고려하여 정의한다.

56. 자기상관이란 시계열적 관점으로 보았을 때 이동된 시간 사이에서의 자기 자신과의 상관관계가 있다는 것을 의미하며, 자기상관이 없는 시계열을 백색잡음이라 한다.

57. 딥러닝은 인공지능에서 기계학습의 신경망 모델을 발전시킨 분석기법이다.

58. 네트워크 중심성 평가로는 연결중심성, 매개중심성, 근접중심성이 대표적이다.

59. 평균을 사용하는 것은 모수 통계이다.

60. 부호검정은 단일표본에 대하여 중앙값을 검정하거나 대응(Paired) 표본(전/후의 관측값)의 중앙값의 차이가 있는지를 검정하는 방법이다.

61. MAPE는 평균절대백분율오차(Mean Absolute Percentage Error)로 평균절대오차(MAE)를 퍼센트로 변환한 값이다. $\frac{100\%}{n}\sum_{i=1}^{n}|\frac{y_i-\hat{y}_i}{y_i}|$

62. 특이도(Specificity)는 실제값이 Fail(Negative)인 값 중에 Fail(Negative)을 Fail(Negative)로 옳게(TN) 판단한 비율이다. TN/(TN+FP)

63. 재현율(Recall) = TP / (TP + FN)

64. 평균절대오차(Mean Absolute Error, MAE)는 예측오차(실제값과 예측값의 차이) 절대값들의 평균으로 회귀분석 지표이다.

65. 다중회귀분석은 선택된 독립변수 간 낮은 상관관계를 통해 다중공선성 문제를 회피한다.

66. 진양성률(TPR)과 위양성률(FPR)은 비례하는 관계이다. 사례로 보면 암환자를 진단할 때, 성급한 의사는 아주 조금의 징후만 보여도 암인 것 같다고 할 것이다. 이 경우 TPR은 1에 가까워질 것이다. 그리고 동시에 FPR도 1에 가까워진다. 정상인 사람도 전부 암으로 판단한다.

67. 홀드아웃은 전체 데이터를 무작위로 학습 데이터와 테스트 데이터로 분할하며, No Re-sampling 기법이다.

68. 교차검증의 목적은 확보된 데이터 수가 적은 분석 신뢰도에 대한 평가, 성능을 측정하고 평가, 과적합 학습 단계에서의 해결이다.

69. 교차분석은 교차표에서 각 칸(Cell)의 관찰빈도(자료로 얻은 빈도)와 기대빈도(두 변수가 독립일 때 이론적으로 기대할 수 있는 빈도) 간의 차이를 검정하는 통계적 방법이다. 관측도수 : 실제 측정치, 기대도수 : 기대값(평균 : 관측도수의 N/k), k : 범주의 개수

70. P값(P-value) > α(유의수준) → 귀무가설 채택한다. 따라서 대립가설은 기각한다.

71. y절편값과는 관련 없다.

72. 설명변수가 많을 경우 과적합이 발생할 수 있다. 설명변수(독립변수)가 많으면 차원의 저주가 발생할 수 있기에 과적합을 방지하기 위해서는 수를 줄인다.

73. 확률적 경사하강법에 대한 설명이다. 개선 기법으로는 모멘텀(Momentum), 아다그라드(Ada-grad), 아담(Adam)이 있다.

74. 앙상블 방법론 중 부스팅에 대한 설명이다.

75. 원핫인코딩은 단어 집합의 크기를 벡터의 차원으로 하고, 표현하고 싶은 단어의 인덱스에 1의 값을 부여하고, 다른 인덱스에는 0을 부여하는 단어의 벡터 표현방식이다.

제3회 (복원)기출문제_정답 및 풀이

76. 새로운 지표를 생성해 시각화할 수 있다.

77. 해당 그래프는 카토그램이다. 카토그램은 지역의 값을 표현하기 위해 형상 크기를 조절, 왜곡한 화면으로 표기한다.

78. 해당 그래프는 버블차트이다. 관계시각화 기법으로 산점도, 산점도 행렬, 히스토그램이 있다.

79. 관계시각화에 대한 설명이다.

80. 분석결과를 활용한 데이터 시각화를 통해 커뮤니케이션, 인사이트 발굴, 디스커버리 기능을 얻을 수 있다.

제4회 (복원)기출문제

01. 가트너가 3V로 정의한 빅데이터의 특징이 아닌 것은?

① 가치(Value)　　② 크기(Volume)
③ 속도(Velocity)　　④ 다양성(Variety)

02. 1 제타바이트에 1byte의 아스키 코드를 얼마만큼 넣을 수 있는가?

① 2의 40승　　② 2의 50승
③ 2의 60승　　④ 2의 70승

03. 공공데이터에서 제공하는 파일의 형식이 아닌 것은?

① XML　　② SQL
③ JSON　　④ CSV

04. 다음 중 인메모리 기반의 데이터 처리와 연관된 오픈소스 프로젝트는?

① 스파크　　② 맵리듀스
③ 하이브　　④ 피그

05. 다음 중 시스템의 전방에 위치하여 클라이언트로부터 다양한 서비스를 처리하고, 내부 시스템으로 전달하는 미들웨어는?

① API GW(게이트웨이)
② 데이터베이스
③ PaaS(Platform as a Service)
④ ESB(Enterprise Service Bus)

06. 강인공지능에 대한 설명으로 옳지 않은 것은?

① 훌륭한 알고리즘을 보유하였다면 학습을 생략해도 된다.
② 강인공지능은 범용으로 사용되기는 시기 상조이다.
③ 약인공지능의 제한된 기능을 뛰어넘어 더 발달된 인공지능이다.
④ 강인공지능이라고 불릴 만한 수준의 인공지능은 지금도 개발되지 않았다.

07. 개인정보 비동의 시에도 사용 가능한 경우가 아닌 것은?

① 법령상 의무를 준수하기 위하여 불가피한 경우
② 계약의 체결 및 이행을 위하여 불가피하게 필요한 경우
③ 정보주체 또는 제3자의 급박한 생명, 신체, 재산의 이익을 위하여 필요하다고 인정되는 경우
④ 개인 편의 제공 시 합당한 이유가 있으면 가능하다.

제4회 (복원)기출문제

08. 다음 중 데이터 3법이 아닌 것은?

① 개인정보보호법
② 정보통신산업진흥법
③ 정보통신망 이용촉진 및 정보보호 등에 관한 법률
④ 신용정보의 이용 및 보호에 관한 법률

09. 분석 로드맵 설정 시 우선순위로 고려해야할 사항이 아닌 것은?

① 비즈니스 성과 및 ROI
② 시급성
③ 분석 데이터 적용
④ 전략적 중요도

10. 분석 시나리오 적용을 해야 하는 이유로 가장 적절하지 않은 것은?

① 이해관계자 도출
② 업무 성과 판단
③ 최신 업무 형태 반영
④ 분석 목표 도출

11. 빅데이터 분석 기획 절차는?

① 프로젝트 정의 → 범위 설정 → 위험계획 수립 → 수행계획 수립
② 프로젝트 정의 → 범위 설정 → 수행계획 수립 → 위험계획 수립
③ 범위 설정 → 프로젝트 정의 → 수행계획 수립 → 위험계획 수립
④ 범위 설정 → 프로젝트 정의 → 위험계획 수립 → 수행계획 수립

12. 다음 중 데이터 분석 모델링과 관련하여 수행하는 업무가 아닌 것은?

① 데이터 분할
② 데이터 모델링
③ 프로젝트 성과 분석 및 평가 보고
④ 모델 적용 및 운영방안

13. 다음 중 정형 데이터와 비정형 데이터와 관련된 설명으로 옳은 것은?

① 동영상, 오디오 데이터는 정형 데이터에 속한다.
② 형태소는 정형 데이터를 분석하기 위한 단위이다.
③ 정형 데이터는 지정된 행과 열에 의해 데이터의 속성이 구별되는 스프레드시트 형태의 데이터이다.
④ 비정형 데이터는 잠재적 가치가 가장 낮다.

14. 개인정보 비식별화 기술에 대한 설명 중 가장 적절하지 않은 것은?

① 총계처리 : 데이터의 총합값으로 처리하여 개인 데이터의 값을 보이지 않도록 하는 기술
② 데이터 마스킹 : 개인식별에 중요한 데이터값을 삭제하는 기술
③ 가명처리 : 개인식별에 중요한 데이터를 식별할 수 없는 다른 값으로 변경하는 기술
④ 범주화 : 데이터의 값을 범주의 값으로 변환하여 값을 변경하는 기술

15. 개인정보에 노이즈를 추가해서 개인정보보호와 데이터 분석을 모두 진행할 수 있는 방법은?
① K익명성 ② 가명화
③ 개인정보차등보호 ④ L다양성

16. 다음 중 고품질 데이터의 특성이 아닌 것은?
① 정확성(Accuracy)
② 적시성(Timeliness)
③ 불편의성(Uncompleteness)
④ 일관성(Consistency)

17. 다음 중 데이터 저장소가 아닌 것은?
① 데이터 웨어하우스 ② 데이터 레이크
③ 데이터 마이닝 ④ 데이터 댐

18. 다음 중 빅데이터의 저장기술로 옳은 것은?
① 맵리듀스 ② 직렬화
③ 가시화 ④ NoSQL

19. HDFS에 대한 설명으로 옳은 것은?
① 복제의 횟수는 내부에서 결정된다.
② ETL, NTFA가 상위 프로그램이다.
③ GFS와 동일한 소스코드를 사용한다.
④ 네임노드는 저장공간에 네임노드 데이터를 같이 저장한다.

20. 분산파일시스템에 대한 설명으로 옳지 않은 것은?
① 데이터베이스를 분산 저장한다.
② x86 서버의 CPU, RAM 등을 사용하므로 장비 증가에 따른 성능 향상이 용이하다.
③ 여러 컴퓨터를 하나의 서버 환경에 저장한다.
④ 네트워크를 통한 여러 파일을 관리 및 저장하는 개념이다.

21. 다음 중 이상값을 찾는 방법에 대한 설명이 아닌 것은?
① 박스플롯과 스캐터플롯 등에서 멀리 떨어진 값
② 정규분포에서 표준편차가 3이상인 값
③ 도메인 지식에서 이론적이나 물리적으로 맞지 않는 값
④ 가설 검정의 노이즈값

22. 다음과 같은 열이 4개인 박스플롯에 대한 설명으로 적절하지 않은 것은?

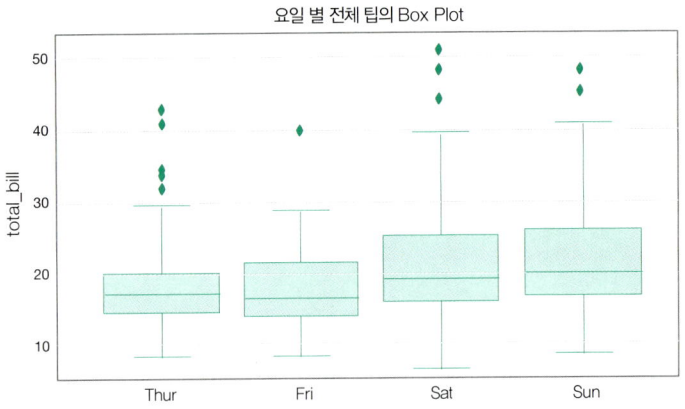

① Sat(Saturday)의 분산은 Fri(Friday)보다 크다.
② Fri(Friday)의 평균은 10에 가깝다.
③ Thur(Thursday)의 1사분위수는 12에 가깝다.
④ Fri(Friday)의 이상값이 존재한다.

23. 다음 중 정규화에 대한 설명으로 옳은 것은?

① Min-Max 정규화 범위는 0과 1사이다.
② 평균은 0, 표준편차는 1로 변환하는 방법이다.
③ 정규화를 표준화하면 표준정규분포다.
④ Min-Max 정규화보다 Z값이 이상값에 영향을 덜 받는다.

24. 빅데이터 탐색에 대한 설명으로 적절하지 않은 것은?

① 빅데이터의 전체 분포를 검토하는 과정이다.
② 데이터 분석과정에서 결과를 도출한다.
③ 데이터 탐색 시 잠재적 문제를 발견하는 과정이다.
④ 데이터 탐색 시 패턴을 찾는 과정이다.

25. 상관관계에 대한 설명 중 틀린 것은?

① 상관계수는 결정계수의 제곱이다.
② 범위는 -1에서 1사이이다.
③ 0에 가까우면 상관성이 낮다.
④ 관계를 산점도로 알 수 있다.

26. 대표값과 관련된 설명으로 옳지 않은 것은?

① 평균은 중앙값보다 이상값에 영향을 더 적게 받는다.
② Q3-Q1값은 사분위수 범위를 의미한다.
③ 변동률 등은 기하평균으로 구한다.
④ 변동계수는 분산과 관련이 있다.

27. 박스플롯에서 3Q(3사분위수)보다 작은 값은?

① 중앙값　　　　　　　　　② 평균
③ 80퍼센트　　　　　　　　④ Max값

28. 자료의 분포가 오른쪽으로 긴 꼬리일 경우에 대한 설명으로 맞는 것은?

① 왜도 〉0, 최빈값 〈 중앙값 〈 평균　　② 왜도 〉0, 평균 〈 중앙값 〈 최빈값
③ 왜도 〈 0, 중앙값 〈 최빈값 〈 평균　　④ 왜도 〈 0, 최빈값 〈 중앙값 〈 평균

29. 소수의 극단값 영향을 받지 않으므로 변동성 척도로서 적절한 것은?

① 범위　　　　　　　　　　② 변동계수
③ 사분위 범위　　　　　　　④ 표준편차

30. 다음 중 시공간 데이터가 아닌 것은?

① 지도 데이터　　　　　　　② 패턴 데이터
③ 패널 데이터　　　　　　　④ 격자 데이터

31. 주성분분석(PCA)에 대한 설명으로 옳지 않은 것은?

① 선형 결합하여 새로운 변수를 만든다.
② 분산이 커지도록 한다.
③ 데이터가 이산적인 경우에 사용한다.
④ 고유값이 작은 순서대로 나열해 사용한다.

32. 각각의 사례에 대한 알맞은 분석방법으로 옳은 것은?

① 어떤 규칙이나 방법을 찾는데 회귀분석이나 군집분석을 사용한다.
② 수요 예측은 회귀분석 등 연속형 모델 등을 이용하여 분석할 수 있고 인공신경망을 사용할 수도 있다.
③ 일정한 단위시간의 변화에 따른 개개의 상품이나 상품의 집합체에 관한 경제 변량의 기본적인 관계를 나타내는 계수를 추정 및 분석하는 방법은 차원축소 분석을 사용한다.
④ 동일한 공간상에 비교한 상표들의 상대적 위치를 나타내는 분석방법은 요인분석이다.

제4회 (복원)기출문제

33. 비정형 텍스트 데이터 전처리 기법으로 옳지 않은 것은?

① 토큰화(Tokenizing)
② API(Application Programming Interface)
③ 품사태깅(POS Tagging)
④ 어간추출(Stemming)

34. 정규 모집단 $N(50, 2^2)$에서 크기 $n = 16$의 표본을 무작위 추출할 때 표본평균분포의 표준편차, 또한 표본평균이 $\bar{X} = 51$ 이상일 때의 표준화 점수와 이에 대한 분포로 옳은 것은?

① $\sigma_X = \frac{1}{2}, z = 2, N(0, 1)$
② $\sigma_X = 1, z = 2, N(50, 2^2)$
③ $\sigma_X = \frac{1}{2}, z = 2, N(50, 2^2)$
④ $\sigma_X = 1, z = 2, N(0, 1)$

35. 이산확률변수 X에 대해 $E(X)=4, E(X^2)=25$ 일 때, 확률변수 $Y=3X-4$의 평균과 분산으로 옳은 것은?

① $E(Y) = 8, V(Y) = 81$
② $E(Y) = 16, V(Y) = 9$
③ $E(Y) = 8, V(Y) = 25$
④ $E(Y) = 16, V(Y) = 81$

36. 정규분포의 설명으로 옳지 않은 것은?

① 왜도가 3, 첨도가 0이다.
② 직선 $x = \mu$(평균)에 대하여 대칭인 종 모양의 곡선이다.
③ 곡선과 x축으로 둘러싸인 영역의 넓이는 1이다(확률의 총합은 100%이다).
④ 정규분포의 모양은 평균이 동일할 때 중심축도 동일하다.

37. 포아송분포가 맞는지 적합도 검정을 한다. 보기 중 맞는 설명을 고르시오.

> ㄱ. 하루에 몇 회인지 평균을 구해야 한다.
> ㄴ. 카이제곱값이 클수록 귀무가설 기각
> ㄷ. 자유도 4

① ㄱ, ㄴ
② ㄱ, ㄷ
③ ㄴ, ㄷ
④ ㄱ, ㄴ, ㄷ

38. 표준화와 표준정규분포에 관한 설명으로 적절한 것은?

① 표준화는 각 요소에서 평균을 뺀 값을 분산으로 나눈다.
② 표준화의 최대값은 1이다.
③ 표준화의 표준편차는 0이다.
④ 정규분포를 표준화하면 표준정규분포가 된다.

39. 초기하분포의 설명으로 적절하지 않은 것은?

① 확률변수값으로서 일정횟수의 베르누이 시행에서 성공횟수를 가진다.
② 성공확률은 일정하지 않다.
③ 각 시행은 독립적이다.
④ 이산확률분포를 따른다.

40. 다음 사례의 귀무가설 검정으로 옳은 것은?

> 사람의 평균수명을 알아보기 위해 사망자 100명을 표본으로 추출하여 조사하였더니 평균 72.4년으로 나타났다. 모표준편차를 12년으로 가정할 때, 현재의 평균수명은 70년보다 길다고 할 수 있는가를 검정하라(유의수준 $\alpha = 0.05$).

① 표준정규확률변수 z = 2, 귀무가설 채택
② 표준정규확률변수 z = 2, 귀무가설 기각
③ 표준정규확률변수 z = 3, 귀무가설 채택
④ 표준정규확률변수 z = 3, 귀무가설 기각

41. 범주형 자료의 분석기법이 아닌 것은?

① 인공신경망
② 선형회귀분석
③ 서포트벡터머신
④ 의사결정나무

42. 비지도학습 알고리즘 유형으로 알맞은 것은?

① 회귀분석
② 로지스틱회귀분석
③ 서포트벡터머신
④ 군집분석

43. 하이퍼파라미터의 최적화 기법으로 옳지 않은 것은?

① 무작위탐색(Random Search)
② 격자탐색(Grid Search)
③ 베이지안 최적화(Bayesian Optimization)
④ 경사하강법(Gradient Descent)

44. 선형회귀분석의 오차항의 특성이 아닌 것은?

① 선형성
② 독립성
③ 정규성
④ 등분산성

45. 아래의 수식이 나타내는 회귀분석은?

$$MSE(\theta) + \alpha \frac{1}{2}\sum_{i=1}^{p}\theta_i^2$$

① 라쏘회귀 ② 릿지회귀
③ 엘라스틱넷 ④ 단순회귀

46. 로지스틱회귀분석에 대한 설명으로 잘못된 것은?

① 분류에 주로 사용한다.
② 자료형이 범주형을 갖는 경우 사용하는 분석기법이다.
③ Y값은 0과 1사이이다.
④ 대표적인 비지도학습 알고리즘이다.

47. 회귀분석 $log(odds) = b + ax$ 설명으로 가장 거리가 먼 것은?

① a, b 둘 다 0이면 y확률 0이다.
② Log 연산을 통해 0에서 1사이의 Logit을 획득한다.
③ 오즈(Odds)는 클래스 0에 속하는 확률에 대한 클래스 1에 속하는 확률의 비이다.
④ 승산비(Odd Ratio) 사건이 발생할 확률과 발생하지 않을 확률 간의 비율이다.

48. 의사결정나무에 대한 설명 중 틀린 것은?

① 가지에 하나가 남는 끝까지 진행한다.
② 불순도란 복잡성을 의미하며, 해당 범주 안에 서로 다른 데이터가 얼마나 섞여 있는지 뜻한다.
③ 분류(Classification)와 회귀(Regression)에서 모두 사용할 수 있다.
④ 지도학습으로 알려져 있다.

49. 인공지능에 대한 설명으로 가장 거리가 먼 것은?

① 모델 예측값과 실제값의 오차인 손실 함수(Loss Function, 비용 함수)는 인공지능 학습에서, 최적화된 비용에 관련된 모든 변량에 대하여 어떤 관계를 나타내는 함수이다.
② 일반적으로 여러 개의 은닉층을 가진 신경망을 통해 데이터를 학습하는 것을 딥러닝이라 한다.
③ 딥러닝은 인공신경망으로 발전했다.
④ 인공지능의 기울기 소멸 문제로 인해 암흑기가 발생한 적이 있다.

50. 인공신경망의 단층퍼셉트론 문제로 표현이 불가능한 논리회로는?

① AND ② OR
③ NOR ④ XOR

51. 다음 중 연관분석 기법으로 알맞은 것은?

① 회귀분석
② 선험적규칙(Apriori)
③ 군집분석
④ 윌콕슨순위합

52. 다음 중 비지도학습에 대한 설명으로 알맞은 것은?

① 정답을 가르쳐주지 않고, 회귀분석
② 정답을 가르쳐주고, 회귀분석
③ 정답을 가르쳐주지 않고, 군집분석
④ 정답을 가르쳐주고, 군집분석

53. 맨하튼거리를 계산하시오. 점 A에서 2번째로 가까운 점의 거리는?

4개 보기 A(1,1) B(1,2) C(2,2) D(4,1)

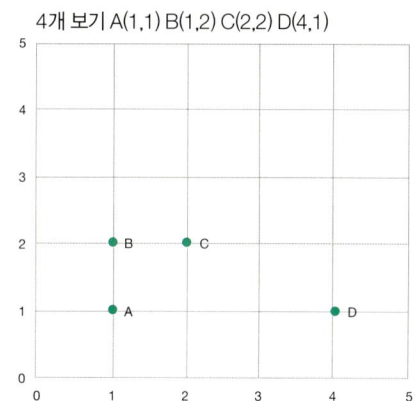

① 1
② 2
③ 3
④ 4

54. 통계에서 평균에 대한 차이검정으로 모집단 3개 이상 시 사용하는 분석방법으로 가장 알맞은 것은?

① t검정
② z검정
③ 분산분석
④ 상관분석

55. 다음이 설명하는 시계열의 특성은 무엇인가?

중/장기적, 빈번한 발생빈도가 없는 패턴

① 추세요인
② 주기요인
③ 계절요인
④ 불규칙 요인

제4회 (복원)기출문제

56. 다음 그림에서 부울 함수(Boolean Function)로 표현할 수 있는 나이브 베이지안 함수로 잘못된 것은?

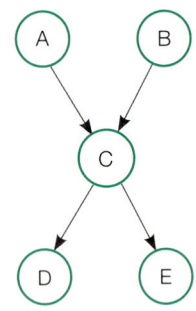

① $P(A,B \mid C) = P(A) \times P(B \mid C)$
② $P(A,B,C \mid E) = P(A \mid C) \times P(B \mid C) \times P(C \mid C)$
③ $P(A,B \mid C) = P(A \mid C) \times P(B \mid C)$
④ $P(A,E \mid C) = P(A \mid C) \times P(E \mid C)$

57. 오토인코더에 대한 설명으로 가장 잘못된 것은?

① 비지도학습이다.
② 사전학습으로 사용된다.
③ 입력 수는 은닉층 수보다 항상 작다.
④ 인코드 입력 수와 디코드 출력 수는 동일하다.

58. 텍스트 문맥 파악을 위해서 단어 단위로 끊어서 판별하는 기법은?

① 토픽모델링
② 워드클라우드
③ 엔그램(N-gram)
④ TF-IDF

59. 다음 설명 중 배깅에 대한 내용으로 가장 옳은 것은?

① 편향이 낮은 과소적합 모델을 사용
② 편향이 높은 과적합 모델을 사용
③ 부트스트랩 자료를 생성하고 각 부트스트랩 자료를 결합하여 최종 예측 모델 산출
④ 가중치를 활용하여 약 분류기를 강 분류기로 만드는 방법

60. 비모수 통계 분석기법인 윌콕슨부호순위(Wilcoxon Signed Rank)와 윌콕슨순위합(Wilcoxon Rank Sum)에 대한 설명 중 가장 옳지 않은 것은?

① 윌콕슨부호순위는 일변량 검정이다.
② 윌콕슨순위합은 이변량 검정이다.
③ 주로 30개 이하의 작은 샘플일 때 사용한다.
④ 윌콕슨부호순위 검정은 검정 결과가 대칭되어야만 검정 가능하다.

61. ROC 그래프의 설명으로 가장 옳은 것은?

① 민감도가 1, 특이도가 0인 점을 지난다.

② 민감도가 0, 특이도가 1인 점을 지난다.

③ 특이도가 증가하는 그래프이다.

④ 가장 이상적인 그래프는 민감도가 1, 특이도가 1인 점을 지난다.

62. y=0 혹은 y=1 값을 가지는 이진분류 분석에서 y=1 의 값이 y=0 값의 2배일 때, 민감도, 특이도, 정확도에 대한 설명으로 적절한 것은?

① 민감도와 특이도 둘 다 1일 때 정확도는 1이다.

② 특이도가 1일 때 정확도는 1/2이다.

③ 민감도가 1/2일 때 정확도는 1/2이다.

④ 민감도와 특이도가 같을 때 정확도도 특이도와 같다.

63. 실루엣계수를 이용한 최적의 군집분석 개수는?

① 2

② 3

③ 4

④ 5

64. 혼동행렬에서의 FN 해석에 대한 것으로 알맞은 것은?

① 예측값 False, 실제값 False

② 예측값 False, 실제값 True

③ 예측값 True, 실제값 False

④ 예측값 True, 실제값 True

제4회 (복원)기출문제

65. 데이터 불균형이 있을 경우 사용하는 평가지표로 옳지 않은 것은?

① 민감도 ② 정확도
③ 오분류율 ④ ROC곡선

66. 홀드아웃 관련 데이터가 아닌 것은?

① 증감 데이터
② 학습 데이터
③ 검증 데이터
④ 테스트 데이터

67. 케이폴드 교차검증(K-fold CV)에 대한 설명 중 옳지 않은 것은?

① 학습 데이터(훈련 데이터)와 검증 데이터 혹은 테스트 데이터로 분할
② $k = 3$ 이상만 가능
③ k개의 균일한 서브셋
④ $k - 1$개의 부분집합을 학습 데이터로 사용

68. A상품에 대한 인지도 조사결과가 아래와 같을 때, 이에 대한 설명으로 옳지 않은 것은?

	알고 있다	모른다	계
아이가 있는 남성(명)	460	40	500
아이가 없는 남성(명)	440	60	500
계	900	100	1000

① A제품을 알고 있을 확률은 0.90이다.
② 아이가 있는 남자이면서 A제품을 모르고 있을 확률은 0.04이다.
③ 아이가 없는 남자이면서 A제품을 모르고 있을 확률은 0.06이다.
④ 아이가 없는 남자 중에서 A제품을 알고 있을 확률은 약 0.96이다.

69. 다음 관측값에 대한 설명으로 옳지 않은 것은?

54, 46, 60, 40

① 기대빈도 50
② 모비율 P(54)는 1/4
③ 카이제곱값 4.64
④ 카이제곱(3) = 7.8이라면, 귀무가설을 기각한다.

70. 아래 사례의 유의성 검정으로 옳은 것은?

어느 중학교에서 1학년 학생들의 키 차이가 2학년이 되면 더 커질 것이라고 예상된다. 1학년에서 6명을 뽑고, 2학년에서 8명을 뽑아서 각각의 키 분산을 조사해 봤더니, 1학년의 분산은 10.0이었고, 2학년의 분산은 50.0이었다. 두 모집단의 분산은 같다고 볼 수 있는지 검정하라(유의수준 $\alpha = 0.05$).

DEGREE OF NUMERATOR (V1)

V2	1	2	3	4	5	6	7	8	9	10
1	161.45	199.50	215.71	224.58	230.16	233.99	236.77	238.88	240.54	241.88
2	18.51	19.00	19.16	19.25	19.30	19.33	19.35	19.37	19.38	19.40
3	10.13	9.55	9.28	9.12	9.01	8.94	8.89	8.85	8.81	8.79
4	7.71	6.94	6.59	6.39	6.26	6.16	6.09	6.04	6.00	5.96
5	6.61	5.79	5.41	5.19	5.05	4.95	4.88	4.82	4.77	4.74
6	5.99	5.14	4.76	4.53	4.39	4.28	4.21	4.15	4.10	4.06
7	5.59	4.74	4.35	4.12	3.97	3.87	3.79	3.73	3.68	3.64
8	5.32	4.46	4.07	3.84	3.69	3.58	3.50	3.44	3.39	3.35
9	5.12	4.26	3.86	3.63	3.48	3.37	3.29	3.23	3.18	3.14
10	4.96	4.10	3.71	3.48	3.33	3.22	3.14	3.07	3.02	2.98

① F 통계량, p-value 〈 유의수준, 귀무가설 채택
② F 통계량, p-value 〈 유의수준, 귀무가설 기각
③ 카이제곱, p-value 〈 유의수준, 귀무가설 채택
④ 카이제곱, p-value 〈 유의수준, 귀무가설 기각

71. 정준연결(Canonical link)의 로그 함수로 알맞은 것은?

① 정규분포
② 베르누이분포
③ 포아송분포
④ 감마분포

72. 포아송분포에 대한 적합도 검정을 한다. 보기 중 옳지 않은 것은?

① 하루에 일어난 사건에 대한 평균을 구해야 한다.
② 카이제곱값이 클수록 귀무가설을 기각한다
③ 람다는 어떤 일정 시간과 공간의 구간 안에서 발생한 평균 사건 수를 의미하지 않는다.
④ P값이 유의수준보다 작으면 귀무가설을 기각한다.

73. 과대적합일 때 대응방법으로 옳지 않은 것은?

① 정규화(Regularization)
② 배치정규화(Batch Regulation)
③ 드롭아웃(Drop-Out)
④ 맥스풀링(Max Pooling)

제4회 (복원)기출문제

74. 다음 중 시공간시각화 기법으로 가장 알맞은 것은?

① 히스토그램 ② 체르노프페이스
③ 지도맵핑 ④ 평행좌표계

75. 보고서 작성시 적절한 방법으로 가장 거리가 먼 것은?

① 전문용어를 많이 사용한다.
② 쉽게 이해할 수 있도록 작성한다.
③ 비즈니스에 사용할 수 있도록 한다.
④ 보고서를 통해 성과기준과 기여도를 표현할 수 있도록 한다.

76. 비교그래프가 아닌 것은?

① 막대그래프 ② 레이더차트
③ 히트맵 ④ 산점도

77. 누적히스토그램에 대한 설명으로 가장 거리가 먼 것은?

① 범주형과 수치형 모두의 분포를 알 수 있다.
② 히스토그램의 y축을 평균으로도 나타낼 수 있다.
③ 누적히스토그램은 누적확률밀도함수와 반비례적인 형태를 보인다.
④ 계급수를 잘 정해야 정확한 분포 파악이 가능하다.

78. 다음 그래프의 이름으로 적절한 것은?

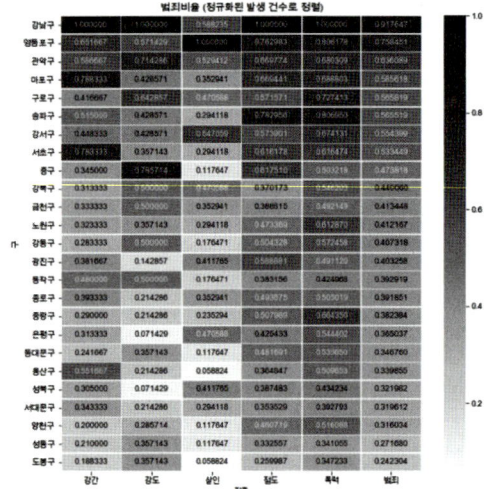

① 히트맵 ② 트리맵
③ 영역차트 ④ 누적영업차트

79. 효과적인 인포그래픽의 조건 중 가장 적절하지 않은 것은?

① 인포메이션(Information)과 시각적 그래프의 합성어이다.

② 최대한 많은 정보를 담는다.

③ 쉽게 이해할 수 있도록 그래픽과 텍스트를 조합해 사용한다.

④ 실용적 메시지 전달을 위해 차트, 다이어그램, 일러스트레이션 등을 사용한다.

80. 분석 모델 리모델링 및 활용 과정별 명칭과 설명에 대하여 잘못 짝지어진 것은?

① 최적화(Optimization) : 조건 변화나 가중치 변화 시 계수값 조정 또는 제약조건 추가로 재조정하여 손실 함수를 줄인다.

② 일반화(Generalization) : 기존 데이터가 아닌 새로운 데이터를 넣으면 처음부터 학습시켜야 한다.

③ 표준화(Standardization) : 데이터 요소들을 평균이 0이고 분산이 1인 분포로 변형한다.

④ 정규화(Normalization) : 특성값의 범위를 [0, 1]로 옮긴다.

제4회 (복원)기출문제_정답 및 풀이

정답

문항	정답	문항	정답	문항	정답	문항	정답	문항	정답	문항	정답	문항	정답	문항	정답
01	①	11	③	21	④	31	④	41	②	51	②	61	④	71	③
02	④	12	③	22	②	32	②	42	④	52	③	62	①	72	③
03	②	13	③	23	①	33	②	43	④	53	②	63	②	73	④
04	①	14	②	24	②	34	①	44	①	54	②	64	②	74	③
05	①	15	③	25	①	35	①	45	②	55	①	65	③	75	①
06	①	16	②	26	①	36	①	46	④	56	④	66	①	76	④
07	④	17	③	27	①	37	①	47	①	57	③	67	②	77	③
08	②	18	④	28	①	38	④	48	①	58	③	68	④	78	①
09	③	19	③	29	③	39	③	49	③	59	③	69	④	79	②
10	③	20	③	30	②	40	②	50	④	60	④	70	②	80	②

풀이

01. 빅데이터의 일반적인 특징은 3V라 불리는, Volume(크기), Variety(다양성), Velocity(속도)로 정의한다.

02. 킬로바이트 : 2의 10승, 메가바이트 : 2의 20승, 기가바이트 : 2의 30승, 테라바이트 : 2의 40승, 페타바이트 : 2의 50승, 엑사바이트 : 2의 60승, 제타바이트 : 2의 70승, 요타바이트 : 2의 80승

03. 공공데이터포털에 개방되는 3단계 이상의 오픈 포맷 파일 데이터를 오픈 API(REST API 기반의 JSON/XML/CSV 형태)로 자동 변환하여 제공한다.

04. 스파크는 하둡의 맵리듀스 작업에서 성능의 병목현상으로 지목되던 디스크 I/O 비용을 효율화하고 데이터 분석 작업에 용이한 인메모리 컴퓨팅 기반의 데이터 분산처리시스템이다.

05. API GW(Gate Way)는 API 서버 앞단에서 모든 API 서버들의 엔드포인트를 단일화해주는 또 다른 서버이며, ESB(Enterprise Service Bus)는 디지털 서비스를 상호 간에 연결하기 위한 레거시 기술(연동기술)이다.

06. 강인공지능이라 해도 학습을 통해 모델의 정확도를 높이는 과정이 필요하다.

07. 개인정보보호법 제 15조 (개인정보의 수집, 이용)에 개인정보는 법률상, 계약이행, 재산/생명 등의 이유로 인정되는 경우 비동의 시에도 활용이 가능하다고 명시되어 있다.

08. 데이터 3법은 개인정보보호법, 정보통신망법, 신용정보법 개정안을 일컫는 말이며, 법 개정을 통해 빅데이터 활용의 기반이 마련되었다.

09. 우선순위 고려사항은 전략적 중요도, 실행 용이성, 비즈니스 성과 및 ROI, 시급성과 난이도가 있다.

제4회 (복원)기출문제_정답 및 풀이

10. 분석 시나리오 적용 시에 분석 주제별로 필요한 소스 데이터, 분석방법, 데이터 입수 난이도, 데이터 입수 사유, 분석 수행 주기, 분석결과에 대한 검증 오너십, 상세 분석과정 등을 정의할 수 있다. 따라서 이해관계자 식별, 업무성과 파악, 분석 목표 도출에 활용된다.

11. 빅데이터 분석 기획 절차는 범위 설정 → 프로젝트 정의 → 수행계획 수립 → 위험계획 수립 수행이다.

12. 모델링에서는 데이터 분할, 모델링 기법 선택, 모델 테스트 계획 설계, 모델 작성, 모델 평가를 수행하며, 프로젝트 성과 분석 및 평가 보고는 Deploying(평가 및 전개) 단계에서 수행한다.

13. 비정형 데이터는 잠재적 가치가 가장 높으며, ③은 정형 데이터에 대한 설명을 옳게 하였다.

14. 데이터 마스킹은 개인식별 정보에 대해 대체 또는 부분적으로 대체값(공백, '*', 노이즈 등)으로 변환하는 과정이며, 데이터 삭제는 개인정보 식별이 가능한 특정 데이터값을 삭제하는 과정이다.

15. 개인의 신원을 모호하게 처리하기 위해, 차분 프라이버시(Differential Privacy) 모델을 이용하여 개인의 사용 패턴의 작은 샘플에 수학적 노이즈를 추가한다.

16. 데이터 품질지표는 준비성, 완전성, 일관성, 정확성, 적시성, 보안성, 유용성이다.

17. 데이터 마이닝은 데이터에서 숨겨진 의미나 패턴을 찾는 과정이며, 데이터 댐은 광범위한 데이터를 '댐'에 가둬 두고 필요한 곳에 사용할 수 있도록 하는 의미를 담고 있다. 따라서 정답은 데이터 마이닝이 된다.

18. NoSQL 방식은 대용량 데이터베이스를 저장하기 위해 전통적인 관계형 데이터베이스 시스템보다 상대적으로 제한이 덜한 데이터 모델을 기반으로 한다.

19. NTFS(New Technology File System)은 윈도우 NT 계열 운영체제의 파일시스템이며, HDFS(Hadoop Distributed File System)에서 네임노드는 파일시스템 트리와 그 트리에 포함된 모든 파일과 디렉터리에 대한 메타 데이터를 유지하는 역할을 한다. 또한 HDFS는 GFS의 오픈소스화로 이를 참조하여 탄생했다.

20. 여러 컴퓨터를 하나의 서버 환경에 구성하는 것은 어플라이언스(Appliance)에 대한 설명이다.

21. 노이즈(Noise)는 관측을 잘못하거나 시스템에서 발생하는 무작위적 오류(Random Error) 등으로 발생하는 관심이 없는 제거할 대상이며, 가설 검정은 귀무가설의 기각, 채택 여부의 판단하는 통계적 검정 기법이다. 따라서 주어진 유의수준에 따라 값이 달라질 수 있기 때문에 이상값을 탐지하는 목적에 적합하지 않다.

22. Fri(Friday)의 중앙값은 15, 평균은 이상값 때문에 20에 가깝다고 볼 수 있다.

23. Min-Max 정규화는 모든 데이터가 [0, 1] 범위 안에 들어가도록 조절하는 방법이며, 정규분포를 표준화하면 표준정규분포가 된다. 또한 Z값은 표준편차로 표준화되기 때문에 이상값에 더 민감하다.

24. 데이터 분석만으로는 문제를 해결(결과)할 수 없지만 분석결과로 밝혀진 패턴과 그로 인한 통찰을 이용하면 합리적 의사결정이 가능해진다.

25. 상관계수는 공분산을 각 변수의 표준편차로 나누어(표준화하여) 두 변수 사이의 관계 정도나 방향을 하나의 수치로 나타내는 지표이며, 결정계수는 총 편차 중 회귀선으로 설명되는 양(회귀분석)을 의미한다.

제4회 (복원)기출문제_정답 및 풀이

26. 평균은 중앙값보다 이상값에 영향을 더 민감하게 받는다.

27. 3Q(3사분위수)는 75% 위치의 값을 의미하며, 중앙값은 50%의 위치를 의미한다. 평균 또한 50% 위치에 있는 값이 될 수 있으나, 매우 작은 값이 존재할 경우 3Q보다 값이 작게 된다.

28. 오른쪽 긴꼬리를 가진 분포는 왜도 > 0 경우이며, 대표값의 위치는 최빈값 < 중앙값 < 평균 순으로 정렬된다.

29. 사분위수 범위는 중앙값을 이용하며, 이상값에 덜 민감하다. 또한 최대값과 최소값을 기준으로 이상값을 구분할 수 있다.

30. 패널 데이터는 종단자료(Longitudinal Data)라고도 하며, 여러 개체들을 복수의 시간에 걸쳐서 추적하여 얻는 데이터이고, 격자 데이터는 동일한 방식으로 반복되는 점들의 규칙적인 구조를 의미한다. 따라서 시공간 데이터로 활용될 수 있다.

31. 주성분분석(PCA)은 서로 상관성이 높은 변수들의 선형 결합으로 만들어 변수들을 요약, 축소하여 데이터 관리와 사용에 있어 연산량을 적게 하지만, 축소된 수치값은 직관적인 이해가 어렵게 된다. 또한 주성분은 데이터를 포함하는 분포(분산)가 최대가 되도록 주성분을 정의한다. 고유값이 큰 순서로 사용한다.

32. ④는 다차원척도법(MDS)에 대한 설명이며, ③은 시계열 분석법에 대한 설명이다. ①에서 군집은 유사한 특성을 규칙이라 표현할 수 있지만 명확하게 정답이라 할 수 없다.

33. 텍스트 전처리는 토큰화(Tokenizing), 정제(Cleaning) and 정규화(Normalization), 어간추출(Stemming)과 표제어추출(Lemmatization) 등의 기법을 활용한다.

34. 모집단의 분포를 알고 있기 때문에, Z분포를 이용하여 주어진 문제를 계산하면, $\sigma_X = \frac{\sigma}{\sqrt{n}} = \frac{2}{\sqrt{16}} = \frac{1}{2}$, $Z = \frac{\bar{X} - \mu}{\frac{\sigma}{\sqrt{n}}} = \frac{51 - 50}{0.5} = 2$의 결과가 나온다.

35. 이산확률변수의 평균, 분산, 표준편차 성질은 다음과 같으며,
표본평균의 표준편차(표준오차) : $\frac{\sigma}{\sqrt{n}}$, 평균 : $E(aX + b) = aE(X) + b$, 분산 : $V(aX + b) = a^2 V(X)$, 표준편차 : $\sigma(aX + b) = |a|\sigma(X)$ 이에 의하여 정답은 평균 : $E(3X - 4) = 3E(X) - 4 = 8$, 분산 : $V(3X - 4) = 3^2 V(X) = 81$이 된다.

36. 정규분포는 왜도가 0이고 첨도는 3이 된다.

37. 포아송분포는 어떤 단위시간이나 단위공간 내에서 사건이 몇 번 정도 일어나는지 알거나 혹은 내가 원하는 구간 동안에 몇 번 일어나는지 알고 싶은 경우 사용하는 분포이다. 따라서 포아송분포의 적합도 검정은 각 발생 가능 횟수의 빈도수의 평균을 구한 후, 카이제곱검정을 이용하여 적합도 검정을 수행한다.

38. 표준정규분포는 표준화확률변수(Standardized Random Variable) Z에 의해 변환 과정을 거쳐 평균이 0이고, 표준편차가 1로 정리된 정규분포를 의미한다.

39. 초기하분포는 모집단이 N이며 구하고자 하는 대상의 수가 D인 경우, n개의 표본을 비복원으로 뽑았을 때, 구하고자 하는 수 x를 X의 확률분포를 의미한다. 이항분포는 복원추출로 독립시행을 가정하지만, 초기하분포는 비복원추출로 확률이 달라지기 때문에 독립을 가정하지 않는다.

제4회 (복원)기출문제_정답 및 풀이

40. 모평균의 가설 검정(모표준편차 알고 있음 : Z분포)
귀무가설 $H_0 : \mu = 70$년, 대립가설 $H_1 : \mu > 70$년(우측검정), 기각값 : 표준정규분포의 $95\%(1-a) \times 100)$ 확률에 해당하는 Z값(기각역) $Z \geq z_{0.05} = 1.645$
검정통계량 $Z = \frac{X-\mu}{\sigma\sqrt{n}}$에서 모평균 $\mu = 70$, 표본평균 $\bar{X} = 2$, 모표준편차 $\sigma = 12$일 때,
$Z = \frac{72.4 - 70}{12\sqrt{100}} = 2$

41. 선형회귀분석은 수치값(연속형 변수)을 예측(추정)하는 분석기법이다.

42. 군집분석은 연관규칙, 차원축소 기법과 함께 대표적인 비지도학습의 유형이다.

43. 하이퍼파라미터 최적화로는 수동탐색, 격자탐색, 무작위탐색, 베이지안 최적화가 있다.

44. 회귀분석의 4가지 가정은 선형성, 정규성, 등분산성, 독립성으로 구분할 수 있으며 이중 오차항은 종속변수의 관측값과 예측값의 차이를 의미한다. 정규성, 등분산성, 독립성이 오차항의 특성을 의미하며, 선형성은 독립변수와 종속변수 간의 관계를 의미한다.

45. 규제(Regulation)가 있는 선형회귀는 선형회귀계수에 대한 제약조건을 추가하여 모델이 과도하게 최적화되는 현상을 방지하는 방법이며, 제시한 문제의 식은 L2-norm(제곱규제항)을 적용하여 회귀계수 크기를 0에 근접하도록 축소시키는 릿지회귀에 대한 설명이다.

46. 로지스틱회귀분석은 분류에 활용하는 대표적인 지도학습이다.

47. a, b 둘 다 0이면 y = 0.5

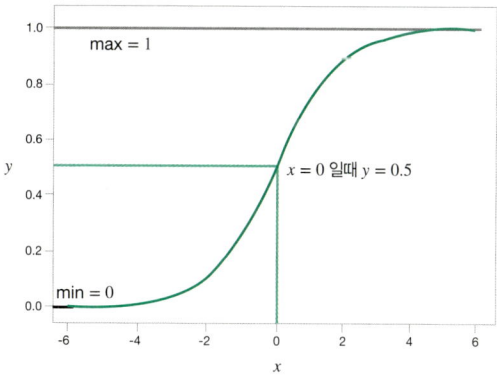

48. 의사결정나무는 끝까지 진행하지 않고, 정지규칙과 가지치기(Pruning)을 통해 제한한다.

49. 기계학습은 인공신경망에서 딥러닝으로 발전한다.

50. 단층퍼셉트론은 배타적 논리합(Exclusive-OR) 문제로 직선 하나로 영역을 나눌 수 없었으며, 이를 해결하기 위해 다층퍼셉트론이 정의되었다.

51. 연관분석 기법은 대표적으로 선험적(Apriori) 규칙, 빈도패턴성장(FP-Growth)이 있다.

52. 비지도학습은 정답을 알려주지 않는 머신러닝 방법이며 비지도학습에는 군집분석, 연관분석, 차원축소 기법을 들 수 있다.

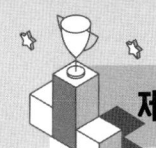

제4회 (복원)기출문제_정답 및 풀이

53. A와 첫 번째로 가까운 점은 B, 두 번째로 가까운 점은 C이다. 맨하튼거리는 x축으로 1과 y축으로 1만큼 간 2이다.

54. 모집단의 수가 3개 이상일 때 사용하는 평균에 대한 유의성 검정은 분산분석(ANOVA)으로 수행한다.

55. 시계열의 특성(분석요인)은 중/장기 관점에서 발생하며 패턴이 없는 경우 추세요인을 설명하는 것이다. 반대로 1년 주기 내에 특정 패턴이 있으면 계절요인을 의미하며, 수년 간에 특정 주기를 가지면, 순환요인을 의미한다.

56. ④번 보기는 C라는 사건이 발생된 상태에서 A와 E의 확률이다. C가 발생한 상태에서 E사건이 발생할 수 없기 때문에 정답이 될 수 없다.

57. 입력 수가 은닉층 수보다 항상 작은 건 아니다.

58. 엔그램은 Bag of Words(BOW)를 개선하여 단어 하나만을 보는 것이 아니라 주변의 $n-1$개 단어를 뭉쳐서(묶어서) 표현하는 방법(토큰화 방법 혹은 언어 모델)이다.

59. 배깅은 부트스트랩 자료를 생성하고 각 부트스트랩 자료를 결합하여 최종 예측 모델을 산출하는 앙상블 기법이다.

60. 비모수 통계는 특정 집단을 가정하지 않는 경우에 적용 가능한 방법이며, 또한 표본수가 적을 때(10개 미만) 적용 가능하다. 윌콕슨부호순위 검정은 단일표본과 대응표본에 대해 검정 가능하며, 제시한 문제는 ③번과 ④번이 정답이 될 수 있으나, 결과가 대칭되어야만 적용할 수 있는 것은 아니기 때문에 ④번을 정답으로 한다.

61. ① 민감도가 1, 특이도가 0인 점을 지난다(이상적 상황이 아님, 모든 음성사례는 틀림), ② 민감도가 0, 특이도가 1인 점을 지난다(이상적 상황 아님, 모든 음성사례만 맞춤), ③ 특이도가 증가하는 그래프이다 (민감도와 1-특이도의 관계를 표현), ④ 가장 이상적인 그래프는 민감도가 1, 특이도가 1인 점을 지난다 (왼쪽 상단의 (0, 1) 점).

62. 민감도와 특이도가 둘 다 1인 경우, 정확도는 1이 되며, 그 외에는 TP, TN, FN, FP에 값에 따라 달라질 수 있다.

63. 제시한 그래프의 군집이 3일 때 평균 실루엣계수가 가장 좋으므로 군집 3으로 설정한다.

64. False Negative(FN)은 예측값 False, 실제값 True를 의미한다.

65. 데이터의 불균형으로 양성(Positive) 혹은 음성(Negative) 비율이 치우쳐서 제대로 된 분류를 못하는 상황을 정확도의 역설(Accuracy Paradox)이라 하고, 이를 보완하기 위해 정밀도와 재현율을 확인하게 된다.

66. 홀드아웃 교차검증은 원본 데이터(Original Data Set)를 학습 데이터와 테스트 데이터(홀드아웃 데이터)로 나누고, 분리된 학습 데이터를 다시 검증 데이터로 따로 분할하여 교차검증하는 방법이다.

67. 케이폴드 교차검증의 k값은 3이상만 사용하는 것은 아니며, 데이터의 수와 학습 필요양에 따라 달리 설정할 수 있다. .

68. ① 900/1000, ② 40/1000, ③ 60/1000, ④ 460/500 = 0.92이다. 따라서 ④ 0.96이 잘못 계산된 값이다.

제4회 (복원)기출문제_정답 및 풀이

69. 관측빈도에 대한 기대빈도로 이용하는 카이제곱검정에 대한 문제이다.
$\chi_0^2 = \sum_{i=1}^{k} \frac{(O_i - e_i)^2}{e_i}$, 자유도 ($v = k - 1$, k : 범주의 개수)

기대빈도 = (54 + 46 + 60 + 40) / 4 = 50

모비율P, $P(54)$는 전체 중에 54특성을 갖는 비율로 전체 4개 중에 1개이므로 1/4

54,50 = 4^2/50 = 16/50 = 0.32   46,50 = $(-4)^2$/50 = 16/50 = 0.32

60,50 = 10^2/50 = 100/50 = 2   40,50 = $(-10)^2$/50 = 100/50 = 2

카이제곱통계량 0.32 + 0.32 + 2 + 2 = 4.64,

자유도 3일 때 유의수준 0.05에 대한 카이제곱 기각역 7.8(지문에 주어짐)

검정통계량 4.64가 7.8보다 작으므로 귀무가설을 채택한다.

70. 모집단이 2개이면서 분산을 이용하는 F검정에 대한 문제이다. 유의수준 0.05에 대한 기각역은 $F(7,5)$ = 4.88이며(자유도는 각 집단 크기에서 1씩 뺀 값으로 제시된 F분포표에서 확인), F통계량은 제시된 두 분산으로 F = 50.0 / 10.0 = 5가 계산된다. 따라서 검정통계량 5 〉 유의수준의 통계량 4.88이므로 기각역에 검정통계량이 존재하여, 귀무가설을 기각한다.

71. 일반화 선형 모델(GLM)의 여러 종류 중 종속변수와 선형 예측치 간의 평균을 연결해줄 때 로그 함수를 이용하는 것은 포아송분포다.

72. 포아송분포는 단위시간당 일어날 특정 사건의 수에 대한 확률분포이며, 포아송분포를 따르는지 적합도를 검정하기 위해서는 비모수 통계 검정 기법인 카이제곱검정을 사용한다. 카이제곱통계량은 분산을 의미하므로 (+)값만 존재하며, 값이 커질수록 기각역에 위치하여 귀무가설을 기각한다.

73. 맥스풀링(Max Pooling)은 합성곱신경망(CNN)에서 서브 샘플링을 위한 방법이다.

74. 지도맵핑은 시공간시각화 기법이며, 히스토그램은 분포나 관계시각화, 체르노프페이스는 비교시각화, 평행좌표계 역시 비교시각화 기법이다.

75. 보고하는 사람에 맞춰 작성하지만 대부분 전문용어를 풀어 이해하기 쉽게 보고서를 작성한다.

76. 산점도는 관계시각화 기법이다.

77. 히스토그램은 분포를 확인하거나 관계를 확인할 때 사용하는 시각화 기법이다. 일반적으로 연속적으로 계급을 표현 가능한 범주형 자료나 연속형 자료의 빈도수나 절대적인 확률이 아닌 상대적인 확률 분포 형태를 보기 위해 사용하며, 누적히스토그램은 누적분포함수(누적확률밀도함수)와 그래프 형태가 유사하다.

78. 히트맵은 값에 크기에 따라 색을 다르게 표현한 비교시각화 그래프이다.

79. 인포그래픽은 핵심 정보를 그래픽으로 표현해 쉽게 이해할 수 있게 만든 그래픽 메시지이기 때문에 너무 많은 정보를 담는다면 전달하고자 하는 키워드를 식별하기 어려울 수 있다.

80. 일반화(Generalization)는 기존 데이터가 아닌 새로운 데이터를 넣어도 잘 동작하게 한다.

제5회 (복원)기출문제

01. 다음 중 빅데이터 분석에 대한 설명으로 옳지 않은 것은?

① 항상 경제적으로 이익을 얻을 수 있다.
② 데이터 중심의 생산성 향상을 이룰 수 있다.
③ 고객 세분화를 통한 맞춤형 서비스 제공이 가능하다.
④ 데이터 기반의 의사결정을 지원한다.

02. 기업 내 관계형 데이터 베이스를 하둡(Hadoop) 기반으로 전환하고, 이를 모니터링하는 직무로 옳은 것은?

① 데이터 아키텍트(Data Architect, DA)
② 데이터 개발자(Developer)
③ 데이터 엔지니어(Data Engineer)
④ 데이터 기획자(Data Planner)

03. 아래 설명하는 빅데이터 데이터 계층 플랫폼 구조로 옳은 것은?

> ㄱ. 자원을 관리하는 모듈을 제공한다.
> ㄴ. 빅데이터를 응용하는 기반을 제공한다.
> ㄷ. 소프트웨어 계층을 동작할 수 있는 기반을 제공한다.

① 플랫폼 계층
② 인프라스트럭처 계층
③ 소프트웨어 계층
④ 시각화 계층

04. 다음 중 병렬 DBMS의 특성으로 옳지 않은 것은?

① 난이도가 낮은 단순한 연산이 많을 때 유용
② 계산이 동시에 발생
③ 데이터 중복치 증가
④ 병렬 컴퓨팅을 통해 성능을 개선

05. 다음 중 인공지능과 머신러닝, 딥러닝의 상호관계를 표현한 것으로 옳은 것은?

① 머신러닝 〉 인공지능 〉 딥러닝
② 딥러닝 〉 머신러닝 〉 인공지능
③ 인공지능 〉 머신러닝 〉 딥러닝
④ 인공지능 〉 딥러닝 〉 머신러닝

06. 인공지능에서 학습한 모델의 결과를 다시 반영하여 재학습의 효율을 높이는 기법은?

① 전이학습
② 강화학습
③ 지도학습
④ 비지도학습

07. 개인정보보호법과 관련된 내용으로 옳지 않은 것은?

① 법이 개정된 후 가명처리로 변경되었다.
② 개인정보를 가명처리 후 활용을 위해서는 정보주체의 동의가 필요하다.
③ 과학적 연구 목적으로 가명정보를 동의 없이 처리할 수 있다.
④ 가명처리를 하더라도 통계 정보 분석에 활용할 수 없다.

08. 다음 중 개인정보 비식별화 조치에 대한 설명으로 옳지 않은 것은?

① 총계처리 : 데이터의 총합값으로 처리하여 개인 데이터값을 보이지 않도록 하는 기술
② 범주화 : 주요 식별 정보를 삭제하는 기술
③ 가명처리 : 개인식별에 중요한 데이터를 식별할 수 없는 다른 값으로 변경하는 기술
④ 데이터 마스킹 : 개인식별 정보에 대해 대체 또는 부분적인 대체값(공백, '*', 노이즈 등)으로 변환하는 기술

09. 빅데이터 분석 기획 단계 중 WBS 작성 단계로 옳은 것은?

① 프로젝트 정의 및 계획 수립　　② 비즈니스 이해
③ 프로젝트 범위 설정　　　　　　④ 프로젝트 정의

10. 다음 중 미래 예측을 위한 분석으로 옳은 것은?

① 서술적 분석(Descriptive Analytics)　　② 진단 분석(Diagnostic Analytics)
③ 규범 분석(Prescriptive Analytics)　　④ 예측 분석(Predict Analysis)

11. CRISP – DM 방법론의 단계별 프로세스를 나열한 것으로 옳은 것은?

① 비즈니스 이해 – 데이터 이해 – 데이터 준비 – 모델링 – 평가 – 전개
② 비즈니스 이해 – 데이터 이해 – 데이터 준비 – 모델링 – 전개 – 평가
③ 비즈니스 이해 – 데이터 이해 – 데이터 준비 – 평가 – 모델링 – 전개
④ 비즈니스 이해 – 데이터 이해 – 데이터 준비 – 평가 – 전개 – 모델링

12. 빅데이터 분석방법으론 절차 중 로우 데이터(Raw Data)를 이해하고 수집하는 단계는?

① 분석 기획　　　② 데이터 준비
③ 데이터 분석　　④ 시스템 구현

13. 다음 요구사항 도출 기법에 대한 설명으로 알맞은 것은?

① 포커스그룹 인터뷰(FGI) : 전문가 설문 조사 후 온/오프라인 면담한다.
② 브레인스토밍 : 특정 요구사항 두 개의 차이점을 비교한다.
③ 인터뷰 : 다수의 사람들에게 질문지를 배포한다.
④ 스캠퍼 : 이해관계자와 이야기한다.

14. 다음 중 분석 기획 단계에서 비즈니스 계획 수립절차로 옳지 않은 것은?

① 모델 발전 계획 수립
② 비즈니스 이해 및 프로젝트 범위 설정
③ 프로젝트 정의 및 계획 수립
④ 프로젝트 위험 계획 수립

제5회 (복원)기출문제

15. 데이터 수집기술에 대한 설명으로 옳지 않은 것은?

① 크롤링(Crawling) : 웹 로그
② 센싱(Sensing) : 센싱 데이터
③ FTP(File Transfer Protocol) : 웹 로그
④ Open API : 정해진 방식으로 연동하여 제공받는 데이터

16. 다음 중 관계형 데이터처럼 행과 열의 테이블 형태로 구조화되어 있지 않지만, 스키마 및 메타 데이터의 특성을 가지고 있는 데이터로 옳은 것은?

① 정형 데이터
② 반정형 데이터
③ 비정형 데이터
④ 웹 데이터

17. 데이터 웨어하우스(Data Ware-house, DW) 환경에서 로우 데이터(Row Data)를 그대로 처리할 수가 없다. 분석시스템에 맞게 데이터 변환하는 작업으로 알맞은 것은?

① 비식별화
② 마스킹
③ ETL
④ ELT

18. 다음 중 총계처리 기법의 단점으로 가장 옳지 않은 것은?

① 데이터의 정밀 분석이 어렵다.
② 집계 수량이 적을 경우 추론에 의한 식별 가능성 있다.
③ 사전 통계 지식이 필요하다.
④ 총계처리는 비식별화가 불가능하다.

19. 다음 중 데이터 품질개선 절차에서 데이터를 측정하고 분석하여 수치를 산출하는 단계로 옳은 것은?

① 개선계획 수립
② 개선수행
③ 품질통제
④ 데이터 품질측정

20. 빅데이터 수집 – 저장 – 처리 – 분석 - 표현 단계 중 저장기술로 옳지 않은 것은?

① RDBMS
② NoSQL
③ 분산파일시스템
④ 텍스트 마이닝

21. 다음 중 데이터 탐색에 대한 설명으로 옳지 않은 것은?

① 레버리지는 0과 1사이의 값을 가지며, 일반적으로 레버리지 평균의 2~4배를 초과하는 관측값을 이상값으로 정의한다.
② 카이제곱검정은 데이터가 정규분포를 만족하나, 자료의 수가 적은 경우에 이상값을 검정하는 방법이다.
③ DBSCAN은 밀도와 최소 포인트(MinPts) 2가지 파라미터를 기반으로 코어(Core)와 노이즈(Noise)로 분류하여 이상값을 도출한다.
④ 박스플롯 제1사분위는 75백분율(%) 데이터를 의미한다.

22. 상자수염 그림(박스플롯)과 이상값에 대한 설명으로 옳지 않은 것은?

① 사분위수 범위(IQR)를 벗어나는 값들이 이상값(극단치)이다.
② 상자수염은 3사분위수와 최대값, 1사분위수와 최소값을 이어주는 범위이다.
③ 상자수염 그림의 제2사분위수는 중앙값을 의미한다.
④ 이상값은 최소값과 최대값을 벗어난 위치에 있는 값을 의미한다.

23. 다음 중 변수에 대한 설명으로 옳지 않은 것은?

① 영향을 주는 변수를 독립변수라 하고, 영향을 받는 변수를 종속변수라고 한다.
② 연속형 척도와 범주형 척도는 모두 평균, 표준편차와 같은 기술 통계량을 구할 수 있다.
③ 질적변수는 수치화되지 않은 자료, 양적변수는 수치화한 자료다.
④ 범주형 변수에는 명목변수와 서열변수가 있다.

24. 다음 데이터 변환 기술에 대한 설명으로 옳지 않은 것은?

① 일반화(Generalization) : 특정 구간 분포값으로 변환한다.
② 평활화(Smoothing) : 특정 속성을 추가한다.
③ 정규화(Normalization) : 데이터를 정해진 구간으로 변환한다.
④ 표준화(Standardization) : 데이터를 0을 중심으로 양쪽에 분포시키는 방법이다.

25. 아래 표현된 원천 데이터(Raw Data)에 대한 데이터 변환 방법으로 옳은 것은?

0 ~ 100까지의 양수이며, 최대값과 최소값의 차이가 크다.

① 자연로그변환
② 제곱변환
③ 이항변수화(Binarization)
④ 표준화(Standardization)

제5회 (복원)기출문제

26. 다음 중 범주형 변수 변환 기법에 대한 설명으로 옳지 않은 것은?

① 원핫인코딩 ② 레이블인코딩
③ 표준편차 타겟 인코딩 ④ 더미코딩

27. 다음 중 클래스 불균형 데이터를 처리하기 위한 방안으로 옳지 않은 것은?

① 정규화(Normalization) ② 과소표집
③ 임계값 이동 ④ 비용 함수 민감학습

28. 다음 막대그래프에 대한 전처리 기법(언더샘플링)으로 적절한 것은?

① 변수변환 처리 ② 클래스 불균형 처리
③ 래퍼 기법 ④ 차원축소

29. 다음 중 공분산에 대한 설명으로 옳지 않은 것은?

① 공분산은 두 개 또는 그 이상의 랜덤변수에 대한 의존성을 의미한다.
② 확률변수의 공분산 Cov(x, y)가 0이라면, 두 확률변수 X, Y는 항상 상호 독립이다.
③ 변수 x가 증가할 때, y가 증가하면 의존성이 큰 관계이다.
④ 공분산 Cov(x, y)의 상관계수값이 −1이라면, 가장 음의 상관관계가 높은 상태이다.

30. 아래 분포한 산점도 자료에 대한 피어슨 상관계수로 옳은 것은?

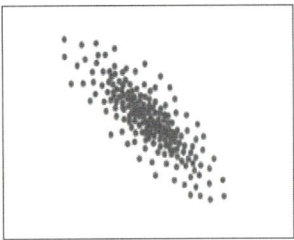

① 0.1 ② −0.1
③ 0.9 ④ −0.9

31. 피어슨 상관계수를 기반으로 변수를 제거하는 경우, 중복되어 제거해야 하는 변수로 옳은 것은?

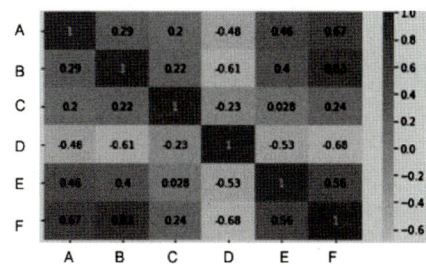

① F 또는 B 제거　　　　② C 또는 E 제거
③ A제거　　　　　　　 ④ B 또는 E제거

32. 특정 지역의 소득 분포를 조사하였더니 아래 그래프와 같은 분포를 띤다. 일부 응답값이 누락되어 값의 대치가 필요한 경우 대표값으로 옳은 것은?

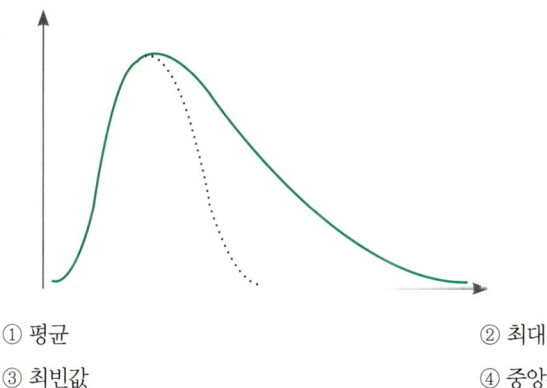

① 평균　　　　　　　 ② 최대값
③ 최빈값　　　　　　 ④ 중앙값

33. 아래 표현된 시각화 기법의 이름으로 옳은 것은?

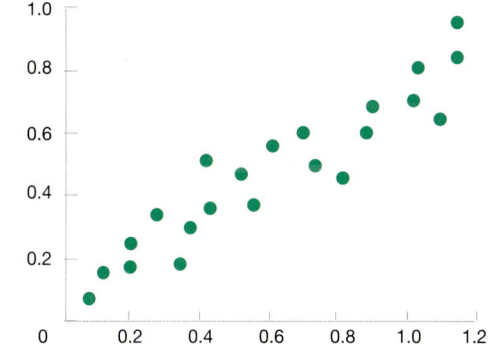

① 파이차트　　　　　 ② 산점도
③ 히스토그램　　　　 ④ 평행좌표그래프

제5회 (복원)기출문제

34. 표본 크기가 커짐에 따른 이점이 아닌 것은?

① 일반적으로 표본수가 크면 표본오차는 작아진다.
② 표본 크기와 관계없이 표본평균의 기대값은 항상 모평균과 동일하다.
③ 표본의 크기가 커진다고 표본오차가 무한정 작아지진 않는다.
④ 전체 집단을 구성하는 요소들이 연구하고자 하는 속성에 있어 비슷한 정도가 높을수록 표본의 크기는 작아질 수 있다.

35. 정규분포를 따르는 확률분포에서 모집단으로부터 표본이 4개인 확률변수를 추출한다. X1, X2, X3, X4에 대한 설명으로 옳지 않은 것은?

① X2, X3는 서로 종속이다.
② 표본평균인 경우 기대값을 의미한다.
③ X1, X2, X3, X4는 모집단과 동일한 분포를 따른다.
④ 각각의 값은 서로 독립이다.

36. 다음 중 확률분포에 대한 설명으로 옳지 않은 것은?

① 확률변수 X가 셀 수 있는 특정한 수치만(정수)을 가질 때, 그 확률변수를 이산확률변수라 한다.
② 연속확률변수는 전구의 수명, 몸무게, 평균 키, 체온, 통근시간 등과 같이 X가 어떤 범위(구간)에서 대소 비교의 의미가 있는 연속적인 값(실수)을 취할 수 있는 확률변수이다.
③ 이산확률분포에는 베르누이분포, 포아송분포가 있다.
④ 연속확률분포에는 초기하분포, 지수분포가 있다.

37. 다음 중 모집단의 표준편차를 알지 못하는 경우, 평균의 차이에 대한 검정을 수행하는 분포와 자유도로 옳은 것은?

① 자유도 n, t분포
② 자유도 $n-1$, t분포
③ 자유도 n, 카이제곱
④ 자유도 $n-1$, 카이제곱

38. 단위시간 안에 발생한 특정 사건의 수를 표현하는 이산확률분포로 옳은 것은?

① 지수분포
② t분포
③ F분포
④ 포아송분포

39. 다음 설명에 맞는 신뢰구간을 추정하시오.

시험 응시자 연령 모평균 신뢰구간 추정 문제
- 모표준편차는 11, 표본추출된 121명의 평균연령은 35세. 95% 신뢰수준의 구간 추정

(좌측 끝을 기준으로 작성한 정규분포표)

z	+ 0.00	+ 0.01	+ 0.02	+ 0.03	+ 0.04	+ 0.05	+ 0.06	+ 0.07	+ 0.08	+ 0.09
1.0	0.84134	0.84375	0.84614	0.84849	0.85083	0.85314	0.85543	0.85769	0.85993	0.86214
1.1	0.86433	0.86650	0.86864	0.87076	0.87286	0.87493	0.87698	0.87900	0.88100	0.88298
1.2	0.88493	0.88686	0.88877	0.89065	0.89251	0.89435	0.89617	0.89796	0.89973	0.90147
1.3	0.90320	0.90490	0.90658	0.90824	0.90988	0.91149	0.91308	0.91466	0.91621	0.91774
1.4	0.91924	0.92073	0.92220	0.92364	0.92507	0.92647	0.92785	0.92922	0.93056	0.93189
1.5	0.93319	0.93448	0.93574	0.93699	0.93822	0.93943	0.94062	0.94179	0.94295	0.94408
1.6	0.94520	0.94630	0.94738	0.94845	0.94950	0.95053	0.95154	0.95254	0.95352	0.95449
1.7	0.95543	0.95637	0.95728	0.95818	0.95907	0.95994	0.96080	0.96164	0.96246	0.96327
1.8	0.96407	0.96485	0.96562	0.96638	0.96712	0.96784	0.96856	0.96926	0.96995	0.97062
1.9	0.97128	0.97193	0.97257	0.97320	0.97381	0.97441	0.97500	0.97558	0.97615	0.97670

① 1.96 (34.02, 35.98)
② 1.96 (33.04, 36.96)
③ 1.64 (33.36, 36.64)
④ 1.64 (34.18, 35.82)

40. 다이어트를 위한 신약이 개발되었다. 임의로 추출된 20명의 사람에게 체중감량약을 투여한 후 약의 전후 효과를 비교하고자 한다. 약 투여 후 체중이 줄어들었는지 검정하기 위한 분포로 옳은 것은?

① 독립이면서 t단측검정
② 독립이면서 t양측검정
③ 대응이면서 t단측검정
④ 대응이면서 t양측검정

41. 다음 중 모델 선정에 관련된 설명으로 옳은 것은?

① 분석 모델 선정 기준을 위해 데이터 종류를 파악한다.
② 감성분석은 두 개 이상 집단들의 평균 간 차이에 대한 통계적 유의성을 검증하는 방법이다.
③ 차원축소는 저차원의 데이터로부터 고차원의 데이터로 변환하는 방법이다.
④ 군집분석은 지도학습에 대표적 유형이다.

42. 모델 선정에 대한 설명으로 옳지 않은 것은?

① 모델의 성능이 좋아도 데이터셋의 확보가 제한될 경우에는 다른 분석 모델 변경도 검토할 수 있다.
② 복잡한 모델일수록 단순한 모형보다 성능이 높다.
③ 다양한 이해관계자가 모여서 분석 모델의 결과를 검토해야 한다.
④ 실무에서 활용 가능한지 여부도 확인해야 한다.

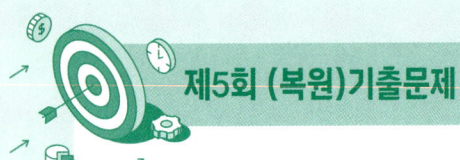

제5회 (복원)기출문제

43. 다음 중 분석 모델 해석에 대한 유형 설명으로 옳은 것은?
① 규범 분석은 과거에서 현재 데이터를 통해 무엇이 일어났고, 일어나고 있는지를 파악하기 위한 분석이다.
② 진단 분석은 조직에 원하는 결과를 달성하기 위해 수행해야 할 방향성을 제시하는 분석이다.
③ 서술적 분석은 주어진 상황의 근본 원인을 파악하는 분석이다.
④ 예측 분석은 현재 분석결과를 통해 미래를 예측한다.

44. 변수 선택 방법으로 옳지 않은 것은?
① 전진선택법
② 후진제거법
③ 단계적선택법
④ 차수선택법

45. 다음 중 독립변수가 2개 이상이고, 회귀계수가 2차 이상인 회귀 모델에 대한 설명으로 옳은 것은?
① 단순회귀
② 다항회귀
③ 곡선회귀
④ 규제회귀

46. 다음 중 로지스틱회귀분석에 대한 설명으로 옳은 것은?
① 양성 클래스와 음성 클래스를 각각 1과 0으로 지정 분류해 이진분류하기 위해 로지스틱회귀분석을 사용할 수 있다.
② 로지스틱회귀분석은 독립변수가 범주형이며, 종속변수가 연속형일 때 사용한다.
③ 로지스틱회귀분석의 확률값은 선형적이다.
④ 로지스틱회귀분석은 정규성을 만족한다

47. 의사결정나무 분석결과에서 뿌리노드(Root Node)만 남는 이유로 적절한 것은?
① 데이터가 충분히 없어서
② 분석 데이터가 범주형이라서
③ 선형성을 만족해야 하기 때문에
④ 변별력 있는 변수가 없어서

48. 다음 중 드롭아웃 효과와 동일한 효과를 가져올 수 있는 기법으로 옳은 것은?
① 학습률 조정
② 부트스트랩
③ 활성화 함수 변경
④ 데이터 증강

49. 머신러닝 분석결과 주요 산출물로 옳지 않은 것은?
① 머신러닝 기반 데이터분석계획서
② 데이터 전처리 및 변환수행절차서
③ 알고리즘보안계획서
④ 모델링 사용 기법별 훈련 및 예측 결과 비교 자료

50. 신경망 모델에서 발생하는 기울기 소멸(Gradient Vanishing) 문제에 대한 설명으로 옳은 것은?

① 다층신경망에서 입력층이 많아져 생기는 문제다.

② 기울기 소멸이란 오차 역전파 과정에서 기울기가 감소하여 가중치가 갱신되지 않는 현상을 말한다.

③ 기울기가 급격히 줄어들더라도 학습효과는 뛰어나다.

④ 활성화 함수를 변경하다 보니 생긴 문제다.

51. 다음 중 연관규칙 척도 중 하나로, A상품을 샀을 때 B상품을 살 조건부확률에 대한 척도는?

① 정밀도

② 향상도

③ 지지도

④ 신뢰도

52. 다음 중 아래 덴드로그램 그래프에서 h=4 기준으로 군집을 분리할 때 묶이는 군집의 개수로 옳은 것은?

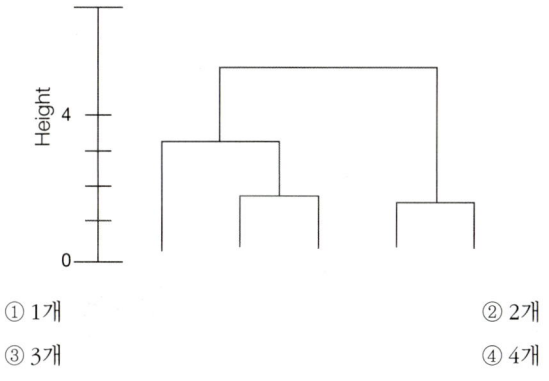

① 1개 ② 2개
③ 3개 ④ 4개

53. 독립변수와 종속변수 척도에 따른 통계 분석방법으로 옳지 않은 것은?

① 공분산분석(ANCOVA)은 종속변수가 범주형, 독립변수가 연속형인 분석방법이다.

② t검정은 수치형 종속변수와 2개 범주의 독립변수를 사용하여 분석하는 방법이다.

③ 로짓 모델은 범주형 종속변수와 범주형 및 수치형 독립변수를 사용하여 분석하는 방법이다.

④ 카이제곱검정은 범주형 종속변수와 범주형 독립변수를 사용하여 분석하는 방법이다.

54. 요인분석에 대한 설명으로 옳지 않은 것은?

① 고유값과 스크리도표를 활용해 적절한 수의 요인을 산출할 수 있다.

② 변수들을 하나의 요인으로 묶음으로써 적은 수의 요인으로 축소한다.

③ 요인에 포함되지 않거나 포함되더라도 중요도가 낮은 변수는 제거한다.

④ 요인은 측정된 변인들의 선형 결합으로 이뤄져 있다.

제5회 (복원)기출문제

55. 주성분분석에 대한 설명으로 옳지 않은 것은?

① 주성분분석을 하기 위해선 변수의 수가 표본의 수보다 항상 커야 한다.
② 주성분분석은 상관관계가 있는 변수들을 결합해 상관관계가 없는 변수로 분산을 극대화한다.
③ 공분산은 정방행렬로 행과 열이 동일해야 한다.
④ 고유값이 큰 순서대로 고유벡터를 정렬하는 것은 중요한 순서대로 주성분을 구하는 것을 의미한다.

56. 시간에 따른 일별 기온 변화를 표현할 수 있는 분석기법으로 옳은 것은?

① 시계열분석
② 회귀분석
③ 의사결정나무분석
④ 군집분석

57. 다음 중 시계열 모델 기법인 ARIMA 모델에 대한 설명으로 옳지 않은 것은?

① 예측 모델을 다음과 같이 ARIMA(p, d, q)을 사용한다.
② ARIMA(1,2,1)이라면 AR과 MA를 1개 만큼의 과거를 활용하고, 차분은 2 만큼을 활용함을 의미한다.
③ 백색잡음은 서로 독립적이지 않다.
④ ARIMA는 ARMA 모델에 차분을 d회 수행해준 모델이다.

58. 아래 표는 암 환자를 조사한 결과표이다. 설명 중 옳은 것은?

	초기		말기		합계	
	생존	사망	생존	사망	생존	사망
A약	18	2	2	8	20	20
B약	7	3	9	21	16	24

① 초기암 생존율은 A약보다 B약이 높다.
② 말기암 생존율은 A약이 B약보다 높다.
③ A약 환자의 생존률은 50%, B약 환자의 생존률은 40%이다.
④ A약이 B약보다 효과적이다.

59. 다음 텍스트 마이닝 기법 중 단어를 벡터화하는 Text To Vector 변환 기법으로 옳지 않은 것은?

① Word2Vec
② Word Embedding
③ TF-IDF
④ Pos-tagging

60. 다음 중 비모수 검정 기법에 대한 설명으로 옳지 않은 것은?

① 중앙값 검정은 독립변수가 3개 이상일 때 사용하는 비모수 검정이다.
② 윌콕슨부호순위 검정은 종속변수가 2개인 비모수 검정이다.
③ 표본이 1개일 때, 콜모고로프–스미르노프 검정을 사용한다.
④ 맨–휘트니 검정은 양측 모수 검정이다.

61. 모델 평가기준으로 옳지 않은 것은?

① 일반화
② 예측 정확성
③ 분류 정확성
④ 표본의 충분성

62. 다음 중 ROC Curve 축을 구성하는 지표가 짝지어진 것으로 옳은 것은?

① 민감도, 특이도
② 정확도, 특이도
③ 민감도, 정밀도
④ 정확도, 정밀도

63. ROC Curve 평가에 대한 설명으로 옳지 않은 것은?

① ROC Curve로 혼동행렬의 정밀도를 구할 수 있다.
② AUC값은 1이 가장 뛰어난 모델이다.
③ 랜덤 네이터와 정량적으로 비교가 가능하다.
④ 그래프 가로축은 거짓양성비율, 세로축은 참양성비율로 구성된다.

64. 다음 중 회귀 모델 평가지표에 대한 수식으로 표현한 것으로 옳지 않은 것은?

① $MAE = \frac{1}{n}\sum_{i=1}^{n}|y_i - \hat{y}_i|$
② $MSE = \frac{1}{n}\sum_{i=1}^{n} y_i - \hat{y}_i$
③ $MPE = \frac{100\%}{n}\sum_{i=1}^{n}(\frac{y_i - \hat{y}_i}{y_i})$
④ $MAPE = \frac{100\%}{n}\sum_{i=1}^{n}|\frac{y_i - \hat{y}_i}{y_i}|$

65. 민감도가 0.6, 정밀도가 0.4인 경우 F1 Score를 산출하면 얼마인가?

① 0.24
② 0.10
③ 0.48
④ 0.2

66. 다음 중 분류지표에 대한 공식으로 옳지 않은 것은?

① 정확도 : $\frac{TP+TN}{TP+TN+FP+FN}$
② 정밀도 : $\frac{TP}{TP+FP}$
③ 오분류율 : $\frac{FP+FN}{TP+TN+FP+FN}$
④ 재현율 : $\frac{TP}{TP+TN}$

제5회 (복원)기출문제

67. 다음 중 일반화 선형 모델(GLM)에 대한 설명으로 옳은 것을 모두 고르시오.

> 가. 종속변수가 범주형 자료이거나 정규성을 만족하지 못할 경우, 연결 함수를 사용하여 선형 결합한 회귀 모델이다.
> 나. 대표적으로 로지스틱회귀분석이 있다.
> 다. 최소제곱법을 통해 수학적 방식으로 모델을 구한다.

① 가
② 가, 나
③ 나, 다
④ 가, 나, 다

68. 다음 중 케이폴드 교차검증(K-Fold CV)에 대한 설명으로 옳지 않은 것은?

① 학습, 검증, 테스트 데이터셋을 2 : 3 : 5비율로 구성한다.
② k개의 균일한 서브셋(Subset)으로 분할하여 사용한다.
③ 모델에 대한 성능을 측정하고 평가한다.
④ 리샘플링을 통해 데이터의 수가 적은 경우에도 분석신뢰도에 대한 평가가 가능하다.

69. 정규성 검정 기법으로 옳지 않은 것은?

① Q-Q플롯
② 샤피로-윌크
③ 콜모고로프-스미르노프
④ 카이제곱검정

70. 다음 중 인공신경망 모형(모델)에서 과적합을 방지할 수 있는 기법으로 옳지 않은 것은?

① 가지치기 수행
② 은닉층 노드 삭제
③ 드롭아웃
④ 정규화

71. 다음 중 과적합에 대한 설명으로 옳지 않은 것은?

① 과적합된 모델의 경우 예측값과 실제값의 차이가 작으므로 편향이 작지만, 모델의 복잡도가 크기 때문에 분산이 큰 것을 의미한다.
② 학습 데이터 내 데이터에 대해서는 높은 정확도를 보인다.
③ 충분한 학습 데이터의 확보를 통해 방지할 수 있다.
④ 과적합은 비선형 모델보다 선형 모델에서 더 쉽게 발생할 수 있다.

72. 다음 중 과적합을 해결하기 위한 기법으로 옳은 것은?

① 데이터가 많아서 생긴 문제이니 데이터를 삭제한다.
② 사후 학습을 늘려 방지한다.
③ 벌점화(규제) 회귀를 사용하여 모델에 제약조건을 추가한다.
④ 검증 정확도가 더 이상 상승하지 않아도 계속 학습시킨다.

73. 다음 중 앙상블 모델에 대한 설명으로 옳은 것은?

> 가. 여러 모델의 예측 결과들을 종합하여 정확도를 높이는 기법이다.
> 나. 지도학습의 과적합 극복 방법으로 사용할 수 있다.
> 다. 해석하기 용이하다.

① 가
② 가, 나
③ 나, 다
④ 가, 나, 다

74. 다음 중 앙상블 모델을 독립적으로 최적화시키는 방법으로 옳지 않은 것은?

① 입력변수 다양화
② 평가 데이터셋의 다양화
③ 서로 다른 알고리즘 사용
④ 매개변수 다양화

75. 빅데이터 시각화 절차에 해당하는 요소로 옳지 않은 것은?

① 정제를 통한 통계적 가설 검정 수행
② 데이터 수집 및 탐색, 분류 및 배열
③ 데이터 분석 정보의 시각화 구현
④ 디자인 기본 원리 사용 및 인터렉션 디자인 활용

76. 다음 중 관계시각화 기법으로 옳지 않은 것은?

① 산점도
② 버블차트
③ 누적막대그래프
④ 히스토그램

77. 다음 중 아래 설명하는 시각화 기법으로 옳은 것은?

> 지역별 상품별 비교할 때, 행과 열로 되어 있으며, x축에 지역, y축에 상품별 판매량을 놓고 셀에 색상으로 지정한다.

① 버블차트
② 막대그래프
③ 히트맵
④ 산포도

78. 비교시각화 기법으로 옳지 않은 것은?

① 플로팅바차트
② 버블차트
③ 스타차트
④ 다차원척도법

79. 인포그래픽에 대한 설명으로 옳지 않은 것은?

① 부분 전달이나 일부를 잘라서 적용할 경우 오해가 있을 수 있다.
② 많은 정보를 빠르고 정확하게 전달할 수 있다.
③ 데이터의 패턴을 탐색할 수 있다.
④ 오래 기억할 수 있다.

80. 분석결과를 표현하는 스토리텔링 과정으로 옳지 않은 것은?

① 사용자별 사용 시나리오 작성
② 스토리보드 도구 검증
③ 스토리보드 기획
④ 사용자별 데이터셋 및 정보 정의

제5회 (복원)기출문제_정답 및 풀이

정답

문항	정답	문항	정답	문항	정답	문항	정답	문항	정답	문항	정답	문항	정답	문항	정답
01	①	11	①	21	④	31	①	41	①	51	④	61	④	71	④
02	③	12	②	22	①	32	④	42	②	52	②	62	①	72	③
03	①	13	①	23	②	33	②	43	④	53	①	63	①	73	②
04	③	14	③	24	③	34	③	44	②	54	④	64	④	74	②
05	③	15	③	25	①	35	④	45	②	55	①	65	③	75	①
06	①	16	②	26	③	36	③	46	①	56	④	66	④	76	③
07	④	17	③	27	①	37	②	47	④	57	③	67	②	77	③
08	②	18	④	28	②	38	④	48	②	58	④	68	②	78	④
09	①	19	③	29	②	39	②	49	③	59	④	69	④	79	②
10	④	20	④	30	④	40	③	50	②	60	④	70	①	80	②

풀이

01. 데이터를 어떻게 수집, 분석, 활용하느냐에 따라, 그리고 분석 목표와 가치의 평가기준을 어떻게 두느냐에 따라 그 가치와 의미는 달라질 수 있다. 다만 무조건적인 이익을 얻을 수 있는 것은 아니다.

02. 데이터 엔지니어는 DBMS, Hadoop, NoSQL 등 DB 및 (빅)데이터 관련 제품에 대한 기술 지원자, 제품의 개발자, 유지보수 등의 직무를 담당한다.

03. 플랫폼 계층은 빅데이터를 응용하는 기반을 제공하며, 데이터 처리 및 분석과 이를 위한 데이터 수집 및 정제 등을 수행한다.

04. 병렬 DBMS는 동시에 데이터 처리를 수행하는 특징이 있으며, 데이터를 중복으로 저장하지 않는다. 데이터를 중복으로 저장하는 특성은 분산 데이터베이스(Distributed DBMS)의 특징이다.

05. 인공지능은 머신러닝을 포함하고, 머신러닝은 인공신경망을 포함하며, 그리고 인공신경망은 딥러닝을 포함한다.

06. 제시된 지문은 이미 학습된 모델(Pre Trained Model, 사전학습된 모델)을 다른 문제해결을 위한 모델에 재사용하는 방법(기학습된 학습 가중치를 재사용)인 전이학습에 대한 설명이다.

07. 개인정보보호법 28조의 2(가명정보의 처리 등)에 의거하여 개인정보처리자는 통계 작성, 과학적 연구, 공익적 기록 보존 등을 위하여 정보주체의 동의 없이 가명정보를 처리할 수 있다.

08. 범주화는 데이터의 값을 범주(그룹)의 값으로 변환하여 값을 변경하는 기술이다.

09. 빅데이터 분석방법론 5단계 절차 중 '분석 기획' 단계의 프로젝트 정의 및 계획 수립 프로세스에서 빅데이터 분석 프로젝트의 전체 계획을 수립하여 WBS(Work Break down Structure)를 만들게 된다.

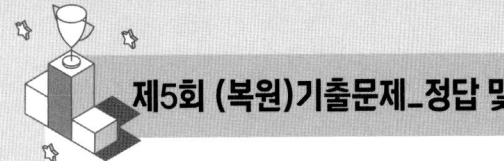

제5회 (복원)기출문제_정답 및 풀이

10. 분석 모델을 선정하기 위한 분석 목적은 데이터 품질에 따른 분석 영향도에 따라 서술적 분석, 진단 분석, 예측 분석, 규범 분석으로 구분할 수 있다. 이중 예측 분석은 현재 생성되는 데이터 통해 무엇이 일어날 것인지 예측하는 분석방법이다.

11. CRISP-DM은 비즈니스의 이해를 바탕으로 데이터 분석 목적의 6단계로 절차로 구성된 데이터 마이닝 기반 데이터 분석방법론이며, 비즈니스 이해 - 데이터 이해 - 데이터 준비 - 모델링 - 평가 - 전개 단계로 수행된다.

12. 원천 데이터(Raw Data)를 수집하는 작업은 '데이터 준비' 단계에서 수행되며, 분석용 데이터셋으로 편성하는 것은 '데이터 분석' 단계이다.

13. 포커스그룹 인터뷰(FGI)는 선별된 전문가들의 집단 토론으로 제품, 서비스 기대, 의견 교환을 통해 요구사항 수집이 이루어진다.

14. 분석 기획 단계에서 전체 관점의 비즈니스 계획 수립절차는 비즈니스 이해 및 프로젝트 범위 설정, 프로젝트 정의 및 계획 수립, 프로젝트 위험 계획 수립으로 진행되며, 모델 발전 계획 수립은 평가 및 전개 단계에서 수행된다.

15. FTP는 대용량 파일을 수집하기 위해 클라이언트와 서버를 TCP/IP 프로토콜로 연결하여 파일을 송수신하는 방식이다. 따라서 웹 페이지 등에서 발생하는 웹 로그를 주고 받을 수는 있지만 직접 수집은 불가능하다.

16. 반정형 데이터는 데이터 속성인 메타 데이터를 가지며, 일반적으로 스토리지(저장소)에 저장되는 데이터 파일이다. HTML, XML, JSON, 웹 문서, 웹 로그, 센서 데이터가 있다.

17. ETL은 추출(Extract), 변환(Transform), 적재(Load) 세 단어의 축약어로 데이터 소스시스템 및 환경으로부터 데이터를 추출해 비즈니스 데이터로 변환한다. ELT는 데이터 웨어하우스가 아닌 데이터 레이크(Data Lake)에 적용되는 데이터 적재 및 분석방법이다.

18. 총계처리(Aggregation)는 개인정보에 대해 통계값(전체 혹은 부분)을 적용해 특정 개인을 판단할 수 없도록 한다.

19. 품질개선은 데이터의 품질수준을 향상하기 지속적이고 체계적인 품질수준 측정 및 이를 통해 도출된 품질문제를 해결하기 위한 활동이며, 개선계획 수립, 개선수행, 품질통제 단계로 수행된다. 이중 데이터를 측정하고 분석하여 수치를 산출하는 단계는 품질통제에서 이루어진다.

20. 텍스트 마이닝은 대규모 텍스트로부터 의미 있는 정보를 추출, 분석하기 위한 기술이기 때문에 저장기술로는 보기 어렵다.

21. 박스플롯에서 제1사분위는 정렬된 관측값에서 25% 위치에 해당하는 값을 의미한다.

22. 상자그림의 이상값의 위치는 제1사분위수에서 사분위수 범위(IQR)에 1.5를 곱한 값을 뺀 위치(Q1 - 1.5 × IQR)와 제3사분위수에서 사분위수 범위(IQR)에 1.5를 곱한 값을 더한 위치(Q3 + 1.5 × IQR)를 벗어나는 값들이다(최소값과 최대값을 벗어나는 위치에 있는 값).

23. 연속형 변수 척도를 통해 평균이나 표준편차 같은 기술 통계량을 구할 수 있다.

제5회 (복원)기출문제_정답 및 풀이

24. 평활화(Smoothing)는 잡음 제거를 위해 이상값들을 변환하여 데이터 분포를 매끄럽게 만드는 변환 기법이다(구간화, 군집화 등).

25. 최대값과 최소값의 차이가 크다는 것은 데이터의 분포가 넓다는 의미이며, 큰 수를 작게 만들어 이상값에 영향을 받지 않게 로그변환을 적용하여 복잡한 계산을 쉽게 할 수 있게 데이터 변환을 해주어야 한다.

26. 범주형 변수의 수치화 기법으로 원핫인코딩과 레이블인코딩, 더미변환(가변환)을 적용할 수 있다. 표준편차 타켓인코딩은 연속형 변수인 경우 평균이 0, 표준편차 1이 되도록 표준정규분포레 데이터의 분포를 만들어주는 기법이다.

27. 정규화는 서로 다른 변수의 값의 범위를 일정한 수준으로 맞추는 데이터 스케일링(Scaling) 방법이다(변수 변환).

28. 불균형 데이터(Imbalanced Data)는 각 변수가 가진 데이터에서 각 집단에 속하는 데이터의 수가 동일하지 않은 상태를 의미하며, 이때 언더샘플링과 오버샘플링을 이용하여 클래스 내의 차이를 맞춰야만 한다. 그림의 의미는 좌측 클래스의 데이터가 많은 상태이므로 좌측 클래스의 데이터 수를 우측의 수와 맞춰주는 언더샘플링을 수행해야 한다.

29. 공분산 $Cov(x,y)$가 0이라면, 선형 상관관계가 없음을 의미한다. 공분산이 0이라고 해서 항상 독립이 되진 않는다. 이유는 공분산은 선형관계에 대한 의존성을 말하고, 공분산이 0이 되면 두 변수의 선형관계가 없다는 것을 의미하지, 모든 관계가 없다는 것을 의미하진 않기 때문이다.

30. 피어슨 상관계수가 −1에 가까우면, 강한 음의 상관관계로 우하향하는 형태의 그래프를 보인다.

31. 독립변수 간의 상관계수가 1 또는 −1에 가까운 것은 선형관계를 가진다는 의미이며, 이는 다중공선성이 존재한다고 판단할 수 있다. 따라서 1에 가장 가까운 값이 F와 B의 관계에서 둘 중 하나의 변수를 제거한다가 정답이 된다.

32. 평균은 이상값과 누락된 값이 존재할 경우 전체 자료에 민감하게 반응한다. 따라서 순서 중심의 대표값인 중앙값(Median = 중위수 = 중앙치)을 사용한다.

33. 제시된 그래프는 두 변수의 함수관계를 표현한 2차원 그래프인 산점도(Scatter Plot)에 대한 설명이다.

34. 표본평균은 샘플링을 할 때마다 다른 값이 나오므로 모평균(mean of population)과 같을 수 없으며, 표본의 크기가 커질수록 모평균에 가까워지고 표본오차와 표준오차는 줄어들게 된다.

35. 표본분포의 추론조건을 묻는 문제이며 임의성(반복적 실험), 일반성(정규분포 가정), 독립성(각 표본 독립)임이 정의되어야 한다. 따라서 변수 간의 종속성은 해당되지 않는다.

36. 지수분포는 연속확률분포이나 초기하분포는 이산확률분포이다.

37. 모집단의 평균의 표본분포를 산출하기 위해 표본의 개수가 충분하다면 중심극한정리에 의한 Z분포를 이용할 수 있겠지만, 모분산(표준편차)이 알려져 있지 않고, 표본이 충분하지 못한 경우(일반적으로 $n < 30$이면)는 정규분포보다 예측 범위가 넓은 t분포를 사용한다.

38. 이산확률분포는 변수의 값이 명확하고 수가 한정적인 특성이 있으며, 단위시간당 발생한 사건의 수에 대한 확률분포는 포아송분포에 대한 설명이다.

제5회 (복원)기출문제_정답 및 풀이

39. z값에 따른 모평균의 신뢰구간($n>30$, 양측검정 기준) 95% 신뢰구간(유의수준 : 0.05) 산출.
$\bar{X} - 1.96 \times \frac{s}{\sqrt{n}} < \mu < \bar{X} + 1.96 \times \frac{s}{\sqrt{n}}, 35 \pm 1.96 \times \frac{11}{\sqrt{121}} = 33.04/36.96$

40. 실험 이전의 집단과 실험 이후의 집단의 동일한지 검정하는 방법은 대응표본 검정이며, 표본수가 30보다 적은 경우는 t분포를 사용할 수 있다. 또한 '체중이 줄어든 것인지'에 대한 검증이므로 단측검정을 수행하는데 이 중 좌측검정을 수행해야 한다. 따라서 대응표본 t검정의 단측(좌측) 검정을 수행한다.

41. 분석 모델 선정 기준은 대표적으로 분석 목적 규명, 목표변수 확인, 데이터 종류 파악이 있다.

42. 모델의 신뢰성은 모델의 복잡도보다 각 모델에 맞는 지표를 이용하여 성능을 기준으로 판단하며, 복잡한 모델이 단순한 모델보다 성능이 높은 것은 아니다.

43. 예측 분석은 현재 생성되는 데이터를 통해 무엇이 일어날 것인지 예측하는 것으로 현재 상태에 대한 확률을 구하여 현상을 예측하는 분석으로 고급 알고리즘인 인공지능과 머신러닝 기술을 사용한다.

44. 변수 선택을 위한 방법에는 전진선택법, 후진제거법, 단계별 선택법이 있다.

45. 다중(다항) 회귀분석은 두 개 이상의 독립변수가 하나의 종속변수에 미치는 영향을 추정하는 회귀분석 기법이다. 다변량회귀분석, 중선형회귀분석이라고도 한다.

46. 종속변수 결과가 2개의 범주(클래스)인 경우 이항(이진) 로지스틱회귀를 사용할 수 있으며, 로지스틱회귀의 결과는 1클래스에 대해 0~1사이의 확률로 계산된다. 또한 회귀분석 중 정규성을 만족하지 않아도 되는 특성이 있다.

47. 뿌리노드(Root Node)만 존재한다는 것은 자식노드로 분기하지 못했다는 의미이며, 하위로 분기할 변별력 있는 변수가 없다고 판단할 수 있다.

48. 드롭아웃 효과를 과적합을 방지하기 위한 관점으로 봤을 때, 데이터를 증강(원본 데이터로부터 새로운 데이터를 생성하는 기법) 또한 동일한 효과를 얻을 수 있다.

49. 머신러닝 데이터 분석결과 시사점을 의사결정자에게 보고하거나 상용 서비스 적용, 모델의 이력 및 결과 등과 관련된 산출물을 관리해야 한다. 보안계획서는 분석결과 관점에선 중요도가 낮은 산출물로 볼 수 있다.

50. 인공지능 2차 암흑기의 주요 원인으로 역전파 알고리즘을 수행하면서 가중치가 업데이트되지 않는 기울기 소멸 문제가 대두되었으며, 향후 이를 개선한 방법들이 등장하면서 딥러닝의 시대가 도래했다.

51. 신뢰도(Confidence)는 품목 X가 구매되었을 때, 품목 Y가 추가로 구매될 확률(조건부확률)을 의미한다. $P(X \cap Y)/P(X)$

52. h(height)는 높이를 지정한다. 아래서부터 높이가 4일 때, 군집은 2개로 묶인다.

53. 공분산분석(ANCOVA)의 독립변수는 두 그룹 혹은 세 그룹 이상의 범주형 변수, 종속변수는 연속형 변수인 경우에, 외생변수(독립변수로 포함되지 않은 변수)와 종속변수와의 관계를 비교하기 위해 사용한다.

54. 요인(Factor)은 상관계수가 높은 변수들을 포함해 새롭게 생성한 변수집단이다.

제5회 (복원)기출문제_정답 및 풀이

55. 주성분분석은 고차원의 데이터를 선형 연관성이 없는 저차원의 데이터로 차원을 축소하여 분석하는 방법이다. 변수의 수가 표본의 수보다 항상 클 필요는 없다.

56. 시간의 흐름에 따라 분석하는 방법은 시계열 분석이다.

57. 백색잡음은 오차항으로 서로 독립적이다.

58. A약 환자의 생존률은 = 20/40 = 0.5, B약 환자의 생존률은 = 16/40 = 0.4

59. Part-Of-Speech tagging(POS tagging)은 문장 내 단어들의 품사를 식별하여 태그를 붙여주는 것을 말한다.

60. 맨-휘트니 검정은 독립된 2개의 집단의 분포가 동일한지 검정하는 비모수 통계 기법이다.

61. 모델 평가의 기준으로 신뢰성 기반 활용 기준, 효율성과 정확성, 일반화 가능성, 진단의 기준, 해석력이 있다. 따라서 표본의 충분성은 모델 평가기준으로 보기 어렵다.

62. ROC Curve의 가로축은 거짓양성비율(FPR, 1 - 특이도), 세로축은 참양성비율(TPR, = 민감도 혹은 재현율)로 구성되어 있다.

63. ROC Curve 가로축은 거짓양성비율(FPR, 1 - 특이도), 세로축은 참양성비율(TPR, = 민감도/재현율)로 구성되어 있다. ROC Curve로 혼동행렬의 정밀도값은 구할 수 없다.

64. 평균제곱오차(Mean Square Error, MSE)는 실제값과 예측값 차이의 제곱합의 평균이다.
$\frac{1}{n}\sum_{i=1}^{n}(y_i - \hat{y}_i)^2$

65. F1점수(F1-Score)는 정밀도(Precision)와 재현율(Recall)의 조화평균이며, $2 \times \frac{Precision \times Recall}{Precision + Recall}$ 으로 구할 수 있다. $2 \times \frac{0.4 \times 0.6}{0.4 + 0.6} = 0.48$

66. 재현율은 실제값이 Positive인 값 중에 Positive를 Positive로 옳게(TP) 판단한 비율이다. $TP/(TP + FN)$

67. 일반화 선형 모델(GLM)은 종속변수가 범주형 자료이거나 정규성을 만족하지 못할 경우, 연결 함수(Link Function)를 사용하여 선형 결합한 회귀 모델이다. 최대가능도추정(Maximum Likelihood Estimation)을 이용해 모델을 추정한다.

68. 일반적으로 학습, 검증, 테스트 데이터셋을 5 : 3 : 2비율로 구성한다.

69. 정규성은 모집단의 분포가 모두 정규분포를 따른다는 것으로 검정 기법은 샤피로-윌크 검정, 콜모고로프-스미르노프 검정이 대표적이다. 카이제곱검정은 범주형 변수의 적합도 검정으로 활용된다.

70. 가지치기는 의사결정트리에서 사용하는 과적합을 줄이고 일반화 가능성을 증대시키는 서브트리(Subtree)를 찾는 과정으로 서브트리를 제거하여 일반화 성능을 높인다.

71. 선형회귀에서보다 비선형회귀에서 과적합이 발생하기 쉽다.

72. 과적합을 방지하기 위해 충분한 학습 데이터의 확보, 모델 복잡도 감소, 가중치 규제, 드롭아웃, 조기종료 등을 사용할 수 있다.

제5회 (복원)기출문제_정답 및 풀이

73. 앙상블 모형은 여러 알고리즘이 결합되어 있어 해석이 비교적 쉽지 않다.

74. 평가 데이터셋은 동일한 기준으로 검증해야 하기 때문에 다양성을 주입하여 판단하면 안 된다.

75. 데이터 시각화 절차는 정보구조화(데이터 수집 및 탐색/ 데이터 분류 및 배열), 정보시각화(시간/분포/관계/비교/공간시각화), 정보시각표현(디자인 기본 원리 사용/인터렉션 디자인 활용)으로 수행된다.

76. 누적막대그래프는 시간시각화 기법이며, 히스토그램은 관계시각화 또는 분포시각화 기법으로 사용할 수 있다.

77. 히트맵은 비교시각화 기법으로 여러 가지 변수를 칸별 색상으로 구분하여 비교할 수 있다.

78. 버블차트는 관계시각화 기법으로 산점도에서 데이터값을 나타내는 점 또는 마크에 여러 가지 의미를 부여하여 확장된 그래프다.

79. 인포그래픽은 핵심정보를 그래픽으로 표현해 쉽게 이해할 수 있게 만든 그래픽 메시지이기 때문에 많은 정보를 전달하려는 목적은 잘못되었나.

80. 활용 시나리오 도출 과정에서는 스토리텔링을 중요한 기법으로 사용할 수 있으며, 사용자별 데이터셋 및 정보 정의 → 사용자별 사용 시나리오 작성 → 스토리보드 기획으로 수행한다.

제6회 (복원)기출문제

01. 정형, 반정형, 비정형으로 구분하는 빅데이터 특성은?

① 속도
② 규모
③ 다양성
④ 가치

02. 빅데이터 위기요인이 아닌 것은?

① 사생활 침해
② 데이터 오용
③ 책임원칙 훼손
④ 인간과 인간의 연결 가능성

03. 다음 중 기업의 분석 수준 진단에 대한 서술로 옳지 않은 것은?

① 준비형 : 데이터 분석을 위한 낮은 준비도와 낮은 성숙도
② 정착형 : 조직 및 인력, 분석업무, 분석기법이 내부에 오픈
③ 도입형 : 업무 기법은 충분하나, 조직인력이 부실
④ 확산형 : 6가지 분석 구성요소 모두 갖춰 지속적 확산 가능

04. 데이터 분석 조직에 관한 설명으로 옳지 않은 것은?

① 기능형은 전사의 핵심업무를 분석하지 못한다.
② 집중구조는 별도의 분석조직이 존재하므로 협업조직과의 업무 중복 가능성이 없다.
③ 분산구조는 전담조직 인력을 협업부서에 배치하므로 신속한 업무에 적합하다.
④ 기능형은 별도로 분석조직이 없다.

05. 분석준비도(Readiness)의 진단영역으로 옳지 않은 것은?

① 분석업무
② 분석인력
③ 분석기법
④ 분석결과활용

06. 다음 중 데이터 거버넌스의 구성요소에 해당하지 않는 것은?

① 원칙
② IT인프라
③ 프로세스
④ 조직

07. 데이터 사이언스에 대한 설명으로 알맞은 것은?

① 가능한 많은 데이터를 모으기만 하면 의미가 도출된다.
② 특정한 상관관계가 중요시되던 과거와 달리, 인과관계를 통한 인사이트 도출이 점점 확산되고 있다.
③ 의학, 공학 등 다양한 분야 연구분야에서 적용된다.
④ 데이터 소량화로 인해 급격한 확산속도가 둔화된다.

08. 다음 중 데이터 웨어하우스와 데이터 마트에서 주로 쓰이는 데이터 수집 기술은?

① FTP
② HTTP
③ Open API
④ DB to DB

09. 분산파일시스템에 대한 특징으로 적절한 것은?

① 대용량 분산 처리가 가능하다.
② 다수의 마이크로프로세서로 구성되어 있다.
③ 분산 데이터베이스를 통해 수정한다.
④ 다중의 트랜잭션을 통해 작업한다.

10. 맵리듀스 패턴 중에 다른 데이터와 연결하여 분석하는 패턴은 무엇인가?

① 디자인패턴
② 요약패턴
③ 조인패턴
④ 필터패턴

11. 다음 중 머신러닝과 딥러닝에 대한 설명으로 옳지 않은 것은?

① 머신러닝은 주어진 데이터 패턴을 학습하고 유추하는 것이다.
② 머신러닝 학습방법으로 지도, 비지도, 강화학습이 대표적이다.
③ 머신러닝은 딥러닝의 일부이다.
④ 머신러닝을 개선하여 딥러닝으로 발전하였다.

12. 공공데이터와 같이 조직 외부의 데이터를 사용할 때의 장점으로 가장 적절한 것은?

① 비용이 저렴하다.
② 내부 데이터보다 보안이 좋다.
③ 데이터 선택의 폭이 넓다.
④ 데이터 소유권을 가질 수 있다.

13. 데이터 분석을 통한 개선사항 도출하기 위해 적절한 단계는?

① 도메인 이슈 도출
② 분석 목표 수립
③ 프로젝트 계획 수립
④ 모델 개발

14. 분석마스터 플랜에 대한 설명으로 옳은 것은?

① 좁은 범위의 특정 주제에 대해 테스트를 실행함으로써 빠르게 문제를 해결해가는 방법이다.
② 모든 과정을 반복 수행한다.
③ 분산로드맵은 중장기적 관점의 수행 계획을 수립하는 과정을 의미한다.
④ 프레임워크보다는 단기 과제성 계획을 수립한다.

15. 데이터 전처리는 어느 단계에서 수행하게 되는 것인가?

① 데이터 준비
② 분석 기획
③ 데이터 분석
④ 시스템 구현

16. 탐색적 데이터 분석(EDA)에 관한 설명으로 옳지 않은 것은?

① 주성분분석(PCA)은 EDA가 아니다.
② 시각화 툴로 한다.
③ 데이터 구조를 가정한다.
④ 분석 모델을 만들기 위한 과정으로 필요하다.

17. 데이터의 추출과 저장을 위한 기술로 알맞은 것은?

① ETL
② ODS
③ DW
④ Data Mart

18. 다음 중 노이즈를 제거하는 방법으로 알맞은 것은?

① 평활화(Smoothing)
② 정규화(Normalization)
③ 표준화(Standardization)
④ 일반화(Generalization)

19. 네트워크를 통해서 호스트에 있는 데이터에 접근할 수 있는 파일시스템은?

① 분산파일시스템
② 공유 데이터 베이스
③ 파일 전송 프로토콜
④ 네트워크 데이터 베이스

20. 다음 중 비정형 데이터에 관한 설명으로 옳은 것은?

① 데이터 스키마를 지원한다.
② 주로 DB to DB를 사용해 수집한다.
③ Nosql을 사용한다
④ 데이터 레이크보다 데이터 웨어하우스를 사용한다.

21. 데이터 전처리 기법에 대한 설명 중 옳지 않은 것은?

① 데이터 정제 : 결측값, 노이즈, 이상값 등 데이터 오류 요인을 제거한다.
② 데이터 통합 : 정제된 다수의 데이터를 통합한다.
③ 데이터 축소 : 노이즈 제거 위해 정규화한다.
④ 데이터 변환 : 정규화 등으로 분석이 편하도록 한다.

제6회 (복원)기출문제

22. 데이터 정제에 대한 설명으로 옳지 않은 것은?

① 데이터를 사용하기 쉽게 변환 ② 결측값 대체
③ 이상값 제거 ④ 노이즈 교정

23. 결측값 처리방법에 대한 설명으로 적절하지 않은 것은?

① 완전삭제법 : 결측값 부분만 없애지 않고, 결측값이 있는 데이터 전체를 삭제한다.
② 평균대치법 : 관측된 값의 평균값으로 대치한다.
③ 회귀대치법 : 회귀식의 예측값으로 결측값을 대치한다.
④ 다중대치법 : 통계적인 방법을 이용한다.

24. 이상값 처리에 대한 설명으로 옳은 것은?

① 이상값은 빈도에 비해 영향력이 작으므로 분석에서는 무시한다.
② 삭제 시 데이터가 작아져 분산은 커지고, 편향이 발생할 확률은 낮아진다.
③ 결측값 처리에서 사용하는 단순대치법과 다중대치법은 사용할 수 없다.
④ 평균값 대체도 결측값 대치와 같이 신뢰성이 저하되지 않는다.

25. 데이터 이상값 발생 원인으로 옳지 않은 것은?

① 측정오류 ② 처리오류
③ 표본오류 ④ 보고오류

26. 회귀진단 시 이상값 및 영향값 탐색 방법으로 옳은 것은?

① 라쏘회귀 ② AIC(Akaike Information Criterion)
③ 사분위수 범위 ④ 레버리지(Leverage)

27. 아래는 어떤 그래프를 의미하는지 고르시오

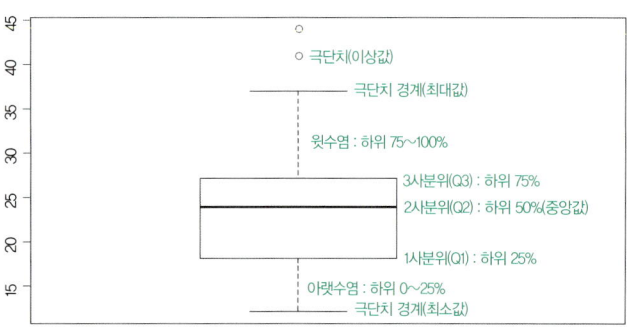

① 박스플롯 ② 히스토그램
③ 산점도 ④ 막대그래프

28. 다음 중 연속형 변수가 아닌 것은?

① 키
② 실내온도
③ 성인의 혈액형
④ 책 두께

29. 파생변수에 대한 설명으로 옳지 않은 것은?

① 기존 변수에 특정 조건이나 함수를 활용하기도 한다.
② 유의미한 특성이 객관적으로 반영되어야 한다.
③ 결측값으로 주변 값을 채우기도 한다.
④ 다수 필드 내에 시간 종속적인 데이터를 피봇해서 사용하는 방법도 있다.

30. 최소-최대 정규화 시 세 학생의 성적(60, 70, 80) 합은?

① 0.5
② 1.0
③ 1.5
④ 2.0

31. 다음 중 독립변수 12개와 절편1개를 포함하는 모델이 있다. 변수 1개당 범주 3개씩 가진다면 회귀모수 개수는?

① 24
② 25
③ 36
④ 37

32. 클래스 불균형(Class Imbalance)에 대한 설명으로 옳지 않은 것은?

① 이상값 대체는 결측값 처리와 유사한 신뢰도 문제를 발생시킬 수 있다.
② 무게 균형(Weight Balancing)으로는 해결 불가하다.
③ 언더샘플링 혹은 오버샘플링으로 해결할 수 있다.
④ 클래스의 개수와는 무관하다.

33. 다음 중 인과관계분석(Causal Analysis)에 대한 설명으로 옳은 것은?

① 변수 간의 상관성을 확인한다.
② 해석을 포함하고 있지 않다.
③ 이상값 파악이 용이하다.
④ 독립변수와 종속변수 간의 인과관계를 분석한 것이다.

제6회 (복원)기출문제

34. 아래 시계열 분포도에 대한 설명으로 옳은 것은?

A, B, C 변수의 V자 시계열 분포도

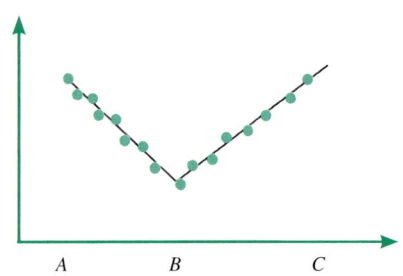

① A-B , B-C로 나누면 의미를 도출 가능하다.
② B-C구간에서 음의 관계이다.
③ A-B구간에서 기울기가 커지고 B-C 구간에서 기울기가 작아진다.
④ A-B-C 구간은 산포도가 크다.

35. 산포도에 대한 설명으로 옳지 않은 것은?

① 사분위수 범위는 제3분위수에서 제1분위수 뺀 부분까지다.
② 왜도는 분포의 기울어진 정도를 설명한 통계량이다.
③ 첨도는 그래프 양쪽의 뽀족한 정도를 뜻한다.
④ 변동계수의 값이 작으면 상대적인 차이가 작고, 클수록 상대적인 차이가 크다는 것을 의미한다.

36. 다음은 기술 통계에서 사용하는 개념이다. 옳지 않은 것은?

① 사분위수는 Q3-Q1이다.
② 범위는 Min, Max 값만 고려한다.
③ 편차의 절대값이 크면 평균에서 멀리 떨어져 있는 값이고, 작으면 평균에서 가까운 값이다.
④ 일반적으로 표본의 수가 많을수록 표준오차는 작아진다.

37. 다음 수식을 확인하고, 단위 시간 안에 사건 발생횟수를 나타낸 분포는?

$$p(x) = \frac{e^{-\lambda}\lambda^x}{x!}, e = 2.718281\cdots$$

① 기하분포
② 포아송분포
③ 베르누이분포
④ 정규분포

38. 정규분포의 설명이 아닌 것은?

① 왜도가 3, 첨도가 0이다.
② 직선 $x = \mu$(평균)에 대하여 대칭인 종 모양의 곡선이다.
③ 곡선과 x축으로 둘러싸인 영역의 넓이는 1이다(확률의 총합은 100%이다).
④ 곡선의 모양은 표준편차가 일정할 때, 평균이 변하면 대칭축의 위치는 바뀌지만 곡선의 모양은 바뀌지 않는다.

39. 다음 설명 중 옳지 않은 것은?

① 표본분산은 표본의 분산을 의미하며, 관측값에서 표본평균을 빼고 제곱한 값을 모두 더한 것을 $n-1$로 나눈값이다.
② 추출한 표본의 n이 충분히 크면(일반적으로 30이상) 모집단 분포의 모양에 상관없이 추출된 표본들의 평균의 분포는 표준정규분포를 따른다.
③ 표본평균의 분포는 특정한 모집단에서 동일한 크기로 표본을 뽑아서 각각의 표본들의 평균을 계산했을 때, 그 평균들의 확률분포를 의미한다.
④ 모집단을 통해 표본집단을 추론한다.

40. 아래 값의 평균값과 표본분산을 구하시오.

2, 4, 6, 8, 10

① 표본분산 : 6, 평균 : 10
② 표본분산 : 6, 평균 : 8
③ 표본분산 : 10, 평균 : 6
④ 표본분산 : 10, 평균 : 8

41. 머신러닝(기계학습)에 대한 설명으로 옳지 않은 것은?

① 머신러닝은 대표적으로 지도학습과 비지도학습으로 나눌 수 있다.
② 지도학습은 목적에 따라 분류와 예측으로 나눈다.
③ 비지도학습 유형으로는 군집화, 차원축소, 연관규칙이 있다.
④ 머신러닝은 통계분석과 다르게 결과물에 대한 공식을 도출할 수 없다.

42. 선형회귀분석의 가정에 대한 설명으로 옳지 않은 것은?

① 오차항은 종속변수와 선형관계가 있다.
② 독립변수와 종속변수의 선형성을 만족한다.
③ 오차항이 있는 선형관계로 정의한다.
④ 오차항의 정규성 검정 기법으로는 샤피로-윌크 등이 있다.

43. 회귀분석에 대한 설명으로 옳지 않은 것은?

① 교호작용 일어나도 회귀식에 변화는 없다.
② 회귀계수를 추정하기 위해 최소제곱법을 사용한다.
③ 회귀계수의 유의성을 판단하기 위해서 t검정을 수행할 수 있다.
④ 분산팽창계수가 10이상일 때, 다중공선성이 존재한다고 판단한다.

44. 다음 다중회귀분석 결과에 대해 옳게 해석한 것을 모두 고르시오.

$$\hat{y} = \hat{\beta}_0 + \hat{\beta}_1 X_1 + \hat{\beta}_2 X_2 + \hat{\beta}_3 X_3 + \hat{\beta}_4 X_4 + \hat{\beta}_5 X_5 + \hat{\beta}_6 X_6$$

다중회귀분석결과		종속변수	식당평가지수
결정계수	0.84	조정된 결정계수	0.83
F-statistic :	46.27	Prob (F-statistic) :	3.83E-12
No. Observations :	437	AIC :	250
Df Residuals :	430	Df Model :	6

항목	구성요소	회귀계수	t값	P > |t|
오차항	절편	15.1335	9.061	0
접근성	역과의 거리	7.3904	4.958	0
	주차가능여부(Y/N)	-2.8191	-2.12	0.034
응대	준비 속도	12.0122	2.9	0.004
	친절함(상/중/하)	32.8398	7.813	0
품질	맛(상/중/하)	11.1842	3.1	0.002
	건강관련(높음/낮음)	-2.7458	-1.406	0.16

가. 역과의 거리, 주차장 등의 키워드가 포함된 리뷰는 '접근성' 항목과의 연관성이 높다.
나. '응대' 항목의 지수는 식당 평가에 긍정적인 영향을 준다.
다. '접근성', '응대', '품질' 항목은 식당 평가지수에 유의미하다.

① 가, 나
② 나, 다
③ 가, 다
④ 가, 나, 다

45. 다음 설명 중 옳지 않은 것을 고르시오.

① 결정계수는 종속변수의 분산 중에서 독립변수로 설명되는 비율을 의미한다.
② 독립변수가 적어지면 결정계수는 커진다.
③ 결정계수는 0~1의 범위를 가진다.
④ 결정계수값이 클수록 회귀 모델의 유용성이 높다고 할 수 있다.

46. 다중공선성과 관련 있는 지표는 무엇인가?

① 스튜던트 잔차(Studentized Residual)
② 맬로우즈Cp(Mallows's Cp)
③ 분산팽창지수(VIF)
④ 쿡의 거리(Cook's Distance)

47. 다음 회귀분석 모델평가에 대한 절차로 옳은 것은?

① 독립변수검정 → 회귀계수추정 → 회귀모델 유의성검정
② 회귀계수추정 → 회귀모델 유의성검정 → 독립변수검정
③ 회귀계수추정 → 독립변수 검정 → 회귀모델 유의성검정
④ 독립변수검정 → 회귀계수추정 → 회귀모델 유의성검정

48. 다음 조건에 대한 값을 구하시오.

흡연자 100명 중 폐암 20명, 비흡연사 100명 중 폐암 4명 시 흡연여부에 대한 폐암 오즈비

① 3
② 4
③ 5
④ 6

49. 다음 수식에 대한 설명으로 옳은 것은?

$ln(P(Y=1|X)/(1-P(Y=1/X))) = b_0 + b_1 X$

① X가 1 단위 증가하면 오즈 e^{b_1} 만큼 증가한다.
② X가 1 단위 증가하면 b_0 만큼 증가한다.
③ X가 1단위 증가하면 y 만큼 증가한다.
④ X가 1단위 증가하면 e^y 만큼 증가한다.

제6회 (복원)기출문제

50. 의사결정나무에 대한 설명으로 옳지 않은 것은?

① 주요 알고리즘으로 CART와 C4.5가 있다.
② 분류기준으로 정보이득, 지니계수, 엔트로피를 사용한다.
③ 알파컷을 사용할 수 있다.
④ 분리기준은 전이확률이다.

51. 의사결정나무에서 D에 들어가는 노드는 무엇인가?

데이터 집합 : $x_1 = \{6,7,8\}$, $x_2 = \{2,3,4,5\}$

의사결정나무

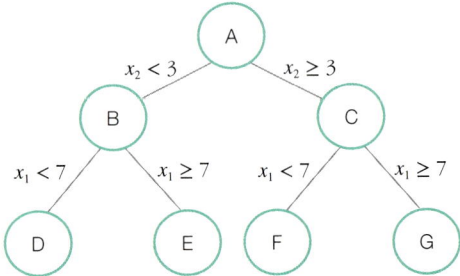

① $x_1 = 6$, $x_2 = 2$
② $x_1 = 6$, $x_2 = 4$
③ $x_1 = 4$, $x_2 = 6$
④ $x_1 = 2$, $x_2 = 6$

52. 다음 중 학습률에 대한 설명으로 옳은 것은?

① 손실함수가 크면 가중치를 조금만 수정하면 된다.
② 반복작업은 불가능하므로 한번에 최적화해야 한다.
③ 학습률이 매우 클 경우 학습시간은 오래 걸리나, 증감이 작아서 최소 손실점수를 찾기 쉽다.
④ 학습률에 배치크기와 반복횟수 모두 고려해야 된다.

53. 인공신경망 학습 시 과적합 방지방법으로 적절하지 않은 것은?

① 입력 노드 수를 줄인다.
② 가중치 절대값을 최대로 한다.
③ 에폭(Epoch) 수를 줄인다.
④ 은닉층(Hidden Layer)수를 줄인다.

54. 원핫인코딩에 대한 설명으로 옳지 않은 것은?

① 서로 다른 단어의 내적은 0이다.
② 모든 단어는 원핫인코딩이 가능하다.
③ 공간차원 효율이 좋다.
④ 텍스트를 수치화한다.

55. 다음 중 군집 수 k를 직접 설정하지 않아도 되는 모델은?

① K-MEDIAN ② K-MEANS
③ DBSCAN ④ MIXTURE MODEL

56. 범주형 종속변수 예측 모델이 아닌 것은?

① 다중선형회귀
② 다중로지스틱회귀분석
③ 서포트벡터머신
④ 다층퍼셉트론

57. 주성분분석(PCA)에 대한 설명으로 옳지 않은 것은?

① 대표적 차원축소 기법이다.
② 공분산행렬의 고유벡터는 데이터가 어떤 방향으로 분산되었는지를 나타낸다.
③ 다수의 n차원 데이터에 대해 데이터 중심으로부터 데이터의 응집력이 높은 n개의 직교 방향을 분석하는 방법이다.
④ 비음수 행렬분해를 사용한다.

58. 과거 데이터가 현재에 영향을 주고 현재 값이 미래의 영향을 주는 시계열 평가방법은?

① 지니계수 ② 엔트로피계수
③ 실루엣계수 ④ 자기상관성 함수

59. 다음 설명 중 옳지 않은 것을 모두 고르시오.

> 가. 시계열은 종단면 데이터(Longitudinal Data)로 여러 대상에 대해 시간에 따라 측정한 데이터를 표시한다.
> 나. 전쟁이나 홍수 등의 불규칙 요인도 시계열분석으로 예측이 가능하다.
> 다. 백색잡음(White Noise)은 시간의 상관관계를 나타낸다.
> 라. 정상성(Stationary)의 조건으로 모든 시점에 대해 일정한 평균을 가진다.
> 마. 이동평균법은 과거로부터 현재까지의 시계열 자료를 대상으로 일정 기간별 이동평균을 계산하고, 이들의 추세를 파악하여 다음 기간을 예측하는 방법이다.

① 가, 나 ② 나, 다
③ 다, 라, 마 ④ 나, 다, 라

60. RNN에서의 장기의존성 문제를 보완하며, 은닉게이트(Forget Gate)를 업데이트(Update) 게이트로 개선하여 계산을 줄인 모델로 알맞은 것은?

① RNN 단측 ② RNN 양측
③ GRU ④ LSTM

제6회 (복원)기출문제

61. 로지스틱회귀분석에서 관심범주(Positive)의 확률 추정값P를 구할 때, 다음 조건을 기준으로 옳게 설명한 것은?

> 관심범주 : $P(성공 \mid k개의 독립변수) \geq c, 0 \leq c \leq 1$

① c = 0이면, 민감도와 특이도 차이는 1이다.
② c = 0.5이면, 민감도와 특이도 차이는 1이다.
③ c = 0이면, 민감도와 정밀도 차이는 1이다.
④ c = 0.5이면, 민감도와 정밀도 차이는 0이다.

62. 혼동행렬에 대한 설명으로 옳지 않은 것은?

① 정확도는 $\frac{TP+TN}{TP+TN+FP+FN}$ 이다.
② 정밀도는 $\frac{TP}{TP+FP}$ 이다.
③ F1 스코어는 정밀도과 재현율의 기하평균이다.
④ 재현율은 $\frac{TP}{TP+FN}$ 이다.

63. 변수 10,000개 중 1,000개를 선별한 후 상관관계 분석으로 검증하고자 한다. 모델 테스트 방법으로 옳은 것은?

① 변수를 선택하고 상관관계 분석, 검정 후 데이터를 분할한다.
② 데이터를 분할하고 상관관계 분석 후 변수를 선택한다.
③ 모델의 예측능력을 상관관계 분석으로 확인 후 데이터를 분할한다.
④ 무작위로 변수선택을 진행한 후 상관관계 분석으로 종속변수와의 관계를 검정한다.

64. 케이폴드 교차검증(K-fold Cross Validation)에 대한 설명으로 옳지 않은 것은?

① 데이터셋을 k개로 분할
② k-1개의 검증 데이터 확보
③ 학습 데이터와 검증 데이터를 서로 다르게 지정하여 k번 반복
④ k번 각각의 성능에 대한 평균을 도출

65. 아래 보기에 대한 설명으로 옳은 것은?

> 두 명의 데이터 분석가 A와 B가 있다. A와 B는 각자의 방식으로 데이터를 분석하기로 했으며, 분석 시 10개의 파라미터를 동일하게 설정하기로 결정했다.

① LOOCV
② 5fold-CV
③ Bootstrap
④ Stratified K-fold CV

66. 콜모고로프-스미르노프(K-S) 통계량에 대한 설명으로 옳은 것을 모두 고르시오.

> 가. 서로 다른 두개의 집단이 동일한 분포를 이루고 있는지를 검증하는 지표
> 나. 비교하는 두 개의 집단 사이의 최대 거리
> 다. 누적분포함수(Cumulative Distribution Function, CDF)와 경험적 누적분포함수(Experience CDF 혹은 ECDF)를 사용

① 가
② 가, 나
③ 나, 다
④ 가, 나, 다

67. 다음 중 적합도 검정에 대한 설명으로 옳지 않은 것은?

① 모델 전체의 적합성은 검정 불필요하다.
② 적합도 검정(Goodness-of-Fit Test)은 이 데이터가 특정 이론적 분포와 일치하는지를 검정하는 방법이다.
③ 정규분포를 가정 시 정규성 검정을 가장 많이 활용하고 있다.
④ 정규분포를 가정하지 않을 시 카이제곱 검정을 이용해 적합도를 판단한다.

68. 데이터 분할(Split)에 대한 설명으로 옳지 않은 것은?

① 학습 데이터(훈련 데이터)보다 검증 데이터에서 성능이 좋은 하이퍼파라미터를 선정한다.
② 테스트 데이터로 모델 간 성능을 비교한다.
③ 학습 데이터로 학습한다.
④ 데이터셋을 학습 데이터, 검증 데이터, 테스트 데이터로 나누는 것이 적합하다.

69. 다음 중 하이퍼파라미터 대한 설명으로 옳지 않은 것은?

① 파라미터와 하이퍼파라미터는 학습 전에 정한다.
② 하이퍼파라미터는 학습 과정 자체를 제어한다.
③ 하이퍼파라미터는 사람이 직접 입력값을 설정해줘야 한다.
④ 서로 다른 하이퍼파라미터값은 모델 학습과 정확도(Accuracy) 혹은 모델의 수렴율(Convergence Rate)에 영향을 미칠 수 있다.

70. 하이퍼파라미터 최적화 기법에 대한 설명으로 옳지 않은 것은?

① 수동탐색(Manual Search)은 사용자가 사전지식을 가지고 있다.
② 무작위탐색(Random Search)는 다양한 조합들을 시험해 예상치 못한 결과를 얻을 수 있다.
③ 베이지안 최적화(Bayesian Optimization)는 새로운 하이퍼파라미터값에 대한 조사를 수행할 때에 사전지식을 충분히 반영한다.
④ 원래 분석가의 경험에 따라 값을 조절하는 게 최적이지만, 자동화를 위해 격자탐색(Grid Search) 등을 수행한다.

제6회 (복원)기출문제

71. 다음 중 파라미터 최적화 기법이 아닌 것을 고르시오

① RMSProp
② AdaDelta
③ Nadam
④ Bayesian Optimization

72. 랜덤포레스트 기법에 대한 설명으로 옳지 않은 것은?

① 각각의 트리는 과적합 가능성이 있다.
② 다수의 결정트리의 결과를 통해 최종결과를 도출한다.
③ 각각의 결정나무에 배깅과 같은 방법을 사용한다.
④ 전체 데이터셋으로 학습한다.

73. 부스팅(Boosting)에 대한 설명으로 옳지 않은 것은?

① 약학습기(Weak Learner)로 만든다.
② 병렬로 학습한다.
③ 오답에 대한 가중값을 부여해 사용한다.
④ 보팅(Voting)과 함께 앙상블 학습유형으로 사용된다.

74. 데이터에 대한 비즈니스 효과에 대한 설명으로 옳지 않은 것은?

① 비즈니스 기여도는 데이터 분석결과를 활용하여 사업수행 혹은 과제수행 등을 통해 얻게 되는 긍정적인 영향도를 의미한다.
② 비즈니스 효과에 대한 정량적 가치 측정을 위해 적정 지표를 개발하였다.
③ 경영변화에 따라 비즈니스 효과 지표는 유연하게 변화한다.
④ 데이터의 가치(Value)는 투자요소, 속도와 규모는 비즈니스 효과를 나타낸다.

75. 시간시각화에 대한 설명으로 옳지 않은 것은?

① 점그래프는 점의 집중도를 통해 표현하므로 시계열에 적합하지 않다.
② 영역차트는 선그래프와 그래프 축 사이의 면적으로 데이터를 표시한 그래프이다.
③ 막대그래프는 범주의 수가 7개 이하일 때 주로 사용한다.
④ 꺾은선그래프는 점그래프를 선으로 이은 것이다.

76. 다음 중 x축(가로축)과 y축(세로축) 각각에 두 변수값의 순서쌍을 점으로 표현해 두 변수의 관계를 나타낸 그래프는?

① 산점도
② 버블차트
③ 히스토그램
④ 플로팅바차트

77. 비교시각화 유형에 대한 설명으로 옳지 않은 것은?

① 평행좌표그래프는 각 행을 변수별로 선을 매핑시켜 나타냈다.
② 히트맵은 색상을 부여하는 방법이다.
③ 체르노프 페이스는 데이터를 얼굴로 표현한 방법이다.
④ 스타차트는 수치를 별의 개수로 표현하는 시각화 유형이다.

78. 다음 중 인포그래픽에 대한 설명으로 옳지 않은 것은?

① 일부 인포그래픽은 특정 프로그램에서만 작동해, 보기 위해서는 전문 소프트웨어가 필요하다.
② 인포그래픽은 소프트웨어를 무조건 설치해야 한다.
③ 정보와 시각적 그래프의 합성어이다.
④ 그림 전체적으로 의미하는 바가 있어, 부분 전달이나 일부를 잘라서 적용할 경우 오해가 있을 수 있다.

79. 주제 연결성과 완전성 중심의 인포그래픽 유형은?

① 도표형
② 스토리텔링형
③ 비교분석형
④ 타임라인형

80. 다음 인프로그래픽 유형 중 연도나 시간의 흐름에 따라 정보를 나열하기에 적합한 유형으로 알맞은 것은?

① 타임라인
② 도표형
③ 스토리텔링
④ 비교분석형

제6회 (복원)기출문제_정답 및 풀이

정답

문항	정답	문항	정답	문항	정답	문항	정답	문항	정답	문항	정답	문항	정답	문항	정답
01	③	11	③	21	③	31	②	41	④	51	①	61	①	71	④
02	④	12	③	22	①	32	②	42	①	52	④	62	③	72	④
03	③	13	①	23	④	33	④	43	①	53	②	63	①	73	①
04	②	14	③	24	④	34	①	44	④	54	③	64	②	74	④
05	④	15	①	25	④	35	③	45	②	55	①	65	①	75	①
06	②	16	②	26	④	36	①	46	③	56	①	66	④	76	①
07	③	17	①	27	①	37	②	47	③	57	④	67	①	77	④
08	④	18	①	28	①	38	①	48	①	58	④	68	①	78	②
09	①	19	①	29	③	39	④	49	①	59	②	69	①	79	②
10	③	20	③	30	③	40	③	50	④	60	③	70	④	80	①

풀이

01. 빅데이터 특징 3V에서 다양성(Variety)은 데이터의 형태가 정형, 반정형, 비정형으로 다양함을 의미한다.

02. 빅데이터 위기요인은 사생활 침해(동의에서 책임), 책임원칙 훼손(결과 기반), 데이터 오용(알고리즘 허용)이 있다. 인간과 인간의 연결이 가능한 부분은 순기능에 해당한다.

03. 분석수준 결과진단 시 해당 기업의 분석준비도(Readiness)와 분석성숙도(Maturity) 진단결과를 활용한다. 도입형의 경우 조직 및 인력 등 준비도는 높고, 분석업무 및 기법은 부족한 상태로 데이터 분석을 바로 도입할 수 있는 기업에 해당한다.

04. 데이터 분석을 위한 조직구조는 분석업무 수행주체에 따라 3가지(집중/기능/분산 구조) 유형으로 구분할 수 있다. 집중구조는 별도의 독립적 분석 전담조직에서 분석업무를 수행하는데, 현업 업무부서의 분석 업무와 중복될(이중화/이원화) 가능성이 높은 특성이 있다.

05. 분석준비도(Readiness)에서 기업의 데이터 분석 도입 수준을 파악하기 위한 진단영역은 분석업무 파악, 인력 및 조직, 분석기법, 분석 데이터, 분석문화, IT 인프라의 6가지 영역으로 구분한다.

06. 데이터 거버넌스(Data Governance)는 데이터 분석을 기업의 문화로 정착하고 데이터 분석업무를 지속적으로 고도화하기 위한 조직 내 분석 관리체계다. 구성요소로는 원칙(Principle), 조직(Organization), 프로세스(Process)가 있다.

07. 데이터 사이언스는 다양한 분야에서 사용되고 있으며, 수집 뿐 아니라 분석, 도출 등의 작업이 필요하다. 그리고 인과관계에서 최근에는 상관관계에 따른 인사이트 도출이 중요해지고 있으며, 빅데이터 시대의 도래로 데이터는 급격하게 확산되고 있다.

제6회 (복원)기출문제_정답 및 풀이

08. 데이터 웨어하우스와 데이터 마트는 주로 정형 데이터를 저장한다. 따라서 정형 데이터의 수집 기술은 보기에서는 DB to DB 방식이 있다. FTP(파일 데이터), Open API(반정형/비정형 데이터), HTTP(반정형 데이터)

09. 분산파일시스템(Distributed File System)은 분산된 서버의 로컬 디스크에 파일을 저장하고 파일의 읽기, 쓰기 등과 같은 연산을 운영체제가 아닌 API를 제공하여 처리하는 파일시스템이며, 파일 읽기/쓰기 같은 단순연산을 지원하는 대규모 데이터 저장소이다.

10. 맵리듀스의 패턴 중 두 개 이상의 데이터셋을 결합하는 데 사용하는 패턴은 조인패턴이다. Key를 기준으로 데이터를 결합하며, 내부 조인, 외부 조인, 맵 조인, 리듀스 조인 등 다양한 조인 전략을 구현할 수 있다.

11. 딥러닝은 머신러닝의 일부로 인공지능 ⊃ 머신러닝 ⊃ 인공신경망 ⊃ 딥러닝의 포함 관계를 가진다.

12. 공공데이터와 같은 조직 외부 데이터 사용 시 내부에 비해 연결비용이 증가하며, 외부로 노출되어 보안에 취약할 수 있다. 단일 소유가 불가능하게 공개되어 있지만, 다양한 사용자가 데이터를 사용할 수 있도록 선택의 폭이 넓어진다.

13. NCS에서 제시한 빅데이터 분석기획 절차의 첫 단계인 도메인 이슈 도출 단계에서는 업무별 분석 요건에 대한 문제점을 정의하고 분석을 통해 개선사항을 도출하며, 분석 요건별 문제점에 따른 이슈와 개선 목표 사이의 Gap 분석을 진행하여 차이점을 도출한다.

14. 데이터 분석 마스터 플랜은 지속적으로 분석이 주는 가치를 체계적으로 관리하고, 분석역량을 내재화하기 위해 단기적인 과제 수행 뿐 아니라 중/장기적 관점의 수행계획을 수립하는 과정을 의미한다.

15. 빅데이터 분석 절차는 빅데이터 분석 방법론을 토대로 '분석기획, 데이터 준비, 데이터 분석, 시스템 구현, 평가 및 전개' 5 단계로 수행되며, 이 중 데이터 준비는 비즈니스 요구사항과 데이터 분석에 필요한 원천 데이터를 정의하고 데이터의 정합성을 확인하는 단계이다. 따라서 전처리는 '데이터 준비' 단계에서 수행한다.

16. EDA(Exploratory Data Analysis)는 데이터를 분석하고 결과를 내는 과정에 있어서 지속적으로 해당 데이터에 대한 '탐색과 이해'를 기본으로 가져야 한다는 것을 의미하기 때문에 데이터 구조를 가정하진 않는다. 또한 다양한 데이터 시각화를 활용하여 가독성을 높이고 형상 및 분포 등을 파악한다.

17. ETL은 추출(Extract), 변환(Transform), 적재(Load) 세 단어의 축약어로 데이터 소스 시스템 및 환경으로부터 데이터를 추출해 비즈니스 데이터로 변환하는 역할을 하며, ODS/DW/Data mart는 성격이 다른 저장소 역할을 한다.

18. 노이즈는 데이터를 측정하는 데 있어서 여러 가지 이유로 개입되는 임의적인 요소로써 변수값을 본래의 참값에서 벗어나게 하는 오류이며, 평활화(Smoothing) 기법으로 데이터 분포를 매끄럽게 만들어 노이즈를 제거하는 효과를 얻을 수 있다(구간화, 군집화, 차원축소 등 사용 가능).

19. 분산파일시스템(Distributed File System, DFS)은 여러 대의 서버에 분산된 데이터를 효율적으로 관리하는 파일시스템이며, 네트워크를 활용하여 여러 대의 서버에 데이터를 분산하여 저장하고, 이를 통해 데이터의 가용성과 성능을 향상시킬 수 있다.

제6회 (복원)기출문제_정답 및 풀이

20. NoSQL은 비정형 데이터와 스키마의 유연성과 수평적 확장성, 높은 가용성, 쿼리 언어의 효율성, 다양한 데이터 모델을 제공하여 대규모 비정형 데이터 처리 시스템에서 유용하게 사용될 수 있다.

21. 데이터 축소(Data Reduction)는 원래 데이터에서 일부 데이터를 추출하여 데이터셋의 크기를 줄이는 것을 의미한다. 노이즈의 영향을 줄이기 위해 사용할 수 있지만 정규화(특정 범위의 값으로 제한)의 목적은 아니다.

22. 데이터 정제(Data Cleansing)는 속성에 비어 있는 데이터나 노이즈, 결측값, 이상값, 모순된 데이터 등을 정합성이 맞도록 교정하는 작업이다. 데이터를 분석에 용이하게 하는 과정은 변환 등 분석변수 처리에 해당한다.

23. 결측값(Missing Value)은 값이 존재하지 않고 비어 있는 상태로 처리는 삭제와 대치가 대표적이다. 대치법에는 단순대치법(완전삭제법, 평균대치법, 조건부평균대치법(회귀대치법)), 다중대치법(단순대치법을 여러 번 수행하여 가상적 완전 자료를 만들어 분석하는 방법)이 있다.

24. 이상값(Outlier)은 이상값이 항상 의미없는 값이라고는 할 수 없으므로, 그 데이터에 대한 지식을 가지고 있는 전문가가 이상값에 대해 검토하는 것이 바람직하며, 전체 데이터 수가 작아지기 때문에 분산은 작아지지만 편향이 발생할 수 있다. 또한 결측값 처리의 대치법(단순, 다중대치)을 사용하여 이상값을 처리한다.

25. 이상값 발생원인으로는 클래스오류(표본), 자연변형, 데이터오류(실험/측정), 고의적인 이상값(처리오류) 등이 있다.

26. 회귀진단에서의 이상값 및 영향값 탐색기법은 레버리지(Leverage), 표준화 잔차(Standardized Residual), 스튜던트 잔차(Studentized Residual), 쿡의 거리(Cook's Distance), DFFITS(Difference of Fits), DFBETAS(Difference of Betas)가 있다.

27. 제시한 그래프는 사분위수를 이용한 상자그림(Box Plot)으로 사분위수 범위를 기준으로 최대값과 최소값을 극단치 경계로 식별하고, 최대값보다 크거나 최소값보다 작은 값을 극단치로 구분하여 삭제하는데 사용한다.

28. 연속형 변수는 일정 범위 안에서 무수히 많은 혹은 또 다른 값들이 존재하여 어떤 값이든 취할 수 있는 변수(실수)이다. 예를 들면, 키, 실내온도, 두께, 시간, 몸무게 등이 있다.

29. 파생변수(Derived Variable)는 기존 변수에 특정 조건 혹은 함수 등을 활용하여 새로운 변수를 만들거나 기존 변수들을 조합하여 새롭게 만들어진 변수이다. 일반적인 파생변수 추가방법으로는 특징 추출(유의미한 특성), 다수 필드 내에 시간 종속적인 데이터를 피봇(Pivoting) 등이 있다.

30. 최소-최대 정규화(Min-Max Normalization)은 모든 데이터가 [0, 1] 범위 안에 들어가도록 조절하는 방법이다. $X' = \frac{X - X_{min}}{X_{max} - X_{min}}$, ($X_{max}$: 최대값, X_{min}: 최소값)으로 산출하며, $\frac{60-60}{80-60} = 0$, $\frac{70-60}{80-60} = 0.5$, $\frac{80-60}{80-60} = 1$, 따라서 모두 합하면 1.5가 된다.

제6회 (복원)기출문제_정답 및 풀이

31. 회귀분석은 독립변수와 종속변수가 연속형 변수여야 한다. 따라서 범주형 변수는 더미화 해주어야 하고 더미화를 하면 기존 변수가 범주 수 −1개의 변수로 늘어난다. 따라서 3개의 범주를 가지고 있는 12개의 독립변수는 24개로 늘어나고, 절편은 1개이기 때문에 회귀계수는 25개가 된다.

32. 무게균형(Weighted Balance)은 다수 클래스(범주)와 소수 클래스(범주)의 데이터 비율이 불균형할 때, 모델의 예측성능을 향상시키기 위해 각 클래스별로 가중치를 다르게 주어 소수 클래스의 데이터를 더욱 잘 분류하도록 하는 방법이다.

33. 인과관계에 따라 영향(원인변수)을 주는 변수를 독립변수라 하고, 영향을 받는 변수(결과변수)를 종속변수라고 정의한다. 인과관계분석(Causal Analysis)은 원인-결과관계를 파악하기 위한 분석방법으로, 관찰 데이터에서 인과관계를 추론 및 해석하는 것을 목적으로 하며, 통계학, 머신러닝, 인공지능 등의 분야에서 사용된다.

34. 시간의 흐름에 따라 데이터의 변화 추이를 주어진 산점도를 통해서 확인해 보면, A−B구간은 음의 상관관계, B−C구간은 양의 상관관계로 의미 도출이 가능하다.

35. 첨도는 자료의 분포가 중심에서 어느 정도 몰려 있는가를 측정할 때 사용하는 통계량이다. 분포의 중심에서 위, 아래 뾰족한 정도와 꼬리 부분의 길이 정보를 보여준다.

36. Q3−Q1은 사분위수가 아니라 사분위수 범위(IQR)를 의미한다.

37. 포아송분포는 어떤 단위시간이나 단위공간 내에서 사건이 몇 번 정도 일어나는지 알거나 혹은 내가 원하는 구간 동안에 사건이 몇 번 일어나는지 알고 싶은 경우 사용하는 분포이다. 포아송분포의 확률질량함수는 $f(x) = \frac{e^{-\lambda}\lambda^x}{x!}$ ($e = 2.718281\cdots$)이다.

38. 정규분포는 왜도가 0이고 첨도는 3이 된다.

39. 모집단에서 표본집단은 추출하며, 표본분포는 모집단에서 일정한 크기(n)로 표본을 모두(k번) 뽑아서 계산한 각 표본 통계량의 확률분포이다.

40. 주어진 데이터의 평균값은 (2+4+6+8+10)/5로 결과값은 6이다. 표본분산은 표본의 분산을 의미하며, 관측값에서 표본평균을 빼고 제곱한 값을 모두 더한 것을 $n − 1$로 나눈값이다. 따라서 $\frac{\{(2-6)^2+(4-6)^2+(6-6)^2+(8-6)^2+(10-6)^2\}}{5-1} = \frac{16+4+0+4+16}{4} = 10$이 된다.

41. 머신러닝은 컴퓨터가 데이터를 보고 그 데이터를 알아서 분석하고, 어떤 유의미한 결과를 도출해 내는 것을 말하는데, 이는 데이터에서 공식을 도출해 낼 수 있음을 의미한다.

42. 회귀분석의 가정은 독립변수와 종속변수의 선형성, 오차의 독립성, 오차 분산의 등분산성, 오차의 정규성을 만족해야 한다. 따라서 오차항은 독립변수 및 종속변수와 독립적이다. 정규성 검정 기법으로 샤피로−윌크, K−S 등이 있다.

43. 교호작용(Interaction)은 두 개 이상의 인자에 대해 각각의 기준을 조합하였을 때 생기는 효과, 즉 조합에 의해 최적조건이 달라질 때 조합의 영향도를 의미한다. 교호작용이 발생하면, 회귀식에 영향을 준다.

44. 역과의 거리, 주차 항목은 접근성과 관련된다고 볼 수 있다. 응대 항목인 준비속도와 친절함의 회귀계수가 양수인 것은 식당평가지수 선형적 관계가 있음을 알 수 있어 응대 항목이 높아지면 평가지수도 높아지는 것을 알 수 있다. 또한 결정계수값이 1에 가까운 값(0.84)으로 보아 정의된 회귀식은 유의미함을 알 수 있다.

45. 결정계수(R^2)는 종속변수의 분산 중에서 독립변수로 설명되는 비율을 의미하며, 이 통계 모델로 종속변수를 얼마나 잘 설명할 수 있는가를 나타낸다. 결정계수의 단점은 독립변수를 추가하면 추가할수록 결정계수가 커지는 것이며, 이를 개선한 것이 수정된 결정계수(Adjust R^2) 이다.

46. 다중공선성이 발생할 경우, 종속변수에 대한 다중공선성의 원인이 되는 개별 효과를 분리하기 어려우므로, 사전에 처리해주는 작업이 필요하다. 분산팽창요인(VIF, Variance Inflation Factor)이 10이상인 경우 다중공선성이 있는 변수라고 판단한다. 그 외 지표는 회귀진단의 데이터 진단에 사용되는 기법들이다.

47. 회귀분석의 모델 평가 절차는 회귀계수추정 → 독립변수검정 → 회귀모델 유의성검정이다.

48.

구분	암발생(유)	암발생(무)	합계
흡연	20	80	100
비흡연	4	96	100
합계	24	176	200

흡연자 중 암에 걸린 확률 : 20/100, 흡연자 중 암에 걸리지 않을 확률 : 80/100

비흡연자 중 암에 걸린 확률 : 4/100, 비흡연자 중 암에 걸리지 않을 확률 : 96/100

흡연자 오즈 : $Odds1 = \frac{20/100}{80/100} = 0.25$, 비흡연자 오즈 : $Odds2 = \frac{4/100}{96/100} = 0.041$,

오즈비 : $(Odds\ Ratio) = \frac{0.25}{0.041} = 6$

49. 예를 들어 특정 이벤트가 발생하는 확률을 $P(X)$라고 했을 때, $b_0 + b_1X = 3$이고, $exp^{b_0 + b_1X = 3} = 5$라면 X가 1증가할 때 상대적 비율(오즈)는 5배 증가한다고 할 수 있다. 따라서 $b_0 + b_1X$의 X가 1증가할 때 오즈 e^{b_1}이 증가한다가 답이 될 수 있다.

50. 노드의 분리기준은 불순도(Impurity)와 순수도(Purity)이며, 알파컷(Alpha-Cut)은 과적합을 막기 위한 가지치기 기법이다. 분류(분리기준)로는 정보이득, 카이제곱검정, 지니계수, 엔트로피 등을 사용하며 이를 적용한 의사결정트리 알고리즘에는 CART, C4.5 등이 있다.

제6회 (복원)기출문제_정답 및 풀이

51. $x_1 = \{6,7,8\}$, $x_2 = \{2,3,4,5\}$에서 D노드의 값은 $x_1 = 6$, $x_2 = 2$가 된다.

x_2	x_1
2 → B	6 → D
3 → C	7 → G
4 → C	8 → G
5 → C	→ G

52. 학습률(Learning Rate)은 배치크기와 반복횟수 모두 고려해야 한다. 손실함수가 크면 가중치도 많이 수정해야 하며, 많은 반복작업을 통해 최적화한다. 학습률이 클 경우 학습시간은 적게 걸리나, 증감이 커서 최소 손실점을 찾기 어렵다.

53. 과적합 방지를 위해서는 가중치의 절대값 합을 최소로 해야 한다.

54. 원핫인코딩은 단어 집합의 크기를 벡터의 차원으로 하고, 표현하고 싶은 단어의 인덱스에 1의 값을, 다른 인덱스에는 0을 부여하는 단어의 수치화 방법이다. 단어의 개수가 늘어날수록 벡터를 저장하기 위해 필요한 공간이 계속 늘어나 공간 효율이 좋지 않다.

55. DBSCAN 알고리즘은 어느 점을 기준으로 반경 내에 점이 n개 이상 있으면 하나의 군집으로 인식하는 방식이다. 군집 수를 미리 정하지 않아도 되는 장점이 있다.

56. 다중회귀분석은 두 개 이상의 독립변수가 하나의 종속변수에 미치는 영향을 추정하는 회귀분석 기법이며, 독립변수는 연속형변수(2개 이상), 종속변수는 연속형변수(1개)로 가정한다.

57. 비음수 행렬분해(Non-negative Matrix Factorization, NMF)와 주성분분석(PCA) 모두 알고리즘이 생성한 일정 개수의 성분을 사용해 데이터의 특성을 분해하여 차원을 축소할 수 있지만, PCA는 최대 분산의 방향을 주성분이라 하여 성분 간의 우열이 있는 반면 NMF는 특성이 양수이기만 하면 성분의 우열이 없이 특징을 나눌 수 있다.

58. 시간에 따른 상관 정도를 나타내기 위한 통계량을 자기상관성함수(AutoCovariance Function, ACF)라고 한다.

59. 전쟁이나 홍수 등의 불규칙 요인은 예측이 불가능하다. 또한 시계열 데이터에는 백색잡음(White Noise)이 발생하는데 그 잡음에는 시간적인 상관관계가 존재하지 않고 무작위성을 가진다.

60. GRU(Gated Recurrent Unit)를 사용하여 망각게이트(은닉게이트)와 입력게이트를 합친 업데이트게이트(update gate) $Z(t)$를 사용하는 방법이다.

61. 임계값(c)이 낮으면 예측 확률이 낮아도 양성 클래스로 분류하고, 임계값이 높으면 예측 확률이 높아야 양성 클래스로 분류하게 된다. 임계값이 0이면 TP와 FP에 값이 존재하고, 임계값이 1이면 FN과 TN에 값이 존재한다. 따라서 이때의 민감도와 특이도의 차이는 1이 된다. 임계값이 0.5일 때는 민감도와 특이도가 균형을 이루는 경향이 있다.

62. F1스코어는 정밀도와 재현율의 기하평균이 아니라 조화평균이다.

제6회 (복원)기출문제_정답 및 풀이

63. 변수를 선택하기 전에 데이터를 분할하면, 전체 데이터에서 일부만 사용하여 변수를 선택하는 것이 되므로 선택된 변수가 모델의 예측능력을 정확하게 평가할 수 없게 된다. 따라서 변수를 선택하기 전에 전체 데이터를 사용하여 독립변수와 종속변수 간의 상관관계를 분석하고, 중요한 변수를 선별해야 한다.

64. 케이폴드 교차검증은 원본 데이터를 k등분의 부분집합(Fold)으로 균등하게 분할하고, $k-1$의 부분집합은 학습 데이터로, 나머지 1개의 부분집합은 테스트 데이터로 할당한 후 테스트 데이터로 결과를 계산하여 모델의 성능을 평가하는 기법이다.

65. A와 B가 분석 시 10개의 파라미터를 동일하게 설정했다는 것은 모델을 학습할 때 동일한 학습 파라미터를 사용했다는 것을 의미한다. 따라서 이러한 상황에서는 LOOCV(Leave-One-Out Cross Validation)는 모든 데이터 샘플을 하나씩 제외한 후 나머지 샘플을 사용하여 모델을 학습하고, 제외된 샘플을 사용하여 모델을 검증하는 방법이기 때문에 A와 B가 동일한 학습 파라미터를 사용하여 모델을 학습하고, LOOCV와 같은 교차검증 방법을 사용하여 모델의 성능을 평가한다면, 두 모델의 성능을 더욱 정확하게 비교할 수 있다.

66. 콜모고로프-스미르노프 통계량은 서로 다른 두 개의 집단이 동일한 분포를 이루고 있는지를 검증하는 지표로 비교하는 두 개의 집단 사이의 최대 거리를 통계량으로 사용하며 이때, 누적분포함수(CDF)와 경험적 누적분포함수(ECDF)를 사용한다.

67. 적합도 검정(Goodness-of-Fit Test)은 이 데이터가 특정 이론적 분포와 일치하는지를 검정하는 방법으로 정규분포 가정 시 정규성 검정, 가정하지 않을 시 카이제곱 검정을 사용한다.

68. 데이터셋을 학습 데이터, 검증 데이터, 테스트 데이터로 나누는 것이 적합하다. 검증 데이터를 이용하여 다른 하이퍼파라미터값에서 모델을 훈련하는 것을 반복하고 성능을 평가한 뒤, 만족할 만한 성능이 나온 하이퍼파라미터를 선택한다. 단 학습 데이터에서도 성능이 우수한 하이퍼파라미터여야 하기 때문에 정답이 1번이 된다(오해의 소지가 있는 문제).

69. 파라미터는 학습과정에서 모델 내부에서 확인이 가능한 변수로 데이터를 통해 산출 가능하며, 하이퍼파라미터는 모델을 만드는 사람이 지정한다.

70. 격자탐색(Grid Search)은 탐색의 대상이 되는 특정 구간 내의 후보 하이퍼파라미터값들을 일정한 간격을 두고 선정하여 이들 각각에 대하여 성능결과를 측정한 후 가장 높은 성능을 발휘했던 값을 최적값으로 선정하는 방법이다(무식하게 하나하나 다 해보기).

71. 파라미터 최적화 기법으로는 확률적 경사하강법(SGD), 모멘텀(Momentum), 아다그라드(AdaGrad), 아담(Adam), 알앰에스프롭(RMSProp), AdaDelta, Nadam 등이 있다. Bayesian Optimization은 하이퍼파라미터 최적화 기법이다.

72. 랜덤포레스트는 원래 데이터셋에서 임의로 데이터들을 골라서 새로운 데이터들을 만드는 특성이 있다.

73. 부스팅은 이전 모델의 학습결과를 토대로 다음 모델에서 사용할 학습 데이터의 가중치(Weight)를 높게 조정(Update)하여 학습을 진행하는 앙상블 방법이므로 병렬학습은 불가능하다.

74. 규모(Volume), 다양성(Variety), 속도(Velocity)는 투자비용요소(Investment)이며, 데이터의 가치는 비즈니스 효과(Return)다.

제6회 (복원)기출문제_정답 및 풀이

75. 점그래프는 한 점에서 다음 점으로 변하는 점의 집중 정도에 따라 흐름파악이 가능한 그래프로 시간시각화(시계열)의 대표적인 기법이다.

76. 산점도(Scatter Plot)는 대표적인 관계시각화 기법으로 x축(가로축)과 y축(세로축) 각각에 두 변수값의 순서쌍을 한 점으로 표시하여 두 변수의 관계를 나타낸 그래프다.

77. 스타차트(Rader Chart) 각 변수의 표시 지점을 연결선을 통해 그려 별 모양의 도형으로 나타낸 그래프로 레이더차트를 예시로 들 수 있다.

78. 정보의 인포메이션(Information)과 시각적 그래프의 합성어로, 핵심정보를 그래픽으로 표현해 쉽게 이해할 수 있게 만든 그래픽 메시지이다. 그림 전체적으로 의미하는 바가 있어, 부분 전달이나 일부를 잘라서 적용할 경우 오해가 있을 수 있으며, 소프트웨어를 무조건 설치할 필요는 없다.

79. 스토리텔링형은 하나의 사건이나 주제에 대해 이야기를 제공하는 인포그래픽으로 주제 연결성과 완전성 중심이라는 목적에 부합한다.

80. 타임라인형은 주제 관련 히스토리나 일련의 상황을 한눈에 들어오도록 시간의 흐름 형태로 나타낸 인포그래픽이다.

제7회 (복원)기출문제

01. 빅데이터의 특징 3가지로 옳은 것은?

① 규모, 속도, 가치
② 속도, 다양성, 가치
③ 규모, 다양성, 가치
④ 규모, 속도, 다양성

02. 다음 중 데이터가 처리되는 과정에서 변경되거나 손상되지 않고, 유지함을 보장하는 특성으로 알맞은 것은?

① 데이터 완전성
② 데이터 무결성
③ 데이터 정확성
④ 데이터 일관성

03. 기업분석 수준진단의 항목에 속하지 않는 것은?

① 조직규모
② 분석 데이터
③ 분석기법
④ IT인프라

04. 데이터 사이언티스트(데이터 과학자)가 가져야 할 소프트 스킬(Soft Skills)로 옳은 것은?

① 통찰력 있는 분석
② 전문지식
③ 통계기법
④ 알고리즘

05. 데이터 사이언스의 업무와 관계가 없는 것은?

① 적합한 모델을 선정한다.
② 가정의 한계를 고려한다.
③ 해석의 한계에서 벗어난다.
④ 분석 모델에 대한 한계점은 배제하고 진행한다.

06. 데이터 분석가의 특징 중 옳지 않은 것은?

① 데이터 분석의 객관성을 위해 배경지식을 배제해야 한다.
② 데이터를 다루는데 필요한 다양한 도구와 기술을 숙달해야 한다.
③ 데이터를 수집하고 분석하여 통찰력을 얻어야 한다.
④ 데이터 분석결과를 다른 부서나 팀원에게 효과적으로 전달하고 설명할 수 있어야 한다.

07. 하둡 분산파일시스템(Hadoop Distributed File System, HDFS)의 설명으로 옳은 것은?

① 여러 데이터를 한 곳에 저장할 수 있다.
② 블록당 10MB이하의 제한이 있다.
③ 범용 하드웨어보다는 고성능 컴퓨터를 주로 사용한다.
④ 네임노드가 망가지면 정상적인 작동을 못한다.

08. 다음 중 빅데이터 플랫폼 계층구조의 설명으로 옳지 않은 것은?

① 소프트웨어 계층, 플랫폼 계층, 인프라스트럭처 계층이 있다.
② 소프트웨어 계층은 앱과 관련이 있다.
③ 플랫폼 계층은 데이터 제공 관리를 한다.
④ 인프라스트럭처 계층은 데이터 수집, 저장, 정제를 한다.

09. 데이터 3법에 해당하지 않는 것은?

① 개인정보보호법
② 정보통신망이용촉진 및 정보보호 등에 관한 법률
③ 공공데이터제공 및 이용 활성화에 관한 법률
④ 신용정보이용 및 보호에 관한 법률

10. 다음 중 데이터 일부 또는 전체를 식별할 수 없도록 노이즈나 공백 등으로 대체하는 것은?

① 가명처리
② 총계처리
③ 데이터범주화
④ 데이터 마스킹

11. 다음 중 분석기획에서 우선순위 고려요소가 아닌 것은?

① 중요도
② ROI
③ 분석가능성
④ 분석 데이터 적용 수준

12. CRISP-DM 절차에 대해 옳은 것은?

① 데이터 이해 - 업무 이해 - 전개 - 평가
② 데이터 이해 - 업무 이해 - 평가 - 전개
③ 업무 이해 - 데이터 이해 - 평가 - 전개
④ 업무 이해 - 데이터 이해 - 전개 - 평가

제7회 (복원)기출문제

13. 빅데이터 분석기획 단계에서 하는 일이 아닌 것은?

① 데이터 준비
② 위험요인 계획
③ 설계 및 계획
④ 비즈니스 이해

14. 다음 중 비정형 데이터가 아닌 것은?

① 동영상 파일
② 오디오 파일
③ 문서
④ 판매가격 데이터

15. 반정형 데이터는 테이블의 행과 열로 구조화되어 있지는 않으나 스키마 및 메타데이터 특성을 가지고 있다. 다음 중 반정형 데이터에 해당되지 않는 것은?

① HTML
② XML
③ RDB
④ RDF

16. 개인정보 비식별화 기술로 수치적 개인정보를 임의의 수 기준으로 올림 또는 내림하는 기법은?

① 암호화
② 랜덤라운딩
③ 임의 잡음 추가
④ 식별자 삭제

17. 다음 중 정형 데이터 품질검증방법으로 옳지 않은 것은?

① 진단 대상 정의 : 품질 이슈에 대한 수요 및 현황을 조사해 품질 진단 대상 데이터베이스를 선정하고, 진단 방향성을 정의
② 품질 진단 실시 : 대상에 대한 상세 수준의 품질 진단 계획 수립 후 품질 진단 영역별 진단을 실시
③ 진단 결과 분석 : 오류 원인 분석, 업무 영향도 분석을 통해 개선 과제를 정의
④ 업무규칙 : 진단 비즈니스 특성만 알 수 있고, 데이터 오류는 검증 못함

18. 데이터 누락 시 다음 데이터 품질 특성 중 어떤 성질을 만족 못하는가?

① 일관성
② 정확성
③ 적시성
④ 완전성

19. 다음 중 오토샤딩(Auto-Sharding)을 사용하며, 처리속도가 빠른 Nosql DB의 종류는?

① Casandra
② Redis
③ Mongdb
④ Couchdb

20. 분석 마스터 플랜 수립에서의 범위 및 방식의 고려요소로 옳지 않은 것은?

① 분석 데이터 적용 수준

② 실행용이성

③ 기술 적용 수준

④ 업무 내재화 적용 수준

21. 데이터 전처리 방법으로 잘못된 것은?

① 레거시 시스템으로만 전처리를 진행해야 한다.

② 비정형 데이터는 정제를 진행해야 한다.

③ 전처리 시 삭제 및 수정 진행이 가능하다.

④ 데이터를 통합하여 정제를 진행할 수 있다.

22. 다음 중 데이터 정제 방법으로 옳은 것은?

① 데이터 손실을 최소화하기 위해 누락된 데이터를 임의로 채운다.

② 구분자가 포함되어 있을 수 있으니 처리해야 한다.

③ 이상치 데이터를 모두 제거한다.

④ 단일 데이터 포인트를 기반으로 모든 데이터를 수정한다.

23. 다음 표를 보고 알맞은 것을 고르시오.

```
> summary(subset_Wage)
      year           age         health_ins          wage
 Min.   :2003   Min.   :18.00   1. Yes:2083   Min.   : 20.09
 1st Qu.:2004   1st Qu.:33.75   2. No : 917   1st Qu.: 85.38
 Median :2006   Median :42.00   NA's  :  10   Median :104.92
 Mean   :2006   Mean   :42.41                 Mean   :111.70
 3rd Qu.:2008   3rd Qu.:51.00                 3rd Qu.:128.68
 Max.   :2009   Max.   :80.00                 Max.   :318.34
```

① 전부 Numerical한 변수이다.

② 결측값은 age 변수와 health_ins 변수가 가지고 있다.

③ wage 변수는 우측으로 기울어져 있다.

④ age 변수의 max값은 이상값이다.

24. 다음 중 혈액형에 대해 결측치가 발생했을 때 대체할 값으로 적절한 것은?

① 최빈값 ② 기하평균
③ 중앙값 ④ 산술평균

25. 일변량일 때 이상값 검출방법으로 옳지 않은 것은?

① 사분위수를 이용한다.
② 산포도를 그려본다.
③ 상자그림에서 상자를 벗어나는 값을 이상치로 판단한다.
④ 3표준편차보다 큰 경우 이상치로 본다.

26. 아래 표를 보고 옳지 않은 것을 고르시오.

번호	1	2	3	4	5	6	7	8	9	10
값	2	3	4	5	6	7	8	9	10	50

① 왜도를 사용하여 데이터의 쏠림 정도를 파악한다.
② 분포의 기울어진 정도를 설명한 통계량을 분석한다.
③ 좌측 방향으로 기울어져 있다.
④ 이상치가 없음을 확인할 수 있다.

27. 다음 중 계량적 수치에 해당하지 않는 것은?

① 직장인의 평균 업무시간 ② 같은 반 학생의 무게
③ 기업의 매출액 ④ 개인의 견해/의견

28. 변수선택에 대한 설명으로 옳지 않은 것은?

① 분산 변수선택 – 분산이 기준치보다 높은 데이터 제거
② 단일 변수선택 – 분류 성능 혹은 상관관계가 높은 특성만을 선택
③ 모델기반 변수선택 – 랜덤포레스트 등 특정 중요도가 정확도가 높은 특성을 선택
④ 반복적 변수 선택 – 반복해서 수행하며 가장 좋은 걸 선택하는 방법

29. 특이값 분해(Singular Value Decomposition, SVD)에 대한 설명 중 옳지 않은 것은?

① 행렬을 여러 특이값과 특이벡터로 분해하는 방법
② 행렬의 스펙트럼 이론을 임의의 직사각행렬에 대해 일반화한 것
③ 주어진 $M \times N$ 크기의 행렬 $A = U \times \Sigma \times V^T$
④ $M \times M$ 정방행렬

30. 다음 파생변수를 생성하는 방법으로 옳지 않은 것은?

① 컬럼이름 변경
② 컬럼별 데이터 나누기
③ 컬럼별 데이터 더하기
④ 컬럼 데이터 1대1 배치

31. 표준분포인 X1 ~ X3의 공분산 행렬을 보고 옳지 않은 것을 고르시오.

	X1	X2	X3
X1	24.586473	14.458009	4.015487
X2	14.458009	33.797439	-2.001997
X3	4.015487	-2.001997	25.309955

① X1, X3 상관계수는 1이다.
② X1의 분산은 24.58이다.
③ X1, X2는 양의 상관관계이다.
④ X2, X3의 상관은 -2.001997이다.

32. 다음의 설명에 대한 해석으로 가장 옳은 상관계수는?

두 변수 간의 선형관계가 있지만 비교적 약한 양의 관계를 나타냄.
한 변수가 증가하면 다른 변수도 증가함.

① 상관계수 1
② 상관계수 0
③ 상관계수 0.25
④ 상관계수 -1

33. 다음 중 중심경향값으로 옳지 않은 것은?

① 평균
② 중앙값
③ 최빈값
④ 표준편차

34. 분포가 한쪽으로 쏠려 있는지 알 수 있는 통계량은?

① 상관계수
② 첨도
③ 분산
④ 왜도

35. 다음 중 최빈값에 대한 설명으로 바르지 않은 것은?

① 주어진 데이터 집합에서 가장 자주 나타나는 값, 즉 최고 빈도로 나타나는 값을 나타낸다.
② 데이터의 중심경향성을 파악하는데 사용한다.
③ 연속형 자료의 대표값으로 가장 적절하다.
④ 이상치(Outlier)가 데이터 집합에 포함되어 있는 경우, 최빈값은 그 영향을 받을 수 있다.

36. 이산형확률변수의 확률분포로 알맞은 것은?

① F 분포
② z 분포
③ 이항분포
④ 지수분포

37. 표준편차가 10, 평균이 60인 모집단(모집단은 정규분포)이 있다. 70의 Z-score를 구하라

① 0
② 1
③ 1.25
④ −1

38. 도시 내 여성 비중 40%, 180cm 이상의 남성은 15%, 여성은 2.5% 일 때, 180cm인 사람이 여성일 확률은?

① 0.08
② 0.1
③ 0.15
④ 1

39. 다음 중 중심극한정리에 대한 설명으로 옳지 않은 것은?

① 크기가 크면 표준정규분포를 따른다.
② 표본의 수가 30보다 클 경우 적용된다.
③ 연속형 변수에만 사용 가능하다.
④ 반드시 모분포가 정규분포를 따를 필요는 없다.

40. 다음 중 가설 검정에 대한 설명으로 옳지 않은 것은?

① 유의성 검정이라고도 한다.
② 귀무가설 1개, 대립가설 1개만 설정한다.
③ 양측검정은 기각역이 양측에 나뉘어져 있다.
④ 귀무가설은 증명하고 싶은 가설이다.

41. 분류 모델에 대한 설명으로 알맞은 것은?

① 고등학생 내신점수로 수능점수 예측

② 빵집에서 날씨, 요일, 공휴일, 계절별로 분석해 판매량을 예측

③ 배우, 감독, 배급사, 투자비 정보로 이익 예측

④ 카드사에서 가입정보로 신용등급 예측

42. 다음 중 회귀와 분류 모델 평가지표에 대한 설명으로 옳지 않은 것은?

① 대표적인 분류 모델 평가지표로는 정확도, 정밀도, F1점수가 있다.

② 평균제곱오차(Mean Squared Error, MSE)는 회귀 모델의 평가지표이다.

③ 회귀와 분류 모델은 종속변수가 다르지만 동일한 평가지표를 사용한다.

④ 데이터와 문제의 특성에 따라 적절한 평가지표를 선택해야 한다.

43. 아래 수식이 설명하는 것은?

$$J(\theta) = MSE(\theta) + \alpha \sum_{i=1}^{n} |\theta_i|$$

① 릿지(Ridge)

② 라쏘(Lasso)

③ 엘라스틱넷(Elastic Net)

④ 로지스틱회귀(Logistic Regression)

44. 회귀분석 잔차의 가정에 대한 설명으로 옳지 않은 것은?

① 잔차들의 평균은 0이다.

② 잔차들의 분산은 모두 같다고 가정한다.

③ 잔차의 자유도는 표본의 크기에서 항상 −1한 값이다.

④ 잔차제곱합이 작을수록 좋은 모델이다.

45. 의사결정나무의 정지규칙으로 옳지 않은 것은?

① 깊이(Depth)가 최대면 멈춘다.

② 마지막 가지 끝에 남은 개수가 일정 개수 이하이면 멈춘다.

③ 가지에 남은 개수가 같으면 멈춘다.

④ 더 이상 나눌 수 없으면 멈춘다.

제7회 (복원)기출문제

46. 인공신경망이 보기의 설명과 같을 때 출력값은?

마지막 은닉층의 첫번째 노드 0.1
마지막 은닉층의 두번째 노드 −0.1
첫번째 노드의 가중치 0.2
두번째 노드의 가중치 0.1
출력층의 bias가 −0.1
출력함수 : $f(x) = x\ (x >= 0)$ otherwise $f(x) = 0$

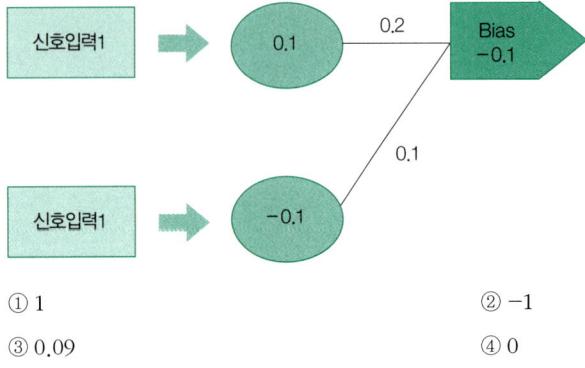

① 1
② −1
③ 0.09
④ 0

47. 다음 중 보기의 설명에 들어갈 알맞은 말은?

역전파 알고리즘은 출력부터 반대방향으로 순차적으로 (ㄱ) 하면서 (ㄴ)을 증가시키는 방법이다.

① 편미분, 학습률
② 정적분, 가중치
③ 내적, 가중치
④ 편미분, 내적

48. 다음과 같이 연관분석을 계산했을 때 (사과->우유)의 향상도값은?

데이터 1 : (사과, 달걀, 우유)
데이터 2 : (사과, 달걀, 우유)
데이터 3 : (사과, 달걀)
데이터 4 : (우유, 음료수, 커피)
데이터 5 : (우유, 음료수, 커피, 사과)

① 0.7542
② 1.125
③ 0.9375
④ 1.752

49. 다음 중 사전에 군집을 설정하지 않아도 되는 것은?

① 가우시안 혼합행렬　　② 스펙트럼 군집분석
③ 계층적 군집분석　　　④ k-평균 군집분석

50. 종속변수가 없을 때 사용하는 모델 유형으로 적절한 것은?

① 나이브 베이즈 분류기
② 의사결정나무
③ k-최근접 이웃
④ k-평균군집

51. 정준상관분석에 대한 설명으로 옳은 것은?

① 집단 1개일 때 여러 변수 상관관계
② 집단 2개일 때 상관관계
③ 다변량 독립변수와 다변량 종속변수의 상관관계
④ 암묵적인 상관을 찾고 싶을 때 탐색적으로 사용

52. 다음 방식 중 언어 모델이 아닌 것은?

① GPT(Generative Pre-trained Transformer)
② BERT(Bidirectional Encoder Representations from Transformers)
③ YOLO(You Only Look Once)
④ BART(Bidirectional and Auto-Regressive Transformers)

53. 자연어 처리를 위한 트랜스포머(Transformer) 기법이 아닌 것은?

① Forget gate
② Self-attention
③ Multi-head attention
④ Positional Encoding

54. 다음 빈칸에 알맞은 단어를 올바르게 연결한 것은?

(　　　)는 입력시퀀스를 단일벡터로 바꾸고, (　　　)는 단일벡터를 출력시퀀스로 바꾼다.

① 인코더, 디코더
② 디코더, 인코더
③ 제너레이터, 디제너레이터
④ 디제너레이터, 제너레이터

55. 다음은 인코딩 기법에 대한 예시이다. 해당 인코딩 기법에 대해 알맞은 것은?

```
"Red" = [1, 0, 0]
"Green" = [0, 1, 0]
"Blue" = [0, 0, 1]

"Red" + "Blue" = [1, 0, 1]
"Red" + "Green" + "Blue" = [1, 1, 1]
```

① 타겟인코딩(Target Encoding)
② 원핫인코딩(One-Hot Encoding)
③ 레이블인코딩(Label Encoding)
④ 빈도인코딩(Frequency Encoding)

56. 소셜 미디어 데이터 분석방법으로 옳지 않은 것은?

① 텍스트 마이닝
② 네트워크 분석
③ 워드클라우드 분석
④ 맵리듀스

57. 병렬화에 알맞은 모델의 배합으로 옳은 것은?

① 배깅 - 아다부스트
② 배깅 - 랜덤포레스트
③ 부스트 - 랜덤포레스트
④ 부스트 - 그라드부스트

58. 다음 중 잘못 분류된 데이터에 가중치를 부여하는 앙상블 방법은?

① 배깅
② 부스팅
③ 보팅
④ 가지치기

59. 2개의 집단에서 사용되는 비모수 검정방법은?

① z검정
② 카이제곱검정
③ 윌콕슨부호검정
④ T검정

60. 차원의 데이터를 이해하기 쉬운 저차원의 뉴런으로 형상화 학습 기법은?

① 다차원척도법

② 자기조직화지도(SOM)

③ 인공신경망

④ 로지스틱회귀분석

61. 혼동행렬을 계산한 값으로 옳은 것을 고르시오.

		예측값	
		0	1
실제값	0	TN = 3	FP = 2
	1	FN = 2	TP = 3

① 정분류율 = 3/4

② 민감도 = 5/7

③ 특이도 = 3/5

④ 재현율 = 5/7

62. 전기 사용량 계산에 사용할 지표로 적절하지 않은 것은?

① MSE

② RMSE

③ MAPE

④ F1-Score

63. 다음 중 F1-Score를 올바르게 표현한 것은?

① $2 \times (Precision + Recall)/(Precision \times Recall)$

② $2 \times (Precision + Recall) \times (Precision \times Recall)$

③ $2 \times (Precision \times Recall)/(Precision + Recall)$

④ $2 \times (Precision \times Recall) \times (Precision + Recall)$

64. K-평균군집분석에서 최적 K 평균을 구하는 방법으로 올바른 것은?

① 엘보우 메소드(Elbow Method)

② ROC Curve(Receiver Operating Characteristic Curve)

③ 오분류표(Confusion Matrix)

④ 특이도(Specificity)

제7회 (복원)기출문제

65. ROC 곡선에 대한 설명으로 옳지 않은 것은?

① 머신러닝 모델을 평가한다.
② 특이도와 민감도를 이용한다.
③ X축은 특이도, Y축은 민감도이다.
④ 아래 면적이 클수록 좋은 모델이다.

66. 교차검증에 대한 설명으로 옳지 않은 것은?

① k 폴드는 k개를 학습 데이터로 사용한다.
② k 폴드는 k개로 나눈다.
③ 홀드아웃보다 계산이 빠르지 않다.
④ 2번 나눈 폴드보다 K를 10으로 하면 더 신뢰할 수 있다.

67. 학습 데이터(Training Data)와 평가 데이터(Test Data)에 대한 설명으로 적절하지 않은 것은?

① 평가 데이터를 학습에 사용해 모델의 성능을 높인다.
② 학습 데이터와 평가 데이터는 전체 데이터의 개수에 따라 나눈다.
③ 학습이 잘되었을 때 평가 데이터와 학습 데이터의 성능 차이가 작으면 모델이 적합하다고 할 수 있다.
④ 모델을 구축할 때 학습 데이터가 사용된다.

68. 다음 중 K-fold에서 k=10일 때 옳지 않은 것은?

① 학습 데이터로 1개를 사용한다.
② 평가 데이터로 1개를 사용한다.
③ 평가 데이터는 전체 데이터의 10%를 차지한다.
④ 평가 데이터를 통해 과적합을 방지할 수 있다.

69. 적합도 검정(Fitness Validation)에 대한 설명으로 잘못된 것은?

① 데이터 집합이 특정 확률분포(예 : 이항분포, 다항분포)를 따르는지 확인하는 데 사용한다.
② 카이제곱검정(Chi-Square Test)이 대표적이다.
③ 범주형 데이터의 분포가 기대되는 분포와 일치하는지 검증하는 통계적인 방법 중 하나다.
④ 카이제곱검정에서 귀무가설이 기각될 때에만 기대도수 합과 전체도수의 합은 동일하다.

70. 다음 Q-Q Plot과 회귀선에 대한 설명으로 옳은 것은?

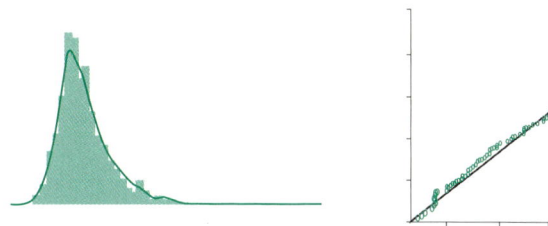

(가) 왜도가 0이상이다.
(나) 분포가 좌측에 치우쳐져 있다.
(다) 종속변수에 로그를 취하면 정규화된다.

① 가, 나
② 가, 나, 다
③ 나, 다
④ 가, 다

71. 선형회귀가 과적합일 때 대처방법은?

① 데이터의 양을 줄인다.
② 모델의 복잡성을 높인다.
③ 편향-분산 트레이드오프(Bias-Variance Trade-off) 관계를 확인한다.
④ SSE를 ÷해서 확인한다.

72. 과적합에 대한 설명으로 틀린 것은?

① 데이터 수를 늘리면 과적합이 된다.
② 과적합은 학습 데이터와 검증 데이터 간 성능 차이가 크지만, 과소적합은 차이가 작다.
③ 학습 데이터에 너무 적합하게 학습되어, 학습 데이터에 대한 성능은 매우 우수하지만 검증 데이터나 테스트 데이터에 대한 성능이 크게 저하되는 경우를 말한다.
④ 과적합이나 과소적합 모두 모델의 일반화 능력을 저하시키므로 균형을 찾는 것이 중요하다.

73. 과적합에 대한 설명으로 올바른 것은?

① 학습 데이터 정확도 70%, 평가 데이터 정확도 70%
② 학습 데이터 정확도 70%, 평가 데이터 정확도 90%
③ 학습 데이터 정확도 90%, 평가 데이터 정확도 70%
④ 학습 데이터 정확도 90%, 평가 데이터 정확도 90%

제7회 (복원)기출문제

74. 초매개변수(하이퍼파라미터) 최적화에 대한 설명으로 옳지 않은 것은?

① 초매개변수는 변경이 가능하다.
② 모델의 성능은 이미 정해진 손실함수에 의해 결정된다.
③ 초매개변수 선택은 모델 선택 전 데이터 집합 수준에서 결정 가능하다.
④ 초매개변수 사용 시 경험이 많은 전문가가 유리하다.

75. 다음 중 앙상블 기법이 적용된 것으로 올바르지 않은 것은?

> 가. k = 1,5,7인 KNN(k 근접이웃)기법을 결합시킨다.
> 나. 로지스틱회귀분석, 의사결정나무, 나이브 베이즈 모델을 결합시킨다.
> 다. 선형회귀 모델을 결합시킨다.

① 가, 나
② 나, 다
③ 가, 다
④ 가, 나, 다

76. 시공간데이터에 대한 설명으로 옳지 않은 것은?

① 기상 데이터는 특정 위치에서 시간에 따른 기후 조건을 기록한 것이며, 이러한 데이터는 공간상의 여러 위치에서 수집된다.
② 시간적 변동성을 분석하여 추세, 계절성, 주기성 등을 파악하며, 공간적 변동성을 통해 서로 다른 위치에서의 데이터 패턴을 비교하고 해석한다.
③ 시공간데이터는 다차원 데이터로 간주되며, 각 시간 스텝에서 여러 공간 위치에서 관측된 값들로 이루어져 있다.
④ 공간데이터는 시간데이터를 계산하여 추출할 수 있다.

77. 명목형 데이터 요약 시 사용하는 그래프가 아닌 것은?

① 막대그래프
② 원형그래프
③ 파레토그램
④ 히스토그램

78. 시간시각화에 대한 설명으로 잘못된 것은?

① 주로 시계열 데이터(시간에 따라 측정된 데이터)를 다루는 데 사용된다.
② 시간시각화 기법으로는 선그래프, 막대그래프 등이 있다.
③ 점그래프에서 점의 분포와 배치로는 데이터 흐름파악이 힘들다.
④ 시간시각화의 예로는 주식가격차트, 기상예보, 교통 데이터 분석 등이 있다.

79. 비교시각화에 대한 내용으로 적절한 것은?

① 시간에 따른 변화에 대한 시각화를 의미한다.
② 비교시각화의 예로는 교통자수 사망자 수와 부상자 수에 대한 자료 등이 있다.
③ 비교시각화 기법으로는 버블차트와 산점도가 있다.
④ 다양한 (변수에 대한) 특징을 한 번에 체크가 가능하다.

80. 아래와 같이 자동차별 수치를 활용하기에 적절한 시각화 기법은 무엇인가?

① 레이더차트
② 산점도행렬
③ 버블차트
④ 히스토그램

제7회 (복원)기출문제_정답 및 풀이

정답

문항	정답	문항	정답	문항	정답	문항	정답	문항	정답	문항	정답	문항	정답	문항	정답
01	④	11	④	21	①	31	①	41	④	51	③	61	③	71	③
02	②	12	③	22	②	32	③	42	③	52	③	62	④	72	①
03	①	13	①	23	④	33	④	43	②	53	①	63	③	73	③
04	①	14	④	24	①	34	④	44	④	54	①	64	①	74	②
05	④	15	④	25	③	35	③	45	③	55	②	65	③	75	③
06	①	16	②	26	④	36	③	46	③	56	④	66	①	76	④
07	④	17	④	27	④	37	②	47	①	57	②	67	①	77	①
08	④	18	④	28	①	38	②	48	③	58	③	68	①	78	③
09	③	19	③	29	④	39	③	49	③	59	③	69	④	79	④
10	④	20	②	30	①	40	④	50	④	60	②	70	②	80	①

풀이

01. 빅데이터의 일반적인 특징은 3V라 불리는, Volume(크기/규모), Velocity(속도), Variety(다양성)로 정의한다.

02. 데이터가 처리되는 과정에서 변경되거나 손상되지 않고, 유지함을 보장하는 특성은 무결성이다. 완전성(Completeness)은 필수 항목에 누락이 없어야 한다. 정확성(Accuracy)은 실세계에 존재하는 객체의 표현 값이 정확히 반영되어야 한다는 것을 의미하며, 일관성(Consistency)은 데이터가 지켜야 할 구조, 값, 표현되는 형태가 일관되게 정의되고, 서로 일치해야 한다.

03. 분석준비도(Readiness)는 기업의 데이터 분석 도입 수준을 파악하기 위한 진단방법으로서 6가지 영역을 대상으로 현 수준을 파악한다. 6개 영역은 분석업무 파악, 분석인력 및 조직, 분석기법, 분석 데이터, 분석문화, 분석 IT인프라이다. 조직의 규모는 해당하지 않는다.

04. 데이터 사이언티스트(데이터 과학자)가 가져야 할 소프트 스킬은 숨겨진 것을 찾고자 하는 욕구, 명확한 가설 집합을 만드는 능력, 통찰력 있는 분석, 설득력 있는 전달, 협력 등의 능력을 의미한다.

05. 데이터 사이언스의 업무를 수행하기 위해서 분석 능력(Analytics), IT전문성, 비즈니스 능력(컨설팅 능력)이 필요하다. 분석 모델의 한계점을 고려해 업무를 수행하도록 한다.

06. 데이터 분석가는 정형, 비정형 데이터 등 다양한 데이터를 식별, 관리, 조작, 분석하여 기업 경영의 의사결정에 필요한 자료를 만들어내는 직무로 배경지식까지 활용해 분석하도록 한다.

제7회 (복원)기출문제_정답 및 풀이

07. 하둡 분산파일시스템(Hadoop Distributed File System, HDFS)은 데이터를 분산하여 저장해 사용하며, 기본적으로 128MB 또는 256MB 크기의 블록으로 데이터를 분할, 저렴한 범용 하드웨어를 사용하여 대규모 클러스터를 구성하는 것이 일반적이다. 네임노드는 메타데이터와 네임스페이스를 관리하는 중요한 역할로 장애가 발생하면 파일 시스템이 정상적으로 작동하지 못한다.

08. 인프라스트럭처 계층은 노드(가상 서버 등 컴퓨팅) 및 네트워크 관리, 자원 및 스토리지 관리 등을 통해 필요한 자원을 제공하는 역할을 담당하게 된다.

09. '데이터 3법'이라고 불리는 '개인정보보호법, 정보통신망법, 신용정보법'에 대한 개정을 기점으로 개인과 기업이 정보를 활용할 수 있는 폭을 넓히기 위한 법적 근거가 마련되었다.

10. 데이터 일부 또는 전체를 식별할 수 없도록 노이즈나 공백 등으로 대체하는 기법은 데이터 마스킹이다.

11. 분석기획에서 '우선순위 고려요소'는 전략적 중요도, 비즈니스성과/ROI, 실행용이성이며, '적용 범위 및 방식 고려요소'로는 업무 내재화 수준, 분석 데이터 적용 수준, 기술 적용 수준으로 구분할 수 있다. 따라서 분석 데이터 적용 수준은 우선순위 고려요소와는 관계가 없다.

12. CRISP-DM(Cross Industry Standard Process for Data Mining) 분석 방법론은 업무 이해-데이터 이해-데이터 준비-모델링-평가-배포(전개) 절차로 구성되어 있다.

13. 빅데이터 분석기획 단계에서는 비즈니스 이해, 범위설정, 정의, 계획수립, 위험계획수립이 있다. 데이터 준비는 분석 기획 다음 단계이다.

14. 제시한 보기에서 판매가격 데이터는 정형 데이터이다.

15. 반정형 데이터로는 HTML, XML, JSON, 웹문서, 웹로그, 센서 데이터 등이 있다. RDB(Relational DataBase)는 일반적으로 정형 데이터를 저장한다.

16. 개인정보 비식별화 기술로 수치적 개인정보를 임의의 수 기준으로 올림 또는 내림하는 기법은 랜덤라운딩이다.

17. 정형 데이터의 품질 진단은 진단 대상 정의(진단 방향성), 품질 진단 실시, 진단 결과 분석(오류원인/영향도 분석)으로 수행된다.

18. 완전성은 필수 항목에 누락이 없어야 함을 의미한다. 따라서 데이터 누락 시 데이터 완전성을 만족하지 못하게 된다.

19. Mongo DB는 Document Oriented 기반의 NoSQL DBMS로 데이터를 자동으로 분산하고 관리하는 오토샤딩을 지원하며 빠른 처리속도를 제공한다.

20. 마스터 플랜 수립 프레임 워크를 이용한 적용/범위 방식의 고려요소는 업무 내재화 적용 수준, 분석 데이터 적용 수준, 기술 적용 수준이다. 실행용이성은 우선순위 고려요소에 해당한다.

21. 데이터 전처리(Data Preprocessing)는 데이터 정제와 통합, 축소, 변환을 포함하는 개념이며 시스템이 레거시인지는 관계가 없다.

제7회 (복원)기출문제_정답 및 풀이

22. 데이터 정제(Data Cleansing)는 속성에 비어 있는 데이터나 잡음, 결측값, 이상값, 모순된 데이터 등을 정합성이 맞도록 교정하는 작업이다. 따라서 구분자 등이 포함되어 있으면 기준에 맞게 삭제 혹은 변환을 해주어야 한다.

23. R 언어에서 summary( ) 함수는 주어진 데이터에 대한 기초 통계를 요약하여 출력해주는 함수이다. 결측값은 NA's로 표현되며, health_ins 변수만 가지고 있다. 또한 health_ins는 범주형 변수이므로 전부 Numerical한 변수는 아니다. 또한 wage 변수는 mean값이 median값보다 크므로 왼쪽으로 시프트된 오른쪽 긴 꼬리를 분포를 가지게 된다. age 변수는 max값이 이상값으로 확인된다(최대값 : 72.875).

24. 혈액형은 범주형 변수로 수치적 특성을 가지고 있지 않다. 제시된 보기에서 범주형 변수의 요약으로 사용할 수 있는 방법은 빈도 기반의 방법인 최빈값이 된다.

25. 상자그림에서 이상값은 최소값과 최대값을 벗어난 값이다. 최소값은 제1사분위수에서 사분위수 범위에 1.5를 곱한 값을 뺀 위치(Q1 - 1.5 X IQR), 최대값은 제3사분위수에서 사분위수 범위에 1.5를 곱한 값을 더한 위치(Q3 + 1.5 X IQR)를 의미한다.

26. 주어진 데이터는 중앙값: 6, 평균: 10.4, 이상값: 50으로 정리된다. 중앙값<평균이기 때문에 좌측방향으로 데이터가 쏠려 있다.

27. 계량적 수치는 숫자로 표현되는 양적인 정보를 나타내며, 직장인의 평균 업무시간, 같은 반 학생의 무게, 기업의 매출액은 사례이다.

28. 분산 변수선택은 분산이 기준치보다 낮은 특성은 제거하는 방법이다.

29. 특이값 분해(SVD)는 고유값 분해(Eigen Decomposition)처럼 행렬을 대각화하는 한 방법이다. 그런데, 특이값 분해가 유용한 이유는 행렬이 정방행렬이든 아니든 관계없이 모든 M×N 행렬에 대해 적용 가능하기 때문이다.

30. 파생변수를 생성하는 방법으로 칼럼별 더하거나 나누고, 배치를 사용한다. 컬럼이름만 변경하는 것은 변수를 생성하는 것이 아니기 때문에 파생변수 생성으로 보기 어렵다.

31. 공분산값은 표준화되지 않기 때문에 공분산의 범위는 음의 무한대에서 양의 무한대까지의 값을 가진다. 따라서 공분산은 표준화되지 않기 때문에 상관계수가 1인지 알 수 없다.

32. 지문의 설명은 약한 양의 상관관계에 대한 설명이다. 따라서 보기 중에서는 0.25가 된다.

33. 중심경향값은 평균, 중앙값, 최빈값이 해당하며, 표준편차는 산포도(데이터의 흩어짐 정도)를 측정할 수 있는 통계량이다.

34. 왜도는 자료 분포의 모양이 좌, 우 어느 쪽으로 얼마만큼 기울어져 있는가의 비대칭성(Asymmetry) 정도를 나타내는 통계량이다.

35. 최빈값은 일반적으로 범주형 또는 이산형 자료의 대표값으로 사용되며, 연속형 자료에 대해서는 주로 평균(평균값)이 대표값으로 사용된다. 이상치에 평균은 민감하게 영향을 받으며, 최빈값과 중앙값은 평균보다는 덜 민감하게 영향을 받는다. 따라서 영향을 받지 않는 것은 아니다.

제7회 (복원)기출문제_정답 및 풀이

36. 이산형확률분포는 이산형균등분포, 베르누이분포, 이항분포, 초기하분포, 기하분포, 음이항분포, 포아송분포가 있다. 그리고 연속확률분포는 연속성균등분포, 지수분포, 카이제곱분포, t분포, 정규(Z)분포, F분포가 있다.

37. Z-score(표준점수)를 구하는 식은 $Z = (X - \mu)/\sigma$와 같다(μ는 평균, σ는 표준편차).
$Z = (70 - 60)/10 = 10/10 = 1$이 된다.

38. 제시된 문제는 주어진 베이즈 정리에 대한 문제이다.
P(180cm 이상) = (P(180cm 이상 | 여성) × P(여성)) + (P(180cm 이상 | 남성) × P(남성)) = (2.5% × 40%) + (15% × 60%) = 1% + 9% = 10%. 따라서 확률을 계산하면, P(여성 | 180cm 이상) = (2.5% × 40%) / 10% = 1% / 10% = 10%. 정답은 0.1이 된다.

39. 중심극한정리는 연속형 변수와 이산형 변수 모두에 적용 가능하다.

40. 가설 검정에서 증명하고 싶은 가설을 대립가설, 이미 알고 있는 사실을 귀무가설이라고 한다. 양측검정에서는 대립가설이 귀무가설과 다르며, 검정통계량이 양측의 극단에 위치할 경우에 귀무가설을 기각한다. 이때, 기각역이 양측으로 나뉘어 있으며, 양측에서 발생한 극단적인 결과를 통해 귀무가설을 기각하게 된다. 따라서 양측검정은 기각역이 양측에 나뉘어 있다.

41. 점수예측, 판매량, 이익에 대한 예측은 회귀 모델에 대한 설명이며, 신용등급은 범주형 변수(1등급, 2등급, …)이기 때문에 분류 모델 예측이 적절하다.

42. 회귀는 MSE, RMSE 등의 지표를 사용하고 분류 모델은 정밀도, 재현율 등의 지표를 사용하여 모델을 평가한다.

43. 라쏘(Lasso)회귀 모델의 비용함수(Cost Function)는 Mean Squared Error (MSE), 규제항으로 각 가중치의 절대값의 합을 적용한다.

44. 잔차의 자유도는 일반적으로 표본의 크기에서 모델의 파라미터(회귀계수)의 수를 뺀 값이다. 따라서 항상 −1한 값이라는 제한은 없다.

45. 일반적으로 의사결정나무에서 가지에 남은 개수가 동일하다고 해서 모델을 멈추는 규칙은 사용되지 않는다. 의사결정나무의 정지 규칙은 최대나무의 깊이, 자식마디의 최소 관측치수 등이 될 수 있다.

46. 가중치를 곱해서 더하면 (0.1×0.2) + (−0.1×0.1) = 0.01이므로, 편향 −0.1을 더해주면 출력값은 −0.09가 된다. 따라서 출력함수에 의해 x 〉= 0 크면 그대로 출력하고 그렇지 않으면 0을 출력하기 때문에 정답은 0이 된다.

47. 역전파 알고리즘은 출력부터 반대방향으로 순차적으로 편미분하면서 학습률을 증가시키는 방법이다.

48. 향상도(A → B) = $P(A \cap B)/P(A) \times P(B)$로 계산한다. 사과와 우유의 향상도 전체 건수(N) = 5, P(사과) = 4/5, P(우유) = 4/5, P(사과 ∩ 우유) = 3/5이므로 3/5/(4/5 × 4/5) = 0.9375이다.

49. 군집의 개수를 미리 정하지 않아도 되는 탐색적 모델은 계층적 군집으로 비계층적 군집은 군집 수 K를 정하는 단계가 있다. 참고로 스펙트럼 k군집분석은 데이터에서 임의 형태의 k개 군집을 찾기 위한 그래프 기반 알고리즘이다.

제7회 (복원)기출문제_정답 및 풀이

50. 종속변수가 없을 때 사용하는 모델 유형은 주로 비지도학습(Unsupervised Learning) 모델로 K-평균 군집이 해당된다.

51. 정준상관분석은 다변량 독립변수와 다변량 종속변수 간의 상관관계를 분석하는 통계기법으로 두 개 이상의 다변량 변수 집합 간의 상호 관련성을 파악하고, 이러한 관련성을 최대화하는 선형 조합을 찾는 데 사용한다.

52. YOLO(You Only Look Once)는 객체감지(Object Detection) 알고리즘으로, 이미지와 비디오에서 객체를 식별하는 데 사용되어 언어 모델로 사용되지 않는다. BART(Bidirectional and Auto-Regressive Transformers)는 자연어 처리(NLP) 분야에서 주로 사용되는 알고리즘 중 하나로, 트랜스포머(Transformer) 아키텍처를 사용하여, 텍스트 생성 및 요약 작업에 효과적으로 사용할 수 있다.

53. 망각게이트(Forget gate)는 트랜스포머와 관련이 없으며, 주로 순환신경망(RNN)과 LSTM(Long Short-Term Memory)과 같은 기존의 순차 모델에서 사용된다.

54. 시퀀스-투-시퀀스(Seq2seq)는 순환신경망(RNN) 계열의 모델을 활용한 구조로, 입력시퀀스를 처리하는 인코더(Encoder), 출력시퀀스를 생성하는 디코더(Decoder)를 구성하여 한 문장(시퀀스)을 다른 문장(시퀀스)으로 변환하는 딥러닝 기반 언어 모델이다.

55. 단어 집합의 크기를 벡터의 차원으로 하고, 표현하고 싶은 단어의 인덱스에 1의 값을, 다른 인덱스에는 0을 부여하는 단어의 수치화 방법으로 원핫인코딩 기법이다.

56. 맵리듀스는 데이터 처리를 위한 분산 컴퓨팅 프레임워크로, 소셜 미디어 데이터 분석과는 직접적인 관련이 없다.

57. 부스팅은 병렬화 기법이 아닌 가중치를 다음 모델(분류기)로 넘겨주어 추가적인 학습을 통해 우수한 모델을 만드는 방법이다. 반면에 배깅(Bagging)은 병렬화에 매우 적합한 방식이며, 랜덤포레스트(Random Forest) 또한 배깅을 기반으로 한 모델이기 때문에 병렬화를 효과적으로 활용하여 학습할 수 있다.

58. 잘못 분류된 데이터에 가중치를 부여하는 앙상블 방법은 부스팅(Boosting)이다.

59. 윌콕슨부호검정은 두 개의 대응 집단(서로 연관된 두 집단) 간의 차이를 비교하는 비모수 검정방법 중 하나다. z검정, 카이제곱검정, T검정은 모수 검정방법에서 사용된다. 하나의 집단의 비모수 검정으로 카이제곱검정도 활용할 수 있음을 인지하자.

60. 자기조직화지도(SOM) 알고리즘은 대뇌피질 중 시각피질의 학습과정을 모델화한 인공신경망으로 입력벡터를 훈련 집합에서 일치되도록 가중치를 조정하는 비지도학습의 한 방법이다.

61. 특이도 = $TN / (TN + FP) = 3 / (3 + 2) = 3 / 5$

민감도(재현율) = $TP / (TP + FN) = 3 / (3 + 2) = 3 / 5$

정분류율(정확도) = $\frac{TP+TN}{TP + FN+TN+FP} = 3 + 3 / (3 + 2 + 3 + 2) = 6 / 10$

제7회 (복원)기출문제_정답 및 풀이

62. 전기 사용량은 연속적인 수치 값이기 때문에 MSE, RMSE, MAPE를 사용할 수 있다. F1-Score은 주로 분류 모델의 성능을 측정할 때 사용한다.

63. F1-Score는 $2 \times (Precision \times Recall) / (Precision + Recall)$로 구할 수 있다.

64. 엘보우 메소드(팔꿈치 기법)는 다양한 k 값에 대해 k-평균 알고리즘을 실행한 후, 군집 내 분산과 총 분산 간의 관계를 그래프로 그려보고, 그래프에서 팔꿈치 모양을 나타내는 지점의 k 값을 선택하는 방법이다.

65. ROC 곡선의 X 축은 거짓 양성비율(FPR)인 1-특이도를 의미하며, Y 축은 참 양성비율(TPR)인 민감도로 구성되어 있다.

66. 교차검증에서는 원래 데이터를 k개의 폴드(부분집합)로 나누며, 각각의 폴드 중 하나를 테스트 데이터로 사용하고 나머지 $k-1$개 폴드를 학습 데이터로 사용하여 모델을 학습하고 평가한다.

67. 학습 데이터는 모델의 학습에 사용되며, 평가 데이터는 학습에 사용되지 않은 독립적인 데이터셋으로 모델의 성능을 평가하는 데 사용된다. 평가 데이터는 모델이 처음 보는 데이터에 대한 일반화 성능을 측정하는 데 중요하다.

68. k가 10개이므로 1개를 평가 데이터로, 9개를 학습 데이터로 사용하게 된다.

69. 카이제곱검정에서 관측도수와 기대도수의 차이가 크면 카이제곱 통계량이 크게 되어 귀무가설을 기각한다. 이는 적합도 차이가 큰 것을 의미한다. 또한 적합도 검정에서는 귀무가설이 기각되면, 관찰된 값과 기대되는 값 사이에 차이가 있다는 것을 의미한다. 그러나 기대도수의 합과 전체도수의 합은 귀무가설이 기각되든 아니든 동일해야 한다.

70. 왼쪽 치우친 분포(Right Skewed)를 가지면 왜도가 0보다 큰것을 의미하며, 회귀선 위에 고르게 있으나 우측 위 부분에는 회귀선 위에 위치하는 이상치가 존재하는 형태를 보인다. 또한 왼쪽으로 치우친 분포에 로그를 적용하면 좌우대칭으로 변환될 수 있다.

71. 과적합된 모델의 경우 예측값과 실제값(Target)의 차이가 작으므로 편향이 작지만, 모델의 복잡도가 크기 때문에 분산은 커지게 된다. 따라서 모델의 복잡성을 줄이거나 특성 선택, 규제 등을 사용하여 편향과 분산을 조절하면서 적절한 모델을 찾아야 한다.

72. 데이터 수를 늘리면 모델이 더 일반화되어 과적합이 줄어들 수 있다.

73. 과적합은 학습 데이터에 대한 성능이 매우 높고(예 : 90% 정확도), 평가 데이터 또는 테스트 데이터에 대한 성능이 낮은(예 : 70% 정확도) 상황을 나타낸다.

74. 초매개변수 최적화는 모델에 설정할 수 있는 값들을 의미하며, 모델의 성능을 평가하는데 사용되는 손실함수를 최소화하기 위해 초매개변수를 조정하며 최적화한다.

75. 앙상블 기법은 여러 다른 모델을 결합하여 더 강력한 예측 모델을 만드는 방법으로 KNN 한 가지 모델의 여러 k 값을 변형시킨 것은 앙상블과 거리가 멀고, 선형회귀 모델은 단일 모델로 사용되는 경우가 일반적으로 앙상블과는 관련이 적다.

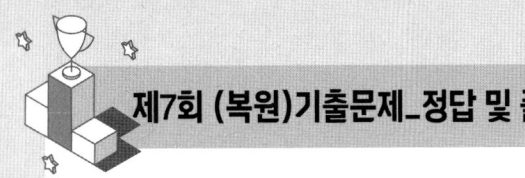

제7회 (복원)기출문제_정답 및 풀이

76. 시공간데이터는 시간과 공간 모두를 고려하는 데이터로, 주어진 시간 스텝에서 여러 공간 위치에서 관측된 값들로 이루어져 있다. 따라서 공간데이터는 시간데이터를 계산하여 추출할 수 있다는 설명은 옳지 않다. 오히려 시공간데이터는 시간적 변동성과 공간적 변동성을 동시에 고려하여 분석하는 것이 일반적이다.

77. 히스토그램은 주로 연속형 데이터의 분포를 시각화할 때 사용되며, 데이터를 구간으로 나누고 각 구간에 속하는 데이터의 빈도를 표시하는 그래프다.

78. 점그래프는 시간에 따라 측정된 데이터를 표현하는 데 사용될 수 있으며, 데이터 포인트의 분포와 배치를 통해 시간 동안의 패턴과 추세를 시각화할 수 있다. 따라서 이 설명은 옳지 않다.

79. 비교시각화는 여러 변수 또는 데이터 요소 간의 관계 및 차이를 시각적으로 비교하고 분석하는 데 사용되며, 데이터의 다양한 특징과 관계를 파악할 수 있다.

80. 레이더차트는 다차원 데이터의 다양한 변수를 비교할 때 유용한 시각화 기법 중 하나로 레이더차트는 다양한 변수 간의 관계를 시각적으로 파악하기 쉽게 도와준다.

제8회 (복원)기출문제

01. 빅데이터 특징과 세부내용에 대한 설명으로 알맞지 않은 것은?

① Veracity – 데이터의 가치를 반영한다.
② Volume – 데이터의 양이 크다.
③ Velocity – 데이터가 실시간으로 변한다.
④ Variety – 데이터가 다양하다.

02. 데이터 수집, 전처리, 분석 작업을 모두 지원하는 것은?

① 데이터베이스
② 빅데이터 플랫폼
③ 데이터 시각화 툴
④ 빅데이터 가치사슬

03. 다음 중 개인정보에 대한 설명으로 적절하지 않은 것은?

① 개인정보처리자는 통계작성, 과학적 연구, 공익적 기록보존 등을 위하여 정보주체의 동의 없이 가명정보를 처리할 수 있다.
② 개인정보의 익명 처리를 위해서는 정보주체의 동의가 필요하다.
③ 개인정보의 처리와 보호에 관한 사안을 독립적으로 수행하기 위해 개인정보보호위원회를 설립했다.
④ 활용되는 정보로는 처리 수준에 따라 개인정보, 가명정보, 익명정보로 분류할 수 있다.

04. 하향식 접근방법에 대한 설명 중 옳지 않은 것은?

① 문제 탐색 단계에서는 단순하게 나열한다.
② 문제 정의는 상위 목표를 구체화하고 하위 목표로 세분화하여 문제의 범위와 목표를 명확히 한다.
③ 해결방안 탐색은 문제에 대한 이해를 바탕으로 가능한 해결책을 찾는 과정이다.
④ 타당성 검토는 도출된 해결책이 현실적이고 실행 가능한지를 평가한다.

05. 빅데이터 분석 방법론의 데이터 분석 단계에 수행하는 태스크로 옳지 않은 것은?

① 데이터 확인 및 추출
② 데이터 모델링
③ 모델링 적용 및 운영방안
④ 데이터 준비

06. 다음 중 유의미한 변수를 고르는 작업을 수행하는 단계로 알맞은 것은?

① 데이터 탐색
② 데이터 모델링
③ 데이터 전처리
④ 데이터 시각화

제8회 (복원)기출문제

07. 다음 중 분석 유형을 구분할 때 데이터 분석 방법은 충분히 이해하고 있지만 조직 내 분석 대상을 인지하지 못하는 유형은?

① 최적화(Optimization)
② 발견(Discovery)
③ 통찰(Insight)
④ 솔루션(Solution)

08. 외부 및 내부 데이터에 대한 설명으로 옳지 않은 것은?

① 내부 데이터는 내부 조직 간 협의에 의해 사용 가능하다.
② 내부 데이터는 조직 내부에서 생성되거나 보유하는 데이터를 의미한다.
③ 외부 데이터는 외부 출처에서 수집한 데이터를 의미하며, 보통 공개된 데이터이거나 외부 제공 업체 등을 통해 확보한다.
④ 외부 데이터는 어떤 단계에서나 사용할 수 있다.

09. 다음 중 빅데이터 분석 절차로 알맞은 것은?

① 분석 기획 – 데이터 분석 – 데이터 준비 – 시스템 구현–평가 및 전개
② 데이터 준비 – 분석 기획 – 데이터 분석 – 평가 및 전개 – 시스템 구현
③ 분석 기획 – 데이터 준비 – 데이터 분석 – 시스템 구현 – 평가 및 전개
④ 데이터 준비 – 분석 기획 – 데이터 분석 – 평가 및 전개 – 시스템 구현

10. 다음 중 정성적 및 정량적 데이터에 대한 설명으로 옳지 않은 것은?

① 정성적 데이터는 질적 데이터를 표현한 것이고, 정량적 데이터는 양적 데이터를 표현한 것이다.
② 정량적 데이터는 수치적 데이터다.
③ 정성적 데이터는 정량 데이터의 연속형으로 변환할 수 있다.
④ 정량적 데이터는 정량 데이터의 범주형으로 변환할 수 있다.

11. 비정형 데이터로 옳지 않은 것은?

① 거래 내역(Transaction) 데이터
② 음성 데이터
③ 이미지 데이터
④ 영상 데이터

12. 데이터와 변수에 대한 관계로 잘못 짝지어진 것은?

① 연령 - 비율변수
② 성별 - 명목변수
③ 매출액 - 서열변수
④ 온도 - 등간변수

13. 데이터 변환에 대한 설명으로 가장 옳은 것은?

① 금융 데이터에서 이상거래를 감지해 데이터 분포를 매끄럽게 만듦 - 정규화
② 연령을 기준으로 10~30은 청년, 40~60은 중년으로 나눔 - 범주화
③ 데이터가 가지고 있는 특성의 개수를 줄임 - 표준화
④ 딥러닝 모델에서 이미지를 학습할 때, 이미지 데이터를 [0, 1] 범위 변환 - 일반화

14. 가명처리 기법에서 순서를 섞어 개인정보를 알아볼 수 없게 하는 것은?

① 가명처리 - 휴리스틱 익명화
② 총계처리 - 재배열
③ 일반화 - 마스킹
④ 최소화 - 잡음(Noise) 추가

15. 데이터 마스킹(Data Masking)에 대한 설명으로 가장 옳지 않은 것은?

① 데이터 마스킹을 철저히 하면 데이터가 삭제될 수 있다.
② 데이터 마스킹 수준이 높으면 데이터를 식별, 예측하기 쉬워진다.
③ 데이터 마스킹은 개인 식별 요소를 제거하는 것이 가능하며, 원 데이터 구조에 대한 변형이 적다는 장점이 있다.
④ 데이터 마스킹을 과도하게 적용할 경우 데이터 필요 목적에 활용하기 어려우며, 수준이 낮을 경우 특정한 값에 대한 추론이 가능하다는 단점이 있다.

16. 데이터 웨어하우스(Data Warehouse)에 대한 특징으로 옳지 않은 것은?

① 휘발성(Volatile)
② 주제 지향적(Subject-oriented)
③ 통합적(Integrated)
④ 시계열적(Time-series)

제8회 (복원)기출문제

17. 다음 중 분산파일시스템으로 옳지 않은 것은?

① Hbase ② Ceph
③ HDFS ④ GFS

18. Key-value 데이터 베이스에 대한 설명으로 가장 옳지 않은 것은?

① 키와 값으로 이루어짐
② 값은 모든 유형의 데이터로 저장이 가능
③ 관계나 복잡한 쿼리 처리 유용
④ 주로 빠른 읽기 및 쓰기 작업에 최적화

19. 다음 중 MongoDB, Cassandra DB와 같이 반정형, 비정형 데이터를 처리하기에 적합한 데이터베이스는?

① In memory DB
② DFS
③ NoSQL
④ RDBMS

20. 다음 중 결측값 대체에 대한 설명으로 가장 옳지 않은 설명은?

① 결측값을 분산/평균 등으로 대체하면 분산이 감소한다.
② 연속형 변수의 결측값을 대체할 때는 평균 또는 중앙값을 활용할 수 있다.
③ 범주형 변수의 결측값을 대체할 때는 최빈값을 사용할 수 있다.
④ 자가회귀로 결측값을 대체하면 상관성이 낮아지고 분산이 커진다.

21. 다음 박스플롯(상자그림)에 대한 설명으로 옳은 것은?

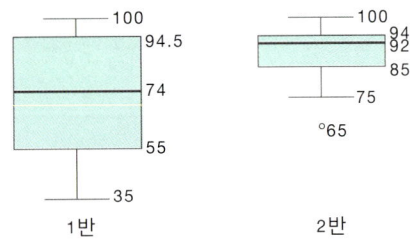

① 1반의 중위수가 2반의 중위수보다 높다.
② 1반의 최대값과 최소값의 차이가 2반보다 크다.
③ 2반의 최대값이 1반의 최대값보다 높다.
④ 95%의 신뢰도로 1반의 평균 점수가 높다.

22. 파생변수에 대한 설명으로 가장 옳지 않은 것은?

① 시점에 따라 파생변수를 생성할 수 있다.
② 상관 정도에 따라 파생변수를 고려한다.
③ 설명변수, 독립변수의 교호작용에 의해서 생성할 수 있다.
④ 특정 조건의 파생변수를 만들 수 있다.

23. 다음 중 음수 데이터는 불가능하여, 양수 데이터로 정규분포에 근사하게 변환하는 방법은?

① Min-Max 정규화
② Z-score 표준화
③ 구간화(Binning)
④ Box-Cox 변환

24. 표준화에 대한 설명으로 알맞은 것은?

① 두 개 이상의 데이터를 합쳐서 하나의 데이터로 표현하는 것이다.
② 노이즈를 제거해서 매끄럽게 한다.
③ 데이터를 특정 범위로 변환하여 데이터 간의 크기 차이를 줄이는 것이다.
④ 표준화한 값에는 단위가 없다.

25. 다음 중 데이터 정제 과정 중 변환에 대한 사례로 가장 옳지 않은 것은?

① 날짜 데이터(2022년 1월3일) - YYYY/MM/DD
② 연령 데이터(11, 24, 33, 38) - 10대, 20대, 30대로 범주화
③ 키 데이터(170, 165, 153, 152) - 평균 키를 0으로, 표준편차를 1로 표준화
④ 대량의 이메일 목록 - 작은 그룹으로 배치

26. 불균형 데이터에 대한 설명으로 옳지 않은 것은?

① 불균형 데이터에서는 주로 소수 클래스의 샘플 수가 매우 적다.
② 시각화하여 산포도를 그려볼 수 있다.
③ 상자그림을 통해 데이터의 분포와 이상값을 확인할 수 있다.
④ 소수 클래스를 언더 샘플링하여 해결한다.

27. 다음 중 서열척도 변수들 간의 상관관계를 측정할 때 사용하는 값은?

① 피어슨 상관계수(Pearson)
② 점 양분 상관계수(Point-biserial)
③ 스피어만 상관계수(Spearman)
④ 파이계수(Phi)

제8회 (복원)기출문제

28. 암 발생률과 재산의 상관관계를 다른 변수들 제외하고 분석하고 싶을 때 사용하는 기법은?

① 군집분석
② 편상관분석
③ F분포
④ 카이제곱

29. 단일봉이면서 우측으로 꼬리가 긴 분포의 대표값에 대한 설명으로 옳은 것은?

① 평균 < 최빈값 < 중앙값
② 최빈값 < 중앙값 < 평균
③ 중앙값 < 최빈값 < 평균
④ 최빈값 < 평균 < 중앙값

30. 데이터의 쏠림 현상이나 분포 비대칭성을 확인할 수 있는 가장 알맞은 기법은?

① 분산(Variance) 분석
② 왜도(Skewness)
③ 첨도(Kurtosis)
④ 히스토그램(Histogram) 분석

31. 다음 중 점수가 각각 60, 70, 80일 때 표본분산으로 옳은 것은?

① 10
② 20
③ 100
④ 200

32. A그룹은 100명 중 71명 투표, B그룹은 200명 중 134명 투표했을 때, 모평균 pA와 pB에 대해 pA − pB값의 추정치로 옳은 것은?

① 0.04
② 1.38
③ 0.67
④ 0

33. 다음 중 기초 통계량과 그래프로 확인할 수 없는 것은?

① 통계적 유의성
② 결측값
③ 이상값
④ 데이터 분포

34. 모자이크 플롯(그림)에 대한 설명으로 적절하지 않은 것은?

① 히스토그램 안에 히스토그램을 겹쳐 그린 것이다.
② 상대적인 빈도 차이나 구조를 시각적으로 파악한다.
③ 범주형 변수 간의 관계를 시각화한다.
④ 직사각형 면적 하나가 빈도를 나타낸다.

35. 기술 통계량으로 옳지 않은 것은?

① 최대값
② 중앙값
③ 이상값
④ 분산

36. 다음 중 샘플링 기법이 아닌 것은?

① Metropolis-Hastings Algorithm
② Perfect Sampling
③ EM Algorithm
④ Rejection Sampling

37. 10번 중 7번 이상 성공할 확률에 대해 다음과 같을 때, 제2종 오류를 범할 확률은?

귀무가설(H_0) = $\frac{1}{2}$, 대립가설(H_1) = $\frac{2}{3}$

① $\sum_{i=7}^{10} (\frac{2}{3})^i \times (\frac{1}{3})^{10-i}$

② $\sum_{i=0}^{6} (\frac{2}{3})^i \times (\frac{1}{3})^{10-i}$

③ $\sum_{i=7}^{10} (\frac{1}{2})^i$

④ $\sum_{i=0}^{6} (\frac{1}{2})^i$

38. 모집단에서 표본 N을 추출하여 표본평균의 분포를 구할 때 옳지 않은 것은?

① N 갯수(표본크기)와 상관없이 표본평균은 모집단의 평균에 수렴한다.
② 표본평균은 모집단의 기대값을 의미한다.
③ N 크기가 커지면 표본평균의 분산은 커지고, 표준편차는 작아진다.
④ N 크기가 커지면 표준오차는 작아진다.

제8회 (복원)기출문제

39. 다음 보기의 설명으로 옳은 것은?

> 동일한 확률분포를 가진 독립확률변수 n개의 평균의 분포는 n이 적당히 크다면 정규분포에 가까워진다는 이론

① 중심극한정리
② 대수의 법칙
③ 카이제곱검정
④ t-분포

40. 아래 수식을 보고 불편추정량과 일치추정량에 대한 설명으로 옳은 것은?

$$S^1 = \frac{1}{n}\sum_{i=1}^{n}(X_i - \bar{X})^2$$

$$S^2 = \frac{1}{n-1}\sum_{i=1}^{n}(X_i - \bar{X})^2$$

① S^1은 불편추정량이다.
② S^2는 일치추정량이 아니다.
③ S^2의 bias는 0이다.
④ S^1과 S^2 모두 가설검정에서 사용한다.

41. 모델의 배치에 관한 설명으로 옳지 않은 것은?

① 배치의 크기가 커지면 학습시간은 줄어들지만, 정확성에는 영향을 끼치지 않는다.
② 배치크기는 학습속도에 영향을 주지만, 학습성능에는 영향을 끼치지 않는다.
③ 배치크기가 너무 크면 메모리 문제가 발생한다.
④ 배치크기가 작으면 노이즈를 반영하여, 모델의 학습에 악영향을 줄 수 있다.

42. 모델의 편향과 분산 관계에 대한 설명으로 적절한 것은?

① 좋은 모델은 편향이 작고 분산도 작다.
② 좋은 모델은 편향이 크고 분산도 작다.
③ 좋은 모델은 편향이 작고 분산도 크다.
④ 모델의 편향과 분산은 서로 독립적이다.

43. 다음 중 가중치 제곱합을 최소화하는 제약을 주는 기법으로 옳은 것은?

① 라쏘회귀
② 릿지회귀
③ 엘라스틱넷
④ 로지스틱회귀

44. 다중공선성의 설명으로 옳은 것은?

① 독립변수들 간의 상관성을 나타내는 값으로, 분산관계를 나타낸다.
② 독립변수들 간의 상관성을 나타내는 값으로, 클수록 모델에 악영향을 미친다.
③ 종속변수들 간의 분산크기에 대한 성질이다.
④ 종속변수들 간의 상관성을 나타내는 값으로, 작을수록 모델에 악영향을 미친다.

45. 다음 중 결정계수(R^2)에 대한 설명으로 옳은 것은?

① 독립변수가 종속변수에 의해 설명되는 오차의 비율을 나타낸다.
② 범위는 보통 0과 1 사이에 있으며, 모델이 데이터를 얼마나 잘 설명하는지의 정도를 나타낸다.
③ 독립 변수끼리의 관계를 나타낸 것이다.
④ 다중선형회귀 모델에서는 1개만 존재한다.

46. 선형 회귀분석과 로지스틱 회귀분석에 대해 설명으로 옳지 않은 것은?

① 모두 오차항의 가정이 필요하다.
② 선형 회귀분석에서의 정규성 가정은 잔차가 정규분포를 따른다는 것을 의미한다.
③ 로지스틱 회귀분석은 종속 변수가 범주형인 경우에 사용한다.
④ 모두 최대우도법으로 회귀계수를 추정한다.

47. 의사결정나무에 대한 설명으로 옳은 것을 모두 고르시오.

> 가. 의사결정나무는 동질성이 커지는 방향으로 분기한다.
> 나. 정규성 가정이 필요하다.
> 다. 교호작용은 변수들 간의 조합이 예측에 미치는 영향을 나타내는데 사용한다.

① 가, 나
② 나, 다
③ 가, 다
④ 가, 나, 다

48. 다음 보기를 참고하여 인공신경망의 출력값으로 알맞은 것은?

> 은닉노드가 2개, 출력노드가 1개이고 편향이 0.2
> 은닉노드 값은 각각 0.2, 0.1이고 가중치는 각각 0.4, 0.5

① 0.33
② 0.44
③ 0.55
④ 1

제8회 (복원)기출문제

49. 서포트백터머신(SVM)에 대한 설명으로 옳지 않은 것은?

① 집단 사이의 마진이 최대화하는 기준인 초평면을 학습한다.

② 모델 훈련을 통한 최적화가 필요 없다.

③ 분류와 회귀에서 모두 사용할 수 있다.

④ 커널 함수를 이용하여 비선형 분류를 가능하게 한다.

50. 다음 보기의 식으로 알맞은 것은?

$$d(x,y) = \left(\sum_{j=1}^{m}|x_j - y_j|^p\right)^{1/p}$$

① 마할라노비스거리

② 유클리드거리

③ 맨하탄거리

④ 민코우스키거리

51. 다음 보기를 참고하여 위험도와 승산비로 알맞은 것은?

구분	불량	양호	합계
신공정	10	490	500
구공정	40	460	500
합계	50	950	1000

① 위험도: 4, 승산비: $(0.02 \times 0.98) \div (0.08 \times 0.92)$

② 위험도: 4, 승산비: $(0.02 \times 0.92) \div (0.08 \times 0.98)$

③ 위험도: 0.25, 승산비: $(0.02 \times 0.98) \div (0.08 \times 0.92)$

④ 위험도: 0.25, 승산비: $(0.02 \times 0.92) \div (0.08 \times 0.98)$

52. 주성분분석(PCA)에 대한 설명으로 옳은 것은?

가. 변수들은 정규분포 관계가 있다.

나. 차원축소는 변수들 간에 관계가 없어야 한다.

다. 분산의 최대화를 추구한다.

① 가

② 다

③ 가, 다

④ 가, 나, 다

53. 다음 주성분분석(PCA) 표를 주어진 후 전체분산에 대한 3번째 요인에 대한 설명률은?

	PC1	PC2	PC3	PC4	PC5	PC6
Standard Deviation	1.539	0.759	0.459	0.344	0.262	0.143
Proportion variance	0.705	0.171	0.063	0.035	0.020	0.006
Culmulative variance accounted for	0.705	0.876	0.938	0.974	0.994	1.000

① 6.3% ② 93.8%
③ 45.9% ④ 1%

54. 다음 중 다변량분산분석(MANOVA)에 대한 설명으로 옳은 것은?

① 1개의 독립변수와 1개의 종속변수인 경우 사용한다.
② 다수의 독립변수와 다수의 종속변수인 경우 사용한다.
③ 다수의 독립변수와 1개의 종속변수인 경우 사용한다.
④ 독립변수는 연속형, 독립형 상관없이 사용한다.

55. 차원축소의 목적으로 옳지 않은 것은?

① 특징 추출
② 설명력 증가
③ 노이즈 제거
④ 데이터 정제

56. 다음 중 분류 모델로의 나이브 베이즈에 대한 설명으로 가장 옳은 것은?

① 모델이 복잡하고 계산속도가 느리다.
② 사전확률과 사후확률을 토대로 우도를 계산한다.
③ 독립변수들 간의 상관성을 가정한다.
④ 노이즈와 결측 데이터에 약하다.

57. 다음 괄호에 들어갈 말로 옳은 것은?

> 시퀀스-투-시퀀스(Seq2seq)에서 인코더를 통해 (   )가 만들어지고, 디코더를 통해 출력 시퀀스가 된다

① Eigen vector
② Context vector
③ Zero vector
④ Basis vector

제8회 (복원)기출문제

58. 텍스트 마이닝에 대한 설명으로 옳지 않은 것은?

① 사용하지 않거나 분석에 필요 없는 불용어(Stopword)를 제거한다.
② 어간을 추출하는 어간추출(Stemming) 작업을 한다.
③ 주어진 코퍼스(Corpus)에서 토큰(Token) 단위로 나누는 토큰화(Tokenization) 한다.
④ 문장마다 포스 태깅(Pos Tagging) 해서 의미를 찾아낸다.

59. 다음 중 부스팅에 대한 설명으로 옳지 않은 것은?

① AdaBoost는 약한 모델(Weak Learner)의 오류 데이터에 가중치를 부여한다.
② GBM은 예측 성능이 높은 욕심쟁이 알고리즘(Greedy Algorithm)을 사용한다.
③ XGBoost는 GBM을 개선한 방식이지만 GBM보다 속도가 늦다.
④ LightGBM은 기존 트리 방식과 다르게 leaf 중심으로 분기한다.

60. 앙상블 기법에 대한 설명으로 옳지 않은 것은?

① 서로 다른 모델을 결합함으로써 개별 모델의 과적합을 줄일 수 있다.
② 이상값이나 잘못된 데이터에 대한 영향을 줄일 수 있다.
③ 단순 모델보다 항상 성능이 좋다.
④ 과적합 문제가 발생할 수 있다.

61. 다음 중 비모수검정에 대한 설명으로 가장 옳지 않은 것은?

① 비모수통계는 모수통계보다 검정력이 높다.
② 범주형 자료와 같은 서열척도 데이터에 적용할 수 있다.
③ 등간, 비율척도를 서열화하여 서열척도로 분석할 수 있다.
④ 순위(Rank)나 부호(Sign)에 기초한 방법이기 때문에, 이상값의 영향을 덜 받는다.

62. 다음 중 혼동행렬에 대한 평가지표로 옳은 것은?

(예측값)		실제 범주값(실제값)	
		Positive(1)	Negative(0)
	Positive(1)	(가)	(다)
	Negative(0)	(나)	-

① 가 – 정확한 판단, 나 – 2종오류, 다 – 1종오류
② 가 – 정확한 판단, 나 – 1종오류, 다 – 2종오류
③ 가 – 1종오류, 나 – 2종오류, 다 – 정확한 판단
④ 가 – 2종오류, 나 – 1종오류, 다 – 정확한 판단

63. 다음 혼동행렬을 계산한 값으로 옳지 않은 것은?

		실제값		
		참	거짓	합
예측값	참	48	2	50
	거짓	12	38	50
	합	60	40	100

① 정확도 = 0.86
② 재현율 = 0.8
③ 특이도 = 0.95
④ 정밀도 = 0.9

64. 실제 Positive인 경우에 Positive로 예측한 것은?

① 정확도
② 정밀도
③ 재현율
④ 특이도

65. 다음 수식 중에 옳지 않은 것은?

① $MPE = \frac{100\%}{n}\sum_{i=1}^{n}(\frac{y_i - \hat{y}_i}{y_i})$

② $MSE = \frac{1}{n}\sum_{i=1}^{n}(y_i - \hat{y}_i)^2$

③ $MAE = \frac{1}{n}\sum_{i=1}^{n}|y_i - \hat{y}_i|$

④ $MAPE = \frac{1}{n}\sum_{i=1}^{n}|\frac{y_i - \hat{y}_i}{y_i}|$

66. 다음 중 ROC곡선에 대한 설명으로 옳지 않은 것은?

① FPR 값에 따른 TPR 값 그래프이다.
② FPR이 작아도 TPR이 클 수 있다.
③ 무작위의 경우 TPR과 FPR은 같은 곳으로 수렴한다.
④ AUC가 작을수록 모델 성능이 좋다.

67. 교차검증에 대한 설명으로 가장 옳은 것은??

① 학습 데이터에서 얻은 오류추정치가 검증 데이터보다 많이 작다면 과적합되어 있을 수 있다.
② 시계열 데이터를 사용하기 용이하다.
③ 교차검증으로는 과적합을 해결할 수 없다.
④ 일반적으로 모델의 생성 시간이 매우 감소된다.

제8회 (복원)기출문제

68. 다음 중 K-fold교차검증에 대한 설명으로 옳지 않은 것은?

① k-1개 데이터셋은 학습용, 1개 데이터셋은 검정용으로 사용한다.
② 데이터셋은 행으로만 나눈다.
③ 데이터셋은 k번 반복한다.
④ 데이터셋은 각각 한 번씩만 검정용으로 사용한다.

69. 지도학습 모델의 적합도 검정에 대한 설명으로 옳지 않은 것은?

① 자기상관성
② 카이제곱검정
③ 샤피로-윌크검정
④ 콜모고로프-스미르노프검정

70. 다음은 회귀분석 후 모델 적합도 검정을 위한 분산분석표이다. 빈 값에 대한 설명으로 옳지 않은 것은?

구분	제곱합	자유도	평균제곱	F값
회귀(R)	350	2	(ㄴ)	(ㄷ)
오차(E)	(ㄱ)	5	31.5	
총(T)	(ㄹ)	7		

① (ㄱ) - 157.5
② (ㄴ) - 175
③ (ㄷ) - 7.5
④ (ㄹ) - 507.5

71. 다음 중 과적합 방지 방안으로 옳지 않은 것은?

① 규제화를 사용한다.
② 매개변수를 늘린다.
③ 조기 종료한다.
④ 드롭아웃을 사용한다.

72. 파라미터와 하이퍼파라미터에 대한 설명으로 옳지 않은 것은?

① 파라미터는 학습을 통해 최적화 가능하다.
② 파라미터는 경사하강법으로 추정할 수 있다.
③ 하이퍼파라미터는 학습 중에 변하지 않는다.
④ 은닉층 수와 학습률은 하이퍼파라미터의 사례이다.

73. 경사하강법의 설명으로 옳은 것은?

① 확률적 경사하강법은 전미분을 사용한다.
② 모멘텀은 관성을 이용하여 지역최소점이 아닌 글로벌 최소점으로 구한다.
③ 아다그라드(Adaptive gradient)는 이전 기울기 값과 관계없다.
④ 아담(ADAM)은 학습률은 고려하지 않는다.

74. 다음 중 앙상블 기법에 대한 설명 중 적절하지 않은 것은?

① 보팅 – 예측한 결과값을 다수의 분류기 투표로 결정
② 랜덤포레스트 – 배깅과 부스팅보다 더 많은 무작위성을 주어 여러 개의 약한 학습기들을 생성하고 결합
③ 배깅 – 부트스트랩으로 데이터의 다양성을 확보하여 다양한 결과를 분류 및 예측
④ 스태킹 – 동일한 표본으로 다양한 유형의 모델을 학습

75. 다음 중 데이터시각화 절차로 알맞은 것은?

① 데이터 획득 – 구조화 – 모델 훈련 – 모델 성능평가 – 시각화 모델 선택 – 시각화 표현 및 재정의
② 데이터 획득 – 모델 훈련 – 모델 성능평가 – 구조화 – 시각화 모델 선택 – 시각화 표현 및 재정의
③ 데이터 획득 – 시각화 표현 및 재정의 – 시각화 모델 선택 – 구조화 – 모델 훈련 – 모델 성능평가
④ 데이터 획득 – 구조화 – 시각화 모델 선택 – 시각화 표현 및 재정의 – 모델 훈련 – 모델 성능평가

76. 국회의원 선거에서 지역 면적이 아니라 지역구에 당선된 국회의원 수에 따라 시각화하고자 할 때 적합한 시각화 도구로 옳은 것은?

① 단계구분도
② 등치선도
③ 격자 카토그램
④ 픽토그램

77. 다음 중 지역 별 매출액과 수익율에 대해 나타내는 시각화 기법으로 가장 알맞은 것은?

① 매출 – 카토그램, 수익 – 버블차트
② 매출 – 픽토그램, 수익 – 버블차트
③ 매출 – 카토그램, 수익 – 산점도
④ 매출 – 픽토그램, 수익 – 산점도

78. 산점도에서 설명하는 연도별 출생인구 수에 대한 설명으로 옳은 것은?

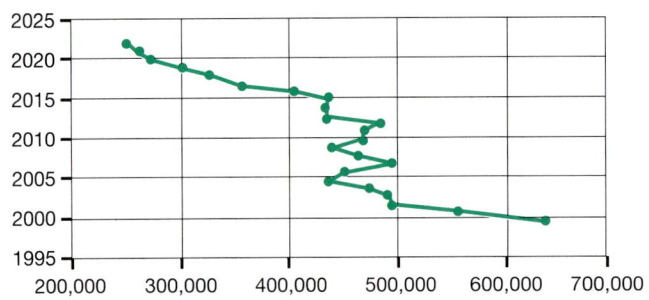

① 2014년이 2015년 보다 출생인구가 높다.
② 2000년 출생인구 수가 60만명 이상이다.
③ 2005년 출생인구 수가 2011년 출생인구 수보다 높다.
④ 연도별로 항상 감소하고 있다.

79. 다음 중 인포그래픽에 대한 사례로 잘 연결된 것 고르시오.

| (가) 지역별 코로나 발생률 |
| (나) 월별 코로나 발생률 |

① 가 – 지도형, 나 – 타임라인형
② 가 – 지도형, 나 – 도표형
③ 가 – 스토리텔링형, 나 – 타임라인형
④ 가 – 스토리텔링형, 나 – 도표형

80. 분석 활용 계획에 대한 설명으로 옳지 않은 것은?

① 이해관계자와 협의하여 계획을 수립한다.
② 결과물이나 모델의 성능을 지속적으로 평가하고 개선하기 위한 방안을 포함해야 한다.
③ 목적에 따라 적용방안을 변경한다.
④ 데이터 적용은 모델링과 분석이 모두 끝난 후 적용계획을 세우기 시작한다.

제8회 (복원)기출문제_정답 및 풀이

정답

문항	정답	문항	정답	문항	정답	문항	정답	문항	정답	문항	정답	문항	정답	문항	정답
01	③	11	①	21	②	31	③	41	②	51	④	61	①	71	②
02	②	12	③	22	②	32	①	42	①	52	③	62	①	72	③
03	②	13	②	23	④	33	①	43	②	53	①	63	④	73	②
04	①	14	②	24	④	34	①	44	②	54	②	64	③	74	④
05	④	15	④	25	④	35	②	45	②	55	④	65	④	75	①
06	①	16	①	26	④	36	④	46	④	56	②	66	④	76	③
07	③	17	①	27	③	37	②	47	③	57	②	67	①	77	①
08	④	18	②	28	②	38	③	48	①	58	④	68	②	78	②
09	③	19	③	29	②	39	①	49	②	59	③	69	①	79	①
10	③	20	④	30	②	40	③	50	④	60	③	70	③	80	④

풀이

01. 빅데이터의 일반적인 특징은 Veracity(진실성), Volume(크기/규모), Velocity(속도), Variety(다양성)로 정의된다. Velocity는 실시간에 가까운 빠른 수집을 의미하며 변하는 데이터를 의미하지 않는다.

02. 빅데이터 플랫폼은 빅데이터 라이프 사이클 측면(수집, 저장, 처리/관리, 분석, 시각화)으로 기술 레이어를 구분할 수 있고 이에 필요한 환경과 도구 등을 정의한다.

03. 가명정보는 추가 정보의 사용/결합 없이는 특정 개인을 알아볼 수 없는 정보이며, 통계작성, 과학적 연구, 공익적 기록보존 등을 위하여 정보주체의 동의 없이 활용이 가능하다. 익명정보는 더 이상 개인을 식별할 수 없는 정보이기 때문에 별도의 동의가 필요하지 않다.

04. 하향식 접근방법의 문제 탐색 단계에서는 단순 나열이 아니라, 전체적인 관점의 기준 모델을 활용하여, 빠짐없이 문제를 도출하는 것이 중요하다.

05. 빅데이터 분석 방법론에서 데이터 준비는 데이터 분석 전 단계에 수행한다. 데이터 확인 및 추출은 '분석용 데이터 준비'에 해당하기 때문에 데이터 분석 단계에서 수행하는 것이 옳다.

06. 데이터 탐색 단계에서는 주어진 데이터를 탐색하고 변수들 간의 관계를 살펴봄으로써 유의미한 변수를 식별할 수 있다.

07. 분석 대상에 대해서는 명확히 알 수 없지만 분석 방법을 잘 알고 있다면 Insight(통찰력)를 도출할 수 있다.

08. 외부 데이터를 사용하는 것은 보안 및 개인정보보호 등의 제약이 있을 수 있다. 따라서 해당 데이터의 이용 조건을 준수하고 합법적으로 사용하여야 한다.

제8회 (복원)기출문제_정답 및 풀이

09. 빅데이터 분석 절차는 분석 기획 – 데이터 준비 – 데이터 분석 – 시스템 구현 – 평가 및 전개로 수행한다.

10. 정성적 데이터는 주로 비정형 데이터이거나 범주형 데이터를 의미하기 때문에, 이를 연속형 데이터로 변환하는 것은 쉽지 않다. 다만 회귀분석 등에서 독립변수는 범주형 변수를 사용할 수 없기 때문에 양적 변수의 효과를 만들어 내는 가변환 등을 사용할 수 있다.

11. 음성, 이미지, 영상 데이터는 대표적인 비정형 데이터이며, 거래 내역 데이터는 정형 데이터 속한다.

12. 매출액은 일반적으로 수치형 데이터이며, 서열변수가 아니라 연속변수이다.

13. ①번 보기는 평활화(Smoothing), ③번은 차원축소(Dimensionality Reduction), ④번은 정규화(Normalization) 사례다.

14. 총계처리(Aggregation)는 개인정보에 대해 통계값(전체 혹은 부분)을 적용해 특정 개인을 판단할 수 없도록 하는 방법이며, 이 중 재배열은 개인정보를 타인의 정보와 뒤섞어서 전체 정보에 대한 손상 없이 특정 정보가 해당 개인과 연결되지 않도록 하는 방법이다.

15. 데이터 마스킹 수준이 높으면 데이터를 식별, 예측하기 어려워진다.

16. 데이터 웨어하우스의 특징은 비휘발성, 주제-지향적, 통합적, 시계열적이다.

17. HBase는 NoSQL 중 Column Oriented 기반의 한 종류이며, 분산파일시스템이 아니다. Ceph 파일시스템(CephFS)은 확장 가능한 단일 계층 공유 디스크를 제공하는 분산파일시스템의 한 종류이다.

18. Key-value 데이터베이스는 단순한 키-값 쌍의 저장소로서, 주로 간단한 조회나 갱신에 사용한다. 관계나 복잡한 쿼리 처리에는 적합하지 않다.

19. MongoDB와 Cassandra와 같은 데이터베이스는 NoSQL 데이터베이스에 속한다.

20. 자가회귀(Autoregression)는 과거 값의 선형 조합을 이용하여 관심 있는 변수를 예측에 사용되며, 이를 이용하여 결측값을 대체하는 경우, 상관성은 유지될 수 있고, 분산이 커지는 경향은 감소시킬 수 있다.

21. 1반의 최대값과 최소값의 차이는 100 – 35 = 65이므로, 2반의 100 – 75 = 25보다 크다.

22. 파생변수는 주로 기존 변수들의 조합이나 변형을 통해 생성되며, 상관 정도에 따라서 생성되는 것은 아니다. 상관관계가 존재할 경우 정보가 중복될 수 있기 때문에 삭제는 고려될 수 있다.

23. 박스콕스(Box-Cox) 변환은 음수 데이터가 양수가 되도록 만들어 정규분포에 근사하게 변환하는 방법 중 하나이다. Min-Max정규화는 데이터를 특정 범위로 변환하는 방법이며, Z-score 표준화는 평균을 0으로, 표준편차를 1로 만드는 방법이다. 구간화는 연속형 데이터를 구간별로 나누는 방법이다.

24. 표준화는 데이터의 평균을 0으로, 표준편차를 1로 만들어 데이터의 분포를 표준정규분포에 근사시키는 작업으로 단위가 없으며, 이를 이용해 다른 집단의 정규분포를 비교하거나 분석할 수 있다. 크기 차이를 줄이는 것 보다 하나의 기준으로 통일함을 의미한다.

25. 데이터 분석에서 데이터를 효율적이고 용이하게 사용 및 분석하기 위해 데이터 변환을 수행하게 되며, 대량의 이메일을 그룹으로 배치하는 것은 데이터 변환이라기보다는 분류라고 보는 것이 옳다.

제8회 (복원)기출문제_정답 및 풀이

26. 소수 클래스를 언더 샘플링하면 유용한 정보가 손실될 수 있고, 모델이 소수 클래스를 충분히 학습하지 못할 수 있다. 오버 샘플링하거나 다양한 샘플링 기법을 사용하여 불균형 데이터를 처리하는 것이 더 나은 접근 방법이다.

27. 서열척도 변수들 간의 상관관계를 측정할 때 사용하는 값은 스피어만 상관계수다.

28. 편상관계수(Partial Correlation Coefficient)는 부분상관계수로도 불리며, 두 변수 간의 상관관계를 분석할 때 제3의 변수(다른 변수)의 영향을 제거하고, 두 변수의 순수한 상관관계를 측정하는 기법이다.

29. '우측으로 꼬리가 긴 분포'라는 특징을 가진 분포에서는 평균이 중앙값보다 크고, 중앙값이 최빈값보다 크다.

30. 왜도(Skewness)는 데이터 분포의 비대칭성을 나타내는 지표로, 분포가 어느 한쪽으로 치우쳐져 있는 정도를 측정한다.

31. 표본분산의 식은 $s^2 = \frac{1}{n-1} \times \sum_1^n (x_i - \bar{X})^2$이다. 평균 $\frac{1}{n-1} = \frac{1}{2}$, $\bar{X} = (60 + 70 + 80) \div 3 = 70$, $\sum_1^n (x_i - \bar{X})^2 = (60-70)^2 = 100, (70-70)^2 = 0, (80-70)^2 = 100$, 따라서 표본분산 $\frac{1}{2} \times 200 = 100$이다.

32. pA와 pB는 각각 A 그룹과 B 그룹의 투표비율을 나타내며, 표본비율을 이용하여 모평균(pA−pB)의 추정치를 구할 수 있다. A 그룹의 투표비율(pA)은 71/100 = 0.71이고, B 그룹의 투표비율(pB)은 134/200 = 0.67이다. 따라서 모평균(pA−pB)의 추정치는 pA − pB = 0.71 − 0.67 = 0.04이다.

33. 통계적 유의성은 보통 p값이나 신뢰구간 등을 통해 검정해야 하며, 그래프에서는 명확하게 알 수 없다. 결측값과 이상값은 상자그림(Box plot)이나 산점도에서 데이터가 빠지거나 크게 벗어난 부분을 통해 추정할 수 있다.

34. 모자이크 플롯(Mosaic plot)은 범주형 변수 간의 관계를 시각화하는 데 사용되는 그래픽 기법으로 히스토그램과 유사하지만, 범주형 변수 간의 관계를 나타내는데 사용되므로 '히스토그램 안에 히스토그램을 겹쳐 그린 것'이라는 설명은 부적절하다.

35. 기술 통계량은 데이터의 특성을 설명하는데 사용되는 값들이다. 최대값, 중앙값, 분산은 데이터의 중심 경향성이나 분포를 나타내는 값들로, 기술 통계량에 속한다.

36. 메트로폴리스−해스팅스(Metropolis−Hastings) 알고리즘은 마르코브체인 몬테카를로 기법의 일종으로 복잡한 확률 분포에서 샘플링하는데 사용되며, 완전샘플링(Perfect Sampling)은 확률 분포에서 모든 가능한 값을 샘플링하는 방법이다. 기각샘플링(Rejection Sampling)은 제안 분포에서 샘플링한 후, 목표 확률 분포에 대한 조건을 만족하는 샘플만 선택하는 알고리즘이다. EM 알고리즘(Expectation− Maximization algorithm)은 숨겨진 변수가 있는 확률 모델의 매개변수를 추정하는데 사용되는 군집분석 알고리즘이다.

37. 대립가설(H_1)에서 6번 이하로 성공할 확률을 계산하면, 이 값이 실제로 제2종 오류를 범할 확률이다.
$$\sum_{i=0}^{6} \left(\frac{2}{3}\right)^i \times \left(\frac{1}{3}\right)^{10-i}$$

제8회 (복원)기출문제_정답 및 풀이

38. 대수의 법칙에 따라 표본의 크기가 커질수록 표본평균이 모평균에 수렴하기 때문으로 표본의 크기가 커지면 표본평균의 분산은 작아지게 된다. 또한 표준편차는 분산의 양의 제곱근이므로 분산이 줄어들면 표준편차도 작아지게 되며, 표준오차도 작아지게 된다.

39. 해당 보기의 설명은 중심극한정리의 설명이다.

40. 제시된 보기는 분산에 대한 예시이며, 모분산(S^1)의 추정량은 표본분산(S^2)이다. 불편추정량은 표본으로부터 구한 통계량의 기대치가 추정하려 하는 모수의 실제값에 같아지는 것을 의미하기 때문에 불편추정량은 표본분산(S^2)이 된다. 또한 '불편'은 추정의 편향(Bias; 偏差)이 0인 추정량이기도 하다. 그리고 표본크기를 크게 하면 할수록 추정치가 모집단 특성에 가까워질 때 그 추정량을 모수에 대한 일치추정량이라고 한다. 따라서 모분산(S^1)이 일치추정량이 된다. 해당 내용은 추정에 대한 내용이기 때문에 가설검정과는 무관하다.

41. 배치크기를 키우면 전체 훈련시간이 감소하게 되나, 높은 메모리 사용량이 필요하고 학습 불안정성이 증가하게 된다(과적합 가능성 증가). 배치크기를 줄이면 전체 훈련시간이 증가하고 노이즈가 생길 수 있으나, 학습 안정성이 증가하고 높은 일반화 성능을 기대할 수 있다(과적합 가능성 감소). 따라서 적절한 배치크기는 학습속도와 학습성능 모두에 영향을 미치는 중요한 요소가 된다.

42. 좋은 모델은 데이터에 대한 적합성이 높으면서도 모델의 복잡성을 적절히 제어하여 편향과 분산을 모두 줄이는 것이 이상적이다.

43. 릿지회귀는 가중치의 제곱합을 페널티로 추가하여 모델의 복잡성을 제어하는 방법으로, 과적합을 방지할 수 있다.

44. 다중공선성은 독립변수들 간의 상관성을 나타내는 값으로, 상관관계가 높은 독립변수들이 모델에 포함될 경우 문제가 발생할 수 있다. 다중공선성이 높을수록 모델의 예측 성능이 저하되며, 추정된 계수의 신뢰도가 낮아질 수 있다.

45. 결정계수는 0과 1 사이의 값을 가지며, 이 값이 1에 가까울수록 모델이 주어진 데이터를 더 잘 설명한다는 것을 의미한다.

46. 선형 회귀분석에서는 주로 최소제곱법을 사용하여 회귀계수를 추정하고 모델을 적합시키며, 로지스틱 회귀분석에서는 최대우도법을 사용하여 모델을 적합시킨다.

47. 의사결정나무의 분리 기준은 불순도에 의해 측정되며, 이질성이 작고 동질성이 커지는 방향으로 분기한다(자식노드의 순수도는 증가하고 불순도는 감소하는 방향으로 분리를 진행). 또한 정규성 가정은 필요하지 않다.

48. 인공신경망의 출력값은 은닉노드 값에서 가중치를 곱한 후, 각각을 더한다. 이후 편향을 더해준다.
$(0.2 \times 0.4) + (0.1 \times 0.5) + 0.2 = 0.33$

49. SVM은 모델의 훈련을 통해 최적화되어야 하며, 마진을 최대로 하는 초평면을 찾기 위해 모델이 학습한다.

50. 민코우스키거리는 맨하탄거리와 유클리드거리를 한 번에 표현한 거리 척도이다. 제시된 수식에서 $p = 1$이면 맨하탄거리, $p = 2$이면 유클리드거리를 의미한다.

제8회 (복원)기출문제_정답 및 풀이

51. 상대적 위험도는 두 집단 간의 위험도 비를 나타내는 지표로 다음과 같이 계산된다.
상대적 위험도 = 신공정위험도 ÷ 구공정위험도 = (10/ 500)/(40/500) = 0.02/0.08 = 0.25
승산비는 불량이 발생할 확률과 불량이 발생하지 않을 확률의 비율을 나타내며 다음과 같이 계산된다.
불량확률 = $(\frac{10}{500}/\frac{490}{500})$ = 0.02 ÷ 0.98, 양호확률 = $(\frac{40}{500}/\frac{460}{500})$ = 0.08 ÷ 0.92,
따라서, 승산비는 (0.02 / 0.98) / (0.08 / 0.92) = (0.02 X 0.92) / (0.08 X 0.98)이 된다.

52. 주성분분석은 변수들 간의 상관관계를 기반으로 데이터의 차원을 줄이는 기법으로, 데이터의 분산을 최대화하는 방향으로 주성분을 추출한다. 각 변수들이 정규분포를 따르지 않더라도 PCA를 사용할 수 있지만 이 경우 결과 해석에 주의해야 한다.

53. 3번째 요인은 PC3을 의미하며, 각 주성분이 데이터의 전체 분산 중 얼마나 많은 부분을 설명하는지 나타내는 비율인 Proportion Variance는 0.063인 것을 알 수 있다. 따라서 6.3%가 정답이 된다.

54. 다변량분산분석은 다수의 독립변수와 다수의 종속변수가 있는 경우에 사용하는 분산분석 방법이다.

55. 차원축소로 얻을 수 있는 이점은 특징 추출, 설명력 증가, 노이즈 제거, 연산량 감소 등이 있다. 데이터 정제는 결측값 처리, 이상치 제거 등 데이터 전처리 과정에 해당하며, 차원축소는 데이터 정제와는 직접적인 관련이 없다.

56. 나이브 베이즈 분류기는 모든 특성(Feature)들이 서로 독립적이라는 가정을 기반으로 베이즈 정리를 사용하여 각 클래스의 우도를 사전확률과 사후확률을 토대로 계산한다.

57. 시퀀스-투-시퀀스(Seq2seq)모델에서 인코더는 입력 시퀀스를 잠재 공간에 매핑하여 정보를 압축한 후, 디코더에 전달하게 되는데, 생성된 정보를 담고 있는 역할을 하는 것은 컨텍스트 벡터(Context vector)이다.

58. 품사태깅(포스태깅)은 단어의 품사를 식별하는 작업으로, 문장의 의미를 파악하는 것은 아니다.

59. XGBoost는 GBM을 개선하여 속도와 정확도를 향상시킨 모델로 빠르고 효율적인 방식으로 작동한다.

60. 앙상블 기법은 단순 모델보다 항상 성능이 좋지는 않다. 일반적으로 앙상블 기법이 단일 모델보다 우수한 성능을 보이지만, 모든 경우에 그렇지는 않다.

61. 비모수 통계는 데이터 분포에 대한 가정을 최소화한다. 즉, 비정규 분포 데이터나 모집단 분산 불일치 상황에서도 사용할 수 있다는 장점이 있지만 이러한 가정 완화는 검정력 저하라는 비용을 초래한다.

62. '가'는 TP로 Positive를 Positive로 옳게 판단 한 것을 의미하며, '나'는 FN으로 2종오류, '다'는 FP로 1종오류이다.

63. 정확도(Accuracy) = $\frac{TP+TN}{Total}$ = $\frac{48+38}{100}$ = 0.86, 재현율(Recall) = $\frac{TP}{TP+FN}$ = $\frac{48}{48+12}$ = $\frac{48}{60}$ = 0.8,
특이도(Specificity) = $\frac{TN}{TN+FP}$ = $\frac{38}{38+2}$ = 0.95, 정밀도(Precision) = $\frac{TP}{TP+FP}$ = $\frac{48}{48+2}$ = 0.96

64. 실제 Positive인 경우에 Positive로 예측한 것은 재현율이다.

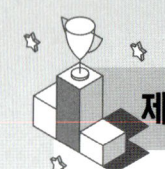

제8회 (복원)기출문제_정답 및 풀이

65. 평균절대백분율오차(Mean Absolute Percentage Error)는 MAPE $= \frac{100\%}{n} \sum_{i=1}^{n} |\frac{y_i - \hat{y}_i}{y_i}|$ 식과 같다.

66. ROC 곡선의 AUC는 ROC Curve에 의해 설명되는 면적을 의미하며, 모델의 성능을 나타내는 중요한 지표 중 하나이다. AUC 값이 1에 가까울 수록 모델의 성능이 우수하며 0에 가까울수록 성능은 낮아짐을 의미한다.

67. 학습 데이터에서의 오류 추정치가 검증 데이터보다 훨씬 작다면, 과적합이라고 한다.

68. 데이터셋은 행으로만 나누는 것은 옳지 않다. 대부분 행 뿐만 아니라 열을 고려해 나눈다.

69. 자기상관성은 시계열 데이터에서 사용되며, 데이터 내 자기 상관관계를 검정하는 것이다. 지도학습 모델의 적합도 검정과 직접적인 관련이 없다.

70.

변동요인	제곱합	자유도	평균 제곱	F값(f)
회귀식	SSR	k	$MSR = SSR/k$	$f = \frac{MSR}{MSE}$
오차	SSE	$n-k-1$	$MSE = \frac{SSE}{(n-k-1)}$	
전체 변동	SST	$n-1$		

위 식에 맞추어 회귀분석의 분석표를 작성하면 다음과 같다.

구분	제곱합	자유도	평균제곱	F값
회귀(R)	350	2	(ㄴ) = 175	(ㄷ) = 5.56
오차(E)	(ㄱ) = 157.5	5	31.5	
총(T)	(ㄹ) = 507.5	7		

71. 매개변수를 늘리는 것은 과적합을 방지하는 방안이 아니다. 복잡도를 증가시키므로 과적합을 더욱 촉진할 수 있다.

72. 하이퍼파라미터는 학습 중에 변하지 않는 것이 아니라 모델 학습 전에 설정되고 최적화되는 값으로 모델의 성능에 따라 학습 과정 중에 변경하는 작업을 하게 된다.

73. 확률적 경사하강법은 편미분(Partial differentiation)을 사용한다. 모멘텀은 확률적 경사하강법의 지역 최소점에 빠지는 단점을 개선하여, 기울기에 관성을 계산해 글로벌 최소점으로 수렴하게 한다. 또한 아다그라드와 아담은 학습률을 조정하기 때문에 이전 기울기를 반영한다.

74. 스태킹은 다양한 유형의 기본 분류기(KNN, 의사결정트리 등)들을 활용하여 다단계 모델을 만드는 앙상블 기법으로 각각 다른 훈련 데이터로 학습된다. 이들을 조합함으로써 강력한 앙상블 모델을 만들 수 있다.

75. 데이터시각화는 데이터를 획득, 구조화하여 모델을 훈련하고 성능을 평가한 다음, 시각화 모델을 선택하고 데이터를 시각적으로 표현하게 된다. 필요에 따라 재정의할 수 있다.

제8회 (복원)기출문제_정답 및 풀이

76. 격자 카토그램은 지도를 격자 형태로 분할하고, 각 격자 내의 색 또는 채우기 패턴을 사용하여 데이터를 시각적으로 나타내는 방법이다. 따라서 지역구에 당선된 국회의원 수를 각각의 격자에 따라 다른 색 또는 패턴으로 표현하여 시각화할 수 있다.

77. 카토그램은 지리적인 분포를 보여주는 것에 적합하고, 수익율은 수치를 비교하거나 변수 간의 관계를 보여주는 것에는 버블차트가 적합하다.

78. 2014년에 비해 2015년 출생인구가 높다. 2005년은 2011년 출생인구수보다 낮다. 연도별로 항상 감소하고 있지 않다. 2000년 출생인구 수는 60만이 넘는다.

79. '지역별 코로나 발생률'은 지도를 통해 시각적으로 표현하는 것이 적절하고, '월별 코로나 발생률'은 시간의 흐름에 따라 데이터를 시각화하는 타임라인 형태가 적합하다.

80. 데이터 적용계획은 모델링 및 분석 과정이 끝나기 전에도 세워야 한다.

제9회 (복원)기출문제

01. 다음 중 3V에 속하지 않는 것은?

① 데이터 속도
② 데이터 이용률
③ 데이터 규모
④ 데이터 다양성

02. 조직의 분석성숙도와 관련하여 아래의 설명에 해당하는 단계로 알맞은 것은?

> 데이터 분석을 위한 도구와 시스템을 구축 중이며,
> 일부 숙련된 직원에게 데이터 분석을 의존하고 있음

① 도입
② 활성화
③ 활용
④ 최적화

03. 데이터 사이언티스트가 갖추어야 할 역량에 대한 설명으로 가장 옳은 것은?

① 하드스킬 : 통찰력 있는 분석
② 하드스킬 : 설득과 전달
③ 소프트스킬 : 분석기술에 대한 숙련
④ 소프트스킬 : 다문화 간 협력

04. 개인정보에 관한 설명으로 옳지 않은 것은?

① 개인정보란 이름, 주소 등 개인을 특정 지을 수 있는 정보를 의미한다.
② 개인정보를 사용할 때에는 수집 동의, 제3자 제공 등을 해야 한다.
③ 개인정보에 처리에 관해서는 개인정보 처리방침을 통해 공개되어야 한다.
④ 개인정보에 유전적인 성질 및 인종에 대한 정보는 포함되지 않는다.

05. 데이터에 일부에는 라벨이 있고, 일부에는 라벨이 없는 경우 적용할 학습방법으로 가장 알맞은 것은?

① 지도학습
② 비지도학습
③ 준지도학습
④ 강화학습

06. 분석기획 유형 중 분석대상을 알고, 분석방법도 알고 있는 경우 적용해야 할 방안으로 옳은 것은?

① 최적화(Optimization)
② 솔루션(Solution)
③ 통찰(Insight)
④ 발견(Discovery)

07. 데이터 분석 마스터플랜의 우선순위 설정 기준으로 옳지 않은 것은?

① 비즈니스 성과 ROI
② 실행용이성
③ 내재화 가능성
④ 전략 KPI

08. 빅데이터 분석방법론에 수행 단계로 알맞은 것은?

① 데이터 준비 – 데이터 분석기획 – 데이터 분석 – 시스템 구현 – 평가 및 전개
② 데이터 분석기획 – 데이터 준비– 데이터 분석 – 시스템 구현– 평가 및 전개
③ 시스템 구현 – 데이터 분석기획 – 데이터 준비 – 데이터 분석 – 평가 및 전개
④ 데이터 분석기획 – 시스템 구현 – 데이터 준비 – 데이터 분석 – 평가 및 전개

09. 빅데이터 분석 및 작업계획에 대한 설명으로 옳지 않은 것은?

① 데이터 수집 단계에서는 필요한 데이터를 정의하고, 이를 확보하기 위한 전략을 수립한다.
② 데이터 전처리 단계는 수집한 데이터의 품질을 높이기 위해 결측값 처리, 이상값 제거 등을 포함한다.
③ 분석 모델 구축 단계에서는 분석 목적에 맞는 모델을 선정하고, 학습 데이터를 사용해 모델을 훈련시킨다.
④ 데이터 시각화 단계는 데이터 분석결과를 숫자로만 정리하여 보고서를 작성하는 과정이다.

10. 다음 중 분석 데이터 수집 시 고려할 점으로 옳지 않은 것은?

① 데이터 수집 가능성
② 보안성
③ 분석기법 난이도
④ 데이터 수집 비용

11. 비정형 데이터 유형에 해당하지 않은 것은?

① 음악
② 사진
③ 판매량
④ 영상

12. 정형 및 비정형 데이터에 대한 설명으로 옳은 것은?

① 비정형 데이터는 전처리를 못해서 분석이 어렵다.
② 자연어 처리는 텍스트 데이터로 비정형이다.
③ 정형 데이터는 이미지와 비디오 데이터다.
④ 비정형 데이터는 데이터베이스에 저장할 수 없다.

13. 노이즈를 처리하는 방법으로 옳지 않은 것은

① 구간화
② 비닝 회귀
③ 군집화
④ 표준화

14. 개인정보 비식별화 처리기법에 대한 설명 중 옳지 않은 것은?

① 가명처리
② 특이화
③ 섭동
④ 치환

15. 노이즈를 추가해서 데이터 분석을 할 수 있는 방법은?
① K-익명성
② 차등보호(차분 프라이버시)
③ 가명화
④ L-다양성

16. 데이터 품질진단 및 품질개선 절차로 옳은 것은?
① 진단대상정의 – 품질진단실시 – 진단결과분석 – 개선계획수립 – 개선수행 – 품질통제
② 진단대상정의 – 품질통제 – 개선계획수립 – 품질진단실시 – 진단결과분석 – 개선수행
③ 진단결과분석 – 진단대상정의 – 품질진단실시 – 개선계획수립 – 개선수행 – 품질통제
④ 품질진단실시 – 진단대상정의 – 개선계획수립 – 진단결과분석 – 개선수행 – 품질통제

17. 고품질 데이터 특성으로 옳지 않은 것은?
① 정확성(Accuracy)
② 시의성(Timeliness)
③ 비편의성(Unbiasedness)
④ 완전성(Completeness)

18. 데이터웨어하우스에서 데이터를 저장하기 위해 추출하고 정제 및 변환하는 장소는?
① ODS
② Metadata
③ OLAP
④ DM

19. 분산파일시스템에 관한 설명으로 가장 적절한 것은?
① 여러 개의 마이크로프로세서를 사용한다.
② 관계형 데이터베이스와 SQL을 사용하지 않는다.
③ 여러 저장장치가 서버에 연결되어 있다.
④ 네트워크를 통해 여러PC파일에 접근한다.

20. NoSQL에서 컬럼과 값을 Key와 Value로 구분해 저장할 때 사용하는 방식으로 가장 적합하지 않은 것은?
① XML
② JSON
③ HTML
④ DOCX

21. 결측값 처리기법에 대한 설명으로 옳지 않은 것은?
① 완전무작위결측의 경우 완전분석법으로 처리 가능하다.
② 핫덱은 동일한 특성을 가진 다른 사례의 값으로 결측값을 대체하는 다중 대치 기법이다.
③ 관찰된 데이터가 결측값 발생과 관련 있을 때는 무작위 결측(MAR)으로 처리한다.
④ 다중대치기법은 결측값에 대해 여러 번 대체한 후 그 결과를 종합하여 분석한다.

22. 다음 박스플롯에 대한 설명으로 옳지 않은 것은?

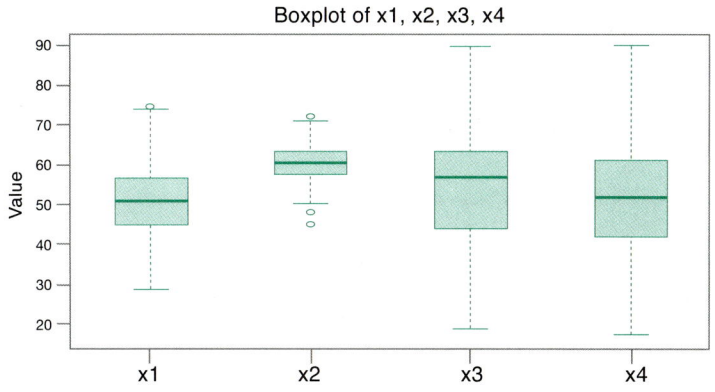

① x2의 분산이 x3보다 작다.
② x1의 중앙값은 x2의 중앙값보다 작다.
③ x3의 평균은 x4와 가깝다.
④ x2에 이상값이 있을 수 있다.

23. 박스플롯에 대한 설명으로 옳지 않은 것은?

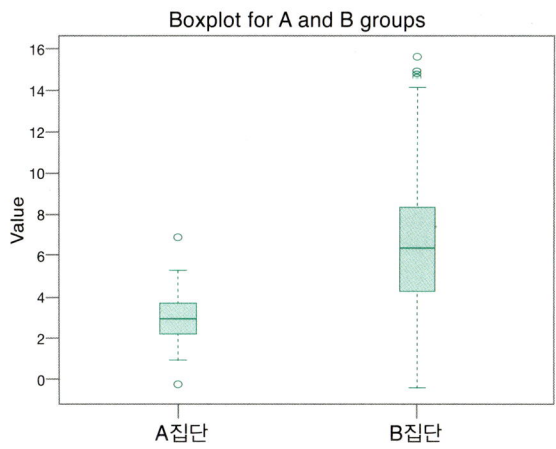

① A집단의 Q1은 2에 가깝다.
② A집단의 분산은 B 집단의 분산보다 크다.
③ A집단에는 이상값이 있을 수 있다.
④ B집단에는 이상값이 있을 수 있다.

제9회 (복원)기출문제

24. 데이터 이상값 처리에 대한 설명으로 옳지 않은 것은?

① 이상값은 데이터 분석에서 통계적 결과에 영향을 미칠 수 있으므로 적절히 처리해야 한다.
② IQR(Interquartile Range) 방법은 1사분위수와 3사분위수를 사용하여 이상값을 식별하는 데 유용하다.
③ Z-점수를 사용한 방법은 데이터의 평균과 표준편차를 기반으로 하며, Z-점수가 특정 임계값을 초과할 경우 이상값으로 간주한다.
④ 이상값은 항상 제거해야 하며, 그로 인해 데이터 손실이 발생하더라도 문제가 되지 않는다.

25. 데이터의 특성에 관한 설명으로 옳은 것은?

① 서열척도는 데이터의 각 값 간의 간격이 동일하며, 비율 계산이 가능하다.
② 명목척도는 데이터 간의 순서나 차이를 측정할 수 있으며, 각 범주 간의 간격이 일정하지 않다.
③ 등간척도는 데이터의 순서와 간격을 측정할 수 있으며, 비율 계산이 가능하다.
④ 비율척도는 사칙연산이 가능하며 절대영점을 가지고 있다.

26. 요인분석(Factor Analysis)에 해당되는 것을 모두 고르시오.

(가) 데이터에 관찰할 수 있는 잠재적 변수가 존재한다고 가정한다.
(나) 다수 변수들을 변수 간의 상관관계를 분석하고 공통 차원으로 축약하는 통계 기법이다.
(다) 상관계수가 너무 낮거나 0에 가까운 변수들은 요인분석에 적합하지 않다.
(라) 사회과학, 설문조사 등에 많이 활용되는 기법이다.

① 가
② 가, 나
③ 가, 다, 라
④ 가, 나, 다, 라

27. 파생변수 생성에 대한 설명으로 옳지 않은 것은?

① 파생변수는 기존 변수들로부터 수학적 연산, 변환 또는 조건식을 사용해 새롭게 만들어진 변수이다.
② 파생변수 생성은 모델 성능을 향상시키기 위해 중요한 역할을 할 수 있다.
③ 파생변수는 데이터를 원본 형태로 유지하기 위해 사용되며, 추가적인 연산을 수행하지 않는다.
④ 로그 변환, 다항식 변환 등의 수학적 변환을 통해 파생변수를 만들 수 있다.

28. 클래스 불균형을 해소방법으로 옳지 않은 것은?

① SMOTE(Synthetic Minority Over-sampling Technique)
② 언더샘플링
③ 오버샘플링
④ 군집

29. 데이터 변수 A와 B의 독립성과 상관계수에 대한 설명으로 옳은 것은?

① A와 B가 독립이면 모집단 상관계수는 0이다.
② A와 B가 독립이면 표본집단 상관계수는 0이다.
③ 모집단 상관계수가 0이면 A와 B는 독립이다.
④ 표본집단 상관계수가 0이면 A와 B는 독립이다.

30. 다음 분산의 기대값으로 옳은 것은?

$(X-1)^2$
$X = 0$일 때, 확률 $P(X = 0) = 1/4$
$X = 1$일 때, 확률 $P(X = 1) = 1/2$
$X = 2$일 때, 확률 $P(X = 2) = 1/4$

① 1/2　　　　　　　　② 1/4
③ 1/8　　　　　　　　④ 1/16

31. 값이 양수일 때에만 사용 가능한 산포도는?

① 변동계수(CV)　　　　② 표준편차(Stddev)
③ 사분위수(Quartile)　　④ 범위(Range)

32. 다음 그림에 대한 설명으로 옳은 것은?

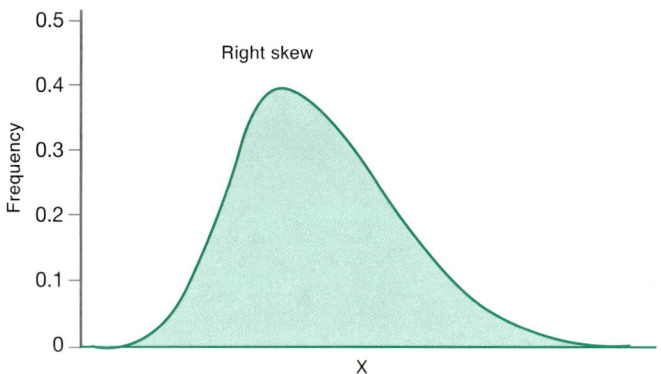

① 왜도<0, 최빈값<중위수<평균값
② 왜도<0, 최빈값>중위수>평균값
③ 왜도>0, 최빈값<중위수<평균값
④ 왜도>0, 최빈값>중위수>평균값

제9회 (복원)기출문제

33. 첨도와 이상값에 대한 설명으로 옳은 것은?

① 첨도는 데이터 평균값에 중요한 역할을 한다.
② 첨도는 왜도와 함께 평균에 영향을 준다.
③ 첨도는 평균값에 직접적인 영향을 주지 않는다.
④ 이상값은 평균값에 영향을 주지 않는다.

34. 다음 데이터의 선정 기준에 해당하는 것으로 알맞은 것은?

업종구분	평균급여	지역	설립연도
공단	300	서울	1975
금융	500	경기	1986
제조업	400	부산	1990
IT	700	대전	2000
교육	350	서울	1985

① 종단면적 데이터(Longitudinal Data)
② 횡단면적 데이터(Cross-Sectional Data)
③ 패널 데이터(Panel Data)
④ 시계열 데이터(Time Series Data)

35. 다음 중 확률표본추출법(Probability Sampling)은?

① 단순추출(Simple Random Sampling)
② 계통추출(Systematic Sampling)
③ 층화추출(Stratified Sampling)
④ 편의추출(Convenience Sampling)

36. 분포 성질에 대한 설명으로 옳은 것은?

① 포아송 분포에서 평균과 분산이 다르다.
② 정규분포는 세 개의 모수를 가진다.
③ 카이제곱분포는 자유도가 k인 분포이다.
④ 베르누이 시행을 n번 하면, 초기하분포는 복원추출을 가정한다.

37. 모분산이 σ^2이고 표본분산이 S^2인 경우 표본분산의 MSE(Mean Squared Error)값은?

① $\dfrac{\sigma^4}{n-1}$
② $\dfrac{2\sigma^4}{n-1}$
③ $\dfrac{\sigma^4}{n}$
④ $\dfrac{2\sigma^4}{n}$

38. 표본 10개가 주어진 상황에서, 등분산성을 가정한 통계분석에 대한 설명으로 옳지 않은 것은?

① 표본의 개수는 10개이다.
② 회귀분석을 통해 결정계수를 계산할 수 있다.
③ 표본분산을 계산할 때 자유도는 8이다.
④ P-value는 통계적 가설 검정에서 사용된다.

39. 통계적 가설 검정을 위한 알맞은 절차는?

가. 가설 설정 : 귀무가설 및 대립가설 설정
나. 유의수준(α) 결정 : 제1종오류를 범할 위험의 최대값을 제한
다. 검정통계량 선정 및 계산
라. 표본 크기 n과 유의수준에 따른 기각역 설정
마. 통계적 결론 : 검정통계량이 기각역에 속하면 H_0 기각, 아닌 경우 H_0를 기각하지 않음

① 가 → 나 → 다 → 라 → 마
② 나 → 다 → 가 → 마 → 라
③ 가 → 나 → 마 → 라 → 다
④ 가 → 나 → 다 → 마 → 라

40. 도시 A의 주민 1,000명 중 100명이 실업자인 상황에서 95% 신뢰구간에 대한 설명으로 옳지 않은 것은?

① 95%보다 90% 신뢰구간이 더 좁다.
② 95%보다 99% 신뢰구간이 더 넓다.
③ 실업자 수가 100명일 때보다 200명일 때 95% 신뢰구간이 더 좁다.
④ 주민 수 1000명일 때보다 2000명일 때 95% 신뢰구간이 더 좁다.

41. 지도학습의 사례로 가장 적절한 것은?

① 회귀분석
② 랜덤포레스트
③ K-Means 군집분석
④ 주성분분석(PCA)

42. 회귀분석에 대한 설명으로 옳지 않은 것은?

회귀식 $Y_i = \beta_0 + \beta_1 X_i + \varepsilon_i$

① 회귀식에서 β_1은 독립변수 Xi가 종속변수 Yi에 미치는 영향을 나타낸다.
② β_1, β_0가 0이면 $y = 1$일 때, 확률은 0이다.
③ 회귀식에서 ε_i는 오차항을 나타내며, 평균이 0이다.
④ 회귀모델의 적합도는 결정계수 R^2로 평가할 수 있다.

제9회 (복원)기출문제

43. 다음 내용에서 제시된 값을 보고, 회귀분석과 관련된 설명으로 가장 옳지 않은 것은?

> 회귀식 $Y_i = \beta_0 + \beta_1 X_i + \varepsilon_i$
> 잔차제곱합(SSE)의 자유도는 8, 독립변수 수 $k = 1$
> 회귀제곱합(SSR)과 총제곱합(SST)이 주어져 있음
> F-값이 주어져 있음

① $R^2 = \frac{SSR}{SST}$이다.
② 표본수 $n = 10$이다.
③ p값은 $p-value$로 잔차의 등분산성을 가정할 수 있다.
④ Y의 분산을 알 수 있다

44. 회귀분석 유의성 검정방법에 대한 설명으로 옳은 것은?

① 카이제곱통계량, $p-value$가 알파보다 낮으면 귀무가설 채택
② 카이제곱통계량, $p-value$가 알파보다 높으면 귀무가설 채택
③ F 통계량, $p-value$가 알파보다 낮으면 귀무가설 기각
④ F 통계량, $p-value$가 알파보다 높으면 귀무가설 기각

45. 다중공선성을 측정하는 지표로 옳은 것은?

① 회귀계수
② 자기상관계수
③ 표준오차
④ 분산팽창지수(VIF)

46. 로지스틱 회귀분석에 대한 설명으로 옳은 것은?

> 로지스틱 회귀모델 : $\log\left(\frac{p(x)}{1-p(x)}\right) = \alpha + \beta x$

① 오즈값이 $x = 1$일 경우 y는 0부터 1사이에 특정 확률값으로 존재한다.
② β가 0이면 기울기가 1에 가깝다.
③ 로지스틱 회귀식은 e의 제곱 형태로 변환할 수 없다.
④ 로지스틱 회귀의 결과로 얻은 확률 $P(x)$는 0과 1 사이의 값을 가진다.

47. 의사결정나무에서 사용하는 분리기준 중 이산형으로 옳지 않은 것은?

① 지니지수
② 엔트로피
③ 카이제곱
④ F통계량

48. 인공신경망 학습에 대한 설명으로 가장 옳은 것은?

① 은닉층이 없고 활성화 함수가 시그모이드 함수이면 로지스틱 회귀에 해당한다.
② 은닉층의 깊이가 깊어질수록 가중치는 선형적으로 증가한다.
③ 역전파 알고리즘에서 은닉층의 가중치 업데이트는 입력층의 오류를 줄이기 위한 것이다.
④ 은닉층이 많아지면 모델의 복잡도는 선형적으로 증가한다.

49. 다음 중 활성화 함수에 대한 설명으로 옳지 않은 것은?

① ReLU 함수를 사용하면 기울기 소멸을 방지할 수 있다.
② Sigmoid 함수의 미분했을 때 최소가 되는 x 값은 0이다.
③ 머신러닝에서 활성화 함수는 일반적으로 비선형 함수이다.
④ Tanh 함수는 출력값이 −1과 1 사이에 있다.

50. 다음 인공신경망의 학습에서 항등함수를 사용할 경우 노드의 출력값을 구하시오.

> 입력층(값): $x_1 = 1, x_2 = 2$
> 은닉층: h_1, h_2, h_3
> 입력–은닉층 가중치: $w_{11} = 10, w_{12} = 5, w_{21} = -4, w_{22} = -6, w_{31} = 3, w_{32} = 6$
> 출력층: Y
> 출력층 가중치 $o_1, o_2, o_3 = 1$

① 17 ② 18
③ 19 ④ 21

51. 워드임베딩에 대한 설명으로 옳은 것은?

① TF−IDF는 단어의 중요도를 평가하기 위해 거리 기반 기법을 사용한다.
② 코사인유사도는 0이 최댓값이며, 값이 클수록 유사하다.
③ 주변 데이터와 유사성을 기반으로 한다.
④ 단어의 의미를 고려하지 않고 단순히 빈도수를 기반으로 벡터를 생성한다.

52. 서포트벡터머신(SVM) a=(-2,0) b=(-3,0) c=(-4,0) d=(2,0) e=(3,0)일 때, a, b, c, d는 레이블 -1로 분류되고 e는 레이블 1로 분류될 때, 알맞은 초평면의 x좌표는?

① x = −0.5
② x = 2
③ x = 2.5
④ y = root(x)

제9회 (복원)기출문제

53. 다음은 서포트백터머신(SVM)에 대한 설명이다. (가)와 (나)로 옳은 것은?

SVM에서 (가)는 초평면과 직교하고, (나)는 초평면의 위치(Offset)를 결정한다.

① 가 : 마진, 나 : 편향
② 가 : 가중치백터, 나 : 편향
③ 가 : 마진, 나 : 커널
④ 가 : 가중치백터, 나 : 커널

54. 다음에서 설명하는 기법으로 가장 알맞은 것은?

쇼핑몰에서 제품을 구매할 경우, 기존에 구입한 제품과 연계해서 구매하는 목록을 관리하는 기법이다.

① 연관규칙
② 클러스터링
③ 분류
④ 회귀분석

55. 다음은 쇼핑몰의 거래 데이터를 참고하여 (오렌지, 사과) → 자몽의 지지도와 신뢰도 값으로 옳은 것은?

거래 ID	상품 목록
1	오렌지, 사과, 자몽
2	오렌지, 사과
3	사과, 자몽
4	오렌지, 자몽
5	오렌지, 자몽
6	오렌지, 사과, 자몽

① 지지도: 50%, 신뢰도: 67%
② 지지도: 33%, 신뢰도: 67%
③ 지지도: 50%, 신뢰도: 60%
④ 지지도: 33%, 신뢰도: 60%

56. 군집분석에 대한 설명으로 옳지 않은 것은?

① 계층적 군집분석의 경우 군집이 정해지면 이동이 불가능하다.
② 군집의 수를 결정하는 데 있어 사전지식이 필요할 수 있다.
③ k 값이 클수록 노이즈가 적고, 경계가 명확해진다.
④ k 값은 반드시 시작 전에 정해져야 한다.

57. 다음 용어에 대한 설명으로 옳지 않은 것은?

① 단일연결법: 두 군집 사이의 거리 중 최소
② 중심연결법: 두 군집 사이의 거리의 중심
③ 완전연결법: 두 군집 사이의 거리 중 최대
④ 와드연결법: 두 군집 사이의 거리를 평균

58. 주성분분석(PCA)에 대한 다음 설명 중 옳은 것을 모두 고르시오.

(가) 선형 변환을 통해 기존 변수들로부터 새로운 변수를 생성한다.
(나) 생성된 변수들은 서로 상관관계가 있어야 한다.
(다) 분석을 수행하기 위해 정규성 및 등분산성을 사전에 가정한다.
(라) 차원축소 및 차원의 저주 문제를 해결하는 데 사용된다.

① 가, 나
② 나, 다
③ 다, 라
④ 가, 라

59. 다차원척도법(MDS)과 t-SNE에 대한 다음 설명 중 옳지 않은 것은?

① MDS는 최적화 과정에서 글로벌 최적점을 찾아가는 것이 용이하다.
② t-SNE는 고차원 데이터의 전역적인 구조보다는 지역적인 구조를 더 잘 보존한다.
③ MDS는 주로 거리 기반으로 차원을 축소한다
④ t-SNE는 시각화를 목적으로 주로 사용된다.

60. 지수평활법 수식에 대한 설명으로 옳지 않은 것은?

$$F_{n+1} = \alpha Z_n + \alpha(1-\alpha)Z_{n-1} + \alpha(1-\alpha)^2 Z_{n-2} + \cdots$$

F_{n+1}: n시점 다음 예측값, α: 지수평활계수, Z_n: n시점의 관측값

① 단순 지수평활법은 재귀적으로 계산되며, 이전 예측값을 기반으로 한다.
② 예측값은 직전 실제값과 예측값의 차이에 평활계수를 곱해 조정한다.
③ 평활계수(α)는 0과 1 사이의 값이며, α가 클수록 최근 데이터에 더 많은 가중치를 부여한다.
④ 단순 지수평활법은 추세나 계절성을 반영한다.

제9회 (복원)기출문제

61. 다음 베이지안 문제에서 불량이 발생했을 때, A공정에서 발생할 확률로 옳은 것은?

A 공정의 점유율 = 50%, 불량률 = 1%
B 공정의 점유율 = 30%, 불량률 = 2%
C 공정의 점유율 = 20%, 불량률 = 3%

① 5/17
② 5/12
③ 6/17
④ 7/12

62. 다음에 제시된 문제를 해결하는데 적합한 알고리즘으로 옳은 것은?

(가) 영화 평론을 긍정/부정으로 분류하는 문제
(나) 안면 인식 프로그램의 문제
(다) 로봇팔을 가동하는 문제

① RNN, CNN, 강화학습
② CNN, RNN, 강화학습
③ 강화학습, CNN, RNN
④ CNN, 강화학습, RNN

63. 다음 보기에서 시퀀스-투-시퀀스(Seq-to-Seq)에 대한 설명으로 옳은 것은?

(가) 길이가 자유롭다.
(나) 길이에 상관없이 품질은 동일하다.
(다) 마지막에 컨텍스트 벡터가 만들어진다.

① 가
② 가, 다
③ 나, 다
④ 가, 나, 다

64. 딥러닝 알고리즘 중 생성자와 판별자가 경쟁하며 학습하는 것은?

① CNN
② LSTM
③ GAN
④ AUTOENCODER

65. 다음 중 텍스트 마이닝에 대한 설명으로 옳지 않은 것은?

① Tokenization으로 텍스트 데이터를 단어, 문장 등으로 분리
② Stop Words Removal을 사용하여 의미가 적거나 자주 등장하는 불용어 제거
③ POS Tagging으로 각 단어에 대해 품사를 태깅
④ Stemming으로 올바른 문장에 대해 나무 모형을 표현

66. 네트워크에서 노드들이 전반적으로 연결된 정도는?

① 포괄성(Inclusiveness)
② 밀도(Density)
③ 전이성(Transitivity)
④ 정도(Degree)

67. 다음 중 평균절대백분율오차(Mean Absolute Percentage Error, MAPE)에 대한 설명으로 옳은 것은?

① 실측값 − 예측값
② $\sum_{i=1}^{n} |실측값 − 예측값|^2 \times 100\%$
③ $\frac{1}{n}\sum_{i=1}^{n} |\frac{실측값 − 예측값}{실측값}| \times 100\%$
④ $\sum_{i=1}^{n} \sqrt{|\frac{실측값 − 예측값}{실측값}|} \times 100\%$

68. 혼동행렬에 대한 설명으로 옳지 않은 것은?

① 정밀도(Precision)는 2개 클래스 이상에서만 확인 가능하다.
② 정확도(Accuracy)는 전체 샘플 중에서 올바르게 예측한 샘플의 비율이다.
③ NPV(Negative Predictive Value)가 예측이 부정일 때 실제로도 부정일 확률을 나타낸다.
④ F1−score는 정밀도와 민감도의 조화평균이다.

69. 모든 ROC 커브에서 x축은 오분류율(False Positive Rate, FPR), y축은 (ㄱ)이다. (ㄱ)은 무엇인가?

① 정확도(Accuracy)
② 민감도(Sensitivity)
③ F1−Score
④ 정밀도(Precision)

70. 랜덤 모델과 비교하여 해당 모델의 성과가 얼마나 향상되었는지 각 등급별로 파악하는 그래프는?

① ROC Curve
② 혼동행렬(Confusion Matrix)
③ 향상도 곡선(Lift Curve)
④ 이익도표(Gain Chart)

71. 데이터 수가 적을 때 사용하는 교차검증 방법은?

① 홀드아웃(Holdout)
② 계층별교차검증(Stratified Cross−Validation)
③ 랜덤서치(Random Search)
④ LOOCV(Leave−One−Out Cross−Validation)

제9회 (복원)기출문제

72. 모수 유의성 검정에 대한 설명으로 가장 옳은 것은?

① 유의성 검정은 표본의 평균이나 비율이 모집단의 평균이나 비율과 유의미하게 다른 지를 평가하는 과정이다.
② 모수 검정은 표본의 분산이 정규분포를 따른다는 가정을 필요로 하지 않는다.
③ p-value가 0.05보다 클 경우, 귀무가설을 기각한다.
④ 모수 유의성 검정에서는 표본의 크기가 작을수록 신뢰도가 높아진다.

73. 다음 중 적합도 검정에 대한 설명으로 옳지 않은 것은?

① 샤피로-윌크 검정은 데이터가 정규분포를 따르는 지를 검정하는 통계적 방법이다.
② 적합도 검정은 주어진 데이터가 특정 분포(예: 정규분포)에 얼마나 잘 맞는지를 평가하는 과정이다.
③ 카이제곱 적합도 검정은 주로 두 개의 연속형 변수 간의 관계를 평가하는 데 사용된다.
④ 분위수 대조도(Q-Q Plot)는 데이터의 분포가 이론적 분포와 일치하는지를 시각적으로 확인하기 위한 방법이다.

74. 과적합 방지 기법에 대한 설명으로 옳지 않은 것은?

① 교차검증을 통해 모델의 일반화 성능을 평가한다.
② 데이터를 추가하여 과적합을 방지한다.
③ 피쳐(Feature)를 추가하여 학습을 진행한다.
④ 드롭아웃(Dropout) 기법을 사용한다.

75. 과적합 방지를 위해 사용하는 오토인코더(Autoencoder)에 대한 설명으로 틀린 것을 고르시오.

① 주로 데이터의 차원축소와 특징 추출에 사용된다.
② 학습 단계에서만 사용되며, 테스트 단계에서는 사용하지 않는다.
③ 학습 단계와 테스트 단계 모두에서 사용 가능하여 성능을 향상시킬 수 있다.
④ 각 층마다 비율을 설정할 수 있다.

76. 경사하강법(Gradient Descent)과 관련된 알고리즘으로 옳지 않은 것은?

① Adaboost
② RMSProp
③ Adagrad
④ Nesterov Momentum

77. 파라미터 최적화 기법 중 아래 지문에서 설명하는 기법은?

> 파라미터의 기울기를 구해 기울어진 방향으로 파라미터값을 갱신하는 일을 반복해 최적의 값을 추출하는 기법이다. 급격한 변곡점의 한계를 보인다.

① 확률적 경사하강법(SGD)
② 모멘텀(Momentum)
③ 아다그라드(Adagrad)
④ 아담(Adam)

78. 다차원 데이터를 시각적으로 문제를 해결하기 위한 기법으로 옳은 것은?

① 주성분 기반 시각화 기법(PCA)
② 산점도(Scatter Plot)
③ 히스토그램(Histogram)
④ 박스플롯(Box Plot)

79. 다음 중 상관관계의 그래프 표현에 관한 설명으로 가장 옳은 것은?

① 트리차트는 정사각형으로 표현한다.
② 히스토그램은 x축에 데이터 구간, y축에 도수를 표현한다.
③ 산점도는 히트맵으로 표현한다.
④ 상관행렬은 선 그래프만 표현할 수 있다.

80. 데이터를 훼손 없이 그대로 표현하는 시각화 기법으로 옳은 것은?

① 도넛형 차트나 3차원 파이차트를 사용하여 회전 효과를 적용한 그래프
② 차이가 작은 집단을 비교하기 위해 y축의 시작점을 조정한 막대그래프
③ 계절 변화를 시각화하기 위한 극좌표 그래프
④ 전체 지역별 사과와 배의 생산량을 확인하기 위해 각각의 그래프를 작성

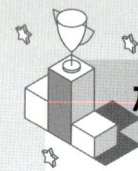

제9회 (복원)기출문제_정답 및 풀이

정답

문항	정답	문항	정답	문항	정답	문항	정답	문항	정답	문항	정답	문항	정답	문항	정답
01	②	11	③	21	③	31	①	41	①	51	③	61	①	71	④
02	①	12	②	22	③	32	③	42	②	52	③	62	①	72	①
03	④	13	④	23	②	33	③	43	③	53	②	63	②	73	③
04	④	14	②	24	④	34	②	44	③	54	①	64	③	74	③
05	③	15	①	25	④	35	④	45	④	55	②	65	④	75	②
06	①	16	①	26	④	36	④	46	④	56	③	66	②	76	①
07	③	17	③	27	③	37	②	47	④	57	④	67	③	77	①
08	②	18	①	28	④	38	③	48	①	58	④	68	③	78	①
09	④	19	④	29	①	39	①	49	②	59	①	69	③	79	②
10	③	20	④	30	①	40	③	50	③	60	④	70	③	80	③

풀이

01. 3V는 Volume (규모), Velocity (속도), Variety (다양성)이다.

02. 분석성숙도(Maturity) 평가 단계는 도입, 활용, 확산, 최적화 단계로 구분할 수 있다. 도입 단계는 분석을 시작하여 환경과 시스템을 구축하는 단계로 일부 부서에서 수행담당자 역량에 의존한다.

03. 소프트스킬은 인간 관계 및 커뮤니케이션 능력으로, 팀워크, 협력, 의사소통 등이 포함되므로 다문화 간 협력은 소프트스킬로 볼 수 있다.

04. 유전적인 성질이나 인종에 관한 정보는 개인정보에 포함되며, 개인의 식별 및 특성을 구체적으로 나타낼 수 있으므로 개인정보 보호법의 보호 대상이다.

05. 지도학습은 전체 데이터에 라벨이 있는 경우에 사용하는 방법이며, 비지도학습은 데이터에 라벨이 없는 경우에 사용하는 방법으로 준지도학습은 일부 데이터에만 라벨이 있고 나머지 데이터에는 라벨이 없는 경우에 사용하는 방법이다.

06. 분석대상을 알고, 분석방법도 알고 있는 경우 적용해야 할 기획형은 최적화(Optimization) 접근방법이다.

07. 내재화 가능성은 특정 분석 결과를 조직의 일상적인 운영에 통합할 수 있는 가능성을 의미할 수 있지만, 마스터플랜 설정의 고려 기준으로는 적합하지 않다.

08. 빅데이터 분석 방법론의 수행 단계(절차)는 분석 기획 – 데이터 준비 – 데이터 분석 – 시스템 구현–평가 및 전개이다.

제9회 (복원)기출문제_정답 및 풀이

09. 데이터 시각화 단계는 분석결과를 시각적으로 표현하여 이해하기 쉽게 전달하는 과정이지, 단순히 숫자로만 정리하는 것이 아니며, 데이터 시각화 과정에서 그래프, 차트 등을 이용하여 통찰을 얻을 수 있다.

10. 데이터 수집 시에는 데이터 수집 가능성, 보안성, 수집 비용 등을 고려해야 하지만, 분석기법의 난이도는 데이터 수집 과정과는 직접적인 관련이 없으며, 분석 단계에서 고려되어야 할 요소이다.

11. 음성, 이미지, 영상 데이터는 대표적인 비정형 데이터이며, 판매량은 숫자 형태로 구조화된 데이터이므로 정형 데이터에 속한다.

12. 자연어 처리는 사람이 사용하는 언어를 다루는 것으로, 이는 구조화되지 않은 텍스트 데이터로 비정형 데이터이다. 비정형 데이터도 전처리가 필요하고, NoSQL 데이터 베이스에 저장이 가능하다.

13. 표준화는 데이터를 일정한 범위로 변환하는 방법으로, 데이터의 분포를 평균이 0, 표준편차가 1이 되도록 변환하는 과정이다. 이는 노이즈 제거와 직접적인 관련이 없다.

14. 가명처리, 섭동, 치환은 모두 비식별화 처리 기법으로 사용되며, 특이화는 해당하지 않는다. 실제 기출에서 지문에 특이화가 제시되었는데, 추측컨데 이상값(Outlier)을 처리하는 기법으로 보기를 제시한 것으로 보인다. 이상값 처리는 비식별화와 관련이 없다.

15. 차분 프라이버시(Differential Privacy, DP)는 데이터를 보호하기 위해 노이즈를 추가하여 개인의 정보를 보호하면서도 통계 분석이 가능하게 하는 방법이다.

16. 품질 진단 절차는 진단대상정의 - 품질진단실시 - 진단결과분석을 따르며, 개선 절차는 개선계획 수립 - 개선수행 - 품질통제를 따른다.

17. 비편의성(Unbiasedness, = 불편성)은 표본으로부터 구한 통계량의 기대치가 추정하려 하는 모수의 실제 값에 같거나 가까워지는 성질을 의미한다. 따라서 고품질 데이터의 일반적인 특성으로 언급되지 않는다. "공공데이터 품질관리매뉴얼"에 따르면 데이터 품질지표는 준비성, 완전성, 일관성, 정확성, 보안성, 적시성(시의성), 유용성이다.

18. ODS(Operational Data Store)는 데이터웨어하우스에서 데이터를 저장하기 전, 데이터를 추출하고 정제 및 변환하는 중간 단계의 저장소이다.

19. 분산파일시스템은 여러 컴퓨터가 네트워크를 통해 파일에 접근할 수 있도록 하는 시스템으로 파일이 여러 서버에 분산되어 저장되고, 클라이언트가 접근할 수 있게 한다.

20. 문서파일 (DOCX, PDF 등)은 텍스트와 레이아웃 정보가 결합된 형식으로, 단순한 Key-Value 쌍으로 나타낼 수 없다.

21. 무작위결측(MAR)은 결측값이 다른 변수와 연관이 있어 발생되었지만 그 변수 자체가 결과에 영향을 미치지 않는 경우를 의미하는 것이지, 처리 기법은 아니다. 무작위 결측은 다중대치법으로 처리가 가능하다.

제9회 (복원)기출문제_정답 및 풀이

22. 박스플롯은 중앙값(Median)을 기준으로 데이터를 시각화하는 도구로, 평균에 대한 정보는 직접적으로 제공되지 않는다. 박스플롯에서는 중앙값과 사분위수 범위(IQR) 등을 통해 데이터의 분포를 나타내기 때문에, 박스플롯만으로는 두 데이터 세트의 평균이 서로 가까운 지를 알 수 없기 때문에 "x3의 평균은 x4와 가깝다"는 설명은 박스플롯의 특성상 적절하지 않다.

23. 사분위수 범위는 박스의 크기로 표현되며, 1사분위(Q1)와 3사분위(Q3) 사이의 거리이다. 박스의 크기가 클수록 데이터의 중간 50%가 더 넓게 퍼져 있음을 의미하기 때문에 B집단의 박스가 A집단보다 크다고 판단할 수 있다. 또한 상하로 뻗은 수염(Whiskers)으로 데이터의 전체 범위를 알 수 있다. B집단의 수염이 A집단보다 훨씬 길게 뻗어 있어, 데이터가 더 넓게 퍼져 있음을 보여준다.

24. 이상값을 무조건 제거할 필요는 없다. 경우에 따라 이상값이 중요한 정보를 담고 있을 수 있으며, 제거로 인한 데이터 손실이 분석 결과에 부정적인 영향을 미칠 수 있다.

25. 서열척도는 순서를 나타내지만, 간격이 일정하지 않아 비율 계산이 불가능하며, 명목척도는 단순히 범주를 구분하는 것이며, 순서나 차이를 측정할 수 없다. 등간척도는 순서와 간격을 측정할 수 있지만 절대영점이 없어 비율 계산이 불가능하다.

26. 요인분석은 데이터를 이용해 잠재 요인을 도출하고 데이터 구조를 해석하는 기법이며 잠재적인 요인이나 변수를 찾는 데 사용된다. 다수 변수들을 변수 간의 상관관계를 분석하고 공통 차원으로 축약하는 통계 기법이 상관계수가 낮거나 상관관계가 거의 없는 변수들은 요인분석에서 요인으로 축약하는 데 적합하지 않으며, 설문조사나 사회과학 연구에서 자주 사용된다.

27. 파생변수는 원본 데이터를 유지하는 것과는 관계가 없으며, 기존 데이터를 새로운 관점으로 변환하거나 추가 정보를 얻기 위해 생성된다.

28. 군집은 데이터 포인트를 그룹화하는 기법으로, 클래스 불균형 문제를 직접적으로 해결하는 방법으로 적합하지 않다.

29. 두 변수 A와 B의 상관계수가 0이라고 항상 독립적이지 않지만, 서로 독립적이라면 모집단에서의 상관계수는 0이 된다. 그러나, 상관계수가 0이더라도 반드시 독립이라는 의미는 아니다.

30. 분산의 기대값을 계산하기 위해서는 먼저 기대값 $E(X)$를 구하고, 그 다음 $E(X-\mu)^2$을 구한다. 여기서 μ는 기대값이다.

확률변수 X와 해당하는 확률 $P(X)$는

$X = 0$일 때, 확률 $P(X = 0) = 1/4$

$X = 1$일 때, 확률 $P(X = 1) = 1/2$

$X = 2$일 때, 확률 $P(X = 2) = 1/4$

주어진 식 $(X-1)^2$에 대해 각 값을 대입한 후, 기대값을 계산한다.

따라서 확률변수 X의 기대값은 다음과 같이 정리할 수 있다.

$$E[(X-1)^2] = P(X=0) \times (0-1)^2 + P(X=1) \times (1-1)^2 + P(X=2) \times (2-1)^2$$
$$= \frac{1}{4} \times (0-1)^2 + \frac{1}{2} \times (1-1)^2 + \frac{1}{4} \times (2-1)^2 = \frac{1}{2} = 0.5$$

제9회 (복원)기출문제_정답 및 풀이

31. 변동계수는 표준편차를 평균으로 나눈 값으로, 평균이 0이 되면 변동계수를 계산할 수 없다. 평균이 음수라면 계산 자체는 가능하나 해석이 어려워질 수 있다. 따라서 변동계수는 일반적으로 양수의 비율을 계산할 때 유용하다.

32. 오른쪽으로 치우친(우측 왜도) 분포에서는 왜도 > 0, 최빈값이 가장 낮고, 그 다음이 중위수, 평균값이 가장 높다.

33. 첨도는 데이터 분포의 뾰족함이나 평평함을 측정하는 지표로, 평균값에 직접적인 영향을 주지는 않는다. 첨도가 높다는 것은 데이터가 평균 근처에 집중되어 있음을 의미하지만, 평균값 자체를 변화시키지 않는다. 이상값은 평균에 영향을 미친다.

34. 횡단면적 자료는 특정 시점에서 여러 개체나 관측값을 동시에 수집한 데이터를 의미한다. 주어진 데이터는 여러 업종의 평균 급여, 지역, 설립 연도를 같은 시점에서 수집한 것으로, 다양한 개체(업종)에 대한 정보를 포함하고 있다.

> 〈참고 : 보기에 제시된 데이터의 의미〉
> 종단면적 데이터(Longitudinal Data): 동일한 개체를 여러 시간에 걸쳐 관찰한 데이터
> 횡단면적 데이터(Cross-Sectional Data): 한 시점에서 여러 개체의 데이터를 수집한 데이터
> 패널 데이터(Panel Data): 여러 개체를 여러 시간에 걸쳐 관찰한 데이터
> 시계열 데이터(Time Series Data): 한 개체의 시간에 따른 연속적인 데이터

35. 편의추출은 비확률 표본추출법의 하나로, 연구자가 접근하기 쉬운 대상들로부터 표본을 선택하는 방식이다.

36. 카이제곱분포는 자유도 k를 가지며, 일반적으로 독립적인 표준 정규분포를 따르는 변수들의 제곱합으로 정의된다. 카이제곱분포는 자유도(k)에 따라 분포 모양이 달라지는 분포로, 자유도가 k인 분포이다.

37. 표본분산의 MSE를 구하기 위해서는, 추정량의 기대값과 실제 모수 간의 차이를 제곱한 값의 기대값으로 정의한다. 표본분산의 분산은 $Var(S^2) = \frac{2\sigma^4}{n-1}$이다.

38. 등분산성은 잔차(오차)의 분산이 독립변수의 값에 관계없이 일정해야 한다는 가정이다. 독립변수와 잔차 간에 동일한 분산을 가정했을 때, 표본분산에서 자유도는 일반적으로 $n-1$로 계산되며, 표본 수가 10개이면 자유도는 10 - 1 = 9가 되어야 하므로 '자유도가 8이다'는 잘못되었다.

39. 가설 설정, 유의수준 결정, 검정통계량 계산, 기각역 설정, 결론 순서로 진행되며, 보기에서는 '가 → 나 → 다 → 라 → 마'가 정답이 된다.

40. 표본 수가 많아질수록 신뢰구간이 좁아지지만, 실업자 수는 표본의 크기가 아닌 비율을 나타낸다. 즉, 실업자 수가 증가하는 것은 신뢰구간의 크기에 직접적인 영향을 미치지 않는다. 실업자 수가 많다고 해서 신뢰구간이 좁아지는 것은 아니다.

제9회 (복원)기출문제_정답 및 풀이

41. 회귀분석은 입력변수에 따라 연속적인 출력(예측값)을 예측하는 지도학습의 대표적인 예이다. 랜덤포레스트도 지도학습의 한 종류는 맞지만 앙상블 학습기법이기 때문에 분류와 회귀에 모두 사용한다. 가장 대표적인 예는 회귀분석으로 볼 수 있다.

42. 'β_1, β_0가 0이면 $y = 1$일 확률 0이다' 설명은 잘못되었다. 일반적인 선형 회귀모델에서는 확률을 직접적으로 예측하지 않으며, β_1, β_0가 0이면 $y = 1$이 된다. 이 회귀식 자체가 확률을 예측하는 식이 아니므로 '$y = 1$일 확률 0이다'라는 설명도 잘못되었다.

43. 잔차제곱합(SSE)의 자유도가 8, 독립변수 수 $k - 1$, 회귀모델에서 표본수 n, 자유도 $= n - k - 1$이므로 $8 = n - 1 - 1$, 따라서 $n = 10$이다. F값은 회귀모델 전체의 유의성을 평가하는 데 사용되며, F잔차의 등분산성을 평가하는 지표로 사용되지 않는다.

44. F-검정에서 $P-value$가 알파(유의수준)보다 낮으면 귀무가설을 기각하며, 회귀모델이 유의미하다는 것을 나타낸다.

45. 분산팽창요인(Variance Inflation Factor, VIF)은 다중공선성을 측정하는 대표적인 지표다. 일반적으로 값이 10보다 크면 독립변수들 간에 강한 상관관계가 있음을 의미하며, 다중공선성이 존재할 가능성이 높다.

46. 로지스틱 회귀분석에서 로지스틱 함수는 S자형 곡선을 그리며, 입력 x의 모든 값에 대해 $p(x)$가 항상 0과 1 사이의 값을 가지도록 보장하며, 확률의 기본 속성(0 ≤ 확률 ≤ 1)을 만족한다. 따라서, 로지스틱 회귀분석에서 예측된 확률 $p(x)$는 항상 0과 1 사이의 값을 갖는다.

47. 의사결정나무에서 사용되는 분리 기준(Split Criteria)은 이산형 데이터(범주형 변수)를 분류할 때 사용된다. 이 중에서 이산형에 사용되는 분리기준은 카이제곱통계량, 지니지수, 엔트로피지수가 있다. 따라서 옳지 않은 것은 F통계량이다.

48. 은닉층이 없는 인공신경망(즉, 입력층과 출력층만 있는 모델)은 단순선형회귀 또는 로지스틱회귀와 동일하며, 활성화 함수로 시그모이드 함수를 사용할 경우 출력값은 0과 1 사이의 확률로 변환되어, 로지스틱회귀 모델과 동일한 역할을 한다. 은닉층이 깊어질수록 가중치는 비선형적으로 증가하며 복잡도 또한 비선형적으로 증가한다. 은닉층의 가중치 업데이트는 출력층의 오류를 최소화하기 위해 사용한다.

49. Sigmoid 함수의 미분 값은 $X = 0$일 때 최대가 된다. Sigmoid 함수의 미분식은 $\sigma(X)(1 - \sigma(X))$인데, $X = 0$일 때 이 값이 최대가 된다.

50. 노드 h_1 출력: $h_1 = w_{11} \times x_1 + w_{12} \times x_2 = 10 \times 1 + 5 \times 2 = 20$
노드 h_2 출력: $h_2 = w_{21} \times x_1 + w_{22} \times x_2 = -4 \times 1 + -6 \times 2 = -16$
노드 h_3 출력: $h_3 = w_{31} \times x_1 + w_{32} \times x_2 = 3 \times 1 + 6 \times 2 = 15$
최종 출력: $Y = o_1 \times h_1 + o_2 \times h_2 + o_3 \times h_3 = (1 \times 20) + (1 \times -16) + (1 \times 15) = 19$

51. 워드임베딩기법(예: Word2Vec, GloVe 등)은 단어의 주변 단어(Context)를 분석하여 단어 간의 유사성을 벡터 공간에서 학습하며, 단어의 의미는 그 주변 단어들과의 유사성을 기반으로 결정된다.

제9회 (복원)기출문제_정답 및 풀이

52. 두 그룹을 분리하는 기준인 초평면은 레이블 −1에 속한 점들과 레이블 1에 속한 점들 사이에 위치해야 한다. 즉, d와 e사이에 초평면이 위치하게 된다. 좌표 간의 중간 초평면은 SVM의 특성상 두 그룹을 최대한 멀리 떨어뜨린 경계선에 위치한다. $d = (2,0)$와 $e = (3,0)$ $e = (3,0)$의 중간 지점은 $X = 2.5$ 이다.

53. 초평면과 직교하는 벡터는 가중치 벡터(Weight Vector)로 초평면의 기울기나 방향을 나타내며, 초평면의 위치(Offset)를 결정하는 요소는 편향(Bias)으로 초평면이 원점에서 얼마나 떨어져 있는지를 결정한다.

54. 연관성 분석(Association Rule Mining)은 대표적인 예로는 "장바구니 분석"이 있으며, A 제품을 구매할 때 B 제품도 구매할 확률을 찾는 것이 목표이다.

55. 지지도는 전체 거래에서 (오렌지, 사과, 자몽)이 동시에 포함된 거래 비율로 전체 거래 수: 6개(ID 1 ~ 6), 오렌지, 사과, 자몽이 모두 포함된 거래는 ID 1, ID 6(2회) = 2/6 = 1/3 = 약 33%이다. 신뢰도는 (오렌지, 사과)가 있을 때 자몽도 함께 등장하는 비율로 오렌지와 사과가 포함된 거래는 ID 1, ID 2, ID 6(3회), 이 중 자몽도 함께 포함된 거래는 ID 1, ID 6 (2회) = 2/3 = 약 67%가 된다.

56. K-means에서 k 값이 클수록 더 많은 군집이 생기지만, 군집 수가 많아지면 오히려 과적합(Overfitting)이 발생할 수 있고, 노이즈가 증가할 가능성이 커서 경계가 명확해진다고 볼 수는 없으며, 적절한 k 값을 설정하는 것이 중요하다.

57. 와드연결법(Ward's Method)은 군집 내 제곱합(Sum of Squares)을 최소화하는 방식으로, 군집 간의 거리가 아닌 군집 내의 분산을 최소화하는 기준으로 군집을 형성하며 평균 거리를 사용하지 않는다.

58. PCA는 기존 변수들을 선형 결합하여 새로운 주성분을 생성하며, 데이터의 차원을 줄이는 데 유용하며, 차원의 저주 문제를 해결하는 데 도움을 준다.

59. MDS는 비선형 최적화 문제이며, 거리 기반 최적화를 통해 작동하므로, 글로벌 최적점에 도달하기 어려운 경우가 많다

60. 단순 지수평활법은 추세나 계절성을 반영하지 않으며, 이런 패턴을 처리하기 위해서는 복합 지수평활법이 필요하다. 단순 지수평활법은 평균적인 경향만을 반영하므로, 데이터에 명확한 추세나 계절성이 있을 경우 적합하지 않다.

〈지수평활법의 유형〉

단순지수평활법(Simple Exponential Smoothing, SES): 단순지수평활법은 데이터의 추세나 계절성을 반영하지 않고, 과거 데이터를 평활화하여 미래값을 예측하는 방법이다. 이 방법은 가장 최근의 데이터를 더 많이 반영하며, 과거 데이터는 덜 중요하게 취급한다.

복합지수평활법 (Exponential Smoothing with Trend, Holt's Method): 복합지수평활법은 추세를 반영하는 방법으로, 홀트(Holt)에 의해 제안된 방법이다. 이 방법은 시간의 흐름에 따라 데이터가 일정한 추세를 보이는 경우에 적용되며, 두 가지 평활계수를 사용한다. 하나는 수준(level,α)을 평활화하고, 다른 하나는 추세(trend,β)를 평활화한다.

제9회 (복원)기출문제_정답 및 풀이

61. 이 문제는 베이즈 정리를 이용해 A 공정에서 불량이 발생할 확률을 계산하는 문제다. 베이즈 정리는 조건부 확률을 구하는 방법으로, 주어진 정보를 바탕으로 원하는 사건이 일어날 확률을 계산하는 데 사용한다.

$$P(A|불량) = \frac{P(불량|A) \times P(A)}{P(불량)}$$

$$P(불량|A) = 0.01, P(A) = 0.5$$

$$P(불량) = P(불량|A) \times P(A) + P(불량|B) \times P(B) + P(불량|C) \times P(C)$$
$$= (0.01 \times 0.5) + (0.02 \times 0.3) + (0.03 \times 0.2) = 0.017$$

$$P(A|불량) = \frac{P(불량|A) \times P(A)}{P(불량)} = \frac{0.01 \times 0.5}{0.017} = \frac{5}{17}$$

62. 자연어 처리(NLP)는 영화 평론의 텍스트 데이터를 분류해야 하며, RNN이 주로 사용된다. 안면 인식은 컴퓨터 비전으로 이미지 인식이므로 CNN이 주로 사용되며, 로봇 팔의 제어는 주로 환경과 상호작용하며 의사결정을 최적화하는 강화학습을 사용한다.

63. Seq-to-Seq 모델은 입력과 출력의 길이가 서로 다를 수 있다. 인코더는 입력 시퀀스를 처리하여 마지막에 하나의 컨텍스트 벡터를 생성하며, 디코더에 전달되어 출력 시퀀스를 예측한다. 입력/출력 시퀀스가 길어질수록 성능이 저하될 수 있다.

64. GAN(적대적 경쟁 신경망)은 두 개의 신경망, 즉 생성자와 판별자가 상호 경쟁하면서 발전하는 구조다. 생성자는 가짜 데이터를 만들어내고, 판별자는 진짜 데이터와 가짜 데이터를 구분하려고 하면서 학습이 진행되며, 생성자는 점점 더 정답에 가까운 데이터를 만들어내게 된다.

65. Stemming은 단어의 어간(Stem)을 추출하는 과정으로, 단어의 원형이나 근간이 되는 부분을 찾아낸다. 의미 분석이나 단어 빈도 계산 등에 사용되며, 나무모델(Tree Structure)을 표현하는 것과는 관련이 없다.

66. 밀도(Density)는 네트워크에서 실제로 존재하는 연결의 수와, 가능한 모든 연결의 수 사이의 비율을 나타내며, 밀도가 높을수록 노드들 간의 연결이 많다는 의미이다.

67. MAPE는 예측값과 실제값 사이의 차이를 백분율로 나타내는 지표다. 각 실측값에서 예측값을 뺀 후 절대값을 구하고, 이 차이를 실측값으로 나누고, 그 값을 백분율로 변환하여 모든 값의 평균을 구해 MAPE를 계산한다.

68. 정밀도(Precision)는 이진분류에서도 사용 가능한 지표로, 양성으로 예측된 값 중에서 실제로 양성인 값의 비율을 나타낸다. 2개 클래스 이상에서도 적용할 수 있지만 반드시 2개 이상일 필요는 없다

69. ROC 곡선은 이진 분류 모델의 성능을 평가하기 위한 도구로, x축은 오분류율(False Positive Rate, FPR)이고 y축은 민감도(Sensitivity)를 나타낸다. 민감도는 실제 양성 중에서 모델이 양성으로 올바르게 예측한 비율을 의미한다.

제9회 (복원)기출문제_정답 및 풀이

70. 향상도 곡선은 랜덤 모델과 비교하여 해당 모델의 성과가 얼마나 향상되었는지, 각 등급별로 파악한 그래프이다.

71. LOOCV(Leave-One-Out Cross-Validation)는 각 데이터 포인트를 한 번씩 검증셋으로 사용하고 나머지를 훈련셋으로 사용하는 방법으로 데이터 수가 적을 때 사용하면 가능한 모든 데이터를 최대한 활용하여 모델을 훈련하고 평가할 수 있어, 작은 데이터셋에서 모델의 일반화 능력을 더 잘 평가할 수 있다.

72. 유의성 검정의 목적은 표본 데이터를 통해 모집단의 특성을 추론하는 것이며, 주로 표본의 평균이나 비율이 모집단의 평균이나 비율과 차이가 있는지를 확인한다. 모수 검정은 일반적으로 표본의 분산이 정규분포를 따른다는 가정을 필요하며, $P\text{-}value$가 0.05보다 클 경우, 귀무가설을 채택한다. 표본의 크기가 작을수록 신뢰도는 대부분 낮아진다.

73. 카이제곱 적합도 검정은 주로 범주형 변수의 분포 적합성을 평가하는 데 사용되며, 두 개의 연속형 변수 간의 관계를 검정하기 위해서는 상관관계분석을 사용한다.

74. 피쳐(변수 등)를 추가하는 것은 모델의 복잡성을 높일 수 있으며, 이로 인해 과적합이 발생할 가능성이 있다. 특히 데이터 수가 적을 경우 더 많은 피쳐를 추가하면 모델이 훈련 데이터에 지나치게 맞춰지게 되어 일반화 성능이 저하될 수 있다.

75. 오토인코더(AE)는 학습 단계에서 데이터를 압축하고 재구성하는 데 사용되며, 테스트 단계에서도 입력 데이터를 동일한 방식으로 처리하여 복원할 수 있다. 또한 여러 층으로 구성될 수 있어 하이퍼파라미터로 드랍아웃 등의 비율을 설정할 수 있다.

76. 확률적 경사하강법(SGD, Stochastic Gradient Descent)은 파라미터의 기울기를 구해, 그 기울기가 가리키는 방향으로 파라미터값을 반복적으로 갱신하는 최적화 기법이다. 기울기를 계산할 때 하나의 데이터 포인트 또는 작은 미니 배치만을 사용하여 업데이트를 진행하므로, 빠르게 업데이트를 할 수 있다는 장점이 있지만, 변동성이 크고, 급격한 변곡점에서 방향이 흔들릴 수 있는 한계를 가지고 있다.

77. 지문은 확률적 경사하강법에 대한 설명이다. 개선 기법으로는 모멘텀(Momentum), 아다그라드(Adagrad), 아담(Adam)이 있다.

78. PCA는 데이터를 저차원으로 변환하여 시각적으로 표현하는 데 적합한 방법이다.

79. 히스토그램은 데이터의 분포를 시각화에 사용되며, x축은 데이터의 구간, y축은 해당 구간에 속하는 데이터의 개수(도수)를 나타낸다. 트리차트는 직사각형으로 표현되며, 산점도는 두 변수 간의 관계를 나타내는 점으로 히트맵 표현과 관계없다. 상관행렬은 선보다는 행렬로 표현된다.

80. 극좌표 그래프는 주로 주기적 데이터(보기 사례: 계절적 변화)를 표현하는 데 효과적으로 그래프는 각도와 반지름을 사용해 데이터를 시각화하여 계절에 따른 변화와 패턴을 명확하게 보여준다.

#빅분기30일합격 #빅분기모든것 #빅분기통계

기출문제를 외워서 시험 합격, NO!
시험이 끝나도 까먹지 않는
진짜 빅데이터 분석 실력 보장, YES!

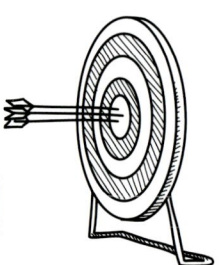

❋ 출제예상문제 627문제
본문 속 출제예상문제로 학습내용 바로 확인!

❋ 기출문제 640문제
8회분의 최신 기출문제로 합격 보장!

❋ QR코드로 바로 확인 가능한 동영상 강의, 13시간
꼭 필요한 핵심개념부터 통계, 문제풀이까지

❋ Q/A, 커뮤니케이션, 피드백 제공
Q/A 및 정오표, 빅분기 30일 스터디 운영, 기출문제복원/도서리뷰/합격후기 이벤트
👍 아이리포 카페 https://cafe.naver.com/ilifobooks

❋ 합격을 위한 학습전략, 30일 학습플랜
시간이 부족한 수험생을 위해 빠르고, 효율적으로 학습할 수 있는 플랜 안내

아이리포

빅데이터분석기사

979-11-93747-03-2 13000

정가 36,000원 ISBN 979-11-93747-03-2